DIREITO ELEITORAL

O GEN | Grupo Editorial Nacional – maior plataforma editorial brasileira no segmento científico, técnico e profissional – publica conteúdos nas áreas de concursos, ciências jurídicas, humanas, exatas, da saúde e sociais aplicadas, além de prover serviços direcionados à educação continuada.

As editoras que integram o GEN, das mais respeitadas no mercado editorial, construíram catálogos inigualáveis, com obras decisivas para a formação acadêmica e o aperfeiçoamento de várias gerações de profissionais e estudantes, tendo se tornado sinônimo de qualidade e seriedade.

A missão do GEN e dos núcleos de conteúdo que o compõem é prover a melhor informação científica e distribuí-la de maneira flexível e conveniente, a preços justos, gerando benefícios e servindo a autores, docentes, livreiros, funcionários, colaboradores e acionistas.

Nosso comportamento ético incondicional e nossa responsabilidade social e ambiental são reforçados pela natureza educacional de nossa atividade e dão sustentabilidade ao crescimento contínuo e à rentabilidade do grupo.

JOSÉ JAIRO **GOMES**

DIREITO ELEITORAL

21ª *edição* revista, atualizada e ampliada

- O autor deste livro e a editora empenharam seus melhores esforços para assegurar que as informações e os procedimentos apresentados no texto estejam em acordo com os padrões aceitos à época da publicação, e todos os dados foram atualizados pelo autor até a data de fechamento do livro. Entretanto, tendo em conta a evolução das ciências, as atualizações legislativas, as mudanças regulamentares governamentais e o constante fluxo de novas informações sobre os temas que constam do livro, recomendamos enfaticamente que os leitores consultem sempre outras fontes fidedignas, de modo a se certificarem de que as informações contidas no texto estão corretas e de que não houve alterações nas recomendações ou na legislação regulamentadora.

- Fechamento desta edição: *03.04.2025*

- O autor e a editora se empenharam para citar adequadamente e dar o devido crédito a todos os detentores de direitos autorais de qualquer material utilizado neste livro, dispondo-se a possíveis acertos posteriores caso, inadvertida e involuntariamente, a identificação de algum deles tenha sido omitida.

- **Atendimento ao cliente: (11) 5080-0751 | faleconosco@grupogen.com.br**

- Direitos exclusivos para a língua portuguesa
  Copyright © 2025 by
  Editora Atlas Ltda.
  Uma editora integrante do GEN | Grupo Editorial Nacional
  Travessa do Ouvidor, 11 – Térreo e 6º andar
  Rio de Janeiro – RJ – 20040-040
  www.grupogen.com.br

- Reservados todos os direitos. É proibida a duplicação ou reprodução deste volume, no todo ou em parte, em quaisquer formas ou por quaisquer meios (eletrônico, mecânico, gravação, fotocópia, distribuição pela Internet ou outros), sem permissão, por escrito, da Editora Atlas Ltda.

- Capa: Aurélio Corrêa

- **CIP-BRASIL. CATALOGAÇÃO NA PUBLICAÇÃO**
  SINDICATO NACIONAL DOS EDITORES DE LIVROS, RJ

G614d
21. ed.

    Gomes, José Jairo
        Direito eleitoral / José Jairo Gomes. - 21. ed., rev., atual. e ampl. - Barueri [SP] : Atlas, 2025.
        880 p. ; 24 cm.

    Apêndice
    Inclui bibliografia e índice
    ISBN 978-65-5977-744-0

    1. Direito eleitoral - Brasil. I. Título.

25-97209.0
                CDU: 342.8(81)

Gabriela Faray Ferreira Lopes - Bibliotecária - CRB-7/6643

*No man is good enough to govern another man
without that other's consent.*

(Abraham Lincoln)

Aos meus amores:
Ester e Miguel Afonso

SOBRE O AUTOR

Doutorou-se em Direito na Faculdade de Direito da Universidade Federal de Minas Gerais (UFMG), onde foi professor adjunto. É Professor em cursos de pós-graduação *lato sensu*, Procurador Regional Eleitoral em Minas Gerais e Procurador Regional da República. É membro da Academia Brasileira de Direito Eleitoral e Político (ABRADEP). Foi: *i)* Procurador Regional Eleitoral no Distrito Federal no período de 2017 a 2021; *ii)* Coordenador Nacional do Grupo Executivo Nacional da Função Eleitoral (Genafe) de 2017 a 2019, órgão vinculado ao Gabinete da Procuradoria-Geral Eleitoral; *iii)* Procurador Adjunto na Procuradoria-Geral Eleitoral, atuando perante o Tribunal Superior Eleitoral em 2012 e 2013; *iv)* Procurador Regional Eleitoral em Minas Gerais, de 2006 a 2010; *v*) Procurador Regional Eleitoral Substituto, de 2002 a 2006; *vi)* Promotor de Justiça e Promotor Eleitoral, de 1993 a 1997. Depois da aprovação em concursos de provas e títulos, foi nomeado, no ano de 1996, Juiz Federal Substituto no Tribunal Regional Federal da 3ª Região (SP) e, em 1997, Juiz Federal Substituto no Tribunal Regional Federal da 1ª Região (Brasília/DF). A convite do Ministério das Relações Exteriores do Brasil, foi observador das eleições presidenciais da República Democrática do Congo (África), no ano de 2006.

Acompanhe o autor: blog.grupogen.com.br/juridico/author/josejairogomes/

PREFÁCIO

Quem lançar um olhar apressado sobre o Direito Eleitoral talvez se sinta impelido a dar razão ao alienista Simão Bacamarte, personagem do inexcedível Machado de Assis. Quiçá fique tentado a compreender esse ramo do Direito como uma grande concha em que reina o ilógico, o não racional, na qual, todavia, jaz uma pequeníssima pérola de racionalidade, organização e método. Tal impressão seria fortalecida não só pelo emaranhado da legislação vigente – que se apresenta sinuosa, sujeita a constantes flutuações e repleta de lacunas –, como também pelo casuísmo com que novas regras são introduzidas no sistema. Sem contar a grande cópia de normas caducas, como o quase sexagenário Código Eleitoral, que data de 15 de julho de 1965, tendo sido positivado nos albores do regime militar!

Na verdade, o Direito Eleitoral ainda se encontra empenhado na construção de sua própria racionalidade, no desenvolvimento de sua lógica interna, de seus conceitos fundamentais e de suas categorias. Importa considerar que a realidade em que incide e que pretende regular encontra-se, ela mesma, em constante mutação. Isso, aliás, é peculiar ao espaço político. Daí a perplexidade que às vezes perpassa o espírito de quem se ocupa dessa disciplina, bem como o desencontro das opiniões dos doutores. E também explica o acentuado grau de subjetivismo que não raro se divisa em alguns arestos.

Se, de um lado, urge compilar e reorganizar a legislação, de outro, anseia-se por uma hermenêutica eleitoral atualizada, em harmonia com os princípios fundamentais, com a ideia de justiça em voga e com os valores contemporâneos. Cumpre prestigiar os direitos fundamentais e a cidadania, bem como princípios como a normalidade do processo eleitoral, a igualdade de chances, a legitimidade do pleito e do mandato. No regime democrático de direito, é impensável que o exercício do poder político, ainda que transitoriamente, não seja revestido de plena legitimidade.

De qualquer sorte, não se pode ignorar ser o Eleitoral um dos mais importantes ramos do Direito. Essencial à concretização do regime democrático de direito desenhado na Lei Fundamental, da soberania popular, da cidadania e dos direitos políticos, por ele passam toda a organização e o desenvolvimento do certame eleitoral, desde o alistamento e a formação do corpo de eleitores até a proclamação dos resultados e a diplomação dos eleitos. Da observância de suas regras, exsurgem a ocupação legal dos cargos político-eletivos, a pacífica investidura nos mandatos públicos e o legítimo exercício do poder estatal. Indubitavelmente, o fim maior dessa ciência consiste em propiciar a legitimidade no exercício do poder.

A partir de uma abordagem teórico-pragmática, esta obra procura delinear de forma sistemática os institutos fundamentais do Direito Eleitoral e assentar a conexão existente entre eles. Não descura das emanações dos órgãos da Justiça Eleitoral, nomeadamente do Tribunal Superior Eleitoral. Conquanto se ambiente na dogmática jurídico-eleitoral, argumentando sempre intrassistematicamente, não chega a ser acrítica.

Por conveniência, o capítulo inaugural cuida dos direitos políticos, já que se encontram umbilicalmente ligados ao Direito Eleitoral.

O Autor

NOTA À 21ª EDIÇÃO

"[...] Com petróleo e gás não dá para comprar democracia, não dá para importar, como banana ou chocolate suíço. Não dá para determinar com um decreto presidencial... Tem que ter pessoas livres, e elas não existiam [na URSS]. E ainda não existem. Na Europa, a democracia foi cultivada durante duzentos anos, como um gramado [...]."

(Svetlana Aleksiévitch, depoimento em *O fim do homem soviético*)

"As evoluções e mutações políticas não chegarão jamais a criar uma felicidade mesmo relativa. Elas apenas modificam a aparência da infelicidade humana, a maneira desta se manifestar. Apenas. Isso aliás é quanto basta para valorizá-las porque permite, no homem, a permanência da ilusão."

(Mário de Andrade, *O turista aprendiz*)

Eleições e processos políticos costumam despertar sentimentos básicos nas pessoas, ensejando o afloramento de intensas paixões políticas. São também oportunidades para se reforçar o compromisso de todos com os valores fundamentais de nossa civilização, notadamente os matizados com as cores vivas da democracia e com os ideais de liberdade, ética, dignidade humana e justiça.

Urge compreender que democracia não é algo abstrato e inalcançável, que repousa no topos uranos, tampouco é apenas um conceito jurídico operacional ou meramente instrumental. Bem ao contrário, a democracia enfeixa um conjunto de valores essenciais para a dignidade da vida em sociedade, inspiradores de relações pessoais mais elevadas, civilizadas; são valores que orientam o sentido de nossas vidas, a maneira como tratamos outras pessoas, incluindo as que não se parecem conosco nem compartilham a nossa visão de mundo, os nossos sentimentos morais e opiniões políticas.

Por isso, democracia não é algo que se possa importar acriticamente de outro país ou de outra cultura, sem a realização de ajustes e adaptações, mas uma construção humana permanente e sempre relacionada às peculiaridades históricas, cuja firmeza requer zelo e atenção constantes.

Se as paixões políticas são efêmeras, as instituições democráticas devem ser sólidas e perenes. Devem estar a serviço das pessoas, permitindo que elas se realizem no mundo e – lembrando um ideal nietzschiano – se tornem o que são.

Entre as instituições democráticas, reluz o processo eleitoral, pois é por ele que se concretizam o sufrágio universal e a lídima escolha das altas autoridades estatais. O exercício do poder político requer que o cidadão nele seja investido de forma legítima, a qual decorre essencialmente do consenso emanado da vontade popular livremente manifestada nas eleições.

Esta 21ª edição deve-se, sobretudo, à necessidade de atualização da obra à luz de importantes diretrizes jurisprudenciais construídas a partir das eleições de 2024, além da necessidade de aprimoramento do texto em alguns pontos. Entre tantas outras, foram destacadas as paradigmáticas decisões da Justiça Eleitoral que impediram candidaturas de pessoas ligadas a organizações criminosas, notadamente em áreas dominadas por milícias.

Agradeço, uma vez mais, a boa acolhida que esta obra tem merecido do público, único responsável pela grata oportunidade desta nova edição.

O Autor

ABREVIATURAS

ADC – Ação Declaratória de Constitucionalidade

ADI – Ação Direta de Inconstitucionalidade

AIJE – Ação de Investigação Judicial Eleitoral

AIME – Ação de Impugnação de Mandato Eletivo

AIRC – Ação de Impugnação de Registro de Candidatura

CC – Código Civil brasileiro

CE – Código Eleitoral

CF – Constituição Federal

CP – Código Penal

CPC – Código de Processo Civil

CPP – Código de Processo Penal

CR – Constituição da República

D – Decreto

DJ – *Diário de Justiça*

DJe – *Diário de Justiça eletrônico*

D-L – Decreto-Lei

DRAP – Demonstrativo de Regularidade de atos partidários

ICP – Inquérito civil público

JSV – Julgamento em sessão virtual

JTSE – *Jurisprudência do Tribunal Superior Eleitoral*

Jurisp – Jurisprudência

JURISTSE – Revista de Jurisprudência do Tribunal Superior Eleitoral – Temas Selecionados

LC – Lei Complementar

LE – Lei das Eleições (Lei nº 9.504/97)

LI	–	Lei das Inelegibilidades (LC nº 64/90)
LINDB	–	Lei de Introdução às Normas do Direito Brasileiro
LOMAN	–	Lei Orgânica da Magistratura Nacional (LC nº 35/79)
LPP	–	Lei dos Partidos Políticos (Lei nº 9.096/95)
MP	–	Ministério Público
MPE	–	Ministério Público Eleitoral
MPF	–	Ministério Público Federal
MProv	–	Medida Provisória
MPU	–	Ministério Público da União
MS	–	Mandado de Segurança
NF	–	Notícia de fato
OAB	–	Ordem dos Advogados do Brasil
PA	–	Processo Administrativo
Pet	–	Petição
PGE	–	Procuradoria-Geral Eleitoral
PGR	–	Procurador-Geral da República
PIC	–	Procedimento investigatório criminal
PJ	–	Procuradoria de Justiça
PPE	–	Procedimento preparatório "eleitoral"
PRE	–	Procuradoria Regional Eleitoral
PSS	–	Publicado em Sessão
RCED	–	Recurso Contra Expedição de Diploma
RDJ	–	Revista de Doutrina e Jurisprudência
RE	–	Recurso Extraordinário
Res	–	Resolução
REsp	–	Recurso Especial
REspe	–	Recurso Especial Eleitoral
REspEl	–	Recurso Especial Eleitoral
RRC	–	Requerimento de Registro de Candidatura
RO	–	Recurso Ordinário
RO-El	–	Recurso Ordinário Eleitoral
Rp	–	Representação Eleitoral
STF	–	Supremo Tribunal Federal
STJ	–	Superior Tribunal de Justiça
TJ	–	Tribunal de Justiça
TRE	–	Tribunal Regional Eleitoral
TRF	–	Tribunal Regional Federal
TSE	–	Tribunal Superior Eleitoral

SUMÁRIO

1 Direitos Políticos 1
    1.1   Compreensão dos direitos políticos.. 1
           1.1.1   Política 1
           1.1.2   Direito político, direito constitucional e ciência política.................. 3
           1.1.3   Direitos políticos 4
    1.2   Direitos humanos e direitos políticos.. 5
    1.3   Direitos fundamentais e direitos políticos 7
    1.4   Privação de direitos políticos... 8
           1.4.1   Considerações iniciais 8
           1.4.2   Cancelamento de naturalização 9
           1.4.3   Incapacidade civil absoluta 10
                    1.4.3.1   Pessoas portadoras de deficiência................................... 11
           1.4.4   Condenação criminal transitada em julgado 12
           1.4.5   Recusa de cumprir obrigação a todos imposta 20
           1.4.6   Improbidade administrativa 22

2 Direito Eleitoral 25
    2.1   Conceito e fundamento do direito eleitoral.. 25
    2.2   O microssistema eleitoral... 26
    2.3   Conceitos indeterminados.. 27
    2.4   Fontes do Direito Eleitoral 27
    2.5   Hermenêutica eleitoral 30
           2.5.1   Proporcionalidade e princípio da razoabilidade............................. 33
    2.6   Relação com outras disciplinas.. 38

3 Princípios de Direito Eleitoral 41
    3.1   Sobre princípios.. 41
           3.1.1   Princípio e valor 45
    3.2   Princípios de Direito Eleitoral... 47
    3.3   Democracia.. 49
           3.3.1   Ideia de democracia 49

	3.3.2	Democracia representativa	52
	3.3.3	Estado Democrático de Direito	54
3.4		Soberania popular	54
3.5		Princípio republicano	55
3.6		Sufrágio universal	56
	3.6.1	O que é sufrágio?	56
	3.6.2	Sufrágio e cidadania	57
	3.6.3	Classificação do sufrágio	57
	3.6.4	Sufrágio e voto	59
3.7		Legitimidade das eleições	59
3.8		Moralidade	60
3.9		Probidade	61
3.10		Igualdade ou isonomia	62
3.11		Pluralismo político	63
3.12		Liberdade de expressão	65
	3.12.1	Dimensão eleitoral da liberdade de expressão	69
4		**Justiça Eleitoral**	71
4.1		Considerações iniciais	71
4.2		Funções da justiça eleitoral	74
	4.2.1	Função administrativa	74
	4.2.2	Função jurisdicional	75
	4.2.3	Função normativa	76
	4.2.4	Função consultiva	77
4.3		Tribunal Superior Eleitoral	77
4.4		Tribunal Regional Eleitoral	80
4.5		Juízes eleitorais	83
4.6		Juntas Eleitorais	84
4.7		Divisão geográfica da Justiça Eleitoral	85
5		**Funções essenciais à Justiça Eleitoral**	87
5.1		Ministério Público Eleitoral	87
	5.1.1	Considerações iniciais	87
	5.1.2	Procurador-Geral Eleitoral	88
	5.1.3	Procurador Regional Eleitoral	89
	5.1.4	Promotor Eleitoral	89
	5.1.5	Conflitos de atribuição entre membros do MP Eleitoral	92
5.2		Defensoria Pública Eleitoral	93
5.3		Advocacia eleitoral	93
6		**Partidos políticos**	95
6.1		Introdução	95
6.2		Definição	97
	6.2.1	Função	98
	6.2.2	Distinção de partido político e outros entes	99
	6.2.3	Coligação partidária	99
	6.2.4	Federação partidária	101

6.3		Regime e natureza jurídica	103
	6.3.1	Regime jurídico	103
	6.3.2	Natureza jurídica	103
6.4		Registro no TSE	103
6.5		Organização	105
	6.5.1	Liberdade de organização	105
	6.5.2	Estrutura geral	105
	6.5.3	Incorporação e fusão de partidos	107
	6.5.4	Fundação e instituto partidário	108
6.6		Filiação, desfiliação, suspensão e cancelamento de filiação partidária	109
6.7		Propaganda partidária e intrapartidária	112
	6.7.1	Propaganda partidária	112
	6.7.2	Propaganda intrapartidária	116
	6.7.3	Responsabilização por propaganda ilícita	117
6.8		Finanças partidárias	117
	6.8.1	Financiamento partidário	117
	6.8.2	Despesas partidárias	120
	6.8.3	Prestação de contas partidárias	121
	6.8.4	Imunidade tributária	123
	6.8.5	Tribunal de Contas da União	124
6.9		Fidelidade partidária	124
6.10		Perda de mandato por infidelidade partidária	126
6.11		Extinção de partido político	137
6.12		Competência jurisdicional para questões partidárias	138
6.13		Vícios do sistema partidário brasileiro	139
6.14		Improbidade administrativa em partido político	141
7		**Sistemas eleitorais**	145
7.1		Considerações iniciais	145
7.2		Sistema majoritário	145
	7.2.1	Sistema distrital	146
	7.2.2	Distritão	148
7.3		Sistema proporcional	149
	7.3.1	Introdução	149
	7.3.2	Sistema proporcional no Brasil	150
	7.3.3	Distribuição de cadeiras – quocientes eleitoral e partidário e sobras eleitorais	151
	7.3.4	Críticas ao sistema proporcional	155
	7.3.5	Suplência	157
	7.3.6	Lista aberta, fechada e flexível	158
7.4		Sistema misto	159
8		**Alistamento eleitoral**	161
8.1		Considerações iniciais	161
	8.1.1	Proteção de dados pessoais e sigilo do cadastro eleitoral	161
	8.1.2	Domicílio eleitoral	162
8.2		Alistamento eleitoral obrigatório	163

		8.2.1	Realização do alistamento	163
		8.2.2	Pessoas obrigadas a se alistar	165
	8.3	Alistamento eleitoral facultativo		168
	8.4	Inalistabilidade		168
	8.5	Transferência de domicílio eleitoral		169
	8.6	Cancelamento e exclusão		172
	8.7	Revisão do eleitorado		174
9	**Elegibilidade**			177
	9.1	Caracterização da elegibilidade		177
	9.2	Condições de elegibilidade		177
		9.2.1	Nacionalidade brasileira	178
		9.2.2	Pleno exercício dos direitos políticos	178
		9.2.3	Alistamento eleitoral	179
		9.2.4	Domicílio eleitoral na circunscrição	179
		9.2.5	Filiação partidária	180
		9.2.6	Idade mínima	182
		9.2.6.1	Há idade máxima para se candidatar?	183
	9.3	Elegibilidade de militar		184
	9.4	Reelegibilidade		186
	9.5	Momento de aferição das condições de elegibilidade		186
	9.6	Arguição judicial de falta de condição de elegibilidade		188
	9.7	Perda superveniente de condição de elegibilidade		188
10	**Inelegibilidade**			191
	10.1	Conceito		191
	10.2	Fonte		192
		10.2.1	Tratado ou convenção internacional e inelegibilidade	192
	10.3	Natureza jurídica e fundamento		194
		10.3.1	Natureza jurídica da inelegibilidade	194
		10.3.2	Fundamento da inelegibilidade	196
	10.4	Princípios reitores		197
	10.5	Classificação		198
	10.6	Duração da inelegibilidade		199
	10.7	Incompatibilidade e desincompatibilização		200
		10.7.1	Desincompatibilização e reeleição	200
		10.7.2	Flexibilização do instituto da desincompatibilização?	201
	10.8	Inelegibilidades constitucionais		201
		10.8.1	Considerações iniciais	201
		10.8.2	Inelegibilidade de inalistáveis	202
		10.8.3	Inelegibilidade de analfabetos	202
		10.8.4	Inelegibilidade por motivos funcionais	205
		10.8.5	Inelegibilidade reflexa: cônjuge, companheiro e parentes	210
		10.8.5.1	Inelegibilidade reflexa derivada de matrimônio e união estável	214
		10.8.5.2	Inelegibilidade reflexa e família homoafetiva	218

		10.8.5.3	Inelegibilidade reflexa derivada de parentesco por consanguinidade ou adoção até o 2º grau	218

10.8.5.3 Inelegibilidade reflexa derivada de parentesco por consanguinidade ou adoção até o 2º grau 218

10.8.5.4 Inelegibilidade reflexa derivada de parentesco por afinidade até o 2º grau 219

10.8.5.5 Município desmembrado e inelegibilidade reflexa 219

10.9 Inelegibilidades infraconstitucionais ou legais 219

10.9.1 Considerações iniciais 219

10.9.2 A Lei Complementar nº 64/90 220

10.9.3 Inelegibilidades legais absolutas – LC nº 64/90, art. 1º, I 221

10.9.3.1 Perda de mandato legislativo (art. 1º, I, *b*) 222

10.9.3.2 Perda de mandato executivo (art. 1º, I, *c*) 223

10.9.3.3 Abuso de poder econômico e político (art. 1º, I, *d*) 224

10.9.3.4 Condenação criminal, vida pregressa e presunção de inocência (art. 1º, I, *e*) 227

10.9.3.5 Indignidade do oficialato (art. 1º, I, *f*) 235

10.9.3.6 Rejeição de contas (art. 1º, I, *g*) 236

10.9.3.7 Abuso de poder econômico ou político por agente público (art. 1º, I, *h*) 245

10.9.3.8 Cargo ou função em instituição financeira liquidanda (art. 1º, I, *i*) 247

10.9.3.9 Ilícitos eleitorais: corrupção eleitoral, captação ilícita de sufrágio, captação ou gasto ilícito de recurso em campanha, conduta vedada (art. 1º, I, *j*) 248

10.9.3.10 Renúncia a mandato eletivo (art. 1º, I, *k*) 250

10.9.3.11 Improbidade administrativa (art. 1º, I, *l*) 251

10.9.3.12 Exclusão do exercício profissional (art. 1º, I, *m*) 255

10.9.3.13 Simulação de desfazimento de vínculo conjugal (art. 1º, I, *n*) 256

10.9.3.14 Demissão do serviço público (art. 1º, I, *o*) 257

10.9.3.15 Doação eleitoral ilegal (art. 1º, I, *p*) 258

10.9.3.16 Magistrado e membro do MP: aposentadoria compulsória, perda de cargo e pedido de exoneração na pendência de PAD (art. 1º, I, *q*) 261

10.9.4 Inelegibilidades legais relativas – LC nº 64/90, art. 1º, II a VII 262

10.9.4.1 Inelegibilidade para Presidente e Vice-Presidente da República 263

10.9.4.2 Inelegibilidade para Governador e Vice-Governador 264

10.9.4.3 Inelegibilidade para Prefeito e Vice-Prefeito 264

10.9.4.4 Inelegibilidade para o Senado 265

10.9.4.5 Inelegibilidade para a Câmara de Deputados 265

10.9.4.6 Inelegibilidade para a Câmara Municipal 265

10.9.4.7 Desincompatibilização – regramento geral de servidores públicos 265

10.9.4.8 Situações especiais 269

10.10 Arguição judicial de inelegibilidade 275

10.11 Aferição das causas de inelegibilidade 275

10.11.1	Regra geral: aferição no momento do registro de candidatura	275
10.11.2	Inelegibilidade superveniente: momento de aferição	276
10.11.3	Inelegibilidade posterior à data da eleição: irretroatividade da inelegibilidade	277

10.12 Elegibilidade superveniente 277

10.12.1	Alterações fáticas ou jurídicas supervenientes ao pedido de registro: parte final do § 10, art. 11, LE	277
10.12.2	Revogação da suspensão do ato gerador da inelegibilidade	281
10.12.3	Inelegibilidade extinta após a data da eleição: irretroatividade da elegibilidade	283

10.13 Suspensão de inelegibilidade 283

10.13.1	O art. 26-C da LC nº 64/90	283
10.13.2	Efeito suspensivo de recurso	286

11 Processo eleitoral 287

11.1 O que é processo eleitoral? 287

11.2 Salvaguarda do processo eleitoral 290

11.3 Anualidade eleitoral 291

12 Convenção partidária 297

12.1 Caracterização da convenção partidária 297

12.2 Impugnação da convenção 300

12.3 Quantos candidatos podem ser escolhidos em convenção? 301

12.4 Modo de indicação de candidato para vaga remanescente e substituição 301

12.5 Divulgação pública da convenção 302

12.6 Prévias partidárias ou eleitorais 302

12.6.1	Primárias americanas	303

13 Registro de candidatura 305

13.1 Processo de registro de candidatura 305

13.1.1	Considerações iniciais	305
	13.1.1.1 Candidatura coletiva	307
13.1.2	Rito	308
13.1.3	Formalidades para o pedido de registro	312
	13.1.3.1 Documentos necessários ao registro	313
	13.1.3.2 Identificação do candidato	320
	13.1.3.3 Verificação e validação de dados e fotografia	322
13.1.4	Requerimento de registro de candidatura individual – RRCI	322
13.1.5	Candidatura nata	322
13.1.6	Número de candidatos que pode ser registrado por partido	323
13.1.7	Quota eleitoral de gênero	326
	13.1.7.1 A questão dos trans, transgênero e transexual	331
	13.1.7.2 Fraude na quota de gênero	331
	13.1.7.3 Financiamento da quota de gênero	334
13.1.8	Quota eleitoral étnico-racial	335
13.1.9	Vagas remanescentes	335
13.1.10	Substituição de candidatos	335

| | | 13.1.10.1 Substituição de candidato majoritário | 337 |

13.1.10.1 Substituição de candidato majoritário.............................. 337

13.1.10.2 Substituição de candidato proporcional............................ 339

13.2 Impugnação a pedido de registro de candidatura.. 339

    13.2.1   Notícia de inelegibilidade... 339

    13.2.2   Ação de Impugnação de Registro de Candidatura (AIRC)............. 340

        13.2.2.1   Caracterização da ação de impugnação de registro de candidato.......... 340

        13.2.2.2   Procedimento... 341

        13.2.2.3   Prazos... 342

        13.2.2.4   Início do processo... 343

        13.2.2.5   Competência... 344

        13.2.2.6   Petição inicial... 344

        13.2.2.7   Objeto... 344

        13.2.2.8   Causa de pedir... 344

        13.2.2.9   Partes... 347

        13.2.2.10 Citação do impugnado... 351

        13.2.2.11 Defesa... 351

        13.2.2.12 Sucessão processual e substituição de candidato.......... 352

        13.2.2.13 Desistência da ação... 353

        13.2.2.14 Tutela provisória... 354

        13.2.2.15 Extinção do processo sem resolução do mérito.......... 356

        13.2.2.16 Julgamento antecipado do mérito................................ 357

        13.2.2.17 Fase probatória: audiência de instrução e diligências...... 357

        13.2.2.18 Alegações finais... 358

        13.2.2.19 Julgamento... 359

        13.2.2.20 Eficácia da decisão que indefere registro de candidatura 360

        13.2.2.21 Recurso... 362

14 Campanha eleitoral... 367

14.1 Campanha eleitoral e pré-campanha... 367

    14.1.1   Pré-campanha... 368

14.2 Direitos e deveres de candidatos no processo eleitoral................................ 369

    14.2.1   Direitos de candidato... 369

    14.2.2   Deveres de candidato... 370

15 Financiamento de campanha eleitoral e prestação de contas.................... 373

15.1 Financiamento de campanha eleitoral... 373

    15.1.1   Modelos de financiamento de campanha eleitoral.................... 373

    15.1.2   Modelo brasileiro de financiamento de campanha eleitoral........... 378

        15.1.2.1   Limite de gastos de campanha................................ 378

        15.1.2.2   Financiamento público................................ 379

            15.1.2.2.1   Financiamento da quota eleitoral de gênero. 381

            15.1.2.2.2   Financiamento étnico-racial de candidaturas... 382

        15.1.2.3   Financiamento privado................................ 383

            15.1.2.3.1   Introdução................................ 383

            15.1.2.3.2   Início e fim da arrecadação privada de recursos................ 383

| | | 15.1.2.3.3 | Formalidades para arrecadação de recursos: inscrição no CNPJ, abertura de conta bancária | 384 |

15.1.2.3.3 Formalidades para arrecadação de recursos: inscrição no CNPJ, abertura de conta bancária 384

15.1.2.3.4 Documentação da arrecadação 385

15.1.2.4 Recursos de campanha 386

15.1.2.5 Objeto da doação 390

15.1.2.6 Fontes de financiamento proibidas 392

15.1.2.7 Gastos eleitorais 395

15.1.2.8 Gastos eleitorais não sujeitos a registro 397

15.1.2.9 Administração financeira da campanha 398

15.2 Prestação de contas de campanha eleitoral 398

15.2.1 Generalidades 398

15.2.2 Formas de prestação de contas 399

15.2.3 Prestações de contas parciais e finais 400

15.2.3.1 Retificação da prestação de contas 401

15.2.4 Procedimento na Justiça Eleitoral 401

15.2.5 Julgamento da prestação de contas 402

15.2.5.1 Sobras de campanha, recursos de fundos públicos, de fonte vedada e origem não identificada 406

15.2.5.2 Prazo para o julgamento das contas 406

15.2.5.3 Recursos 407

15.2.5.4 Omissão de informações e falsidade ideológica 407

15.2.6 Assunção de dívida de campanha pelo partido 408

15.2.7 Conservação dos documentos 409

15.3 Ação por doação irregular a campanha eleitoral 409

16 **Pesquisa eleitoral** 415

17 **Propaganda eleitoral** 419

17.1 Propaganda política 419

17.1.1 Caracterização da propaganda política 419

17.1.2 Importância das novas tecnologias comunicacionais 421

17.1.3 Tipos de propaganda política 424

17.2 Propaganda eleitoral 426

17.2.1 Introdução 426

17.2.1.1 Proteção de dados pessoais na propaganda 427

17.2.2 Princípios 428

17.2.3 Classificação 430

17.2.4 Propaganda eleitoral ilícita e sanção 432

17.2.5 Propaganda eleitoral extemporânea ou antecipada 433

17.2.5.1 Não configuração de propaganda eleitoral antecipada: o art. 36-A da LE 436

17.2.5.2 Dever de tratamento isonômico por emissoras de rádio e TV 441

17.2.5.3 Impulsionamento em redes sociais no período de pré-campanha 441

17.2.5.4 Dever de informar o uso de tecnologias digitais 442

	17.2.5.5 Responsabilidade por propaganda antecipada	443
17.2.6	Propaganda em bem público	443
17.2.7	Propaganda em bem de uso ou acesso comum	446
17.2.8	Propaganda em bem cujo uso dependa de autorização, cessão ou permissão do Poder Público	446
17.2.9	Propaganda em bem particular	447
17.2.10	*Outdoor*	450
17.2.11	Distribuição de folhetos, adesivos, volantes e outros impressos	450
17.2.12	Comício, showmício e eventos assemelhados, *live*	451
17.2.13	Alto-falante, carro de som, minitrio e trio elétrico	453
17.2.14	Reunião e manifestação coletiva	454
17.2.15	Templo, culto e cerimônia religiosos	454
17.2.16	Caminhada, passeata, carreata e desfile em veículos automotores...	455
17.2.17	Propaganda mediante distribuição de bens ou vantagens	455
17.2.18	*Telemarketing* eleitoral	456
17.2.19	Mensagens de felicitação e agradecimento	456
17.2.20	Divulgação de atos e atuação parlamentar	457
17.2.21	Mídia: meios de comunicação social	457
17.2.22	Mídia escrita	458
17.2.23	Mídia virtual	459
17.2.24	Rádio e televisão	460
	17.2.24.1 Aspectos da propaganda no rádio e na televisão	460
	17.2.24.2 Entrevistas com candidatos	462
	17.2.24.3 Debate	463
	17.2.24.4 Debate virtual	465
17.2.25	Propaganda gratuita no rádio e na televisão	466
	17.2.25.1 Introdução	466
	17.2.25.2 Conteúdo da propaganda	467
	17.2.25.3 Distribuição do tempo de propaganda	468
	17.2.25.4 Primeiro turno das eleições	470
	17.2.25.5 Segundo turno das eleições	472
	17.2.25.6 Invasão de horário e participação de apoiador	472
	17.2.25.7 Inexistência de emissora geradora de sinais de rádio e televisão	474
	17.2.25.8 Sanções	475
17.2.26	Propaganda na Internet, meios digitais e redes sociais	477
	17.2.26.1 Introdução	477
	17.2.26.2 Liberdade de expressão na Internet	478
	17.2.26.3 Quem pode realizar propaganda eleitoral na Internet?...	479
	17.2.26.4 Marco temporal da propaganda eleitoral na Internet	479
	17.2.26.5 Formas lícitas de propaganda eleitoral na Internet	480
	17.2.26.6 Impulsionamento e priorização de conteúdos	481
	17.2.26.7 Formas vedadas de propaganda eleitoral na Internet	483
	17.2.26.8 Proibição de conteúdo *deepfake*	485
	17.2.26.9 Dever de informar o uso de tecnologia digital, chatbot e avatar	486

17.2.26.10 Dever de cuidado do provedor de aplicação e impulsionamento ... 487

17.2.26.11 Responsabilidade jurídica ... 487

17.2.26.12 Página institucional na Internet e perfis em redes sociais . 491

17.2.26.13 Página institucional na Internet e perfis em redes sociais de agente público candidato a reeleição ou a outro cargo eletivo ... 492

17.2.27 Dia das eleições: propaganda e liberdade de expressão dos eleitores ... 493

17.2.28 Violação de direito autoral ... 494

17.2.29 Pronunciamento em cadeia de rádio ou TV ... 495

17.2.30 Inviolabilidade parlamentar ... 495

17.3 Representação por propaganda eleitoral ilícita ... 495

17.3.1 Procedimento do art. 96 da Lei das Eleições ... 495

17.3.2 Caracterização da representação por propaganda eleitoral ilícita 496

17.3.3 Aspectos processuais da representação ... 496

17.3.3.1 Procedimento ... 496

17.3.3.2 Prazos ... 497

17.3.3.3 Intimação de partes, procuradores e Ministério Público 498

17.3.3.4 Início do processo ... 499

17.3.3.5 Petição inicial ... 499

17.3.3.6 Objeto ... 500

17.3.3.7 Tutela inibitória ... 500

17.3.3.8 Causa de pedir ... 501

17.3.3.9 Partes ... 502

17.3.3.10 Prazo para ajuizamento ... 504

17.3.3.11 Desistência da ação ... 505

17.3.3.12 Competência ... 506

17.3.3.13 Tutela provisória ... 508

17.3.3.14 Citação do representado ... 509

17.3.3.15 Defesa ... 509

17.3.3.16 Intervenção obrigatória do Ministério Público ... 509

17.3.3.17 Extinção do processo sem resolução do mérito ... 510

17.3.3.18 Julgamento antecipado do mérito ... 510

17.3.3.19 Fase probatória ... 510

17.3.3.20 Alegações finais ... 512

17.3.3.21 Julgamento ... 512

17.3.3.22 Recurso ... 513

17.4 Direito de resposta ... 516

17.4.1 Caracterização do direito de resposta ... 516

17.4.2 Aspectos processuais do pedido de direito de resposta ... 520

18 Eleições, consultas populares, voto e proclamação dos resultados ... 527

18.1 Eleições e consultas populares ... 527

18.1.1 Consultas populares ... 528

18.2 Sobre o voto ... 529

18.2.1	Definição e classificação do voto	529
18.2.2	Voto e escrutínio	532
18.2.3	Voto eletrônico ou informatizado	532
18.2.4	Críticas ao sistema de votação: transparência da urna eletrônica e voto impresso	534

18.3 Garantias eleitorais ... 536

18.3.1	Introdução	536
18.3.2	Garantias de eleitores, mesários, fiscais e candidatos	538
18.3.3	Transporte de eleitores	539
18.3.4	Oferta de alimentos a eleitores	540
18.3.5	Restrição de acesso ao local de votação	540
18.3.6	Prioridade postal	541
18.3.7	Lei seca	541
18.3.8	Participação de forças federais nas eleições	541
18.3.9	Feriado nacional	542

18.4 Preparação para as eleições ... 542

18.5 Preparação para a votação ... 544

18.6 Dia da eleição: votação ... 545

18.7 Apuração e totalização dos votos ... 549

18.8 Proclamação dos resultados ... 550

18.9 Impugnação do funcionamento dos sistemas de votação ou apuração ... 551

19 Diplomação ... 553

19.1 Caracterização da diplomação ... 553

19.2 Candidato eleito com pedido de registro *sub judice* ... 555

20 Invalidade: nulidade e anulabilidade de votos ... 559

20.1 Considerações iniciais ... 559

20.2 Invalidade no Direito Eleitoral ... 561

20.2.1	Delineamento da invalidade no Direito Eleitoral	562
	20.2.1.1 Inexistência	562
	20.2.1.2 Nulidade	563
	20.2.1.3 Anulabilidade	567

20.3 Prazos para arguição ... 573

20.4 Efeitos da invalidade ... 574

20.4.1	Efeitos gerais da invalidade	574
20.4.2	Indeferimento de registro de candidatura	574
	20.4.2.1 Primeira situação: nulidade dos votos	575
	20.4.2.2 Segunda situação: anulabilidade dos votos	575
20.4.3	Cassação de registro de candidatura, diploma ou mandato	580
	20.4.3.1 Cassação de registro de candidatura e nulidade dos votos	580
	20.4.3.2 Cassação e anulabilidade dos votos	581
20.4.4	Convocação de novas eleições e anulação de votos	582

21 Ilícitos eleitorais e responsabilidade eleitoral ... 585

21.1 Ilícito eleitoral ... 585

21.1.1	Configuração do ilícito eleitoral	585

21.1.2	Sanção por ilícito eleitoral e proporcionalidade	586
21.1.3	Espécies de ilícitos eleitorais	586

21.2 Abuso de poder 586

21.2.1	Introdução	586
21.2.2	O que é abuso de poder?	587
21.2.3	Poder e influência	589
21.2.4	Tipologia legal do abuso de poder: *numerus clausus* ou *numerus apertus*?	589
21.2.5	Abuso de poder econômico	591
21.2.6	Abuso de poder de autoridade	593
21.2.7	Abuso de poder político	594
21.2.8	Abuso de poder político-econômico	597
21.2.9	Abuso de poder midiático	597
21.2.10	Abuso de poder na Internet, meios digitais e redes sociais	599
21.2.11	Abuso de poder mediante discurso: os atos perlocutórios	602
21.2.12	Abuso de poder religioso	604
21.2.13	Abuso de poder docente	608
21.2.14	Gravidade das circunstâncias	608
21.2.15	Sanção por abuso de poder	610

21.3 Fraude 610

21.3.1	Sanção por fraude	612

21.4 Corrupção 612

21.4.1	Sanção por corrupção	614

21.5 Captação ou gasto ilícito de recursos para fins eleitorais – LE, art. 30-A ... 615

21.5.1	Caracterização da captação ou gasto ilícito de recursos	615
21.5.2	Sanção por captação ou gasto ilícito de recursos	617

21.6 Captação ilícita de sufrágio – LE, art. 41-A 617

21.6.1	Caracterização da captação ilícita de sufrágio	617
21.6.2	Sanção por captação ilícita de sufrágio	625

21.7 Condutas vedadas a agentes públicos – LE, arts. 73 a 78 626

21.7.1	Caracterização da conduta vedada	626
21.7.2	Espécies de condutas vedadas	629
	21.7.2.1 Cessão ou uso de bens públicos – art. 73, I	629
	21.7.2.2 Uso de materiais ou serviços públicos – art. 73, II	633
	21.7.2.3 Cessão ou uso de servidor público para comitê de campanha eleitoral – art. 73, III	634
	21.7.2.4 Uso promocional de bens ou serviços públicos – art. 73, IV	636
	21.7.2.5 Nomeação, admissão, transferência ou dispensa de servidor público – art. 73, V	637
	21.7.2.6 Transferência voluntária de recursos – art. 73, VI, *a*	639
	21.7.2.7 Propaganda institucional em período eleitoral – art. 73, VI, *b*	640
	21.7.2.8 Pronunciamento em cadeia de rádio e televisão – art. 73, VI, *c*	643

	21.7.2.9	Distribuição gratuita de bens, valores ou benefícios pela Administração Pública ou por entidade vinculada a candidato – art. 73, §§ 10 e 11 644
	21.7.2.10	Infringir o § 1º do art. 37 da CF – art. 74 645
	21.7.2.11	Despesas excessivas com propaganda institucional – art. 73, VII 647
	21.7.2.12	Revisão geral de remuneração de servidores – art. 73, VIII 649
	21.7.2.13	Contratação de show artístico em inauguração de obra – art. 75 650
	21.7.2.14	Comparecimento de candidato em inauguração de obra pública – art. 77... 650
	21.7.2.15	Sanção por conduta vedada e proporcionalidade............. 651
	21.7.2.16	Improbidade administrativa e ressarcimento de dano ao erário 653

21.8 Responsabilidade eleitoral... 654

    21.8.1 Noção de responsabilidade jurídica... 654

    21.8.2 Responsabilidade eleitoral e seu fundamento 655

    21.8.3 Exigência de processo justo 657

22 Perda de mandato eletivo, invalidação de votos e eleição suplementar 659

22.1 extinção de mandato eletivo 659

    22.1.1 Causa não eleitoral de extinção de mandato 660

22.2 Causa eleitoral de extinção de mandato eletivo 661

    22.2.1 Cassação de registro de candidatura, diploma ou mandato em razão de ilícito e invalidação da votação 661

    22.2.2 Não deferimento de registro de candidatura e invalidação da votação.... 662

22.3 Eleição suplementar, invalidação de votos – o art. 224 do CE........... 663

    22.3.1 O art. 224 do Código Eleitoral 663

        22.3.1.1 O regime do *caput* do art. 224 do CE................ 664

        22.3.1.2 O regime do § 3º do art. 224 do CE................... 665

    22.3.2 Constitucionalidade do art. 224, §§ 3º e 4º, do CE................ 667

    22.3.3 Eleição suplementar: novo processo eleitoral ou mera renovação do escrutínio anterior? 669

    22.3.4 Eleição suplementar direta e indireta................................... 670

    22.3.5 Ao causador da invalidação da eleição é vedado disputar o novo pleito suplementar... 671

    22.3.6 Responsabilidade civil por danos materiais e morais coletivos decorrentes da realização de eleição suplementar 672

23 Ações eleitorais: procedimento do art. 22 da LC nº 64/90................ 675

23.1 Processo jurisdicional eleitoral... 675

23.2 Tópicos processuais... 676

    23.2.1 Devido processo legal... 676

    23.2.2 Aplicação supletiva e subsidiária do CPC................................ 677

    23.2.3 Celeridade 677

    23.2.4 Imparcialidade dos agentes da Justiça Eleitoral 677

    23.2.5 Demanda ou dispositivo 678

23.2.6	Impulso oficial	678
23.2.7	Congruência ou correlação entre a imputação e a sentença	679
23.2.8	Aditamento e alteração da causa de pedir	680
23.2.9	Art. 23 da LC nº 64/90 e persuasão racional do juiz	680
23.2.10	Fundamentação das decisões judiciais	681
23.2.11	Publicidade	681
23.2.12	Boa-fé objetiva e lealdade	682
23.2.13	Instrumentalidade do processo	682
23.2.14	Gratuidade	682
23.2.15	*Amicus curiae*	683
23.2.16	Autocomposição, conciliação e mediação	684
23.2.17	Negócio jurídico processual	685
23.2.18	Prioridade na tramitação de feitos quanto a idoso, portador de doença grave e portador de deficiência	687
23.2.19	Processo eletrônico	687
23.2.20	Sessão de julgamento por meio eletrônico	688
23.3	Ações eleitorais	690
23.4	Ação de investigação judicial eleitoral (AIJE) por abuso de poder	692
23.4.1	Considerações iniciais	692
23.4.2	Procedimento da AIJE	693
23.4.3	Atos judiciais e ordinatórios	693
23.4.4	Prazos processuais	694
23.4.5	Intimação de partes, procuradores e Ministério Público	696
23.4.6	Início do processo	697
23.4.7	Petição inicial	697
23.4.8	Objeto	698
23.4.8.1	Inelegibilidade, cassação de registro e de diploma	698
23.4.8.2	Tutela inibitória	699
23.4.9	Causa de pedir	700
23.4.10	Partes	703
23.4.11	Prazo para ajuizamento	709
23.4.12	Litispendência e coisa julgada	710
23.4.13	Sucessão processual	711
23.4.14	Desistência da ação	712
23.4.15	Competência	712
23.4.15.1	Conflito de competência	713
23.4.16	Tutela provisória	714
23.4.16.1	Tutela provisória de urgência antecipada	714
23.4.16.2	Tutela provisória de urgência cautelar	716
23.4.16.3	Tutela provisória de evidência	716
23.4.17	Citação	717
23.4.18	Defesa	718
23.4.19	Arguição de incompetência	719
23.4.20	Arguição de imparcialidade do juiz: impedimento e suspeição	719
23.4.21	Extinção do processo sem resolução do mérito	722
23.4.22	Julgamento antecipado do mérito	722

23.4.23	Provas		723
23.4.24	Colheita e produção antecipada de provas		742
23.4.25	Audiência de instrução probatória		743
23.4.26	Diligências		744
23.4.27	Alegações finais		744
23.4.28	Relatório		745
23.4.29	Julgamento		745
23.4.30	Recurso		748
	23.4.30.1	Recurso contra decisão interlocutória	749
	23.4.30.2	Recurso contra decisão final, extintiva do processo ou da fase cognitiva do procedimento	751
	23.4.30.3	Juntada de documento novo no recurso	753
23.4.31	Efeitos do recurso		754
	23.4.31.1	Efeito imediato do acórdão que cassa diploma: afastamento do mandatário cassado	755
23.4.32	Juízo de retratação		756
23.4.33	Recurso adesivo		756
23.4.34	Sessão de julgamento por meio eletrônico		756

23.5 Ação por captação ou gasto ilícito de recurso para fins eleitorais – LE, art. 30-A 757

23.6 Ação por captação ilícita de sufrágio – LE, art. 41-A 762

23.7 Ação por conduta vedada a agentes públicos – LE, arts. 73 a 78 767

23.8 Cúmulo de ações: cúmulo de pedidos em um mesmo processo 772

23.9 Conexão e reunião de causas eleitorais 772

23.9.1	Juízo competente	774
23.9.2	Procedimento a ser observado	775
23.9.3	Compartilhamento de provas	775

23.10 Extensão da *causa petendi* e princípio da congruência 775

24 Ação de Impugnação de Mandato Eletivo (AIME) 777

24.1 Caracterização da Ação de Impugnação de Mandato Eletivo 777

24.1.1	Compreensão da AIME	777
24.1.2	Inelegibilidade e AIME	778

24.2 Procedimento da AIME 780

24.2.1	Introdução	780
24.2.2	Aplicação supletiva e subsidiária do CPC	781
24.2.3	Temas comuns com o procedimento da AIJE	781
24.2.4	Segredo de justiça	781
24.2.5	Petição inicial	782
24.2.6	Objeto	784
24.2.7	Causa de pedir	784
24.2.8	Partes	784
24.2.9	Prazo para ajuizamento	786
24.2.10	Litispendência e coisa julgada	787
24.2.11	Desistência da ação	787
24.2.12	Competência	788
24.2.13	Tutela provisória de urgência cautelar	789

DIREITO ELEITORAL – José Jairo Gomes

24.2.14 Citação 789

24.2.15 Defesa 789

24.2.16 Arguição de incompetência 790

24.2.17 Extinção do processo 790

24.2.18 Julgamento antecipado do mérito 791

24.2.19 Fase probatória: audiência de instrução e diligências 791

24.2.20 Alegações finais 792

24.2.21 Julgamento 793

24.2.22 Recurso 794

24.2.23 Juízo de retratação 794

25 Recurso Contra Expedição de Diploma (RCED) 795

25.1 Caracterização do Recurso contra Expedição do Diploma 795

25.2 Natureza jurídica do RCED 797

25.3 Recepção do RCED pela Constituição Federal de 1988 798

25.4 Aspectos processuais 799

26 Execução e cumprimento de decisões eleitorais 807

26.1 Introdução 807

26.2 Decisões eleitorais condenatórias 807

26.3 Pagamento voluntário integral ou parcelado 808

26.4 Execução e cumprimento de decisões condenatórias em sanção pecuniária .. 810

26.4.1 Efeitos acessórios do inadimplemento da dívida 810

26.4.2 Liquidação do título 810

26.4.3 Procedimentos legais para execução e cumprimento da decisão 811

26.4.4 Cumprimento da decisão – rito dos arts. 523 e ss. do CPC 811

26.4.5 Execução da dívida – rito da LEF 812

26.4.6 Cumprimento *ex officio* 812

26.4.7 Competência 813

26.4.8 Legitimidade *ad causam* 814

26.4.9 Impenhorabilidade dos recursos públicos alocados no Fundo Partidário 816

26.4.10 Honorários advocatícios 816

26.4.11 Prazos processuais 817

26.4.12 Prescrição e prescrição intercorrente 817

27 Ação rescisória 819

27.1 Ação rescisória eleitoral 819

27.2 Ação de anulação de ato processual 822

27.3 Ação de *querela nullitatis insanabilis* 822

Referências 823

Índice 833

Apêndice 841

1

DIREITOS POLÍTICOS

1.1 COMPREENSÃO DOS DIREITOS POLÍTICOS

1.1.1 Política

A palavra *político* apresenta variegados significados na cultura ocidental. No dia a dia, é associada à cerimônia, à cortesia ou à urbanidade no trato interpessoal; identifica-se com a habilidade no relacionar-se com o outro. Também denota a arte de tratar com sutileza e jeito temas difíceis, polêmicos ou delicados. Expressa, ainda, o uso ou emprego de poder para o desenvolvimento de atividades ou a organização de setores da vida social; é nesse sentido que se fala em política econômica, financeira, ambiental, esportiva, de saúde. Em geral, o termo é usado tanto na esfera pública (ex.: política estatal, política pública, política de governo), quanto na privada (*e. g.*: política de determinada empresa, política de boa vizinhança). Possui igualmente sentido pejorativo, consistente no emprego de astúcia ou maquiavelismo nas ações desenvolvidas, sobretudo para obtenção de resultados sem a necessária ponderação ética dos meios empregados.

Outra, entretanto, é sua conotação técnico-científica, onde encontra-se ligada à ideia de *poder*. Mas também nesse terreno não é unívoca, apresentando pluralidade de sentidos.

No mundo grego, a política era compreendida como a vida pública dos cidadãos, em oposição à vida privada e íntima. Era o espaço em que se estabelecia o debate livre e público pela palavra e onde as decisões coletivas eram tomadas. Compreendia-se a política como a arte de definir ações na sociedade, ações essas que não apenas influenciavam o comportamento das pessoas, mas determinavam toda a existência individual. O viver político significava para os gregos a própria essência da vida, sendo esta inconcebível fora da *polis*.

Em sua *Ética a Nicômacos*, Aristóteles (1992, p. 1094a e 1094b) afirma que a *ciência política* estabelece o que devemos fazer e aquilo de que devemos abster-nos. Sua finalidade é o bem do homem, ou seja, a felicidade. Deve descrever o modo como o homem alcança a felicidade. Esta depende de se seguir certa maneira de viver e relacionar-se com os demais membros do grupo. Nesse sentido, o termo *político* significa o mesmo que ética e moral, conduzindo ao estudo individual da ação e do caráter.

Todavia, em outro texto, *Política*, Aristóteles (1985, p. 1253a–1280b) emprega o termo enfocado com significado diverso. Considera que o homem é um animal social; o único que tem o dom da fala. Sua vida e sua felicidade são condicionadas pelo ambiente, pelos costumes, pelas leis e instituições. Isoladamente, o indivíduo não é autossuficiente, existindo um impulso natural para que participe de grupos e da comunidade. A cidade, nessa perspectiva, é formada não apenas com vistas a assegurar a vida, mas também para assegurar uma vida melhor, livre e digna. Nesse contexto, *política* consiste no estudo do Estado, do governo, das instituições sociais, das Constituições estatais. É a ciência que pretende desvendar a melhor organização social – a melhor Constituição estatal –, de modo que o homem possa alcançar o bem, a felicidade. Assim, a ciência política deve descrever a forma ideal de Estado, bem como a melhor forma de Estado possível na presença de certas circunstâncias.

Note-se que, em Aristóteles, ambos os significados da palavra *política* encontram-se entrelaçados. A política tem por missão estabelecer, primeiro, a maneira de viver que leva ao bem, à felicidade; depois, deve descrever o tipo de Constituição, a forma de Estado, o regime e o sistema de governo que assegurem esse modo de vida.

A *política* constitui uma realidade dinâmica, construída na experiência histórica; relaciona-se a tudo o que diz respeito à vida coletiva, sendo indissociável da vida humana, da cultura, da moral, da religião. Em geral, é ela compreendida como as relações da sociedade civil, do Estado, que proveem um quadro no qual as pessoas podem produzir e consumir, associar-se e interagir umas com as outras, cultuar ou não Deus, comunicar e se expressar artisticamente. Trata-se, por outro lado, de esfera de poder, constituída socialmente, na qual se agregam múltiplos e, por vezes, contraditórios valores e interesses.

Por *poder* compreende-se o fenômeno pelo qual um ente (pessoa ou grupo) determina, modifica ou influencia o comportamento de outrem. A dominação exercida sobre outrem propicia que projetos e objetivos sejam perseguidos e realizados. A maneira como sentimos, agimos e pensamos – tanto no plano individual quanto no coletivo – pode ser determinada pela interferência do poder dominante.

Tal fenômeno não é uma propriedade ou atributo de algo ou alguém, mas uma relação que se estabelece entre sujeitos. A natureza do poder é, pois, relacional. De um lado, há o sujeito, grupo ou ente que detém o poder, e, de outro, os que a ele se submetem. As relações de poder encontram-se arraigadas e pulverizadas na sociedade sob diversas formas.

O fundamento do poder varia conforme a cultura e os valores em vigor, sendo muito importantes as cosmovisões e interpretações disseminadas e assimiladas no interior da sociedade. Repousará na força física, na religião, em atributos ético-morais (como mérito, prestígio, respeito), em qualidades estéticas (charme, beleza), dependendo do apreço que a comunidade tenha por tais fatores. Assim, o poder estará com quem enfeixar ou controlar os elementos mais valorizados no interior da sociedade ou da classe social a que pertença.

Há diversas dimensões do poder na sociedade, destacando-se, dentre elas, além do político, o econômico e o ideológico ou intelectual.

O poder econômico se funda na propriedade, posse ou controle de bens economicamente apreciáveis no mercado. Dada a escassez de recursos materiais e os benefícios que a riqueza proporciona, é intensa a luta travada pelos indivíduos pelo acesso a recursos materiais. No mundo moderno/capitalista, a detenção de bens determina a sorte da vida de todos. Isso evidencia a relevância do poder econômico que, de fato, pode influir, dominar ou determinar o comportamento de outras pessoas, e mesmo impor-se às demais esferas de poder.

Já o poder ideológico tem natureza intelectual e se firma na incorporação de conhecimentos, detenção de informações, formulação de ideias e conceitos. É nessa esfera que se dão a construção e reprodução de discursos e significados que determinam ou orientam a ação dos atores sociais, induzindo, com isso, comportamentos individuais. Em geral, os discursos produzidos nessa esfera de poder prestam-se a justificar comportamentos, bem como a ideologia e os discursos da elite econômica dominante, podendo, ainda, mascarar ou ocultar realidades ou situações inconvenientes de serem debatidas no mercado público de ideias.

Por sua vez, o poder político é fundado no imperativo de se governar a sociedade, as instituições e organizações público-sociais – para tanto, nos regimes democráticos, é fundamental a construção de consensos com vistas à criação e execução das regras necessárias ao funcionamento da sociedade. Segundo Bobbio (2000, p. 221-222), em sua essência, o *poder político* se caracteriza pelo uso (efetivo ou potencial) da força, da coerção, com exclusividade em relação aos outros grupos que atuam num determinado contexto social. Nas relações interindividuais, apesar do estado de subordinação criado pelo poder econômico (o que se evidencia, *e. g.*, nas relações de trabalho, com destaque para a que se estabelece entre empregador e empregado) e da adesão passiva aos valores ideológicos transmitidos pela classe dominante, "apenas o emprego da força física consegue impedir a insubordinação e domar toda forma de desobediência. Do mesmo modo, nas relações entre grupos políticos independentes, o instrumento decisivo que um grupo dispõe para impor a própria vontade a um outro grupo é o uso da força, isto é, a guerra". Deveras, embora possa ser influenciado fortemente pela elite econômica, formalmente o poder político é o poder supremo numa sociedade organizada. Mas a possibilidade de usar a força é apenas uma condição para a existência do poder político, não significando que se deva sempre recorrer a ela.

Modernamente, consolidou-se a ligação de "política" com "governo". Assim, o termo é associado ao que concerne à *polis*, ao Estado, ao governo, à arte ou ciência de governar, de administrar a *res* pública, de influenciar o governo, suas ações ou o processo de tomada de decisões. Nesse sentido, o sociólogo inglês Giddens (2005, p. 342, 573) assevera que política é o meio pelo qual o poder é utilizado e contestado para influenciar a natureza e o conteúdo das atividades governamentais. Assinala que a "esfera 'política' inclui as atividades daqueles que estão no governo, mas também as ações e interesses concorrentes de muitos outros grupos e indivíduos".

Estado, em definição lapidar, é a sociedade politicamente organizada. É a totalidade da sociedade política, formalmente organizada sob a forma jurídica, com vistas a assegurar certa ordem social e a integração de todos para o bem comum. Trata-se de ente abstrato, de existência ideal, no qual o poder social é enraizado e institucionalizado. Constituem seus elementos: poder político, povo e território.

O *governo* denota a face dinâmica, ativa, do Estado. Trata-se do conjunto de pessoas, instituições e órgãos que impulsionam a vida pública, realizando a *vontade política* do grupo investido no poder. O governo, em suma, exerce o poder político enfeixado no Estado.

O universo político abrange a direção do Estado nos planos externo e interno, a gestão de recursos públicos, a definição e o desenvolvimento de políticas públicas, a implementação de projetos sociais e econômicos, o acesso a cargos públicos, a realização de atividades legislativas e jurisdicionais, a resolução de conflitos entre indivíduos e grupos, entre outras coisas.

1.1.2 Direito político, direito constitucional e ciência política

Nesse amplo quadro, Direito Político é o ramo do Direito Público cujo objeto são os princípios e as normas que regulam a organização e o funcionamento do Estado e do governo, disciplinando o exercício e o acesso ao poder estatal. Encontra-se, pois, compreendido no Direito Constitucional, cujo objeto consiste no estudo da constituição do Estado, na qual encontram-se reguladas não só a ordem política, como também a social, a econômica e os direitos fundamentais.

A *ciência política* também se ocupa do fenômeno *político*, fazendo-o, contudo, em outra dimensão, de maneira ampla e com maior grau de abstração. Sem se restringir a aspectos normativos ou organizacionais de determinado Estado ou a determinada época, cuida tal ciência mais propriamente de estudar o poder político, suas formas de distribuição na sociedade, bem como seu funcionamento ou operacionalização. Para além de concepções jurídico-normativas, a ela também aportam ideias filosóficas, morais, psicológicas (psicologia social) e sociológicas, as quais lhe alargam sobremodo o espectro.

1.1.3 Direitos políticos

Denominam-se *direitos políticos* ou *cívicos* as prerrogativas e os deveres inerentes à cidadania. Englobam o direito de participar direta ou indiretamente do governo, da organização e do funcionamento do Estado.

Conforme ensina Ferreira (1989, p. 288-289), direitos políticos "são aquelas prerrogativas que permitem ao cidadão participar na formação e comando do governo". São previstos na Constituição Federal, que estabelece um conjunto sistemático de normas respeitantes à atuação da *soberania popular*.

Extrai-se do Capítulo IV, do Título II, da Constituição Federal, que os direitos políticos disciplinam as diversas manifestações da soberania popular, a qual se concretiza pelo sufrágio universal, pelo voto direto e secreto (com valor igual para todos os votantes), pelo plebiscito, referendo e iniciativa popular.

É pelos direitos políticos que as pessoas – individual e coletivamente – intervêm e participam no governo. Tais direitos não são conferidos indistintamente a todos os habitantes do território estatal – isto é, a toda a população –, mas só aos nacionais que preencham determinados requisitos expressos na Constituição – ou seja, ao povo.

Note-se que esse termo – *povo* – não deixa de ser vago, prestando-se a manipulações ideológicas. No chamado "século de Péricles" (século V a. C.), em que Atenas conheceu o esplendor de sua democracia, o povo não chegava a 10% da população, sendo constituído apenas pela classe dos atenienses livres; não o integravam comerciantes, artesãos, mulheres, escravos e estrangeiros. Essa concepção restritiva era generalizada nos Estados antigos, inclusive em Roma, onde a plebe não detinha direitos civis nem políticos. Aí a *res publica* era o solo romano, distribuído entre as famílias fundadoras da *civitas*, os *Patres* ou Pais Fundadores, de onde surgiram os Patrícios, únicos a quem eram conferidos direitos civis e cidadania; durante muito tempo a plebe se fazia ouvir pela voz solitária de seu Tribuno, o chamado Tribuno da Plebe. Para os revolucionários franceses de 1789, o povo não incluía o rei, nem a nobreza, tampouco o clero, mas apenas os integrantes do Terceiro Estado – profissionais liberais, burgueses, operários e camponeses. Na ótica comunista (marxista), o povo restringe-se à classe operária, dele estando excluídos todos os que se oponham ou resistam a tal regime.

As democracias liberais contemporâneas assentam sua legitimidade na ideia de povo, que em geral é concebida de forma alargada, bem como na soberania popular exercida pelo sufrágio universal e periódico. Ao tempo em que o povo integra e fundamenta o Estado Democrático de Direito, é também objeto de suas emanações.

No entanto, é bom frisar que essa integração ideológico-liberal não tem conseguido resolver graves problemas sociais, que teimam em persistir e se perpetuar, como a existência de uma forte divisão de classes sociais fundada em injusta e preconceituosa exclusão econômico-social de larga parcela da população. Na ordem capitalista contemporânea, o que se constata é uma pífia distribuição de rendas (que invariavelmente se concentra no topo em benefício de poucos privilegiados), um grande número de pessoas alijadas dos subsistemas econômico, trabalhista, de saúde, educacional, jurídico, previdenciário, assistencial, entre outros. Ao contrário do que possa parecer, esse não é um problema restrito a países pobres, periféricos, pois também os ricos dele padecem. Conforme assinala Müller (2000, p. 92):

> "A extensão do empobrecimento e da desintegração nos EUA infelizmente já não necessita de menção especial. Na França a exclusão se tornou há anos o tema dominante da política social. Na Alemanha a situação é, ao que tudo indica, avaliada pelo governo federal de tal modo, que ele se nega até agora [...] a publicar um relatório sobre a pobreza no país".

Nesse sentido, assevera Giddens (2007, p. 256-257):

> "Os Estados Unidos revelam-se o mais desigual de todos os países industrializados em termos de distribuição de renda. A proporção de renda auferida pelo 1% no topo aumentou substancialmente ao longo das últimas duas ou três décadas, ao passo que os da base viram suas rendas médias estagnarem ou declinarem. Definida como 50% ou menos da renda mediana, a pobreza nos Estados Unidos no início da década de 1990 era cinco vezes maior que na Noruega ou na Suécia – 20% para os Estados Unidos, em contraste com os 4% dos outros dois países. A incidência de pobreza no Canadá e na Austrália é também alta, respectivamente 14% e 13%".

Este mesmo autor assinala que, apesar de o nível de desigualdade de renda nos países da União Europeia ser menor que o dos EUA,

> "a pobreza é generalizada na UE, segundo cifras e medidas oficiais. Usando-se o critério de metade ou menos da renda mediana, 57 milhões de pessoas viviam na pobreza nas nações da UE em 1998. Cerca de dois terços delas estavam nas maiores sociedades: França, Itália, Reino Unido e Alemanha".

Em linguagem técnico-constitucional, *povo* constitui um conceito operativo, designando o conjunto dos indivíduos a que se reconhece o direito de participar na formação da vontade estatal, elegendo ou sendo eleitos, ou seja, votando ou sendo votados com vistas a ocupar cargos político-eletivos. Povo, nesse sentido, é a entidade mítica à qual as decisões coletivas são imputadas. Note-se, porém, que as decisões coletivas não são tomadas por todo o povo, senão pelos representantes da maioria cuja vontade prevalece nas eleições.

Chama-se *cidadão* a pessoa detentora de direitos políticos, podendo, pois, participar do processo governamental, elegendo ou sendo eleito para cargos públicos. Como ensina Silva (2006, p. 347), a cidadania é um "atributo jurídico-político que o nacional obtém desde o momento em que se torna eleitor".

É verdade que, nos domínios da ciência social, o termo *cidadania* apresenta significado bem mais amplo que o aqui assinalado. Denota o próprio direito à vida digna e à plena participação na sociedade de todos os *habitantes* do território estatal. Nessa perspectiva, a cidadania significa que todos são livres e iguais perante o ordenamento legal, sendo vedada a discriminação injustificada; todos têm direito à saúde, locomoção, livre expressão do pensamento, crença, reunião, associação, habitação, educação de qualidade, ao lazer, ao trabalho. Enfim, em sentido amplo, a cidadania enfeixa os direitos civis, políticos, sociais e econômicos, sendo certo que sua aquisição se dá antes mesmo do nascimento do indivíduo, já que o nascituro, também ele, ostenta direitos de personalidade, tendo resguardados os patrimoniais. No entanto, no Direito Eleitoral os termos *cidadania* e *cidadão* são empregados em sentido restrito, abarcando tão só o *ius suffragii* e o *ius honorum*, isto é, os direitos de votar e ser votado.

Cidadania e nacionalidade são conceitos que não devem ser confundidos. Enquanto aquela é *status* ligado ao regime político, esta é já um *status* do indivíduo perante o Estado. Assim, tecnicamente, o indivíduo pode ser brasileiro (nacionalidade) e nem por isso será cidadão (cidadania), haja vista não poder votar nem ser votado (ex.: criança, pessoa absolutamente incapaz).

Os direitos políticos ligam-se à ideia de democracia. Nesta, sobressaem a soberania popular e a livre participação de todos nas atividades estatais. A democracia, hoje, figura nos tratados internacionais como direito humano e fundamental.

1.2 DIREITOS HUMANOS E DIREITOS POLÍTICOS

É antiga a preocupação com o delineamento de um efetivo esquema de proteção da pessoa humana. A doutrina dos direitos humanos desenvolveu-se a partir da evolução histórica desse movimento. Para sua consolidação, em muito contribuiu o surgimento de uma ideia poderosa, que influiu em toda a história da humanidade. Trata-se do conceito de *direito subjetivo*, que, por definição, é imponível até mesmo contra o Estado soberano. A sociedade humana sempre foi regida por normas. Durante milênios, sua estrutura jurídica era claramente definida: direitos e obrigações somente decorriam de normas emanadas de Legisladores, aí incluídos reis e imperadores. Tal era a única fonte legítima de direitos, denominados em conjunto direito objetivo ou positivo. Todavia, essa estrutura clássica "Legislador-Lei-direitos/deveres" será alterada para "ser humano-direitos-Lei". No novo paradigma, a ação do Legislador encontra-se restringida e limitada pelo reconhecimento da existência de direitos prévios ou inatos; até mesmo os mais poderosos deviam observar regras e princípios que eles próprios não poderiam mudar. Esse novo conceito foi fundamental, por exemplo, na luta pela limitação dos poderes das monarquias absolutas.

Deveras, o jusnaturalismo moderno concebia os direitos do ser humano como eternos e universais, vigentes em todos os tempos, lugares e nações. A declaração desses direitos significou, no campo simbólico, a emancipação da pessoa humana, por afirmar a essencialidade de sua dignidade e liberdade. Teve também o sentido de livrá-la das amarras opressivas de certos grupos sociais, ordens religiosas e familiares.

Segundo Alexy (2007, p. 45 ss.), os direitos humanos distinguem-se de outros direitos pela combinação de cinco fatores, pois são: (i) *universais*: todos os seres humanos (considerados individualmente) são seus titulares, podendo, portanto, exercê-lo sem quaisquer limitações; (ii) *morais*: sua validade não depende de positivação, pois são anteriores à ordem jurídica; (iii) *preferenciais*: o Direito Positivo deve se orientar por eles e criar esquemas legais para otimizá-los e protegê-los; (iv) *fundamentais*: sua violação ou não satisfação acarreta graves consequências à pessoa; (v) *abstratos*: não estão referidos a determinada situação concreta, por isso, pode haver colisão entre eles, o que deve ser resolvido pela ponderação.

Dada sua eternidade, os direitos humanos são também imutáveis e, portanto, irrevogáveis. Daí se extrai a *proteção contra o retrocesso*, de sorte que, uma vez reconhecido e afirmado um direito, ulteriormente este não pode ser retirado nem diminuído. Aos Estados é vedado suprimir ou amesquinhar direito humano integrante do rol de direitos reconhecidos e assegurados.

Ademais, os direitos humanos têm caráter de *complementaridade*. De sorte que devem ser compreendidos e aplicados de modo total ou integrado, sem que haja exclusão entre eles.

Todavia, as assinaladas características não impedem que direito humano – e, pois, também fundamental – possa ser flexibilizado ou restringido na prática. No sistema jurídico, não há direitos absolutos. As exigências de justiça para a solução de um caso concreto podem determinar a ocorrência de restrições e, pois, a flexibilização. O que se impõe como limite intransponível é que um direito humano e fundamental não seja restringido aquém de seu conteúdo mínimo ou de seu núcleo essencial.

Expoentes da primeira geração de direitos, em que sobressai a liberdade, figuram os direitos políticos nas principais declarações de direitos humanos, sendo consagrados já nas primeiras delas.

Deveras, a "Declaração de Direitos do Bom Povo da Virgínia", de 12 de junho de 1776, de autoria de George Mason, dispõe em seu art. 6º:

> "As eleições de representantes do povo em assembleias devem ser livres, e todos aqueles que tenham dedicação à comunidade e consciência bastante do interesse comum permanente têm direito de voto, e não podem ser tributados ou expropriados por utilidade pública, sem o seu consentimento ou o de seus representantes eleitos, nem podem ser submetidos a nenhuma lei à qual não tenham dado, da mesma forma, o seu consentimento para o bem público".

É esse igualmente o sentido expresso na Declaração de Independência dos Estados Unidos da América, ocorrida em 4 de julho de 1776, já que, na história moderna, é nela que os princípios democráticos são por primeiro afirmados.

Por sua vez, a Declaração Francesa dos Direitos do Homem e do Cidadão, de 1789, assevera em seu art. 6º: "A lei é a expressão da vontade geral. Todos os cidadãos têm o direito de concorrer, pessoalmente ou através de mandatários, para a sua formação".

Reza o art. XXI da Declaração Universal dos Direitos do Homem, de 1948:

> "1. Todo homem tem o direito de tomar posse no governo de seu país, diretamente ou por intermédio de representantes livremente escolhidos. 2. Todo homem tem igual direito de acesso ao serviço público de seu país. 3. A vontade do povo será a base da autoridade do governo; esta vontade será expressa em eleições periódicas e legítimas, por sufrágio universal, por voto secreto ou processo equivalente que assegure a liberdade do voto".

Ademais, o art. 25 do Pacto Internacional sobre Direitos Civis e Políticos, de 1966 – ratificado pelo Brasil pelo Decreto Legislativo nº 226/91 e promulgado pelo Decreto nº 592/92 –, estabelece:

> "Todo cidadão terá o direito e a possibilidade, sem qualquer das formas de discriminação mencionadas no art. 2º e sem restrições infundadas: (a) de participar da condução dos assuntos públicos, diretamente ou por meio de representantes livremente escolhidos; (b) de votar e de ser eleito em eleições periódicas, autênticas, realizadas por sufrágio universal e igualitário e por voto secreto, que garantam a manifestação da vontade dos eleitores; (c) de ter acesso, em condições gerais de igualdade, às funções públicas de seu país".

Comentando esse último dispositivo, observa Comparato (2005, p. 317) que aí se encontram compendiados os principais direitos humanos referentes à participação do cidadão no governo de seu país. É a afirmação do direito à democracia como direito humano.

1.3 DIREITOS FUNDAMENTAIS E DIREITOS POLÍTICOS

Direitos humanos é expressão ampla, de matiz universalista, sendo corrente nos textos internacionais, sobretudo nas declarações de direitos, conforme aludido.

Já a expressão *direitos fundamentais* teve seu uso consagrado nas constituições estatais, no Direito Público, traduzindo o rol concreto de direitos humanos acolhidos nos textos constitucionais. A positivação de tais direitos no ordenamento jurídico estatal faz com que sejam institucionalizados, sendo essa medida essencial para otimizar a efetiva proteção deles.

Assegura Canotilho (1996, p. 517) que as expressões direitos do homem (direitos humanos) e direitos fundamentais são frequentemente utilizadas como sinônimas. Segundo sua origem e seu significado, poderíamos distingui-las da seguinte maneira: direitos do homem são direitos válidos para todos os povos e em todos os tempos (dimensão jusnaturalista-universalista); direitos fundamentais são os direitos do homem, jurídico-institucionalmente garantidos e limitados espaço-temporalmente. Os direitos do homem nascem da própria natureza humana e daí seu caráter inviolável, atemporal e universal; já os direitos fundamentais seriam direitos positivados na Constituição estatal e objetivamente vigentes em uma ordem jurídica concreta.

Contudo, apesar dessa clássica dicotomia, a obrigatória vinculação e observância dos direitos humanos independe de serem previstos nas Constituições dos Estados. Conforme acentuam Cunha e Bastos Júnior (2021, p. 25), essa força vinculante decorre "dos Sistemas Internacionais de Direitos Humanos cuja força normativa é reconhecida pelos próprios Estados, quando aderem voluntariamente às suas jurisdições e aos seus respectivos mecanismos de controle". O ato de adesão do Estado se dá no exercício voluntário de sua soberania, devendo cumprir de boa-fé os compromissos e obrigações internacionais assumidos.

O Título II da Constituição Federal de 1988 – que reza: "Dos Direitos e Garantias Fundamentais" – abrange quatro esferas de direitos fundamentais, a saber: (1) direitos e deveres individuais e coletivos (art. 5º); (2) direitos sociais (arts. 6º a 11); (3) nacionalidade (arts. 12 e 13); (4) direitos políticos (arts. 14 a 17). É de se concluir, pois, que os direitos políticos situam-se entre os direitos fundamentais.

1.4   PRIVAÇÃO DE DIREITOS POLÍTICOS

1.4.1   Considerações iniciais

No sentido literal, privar é tirar ou subtrair algo de alguém, que fica destituído ou despojado do bem subtraído. O bem em questão são os direitos políticos.

A Constituição prevê duas formas de privação de direitos políticos: perda e suspensão. Proíbe, ademais, a cassação desses mesmos direitos. Veja-se o texto constitucional:

> "Art. 15. É vedada a cassação de direitos políticos, cuja perda ou suspensão só se dará nos casos de:
>
> I – cancelamento da naturalização por sentença transitada em julgado;
>
> II – incapacidade civil absoluta;
>
> III – condenação criminal transitada em julgado, enquanto durarem seus efeitos;
>
> IV – recusa de cumprir obrigação a todos imposta ou prestação alternativa, nos termos do art. 5º, VIII;
>
> V – improbidade administrativa, nos termos do art. 37, § 4º".

Cassar significa desfazer ou desconstituir ato perfeito, anteriormente praticado, retirando-lhe a existência e, pois, a eficácia. Apesar de se tratar de termo técnico-jurídico no Direito Público, ficou estigmatizado, não sendo utilizado no âmbito político-eleitoral. Isso porque a cassação de direitos políticos foi expediente largamente empregado pelo governo militar para calar a voz e afastar opositores do regime. Já no início do regime de exceção, o Ato Institucional nº 1, de 9 de abril de 1964, autorizou a cassação de mandatos legislativos, e, de fato, houve inúmeros casos de cassação com fundamento neste e em outros Atos editados posteriormente.

A seu turno, perder é deixar de ter, possuir, deter ou gozar algo; é ficar privado. Como é óbvio, só se perde o que se tem. A ideia de perda liga-se à de definitividade; a perda é sempre permanente, embora se possa recuperar o que se perdeu.

Já a suspensão – na definição de Cretella Júnior (1989, v. 2, p. 1118) – "é interrupção temporária daquilo que está em curso, cessando quando terminam os efeitos de ato ou medida anterior". Trata-se, portanto, de privação temporária de direitos políticos. Só pode ser suspenso algo que já existia e estava em curso. Assim, se a pessoa ainda não detinha direitos políticos, não pode haver suspensão.

A Lei Maior não fala em impedimento, embora se possa cogitar dele. Consiste o impedimento em obstáculo à aquisição dos direitos políticos, de maneira que a pessoa não chega a alcançá-los enquanto não removido o óbice. Poderá haver impedimento, *e.g.*, na hipótese de a pessoa (adolescente) se recusar a cumprir o serviço militar obrigatório e de realizar "prestação alternativa", pois se trata de "obrigação a todos imposta" (CF, art. 5º, VIII; art. 15, IV).

Parte da doutrina considera os incisos I (cancelamento de naturalização) e IV (escusa de consciência) do citado art. 15 da Constituição como hipóteses de perda de direitos políticos; as demais são tidas como de suspensão. Assim era na Constituição de 1967, cujo art. 144 separava os casos de suspensão (inc. I) dos de perda (inc. II). Nesse sentido, pronunciaram-se Ferreira Filho (2005, p. 115) e Moraes (2002, p. 256). No entanto, Cretella Júnior (1989, v. 2, p. 1122, nº 169) afirma que, na escusa de consciência, pode haver perda ou suspensão. Cremos, porém, que a escusa de consciência também pode implicar impedimento à aquisição de direitos políticos. A tabela a seguir resume essa matéria:

Hipóteses constitucionais	Natureza da restrição
I – cancelamento da naturalização por sentença transitada em julgado;	Perda
II – incapacidade civil absoluta;	Suspensão
III – condenação criminal transitada em julgado, enquanto durarem seus efeitos;	Suspensão
IV – recusa de cumprir obrigação a todos imposta ou prestação alternativa, nos termos do art. 5º, VIII;	Perda, suspensão ou impedimento
V – improbidade administrativa, nos termos do art. 37, § 4º.	Suspensão

Fonte: elaborada pelo autor.

Ressalte-se que a perda, o impedimento ou a suspensão de direitos políticos podem acarretar várias consequências jurídicas, como a suspensão ou mesmo o cancelamento do alistamento e, pois, a exclusão do corpo de eleitores (CE, art. 71, II), a suspensão ou o cancelamento da filiação partidária (LPP, art. 22, II), a perda de mandato eletivo (CF, art. 55, IV, § 3º), a perda de cargo ou função pública (CF, art. 37, I, c.c. Lei nº 8.112/90, art. 5º, II e III), o impedimento para se ajuizar ação popular (CF, art. 5º, LXXIII), o impedimento para votar ou ser votado (CF, art. 14, § 3º, II) e para exercer a iniciativa popular (CF, art. 61, § 2º).

1.4.2 Cancelamento de naturalização

Nacionalidade é o vínculo que liga um indivíduo a determinado Estado. Pela naturalização, o estrangeiro recebe do Estado concedente o *status* de nacional.

A aquisição da nacionalidade brasileira por estrangeiro rege-se pelo art. 12, II, da Constituição, pelo qual são brasileiros naturalizados:

> "*a*) os que, na forma da lei, adquiram a nacionalidade brasileira, exigidas aos originários de países de língua portuguesa apenas residência por um ano ininterrupto e idoneidade moral; *b*) os estrangeiros de qualquer nacionalidade, residentes na República Federativa do Brasil há mais de quinze anos ininterruptos e sem condenação penal, desde que requeiram a nacionalidade brasileira".

A regulamentação desse dispositivo encontra-se na Lei nº 13.445/2017, que estabelece os requisitos para a concessão da naturalização, conforme consta de seus arts. 64 ss. O ato administrativo que confere ao estrangeiro o *status* de nacional é de competência do Poder Executivo, nomeadamente do Ministério da Justiça.

A lei não poderá estabelecer distinção entre brasileiros natos e naturalizados, salvo nos casos previstos na Constituição. Nessa ressalva encontra-se o preenchimento de certos cargos no organismo estatal, pois são privativos de brasileiro nato os cargos: "I – de Presidente e Vice-Presidente da República; II – de Presidente da Câmara dos Deputados; III – de Presidente do Senado Federal; IV – de Ministro do Supremo Tribunal Federal; V – da carreira diplomática;

VI – de oficial das Forças Armadas; VII – de Ministro de Estado da Defesa" (CF, art. 12, §§ 2º e 3º). Quanto "aos portugueses com residência permanente no País, se houver reciprocidade em favor de brasileiros, serão atribuídos os direitos inerentes ao brasileiro, salvo os casos previstos nesta Constituição" (CF, art. 12, § 1º).

Impende registrar que o Tratado de Amizade, Cooperação e Consulta (promulgado pelo Decreto nº 3.927/2001), firmado entre Brasil e Portugal, prevê em seu art. 17, 3, que "o gozo de direitos políticos no Estado de residência importa na suspensão do exercício dos mesmos direitos no Estado da nacionalidade". A literalidade desse dispositivo leva à conclusão de que a outorga a brasileiro do gozo de direitos políticos em Portugal importaria suspensão desses mesmos direitos no Brasil. No entanto, reza o art. 11, § 3º, da Res. TSE nº 23.659/2021, *in verbis*: "A aquisição do gozo de direitos políticos por pessoa brasileira em Portugal não acarreta a suspensão de direitos políticos ou o cancelamento da inscrição eleitoral e não impede o alistamento eleitoral ou as demais operações do Cadastro Eleitoral".

O cancelamento da naturalização traduz o rompimento do vínculo jurídico existente entre o indivíduo e o Estado. O art. 12, § 4º, I, da Constituição (com a redação da EC nº 131/2023) determina a perda da nacionalidade do brasileiro naturalizado que tiver cancelada sua naturalização em virtude de: *i)* fraude relacionada ao processo de naturalização; *ii)* atentado contra a ordem constitucional e o Estado Democrático. Como consequência, ele reassume o *status* de estrangeiro.

Outrossim, nos termos do art. 12, § 4º, II, da Constituição (com a redação da EC nº 131/2023), será declarada a perda da nacionalidade do brasileiro que "fizer pedido expresso de perda da nacionalidade brasileira perante autoridade brasileira competente, ressalvadas situações que acarretem apatridia". Aqui se trata de renúncia à nacionalidade. A manifestação de vontade deve ser *expressa*, afastando-se, portanto, a possibilidade de a renúncia ser inferida ou presumida pelas circunstâncias. Mas, ainda que haja expressa manifestação de vontade, não haverá perda da nacionalidade brasileira se a pessoa se tornar apátrida, isto é, não vinculada a nenhuma nacionalidade. Por outro lado, havendo renúncia, poderá o renunciante "readquirir sua nacionalidade brasileira originária".

É da Justiça Federal a competência para as causas referentes à nacionalidade e à naturalização (CF, art. 109, X). Ademais, o Ministério Público Federal tem legitimidade para promover ação visando ao cancelamento de naturalização (LC nº 75/1990, art. 6º, IX, primeira parte).

Em qualquer caso, a perda da nacionalidade brasileira acarreta *ipso facto* a perda dos direitos políticos.

1.4.3 Incapacidade civil absoluta

A hipótese em apreço remetia ao art. 3º do Código Civil de 2002, cujos incisos tratavam dos menores de dezesseis anos (inciso I), das pessoas *absolutamente incapazes* de exercer atos da vida civil "por enfermidade ou deficiência mental" (inciso II) ou que, "por causa transitória, não puderem exprimir sua vontade" (inciso III).

Ocorre que a Lei nº 13.146/2015 (Lei Brasileira de Inclusão da Pessoa com Deficiência – LBIPD ou Estatuto da Pessoa com Deficiência – EPD) revogou os três incisos daquele dispositivo, passando o *caput* a conter unicamente a situação antes prevista no inciso I.

Assim, em sua atual redação, o referido art. 3º do CC apenas estabelece serem "absolutamente incapazes de exercer pessoalmente os atos da vida civil os menores de 16 (dezesseis) anos".

Nesse caso, é impróprio falar-se em perda de direitos políticos, pois o adolescente com menos de 16 anos ainda não os adquiriu – é intuitivo que não se pode perder o que não se tem ou o que ainda não se adquiriu. Igualmente impróprio é falar-se de suspensão dos direitos em exame, porquanto a suspensão pressupõe o gozo anterior deles.

Na verdade, o que ocorre é a ausência de condição de ordem cronológica para a aquisição dos direitos políticos.

1.4.3.1 Pessoas portadoras de deficiência

A referida Lei nº 13.146/2015 é baseada na Convenção Internacional sobre os Direitos das Pessoas com Deficiência (CIDPD), a qual foi assinada na cidade de Nova York/EUA em 30 de março de 2007 e promulgada no Brasil pelo Decreto nº 6.949/2009.

A CIDPD foi incorporada ao sistema jurídico brasileiro sob a forma de Emenda Constitucional. Trata-se do primeiro documento internacional de direitos humanos a adquirir *status* constitucional por força do art. 5º, § 3º, da Constituição Federal.

Tais atos normativos introduziram uma nova filosofia na presente seara. No campo da linguagem, *e.g.*, passou-se a empregar a expressão "pessoa com deficiência", em substituição a termos inadequados e pejorativos como "loucos de todo o gênero" (CC/1916, art. 5º, II) e "inválidos" (CE, art. 6º, I, *a*).

A pessoa com deficiência é definida de forma ampla como sendo "aquela que tem impedimento de longo prazo de natureza física, mental, intelectual ou sensorial, o qual, em interação com uma ou mais barreiras, pode obstruir sua participação plena e efetiva na sociedade em igualdade de condições com as demais pessoas" (CIDPD, art. 1; Lei nº 13.146/2015, art. 2º, *caput*).

Por força da Lei Brasileira de Inclusão, em princípio, são *plenamente capazes* para o exercício de atos da vida civil as pessoas portadoras de deficiência, independentemente de esta ser grave ou não, temporária ou permanente.

Se, em razão da deficiência, a pessoa não puder "exprimir sua vontade", poderá, então, ser considerada *relativamente incapaz*. A teor do art. 4º, III, do CC, são *relativamente incapazes* quanto à prática de certos atos ou à maneira de exercê-los "aqueles que, por causa transitória ou permanente, não puderem exprimir sua vontade".

Portanto, a restrição à capacidade civil é baseada na impossibilidade de a pessoa exprimir sua vontade, e não apenas na detenção de deficiência. Malgrado a deficiência que porta, tem-se como *absolutamente capaz* a pessoa que tiver aptidão para por si própria manifestar sua vontade, exercer seus direitos e praticar atos jurídicos. A capacidade aqui figurada é de natureza moral, e não física. Em outros termos, considera-se plenamente capaz a pessoa que tiver *autonomia* e *independência* para conduzir-se na vida social e política, tomando decisões e assumindo responsabilidades.

Entre os princípios gerais da CIDPD encontram-se o respeito pela autonomia individual e a independência das pessoas portadoras de deficiência.

Todavia, ser autônomo e independente não significa que a pessoa possa fazer tudo sozinha, por conta própria, dispensando o auxílio e a colaboração de outrem. Os conceitos de independência e autonomia não são absolutos. Até porque, mesmo quem não tem qualquer deficiência não é sempre absolutamente autônomo e independente – em alguma medida, todos dependem de algum tipo de auxílio ou colaboração para o cumprimento de determinadas ações.

Assim, o fato de a pessoa portar deficiência e necessitar de auxílio para a prática de algum ato não significa que seja incapaz, ou que lhe falte autonomia para agir moralmente. É detentora de capacidade moral e política tanto quanto qualquer outra pessoa considerada "normal" pela sociedade, devendo igualmente ser responsabilizada por seus atos.

Incapacidade (e ainda assim relativa) haverá apenas se a pessoa de nenhum modo puder exprimir sua vontade.

Em vez de excluir, cumpre ao Poder Público garantir à pessoa portadora de deficiência "todos os direitos políticos e a oportunidade de exercê-los em igualdade de condições com as demais pessoas", assegurando-lhe, inclusive, "o direito de votar e de ser votada", ou seja, de candidatar-se nas eleições e "efetivamente ocupar cargos eletivos e desempenhar quaisquer funções públicas em todos os níveis de governo" (CIDPD, art. 29; Lei nº 13.146/2015, art. 76, *caput* e § 1º).

Interdição e curatela – por causa transitória ou permanente, pode ocorrer de a pessoa se tornar inapta a praticar atos da vida civil e conduzir com independência e autonomia a sua própria vida. Em tal caso, sendo necessário, ela poderá ser interditada e submetida à curatela, nos termos do art. 1.767, I, do Código Civil (com a redação da Lei nº 13.146/2015). A sentença que declara a interdição produz efeitos concretos desde logo, embora sujeita a recurso de apelação (CPC, arts. 747 e 1.012, § 1º, VI).

Note-se, porém, que a interdição e a curatela não implicam a suspensão dos direitos políticos. Tais institutos têm caráter excepcional e protetivo, atuando especialmente no âmbito negocial, ou seja, na prática de atos relacionados ao patrimônio. A propósito, dispõe a Lei nº 13.146/2015:

> "Art. 85. A curatela afetará tão somente os atos relacionados aos direitos de natureza patrimonial e negocial.
>
> § 1º A definição da curatela não alcança o direito ao próprio corpo, à sexualidade, ao matrimônio, à privacidade, à educação, à saúde, ao trabalho e ao voto. [...]".

Uma pessoa interditada e sob curatela mantém incólumes seus direitos de personalidade, podendo, ainda, ser titular de outros direitos, como os políticos. Nesse caso, terá direito de votar e ser votada. Daí dispor o art. 14, § 4º, da Res. TSE nº 23.659/2021: "A Justiça Eleitoral não processará solicitação de suspensão de direitos políticos amparada em deficiência, em decisão judicial que declare incapacidade civil ou em documento que ateste afastamento laboral por invalidez ou fato semelhante".

Se a pessoa for completamente inapta para livremente agir, formar e expressar a sua vontade, tornando-se impossível ou demasiadamente oneroso o adimplemento das obrigações eleitorais, é isenta de eventuais sanções decorrentes de seu não cumprimento. De modo que "não estará sujeita às sanções legais decorrentes da ausência de alistamento e do não exercício do voto" (Res. TSE nº 23.659/2021, arts. 15, *caput*, e 130, § 2º, *b*). A isenção poderá ser firmada em certidão expedida pela Justiça Eleitoral "com prazo de validade indeterminado", e requerida "por meio de curador/curadora, apoiador/apoiadora ou procurador/procuradora devidamente constituído (a) por instrumento público ou particular" (Res. TSE nº 23.659/2021, art. 15, § 1º).

Nesse quadro, a previsão de suspensão de direitos políticos inscrita no art. 15, II, da Lei Maior deve ser interpretada em consonância com a Convenção Internacional sobre os Direitos das Pessoas com Deficiência (CIDPD), impondo-se a conclusão de que a "incapacidade civil absoluta" pode até acarretar restrições ao exercício de direitos políticos, mas não os afasta, nem os suprime. Ainda que não possam ser exercidos, a pessoa incapaz é titular de direitos políticos.

1.4.4 Condenação criminal transitada em julgado

Reza o art. 15, inciso III, da Constituição Federal que a condenação criminal transitada em julgado determina a suspensão de direitos políticos enquanto perdurarem seus efeitos. Trata-se de norma autoaplicável, conforme pacífico entendimento jurisprudencial.

> "1. A regra de suspensão dos direitos políticos prevista no art. 15, III, é autoaplicável, pois trata-se de consequência imediata da sentença penal condenatória transitada em julgado. 2. A autoaplicação independe da natureza da pena imposta. 3. A opção do legislador constituinte foi no sentido de que os condenados criminalmente, com trânsito em julgado, enquanto durar os efeitos da sentença condenatória, não exerçam os seus

direitos políticos. 4. No caso concreto, recurso extraordinário conhecido e provido" (STF – RE nº 601182/MG – Pleno – Rel. Min. Marco Aurélio, Redator do ac. Min. Alexandre de Moraes – j. 8-5-2019).

Em igual sentido, *vide*: STF – AgRRMS nº 22.470/SP – 1ª T. – Rel. Min. Celso de Mello – *DJ* 27-9-1996, p. 36158; STF – ARE 1.046.939 AgR/MG – 2ª T. – Rel. Min. Gilmar Mendes – *DJe* 5-9-2019; TSE – AREspe nº 22.461/MS – PSS 21-9-2004; TSE – AgR-REspe nº 65.172/SP – *DJe*, t. 98, 28-5-2014, p. 82-83; STJ – RMS nº 16.884/SE – 5ª T. – Rel. Min. Felix Fischer – *DJ* 14-2-2005, p. 217.

A suspensão de direitos políticos constitui efeito secundário da sentença criminal condenatória, exsurgindo direta e automaticamente com o seu trânsito em julgado, independentemente da natureza do crime ou da pena aplicada *in concreto*. No caso, o trânsito em julgado deve operar-se para ambas as partes, e não apenas para a acusação. Não é necessário que a suspensão seja especificada na parte dispositiva do *decisum*.

Tal qual o registro da candidatura e a diplomação do eleito, a investidura no cargo e o exercício de mandato político-eletivo pressupõem que o mandatário esteja no gozo dos direitos políticos. Afinal, é preciso que os cargos público-eletivos sejam ocupados por cidadãos insuspeitos, sobre os quais não pairem dúvidas quanto à integridade ético-jurídica, honestidade e honradez. Visa-se, com isso, assegurar a legitimidade e a dignidade da representação popular.

Ao apreciar o Tema 1.190 da repercussão geral, assentou o STF o entendimento de que pessoa condenada criminalmente e aprovada em concurso público pode ser nomeada e empossada, desde que não haja incompatibilidade entre o cargo a ser exercido e o crime cometido nem conflito de horários entre a jornada de trabalho e o regime de cumprimento da pena. Para além dos princípios da proporcionalidade e dignidade da pessoa humana e do caráter ressocializador da pena, entendeu o Excelso Pretório que a suspensão dos direitos políticos, em caso de condenação criminal, não alcança direitos civis e sociais, pois o que a Constituição estabelece é a suspensão do direito de votar e de ser votado, e não do direito ao trabalho. Conferiu-se, assim, interpretação restrita aos direitos políticos, cuja suspensão somente afetaria as cidadanias ativa e passiva. Mercê da sistemática da repercussão geral, tal entendimento terá de ser adotado nos processos que tramitam no Poder Judiciário e pela Administração Pública. Foi fixada a seguinte tese:

> "A suspensão dos direitos políticos prevista no artigo 15 inciso III da Constituição Federal – condenação criminal transitada em julgado enquanto durarem seus efeitos – não impede a nomeação e posse de candidato aprovado em concurso público, desde que não incompatível com a infração penal praticada, em respeito aos princípios da dignidade da pessoa humana e do valor social do trabalho (Constituição Federal, artigo 1º, incisos III e IV) e do dever do Estado em proporcionar as condições necessárias para harmônica integração social do condenado, objetivo principal da execução penal, nos termos do artigo 1º da Lei de Execuções Penais (Lei 7.210/84). O início do efetivo exercício do cargo ficará condicionado ao regime da pena ou à decisão judicial do Juízo de Execuções, que analisará a compatibilidade de horários" (STF – RE nº 1.282.553/RR – Pleno – Rel. Min. Alexandre de Moraes – j. 4-10-2023).

Se o gozo dos direitos políticos é condição necessária para o registro de candidatura e a diplomação do eleito (CF, art. 14, § 3º, II; CE, art. 262, *caput*), cumpre indagar se sua suspensão em razão de *condenação criminal* transitada em julgado implica a perda automática de mandato eletivo. A indagação justifica-se diante da especificidade que reveste a sentença penal condenatória e seus efeitos próprios, bem como do especial tratamento normativo conferido à matéria.

Nesse sentido, o art. 92, I, do Código Penal estabelece como efeito secundário da condenação "a perda de cargo, função pública ou mandato eletivo": (*a*) quando aplicada pena privativa de liberdade por tempo igual ou superior a um ano, nos crimes praticados com abuso de poder ou violação de dever para com a Administração Pública; (*b*) quando for aplicada pena privativa de liberdade por tempo superior a quatro anos nos demais casos. Por outro lado, no caso de prefeito acusado de crime tipificado no art. 1º do Decreto-Lei nº 201/1967, o § 2º daquele dispositivo determina que a condenação definitiva "acarreta a perda de cargo [*i.e.*, do mandato] e a inabilitação, pelo prazo de cinco anos, para o exercício de cargo ou função pública, eletivo ou de nomeação".

Assim, nessas duas hipóteses legais a perda do mandato constitui efeito da condenação criminal.

Não obstante, a perda de mandato político-eletivo em razão de condenação criminal é regida pela Constituição, notadamente em seus art. 15, III, art. 55, IV, VI, §§ 2º e 3º, art. 86. A só suspensão dos direitos políticos decorrente de condenação criminal transitada em julgado possui aptidão para afetar o regular exercício do mandato, pois este pressupõe que o titular esteja no gozo daqueles direitos. Constitui contrassenso – e grave decadência ético-jurídica – aceitar que mandato popular possa ser exercido sem que o seu titular goze plenamente dos direitos políticos. No caso, a perda do mandato funda-se em um regime de responsabilidade político-constitucional e não depende necessariamente da observância dos requisitos elencados no art. 92 do CP.

Para *mandatos legislativos*, o regime jurídico dos parlamentares federais e estaduais é diverso do previsto para os municipais.

No que concerne a deputado federal ou senador (e também a deputado estadual ou distrital, por força da simetria prevista nos arts. 27, § 1º, e 32, § 3º, da CF), reza o art. 55, VI, § 2º da Constituição Federal: "a perda do mandato *será decidida* pela Câmara dos Deputados ou pelo Senado Federal, por maioria absoluta, mediante provocação da respectiva Mesa ou de partido político representado no Congresso Nacional, assegurada ampla defesa". A redação desse dispositivo foi alterada pela EC nº 76/2013 que suprimiu o caráter secreto da votação, a qual passou a ser aberta. Logo, na hipótese de haver condenação criminal emanada do Poder Judiciário, a perda do mandato não se *concretiza* de forma instantânea a partir do trânsito em julgado da decisão condenatória, pois tal efeito depende de ato a ser praticado ulteriormente pelo órgão legislativo a que pertence o condenado.

O citado § 2º, art. 55, da CF enseja a interpretação de que – no caso específico de condenação criminal – a Câmara dos Deputados ou o Senado *decidirão*, por maioria absoluta de votos, a perda do mandato de seus respectivos membros. Portanto, esse efeito específico não decorreria direta e imediatamente da condenação criminal imposta pelo Judiciário, mas sim do ato praticado por aquelas Casas. De sorte que o ato judicial constituiria apenas um requisito ou pressuposto para análise e julgamento *político* do Poder Legislativo.

Entretanto, a regra do § 2º, art. 55, da CF aparentemente conflita com outra de igual estatura, a saber, a prevista no § 3º e no inciso IV do art. 55 c.c. art. 15, III, ambos da CF. Nesta última, não há propriamente *decisão* por parte do Legislativo, mas mera *declaração* e *publicação* do ato de perda do mandato. Isso porque a condenação criminal (entre outras causas) também provoca a suspensão dos direitos políticos (CF, art. 15, III), e essa suspensão, só por si, já determina a incidência do inciso IV e do § 3º do art. 55 da Constituição, os quais só requerem a declaração da Mesa da Casa respectiva, declaração essa que pode se dar *ex officio* ou decorrer de provocação de qualquer de seus membros ou de partido político representado no Congresso Nacional. Nessa hipótese não há discricionariedade (ou liberdade) do Poder Legislativo para decidir se declara ou não a perda do mandato do parlamentar que se encontra com seus direitos políticos suspensos, pois trata-se de ato vinculado, de maneira que a Casa Legislativa se limita a declarar a perda do mandato e publicar o respectivo ato.

No julgamento da Ação Penal nº 470, o plenário do Supremo Tribunal Federal, pela estreita maioria de 5 a 4, na sessão realizada em 17-12-2012, firmou a interpretação de que, havendo condenação criminal emanada do Pretório Excelso (mormente na hipótese de crime contra a administração pública), a perda do mandato parlamentar do acusado exsurge direta e automaticamente do trânsito em julgado do *decisum*. À Mesa da Casa Legislativa caberia apenas *declarar* a perda do mandato e não *a decidir*. Distinguiu-se, portanto, a decisão de desconstituição do mandato da decisão meramente declaratória de sua perda. Isso porque a resolução (= decisão) sobre a perda ou extinção do mandato é inerente ao exercício da jurisdição.

> "[...] 1. O Supremo Tribunal Federal recebeu do Poder Constituinte originário a competência para processar e julgar os parlamentares federais acusados da prática de infrações penais comuns. Como consequência, é ao Supremo Tribunal Federal que compete a aplicação das penas cominadas em lei, em caso de condenação. A perda do mandato eletivo é uma pena acessória da pena principal (privativa de liberdade ou restritiva de direitos), e deve ser decretada pelo órgão que exerce a função jurisdicional, como um dos efeitos da condenação, quando presentes os requisitos legais para tanto. [...] Não cabe ao Poder Legislativo deliberar sobre aspectos de decisão condenatória criminal, emanada do Poder Judiciário, proferida em detrimento de membro do Congresso Nacional. A Constituição não submete a decisão do Poder Judiciário à complementação por ato de qualquer outro órgão ou Poder da República. Não há sentença jurisdicional cuja legitimidade ou eficácia esteja condicionada à aprovação pelos órgãos do Poder Político. A sentença condenatória não é a revelação do parecer de umas das projeções do poder estatal, mas a manifestação integral e completa da instância constitucionalmente competente para sancionar, em caráter definitivo, as ações típicas, antijurídicas e culpáveis. Entendimento que se extrai do art. 15, III, combinado com o art. 55, IV, § 3º, ambos da Constituição da República. Afastada a incidência do § 2º do art. 55 da Lei Maior, quando a perda do mandato parlamentar for decretada pelo Poder Judiciário, como um dos efeitos da condenação criminal transitada em julgado. Ao Poder Legislativo cabe, apenas, dar fiel execução à decisão da Justiça e declarar a perda do mandato, na forma preconizada na decisão jurisdicional. 4. [...] A perda dos direitos políticos é 'consequência da existência da coisa julgada'. Consequentemente, não cabe ao Poder Legislativo 'outra conduta senão a declaração da extinção do mandato' (RE 225.019, Rel. Min. Nelson Jobim). Conclusão de ordem ética consolidada a partir de precedentes do Supremo Tribunal Federal e extraída da Constituição Federal e das leis que regem o exercício do poder político-representativo, a conferir encadeamento lógico e substância material à decisão no sentido da decretação da perda do mandato eletivo. Conclusão que também se constrói a partir da lógica sistemática da Constituição, que enuncia a cidadania, a capacidade para o exercício de direitos políticos e o preenchimento pleno das condições de elegibilidade como pressupostos sucessivos para a participação completa na formação da vontade e na condução da vida política do Estado. 5. No caso, os réus parlamentares foram condenados pela prática, entre outros, de crimes contra a Administração Pública. Conduta juridicamente incompatível com os deveres inerentes ao cargo. Circunstâncias que impõem a perda do mandato como medida adequada, necessária e proporcional. 6. Decretada a suspensão dos direitos políticos de todos os réus, nos termos do art. 15, III, da Constituição Federal. Unânime. 7. Decretada, por maioria, a perda dos mandatos dos réus titulares de mandato eletivo. [...]" (STF – AP nº 470/ MG – Pleno – Rel. Min. Joaquim Barbosa – *DJe* 74, 22-4-2013).

Igual compreensão foi reiterada no julgamento da AP nº 396/RO, oportunidade em que o STF resolveu "questão de ordem no sentido de que, determinada a cassação dos direitos políticos, tanto a suspensão quanto a perda do cargo são medidas decorrentes e imediatamente exequíveis após o trânsito em julgado da condenação criminal, sendo desimportante para a conclusão o exercício ou não de cargo eletivo no momento do julgamento, nos termos do voto da Relatora" (STF – AP nº 396/RO QO – Pleno – Rel. Min. Carmen Lúcia – j. 26-6-2013). Registre-se que nesse caso a perda de mandato não constou da decisão condenatória, decorrendo exclusivamente da suspensão dos direitos políticos como efeito da condenação criminal.

Todavia, essa corrente interpretativa não triunfou, tendo sido revisada pelo próprio STF no julgamento da Ação Penal nº 565/RO, ocorrido na sessão plenária dos dias 7 e 8-8-2013. Dessa feita, também por maioria de votos, afirmou o Pretório Excelso competir à respectiva Casa Legislativa decidir sobre a eventual perda de mandato parlamentar (no caso, de senador), por força do disposto no art. 55, VI, § 2º, da CF. Portanto, o específico efeito atinente à *perda ou extinção de mandato político* não decorre direta e automaticamente do ato jurisdicional. Ao Poder Judiciário cumpre apenas comunicar a condenação à Casa Legislativa a que pertence o condenado para que ela adote as providências pertinentes.

Em razão desse entendimento, não é raro que parlamentar federal condenado criminalmente siga exercendo mandato público após o trânsito em julgado da decisão condenatória e já na fase de execução da pena. Apenas para exemplificar, foi esse o caso dos então deputados federais *Celso Jacob* (http://agenciabrasil.ebc.com.br/politica/noticia/2017-06/justica-autoriza-deputado-federal-preso-exercer-mandato-durante-o-dia) e *Natan Donadan* (http://www2.camara.leg.br/camaranoticias/noticias/POLITICA/450596-CAMARA-MANTEM-MANDATO-DO-DEPUTADO-NATAN-DONADON,-PRESO-HA-DOIS-MESES.html). Acesso aos dois *sites* em 24-8-2017, às 18h19min.

Mas, embora esta última interpretação seja adotada no Pleno do STF (por maioria) e também na Segunda Turma daquele tribunal, diversa é a compreensão da Primeira Turma. Esta tem perfilhado posição intermediária sobre a presente questão, afirmando a possibilidade de decretação de perda de mandato pelo Poder Judiciário na hipótese de imposição de pena privativa de liberdade a ser cumprida no regime inicial fechado por tempo superior ao restante do período do mandato do parlamentar condenado; a ver:

> "[...] 7. Perda do mandato parlamentar: É da competência das Casas Legislativas decidir sobre a perda do mandato do Congressista condenado criminalmente (art. 55, VI e § 2º, da CF). Regra excepcionada – adoção, no ponto, da tese proposta pelo eminente revisor, Ministro Luís Roberto Barroso –, quando a condenação impõe o cumprimento de pena em regime fechado, e não viável o trabalho externo diante da impossibilidade de cumprimento da fração mínima de 1/6 da pena para a obtenção do benefício durante o mandato e antes de consumada a ausência do Congressista a 1/3 das sessões ordinárias da Casa Legislativa da qual faça parte. Hipótese de perda automática do mandato, cumprindo à Mesa da Câmara dos Deputados declará-la, em conformidade com o art. 55, III, § 3º, da CF. Precedente: MC no MS 32.326/DF, Rel. Min. Roberto Barroso, 2-9-2013. [...]" (STF – AP nº 694/MT – 1ª T. – Rel. Min. Rosa Weber – j. 2-5-2017). No mesmo sentido: STF – AP nº 863/SP – 1ª T. – Rel. Min. Edson Fachin – j. 23-5-2017).

Para *vereadores* não há previsão expressa de extensão das prerrogativas previstas no art. 55, §§ 2º e 3º, da Lei Maior. O silêncio constitucional aqui é relevante, eloquente, não havendo que falar em lacuna a ser colmatada. Por conseguinte, o trânsito em julgado da condenação criminal implica suspensão de direitos políticos e perda de mandato eletivo do vereador condenado. Nesse sentido: "Vereador, condenado criminalmente, perde o mandato, independentemente

Cap. 1 • DIREITOS POLÍTICOS | 17

de deliberação da Câmara, como consequência da suspensão de seus direitos políticos" (STF – RE nº 225.019/GO – Pleno – Rel. Min. Nelson Jobim – *DJ* 26-11-1999; excerto extraído do voto do relator).

Quanto a *mandato executivo* (prefeito, governador e presidente da República), o Excelso Pretório já compreendeu que da condenação criminal transitada em julgado "resulta por si mesma a perda do mandato eletivo ou do cargo do agente político" (STF – RE nº 418.876/MT – 1ª T. – Rel. Min. Sepúlveda Pertence – *DJ* 4-6-2004, p. 48). Isso porque a higidez dos direitos políticos é pressuposto para investidura no cargo eletivo.

No caso de condenação criminal de prefeito, colhe-se na jurisprudência da Corte Suprema:

> "[…] Condenação criminal transitada em julgado após a posse do candidato eleito (CF, art. 15, III). Perda dos direitos políticos: consequência da existência da coisa julgada. A Câmara de Vereadores não tem competência para iniciar e decidir sobre a perda de mandato de prefeito eleito. Basta uma comunicação à Câmara de Vereadores, extraída nos autos do processo criminal. Recebida a comunicação, o presidente da Câmara de Vereadores, de imediato, declarará a extinção do mandato do Prefeito, assumindo o cargo o Vice-Prefeito, salvo se, por outro motivo, não possa exercer a função. Não cabe ao presidente da Câmara de Vereadores outra conduta senão a declaração da extinção do mandato. Recurso extraordinário conhecido em parte e nessa parte provido" (STF – RE nº 225.019/GO – Pleno – Rel. Min. Nelson Jobim – *DJ* 26-11-1999, p. 133).

> "[…] O propósito revelado pelo embargante, de impedir a consumação do trânsito em julgado de decisão penal condenatória – valendo-se, para esse efeito, da utilização sucessiva e procrastinatória de embargos declaratórios incabíveis – constitui fim ilícito que desqualifica o comportamento processual da parte recorrente e que autoriza, em consequência, *o imediato cumprimento do acórdão emanado do Tribunal a quo, viabilizando, desde logo, tanto a execução da pena privativa de liberdade quanto a privação temporária dos direitos políticos do sentenciado (CF, art. 15, III), inclusive a perda do mandato eletivo por este titularizado.* Precedentes" (STF – AgEDAI nº 177313/MG – 1ª T. – Rel. Min. Celso de Mello – *DJ* 14-11-1996, p. 44488).

No tocante a governador, o Superior Tribunal de Justiça já decidiu pela perda do mandato do réu, em caso em que também era adequada a incidência do art. 92, I, do CP:

> "Penal. Ação penal originária. Governador do Estado do Amapá. Recursos de apelação. Peculato-desvio. Conduta típica. Retenção de valores relativos a empréstimos consignados. Perda do cargo de governador. Apelação do Ministério Público provida. Condenação do réu às penas de reclusão e de multa e ao ressarcimento do erário. [...] 4. Nos termos do art. 92, I, do Código Penal, a perda do cargo, função ou mandado eletivo é efeito da condenação, mas é imprescindível que o juiz fundamente especificamente a decretação desse efeito extrapenal. É absolutamente incabível que o chefe do Poder Executivo de Estado da Federação permaneça no cargo após condenação pela prática de crime cuja natureza jurídica está fundamentada no resguardo da probidade administrativa. [...]" (STJ – AP nº 814/DF – Corte Especial – Rel. p/ o acórdão Min. João Otávio de Noronha – j. 6-11-2019).

Relativamente ao Presidente da República, há expressa previsão constitucional de imunidade, *in verbis*: "O Presidente da República, na vigência de seu mandato, não pode ser responsabilizado por atos estranhos ao exercício de suas funções" (CF, art. 86, § 4º). Logo, não pode haver responsabilização penal: *(i)* por atos anteriores ao início do exercício do mandato, de modo que eventuais processos em trâmite ficarão suspensos; *(ii)* por atos "estranhos" ao exercício da função presidencial; nessas duas hipóteses, ficará suspenso o curso da prescrição penal. Para infrações penais comuns relacionadas ou não "estranhas" ao exercício de suas funções, o Presidente goza de foro privilegiado perante o STF (CF, art. 86, *caput*, art. 102, I, *b*). Em tal caso, o art. 86, *caput*, da Constituição prevê uma condição de procedibilidade, consistente na necessidade de admissão da denúncia "por dois terços da Câmara dos Deputados"; só assim poderá o Presidente vir a ser submetido a julgamento perante o STF por crime comum praticado *in officio* ou *propter officium*. E se for:

> "[...] Condenado, o Presidente sujeitar-se-á à prisão (CF, art. 86, § 3º). Nessa hipótese, perde ele os direitos políticos e '...por efeitos reflexos e indiretos implica perda do cargo, à vista do disposto no art. 15, III', diz José Afonso da Silva. São os efeitos extrapenais da sentença penal condenatória. A perda do mandato decorrerá da própria condenação, como determina a regra constitucional (art. 15, III). [...] A condenação penal do Presidente, em processo que é precedido da autorização de 2/3 da Câmara dos Deputados, é causa de suspensão dos direitos políticos (art. 15, III) que, por sua vez, determina a perda do mandato, independentemente de qualquer deliberação" (STF – RE nº 225.019/GO – Pleno – Rel. Min. Nelson Jobim – *DJ* 26-11-1999; excerto do voto do relator).

Em igual sentido pronuncia-se a doutrina constitucionalista. Ensinam Mendes e Gonet Branco (2022, p. 1122): "A condenação criminal transitada em julgado acarreta a suspensão dos direitos políticos (CF, art. 15, III) e, por conseguinte, a perda do mandato do Presidente da República". Por sua vez, Moraes (2002, p. 445) salienta que, "em virtude da autoaplicabilidade do art. 15, inciso III, da Constituição Federal [...] a decisão condenatória com trânsito em julgado acarretará a suspensão dos direitos políticos do Presidente da República e, consequentemente, a cessação imediata de seu mandato". Já Fernandes (2011, p. 738) destaca que "o Presidente não perderá o mandato pela condenação em si, mas pelos efeitos reflexos da condenação à luz do art. 15, III, da CR/88. Portanto, o efeito direto da condenação é a pena designada, porém haverá a perda do mandato por efeitos reflexos a mesma que vão de encontro ao art. 15, III, da CR/88. [...]".

Dispõe o art. 6º do Decreto-Lei nº 201/1967 que a extinção de mandato de prefeito deve ser declarada "pelo Presidente da Câmara de Vereadores" nas hipóteses arroladas, entre as quais consta (inciso I) a "cassação dos direitos políticos, ou condenação por crime funcional ou eleitoral". Afigura-se salutar para o regular funcionamento das instituições que a concretização da perda de mandato e o efetivo afastamento do agente público do cargo se dê a partir de declaração emanada do respectivo órgão legislativo. Este não *decide* a perda do mandato, mas apenas a declara e torna pública, inexistindo espaço para revisão ou discussão da conclusão ou dos fundamentos da decisão judicial condenatória. O ato do Legislativo é vinculado e não discricionário. Tal solução encontra fundamento no princípio de divisão e harmonia dos poderes.

Sempre que transitar em julgado condenação penal, o juízo criminal deve comunicar esse fato à Justiça Eleitoral para o fim de registro da situação no Cadastro Eleitoral, de modo a indicar o impedimento ao exercício dos direitos políticos (Res. TSE nº 23.659/2021, art. 11, § 1º, c.c. art. 18, *caput*). É que, embora os direitos políticos do condenado encontrem-se suspensos, tal situação não obsta a realização das operações do Cadastro Eleitoral. Vale lembrar que originalmente o Código Eleitoral previa em seu art. 71, II, o cancelamento da inscrição e, pois, exclusão do condenado do corpo de eleitores; porém, essa medida é tão drástica quanto desarrazoada, pois o mesmo efeito é alcançado com a só suspensão da inscrição no Cadastro Eleitoral.

A expressão *condenação criminal*, inscrita no art. 15, III, da Constituição, é genérica, abrangendo crimes de qualquer natureza, inclusive a contravenção penal. Nesse diapasão, assentou-se na jurisprudência o entendimento de que: "A disposição constitucional, prevendo a suspensão dos direitos políticos, ao referir-se à condenação criminal transitada em julgado, abrange não só aquela decorrente da prática de crime, mas também a de contravenção penal" (TSE – REspe nº 13.293/MG – PSS 7-11-1996).

Para fins de suspensão de direitos políticos, é irrelevante: (1) que o crime cometido seja doloso ou culposo; (2) que a pena aplicada seja restritiva de direitos; (3) que o réu seja beneficiado com *sursis* (CP, art. 77); (4) que o condenado tenha logrado livramento condicional (CP, art. 83); (5) que a pena seja cumprida no regime de prisão aberto, albergue ou domiciliar.

E quanto à sentença penal absolutória imprópria? Nesse caso, a despeito da absolvição, há aplicação de medida de segurança, a qual ostenta natureza condenatória. Por isso, também nessa hipótese haverá suspensão de direitos políticos.

E se houver incidência de instituto despenalizador, a saber: *transação penal* (Lei nº 9.099/1995, art. 76), *suspensão condicional do processo* (Lei nº 9.099/1995, art. 89) ou *acordo de não persecução penal* – ANPP (CPP, art. 28-A – inserido pela Lei nº 13.964/2019)? Nesses casos, embora possa haver restrição de direitos ou aplicação de multa, a homologação judicial da transação ou do negócio não significa condenação criminal. Inexistindo condenação judicial transitada em julgado, os direitos políticos do interessado não são atingidos, e, pois, não se suspendem.

Extinção da suspensão dos direitos políticos – os efeitos da suspensão dos direitos políticos somente cessam com o cumprimento ou a extinção da pena concretamente aplicada. Nesse sentido, reza a Súmula nº 9 do TSE: "A suspensão de direitos políticos decorrente de condenação criminal transitada em julgado cessa com o cumprimento ou a extinção da pena, independendo de reabilitação ou prova de reparação de danos". Logo, a propositura de *revisão criminal* (CPP, art. 621) por si só não faz cessar os efeitos da condenação, de maneira a restaurar os direitos políticos.

A legislação penal prevê três espécies de penas, a saber: privativas de liberdade, restritivas de direitos e multa (CP, art. 32).

No tocante à multa, sabe-se que essa pena pode ser aplicada de forma isolada ou cumulativa com as penas privativa de liberdade e restritiva de direitos. Em qualquer dessas duas hipóteses, sendo ela a única a ser cumprida, o seu inadimplemento poderia fundamentar a suspensão de direitos políticos? O motivo da pergunta prende-se ao fato de o art. 51 do Código Penal (com as redações da Lei nº 9.268/1996 e da Lei nº 13.964/2019) ter passado a considerar a multa criminal como *dívida de valor*, aplicando-se em sua cobrança "as normas relativas à dívida ativa da Fazenda Pública". Isso induziu o STJ a afirmar em regime de Recurso Repetitivo (Tema Repetitivo 931) que tal pena "possui caráter extrapenal" e que: "Nos casos em que haja condenação a pena privativa de liberdade e multa, cumprida a primeira (ou a restritiva de direitos que eventualmente a tenha substituído), o inadimplemento da sanção pecuniária não obsta o reconhecimento da extinção da punibilidade" (STJ – REsp nº 1519777/SP – Rel. Min. Rogerio Schietti Cruz – 3ª Seção – *DJe* 10-9-2015; STJ – AgRg-REsp nº 1761014/ES – Rel. Min. Sebastião Reis Júnior – 6ª T. – *DJe* 26-11-2018). Entretanto – em sentido contrário à conclusão do STJ –, assentou o Supremo Tribunal Federal que a "Lei nº 9.268/1996, ao considerar a multa penal como dívida de valor, não retirou dela o caráter de sanção criminal, que lhe é inerente por força do art. 5º, XLVI, *c*, da Constituição Federal. [...]" (STF – ADI 3150/DF – Rel. Min. Marco Aurélio, Redator do acórdão Min. Roberto Barroso – Pleno – j. 13-12-2018). Se a multa mantém a natureza de "sanção penal", a extinção da pretensão punitiva estatal só poderia ser declarada após o seu cumprimento, independentemente de ser aplicada de forma isolada ou cumulativa com outra sanção. Essa decisão do Excelso Pretório induziu o STJ a rever o seu entendimento sobre o tema. Assim é que a Terceira Seção do STJ, em revisão do Tema Repetitivo 931, estabeleceu a seguinte tese:

> "O inadimplemento da pena de multa, após cumprida a pena privativa de liberdade ou restritiva de direitos, não obsta a extinção da punibilidade, ante a alegada hipossuficiência do condenado, salvo se diversamente entender o juiz competente, em decisão suficientemente

motivada, que indique concretamente a possibilidade de pagamento da sanção pecuniária." (STJ – REsp nº 2.024.901/SP – 3ª Seção – Rel. Min. Rogério Schietti Cruz – *DJe* 1-3-2024).

Esse entendimento foi acolhido pelo Supremo Tribunal Federal, que assentou a tese de que o descumprimento da pena de multa impede a extinção da punibilidade do condenado, exceto se for comprovada a impossibilidade do pagamento – ainda que parcelado. O juiz da execução penal pode extinguir a punibilidade caso os elementos dos autos lhe permitam presumir que o condenado não tem condições de pagar a multa (STF – ADI 7032/DF – Pleno – Rel. Min. Flávio Dino – j. 22-3-2024).

Logo, a falta de pagamento da pena de multa, depois do cumprimento da pena privativa de liberdade ou restritiva de direitos, não impede a extinção de punibilidade para o condenado hipossuficiente. Havendo indícios de que o apenado possui condições econômico-financeiras de arcar com a sanção pecuniária, poderá o juízo competente, em decisão fundamentada, declarar a não extinção da punibilidade.

A suspensão dos direitos políticos cessa com a declaração judicial de extinção da punibilidade, ainda que a multa reste inadimplida (no caso de condenado hipossuficiente). A Justiça Eleitoral não pode negar eficácia à decisão extintiva da punibilidade emanada da Justiça Comum, a menos que ela seja desconstituída, invalidada ou rescindida nas vias jurídicas apropriadas. A propósito, dispõe a Súmula 41 do TSE: "não cabe à Justiça Eleitoral decidir sobre o acerto ou desacerto das decisões proferidas por outros órgãos do Judiciário ou dos tribunais de contas que configurem causa de inelegibilidade". Assim, havendo decisão da Justiça Comum declarando extinta a punibilidade de réu condenado, tal questão não está sujeita a reexame pela Justiça Eleitoral (TSE – ED-AgR-REspEl nº 060043188/PA – *DJe* 11-4-2024).

Por outro lado, a decisão que declara a não extinção da punibilidade implica a manutenção da suspensão dos direitos políticos.

1.4.5   Recusa de cumprir obrigação a todos imposta

Dispõe o art. 5º, VIII, da Constituição que "ninguém será privado de direitos por motivo de crença religiosa ou de convicção filosófica ou política, salvo se as invocar para eximir-se de obrigação legal a todos imposta e recusar-se a cumprir prestação alternativa, fixada em lei".

Já o art. 15, inciso IV, da Constituição prevê a suspensão de direitos políticos na hipótese de alguém se recusar a "cumprir obrigação a todos imposta ou prestação alternativa, nos termos do art. 5º, VIII".

Cuidam tais dispositivos da denominada escusa ou objeção de consciência, normalmente fundada em crença ou convicção religiosa, ética, filosófica ou política.

Entre as obrigações legais a todos impostas destacam-se o exercício da função de jurado e a prestação de serviço militar.

No que concerne ao jurado, dispõe o art. 436 do Código de Processo Penal ser obrigatório o serviço do júri para os "cidadãos maiores de 18 (dezoito) anos de notória idoneidade". Desse serviço nenhum cidadão poderá ser excluído ou "deixar de ser alistado em razão de cor ou etnia, raça, credo, sexo, profissão, classe social ou econômica, origem ou grau de instrução" (§ 1º). Note-se, porém, que o art. 437 do CPP prevê várias hipóteses de isenção, sendo que o inciso X contém uma cláusula geral desobrigando os que demonstrarem "justo impedimento".

A recusa *injustificada* ao serviço do júri poderá acarretar "multa no valor de 1 (um) a 10 (dez) salários-mínimos, a critério do juiz, de acordo com a condição econômica do jurado" (CPP, art. 436, § 2º).

No entanto, fundando-se a recusa "em convicção religiosa, filosófica ou política", reza o art. 438 do CPP que o cidadão incide "no dever de prestar serviço alternativo, sob pena de suspensão dos direitos políticos, enquanto não prestar o serviço imposto". Nesse caso, não incide sanção de multa. Por serviço alternativo entende-se "o exercício de atividades de caráter administrativo, assistencial, filantrópico ou mesmo produtivo, no Poder Judiciário, na Defensoria Pública, no Ministério Público ou em entidade conveniada para esses fins" (§ 1º); o rol legal é exemplificativo, podendo ser determinada a prestação em outros órgãos que não os indicados.

Pelo § 2º do aludido art. 438, o serviço deve ser fixado pelo juiz atendendo "aos princípios da proporcionalidade e da razoabilidade". É de se censurar a vagueza dessa norma, porque não veicula critério seguro para a fixação do prazo de prestação do serviço. Como diz Nucci (2011, p. 772), "ninguém pode ser obrigado a realizar qualquer espécie de serviço a órgãos estatais por período indeterminado e sem qualquer parâmetro concreto. Inviável se torna deixar a cada juiz fixar o que acha conveniente [...]". Sugere o autor que o jurado deve prestar serviço alternativo por apenas um dia, pois normalmente é esse "o tempo dedicado à sessão de julgamento".

E se a pessoa não pagar a multa ou recusar-se a prestar serviço alternativo? Nesse caso, os seus direitos políticos ficarão suspensos enquanto tais obrigações não forem cumpridas. A lei não estabelece prazo para a duração da suspensão. Todavia, a privação de direitos políticos não poderia prolongar-se eternamente, pois isso equivaleria à instituição de pena de "caráter perpétuo", o que é vedado pela Constituição (CF, art. 5º, XLVII, *b*). Impõe-se, portanto, que em algum momento a pessoa possa readquirir os direitos políticos. *De lege ferenda*, afigura-se razoável que o prazo de suspensão vigore por cinco anos, pois esse é o prazo de prescrição das obrigações não tributárias devidas ao Estado (Decreto nº 20.919/1932, art. 1º; CC, art. 206, § 5º).

Quanto ao serviço militar, em seu art. 143, § 1º, a Lei Maior impera ser ele "obrigatório nos termos da lei", competindo às Forças Armadas "atribuir serviço alternativo aos que, em tempo de paz, após alistados, alegarem imperativo de consciência, entendendo-se como tal o decorrente de crença religiosa e de convicção filosófica ou política, para se eximirem de atividades de caráter essencialmente militar". A Lei nº 8.239/91 regulamenta o tema. A obrigação para com o serviço militar começa no dia 1º de janeiro do ano em que a pessoa completar 18 anos de idade e subsistirá até 31 de dezembro do ano em que completar 45 anos (Lei nº 4.375/64, art. 5º). Portanto, essa obrigação perdura no período compreendido entre os 18 e 45 anos de idade da pessoa, extinguindo-se após o último evento.

O alistamento eleitoral é obrigatório para os maiores de 18 anos, sendo facultativo para os maiores de 16 e menores de 18 anos (CF, art. 14, § 1º, I e II, *c*). Destarte, muitas pessoas que estão na iminência de prestar serviço militar já gozam dos direitos políticos, encontrando-se alistadas como eleitores. Entretanto, ficarão privadas desses mesmos direitos, caso se recusem a prestar o serviço ou a cumprir obrigação alternativa; a privação se concretiza com anotação no cadastro eleitoral da pessoa. A suspensão dos direitos políticos só cessará: (*i*) com o cumprimento, a qualquer tempo, das obrigações devidas (Lei nº 8.239/91, art. 4º, § 2º); (*ii*) após a pessoa completar 45 anos de idade, em razão da extinção da obrigação legal de prestar serviço militar; com efeito, se não mais subsiste o dever legal de prestação, é indefensável a subsistência de alguma sanção decorrente de seu anterior descumprimento. Nos referidos casos, a efetiva regularização eleitoral, consubstanciada no alistamento eleitoral, na emissão de título ou na reativação de inscrição cancelada, dependerá da comprovação de haver cessado o impedimento e, para tanto, deve o interessado contatar o juízo da zona eleitoral onde possua domicílio (TSE – PA nº 0600307-66/DF – j. 24-4-2018; Res. TSE nº 23.659/2021, art. 18 e art. 35, § 2º, *b*).

Note-se que se aquele que se recusa a prestar serviço militar ou alternativo ainda não estiver alistado como eleitor, não será esse um caso de suspensão nem de perda de direitos políticos, mas, sim, de *impedimento*. Conforme acentuado, o impedimento consiste em obstáculo à aquisição de direitos. Estará, pois, impedido de se tornar cidadão, até que realize a obrigação alternativa.

1.4.6 Improbidade administrativa

Outra hipótese de suspensão de direitos políticos é contemplada no art. 15, V, da Constituição. Trata-se da improbidade administrativa. Em monografia sobre o tema (GOMES, 2002, p. 245, 254), registrei que a improbidade consiste na ação desvestida de honestidade, de boa-fé e lealdade para com o ente estatal, compreendendo os atos ilícitos que, praticados por agente público, ferem a moralidade administrativa.

Prevê o art. 37, § 4º, da Lei Maior: "Os atos de improbidade administrativa importarão a suspensão dos direitos políticos, a perda da função pública, a indisponibilidade dos bens e o ressarcimento ao erário, na forma e gradação previstas em lei, sem prejuízo da ação penal cabível". Esse dispositivo foi regulamentado pela Lei nº 8.429/92 (alterada pela Lei nº 14.230/2021), que estabelece três categorias de atos de improbidade: os que importam enriquecimento ilícito (art. 9º), os que causam lesão ao patrimônio público (art. 10) e os que atentam contra os princípios da Administração Pública (art. 11).

As hipóteses de atos de improbidade encontram-se alocadas nas três categorias referidas. No entanto, existem outras hipóteses contempladas em diplomas legais diversos, como, por exemplo, as previstas no art. 73 da Lei nº 9.504/97, conforme prescreve o § 7º desse mesmo art. 73. Tem-se entendido na jurisprudência que as hipóteses de improbidade não previstas na Lei nº 8.429/92 permanecem em vigor mesmo após as alterações promovidas pela Lei nº 14.230/2021; nesse sentido: STJ - AgInt no AgInt no AREspe nº 1.479.463/SP – Rel. Min. Paulo Sérgio Domingues – j. 3-12-2024.

Como consequência da ação ímproba, o art. 12 da Lei nº 8.429/92 estipula várias sanções, entre as quais destaca-se a suspensão de direitos políticos por até quatorze anos.

A reforma que a Lei nº 14.230/2021 promoveu na Lei nº 8.429/92 deixou assentado que, em qualquer de suas formas, o ato de improbidade é sempre doloso. Mas antes mesmo daquela lei entrar em vigor, o Supremo Tribunal Federal – invocando excesso legislativo e violação ao princípio da proporcionalidade – decidira que a sanção de suspensão de direitos políticos não se aplicava a atos de improbidade culposos que causassem dano ao erário (a hipótese culposa era prevista no art. 10 da LIA e foi suprimida pela Lei nº 14.230/2021), nem às condutas ímprobas infringentes dos princípios da Administração Pública (hipóteses do art. 11 da LIA). Confira-se:

> "Ante o exposto, defiro a medida cautelar requerida, *ad referendum* do Plenário (art. 21, V, do RISTF; art. 10, § 3º, Lei 9.868/1999), com efeito *ex nunc* (art. 11, § 1º, da Lei 9.868/99), inclusive em relação ao pleito eleitoral de 2022, para: (a) conferir interpretação conforme à Constituição ao inciso II do art. 12 da Lei 8.429/1992, estabelecendo que a sanção de suspensão de direitos políticos não se aplica a atos de improbidade culposos que causem dano ao erário; e (b) suspender a vigência da expressão 'suspensão dos direitos políticos de três a cinco anos' do inciso III do art. 12 da Lei 8.429/1992." (STF – ADI-MC nº 6678/DF – Rel. Min. Gilmar Mendes – decisão monocrática, *DJe* 4-10-2021).

Assim, a sanção de suspensão de direitos políticos só pode ser aplicada aos agentes que praticarem condutas dolosas de improbidade em que resultar enriquecimento ilícito ou lesão ao patrimônio público.

Nos termos do art. 12, § 9º, da LIA, a suspensão de direitos políticos só ocorre com o trânsito em julgado da decisão judicial que julgar procedente a ação de improbidade. Assim, transitando em julgado a decisão, a Justiça Eleitoral deve ser informada para que proceda à anotação no cadastro eleitoral.

Uma hipótese inusitada de detração político-eleitoral é prevista no § 10, art. 12, da LIA – o qual, registre-se, teve sua eficácia suspensa pelo STF na liminar deferida na ADI 7.236 (publicada no *DJe* 9-1-2023). Reza o aludido dispositivo:

> "Art. 12 [...] § 10. Para efeitos de contagem do prazo da sanção de suspensão dos direitos políticos, computar-se-á retroativamente o intervalo de tempo entre a decisão colegiada e o trânsito em julgado da sentença condenatória."

Ora, se se exige o trânsito em julgado da decisão judicial para a produção de efeitos concretos, isto é, para a efetiva suspensão dos direitos políticos do condenado em improbidade administrativa, não há motivo lógico-jurídico para que a contagem do prazo de suspensão retroaja à data da decisão colegiada, pois nesse momento esta não é dotada de eficácia concreta. De todo modo, a razão de ser do citado dispositivo encontra-se provavelmente no art. 1º, I, *l*, da LC nº 64/90, que prevê uma hipótese de inelegibilidade decorrente de condenação "por ato doloso de improbidade administrativa". A inelegibilidade incide desde a publicação da decisão "proferida por órgão judicial colegiado". O que se quis, então, foi abater do tempo de suspensão dos direitos políticos o período situado entre a decisão colegiada e o trânsito em julgado da decisão condenatória, período esse em que o condenado ficou inelegível. Se é assim, a disposição legal não merece aplausos – e fez bem o STF em suspender-lhe a eficácia –, porque: *i)* a inelegibilidade constitui apenas um dos efeitos da suspensão dos direitos políticos; *ii)* confunde institutos diversos; *iii)* computa retroativamente um efeito ainda inexistente, pois a efetivação da suspensão dos direitos políticos só ocorrerá mais tarde com o trânsito em julgado da decisão.

Ultrapassado o lapso suspensivo, volta o cidadão a usufruir plenamente dos seus direitos políticos.

O conhecimento e o julgamento de ações de improbidade administrativa encontram-se afetos à Justiça Comum Federal ou Estadual, não à Eleitoral. Note-se, porém, que, em certas situações, os fatos que fundamentam ação de improbidade podem igualmente embasar ação eleitoral, esta de competência da Justiça Eleitoral. Mas à Justiça Eleitoral não compete julgar ou rediscutir "a conduta ímproba", devendo assumir como verdade a conclusão da sentença emanada da Justiça Comum.

A condenação por improbidade apresenta natureza civil-administrativa. Diferentemente do que ocorre com a condenação criminal, a suspensão dos direitos políticos deve vir expressa na sentença que julgar procedente o pedido inicial. Reza o art. 12, § 9º, da Lei nº 8.429/92 que as respectivas sanções "somente poderão ser executadas após o trânsito em julgado da sentença condenatória", regra essa reiterada no art. 20 do mesmo diploma legal, segundo o qual "a perda de função pública e a suspensão dos direitos políticos só se efetivam com o trânsito em julgado da sentença condenatória".

2

DIREITO ELEITORAL

2.1 CONCEITO E FUNDAMENTO DO DIREITO ELEITORAL

Direito Eleitoral é o ramo do Direito Público cujo objeto são os institutos, as normas e os procedimentos que regulam o exercício do direito fundamental de sufrágio com vistas à concretização da soberania popular, à validação da ocupação de cargos políticos e à legitimação do exercício do poder estatal.

Segundo Maligner (2007, p. 11), o Eleitoral é o ramo do Direito que permite conferir conteúdo concreto ao princípio da soberania popular ("C'est donc la branche du droit qui permet de donner un contenu concret à l'affirmation de principe suivant laquelle 'la souveraineté nationale appartient au peuple'"). Para os professores Jean-Yves Vincent e Michel de Villiers (citados por Maligner, 2007, p. 17), trata-se do conjunto de regras que definem o poder de sufrágio e organizam o seu exercício ("par droit électoral, il faut entendre l'ensemble des règles qui définissent le pouvoir de suffrage et en aménagent l'exercice").

Depois de assinalar que o objetivo da legislação eleitoral é sempre "lograr la autenticidad de cualquier elección", a jurista portenha Pedicone de Valls (2001, p. 88, 94, 95) realça o grande desenvolvimento que o Direito Eleitoral tem experimentado nas democracias contemporâneas. Assevera que se tem formado "una especie de derecho electoral común (o transnacional), que obedece a iguales principios generales y se proyeta, por eso, en todos los ordenamientos que pertenecen al Estado de Derecho constitucional democrático". Para ela, o Direito Eleitoral constitui "el conjunto de normas reguladoras de la titularidad y del ejercicio del derecho al sufragio, activo y pasivo; de la organización de la elección; del sistema electoral; de las instituciones y los organismos que tienen a su cargo el desarrollo del proceso electoral, y del control de la regularidad de ese proceso y la veracidad de sus resultados".

A observância dos preceitos eleitorais confere legitimidade a eleições, plebiscitos e referendos, o que enseja o acesso pacífico, sem contestações, aos cargos eletivos, tornando autênticos o mandato, a representação popular e o exercício do poder político.

Entre os bens jurídico-políticos resguardados por essa disciplina, destacam-se a democracia, a legitimidade do acesso e do exercício do poder estatal, a representatividade do eleito, a sinceridade das eleições, a normalidade do pleito e a igualdade de oportunidades entre os concorrentes.

Insere-se o Eleitoral nos domínios do Direito Público Interno. Como se sabe, *Direito Público* é aquele cujas *relações* envolvem a participação do Estado, como *poder político soberano*. Trata-se do complexo de normas e princípios jurídicos que organiza as relações entre entes públicos, estrutura os órgãos e os serviços administrativos, organiza o exercício das atividades político-administrativas, tudo à vista do *interesse público* e do *bem comum*. O Direito Eleitoral é justificado pelo próprio regime democrático.

Observa Viana Pereira (2008, p. 15) que, apesar de se apresentar como conjunto normativo organizador da delegação consentida do exercício do poder, o Direito Eleitoral "parece ter se mantido na penumbra, em um território fosco em que predomina uma espécie de desprezo teórico, e mesmo legislativo, relativamente a vários de seus institutos".

Deveras, uma apreciação crítica revela que o Direito Eleitoral, como ciência, ainda se encontra empenhado no desenvolvimento de seu método e conteúdo. Como se sabe, o método científico é sempre o racional, fundado na razão – *logos* –, sendo essa a base fundamental para a explicação de fenômenos e resolução de conflitos. É imprescindível, portanto, o emprego de *argumentação lógica*, a apresentação de motivação racional e a demonstração de causas e efeitos. Isso, porém, nem sempre se apresenta nessa seara, onde não é incomum que a argumentação lógico-jurídica seja substituída por meros inconformismos ou evidentes sofismas. Isso contribui para o *decisionismo eleitoral*, bem como para a insegurança que grassa nessa seara. Por outro lado, no que concerne ao conteúdo, ainda pairam algumas incertezas como a de saber se a matéria atinente a partidos políticos (o chamado Direito Partidário) integra ou não o Direito Eleitoral, e há também muitas lacunas, o que é particularmente grave nos âmbitos processual e da responsabilidade eleitoral.

Urge, pois, atualizar esse importante ramo do conhecimento, de maneira a atender os postulados da ciência jurídica, sobretudo no que concerne à teoria jurídica e à hermenêutica contemporâneas. E mais: é preciso que o Direito Eleitoral tenha eficácia social, propiciando respostas claras, efetivas e seguras para demandas e conflitos sociopolíticos. Isso implica ingente trabalho multidisciplinar, no qual sejam lançadas as bases de uma nova ciência eleitoral que tenha método, conteúdo, princípios e objetivos bem delineados. Implica, também, que os cidadãos sejam tratados como pessoas livres, dignas e responsáveis, artífices e senhores de seus destinos sob os aspectos individual e coletivo – não como indivíduos carentes, ignorantes e eternamente dependentes de tutela estatal.

2.2 O MICROSSISTEMA ELEITORAL

A teoria jurídica contemporânea compreende o Direito como um complexo sistema, dinamicamente organizado e composto de elementos que realizam funções específicas. O sistema tem como atributo a existência de ordem e estabilidade internas. É, pois, racional. Isso, contudo, não significa necessariamente fechamento, porquanto os diversos elementos mantêm-se em permanente interação e diálogo entre si, sobretudo em virtude da adoção de cláusulas abertas, conceitos indeterminados e princípios cuja normatividade é reconhecida. No centro do sistema encontra-se a Constituição Política, que, para se empregar uma expressão corrente, compõe sua tábua axiológica, enfeixando, portanto, os valores essenciais da sociedade.

O microssistema jurídico integra o sistema. O prefixo micro, do grego *mikrós*, significa pequeno, curto, de diminuta proporção. Destarte, literalmente, microssistema remete a um sistema de proporções menores que outro, no qual se encontra inserido.

A ideia de microssistema é a que melhor tem traduzido o fenômeno jurídico hodierno. Na verdade, trata-se de um disciplinamento setorial de determinada matéria.

Para que um setor do universo jurídico seja inserido na categoria de microssistema, deve possuir princípios e diretrizes próprios, ordenados em atenção ao objeto regulado, que lhe assegurem a coerência interna de seus elementos e, com isso, identidade própria. Ademais, pressupõe a existência de práticas sociais específicas, às quais correspondam um universo discursivo e textual determinado a amparar as relações jurídicas ocorrentes.

O Direito Eleitoral atende a tais requisitos. Nele se encontra encerrada toda a matéria ligada ao exercício de direitos políticos e organização das eleições. Enfeixa princípios, normas e regras atinentes a vários ramos do Direito, como constitucional, administrativo, penal, processual penal, processual civil.

2.3 CONCEITOS INDETERMINADOS

Dada sua relevância no Direito Eleitoral, importa dizer algo acerca dos conceitos indeterminados.

Compreende-se por conceito a representação intelectual e abstrata de um objeto. Assim, ele é sempre preenchido ou constituído por uma ideia a respeito de algo. Para que um ser ou ente seja adequadamente identificado, conhecido, deve-se descrevê-lo com precisão, realçando-se suas notas essenciais.

Não obstante, os *conceitos jurídicos* não são sempre precisos, variando, inclusive, o grau de precisão que apresentam. Ao lado de noções claras e objetivas, convivem outras, indeterminadas, fluidas. A vagueza semântica refere-se à ausência, no termo ou na expressão empregados, de traços nítidos ou bem definidos. A falta de clareza, de precisão, invariavelmente conduz à ambiguidade de sentidos, o que, além de provocar certa perplexidade no intérprete, fomenta a insegurança jurídica. É que tais conceitos não admitem juízos do tipo "tudo ou nada" (como no caso de conceitos numéricos), operando antes na esfera do "mais ou menos". Daí desenharem quadros em que não há uma única solução "correta", mas várias igualmente defensáveis, plausíveis e razoáveis. Daí também a importância do raciocínio analógico em Direito.

Consoante pontifica Bergel (2003, p. 216), tais conceitos elásticos são indispensáveis ao Direito, pois lhe permitem disciplinar adequadamente a vida social em sua rica diversidade, o que só é possível a partir de noções largas e indefinidas.

Note-se, porém, que, a despeito da vagueza, esses conceitos são sempre passíveis de determinação. Isso ocorrerá toda vez que forem reclamados em determinado caso prático. Portanto, é o intérprete, diante das circunstâncias fáticas, do contexto do evento e dos valores em jogo, que estará encarregado de explicitar e precisar seus conteúdos.

Para tanto, deverá o intérprete apoiar-se em parâmetros objetivos, claros, presentes na realidade sociocultural, como os valores, os preceitos ético-morais já cristalizados, os usos, as chamadas regras de experiência, os costumes, a finalidade, as consequências. Desta sorte, o poder do juiz é ampliado, uma vez que lhe é outorgada maior liberdade no processo de determinação do direito ao apreciar os casos submetidos a julgamento. Permite-se-lhe, à luz do mesmo preceito legal, valorar diferentemente a situação e chegar a resultados diversos. Fácil, então, constatar a grave responsabilidade social do magistrado ao deparar com conceitos indeterminados.

No Direito Eleitoral há inúmeros conceitos dessa natureza. Vejamos alguns exemplos: *soberania popular* (CF, art. 14, *caput*), *moralidade, normalidade* e *legitimidade* das eleições, *influência* do poder econômico, *abuso* do exercício de função (CF, art. 14, § 9º), *abuso* do poder econômico (CF, art. 14, § 10), *liberdade* de voto, (LC nº 64/90, art. 19), utilização *indevida* (LC nº 64/90, art. 22), *vantagem* pessoal (LE, art. 41-A), *igualdade* de *oportunidades* (LE, art. 73).

2.4 FONTES DO DIREITO ELEITORAL

A palavra *fonte* designa o local onde algo é produzido, indicando, portanto, sua procedência, sua origem. Nesse sentido, por exemplo, significa a nascente, o olho ou a mina d'água. Na doutrina jurídica, expressa a origem ou o fundamento do direito.

Distinguem-se duas espécies de fontes: material e formal.

Fonte material são os múltiplos fatores que influenciam o legislador em seu trabalho de criar normas jurídicas. Tais fatores podem compreender diversas tendências psicológicas, fenômenos e dados presentes no ambiente social, envolvendo pesquisas de ordem histórica, econômica, religiosa, axiológica, moral, política, psicológica, sociológica, entre outras. Também não se podem ignorar os ajustes feitos no Parlamento, bem como a forte atuação de "grupos de pressão", os famosos *lobbys*, a influenciar na definição do conteúdo da norma. Na verdade, a lei não decorre da atividade impessoal, harmônica e coerente de um legislador justo e onipresente, como pretendiam os positivistas clássicos, mas, antes, é fruto de uma bem articulada composição de interesses. Por isso mesmo, lei e direito são duas realidades que não se confundem. O direito encerra a lei, é mais amplo que ela, mormente porque se liga à ideia de justiça.

Diferentemente, as *fontes formais* designam os "processos ou meios em virtude dos quais as regras jurídicas se positivam com legítima força obrigatória, isto é, com vigência e eficácia no contexto de uma estrutura normativa" (REALE, 1994, p. 140). Em outras palavras, trata-se dos veículos ou meios em que os juízos jurídicos são fundamentados.

Dividem-se as fontes formais em estatais e não estatais.

As fontes formais não estatais referem-se a princípios não positivados e a negócio jurídico (contrato). Como exemplo deste último, podem-se citar o estatuto de partido político, o acordo de vontade firmado entre partidos e candidatos com o fim de estabelecer regras para debate na televisão.

As fontes formais estatais consistem em normas jurídicas emanadas do Estado, em geral decorrentes de regular processo legislativo, constitucional ou infraconstitucional. Aqui são estabelecidos princípios e regras a serem seguidos por todos (princípio da generalidade). No Direito Eleitoral, podem-se arrolar as seguintes:

> *Constituição Federal* – na Constituição é que se encontram os princípios fundamentais do Direito Eleitoral, as prescrições atinentes a sistema de governo (art. 1º), nacionalidade (art. 12), direitos políticos (art. 14), partidos políticos (art. 17), competência legislativa em matéria eleitoral (art. 23, I), organização da Justiça Eleitoral (art. 118 ss). Tantas e tão relevantes são as normas eleitorais emanadas da Constituição que para se designá-las já se tem empregado a expressão *Constituição Eleitoral*.
>
> *Tratados e convenções internacionais* – o Direito Eleitoral tem nos direitos políticos sua referência fundamental. Veja-se a esse respeito o art. XXI da Declaração Universal dos Direitos do Homem de 1948, o art. 23 da Convenção Americana de Direitos Humanos – CADH, (também chamada de Pacto de San José da Costa Rica, promulgada pelo Decreto nº 678/92), o art. 25 do Pacto Internacional sobre Direitos Civis e Políticos de 1966 (promulgado pelo Decreto nº 592/1992), o art. 29 da Convenção Internacional sobre os Direitos das Pessoas com Deficiência de 2007 (promulgada pelo Decreto nº 6.949/2009). Nos termos do art. 5º, § 2º, da Constituição, os direitos e garantias nela expressos não excluem outros decorrentes "dos tratados internacionais em que a República Federativa do Brasil seja parte". Ademais, o § 3º daquele mesmo artigo determina que os tratados e convenções internacionais sobre *direitos humanos* equivalerão às emendas constitucionais se "forem aprovados, em cada Casa do Congresso Nacional, em dois turnos, por três quintos dos votos dos respectivos membros". Esse *quorum* é igual ao estabelecido no art. 60, § 2º, da Lei Maior para aprovação de Emenda Constitucional. Consequentemente, desde que aprovados com tal *quorum*, os tratados sobre direitos humanos ingressam na Constituição, passando a gozar do *status* de norma constitucional. Note-se que o ingresso de tratado ou convenção no Direito positivo sempre se dá a partir de um ato emanado do Estado.

Código Eleitoral (Lei nº 4.737/65) – as normas desse diploma organizam o exercício de direitos políticos, definindo também a competência dos órgãos da Justiça Eleitoral. Apesar de ser, originariamente, lei ordinária, foi, quanto à "organização e competência" dos órgãos eleitorais, recepcionado pela Constituição como lei complementar, nos termos do art. 121, *caput*. Assim, em parte, o CE goza do *status* de lei complementar.

Lei de Inelegilibilidades – (LC nº 64/90) – institui as inelegibilidades infraconstitucionais, nos termos do art. 14, § 9º, da Constituição Federal.

Lei dos Partidos Políticos – LPP (Lei nº 9.096/95) – dispõe sobre partidos políticos.

Lei das Eleições – LE (Lei nº 9.504/97) – estabelece normas para eleições.

Resolução do TSE – trata-se de ato normativo emanado do Órgão Pleno do Tribunal. Sua natureza é de *ato-regra*, pois cria situações gerais e abstratas; por isso se diz que apresenta força de lei, embora não possa contrariá-la. O art. 105 da LE fixa os limites a serem observados nessa espécie normativa. Dado seu caráter regulamentar, não pode restringir direitos nem estabelecer sanções distintas das previstas em lei. As Resoluções pertinentes às eleições devem ser publicadas até o dia 5 de março do ano do pleito.

Consulta – quando respondida, a consulta dirigida a tribunal apresenta natureza peculiar. Malgrado não detenha natureza puramente jurisdicional, trata-se de "ato normativo em tese, sem efeitos concretos, por se tratar de orientação sem força executiva com referência a situação jurídica de qualquer pessoa em particular" (STF – RMS nº 21.185/DF, de 14-12-1990 – Rel. Min. Moreira Alves).

Precedentes da Justiça Eleitoral, especialmente do Supremo Tribunal Federal e do Tribunal Superior Eleitoral – porém, sem a nota de generalidade.

Sendo o Direito Eleitoral ligado ao Direito Público, suas normas são de natureza cogente (*ius cogens*) ou imperativas. Não podem, pois, ser alteradas pela vontade dos particulares ou das pessoas e entidades envolvidos no processo eleitoral.

Por estarem envolvidos bens e interesses indisponíveis, não tem valor jurídico acordo em que candidato ou partido abra mão de direitos ou prerrogativas que lhes sejam assegurados. Tanto é assim que o art. 105-A da LE estabelece serem inaplicáveis nessa seara os procedimentos previstos na Lei nº 7.347/85, a qual disciplina a Ação Civil Pública – ACP. Assim, o *termo* ou *compromisso de ajustamento de conduta* previsto no art. 5º, § 6º, dessa norma constitui instrumento inidôneo para limitar direitos e prerrogativas previstos em lei eleitoral. Tal inidoneidade subsiste ainda que o compromisso seja firmado "na presença do Ministério Público e do Juiz Eleitoral" (TSE – REspe nº 32231/RN – *DJe*, t. 100, 30-5-2014, p. 60). Para além disso, a Justiça Eleitoral não ostenta competência para "processar e julgar representação por descumprimento de compromisso de ajustamento de conduta" (TSE – REspe nº 28.478/CE – *DJe* 5-5-2011, p. 44).

Quanto à sanção, em geral, as regras eleitorais apresentam *preceito e sanção*. Exemplo: o art. 41-A da Lei nº 9.504/97 proíbe a captação ilícita de sufrágio; sua violação pode implicar imposição de multa e cassação do registro ou diploma, bem como (de forma secundária) inelegibilidade (LC nº 64/90, art. 1º, I, *j*). Há regras que são do tipo "mais-que-perfeita", cuja infringência acarreta a invalidação do ato inquinado e a imposição de outra sanção. Exemplo: o art. 73, V, da Lei nº 9.504/97, que, entre outras coisas, proíbe a contratação de servidor público, na circunscrição do pleito, "nos três meses que o antecedem e até a posse dos eleitos"; a infração desse preceito é sancionada com a anulação da contratação, além de multa, perda do registro de candidatura ou do diploma (§§ 4º e 5º) e (de forma secundária) inelegibilidade (LC nº 64/90, art. 1º, I, *j*). Outras são "imperfeitas", não apresentando específico conteúdo sancionatório. Exemplo: durante o período eleitoral, o art. 39, § 3º, da aludida lei proíbe o funcionamento de alto-falantes ou amplificadores de som a distância inferior a 200 metros dos seguintes locais:

30 | DIREITO ELEITORAL – *José Jairo Gomes*

sede dos Poderes Executivo, Legislativo e Judiciário, estabelecimento militar, hospitais, casas de saúde, escolas, bibliotecas públicas, igrejas e teatros, quando em funcionamento; mas o descumprimento desse preceito não é sancionado senão com a cessação da conduta infratora.

2.5 HERMENÊUTICA ELEITORAL

Hermenêutica é a ciência que tem por objeto a pesquisa dos pressupostos e das condições de compreensão da linguagem e do sentido. Discute, portanto, as possibilidades e condições da interpretação. Esta, por sua vez, constitui objeto da hermenêutica, traduzindo-se no complexo processo pelo qual se conhece ou se alcança a inteligibilidade e o sentido de algo, isto é, do objeto interpretado. Não se trata de "instrumento" somente utilizado em certas situações, mas sim de atividade que sempre realizamos, pois a todo momento interpretamos os fatos do mundo.

Pode-se dizer que a interpretação busca tornar o objeto em que incide – evento, documento – claro e inteligível, permitindo a fixação de seu sentido, ou de seus sentidos possíveis. Nesse processo, destaca-se a participação ativa do intérprete, porquanto ele próprio se insere no ambiente da compreensão. Ademais, não se pode descurar do contexto, ou seja, das circunstâncias em que se manifesta o objeto considerado. Uma adequada compreensão só pode ser alcançada criticamente, o que implica a percepção das múltiplas relações do objeto conhecido com o mundo circundante, com as tradições e com o ambiente linguístico em que se encontra imerso. Em jogo também se encontra a pré-compreensão do mundo que o intérprete traz consigo, não havendo neutralidade absoluta nesses domínios.

Assinala Dworkin (2010, p. 69-71) que a interpretação expressa um relato no qual é proposta "uma forma de ver o que é interpretado – uma prática social ou uma tradição, tanto quanto um texto ou uma pintura – como se este fosse o produto de uma decisão de perquirir um conjunto de temas, visões e objetivos, uma direção em vez de outra. [...]". O quadro delineado pelo intérprete inserir-se-á no âmbito da *intenção* do autor da obra se a esta se ajustar ou com ela for compatível, de maneira a iluminá-la, torná-la melhor ou otimizá-la. Aí, portanto, é abandonada a concepção de que a intenção do autor deve ser perscrutada em seu "estado mental consciente", pois, tal intenção não é propriamente o que o autor quis conscientemente, mas o que se ajusta ao contexto e propósito de sua obra.

Sobre a interpretação jurídica, classicamente, firmaram-se quatro cânones com o escopo de traçar caminhos seguros para a determinação do direito a ser observado na prática. Trata-se dos métodos gramatical, lógico/teleológico, histórico e sistemático. Foram formulados no século XIX pelo pandectista Friedrich Karl von Savigny sob o signo de um sistema jurídico positivista e fechado, tendo por objetivo propiciar a *descoberta* do direito mediante a reconstrução do pensamento imanente à lei. Não se pode negar que ainda hoje eles são relevantes – embora insuficientes, se considerados individualmente – para a adequada interpretação e resolução de casos concretos.

Com a superação do positivismo legalista, passou-se a proclamar a insuficiência – o equívoco, para alguns – daqueles métodos, próprios que são de uma concepção objetivista do Direito como sistema jurídico fechado. Para tanto, muito contribuiu o grande desenvolvimento da hermenêutica jurídica, além do surgimento de outras correntes de pensamento, a exemplo do culturalismo jurídico, da tópica (teoria do pensamento problemático), das doutrinas da argumentação jurídica, da analítica.

No campo metodológico, compreende-se hoje que a razão é crítico-reflexiva. De maneira que o método que levará à construção da norma jurídica concreta não é fixo, no sentido de ser dado previamente. Ao contrário, ele é concebido com o desenvolver do pensamento, sendo que durante o percurso do pensamento pode haver avanços e recuos, e também adaptação e acomodação de ideias.

O Direito contemporâneo é pensado da ótica de um sistema aberto, sendo os princípios admitidos como *normas jurídicas vinculantes*, e a *criação judicial* do direito aceita sobretudo nos chamados *hard cases* (casos difíceis) que não contam com expressa solução legal ou que admitam mais de uma solução razoável. Chega-se mesmo a duvidar (e até a negar) que a determinação do direito possa ser levada a cabo com exatidão lógica e alcançada tão só pela via racional.

Nesse contexto, relevam novos argumentos na fundamentação dos juízos jurídicos e formulação da norma a ser observada na prática, a exemplo do princípio da segurança jurídica, da ponderação, da finalidade, das consequências, da equidade, dos precedentes, da razoabilidade, da proporcionalidade, da integridade e coerência do Direito.

De ressaltar-se, ainda, a superação do dualismo sujeito-objeto (que traduz a relação entre o sujeito racional e o objeto de conhecimento, figurando a linguagem como meio ou instrumento), pela relação sujeito-sujeito, que tem a linguagem como condição de possibilidade, já que é pela linguagem que o pensamento é expresso. Também é de se ressaltar a superação do *solipsismo*, que propugna uma representação individualista ou egocêntrica do mundo. Na base dessas teses encontra-se o *idealismo*, que reduz as coisas à só representação que o sujeito (intérprete) faz delas, de sorte que o objeto do conhecimento é restringido à representação individual – o "eu" figura como princípio de tudo, nada existindo fora de sua ideação. Tais teses levaram ao individualismo, à reflexão monológica e ao dogmatismo, bem como à exclusão da intersubjetividade na construção do conhecimento.

Diferentemente, compreende-se atualmente que a produção de conhecimento e formação de juízos não se apoiam exclusivamente no "eu" racional (individual), nas categorias kantianas de *sensibilidade* e *entendimento* do sujeito. Notadamente com a viragem linguística, os limites e possibilidades do mundo passam a ser os da linguagem. Esta constitui uma *praxis social*. A produção de conhecimento e formação de juízos se dão pela linguagem e ação – ou seja, pela comunicação. De sorte que a intersubjetividade (a interação comunicativa) constitui condição universal do entendimento.

Há uma correspondência entre os elementos da realidade e os da linguagem, passando-se a compreender as coisas como a interpretação que se faz delas – não existe, portanto, um ser ou uma coisa "em si mesmo". Como evidenciou o filósofo austríaco Ludwig Wittgenstein, uma palavra não é a essência da coisa que ela representa. É que as coisas são o que se interpreta delas, de modo que elas são os *sentidos* que lhe são atribuídos. E esses sentidos são produto da experiência histórica vivida no interior de uma dada comunidade, são frutos da cultura e da interação social entre as pessoas. Logo, o significado das coisas só pode ser compreendido no contexto em que os falantes se encontram imersos.

Inexiste, portanto, algo que se possa chamar de *verdade*, havendo, isto sim, muitas *verdades* que afloram do convívio sociocultural. E não existe método que se possa levar a ela. *Verdade*, no fundo, significa o compartilhamento de sentidos acerca de determinado objeto, compartilhamento que se dá entre as pessoas no interior de determinada comunidade em certo momento histórico. É mutável, portanto, a verdade.

A interpretação jurídica considera sempre elementos bem distintos, a saber: texto legal (dever ser), fatos da vida submetidos a exame (ser), ambiente comunicativo, doutrina, precedentes judiciais, adequação à Constituição. Ademais, ela é igualmente guiada por elementos como integridade, coerência, plausibilidade, juridicidade, eticidade, racionalidade, hierarquia legal, regras e princípios constitucionais, regras e princípios e conceitos atinentes ao setor jurídico a que o caso examinado se encontra referido.

A par desses elementos regulatórios, o próprio texto normativo e o contexto em que ele se insere contribuem para delimitar os sentidos hauríveis pela interpretação jurídica.

O labor interpretativo é influenciado pela subjetividade do intérprete-juiz. É ele quem valora os elementos fáticos envolvidos no problema (causa) e define o sentido e o alcance da norma a ser aplicada. Por outro lado, ele vive no mesmo ambiente linguístico-cultural, estando carregado de pré-compreensões acerca do mundo, da vida, das pessoas, coisas e relações. Tais pré-compreensões colaboram para a determinação do sentido a ser atribuído ao objeto da interpretação, e, portanto, também para o sentido do juízo que ao final será formulado e para a configuração da norma jurídica a ser posta concretamente para ser observada.

No processo interpretativo, os aludidos elementos são conjugados, havendo fecunda interação entre eles. A intermediar essa interação está o ingrediente axiológico (valorativo) haurido no ambiente sociojurídico-cultural. Desse processo emerge o sentido jurídico da resposta a que se chega ao problema posto inicialmente, ou seja, a norma jurídica a ser observada na vida prática. Não se trata, está claro, de asséptica operação silogística, de pura subsunção de um fato a dado preceito legal à maneira do ultrapassado positivismo clássico legalista; no máximo, a referida técnica juspositivista pode ser usada apenas para uma aproximação inicial do problema jurídico, como ponto de partida da interpretação, e não como seu ponto de chegada ou resultado final.

Tem-se, pois, que o direito a ser observado na prática não é dado previamente e apenas revelado (ou descoberto) *a posteriori* pelo intérprete, mas, ao contrário, é por este *construído* na realidade da experiência jurídica. A norma jurídica concreta constitui resultado do processo interpretativo. O intérprete tem papel ativo e criativo e também *participa* dessa construção, complementando o trabalho do legislador ao atribuir sentido ao discurso legislativo.

Em sua atividade hermenêutica, o intérprete-juiz não goza de total liberdade, nem de absoluta discricionariedade, tampouco se limita a fazer uma opção *totalmente livre* em "uma moldura dentro da qual existem várias possibilidades de aplicação, pelo que é conforme ao Direito todo ato que se mantenha dentro deste quadro ou moldura, que preencha esta moldura em qualquer sentido possível" (KELSEN, 1994, p. 390).

Deveras, o sentido da norma jurídica resultante do processo interpretativo não pertence à subjetividade do intérprete-juiz, pois é, na verdade, haurido no sistema jurídico com todos os fatores condicionantes que aí se apresentam. O juízo resultante deve estar integrado no conjunto do sistema jurídico e ser coerente com ele, notadamente deve harmonizar-se com a Constituição política.

É esse o sentido da ideia de integridade, conforme formulação do jusfilósofo norte-americano Ronald Dworkin (2010, p. 271 ss.). Próprio do Estado Democrático de Direito, a integridade impõe que o intérprete-juiz produza sua decisão de forma coerente com o conjunto do Direito.

> "O direito como integridade pede que os juízes admitam, na medida do possível, que o direito é estruturado por um conjunto coerente de princípios sobre a justiça, a equidade e o devido processo legal adjetivo, e pede-lhes que os apliquem nos novos casos que se lhes apresentem, de tal modo que a situação de cada pessoa seja justa e equitativa segundo as mesmas normas. Esse estilo de deliberação judicial respeita a ambição que a integridade assume, a ambição de ser uma comunidade de princípios. […]. O direito como integridade tem uma atitude mais complexa com relação aos ramos do direito. Seu espírito geral os condena, pois o princípio adjudicativo de integridade pede que os juízes tornem a lei coerente com um todo, até onde lhes seja possível fazê-lo […]" (DWORKIN, 2010, p. 291 e 301).

Tem-se, pois, que o intérprete-juiz não goza de liberdade absoluta para estabelecer sua compreensão, tampouco é dono do sentido da interpretação que exterioriza, mas apenas o sujeito que a propicia. Embora o labor interpretativo se dê em sua mente/consciência, esta instância subjetiva não é a única determinante do resultado (subjetivismo), pois encontra-se condicionada à realidade do ambiente histórico-jurídico-cultural-comunicativo em que se situa e, pois, à intersubjetividade.

Nessa perspectiva, perde importância a ideia de *mens legislatoris*, ou seja, de busca da vontade do legislador histórico, aquele que de fato elaborou a lei; bem como a ideia de *mens legis*, que é a vontade ínsita na lei, cujo texto entende-se autônomo e independente de seu autor, sustentando-se em si mesmo, com apoio exclusivo em sua coerência interna.

A decisão adequada para uma causa é aquela que interpreta essa mesma causa "em sua melhor luz possível" (DWORKIN, 2010, p. 292). Tal decisão resulta da reconstrução do direito (e não de sua revelação) com efetivo respeito à sua integridade e aplicação coerente e adequada à Constituição e ao sistema jurídico.

Isso significa que o dispositivo legal considerado em determinado problema não deve ser compreendido de forma isolada, mas sim à vista do sistema em que se encontra inserido. Em geral, a interpretação isolada de dispositivos legais induz decisão com baixa consistência.

Naturalmente, o Direito Eleitoral não está alheio a todo esse debate. Mas não se pode olvidar inexistirem critérios que obriguem ao uso de qualquer método interpretativo, estando, pois, a escolha da via hermenêutica a depender das convicções e da subjetividade do intérprete.

De qualquer sorte, cumpre ressaltar que a boa qualidade da interpretação apoia-se em sua melhor justificação racional, bem como em sua adequação à Constituição Federal e apresentação sob a melhor luz possível. E tal ocorre não só nos domínios do Direito Eleitoral, mas em todos os ramos do Direito.

2.5.1 Proporcionalidade e princípio da razoabilidade

Atualmente dá-se grande destaque à ideia de proporcionalidade. No campo dos direitos fundamentais, ela se tornou um dos mais importantes vetores da interpretação constitucional, nomeadamente ante a possível incidência de mais de um princípio na mesma situação fática enfocada.

Assinala Toledo (2003, p. 65) que a proporcionalidade surgiu como princípio geral do Direito logo após a II Guerra Mundial; exerceu forte influência no incremento e na expansão do controle de constitucionalidade, mormente no que respeitou à proteção dos direitos fundamentais. Posteriormente, foi convertida em princípio constitucional por obra da doutrina e jurisprudência, sobretudo na Alemanha e Suíça.

Pode-se, porém, dizer que a proporcionalidade constitui um método e não um princípio. Tal método foi desenvolvido com vistas a se alcançar uma *decisão racional* acerca de determinado problema jurídico, no qual se vislumbre colisão de princípios ou direitos fundamentais.

Portanto, a proporcionalidade não se trata propriamente de *princípio jurídico*, mas de método. Princípios são considerados *mandamentos de otimização*, e como tal podem ser satisfeitos ou produzir efeitos em variados graus ou medidas; a satisfação deles não depende só de circunstâncias fáticas, mas também de possibilidades jurídicas. Já a proporcionalidade constitui um método fixo, em si mesmo não comportando variações quando de sua aplicação – o que varia são os resultados que sua observância enseja. A proporcionalidade tem por objeto princípios colidentes, ou melhor, solucionar racionalmente a colidência.

Derivando da racionalidade jurídica e da estrutura do Estado Democrático de Direito, a proporcionalidade situa-se no âmbito da interpretação e aplicação jurídica.

Ressalte-se que a racionalidade almejada com a observância da proporcionalidade configura-se a partir de uma perspectiva eminentemente formal, apresentando-se com a só observância do referido método. Assim, desde que este seja cumprido, a decisão será revestida de racionalidade – independentemente de seu conteúdo estar ou não em sintonia com a ideia de justiça.

Conforme Robert Alexy (2008; e 2007, p. 110 ss.), a realização desse método impõe a observância de três etapas ou sub-regras, a saber: (*i*) adequação; (*ii*) necessidade; (*iii*) proporcionalidade em sentido estrito.

Adequado significa o que é idôneo, viável, para que o resultado almejado possa ser alcançado, promovendo ou contribuindo para o fomento ou a realização desse resultado; trata-se, pois, de uma relação de conformação ou correlação de meios e fins. Esclarece Alexy (2007, p. 110) que, por essa regra, fica excluído "o emprego de meios que prejudiquem a realização de, pelo menos, um princípio, sem, pelo menos, fomentar a realização de um dos princípios ou objetivos, cuja realização eles devem servir". Pela adequação, não é necessário que o objetivo seja efetivamente alcançado, bastando que o promova ou fomente.

Necessário é o que – sendo também adequado – se apresenta menos gravoso (ou menos danoso) para o atingimento do objetivo visado. Por essa regra, de dois meios que fomentem igualmente um princípio (P^1), deve-se escolher aquele que menos intensivamente intervém no princípio colidente (P^2). Em outros termos, um ato que restrinja um princípio fundamental (P^1) é necessário se o objetivo que se pretende fomentar ou realizar por esse ato não puder ser fomentado ou realizado por outro que fira em menor medida o princípio fundamental colidente (P^2).

Proporcional em sentido estrito constitui uma exigência de ponderação ou sopesamento dos princípios colidentes. É o que, sendo também adequado e necessário, impõe o menor ônus ou a menor restrição ao princípio ou direito cuja incidência é afastada na espécie. Consoante esclarece Toledo (2003, p. 68):

> "Sendo o foco da análise agora o conteúdo dos princípios, ou seja, os valores que normatizam, a opção por um dos princípios não se refere mais às suas questões *fáticas* de adequação ou necessidade, mas à possibilidade *jurídica* de sua prioridade, em face das *condições* do *caso concreto*."

Assim, para que essa sub-regra seja atendida, é preciso que o princípio ou o direito fundamental incidente (= não afastado) seja, para o caso, realmente mais importante, ou melhor, tenha força ou peso que justifique sua prevalência e realização no caso concreto, em detrimento do outro. Portanto, haverá *desproporcionalidade* quando um princípio forte ceder o passo a um fraco (*i. e.*, for afastado em favor do fraco), ou seja, ceder a um princípio cuja realização – no caso concreto – é menos relevante ou menos significativa que a concretização do afastado. Um ato será *desproporcional em sentido estrito* se não possuir *peso* bastante para justificar a limitação imposta ao princípio ou direito fundamental em questão.

A prevalência de um princípio em detrimento de outro se faz pela ponderação, sopesamento ou balanceamento dos valores e interesses em jogo. Alexy (2008, p. 167) formulou uma *lei de sopesamento* ou *ponderação*, que reza: "Quanto maior for o grau de não satisfação ou de afetação de um princípio, tanto maior terá que ser a importância da satisfação do outro". Segundo essa lei, "a medida permitida de não satisfação ou de afetação de um princípio depende do grau de importância da satisfação do outro". Assim, é preciso sopesar ou ponderar, de um lado, o grau da restrição imposta a um direito fundamental, e, de outro, a relevância da realização do direito fundamental com aquele colidente. A importância da realização desse último direito fundamental justificará a restrição imposta ao primeiro.

Ao apreciar um caso concreto, é necessário que o intérprete observe a ordem em que essas três sub-regras aparecem, pois tal ordem é essencial. Assim, primeiro deve analisar a adequação, em seguida a necessidade e, por último, a proporcionalidade em sentido estrito. Todavia, não é preciso que todas sejam sempre examinadas, pois entre elas há uma relação de subsidiariedade. Como ensina Virgílio Afonso da Silva (2002, p. 34-35):

> "com subsidiariedade quer-se dizer que a análise da necessidade só é exigível se, e somente se, o caso já não tiver sido resolvido com a análise da adequação; e a análise da proporcionalidade em sentido estrito só é imprescindível se o problema já não tiver sido solucionado

com as análises da adequação e da necessidade. Assim, a regra da proporcionalidade pode esgotar-se, em alguns casos, com o simples exame da adequação do ato estatal para a promoção dos objetivos pretendidos. Em outros casos, pode ser indispensável a análise acerca de sua necessidade. Por fim, nos casos mais complexos, e somente nesses casos, deve-se proceder à análise da proporcionalidade em sentido estrito".

Informa Tavares (2011, p. 782-783) que, devido ao alto grau de subjetividade envolvido nessa terceira etapa de aplicação da proporcionalidade, não é ela "unanimemente aceita na doutrina alemã", meio em que foi desenvolvida. Efetivamente, afirma o autor, a ponderação ou o sopesamento de valores "não oferece critérios seguros ou objetivos que possam afastar a discricionariedade de seu aplicador".

Vê-se que a proporcionalidade constitui um método complexo de aplicação de princípios ou direitos fundamentais, na hipótese de conflito ou colisão entre eles num caso concreto. Muitas têm sido as críticas negativas que lhe são endereçadas. Sustenta-se, por exemplo, que sua aplicação desnatura e relativiza os princípios, pois a graduação que lhes inflige diminui-lhes a força e a tenacidade. Disso dá conta o próprio Alexy (2007, p. 108), ao responder a objeções formuladas pelo jusfilósofo Jürgen Habermas:

> "A primeira objeção de Habermas é que o modelo de ponderação toma dos direitos fundamentais sua força normativa. Ele acha que, pelo ponderar, direitos seriam reduzidos de grau ao plano dos objetivos, programas e valores. Eles perderiam, nisso, a 'primazia *rigorosa*', que deve ser característico para 'pontos de vista normativos' [...]. A esse perigo de um amolecimento dos direitos fundamentais é adicionado 'o perigo de sentenças irracionais'. Segundo Habermas, não existem 'critérios racionais' para o ponderar: 'porque para isso faltam critérios racionais, a ponderação efetiva-se ou arbitrariamente ou irrefletidamente, segundo modelos e ordens hierárquicas acostumados'".

Resumindo as críticas, ressalta Fernandes (2011, p. 191) que, à luz da tese Alexyana, se desenvolveu a *crença* de que o emprego do método da proporcionalidade asseguraria a formulação de decisões dotadas de racionalidade, evitando-se, com isso, o decisionismo, bem como a incerteza e a insegurança. No entanto – prossegue o eminente constitucionalista – ela acarreta:

> "a) desnaturação do princípio da separação dos poderes; b) limitação da supremacia constitucional pela transformação dos Tribunais Constitucionais em verdadeiras Assembleias Constituintes (poder constituinte originário permanente); c) desnaturação dos direitos fundamentais e da unidade normativa da Constituição; politização do Judiciário, por meio de decisões utilitárias de custo/benefício sociais; d) abertura para decisões dotadas de puro arbítrio; e) abertura para decisões dotadas de preferências pessoais dos juízes (com a diluição da positividade-juridicidade da Constituição); f) irracionalidade metodológica; g) transformação da Constituição em uma ordem concreta de valores que seriam explicitados pelo Poder Judiciário (guardião e tradutor de uma pretensa virtude cívica)".

Para além desses julgamentos, pressupõe o método da proporcionalidade a ocorrência de choque ou colisão entre princípios ou direitos fundamentais. No entanto, quando afluem vários princípios ou direitos fundamentais para a solução de determinado caso prático, não há propriamente *choque*, *conflito* ou *litígio* entre eles. O fato de o teor da solução de um caso prático (= a norma concreta) sofrer em maior grau a influência de um dos princípios ou direitos fundamentais *afluentes*, não significa que os demais tenham sido afastados, alijados ou paralisados. Estes, na verdade, permanecem – como sempre – inteiramente eficazes e irradiam efeitos, ainda que tais efeitos signifiquem a só delimitação externa de outras dimensões do mesmo caso. Ademais, há uma tensão na convergência de princípios ou direitos fundamentais para a solução de um caso prático, disso resultando um equilíbrio. De certa maneira, o caso prático funciona como catalisador. Não se trata, porém, de síntese redutora dos princípios considerados, pois cada qual deles incide inteiramente.

Princípios constitucionais encerram valores caros ao Estado Democrático de Direito, definindo o modo de vida coletiva, os limites e as possibilidades das ações realizadas pelo Estado, através de seus agentes, e também pelos particulares. É preciso, portanto, vivê-los. Formal e abstratamente, apresentam idêntico *status*, pois são positivados simultaneamente no mesmo diploma normativo (Constituição em sentido formal). Cumpre harmonizar a incidência deles.

Essa harmonização deve ter em conta o sentido dos valores que os princípios enfeixam, pois os valores não possuem a mesma densidade. No ambiente cultural, há uma hierarquia de valores que pode determinar a existência de uma hierarquia de bens jurídicos e princípios. O valor "vida", por exemplo, é superior ao valor "propriedade", possuindo primazia em relação a este. Mas a prevalência da "vida" não implica o afastamento ou a exclusão da "propriedade". Mesmo porque, no mundo capitalista ocidental a ideia de *vida digna* ou de *vida boa* é irrealizável sem a propriedade.

A visão sistemática do Direito instiga a reconsideração dos posicionamentos acerca dos "conflitos" de normas, sejam elas regras ou princípios. É que no sistema jurídico as normas devem não apenas *conviver* – e não *concorrer* –, como também interagir com os demais elementos do sistema. Afinal, há que se considerar o contexto. É preciso que se estabeleça um *diálogo normativo*, de sorte que, diante de um caso concreto, as normas que para ele afluam sejam pensadas em conjunto, de maneira simultânea, racional, coerente e coordenada. Tal diálogo implica que as normas "conversem entre si", não de forma conflituosa, em termos excludentes, mas de forma a se buscar um *consenso* em torno da solução justa para o caso prático. Justiça, a propósito, é ideia da qual o Direito jamais se afastou.

Note-se, porém, que o consenso não significa que as normas afluentes devam ter mutilado seus sentidos, ou que devam ser combinadas e confundidas para o surgimento de uma terceira. O consenso ou o acordo, aí, não possui o significado privatista de "concessões recíprocas". Isso porque cada qual dos princípios afluentes incide inteiramente no caso concreto, sem mutilação ou redução de sentido. Todavia, dadas as circunstâncias fáticas, os valores em jogo, enfim, o contexto, a influência de um deles será mais forte ou mais expressiva para a configuração da solução do problema considerado – ou de certos aspectos seus.

Razoabilidade – embora o princípio da razoabilidade não tenha sido previsto expressamente na Constituição Federal, afirma-se encontrar-se implícito nessa norma fundamental. Trata-se, efetivamente, de um princípio, pois, graças à sua abstração e fluidez, sua aplicação prática pode se dar em diferentes graus.

Sua origem remonta ao sistema anglo-americano.

Entretanto, na Inglaterra não se fala de razoabilidade, mas de *irrazoabilidade*. Essa ideia foi erigida com vistas a anular ou extinguir ato *irrazoável* (*i. e.*, destituído de razoabilidade) praticado por agente público. Carecerá de razoabilidade (= será irrazoável) o ato absurdo, insustentável, imprestável ou ilegítimo para atingir o fim colimado – o ato em que não há proporção entre os meios empregados e os fins declarados ou almejados.

Trata-se, pois, de modelo que serve ao controle judicial de atos estatais, quer emanem do Poder Executivo (ex.: atos administrativos), quer do Legislativo (ex.: controle de constitucionalidade de leis), isso mormente com vistas à proteção das pessoas contra ações arbitrárias e racionalmente injustificáveis emanadas do Estado.

Já nos EUA, a ideia de *razoabilidade* encontra-se ligada ao denominado *substantive due process of law*, garantia fundamental de caráter material ou substancial que impede a privação ou lesão de direito fundamental realizada por meio de um processo; é preciso que haja *razoabilidade* na restrição imposta pelo Estado. Foi desenvolvida pela jurisprudência da Suprema Corte, sobretudo a partir da década de 1930. Trata-se de princípio interpretativo segundo o qual os atos do Estado devem se harmonizar com as ideias de justiça, equidade ou "direito justo". Tem-se em vista a proteção do cidadão contra intervenções ou limitações indevidas ou arbitrárias impostas pelo poder público a direitos fundamentais. O princípio enfocado impõe um controle a atos estatais, os quais são submetidos a uma análise de legitimidade e compatibilidade ou adequação entre o objetivo almejado e o meio escolhido para alcançá-lo. O ato restritivo de direito fundamental só será razoável se houver compatibilidade entre os meios empregados e os fins visados, devendo estes ser legítimos.

Parte da doutrina e da jurisprudência brasileiras identifica a *razoabilidade* com a proporcionalidade. Nesse sentido, Barroso (2013, p. 94 e nota 20) emprega esses dois termos "de modo fungível", argumentando que são conceitos próximos o suficiente para serem intercambiáveis, porquanto "um e outro abrigam os mesmos valores subjacentes: racionalidade, justiça, medida adequada, senso comum, rejeição aos atos arbitrários ou caprichosos".

Outros juristas, porém, apontam o equívoco dessa identificação, assinalando uma distinção crucial existente já na origem, pois enquanto a proporcionalidade foi desenvolvida pela jurisprudência alemã, ambientada no sistema *civil law*, a razoabilidade (e também a irrazoabilidade) habita o sistema jurídico anglo-americano – filiado ao *common law*. Assim, consoante esclarece Virgílio Afonso da Silva (2002, p. 30-31):

> "A regra da proporcionalidade no controle das leis restritivas de direitos fundamentais surgiu por desenvolvimento jurisprudencial do Tribunal Constitucional alemão e não é uma simples pauta que, vagamente, sugere que os atos estatais devem ser razoáveis, nem uma simples relação meio-fim. Na forma desenvolvida pela jurisprudência constitucional alemã, tem ela uma *estrutura* racionalmente definida, com sub-elementos independentes – a análise da *adequação*, da *necessidade* e da *proporcionalidade em sentido estrito* – que são aplicados em uma ordem predefinida, e que conferem à regra da proporcionalidade a individualidade que a diferencia, *claramente*, da mera exigência de razoabilidade.
>
> A regra da proporcionalidade, portanto, não só não tem a mesma origem que o chamado princípio da razoabilidade, como frequentemente se afirma, mas também deste se diferencia em sua estrutura e em sua forma de aplicação [...]".

No mesmo diapasão, depois de lembrar que a noção de razoabilidade corresponde à regra da *adequação* na estrutura tripartite da proporcionalidade, afirma Fernandes (2011, p. 187):

> "Fato é que a metodologia (ou critério) de 'proporcionalidade' tem seu desenvolvimento nos trabalhos do Tribunal Constitucional alemão e, nessa perspectiva, é muito mais complexa que a noção *tópica* de 'razoabilidade', pois envolve mais que uma simples pauta que sugere que os atos estatais devem ser razoáveis a partir de uma relação simples de *meio-fim*. Isso porque ela se desenvolve a partir de três sub-regras (postulados ou máximas, para alguns autores) independentes, mas obrigatoriamente observadas em sequência: (1) *adequação*; (2) *necessidade*; (3) *proporcionalidade em sentido estrito*."

Oposta, todavia, é a lição de Raphael Queiroz (*Apud* Tavares: 2011, p. 783), que, após afirmar "que a razoabilidade é mais ampla que a proporcionalidade", conclui: "Sustentar a fungibilidade entre os termos, no Brasil, é dar à proporcionalidade um raio de aplicação maior que suas possibilidades [...]".

Muita vez, no Brasil, o termo *razoabilidade* é empregado em textos doutrinários e jurisprudenciais (inclusive emanados do Supremo Tribunal Federal e de tribunais superiores) significando o que é conforme à razão, o que é revestido de bom senso ou prudência, o que é justo ou equitativo à luz das circunstâncias concretas do caso, o que está em conformidade com os valores ou com a opinião comum.

A propósito, asseveram Sarmento e Souza Neto (2016, p. 492-493) que ainda não se encontra sedimentada a definição do conteúdo jurídico do princípio da razoabilidade, de sorte que parte da doutrina e da jurisprudência nacional o relaciona a subprincípios da proporcionalidade, ao princípio da igualdade, à equidade. No entanto, os eminentes constitucionalistas vislumbram dimensões autônomas do princípio da razoabilidade, que possui "um grande potencial como princípio jurídico voltado ao combate à injustiça e à arbitrariedade". Afirmam, ainda, que as dimensões desse princípio "não são fungíveis ou intercambiáveis em relação à proporcionalidade ou a qualquer outro princípio constitucional". Assim é que apontam como sendo suas dimensões básicas:

> "a) A razoabilidade como exigência de *razões públicas* para a conduta do Estado, que demanda que os atos estatais possam ser justificados por meio de argumentos que, pelo menos em tese, sejam aceitáveis por todos, no contexto de diversidade e pluralismo que caracteriza as sociedades contemporâneas [...]. Razoável é o que pode ser justificado de maneira independente em relação a interesses particulares de grupos, e a doutrinas religiosas ou metafísicas polêmicas.
>
> b) A razoabilidade como *coerência* veda que o Estado atue de maneira contraditória. O Poder Público não pode, por exemplo, proibir uma conduta menos grave e autorizar outra que atente mais seriamente contra o mesmo bem jurídico protegido. Não pode punir de forma mais rigorosa o ilícito que atinge levemente um bem jurídico do que aquele que o viola mais intensamente.
>
> c) A razoabilidade como *congruência* veda a edição de medidas que não tenham amparo na realidade. Ela se reduz à exigência de que os atos estatais tenham um mínimo suporte empírico, e que não violem a natureza das coisas, como ocorreu, no exemplo mencionado da norma que fixou direito a férias para aposentados.
>
> d) A razoabilidade como *equidade* permite que, em hipóteses excepcionais, as normas gerais sejam adaptadas, em sua aplicação, às circunstâncias particulares do caso concreto, ou ainda que se negue a aplicação da norma, quando esta provocar grave e flagrante injustiça [...]. A razoabilidade funciona, nesta dimensão, como instrumento para atenuar a rigidez na aplicação da norma".

Conquanto seja inegável o mérito dessa sistematização, não se compreende a necessidade de se recorrer à razoabilidade quando, por exemplo, se pode invocar diretamente a equidade (no caso da letra *d*) ou a proporcionalidade (no caso da letra *b*).

2.6 RELAÇÃO COM OUTRAS DISCIPLINAS

O caráter multifacetado do Direito Eleitoral faz com que encerre saberes de variada procedência, relacionando-se, portanto, com diversos ramos do conhecimento. É isso, aliás, que permite qualificá-lo como microssistema jurídico.

A Constituição Federal constitui sua fonte primeira e referência primordial, pois dela emanam seus princípios fundamentais. Daí a relação umbilical do Direito Eleitoral com o Constitucional.

Com a Ciência Política e a Teoria Geral do Estado tem o Eleitoral em comum o fenômeno político, o poder, nomeadamente o acesso e a ocupação legítima de cargos político-eletivos.

Da Teoria Geral do Direito recebe o Eleitoral inúmeros contributos como as concepções de personalidade, legitimidade, relação jurídica, direitos subjetivo e objetivo, sistema e microssistema, método, interpretação e aplicação do Direito, conceito indeterminado, ato ilícito.

Também com o Direito Civil apresenta o Eleitoral diversos temas em comum, a exemplo de conceitos como domicílio, pessoa (física e jurídica), patrimônio, bens, capacidade, responsabilidade, invalidade, decadência, direitos de personalidade. No campo das inelegibilidades, *e. g.*, há hipóteses de inelegibilidades derivadas de parentesco, casamento e união estável. No âmbito da campanha política, distinguem-se negócios jurídicos como doação de recursos a candidatos e partidos, assunção de dívida ou cessão de débito, prestação de serviços e fornecimento de materiais.

É intenso o intercâmbio com o Direito Administrativo. Para além da organização e do funcionamento da Justiça Eleitoral, e da extensa ação administrativa concernente ao preparo e à gestão do processo eleitoral, dessa disciplina afluem conceitos fundamentais como poder de polícia, agente público, servidor público, probidade; a organização do corpo eleitoral é inteiramente regulada por normas administrativas.

A seu turno, o Direito Penal doa ao Eleitoral toda a teoria do crime, além dos institutos versados na Parte Geral do Código Penal, tais como lugar e tempo do delito, consumação e tentativa, pena e sua aplicação e dosimetria, concurso de pessoas, concurso de crimes, concurso de normas penais, *sursis* e extinção da pretensão punitiva estatal. Outrossim, no Direito Eleitoral Penal incidem todas as medidas de caráter despenalizador, tais como a transação penal e o *sursis processual*.

Na seara processual, vale destacar os influxos do *processo jurisdicional constitucional* no processo jurisdicional eleitoral. Ademais, são intensos os laços tanto com o Direito Processual Civil, quanto com o Processual Penal. Estas disciplinas subsidiam o processo jurisdicional eleitoral, havendo diversos ritos estabelecidos para a solução de lides de natureza político-eleitoral, administrativa e penal.

3

PRINCÍPIOS DE DIREITO ELEITORAL

3.1 SOBRE PRINCÍPIOS

Atualmente, tem-se enfatizado com cores fortes a predominância de uma concepção principiológica do Direito. Foram os princípios alçados a fonte do Direito, sendo dotados de juridicidade ou normatividade, ou seja, de força vinculante. Com isso, a lei perde o caráter de fonte exclusiva ou prevalente, tal como propugnado pelo positivismo jurídico.

O Estado Liberal Moderno consagrou o positivismo jurídico. Essa teoria compreende o Direito como ordenamento racional da sociedade, e a lei como sua fonte de manifestação exclusiva ou predominante. A lei é formalmente produzida pelo Estado, sendo por ela que este intervém na sociedade, restringindo a liberdade e subjugando a vontade dos cidadãos. O método juspositivista é o lógico-dedutivo, e dele derivam os ideais de completude (= o Direito não tem lacunas, é completo) e coerência (= não há contradições no Direito) absoluta do ordenamento jurídico. Para essa doutrina, o Direito forma um subsistema de regras legais *puro* (cf. Kelsen, 1994 – e sua *Teoria Pura do Direito*), isto é, separado de outros subsistemas presentes na sociedade como o Ético, o Moral, o Político, o Religioso. Não há, aí, espaço para criação de direito a partir da consideração de princípios e valores, tendo absoluta primazia as regras jurídicas positivadas em leis e códigos.

É verdade que o positivismo jurídico reconhece a existência de princípios no ordenamento jurídico; aliás, alguns princípios são até positivados, isto é, inscritos no texto legal. Entretanto, essa doutrina não confere aos princípios normatividade, *i.e.*, a qualidade de norma vinculante e, portanto, aptidão para determinar direitos. Ao contrário, atribui-lhes um papel apenas coadjuvante no sistema jurídico, qual seja o de instrumentos de integração de lacunas. Para essa doutrina, assevera Bonavides (2010*a*, p. 262), mesmo quando positivados em códigos legais, os princípios são fonte normativa subsidiária, são válvulas de segurança garantidoras do "reinado absoluto da lei". Em tal sentido, é claro o art. 4º da Lei de Introdução às Normas do Direito Brasileiro, *in verbis*: "Quando a lei for omissa, o juiz decidirá o caso de acordo com a analogia, os costumes e os princípios gerais de direito". Ou seja: os princípios só devem ser atendidos "quando a lei for omissa", e ainda assim após serem afastados a "analogia" e os "costumes".

Nesse ponto, pode-se dizer que o positivismo jurídico encontra-se superado, fato ocorrido sobretudo a partir do advento do Estado Social no século XX e das correntes de pensamento comprometidas com o culturalismo jurídico.

O Estado Social se firmou no começo do século XX, sobretudo após a 1ª Guerra Mundial com a promulgação da Constituição de Weimar. Nele promove-se forte intervenção nas ordens econômica e social, sendo exigidas prestações positivas do Estado nessas áreas, tudo com o fito de se reduzirem as berrantes desigualdades e as seculares injustiças que ainda hoje perduram.

Embora o Estado Social não dispense o arcabouço legal (e, pois, a positivação de regras por um órgão legislativo central), é certo que nele princípios e valores ético-morais possuem maior relevância para a aplicação e determinação do direito. Isso porque o Direito no Estado Social forma um sistema aberto de normas, e não um sistema legalista e fechado como no Estado Liberal.

No plano filosófico, o culturalismo jurídico evidenciou que o Direito é produto da cultura. Trata-se de criação humana destinada ao próprio homem. Como tal, o Direito é permeado de valores, crenças, tradições e costumes, bem como de modos de viver, organizar e pensar. Longe de constituir um sistema hermético, fechado em seus próprios conceitos e esquemas lógicos, está em permanente interação com todos os elementos da sociedade, sendo impossível aprisioná-lo nos estreitos limites da moldura legal.

Deveras, hoje se compreende que o Direito não é composto tão somente de leis formalmente emanadas do Estado, mas também de princípios dotados de normatividade que se encontram presentes na história e na vida social da comunidade. E nem poderia ser diferente em um Estado Democrático de Direito fundado na dignidade da pessoa humana, cujo objetivo é a construção de uma sociedade justa e solidária, e encontra-se comprometido com os direitos humanos fundamentais (CF, arts. 1º, III, 3º, I, e 5º).

E mais: para alguns teóricos – como Ronald Dworkin (2011, p. 36, 129) –, além de regras e princípios, o Direito ainda é formado por um outro tipo de padrão (*standard*) denominado *política* (*policy*), o qual estabelece um objetivo a ser alcançado nos âmbitos econômico, político ou social da comunidade. Argumentos de política, afirma o jusfilósofo norte-americano, "justificam uma decisão política, mostrando que a decisão fomenta ou protege algum objetivo coletivo da comunidade como um todo". Mas essa distinção não é geralmente feita na doutrina brasileira, que no mais das vezes fixa-se apenas nas regras e nos princípios; muitos dos chamados "argumentos de política" são tratados no âmbito dos princípios.

Os princípios constituem uma dimensão do sistema jurídico, caracterizando-se por serem normas de importância fundamental, e, por isso mesmo, devem ser considerados quando da aplicação do Direito.

O que é princípio? De modo geral, esse termo refere-se à razão, à essência ou ao motivo substancial de um fenômeno. Significa, ainda, os preceitos inspiradores ou reitores que presidem e alicerçam um dado conhecimento ou determinada decisão.

Para Miguel Reale (1994, p. 60), sob o enfoque lógico, os princípios são verdades ou juízos fundamentais, que servem de alicerce ou de garantia de certeza a um conjunto de juízos, ordenados em um sistema de conceitos relativos a dada porção da realidade. Nesse sentido, assevera o jusfilósofo: "Às vezes também se denominam princípios certas proposições que, apesar de não serem evidentes ou resultantes de evidências, são assumidas como fundantes da validez de um sistema particular de conhecimentos, como seus pressupostos necessários".

Por sua vez, ensina Alexy (2008, p. 90-91) que princípios "são normas que ordenam que algo seja realizado na maior medida possível dentro das possibilidades jurídicas e fáticas existentes". São *mandamentos de otimização*, que se caracterizam pelo fato de "poderem ser satisfeitos em graus variados e pelo fato de que a medida devida de sua satisfação não depende somente das possibilidades fáticas, mas também das possibilidades jurídicas [...]".

Sob essa perspectiva *normativa*, tem-se que os princípios não contêm com precisão a descrição dos atos ou comportamentos que requerem. Em geral, são portadores de sentido vago. Por serem dotados de elevado nível de abstração, podem ser concretizados em diferentes graus ou de maneiras distintas. Embora não portem "deveres definitivos", bem definidos ou particularizados – mas apenas *prima facie* –, impõem que algo seja feito em uma medida tão alta quanto possível. A efetivação deles pode se dar por diferentes meios, havendo, pois, um grau de *discricionariedade* acerca da definição das medidas ou ações a serem adotadas. Por isso, um princípio pode apresentar razões em prol de uma ou outra solução (ou decisão) sem, porém, impor qualquer delas.

Quanto às *fontes*, os princípios encontram-se radicados nos horizontes da experiência histórico-cultural da comunidade. Como diz Canotilho (1996, p. 171), são objetivados historicamente, sendo progressivamente introduzidos na consciência jurídica. Passam a constituir o ordenamento jurídico, apresentando-se ora explícita, ora implicitamente: explícita ou expressamente, quando forem inscritos em uma norma legal; implicitamente, quando resultarem da *ratio juris* do sistema ou da ideia que preside uma regra ou um conjunto de regras esparsas na legislação.

Isso significa que os princípios não são criados nem inventados de modo intencional ou deliberado por um intérprete, seja ele juiz ou jurista. Seguramente, não brotam de uma decisão solitária ou do monólogo de um intérprete (solipsismo). Antes, os princípios são frutos da história e da tradição da comunidade; são o produto de uma obra coletiva, intersubjetiva. O reconhecimento – e normatividade – de um princípio se dá a partir de sua integração na prática social. Assim, ainda que se tenha um ótimo argumento do ponto vista lógico-jurídico ou moral, isso só por si não o torna um princípio.

Um princípio pode ou não ser positivado em diplomas legais. Sua previsão em uma norma escrita oferece indiscutíveis vantagens operacionais para o sistema. É que, assim ocorrendo, ele se torna mais visível, facilitando a aplicação do Direito. Com isso, disponibiliza-se ao juiz uma importante referência normativa na qual poderá melhor fundamentar sua decisão, justificando-a e conferindo-lhe legitimidade, isso sobretudo nas hipóteses de lacuna ou nos chamados *hard cases*, isto é, casos difíceis, em que o sistema jurídico ou não oferece solução expressa para o problema posto ou mais de uma solução razoável podem nele ser vislumbradas.

Diferentemente do positivismo jurídico, hoje se reconhece que os princípios têm natureza de norma jurídica, ou seja, possuem conteúdo *prescritivo* (*i.e.*, que ordena ou comanda) – e não apenas *descritivo*, que se limita a narrar. Contém, portanto, uma exigência de justiça, deles podendo-se extrair determinações, direitos e deveres jurídicos.

Assim, ao lado das regras, os princípios são uma espécie normativa. A norma é gênero que comporta duas espécies: regras e princípios. Não se pode, porém, confundir esses dois entes. Dworkin (2011, p. 39 e 42) põe em destaque a distinção entre regras e princípios:

> "A diferença entre princípios jurídicos e regras jurídicas é de natureza lógica. Os dois conjuntos de padrões apontam para decisões particulares acerca da obrigação jurídica em circunstâncias específicas, mas distinguem-se quanto à natureza da orientação que oferecem. As regras são aplicáveis à maneira do tudo ou nada. Dados os fatos que uma regra estipula, então ou a regra é válida, e nesse caso a resposta que ela fornece deve ser aceita, ou não é válida, e neste caso em nada contribui para a decisão [...]. Os princípios possuem uma dimensão que as regras não têm – a dimensão do peso ou da importância [...]".

Diversamente do princípio, a regra descreve ou explicita com maior exatidão o fato ou comportamento que deve ser observado na prática. Ela contém *determinações* específicas, que devem ou não ser satisfeitas. Ela é, pois, uma razão determinante para a decisão. "Se uma regra vale – afirma Alexy (2008, p. 90-91) –, então, deve se fazer exatamente aquilo que ela exige; nem mais, nem menos. Regras contêm, portanto, *determinações* no âmbito daquilo que é fática e juridicamente possível." Na regra, é reduzido o espaço de discricionariedade do aplicador do Direito, enquanto esse espaço é mais amplo na apreciação de princípios.

Por outro lado, havendo colisão – *i.e.*, contradição ou oposição – entre princípios, tal não implica a invalidação ou a retirada de um deles do sistema. Vale observar que o conflito entre princípios só é concebível *in abstracto*, pois na realidade fática é impossível haver conflito.

A partir da concepção de Alexy (2008), propugna-se o uso do método da *proporcionalidade* para a resolução de conflito entre princípios (notadamente no âmbito dos direitos fundamentais), o que se perfaz com a análise das sub-regras de *adequação, necessidade* e *proporcionalidade em sentido estrito*. Essas três sub-regras devem ser analisadas na mesma sequência indicada, mas nem sempre é necessária a análise de todas elas. Com esse procedimento visa-se alcançar uma decisão racional.

Em outra perspectiva, há que se apreciar os respectivos "pesos" dos princípios colidentes, a importância dos valores por eles representados (valores esses que se exprimem em diferentes graus), devendo prevalecer o de maior peso *no caso concreto* examinado. Nas palavras de Dworkin (2011, p. 42): "Quando os princípios se intercruzam (por exemplo, a política de proteção aos compradores de automóveis se opõe aos princípios de liberdade de contrato), aquele que vai resolver o conflito tem de levar em conta a força relativa de cada um. [...]". Por exemplo: no caso *x*, o conflito entre os princípios *p1* e *p2* pode ser resolvido com a prevalência de *p2*; porém, no caso *w*, havendo conflito entre esses mesmos princípios o peso de cada qual deles poderá ser distribuído diferentemente, já agora à luz das circunstâncias fáticas de *w*, prevalecendo, então, *p1*.

Já o conflito entre regras incompatíveis entre si resolve-se pela retirada de uma delas do sistema jurídico. Aqui incidem critérios como os seguintes:

a) Critério hierárquico: *lex superior derogat inferiori* – a norma superior revoga a inferior, se com ela for incompatível. Pressupõe esse critério a rigidez da Constituição e o escalonamento do sistema jurídico.

b) Critério cronológico: *lex posterior revogat priori* – a lei posterior revoga a anterior.

c) Critério da especialidade: *lex especiali revogat generali* – a lei especial revoga a geral.

Diz-se que a forma típica de aplicação de princípios é a *ponderação*, enquanto a de regras é a *subsunção*. Entretanto, isso não ocorre sempre e necessariamente. Em razão da abertura ou vagueza dos vocábulos e expressões contidos em certas regras (*e.g.*, cláusulas gerais ou abertas) também a aplicação destas poderá requerer a realização de ponderação.

Ademais, pode ocorrer conflito entre princípios e regras. É dizer: a regra regula certa situação de maneira diversa daquela para a qual aponta o princípio. Nesse caso, o adequado encaminhamento da solução do problema indica a prevalência da regra se o princípio não for previsto na Constituição, e isso não só pelo fato de a regra ser mais específica, mas principalmente por ser ela expressão da ponderação concretizada pelo próprio legislador em seu labor legiferante. Há que se respeitar a separação de poderes e a competência constitucionalmente deferida ao legislador. Entretanto, cuidando-se de princípio constitucional, a supremacia da Constituição determina a prevalência deste em detrimento da regra.

Apesar da diferenciação entre princípio e regra, não são eles realidades estanques, bem separadas ou sem relação entre si. Essas duas espécies normativas se relacionam, se comunicam. Um princípio pode condicionar a interpretação de uma regra, conformando o seu sentido e moldando a determinação concreta de decisões judiciais que nela se baseiam. Mas uma regra, de sua vez, pode excepcionar um princípio.

No que concerne à *função* dos princípios, destacam-se duas: a delimitativa do campo jurídico e a hermenêutica. Naquela, eles indicam a direção, o sentido e os contornos de um instituto – e às vezes do próprio sistema –, conferindo-lhe forma e apontando para seus limites conceituais. Note-se que tal delimitação não pode ser extremamente rígida, dada sua natural fluidez e flexibilidade.

Já no terreno hermenêutico, os princípios possibilitam o conhecimento e a atribuição de sentido no processo interpretativo. Funcionam como diretivas propiciadoras da construção da decisão justa para um problema ou para o caso em exame. Para tanto, balizam a apreciação do problema, ou melhor, do fato e de suas circunstâncias à luz do Direito – e não apenas da lei, pois o Direito não se limita a esta. Pode-se, pois, dizer que fundamentam a aplicação do direito.

Como toda norma, também os princípios podem ser infringidos. E essa infringência é grave, por vezes mais grave que a transgressão de uma regra, pois a desatenção a um princípio pode implicar ofensa aos valores e fundamentos do respectivo instituto ou do próprio sistema jurídico.

3.1.1 Princípio e valor

Não se afigura correta a identificação de princípio e valor, pois são objetos distintos.

No que concerne ao valor, difícil é precisar seu exato sentido, não só por se tratar de conceito semanticamente vago, mas também em virtude das diversas doutrinas que lhe são relacionadas, sobretudo no campo filosófico. Na antiguidade – registra Abbagnano (2003, p. 989, verbete "valor") –, a palavra valor foi usada coloquialmente "para indicar a utilidade ou o preço dos bens materiais e a dignidade ou mérito das pessoas [...]". O uso filosófico desse termo só teve início com os estoicos, que o introduziram no domínio da Ética e chamaram de valor os objetos de escolha moral, com ele indicando "*qualquer* objeto de preferência ou de escolha".

Posteriormente, várias correntes filosóficas tiveram o valor no centro de suas cogitações. Kant o identificou com o bem em geral, dizendo que as pessoas chamam de bem aquilo que apreciam e aprovam, isto é, aquilo em que há um valor objetivo.

Já para Max Scheler o conceito fundamental da Ética é o de valor, e não o de dever, como pretendia Kant. Compreende o valor como as "qualidades pelas quais os bens são coisas boas: por exemplo, uma máquina é um bem e o seu valor é a utilidade; uma pintura é um bem, mas o é pelo valor da beleza; um gesto é um bem, pelo valor de sua nobreza; uma lei é um bem, mas pelo valor da justiça" (cf. Reale e Antiseri, 1991, p. 568). Para Scheler, o homem tem à sua volta um cosmos de valores, os quais ele deve reconhecer, descobrir e captar; mas isso não se dá pela mente racional, e sim pela *intuição ou visão emocional* – o sentimento (e não a razão) tem a capacidade de "ver" essências, reconhecer e captar valores. Scheler propõe ainda uma hierarquia de valores, a ver:

1. valores sensoriais (alegria-tristeza, prazer-dor) gozador
2. valores da civilização (útil-danoso) técnico
3. valores vitais (nobre-vulgar) herói
4. valores culturais ou espirituais gênio
   a) estéticos (belo-feio) artista
   b) ético-jurídicos (justo-injusto) legislador
   c) especulativos (verdadeiro-falso) sábio
5. valores religiosos (sagrado-profano) santo

Outro filósofo que aprofundou a discussão acerca dos valores foi Nicolai Hartmann. Ele também entende que o conceito de valor é fundamental na Ética. Daí propugnar uma Ética material de valores, os quais "são inteiramente objetivos e se revelam ao homem através de *sentimento específico*" (cf. Reale e Antiseri, 1991, p. 574-575). Para Hartmann, a pessoa humana é realizadora de valores, pelos quais, em sua atividade espiritual, atribui uma finalidade ao real (em contraposição ao determinismo causal da natureza). É pela intuição ou sentimento dos valores que o homem se relaciona conscientemente com eles, colocando-se assim em condições de agir livremente e se autodeterminar na vida.

O valor é configurado historicamente. Decorre da vida político-social e, portanto, é compartilhado no interior da comunidade. Ele influencia ou determina a maneira como as pessoas interpretam o mundo (cosmovisão), o modo como compreendem a si próprias e percebem os outros. Por ele, as coisas e pessoas são compreendidas ou apreciadas em certo sentido, configurando-se a base de sentimentos como estima, simpatia, desejo, repulsa, ódio, desprezo. Embora não se tenha clara consciência disso, a vida de todos é presidida e comandada por valores. Tal qual o ar que se respira, sua ação é invisível. Por exemplo, nas sociedades capitalistas ocidentais consagraram-se valores como virtude, individualismo, liberalismo, meritocracia ou merecimento pela posição social alcançada, dignidade do trabalho.

O valor não goza de normatividade, isto é, não tem caráter jurídico cogente. Sua dimensão é puramente ético-moral. Contudo, no âmbito do sistema jurídico, ele desempenha a importante função de conformar o sentido e a coerência do Direito Positivo, influenciando sutilmente na configuração da norma aplicada a situações concretas.

Há relevância, no âmbito jurídico, de admitir a existência de uma hierarquia axiológica ou de valores. Significa que, por serem superiores, alguns valores têm primazia sobre outros, tal qual ocorre com a vida em relação ao patrimônio. Assim, pois, embora não haja hierarquia formal entre normas postas em uma mesma Constituição Política, pode-se – afirma Barroso (2013, nota 17) – "cogitar de uma certa hierarquia axiológica".

Já quanto ao princípio – diferentemente do que ocorre com o valor – tem ele reconhecida sua normatividade. Trata-se, pois, de espécie de norma jurídica, sendo a outra espécie a regra.

Por outro lado, sob a ótica funcional, o princípio desempenha funções no sistema diferentes das concernentes ao valor – destacando-se, nesse aspecto, sua função delimitativa do campo jurídico. De maneira que o princípio indica o sentido e os contornos do sistema jurídico, molda-lhe a forma e aponta para seus limites e possibilidades. Tal delimitação não é muito rígida, dada a maior abstração, fluidez e flexibilidade características dos princípios.

Quando o art. 1º, III, da Constituição Federal reza que a dignidade da pessoa humana constitui princípio fundamental do Estado brasileiro, o que faz, a bem dizer, é delimitar o sistema jurídico pátrio. Uma lei ordinária que reinstituísse a escravidão no Brasil seria absolutamente inconstitucional e facilmente expelida do sistema pelos mecanismos de controle de constitucionalidade. Uma tal lei encontrar-se-ia *a priori* fora das possibilidades do sistema jurídico pátrio. Isso porque há um princípio positivado na Constituição que encarece a dignidade da pessoa humana.

Outrossim, pelo princípio otimiza-se o sistema jurídico, permitindo a criação de condições favoráveis para que se concretizem as ideias de justiça e bem no seio social. Isso porque ele orienta o raciocínio jurídico, sobretudo nos momentos cruciais de interpretação e aplicação do Direito. Com isso, enseja que a resolução do caso concreto se encaminhe e se aproxime o mais possível das ideias de equidade e justiça, o que rende ensejo à pacificação social.

Um outro argumento acerca da distinção entre princípio e valor está em que nem todo princípio jurídico expressa um valor. Para exemplificar, basta recorrer aos chamados princípios técnicos, a exemplo da identidade física do juiz e da economia processual, ambos oriundos do processo.

Também discordando da identificação entre princípio e valor, Canaris (1996, p. 87) situa aquele no ponto intermédio entre o valor, por um lado, e o conceito, por outro. Assinala que o princípio excede o valor

"[...] por estar já suficientemente determinado para compreender uma indicação sobre as consequências jurídicas e, com isso, para possuir uma configuração especificamente jurídica e ultrapassa este – o conceito – por ainda não estar suficientemente determinado para esconder a valoração".

Do exposto, vê-se que valor não se confunde com princípio, embora neste possa se materializar ou ser positivado. Um princípio pode ser inspirado por valores, e, ainda, tê-los por conteúdo. O valor democracia, *e.g.*, inspira vários princípios como o pluralismo político, republicanismo e cidadania (CF, art. 1º, *caput*, II e V), igualdade e liberdade de expressão e de informação (CF, art. 5º, *caput*, IV, IX e XIV).

3.2 PRINCÍPIOS DE DIREITO ELEITORAL

Tecnicamente, pode o princípio ser classificado consoante sua abrangência ou extensão. Será então: universal – aplica-se a todas as ciências (ex.: princípio da identidade, princípio da não contradição); setorial – aplica-se a alguns setores da ciência e não a outros (ex.: princípios inerentes às ciências exatas ou às biológicas); particular – aplica-se apenas a uma ciência em particular (ex.: princípios do Direito).

Nos domínios do Direito, há princípios que são gerais, abrangendo toda essa ciência (ex.: dignidade da pessoa humana) e outros que dizem respeito a apenas uma disciplina jurídica (ex.: princípio da não culpabilidade no Direito Penal).

Sob essa ótica, vários são os princípios que podem ser divisados no Direito Eleitoral. Não há, porém, consenso doutrinário acerca de um catálogo mínimo. Importantes obras de Direito Eleitoral sequer tratam desse assunto, a exemplo de Cândido (2002), Michels (2006), Castro (2006), Velloso e Agra (2009), Zílio (2010) e Costa (2006).

Mas há obras que procuram sistematizar os princípios eleitorais. Assim, *e.g.*, Ramayana (2006), que apresenta o seguinte rol: lisura das eleições, aproveitamento do voto, celeridade, devolutividade dos recursos, preclusão instantânea, anualidade, responsabilidade solidária entre candidatos e partidos políticos, irrecorribilidade das decisões do TSE, moralidade eleitoral; Barreiros Neto (2011), que propõe o seguinte rol: lisura das eleições, aproveitamento do voto, celeridade, anualidade e moralidade eleitoral. Por sua vez, Oliveira Lula (2012), depois de tratar de princípios instrumentais de interpretação, princípios constitucionais fundamentais e princípios constitucionais gerais, arrola os seguintes princípios "constitucionais setoriais atinentes ao Direito Eleitoral": anualidade, lisura das eleições, aproveitamento do voto, vedação de restrição de direitos políticos, liberdade de propaganda política, liberdade partidária, periodicidade da investidura das funções eleitorais e celeridade. Também Serejo (2006) apresenta o seguinte rol: universalidade e igualdade do sufrágio, voto secreto, igualdade de oportunidade para todos os candidatos, isonomia partidária, lisura e transparência do processo eleitoral, moralidade, eliminação do abuso de poder econômico e da captação ilícita de sufrágio, anterioridade da lei eleitoral.

Uma abordagem fundamentada na Constituição Federal foi proposta por Aline Osório (2017, p. 141 ss.) que, a partir de princípios constitucionais gerais (a saber: princípio democrático, republicano, pluralismo político, soberania popular, representativo, liberdade e igualdade), fixa "quatro diretrizes básicas para a regulação do processo político-eleitoral", diretrizes essas que são verdadeiros princípios constitucionais eleitorais, a saber: "i) a igualdade política entre os cidadãos, de modo a conferir aos eleitores o igual valor do voto e a igual possibilidade de influenciarem o resultado das eleições; ii) a igualdade de oportunidades ou paridade de armas aos candidatos e partidos na disputa por cargos políticos, buscando evitar que alguns competidores possam extrair vantagens ilegítimas do acesso aos poderes econômico, midiático e político; iii) a legitimidade do processo eleitoral, resguardando a autonomia da vontade do eleitor e a máxima autenticidade da manifestação da vontade popular, assim como a lisura do pleito, impedindo fraudes, corrupções, manipulações e outros constrangimentos indevidos; e iv) a liberdade de expressão político-eleitoral, permitindo que todos os atores do processo eleitoral – cidadãos, políticos, partidos e meios de comunicação – possam participar amplamente do debate público em torno das escolhas eleitorais".

Por sua vez, o projeto de Código Eleitoral em trâmite no Congresso Nacional – PLC nº 112/2021 – contempla em um dispositivo os princípios fundamentais do Direito Eleitoral, *in verbis*:

> "Art. 2º O direito eleitoral e processual eleitoral será ordenado, disciplinado e interpretado conforme os valores e as normas fundamentais estabelecidos na Constituição da República Federativa do Brasil, observando-se as disposições deste Código e os seguintes princípios fundamentais:
>
> I – sufrágio universal, exercido de forma igualitária, direta, livre, secreta, periódica, inclusiva e gratuita por todos os eleitores, sem preconceitos de origem, raça, sexo, cor, idade ou quaisquer outras formas de discriminação;
>
> II – pluralismo político, liberdade e autonomia dos partidos políticos, resguardados a soberania nacional, o regime democrático e pluripartidarismo;
>
> III – liberdade de expressão, de informação e de propaganda eleitoral, respeitados o pluralismo político, a proteção de dados pessoais e a igualdade de tratamento;
>
> IV – liberdade de reunião e de associação de cidadãos, partidos políticos, sociedade civil e candidatos;
>
> V – igualdade de oportunidades e de tratamento entre as candidaturas, devendo o Estado promover e fomentar políticas de inclusão para garantir o amplo acesso à competição eleitoral em condições equitativas;
>
> VI – imparcialidade e neutralidade das autoridades administrativas responsáveis pelas eleições e das demais entidades públicas perante as candidaturas e os partidos políticos;
>
> VII – independência, transparência, lisura, segurança e auditabilidade dos sistemas e métodos de votação;
>
> VIII – transparência e prestação das contas eleitorais e partidárias;
>
> IX – preservação da autenticidade do voto, mediante o combate a todas as formas de abuso, fraude, corrupção e violência;
>
> X – *in dubio pro suffragium*, mediante a aplicação proporcional e razoável das sanções eleitorais, notadamente nos casos que impliquem indeferimento de registros, cassação de diplomas, perda de mandato eletivo e declaração de inelegibilidades;
>
> XI – participação política de mulheres assegurada nas instâncias de representação política e no exercício de funções públicas."

Na sequência far-se-á brevíssima exposição acerca dos valores fundamentais relativos à democracia, democracia representativa e Estado Democrático de Direito.

Depois, são indicados alguns princípios importantes para o Direito Eleitoral, partindo-se, para tanto, da Constituição Federal. A superior hierarquia da Lei Maior (supremacia constitucional) faz com que ela se imponha e determine o sentido das demais normas presentes no sistema jurídico. De sorte que o lastro normativo dos princípios indicados situa-se diretamente na Constituição.

Arrolam-se, então, os seguintes princípios: soberania popular (CF, arts. 1º, I, e 14, *caput*), republicano (CF, art. 1º, *caput*), sufrágio universal (CF, arts. 1º, parágrafo único, e 14, *caput*), legitimidade das eleições (CF, art. 14, § 9º), moralidade para o exercício de mandato (CF, art. 14, § 9º), probidade administrativa (CF, art. 14, § 9º), igualdade ou isonomia (CF, arts. 5º, I, e 14, *caput*), pluralismo político (CF, art. 1º, V), liberdades de expressão e informação (CF, art. 5º, IV, IX e XIV).

Apesar de alguns desses princípios não serem exclusivos do Direito Eleitoral, é certo que possuem dimensões que apresentam valiosa interface com essa disciplina jurídica.

Anualidade ou anterioridade – nos termos do art. 16 da Constituição Federal: "A lei que alterar o processo eleitoral entrará em vigor na data de sua publicação, não se aplicando à eleição que ocorra até um ano da data de sua vigência".

Parte da doutrina e da jurisprudência atribui *status* de princípio à norma inscrita nesse dispositivo. No entanto, dada sua densidade e elevado grau de especificação, essa norma melhor se harmoniza com o conceito de regra. Por isso, oportunamente ela será tratada em outra sede, a saber, no Capítulo atinente ao Processo Eleitoral.

3.3 DEMOCRACIA

3.3.1 Ideia de democracia

Embora práticas democráticas tenham sido experimentadas por vários povos, historicamente aponta-se a Grécia como o berço da democracia. Foram os gregos que cunharam esse termo, que deriva de *demokratia*: *demos*, povo, e *kratos*, poder, ou seja, poder do povo. Entretanto, há notáveis diferenças entre as ideias antiga e contemporânea de democracia. Basta dizer que, na antiguidade, o povo era formado por poucas pessoas e o sufrágio não era universal.

Mais que princípio inscrito na Lei Magna, a democracia constitui fundamento e valor essencial das sociedades ocidentais, definindo sua estética, o modo como elas existem e operam. Tanto é que o art. XXI da Declaração Universal dos Direitos do Homem, de 1948, e o art. 25 do Pacto Internacional sobre Direitos Civis e Políticos, de 1966, elevaram-na ao *status* de direitos humanos. Note-se, porém, que, a despeito da previsão formal em diplomas normativos, a democracia não é algo fixo, pois encontra-se em permanente construção; para muitos pensadores políticos, cuida-se de ideal a ser alcançado. Como ideal, a busca constante de sua concretização exige a efetiva participação de todos os integrantes da comunhão social.

Trata-se de um dos mais preciosos valores da atualidade. Os valores são construídos historicamente. Com o tempo, a realização de certas ideias torna-se consenso na comunidade, passando a moldar-lhe o perfil, integrando, pois, seu acervo cultural, sua história. Daí em diante, transformam-se em referências importantes para a tomada de decisões, e mesmo para a subsistência daquele modelo de vida social. Impõem-se naturalmente, de maneira a moldar a estrutura e o pensamento político da sociedade, participando de sua própria identidade, de seu modo de ser.

Assim ocorre com a democracia. As inúmeras batalhas travadas em torno do alargamento da liberdade, para a conquista e a manutenção do poder político, a luta por maior participação popular no governo e, pois, no exercício desse mesmo poder, os conflitos em prol de sua delimitação, a peleja pela afirmação de direitos humanos e fundamentais, pela efetivação de direitos sociais, a evolução das instituições – tudo somado contribuiu para que alguns valores se erguessem e se firmassem indelevelmente como verdades históricas.

Muitos desses valores são enfeixados na ideia ampla e vaga de democracia. A enorme extensão atribuída a essa palavra fez com que perdesse um pouco de sua clareza, tornando-se algo fluida, com sentido vago, por vezes indeterminado.

Como resultado dessa imprecisão semântica, os regimes ditatoriais sempre se disseram democráticos! Mesmo nos dias de hoje há Estados cuja democracia não passa de fachada. São democráticos apenas no papel e no discurso, pois, na realidade, mal conseguem disfarçar odiosas práticas totalitárias, com patrulhamento ideológico, controle velado dos meios de comunicação social, perseguição e até morte de opositores, inexistência de sistema jurídico-social sério em que os direitos humanos sejam afirmados e efetivamente protegidos. Tudo para que o povo permaneça submisso, dócil à dominação, ensejando que as correntes políticas detentoras do poder nele se perpetuem. Busca-se suprir a falta de talento ou de competência para gerir o Estado de forma igualitária e em atenção ao bem comum com a força convincente do dinheiro ou das baionetas. A ideia de democracia, aí, é meramente formal e quimérica.

Aludida imprecisão semântica também motivou o surgimento de diferentes concepções de democracia, a exemplo da liberal, cristã, marxista, social, neoliberal, representativa.

Segundo ensina Ferreira Filho (2005, p. 102-103), longe de prosperar em qualquer solo, a experiência de um autêntico regime democrático exige a presença de alguns pressupostos. Há mister haver um certo grau de desenvolvimento social, de sorte que o povo tenha atingido nível razoável de independência e amadurecimento, para que as principais decisões possam ser tomadas com liberdade e consciência. Ademais, assinala o insigne publicista que esse amadurecimento social requer progresso econômico, pois "não pode existir onde a economia somente forneça o indispensável para a sobrevivência com o máximo de esforço individual. Só pode ele ter lugar onde a economia se desenvolveu a ponto de dar ao povo o lazer de se instruir, a ponto de deixarem os homens de se preocupar apenas com o pão de todos os dias".

Para além de contraditória, essa tese é considerada por José Afonso da Silva (2006, p. 128) demasiado "elitista". É que a experiência democrática supõe que sejam atingidos ditos pressupostos, o que ocorreria necessariamente dentro de um regime não democrático; supõe, ainda, que as elites conduzam o povo a uma situação "que justamente se opõe aos interesses delas e as elimina"; há, enfim, a "singularidade de aprender a fazer democracia em um laboratório não democrático". Ressalta o eminente constitucionalista que a tese inverte o problema, transformando em pressupostos da democracia "situações que se devem ter como parte de seus objetivos: educação, nível de cultura, desenvolvimento, que envolva a melhoria de vida, aperfeiçoamento pessoal, enfim, tudo se amalgama com os direitos sociais, cuja realização cumpre ser garantida pelo regime democrático". E arremata: "A democracia não precisa de pressupostos especiais. Basta a existência de uma sociedade. Se seu governo emana do povo, é democrática; se não, não o é".

Nessa esteira, assinala Friedrich Müller (2000, p. 57, 115) que a ideia fundamental de democracia reside na "determinação normativa do tipo de convívio de um povo pelo mesmo povo". Frisa o eminente jurista que a democracia avançada vai muito além da estrutura de meros textos; significa antes "um *nível de exigências*, aquém do qual não se pode ficar – e isso tendo em consideração a maneira pela qual as pessoas devem ser genericamente tratadas nesse sistema de poder-violência [Gewalt] organizados (denominado 'Estado'): não como subpessoas [Unter-Menschen], não como súditos [Untertanen], também não no caso de grupos isolados de pessoas, mas como membros do Soberano, do 'povo' que legitima no sentido mais profundo a totalidade desse Estado".

Conquanto vaga, angariou fama a fórmula apresentada pelo célebre presidente norte-americano Abraham Lincoln (considerado um dos idealizadores do regime democrático contemporâneo), para quem a democracia é *the government of the people, by the people, for the people*. Cumpre destacar o *by the people*, já que o povo é o artífice permanente da democracia. Esta não resiste à indiferença do povo, pois é a participação popular que a mantém viva.

Os valores liberdade e igualdade necessariamente participam da essência da democracia. A liberdade denota o amadurecimento de um povo, que passa a ser artífice de seu destino e, consequentemente, responsável por seus atos. Já não existe um ser divino a quem se possa ligar o direito de exercer a autoridade estatal, de sorte a legitimá-la. É o próprio povo, soberano, que se governa. De outro lado, a igualdade significa que a todos é dado participar do governo, sem que se imponham diferenças artificiais e injustificáveis como a origem social, a cor, o grau de instrução, a fortuna ou o nível intelectual.

O respeito à dignidade da pessoa humana encontra-se na base de qualquer regime que se pretenda democrático. Há que se elevar a consciência ética. Impõe-se, notadamente às classes dirigentes (naturais formadoras de opinião), o agir ético e responsável. Com efeito, é necessário que se forme na comunidade um autêntico espírito de honestidade, de solidariedade e de cooperação, de modo que o bem comum seja sempre priorizado.

A democracia autêntica requer o estabelecimento de debate público permanente acerca dos problemas relevantes para a vida social. Para tanto, deve haver liberdade de manifestação e opinião, bem como acesso livre e geral a informações. O debate vigoroso, pautado pela dialética, contribui para que as pessoas formem suas consciências políticas, evitando serem seduzidas por conceitos malsãos, enganadas por veículos de comunicação social levianos e interesseiros, ludibriadas pelas pirotecnias da propaganda e do *marketing* em que a verdade não tem relevância. Assim, é preciso que o povo goze de amplas liberdades públicas, como direito de reunião, de associação, de manifestação, de crença, de liberdade de opinião, informação e imprensa.

O regime político em apreço não se realiza sem que esteja implantado um sistema eleitoral confiável, dotado de técnicas seguras e instrumentos eficazes, aptos a captar com imparcialidade a vontade popular, de maneira a conferir segurança e legitimidade às eleições, aos mandatos e, pois, ao exercício da autoridade estatal.

Hodiernamente, predomina a concepção segundo a qual todo o poder emana do povo, que o exerce por meio de representantes eleitos, ou, em certos casos, diretamente. Isso exige liberdade, igualdade e efetiva participação popular. Pressupõe também a existência de partidos políticos.

Nesse diapasão, assinala Ferreira (1989, p. 37) que a democracia consiste no "governo constitucional das maiorias, que, sobre a base da liberdade e igualdade, concede às minorias o direito de representação, fiscalização e crítica parlamentar".

Note-se, todavia, que na ampla extensão semântica que lhe foi incorporada, a ideia de democracia não se circunscreve aos direitos políticos. Não se presta apenas a indicar a participação popular no governo ou a detenção do poder soberano pelo povo. Ou seja: não se limita a definir uma forma de governo na qual é assegurada a participação do povo, seja para constituí-lo, seja para indicar os rumos a serem seguidos pela nação. Para além disso, abarca também os direitos civis, individuais, sociais e econômicos. Assim, a democracia é compreendida nos planos político (participação na formação da vontade estatal), social (acesso a benefícios sociais e políticas públicas) e econômico (participação nos frutos da riqueza nacional, com acesso a bens e produtos); além disso, dá ensejo à organização de um sistema protetivo de direitos humanos e fundamentais. Na base desse regime encontra-se uma exigência ética da maior relevância, que é o respeito à dignidade da pessoa humana. Isso implica promover a cidadania em seu sentido mais amplo, assegurando a vida digna, a liberdade, a igualdade, a solidariedade, o devido processo legal, os direitos individuais, sociais, econômicos, coletivos, os direitos políticos, entre outros.

Além disso, nos atuais regimes democráticos as políticas estatais já não podem pautar-se exclusivamente pelo pensamento antropocêntrico. É preciso ampliar o foco, pois o homem não está sozinho no mundo. Há que se preservar a natureza, a fauna e a flora. Urge frenar o processo de destruição que se encontra em curso. Há mister que se imponham *deveres* dos homens para com os demais habitantes do planeta. Deveras, a ecologia tornou-se o tema central do debate contemporâneo.

Ante tal quadro, é fácil perceber que o regime democrático deve guiar-se pela dialética, dada a permanente tensão em que se encontram as ideias e os elementos que a compõem.

3.3.2 Democracia representativa

A participação popular no governo é condição *sine qua non* da democracia. À vista disso, foram concebidos alguns modelos de democracia, os quais podem ser reunidos em três grupos: democracia direta, indireta e semidireta.

O modelo clássico é a democracia direta. Por ela procura-se realizar o ideal de autogoverno, no qual os cidadãos participam das decisões governamentais. Pretende-se fazer coincidirem as vontades de governantes e governados. As decisões são tomadas em assembleia pública, da qual devem participar todos os cidadãos. O paradigma desse tipo de democracia é a Atenas dos séculos V e IV a. C., período em que atingiu seu apogeu. Foi nessa época que viveu Péricles, o grande estadista que consolidou o modelo de democracia em apreço, além dos filósofos Sócrates, Platão e Aristóteles, baluartes da cultura ocidental. Em sua pureza, essa forma de democracia é, nos dias correntes, impraticável. Não é possível reunir o povo para deliberar sobre as inúmeras e complexas questões que diuturnamente exigem do governo respostas imediatas. Aliás, se Atenas tivesse adotado o sufrágio universal, também lá a democracia direta certamente teria sido inviável. Como se sabe, a sociedade ateniense dividia-se em três classes: a dos cidadãos livres, a dos comerciantes e artesãos, a dos escravos e mulheres; a essas há que acrescentar os estrangeiros. Somente a primeira classe – a dos cidadãos livres – detinha direitos políticos, podendo, pois, participar da vida pública, do debate nas assembleias e, portanto, das decisões. Assim, quando se fala do povo de Atenas, está-se falando de menos de 10% da população.

Indireta é a democracia representativa. Nela os cidadãos escolhem aqueles que os representarão no governo. Os eleitos recebem um mandato. A participação das pessoas no processo político se dá, pois, na escolha dos representantes ou mandatários. A estes toca o mister de conduzir o governo, tomando as decisões político-administrativas que julgarem convenientes, de acordo com as necessidades que se apresentarem.

Consiste o mandato no poder – ou conjunto de poderes – conferido pelos "eleitores soberanos", pelo qual o mandatário fica habilitado a tomar decisões político-estatais seja no Poder Executivo, seja no Legislativo. A esse respeito, observa Ferreira Filho (2005, p. 85) que da eleição resulta que o representante recebe um poder de querer: é investido do poder de querer pelo todo, torna-se a vontade do todo. Esclarece o eminente jurista:

> "A eleição, a escolha do representante, é, portanto, uma atribuição de competência. Nada o vincula, juridicamente, à vontade dos eleitores. No máximo, reconhece-se que a moral e o seu próprio interesse o impelem a atender os desejos do eleitorado. A moral porque a eleição não se obtém sem promessas. O próprio interesse porque o tempo trará nova eleição [...]".

Atualmente, a representação política se faz por intermédio de partidos políticos. Surgidos na Inglaterra e impulsionados pelos movimentos socialistas (cf. FERREIRA, 1989, p. 338), os partidos tornaram-se peças essenciais para o funcionamento do complexo mecanismo democrático contemporâneo. Com efeito, captam e assimilam rapidamente a opinião pública; catalisam, organizam e transformam em postulados – em bandeiras de luta – as díspares aspirações surgidas no meio social, sem que isso implique ruptura no funcionamento do governo constituído.

O esquema partidário é assegurado pelo art. 14, § 3º, V, da Lei Maior, que erigiu a filiação partidária como condição de elegibilidade. Assim, os partidos políticos detêm o monopólio das candidaturas, de sorte que, para ser votado, o cidadão deve filiar-se. Inexistem no sistema brasileiro candidaturas avulsas. A par disso, consolidou-se o entendimento consoante o qual o mandato público-eletivo pertence à agremiação política, e não ao eleito. Tal exegese – firmada pelo Tribunal Superior Eleitoral nas Resoluções nᵒˢ 22.526/2007, 22.563/2007 e 22.610/2007, bem como na Consulta nº 1.407/DF – foi ratificada pelo Supremo Tribunal Federal ao julgar, em 4 de outubro de 2007, os Mandados de Segurança nºs 26.602, 26.603 e 26.604. Consequentemente, se o mandatário se desliga da agremiação pela qual foi eleito, perde igualmente o mandato, salvo se houver justa causa.

Note-se que a intermediação partidária não está livre de críticas. Na verdade, ao se investirem no mandato público, os políticos fazem dele o que bem entendem. A experiência tem revelado que alguns o buscam por motivos inconfessáveis, mas sempre sob o manto de um discurso bem urdido, bem lapidado. Na verdade, jamais existiu controle sério e eficaz do exercício do mandato. Os inúmeros escândalos a que se assiste dia após dia fazem com que a população relacione o meio político à corrupção e à busca de interesses pessoais. Avaliações de organismos internacionais apontam o Brasil como um país com alto índice de corrupção. Vez por outra, projetos de lei que beneficiam tais práticas são apresentados e até votados no Parlamento; foi o que ocorreu com a célebre lei da mordaça, que pretendeu cercear a atuação do Ministério Público no combate à corrupção e restringir a liberdade de imprensa.

Percebe-se certo desencantamento pelo atual modelo de democracia representativa. Em geral, parcela significativa da população não se sente representada nas instâncias do poder político-estatal. Para tanto, muito têm contribuído as novas tecnologias e a Internet. Hoje, com a revolução tecnológica e da comunicação, os cidadãos são mais livres e independentes, têm suas próprias pautas e ideias, contando com canais eficientes para comunicá-las instantaneamente a todo o mundo. Como afirmam Durán Barba e Nieto (2017, p. 194):

> "[…] antes el ciudadano se sentía débil, no tenía posibilidades de alzar su voz, necesitaba de organizaciones y líderes que hablaran por él y defendieran sus derechos. Ahora la gente es más segura de sí misma, cobro todo el poder armada de um teléfono y siente que no necesita ser representada".

Outro importante fator para tal desencanto reside no fato de nem os partidos nem os mandatários sentirem-se obrigados a manter as propostas, promessas e compromissos assumidos anteriormente, inclusive no período de campanha. Por vezes, nem mesmo o ideário publicamente divulgado pelo partido é respeitado. Há também situações em que a prática do governo eleito é completamente dissociada do que foi apresentado aos eleitores na campanha eleitoral, o que bem se poderia denominar estelionato eleitoral – como exemplo, tome-se a eleição presidencial de 2014, em que o povo brasileiro elegeu um programa de centro-esquerda, mas de fato foi governado pelo extremamente impopular (e para muita gente de duvidosa legitimidade) governo de direita de Michel Temer. Ao fim e ao cabo, quer-se tão somente ocupar e exercer o poder estatal, ainda que à custa de ilícitos, fraudes e mentiras bem urdidas pelo *marketing* político. Nesse quadro, é natural que os cidadãos não se sintam representados nas instâncias político-estatais.

Por tudo isso, já se ouvem vozes a propugnarem a necessidade da superação da concepção atual de representação político-partidária. Defende-se a implantação de uma efetiva *democracia representativa*. Nela, o mandato deve estar sob controle popular, inclusive com risco de perda (*recall*), de sorte que o mandatário não se sinta tentado a se enveredar por caminhos eticamente escusos.

A democracia semidireta ou mista procura conciliar os dois modelos anteriores. O governo e o Parlamento são constituídos com base na representação: os governantes são eleitos para representar o povo e agir em seu nome e em seu interesse. Todavia, são previstos mecanismos de intervenção direta dos cidadãos. Nesse sentido, ressalta Ferreira Filho (2005, p. 95) que, embora a democracia semidireta seja basicamente representativa, "é direta na medida em que o povo participa de modo imediato de certas decisões".

Esse último é o modelo consagrado na vigente Constituição Federal, que, já em seu art. 1º, parágrafo único, impera: "Todo o poder emana do povo, que o exerce por meio de representantes eleitos ou diretamente, nos termos desta Constituição".

Assim, no sistema brasileiro, a democracia representativa é temperada com mecanismos próprios de democracia direta, entre os quais citem-se: o plebiscito, o referendo e a iniciativa popular (CF, art. 14, I, II, III, e art. 61, § 2º). Plebiscito consiste na consulta prévia à edição de "ato legislativo ou administrativo, cabendo ao povo, pelo voto, aprovar ou denegar o que lhe tenha sido submetido" (Lei nº 9.709/98, art. 2º, § 1º). Referendo é a consulta posterior à edição de "ato legislativo ou administrativo, cumprindo ao povo a respectiva ratificação ou rejeição" (Lei nº 9.709/98, art. 2º, § 2º). Iniciativa popular é o poder atribuído aos cidadãos para apresentar projetos de lei ao Parlamento, desfechando, com essa medida, procedimento legislativo que poderá culminar em uma lei.

Mas, conforme assinalado, a implementação da representação passa necessariamente pelos partidos políticos, a cujas tendências e orientações encontra-se o mandatário vinculado.

3.3.3   Estado Democrático de Direito

Tradicionalmente, o Estado é apresentado como uma associação humana, que vive em determinado território sob o comando de uma autoridade central, a qual não se encontra sujeita a nenhum outro poder. São elementos do Estado: povo, território e poder soberano.

Segundo lição que se tornou clássica, Estado é o poder institucionalizado. Para outra corrente, o Estado constitui a sociedade – ou a nação – politicamente organizada.

O jusfilósofo Hans Kelsen (1994, p. 316 ss) identifica o Estado à ordem jurídica. Para ele, trata-se de uma ordem coercitiva da conduta humana, que apresenta caráter de organização, com divisão do trabalho e especialização de funções.

A República Federativa do Brasil – impera o art. 1º da Constituição Federal – constitui-se em Estado Democrático de Direito e, entre outros, possui como fundamentos a cidadania e a dignidade da pessoa humana (incs. II e III). Apresenta o Estado brasileiro, como objetivo (CF, art. 3º), a construção de uma sociedade livre, justa e solidária, além da erradicação da pobreza e da marginalização, redução das desigualdades sociais e regionais, promoção do bem de todos, sem preconceitos de quaisquer espécies.

O ser um *Estado de Direito* implica que as estruturas estatais devem pautar-se pelos critérios do Direito, e não pelos da força, prepotência ou do arbítrio. A propósito, lembram Canotilho e Moreira (1991, p. 82) que esse tipo de Estado caracteriza-se por ser constitucionalmente conformado, pressupondo a existência de uma Constituição e a afirmação inequívoca do *princípio da constitucionalidade*. "A Constituição é uma ordenação normativa fundamental dotada de supremacia – *supremacia da Constituição* –, e é nesta supremacia da lei constitucional que o 'primado do direito' do Estado de direito encontra uma primeira e decisiva expressão [...]."

Por outro lado, o ser um *Estado Democrático* significa que os cidadãos dele participam, sendo seus artífices e destinatários principais de suas emanações. Significa, pois, que o governo é formado pelos cidadãos, os quais são escolhidos livremente pelo voto direto e universal. Assim, os próprios cidadãos são os responsáveis pela formulação e execução das políticas públicas.

No Estado Democrático de Direito fundado pela Constituição vigente, os *direitos fundamentais, sociais* e *políticos* encontram lugar privilegiado, sendo consagrados os princípios da democracia econômica, social e cultural.

3.4   SOBERANIA POPULAR

Poder é a força ou energia capaz de alterar uma situação. Divide-se em físico, moral e político. O poder físico age sobre o mundo natural, modificando-o, transformando-o. No moral, o poder atua sobre a consciência e a vontade de alguém, influenciando na direção do comportamento ou da conduta a ser realizada. Nesse último sentido, diz-se que poder é a interferência na conduta, a qual passa a ser guiada pelo – ou se desenvolve de acordo com o – querer alheio. Por sua vez, o poder político é a capacidade de determinar a conduta de outrem, sendo que isso se dá de forma coercitiva.

Só existe poder se a conduta se realizar no sentido apontado pela interferência sofrida.

O poder é um dos elementos do Estado. É sua energia, sua expressão dinâmica, pois é por ele que o governo põe em movimento as políticas públicas que pretende ver implantadas. Por sua vez, o vocábulo *soberania* designa o poder mais alto, o superpoder, o supremo poder. A soberania é, portanto, uma qualidade do poder.

O poder é soberano quando não está sujeito a nenhum outro. É o que dita e comanda sem que possa ser refreado. Soberano é o poder supremo. Sem ele, não se concebe o Estado, que o enfeixa em nome de seu titular, o povo.

Note-se, porém, que o fato de o Estado deter poder soberano não significa que não esteja submetido ao regime jurídico. Soberania não significa arbítrio. O poder soberano deve ser democrático. Conforme acentuado, o Estado Democrático de Direito é aquele que se submete às normas por ele próprio criadas. É aquele que respeita os direitos e garantias fundamentais, individuais, políticos, sociais e coletivos. Por outro lado, não significa que possa descumprir acordos firmados com outros Estados ou organismos internacionais.

O poder soberano emana do povo: todo o poder emana do povo, que o exerce por meio de representantes eleitos ou diretamente (CF, art. 1º, parágrafo único). A soberania popular é concretizada pelo sufrágio universal, pelo voto direto e secreto, plebiscito, referendo e iniciativa popular (CF, art. 14, *caput*).

Assim, a soberania popular se revela no poder incontrastável de decidir. É ela que confere legitimidade ao exercício do poder estatal. Tal legitimidade só é alcançada pelo consenso expresso na escolha feita nas urnas.

3.5 PRINCÍPIO REPUBLICANO

Em uma de suas dimensões, o princípio republicano liga-se às formas de governo. Essas referem-se à estruturação do Estado com vistas ao exercício do poder político; dizem respeito ao modo de atribuição do poder aos agentes que exercerão a dominação política e, pois, comporão o governo.

Atualmente, duas são as formas de governo mais difundidas: monarquia e república. Aquela tem como características a hereditariedade e a vitaliciedade do chefe de Estado. Não há, pois, rotatividade no exercício do poder político. Diferentemente, a república tem por fundamentos a eletividade, a temporalidade e a alternância de pessoas no comando do Estado.

Na forma republicana de governo, tanto o chefe do Poder Executivo quanto os membros do Legislativo cumprem mandato popular, sendo diretamente escolhidos pelos cidadãos em eleições diretas, gerais e periódicas. Trata-se, pois, de governo representativo.

Consoante observou Ruy Barbosa, o que caracteriza a forma republicana não é propriamente a coexistência de três poderes, mas, sim, "a condição de que, sobre existirem os três poderes constitucionais, o Legislativo, o Executivo e o Judiciário, os dois primeiros derivem, realmente, de eleição popular". Permita-se acrescentar: eleição popular e *periódica*. Pois, como se sabe, a nota diferencial da república em relação à monarquia não se assenta tão só no fato de o governante ser eleito (há exemplo de monarquia eletiva), mas, sim, na periodicidade das eleições, na temporalidade do exercício do mandato; na república, eleição é sempre um evento futuro e certo.

O art. XXI, 3, da Declaração Universal dos Direitos Humanos de 1948 reconhece que a autoridade do governo repousa na vontade do povo, a qual "será expressa em eleições periódicas".

Assim, por força do princípio republicano, de tempos em tempos há mister sejam os mandatos renovados com a realização de novas eleições. A periodicidade é definida na Lei Fundamental de cada Estado.

Nesse sentido, reza o art. 82 da CF (com a redação da EC nº 111/2021) que o mandato de Presidente da República é de quatro anos e terá início em 5 de janeiro do ano seguinte ao de sua eleição. Já o mandato de Governador inicia-se em 6 de janeiro do ano subsequente ao do pleito (CF, art. 28 – com a redação da EC nº 111/2021). O de Prefeito começa no dia 1º de janeiro do ano subsequente ao da eleição (CF, art. 29, III). Quanto aos membros do Poder Legislativo, são de quatro anos os mandatos de Deputado Federal (CF, art. 44, parágrafo único), de Deputado Estadual (CF, art. 27, § 1º) e de Vereador (CF, art. 29, I); e de oito anos o mandato de Senador (CF, art. 46, § 1º). A posse e início de exercício dos mandatos parlamentares são definidos nos Regimentos Internos das respectivas Casas Legislativas.

No entanto, a ideia de república comporta outros sentidos e dimensões, não se encerrando na renovação de mandatos e rotatividade no exercício do poder. Deveras, o princípio republicano requer que o poder político seja exercido com sentido e dignidade públicos. Isso implica a tomada de decisões com base na racionalidade, objetividade e impessoalidade, sem promoção de quaisquer privilégios particulares nem distinções de pessoas, classes, grupos ou instituições sociais. Impõe, ademais, haja transparência e publicidade nos atos estatais. Veda, ainda, que o Estado seja gerido tal qual o patrimônio privado da autoridade pública (= patrimonialismo) – ou melhor, que a gestão pública se dê de modo discricionário, em proveito próprio ou de terceiros com o intuito de atingir fins particulares, e não coletivos. Daí a observação de Barreto Lima (2013, p. 109) de que se pode "falar que República tornou-se mais um modo de governar, em que preponderância da impessoalidade, publicidade e regularidade eleitoral servem como seus elementos centrais".

Na aludida dimensão, o princípio republicano não tolera o abuso de poder político, em que ações e recursos públicos são desviados em proveito de candidaturas, partido ou grupo político, de modo a carrear ao beneficiário vantagens indevidas na disputa eleitoral perante os demais concorrentes.

3.6 SUFRÁGIO UNIVERSAL

3.6.1 O que é sufrágio?

A soberania popular é exercida pelo sufrágio universal. Literalmente, o vocábulo *sufrágio* significa aprovação, opinião favorável, apoio, concordância, aclamação. Denota, pois, a manifestação de vontade de um conjunto de pessoas para escolha de representantes políticos.

Na seara jurídica, designa o direito público subjetivo democrático, pelo qual um conjunto de pessoas – o povo – é admitido a participar da vida política da sociedade, escolhendo os governantes ou sendo escolhido para governar e, assim, conduzir o Estado. Em suma: o sufrágio traduz o direito de votar e de ser votado, encontrando-se entrelaçado ao exercício da soberania popular. Trata-se do poder de decidir sobre o destino da comunidade, os rumos do governo, a condução da Administração Pública.

O sufrágio é a essência dos direitos políticos, porquanto enseja a participação popular no governo, sendo este o responsável pela condução do Estado. Apresenta duas dimensões: uma ativa, outra passiva. A primeira é a capacidade eleitoral ativa – ou cidadania ativa – e significa o direito de votar, de eleger representantes. A segunda é a capacidade eleitoral passiva – *jus honorum* ou cidadania passiva – e significa o direito de ser votado, de ser eleito, de ser escolhido em processo eleitoral.

Tal direito não é a todos indistintamente atribuído, mas somente às pessoas que preencherem determinados requisitos. Nos termos do art. 14, §§ 1º e 2º, da Constituição, ele só é reconhecido: (a) a brasileiros natos ou naturalizados; (b) maiores de 16 anos; (c) que não estejam no período de regime militar obrigatório (conscritos). Quanto aos naturalizados, a cidadania passiva sofre restrição, já que são privativos de brasileiro nato os cargos de Presidente e Vice-Presidente da República. Não há impedimento a concorrerem e serem investidos nos cargos de Deputado Federal e Senador. O que a Constituição lhes veda é ocuparem a presidência da Câmara Federal e do Senado (CF, art. 12, § 3º).

3.6.2 Sufrágio e cidadania

Chama-se cidadão o detentor de direitos políticos. Trata-se do nacional admitido a participar da vida política do País, seja escolhendo os governantes, seja sendo escolhido para ocupar cargos político-eletivos. Conforme averba Silva (2006, p. 347), "a cidadania se adquire com a obtenção da qualidade de eleitor, que documentalmente se manifesta na posse do *título de eleitor* válido".

Nesse sentido estritamente técnico-jurídico, pode-se dizer que a cidadania não é reconhecida a todos. Mas não se pode olvidar que esse termo – *cidadania* – apresenta amplo significado nas ciências sociais, em que denota o próprio direito à vida digna em sentido pleno, abarcando os direitos fundamentais, civis, políticos e sociais. É evidente que, nesse sentido amplo, todos têm direito à cidadania, independentemente de se estar ou não alistado como eleitor.

É comum a confusão entre os conceitos de cidadania e nacionalidade. Alguns acreditam que esses vocábulos sejam sinônimos. Mas a verdade é que são bem distintos. A cidadania é um *status* ligado ao regime político; identifica os detentores de direitos políticos. Já a nacionalidade é um *status* do indivíduo perante o Estado. Indica que uma pessoa encontra-se ligada a determinado Estado. Conforme salientado, o indivíduo pode ser brasileiro (nacionalidade) e nem por isso ser cidadão (cidadania), haja vista não poder votar nem ser votado (ex.: criança). A cidadania constitui atributo jurídico que nasce no momento em que o nacional se torna eleitor.

3.6.3 Classificação do sufrágio

O sufrágio pode ser universal ou restrito, igual ou desigual.

Sufrágio universal é aquele em que o direito de votar é atribuído ao maior número possível de nacionais. As eventuais restrições só devem fundar-se em circunstâncias que naturalmente impedem os indivíduos de participar do processo político. A esse respeito pondera Salvetti Netto (1987, p. 102) que a universalidade do sufrágio não significa concessão genérica dos direitos políticos. "Há, com evidência, aqueles que, por situações facilmente compreensíveis, não apresentam condições para exercerem a cidadania. Assim, os menores, os mentalmente incapazes, e, para algumas legislações, os estrangeiros e os analfabetos, como entre nós vigente." Caracteriza-se, pois, o sufrágio universal pela concessão genérica de cidadania, a qual só é limitada excepcionalmente. Nele não se admitem restrições ou exclusões por motivos irracionais ou não justificáveis, étnicos, de riqueza, de nascimento ou capacidade intelectual. Imperam os princípios da dignidade, da igualdade e da razoabilidade, de sorte que a todos devem ser atribuídos direitos políticos. As exceções devem ocorrer somente quanto àqueles que, por motivos fundados e razoáveis, não puderem participar do processo político-eleitoral.

Restrito, diferentemente, é o sufrágio concedido tão só a uns quantos nacionais, a uma seleta minoria. A doutrina aponta três espécies de sufrágio restrito: censitário, cultural ou capacitário e masculino.

Censitário é o sufrágio fundado na capacidade econômica do indivíduo. Nele, somente se atribui cidadania aos que auferirem determinada renda, forem proprietários de imóveis ou recolherem aos cofres públicos certa quantia pecuniária a título de tributo. Seu fundamento encontra-se na crença equivocada de que somente os que detêm patrimônio razoável se preocupariam seriamente com os negócios públicos. Mas o que realmente se pretende é manter as rédeas do poder político na mão da classe economicamente dominante. Lembra Ferreira (1989, p. 291) que essa forma de sufrágio dominou a Europa no século XIX, tendo sido adotada no Brasil na Constituição Imperial de 1824 e, mais moderadamente, nas Constituições Republicanas de 1891 (art. 70, § 1º, 1º) e de 1934 (art. 108, parágrafo único, c).

Cultural ou capacitário é o sufrágio fundado na aptidão intelectual dos indivíduos. Os direitos políticos somente são concedidos àqueles que detiverem determinadas condições intelectuais, demonstradas mediante diploma escolar. A vigente Constituição acolheu em parte esse tipo de sufrágio. Com efeito, nega capacidade eleitoral passiva aos analfabetos, pois estabelece que eles são inelegíveis (art. 14, § 4º). Todavia, se quiserem, poderão votar (art. 14, § 1º, II, a), embora não possam ser votados.

Há quem sustente que essa restrição atenta contra a dignidade da pessoa humana, um dos fundamentos da República brasileira (CF, art. 1º, III). É de se ponderar, todavia, que no contexto atual é difícil para uma pessoa analfabeta, exercer plena e condignamente cargo público-eletivo. Em um mundo burocratizado, dominado pela palavra escrita, pelos papéis, pelas informações, pelas novas tecnologias e meios eletrônicos de comunicação, como poderá um analfabeto exercer as funções atinentes a cargo dessa natureza sem colocar em risco sua liberdade, sua dignidade e a veracidade de suas decisões e postulações? Ademais, há que se ressaltar o valor da educação no mundo de hoje. Trata-se de valor social fundamental.

Masculino é o sufrágio que veda a participação de mulheres no processo político. A exclusão se faz só com fulcro no gênero. Na base desse entendimento encontra-se odioso e injustificável preconceito contra a mulher, durante muito tempo considerada inapta, desinteressada e naturalmente insensível para a vida política. Despiciendo aduzir que atualmente a tese da inferioridade feminina é insustentável em qualquer área que se considere. Detêm as mulheres fatia expressiva do mercado de trabalho, sendo as principais provedoras de muitos lares, além de preencherem cerca de metade das cadeiras nas universidades, em diversos setores do conhecimento.

O sufrágio igual decorre do princípio da isonomia. Os cidadãos são equiparados, igualados, colocados no mesmo plano. O voto de todos apresenta idêntico peso político, independentemente de riquezas, idade, grau de instrução, naturalidade ou gênero. Significa dizer que todas as pessoas têm o mesmo valor no processo político-eleitoral: *one man, one vote*. Todavia, no que pertine à cidadania passiva, esse princípio sofre exceções. É que a Constituição Federal adotou o critério etário como condição de elegibilidade para certos cargos. Assim, candidatos aos cargos de Presidente e Vice-Presidente da República e Senador devem contar com 35 anos de idade; aos cargos de Governador e Vice-Governador, 30 anos de idade; aos de Deputado, Prefeito e Vice-Prefeito, 21 anos de idade; ao cargo de Vereador, 18 anos de idade (CF, art. 14, § 3º, VI).

Diferentemente – assinala Ferreira (1989, p. 292) –, no sufrágio desigual admite-se "a superioridade de determinados votantes, pessoas qualificadas a quem se confere maior número de votos". Claro está que esse tipo de voto "espelha princípios elitistas, oligárquicos e aristocráticos, de prevalência de classes ou grupos sociais". São exemplos de sufrágio desigual: o *voto familiar*, em que o pai de família detém número de votos correspondente ao de filhos; o *voto plural* ou *plúrimo*, em que o eleitor pode votar mais de uma vez na mesma eleição, desde que o faça na mesma circunscrição eleitoral; o *voto múltiplo*, em que o eleitor pode votar mais de uma vez na mesma eleição em várias circunscrições eleitorais. Desnecessário dizer que os tipos de sufrágio desigual apontados não têm sentido nas democracias contemporâneas, se é que já o tiveram algum dia. São expressões lídimas da desfaçatez da elite político-econômica.

A difusão do sufrágio universal e igual tem contribuído decisivamente para mudar o perfil de Estados e sociedades contemporâneos. Na América do Sul, esse fenômeno é particularmente interessante. No final do século XX, os países dessa região se libertaram dos hediondos regimes ditatoriais que as subjugavam e mergulharam na onda democratizante. Com isso, expressivas parcelas da população antes excluídas e desprezadas pelas elites passaram a participar ativamente da vida política de seus países, conquanto ainda permanecessem excluídas no aspecto econômico-social. Para além disso, a globalização, a massificação do consumo, o alto grau de desenvolvimento científico-tecnológico, a atuação da mídia e o amplo acesso à informação fizeram com que as classes média-baixa e baixa abandonassem o servilismo intelectual que sempre tiveram em relação às classes média-alta e alta, passando a defender suas próprias ideias, seus próprios interesses, que, em geral, residem na melhoria das condições em que vivem.

3.6.4 Sufrágio e voto

Sufrágio e voto não se confundem. Enquanto o sufrágio é um direito, o voto representa seu exercício. Em outras palavras, o voto é a concretização do sufrágio.

3.7 LEGITIMIDADE DAS ELEIÇÕES

A legitimidade é conceito essencial para se compreender o sistema político. Trata-se de princípio inscrito no art. 14, § 9º, da Constituição Federal, donde se extrai a necessidade de serem legítimos os mandatos resultantes das eleições.

Legítimo é o que está de acordo com a verdade, com a ideia de justiça e com os valores predominantes em determinada época, é o que observou o procedimento legal adrede traçado, enfim, é o que resulta da livre expressão da soberania popular.

Há legitimidade quando a comunidade reconhece e aceita algo como correto, justo e adequado; baseia-se nos valores em voga, no consenso e no reconhecimento geral acerca da ocupação e exercício do poder. Ressalta Dias (2008, p. 41) que ela forja a convicção de um "dever moral de obediência enquanto se respeitem as bases que a fundamentam e que essencialmente consistem nas opiniões, valores, crenças, interesses e necessidades de determinada comunidade".

Poder legítimo é, portanto, aquele consentido ou aceito como justo. Autoridade legítima é aquela respeitada na comunidade, sendo seus comandos reconhecidos e observados. Nesse sentido, fazendo alusão à escola sociológica, lembra Pedicone de Valls (2001, p. 48) que "la fuente de validez de la legitimidad de los gobernantes se desprende del hecho de su aceptación por el pueblo, es decir que un fenómeno social fundamenta el derecho".

Hodiernamente, dúvida não há de que a legitimidade do exercício do poder estatal por parte de autoridades públicas decorre da escolha levada a cabo pelo povo. Em uma sociedade verdadeiramente democrática, os cidadãos governados é que elegem seus governantes, reconhecendo-os como autoridades investidas de poder político. Essa escolha deve ser feita em processo pautado por uma disputa limpa, isenta de vícios, corrupção ou fraude. A escolha é sempre fruto do consenso popular, que, de certa maneira, homologa os nomes dos candidatos, consentindo que exerçam o poder político-estatal e, pois, submetendo-se a seu exercício.

Nesse contexto, a observância do procedimento legal que regula as eleições é essencial para a legitimidade dos governantes. Tal procedimento deve desenvolver-se de forma normal, *i.e.*, em harmonia com o regime jurídico do processo eleitoral. Ademais, deve ensejar que todos os participantes tenham ampla liberdade de expressão e gozem das mesmas oportunidades de se apresentar ao eleitorado e divulgar suas ideias e projetos. Legítimas e normais, portanto, são as eleições em que houve a observância do arcabouço jurídico-normativo inerente ao processo eleitoral.

Note-se que legitimidade não se confunde com legalidade. Esta se refere à conformação ou adequação de um fato ao Direito Positivo. A ideia de legitimidade é bem mais ampla e sutil, pois já pressupõe essa adequação, isto é, pressupõe a legalidade; na verdade, encontra-se a legitimidade relacionada a um sistema de valores. Consoante assinala Bonavides (2010, p. 121), a "legitimidade é a legalidade acrescida de sua valoração"; suas exigências são "mais delicadas, visto que levanta o poder de fundo, questionando acerca da justificação e dos valores do poder legal [...]". Legítimo é o poder cujo detentor tem o direito de exercê-lo, exercendo-o, portanto, a justo título e de forma consentida.

3.8 MORALIDADE

O princípio da moralidade é previsto no art. 14, § 9º, da Constituição Federal, que autoriza o legislador infraconstitucional a instituir inelegibilidade a fim de proteger "a moralidade para exercício de mandato considerada vida pregressa do candidato".

Embora não se confundam, é corrente o uso do termo *ética* como sinônimo de moral. A palavra *ética* é originária da Grécia (*ethiké*). Foi traduzida para o latim como moral (*mos*, plural = *mores*). Significava, por um lado, o conjunto de princípios e valores orientadores da ação humana em geral. Por outro, designava a dimensão prática das ações individuais, ou seja, a realidade da existência.

Ética é a ciência que discute e problematiza o comportamento humano. Analisa o que se deve entender, em um determinado tempo e lugar, por justo e injusto, bem e mal, certo e errado. Suas proposições descrevem o dever-ser da ação humana, apontando os valores e os princípios que a norteiam nos níveis individual e social. Ademais, discute e procura responder perguntas como: O que fazer? Como agir? Por que agir dessa e não de outra maneira?

Já a moral ocupa-se da ação em si mesma, na prática, ou seja, com o que ocorre concretamente na vida individual e social. *Mores* é o ambiente histórico-cultural construído pelo homem em sua vida de relação, em um determinado tempo e lugar. Trata-se, pois, das práticas e relações vivenciadas pelas pessoas, que se expressam por meio de usos, hábitos e costumes. O agir moralmente implica seguir tradições e costumes, os quais podem não estar em sintonia com os preceitos da ética.

Em sentido pejorativo, diz-se *moralista* a pessoa que de forma solipsista (ou seja, de maneira isolada e a partir de interpretação subjetiva) preconiza a observância de rígidos preceitos morais e códigos de conduta.

A ação moral pressupõe a liberdade de querer e de agir, pois implica a adesão espontânea da pessoa à regra moral.

Note-se que a conduta pode ser moral, por se encontrar de acordo com as tradições e os costumes em voga, e não ser ética, por não se afinar com os princípios e os valores reconhecidos.

Portanto, a ética questiona a moral e seus fundamentos, bem como os comportamentos nesta baseados. Nesse sentido, a moral constitui-se em objeto de conhecimento da ética.

Da historicidade, temporalidade e espacialidade dos sistemas ético-morais resulta que cada qual deles possui seus respectivos valores e, pois, suas próprias premissas e finalidades. Por conseguinte, cada sociedade funda uma moral que lhe seja intrínseca, que explicita valores válidos para todos os seus membros. Todavia, dentro de uma mesma sociedade podem conviver várias morais, cada qual relacionada aos valores de um grupo ou de uma específica classe social; todas, porém, inseridas em um contexto mais amplo e envolvente.

De modo geral, há diversos valores que se repetem nos vários sistemas morais, mas a perseguição das ideias de bem e justiça parece constituir objetivo comum a todos eles. Não se conhece, com efeito, nenhum sistema que persiga o mal, a injustiça, a intolerância ou o sofrimento alheio.

Em outro texto (GOMES, 2002, p. 244-245), observei que no sistema ético-moral brasileiro é notória a influência de elementos aportados das culturas greco-romano-cristã, indígena e africana. Consagraram-se entre nós valores como: respeito ao próximo, honestidade, lealdade, não causar mal ao próximo, não subtrair para si coisa alheia, não se enriquecer ilicitamente, ter o trabalho como fonte de renda e algo enobrecedor, não enganar, não mentir, cumprir a tempo e modo os compromissos, responsabilizar-se pelos próprios atos, respeitar os pais, valorizar a própria vida e a dos outros, não matar, não cometer parricídio, não cometer suicídio.

Tornou-se comum, nos dias correntes, a exigência de ética na política e, de resto, em todos os setores da vida social. As ações imorais, antiéticas, têm sido repudiadas em toda parte. Tanto que o art. 37, *caput*, da Constituição erigiu a moralidade administrativa como princípio da Administração Pública. Mas, infelizmente, muitos ainda não se sentem incomodados com isso. Talvez por acreditarem no altíssimo índice de impunidade creditado às instituições brasileiras, que tradicionalmente só conseguem punir gente pobre, carente de poder e influência.

No âmbito eleitoral, o princípio da moralidade inscrito no art. 14, § 9º, da Constituição conduz a ética e a moral para dentro do Direito. Com a positivação da moralidade, transfere-se para a esfera jurídica juízos e normas que antes pertenciam exclusivamente ao domínio ético-moral. Com isso, juízos e normas ético-morais passam a gozar de legitimidade e validade no sistema jurídico-eleitoral.

O princípio em apreço requer que o candidato a cargo público-eletivo se adeque ao padrão ético-moral vigente na comunidade. Esse constitui um modelo social, um paradigma objetivo, que a todos se impõe, cuja observância é obrigatória na vida de relação. A transgressão a esse modelo ceifa a dignidade do mandato público.

Com base nessa premissa, o vertente § 9º autoriza o legislador a erigir casos de inelegibilidade a fim de proteger a "moralidade para exercício de mandato". Para tanto, poderá ser "considerada [a] vida pregressa do candidato", ou seja, a sua história, suas ações e atividades na comunidade.

Ressalte-se, porém, que não é qualquer desvio moral que autoriza a criação de hipótese de inelegibilidade. Por se tratar de direito fundamental, a cidadania passiva não pode ser limitada com base em fatos de pouca importância, tampouco por apreciações demasiado moralistas e subjetivas. Ao contrário, é mister que a transgressão seja relevante, que afete um padrão ético-moral objetivo e importante para a vida da comunidade.

Exemplos de inelegibilidade fundada na exigência de moralidade para exercício de mandato encontram-se: *(i)* na alínea *e*, I, art. 1º, da LC nº 64/90, segundo o qual são inelegíveis as pessoas que forem condenadas pelos crimes lá arrolados, "em decisão transitada em julgado ou proferida por órgão judicial colegiado, desde a condenação até o transcurso do prazo de 8 (oito) anos após o cumprimento da pena"; *(ii)* na alínea *o*, I, art. 1º, da LC nº 64/90, segundo o qual são inelegíveis "os que forem demitidos do serviço público em decorrência de processo administrativo ou judicial, pelo prazo de 8 (oito) anos, contado da decisão, salvo se o ato houver sido suspenso ou anulado pelo Poder Judiciário".

O princípio em apreço não se dirige apenas ao legislador, senão também ao juiz. A este quando da interpretação e aplicação a uma situação concreta da regra legal instituidora de inelegibilidade. Aqui vale ressaltar que ao juiz não é permitido criar inelegibilidade, pois essa tarefa a Constituição reserva exclusivamente ao legislador complementar.

3.9 PROBIDADE

Consoante assinalei em outra oportunidade (GOMES, 2002, p. 245), a ideia de probidade (*probitate*) encontra-se arraigada à de ética e moral. O agir ético identifica-se com o agir virtuoso e tem por finalidade a realização do bem. O bem refere-se à finalidade boa, virtuosa, ao que na situação considerada está conforme com a justiça.

Probidade significa integridade, honradez e pundonor. Probo (*probu*) qualifica o que é honesto, digno e virtuoso.

Improbidade é o contrário. A ação ímproba é desvestida de honestidade e justiça. Trata-se de ação ilícita, transgressora das normas de conduta estabelecidas.

A probidade constitui princípio regente da Administração Pública. O ato de improbidade pode ensejar a suspensão de direitos políticos, entre outras sanções (CF, art. 15, V, c.c. o art. 37, § 4º).

O art. 14, § 9º, da Constituição permite a instituição de hipóteses de inelegibilidade com vistas à proteção da *probidade administrativa*.

O princípio em exame possui um aspecto preventivo. Ele requer que o candidato a cargo público-eletivo seja virtuoso, que tenha agido com correção e integridade nas relações que participou, nas atividades que realizou e nas posições que ocupou, sejam elas privadas ou públicas.

É mais que imperioso exigir-se que agentes públicos sejam probos, honestos e dignos, porquanto eles são responsáveis pela gestão de bens e interesses que não lhes pertencem, sendo, antes, do domínio de todos. Devem sempre agir com boa fé objetiva. Afinal, se de qualquer pessoa é esperado que atue com zelo e correção na gestão de seus negócios privados, com maior razão isso deve ser exigido dos gestores do bem comum.

O fato de não passar no teste de probidade evidencia que o candidato não agiu com correção e integridade, e, portanto, que não respeita normas jurídicas e sociais. Pode-se, então, concluir que provavelmente não as respeitará quando tiver de gerir a *res publica* no exercício de mandato outorgado pela soberania popular. Assim, caso seja eleito, é possível que se deixe arrastar pelos caminhos tortuosos da desonestidade, da corrupção e da improbidade – que tantos malefícios trazem à sociedade.

Daí o vertente § 9º autorizar o legislador a erigir casos de inelegibilidade "a fim de proteger a probidade administrativa". Para tanto, poderá ser considerada a história do candidato, as atividades que realizou e sua atuação na direção de órgãos e entidades.

Um exemplo de inelegibilidade fundada na exigência de probidade encontra-se prevista na alínea *g*, I, art. 1º, da LC nº 64/90, que dispõe serem inelegíveis "os que tiverem suas contas relativas ao exercício de cargos ou funções públicas rejeitadas por irregularidade insanável que configure ato doloso de improbidade administrativa, e por decisão irrecorrível do órgão competente [...]".

Vale observar que o princípio em apreço não se dirige apenas ao legislador, mas também ao juiz. A este quando da interpretação e aplicação a situações concretas das hipóteses de inelegibilidade legalmente previstas.

3.10 IGUALDADE OU ISONOMIA

Previsto no art. 5º da Lei Maior, o princípio da isonomia ou da igualdade impõe que a todos os residentes no território brasileiro deve ser deferido o mesmo tratamento ou tratamento igual, não se admitindo discriminação de espécie alguma – a menos que o tratamento diferenciado reste plena e racionalmente justificado, quando, então, será objetivamente razoável conceder a uns o que a outros se nega.

Esse princípio apresenta especial relevo nos domínios do Direito Eleitoral. Avulta sua importância para o desenvolvimento equilibrado do processo eleitoral, bem como para a afirmação da liberdade e do respeito a todas as expressões políticas. Conforme acentua Muñoz (2007, p. 35):

> "Desde la perspectiva del elector, el principio [da igualdad] encaja plenamente en la garantía de su libertad (art. 23, I CE), puesto que no puede existir una elección libre allí

donde no haya existido una igualdad de oportunidades de entre los competidores electorales a la hora de influir en la formación de la voluntad electoral. Desde la perspectiva del competidor el principio no es sino un elemento integrante del contenido constitucional de su proprio derecho de acceso a los cargos públicos en condiciones de igualdad (art. 23.2 CE). Ambos encajes, como acabo de decir, no son excluyentes, sino que son dos caras de una misma moneda [...]".

Sob a ótica de candidatos e partidos políticos, asseveram os eminentes juristas Fux e Frazão (2016, p. 119) que o princípio da igualdade reclama uma postura neutra do Estado "em face dos *players* da competição eleitoral *i.e.*, partidos, candidatos e coligações), de forma a coibir a formulação de desenhos e arranjos que favoreçam determinados atores em detrimento de outros". Ressaltam, ainda, que a centralidade do princípio em tela decorre de ser "pressuposto para uma concorrência livre e equilibrada entre os competidores do processo político, motivo por que a sua inobservância não afeta apenas a disputa eleitoral, mas amesquinha a essência do próprio processo democrático".

Por outro lado, sob a ótica do cidadão, o princípio da igualdade requer que a todos seja reconhecido o mesmo e igual valor, não havendo superioridade de uma pessoa em relação a (ou em detrimento de) outra. No Estado Democrático de Direito, todas as pessoas são dignas e autônomas, todas são credoras de igual respeito e consideração, devendo-se atribuir igual peso às suas decisões políticas.

Inúmeros institutos e situações são regidos pelo princípio em exame. À guisa de exemplo, tem-se que o voto apresenta o mesmo valor para todos os cidadãos, os concorrentes a cargo político-eletivos devem contar com as mesmas oportunidades (paridade de armas), ressalvadas as situações previstas em lei – que têm em vista o resguardo de outros bens e valores constitucionais – e as naturais desigualdades que entre eles se verificam. Ademais, citem-se a previsão normativa de hipóteses de inelegibilidade e, no campo da propaganda eleitoral, a necessidade de que a todos os candidatos seja concedida oportunidade de difundir seus programas, pensamentos e propostas. Nesse último aspecto, vale notar que a igualdade tem caráter formal, não material, já que a distribuição de tempo no horário eleitoral gratuito é desigual – aqui, porém, atende-se ao interesse de se fortalecer os partidos, o que termina por conferir maior estabilidade aos governos.

3.11 PLURALISMO POLÍTICO

De pluralismo cogitam tanto a Ciência Política, quanto o Direito.

Na linguagem política, esse termo denomina a corrente de pensamento que propugna um modelo de sociedade baseado na existência de diversos grupos ou centros de poder, os quais não necessariamente convivem em harmonia, podendo conflitar entre si. Tais grupos situam-se entre o indivíduo e o Estado, constituindo uma contraforça capaz de impedir abusos por parte dos governantes.

Nesse sentido, Bobbio, Matteucci e Pasquino (2009, p. 928 ss., verbete pluralismo) distinguem um pluralismo dos antigos e um dos modernos. O primeiro refere-se "ao velho Estado de classes ou de ordens que a Revolução Francesa já deu por morto e que a sociedade industrial em marcha tornou cada vez mais anacrônico". Já o pluralismo dos modernos é o que, contra o Estado centralizador e inigualitário, utiliza amplamente "as conquistadas liberdades civis, primeiro a liberdade de associação, para criar uma defesa do indivíduo isolado contra a potência e intromissão do Estado burocrático, ou das classes economicamente mais débeis contra o poder econômico que se vai organizando na grande empresa capitalista". Há várias formas de pluralismo: o pluralismo socialista, o pluralismo democrático, o pluralismo cristão-social.

No Direito, a Constituição Federal consagra o pluralismo em várias dimensões, destacando-se as seguintes: *(i)* no Preâmbulo, impera que o Estado Democrático por ela instituído destina-se também a assegurar uma sociedade pluralista; *(ii)* no art. 1º, V, estabelece o pluralismo político como fundamento do Estado brasileiro; *(iii)* no art. 17, *caput*, contempla o pluralismo partidário ou o "pluripartidarismo"; *(iv)* no art. 170, *caput*, IV, e parágrafo único, estabelece o pluralismo econômico, pois a ordem econômica é fundada na livre iniciativa e na livre concorrência, sendo "assegurado a todos o livre exercício de qualquer atividade econômica"; *(v)* no art. 206, III, prevê o pluralismo "de ideias e de concepções pedagógicas"; *(vii)* nos arts. 215 e 216 contempla o pluralismo cultural, devendo o Estado apoiar e incentivar "a difusão das manifestações culturais", valorizar a "diversidade étnica e regional", incentivar "a produção e o conhecimento de bens e valores culturais"; *(viii)* no art. 220, prevê o pluralismo de comunicação e expressão, pois "A manifestação do pensamento, a criação, a expressão e a informação, sob qualquer forma, processo ou veículo não sofrerão qualquer restrição, observado o disposto nesta Constituição", sendo, ainda, "vedada toda e qualquer censura de natureza política, ideológica e artística".

O Estado contemporâneo tem no pluralismo uma de suas características mais marcantes. A alta complexidade das atuais sociedades de massa determina o desenvolvimento de intricadas relações entre as pessoas, bem como a formação de inúmeras entidades com colorações e interesses variados. Isso é ainda mais saliente na era da globalização e da revolução tecnológica, caracterizada pela liberdade comunicativa (exercida intensamente) e acentuada abertura ideológica.

A realidade da ordem político e social brasileira é multifária. Há pluralidade de classes econômicas e sociais, de culturas, de cosmovisões, modos e projetos de vida, costumes, tradições, crenças, religiões, convicções políticas e filosóficas etc. Ademais, incontáveis são os arranjos associativos em torno dos quais as pessoas se agrupam, tais como associações, entidades religiosas, entidades culturais, entidades de defesa de seus associados ou de algum interesse específico (ex.: consumidores e meio ambiente), sindicatos, federações, confederações, clubes, cooperativas, movimentos, grupos e organizações políticas e humanitárias, fundações, ONGs – organizações não governamentais etc. Ressai dessa multiplicidade – para usar a expressão de Lassalle (2009, p. 39) – os "fatores do poder que regem o país".

O princípio em exame afirma o *pluralismo político* como fundamento da democracia brasileira. Trata-se, pois, de uma democracia pluralista. Isso significa reconhecer e respeitar a diversidade de pensamentos, opiniões e convicções, de crenças e de projetos de vida (inclusive coletivos) que proliferam na sociedade.

Mas não apenas isso: implica também reconhecer e efetivamente acolher a *participação* dos diversos atores sociais, agentes e entidades na vida e práticas políticas; afinal, todos eles gozam de liberdade e têm o direito fundamental de participar.

Os motes fundamentais do Estado são alteridade e inclusão política, sendo vedados a intolerância, o repúdio e a perseguição de pessoas em razão de ideologias, crenças, convicções políticas e cosmovisões.

No campo político, lembra Canotilho (1996, p. 445) que a pluralidade democrática implica a "inadmissibilidade da marginalização de quaisquer forças partidárias"; implica também a atribuição de poderes específicos e o reconhecimento do relevante papel dos partidos de oposição, inclusive dos partidos pequenos, de pouca expressão nacional.

Por conseguinte, impõe-se reconhecer e respeitar os grupos que vicejam no interior da sociedade, inclusive os minoritários. Não por acaso a Constituição acolheu o sistema proporcional nas eleições legislativas (exceto para o Senado, em que se aplica o princípio majoritário), conforme se vê em seu art. 45, *caput*.

Em sua vertente eleitoral, o princípio do pluralismo político assegura a todos o direito de participar livremente do processo eleitoral, lançar-se na disputa de postos político-estatais, realizar campanha para divulgação da imagem, ideias e projetos, bem como acessar recursos, meios de financiamento e de promoção da candidatura.

3.12 LIBERDADE DE EXPRESSÃO

No âmbito da teoria política da liberdade, assinala Bobbio (2000, p. 490) que quando se diz que o ser humano é livre e deve ser protegido ou favorecido na expansão de sua liberdade, entende-se que ele "deve ter alguma esfera de atividade pessoal protegida contra as ingerências de qualquer poder externo, em particular do poder estatal".

Característica dessa "esfera pessoal" de proteção constitucional é a liberdade de expressão, cuja história é marcada por lutas, afirmações e reafirmações perante o poder estatal.

A liberdade em exame dialoga e se relaciona com outras igualmente fundamentais, especialmente as de consciência, pensamento, opinião, comunicação, informação e imprensa.

Em sua dimensão individual, a liberdade de expressão fundamenta a livre e ampla comunicação das pessoas, sem temores nem receios de reprimendas ou críticas negativas em razão da exteriorização de pensamentos, ideias, opiniões, valorações, sentimentos, criatividade, gostos e preferências.

Isso é essencial para a saudável formação e desenvolvimento da personalidade individual nas esferas privada e pública. É também primordial para a afirmação da autonomia do indivíduo e sua integração no meio social, para sua efetiva participação política, e, enfim, para a plena realização de seu projeto de vida.

A liberdade em apreço também apresenta uma dimensão coletiva, pois o seu exercício pode envolver outras pessoas, as quais podem ser afetadas e sofrer danos. A propósito, assevera Stuart Mill (2011, p. 208 ss.) que a livre expressão do pensamento é essencial para o bem-estar da humanidade e que é deveras pernicioso silenciar opiniões dissidentes.

> "Se toda a humanidade menos um fosse de uma opinião e apenas uma pessoa fosse de opinião contrária, a humanidade não estaria mais justificada em silenciar esta pessoa do que ela, se tivesse o poder, estaria justificada em silenciar a humanidade. Se uma opinião fosse uma posse pessoal válida apenas ao seu possuidor, se o fato de ser privado de sua posse fosse simplesmente um dano privado, faria alguma diferença o dano ser infligido apenas sobre umas poucas pessoas ou sobre muitas. Mas o dano peculiar de silenciar a expressão de uma opinião é o de que se está roubando a raça humana, tanto a posteridade quanto a geração atual e ainda mais aqueles que discordam da opinião do que aqueles que a sustentam. [...] é sempre provável que os dissidentes tenham algo digno de ser ouvido a alegar em sua defesa e que a verdade perderia algo com o seu silêncio."

Por isso, a ninguém é dado restringir a exteriorização da palavra ou a publicação de opiniões e ideias de outrem, exceto – assinala Mill (2011, p. 2006) – se for para prevenir a causação de danos a outrem, pois somente a prevenção de danos justifica a intervenção na liberdade.

A liberdade de expressão integra a primeira geração de direitos, que têm por titular a pessoa humana e são oponíveis ao Estado. Trata-se de direitos de resistência ou oposição ao Estado em defesa da pessoa. Tanto assim que foi consagrada na Declaração de direitos do homem e do cidadão de 1789, cujo art. 11 proclama que a "livre comunicação das ideias e das opiniões é um dos mais preciosos direitos do homem", podendo todo cidadão "falar, escrever, imprimir livremente".

Restou também sacramentada na segunda parte da Primeira Emenda da Declaração de Direitos dos Estados Unidos da América, ratificada em 15 de dezembro de 1791, segundo a qual "O Congresso não legislará [...] cerceando a liberdade de expressão, ou de imprensa".

A seu turno, a Declaração Universal dos Direitos Humanos de 1948 contempla a liberdade de expressão em seu art. XIX, *verbis*: "Todo ser humano tem direito à liberdade de opinião e expressão; este direito inclui a liberdade de, sem interferência, ter opiniões e de procurar, receber e transmitir informações e ideias por quaisquer meios e independentemente de fronteiras".

Na Constituição de 1988, a liberdade de expressão – em sentido amplo – é consagrada em alguns dispositivos. Consoante dispõe o art. 5º, IV: "é livre a manifestação do pensamento, sendo vedado o anonimato". O inciso V desse artigo assegura "o direito de resposta, proporcional ao agravo, além da indenização por dano material, moral ou à imagem". Já pelo inciso IX: "é livre a expressão da atividade intelectual, artística, científica e de comunicação, independentemente de censura ou licença". O inciso XIV garante "a todos o acesso à informação e resguardado o sigilo da fonte, quando necessário ao exercício profissional". No campo da comunicação social, o art. 220 da Lei Maior estabelece que "A manifestação do pensamento, a criação, a expressão e a informação, sob qualquer forma, processo ou veículo não sofrerão qualquer restrição, observado o disposto nesta Constituição"; veda, ainda, ao legislador aprovar lei que contenha "dispositivo que possa constituir embaraço à plena liberdade de informação jornalística em qualquer veículo de comunicação social" (§ 1º), e "toda e qualquer censura de natureza política, ideológica e artística" (§ 2º).

Daí afirmar Tavares (2011, p. 626-627) que a liberdade de expressão

> "é direito genérico que finda por abarcar um sem-número de formas e direitos conexos e que não pode ser restringido a um singelo externar sensações ou intuições, com ausência da elementar atividade intelectual, na medida em que a compreende. Dentre os direitos conexos presentes no gênero *liberdade de expressão* podem ser mencionados, aqui, os seguintes: liberdade de manifestação de pensamento; de comunicação; de informação; de acesso à informação; de opinião; de imprensa, de mídia, de divulgação e de radiodifusão [...]".

O conteúdo da liberdade de expressão não é unívoco, não comporta um único sentido. Compreende não só a ação de pensar, de sentir, de formar pensamentos, ideias e opiniões, como também a sua divulgação pelas mais diferentes formas e pelos mais diversos meios ou ambientes. Também abarca a abstenção, ou melhor, a faculdade de não se manifestar ou não se expressar.

A divulgação de *fato* ou *acontecimento* é mais propriamente compreendida pela liberdade de comunicação prevista no inciso IX, art. 5º, e pelo direito de informação previsto no art. 220 da Lei Maior, e não pela "manifestação do pensamento" do inciso IV daquele mesmo dispositivo.

Em princípio, não há que se determinar previamente quais pensamentos e ideias podem circular no espaço público. Com a condição de não serem violentos, quaisquer conteúdos e meios de divulgação são objetos de proteção da liberdade em exame.

Conforme assinala Sarmento (2014, p. 256), todo conteúdo de mensagem é *prima facie* salvaguardado constitucionalmente, ainda que seja controvertido ou impopular: "Aliás, um dos campos que é mais necessária a liberdade de expressão é exatamente na defesa do direito à manifestação de ideias impopulares, tidas como incorretas ou até perigosas pelas maiorias, pois é justamente nestes casos em que ocorre o maior risco de imposição de restrições [...]". Por óbvio, discursos que refletem o pensamento da maioria do grupo raramente são censurados, suprimidos ou sancionados.

Várias são as formas sob as quais a exteriorização do pensamento pode ocorrer, a exemplo da oral (fala, entrevista, discussão, debate), escrita (publicação, carta), ação (passeata), omissão

Cap. 3 • PRINCÍPIOS DE DIREITO ELEITORAL | 67

(greve de fome), gesto (exibir o polegar para o alto), mímica (fazer careta), comportamento (atirar dinheiro em político acusado de corrupção, queimar bandeira nacional), artística (pintura em tela, filme), humor (*cartoon* ou desenho humorístico, *charge*).

As formas *simbólicas* de expressão também gozam de proteção constitucional. Aqui, o pensamento ou a opinião confunde-se com comportamentos. Assim, por exemplo: *(i)* ao julgar em 17-8-2004 o HC nº 83.996/RJ, a 2ª Turma do Supremo Tribunal Federal – em razão de empate no julgamento – extinguiu o processo penal em que se imputava o crime de ato obsceno (CP, art. 233) a diretor teatral que, em reação a vaias recebidas ao final do espetáculo, simulou se masturbar e exibiu suas nádegas. Assentou o tribunal que "a discussão está integralmente inserida no contexto da liberdade de expressão, ainda que inadequada e deseducada" a conduta imputada na denúncia, sendo dispensado o enquadramento penal, *(ii)* ao julgar em 15-6-2011 a ADPF nº 187/DF, o Pleno do STF, por unanimidade, afirmou a licitude da realização da chamada *marcha da maconha*, e julgou procedente a ação para dar ao art. 287 do CP, com efeito vinculante, interpretação conforme à Constituição, "de forma a excluir qualquer exegese que possa ensejar a criminalização da defesa da legalização das drogas, ou de qualquer substância entorpecente específica, inclusive através de manifestações e eventos públicos". Funda-se a decisão no direito de reunião e liberdade de expressão, afirmando, quanto a esta, que se trata de um "dos mais preciosos privilégios dos cidadãos em uma república fundada em bases democráticas", configurando-se como "núcleo de que se irradiam os direitos de crítica, de protesto, de discordância e de livre circulação de ideias".

No mesmo diapasão, a Suprema Corte dos EUA chegou a se pronunciar sobre a constitucionalidade de leis que proibiam e criminalizavam a queima da bandeira nacional. No caso *Texas v. Johnson* (1989), durante uma convenção do partido Republicano no Estado do Texas, *Gregory Johnson* queimou publicamente a bandeira americana; em razão disso foi preso e sentenciado a um ano de prisão. Ao apreciar o caso, a Suprema Corte afirmou a inconstitucionalidade da proibição da referida conduta, pois ela é protegida pela Primeira Emenda que ampara a liberdade de expressão. Em outro caso, *United States v. Eichman* (1990), o Congresso dos EUA aprovara uma lei protetora da bandeira nacional (*Flag Protection Act*); mas *Shawn Eichman* descumpriu a lei e ateou fogo na bandeira. Ao apreciar o caso, a Suprema Corte reiterou seu entendimento anterior e declarou inconstitucional o *Flag Protection Act*. A queima da bandeira nacional trata-se de "symbolic speech" que denota raiva ou indignação em relação ao governo.

No que concerne ao meio e ao ambiente, a proteção constitucional se dá em qualquer deles. Não importa que a liberdade de expressão seja exercida oral e imediatamente perante uma ou mais pessoas, em local ou evento privado ou público, pela mídia escrita (jornal ou revista), televisão, rádio, Internet e redes sociais (Facebook, X/Twitter, Instagram), WhatsApp, Telegram etc. Em qualquer ambiente incide a proteção.

Em que pese sua fundamentalidade e a posição preferencial que lhe é reconhecida no sistema constitucional, não é absoluta a liberdade de expressão. Aliás, dada sua origem cultural, todo direito é relativo, comportando, portanto, limitações por ocasião da aplicação.

As restrições à liberdade de expressão devem sempre ocorrer em atenção à tutela de outros bens jurídicos mais relevantes, a exemplo da vida e integridade corporal.

A proteção constitucional – registra Fernandes (2011, p. 279) – ainda que de modo lógico-implícito, "não se estende à ação violenta", tampouco a "manifestações que venham a desenvolver atividades ou práticas ilícitas". Por sua vez, afirma Tavares (2011, p. 632) que o exercício seguro da liberdade de expressão tem o requisito de que "não prejudique ninguém, em nenhum de seus direitos".

Mas essas considerações devem ser tomadas com cautela, pois o certo é que, devido à sua fundamentalidade no sistema constitucional, a liberdade de expressão só deve ser restringida excepcionalmente. Deveras, sua limitação só é concebível em casos de evidente e reconhecida relevância, e ainda assim em atenção à promoção de um bem mais proeminente ou de maior peso. Deve haver sempre a ponderação dos interesses e valores em jogo no caso concreto.

A esse respeito, depois de asseverar que a liberdade em exame não constitui direito absoluto, ensina Sarmento (2013, p. 257) que os conflitos entre ela e outros direitos fundamentais ou bens jurídicos constitucionalmente tutelados

> "devem ser equacionados mediante uma ponderação de interesses, informada pelo princípio da proporcionalidade, e atenta às peculiaridades de cada caso concreto. Na resolução destas colisões, deve-se partir da premissa de que a liberdade de expressão situa-se num elevado patamar axiológico na ordem constitucional brasileira, em razão de sua importância para a dignidade humana e a democracia. Tal como ocorre em países como Estados Unidos, Alemanha e Espanha, também é possível falar-se no Brasil em uma 'posição preferencial' *a priori* desta liberdade pública no confronto com outros interesses juridicamente protegidos. Esta foi a posição expressamente adotada pelo STF, no julgamento da ADPF 130".

Sendo certo que o exercício da liberdade de expressão pode afetar e causar danos a pessoas, permite a Constituição a responsabilização de quem a exercer ilicitamente ou fora dos marcos constitucionais. A liberdade deve ser exercida com responsabilidade. Assim é que, em sua parte final, o inciso IV, art. 5º, da Lei Maior afirma ser "vedado o anonimato"; e o inciso V daquele mesmo artigo assegura: *(i)* "o direito de resposta, proporcional ao agravo"; e *(ii)* "indenização por dano material, moral ou à imagem".

A proibição do anonimato tem em vista viabilizar a responsabilização do autor do ilícito. Mas essa proibição não deve ser confundida com o resguardo do "sigilo da fonte, quando necessário ao exercício profissional", promovido pelo inciso XIV, art. 5º, da Constituição. Isso porque o sigilo da fonte visa fomentar o direito de informação, pois sem ele a "fonte" não falaria o que sabe, nada tendo com o anonimato.

Cuidando das liberdades de expressão e de imprensa, o Excelso Pretório fixou a seguinte tese (tema 995 da repercussão geral):

> "1. A plena proteção constitucional à liberdade de imprensa é consagrada pelo binômio liberdade com responsabilidade, vedada qualquer espécie de censura prévia. Admite-se a possibilidade posterior de análise e responsabilização, inclusive com remoção de conteúdo, por informações comprovadamente injuriosas, difamantes, caluniosas, mentirosas, e em relação a eventuais danos materiais e morais. Isso porque os direitos à honra, intimidade, vida privada e à própria imagem formam a proteção constitucional à dignidade da pessoa humana, salvaguardando um espaço íntimo intransponível por intromissões ilícitas externas. 2. Na hipótese de publicação de entrevista em que o entrevistado imputa falsamente prática de crime a terceiro, a empresa jornalística somente poderá ser responsabilizada civilmente se: (i) à época da divulgação, havia indícios concretos da falsidade da imputação; e (ii) o veículo deixou de observar o dever de cuidado na verificação da veracidade dos fatos e na divulgação da existência de tais indícios. Redigirá o acórdão o Ministro Edson Fachin. Presidência do Ministro Luís Roberto Barroso. Plenário, 29.11.2023" (STF – RE nº 1.075.412/PE – Pleno – Red. do acórdão Min. Edson Fachin – j. 29-11-2023).

Se, de um lado, esse precedente não restringe diretamente a liberdade de expressão, de outro, prevê a possibilidade de responsabilização do veículo de comunicação por declaração de entrevistado que impute falsamente a terceiro a prática de crime, exceto se houver negligência por parte do veículo quanto à apuração de fato que fosse de conhecimento público.

3.12.1 Dimensão eleitoral da liberdade de expressão

A liberdade de expressão apresenta relevante interface com o Direito Eleitoral.

A livre circulação de ideias, pensamentos, valorações, opiniões e críticas promovida pela liberdade de expressão e comunicação é essencial para a configuração de um espaço público de debate, e, portanto, para a democracia e o Estado Democrático. Sem isso, a verdade sobre os candidatos e partidos políticos pode não vir à luz, prejudicam-se o diálogo e a discussão públicos, refreiam-se as críticas e os pensamentos divergentes, tolhem-se as manifestações de inconformismo e insatisfação, apagam-se, enfim, as vozes dos grupos minoritários e dissonantes do pensamento majoritário.

Depois de lembrar que o Direito Eleitoral constitui um importante campo de incidência da liberdade de expressão, Aline Osório (2017, p. 129) assinala que

> "Durante períodos eleitorais, a importância da liberdade de expressão é amplificada. Partidos e candidatos devem prestar contas de suas ações passadas e expor suas opiniões, propostas e programas futuros. Os meios de comunicação devem funcionar como canais de disseminação de informações, críticas e pontos de vista variados. Os cidadãos precisam de plena liberdade não só para acessarem tais informações, mas para manifestarem livremente as suas próprias ideias, críticas e pontos de vista na arena pública. Nesse processo, é necessário que todas as questões de interesse público – incluindo, é claro, a capacidade e a idoneidade dos candidatos e a qualidade de suas propostas – sejam abertas e intensamente discutidas e questionadas. A efetividade das eleições como mecanismo de seleção de representantes e o próprio funcionamento do regime democrático dependem de um ambiente que permita e favoreça a livre manifestação e circulação de ideias. [...]. Em regimes representativos, o voto e a liberdade de expressão configuram dois importantes instrumentos de legitimação da democracia, permitindo que os interesses e as opiniões dos cidadãos sejam considerados na formação do governo e na atuação dos representantes. [...]".

Por outro lado – no âmbito do direito de informação –, os cidadãos têm direito a receber toda e qualquer informação, positiva ou negativa, acerca de fatos e circunstâncias envolvendo os candidatos e partidos políticos que disputam o pleito; sobretudo acerca de suas histórias, ideias, programas e projetos que defendem. Só assim estarão em condições de formar juízo seguro a respeito deles e definir seus votos de forma consciente e responsável.

É, pois, fundamental que todo cidadão seja informado corretamente acerca da vida política do país, dos governantes e dos negócios públicos.

Nas sociedades contemporâneas há clara demarcação entre o público e o privado. Na *esfera pública*, avultam o bem comum, a ordem pública, os interesses da coletividade em seu conjunto. Por isso mesmo, aí deve reinar a transparência e a máxima amplitude do direito de informação.

Diferentemente, na *esfera privada* prevalecem interesses e negócios particulares. Aqui se distinguem duas categorias de bens jurídicos, a saber: patrimoniais e não patrimoniais ou de personalidade. Limites são estabelecidos à liberdade de ação individual, buscando-se impedir a ocorrência de prejuízos às pessoas. Entre os bens da personalidade, nomeadamente na seara do *right to privacy (direito à privacidade)*, destaca-se a intimidade. Trata-se da dimensão em que a atuação do indivíduo cinge-se à satisfação de interesses e necessidades puramente existenciais, realização de valores e modos de vida. É aí que todos podem se recolher com paz e tranquilidade, sem ter de medir seus gestos e palavras. A inviolabilidade da intimidade é assegurada no art. 5º, X, da Constituição Federal.

Na sociedade política, há forte interação entre as esferas pública e privada. Daí que, sob o prisma patrimonial, importa saber quais interesses econômico-financeiros o político representa, quem o financia, a quais grupos econômico-financeiros encontra-se ligado. É ingenuidade acreditar que o homem público só age em atenção ao bem comum e ao interesse público. Desnudar tais relações constitui passo decisivo para o exercício consciencioso do direito de sufrágio, bem como para a construção de uma sociedade "livre, justa e solidária" (CF, art. 3º, I).

Já sob a óptica não patrimonial, discute-se se personalidades públicas – como é o caso de políticos – teriam resguardados integralmente seus direitos à privacidade, ao segredo e à intimidade. Tem-se acentuado a necessidade de se salvaguardar ao menos o círculo íntimo da vida individual, já que a *dignidade da pessoa humana* constitui cláusula geral prevista no art. 1º, III, da Constituição Federal, que ancora todos os direitos parcelares da personalidade. Obtempera-se que, mesmo tratando-se de político, personalidade pública por excelência, por maiores que sejam as controvérsias que o cerquem, não se poderia ir ao ponto de revelar publicamente relações de cunho íntimo, como, *e. g.*, o adultério, a existência de filho com amante ou comportamentos desviantes.

Todavia – apenas no que concerne ao exercício de cargo público-eletivo –, é induvidoso que interessa aos eleitores conhecer algumas peculiaridades da intimidade do destinatário de seus votos, de sorte que a cidadania seja exercida com grau maior de consciência e responsabilidade. Ocioso dizer que isso é vital para a democracia. Há fatos ocorridos na esfera íntima de um candidato que eventualmente podem esclarecer o eleitorado e contribuir para a formação de sua opinião política, pois deixam entrever sua cosmovisão e, ainda, a direção que provavelmente imprimirá ao mandato caso seja eleito. Certamente, as intenções de um discurso bem urdido serão mais bem avaliadas se se puder compará-lo com comportamentos concretos ou posições anteriormente assumidas. Imagine-se, por outro lado, alto agente político que seja toxicômano, alcoólatra, desonesto em suas relações privadas, que surre seu cônjuge, que seja réu em ação criminal ou de improbidade administrativa.

Em tais hipóteses, não há dúvida de que o direito à intimidade resta enfraquecido perante o direito de informação; este melhor atende ao interesse público ligado ao regime democrático, já que certas posições e eventuais vícios desqualificam o cidadão para o exercício de mandato público-eletivo, retirando-lhe o decoro, a decência e a legitimidade. Afrontaria a consciência política mandatário que, por trás de aparente imagem de eficiência e honestidade – criada e sustentada pela mídia e pelo *marketing* –, levasse vida excessiva e desregrada, oposta à figura propalada.

A propósito, registra Goltzman (2022, p. 86-87) que na jurisprudência da Corte Interamericana de Direitos Humanos (CIDH) há diversos casos em que "a liberdade de expressão goza de maior proteção que o próprio direito à honra", pontuando-se que "o livre discurso tem um papel essencial na consolidação e dinâmica de uma sociedade democrática" e que "uma sociedade que não está bem informada não é plenamente livre".

Não se trata de menosprezar a personalidade do político, pregar a intolerância, o ódio, ou disseminar preconceitos, mas apenas se permitir que o eleitorado seja bem informado acerca de fatos relevantes para o exercício consciente e sincero de seu direito de voto, e bem escolher o candidato que melhor o represente. Isso contribui para a autenticidade da representação política e, portanto, para o fortalecimento do regime democrático.

Nesse quadro, embora certas situações caiam na esfera privada e íntima da pessoa, é óbvio que, tratando-se de político, homem público e depositário da confiança e das esperanças dos eleitores, a proteção à honra e à intimidade deve ser flexibilizada.

Acresce que a liberdade de expressão e o direito à informação contribuem significativamente para a eliminação de práticas perniciosas, como a disseminação de *desinformação* (compreendida como conteúdo falso dolosamente criado para prejudicar terceiro), o curral eleitoral, o voto de cabresto, o domínio de coronéis antigos e novos, bem como o câncer social que é a compra de votos, práticas ainda comuns no Brasil contemporâneo, mesmo em Casas Legislativas, como temos visto com frequência na crônica política nacional.

4

JUSTIÇA ELEITORAL

4.1 CONSIDERAÇÕES INICIAIS

Com a afirmação histórica da soberania popular e dos princípios democrático e representativo, foram desenvolvidos métodos e sistemas de controle de eleições e investidura em mandatos representativos. O controle visa assegurar a legitimidade e sinceridade do pleito; tem, pois, a finalidade de depurar o processo eleitoral, livrando-o de abusos de poder, fraudes e irregularidades que possam desnaturá-lo. A esse respeito, conhecem-se dois grandes sistemas: legislativo e jurisdicional.

Pelo sistema legislativo ou de verificação de poderes o Poder Legislativo é o juiz soberano das eleições, da elegibilidade e investiduras políticas de seus membros, competindo-lhe controlar seus próprios mandatos e as eleições, bem como conhecer e decidir todas as questões e lides ocorrentes. Assinala Viana Pereira (2008, p. 28) que esse sistema resultou "do processo de independência do poder legislativo em face do privilégio real de dispor sobre a validação das eleições". Foi consagrado, inicialmente, na Inglaterra com o *Parliamentary Election Act* de 1695 e, na França, com a Constituição de 1791. Nesse sentido, lembra Andrade Neto (2010, p. 122) que, em princípio, a verificação eleitoral cabia ao monarca; o Legislativo pôde firmar sua independência funcional do Executivo por meio "da assunção do controle sobre a regularidade da votação e a elegibilidade dos membros do Parlamento, antes prerrogativa régia [...]". Cedo, porém, despontaram graves distorções, entre as quais se destacam: a discricionariedade dos julgamentos, o acentuado corporativismo, a inconveniência de se entregar função tipicamente jurisdicional (que, em princípio, deve se basear em critérios técnicos e objetivos) a órgão eminentemente político, diretamente comprometido com as questões a serem apreciadas.

O sistema jurisdicional – ressalta Viana Pereira (2008, p. 38) – surge

> "como resposta às insuficiências apresentadas pelos sistemas políticos, com a intenção de substituir um controle discricionário por um controle técnico e juridicamente enquadrado. Sua criação deve-se ao *Election Petitions and Corrupt Practices at Elections Act* de 1868 e ao *Parlamentary Elections and Corrupt Practices Act de 1879*, promulgados na Inglaterra em um ambiente de combate às fraudes e corrupções eleitorais que infestavam a prática britânica [...]".

A realidade sociopolítica de cada país impôs o desenvolvimento de subsistemas jurisdicionais próprios, entre os quais figuram os de jurisdição ordinária, especializada e constitucional. No primeiro, o controle de eleições e investiduras políticas é confiado à Justiça Comum. Já na jurisdição especializada, essa matéria é entregue a um órgão especializado, sendo criada uma estrutura dentro do Poder Judiciário. Por fim, no modelo de jurisdição constitucional, o controle é exercido por Tribunal Constitucional.

Fala-se, ainda, em sistema misto ou eclético, o qual procura fundir peculiaridades dos dois anteriores; por isso, ele também é conhecido por *semiparlamentar* ou de *tribunal especial*. Conforme assevera Tavares (2011, p. 12), aqui o controle é exercido *a priori* pelo Poder Legislativo; "entretanto, há um tribunal especial, composto por membros de outros poderes, inclusive e principalmente provenientes do Poder Judiciário, que exerce a função revisional dessas decisões".

No Brasil, o sistema legislativo de verificação de poderes foi acolhido no art. 21 da Carta Imperial de 1824 e no art. 18, parágrafo único, da Constituição de 1891. Vigorou até o fim da República Velha; portanto, por mais de um século.

Ante as vicissitudes históricas (mormente a farsa eleitoral e a inautenticidade da representação política no Império e na República Velha), esse modelo foi substituído pelo de *jurisdição especializada*, fato ocorrido nos albores da Era Vargas, com a promulgação do primeiro Código Eleitoral pátrio – instituído pelo Decreto nº 21.076, de 24 de fevereiro de 1932. Tal norma criou a Justiça Eleitoral como instituição independente, voltada exclusivamente para o controle e a organização das eleições (alistamento eleitoral, campanha, votação, apuração dos votos, proclamação e diplomação dos eleitos) e, ainda, resolução dos conflitos delas surgidos.

Em 1934, a Justiça Eleitoral foi constitucionalizada. Prevista como órgão do Poder Judiciário (CF/34, art. 63, *d*), possuía competência privativa para o processo das eleições federais, estaduais e municipais (art. 83), entre outras coisas. Já em 1937 foi extinta (juntamente com os partidos políticos) pela Constituição do Estado Novo, ditada por Getúlio Vargas e apelidada de "polaca" em virtude de seu caráter autoritário. Com os ventos da redemocratização, foi restabelecida. Primeiro, foi contemplada no Decreto-Lei nº 7.586/45 – chamado *Lei Agamenon* em homenagem ao seu idealizador, o Ministro da Justiça Agamenon Magalhães. Depois, mereceu a atenção da Lei Maior de 1946, que lhe devolveu o *status* constitucional perdido.

A Constituição de 1967 preservou-a, ensejando que sobrevivesse aos 20 anos de regime militar, a despeito do claro ofuscamento da democracia que se verificou nesse período. Conforme bem salientou Caggiano (2004, p. 79), nesse momento da história brasileira os pleitos realizados tinham por fim atender "a um quadro normativo casuístico, ditado pelos detentores do poder político, que idealizavam as mais inventivas técnicas de sufrágio, no ensejo de assegurar a vitória nas urnas ao partido governista". No entanto, as manipulações de normas eleitorais ocorridas nesse período não chegaram a atingir a Justiça Eleitoral, pois tinham em vista alterar o sentido essencial da representação político-popular, de sorte a mantê-la afinada com os desígnios do governo militar.

A vigente Lei Maior manteve a Justiça Eleitoral integrada à estrutura do Poder Judiciário. Impera o art. 92: "São órgãos do Poder Judiciário: [...] V – os Tribunais e Juízes Eleitorais". Esse preceito é complementado pelo art. 118, que reza: "São órgãos da Justiça Eleitoral: I – o Tribunal Superior Eleitoral; II – os Tribunais Regionais Eleitorais; III – os Juízes Eleitorais; IV – as Juntas Eleitorais".

O Código Eleitoral dedica os arts. 12 a 41 a essa matéria.

A Justiça Eleitoral apresenta natureza federal, sendo mantida pela União. Seus servidores são federais. Seu orçamento é aprovado pelo Congresso Nacional. Em matéria criminal, é a Polícia Judiciária Federal que detém atribuições para instaurar e conduzir inquéritos policiais com vistas à apuração de crimes eleitorais, o que é feito corriqueiramente. Se servidor da Justiça Eleitoral é vítima de crime no exercício e em razão de suas funções, competente será a Justiça Comum Federal. Ademais, juízes e promotores eleitorais recebem da União gratificação pecuniária específica para desempenharem suas funções. Ou seja: a União remunera-os para que exerçam funções eleitorais, o que igualmente atrai a competência federal quanto a seus atos, seja no âmbito criminal, seja no civil-administrativo.

Ao contrário dos demais órgãos que compõem o Poder Judiciário, a Justiça Eleitoral não apresenta corpo próprio e independente de juízes. Nela atuam magistrados oriundos de diversos tribunais, a saber: Supremo Tribunal Federal, Superior Tribunal de Justiça, Justiça Comum Estadual, Justiça Comum Federal e da Ordem dos Advogados do Brasil. Vislumbra-se nisso importante manifestação do princípio cooperativo no federalismo brasileiro, haja vista que outros órgãos disponibilizam seus integrantes para assegurar o regular funcionamento da Justiça Eleitoral. Por outro lado, a investidura de seus membros é sempre temporária, vigendo pelo prazo mínimo de 2 anos, que pode ser renovado no período subsequente (CF, art. 121, § 2º). São esses importantes fatores que contribuem para a desejada *imparcialidade* dessa instituição.

Apesar do bom desempenho que sempre lhe foi reconhecido, o ideal seria que a Justiça Eleitoral contasse em todas as instâncias com corpo próprio e especializado de juízes. Ideal é que fosse uma justiça autônoma e independente, como são os demais ramos do Poder Judiciário. Mas tal solução não pareceu viável ao Legislador Constituinte. Conforme aponta Andrade Neto (2010, p. 128), o modelo da Justiça Eleitoral previne contra desgastes decorrentes de fricções políticas e atende à finalidade de que o exercício do controle seja feito imparcialmente. E conclui: "Com o impedimento de que a condição de magistrado se prolongue por duas eleições para os mesmos cargos, pretende-se evitar que se acumulem, de um para outro pleito, sequelas e interesses contrariados".

É inegável que o fato de ser presidida por magistrados togados, de carreira, contribui para seu respeito e prestígio junto à população, sobretudo quando toma decisões controvertidas. Certamente, isso influencia na qualidade do controle e na legitimidade das eleições, sobretudo na aceitação de seus resultados. Os membros do Poder Judiciário submetem-se a rígido estatuto (CF, art. 93), gozam de garantias constitucionais, são proibidos de se dedicar a atividades político-partidárias (CF, art. 95, parágrafo único, III) – o que lhes assegura uma posição de neutralidade –, pertencem à elite alfabetizada do País e, em geral, são vistos como pessoas instruídas, educadas e confiáveis. Até pouco tempo atrás, não se tinha notícia de corrupção nesse Poder, panorama que se encontra ligeiramente alterado atualmente.

Há quem veja com desconfiança a acomodação da Justiça Eleitoral aos quadros do Poder Judiciário. Nessa linha, Ferreira Filho (2003, p. 189 ss) sustenta que isso tem contribuído, por um lado, para a crescente politização da Justiça e, por outro, para a judicialização do espaço político. Sabemos todos que justiça e política situam-se em dimensões diversas, não devendo ser misturadas. Afirma-se que o Judiciário deve ser imparcial, neutro – virtudes nem sempre presentes no ambiente político. Este, por natureza, é mais arejado, menos apegado a rígidos princípios e definições jurídicas. O resultado é um esforço para enquadrar ações estritamente políticas na via estreita de conceitos lógico-jurídicos. E nessa faina a Justiça Eleitoral nem sempre pode preservar a serena imparcialidade que se espera do Poder Judiciário – se é que uma serena e absoluta imparcialidade seja possível em algum caso! Em enigmática passagem do texto aludido, o referido autor observa que "valeria a pena examinar se é verdade que a Justiça Eleitoral é mais leniente com os candidatos politicamente corretos do que com outros. Quanto a outros órgãos que a auxiliam, isto já ficou claro".

Apesar de proclamar o positivo desempenho dessa Justiça Especializada, sobretudo por proporcionar um bom nível de confiabilidade nos resultados do processo eleitoral, a doutrina tem igualmente apontado algumas de suas fraquezas. Nesse sentido, ressalta Taylor (2007, p. 149) que ela tem dificuldade para monitorar e detectar irregularidades, bem como "punir efetivamente os envolvidos em eventuais crimes eleitorais"; afirma o autor que a Justiça Eleitoral "deixa muito a desejar na fiscalização e punição de irregularidades relativas ao financiamento irregular de campanhas ('caixa dois') e ao uso indevido da máquina governamental". Lembra, porém, que tais fraquezas decorrem de dois males: o fato de a mudança normativa estar nas mãos dos que mais se beneficiam de uma legislação pouco rigorosa e a dificuldade de se monitorar eleições de maneira efetiva num sistema em que há um grande número de candidatos e partidos.

Manda a Constituição que lei complementar disponha sobre a organização e competência dos Tribunais, dos juízes e das Juntas Eleitorais (CF, art. 121). Tal é feito pelo Código Eleitoral, veiculado pela Lei nº 4.737, de 15 de julho de 1965. Embora essa lei seja ordinária, no tocante àqueles temas, foi recepcionada pela Constituição como complementar. Assim, quanto a tais assuntos, o Código Eleitoral somente pode ser alterado por lei de caráter complementar.

4.2 FUNÇÕES DA JUSTIÇA ELEITORAL

O vocábulo *função* não é unívoco, apresentando diversos significados. Assume-se, nesta obra, seu sentido finalístico. Assim, destacam-se a utilidade, o papel desempenhado por um ente ou instituto jurídico no ambiente em que se encontra, a ação que lhe é própria no contexto em que se insere.

Nesse sentido, pode-se dizer que a Justiça Eleitoral desempenha várias funções, notadamente as seguintes: administrativa, jurisdicional, normativa e consultiva.

4.2.1 Função administrativa

No âmbito administrativo, a Justiça Eleitoral desempenha papel fundamental, porquanto prepara, organiza e administra todo o processo eleitoral. No entanto, isso faz com que saia de seu leito natural, já que o administrador deve agir sempre que as circunstâncias reclamarem, não podendo manter-se inerte diante dos acontecimentos. Inaplicável, aqui, o princípio processual da demanda – *nemo judex sine actore, ne procedat judex ex officio* – previsto no art. 2º do CPC, pelo que o juiz deve aguardar a iniciativa da parte interessada, sendo-lhe vedado agir de ofício. Assim, nessa esfera de atuação, deverá o juiz eleitoral agir independentemente de provocação do interessado, exercitando o poder de polícia que detém. O que caracteriza a função administrativa é a inexistência de conflito ou lide para ser resolvida.

Sobre o poder de polícia, interessante o estudo realizado por Onofre Alves Batista Júnior em seu *O poder de polícia fiscal* (2001, p. 61 ss). Após detalhar sua evolução na Europa e nos Estados Unidos, o eminente autor conceitua-o como a *"atividade do Estado consistente em limitar a propriedade ou a liberdade em prol do bem comum"*. No Direito Positivo, colhe-se a definição constante do art. 78 do Código Tributário Nacional, que reza:

> "Considera-se poder de polícia atividade da administração pública que, limitando ou disciplinando direito, interesse ou liberdade, regula a prática de ato ou abstenção de fato, em razão de interesse público concernente à segurança, à higiene, à ordem, aos costumes, à disciplina da produção e do mercado, ao exercício de atividades econômicas dependentes de concessão ou autorização do Poder Público, à tranquilidade pública ou ao respeito à propriedade e aos direitos individuais ou coletivos".

Aduz o parágrafo único desse dispositivo: "Considera-se regular o exercício do poder de polícia quando desempenhado pelo órgão competente nos limites da lei aplicável, com observância do processo legal e, tratando-se de atividade que a lei tenha como discricionária, sem abuso ou desvio de poder".

Considere-se, ainda, a primeira parte do § 2º do art. 41 da LE, consoante o qual: "o poder de polícia se restringe às providências necessárias para inibir práticas ilegais", sendo vedada a censura prévia.

Nesse diapasão, o poder de polícia denota a faculdade que tem o Estado-Administração de intervir na ordem pública, limitando a liberdade, isto é, a ação das pessoas, em benefício da sociedade, o que é feito com a imposição de abstenções ou com a determinação de que certos comportamentos sejam realizados.

Há o exercício de função administrativa, por exemplo, na expedição de título eleitoral, na inscrição de eleitores, na transferência de domicílio eleitoral, na fixação de locais de funcionamento de zonas eleitorais, na designação de locais de votação, na nomeação de pessoas para compor a Junta Eleitoral e a Mesa Receptora, na adoção de medidas para fazer impedir ou cessar imediatamente propaganda eleitoral realizada irregularmente.

4.2.2 Função jurisdicional

A função jurisdicional caracteriza-se pela solução imperativa, em caráter definitivo, dos conflitos intersubjetivos submetidos ao Estado-juiz, afirmando-se a vontade estatal em substituição à dos contendores. A finalidade da jurisdição é fazer atuar o Direito (não apenas a lei, pois esta se contém no Direito) em casos concretos, no que contribui para a pacificação do meio social. Assim, sempre que à Justiça Eleitoral for submetida uma contenda, exercitará sua função jurisdicional, aplicando o Direito à espécie tratada. É isso que ocorre, *e. g.*, nas decisões que imponham multa pela realização de propaganda eleitoral ilícita (LE, arts. 36, § 3º, e 37, § 1º), que decretem inelegibilidade na Ação de Investigação Judicial Eleitoral (AIJE), que cassem o registro ou o diploma nas ações fundadas nos arts. 30-A, 41-A e 73 da Lei nº 9.504/97.

A regra a ser observada é esta: sempre que houver conflito de interesses, que reclame decisão do órgão judicial para ser solucionado, estar-se-á diante de exercício de função jurisdicional. Ao contrário do que ocorre na função administrativa, na jurisdicional impera o princípio da demanda, pelo que o juiz só pode decidir se e quando houver provocação da parte, e, ainda aí, dentro dos limites em que a tutela jurisdicional é postulada. Conforme assinala Antônio Hélio Silva (2004, p. 8), importa perquirir se o juiz está sendo provocado para aplicar a lei a um caso concreto com vistas a satisfazer direito subjetivo, ou se a norma lhe foi dirigida diretamente, exigindo-lhe o dever de agir para alcançar a finalidade normativa. Na primeira hipótese, "estaria o Juiz exercendo atividade jurisdicional, ao passo que, na segunda estaria agindo na qualidade de administrador".

Observe-se que a função jurisdicional pode ter origem em procedimento administrativo que, em razão da superveniência de conflito, convola-se em judicial. Um exemplo dessa situação é possível ocorrer na transferência de domicílio eleitoral. Sabe-se que esse procedimento possui natureza eminentemente administrativa; todavia, se deferida a transferência pleiteada, dentro do lapso de 10 dias qualquer delegado de partido político poderá recorrer ao Tribunal Regional Eleitoral (CE, art. 57, § 2º c.c. Lei nº 6.996/82, art. 7º, § 1º, e art. 8º), impugnando a decisão com o argumento de que o requerente não possui domicílio na circunscrição; surge, então, evidente conflito de interesses, a ser solvido pelo órgão da Justiça Eleitoral, cuja atividade deixa de ser administrativa e passa a ser jurisdicional.

No âmbito jurisdicional, é necessário que se apresentem as condições da ação, bem como os requisitos reclamados para a constituição e o desenvolvimento válido do processo. Assim, é preciso que existam: interesse e legitimidade. No tocante aos pressupostos processuais, impõe-se que haja: jurisdição, citação válida, capacidade postulatória, capacidade processual, competência do juiz. Ademais, é mister que não ocorram pressupostos processuais negativos, como litispendência e coisa julgada.

É comum candidatos e presidentes de partidos políticos subscreverem petições endereçadas à Justiça Eleitoral. No entanto, se a tutela pleiteada tiver natureza jurisdicional, será preciso que os pressupostos aludidos estejam preenchidos. Por isso, a petição deve estar

76 | DIREITO ELEITORAL – *José Jairo Gomes*

subscrita por advogado regularmente inscrito na Ordem dos Advogados do Brasil – OAB, sob pena de faltar ao autor capacidade postulatória. Nesse caso, o processo deverá ser extinto sem resolução do mérito, nos termos dos arts. 316, 354 e 485, IV, do CPC, porque o advogado é indispensável à administração da justiça (CF, art. 133), sendo o representante das partes em juízo (CPC, art. 103).

4.2.3 Função normativa

Um dos aspectos que distingue a Justiça Eleitoral de suas congêneres é a função normativa que lhe foi atribuída pelo legislador. Apesar de a Constituição não prever essa função, ela consta do art. 1º, parágrafo único, e do art. 23, IX, ambos do Código Eleitoral.

> "Art. 1º Este Código contém normas destinadas a assegurar a organização e o exercício de direitos políticos precipuamente os de votar e ser votado.
>
> Parágrafo único. O Tribunal Superior Eleitoral expedirá Instruções para sua fiel execução.
>
> [...]
>
> Art. 23. Compete, ainda, privativamente, ao Tribunal Superior:
>
> [...]
>
> IX – expedir as instruções que julgar convenientes à execução deste Código;"

Por igual, dispõe o art. 105, *caput*, da Lei nº 9.504/97:

> "Art. 105. Até o dia 5 de março do ano da eleição, o Tribunal Superior Eleitoral, atendendo ao caráter regulamentar e sem restringir direitos ou estabelecer sanções distintas das previstas nesta Lei, poderá expedir todas as instruções necessárias para sua fiel execução, ouvidos, previamente, em audiência pública, os delegados ou representantes dos partidos políticos".

A delegação da referida competência não tem caráter ilimitado, devendo a Justiça Eleitoral adstringir-se à Constituição e às leis vigentes. Mais ainda: nos termos do art. 23-A do CE (incluído pela Lei nº 14.211/2021), a vertente competência normativa regulamentar "restringe-se a matérias especificamente autorizadas em lei, sendo vedado ao Tribunal Superior Eleitoral tratar de matéria relativa à organização dos partidos políticos". Portanto, a expedição de normas sobre matéria partidária encontra-se fora da delegação à Justiça Eleitoral, constituindo reserva legal e, pois, de competência exclusiva do Congresso Nacional.

As instruções e demais deliberações de caráter normativo do TSE são veiculadas em Resolução. Esta é compreendida como o ato normativo emanado de órgão colegiado para regulamentar matéria de sua competência. A Resolução apresenta natureza de *ato-regra*, pois, conforme esclarece Bandeira de Mello (2002, p. 378), cria situações gerais, abstratas e impessoais, modificáveis pela vontade do órgão que a produziu.

Assim, as Resoluções expedidas pelo TSE ostentam força de lei. Note-se, porém, que *ter força de lei* não é o mesmo que *ser lei!* O *ter força*, aí, significa gozar do mesmo prestígio, deter a mesma eficácia geral e abstrata atribuída às leis. Mas estas são hierarquicamente superiores às resoluções pretorianas. Impera no sistema pátrio o princípio da legalidade (CF, art. 5º, II), pelo que ninguém é obrigado a fazer ou deixar de fazer alguma coisa senão em virtude de lei. Reconhece-se, todavia, que as resoluções do TSE são importantes para a operacionalização do Direito Eleitoral, sobretudo das eleições, porquanto consolidam a copiosa e difusa legislação em vigor. Com isso, proporciona-se mais segurança jurídica e transparência na atuação dos operadores desse importante ramo do Direito.

4.2.4 Função consultiva

Outra função peculiar à Justiça Eleitoral é a consultiva. O Poder Judiciário, por definição, não é órgão de consulta, somente se pronunciando sobre situações concretas levantadas pela parte interessada. Tanto é assim que, para propor ou contestar ação, é necessário ter interesse e legitimidade (CPC, art. 17), devendo a petição inicial conter as causas de pedir próxima e remota, isto é, o fato e os fundamentos jurídicos do pedido (CPC, art. 319, III). Todavia, os altos interesses concernentes às eleições recomendam essa função à Justiça Eleitoral. Previnem-se, com efeito, litígios que poderiam afetar a regularidade e a legitimidade do pleito.

Tanto o TSE quanto os TREs detêm atribuição para responder a consultas. Conforme dispõe o Código Eleitoral:

> "Art. 23. Compete, ainda, privativamente, ao Tribunal Superior:
>
> [...]
>
> XII – responder, sobre matéria eleitoral, às consultas que lhe forem feitas em tese por autoridade com jurisdição, federal ou órgão nacional de partido político;
>
> [...]
>
> Art. 30. Compete, ainda, privativamente, aos Tribunais Regionais:
>
> [...]
>
> VIII – responder, sobre matéria eleitoral, às consultas que lhe forem feitas, em tese, por autoridade pública ou partido político;"

Dois, portanto, os requisitos legais: legitimidade do consulente e ausência de conexão com situações concretas.

A resposta à consulta deve ser fundamentada.

Ainda que a resposta não tenha caráter vinculante, orienta a ação dos órgãos da Justiça Eleitoral, podendo servir de fundamento para decisões nos planos administrativo e judicial.

4.3 TRIBUNAL SUPERIOR ELEITORAL

O Tribunal Superior Eleitoral (TSE) é o órgão de cúpula da Justiça Eleitoral. Sua jurisdição estende-se a todo o território nacional. Reza o art. 119 da Constituição que ele se compõe, no mínimo, de sete membros, assim escolhidos:

> "I – mediante eleição, pelo voto secreto:
>
> a) três juízes dentre os Ministros do Supremo Tribunal Federal;
>
> b) dois juízes dentre os Ministros do Superior Tribunal de Justiça;
>
> II – por nomeação do Presidente da República, dois juízes dentre seis advogados de notável saber jurídico e idoneidade moral, indicados pelo Supremo Tribunal Federal".

O Presidente e o Vice-Presidente do Tribunal são escolhidos entre os Ministros do Supremo Tribunal Federal.

O Corregedor Eleitoral é escolhido entre os Ministros do Superior Tribunal de Justiça.

Não podem fazer parte do Tribunal Superior Eleitoral cidadãos que tenham entre si parentesco, ainda que por afinidade, até o 4º grau, excluindo-se nesse caso o que tiver sido escolhido por último (CE, art. 16, § 1º).

Ademais, a nomeação de advogado não poderá recair em cidadão que ocupe cargo público de que seja demissível *ad nutum*; que seja diretor, proprietário ou sócio de empresa beneficiada com subvenção, privilégio, isenção ou favor em virtude de contrato com a Administração Pública; ou que exerça mandato de caráter político, federal, estadual ou municipal (CE, art. 16, § 2º).

Pela dicção constitucional, os membros do TSE são denominados *juízes*, não *ministros*. Na prática, porém, recebem esse último tratamento, o que é mais condizente com o *status* de integrantes de tribunal superior.

Estranhamente, não sobrou uma cadeira para o Ministério Público – nem no TSE, nem nos TREs. No particular, merece censura o Legislador Constituinte, pois essa solução contraria a lógica implantada para a composição dos demais tribunais, segundo a qual um quinto das vagas deve ser preenchido por profissionais egressos dos quadros da Advocacia e do Ministério Público. É esse, aliás, o teor do art. 94 da Lei Maior.

Os membros do TSE, no exercício de suas funções, gozam de plenas garantias e são inamovíveis. Todavia – diferentemente dos demais integrantes da magistratura –, não são vitalícios (CF, art. 95, I). Salvo motivo justificado, servem por apenas dois anos, no mínimo, e nunca por mais de dois biênios consecutivos. De sorte que um juiz da Corte Superior Eleitoral só pode aí permanecer por um período de quatro anos. Isso decorre da inexistência de uma Justiça Eleitoral independente, com quadro próprio de juízes.

Segundo dispõe o art. 19 do Código Eleitoral, o Tribunal Superior delibera por maioria de votos (*quorum de votação*), em sessão pública, com a presença da maioria de seus membros (*quorum presencial*). Suas decisões, assim na interpretação de lei eleitoral em face da Constituição e cassação de registro de partidos políticos, como sobre quaisquer recursos que importem anulação geral de eleições ou perda de diplomas, só poderão ser tomadas com a presença de todos os seus membros. Se ocorrer impedimento de algum juiz, será convocado o substituto. Não sendo possível a convocação, tem-se entendido que o julgamento poderá ser efetuado com o *quorum* incompleto; nesse sentido: TSE – REspe nº 16.684/SP – PSS 26-9-2000; TSE –RCED nº 612/DF – *DJ* v. 1, 16-9-2005, p. 170.

Dando cumprimento ao art. 121 da Constituição Federal, o Código fixou a competência do TSE nos seguintes termos:

> "Art. 22. Compete ao Tribunal Superior: I – processar e julgar originariamente: *a)* o registro e a cassação de registro de partidos políticos, dos seus diretórios nacionais e de candidatos à Presidência e Vice-Presidência da República; *b)* os conflitos de jurisdição entre Tribunais Regionais e juízes eleitorais de Estados diferentes; *c)* a suspeição ou impedimento aos seus membros, ao Procurador-Geral e aos funcionários da sua Secretaria; *d)* os crimes eleitorais e os comuns que lhes forem conexos cometidos pelos seus próprios juízes e pelos juízes dos Tribunais Regionais [obs.: o TSE não mais detém competência originária para julgar crimes eleitoral e comum conexo, pois sua competência foi deslocada para o STF e STJ respectivamente pelos art. 102, I, *c*, e art. 105, I, *a*, da CF]; *e)* o *habeas corpus* ou mandado de segurança, em matéria eleitoral, relativo a atos do Presidente da República [porém, sendo o ato, ainda que de natureza eleitoral, praticado pelo Presidente da República, o processo e julgamento do *writ* é de competência originária do Supremo Tribunal Federal – CF, art. 102, I, *d*; Res. nº 132/84, do Senado; STF: RE 163.727, de 7-4-94, e MS 20.409, de 31-8-83], dos Ministros de Estado e dos Tribunais Regionais; ou, ainda, o *habeas corpus*, quando houver perigo de se consumar a violência antes que o juiz competente possa prover sobre a impetração; *f)* as reclamações relativas a obrigações impostas por lei aos partidos políticos, quanto à sua contabilidade e à apuração da origem dos seus recursos; *g)* as impugnações à apuração do resultado geral, proclamação dos eleitos e expedição de diploma na eleição de Presidente e Vice-Presidente da República; *h)* os pedidos de desaforamento dos feitos não decididos nos Tribunais Regionais dentro de trinta dias da conclusão ao relator, formulados por partido, candidato, Ministério Público ou parte

Cap. 4 • JUSTIÇA ELEITORAL | 79

legitimamente interessada; *i)* as reclamações contra os seus próprios juízes que, no prazo de trinta dias a contar da conclusão, não houverem julgado os feitos a eles distribuídos; *j)* a ação rescisória, nos casos de inelegibilidade, desde que intentada dentro de cento e vinte dias de decisão irrecorrível [vide ADI 1.459-5/DF, de 17-3-1999 – *DJ* 7-5-1999]".

O inciso II do artigo em apreço dispõe ser o TSE competente para "julgar os recursos interpostos das decisões dos Tribunais Regionais nos termos do art. 276, inclusive os que versarem matéria administrativa". Note-se, porém, que a competência do Tribunal Superior encontra-se fixada no art. 121, § 4º, da Constituição Federal. À vista disso, já se entendeu não caber àquela Corte apreciar recurso especial contra decisão de natureza estritamente administrativo-eleitoral dos Tribunais Regionais, já que essa matéria não estaria contemplada no referido dispositivo constitucional.

Releva salientar serem irrecorríveis as decisões do Tribunal Superior Eleitoral, salvo as que contrariarem a Constituição e as denegatórias de *habeas corpus* ou mandado de segurança. É o que dispõe o art. 121, § 3º, da Lei Maior, reiterando, no particular, o disposto no parágrafo único do art. 22 do Código Eleitoral. Assim, têm caráter final e definitivo os julgamentos do TSE acerca de matéria infraconstitucional, porquanto são "manifestações revestidas de definitividade, insuscetíveis, em consequência, de revisão pelo Supremo Tribunal Federal na via recursal extraordinária, cuja instauração pressupõe, sempre, a ocorrência de conflito direto, imediato e frontal com o texto da Constituição […]" (STF – RE nº 160432/SP – 1º T. – Rel. Min. Celso de Mello – *DJ* 6-5-1994, p. 10.494).

Nos termos do art. 23,

> "compete, ainda, privativamente, ao Tribunal Superior: I – elaborar o seu regimento interno; II – organizar a sua Secretaria e a Corregedoria Geral, propondo ao Congresso Nacional a criação ou extinção dos cargos administrativos e a fixação dos respectivos vencimentos, provendo-os na forma da lei; III – conceder aos seus membros licença e férias, assim como afastamento do exercício dos cargos efetivos; IV – aprovar o afastamento do exercício dos cargos efetivos dos juízes dos Tribunais Regionais Eleitorais; V – propor a criação de Tribunal Regional na sede de qualquer dos Territórios; VI – propor ao Poder Legislativo o aumento do número dos juízes de qualquer Tribunal Eleitoral, indicando a forma desse aumento; VII – fixar as datas para as eleições de Presidente e Vice-Presidente da República, senadores e deputados federais, quando não o tiverem sido por lei; VIII – aprovar a divisão dos Estados em zonas eleitorais ou a criação de novas zonas; IX – expedir as instruções que julgar convenientes à execução deste Código; X – fixar a diária do Corregedor Geral, dos Corregedores Regionais e auxiliares em diligência fora da sede; XI – enviar ao Presidente da República a lista tríplice organizada pelos Tribunais de Justiça nos termos do art. 25; XII – responder, sobre matéria eleitoral, às consultas que lhe forem feitas em tese por autoridade com jurisdição federal ou órgão nacional de partido político; XIII – autorizar a contagem dos votos pelas mesas receptoras nos Estados em que essa providência for solicitada pelo Tribunal Regional respectivo; XIV – requisitar a força federal necessária ao cumprimento da lei, de suas próprias decisões ou das decisões dos Tribunais Regionais que o solicitarem, e para garantir a votação e a apuração; XV – organizar e divulgar a Súmula de sua jurisprudência; XVI – requisitar funcionário da União e do Distrito Federal quando o exigir o acúmulo ocasional do serviço de sua Secretaria; XVII – publicar um boletim eleitoral; XVIII – tomar quaisquer outras providências que julgar convenientes à execução da legislação eleitoral".

Os Tribunais e juízes inferiores devem dar imediato cumprimento às decisões, aos mandados, instruções e outros atos emanados do Tribunal Superior Eleitoral (CE, art. 21). O não cumprimento pode ensejar a apresentação de reclamação perante aquela Corte Superior a fim de que seja garantida a autoridade de suas decisões (CF, arts. 102, I, *l*, e 105, I, *f*). Sobre isso, dispõe o art. 988, II, do CPC caber "reclamação da parte interessada ou do Ministério Público para [...] garantir a autoridade das decisões do tribunal".

4.4 TRIBUNAL REGIONAL ELEITORAL

O Tribunal Regional Eleitoral – TRE representa a segunda instância da Justiça Eleitoral, detendo, ainda, competência originária para diversas matérias. Há um tribunal instalado na capital de cada Estado da Federação e no Distrito Federal. Sua jurisdição estende-se a todo o território do Estado.

Nos termos do art. 120, § 1º, da Constituição, ele é composto de sete membros assim escolhidos:

> "I – mediante eleição, pelo voto secreto:
>
> *a)* de dois juízes dentre os desembargadores do Tribunal de Justiça;
>
> *b)* de dois juízes, dentre juízes de direito, escolhidos pelo Tribunal de Justiça;
>
> II – de um juiz do Tribunal Regional Federal com sede na Capital do Estado ou no Distrito Federal, ou, não havendo, de juiz federal, escolhido, em qualquer caso, pelo Tribunal Regional Federal respectivo;
>
> III – por nomeação, pelo Presidente da República, de dois juízes dentre seis advogados de notável saber jurídico e idoneidade moral, indicados pelo Tribunal de Justiça".

Os desembargadores e juízes estaduais são escolhidos pelo Tribunal de Justiça, enquanto os desembargadores e juízes federais são escolhidos pelo Tribunal Regional Federal a que se encontrarem vinculados. A escolha é feita mediante eleição por voto secreto.

No que toca aos juízes oriundos da classe dos advogados, a matéria é regulada pela Res. TSE nº 23.517/2017. Há uma aparente contradição entre essa norma e o citado inciso III, § 1º, art. 120, da Constituição Federal. É que por este inciso a nomeação se dará "dentre seis advogados", portanto a partir de lista *sêxtupla*, enquanto aquela Resolução determina em seu art. 1º que a lista será *tríplice*. A antinomia, porém, é meramente aparente. Deve-se entender que a regra constitucional prevê lista sêxtupla para a escolha simultânea de dois advogados, enquanto a lista tríplice prevista na Resolução refere-se à escolha de apenas um. De sorte que a lista sêxtupla só tem cabimento se houver simultaneidade na escolha dos dois juízes do TRE oriundos da classe dos advogados.

Embora a lista seja organizada pelos Tribunais de Justiça, é encaminhada ao Tribunal Superior pela presidência dos respectivos Tribunais Regionais Eleitorais. Só após a aprovação da lista pelo TSE, a presidência deste a encaminha mediante ofício ao Poder Executivo, onde o presidente da República fará a escolha do nome que comporá o órgão colegiado do Tribunal Regional.

Segundo a Constituição, os requisitos para a indicação e escolha são os seguintes: *(i)* ser advogado, e, pois, encontrar-se no exercício da advocacia; *(ii)* deter notável saber jurídico; *(iii)* ostentar idoneidade moral. O art. 5º da Res. TSE nº 23.517/2017 acrescenta que o advogado deverá "possuir 10 anos consecutivos ou não de prática profissional".

Não poderá ser indicado para compor lista tríplice: *(i)* magistrado aposentado ou membro do Ministério Público; *(ii)* advogado filiado a partido político; *(iii)* quem exerça cargo público de que possa ser exonerado *ad nutum*; *(iv)* quem seja diretor, proprietário ou sócio de empresa beneficiada com subvenção, privilégio, isenção ou favor em virtude de contrato com a administração pública; *(v)* quem exerça mandato de caráter político (Res. TSE nº 23.517/2017, arts. 7º e 8º; CE, arts. 16, § 2º, e 25, §§ 2º e 7º – esses últimos parágrafos não foram revogados pela Lei nº 7.191/84, conforme entendeu o STF no RMS nº 23.123/PB, *DJ* 12-3-2004, p. 38). Ademais, aplica-se a disciplina atinente ao *nepotismo* no âmbito do Poder Judiciário, firmando-se o entendimento no sentido de ser vedado que a lista seja integrada por quem possua relação de parentesco com membro do respectivo Tribunal de Justiça, confira-se: TSE – LT nº 060001632/BA – *DJe* 15-8-2019.

Não podem fazer parte do mesmo Tribunal Regional pessoas que tenham entre si parentesco, ainda que por afinidade, até o 4º grau, excluindo-se nesse caso a que tiver sido escolhida por último (CE, art. 25, § 6º c.c. art. 16, § 1º – registre-se que a Lei nº 7.191/1984 alterou o art. 25 do CE, mas não revogou os seus parágrafos).

O Presidente e o Vice-Presidente do Tribunal são escolhidos entre os desembargadores estaduais. Em geral, os regimentos internos atribuem a Corregedoria Eleitoral ao Vice-Presidente, que termina por acumular ambas as funções.

O mesmo que se disse quanto aos membros do TSE vale para os integrantes dos TREs. São denominados *juízes*, embora seja comum o uso do título *desembargador eleitoral,* o qual é previsto em Resolução do próprio tribunal.

Ademais, todos gozam de plenas garantias no exercício de suas funções, mas não usufruem de vitaliciedade. Assim, servem por apenas dois anos, no mínimo, e nunca por mais de dois biênios consecutivos. Permitida, pois, a recondução.

O Tribunal Regional, em regra, delibera por maioria de votos (*quorum de votação*), em sessão pública (CE, art. 28, *caput*). Todavia, em certas hipóteses, a deliberação deve ser feita pelo voto da *maioria absoluta* de seus membros, tal como ocorre na declaração de inconstitucionalidade de lei ou de ato do Poder Público – nos termos do art. 97 da Constituição Federal.

Quanto ao *quorum presencial*, o parágrafo 4º do art. 28 do CE (acrescido pela Lei nº 13.165/2015) estabelece que somente poderão ser tomadas com a presença de todos os seus membros, as "decisões dos Tribunais Regionais sobre quaisquer ações que importem cassação de registro, anulação geral de eleições ou perda de diplomas". Fora dessas hipóteses, incide a parte final do art. 28, *caput,* do CE, que exige apenas que as deliberações contem "com a presença da maioria" dos membros do Tribunal.

Havendo ausência, impedimento ou suspeição e não existindo *quorum* para votação, o juiz ausente será substituído por outro da mesma categoria, designado na forma legal (CE, art. 28, § 1º). Inexiste a figura de membro *ad hoc* de Tribunal Eleitoral. Assim, não sendo possível convocar substituto ou inexistindo este (ex.: por falta de designação da autoridade competente), poderá o julgamento, excepcionalmente, ser levado a efeito com o *quorum* incompleto. Esse entendimento já foi sufragado na jurisprudência: TSE – REspe nº 16.684/SP – PSS 26-9-2000; TSE –RCED nº 612/DF – *DJ* v. 1, 16-9-2005, p. 170.

Perante o Tribunal Regional, e com recurso voluntário para o Tribunal Superior, qualquer interessado poderá arguir a suspeição de seus membros, do Procurador Regional, de funcionários de sua Secretaria, assim como de juízes, nos casos previstos na lei processual civil e por motivo de parcialidade partidária, mediante o processo previsto em regimento (CE, art. 28, § 2º).

À vista do disposto no art. 121 da Constituição, o Código Eleitoral estabelece a competência do TRE nos seguintes termos:

> "Art. 29. Compete aos Tribunais Regionais: I – processar e julgar originariamente: *a)* o registro e o cancelamento do registro dos diretórios estaduais e municipais de partidos políticos, bem como de candidatos a Governador, Vice-Governadores, e membro do Congresso Nacional e das Assembleias Legislativas; *b)* os conflitos de jurisdição entre juízes eleitorais do respectivo Estado; *c)* a suspeição ou impedimentos aos seus membros, ao Procurador Regional e aos funcionários da sua Secretaria, assim como aos juízes e

escrivães eleitorais; *d)* os crimes eleitorais cometidos pelos juízes eleitorais; *e)* o *habeas corpus* ou mandado de segurança, em matéria eleitoral, contra ato de autoridades que respondam perante os Tribunais de Justiça por crime de responsabilidade e, em grau de recurso, os denegados ou concedidos pelos juízes eleitorais; ou, ainda, o *habeas corpus*, quando houver perigo de se consumar a violência antes que o juiz competente possa prover sobre a impetração; *f)* as reclamações relativas a obrigações impostas por lei aos partidos políticos, quanto à sua contabilidade e à apuração da origem dos seus recursos; *g)* os pedidos de desaforamento dos feitos não decididos pelos juízes eleitorais em 30 (trinta) dias da sua conclusão para julgamento, formulados por partido, candidato, Ministério Público ou parte legitimamente interessada, sem prejuízo das sanções decorrentes do excesso de prazo; II – julgar os recursos interpostos: *a)* dos atos e das decisões proferidas pelos juízes e juntas eleitorais; *b)* das decisões dos juízes eleitorais que concederem ou denegarem *habeas corpus* ou mandado de segurança".

Dispõe o parágrafo único do artigo em apreço que "as decisões dos Tribunais Regionais são irrecorríveis, salvo nos casos do art. 276". Esse dispositivo – recepcionado, aliás, pelo art. 121, § 4º, da Lei Maior – cuida das hipóteses de cabimento dos recursos especial e ordinário.

Ademais, nos termos do art. 30 do CE,

"compete, ainda, privativamente, aos Tribunais Regionais: I – elaborar o seu regimento interno; II – organizar a sua Secretaria e a Corregedoria Regional, provendo-lhes os cargos na forma da lei, e propor ao Congresso Nacional, por intermédio do Tribunal Superior, a criação ou supressão de cargos e a fixação dos respectivos vencimentos; III – conceder aos seus membros e aos juízes eleitorais licença e férias, assim como afastamento do exercício dos cargos efetivos, submetendo, quanto àqueles, a decisão à aprovação do Tribunal Superior Eleitoral; IV – fixar a data das eleições de Governador e Vice-Governador, deputados estaduais, prefeitos, vice-prefeitos, vereadores e juízes de paz, quando não determinada por disposição constitucional ou legal; V – constituir as juntas eleitorais e designar a respectiva sede e jurisdição; VI – indicar ao tribunal Superior as zonas eleitorais ou seções em que a contagem dos votos deva ser feita pela mesa receptora; VII – apurar, com os resultados parciais enviados pelas juntas eleitorais, os resultados finais das eleições de Governador e Vice-Governador, de membros do Congresso Nacional e expedir os respectivos diplomas, remetendo dentro do prazo de 10 (dez) dias após a diplomação, ao Tribunal Superior, cópia das atas de seus trabalhos; VIII – responder, sobre matéria eleitoral, às consultas que lhe forem feitas, em tese, por autoridade pública ou partido político; IX – dividir a respectiva circunscrição em zonas eleitorais, submetendo essa divisão, assim como a criação de novas zonas, à aprovação do Tribunal Superior; X – aprovar a designação do Ofício de Justiça que deva responder pela escrivania eleitoral durante o biênio; XI – (revogado pela Lei nº 8.868, de 14-4-1994); XII – requisitar a força necessária ao cumprimento de suas decisões e solicitar ao Tribunal Superior a requisição de força federal; XIII – autorizar, no Distrito Federal e nas capitais dos Estados, ao seu presidente e, no interior, aos juízes eleitorais, a requisição de funcionários federais, estaduais ou municipais para auxiliarem os escrivães eleitorais, quando o exigir o acúmulo ocasional do serviço; XIV – requisitar funcionários da União e, ainda, no Distrito Federal e em cada Estado ou Território, funcionários dos respectivos quadros administrativos, no caso de acúmulo ocasional de serviço de suas Secretarias; XV – aplicar as penas disciplinares de advertência e de suspensão até 30 (trinta) dias aos juízes eleitorais; XVI – cumprir e fazer cumprir as decisões e instruções do Tribunal Superior; XVII – determinar, em caso de urgência, providências para a execução da lei na respectiva circunscrição; XVIII – organizar o fichário dos eleitores do Estado; XIX

- suprimir os mapas parciais de apuração, mandando utilizar apenas os boletins e os mapas totalizadores, desde que o menor número de candidatos às eleições proporcionais justifique a supressão, observadas as seguintes normas [...]".

O § 4º do art. 121 da Constituição dispõe que, das decisões dos Tribunais Regionais, somente caberá recurso para o TSE quando:

"I – forem proferidas contra disposição expressa desta Constituição ou de lei; II – ocorrer divergência na interpretação de lei entre dois ou mais tribunais eleitorais; III – versarem sobre inelegibilidade ou expedição de diplomas nas eleições federais ou estaduais; IV – anularem diplomas ou decretarem a perda de mandatos eletivos federais ou estaduais; V – denegarem *habeas corpus*, mandado de segurança, *habeas data* ou mandado de injunção".

4.5   JUÍZES ELEITORAIS

Os juízes eleitorais atuam na primeira instância da Justiça Eleitoral. Em seu art. 121, § 1º, a Constituição é expressa ao dizer que devem ser *juízes de direito*. É também isso o que consta do art. 11 da Lei Orgânica da Magistratura Nacional – Loman (LC nº 35/79). Cuida-se, pois, de juízes togados, de carreira, que gozam das prerrogativas constitucionais de vitaliciedade, inamovibilidade e irredutibilidade de subsídios. É comum, porém, que juízes de direito substitutos, ainda não vitaliciados, sejam designados para o ofício eleitoral.

Houve polêmica acerca do sentido e da extensão do termo *juiz de direito, e, pois,* de quem deve ser designado para o exercício das funções de juiz eleitoral: juízes estaduais ou juízes federais. Historicamente, a expressão "juiz de direito" relaciona-se a "juiz estadual". Todavia, argumenta-se que, ao especificar os órgãos da Justiça Eleitoral, o art. 118, III, da Constituição alude a *juiz eleitoral,* e este tanto pode ser o juiz estadual quanto o federal. A expressão *juízes de direito* usada no art. 121, § 1º, da Lei Maior seria genérica e abrangeria as duas categorias de magistrados, pois no texto constitucional não são sinônimos os termos *juiz de direito* e *juiz estadual,* a ponto de um poder ser automaticamente substituído pelo outro. Por isso, afirma-se que também os magistrados federais deveriam ser designados para atuar na primeira instância da Justiça Eleitoral, o que ocorreria de forma supletiva, somente nos locais em que houver vara da Justiça Federal.

Essa questão foi submetida ao Tribunal Superior (*vide* Pet nº 35919 e PA nº 060029348, j. 5-11-2019), que assentou que a expressão "juiz de direito" inscrita no texto constitucional é sinônimo de "juiz estadual". Com isso, os magistrados federais não podem atuar na primeira instância da Justiça Eleitoral, a menos que haja mudança na Constituição.

Os juízes de direito que exercem funções eleitorais são designados pelo Tribunal Regional Eleitoral. Se na comarca houver só um juiz, ele acumulará as funções eleitorais. Havendo mais de um, o Tribunal deverá designar aquele que exercerá a jurisdição naquela zona eleitoral. Nesse caso, seguindo-se a lógica implantada nos Tribunais, o juiz eleitoral designado deverá servir por dois anos em sistema de rodízio. Tal qual os juízes dos Tribunais, o juiz eleitoral goza de plenas garantias. Mas não é vitalício no exercício das funções.

Determina o art. 34 do Código que o juiz eleitoral despache todos os dias na sede de sua zona eleitoral. A exigência coaduna com o art. 93, VII, da Constituição, que impõe ao juiz titular residir na respectiva comarca, salvo autorização do Tribunal. Essa mesma exigência já constava do art. 35, V, da Lei Orgânica da Magistratura Nacional. Aliás, esse dispositivo prevê os seguintes deveres para os magistrados:

"I – cumprir e fazer cumprir, com independência, serenidade e exatidão, as disposições legais e os atos de ofício; II – não exceder injustificadamente os prazos para sentenciar ou despachar; III – determinar as providências necessárias para que os atos processuais se realizem nos prazos legais; IV – tratar com urbanidade as partes, os membros do Ministério Público, os advogados, as testemunhas, os funcionários e auxiliares da Justiça, e atender aos que o procurarem, a qualquer momento, quanto se trate de providência que reclame e possibilite solução de urgência; V – residir na sede da Comarca salvo autorização do órgão disciplinar a que estiver subordinado; VI – comparecer pontualmente à hora de iniciar-se o expediente ou a sessão, e não se ausentar injustificadamente antes de seu término; VII – exercer assídua fiscalização sobre os subordinados, especialmente no que se refere à cobrança de custas e emolumentos, embora não haja reclamação das partes; VIII – manter conduta irrepreensível na vida pública e particular".

A competência dos juízes eleitorais é assim prevista no Código:

"Art. 35. Compete aos juízes: I – cumprir e fazer cumprir as decisões e determinações do Tribunal Superior e do Regional; II – processar e julgar os crimes eleitorais e os comuns que lhes forem conexos, ressalvada a competência originária do Tribunal Superior [conforme já anotado, o TSE não mais detém competência originária criminal] e dos Tribunais Regionais; III – decidir *habeas corpus* e mandado de segurança, em matéria eleitoral, desde que essa competência não esteja atribuída privativamente à instância superior; IV – fazer as diligências que julgar necessárias à ordem e presteza do serviço eleitoral; V – tomar conhecimento das reclamações que lhe forem feitas verbalmente ou por escrito, reduzindo-as a termo, e determinando as providências que cada caso exigir; VI – indicar, para aprovação do Tribunal Regional, a serventia de justiça que deve ter o anexo da escrivania eleitoral; VII – (revogado pela Lei nº 8.868, de 14-4-1994); VIII – dirigir os processos eleitorais e determinar a inscrição e a exclusão de eleitores; IX – expedir títulos eleitorais e conceder transferência de eleitor; X – dividir a zona em seções eleitorais; XI – mandar organizar, em ordem alfabética, relação dos eleitores de cada seção, para remessa à mesa receptora, juntamente com a pasta *das folhas coletivas de votação* [= *listas de eleitores* – vide Lei nº 6.996/82, art. 12]; XII – ordenar o registro e cassação do registro dos candidatos aos cargos eletivos municipais e comunicá-los ao Tribunal Regional; XIII – designar, até 60 (sessenta) dias antes das eleições, os locais das seções; XIV – nomear, 60 (sessenta) dias antes da eleição, em audiência pública anunciada com pelo menos 5 (cinco) dias de antecedência, os membros das mesas receptoras; XV – instruir os membros das mesas receptoras sobre as suas funções; XVI – providenciar para a solução das ocorrências que se verificarem nas mesas receptoras; XVII – tomar todas as providências ao seu alcance para evitar os atos viciosos das eleições; XVIII – fornecer aos que não votaram por motivo justificado e aos não alistados, por dispensados do alistamento, um certificado que os isente das sanções legais; XIX – comunicar, até às 12 (doze) horas do dia seguinte à realização da eleição, ao Tribunal Regional e aos delegados de partidos credenciados, o número de eleitores que votaram em cada uma das seções da zona sob sua jurisdição, bem como o total de votantes da zona".

4.6   JUNTAS ELEITORAIS

O art. 121 da Constituição prevê ainda a existência de Juntas Eleitorais. Além de um juiz eleitoral, são compostas de dois ou quatro cidadãos de notória idoneidade, nomeados pelo presidente do Tribunal Regional Eleitoral, após aprovação pela Corte Regional. Portanto, poderão as Juntas ser formadas por três ou cinco membros.

A Junta é sempre presidida por um magistrado, o juiz eleitoral.

Sua existência é provisória, já que constituída apenas nas eleições, sendo extinta após o término dos trabalhos de apuração de votos, exceto nas eleições municipais, em que permanece até a diplomação dos eleitos.

A competência desse órgão liga-se à apuração das eleições realizadas nas zonas eleitorais sob sua jurisdição. Nos termos do art. 40 do Código Eleitoral, compete-lhe ainda: resolver as impugnações e demais incidentes verificados durante os trabalhos da contagem e da apuração dos votos; expedir boletins de apuração; expedir diploma aos eleitos para cargos municipais.

Com a implantação das urnas eletrônicas pela Lei nº 9.504/97 (arts. 59 ss), as funções das Juntas Eleitorais ficaram esvaziadas. No novo sistema, a contagem, a apuração e a totalização de votos são feitas automaticamente pela própria máquina. Por isso, pode-se saber dos resultados das eleições pouco tempo após o encerramento da votação.

Todavia, foi cauteloso o legislador na implementação do novo sistema, porquanto o art. 59 da Lei nº 9.504/97 prevê a possibilidade de o TSE autorizar, em caráter excepcional, a votação pelo método convencional, no qual são empregadas as tradicionais cédulas. Embora até hoje essa hipótese tenha ocorrido pouquíssimas vezes – o que depõe a favor da confiabilidade das urnas eletrônicas –, não se podem descartar ocorrências de falhas técnicas em algumas urnas, em situações de impossível substituição. Nesse caso, a votação deve ser feita pelo sistema convencional, empregando-se cédulas, sendo a apuração e a totalização dos votos realizadas pela Junta Eleitoral. Mas ainda assim as suas atividades ficaram bastante reduzidas, porquanto o TSE recomenda o procedimento denominado "voto cantado", pelo qual a cédula de votação é lida e digitada em uma urna eletrônica substituta.

De qualquer sorte, nas eleições municipais, a diplomação dos eleitos permanece sob a competência da Junta.

4.7 DIVISÃO GEOGRÁFICA DA JUSTIÇA ELEITORAL

No prisma territorial, a Justiça Estadual Comum é dividida em *comarcas*. Entende-se por comarca o espaço em que o juiz de direito exerce jurisdição; pode abranger mais de um município. Assim, a comarca delimita territorialmente o exercício do poder jurisdicional.

Nesse aspecto, a Justiça Eleitoral segue peculiar divisão interna. Distinguem-se a seção, a zona e a circunscrição eleitoral.

A Zona Eleitoral (ZE) encerra a mesma ideia de comarca. Trata-se do espaço territorial sob jurisdição de juiz eleitoral. A área da zona eleitoral pode coincidir com a da comarca, e geralmente é isso o que ocorre. No entanto, uma comarca pode abrigar mais de uma zona.

Ademais, a área da zona não coincide necessariamente com a do município. Logo, uma zona pode abranger mais de um município, assim como um município pode conter mais de uma zona eleitoral.

A seção eleitoral é já uma subdivisão da zona. Trata-se do local onde os eleitores são inscritos e comparecem para votar no dia das eleições. É a menor unidade na divisão judiciária eleitoral.

A circunscrição é também uma divisão territorial, mas tem em vista a realização do pleito. Nas eleições municipais, cada município constitui uma circunscrição. Nas eleições gerais (Governador, Senador e Deputado), a circunscrição é o Estado da Federação e o Distrito Federal. Já para as eleições presidenciais, a circunscrição é o território nacional.

5

FUNÇÕES ESSENCIAIS À JUSTIÇA ELEITORAL

5.1 MINISTÉRIO PÚBLICO ELEITORAL

5.1.1 Considerações iniciais

Uma das boas novidades trazidas pela Constituição Federal de 1988 foi a nova configuração do Ministério Público. Com organização simétrica à do Poder Judiciário, é concebido como instituição permanente, essencial à função jurisdicional do Estado, cumprindo-lhe a defesa da ordem jurídica, do regime democrático e dos interesses sociais e individuais indisponíveis.

De ressaltar sua missão de defensor do regime democrático, pois o *Parquet* é instituição própria da democracia. Natural que se lhe tocasse a defesa desse regime.

Os órgãos integrantes dessa instituição são previstos no art. 128 da Lei Maior, que reza:

> "Art. 128. O Ministério Público abrange:
>
> I – o Ministério Público da União, que compreende:
>
> *a)* o Ministério Público Federal;
>
> *b)* o Ministério Público do Trabalho;
>
> *c)* o Ministério Público Militar;
>
> *d)* o Ministério Público do Distrito Federal e Territórios;
>
> II – os Ministérios Públicos dos Estados".

O Ministério Público da União tem por chefe o Procurador-Geral da República, nomeado pelo Presidente da República entre integrantes da carreira, maiores de 35 anos, após a aprovação de seu nome pela maioria absoluta dos membros do Senado Federal, para mandato de dois anos, permitida a recondução (CF, art. 128, § 1º).

Os Ministérios Públicos dos Estados e o do Distrito Federal e Territórios devem formar lista tríplice entre os integrantes da carreira, na forma da lei respectiva, para escolha de seu Procurador-Geral de Justiça, que será nomeado pelo chefe do Poder Executivo estadual, para mandato de dois anos, permitida uma recondução (CF, art. 128, § 3º).

Os membros do *Parquet* gozam de prerrogativas idênticas às da magistratura, a saber: vitaliciedade, inamovibilidade e irredutibilidade de subsídios. Sujeitam-se às vedações do art. 128, § 5º, II, alíneas *a* a *f*, da Constituição.

São princípios reitores do Ministério Público a unidade, a indivisibilidade e a indepen-dência funcional (CF, art. 127, § 1º). A *unidade* significa que seus membros formam um só corpo, sendo que a manifestação de um traduz, no momento em que externada, a vontade da instituição. Pela *indivisibilidade* os membros exercem um ministério comum, podendo se substituir reciprocamente de acordo com critérios legalmente traçados. Já a *independência funcional* significa que o membro do Ministério Público tem liberdade e autonomia para exercer suas funções, de sorte que, ao realizar suas atividades típicas, só está sujeito à Constituição, às leis e à sua própria consciência; assim, a manifestação realizada "em um dado momento do processo, não vincula o agir de um outro membro, no mesmo processo" (TSE – AREspe nº 28.511/RJ – *JTSE* 2:2008:149).

As funções do Ministério Público encontram-se elencadas no art. 129 da Constituição Federal. No tocante às funções eleitorais, foram elas atribuídas ao Ministério Público Federal. Reza, com efeito, a Lei Complementar nº 75/93:

> "Art. 72. Compete ao Ministério Público Federal exercer, no que couber, junto à Justiça Eleitoral, as funções do Ministério Público, atuando em todas as fases e instâncias do processo eleitoral.
>
> Parágrafo único. O Ministério Público Federal tem legitimação para propor, perante o juízo competente, as ações para declarar ou decretar a nulidade de negócios jurídicos ou atos da administração pública, infringentes de vedações legais destinadas a proteger a normalidade e a legitimidade das eleições, contra a influência do poder econômico ou o abuso do poder político ou administrativo".

Se, nos Tribunais Eleitorais, o Ministério Público Federal atua com exclusividade, tal já não ocorre na primeira instância. Nesta, o *Parquet* estadual presta contribuição fundamental. Tal se deve, evidentemente, ao desenho peculiar da Justiça Eleitoral, que tem na cooperação um de seus princípios cardeais.

5.1.2 Procurador-Geral Eleitoral

O Procurador-Geral Eleitoral (PGE) é o Procurador-Geral da República (PGR). Como o mandato deste é de dois anos (CF, art. 128, § 1º), resulta que o daquele conta com prazo idêntico, o que se harmoniza com o mandato dos juízes dos Tribunais Superior e Regionais Eleitorais. A diferença é que o PGR – e, portanto, também o PGE – pode ser reconduzido várias vezes ao cargo, ao passo que os juízes desses Tribunais só podem cumprir, no máximo, dois mandatos consecutivos de dois anos cada, o que totaliza quatro anos. Como é sabido, recentemente ocorreu de um PGR – Dr. Geraldo Brindeiro – ser reconduzido três vezes ao cargo, tendo, pois, exercido as funções de PGE pelo período de oito anos.

A destituição do PGE decorre automaticamente da destituição do PGR. Isso só pode ocorrer por iniciativa do Presidente da República, devendo o ato ser precedido de autorização da maioria absoluta do Senado Federal (CF, art. 128, § 2º).

Conforme prevê o art. 73, parágrafo único, da LC nº 75/93, o PGE deverá designar, entre os Subprocuradores-Gerais da República, o Vice-Procurador-Geral Eleitoral, que o substituirá em seus impedimentos e exercerá o cargo em caso de vacância, até o provimento definitivo.

Compete ao PGE exercer as funções do Ministério Público nas causas de competência do Tribunal Superior Eleitoral. Nos termos do art. 75 da LC nº 75/93, incumbe-lhe ainda:

> "I – designar o Procurador Regional Eleitoral em cada Estado e no Distrito Federal; II – acompanhar os procedimentos do Corregedor-Geral Eleitoral; III – dirimir conflitos de atribuições; IV – requisitar servidores da União e de suas autarquias, quando o exigir a necessidade do serviço, sem prejuízo dos direitos e vantagens inerentes ao exercício de seus cargos ou empregos".

Havendo necessidade de serviço, o Procurador-Geral Eleitoral poderá designar membros do Ministério Público Federal para oficiar, com sua aprovação, perante o Tribunal Superior Eleitoral. Todavia, diante da vedação constante do art. 18, parágrafo único, do Código Eleitoral, os designados não poderão ter assento naquela Corte Eleitoral.

5.1.3 Procurador Regional Eleitoral

Perante cada Tribunal Regional Eleitoral funciona um Procurador Regional Eleitoral (PRE). Ele é, juntamente com seu substituto, designado pelo Procurador-Geral Eleitoral entre os Procuradores Regionais da República lotados e em exercício no Estado e no Distrito Federal, ou, onde não houver, entre os Procuradores da República vitalícios (LC nº 75/93, art. 76).

Cumpre esclarecer que os Procuradores Regionais da República atuam nos Tribunais Regionais Federais, ao passo que os Procuradores da República atuam na primeira instância da Justiça Federal. Há apenas cinco tribunais regionais federais no País, instalados respectivamente nas seguintes capitais: Brasília (TRF 1ª Região), Rio de Janeiro (TRF 2ª Região), São Paulo (TRF 3ª Região), Porto Alegre (TRF 4ª Região) e Recife (TRF 5ª Região). Nesses Estados, o PRE será nomeado entre os Procuradores Regionais da República. Nos demais, a nomeação recairá em Procurador da República vitalício, já que, em regra, não havendo Tribunal Regional Federal, não há Procuradores Regionais da República.

O Procurador Regional Eleitoral tem mandato de dois anos, podendo ser reconduzido uma vez.

Sua destituição antes do término desse prazo, por iniciativa do Procurador-Geral Eleitoral, deve contar com a anuência da maioria absoluta do Conselho Superior do Ministério Público Federal (LC nº 75/93, art. 76, §§ 1º e 2º).

Ao PRE incumbe exercer as funções do Ministério Público nas causas de competência do Tribunal Regional Eleitoral. Outrossim, dirige, no Estado, as atividades do Ministério Público Eleitoral (LC nº 75/93, art. 77). Assim, nesse particular, os Promotores Eleitorais encontram-se *funcionalmente* (não administrativamente!) subordinados a ele, e não ao Procurador-Geral de Justiça.

Havendo necessidade de serviço, o Procurador-Geral Eleitoral poderá designar outros membros do Ministério Público Federal para oficiar, sob a coordenação do Procurador Regional, perante os Tribunais Regionais Eleitorais.

Eventuais atos do Procurador Regional Eleitoral que importem ameaça ou privação da liberdade individual de ir e vir devem ser discutidos perante o Tribunal Superior Eleitoral. Com efeito, é deste a competência para "apreciar *habeas corpus* contra ato do Procurador Regional Eleitoral, por interpretação do art. 105, inciso I, alíneas *a* e *c*, da Constituição Federal, norma aplicada, por analogia, à Justiça Eleitoral, em face da simetria entre os órgãos do Poder Judiciário [...]" (TSE – *HC* nº 545/SP, de 5-12-2006 – *DJ* 1º – 2-2007, p. 229).

5.1.4 Promotor Eleitoral

O Promotor Eleitoral desempenha suas funções na primeira instância, isto é, perante o juízo incumbido do serviço de cada zona eleitoral e também perante a Junta Eleitoral.

A atuação do Ministério Público Estadual em matéria de natureza federal – como é a eleitoral – não deixa de expressar, mais uma vez, a interferência do princípio da cooperação na organização político-eleitoral brasileira. Reza o art. 78 da LC nº 75/93: "As funções eleitorais do Ministério Público Federal perante os Juízes e Juntas Eleitorais serão exercidas pelo Promotor Eleitoral". No mesmo diapasão é o disposto no art. 32, III, da Lei nº 8.625/93, ao estabelecer competir aos Promotores de Justiça "oficiar perante à Justiça Eleitoral de primeira instância, com as atribuições do Ministério Público Eleitoral previstas na Lei Orgânica do Ministério Público da União que forem pertinentes, além de outras estabelecidas na legislação eleitoral e partidária".

O Conselho Nacional do Ministério Público (CNMP) estabeleceu na Resolução nº 30/2008 parâmetros para a indicação e designação de membros do Ministério Público para o exercício de funções eleitorais em 1º grau. A Resolução TSE nº 14.442/94 também cuida desse tema.

A designação de Promotor Eleitoral é feita pelo Procurador Regional Eleitoral, em regra, após indicação do Procurador-Geral de Justiça. Este, como Chefe do Ministério Público Estadual, detém o controle administrativo do Promotor de Justiça. Somente ele poderia informar ao PRE os promotores que se encontram lotados nas diversas zonas eleitorais dos Estados, quem passou a gozar férias, quem foi promovido, removido, exonerado.

Pela lógica do sistema, não há vitaliciedade no exercício de funções eleitorais. Reza o art. 1º, IV, da Res. CNMP nº 30/2008 que a designação deve ser feita "pelo prazo ininterrupto de dois anos, nele incluídos os períodos de férias, licenças e afastamentos". Assim, o Promotor somente poderá exercer funções eleitorais por esse prazo, não podendo haver prorrogação. É isso, aliás, o que ocorre desde a implantação do sistema de rodízio. Note-se, todavia, que, embora não haja previsão de recondução, esta se torna necessária se não houver na comarca outro Promotor a ser designado. Tal solução foi consagrada na parte final da regra citada, ao admitir a recondução "apenas quando houver um membro na circunscrição da zona eleitoral".

Em princípio, o Promotor deve estar lotado na comarca a que pertence a zona eleitoral para a qual foi designado. Não sendo isso possível, por razões administrativas, deve ser designado Promotor que atue em comarca próxima. As razões dessa limitação são óbvias. Evitam-se indicações de caráter político, com violação ao princípio da impessoalidade na Administração Pública. Prestigia-se o princípio da eficiência, dada a facilidade no acompanhamento de feitos judiciais. Por fim, presume-se que o Promotor que viva e atue na região esteja mais bem informado dos acontecimentos, preferindo a outros profissionais lotados em comarcas distantes.

Havendo mais de um Promotor lotado na comarca, qual deve ser designado? O inciso III do art. 1º da Res. CNMP nº 30/2008 manda que se obedeça à "ordem decrescente de antiguidade na titularidade da função eleitoral, prevalecendo, em caso de empate, a antiguidade na zona eleitoral". Se interpretada literalmente, a primeira parte dessa regra pode promover injustiças. Por "ordem decrescente de antiguidade" deve-se entender do mais antigo para o menos. Assim, um Promotor que tenha exercido a titularidade de função eleitoral em uma comarca e seja removido ou promovido para outra em que haja promotores menos antigos que ele "na titularidade de função eleitoral" passará na frente destes na ocasião do rodízio, logrando, pois, a designação. Tal solução não é razoável, pois perturba as justas expectativas de quem se encontra na comarca ou na zona eleitoral há mais tempo. *De lege ferenda*, o melhor é que prevaleça sempre a antiguidade na zona eleitoral (ou na comarca em que a ZE se situa), e não a antiguidade no exercício de titularidade de função eleitoral.

Não poderá ser indicado nem designado para exercer função eleitoral o membro do Ministério Público: (i) lotado em localidade não abrangida pela zona eleitoral perante a qual este deverá oficiar, salvo em caso de ausência, impedimento ou recusa justificada, e quando ali não existir outro membro desimpedido; (ii) que se encontrar afastado do exercício do ofício do qual é titular, inclusive quando estiver exercendo cargo ou função de confiança na administração superior da Instituição; (iii) que tenha sido punido ou que responda a processo administrativo ou judicial, nos 3 (três) anos subsequentes, em razão da prática de ilícito que atente contra: a) a celeridade da atuação ministerial; b) a isenção das intervenções no processo eleitoral; e c) a dignidade da função e a probidade administrativa.

Inexistindo Promotor que oficie perante a zona eleitoral, ou havendo impedimento ou recusa justificada do oficiante, outro deverá ser indicado ao PRE a fim de que seja procedida a designação (cf. art. 79, parágrafo único, da LC nº 75/93 c.c. art. 10, IX, *h*, da Lei nº 8.625/93).

Nesse caso, terá preferência o membro que, sucessivamente, exercer suas funções: (i) na sede da respectiva zona eleitoral; (ii) em município que integra a respectiva zona eleitoral; (iii) em comarca contígua à sede da zona eleitoral (Res. CNMP nº 30/2008, art. 1º, § 2º).

Em qualquer caso, não havendo indicação por parte do Procurador-Geral de Justiça, o Procurador Regional Eleitoral deverá designar aquele que melhor atenda aos interesses da Justiça e do serviço eleitoral afeto ao Ministério Público.

Resulta do exposto que o PRE não está vinculado à indicação do chefe do *Parquet* estadual. Por motivos razoáveis, poderá deixar de designar o indicado por aquela autoridade, designando outro.

Assim, o ato de designação tem natureza de ato administrativo simples, pois, conforme ensina Meirelles (1990, p. 147), resulta da vontade de um só órgão, isto é, do Procurador Regional Eleitoral.

E quanto à destituição do Promotor de Justiça Eleitoral? Não há previsão legal para essa hipótese. Tampouco dela cuidou a Resolução CNMP nº 30/08. De qualquer maneira, atende à lógica do sistema que o PRE possa igualmente destituir, já que detém o poder de designar. Mas não poderá fazê-lo ao seu talante, senão no estrito interesse do serviço eleitoral. A discricionariedade aí é regrada, vinculada. A destituição deve ser amparada em ato fundamentado; as razões devem ser claras e plausíveis. Afinal, ao PRE cumpre dirigir no Estado as atividades do setor (LC nº 75/93, art. 77).

Sendo o Promotor destituído das funções eleitorais, afastado, removido, promovido, licenciado ou exonerado do cargo, outro deve ser imediatamente indicado e designado.

Pelo art. 5º da Resolução CNMP nº 30/2008, não pode haver investiduras em função eleitoral em "prazo inferior a noventa dias da data do pleito eleitoral e não cessarão em prazo inferior a noventa dias após a eleição". Essa regra visa estabilizar a atuação do Promotor durante o período mais relevante do processo eleitoral, o qual coincide com os 90 dias anteriores e posteriores ao dia do pleito. Por certo, a fixação desses marcos não foi aleatória. Os 90 dias anteriores ao pleito coincidem com a ocasião em que partidos e candidatos devem pleitear os registros de candidaturas. É a partir da publicação dos editais que corre o lapso de cinco dias para que os interessados ingressem com a Ação de Impugnação de Registro de Candidatura (AIRC). Já os 90 dias posteriores se justificam em razão de o prazo para o ajuizamento de Ação de Impugnação de Mandato Eletivo (AIME) e também para a ação fundada no art. 30-A da LE ser de 15 dias contados da diplomação; também o Recurso Contra a Expedição de Diploma (RCED) deve ser ultimado nos três dias seguintes à diplomação.

Com vistas a conferir eficácia a essa regra, cumpre ao PRE prorrogar os prazos de investidura dos Promotores. Excepciona-se, aqui, o comando do art. 1º, IV, do mesmo diploma, que fixa em dois anos o tempo de designação. No léxico, prorrogar significa estender, adiar o término, alongar, fazer durar além do tempo estabelecido. Assim, não deixa de causar espécie o teor do § 1º do art. 5º da Resolução, pelo qual: "excepcionalmente, as prorrogações de investidura em função eleitoral ficarão aquém ou irão além do limite temporal de dois anos estabelecidos nesta Resolução, sendo a extensão ou redução do prazo realizada apenas pelo lapso suficiente ao cumprimento do disposto no *caput* deste artigo". Ora, se se trata de prorrogação, não se pode reduzir, mas ampliar, o prazo. Compreende-se, porém, o sentido justo da regra. Se a investidura do Promotor se encerrar logo no início do período de 90 dias anteriores ao pleito, será mais prático – e talvez mais equitativo – designar outro do que prorrogar a investidura por cerca de seis meses.

Além disso, é vedada a fruição de férias ou licença voluntária do Promotor Eleitoral no período de 90 dias que antecedem o pleito até 15 dias depois da diplomação.

O exercício de função eleitoral assegura ao Promotor de Justiça a percepção de gratificação, a qual é prevista no art. 50, VI, da Lei nº 8.625/93. Essa gratificação – correspondente ao terço do subsídio de juiz federal – não entra no cômputo do teto remuneratório. Assim, a soma do subsídio e da gratificação pode superar o teto. O art. 2º da Resolução CNMP nº 30/2008 veda a percepção cumulativa da gratificação em tela. Ademais, o art. 3º desse diploma proíbe seu recebimento por quem não tenha sido regularmente designado pelo PRE. A percepção irregular da verba em apreço faz emergir a obrigação de restituir, sobretudo por haver enriquecimento sem causa do beneficiário.

O Ministério Público de primeiro grau tem legitimidade para oficiar em todos os processos e procedimentos em que se apresente a matéria eleitoral. Sua intervenção pode dar-se como autor ou *custos legis*.

5.1.5   Conflitos de atribuição entre membros do MP Eleitoral

Na atuação dos órgãos de execução do Ministério Público Eleitoral, podem surgir conflitos positivos e negativos de atribuição.

As soluções a seguir apresentadas fundam-se na unidade funcional do MP, não prevalecendo a hierarquia administrativa dos respectivos membros em conflito.

Área de atuação	Órgãos em conflito	Quem soluciona?
Mesmo Estado	Promotor Eleitoral x Promotor Eleitoral	PRE
Estados diversos	PRE x PRE	PGE
Estados diversos	PRE x Promotor Eleitoral	PGE
Estados diversos	Promotor Eleitoral x Promotor Eleitoral	PGE

Fonte: Elaborado pelo Autor.

Não há conflito de atribuições: (a) entre PRE e Promotor Eleitoral no mesmo Estado, pois nesse caso prevalece a decisão do PRE; (b) entre PGE e PRE ou Promotor Eleitoral, pois nesse caso prevalece a decisão do PGE.

Note-se que a situação é diferente da hipótese de conflito de atribuição entre membros dos MPs Estadual e Federal no âmbito das funções que lhes são próprias. Nesse caso, inicialmente, consolidou-se o entendimento de que a competência para dirimir o conflito pertencia ao Supremo Tribunal Federal, nos termos do art. 102, I, *f*, da CF. Por esse dispositivo, compete ao Supremo Tribunal Federal processar e julgar, originariamente: "*f*) as causas e os conflitos entre a União e os Estados, a União e o Distrito Federal, ou entre uns e outros, inclusive as respectivas entidades da administração indireta". Nesse sentido: STF – Pet nº 5.075/PA – 1ª T. – Rel. Min. Marco Aurélio – *DJe* 224, 14-11-2014; STF – CC nº 7.929 AgR/SP – Pleno – Rel. Min. Luiz Fux – *DJe* 213, 26-10-2015.

Depois, o Excelso Pretório alterou essa interpretação, passando a afirmar que não tem competência para julgar conflito de atribuição dessa natureza, pois não se trata de autêntico conflito federativo e a questão tem natureza administrativa (e não jurisdicional), *in verbis*: "Tratando-se de divergência interna entre órgãos do Ministério Público, instituição que a Carta da República subordina aos princípios institucionais da unidade e da indivisibilidade (CF, art. 127, parágrafo 1º), cumpre ao próprio Ministério Público identificar e afirmar as atribuições investigativas de cada um dos seus órgãos em face do caso concreto, devendo prevalecer, à luz do princípio federativo, a manifestação do Procurador-Geral da República" (STF – Pet nº 4863/RN – Pleno – Rel. Min. Teori Zavascki – *DJe* 16-5-2017; STF – ACO nº 924/PR – Pleno – Rel. Min. Luiz Fux – *DJe* 26-9-2016). Assim, o conflito deve ser remetido ao Procurador-Geral da República (PGR), para que este, como órgão central, o resolva.

Mas além de não ser unânime, esse último entendimento tem sido em parte modificado para afirmar-se que a função de dirimir conflitos de atribuições pertence ao Conselho Nacional do Ministério Público (CNMP) – e não ao Procurador-Geral da República (PGR). Essa compreensão se funda na inexistência de relação de hierarquia entre os ramos do Ministério Público, de modo que a solução de conflitos de atribuições entre eles "pelo CNMP, nos termos do art. 130-A, § 2º, e incisos I e II, da Constituição Federal e no exercício do controle da atuação administrativa do *Parquet*, é a mais adequada, pois reforça o mandamento constitucional que lhe atribuiu o controle da legalidade das ações administrativas dos membros e órgãos dos diversos ramos ministeriais, sem ingressar ou ferir a independência funcional" (STF – ACO- -ED nº 843/SP – Pleno, maioria – Rel. p/ o acórdão Min. Alexandre de Moraes – j. 4-12-2020; STF – Pet nº 4891/DF e Pet nº 5091/SP – Pleno, maioria – Rel. p/ o acórdão Min. Alexandre de Moraes – *DJe* 6-8-2020; STF – Pet nº 5756/SP – Pleno, maioria – Rel. p/ o acórdão Min. Alexandre de Moraes – *DJe* 16-6-2020).

5.2 DEFENSORIA PÚBLICA ELEITORAL

A Defensoria Pública é contemplada no art. 134 da Constituição, que a concebe como "instituição permanente, essencial à função jurisdicional do Estado" e "como expressão e instrumento do regime democrático", incumbindo-a da "orientação jurídica, a promoção dos direitos humanos e a defesa, em todos os graus, judicial e extrajudicial, dos direitos individuais e coletivos, de forma integral e gratuita, aos necessitados, na forma do inciso LXXIV do art. 5º desta Constituição Federal." O § 4º do aludido preceito estabelece como princípios institucionais da Defensoria: "a unidade, a indivisibilidade e a independência funcional, aplicando-se também, no que couber, o disposto no art. 93 e no inciso II do art. 96 desta Constituição Federal".

A LC nº 80/1994 organiza e dispõe sobre a Defensoria Pública. Os arts. 14 e 22 daquela lei preveem expressamente sua atuação perante a Justiça Eleitoral, sendo vedado aos seus membros "exercer atividade político-partidária, enquanto atuar junto à justiça eleitoral" (arts. 46, 91 e 130).

Na esfera de suas atribuições, à Defensoria Pública Eleitoral é dado atuar judicial ou extrajudicialmente, gozando de legitimidade para ajuizar ações individuais e coletivas.

5.3 ADVOCACIA ELEITORAL

Em seu art. 133, a Constituição declara que "o advogado é indispensável à administração da justiça, sendo inviolável por seus atos e manifestações no exercício da profissão, nos limites da lei."

O regime jurídico dos advogados é definido pela Lei nº 8.906/1994, denominada Estatuto da Advocacia e a Ordem dos Advogados do Brasil (EAOAB). Dispõe o art. 2º dessa norma que "no seu ministério privado, o advogado presta serviço público e exerce função social" (art. 2º, § 1º); no processo judicial, ele "contribui, na postulação de decisão favorável ao seu constituinte, ao convencimento do julgador, e seus atos constituem múnus público" (art. 2º, § 2º); no processo administrativo, "contribui com a postulação de decisão favorável ao seu constituinte, e os seus atos constituem múnus público" (art. 2º, § 2º-A – inserido pela Lei nº 14.365/2022); no processo legislativo, pode contribuir "com a elaboração de normas jurídicas, no âmbito dos Poderes da República" (art. 2º-A – inserido pela Lei nº 14.365/2022).

Vale salientar que não existe hierarquia nem subordinação entre advogados (privados e públicos), juízes, membros do Ministério Público e da Defensoria Pública, devendo haver tratamento respeitoso e condigno entre esses profissionais.

Dada a complexidade da matéria eleitoral, é de todo recomendável que o profissional que atue nessa seara busque especializar-se, de modo a prestar de forma adequada e eficaz os seus serviços.

6

PARTIDOS POLÍTICOS

6.1   INTRODUÇÃO

No mundo contemporâneo, os partidos políticos tornaram-se objeto de regulação constitucional, sendo concebidos como peças essenciais para o funcionamento do complexo mecanismo democrático. Nesse sentido, assinala Jorge Miranda (2018, p. 49) que, constando ou não da Constituição formal, tais entes "inscrevem-se, necessariamente, na Constituição material", que deles cuidam "sob múltiplos aspectos, seja no âmbito dos direitos fundamentais, seja no da organização do poder político ou num e noutro".

Como canais legítimos de atuação política e social, os partidos captam e assimilam rapidamente a opinião pública; catalisam, organizam e transformam em bandeiras de luta as díspares aspirações surgidas no meio social, sem que isso implique ruptura no funcionamento do governo legitimamente constituído.

Ressalta Caggiano (2004, p. 105) que "no mundo atual, assume o partido posição fortalecida de mecanismo de comunicação e de participação do processo decisional; mais até, de instrumento destinado ao recrutamento dos governantes e à socialização política". Não é exagero supor que a normalidade democrática depende da existência de tais "mecanismos de comunicação e de participação". A ausência deles pode induzir uma resposta violenta de setores da sociedade que se sentirem prejudicados e excluídos.

Os partidos políticos são produto da modernidade, notadamente do século XIX. Para o seu desenvolvimento muito contribuiu o surgimento e a estruturação de um corpo de ideias liberais, que enfatizavam a liberdade, a igualdade, a independência e a autonomia do indivíduo. Também houve significativo impulso proporcionado pelos movimentos socialistas coevos à Revolução Industrial. Adotando a *razão* como guia, passou-se a contestar a legitimidade do regime de monarquia absoluta, notadamente sua legitimação religiosa ou divina; todo governo só existe por consentimento dos governados, devendo ser limitado em seus poderes. A pessoa humana tem direito à sua autodeterminação. À certa altura, tornou-se imperioso o alargamento da participação política de todos os cidadãos e a instituição de governos representativos. Da elevação das pessoas comuns à condição de sujeito político resultou a construção de novas formas de organização da participação política, e para esse fim os partidos políticos foram os modelos mais exitosos.

Daí o surgimento dos partidos encontrar-se associado aos países que adotaram formas de governo representativo e progressiva ampliação do sufrágio. Consoante salientam Bobbio, Matteucci e Pasquino (2009, p. 899), os processos civis e sociais que levaram a tal forma de governo tornavam necessária a gestão do poder por parte dos *representantes do povo*, o que teria conduzido a uma progressiva democratização da vida política e à integração de setores mais amplos da sociedade civil no sistema político. Assim, de modo geral, pode-se dizer que

> "o nascimento e o desenvolvimento dos partidos está ligado ao problema da participação, ou seja, ao progressivo aumento da demanda de participação no processo de formação das decisões políticas, por parte de classes e estratos diversos da sociedade. Tal demanda de participação se apresenta de modo mais intenso nos momentos das grandes transformações econômicas e sociais que abalam a ordem tradicional da sociedade e ameaçam modificar as relações do poder. É em tal situação que emergem grupos mais ou menos amplos e mais ou menos organizados que se propõem a agir em prol de uma ampliação da gestão do poder político e setores da sociedade que dela ficavam excluídos ou que propõem uma estruturação política e social diferente da própria sociedade. Naturalmente, o tipo de mobilização e os estratos sociais envolvidos, além da organização política de cada país, determinam em grande parte as características distintivas dos grupos políticos que assim se formam".

Nos primeiros tempos da trajetória de tal ente, vale destacar a atuação de deputados no Parlamento britânico. Assinala Motta (2008, p. 14) que já no século XVII começaram a ocorrer movimentos de contestação aos excessos do poder monárquico-absolutista. Os membros do Parlamento se dividiam em grupos e tendiam a votar unidos, de maneira a fazer prevalecer os seus interesses (ou os daqueles que eles representavam) em detrimento dos desígnios do rei. Como que consolidando a afirmação do parlamento em face do poder real, ensina Ferreira (1989, v. 1, p. 338) que desde a época do monarca Carlos II, firmou-se na Inglaterra a distinção ideológica entre Conservadores (*Tories*) e Liberais (*Whigs*). E, com a grande reforma ocorrida em 1832,

> "começou a ascensão lenta mas progressiva da burguesia industrial e, em contrapartida, da massa trabalhista; o operário, que se sindicalizou, formou suas *trade-unions*. Formou--se posteriormente o Partido Trabalhista (*Labour Party*), ligado às massas proletárias e tomando o rumo de um socialismo liberal reformista, brando, pacifista. O Partido Liberal entrou em declínio, e hoje os partidos mais importantes eleitoralmente na Inglaterra são o Conservador e o Trabalhista".

Também nos EUA se firmou uma sólida tradição partidária, a qual teve início com os partidos Federalista (de Hamilton e Adams) e Republicano (de Jefferson e Madison), fundados na década de 1790. Desde então, já se contam seis sistemas partidários naquele país, conforme segue:

Sistema partidário (EUA)	1º 1796-1830	2º 1830-1860	3º 1860-1896	4º 1896-1932	5º 1932-1980	6º 1980-
Partidos	Federalists; Republicans	Whigs; Democrats	Republicans; Democrats	Republicans; Democrats	Republicans; Democrats	Republicans; Democrats

Fonte: Kollman (2014, p. 426).

No Brasil, o ano de 1831 é indicado por alguns pesquisadores como o do surgimento do primeiro partido – denominado Liberal –, seguido pelo Conservador, em 1838. Mas tais entidades não surgiram de um jacto, sendo, antes, resultado de intensa atividade política que anteriormente já vinha ocorrendo. Se nos primeiros anos do Império não existiam propriamente partidos políticos tal qual conhecidos hoje, havia, porém, grupos de opinião, pessoas que comungavam determinados pontos de vista, facções. Mas esses grupos – assevera Motta (2008, p. 23) – não eram bem organizados nem estáveis e duradouros o suficiente para serem caracterizados como partidos. Ademais, as "turbulências do primeiro reinado concorreram para atrapalhar a formação de grupos coesos e o fato de D. Pedro I ter governado algum tempo com o parlamento fechado constituiu-se numa dificuldade adicional". Nesse diapasão, registra Chacon (1998, p. 23): "Em janeiro de 1822, o *Correio Braziliense* referia-se ao primeiro partido brasileiro de fato: o Partido da Independência, que 'não é tão pequeno como se imagina'". E prossegue:

> "Pouco antes, em dezembro de 1821, *A Malagueta* enumerava as facções pré-partidárias agindo no Rio de Janeiro: os constitucionais, os republicanos e os 'corcundas'; centro, esquerda e direita daqueles tempos. 'Corcunda', ou 'carcunda', era sinônimo de restaurador, regressista, reacionário, saudoso ativista do retorno do domínio colonial português".

Durante quase todo o Segundo Reinado (que, incluída a fase de regência, se estende da abdicação de D. Pedro I, ocorrida em 7 de abril de 1831, até a proclamação da República, em 15 de novembro de 1889), a cena política brasileira foi dominada pelos partidos Liberal e Conservador. Trata-se de um período de estabilidade no quadro partidário nacional. Note-se, porém, que embora tais agremiações empunhassem diferentes bandeiras ideológicas, na atuação prática não diferiam substancialmente. Somente na década de 1870 é que surgiria o Partido Republicano, o qual viria a desempenhar papel decisivo na derrocada do Império e na formatação do Estado brasileiro, que, sob inspiração dos EUA, passou a ser federativo e republicano.

Da instalação da República até os dias atuais, a história dos partidos políticos brasileiros tem sido tumultuada e repleta de acidentes. Lembra Motta (2008, p. 116) que, desde a independência (durante cerca de dois séculos), houve seis diferentes sistemas partidários no Brasil. As diversas alterações sofridas pelos partidos, com extinção e formação de novas organizações, sempre coincidiram com grandes mudanças nas estruturas do Estado, geradas por revoluções e golpes políticos. E arremata: "Comparado a outros países, principalmente EUA e nações da Europa ocidental, onde os sistemas partidários invariavelmente duram muitas décadas, o Brasil tem tido uma trajetória de marcante instabilidade".

6.2 DEFINIÇÃO

Compreende-se por partido político a entidade formada pela livre associação de pessoas, com organização estável, cujas finalidades são alcançar e/ou manter de maneira legítima o poder político-estatal e assegurar, no interesse do regime democrático de direito, a autenticidade do sistema representativo, a alternância no exercício do poder político, o regular funcionamento do governo e das instituições políticas, bem como a implementação dos direitos humanos fundamentais.

Assinalam Yáñez e Navarro (2019, p. 44, 103) que os partidos "son instrumentos de integración social y de conversión de las tensiones sociales en decisiones políticas. Unos híbridos a medio camino entre la sociedad y el entramado institucional".

Após analisar várias concepções, Bonavides (2010, p. 372) define partido político como sendo a "organização de pessoas que inspiradas por ideias ou movidas por interesses, buscam tomar o poder, normalmente pelo emprego de meios legais, e neles conservar-se para realização dos fins propugnados". Para o eminente juspublicista, os seguintes dados entram de maneira indispensável na composição dos ordenamentos partidários: "(a) um grupo social; (b) um princípio de organização; (c) um acervo de ideias e princípios, que inspiram a ação do partido; (d) um interesse básico em vista: a tomada do poder; e (e) um sentimento de conservação desse mesmo poder ou de domínio do aparelho governativo quando este lhes chega às mãos".

Para Bobbio, Matteucci e Pasquino (2009, p. 898-899), partidos são grupos intermediários agregadores e simplificadores. Compreendem "formações sociais assaz diversas, desde os grupos unidos por vínculos pessoais e particularistas às organizações complexas de estilo burocrático e impessoal, cuja característica comum é a de se moverem na esfera do poder político". As associações propriamente consideradas como partidos,

> "surgem quando o sistema político alcançou um certo grau de autonomia estrutural, de complexidade interna e de divisão de trabalho que permitam, por um lado, um processo de tomada de decisões políticas em que participem diversas partes do sistema e, por outro, que, entre essas partes, se incluam, por princípio ou de fato, os representantes daqueles a quem as decisões políticas se referem. Daí que, na noção de partido, entrem todas as organizações da sociedade civil surgidas no momento em que se reconheça teórica ou praticamente ao povo o direito de participar na gestão do poder político. É com esse fim que ele se associa, cria instrumento de organização e atua".

Segundo Joseph Lapalombara (*apud* Charlot, 1984, p. 10), uma rígida definição de *partido político* postula:

> "1. uma organização durável, ou seja, uma organização cuja esperança de vida política seja superior à de seus dirigentes no poder;
>
> 2. uma organização local bem estabelecida e aparentemente durável, mantendo relações regulares e variadas com o escalão nacional;
>
> 3. a vontade deliberada dos dirigentes nacionais e locais da organização de chegar ao poder e exercê-lo, sozinhos ou com outros, e não simplesmente influenciar o poder;
>
> 4. a preocupação, enfim, de procurar suporte popular através das eleições ou de qualquer outra maneira".

6.2.1 Função

Dentre as diversas conotações que pode assumir o termo *função*, destaca-se a que põe em relevo seu sentido finalístico, ligando-o à utilidade, ao uso, ao papel atribuído ou desempenhado pelo ente ou instituto no ambiente em que se encontra, e à ação que lhe é própria no contexto em que se insere. De sorte que a função de um ente é evidenciada pela resposta à pergunta "para que serve?"

Nesse sentido, em interessante análise, Kollman (2014, p. 411) aponta três categorias de funções desempenhadas pelos partidos políticos atualmente, a saber: no governo, como organização e no eleitorado. Pela primeira, os partidos organizam a ação governamental, especialmente no Poder Legislativo, influenciam a atuação dos agentes públicos no sentido de se alcançar os objetivos pretendidos; aqui tais entes destacam-se como instrumento para a tomada de decisões políticas. Pela segunda (como organização), os partidos organizam os esforços dos cidadãos, candidatos e políticos, com vistas a lograrem êxito nas eleições; nesse sentido, selecionam e indicam os candidatos, os promovem e auxiliam a levantar dinheiro para financiar suas campanhas. Pela terceira (no eleitorado), os partidos orientam e auxiliam os eleitores a definirem o voto, já que esses podem ligar suas crenças e seus interesses aos valores, ideias e objetivos abraçados pela agremiação.

Há ainda que se realçar a função fundamental dos partidos como entes intermediários entre a sociedade e o Estado. Nesse sentido, funcionam como instrumentos das sociedades democráticas para ordenar a alteração do exercício do poder estatal e, pois, a renovação dos cargos público-eletivos. Por outro lado, aludidas entidades captam e interpretam as prioridades do País e as, por vezes, contraditórias demandas da opinião pública, traduzindo-as em programas políticos ou ideias gerais que podem embasar propostas legislativas ou ações governamentais.

6.2.2 Distinção de partido político e outros entes

Em sentido técnico, partido político distingue-se de outros entes como frente, movimento, grupo, facção, liga, clube, comitê de notáveis, ainda que os membros dessas entidades compartilhem iguais princípios filosóficos, sociais, econômicos, doutrinários, interesses, sentimentos, ideologias ou orientação política. Eventualmente, tais entidades podem até possuir algo em comum com os partidos – como a busca pelo poder estatal ou seu controle –, mas o fato é que os entes aludidos não apresentam as necessárias estabilidade, estrutura e organização para serem caracterizados como partido; eles constituem, na verdade, os precursores dos partidos políticos modernos.

Atualmente, muito se tem destacado a atuação de *grupos de interesses* perante o Estado e seus agentes. Grupo de interesse, na concepção de Kollman (2014, p. 379), é qualquer grupo diverso do partido político, organizado com o fim de influenciar o governo (*"any group other than a political party that is organized to influence the government"*). Basicamente, há dois tipos de grupos de interesse: (*i*) os que são formados exclusivamente para influenciar o governo e seus agentes; (*ii*) os que são formados para outros fins, mas por diversas razões (em geral para atingirem seus próprios objetivos) acabam se engajando naquela atividade. São exemplos de tais grupos: sindicatos, federações, confederações, corporações, associações, fundações, organizações sem fins lucrativos, organizações não governamentais. Frequentemente, esses grupos se fazem representar por lobistas, os quais efetivamente encaminham os seus interesses perante o governo, parlamento, agências reguladoras e autoridades públicas.

Com esses grupos não se confunde o partido político. Pois, além de contarem com organização própria e estabilidade, os partidos visam alcançar o poder político-governamental para exercê-lo ou nele se manter, enquanto os grupos de interesse visam apenas *influir* no governo ou nos agentes públicos em prol de determinada matéria ou questão.

6.2.3 Coligação partidária

Coligação é o consórcio de partidos políticos formado provisoriamente com o propósito de atuação conjunta e cooperativa durante o processo eleitoral.

A possibilidade de os partidos se coligarem conta com expressa previsão na Constituição Federal, notadamente no § 1º do art. 17 (com a redação da EC nº 97/2017), que lhes confere autonomia para "[...] adotar os critérios de escolha e o regime de suas coligações nas eleições majoritárias, vedada a sua celebração nas eleições proporcionais, sem obrigatoriedade de vinculação entre as candidaturas em âmbito nacional, estadual, distrital ou municipal [...]". Claro está que só é permitida a realização de coligação para as eleições majoritárias (presidente da República, governador de Estado ou do Distrito Federal, prefeito municipal e senador), sendo vedada a coligação para as eleições proporcionais (deputado e vereador). Tal interpretação é corroborada pelo art. 6º, *caput*, da Lei nº 9.504/97 e pelo art. 91, § 3º, do Código Eleitoral (ambos conforme redação da Lei nº 14.211/2021), *in verbis*: "É facultado aos partidos políticos, dentro da mesma circunscrição, celebrar coligações para eleição majoritária".

A deliberação sobre coligação deve ocorrer na convenção para escolha de candidatos (LE, art. 8º, *caput*). Para cada eleição e em cada circunscrição deve haver específica deliberação. Assim, nas eleições municipais, os partidos políticos podem realizar coligações partidárias diferentes em Municípios diversos, ainda que situados no mesmo Estado federativo, uma vez que a circunscrição a ser considerada é o Município.

Não obstante, já se entendeu que o pedido de registro de coligação "subscrito pelos presidentes de todos os partidos supre eventual omissão quanto à aprovação [em convenção] da formação da coligação [...]" (TSE – Ac. nº 14.379, de 24-10-1996).

A ata da convenção deve ser registrada na Justiça Eleitoral. Mas a coligação não nasce desse ato, e sim da manifestação de vontade emanada das agremiações.

A coligação terá denominação própria, que poderá ser uma expressão que sintetize seu projeto político (coligação "O povo soberano") ou a junção de todas as siglas dos partidos que a integram. Entretanto, a designação não poderá "coincidir, incluir ou fazer referência a nome ou número de candidato, nem conter pedido de voto para partido político" (LE, art. 6º, § 1º-A). É com essa denominação que a coligação se apresentará perante o eleitorado, sobretudo no espaço dedicado à propaganda eleitoral.

Perante a Justiça Eleitoral, a coligação será representada pela pessoa a tanto formalmente designada pelos partidos que a compõem.

Embora não se confunda com os partidos que a integram, a coligação não possui personalidade jurídica, mas meramente *judiciária*. Já se disse ser detentora de "personalidade jurídica *pro tempore*" (TSE – Ag-REspe nº 24.531/BA – *DJ*, v. 1, 30-9-2005, p. 122). Nos termos do art. 6º, § 1º, da LE, são-lhes atribuídas as prerrogativas e obrigações de partido político no que se refere ao processo eleitoral, devendo funcionar como um só partido no relacionamento com a Justiça Eleitoral e no trato dos interesses interpartidários. Daí a necessidade de se designar um representante, o qual "[...] terá atribuições equivalentes às de presidente de partido político, no trato dos interesses e na representação da coligação, no que se refere ao processo eleitoral" (§ 3º, III). Perante a Justiça Eleitoral, a coligação age e fala por seu representante, podendo, ainda, designar delegados. Assim, nos pleitos de que participa, ostenta legitimidade ativa e passiva, facultando-se-lhe ajuizar ações, impugnações, representações, interpor recursos, contestar, ingressar no feito como assistente, integrar litisconsórcio.

Observe-se que, diante de seu caráter unitário, não se admite que os partidos integrantes da coligação, isoladamente, venham a praticar atos no processo eleitoral, como requerer registro de candidatura, impugnar pedido de registro, ingressar com representações eleitorais, recorrer de decisões judiciais. É que os interesses em jogo já não são parciais ou particulares, mas coletivos, isto é, do grupo. Tratando-se, pois, de interesse próprio do grupo ou alheio ao individual, a vontade de um dos grêmios consorciados poderá não coincidir com a vontade coletiva. Nos termos do art. 18 do CPC, ninguém poderá pleitear direito alheio em nome próprio, salvo quando autorizado pelo ordenamento jurídico. Daí carecer o partido coligado de legitimidade para atuar em nome próprio no processo eleitoral.

> "[...] A coligação aperfeiçoa-se com o acordo de vontade das agremiações políticas envolvidas e com a homologação deste pela Justiça Eleitoral. A partir de tal acordo, considera-se que os partidos estão coligados. O partido coligado não possui legitimidade para, isoladamente, propor investigação judicial" (TSE – REspe nº 25.015/SP – *DJ* 30-9-2005, p. 122).

> "[...] Não se admite que, isoladamente, um dos integrantes da coligação peça recontagem de votos, o que poderá não ser do interesse dos demais. 11. Precedentes do TSE. 12. Recurso especial não conhecido" (TSE – REspe nº 15.060/SE – *DJ* 29-8-1997, p. 40.312).

Todavia, excepcionalmente, admite-se que partido coligado, em nome próprio, questione "a validade da própria coligação, durante o período compreendido entre a data da convenção e o termo final do prazo para a impugnação do registro de candidatos" (LE, art. 6º, § 4º).

Por outro lado, permite-se que em seu próprio nome o partido coligado impugne candidaturas, proponha ações e requeira medidas administrativas "relativas à eleição proporcional" (Res. TSE nº 23.609/2019, art. 4º, § 5º – incluído pela Res. TSE nº 23.675/2021). Isso porque só pode haver coligação para eleições majoritárias. Então, a ilegitimidade da atuação isolada do partido só se verifica no âmbito das eleições para as quais encontra-se coligado.

O TSE já entendeu que, no âmbito do registro de candidatura: "Os presidentes dos partidos políticos coligados, quando regularmente representados por advogado, têm legitimidade para, conjuntamente, interpor recurso em nome da coligação" (TSE – REspe nº 16.789/PA – PSS 19-9-2000). No caso, o ato foi praticado não pela coligação por meio de seu legítimo representante (LE, art. 6º, § 3º, III e IV), mas pelos próprios partidos coligados; afirmou-se que a união de vontades das agremiações poderia substituir a manifestação volitiva da coligação, embora esta contasse com representante legitimamente designado. Contudo, tempos depois, pela maioria de seus membros, a mesma Corte Superior rechaçou essa conclusão, afirmando que os partidos coligados não têm legitimidade *ad causam* para atuarem no processo eleitoral em seus próprios nomes, ainda que o façam conjuntamente e com a expressa manifestação de seus presidentes; nesse sentido: EAgRg-REspe nº 82-74/SC, j. 7-5-2013. Este último entendimento tem por si o § 4º, art. 6º, da LE (incluído pela Lei nº 12.034/2009), que confere legitimidade ao partido coligado apenas para "questionar a validade da própria coligação".

Extingue-se a coligação, entre outros motivos: (a) pelo distrato, ou seja, pelo desfazimento do pacto firmado por seus integrantes; (b) pela extinção de um dos partidos que a compõem, no caso de ser formada por dois; (c) pela desistência dos candidatos de disputar o pleito, sem que haja indicação de substitutos, pois nesse caso terá perdido seu objeto (TSE – Ag-REspe nº 24.035/BA – *DJ* 1-4-2005, p. 160); (d) com o fim do processo eleitoral para o qual foi formada, isto é, com a diplomação dos eleitos.

Uma vez extinta a coligação, os partidos consorciados readquirem automaticamente legitimidade para atuarem por si próprios no processo eleitoral, recobrando, portanto, liberdade de ação. Nesse sentido: TSE – AgR-REspe nº 060040225/RN – j. 13-4-2023.

6.2.4 Federação partidária

A federação de partidos encontra-se prevista no art. 11-A da LPP e no art. 6º-A da Lei nº 9.504/1997, os quais foram introduzidos pela Lei nº 14.208/2021. Esta norma foi vetada pelo presidente da República ao argumento de ferimento ao interesse público em razão da semelhança do novo instituto com a coligação partidária, mas o veto foi derrubado pelo Congresso Nacional na sessão de 27-9-2021.

A referida Lei nº 14.208/2021 foi impugnada perante o STF na ADI 7021/DF, ajuizada em 4-11-2021, sob o fundamento de violações formal e material da Constituição, eis que o referido diploma legal violaria "frontalmente o § 1º, art. 17 e o art. 65, *caput* e § 1º, da Constituição Federal de 1988, além de outros dispositivos previstos no texto constitucional, tais como os princípios federativo e democrático, a autonomia partidária e os sistemas partidário e eleitoral proporcional." Todavia, o Excelso Pretório manteve quase integralmente aquela norma, tendo se limitado a ajustar o prazo para constituição e registro das federações partidárias.

Em termos conceituais, compreende-se por federação partidária a união temporária de dois ou mais partidos políticos sob uma só legenda com vistas a atuarem conjuntamente no processo eleitoral e na subsequente legislatura. Forma-se uma nova entidade partidária, a qual, porém, é provisória, pois os partidos integrantes devem permanecer vinculados por pelo menos quatro anos. Se um partido se desligar antes desse prazo, sujeita-se às severas sanções previstas no art. 11-A, § 4º, da LPP, a saber: proibição "de ingressar em federação, de celebrar coligação nas 2 (duas) eleições seguintes e, até completar o prazo mínimo remanescente, de utilizar o fundo partidário".

A nova unidade deve funcionar como se fosse um único partido, podendo, inclusive, em nome próprio celebrar coligações majoritárias; ademais, deve ter caráter nacional, ter registrado seu estatuto no TSE e apresentar um programa político comum a todos os seus membros.

Não obstante, os entes que a integram preservam suas personalidades jurídicas, subsistindo, portanto, no mundo jurídico.

Assim, a federação requer coerência, afinidade ideológica e programática entre os partidos que optarem por esse instituto. A exigência de caráter nacional implica a verticalização e atuação conjunta dos partidos em todas as eleições – nacionais, regionais e locais – e união de ações nas respectivas legislaturas subsequentes. Trata-se, pois, de uma relação que deve ser duradoura, orgânica e funcional, compreendendo a associação dos partidos em seus diversos níveis de organização e esferas de atuação, inclusive no âmbito de atuação parlamentar.

A federação de partidos deve ser formalizada e registrada no TSE "no mesmo prazo aplicável aos partidos políticos" (ou seja, até seis meses antes do pleito – LE, art. 4º). Essa determinação funda-se na isonomia reconhecida entre a federação e os partidos políticos, conforme decidiu o STF na medida cautelar da ADI 7.021/DF, j. 9-2-2022. Registre-se que o art. 11-A, § 3º, III, da LPP e o art. 6º-A, parágrafo único, da LE fixaram como limite temporal para a formalização da federação o prazo "de realização das convenções partidárias"; porém, a interpretação desses dispositivos foi readequada pelo STF na referida ADI 7021.

No processo eleitoral, são aplicáveis à federação todas as normas regentes das eleições, tais como as atinentes ao registro de candidatura, propaganda eleitoral, arrecadação de recursos, acesso aos fundos eleitorais, prestação de contas etc. De modo que a federação se apresenta à sociedade como uma só entidade. Apesar de ter preservada a sua personalidade jurídica, ao partido federado não é permitido atuar isoladamente no processo eleitoral, devendo sempre agir pela federação que integra. Assim: (i) os requerimentos de registro de candidatura nas eleições gerais e municipais devem ser formulados pela federação, e em nome dela são formalizados (LPP, art. 11-A, § 8º; LE, art. 6º-A, *caput*); (ii) em qualquer eleição, o partido federado não goza de legitimidade ativa para ajuizar ação eleitoral de forma autônoma, isto é, por iniciativa própria.

Após as eleições, aplicam-se "todas as normas que regem o funcionamento parlamentar e a fidelidade partidária", sendo, porém, "assegurada a identidade e autonomia dos partidos integrantes do consórcio" (LPP, art. 11-A, §§ 1º e 2º). É compreensível essa última regra, pois a união em federação não implica efetiva fusão dos partidos envolvidos. Há, porém, um incentivo para que partidos se unam e, eventualmente, venham a tornar essa união definitiva mediante fusão ou incorporação entre si. Trata-se de possibilidade especialmente importante para partidos pequenos, com matiz ideológico, pois a união com outros lhes permitiria superar cláusulas de barreira (ou de desempenho) cujo não atingimento impediria o acesso a recursos essenciais às suas sobrevivências, tais como estruturas no Poder Legislativo, repasse de verbas dos fundos públicos e tempo de propaganda gratuita no rádio e na televisão (EC nº 97/2017, art. 3º, parágrafo único).

Daí que, uma vez formalizada a federação, os partidos federados conservam: "I – seu nome, sigla e número próprios, inexistindo atribuição de número à federação; II – seu quadro de filiados; III – o direito ao recebimento direto dos repasses do Fundo Partidário e do Fundo Especial de Financiamento de Campanhas e o direito de acesso gratuito ao rádio e à televisão para a veiculação de propaganda partidária, na forma da lei (redação da Res. TSE nº 23.679/2022); IV – o dever de prestar contas; e V – a responsabilidade pelos recolhimentos e sanções que lhes sejam imputados por decisão judicial" (Res. TSE nº 23.670/2021, art. 5º).

Em que pesem os aspectos positivos presentes no instituto da federação de partidos – notadamente o fato de propiciar uma experiência prévia com vistas a eventual fusão ou incorporação – urge ponderar que, se a união ocorrer tão somente para o processo eleitoral a fim de se atingirem objetivos pontuais e imediatos, não haverá diferença substancial entre a federação e a coligação partidária, afigurando-se a primeira como forma de fraude ou burla à proibição de coligação proporcional prevista no art. 17, § 1º, da Constituição (com a redação da EC nº 97/2017).

6.3 REGIME E NATUREZA JURÍDICA

6.3.1 Regime jurídico

O ordenamento jurídico brasileiro trata amplamente dos partidos políticos, o que induziu o surgimento de estudos próprios de Direito Partidário.

A Constituição Federal consagra especificamente aos partidos o capítulo V de seu Título II, art. 17. No entanto, há disposições constitucionais que não se encontram no referido capítulo V que são também aplicáveis ao regime dos partidos, como a que prevê "a liberdade de associação" (CF, art. 5º, XVII).

No âmbito infraconstitucional, a disciplina geral dos partidos encontra-se na Lei nº 9.096/1995 (Lei dos Partidos Políticos – LPP), bem como em resoluções emanadas do TSE.

Se não houver norma para regular determinada questão ligada à gestão e ao funcionamento do partido, suas relações com filiados ou com pessoas e entes privados, é razoável buscar analogia no regime geral das associações de Direito Privado. Isso em razão da natureza privada dos partidos políticos. Tal técnica de colmatação de lacunas existentes no regime jurídico dos partidos também é propugnada em outros sistemas jurídicos, como o espanhol – conforme assinalam Yáñez e Navarro (2019, p. 104): "Por lo que se refiere a su funcionamiento interno lo habitual es que se aplique el régimen general de las asociaciones".

6.3.2 Natureza jurídica

Debate-se acerca da natureza jurídica do partido político, de modo a definir se são entes públicos, privados ou híbridos.

No ordenamento brasileiro, por expressa definição legal, o partido político apresenta natureza de pessoa jurídica de Direito Privado, não sendo, portanto, ente público nem se equiparando a "entidades paraestatais" (LPP, art. 1º, parágrafo único – introduzido pela Lei nº 13.488/2017), por exemplo, as autarquias e fundações públicas.

Por isso, tal qual ocorre com os entes privados, o estatuto do partido deve ser registrado no Serviço de Registro Civil de Pessoas Jurídicas (LPP, art. 8º). É esse registro que lhe confere existência e personalidade jurídica, que lhe habilita a agir no mundo jurídico contraindo direitos e obrigações.

Assim, dirigentes, representantes ou órgãos de partidos políticos não são autoridade pública. Apesar disso, a Lei nº 12.016/2009 (que conferiu nova disciplina ao mandado de segurança) equiparou-os às autoridades em seu art. 1º, § 1º. De sorte que, a partir da vigência dessa norma, é possível impetrar *writ* contra seus atos.

Note-se, porém, que o partido não é ente privado comum ou convencional, mas especial e diferenciado devido às relevantes funções que lhe foram conferidas pela Constituição Federal com vistas ao adequado funcionamento do sistema político e do regime democrático-representativo. Situando-se entre a sociedade e o Estado, é submetido a regime legal próprio, do qual resultam diversos deveres e obrigações, inclusive a de prestar contas de todos os valores arrecadados e gastos com suas atividades.

6.4 REGISTRO NO TSE

Adquirida a personalidade jurídica com o registro no Ofício Registral Civil e na forma da lei civil, o estatuto do partido deve igualmente ser registrado no Tribunal Superior Eleitoral.

Para tanto, é mister sejam observados os requisitos constitucionais e legais (*vide* Lei dos Partidos Políticos e Res. TSE nº 23.571/2018), sob pena de indeferimento do pedido de registro do partido. A comprovação de tais requisitos deve ocorrer no momento do protocolo do requerimento do pedido de registro, "franqueando-se a realização de diligências ao Requerente apenas para saneamento de erros meramente formais (Precedente: QO – RPP nº 153-05/DF)" (TSE – Rp nº 17.211/DF – *DJe* – t. 25, 3-2-2017, p. 125; TSE – RPP nº 58.354/DF – j. 5-10-2017; TSE – RPP 060089573/DF – j. 4-12-2018).

Só é admitido o registro de partido que tenha caráter nacional, considerando-se como tal aquele que comprove, no período de dois anos, o apoiamento de eleitores não filiados a partido político, correspondente a, pelo menos, 0,5% dos votos dados na última eleição geral para a Câmara dos Deputados, não computados os votos em branco e os nulos, distribuídos por um terço, ou mais, dos Estados, com um mínimo de 0,1% do eleitorado que haja votado em cada um deles (CF, art. 17, I, e LPP, art. 7º, § 1º – com a redação da Lei nº 13.165/2015).

A exigência de expressão nacional visa afastar a estruturação de agremiações com caráter meramente local ou regional. Historicamente, trata-se de reação às oligarquias estaduais e ao regionalismo político imperantes na Primeira República. Nesta, sobressaíam partidos políticos estaduais, sendo os principais e mais influentes o Partido Republicano Paulista (PRP) e o Partido Republicano Mineiro (PRM). Daí o predomínio das oligarquias cafeeiras paulistas e mineiras, que controlavam o governo federal, fato conhecido como "política do café com leite"; tal expressão alude ao maior produtor e exportador de café (São Paulo), e ao tradicional produtor de leite e derivados – Minas Gerais.

O apoiamento partidário mínimo é comprovado por meio da coleta das assinaturas (manuscritas ou eletrônicas) dos eleitores em listas ou fichas, as quais devem conter o número da inscrição eleitoral, entre outros dados. A veracidade das assinaturas é verificada mediante comparação com os dados constantes dos assentos eleitorais, como cadastro biométrico, folhas de votação e comprovante de inscrição eleitoral. Para tanto, os originais das listas ou fichas devem ser apresentados aos cartórios eleitorais das respectivas Zonas a fim de "viabilizar a validação das assinaturas" pelo servidor da Justiça Eleitoral e, pois, a certificação do apoiamento do partido. Uma vez publicados os dados do apoiamento ao partido político, abre-se prazo para que os interessados possam impugná-los (LPP, art. 9º, § 1º; Res. TSE nº 23.571/2018, art. 13-B, art. 14, art. 15).

O impedimento de apoio de eleitores já filiados a outras legendas foi introduzido no § 1º, art. 7º, da LPP pela Lei nº 13.107/2015 e, posteriormente, mantido pela Lei nº 13.165/2015. Sob o argumento de ser inconstitucional, aquela norma foi submetida ao Supremo Tribunal na ADI 5.311/DF; argumentou-se que, ao restringir os eleitores que podem apoiar a criação de partidos, a norma distingue e cria diferenças entre cidadãos filiados e não filiados. Entretanto, ao julgar o pedido cautelar nessa ação, em 30-9-2015, o Pleno do STF afirmou a constitucionalidade da regra em exame, entendendo que, na verdade, ela se harmoniza com "os princípios democráticos previstos na Constituição Federal". Isso porque dificulta a exagerada proliferação de partidos, o que pode minar o ideário democrático de uma nação, bem como prestigia o sistema representativo, garantindo sua coerência, substância e responsabilidade.

O registro no TSE não significa interferência do Estado na organização e no funcionamento do partido. Já faz parte da história o tempo em que essas entidades eram convenientemente mantidas como apêndices do Estado. É esse registro que permite, por exemplo, que o partido participe do processo eleitoral, receba recursos do fundo partidário, tenha acesso gratuito ao rádio e à televisão. É também ele que assegura a exclusividade de sua denominação e sigla e de seus símbolos, vedando a utilização, por outras agremiações, de variações que venham a induzir a erro ou confusão. Outrossim, só o partido registrado no TSE pode credenciar delegados perante os órgãos da Justiça Eleitoral (LPP, art. 7º, §§ 2º e 3º, e art. 11).

Vale salientar que, nos termos do art. 4º da Lei nº 9.504/97 (com a redação da Lei nº 13.488/2017), para que um partido possa participar das eleições, é necessário que "até seis meses antes do pleito, tenha registrado seu estatuto no Tribunal Superior Eleitoral, conforme o

Cap. 6 • PARTIDOS POLÍTICOS | 105

disposto em lei, e tenha, até a data da convenção, órgão de direção constituído na circunscrição, de acordo com o respectivo estatuto".

6.5 ORGANIZAÇÃO

6.5.1 Liberdade de organização

A Constituição Federal adotou o princípio da liberdade de organização ao assegurar ao partido político (CF, art. 17, § 1º): *(i)* autonomia para definir sua estrutura interna; *(ii)* autonomia para estabelecer regras sobre escolha, formação e duração de seus órgãos permanentes e provisórios; *(iii)* autonomia para estabelecer regras sobre sua organização e funcionamento; *(iv)* autonomia para adotar os critérios de escolha e o regime de suas coligações nas eleições majoritárias.

No entanto, tal liberdade não é absoluta, "condicionando-se aos princípios do sistema democrático-representativo e do pluripartidarismo" (STF – MC-ADI 5311/DF – *DJe* 4-2-2016). De sorte que o partido deve observar os valores e princípios constitucionais, notadamente os que informam o regime democrático, o sistema representativo, o pluralismo político, a dignidade da pessoa humana, as liberdades de associação e de expressão do pensamento, a transparência de gestão. A organização de forma democrática e republicana do partido não é mera opção, mas imperativo constitucional. Todo partido deve, portanto, amoldar-se aos valores democrático-constitucionais e às restrições legais impostas, *e.g.*, para sua criação, organização, gestão, transformação, funcionamento e financiamento.

É vedado à agremiação empregar organização paramilitar, ministrar instrução militar ou paramilitar e adotar uniforme para seus membros (CF, art. 17, § 4º; LPP, art. 6º). Um partido com tal desenho representaria evidente ameaça ao regime democrático e à estabilidade político-social, pois levantaria perigosamente a bandeira de regimes de exceção, totalitários, além de lhes evocar perigosamente a memória.

6.5.2 Estrutura geral

O estatuto deve dispor sobre o modo como o partido "se organiza e administra, com a definição de sua estrutura geral e identificação, composição e competências dos órgãos partidários nos níveis municipal, estadual e nacional, duração dos mandatos e processo de eleição dos seus membros" (LPP, art. 15, IV).

Organização – ante a exigência legal de caráter nacional, os partidos são organizados de forma vertical nos três níveis da federação brasileira, a saber: nacional, estadual, distrital (no caso do DF) e municipal.

A estrutura de um partido é formada por vários órgãos, tais como: de deliberação (diretório e convenção), de direção (diretoria ou comissão executiva), de disciplina (conselho de ética), de fiscalização (conselho fiscal), jurídico (procuradoria jurídica), de ação político-social, de representação perante a Justiça Eleitoral (delegado).

E no interior desses órgãos são criados cargos e funções, os quais são ocupados por membros e dirigentes do partido, como os cargos de presidente, tesoureiro e secretário. A ocupação se dá sob regime jurídico próprio, sendo excluída a incidência da CLT "às atividades de direção e assessoramento nos órgãos, institutos e fundações dos partidos" (CLT, art. 7º, *f* – incluído pela Lei nº 13.877/2019).

Na falta de regra legal específica, deve-se buscar no estatuto a definição acerca de quais cargos requerem do ocupante a condição de filiado ao partido.

Diretórios e convenções são órgãos coletivos de deliberação. A convenção nacional constitui o órgão máximo de deliberação, a suprema instância decisória no interior do partido. Por sua vez, as convenções estadual, distrital e municipal são órgãos superiores de deliberação no âmbito da respectiva circunscrição.

A comissão executiva é órgão existente em cada diretório partidário; é encabeçada por um presidente e tem por função a representação, direção, gestão e gerenciamento do partido no âmbito de sua respectiva esfera. Trata-se do órgão de ação da agremiação. Pode ela ter caráter permanente ou provisório.

Já o delegado é o representante do partido perante a Justiça Eleitoral, podendo praticar validamente atos em nome do partido, como, *e.g.*, requerer registro de candidatura e fiscalizar atos do processo eleitoral.

Sede dos órgãos dirigentes do partido – a sede nacional da *grei* pode ser estabelecida em qualquer cidade brasileira (LPP, art. 8º, § 1º, art. 15, I, ambos com a redação da Lei nº 13.877/2019). Não mais é necessária sua fixação na capital federal. Por sua vez, a sede de diretório estadual pode ser fixada em qualquer cidade nos limites da circunscrição do Estado; e a de diretório municipal, na circunscrição do respectivo município (Res. TSE nº 23.571/2018, art. 41, §§ 2º e 3º; TSE – Cta nº 060010118/DF, j. 20-8-2020).

Anotação na Justiça Eleitoral dos órgãos de direção partidária e delegados – a constituição dos órgãos de direção partidária em cada uma das esferas de atuação deve ser levada à anotação perante a Justiça Eleitoral. Os órgãos de âmbito nacional são anotados no TSE, a requerimento da direção nacional; já os de âmbito estadual, distrital (DF), zonal (existente apenas no DF) e municipal são anotados no respectivo TRE, a requerimento da direção regional (estadual e distrital) da agremiação (LPP, art. 10, § 1º; Res. TSE nº 23.571/2018, art. 35 ss.).

Esse registro confere legitimidade aos referidos órgãos, torna válidas suas atuações e eficazes os seus atos, notadamente no que concerne às relações com a Justiça Eleitoral. Assim, por exemplo, é ele necessário para fins de recebimento de verbas do Fundo Partidário ou do Fundo Especial de Financiamento de Campanha (Res. TSE nº 23.571/2018, art. 36, parágrafo único).

Quanto ao *delegado* do partido, deve ele ser credenciado perante a Justiça Eleitoral. O credenciamento se dá mediante requerimento "do(a) presidente do respectivo órgão de direção partidária ou do(a) presidente do órgão hierarquicamente superior" (Res. TSE nº 23.571/2018, art. 46, § 1º). Assim, os delegados podem ser credenciados perante o juízo eleitoral, o TRE e o TSE. Nos termos do art. 11, parágrafo único, da LPP: "Os delegados credenciados pelo órgão de direção nacional representam o partido perante quaisquer tribunais ou juízes eleitorais; os credenciados pelos órgãos estaduais, somente perante o Tribunal Regional Eleitoral e os juízes eleitorais do respectivo Estado, do Distrito Federal ou território federal; e os credenciados pelo órgão municipal, perante o juiz eleitoral da respectiva jurisdição".

Órgãos provisórios – o partido goza de "autonomia para [...] estabelecer regras sobre escolha, formação e duração de seus órgãos permanentes e provisórios" (CF, art. 17, § 1º).

Assim, em determinados locais pode ocorrer de o partido não contar com uma organização permanente, estável, mas transitória ou temporária – as denominadas comissões provisórias.

Não obstante, é inconcebível que um órgão se perpetue como provisório. A provisoriedade torna-o precário e vulnerável a manipulações indevidas por parte de dirigentes superiores, pois seus membros podem ser designados e destituídos a qualquer tempo e de modo discricionário. Diante disso, fixou-se que o prazo de vigência dos órgãos provisórios dos partidos políticos "poderá ser de até 8 (oito) anos" (LPP, art. 3º, § 3º – incluído pela Lei nº 13.831/2019; Res. TSE nº 23.571/2018, art. 39, *caput* – com a redação da Res. TSE nº 23.694/2022). A fixação desse prazo se deu por analogia com o tempo máximo de exercício de mandato no Poder Executivo, que é de oito anos no caso de reeleição. Contudo, ao fundamento de que não é "provisório" um órgão cuja duração é fixada em período tão longo como o de oito anos – estando esse dilatado prazo em descompasso com os valores democráticos e republicanos agasalhados na Lei Maior –, a referida regra legal foi questionada na ADI 6.230/DF, ajuizada em 17-9-2019 perante o Supremo Tribunal Federal.

Uma vez esgotado o prazo de vigência de um órgão provisório, o § 4º do referido art. 3º da LPP veda sua extinção automática e o cancelamento de sua inscrição no Cadastro Nacional da Pessoa Jurídica (CNPJ). Assim, a extinção só poderá ocorrer após decisão da Justiça Eleitoral, tomada no âmbito de processo instaurado com esse escopo.

Mandato dos membros dos órgãos partidários – conquanto os partidos tenham personalidade privada e gozem de autonomia, os seus dirigentes não podem se perpetuar no exercício dos cargos e funções que venham a ocupar. Cumprem mandato, cujo prazo de duração deve ser definido pelos próprios partidos em seus estatutos. Nesse sentido, dispõe o art. 3º, § 2º, da LPP (incluído pela Lei nº 13.831/2019): "É assegurada aos partidos políticos autonomia para definir o prazo de duração dos mandatos dos membros dos seus órgãos partidários permanentes ou provisórios". Não houve, porém, definição legal do tempo de duração dos mandatos dos dirigentes. A autonomia de que goza permitiria à agremiação fixar qualquer prazo? Poderia fixar prazo indeterminado?

Antes da positivação do citado § 2º, art. 3º, da LPP, o TSE havia firmado o entendimento de que o regime democrático e republicano impõe aos partidos a fixação de prazo de mandato a seus dirigentes; e, por analogia com a duração de mandato do Poder Executivo, entendeu como razoável o prazo de quatro anos. Nesse sentido, *vide*: TSE – Pet nº 100/DF – j. 19-2-2019 – *DJe* 15-4-2019. Assim, o mandato de dirigente partidário devia ser fixado em quatro anos, podendo haver uma recondução (ou seja, um segundo mandato consecutivo) pelo mesmo tempo. Afigura-se razoável essa compreensão – e nada impede que seja adotada –, pois, conforme estabelece o art. 17 da Constituição, os partidos devem observar o regime democrático e republicano, cumprindo-lhes, portanto, promover a democracia interna e a rotatividade no exercício dos cargos e funções integrantes de seus órgãos diretivos.

Cota de gênero na organização dos partidos – não há regra legal estabelecendo cota de gênero – notadamente o feminino – para o preenchimento de cargos nos órgãos dirigentes dos partidos.

No entanto, ao julgar a Consulta nº 060381639/DF, em 19-5-2020, assentou a Corte Superior a aplicação por analogia do art. 10, § 3º, da LE (que prevê reserva de vagas por gênero para o registro de candidaturas nas eleições proporcionais) na disputa para a composição dos órgãos partidários. Com isso, viabiliza-se a implementação da cota de gênero no interior das agremiações partidárias. Mas note-se que tal reserva não propicia efetiva *ocupação* de cargos por gênero, restringindo-se à garantia de participação na disputa.

6.5.3 Incorporação e fusão de partidos

Incorporação e fusão constituem formas de transformação de pessoas jurídicas. São previstas no art. 29 da LPP, que estabelece os requisitos necessários à perfeição daqueles atos. Nos dois casos, deve haver deliberação dos órgãos de direção nacional das entidades envolvidas.

Ocorre *incorporação* quando um ou vários partidos são absorvidos por outro, que lhes sucede em todos os direitos e obrigações. As agremiações incorporadas deixam de existir, subsistindo apenas a incorporadora ou incorporanda. Por isso, prevê o § 6º do aludido art. 29 que o instrumento de incorporação seja apresentado ao Ofício Civil competente, para que seja cancelado o registro do partido incorporado. Caso seja adotado "o estatuto e o programa do partido incorporador", o § 3º desse artigo requer a realização de "eleição do novo órgão de direção nacional", eleição essa que deve ser realizada em reunião conjunta dos órgãos nacionais de deliberação de ambos os partidos. De outro lado, determina o § 8º daquele mesmo dispositivo que o novo estatuto ou instrumento de incorporação seja "levado a registro e averbado, respectivamente, no Ofício Civil e no Tribunal Superior Eleitoral". Portanto, deve haver duplo registro, tal qual ocorre com a criação de partido. Quando do registro no TSE, todos os requisitos devem ser comprovados.

Por seu turno, a *fusão* é o processo pelo qual um ou mais partidos se unem, de maneira a formar outro, o qual sucederá os demais nos seus direitos e obrigações. Com a fusão ocorre a extinção das agremiações que se uniram para formar a nova entidade jurídica. Em reunião conjunta, por maioria absoluta de votos, os órgãos de direção nacional dos partidos "em processo de fusão" deverão aprovar o estatuto e o programa do novo ente, bem como eleger o órgão de direção nacional que promoverá o seu registro. A existência dos partidos fundidos cessa com o trânsito em julgado da decisão do TSE que homologa o ato, sendo os seus respectivos registros cancelados no TSE e no Cartório de Registro de Pessoas Jurídicas; nesse sentido: TSE – TutCautAnt nº 060000357/DF, j. 30-4-2024. Por outro lado, a existência legal do novel partido se dará com o seu registro no competente Ofício Civil da sede do novo partido (LPP, art. 29, §§ 1º e 4º – este com a redação da Lei nº 13.877/2019).

Somente é permitida a fusão ou incorporação de partidos políticos "que hajam obtido o registro definitivo do Tribunal Superior Eleitoral há, pelo menos, 5 (cinco) anos". Essa restrição temporal não constava da redação original da Lei nº 9.096/95, tendo sido acrescida ao seu art. 29, § 9º, pela Lei nº 13.107/2015. Tal dispositivo foi impugnado na ADI 5.311/DF, que, porém, foi julgada improcedente pelo Pleno do STF em 4-3-2020. Para o Pretório Excelso, é constitucional o impedimento legal de fusão ou incorporação de partidos criados há menos de cinco anos, não havendo que se falar em ferimento ao *caput* do art. 17 da Constituição, o qual, literalmente, assegura a liberdade de "criação, fusão, incorporação e extinção de partidos políticos". Isso porque, não há liberdade absoluta nem autonomia sem qualquer limitação. Ademais, a aludida exigência temporal reforça o compromisso com o cidadão, pois dificulta a proliferação de agremiações sem qualquer substrato social, "sem expressão política, que podem atuar como 'legendas de aluguel', fraudando a representação, base do regime democrático", legendas cujo principal propósito é beneficiar seus dirigentes e receber benefícios como acesso ao fundo partidário, ao fundo de financiamento de campanha, ao tempo de propaganda gratuita no rádio e TV.

No plano dos efeitos, vale destacar que o partido incorporador e o novo ente partidário resultante da fusão : *(i)* sucedem em todos os direitos e obrigações, ativos e passivos, os partidos extintos – isto é, as entidades incorporadas ou fundidas; *(ii)* têm direito ao cômputo dos votos recebidos na última eleição pelas entidades extintas para fins: *(ii.a)* de participação na distribuição dos recursos do Fundo Partidário e do Fundo Especial de Financiamento de Campanhas; *(ii.b)* do acesso gratuito ao rádio e televisão.

Esses e outros resultados somente se produzem com a conclusão dos atos de fusão e incorporação, e para tanto é necessário que todas as condições impostas aos partidos interessados sejam devidamente implementadas e os respectivos atos averbados perante o TSE. Nesse sentido, *vide*: TSE – Pet nº 0600362-80/DF, j. 19-3-2020.

No que concerne a sanções porventura impostas a órgãos do partido incorporado, o art. 3º, I, da EC nº 111/2021 estabelece não serem inaplicáveis ao "partido incorporador nem aos seus novos dirigentes, exceto aos que já integravam o partido incorporado"; tais sanções abrangem "as decorrentes de prestações de contas, bem como as de responsabilização de seus antigos dirigentes".

6.5.4   Fundação e instituto partidário

Por determinação legal, o partido *deve criar e manter uma fundação* ou instituto "destinado ao estudo e pesquisa, à doutrinação e à educação política". Para tanto, deve aplicar "no mínimo, vinte por cento do total recebido" do Fundo Partidário (LPP, art. 53, *caput*, c.c. art. 44, IV).

Debate-se acerca do sentido do termo "instituto", notadamente se foi empregado como sinônimo de "fundação" ou, ao revés, se compreende entes de natureza diversa, como, por exemplo, associação.

De todo modo, trata-se de ente privado, instituído e regido pelas normas de Direito Privado. Goza de autonomia administrativa e financeira em relação ao seu instituidor (o partido), tem administrador próprio, sendo-lhe facultado "contratar com instituições públicas e privadas, prestar serviços e manter estabelecimentos de acordo com suas finalidades, podendo, ainda, manter intercâmbio com instituições não nacionais" (LPP, art. 53, segunda parte). Tal autonomia é ainda evidenciada no art. 37, § 14, da LPP, segundo o qual referido ente "não será atingido pela sanção aplicada ao partido político em caso de desaprovação de suas contas, exceto se tiver diretamente dado causa à reprovação".

No tocante à fundação, vale registrar que, além de ser fiscalizada pela Justiça Eleitoral quanto aos recursos públicos recebidos notadamente do Fundo Partidário (nesse sentido: TSE – QO na PC nº 192-65/DF, j. 27-10-2020), também é fiscalizada pelo Ministério Público do Estado em que sediada, conforme dispõe o art. 66 do Código Civil: "Velará pelas fundações o Ministério Público do Estado onde situadas"; se as atividades da fundação se estenderem por mais de um Estado, caberá tal encargo "em cada um deles, ao respectivo Ministério Público".

Havendo extinção, fusão ou incorporação do partido, a fundação ou o instituto a ele vinculado será extinto e o seu patrimônio "vertido ao ente que vier a sucedê-lo" (LPP, art. 53, § 2º, I). Nesse sentido, *vide*: TSE – Pet nº 0601953-14/DF – *DJe* 10-5-2019; TSE – Pet nº 0601972-20 – j. 28-5-2019; TSE – Cta nº 0601870-95/DF, j. 30-5-2019. O mesmo ocorrerá se o instituto for convertido em fundação e vice-versa. Tal versão patrimonial "implica a sucessão de todos os direitos, os deveres e as obrigações da fundação ou do instituto extinto, transformado ou convertido" (LPP, art. 53, § 3º).

6.6 FILIAÇÃO, DESFILIAÇÃO, SUSPENSÃO E CANCELAMENTO DE FILIAÇÃO PARTIDÁRIA

A filiação estabelece um vínculo jurídico entre o cidadão e a entidade partidária. É regulada nos arts. 16 a 22-A da Lei nº 9.096/95 (LPP), bem como na Res. TSE nº 23.596/2019 e no estatuto da agremiação.

Aos filiados é assegurada igualdade de direitos e deveres (LPP, art. 4º).

Só pode filiar-se a um partido quem estiver no pleno gozo de seus direitos políticos. Portanto, se tais direitos estiverem suspensos quando da filiação, esse ato não terá validade. Assim: "é nula a filiação realizada durante o período em que se encontram suspensos os direitos políticos em decorrência de condenação criminal transitada em julgado. Precedentes. [...]" (TSE – REspe nº 11.450/MS – *DJe* 26-8-2012).

Além disso, é preciso que se atendam aos requisitos postos na lei e no estatuto. O princípio da autonomia partidária assegura à agremiação o poder de definir as regras e os critérios que entender pertinentes para a admissão de filiados, o que deve ser fixado no estatuto. É vedado, porém, o estabelecimento de critérios discriminatórios ou abusivos, que impliquem ferimento a direitos fundamentais; essa limitação decorre da eficácia horizontal dos direitos fundamentais, cuja incidência nas relações privadas é tema pacífico tanto na doutrina quanto na jurisprudência do Supremo Tribunal Federal.

O ato de filiação pode ser levado a efeito perante os órgãos de direção municipal, estadual ou nacional. Deferida a filiação internamente, o próprio órgão de direção deverá inserir ou lançar os dados do filiado no sistema eletrônico da Justiça Eleitoral, denominado Filia (Módulo Externo desse sistema). A inserção dos dados no Filia deve ser feita em até 10 (dez) dias, prazo que deve ser contado "da data da filiação constante da ficha respectiva" (Res. TSE nº 23.596/2019, art. 11, § 1º). Após, tal informação é publicizada no site do TSE, sendo atualizada a base oficial de filiados da Justiça Eleitoral.

O próprio sistema Filia envia automaticamente aos juízes eleitorais das respectivas circunscrições uma relação com os nomes dos filiados. Dessa relação deve constar: "a data de filiação, o número dos títulos eleitorais e das seções em que estão inscritos"; tal providência é feita para fins de "arquivamento, publicação e cumprimento dos prazos de filiação partidária para efeito de candidatura a cargos eletivos" (LPP, art. 19, *caput* – redação da Lei nº 13.877/2019).

Aos órgãos de direção partidária de âmbito nacional e estadual, deve a Justiça Eleitoral disponibilizar eletronicamente "acesso a todas as informações de seus filiados constantes do cadastro eleitoral, incluídas as relacionadas a seu nome completo, sexo, número do título de eleitor e de inscrição no Cadastro de Pessoa Física (CPF), endereço, telefones, entre outras" (LPP, art. 19, §§ 3º e 4º – este incluído pela Lei nº 13.877/2019). Portanto – com relação à direção do partido –, não há sigilo dos dados das pessoas que a ele estejam filiadas. No entanto, há que se observar a Lei Geral de Proteção de Dados Pessoais (Lei nº 13.709/2018), que veda, por exemplo, a disponibilização de dados pessoais sensíveis do eleitor como são os genéticos e biométricos. Por outro lado, a permissão de acesso só ocorre no tocante aos dados dos próprios filiados, pois é vedado que um partido acesse dados de integrantes de outra entidade.

Pode ocorrer de uma pessoa ter deferida sua filiação, mas o órgão de direção partidária não inserir os seus dados no sistema Filia no prazo estabelecido. Em tal caso, o § 2º, art. 19, da LPP faculta ao prejudicado requerer, diretamente à Justiça Eleitoral, a inclusão de seus dados no sistema, devendo, então, demonstrar sua filiação com documentos e informações bastantes. Para tanto, deverá ser instaurado um procedimento próprio, sendo o partido interessado citado para manifestar-se. Sendo o requerimento deferido, o juiz determinará a inserção do nome do requerente na lista de filiados ao partido, nos termos do art. 11, § 4º, da Res. TSE nº 23.596/2019, que dispõe:

> "Reconhecida pelo partido a filiação ou comprovada esta por documentos, e desde que não haja indícios de fraude na data de filiação informada, o juízo deferirá o requerimento e promoverá o lançamento da filiação no FILIA, sendo o partido intimado do lançamento."

Não há previsão de prazo para que o interessado possa protocolar o aludido requerimento, donde se conclui que poderá fazê-lo a qualquer tempo após o vencimento do prazo conferido ao partido para a inserção de dados no Filia.

A prova da filiação partidária é realizada com base nos registros oficiais do Filia. Entretanto, nos termos da Súmula nº 20 do TSE, a filiação também pode ser demonstrada por "outros elementos de convicção". Daí admitir que essa prova seja feita: *(i)* por certidão emanada de Cartório Eleitoral, a qual é revestida de fé pública; *(ii)* pelo comprovante entregue ao interessado quando de seu ingresso na agremiação; *(iii)* pela ficha de inscrição ou filiação ao partido; *(iv)* por mensagens de aplicativos de conversa ou mensagem como WhatsApp e Telegram (TSE – AgRg-REspe nº 675/SE – *DJe*, t. 57, 25-3-2019, p. 33-34). Mas é preciso que esses documentos sejam inequívocos e tenham sido constituídos previamente. Embora particulares e produzidos unilateralmente (exceto troca de mensagens em aplicativos como WhatsApp e Telegram, pois aqui há bilateralidade), não se pode recusar aos referidos documentos idoneidade, ainda que relativa, para comprovar a filiação. Nesse rumo, interpretou a Corte Superior Eleitoral ser "[...] demasiado exigir que a prova da filiação partidária só possa ser feita pelo depósito das listas dos filiados a ser feita pelos partidos, conforme exigência formal do art. 19 da Lei nº 9.096/95 [...]" (TSE – RO nº 977/SP – PSS 14-9-2006).

Vale observar que, se tal demonstração tiver de ser realizada em processo de registro de candidatura, há rigor quanto à exigência de prova robusta da filiação partidária. Confira-se: (*i*) "[...] 1. De acordo com a jurisprudência do Tribunal Superior Eleitoral, nem a ficha de filiação partidária nem a declaração unilateral de dirigente de partido são aptas a comprovar a regular e tempestiva filiação. [...]" (TSE – AgR-REspe nº 195.855/AM – PSS 3-11-2010); (*ii*) "[...] 4. Documentos produzidos unilateralmente por partido político ou candidato – na espécie, ficha de filiação, ata de reunião do partido e relação interna de filiados extraída do respectivo sistema – não são aptos a comprovar a filiação partidária, por não gozarem de fé pública. Não incidência da Súmula 20/TSE. [...]" (TSE – AgR-REspe nº 338.745/SP – PSS 6-10-2010); (*iii*) "[...] 2. O candidato apresentou, como única prova de sua filiação, a ficha de filiação ao PSB, a qual [...] não se presta para comprovar a filiação partidária, por se tratar de documento produzido unilateralmente e destituído de fé pública, consoante prevê a farta jurisprudência desta Corte Superior. Precedentes. [...]. 6. Negado provimento ao agravo interno." (TSE – Ag-REspe nº 060022120 – *DJe* 25-6-2021).

Note-se, porém, que o rigor desse entendimento tem sido suavizado. Mesmo no bojo de processo de registro de candidatura já se reconheceu filiação partidária evidenciada em "contexto probatório variado", formado, inclusive, por mensagens em aplicativo de WhatsApp ou Telegram. Nesse sentido:

> "1. No caso, o Tribunal *a quo* deferiu o pedido de registro da candidata ao cargo de deputado federal, por entender comprovada a filiação partidária, com base em contexto probatório variado, composto de elementos unilaterais (ficha de filiação, ficha de inscrição de pré-candidatos e declaração de dirigente partidário) e de provas bilaterais (mensagens de aplicativo de conversas instantâneas), cujas datas são anteriores ao prazo legal de 6 meses. 2. Nos termos do verbete sumular 20 do TSE, a prova de filiação partidária daquele cujo nome não constou da lista de filiados de que trata o art. 19 da Lei 9.096/95 pode ser realizada por outros elementos de convicção, inclusive pelo conjunto harmônico de indícios e provas, unilaterais e bilaterais, tal como se verifica no caso dos autos. [...] Agravo regimental a que se nega provimento" (TSE – AgRg-REspe nº 0600248-56.2018.6.08.0000/ES – j. 6-11-2018).

Desfiliação – para desligar-se espontaneamente do partido político, o filiado deve fazer comunicação escrita ao órgão de direção municipal e ao juiz eleitoral da zona em que se encontrar inscrito. Decorridos dois dias da data da entrega da comunicação, o vínculo é extinto (LPP, art. 21).

Entretanto, em certos casos, o cancelamento da filiação é automático, tal como se dá se houver: "I – morte; II – perda dos direitos políticos; III – expulsão; IV – outras formas previstas no estatuto, com comunicação obrigatória ao atingido no prazo de quarenta e oito horas da decisão; V – filiação a outro partido, desde que a pessoa comunique o fato ao juiz da respectiva Zona Eleitoral" (LPP, arts. 21 e 22).

Suspensão – note-se que a hipótese do citado inciso II, art. 22, da LPP cuida de *perda* de direitos políticos, não devendo essa hipótese ser confundida com a *suspensão desses mesmos direitos*. Assim, se os direitos políticos forem suspensos, não haverá extinção, mas suspensão da filiação partidária. Nesse sentido, dispõe o art. 21-A, inciso II, da Res. nº 23.596/2019 do TSE: "Em caso de suspensão de direitos políticos, a filiação partidária será: [...] II - suspensa, se for preexistente à suspensão de direitos políticos." E mais:

> "Registro. Candidato. Vereador. Condenação criminal. Suspensão de direitos políticos. Filiação partidária. 1. Conforme decisão proferida por esta Corte Superior no julgamento do caso Belinati, que se fundou inclusive no Acórdão nº 12.371, relator Ministro Carlos

Velloso, subsiste a filiação anterior à suspensão dos direitos políticos. 2. Não se tratando de nova filiação, mas de reconhecimento de filiação anterior, que esteve suspensa em razão de cumprimento de pena, tem-se como atendido o requisito do art. 18 da Lei nº 9.096/95 [esse art. 18 foi revogado pela Lei nº 13.165/2015 – *vide* art. 9º da LE]. Recurso especial conhecido e provido" (TSE – REspe nº 22.980/SP – PSS 21-10-2004).

Durante o período em que vigorar a suspensão, o filiado suspenso não pode praticar ato privativo de filiado regular, tampouco exercer cargo político eletivo ou de direção dentro do organismo partidário; consequentemente, não poderá se candidatar a cargo político eletivo (TSE – Ag-REspe no 11.166/GO – j. 30-3-2017).

No entanto, a filiação voltará a produzir plenamente seus efeitos tão logo os direitos políticos forem restabelecidos.

Dupla (ou pluralidade de) filiação partidária – à vista do inciso V (acrescido ao citado art. 22 pela Lei nº 12.891/2013), aquele que, estando filiado a uma agremiação, se engajar em outra tem o dever legal de comunicar esse fato ao partido que deixa *e* ao juiz de sua respectiva zona eleitoral, para que a filiação primitiva seja cancelada. Se não o fizer logo após a nova filiação, ficará configurada *duplicidade de filiação partidária*, pois a mesma pessoa constará nas listas enviadas à Justiça Eleitoral por ambos os partidos.

Também pode ocorrer de constar a filiação de uma mesma pessoa em mais de dois partidos, havendo, portanto, *pluralidade* de filiação.

Em qualquer caso, dispõe o parágrafo único do art. 22 da LPP (com redação da Lei nº 12.891/2013): "Havendo coexistência de filiações partidárias, prevalecerá a mais recente, devendo a Justiça Eleitoral determinar o cancelamento das demais". É razoável essa solução, pois a inscrição derradeira revela a intenção atual do filiado, a entidade a que ele realmente quer se manter vinculado.

Diante disso, não mais se devem cancelar *todas* as filiações (como previa o revogado parágrafo único do citado art. 22), mantendo-se apenas a última, por ser esta a expressão mais recente da vontade do cidadão.

Tal solução pressupõe que as diversas filiações tenham ocorrido em datas diferentes.

Entretanto, e se não houver sucessividade entre as diversas filiações, ou seja, se ocorrerem na mesma data? Nesse caso, o art. 23 da Res. TSE nº 23.596/2019 (alterado pela Res. TSE nº 23.668/2021) determina que o juiz eleitoral expeça notificações ao filiado e aos partidos envolvidos para que se manifestem sobre a questão. A partir das respostas apresentadas e da manifestação do órgão do Ministério Público, o § 4º-A do referido artigo permite ao juiz decidir: "I – pela manutenção do vínculo partidário mais recente, quando for possível estabelecer o momento em que as filiações ocorreram; II – pela manutenção do vínculo partidário indicado pelo eleitor, quando não for possível estabelecer o momento em que as filiações ocorreram; III – pelo cancelamento de todos os vínculos, quando não for possível estabelecer o momento em que as filiações ocorreram e o eleitor não indicar interesse na manutenção de qualquer dos vínculos partidários". Havendo dúvida insolúvel, esta última alternativa (III) enseja o reconhecimento e manutenção do vínculo com a agremiação indicada pelo filiado, solução essa que se harmoniza com a autonomia partidária (CF, art. 17, § 1º), a cidadania (CF, art. 1º, II) e a liberdade de associação (CF, art. 5º, XX).

6.7 PROPAGANDA PARTIDÁRIA E INTRAPARTIDÁRIA

6.7.1 Propaganda partidária

Os partidos políticos têm assegurado o direito de se comunicar com a sociedade. Por sua vez, os cidadãos têm direito de ser informados sobre os partidos e as ações que desenvolvem.

Um dos canais de comunicação é a propaganda partidária. Por meio desta, o partido expõe publicamente sua história, projetos e metas, os valores que defende, seu programa e os meios para realizá-lo; é na propaganda partidária que as agremiações apresentam suas propostas para o bem-estar coletivo e desenvolvimento da sociedade. Nesse afã, pode haver confronto de opiniões, teses, propostas de soluções para problemas nacionais, regionais ou locais.

Dada a importância dessa comunicação para o regime democrático, o art. 17, § 3º, da Constituição Federal confere aos partidos o denominado *direito de antena*, consistente no acesso gratuito ao rádio e à televisão – que são importantes meios de comunicação de massa.

A propaganda partidária gratuita no rádio e na televisão havia sido extinta pelo art. 5º da Lei nº 13.487/2017. Todavia, foi reintroduzida pela Lei nº 14.291/2022, que inseriu na LPP os arts. 50-A a 50-E.

Tanto a Constituição Federal quanto a Lei nº 9.096/1995 apenas aludem à propaganda no rádio e na televisão. Diante disso, discute-se se poderia ser veiculada propaganda partidária em outros meios, como a imprensa escrita ou eletrônica, Internet, redes sociais, *outdoors*. Acentuando o respeito devido à liberdade de expressão e seu assento constitucional, a jurisprudência já afirmou ser permitida a propaganda partidária pela imprensa, "desde que se o faça dentro dos princípios da ética, e em obediência aos preceitos legais que compõem o nosso ordenamento jurídico" (TRE-SC – Res. nº 7.133, de 8-9-1999). Por seu turno, ao responder à Consulta nº 1.132/DF (Res. TSE nº 21.983/2005), a Corte Superior Eleitoral reconheceu inexistir norma específica que discipline a propaganda partidária em tais veículos, concluindo pela licitude de sua realização, desde que sejam "observadas as vedações previstas para a propaganda nas leis que disciplinam o Direito Eleitoral". Infere-se, pois, que a realização de propaganda partidária fora do rádio e da televisão submete-se à mesma disciplina e limitações previstas para a propaganda eleitoral.

A propaganda partidária é gratuita. Mas a gratuidade é relativa, pois, nos termos do art. 50-E da LPP, o veículo emissor é sempre ressarcido pelos cofres públicos por meio do mecanismo de compensação tributária.

A regulamentação dessa matéria deve ter o sentido de assegurar a isonomia entre as agremiações. Se investido em publicidade, o arsenal econômico detido por algumas entidades poderia ensejar o desequilíbrio de futura disputa eleitoral.

A veiculação deve ocorrer nos primeiros e segundos semestres dos anos não eleitorais e apenas no primeiro semestre dos anos eleitorais (LPP, art. 50-B, § 3º; Res. TSE nº 23.679/2022, art. 6º, I e II).

São objetivos da propaganda partidária: "I – difundir os programas partidários; II – transmitir mensagens aos filiados sobre a execução do programa partidário, os eventos com este relacionados e as atividades congressuais do partido; III – divulgar a posição do partido em relação a temas políticos e ações da sociedade civil; IV – incentivar a filiação partidária e esclarecer o papel dos partidos na democracia brasileira; V – promover e difundir a participação política das mulheres, dos jovens e dos negros" (LPP, art. 50-B).

O direito de acesso à propaganda gratuita somente é assegurado aos partidos que atinjam a cláusula de desempenho prevista no § 3º do art. 17 da CF (LPP, art. 50-B, § 1º). O tempo disponibilizado varia em função da representação parlamentar da legenda obtida na última eleição geral, sendo desconsideradas eventuais migrações partidárias durante a legislatura. Quanto maior o número de votos obtidos na eleição para a Câmara de Deputados, maior será o tempo disponibilizado.

Do tempo total a que tiver direito, deve o partido empregar, no mínimo, 30% para promover e difundir a participação política das mulheres (LPP, art. 50-B, § 2º; Res. TSE nº 23.679/2022, art. 3º, § 1º).

A produção do programa e a geração de conteúdos para a veiculação são de responsabilidade dos partidos, que devem disponibilizá-los em mídia com tecnologia compatível com a da emissora que fará a transmissão.

É vedada a censura prévia ao conteúdo da inserção (Res. TSE nº 23.679/2022, art. 15, *caput*). Ademais, às emissoras não é dado recursar o material que lhes for regularmente entregue pelo partido, tampouco exercer controle sobre ele.

Quanto à forma de realização, a gravação pode ocorrer em estúdio ou em ambiente aberto, ou seja, ao ar livre.

A fim de atingir o maior número de pessoas, a propaganda é veiculada em horário nobre, pois deve ir ao ar entre as 19 horas e 30 minutos e as 22 horas e 30 minutos.

As transmissões são realizadas em âmbito nacional e estadual.

Duas são as formas previstas: *cadeia* ou bloco (LPP, art. 50-A, §§ 2º e 3º) e *inserção* (LPP, art. 50-A, §§ 7º e 8º). Caracteriza-se a *cadeia* por suspender as transmissões das emissoras, de sorte que a mensagem vai ao ar simultaneamente em todos os canais. Sendo nacional, não pode haver "quebra" na transmissão em cadeia, devendo a mensagem ser veiculada simultaneamente em todos os Estados da Federação. Já *inserção* consiste na intercalação feita na programação normal das emissoras, não havendo simultaneidade na transmissão nos diversos veículos. Assim, as emissoras a levarão ao ar em momentos distintos, conforme lhes convier, mas sempre dentro dos limites temporais estabelecidos em lei.

Tanto a cadeia ou bloco quanto as inserções nacionais devem ser requeridos ao Tribunal Superior Eleitoral pelo órgão de direção nacional da agremiação interessada. Já no âmbito estadual, o requerimento deve ser formulado pelo respectivo órgão de direção estadual do partido e endereçado ao Tribunal Regional Eleitoral.

Não se admite a utilização comercial da propaganda em apreço, assim considerada a que vise à promoção de marca ou produto. Ademais, é proibida: "I – a participação de pessoas não filiadas ao partido responsável pelo programa; II – a divulgação de propaganda de candidatos a cargos eletivos e a defesa de interesses pessoais ou de outros partidos, bem como toda forma de propaganda eleitoral; III – a utilização de imagens ou de cenas incorretas ou incompletas, de efeitos ou de quaisquer outros recursos que distorçam ou falseiem os fatos ou a sua comunicação; IV – a utilização de matérias que possam ser comprovadas como falsas (*fake news*); V – a prática de atos que resultem em qualquer tipo de preconceito racial, de gênero ou de local de origem; VI – a prática de atos que incitem a violência" (LPP, art. 50-B, § 4º).

Com base no transcrito inciso I, claro está que a utilização do horário de propaganda por candidato de agremiação diversa constitui uso indevido dos meios de comunicação social postos à disposição do partido. Nessa linha, a Corte Superior Eleitoral teve oportunidade de assentar:

> "O uso do tempo de propaganda partidária para beneficiar político filiado a outra agremiação, com ostensiva intenção de concorrer a cargo eletivo no pleito a realizar-se no período eleitoral subsequente, traduz falta gravíssima sujeita a sanção correspondente ao máximo previsto em lei: a cassação de todo o direito de transmissão a que o infrator faria *jus* no semestre subsequente" (TSE – Ac. nº 766 – *DJ* 9-6-2006, p. 133).

Por outro lado, no tocante ao transcrito inciso II, a lei é cristalina ao vedar a divulgação, no horário partidário, de candidatura (i.e., a propaganda de candidatos a cargos eletivos) e a defesa de interesses pessoais ou de outras agremiações, bem como toda forma de propaganda eleitoral. Proibida, pois, de forma clara e precisa, a promoção pessoal que ostente coloração eleitoral. Por certo, tais ocorrências desnaturam os princípios inspiradores da propaganda partidária. A promoção dos interesses de outras agremiações políticas também ofende a igualdade, pois os beneficiados estariam obtendo, por via transversa, tempo maior do que teriam realmente direito.

De mais a mais, se, por um lado, não é vedada a presença de filiados, ainda que notórios, potenciais candidatos ou pré-candidatos no programa partidário, por outro, a presença deles não pode reportar suas candidaturas, antecipando a campanha eleitoral; tampouco o conjunto da comunicação pode ser direcionado a esse enfoque. Isso significaria evidente desbordamento dos limites traçados pelo sistema jurídico, pois a propaganda em nada se relacionaria com a divulgação do programa partidário, tampouco com a atuação histórica e conquistas do partido. Tal ocorre, por exemplo, quando há acentuada adjetivação das qualidades de potencial candidato, quando se enfatizam suas realizações, seus feitos como administrador, sua atuação política atual ou pretérita, a história de sua vida, suas pretensões, enfim, quando ostensivamente se apresenta alguém como a pessoa ideal – a mais competente, a mais honesta, a mais habilidosa – para ocupar determinado cargo eletivo.

Note-se que o desvirtuamento da propaganda partidária pode ocorrer ainda que o beneficiário seja detentor de mandato eletivo.

Representação por propaganda partidária ilícita – o descumprimento das diretrizes legais estabelecidas para a propaganda partidária enseja a responsabilização do respectivo partido político. Nesse propósito, o § 5º do art. 50-B da LPP prevê a sanção de "cassação do tempo equivalente a 2 (duas) a 5 (cinco) vezes o tempo da inserção ilícita, no semestre seguinte". Considerando que em ano de eleição a propaganda partidária só pode ser realizada no primeiro semestre, as sanções por irregularidades aí ocorridas só poderão ser efetivadas no ano seguinte ao do pleito.

Para que a perda da transmissão se concretize, é necessário que se instaure processo judicial contra o partido infrator. É que a responsabilização do infrator requer decisão judicial, o que torna necessária a formalização de processo jurisdicional.

O processo deve ser instaurado mediante *representação* (*i.e.*, ação), a qual "poderá ser oferecida por partido político ou pelo Ministério Público Eleitoral" (LPP, art. 50-B, § 6º, primeira parte). O partido atuará, conforme o caso, por meio de seu órgão de direção nacional ou estadual. Assim, autoridades públicas e cidadãos (ainda que filiados a partidos políticos ou que nestes exerçam alguma função) não gozam de legitimidade ativa *ad causam*.

Em que pese o silêncio da lei, o procedimento a ser observado é o previsto nos incisos I a XIII do art. 22 da LC nº 64/1990 – no que couber. Tal procedimento é delineado nos arts. 19 a 30 da Res. TSE nº 23.679/2022.

Entretanto, se a inserção partidária for desvirtuada a ponto de configurar propaganda eleitoral antecipada (e, pois, ilícita) e o objeto da representação for esta última, o procedimento a ser observado é o previsto no art. 96 da Lei nº 9.504/1997. É que este último é o rito aplicável às representações relativas ao descumprimento da Lei nº 9.504/1997, norma que disciplina a representação por propaganda eleitoral ilícita. Nesse sentido, dispõe a Res. TSE nº 23.679/2022:

> "Art. 4º [...] § 3º A utilização de tempo de propaganda partidária para promoção de pretensa candidatura, ainda que sem pedido explícito de voto, constitui propaganda antecipada ilícita por infração aos arts. 44 e 47 da Lei nº 9.504/1997, passível de multa nos termos do § 3º do art. 36 da mesma lei, sem prejuízo da cassação de tempo decorrente da violação do inciso II deste artigo.
>
> § 4º A apuração da propaganda antecipada ilícita, na hipótese do § 3º deste artigo, será feita em representação própria, nos termos do art. 96 da Lei nº 9.504/1997 e da Res.-TSE nº 23.608, devendo ser distribuída a um(a) dos(as) juízes(as) auxiliares, no período em que atuarem".

Na hipótese de cumulação de pedidos atinentes a propaganda partidária ilícita e propaganda eleitoral ilícita, deve-se proceder ao desmembramento do feito. Com isso, garante-se que cada qual das representações siga o seu próprio rito e seja julgada pelo juízo competente.

A petição inicial segue o padrão do art. 319 do CPC. Deve indicar o órgão jurisdicional a que se dirige, a qualificação e o domicílio ou sede do representado, o pedido e seus fundamentos fático-jurídicos (= causa de pedir) e requerimento de citação. Ademais, deve especificar as provas com que se pretende demonstrar a verdade dos fatos alegados. É também imprescindível que se acoste aos autos arquivo de mídia contendo a inserção impugnada, informação sobre o dia e horário da exibição e transcrição do conteúdo impugnado.

O ajuizamento da representação deve ocorrer no prazo legal. Nos termos do § 7º do art. 50-B da LPP, ela deve ser formalizada até o "último dia do semestre em que for veiculado o programa impugnado". Porém, se a transmissão tiver ocorrido nos últimos 30 dias do semestre, o prazo para ajuizamento é prorrogado para "até o 15º (décimo quinto) dia do semestre seguinte". Ultrapassados tais lapsos, opera-se a decadência do direito de ingressar com a representação em exame.

No tocante à competência, é vinculada ao órgão detentor de atribuição para autorizar a transmissão. Assim, a competência será do TSE "quando se tratar de inserções nacionais", e será dos TREs "quando se tratar de inserções transmitidas nos Estados correspondentes" (LPP, art. 50-B, § 6º, segunda parte). Não há, portanto, previsão legal de competência para o juiz eleitoral.

No interesse da efetividade do direito da parte, é cabível a concessão de tutela de urgência antecipada "para suspender novas veiculações da inserção questionada na representação quando houver elementos que evidenciem a probabilidade do direito e o perigo de dano ou o risco ao resultado útil do processo" (Res. TSE nº 23.679/2022, art. 23).

Na hipótese de competência do TRE, contra o acórdão Regional que julgar o pedido procedente caberá recurso com efeito suspensivo para o TSE (LPP, art. 50-B, § 8º). O recurso é o especial (e não o ordinário), nos termos do art. 121, § 4º, I e II, da CF; o prazo para interposição é de três dias. Merece destaque a expressa previsão legal de efeito suspensivo no caso, pois é sabido que recursos excepcionais não gozam de tal efeito.

Julgada procedente a representação, a cassação de tempo de propaganda partidária deve ser executada no semestre seguinte àquele em que (*vide* art. 29 da Res. TSE nº 23.679/2022): (i) transitar em julgado a decisão; (ii) houver publicação do acórdão do TSE, em sede de competência originária ou recursal.

Anote-se, ainda, que à Justiça Eleitoral é dado determinar medidas para correção ou mesmo cessação de propaganda que utilize de criação intelectual sem permissão do autor, isto é, propaganda realizada com violação a direito autoral. Em tal caso, a Justiça Eleitoral poderá deferir tutela inibitória pleiteada pelo interessado (Res. TSE nº 23.679/2022, art. 30, *caput*) e adotar "as providências necessárias" (Res. TSE nº 23.610/2019, art. 111) com vistas à cessação do ilícito.

6.7.2   Propaganda intrapartidária

A propaganda *eleitoral* (que não se confunde com a partidária) só pode ser realizada após o dia 15 de agosto do ano da eleição (LE, art. 36). Antes dessa data é lícita a realização de propaganda *intrapartidária*, a qual deve circunscrever-se ao âmbito interno do partido.

Vejam-se as situações seguintes: 1) propaganda de filiados a convencionais; 2) divulgação de prévias partidário-eleitorais.

1) Convenção, propaganda *de filiados a convencionais* – trata-se de publicidade em que o filiado que pretende disputar a eleição pelo partido se dirige aos convencionais da respectiva *grei*.

Cap. 6 • PARTIDOS POLÍTICOS | **117**

Nos termos do art. 36, § 1º, da Lei Eleitoral: "ao postulante a candidatura a cargo eletivo é permitida a realização, na quinzena anterior à escolha pelo partido, de propaganda intrapartidária com vista à indicação de seu nome, vedado o uso de rádio, televisão e *outdoor*".

Está claro nesse dispositivo legal que a propaganda não se dirige aos eleitores em geral, senão aos integrantes da convenção de escolha dos candidatos que disputarão os cargos eletivos. Daí a vedação do uso de meios de comunicação de massa, como rádio, televisão e *outdoor*.

Vale ressaltar que a escolha dos candidatos pelos partidos deverá ser feita no período de 20 de julho a 5 de agosto do ano em que se realizarem as eleições (LE, art. 8º, *caput*, com a redação da Lei nº 13.165/2015).

A propaganda em foco somente pode ser realizada nos 15 dias que antecedem a data prevista para a convenção. Seu desvirtuamento – com a realização de propaganda eleitoral endereçada aos eleitores, e não aos convencionais – rende ensejo à sanção prevista no art. 36, § 3º, da Lei das Eleições, pois pode caracterizar-se como propaganda eleitoral extemporânea. Nesse sentido: "1. Os limites da propaganda intrapartidária foram ultrapassados, pois foi realizada propaganda eleitoral antecipada por meio de *outdoor*, fixado em caminhão, estacionado em via pública, em frente ao local designado para a convenção partidária, de forma ostensiva e com potencial para atingir os eleitores. […]" (TSE – AgR-AI nº 3815/RJ – *DJe* 36, 20-2-2014, p. 47).

2) Prévias partidário-eleitorais – antes das convenções, é dado à agremiação optar pela realização de *prévias partidário-eleitorais*, com o intuito de antecipar a definição de seu candidato no pleito vindouro.

A realização de prévias (inclusive sua propagação com a distribuição de material informativo, divulgação dos nomes dos filiados que participarão da disputa e a realização de debates entre os pré-candidatos) não se qualifica como propaganda eleitoral antecipada, pois destina-se à consulta e à definição dentro do partido (LE, art. 36-A, III). Contudo, há mister que não se extrapole o âmbito partidário.

O § 1º do art. 36-A da LE proíbe "a transmissão ao vivo por emissoras de rádio e de televisão das prévias partidárias", sendo, porém, permitida "a cobertura dos meios de comunicação social".

6.7.3 Responsabilização por propaganda ilícita

A realização de propaganda partidária ou intrapartidária em desacordo com a respectiva prescrição legal enseja a responsabilização do agente, inclusive do partido político, com a consequente imposição de sanção.

6.8 FINANÇAS PARTIDÁRIAS

6.8.1 Financiamento partidário

Tema assaz controvertido é o atinente ao financiamento de partidos políticos. Dada sua relevância para o regime democrático-representativo e, sobretudo, a influência que exerce nas ações governamentais, muitos entendem que o custeio deveria ser exclusivamente público, vedando-se o privado. Argumenta-se que neste último estaria uma das fontes da corrupção e de todas as mazelas da nossa política e Administração Pública, porque por essa via a elite econômico-financeira promove a captura do Estado e impõe seus próprios interesses particulares em detrimento dos interesses da sociedade.

Formalmente, vigora no Brasil um sistema misto de financiamento partidário. Entretanto, há forte inclinação para o financiamento público exclusivo. Se é certo que os partidos recebem recursos tanto do Estado quanto de particulares, o grande financiador é mesmo o primeiro.

Em geral, as fontes lícitas de recursos partidários podem ser assim sumariadas: (*i*) fundo partidário; (*ii*) doações privadas, que podem ser de pessoas *físicas ou de outros partidos políticos*; (*iii*) alienação de bens; (*iv*) realização de eventos; (*v*) locação de bens; (*vi*) sobras financeiras de campanha eleitoral; (*vii*) rendimentos de aplicações financeiras; (*viii*) empréstimo contraído em instituição financeira. Além dessas fontes, há o Fundo Especial de Financiamento de Campanha (FEFC), previsto no art. 16-C da LE (introduzido pela Lei nº 13.487/2017), e "constituído por dotações orçamentárias da União em ano eleitoral".

Fundo partidário – o Fundo Especial de Assistência Financeira aos Partidos Políticos ou simplesmente "fundo partidário" é regulado no art. 38 da LPP, sendo constituído por: "I – multas e penalidades pecuniárias aplicadas nos termos do Código Eleitoral e leis conexas; II – recursos financeiros que lhe forem destinados por lei, em caráter permanente ou eventual; III – doações de pessoa física ou jurídica [registre-se que doação de "pessoa jurídica" passou a ser proibida – *vide* art. 31, II da LPP], efetuadas por intermédio de depósitos bancários diretamente na conta do Fundo Partidário; IV – dotações orçamentárias da União em valor nunca inferior, cada ano, ao número de eleitores inscritos em 31 de dezembro do ano anterior ao da proposta orçamentária, multiplicados por trinta e cinco centavos de real, em valores de agosto de 1995".

Há duas situações a serem consideradas. A primeira refere-se ao direito de acesso aos recursos do fundo partidário. A segunda diz respeito à distribuição de tais recursos entre os partidos.

Sobre a primeira, nem todos os partidos registrados no TSE têm direito de receber recursos desse fundo. A aquisição desse direito requer o cumprimento de determinados requisitos. Denominados cláusulas de desempenho, esses requisitos são previstos no art. 17, § 3º, da CF (e também no art. 3º da EC nº 97/2017), consistindo em: (1) obtenção de percentagem mínima de votos válidos para a Câmara de Deputados, (2) em um terço das unidades da Federação (ou seja, em nove Estados ou Distrito Federal), (3) com um mínimo dos votos válidos em cada uma delas. Os requisitos são progressivos, devendo se estabilizar nas eleições de 2030. Se o partido não os atingir em cada eleição, aplica-se um critério alternativo (também progressivo) consistente na eleição de um número mínimo de Deputados Federais em pelo menos nove unidades da Federação. Tal número é também progressivo, sendo fixado em 9, 11, 13 e 15 respectivamente nas eleições de 2018, 2022, 2026 e 2030. Registre-se que, no julgamento da Consulta nº 060412730, em 18-12-2018, entendeu o TSE que a presente regra é aplicável já "a partir das eleições de 2018 para a legislatura de 2019-2022 na Câmara de Deputados".

Assim, se um partido tiver candidatos eleitos, mas seu desempenho nas urnas for muito fraco e não preencher os referidos requisitos, não terá direito aos recursos do fundo. No entanto, nesse caso, o § 5º do art. 17 da CF (incluído pela EC nº 97/2017) garante ao candidato eleito o mandato conquistado, asseguradas as prerrogativas inerentes à sua representatividade política, facultando-lhe, ainda, "a filiação, sem perda do mandato, a outro partido" que tenha atingido os referidos requisitos.

Quanto à segunda situação, o inciso I, art. 41-A, da LPP (com a redação da Lei nº 13.165/2015) estabelece que 5% do total dos recursos devem ser "destacados para entrega, em partes iguais, a todos os partidos que atendam aos requisitos constitucionais de acesso aos recursos do Fundo Partidário"; o acesso a essa parcela de recursos independe do tempo de existência do partido (*vide* STF – ADI 5105/DF – Rel. Min. Luiz Fux – *DJe* 30-3-2016). O restante é distribuído aos partidos proporcionalmente às suas respectivas representações na Câmara de Deputados.

Doações privadas – a doação por pessoa física constitui ato jurídico de liberalidade, devendo, portanto, ser praticado espontaneamente. De maneira que o estatuto partidário não pode "conter regra de doação vinculada ao exercício de cargo" (TSE – Cta nº 35664/DF – *DJe*, t. 228, 2-12-2015, p. 57; TSE – Pet nº 18/DF (0000617-30.1995.6.00.0000) – *DJe* 23-10-2019), pois isso significaria obrigar ou impor ao filiado a prática do ato de liberalidade, o que lhe retiraria a espontaneidade.

As doações devem ser efetuadas diretamente ao partido (e não ao fundo partidário, como previsto no citado art. 38, III, da LPP). Deveras, o art. 39, *caput*, da LPP autoriza o partido a receber doações de pessoas físicas "para constituição de seus fundos". No âmbito do partido, as doações podem ser efetuadas diretamente aos órgãos de direção nacional, estadual, distrital, zonal e municipal (§ 1º). As ofertas de bens e serviços devem ter seus valores estimados em dinheiro, moeda corrente (§ 2º). Já as ofertas de recursos financeiros (dinheiro) – reza o § 3º (com a redação das Leis nº 13.165/2015 e nº 13.877/2019) – somente poderão ser efetuadas na conta do partido político por meio de:

"I – cheques cruzados e nominais ou transferência eletrônica de depósitos;

II – depósitos em espécie devidamente identificados;

III – mecanismo disponível em sítio do partido na internet que permita o uso de cartão de crédito, cartão de débito, emissão *on-line* de boleto bancário ou, ainda, convênios de débitos em conta, no formato único e no formato recorrente, e outras modalidades, e que atenda aos seguintes requisitos:

a) identificação do doador;

b) emissão obrigatória de recibo eleitoral para cada doação realizada".

Em qualquer caso, os montantes doados ao partido devem ser documentados e lançados em sua contabilidade, o que permite sejam auditados e fiscalizados.

Alienação de bens e realização de eventos – a alienação de bens refere-se à venda de produtos do partido, como brindes, chaveiros, canetas, canecas. Já a realização de eventos diz respeito à cobrança por acontecimentos como encontros, jantares e festas. Tais atividades devem ser previamente comunicadas à Justiça Eleitoral, que poderá fiscalizá-las (Res. TSE nº 23.604/2019, art. 5º, V, c.c. art. 10).

Doações proibidas – há casos em que o partido é legalmente proibido de receber doações. A esse respeito, estabelece o art. 31 da LPP (nos termos da Lei nº 13.488/2017):

"Art. 31. É vedado ao partido receber, direta ou indiretamente, sob qualquer forma ou pretexto, contribuição ou auxílio pecuniário ou estimável em dinheiro, inclusive através de publicidade de qualquer espécie, procedente de:

I – entidade ou governo estrangeiros;

II – entes públicos e pessoas jurídicas de qualquer natureza, ressalvadas as dotações referidas no art. 38 desta Lei e as proveniente do Fundo Especial de Financiamento de Campanha;

III – [revogado];

IV – entidade de classe ou sindical.

V – pessoas físicas que exerçam função ou cargo público de livre nomeação e exoneração, ou cargo ou emprego público temporário, ressalvados os filiados a partido político".

Vale destacar nesse dispositivo a proibição de financiamento partidário por "pessoas jurídicas de qualquer natureza", prevista em seu inciso II, apenas sendo ressalvadas: *(i)* as dotações referidas no art. 38 da LPP, isto é, originárias do Fundo Partidário; *(ii)* as dotações provenientes do Fundo Especial de Financiamento de Campanha (FEFC), o qual é previsto no art. 16-C da LE (introduzido pela Lei nº 13.487/2017). Também devem ser ressalvadas as doações oriundas de outros partidos políticos, as quais são permitidas (*vide* Res. TSE nº 23.604/2019, art. 5º, IV). Antes de ser proibida no referido dispositivo legal, a doação de pessoa jurídica a partido político foi também censurada pelo STF quando do julgamento da ADI 4.650/DF, ocorrido em 19-9-2015, tendo sido vedada qualquer doação de pessoa jurídica a partido, independentemente da finalidade.

Registre-se, ainda, a proibição de doações por "pessoa física que exerça atividade comercial decorrente de permissão" (Res. TSE nº 23.604/2019, art. 12, III).

Loteria, rifa, bingo, sorteio – é vedada a arrecadação de recursos por meio de loteria, assim considerada "toda operação que, mediante a distribuição de bilhete, listas, cupões, vales, sinais, símbolos ou meios análogos, faz depender de sorteio a obtenção de prêmio em dinheiro ou bens de outra natureza" pois tais atividades são definidas como ilícitas pela Lei das Contravenções Penais (D-L nº 3.688/1941, art. 51, § 2º). Nesse sentido: TSE – Cta nº 060073866/DF – j. 6-8-2020.

6.8.2 Despesas partidárias

Despesas são as obrigações impostas por lei ou livremente contraídas pelo partido e que devem ser cumpridas. Traduzem-se nos gastos efetuados com a manutenção de suas estruturas (sedes, diretórios), realização de serviços e atividades que lhes são próprios, aquisição de bens, pagamento de pessoal etc.

De modo amplo, o art. 44 da LPP dispõe sobre a aplicação de recursos oriundos do fundo partidário.

Como o regime jurídico dos partidos é o privado, é este igualmente que deve ser considerado na realização de despesas. Daí não ser obrigatória a observância da Lei de Licitações (Lei nº 14.133/2021), "tendo os partidos políticos autonomia para contratar e realizar despesas" (LPP, art. 44, § 3º).

É sempre necessária "a utilização racional e proba dos recursos públicos disponibilizados para a manutenção das atividades partidárias", sob pena de se caracterizarem como antieconômicas (TSE – PC nº 30587/DF – *DJe* 12-8-2019, p. 16 ss.). As despesas efetivadas devem ser razoáveis e ter "vinculação com as atividades partidárias" (TSE – PC nº 31704/DF – *DJe* 3-5-2019), pois somente são lícitas ou regulares as que tiverem tal vinculação. Ademais, elas devem ser evidenciadas por documento idôneo ou prova inequívoca.

Há gastos que não são autorizados com recursos do Fundo Partidário, tais como: pagamento de juros de mora e multa por ato ilícito (TSE – PC-PRP nº 060023897/DF – j. 12-3-2024; TSE – PC nº 060025281/DF – j. 11-4-2024), pagamento de indenizações por danos morais (TSE – AgR-REspe nº 61-74/RN – *DJe* 26-9-2016).

A responsabilidade pelas obrigações contraídas por órgão de direção partidária é dele próprio, sendo "excluída a solidariedade de outros órgãos de direção partidária" (LPP, art. 15-A, com a redação da Lei nº 12.034/2009). Assim, se diretório municipal contrair uma obrigação, a responsabilidade por ela não pode ser transferida a outro diretório, seja ele estadual ou nacional. Tal solução foi corroborada pelo STF ao declarar a constitucionalidade do referido art. 15-A da LPP na ADC 31, em 22/9/2021, oportunidade em que restou assentado que cada órgão partidário possui gestão autônoma, por isso devendo responder no âmbito contratual ou extracontratual pelos atos que praticar, sem que haja comprometimento de outros órgãos.

Obrigações e despesas compulsórias – há obrigações e despesas que são compulsórias, porque determinadas na Constituição Federal ou em lei, não havendo discricionariedade para realizá-las ou não.

Assim, o partido – por seu Diretório Nacional – tem a *obrigação legal* de aplicar, no mínimo, 20% do total que receber do Fundo Partidário "na criação e manutenção de instituto ou fundação de pesquisa e de doutrinação e educação política" (LPP, art. 44, IV).

Outra importante *obrigação legal* dos partidos consiste na aplicação de, no mínimo, 5% do total recebido do Fundo Partidário "na criação e manutenção de programas de promoção e difusão da participação política das mulheres" (CF, art. 17, § 7º – inserido pela EC nº 117/2022; LPP, art. 44, V; Res. TSE nº 23.604/2019, art. 22). A parte final do § 7º, art. 17, da CF estabelece que a aplicação dos recursos deve ocorrer "de acordo com os interesses intrapartidários". Assim, essa cláusula confere ampla liberdade à direção da entidade, tornando discricionárias suas decisões. Não obstante, havia se consolidado na jurisprudência que a presente obrigação tem de ser adimplida por cada um dos diretórios, e, portanto, "os diversos níveis partidários, individualmente, são obrigados a despender o percentual mínimo previsto no inciso V do art. 44 da Lei 9.096/95" (TSE – Cons. nº 0604076-19/DF – *DJe* 9-8-2019). Registre-se, ainda, que o desvio de finalidade ou uso indevido de tais recursos pode ser apurado no âmbito da representação prevista no art. 30-A da Lei nº 9.504/1997 (TSE – AI nº 33986/RS – j. 15-8-2019).

Ademais, nos termos do art. 17, § 9º, da CF (introduzido pela EC nº 133/2024), o partido deve aplicar "em candidaturas de pessoas pretas e pardas" pelo menos 30% dos recursos oriundos do Fundo Especial de Financiamento de Campanha e do Fundo Partidário "destinados às campanhas eleitorais". Em sua parte final, o referido dispositivo estabelece que o investimento deve ocorrer "nas circunscrições que melhor atendam aos interesses e às estratégias partidárias".

6.8.3 Prestação de contas partidárias

Em Estado Democrático de Direito, é de grande importância o dever de prestar contas imposto a entidades que recebem ou têm a incumbência de gerir recursos públicos. Tal medida em muito contribui para a transparência da gestão, além de possibilitar o controle social e a fiscalização de sua adequada aplicação.

Mercê das relevantes funções atribuídas ao partido político no regime democrático, essa questão torna-se ainda mais sensível.

É a própria Constituição Federal que estabelece para o partido político o dever de prestar contas de suas receitas e despesas (CF, art. 17, III). Por isso, esse dever não é afastado pela autonomia partidária. Em todas as esferas de direção (nacional, regional e municipal), esse ente deve "manter escrituração contábil, de forma a permitir o conhecimento da origem de suas receitas e a destinação de suas despesas" (LPP, art. 30). As *receitas*, aqui, abrangem não só as originárias de fundos públicos, mas também as hauridas em outras fontes.

Ademais, a agremiação precisa "enviar, anualmente, à Justiça Eleitoral o balanço contábil do exercício findo; obrigação essa que deve ser adimplida "até o dia 30 de junho do ano seguinte" (LPP, art. 32 – com a redação da Lei nº 13.877/2019), ainda que não haja o recebimento de recursos financeiros ou estimáveis em dinheiro. O descumprimento desse dever implica a "a suspensão de novas cotas do Fundo Partidário enquanto perdurar a inadimplência e sujeitará os responsáveis às penas da lei" (LPP, art. 37-A).

Na prestação de contas, é necessário que sejam discriminadas as receitas e despesas realizadas pelo partido em sua respectiva esfera. Conforme preceitua o § 4º, art. 34, da LPP (incluído pela Lei nº 13.877/2019): "o sistema de contabilidade deve gerar e disponibilizar os relatórios para conhecimento da origem das receitas e das despesas".

No âmbito da Justiça Eleitoral, é instaurado um processo específico para exame e julgamento das contas partidárias, bem como para a hipótese de não apresentação das contas no prazo legal. O § 6º, art. 37, da LPP atribui "caráter jurisdicional" a esse processo.

Uma vez formalmente apresentadas, as contas podem ser *impugnadas* por qualquer partido político ou órgão do Ministério Público Eleitoral (Res. TSE nº 23.604/2019, art. 31, §§ 3º ss.).

Antes de serem julgadas, as contas passam por acurada análise técnico-contábil. O órgão técnico incumbido dessa função deve emitir parecer, o qual orienta o julgamento do órgão judicial. No parecer, ao órgão técnico é "vedado opinar sobre sanções aplicadas aos partidos políticos" (LPP, art. 34, § 5º – incluído pela Lei nº 13.877/2019), sendo a emissão de juízo de valor reservada ao órgão judicial.

Após a conclusão técnica e antes do julgamento final, o Ministério Público Eleitoral deve se manifestar no processo, e para tanto conta com o prazo de cinco dias (Res. TSE nº 23.604/2019, art. 40, II), fazendo-o na qualidade de fiscal da ordem jurídica.

Ao julgar as contas, o órgão da Justiça Eleitoral poderá concluir pela sua *(i)* aprovação, *(ii)* aprovação com ressalva ou *(iii)* desaprovação. Caso as contas não tenham sido prestadas, a conclusão será pela sua não prestação.

A aprovação requer a total regularidade e correção das contas e da gestão financeira realizada pelo partido.

A aprovação com ressalva pressupõe a detecção de alguma irregularidade de natureza formal ou material de pouca relevância, que, em qualquer caso, não chegue a comprometer a análise das contas, ou seja, não compromete a verificação da origem das receitas e destinação das despesas.

Já a desaprovação – que pode ser total ou parcial – pressupõe a ocorrência de graves irregularidades e ilícitos que comprometam a sua integridade. Estes devem ser de natureza material e relevantes, pois, nos termos do § 12, art. 37, da LPP, não autorizam o juízo de desaprovação: *(i)* erros formais; *(ii)* erros materiais que no conjunto da prestação de contas não comprometam o conhecimento da origem das receitas e a destinação das despesas.

A conclusão pela desaprovação expõe o partido à responsabilização jurídico-administrativa, podendo sofrer as seguintes sanções:

a) determinação "à esfera partidária responsável pela irregularidade" da "devolução da importância apontada como irregular, acrescida de multa de até 20%"; multa esta que deve ser aplicada "de forma proporcional e razoável" (LPP, art. 37, *caput*, e §§ 2º e 3º – este com a redação da Lei nº 13.877/2019);

b) sendo detectados "recursos de origem não mencionada ou esclarecida, fica suspenso o recebimento das quotas do fundo partidário até que o esclarecimento seja aceito pela Justiça Eleitoral" (LPP, art. 36, I);

c) se constatado o recebimento de recursos de fontes vedadas relacionadas no art. 31 da LPP, "fica suspensa a participação no fundo partidário por um ano" (LPP, art. 36, II). No sentido da aplicabilidade dessa sanção, *vide*: TSE – REspe nº 060001294/SC, j. 10-9-2020. Entretanto, ela só incidirá se não forem "adotadas as providências de devolução à origem ou recolhimento ao Tesouro Nacional" (Res. TSE nº 23.604/2019, art. 46, I).

Ressalte-se que a desaprovação das contas do partido induz à responsabilização apenas do órgão respectivo da agremiação – não a de seus dirigentes. A responsabilização pessoal, civil e criminal, dos dirigentes partidários tem caráter personalíssimo e "somente ocorrerá se verificada irregularidade grave e insanável resultante de conduta dolosa que importe enriquecimento ilícito e lesão ao patrimônio do partido" (LPP, art. 37, § 13).

Já no caso de contas "não prestadas" o art. 47 da Res. TSE nº 23.604/2019 prevê que tal conclusão acarreta ao órgão partidário: I – a perda do direito ao recebimento da quota do Fundo Partidário, do Fundo Especial de Financiamento de Campanha; e II – a suspensão do registro ou da anotação do órgão partidário; pelo que o partido ou a federação de partidos "ficará impedido de participar das eleições na circunscrição respectiva" (Res. TSE nº 23.609/2019, art. 2º, §§ 1º e 1º-A, este incluído pela Res. TSE nº 23.675/2021). Note-se que essa última sanção não é consequência automática do julgamento das contas como não prestadas, mas deve decorrer de decisão própria, transitada em julgado, e proferida em processo regular que assegure ampla defesa ao interessado (STF – ADI nº 6032/DF – Pleno – Rel. Min. Gilmar Mendes – *DJe* 14-4-2020). Ademais, o órgão partidário deve devolver todos os recursos provenientes dos referidos fundos que lhe foram repassados.

Órgãos partidários municipais – o art. 32, § 4º, da LPP (incluído pela Lei nº 13.831/2019) simplifica a prestação de contas de órgãos partidários municipais que "não hajam movimentado recursos financeiros ou arrecadado bens estimáveis em dinheiro". Nesse caso, até o dia 30 de abril do ano subsequente, o responsável partidário no município apenas deve apresentar à Justiça declaração da ausência de movimentação de recursos nesse período.

Fundação e instituto – em que pese sua natureza privada, a fundação e o instituto criados por partido político submetem-se a controle e devem prestar contas dos recursos públicos que lhes forem transferidos.

No tocante às *fundações*, dispõe o art. 66 do Código Civil que elas devem ser fiscalizadas pelo "Ministério Público do Estado onde situadas". Por isso, durante algum tempo se entendeu que, ainda que recebam recursos oriundos do Fundo Partidário, não competiria à Justiça Eleitoral fiscalizá-las quanto à sua contabilidade ou regularidade de gestão e aplicação dos recursos públicos recebidos (TSE – PC nº 237-06/DF – JSV 22 a 28-5-2020; PC nº 246-65/DF – *DJe* 49, 12-3-2020, p. 19-20; TSE – PC nº 211-08, decisão monocrática do relator, *DJe* 4-12-2019; PC nº 261-34, decisão monocrática do relator, *DJe* 20-11-2019). Entretanto, essa solução é de todo inadequada, pois transfere ao Ministério Público atividade de controle própria da Justiça Eleitoral. Em julgados mais recentes, o TSE tem reconhecido a prevalência da competência da Justiça Eleitoral, pois, apesar de sua natureza privada, a fundação partidária apresenta "regime jurídico permeado também pelos dispositivos da legislação eleitoral acerca de sua constituição, funcionamento e fiscalização"; de modo que se deve compatibilizar o referido art. 66 do CC com a atribuição própria da Justiça Eleitoral especificamente quanto ao gerenciamento e à fiscalização dos recursos oriundos do Fundo Partidário, sem que um órgão prejudique ou esvazie a atuação do outro e vice-versa: TSE – QO na PC nº 192-65/DF, j. 27-10-2020.

Já o *instituto* (obviamente, que não tenha natureza de fundação), se receber do partido valores oriundos do Fundo Partidário, deve prestar contas à Justiça Eleitoral. Nesse sentido: TSE – PC nº 241-43/DF, j. 27-4-2020.

6.8.4 Imunidade tributária

A Constituição exclui da competência do legislador infraconstitucional o estabelecimento de tributos em relação a determinadas situações ou pessoas que especifica. Em tais casos, o ente político tem tolhida a sua competência tributária, a qual não pode ser exercida em relação às situações ou pessoas indicadas no texto constitucional.

Dentre outras hipóteses, o art. 150, VI, *c*, da Constituição Federal assegura imunidade tributária aos partidos políticos e a seus institutos ou fundações, de modo que a União, os Estados, o Distrito Federal e os Municípios não podem instituir impostos sobre o "patrimônio, renda ou serviços" daquelas entidades.

A presente imunidade compreende "somente o patrimônio, a renda e os serviços, relacionados com as finalidades essenciais das entidades" mencionadas (CF, art. 150, § 4º).

Por outro lado, a imunidade conferida aos partidos e seus institutos ou fundações refere-se a "impostos", não abrangendo outras espécies tributárias, como taxa e contribuição parafiscal.

A EC nº 133/2024, em seu art. 4º, § 1º, estende a imunidade "a todas as sanções de natureza tributária, exceto as previdenciárias, abrangidos a devolução e o recolhimento de valores, inclusive os determinados nos processos de prestação de contas eleitorais e anuais, bem como os juros incidentes, as multas ou as condenações aplicadas por órgãos da administração pública direta e indireta em processos administrativos ou judiciais em trâmite, em execução ou transitados em julgado, e resulta no cancelamento das sanções, na extinção dos processos e no levantamento de inscrições em cadastros de dívida ou inadimplência".

6.8.5 Tribunal de Contas da União

Embora os partidos políticos (como pessoa jurídica) devam prestar contas perante a Justiça Eleitoral, o Tribunal de Contas da União (TCU) afirma sua competência para instaurar, instruir e julgar tomadas de contas especiais relativas ao uso de recursos públicos por parte dos dirigentes partidários (pessoas físicas). Isso porque a disciplina legal da prestação de contas dos partidos políticos não suprime o poder-dever constitucional atribuído ao TCU pelo art. 71, II, da Lei Maior. A respeito, veja-se o seguinte julgado daquela Corte de Contas:

> "[...] 6.3. No mais, vale destacar que o Tribunal de Contas da União possui jurisdição e competência próprias estabelecidas pela Constituição Federal e pela sua Lei Orgânica (Lei 8.443/1992). Dessa forma, a existência de ação civil ou judicial sobre mesma matéria não obsta o exercício do controle externo, dado o princípio da independência das instâncias cível, penal e administrativa.

> 6.4. Do exposto, conclui-se, portanto, que o fato de o julgamento de contas efetuado pela Justiça Eleitoral ter caráter jurisdicional não tem o condão de vincular ou impedir eventual julgamento de contas feito pelo TCU sobre os gestores do partido político. [...]" (TCU – Tomada de Contas Especial – Rec. Recons. Ac. nº 3.638 – 1ª Câmara – Rel. Min. Benjamin Zymler – j. 5-7-2022).

6.9   FIDELIDADE PARTIDÁRIA

Prevê o art. 17, § 1º, da Constituição que o estatuto do partido deve "estabelecer normas de disciplina e fidelidade partidária". Esse princípio confere novos contornos à representação política, pois impõe que o mandatário popular paute sua atuação pela orientação programática do partido pelo qual foi eleito. É indiscutível o proveito que resulta para a democracia, já que o debate político deve ser pautado por ideias e não por projetos pessoais ou o culto à personalidade. Todavia, por causa da forma como era compreendido e aplicado, esse princípio apresentava alcance bastante restrito.

No plano infraconstitucional, o art. 25 da Lei nº 9.096/95 estabelece:

> "O estatuto do partido poderá estabelecer, além das medidas disciplinares básicas de caráter partidário, normas sobre penalidades, inclusive com desligamento temporário da bancada, suspensão do direito de voto nas reuniões internas ou perda de todas as prerrogativas, cargos e funções que exerça em decorrência da representação e da proporção partidária, na respectiva Casa Legislativa, ao parlamentar que se opuser, pela atitude ou pelo voto, às diretrizes legitimamente estabelecidas pelos órgãos partidários".

Ademais, "perde automaticamente a função ou cargo que exerça, na respectiva Casa Legislativa, em virtude da proporção partidária, o parlamentar que deixar o partido sob cuja legenda tenha sido eleito" (art. 26).

Inicialmente, não havia previsão normativa de perda de mandato eletivo para a hipótese de infidelidade partidária. O princípio da fidelidade partidária ficava restrito ao campo administrativo, interno, regulando apenas as relações entre filiado e partido. Tal entendimento prevaleceu durante muito tempo. De sorte que ao mandatário não só era dado contrariar a orientação da agremiação pela qual foi eleito, como até mesmo abandoná-la, sem que isso implicasse perda do mandato. O Supremo Tribunal Federal acolheu essa tese ao julgar, em 11 de outubro de 1989, por maioria, o Mandado de Segurança nº 20.927-5, relatado pelo Ministro Moreira Alves (*DJ* 15-4-1994, p. 8.061), bem como o de nº 20.916, relatado pelo Ministro Sepúlveda Pertence (*DJ* 26-3-1993, p. 5002). Naquele, o Ministro Moreira Alves, ao votar, salientou que no texto constitucional então em vigor "não se adota o princípio da fidelidade partidária, o que tem permitido a mudança de Partido por parte de Deputados sem qualquer sanção jurídica, e, portanto, sem perda de mandato". E esclareceu:

> "Ora, se a própria Constituição não estabelece a perda de mandato para o Deputado que, eleito pelo sistema de representação proporcional, muda de Partido e, com isso, diminui a representação parlamentar do Partido por que se elegeu (e se elegeu muitas vezes graças ao voto de legenda), quer isso dizer que, apesar de a Carta Magna dar acentuado valor à representação partidária (arts. 5º, LXX, *a*; 58, §§ 1º e 4º; 103, VIII), não quis preservá-la com a adoção da sanção jurídica da perda do mandato, para impedir a redução da representação de um Partido no Parlamento. Se quisesse, bastaria ter colocado essa hipótese entre as causas de perda de mandato, a que alude o art. 55".

Assim, impunha-se a conclusão de que, a despeito da essencialidade do partido para a obtenção do mandato, este não lhe pertencia – caso de mandato partidário. Tampouco pertencia aos eleitores (hipótese de mandato imperativo), pois o parlamentar não se encontrava adstrito a cumprir as promessas nem os compromissos assumidos durante a campanha. Na verdade, consagrara-se a tese do mandato livre.

No entanto, tal interpretação há muito deixou de subsistir. Ao responder positivamente à Consulta nº 1.398, em 27 de março de 2007, formulada pelo então existente Partido da Frente Liberal (PFL), o Tribunal Superior Eleitoral fixou o entendimento segundo o qual "os Partidos Políticos e as coligações conservam direito à vaga obtida pelo sistema eleitoral proporcional, quando houver pedido de cancelamento de filiação ou de transferência do candidato eleito por um partido para outra legenda" (Res. TSE nº 22.526 – *DJ* 9-5-2007, p. 143). Consequentemente, perde o mandato o parlamentar que se desfiliar do partido pelo qual se elegeu.

Já no que concerne ao mandato obtido pelo sistema majoritário (Prefeito, Governador, Presidente da República e Senador), ao responder, em 16 de outubro de 2007, à Consulta nº 1.407/2007, assentou o Tribunal Superior que a fidelidade partidária também deve ser observada pelos detentores de mandato majoritário. Depois de assinalar que o povo é a fonte de todo o poder governamental, exercendo-o por seus representantes eleitos, e que a soberania popular reside no sufrágio universal e no voto direto e secreto, concluiu o relator, Ministro Carlos Ayres Britto: "uma arbitrária desfiliação partidária implica renúncia tácita do mandato, a legitimar, portanto, a reivindicação da vaga pelos partidos".

Entretanto, essa posição do TSE não foi acolhida pelo Supremo Tribunal Federal, que afirmou não ser legítima a perda de mandato majoritário por desfiliação do mandatário, porquanto o sistema majoritário possui lógica e dinâmica diversas da do sistema proporcional. Enquanto neste último tem grande relevo os votos obtidos pelos partidos (para o cálculo dos quocientes eleitoral e partidário), no sistema majoritário, a ênfase situa-se principalmente na figura do candidato (STF – ADI 5.081/DF – Pleno – Rel. Min. Roberto Barroso – *DJe* 162, 19-8-2015).

A respeito, o art. 22-A da Lei nº 9.096/95 (incluído pela Lei nº 13.165, de 29-9-2015) estabeleceu: "Perderá o mandato o detentor de cargo eletivo que se desfiliar, sem justa causa, do partido pelo qual foi eleito". Conquanto o referido dispositivo não faça distinção entre mandato obtido pelo sistema proporcional ou majoritário, a Corte Superior Eleitoral alinhou seu entendimento ao do Pretório Excelso, tendo editado a Súmula TSE nº 67, segundo a qual:

"A perda do mandato em razão da desfiliação partidária não se aplica aos candidatos eleitos pelo sistema majoritário".

Tal compreensão foi, então, consagrada na EC nº 111/2021, que acrescentou um § 6º ao art. 17 da Constituição, estabelecendo a perda de mandato proporcional em caso de infidelidade partidária:

> "Art. 17 [...] § 6º Os Deputados Federais, os Deputados Estaduais, os Deputados Distritais e os Vereadores que se desligarem do partido pelo qual tenham sido eleitos perderão o mandato, salvo nos casos de anuência do partido ou de outras hipóteses de justa causa estabelecidas em lei, não computada, em qualquer caso, a migração de partido para fins de distribuição de recursos do fundo partidário ou de outros fundos públicos e de acesso gratuito ao rádio e à televisão."

Vale ressaltar que a troca de partido não é ocorrência exclusiva da democracia brasileira, sendo comum em outros Estados igualmente democráticos. No entanto, entre nós, tal prática se tornou endêmica notadamente após a redemocratização de 1985. Conforme assinala Melo (2004, p. 161), na Câmara de Deputados, entre "1985 e 2002 ocorreram 1.041 trocas de legenda, envolvendo 852 deputados, entre titulares e suplentes". Em média, 29% dos deputados federais eleitos mudaram de partido nas cinco legislaturas compreendidas entre 1983 e 2003. Pesquisando as origens desse fenômeno, o eminente cientista político realça as condições conjunturais, contextuais e institucionais sob as quais se encontram os parlamentares submetidos. Entre os fatores levantados, figuram os seguintes: (1) a inexistência (na época pesquisada) de vedação legal, e, pois, de sanção adequada para o ato; (2) a existência de alternativas partidárias mais favoráveis à situação do migrante; (3) a busca pela "sobrevivência política" ante um cenário de acentuada incerteza quanto ao futuro; (4) a ausência de significativo custo político-eleitoral na mudança da trajetória partidária; (5) os baixos índices de "identificação partidária", de sorte que a população não se identifica com as agremiações; (6) o desprezo do eleitor pela identidade partidária de seus representantes; (7) o funcionamento do processo legislativo, que é centralizado no circuito Executivo/Mesa Diretora Colégio de Líderes; isso provoca a concentração de poderes legislativos, institucionais e regimentais nas mãos do Executivo e dos líderes partidários, reduzindo drasticamente o espaço de atuação individual e a possibilidade de o parlamentar influenciar eficazmente no resultado do processo legislativo, bem como alocar verbas para seus projetos. A par disso, a intensa mudança de partido após o pleito é também fruto da debilidade de governantes eleitos sem base parlamentar sólida. Para robustecer sua base de apoio, tais governantes aliciam parlamentares, que, aliás, aceitam o convite de bom grado, dadas as vantagens que em troca são ofertadas. Por óbvio, essa prática não faz outra coisa senão incrementar o fisiologismo, os acordos impublicáveis, a famosa política do "é dando que se recebe".

Em verdade, para além de frustrar a vontade do eleitor, a intensa mudança de legenda por parte dos eleitos falseia a representação política e desarticula o quadro partidário, tornando-o instável e confuso. A esse respeito, focalizando a Câmara de Deputados, acentua Melo (2004, p. 152) o impacto dessa prática no sistema eleitoral brasileiro, na medida em que "provoca distorções entre o conjunto de preferências manifestadas pelo eleitorado e a efetiva distribuição de cadeiras entre os partidos". Em outros termos, a migração partidária faz com que as bancadas que terminam a legislatura sejam bem diferentes daquelas que a iniciaram.

6.10 PERDA DE MANDATO POR INFIDELIDADE PARTIDÁRIA

A fim de "disciplinar o processo de perda de cargo eletivo, bem como de justificação de desfiliação partidária", o Tribunal Superior Eleitoral editou, em 25 de outubro de 2007, a Resolução nº 22.610.

Oito anos depois, o mesmo tema veio a ser previsto no art. 22-A da LPP (incluído pela Lei nº 13.165/2015), que dispõe:

"Art. 22-A. Perderá o mandato o detentor de cargo eletivo que se desfiliar, sem justa causa, do partido pelo qual foi eleito.

Parágrafo único. Consideram-se justa causa para a desfiliação partidária somente as seguintes hipóteses:

I – mudança substancial ou desvio reiterado do programa partidário;

II – grave discriminação política pessoal; e

III – mudança de partido efetuada durante o período de trinta dias que antecede o prazo de filiação exigido em lei para concorrer à eleição, majoritária ou proporcional, ao término do mandato vigente".

Ademais, o art. 11-A, § 9º, dessa mesma LPP (introduzido pela Lei nº 14.208/2021), determina que "Perderá o mandato o detentor de cargo eletivo que se desfiliar, sem justa causa, de partido que integra federação." De certo modo, cuida-se de previsão inócua, pois apenas reitera a regra já inscrita no citado art. 22-A, *caput*.

Versando, ainda, sobre a matéria em exame, a EC nº 97/2017 e a EC nº 111/2021 acrescentaram ao art. 17 da CF os §§ 5º e 6º respectivamente, a ver:

"Art. 17 [...].

[...]

§ 5º Ao eleito por partido que não preencher os requisitos previstos no § 3º deste artigo é assegurado o mandato e facultada a filiação, sem perda do mandato, a outro partido que os tenha atingido, não sendo essa filiação considerada para fins de distribuição dos recursos do fundo partidário e de acesso gratuito ao tempo de rádio e de televisão.

§ 6º Os Deputados Federais, os Deputados Estaduais, os Deputados Distritais e os Vereadores que se desligarem do partido pelo qual tenham sido eleitos perderão o mandato, salvo nos casos de anuência do partido ou de outras hipóteses de justa causa estabelecidas em lei, não computada, em qualquer caso, a migração de partido para fins de distribuição de recursos do fundo partidário ou de outros fundos públicos e de acesso gratuito ao rádio e à televisão."

Por certo que as citadas disposições constitucionais e legais derrogaram a Res. TSE nº 22.610/2007, que permanece em vigor somente nos pontos em que com aquelas forem compatíveis.

Pressupostos para a decretação da perda de cargo eletivo – Dois são os pressupostos autorizadores da decretação da perda de cargo eletivo por infidelidade: efetiva desfiliação partidária e ausência de justa causa para a desfiliação.

A desfiliação traduz-se no ato pelo qual o mandatário rompe o vínculo que mantém com o partido em que se encontra filiado e pelo qual foi eleito, migrando ou não para outra agremiação.

Após a desfiliação, pode ocorrer de o mandatário se refiliar e retornar ao partido pelo qual se elegera. Nesse caso, seu anterior desligamento torna-se irrelevante para os fins de perda de mandato, pois a *infidelidade* não chega a se perfazer. Ainda porque a agremiação política não sofre prejuízo, já que permanece com a vaga; além disso, aceitou de volta seu filiado, o que revela ter perdoado seu ato. E assim orientou-se a jurisprudência: "1. Não há se falar em infidelidade partidária por desfiliação sem justa causa se o deputado dito infiel foi aceito de volta na agremiação. 2. Sendo o mandato do partido, nos termos de reiterada jurisprudência, e não havendo prejuízo advindo da conduta do parlamentar, já que a vaga permanece com a agremiação, não se pode, nesse contexto, vislumbrar interesse jurídico do suplente em reivindicar a vaga que não lhe pertence. [...]" (TSE – Pet. nº 2.778/MA – j. 23-4-2009, *DJe* 23-4-2009, 21-5-2009). Em igual sentido: TRE-AP – Pet. nº 14.107 – *DJe* t. 87, 18-5-2016, p. 2; TRE-PE – Pet. nº 48.243 – *DJe* t. 127, 30-6-2016, p. 3.

Por sua vez, a justa causa tem suas hipóteses previstas nos citados art. 17, §§ 5º e 6º, da CF e no art. 22-A da Lei nº 9.096/95.

Vale ressaltar que entre o fato alegado como justificativa e o ato de desfiliação não deve mediar grande lapso de tempo. Se isso ocorrer, a justa causa não se patenteia, pois o fato invocado como fundamento não terá sido decisivo para o rompimento com a agremiação, ou seja, não tornou insuportável a permanência no partido.

Em seguida, é feita breve análise de cada qual das aludidas hipóteses de justa causa para desfiliação.

Art. 17, § 5º, da CF – cláusula de desempenho. Pela regra expressa nesse dispositivo constitucional, é permitida a mudança de partido, sem perda de mandato, ao eleito por agremiação que não tiver alcançado o desempenho mínimo previsto em seu § 3º, ficando, pois, privado de receber "recursos do fundo partidário e acesso gratuito ao rádio e à televisão". Portanto, ao eleito por partido que não tenha atingido os requisitos necessários para ter direito a recursos do Fundo Partidário e acesso gratuito ao rádio e à televisão, passou-se a assegurar a possibilidade de se desfiliar sem perda do mandato e, com isso, ingressar em outro partido.

Para tanto, a desfiliação permitida deve ocorrer antes que o partido atinja os aludidos requisitos por outras vias (ex.: mediante fusão ou incorporação a outro), superando, assim, a cláusula de barreira. O marco referencial para a desfiliação é a sua comunicação ao juiz eleitoral (não a comunicação ao partido). De modo que, se a comunicação ao juiz eleitoral for realizada a destempo, em momento em que o partido de algum modo tenha superado a cláusula de barreira, deixa de incidir a permissão legal para a desfiliação. Nesse sentido:

> "[...] 7. É certo que, a partir da incorporação ocorrida no caso, o partido passou a ter direito a recursos do Fundo Partidário e acesso gratuito ao rádio e à televisão, com o que não se pode permitir, a partir desse momento, a migração de qualquer parlamentar pela regra do § 5º do art. 17 da Constituição do Brasil, sob pena de se estender indevidamente o comando da norma permissiva e fomentar a indesejável livre circulação dos candidatos, que reduz significativamente a importância das agremiações políticas, de seus programas e dos ideais partidários, atingindo a estabilidade das agendas políticas. 8. A regra permissiva da desfiliação sem perda de mandato no caso de não atingimento da cláusula de barreira pelo partido político ao qual se filiou o parlamentar eleito tem incidência tão somente enquanto a agremiação for detentora dessa característica. O marco final dessa aferição é a data de finalização do processo de incorporação. De outra parte, o momento em que se pode efetivar esse pedido excepcional de desfiliação deve ocorrer dentro desse período temporal. [...] 10. No caso específico dos autos, a incorporação do PROS pelo Solidariedade foi levada a efeito na sessão administrativa de 14.2.2023, no julgamento da PetCiv nº 0601967-56/DF. O requerido comunicou sua desfiliação à agremiação no mesmo dia, 14.2.2023, mas procedeu à imprescindível comunicação ao juízo eleitoral tardiamente, apenas no dia seguinte, 15.2.2023 (ID nº 158780169), ou seja, após a incorporação ter operado juridicamente de maneira plena. [...]" (TSE – AJDesCargEle nº 0600118-15/SP – j. 7-11-2023).

Note-se que a faculdade estabelecida no vertente art. 17, § 5º, da CF somente pode ser exercida uma vez, de sorte que a permissão para nova desfiliação fica restrita às hipóteses legais, sob pena de caracterizar-se a infidelidade partidária e a consequente perda de mandato. Nesse sentido: TSE – Cta nº 060016120/DF – j. 11-17-2-2022.

Art. 17, § 6º, da CF (incluído pela EC nº 111/2021) – anuência do partido. Trata-se da concordância do partido com a desfiliação. A justa causa se configura com a só anuência do partido, independentemente do fundamento invocado pelo exercente do mandato. Na verdade, chega-se a um consenso acerca da inconveniência ou incompatibilidade política de o parlamentar permanecer nas fileiras do partido, impondo-se a sua desfiliação. Não se pode deixar de censurar essa hipótese, pois ainda que se entenda que o mandato pertence ao partido, não se trata, porém, de bem privado que possa ser objeto de negociação e livre disposição; há também que se ponderar ocorrência de fraude à vontade popular, porque nas eleições proporcionais o eleitor vota no partido e no candidato. Bem por isso, a jurisprudência havia se fixado no sentido de que "a carta de anuência oferecida pelos partidos políticos aos representantes individuais, eleitos pela legenda, não configura, por si só, justa causa para a desfiliação partidária" (TSE – Pet. 060048226/PR – j. 25-11-2021). Mas, por ser anterior à EC nº 111/2021 (que incluiu o vertente § 6º ao art. 17 da CF), esse último entendimento não mais prevalece, conforme revelam os seguintes julgados: TSE – AJDesCargEle 0600766-63/AM – decisão monocrática – j. 23-5-2022; TSE – AJDesCargEle 060017618/GO – decisão monocrática – j. 1-4-2023.

Art. 22-A, parágrafo único, inciso I, da LPP – a primeira parte desse dispositivo alude à *mudança substancial do programa da entidade.* A configuração dessa causa requer a existência de ato formal de alteração do estatuto partidário, pelo qual um novo programa é esposado, em detrimento do anterior, que é abandonado. A alteração deve ser *substancial,* e não meramente pontual. É de todo compreensível que alguém queira abandonar as fileiras de uma organização que alterou o ideário antes cultivado, pois com ela pode não mais se identificar, não mais se encontrar irmanado. Em tal caso, a causa da desfiliação é inteiramente atribuível à própria entidade, que reviu os valores que abraçava, não sendo justo que o mandatário seja forçado a nela permanecer.

A mudança juridicamente relevante é a que incide no estatuto do partido, de modo que "a simples alteração do número de legenda, sem nenhuma outra modificação estatutária, não configura mudança substancial para fins de configuração de justa causa para desfiliação partidária" (TSE – Cta nº 060.202.729/DF – j. 30-4-2024).

A fusão e incorporação de partidos eram previstas na Res. TSE nº 22.610/2007 como causas justificativas de desfiliação. Entretanto, não foram contempladas expressamente na Lei nº 13.165/2015, que passou a regular a matéria no art. 22-A introduzido na LPP. No entanto, essas duas causas podem ser consideradas no âmbito do presente art. 22-A, I, pois é induvidoso que a ocorrência delas pode implicar "mudança substancial do programa da entidade", de modo a afetar a relação do filiado com o partido. Afinal, as entidades envolvidas deixam de subsistir, nem sequer havendo possibilidade lógico-jurídica de cobrar fidelidade dos antigos filiados. A relação de fidelidade se estabelecera com entidades que não mais subsistem. É, pois, razoável que os mandatários ligados aos partidos incorporados ou fundidos possam deles se desligar sem o risco de perda do mandato. Deveras, não se afigura justo impor-se a adesão às novas entidades, máxime se houver discordância quanto aos atos de incorporação ou fusão. De admitir, então, o abono do desligamento da respectiva agremiação, ficando o interessado livre para trilhar outro caminho no espectro político. Note-se, porém, que somente os filiados aos partidos fundidos e incorporados são beneficiados pelas causas assinaladas.

Por outro lado, no caso de *federação partidária,* entende-se que esta não possui os mesmos caracteres da fusão e da incorporação, de modo que a sua efetivação não configura justa causa "apta a autorizar a migração, sem perda de mandato, dos parlamentares eleitos" (TSE – CtaEl nº 060016756/DF – *DJe* 3-10-2024; TSE – AREspE nº 060.023.411/PR – *DJe* 27-11-2024).

Já a segunda parte do *art. 22-A, inciso I*, cuida do *desvio reiterado do programa partidário*. Essa situação se configura quando as ações e os compromissos concretos da agremiação destoam dos conceitos constantes de seu estatuto e dos documentos por ele firmados. Trata-se de conceito indeterminado, fluido, que só pode ser precisado ou concretizado à luz da situação objetivamente apresentada.

Tanto a hipótese de mudança quanto a de desvio devem ter caráter nacional, e não apenas regional ou local. Isso porque, por determinação constitucional, o partido deve ter caráter nacional, sendo, pois, "necessário que se demonstre o desvio reiterado de diretriz nacional ou de postura que a legenda historicamente tenha adotado sobre tema de natureza político-social relevante" (TSE – RO nº 263/PR – *DJe* 31-3-2014, p. 94-95).

Art. 22-A, inciso II, da LPP – grave discriminação política pessoal. O que se deve entender por essa cláusula? Não se pode negar o alto grau de subjetivismo que lhe é subjacente, o que dificulta o seu exato delineamento. De todo modo, a discriminação deve ser *grave*, de natureza *política* e *pessoal*. Quanto à *gravidade*, tem-se que o que é *grave* para uns pode não o ser para outros; o padrão de normalidade (assim como o de moralidade) varia entre as pessoas, no tempo e no espaço – até mesmo o clima e a geografia podem definir diferentes padrões de comportamento, percepção e julgamento. Quanto à natureza, a discriminação deve ser *política* (e não moral, por exemplo), e de ordem *pessoal*, pelo que deve referir-se à pessoa do mandatário e não a terceiros. O órgão judicial não poderá afastar-se desses parâmetros ao apreciar o conflito que lhe for submetido. Na concretização da presente cláusula, há que se encarecer os princípios da tolerância e da convivência harmônica, de sorte que meras idiossincrasias não poderão ser havidas como *grave discriminação política pessoal*. Somente poderão ser assim considerados fatos objetivos (não cogitações subjetivas), determinados (não genéricos), individuais (não aplicáveis a muitos filiados), concretos (não abstratos), sérios (não revestidos de *animus jocandi*), injustos e repudiados pela consciência jurídico-política-moral, e, ainda, que "revelem situações claras de desprestígio ou perseguição" (TSE – Ag-RO nº 14826/AL – *DJe* 20-11-2017).

> "[...] 3. A jurisprudência deste Tribunal Superior firmou-se no sentido de que a grave discriminação pessoal deve ser analisada a partir do caso concreto, de modo que sua caracterização exige a demonstração de fatos certos e determinados que impeçam uma atuação livre do parlamentar, tornando insustentável sua permanência no âmbito partidário, ou que revelem situações claras de desprestígio ou perseguição. [...]" (TSE – REspEl 060001214/RR – 28-6-2024; TSE – AgR-RO-El nº 060.021.292/CE – *DJe* 3-12-2024).

Por outro lado, assentou a Corte Superior não constituir justa causa para a desfiliação: *(i)* "divergência entre filiados partidários no sentido de ser alcançada projeção política" (TSE – Pet nº 2.756/DF – *DJ* 5-5-2008, p. 4); *(ii)* a instauração de procedimento administrativo para averiguar eventual descumprimento de normas partidárias, "porquanto se cuida de meio investigativo usualmente aceito. Caso contrário, consistiria até uma inibição absurda a qualquer espécie de apuração de eventual irregularidade. [...]" (TSE – Pet nº 3.019/DF – *DJe* 13-9-2010, p. 62); *(iii)* "[...] 7. Discussões sobre o alinhamento político do Partido, disputas internas que não interfiram no programa e nos ideais partidários nem gerem grave discriminação pessoal não são aptas a configurar a justa causa para a desfiliação. [...]". (TSE – Ag-Pet nº 060008904/ DF – *DJe*, t. 89, 18-5-2021); *(iv)* ausência de apoio para disputar pleito vindouro, "a eventual falta de apoio político para candidatura em pleito vindouro não evidencia por si só grave discriminação política pessoal" (TSE – AgR-REspEl nº 060.020.657/SE – *DJe* 9-8-2024).

O descumprimento de *carta-compromisso* tem sido considerado justa causa para desfiliação do mandatário com fundamento no dispositivo em exame. Compreende-se como tal o negócio jurídico firmado entre partido político e filiado, no qual são acordadas pautas de atuação, tais como a concordância com a realização de determinadas ações políticas pelo filiado, a tolerância com a defesa de certas causas ou interesses, o apoio (ou abstenção) a certas ações ou bandeiras políticas. O pacto é aviado com supedâneo na autonomia conferida aos partidos, que no particular por ato próprio se autolimitam, devendo observar a boa-fé objetiva inerente aos negócios jurídicos (CC, arts. 113 e 422). A jurisprudência tem prestigiado e conferido eficácia jurídica a tais ajustes, e, em caso de inadimplemento pela agremiação, tem reconhecido a existência de justa causa para a desfiliação com fundamento em grave discriminação pessoal. Nesse sentido: TSE – Pet nº 060063729/SP, j. 25-5-2021; Pet nº 060064166/ES, *DJe*, t. 83, 10-5-2021.

Art. 22-A, inciso III, da LPP – janela partidária. Esta hipótese afigura-se como uma janela de oportunidade aos mandatários que se encontram em fim de mandato. É permitida a "mudança de partido efetuada durante o período de trinta dias que antecede o prazo de filiação exigido em lei para concorrer à eleição, majoritária ou proporcional, ao término do mandato vigente." Assim, para que a desfiliação seja lícita, é necessário serem atendidos os seguintes pressupostos: *(i)* que haja mudança de partido, ou seja, que a desfiliação seja sucedida de efetivo engajamento a outra agremiação; *(ii)* essa mudança só pode ocorrer no período de trinta dias que antecede o prazo de filiação exigido em lei para concorrer à eleição, majoritária ou proporcional; *(iii)* a mudança deverá ocorrer "ao término do mandato vigente".

A suplente não se aplica a presente hipótese de justa causa. Esse foi o entendimento firmado pela Corte Superior Eleitoral no julgamento, em 12-11-2024, das TutCauAnt nº 061.333.931, nº 061.334.016, nº 061.337.221 e nº 061.332.802. Assentou-se nesses julgados que, após se desfiliar do partido, o suplente não poderá assumir mandato eletivo em substituição ao titular. Isso porque o desligamento do partido acarreta o cancelamento de sua filiação e, pois, a extinção de sua relação e de todos os direitos e deveres com aquele ente, incluindo o direito de exercer mandato em substituição ao titular.

Expulsão do partido – A expulsão do partido implica o imediato cancelamento da filiação (LPP, art. 22, III). O art. 22-A da LPP parte da hipótese de desfiliação partidária sem justa causa. Portanto, pressupõe tal diploma que a desfiliação decorreu de ato voluntário do mandatário, que decide romper com a agremiação pela qual foi eleito. Entretanto, também pode ocorrer de o desligamento ser provocado por ato do partido, como se dá na expulsão. Nesse caso, poderá a agremiação postular a perda do cargo eletivo do expulso? Enfrentando essa questão, assentou o TSE ser "incabível a propositura de ação de perda de cargo eletivo por desfiliação partidária se o partido expulsa o mandatário da legenda, pois a questão alusiva à infidelidade partidária envolve o desligamento voluntário da agremiação" (TSE – AgR-AI nº 20.556/RJ – *DJe*, t. 205, 23-10-2012, p. 3; TSE – AgRg-Pet nº 060060184/DF – *DJe*, t. 186, 17-9-2020).

Criação de novo partido – a Res. TSE nº 22.610/2007 previa a criação de novo partido como causa justificativa de desfiliação. Todavia, essa hipótese não foi prevista na Lei nº 13.165/2015, que passou a regular a matéria no art. 22-A introduzido na LPP. Assim, essa causa deixou de subsistir no sistema jurídico.

Prazo para ajuizamento da ação – O direito de ação deverá ser exercido pelo *partido* no prazo de 30 dias, contados da intimação feita pela Justiça Eleitoral ao partido dando-lhe ciência da saída do seu filiado detentor de mandato, conforme dispõe o art. 19, § 1º, da LPP, bem como o art. 1º, § 2º, da Res. TSE nº 22.610/2007 c.c. art. 25-B da Res. TSE nº 23.596/2019 (ambos nos termos da Res. TSE nº 23.668/2021).

Vencido esse lapso temporal, nos 30 dias subsequentes poderão ingressar com a ação os demais colegitimados, a saber: quem tiver interesse jurídico ou o Ministério Público Eleitoral.

Tais prazos são decadenciais.

Competência originária dos tribunais eleitorais – Para o conhecimento e julgamento da demanda, o art. 2º da Resolução conferiu competência originária ao TSE, quanto aos "mandatos federais", e aos TREs quanto aos demais mandatos (estaduais e municipais). Nesse ponto, afastou-se a Resolução da regra que vincula a competência ao registro de candidatura. A teor do art. 89 do Código Eleitoral são registrados: "(i) – no Tribunal Superior Eleitoral, os candidatos a Presidente e Vice-Presidente da República; (ii) – nos Tribunais Regionais Eleitorais, os candidatos a Senador, Deputado Federal, Governador e Vice-Governador e Deputado Estadual; (iii) – nos Juízos Eleitorais, os candidatos a Vereador, Prefeito e Vice-Prefeito e Juiz de Paz". É a partir de tal divisão que se delineia a competência originária do TSE e dos TREs.

Nesse quadro, não se compreende a subtração de competência dos Juízes Eleitorais quanto aos cargos eletivos municipais; mesmo porque são eles competentes para as ações de impugnação de mandato eletivo, para as ações de investigação judicial eleitoral e para as fundadas nos arts. 30-A, 41-A e 73 da Lei nº 9.504/97, que também envolvem cassação de mandato. O mesmo se pode dizer quanto à afirmação de competência do TSE em relação aos cargos eletivos cujos registros são feitos perante os TREs, pois é deles a competência originária para as ações impugnatória e de investigação judicial eleitoral.

Diante disso, cumpre indagar se o princípio do juiz natural não restou fustigado. É que, conforme reza o art. 5º, LIII, da Lei Maior: "ninguém será processado nem sentenciado senão pela autoridade competente". Também cumpre indagar se o art. 121, *caput*, da Constituição não foi violado, pois somente lei complementar pode dispor "sobre a organização e competência dos tribunais, dos juízes de direito e das juntas eleitorais". Essas duas questões foram respondidas negativamente pelo Supremo Tribunal Federal, que, ao julgar a ADI nº 3.999/DF (*DJe* 71, 17-4-2009), por maioria, afirmou ser constitucional a Resolução TSE nº 22.610/2007.

Legitimidade ad causam – Três são os entes detentores de legitimidade ativa para a ação em apreço: *(i)* o partido político ao qual o mandatário se encontrava ligado (pelo qual foi eleito), *(ii)* o Ministério Público, *(iii)* quem tiver interesse jurídico. Nesse sentido dispõe o art. 1º, § 2º, da Res. TSE nº 22.610/2007 (com a redação da Res. TSE nº 23.668/2021).

É intuitiva a *legitimatio ad causam* ativa do partido político ao qual o mandatário infiel se encontrava ligado. Afinal, é a ele que a fidelidade é devida. Já a do Ministério Público decorre de sua missão constitucional de velar pelo regime democrático de direito. Por fim, detém legitimidade quem tiver interesse jurídico, tal como ocorre com o suplente.

Quanto ao suplente, consolidou-se na jurisprudência do TSE duas interpretações relevantes, a saber: (1) apenas o primeiro a figurar no rol de suplentes ostenta interesse jurídico para ingressar com a demanda em tela; (2) na hipótese de coligação nas eleições proporcionais (que atualmente encontra-se vedada pelo art. 17, § 1º, da CF com a redação da EC nº 97/2017), considera-se como legítimo o primeiro suplente da lista do *partido*, e não o da coligação. Confira-se: o "suplente da coligação – que não seja do partido do infiel – não tem legitimidade para o ajuizamento de ação de perda de cargo eletivo por desfiliação partidária sem justa causa" (TSE – QO – Pet nº 56.618/DF – *DJe*, t. 182, 21-9-2016, p. 32/33). E mais: TSE – QO – Pet nº 56.703/DF – *DJe*, t. 182, 21-9-2016, p. 33; TSE – Pet nº 3.019/DF – *DJe* 13-9-2010, p. 62; TSE – PA nº 19.175/RJ (Res. nº 23.097/2009) – *DJe* 21-9-2009, p. 31; TSE – APet nº 2.789/PE – *DJe* 1º-9-2009, p. 13-14.

O deferimento de legitimidade ativa tão só ao primeiro lugar no rol de suplência revela que o interesse do autor-suplente deve limitar-se à busca pela investidura no mandato; só esse interesse é reconhecido como jurídico e, portanto, merecedor de proteção do ordenamento. Portadores de outros interesses (*e. g.*, elevação do nível ético na ação política, respeito pela vontade dos eleitores que votaram no candidato e no partido, fidelidade ao programa partidário, melhora de posição na lista de suplência) devem representar ao órgão do Ministério Público Eleitoral para que esse avalie a situação e, sendo caso, ingresse com a demanda.

A ampliação da legitimidade ativa tem suscitado polêmicas. Argumenta-se que, a rigor, a ação judicial só poderia ser manejada pela agremiação à qual o mandatário encontrava-se filiado e pela qual foi eleito. Isso porque a Resolução em comento pressupõe que o mandato pertence ao partido; sua finalidade é disciplinar a reposição do mandato ao patrimônio jurídico da entidade que dele ficou privada com a saída indevida do mandatário. O partido é o único intérprete de suas conveniências, e somente ele deve agir em prol de seus interesses. Em determinadas conjunturas, a agremiação pode não ter interesse na recuperação do mandato do filiado "infiel", pode mesmo entender não ter havido "infidelidade". Nesse quadro, a ação de outrem poderia significar indevida intromissão na economia interna da agremiação. De mais a mais, não poderia o Ministério Público figurar como legitimado ativo, eis que a relação entre a entidade partidária e o "mandatário infiel" tem cunho eminentemente privado. Trata-se de relação travada entre pessoa jurídica de direito privado e particular, sendo estranha ao espaço reservado ao *Parquet*, cuja base de atuação é sempre o interesse público.

Quanto à legitimidade passiva, é reconhecida ao mandatário que se desligou da agremiação. Se porventura ele se filiar a outra legenda, esta também deverá ser citada para integrar o processo como litisconsorte passivo. O litisconsórcio é necessário. Mas entende-se que a obrigatoriedade de sua formação só ocorre se a filiação ao novo partido "ocorrer dentro do prazo de trinta dias, previsto no art. 1º, § 2º, da Res. TSE nº 22.610/2007" (TSE – REspe nº 16.887/SP – *DJe* t. 193, 5-10-2012, p. 15; TSE – REspe nº 23.517/PA – *DJe* t. 175, 15-9-2015, p. 62-63).

Suplente que se desliga do partido ostenta legitimidade passiva? Nem a lei, nem a Resolução nº 22.610/2007 preveem essa hipótese, limitando-se a dispor sobre a perda de mandato, não de suplência.

No entanto, ao julgar as TutCauAnt nº 061.333.931, nº 061.334.016, nº 061.337.221 e nº 061.332.802, em 12-11-2024, a Corte Superior assentou o entendimento de que o desligamento do partido não só acarreta o cancelamento da filiação do suplente, como também a extinção de todos os seus direitos e deveres em relação àquele ente, incluindo o direito de exercer mandato em substituição ao titular. Afigura-se acertada essa interpretação, pois, se a desfiliação partidária acarreta a perda do mandato, esse mesmo entendimento deve prevalecer em face de suplente (com a perda da suplência), dada a similitude existente entre ambas as situações.

Assim, considerando que a desfiliação implica perda automática do direito à suplência, sequer seria necessário o ajuizamento de ação para desconstitui-la. Se, porventura, surgir vaga na respectiva Casa Legislativa, o nome do suplente que mudou de partido nem poderia ser cogitado para assumi-la.

É certo, porém, que o ajuizamento de ação declaratória de perda de suplência pode ter utilidade na prática, sobretudo para conferir segurança jurídica à situação dos envolvidos.

Por outro lado, na hipótese de o suplente que trocou de partido ser convocado para assumir vaga na Casa Legislativa, a jurisprudência há muito entende que o termo inicial do prazo para ajuizamento da ação em apreço é a data da investidura (ainda que provisória) no mandato eletivo, e não a data da desfiliação do partido.

> "1. Conta-se da data da posse do suplente no cargo eletivo o prazo de 30 dias para o ajuizamento da ação por infidelidade partidária. Precedente. 2. Falta interesse de agir ao partido na ação de decretação de perda de cargo eletivo por infidelidade partidária em desfavor de suplente que se desligou da agremiação, se tal demanda for ajuizada antes da posse do pretenso infiel. 3. Recurso ordinário provido para extinguir o feito" (TSE – RO nº 2.275/RJ – *DJe* 2-8-2012, p. 213).

Interesse – Segundo a tradicional doutrina processual, o interesse se traduz no binômio necessidade-utilidade. Necessidade de se invocar a jurisdição. Utilidade ou proveito proporcionado pelo provimento jurisdicional do direito perseguido.

Na ação em apreço, é mister que o colegitimado ostente interesse jurídico, e não apenas ético-moral. Tal interesse deve ser concreto, real, demonstrado de plano.

Quanto ao Ministério Público, seu interesse é intuitivo, ligando-se à higidez da ordem pública e do regime democrático de direito.

Já o interesse dos demais colegitimados deve, em princípio, ser pensado a partir da ocupação do cargo eletivo em questão. Assim, o partido a que o mandatário encontrava-se filiado e pelo qual foi eleito não poderá agir por emulação ou por vingança, abusando de seu direito de ação, mas tão só com vistas a repor o mandato em seus quadros. Destarte, em princípio, não ostenta interesse jurídico de agir: (a) partido que nenhum proveito logrará com a perda do cargo eletivo contra o qual investe; (b) diretório partidário municipal em relação a cargo eletivo estadual ou federal; (c) cidadão; (d) pessoa jurídica privada; (e) pessoa jurídica de direito público interno (União, Estado, Distrito Federal e Município); (f) entes estatais descentralizados (Sociedade de Economia Mista, Empresa Pública, Autarquia, Fundação Pública); (g) parlamentares (Senador, Deputado Federal, Deputado Estadual e Vereador); (h) titulares de mandato executivo (Presidente da República, Governador e Prefeito); *(i)* novo partido no qual o mandatário se encontre filiado, que não o originário das eleições (Res. TSE nº 23.176 – *DJe* 10-12-2009, p. 13).

Interesse jurídico e coligação – A Resolução nº 22.610/2007 silenciou a respeito de coligação partidária. Mas é certo que a formação desta traz problemas que merecem atenção.

Na coligação majoritária, é remota a possibilidade de o titular de mandato executivo e seu vice pertencerem ao mesmo partido.

Sabe-se que a coligação se extingue com o fim das eleições. Isso, porém, não altera os resultados do pleito, que permanecem para todos os efeitos. Cuidando-se de ente de existência transitória, é indefensável a tese segundo a qual o mandato lhe pertence. Por isso mesmo, a Resolução nem sequer se preocupou em lhe conferir legitimidade *ad causam* para a ação que instituiu.

Nesse quadro, se o titular do mandato executivo se desfiliar de seu partido, este não terá interesse jurídico em postular a perda de seu cargo se o seu vice pertencer a outra legenda. Todavia, estão autorizados a fazê-lo tanto o vice, quanto o partido a que ele pertencer, bem como o Ministério Público. Resulta que, contraditoriamente, se procedente o pedido formulado na demanda, a perda do mandato do titular não implicará reposição no patrimônio jurídico do partido que o elegeu. Nesse caso, o caráter punitivo da decretação de perda do mandato é indisfarçável.

Capacidade postulatória – É mister que seja a petição inicial subscrita por advogado. Isso porque se cuida de ação e não de mero requerimento administrativo ou de exercício de poder de polícia da Justiça Eleitoral. Ademais, a competência para conhecer e julgar a matéria foi atribuída originariamente aos tribunais eleitorais, e nessa instância esse requisito é sempre necessário.

Tutela provisória de urgência – Conforme assentou a Corte Superior Eleitoral, no processo em apreço, é incabível a antecipação da tutela. É que a celeridade processual almejada com esse instituto "já está contemplada nos processos regidos pela resolução em foco, pois, além da preferência a eles conferida, hão de ser processados e julgados no prazo de 60 dias. Sem falar que 'são irrecorríveis as decisões interlocutórias do relator' (art. 11 da resolução)" (TSE – MS nº 3.671/GO – *DJ* 11-2-2008, p. 4).

Tutela provisória de evidência – Ao menos em tese, a tutela provisória de evidência não parece incompatível com o processo de cassação de mandato por infidelidade, especialmente quando fundada nos incisos I e IV do art. 311 do CPC ("Art. 311. A tutela da evidência será concedida, independentemente da demonstração de perigo de dano ou de risco ao resultado útil do processo, quando: I – ficar caracterizado o abuso do direito de defesa ou o manifesto propósito protelatório da parte; [...]; IV – a petição inicial for instruída com prova documental suficiente dos fatos constitutivos do direito do autor, a que o réu não oponha prova capaz de gerar dúvida razoável."). Consoante afirmam Wambier *et al.* (2015, p. 487), essa tutela baseia-se "exclusivamente no alto grau de probabilidade do direito invocado, concedendo, desde já, aquilo que provavelmente virá ao final". Sendo, pois, evidenciado de modo firme e incontrastável que a mudança de partido não se encontra amparada por causa justa, poder-se-á cogitar desde logo a concessão dessa tutela para cassação do mandato do réu.

Revelia e presunção de veracidade – O art. 4º, parágrafo único, da Resolução em comento estipula a presunção de veracidade decorrente da revelia do mandatário representado. Todavia, o art. 345, II, do CPC prescreve que esse efeito não se verifica se o litígio versar sobre direito indisponível. Ora, o tema em exame trata de fidelidade partidária e pertencimento do mandato. Trata-se, por óbvio, de direito indisponível. Embora possa ser objeto de renúncia, o mandato não pode ser disposto livremente pelo seu titular, como se fosse um produto no mercado de consumo.

Julgamento antecipado do mérito – Desde que seja desnecessária a produção de provas em audiência (CPC, art. 355, I), admite-se o julgamento antecipado do mérito. Note-se, porém, que, sendo requerida a oitiva de testemunhas com vistas à demonstração da justa causa para a desfiliação, o indeferimento desse pleito implica cerceamento de defesa. Nesse sentido: TSE – MS nº 3.699/PA – *DJ* 11-4-2008, p. 9.

Instrução – Com amparo no direito fundamental de ação e no devido processo legal, é dado às partes suscitar no processo as questões que lhes parecerem úteis ao resguardo de suas posições e de seus interesses, bem como dispor dos meios de prova aptos a demonstrar os fatos que alegam.

No que concerne às provas, em princípio, todos os meios lícitos, permitidos em Direito, poderão ser utilizados. Nada justifica a exclusão de determinados meios (desde que lícitos) ou a redução das provas. Ressalve-se, porém, que as provas impertinentes ou desnecessárias deverão ser indeferidas pelo órgão judicial. A prova documental deve ser apresentada juntamente com a petição inicial e com a peça de defesa. Nessas oportunidades também devem ser arroladas testemunhas, se houver. Nos termos da Resolução nº 22.610/2007, três é o máximo de testemunhas que podem ser arroladas. Não parece razoável tamanha restrição à prova oral. Tanto na Ação de Impugnação de Registro de Candidatura (AIRC), quanto na Ação de Investigação Judicial Eleitoral (AIJE) a LC nº 64/90 fixa o número de seis testemunhas (arts. 3º, § 3º, e 22, V) para cada parte. E note-se que a celeridade dessas ações é evidente, pois, enquanto a AIRC deve ser concluída antes da preparação das urnas eletrônicas (muito antes, portanto, do dia do pleito), a AIJE deve ser concluída antes das eleições, sob pena de inviabilizar-se o pedido de cassação do registro de candidatura. Sendo assim, não se compreende o motivo pelo qual se fixou em três o número de testemunhas na ação de decretação de perda de cargo eletivo. A situação se agrava se existirem vários fatos a serem demonstrados em juízo, pois o art. 357, § 6º, do CPC, estabelece o número de três testemunhas para cada fato.

Limites da decisão – *Quem deve ser investido no cargo vago?* – Reza o art. 10 da Resolução em comento: "Julgando procedente o pedido, o tribunal decretará a perda do cargo, comunicando a decisão ao presidente do órgão legislativo competente para que emposse, conforme o caso, o suplente ou o vice, no prazo de 10 (dez) dias".

Conclui-se desse dispositivo que o tribunal eleitoral deve limitar-se a decretar a perda do cargo e comunicar essa decisão a quem de direito. É esse o limite objetivo da tutela jurisdicional a ser prestada. Não lhe compete fixar quem será investido no cargo vago em virtude da perda do mandato, pois tal atribuição é do presidente do órgão legislativo. Eventual controvérsia a esse respeito deverá ser submetida ao Poder Judiciário, no caso, à Justiça Comum Estadual, conforme assentou o STJ, confira-se: CC nº 96.265/RS – *DJe* 1º-9-2008; CC nº 108.023/SP – *DJe* 10-5-2010.

Natureza da decisão – A decisão judicial que decreta a perda de cargo eletivo em razão de infidelidade partidária apresenta natureza constitutiva negativa ou desconstitutiva. O ato apaga a relação jurídica havida entre o mandatário e o Estado, extinguindo o mandato. Não é razoável a tese segundo a qual a decisão em tela é meramente declaratória, pois a perda do cargo eletivo decorreria automaticamente da desfiliação partidária. Isso porque, sendo reconhecida justa causa para a desfiliação, o réu seguirá exercendo seu mandato, ainda que não se tenha filiado a outro partido. E se a justa causa não for reconhecida, os atos praticados pelo mandatário até a decretação judicial da perda serão válidos. Na verdade, a perda do cargo eletivo é fato novo, surgindo com a decisão que acolhe o pedido exordial.

Recorribilidade – No que pertine à recorribilidade da decisão, a Resolução nº 22.610/2007 foi alterada pela Resolução nº 22.733/2008. Esta conferiu nova redação ao art. 11 daquela, que passou a dispor: "São irrecorríveis as decisões interlocutórias do Relator, as quais poderão ser revistas no julgamento final, de cujo acórdão cabe o recurso previsto no art. 121, § 4º, da Constituição da República".

O texto original desse dispositivo prescrevia a irrecorribilidade do ato que decretasse a perda de cargo eletivo por infidelidade partidária. A crítica que se lhe dirigiu destacava a afronta ao princípio do duplo grau de jurisdição. É que nem mesmo nos juizados especiais de pequenas causas (que têm entre seus princípios reitores a celeridade processual) se dispensou a via recursal, a qual é atribuída a órgão colegiado composto por magistrados de primeiro grau. E mais: neles não se afastou o cabimento de recurso ao Supremo Tribunal Federal.

É certo que parte da doutrina sustenta inexistir direito fundamental ao duplo grau de jurisdição. Assim, em determinadas – e justificadas – situações, nada impediria que o recurso fosse suprimido em prol da efetividade do processo. Nessa linha, depois de afirmar que a "norma constitucional não garante o direito de recorrer", assegura Marinoni (2007, v. 1, p. 319) que o legislador não está impedido "de estabelecer um procedimento que não dê às partes o direito de recorrer contra o julgamento". Para esse autor, o duplo grau constitui um mito, "não podendo ser considerado um princípio fundamental de justiça, já que ele não garante a qualidade e a efetividade da prestação jurisdicional". Esclarece, ainda, que "nenhum ordenamento, nem na Itália nem em qualquer outro país – nem mesmo na França, onde a ideia do *double degré de juridiction* parece estar particularmente arraigada –, considera o duplo grau de jurisdição como uma garantia constitucional. Ao contrário, em quase todos os países existem mitigações do duplo grau, justamente para atender ao princípio fundamental de acesso à justiça. [...]".

No entanto, além de constituir princípio basilar de justiça, a recorribilidade das decisões judiciais é já uma tradição do ordenamento brasileiro.

A nova redação do art. 11 harmoniza-se com a atual sistemática processual eleitoral. As decisões interlocutórias proferidas pelo relator não precluem, podendo ser reapreciadas e revistas pelo Órgão Colegiado quando do julgamento final.

E se a decisão interlocutória for suscetível de causar à parte lesão grave de difícil ou impossível reparação? Nesse caso, sendo violado direito líquido e certo e ante a falta de recurso próprio com efeito suspensivo, impõe-se a admissão de mandado de segurança (Lei nº 12.016/2009, art. 5º, II, *contrario sensu*).

Já quanto às decisões finais dos Tribunais Regionais, que extinguem a fase cognitiva do procedimento (julgando ou não o pedido), poderá a parte interpor Recurso Especial Eleitoral, se o diploma for municipal, ou Recurso Ordinário, se o diploma for estadual (CF, art. 121, § 4º, III e IV; CE, art. 276). A interposição errada desses recursos constitui "erro grosseiro", não autorizando, por isso, a incidência da fungibilidade recursal.

> "[...] 2. Nos termos do art. 276, II, a, do CE, é cabível o recurso ordinário eleitoral de acórdão regional que verse sobre diploma outorgado nas eleições federais e estaduais. 3. Nessa hipótese, a interposição de recurso especial eleitoral configura erro inescusável, não se aplicando, portanto, o princípio da fungibilidade recursal, *ex vi* do Enunciado Sumular nº 36 do TSE. [...]" (TSE – ED-AgR-AREspe nº 060.022.085/GO – *DJe* 4-11-2024).

"[...] 2. Esta Corte Superior consignou que, por se tratar de ação de decretação de perda de cargo eletivo por infidelidade partidária relativa a mandato de âmbito municipal, o recurso cabível contra acórdão do TRE é o especial, conforme preconiza o art. 121, § 4º, da Constituição do Brasil c.c. o art. 276, II, a, do Código Eleitoral, e a Súmula nº 36/TSE, sendo cabível recurso ordinário nas hipóteses exclusivamente alusivas às eleições federais e estaduais. 3. Assentou-se, no acórdão embargado, a impossibilidade de aplicação da regra da fungibilidade para recebimento do recurso ordinário como especial, vislumbrando-se, na hipótese, a configuração de erro inescusável ante a inexistência de dúvida objetiva quanto ao meio recursal cabível, conforme jurisprudência do TSE. [...]" (TSE – ED-AgR-AREspe nº 060.024.119/RJ – j. 14-3-2024).

Note-se que o recurso ordinário deverá ser recebido no *efeito suspensivo* por força do disposto no § 2º, art. 257, do Código Eleitoral (introduzido pela Lei nº 13.165/2015), segundo o qual "O recurso ordinário interposto contra decisão proferida por juiz eleitoral ou por Tribunal Regional Eleitoral que resulte em cassação de registro, afastamento do titular ou perda de mandato eletivo será recebido pelo Tribunal competente com efeito suspensivo".

Preferência na tramitação – A teor do art. 12 da Resolução nº 22.610/2007, a tramitação dos processos nela regulados tem preferência sobre os demais. Nem sequer excepcionaram-se os processos criminais em que o réu estiver preso, tampouco o *habeas corpus*. Cumpre atentar para a inversão de valores em prejuízo do direito fundamental de liberdade (CF, art. 5º, *caput*), que impõe uma rápida solução do litígio que o envolve. Note-se que, quando o art. 94 da Lei nº 9.504/97 determina prioridade para os feitos eleitorais (no período entre o registro de candidaturas até cinco dias após a realização do segundo turno das eleições), ressalva os processos de *habeas corpus* e mandado de segurança.

Prazo para encerramento do processo – O art. 12 da Resolução nº 22.610/2007 fixa o prazo de 60 dias para o encerramento do processo. Evidencia-se, aqui, compromisso com a celeridade processual e com a efetividade da tutela jurisdicional do direito reclamado pelo autor. Com efeito, a demora na tramitação pode inutilizar o provimento jurisdicional almejado pelo autor. Vale ressaltar que o mandato tem prazo certo para ser exercido e a demora na conclusão do processo beneficia o representado em detrimento do autor.

Ação declaratória – A Resolução nº 22.610/2007 instituiu uma ação declaratória de fato, cujo objeto é a "existência de justa causa" para a desfiliação partidária (art. 1º, § 3º). Não obstante, é cediço que o objeto da ação declaratória é a existência ou inexistência de relação jurídica. Uma exceção a essa regra é prevista no art. 19, II, do CPC e refere-se à declaração de autenticidade ou falsidade de documento. Assim, o objeto da ação em tela deve ser compreendido como a declaração de inexistência legítima de relação jurídica entre o mandatário e a agremiação.

A legitimidade ativa para a declaratória é do mandatário que se desfiliou da agremiação pela qual foi eleito. Se tiver se refiliado, não há impedimento a que o novo partido integre o polo ativo, como litisconsorte facultativo, já que detém legítimo interesse no reconhecimento da regularidade da desfiliação. De qualquer sorte, poderá a nova legenda do mandatário ingressar no feito como assistente. O rito a ser observado na ação em apreço é o mesmo estabelecido na Resolução, e não o comum do CPC.

6.11 EXTINÇÃO DE PARTIDO POLÍTICO

Extingue-se o partido político que tenha o registro "cancelado, junto ao Ofício Civil e ao Tribunal Superior Eleitoral" (LPP, art. 27). O cancelamento desses registros pode decorrer: *(i)* de dissolução do partido na forma prevista em seu estatuto; *(ii)* de incorporação de um partido a outro; *(iii)* de fusão de partidos; e *(iv)* nos termos do art. 28 da LPP, de decisão transitada em julgado do TSE, que determine "o cancelamento do registro civil e do estatuto do partido contra o qual fique provado: I – ter recebido ou estar recebendo recursos financeiros de procedência estrangeira; II – estar subordinado a entidade ou governo estrangeiros; III – não ter ['os órgãos nacionais' – *vide* § 6º] prestado, nos termos desta Lei, as devidas contas à Justiça Eleitoral; IV – que mantém organização paramilitar".

Considerada essa última situação, estabelece o § 2º do citado art. 28 que o processo de cancelamento é iniciado pelo TSE "à vista de denúncia de qualquer eleitor, de representante de partido, ou de representação do Procurador-Geral Eleitoral". Sob pena de nulidade do processo, deve-se assegurar ao partido ampla defesa (§ 1º).

Em caso de extinção do partido, o art. 63, parágrafo único, da Res. TSE nº 23.604/2019 determina a devolução à União dos recursos disponíveis oriundos do Fundo Partidário, bem como de todos os bens e ativos adquiridos com recursos oriundos desse fundo.

6.12 COMPETÊNCIA JURISDICIONAL PARA QUESTÕES PARTIDÁRIAS

Tendo em vista a natureza privada conferida ao partido político e o fato de tais entes serem detentores de autonomia, firmou-se o entendimento de que questões partidárias, *interna corporis* ou envolvendo relações com partidos são em geral da competência da Justiça Comum estadual, exceto se houver reflexos em eleição ou processo eleitoral.

"[...] 5. Na linha da jurisprudência do TSE, a competência da Justiça Eleitoral para exame de atos internos dos partidos é excepcional, condicionada à existência de reflexos no pleito eleitoral, os quais ficaram evidenciados no caso. [...]" (TSE – Ref-MSCiv nº 060.020.194/AM – *DJe* 15-10-2024).

"[...] Partido político. Disputas internas pela presidência. Encerramento do período eleitoral. Incompetência da Justiça Eleitoral. Declínio da competência para a Justiça Comum. Juízo natural para a causa. [...] 1. A jurisprudência deste Tribunal Superior é firme no sentido de que não compete à Justiça Eleitoral apreciar questões *interna corporis* dos partidos, a não ser que a decisão produza reflexos no processo eleitoral. Precedentes [...]" (TSE – AgR-PetCiv nº 060.120.285/DF – *DJe* 8-4-2024).

"1. Não é da competência da Justiça Eleitoral, e sim da Justiça Comum, dirimir dúvidas ou impor sugestões ante as diretrizes e exigências fixadas por Cartórios de Registro Civil a partidos em formação. [...]" (TSE – R-Pet nº 82.632/DF – *DJe*, t. 123, 1-7-2015, p. 3).

"Competência. Ação ajuizada por filiado em face de partido político, objetivando discussão acerca da validade de convocação e realização de convenção partidária. Competência da Justiça Estadual comum. Hipótese de conflito interno. Justiça eleitoral que somente seria competente caso já iniciado o processo eleitoral. Precedentes do STJ. Decisão reformada. Agravo" (TJ/SP – AI nº 0137176 – 6ª Câmara de Direito Privado – j. 21-2-2013).

"Competência. Mandado de segurança. Cancelamento de filiação partidária. Cabe à Justiça comum julgar conflito de interesses envolvendo cidadão e partido político, considerada exclusão de filiado" (TSE – MS nº 43.803/RJ – *DJe*, t. 182, 23-9-2013, p. 32).

"1. De acordo com a jurisprudência do TSE, não compete à Justiça Eleitoral apreciar matéria relativa à dissidência interna dos partidos políticos na eleição de seus dirigentes. Precedentes. [...]" (TSE – AgR-Pet nº 4.459/MA – *DJe* 20-8-2013, p. 65).

"Conflito negativo de competência. Juízos de direito e eleitoral. Eleição de Diretório Municipal de partido político. Competência da Justiça Comum. Compete à Justiça comum estadual processar e julgar a ação em que filiado pretende discutir ato deliberativo, de natureza *interna corporis*, de partido político. Conflito conhecido para declarar competente o Juízo da 2ª Vara Cível de São José-SC" (STJ – CC nº 40.929/SC – 2ª Seção – Rel. Min. Cesar Asfor Rocha – *DJ* 7-6-2004, p. 157).

Assim, eventuais querelas existentes entre partido e pessoa natural ou jurídica, entre dois partidos, entre órgãos do mesmo partido ou entre partido e seus filiados devem ser dirimidas na Justiça Comum estadual.

Todavia, excepcionalmente, a competência da Justiça Eleitoral despontará se a situação impactar ou implicar influência direta em eleição ou processo eleitoral, pois, nesse caso, os interesses maiores da democracia, da segurança jurídica e da regularidade do processo eleitoral justificam a atração da competência da Justiça Especial. Afinal, "em se tratando de entidade associativa umbilicalmente ligada ao adequado funcionamento do processo democrático, incumbe à Justiça Especializada Eleitoral o papel precípuo de apreciar as controvérsias advindas no corpo dos partidos políticos" (TSE – MS nº 060145316 /PB – *DJe* 29-9-2016 – trecho do voto do Relator, Min. Luiz Fux).

Tem-se, pois, que questões e divergências internas partidárias ocorridas no período eleitoral escapam à competência da Justiça Comum, sendo alocadas ao âmbito da competência da Justiça Eleitoral. Sobre o referido período, fixou-se na jurisprudência que ele deve ser compreendido a partir da regra da anualidade inscrita no art. 16 da CF, e, pois, "em seu sentido mais elástico, iniciando-se um ano antes da data do pleito" (TSE – REspe nº 7090/RN – *DJe*, t. 232, 30-11-2017, p. 22-25).

6.13 VÍCIOS DO SISTEMA PARTIDÁRIO BRASILEIRO

A contemporânea democracia "partidária" brasileira não está livre de críticas. Entre outras coisas, sofre os influxos do "caldo de cultura" legado pelas violentas experiências colonial e escravista, nas quais têm origem o autoritarismo, mandonismo, corrupção e patrimonialismo tão comuns na prática política.

Destaca Bonavides (2010, p. 386, 414, 421) a *despolitização* interna dos partidos brasileiros e a vetusta prática de *patronagem*. Assinala o eminente cientista político que, ainda nos dias correntes, muitas agremiações constituem "simples máquinas de indicar candidatos, recrutar eleitores, captar votos"; uma vez no poder, cuidam apenas de carrear vantagens materiais a seus dirigentes e clientes, sobretudo com a investidura em cargos e funções públicas. Mui raramente descem a fundo em temas fundamentais aos reais interesses da sociedade brasileira.

Também Ferreira Filho (2005, p. 124) ressalta alguns vícios presentes no sistema brasileiro, no qual constata a existência de número excessivo de partidos, a inautenticidade deles e o exacerbado individualismo que marca nossa cultura. Quanto ao primeiro, existem realmente dezenas de partidos com registro definitivo no TSE; a maioria deles é formada por partidos nanicos, de diminuta expressão no contexto sociopolítico, e cuja sobrevivência se deve ao aluguel de suas legendas – por isso, são conhecidos como partidos ou legendas de aluguel. Na verdade, não passam de pequenas oligarquias a serviço de uma ou outra personalidade, fechadas, pois, à renovação e ao intercâmbio de ideias.

Daí a observação do Ministro Luís Roberto Barroso de que o sistema partidário brasileiro se caracteriza

> "pela multiplicação de partidos de baixa consistência ideológica e nenhuma identificação popular. Surgem, assim, as chamadas legendas de aluguel, que recebem dinheiro do Fundo Partidário – isto é, recursos predominantemente públicos – e têm acesso a tempo gratuito de televisão. O dinheiro do Fundo é frequentemente apropriado privadamente e o tempo de televisão é negociado com outros partidos maiores, em coligações oportunistas, e não

em função de ideias. A política, nesse modelo, afasta-se do interesse público e vira um negócio privado. [...]" (STF – ADI 5.081/DF – Pleno – trecho do voto do Rel. Min. Luís Roberto Barroso – j. 27-5-2015).

Sobre o individualismo, cuida-se de traço marcante da cultura nacional. A ele se ligam vícios antigos como o personalismo, o mandonismo e o caráter oligárquico das organizações partidárias.

O personalismo e o mandonismo têm por características o culto exagerado à personalidade do líder político e o desprezo pela fidelidade à organização partidária, a qual é sempre instrumentalizada para fins pessoais. As decisões não são institucionais nem democráticas. É o dirigente que manda, é ele que resolve pessoalmente as questões mais relevantes. No mais das vezes, atingidos os objetivos visados, as legendas são simplesmente descartadas, trocadas por outras mais convenientes e que melhor atendam aos interesses pessoais.

Obtempera Ferreira Filho (2005, p. 126) ser essencial à democracia pelos partidos que eles tenham programas bem definidos. Contudo, o problema é que, de modo geral, o povo brasileiro parece relutar em formular escolhas eleitorais levando em conta os programas dos partidos acima de tudo.

> "O elemento pessoal continua a pesar e não raro a preponderar. Mormente hoje, quando os meios de comunicação de massa valorizam as personalidades em detrimento das ideias. No Brasil, especialmente, é generalizado o desapreço pelos programas partidários, visto como mero blá-blá-blá que ninguém, inclusive os candidatos, leva a sério. A política brasileira é uma disputa personalista; vale mais o candidato do que o partido".

Cumpre ainda destacar o baixo índice de democracia interna na gestão dos partidos, notadamente no que concerne à tomada de decisões. Salvo raras exceções, decisões importantes não são tomadas de forma democrática, pelo conjunto dos filiados, mas sim por uns poucos dirigentes. A propósito, em sugestiva crônica veiculada no jornal *Folha de S. Paulo* (Caderno A, p. 2, 25 fev. 2006), Carlos Heitor Cony registrou o modo como se deu a escolha do candidato do PSDB às eleições presidenciais de 2006:

> "A foto foi publicada em todos os jornais. Num restaurante paulista, mesa em fim de jantar, quatro sobas simpáticos, gente de bem em todos os sentidos, armavam a estratégia para escolher o próximo candidato do PSDB à Presidência da República [...]. Tudo será feito de acordo com o que eles decidirem, ouvidas mais duas ou três cabeças coroadas do PSDB. E, em linhas gerais, dos grandes aos pequenos partidos, a liturgia será a mesma. Um jantar reunindo quatro cidadãos que decidirão quem vai receber milhões de votos dos demais cidadãos".

Com alguns retoques, essa crônica bem poderia ser reeditada em outros pleitos e referir-se a outros partidos. Em 2010, por exemplo, a candidata da situação à eleição presidencial foi escolhida pelo então Presidente da República, que, posteriormente, assistiu à sua solitária decisão ser ratificada na convenção nacional do Partido dos Trabalhadores. Em 2018, o vencedor do pleito presidencial pelo Partido Social Liberal (PSL) somente se filiou a essa *grei* em março de 2018 sob a condição de ser lançado candidato, no que foi atendido pelos dirigentes; em 2019, um ano depois o pleito, o eleito se desfiliou do PSL, e somente em novembro de 2021 (dois anos depois da desfiliação) ingressou no Partido Liberal (PL) para disputar as eleições de 2022, tudo, portanto, a evidenciar a manipulação e instrumentalização dos partidos. Daí a evidência de que, no Brasil, a democracia representativa é exercida de cima para baixo, e não de baixo para cima. Nesse cenário, lembra Cony no texto referido, "o poder não emana do povo, como rezam a Constituição e os bons costumes políticos, mas de um jantar [...] em que os hierarcas (bons ou maus, não importa) decidem quem será candidato".

É importante que a organização e o funcionamento dos partidos políticos se deem de forma democrática, republicana e transparente – realizando-se assim os princípios e valores que presidem a Constituição política. Isso implica, entre outras coisas: *(i)* o incremento da capacidade dos filiados para a tomada de decisões relevantes – como a escolha dos candidatos que disputarão as eleições; *(ii)* a transparência e responsabilidade na gestão partidária; *(iii)* a instituição de mecanismos de controle da gestão; *(iv)* a prestação de contas da gestão; *(v)* a realização de eleição interna para escolha de dirigentes; *(vi)* a fixação de prazo para a ocupação dos cargos de direção; *(vii)* o incremento da capacidade dos filiados para ocupação de cargos internos.

6.14 IMPROBIDADE ADMINISTRATIVA EM PARTIDO POLÍTICO

O art. 37 da Lei Maior estabelece os princípios a serem observados pela Administração Pública, entre os quais figuram a legalidade, impessoalidade, moralidade, publicidade e eficiência. O mesmo art. 37 também trata da improbidade administrativa, prevendo o seu § 4º que ela importará "a suspensão dos direitos políticos, a perda da função pública, a indisponibilidade dos bens e o ressarcimento ao erário, na forma e gradação previstas em lei, sem prejuízo da ação penal cabível".

Essa matéria é regulada pela Lei nº 8.429/1992 (Lei da Improbidade Administrativa – LIA), a qual foi amplamente alterada pela Lei nº 14.230/2021. Qualifica-se como ímprobo o ato praticado por agente público ou pessoa a este equiparada que viole "a probidade na organização do Estado e no exercício de suas funções e a integridade do patrimônio público e social dos Poderes Executivo, Legislativo e Judiciário", bem como a integridade da Administração Pública direta e indireta, e, ainda, de "entidade privada para cuja criação ou custeio o erário haja concorrido ou concorra no seu patrimônio ou receita atual" (LIA, art. 1º, *caput*, §§ 5º e 7º, art. 3º).

Além disso, dispõe o § 6º do art. 1º da LIA que também se encontram "sujeitos às sanções desta Lei os atos de improbidade praticados contra o patrimônio de entidade privada que receba subvenção, benefício ou incentivo, fiscal ou creditício, de entes públicos ou governamentais, previstos no § 5º deste artigo".

Nos termos do art. 3º, a Lei de Improbidade alcança até mesmo quem, "não sendo agente público, induza ou concorra dolosamente para a prática do ato de improbidade". Mas nesse caso, a responsabilização requer que se comprove que o agente teve "participação e benefícios diretos", limitando-se sua responsabilidade aos "limites da sua participação".

Nos termos legais, constitui improbidade administrativa toda ação ou omissão dolosa que se enquadre em uma das seguintes categorias: acarrete enriquecimento ilícito (LIA, art. 9º), cause lesão ou prejuízo ao erário (LIA, art. 10) ou atente contra os princípios reitores da Administração Pública (LIA, art. 11).

Nesse quadro, pode-se cogitar a aplicação da LIA a partidos políticos e candidatos que receberem recursos de fundos públicos. Embora possuam natureza privada, os partidos são quase integralmente financiados pelo erário. Para custear suas atividades partidárias e eleitorais, o Tesouro Nacional lhes transfere enormes somas pecuniárias por meio do Fundo Partidário (FP), do Fundo Especial de Financiamento de Campanha (FEFC) e do custeio da propaganda eleitoral no rádio e na televisão. Já os candidatos recebem verbas (públicas) do FEFC com vistas a financiar suas campanhas. Por serem públicos, tais recursos são vinculados e devem ser empregados para o estrito cumprimento das finalidades que lhes foram assinaladas.

A Lei nº 14.230/2021 incluiu o art. 23-C na LIA, restringindo a incidência dessa norma aos partidos políticos, *in verbis*:

"Art. 23-C. Atos que ensejem enriquecimento ilícito, perda patrimonial, desvio, apropriação, malbaratamento ou dilapidação de recursos públicos dos partidos políticos, ou de suas fundações, serão responsabilizados nos termos da Lei nº 9.096, de 19 de setembro de 1995."

Todavia, esse dispositivo legal foi objeto de impugnação na ADI 7.236, tendo o STF deferido liminarmente medida cautelar para conferir-lhe interpretação conforme, "no sentido de que os atos que ensejem enriquecimento ilícito, perda patrimonial, desvio, apropriação, malbaratamento ou dilapidação de recursos públicos dos partidos políticos, ou de suas fundações, poderão ser responsabilizados nos termos da Lei 9.096/1995, mas sem prejuízo da incidência da Lei de Improbidade Administrativa" (STF, ADI 7236/DF, decisão liminar do Rel. Min. Alexandre de Moraes, de 27-12-2022).

Merece aplausos essa decisão, pois mantém a "incidência da Lei de Improbidade Administrativa" no âmbito dos partidos políticos. É que, pela literalidade do citado art. 23-C, a plena incidência da LIA a partido político só ocorreria nas hipóteses do art. 11, em que o ato ofende princípios da Administração Pública. Nos casos de enriquecimento ilícito (art. 9º) e lesão ou prejuízo ao erário (art. 10), determina o art. 23-C que o ilícito seja tratado no âmbito da prestação de contas que o partido apresentar à Justiça Eleitoral. É duvidosa a correção e mesmo a constitucionalidade dessa regra legal, pois afasta a possibilidade de adequada responsabilização jurídica de dirigentes partidários pela prática de atos caracterizados como de improbidade administrativa. Considerando que a Justiça Eleitoral não tem competência constitucional para julgar ato de improbidade, pode-se dizer que o dispositivo em exame cria uma imunidade e consagra a impunidade de dirigentes partidários no âmbito da improbidade administrativa.

A propósito, vale lembrar o art. 37, § 13, da LPP (incluído pela Lei nº 13.165/2015), segundo o qual: "A responsabilização pessoal civil e criminal dos dirigentes partidários decorrente da desaprovação das contas partidárias e de atos ilícitos atribuídos ao partido político somente ocorrerá se verificada irregularidade grave e insanável resultante de conduta dolosa que importe enriquecimento ilícito e lesão ao patrimônio do partido". Assim, no âmbito eleitoral, a responsabilização do dirigente partidário por ato de improbidade requer: *(i)* que a irregularidade seja grave; *(ii)* que a irregularidade seja insanável; *(iii)* conduta dolosa do agente; *(iv)* que haja enriquecimento ilícito e lesão ao patrimônio do partido.

As sanções por ato de improbidade são previstas no art. 12 da LIA, figurando entre elas a perda dos bens ou valores acrescidos ilicitamente ao patrimônio, ressarcimento do dano, pagamento de multa, perda da função pública, suspensão dos direitos políticos, proibição de contratar com o Poder Público, proibição de receber benefícios ou incentivos fiscais ou creditícios.

Para o reconhecimento da improbidade administrativa não basta a mera subsunção do fato a uma das situações veiculadas nos aludidos dispositivos, pois esse enquadramento requer a demonstração da existência de elemento subjetivo, o qual é consubstanciado no dolo para todos os tipos legais (art. 1º, § 1º, da LIA). Com efeito: "para a correta fundamentação da condenação por improbidade administrativa, é imprescindível, além da subsunção do fato à norma, estar caracterizada a presença do elemento subjetivo. A razão para tanto é que a Lei de Improbidade Administrativa não visa punir o inábil, mas sim o desonesto, o corrupto, aquele desprovido de lealdade e boa-fé. Precedentes: [...]" (STJ – REsp nº 1819704/MG – 2ª T. – Rel. Min. Herman Benjamin – *DJe* 11-10-2019). No caso, basta a demonstração do dolo genérico (STJ – REsp nº 951.389/SC – 1ª Seção – Rel. Min. Herman Benjamin – *DJe* 4-5-2011), o qual é consubstanciado na livre e espontânea vontade de praticar o ato inquinado.

A responsabilização do agente requer a instauração de processo jurisdicional próprio. A competência para conhecer e julgar a demanda é da Justiça Comum Federal, pois, além de a organização e fiscalização do processo eleitoral constituir serviço público da União (realizado pela Justiça Eleitoral, que é federal), as verbas alocadas aos fundos eleitorais são originárias do Tesouro Nacional e as respectivas contas são prestadas para a Justiça Eleitoral. Resulta evidente, portanto, o interesse federal.

Quando do julgamento das contas anuais apresentadas por partido político (CF, art. 17, III; LPP, art. 32) e das contas de campanha apresentadas por partido ou candidato (LE, art. 28, §§ 1º e 2º; LPP, arts. 33, II, e 34, I e V), se forem detectados indícios ou provas de ocorrência de improbidade administrativa, deve a Justiça Eleitoral (LIA, art. 22) determinar a remessa de cópia dos autos ao Ministério Público Federal para que este eventualmente instaure inquérito civil ou procedimento investigativo e promova a ação de improbidade administrativa visando à responsabilização do agente.

O art. 23 da LIA contém disposição especial sobre prescrição da ação para a aplicação das sanções nela previstas. A prescrição ocorrerá "em 8 (oito) anos, contados a partir da ocorrência do fato ou, no caso de infrações permanentes, do dia em que cessou a permanência". Também são previstas hipóteses de suspensão e interrupção do prazo prescricional. Havendo interrupção, o prazo passa a correr pela metade, ou seja, por quatro anos.

7

SISTEMAS ELEITORAIS

7.1 CONSIDERAÇÕES INICIAIS

Compreende-se por sistema a estrutura complexa, racional e dinamicamente ordenada. Nesse prisma, sistema eleitoral é o complexo de técnicas e procedimentos empregados na organização e realização de eleições, ensejando a conversão de votos em mandato. Em outras palavras, trata-se do método que permite organizar e aferir a manifestação de vontade dos cidadãos nas urnas, de modo a propiciar a legítima representação do povo na gestão do Estado.

O sistema eleitoral "identifica as diferentes técnicas e procedimentos pelos quais se exercem os direitos políticos de votar e de ser votado", incluindo-se nesse conceito "a divisão geográfica do país para esse fim, bem como os critérios do cômputo dos votos e de determinação dos candidatos eleitos" (STF – ADI 5081/DF – Pleno – trecho do voto do relator, Min. Luís Roberto Barroso – j. 27-5-2015).

A função do sistema eleitoral consiste na organização das eleições e conversão de votos em mandatos políticos. Em outros termos, visa proporcionar a captação eficiente, segura e imparcial da vontade popular democraticamente manifestada, de sorte que os mandatos eletivos sejam conferidos e exercidos com legitimidade. É também sua função estabelecer meios para que os diversos grupos sociais sejam representados, bem como para que as relações entre representantes e representados se fortaleçam. A realização desses objetivos depende da implantação de um sistema eleitoral confiável, dotado de técnicas seguras e eficazes, cujos resultados sejam transparentes e inteligíveis.

Consoante adverte Comparato (1996, p. 65), "não há sistemas idealmente perfeitos, para todos os tempos e todos os países, mas apenas sistemas mais ou menos úteis à consecução das finalidades políticas que se têm em vista, em determinado país e determinado momento histórico".

A ciência política nos informa acerca da existência de três tipos principais, a saber: o majoritário, o proporcional e o misto (este é formado pela combinação de elementos daqueles).

A adoção de um determinado sistema depende das vicissitudes históricas de cada sociedade, da interação e dos conflitos travados entre as diversas forças político-sociais. Igualmente relevante para o seu delineamento são os valores que se queira consagrar na experiência social, bem como as finalidades políticas almejadas.

Na Constituição do Brasil, foram consagrados os sistemas majoritário e proporcional.

7.2 SISTEMA MAJORITÁRIO

O sistema majoritário funda-se no princípio da representação "da maioria". Segundo a lógica majoritária, o candidato que receber a maioria dos votos válidos no distrito ou na circunscrição eleitoral é proclamado vencedor do certame. Esse método é também conhecido como *first past the post (FPTP)*.

A maioria pode ser absoluta ou relativa. Por maioria absoluta compreende-se a metade dos votos dos integrantes do corpo eleitoral mais um voto. Todavia, se o total de votantes encerrar um número ímpar, a metade será uma fração. Nesse caso, deve-se compreender por maioria absoluta o primeiro número inteiro acima da fração. A exigência de maioria absoluta prende-se à ideia de ampliar a representatividade do eleito, robustecendo sua base popular de apoio e, consequentemente, sua legitimidade.

Já a maioria relativa ou simples não leva em conta a totalidade dos votantes, considerando-se eleito o candidato que alcançar o maior número de votos válidos em relação a seus concorrentes. Portanto, o candidato poderá ser eleito com menos da metade dos votos.

No Brasil, o sistema majoritário foi adotado nas eleições para a chefia do Poder Executivo (Presidente da República, Governador, Prefeito e respectivos vices) e Senador (e respectivos suplentes), conforme se vê nos arts. 28, *caput*, 29, II, 32, § 2º, 46 e 77, § 2º, todos da Constituição Federal.

Esse sistema compreende duas espécies. Pela primeira – denominada simples ou de turno único –, considera-se eleito o candidato que conquistar o maior número de votos entre os participantes do certame. Não importa se a maioria alcançada é relativa ou absoluta. É isso que ocorre nas eleições para Senador, bem como nas eleições para Prefeito em municípios com *menos de* 200.000 eleitores, nos termos do art. 29, II, da Lei Maior.

Já no chamado sistema majoritário de dois turnos, o candidato só é considerado eleito no primeiro turno se obtiver a maioria absoluta de votos, não computados os em branco e os nulos. Caso contrário, faz-se nova eleição. Esta deve ser realizada no último domingo de outubro, somente podendo concorrer os dois candidatos mais votados. Se ocorrer morte, desistência ou impedimento legal de candidato, antes de realizado o segundo turno, convocar-se-á, dentre os remanescentes, o de maior votação (CF, art. 77, § 5º). Considera-se eleito o que obtiver a maioria dos votos válidos (CF, art. 77, § 3º). Tal se dá nas eleições para Presidente da República, Governador, Prefeito e seus respectivos vices em municípios com mais de 200.000 eleitores.

Havendo empate nos resultados da votação majoritária, "será qualificada a pessoa com maior idade" (CF, art. 77, § 5º; LE, art. 2º, § 3º, e art. 3º, § 2º; Res. TSE nº 16.677/2021).

7.2.1 Sistema distrital

Denomina-se distrital o sistema em que o princípio majoritário é aplicado às eleições para o Poder Legislativo.

Nesse sistema, a circunscrição eleitoral é repartida em distritos (ou círculos) menores, dentro dos quais é travada a disputa pelos votos dos cidadãos.

Se o distrito for *uninominal* (voto distrital uninominal), elegerá um só representante, se for *plurinominal* (voto distrital plurinominal) elegerá mais de um representante.

No caso de distrito uninominal, o número total de distritos corresponderá à quantidade de cadeiras a serem ocupadas na respectiva Casa Legislativa.

Cada partido pode apresentar no distrito tantos candidatos quantas forem as vagas em disputa. Assim, sendo o distrito uninominal, o partido apresentará um só candidato por distrito.

No dia do pleito, aos eleitores é apresentada uma lista de candidatos restrita ao distrito a que pertencem. Como a eleição segue a lógica majoritária, considera-se vitorioso o candidato que obtiver o maior número de votos no distrito.

Conforme há pouco salientado, a maioria exigida será simples ou absoluta. Sendo absoluta, poderá haver previsão de dois turnos de votação, sendo o segundo turno disputado entre os dois candidatos mais votados no primeiro. O sistema de maioria simples é adotado nos EUA, consoante informa Kollman (2014, p. 436, 455).

No Brasil, as eleições legislativas para a Câmara de Deputados foram regidas pelo sistema distrital durante quase todo o Império e a República Velha. A esse respeito, veja-se o quadro seguinte:

Norma legal	Evento
Lei nº 842, de 19-9-1855 (Lei do Círculo)	Implanta o voto distrital de um deputado por distrito, sendo exigida a maioria absoluta.
Lei nº 1.082, de 18-8-1860 (Segunda Lei dos Círculos)	Aumenta para três o número de deputados a serem eleitos em cada distrito.
Lei nº 2.675, de 20-10-1875	Extingue o voto distrital.
Lei nº 3.029, de 9-1-1881 (Lei do Censo)	Restabelece o voto distrital.
Decretos nº 200-A, de 8-2-1890, e nº 511, de 23-6-1890	Extinguem o voto distrital.
Lei nº 35, de 26-1-1892	Reimplanta o voto distrital, prevendo a eleição de três deputados por distrito.
Lei nº 1.269, de 15-11-1904 (Lei Rosa e Silva)	Mantém o voto distrital, aumentando para cinco o número de deputados por distrito.
Lei nº 3.139, de 2-8-1916	Mantém o voto distrital e o número de cinco deputados por distrito.
Decreto nº 21.076, de 24-2-1932 (primeiro Código Eleitoral)	Extingue o voto distrital, que desde então não mais foi adotado.

Fonte: Souza (1984).

Muitas são as críticas endereçadas ao sistema distrital, valendo destacar as que o associam:

i) à redução do pluralismo político no Parlamento, já que os representantes dos grupos sociais majoritários tendem a sempre ser eleitos;

ii) à ínfima representação de segmentos minoritários existentes na sociedade. Isso porque os membros desses segmentos encontram-se dispersos em vários distritos, nos quais não chegam a formar maioria;

iii) à baixa renovação da representação política em razão de os atuais eleitos: *(iii.a)* serem conhecidos por parcela maior do eleitorado por já terem participado de eleições anteriormente (*recall*); *(iii.b)* desfrutarem de alta visibilidade na mídia social; *(iii.c)* terem acesso à máquina administrativa; *(iii.d)* terem o poder de encaminhar emendas que garantem verbas para obras e serviços públicos em redutos eleitorais;

iv) ao aumento do índice de personalização da representação (= personalismo), com valorização de candidaturas de pessoas mais conhecidas ou famosas no meio social;

v) à prevalência no Parlamento de grandes partidos, que concentram mais votos e, pois, mais representantes;

vi) à indução de formação de um sistema bipartidário;

vii) às relevantes distorções havidas entre o número de votos recebidos por um partido e a representatividade que venha a ter na Casa Legislativa – ex.: distribuição de número maior de cadeiras a partido que recebeu *menos* votos que outro ao qual foi atribuído número maior de votos;

viii) desincentivo ao *voto de opinião*, com vinculação do voto unicamente ao território;

ix) *Gerrymandering* – conforme assinala Kollman (2014, p. 147), trata-se da manipulação na definição de área de distritos eleitorais. Ao se formatar os distritos, excluem-se locais em que a maioria da população apoia partidos ou candidatos adversários, ou incluem-se locais cuja população apoia o partido ou os candidatos dos atuais governantes. A finalidade é formar distritos compostos por eleitores favoráveis aos atuais mandatários a fim de se obter vantagens nas eleições. Aqui são os governantes que escolhem os eleitores e não o contrário.

Essas deficiências do sistema distrital clássico têm ensejado o seu abandono por muitos países que o adotaram no passado, sendo buscadas alternativas no sistema proporcional.

7.2.2 Distritão

Tem-se debatido acerca da implantação, no Brasil, do sistema denominado distritão. Mas apesar de já ter sido contemplado em reformas político-eleitorais, a sua adoção foi rejeitada na Câmara dos Deputados respectivamente em 2017 (PEC nº 77/2003) e 2021 (PEC nº 125/2011).

Esse sistema é, na verdade, o sistema distrital plurinominal com a peculiaridade de haver um só distrito na circunscrição eleitoral, ou seja, no Estado e no Município. Portanto, a circunscrição eleitoral não é dividida em distritos menores; ela própria constitui o único distrito existente – daí denominar-se o sistema de "distritão".

Cuidando-se de sistema majoritário, apenas os candidatos mais votados em cada Estado (para Deputado Federal, Estadual ou Distrital) ou Município (para Vereador) são eleitos. A lista de eleitos é formada a partir da ordem decrescente de votos recebidos individualmente pelos candidatos.

Os defensores desse sistema arguem que ele tem a vantagem de ser de fácil compreensão para os eleitores. Além disso, ele acabaria com alguns problemas ocorrentes no sistema proporcional (adotado na Constituição Federal), os quais serão apontados a seguir.

Força é convir que a escolha de um sistema político não deve basear-se na maior ou menor facilidade de compreensão pelos eleitores. Importante mesmo é que o sistema seja democrático, confiável, dotado de técnicas e procedimentos seguros e eficazes, cujos resultados sejam racionais, transparentes e inteligíveis.

No que se refere à representação de segmentos sociais minoritários, o distritão é pior que o sistema proporcional, pois este foi pensado para que tais segmentos contem com alguma representação política. Mas nesse ponto, o distritão parece ser melhor que o distrital puro; isso porque a disputa se trava em todo o território da circunscrição, o que pode ensejar o incremento da votação de candidatos representantes de segmentos minoritários.

As muitas críticas negativas ao distritão são as mesmas endereçadas ao sistema distrital já registradas no item anterior. A elas se deve somar o alto custo das campanhas eleitorais. É que os partidos podem lançar tantos candidatos quantas forem as vagas em disputa no distritão, e os candidatos – individualmente – devem fazer campanha em todo o território do distrito a fim de conseguirem maior número votos. Como somente os candidatos mais votados serão eleitos, é lógico e até natural que haja altos investimentos nas respectivas campanhas eleitorais a fim de se aumentar a exposição e a visibilidade perante o eleitorado e, consequentemente, elevarem-se as chances de se obter uma robusta votação.

Nesse sistema há o acirramento da concorrência entre candidatos de um mesmo partido. Isso porque todos os candidatos disputam os votos individualmente, e só dependem de seus próprios votos para serem eleitos. Em consequência, alguns partidos poderão sair das eleições esfrangalhados, enfraquecidos em decorrência de disputas e divisões internas. Isso certamente em muito pode dificultar a governabilidade do país.

Tem-se, ainda, o incremento do personalismo político e enfraquecimento do partido como instituição democrática. Se no sistema proporcional a grande maioria dos candidatos necessitam dos votos do partido (votos de legenda) para serem eleitos (pouquíssimos são os candidatos que se elegem com os próprios votos), no distritão os candidatos só precisam dos partidos para terem suas candidaturas oficialmente registradas. Daí a percepção de que no distritão o partido é mais um estorvo burocrático, necessário apenas como meio para se alcançar o mandato político e, pois, o exercício do poder estatal. Se é assim, não haveria razão para se proibir candidaturas avulsas, ou seja, sem vinculação a um partido político.

Outro aspecto negativo no distritão é a tendência de preponderar nas eleições a escolha de candidatos oriundos de grandes centros urbanos; isso em razão da concentração populacional existente em tais áreas. Com isso, os eleitores de cidades ou regiões menos populosas tendem a ficar sem representação política. Acirra-se, então, a crise de representatividade e todos os problemas dela decorrentes. E como o voto de parte razoável do eleitorado não terá qualquer peso nem relevância no processo eleitoral, pode-se vaticinar o aumento do desinteresse pela participação na vida política do país.

O distritão ainda traz o problema pertinente ao preenchimento de vaga surgida durante a legislatura. A vaga pode surgir em razão de licença ou falecimento do parlamentar. Figure-se o seguinte exemplo: no Estado-distritão de São Paulo, cinco candidatos a Deputado Federal do partido P1 obtêm alta votação e conseguem se eleger, mas os demais candidatos daquele partido têm poucos votos e por isso não se elegem; durante a legislatura, um dos eleitos é licenciado (ex.: é nomeado Ministro de Estado) e outro vem a morrer. Como serão preenchidas essas duas vagas? *(i)* convoca-se o sexto candidato da lista de P1? Essa solução preserva a vaga com o partido, mas o candidato que a ocupará não será o de maior votação – o que contraria a lógica do sistema distritão. *(ii)* convoca-se o candidato mais votado de outro partido? Embora observe a lógica do distritão, essa solução retira de P1 vagas que conquistou legitimamente, impondo-lhe evidente prejuízo em razão da diminuição de sua bancada na Câmara de Deputados. *(iii)* convoca-se nova eleição apenas para o preenchimento das vagas existentes? Essa solução é irracional porque implica a realização de novo e custoso processo eleitoral, desprezando-se a votação obtida pelos candidatos não eleitos no processo eleitoral anterior; ademais, não teria sentido na situação em que o parlamentar apenas se licencia do cargo. *(iv)* deixa-se o cargo vago, sem preenchimento até o fim da legislatura? A irracionalidade aqui é até maior, pois o órgão legislativo ficaria desfalcado de parte de seus membros, podendo, no limite, haver comprometimento de seu regular funcionamento.

7.3   SISTEMA PROPORCIONAL

7.3.1   Introdução

O sistema proporcional nasceu na Europa. Atribui-se ao político londrino Thomas Hare o mérito de sua idealização, o que foi feito em seus trabalhos *The machinery of representation* (1857) e *The elections of representatives* (1859). Não obstante, a ideia da representação proporcional também fora proposta pelo político dinamarquês Carl Andrae, tendo sido aplicada nas eleições da Dinamarca ocorridas no ano de 1855. As duas concepções teriam ocorrido de forma independente. Posteriormente, esse sistema foi consagrado na Bélgica com base no método desenvolvido pelo jurista-matemático Victor D'Hondt, pelo qual a distribuição de cadeiras na Casa Legislativa é feita a partir da votação de cada partido. A respeito, esclarece Nicolau (2012a, p. 45) que:

"Em 1882, Victor D'Hondt publicou *Sistema racional e prático de representação proporcional*, em que propunha um novo método de distribuição de cadeiras, baseado na votação de cada partido. D'Hondt foi um ativo militante em defesa da representação proporcional. Quatro anos depois, a Conferência Internacional sobre Reforma Eleitoral, realizada na Bélgica e na qual estiveram presentes delegados de diversos países da Europa, adotou o sistema apresentado por D'Hondt como modelo de representação proporcional".

O sistema proporcional foi concebido para refletir os diversos pensamentos e tendências existentes no meio social. Visa distribuir entre os múltiplos partidos políticos as vagas existentes nas Casas Legislativas, tornando equânime a disputa pelo poder e, principalmente, ensejando a representação de segmentos sociais minoritários. Por isso, o voto pode ter caráter dúplice ou binário, de modo que votar no candidato significa igualmente votar no partido; também é possível votar tão só na agremiação (= voto de legenda), caso em que apenas para ela o voto será computado. Assim, tal sistema não considera somente o número de votos atribuídos ao candidato, como no majoritário, mas também os endereçados à agremiação. Pretende, antes, assegurar a presença no Parlamento do maior número de segmentos e correntes que integram o eleitorado. Prestigia a minoria. Na expressão de Ferreira (1989, p. 351), objetiva fazer do Parlamento um espelho tão fiel quanto possível do colorido partidário nacional.

O ideal, portanto, é que haja um ótimo grau de correspondência entre as preferências manifestadas nas urnas pelos eleitores e a distribuição de poder entre as diversas correntes de pensamento e agremiações políticas. Nisso, aliás, consiste a ideia de representatividade democrática.

A propósito, o próprio Victor D'Hondt (*Apud* PORTO, 2000, p. 235) ressaltou que, no sistema proporcional, a "maneira de proceder é, incontestavelmente, a única legítima e se cometeria uma verdadeira iniquidade, por exemplo, se, havendo diversos trabalhadores executando um serviço qualquer, a totalidade da remuneração fosse dada somente ao que houvesse trabalhado mais. Esta, sem dúvida, a injustiça que se comete aplicando o método comum de eleições".

7.3.2 Sistema proporcional no Brasil

No Brasil, o sistema proporcional foi primeiramente implantado pelo Código Eleitoral de 1932 (Decreto nº 21.076, de 24-2-1932), em estrita consonância com a concepção do político Joaquim Francisco de Assis Brasil. Foi estabelecido um complexo sistema de eleições em dois turnos; no primeiro turno, observa-se o sistema proporcional, enquanto o segundo é regido pelo sistema majoritário (de maioria simples).

Não foi obra do acaso o fato de sua acolhida ter ocorrido logo após o vitorioso movimento revolucionário de 1930, que culminou com a ascensão de Getúlio Vargas ao poder e nos albores da Revolução Constitucionalista de 1932. Sua implantação tinha o sentido de desarticular as fortes oligarquias estaduais, mormente as de São Paulo e Minas Gerais, que se revezavam no poder central, episódio conhecido como "política do café com leite". Pretendia-se abater a monocracia dos partidos republicanos em cada Estado da Federação, sendo indispensável a adoção de um sistema partidário em que houvesse liberdade de criação de partidos e que permitisse o voto em candidatos individuais e não no partido.

Dada a complexidade do sistema eleitoral erigido por esse código, cedo foi ele alterado, o que se deu pela Lei nº 48, de 4-5-1935. Nos termos do art. 82 dessa norma: "Obedecerão as eleições para a Câmara dos Deputados, Assembleias Estaduais e Câmaras Municipais ao Sistema de representação proporcional [...]". Essa regra é complementada pelos subsequentes arts. 89 a 99. Entretanto, ela não chegou a entrar em vigor em razão da superveniência do Estado Novo (1937-1945) e da suspensão das eleições.

Com a redemocratização, o Decreto-Lei nº 7.586, de 18-5-1945 (Lei Agamenon Magalhães), repetindo a aludida Lei nº 48 (e afastando o sistema previsto no Código de 1932), manteve o sistema integralmente proporcional. Desde então, esse sistema tem sido reiterado na legislação, conforme se vê nas Leis nº 1.164/50 e nº 4.737/65 (Código Eleitoral).

Ainda hoje o sistema proporcional é adotado nas eleições para Casas Legislativas, a saber: Câmara de Deputados, Assembleias Legislativas e Câmaras de Vereadores, conforme dispõem os arts. 27, § 1º, 29, IV, 32, § 3º, e 45, todos da Constituição Federal.

7.3.3 Distribuição de cadeiras – quocientes eleitoral e partidário e sobras eleitorais

No sistema proporcional, a distribuição de cadeiras é feita entre os partidos políticos proporcionalmente à votação que obtiverem. A racionalidade nele presente impõe que cada partido com representação na Casa Legislativa tenha recebido certo número de votos. As vagas são conquistadas pela agremiação e ligam-se diretamente ao número de votos obtidos por ela nas urnas.

Assim, para que um candidato seja eleito, é preciso que seu partido seja contemplado com um número mínimo de votos. Esse número mínimo – também chamado de uniforme – é denominado *quociente eleitoral* (QE).

Como se obtém o quociente eleitoral? Nos termos do art. 106 do Código Eleitoral: "Determina-se o quociente eleitoral dividindo-se o número de votos válidos apurados pelo de lugares a preencher em cada circunscrição eleitoral, desprezada a fração se igual ou inferior a meio, equivalente a um, se superior". Eis a fórmula:

$$QE = \frac{n^{\underline{o}}\ votos\ válidos}{n^{\underline{o}}\ de\ vagas}$$

Consideram-se válidos os votos dados aos candidatos e às legendas partidárias. Os votos em branco e os nulos (em razão de manifestação apolítica ou de erro do eleitor) não são computados, pois não são considerados válidos.

Para exemplificar, suponha-se que em determinada circunscrição eleitoral – com nove lugares a serem preenchidos na Câmara de Vereadores – tenham sido apurados 50.000 votos válidos. Obtém-se o quociente eleitoral dividindo-se 50.000 por 9, do que resulta 5.556. Esse número representa o quociente eleitoral e constitui o mínimo necessário para que um partido eleja um dos candidatos de sua lista.

A cada partido será atribuído número de lugares proporcional ao quociente obtido, de maneira que cada um conquistará tantas cadeiras quantas forem as vezes que tal número for atingido.

E se o quociente eleitoral não for alcançado por algum partido? Se isso ocorrer, a grei que atingir o QE não concorrerá à fase regular de distribuição de vagas, mas poderá disputar a distribuição de vagas que porventura sobrarem ou não forem preenchidas nessa primeira etapa, denominadas *sobras* ou *restos eleitorais*. Em tal caso, a distribuição de cadeiras ocorre pelo critério de média, consoante estabelece o art. 109 do CE. A mesma solução deve ser adotada para a hipótese de nenhum partido alcançar o quociente eleitoral.

Apurado o quociente eleitoral, torna-se necessário calcular o *quociente partidário* (QP). O cálculo desse quociente define o número de cadeiras legislativas que serão atribuídas aos partidos na respectiva Casa Legislativa. Nos termos do art. 107 do Código Eleitoral (com a redação da Lei nº 14.211/2021): "Determina-se para cada partido o quociente partidário dividindo-se pelo quociente eleitoral o número de votos válidos dados sob a mesma legenda, desprezada a fração". Eis a fórmula:

$$QP = \frac{n^{\underline{o}} \text{ votos válidos do partido}}{QE}$$

Importa destacar a ressalva final do referido art. 107 do CE, *verbis*: "desprezada a fração". Enquanto no cálculo do quociente partidário é a fração simplesmente desprezada, no do quociente eleitoral (CE, art. 106) ela só será desconsiderada se for "igual ou inferior a meio", equivalendo a um, se superior. O art. 10, § 4º, da Lei nº 9.504/97 também apresenta regra diferenciada quanto ao cômputo de número fracionário (reza esse dispositivo: "Em todos os cálculos, será sempre desprezada a fração, se inferior a meio, e igualada a um, se igual ou superior"). Em cada qual desses campos, a fração rege situações distintas, devendo-se observar o princípio da especialidade. No caso do quociente partidário, a desconsideração da fração se dá em virtude de se definir o número de pessoas-candidatos que preencherão as vagas na Casa Legislativa. E a pessoa, por óbvio, deve sempre ser tomada por inteiro, não comportando fracionamento.

Seguindo-se no exemplo anterior, tomem-se os partidos X, Y, W e Z. O primeiro obteve 12.000 votos; o segundo, 15.000 votos; o terceiro, 4.000 votos; o último, 19.000 votos. Assim – desprezada a fração –, o quociente partidário de X será 2 ($12.000 \div 5.556 = 2,159$). O do partido Y também será 2 ($15.000 \div 5.556 = 2,699$). O do partido W será 0 ($4.000 \div 5.556 = 0,719$). Finalmente, o do partido Z será 3 ($19.000 \div 5.556 = 3,419$).

Reza o art. 108, *caput*, do Código Eleitoral (com a redação da Lei nº 14.211/2021): "Estarão eleitos, entre os candidatos registrados por um partido que tenham obtido votos em número igual ou superior a 10% (dez por cento) do quociente eleitoral, tantos quantos o respectivo quociente partidário indicar, na ordem da votação nominal que cada um tenha recebido". A redação original desse preceito tinha sido alterada pela Lei nº 13.165/2015, a qual foi declarada constitucional pelo STF na ADI 5920/DF, j. 4-3-2020; a diferença entre o texto atual e o anterior consiste apenas na alusão que o anterior faz a coligação. A cláusula de barreira erigida no presente dispositivo visa a assegurar que o eleito tenha representatividade mínima, de maneira a evitar-se que candidatos com votação inexpressiva ou muito baixa ocupem cadeiras no Parlamento. Dele podem-se extrair três regras. *Primeira*: cada partido terá direito a número de cadeiras equivalente ao quociente partidário ("tantos quantos o respectivo quociente partidário indicar"). *Segunda*: somente são eleitos os candidatos que, individual ou nominalmente, tenham atingido a votação mínima requerida, isto é, "que tenham obtido votos em número igual ou superior a 10% (dez por cento) do quociente eleitoral". *Terceira*: a lista de eleitos é formada conforme "a ordem da votação nominal que cada um tenha recebido" – portanto, a lista é aberta e sua ordenação incumbe aos eleitores, e não ao partido.

Logo, cada partido terá direito a número de cadeiras equivalente ao quociente partidário. Aos partidos X e Y serão atribuídas duas cadeiras. O partido Z contará com três lugares. O partido W não receberá nenhuma cadeira nesta primeira fase, pois não atingiu o quociente eleitoral; mas, eventualmente, se houver sobras de lugares poderá concorrer à distribuição deles (CE, art. 109, I c.c. § 2º, e III – com a redação da Lei nº 14.211/2021).

Entretanto, os lugares conquistados pelos partidos X, Y e Z só poderão ser preenchidos por candidatos que obtiverem votação nominal superior a 10% do quociente eleitoral (CE, art. 108, *caput*), superando, portanto, essa cláusula de barreira ou de desempenho.

No exemplo apresentado, o quociente eleitoral é de 5.556. E 10% desse valor equivale a 555,6. Aqui, deve a fração ser desprezada, porque o cálculo situa-se na esfera da definição do número de vagas a serem ocupadas pelo partido, e, pois, no âmbito do quociente partidário (CE, art. 107, final). Assim, no exemplo, cada candidato dos partidos X, Y e Z deve ter obtido pelo menos 555 votos para ser eleito.

Distribuição de sobras – as cadeiras legislativas não preenchidas nessa primeira fase da operação de distribuição de vagas caracterizam-se como *sobras ou restos eleitorais*. Para o preenchimento delas inaugura-se uma segunda etapa na operação, que se baseia no sistema de médias previsto no art. 109 do CE (CE, art. 108, parágrafo único – incluído pela Lei nº 13.165/2015).

No exemplo anterior, há nove lugares a serem preenchidos, mas somente sete vagas foram distribuídas aos partidos X, Y e Z. Suponha-se que os candidatos dessas agremiações tenham atendido à exigência de votação nominal mínima, ou seja, todos eles obtiveram o mínimo de 555 votos. Há, portanto, duas vagas que não puderam ser distribuídas pela aplicação do critério do quociente partidário e em razão da exigência de votação nominal mínima. A quem destiná-las?

Para resolver o problema crucial de atribuição dos *restos eleitorais*, várias técnicas foram desenvolvidas. O art. 109, incisos I a III, do Código (com a redação da Lei nº 13.165/2015) adotou o sistema de médias, impondo-se a opção final pela maior ou *mais forte média*. Reza esse dispositivo:

> "Art. 109. Os lugares não preenchidos com a aplicação dos quocientes partidários e em razão da exigência de votação nominal mínima a que se refere o art. 108 serão distribuídos de acordo com as seguintes regras:
>
> I – dividir-se-á o número de votos válidos atribuídos a cada partido pelo número de lugares por ele obtido mais 1 (um), cabendo ao partido que apresentar a maior média um dos lugares a preencher, desde que tenha candidato que atenda à exigência de votação nominal mínima;
>
> II – repetir-se-á a operação para cada um dos lugares a preencher;
>
> [...]."

O inciso I desse art. 109 adota um critério móvel para realizar a distribuição aos partidos de vagas remanescentes. Por esse critério, deve-se dividir "o número de votos válidos atribuídos a cada partido *pelo número de lugares por ele obtido* mais 1 (um)" – o lugar a preencher caberá ao partido que apresentar a maior média. Assim, para a distribuição de vagas remanescentes deve-se computar a vaga já obtida pelo partido no cálculo anterior. Em outros termos: a vaga atribuída a um partido em uma operação é computada para ele e entra no cálculo das operações subsequentes; com isso, é reduzida a chance daquele mesmo partido obter uma nova vaga e aumenta a chance de outros partidos recebê-la.

Cumpre ainda ressaltar que:

i) para o cálculo das médias, a Res. TSE nº 16.844/90 determina que a fração seja considerada até a 14ª casa decimal.

ii) "o preenchimento dos lugares com que cada partido for contemplado far-se-á segundo a ordem de votação recebida por seus candidatos" (CE, art. 109, § 1º – com a redação da Lei nº 14.211/2021).

iii) poderão concorrer à distribuição dos lugares que sobraram "todos os partidos que participaram do pleito, desde que tenham obtido pelo menos 80% (oitenta por cento) do quociente eleitoral" (CE, art. 109, § 2º, primeira parte – com a redação da Lei nº 14.211/2021).

iv) com relação aos candidatos, impõe-se a observância da cláusula de barreira (ou de desempenho) atinente à votação nominal mínima, de modo que para receber uma vaga, há mister que o candidato tenha "obtido votos em número igual ou superior a 20% (vinte por cento)" do quociente eleitoral (CE, art. 109, § 2º, segunda parte – com a redação da Lei nº 14.211/2021). Assim, a vaga só será preenchida pelo partido se o seu candidato atender a essa condição.

A propósito, vale destacar a previsão do aludido § 2º, art. 109, do CE (com a redação da Lei nº 14.211/2021), pelo qual: "Poderão concorrer à distribuição dos lugares todos os partidos que participaram do pleito, desde que tenham obtido pelo menos 80% (oitenta por cento) do quociente eleitoral, e os candidatos que tenham obtido votos em número igual ou superior a 20% (vinte por cento) desse quociente". Esse dispositivo deve ser interpretado em conjunto com o inciso I, art. 109, do CE, e tem o condão de alterar as regras que lhe são anteriores, porque: (*i*) o texto original do CE só permitia concorrer à distribuição dos lugares "não preenchidos" os partidos que tivessem obtido quociente eleitoral, excluindo, portanto, os que não o alcançaram; (*ii*) posteriormente, essa regra foi alterada pelo art. 3º da Lei nº 13.488/2017, que permitia "concorrer à distribuição dos lugares todos os partidos que participaram do pleito" e foi declarado constitucional pelo STF na ADI 5.947/DF, j. 4-3-2020. A vigente regra do art. 109, I e § 2º, do CE insere-se em um caminho intermediário entre as duas que lhe precederam, pois permite que "todos os partidos que participaram do pleito" concorram às sobras, fixando, porém, condições objetivas em prol da representatividade dos eleitos. Saliente-se que, ainda que o candidato tenha alcançado expressiva votação individual e superado a cláusula de barreira de 20% do quociente eleitoral, não será contemplado nessa segunda fase se o seu partido não tiver alcançado 80% do QE.

Retomando o exemplo anterior, com vistas à distribuição da primeira vaga, tem-se o seguinte resultado:

Partido X: $12.000 \div (2 + 1) = 4.000$

Partido Y: $15.000 \div (2 + 1) = 5.000$

Partido W: $4.000 \div (0 + 1) = 4.000$

Partido Z: $19.000 \div (3 + 1) = 4.750$

Tendo o partido Y obtido a maior média, ficará com a primeira vaga, desde que sejam atendidas as referidas cláusulas de barreira, a saber: *i)* para o partido, obtenção de pelo menos 80% (oitenta por cento) do quociente eleitoral; *ii)* para o candidato, obtenção de votos em número igual ou superior a 20% (vinte por cento) do quociente eleitoral.

Essa operação deve ser repetida tantas vezes quantas forem as vagas remanescentes, sendo que a cada rodada deve ser incluído no cálculo o resultado da operação anterior. Destarte, na distribuição da segunda vaga ter-se-á:

Partido X: $12.000 \div (2 + 1) = 4.000$

Partido Y: $15.000 \div (3 + 1) = 3.750$

Partido W: $4.000 \div (0 + 1) = 4.000$

Partido Z: $19.000 \div (3 + 1) = 4.750$

A segunda vaga será destinada ao partido Z, porquanto obteve a maior média – desde que sejam atendidas as referidas cláusulas de barreira.

Resultado final: o partido X ficará com duas vagas, ao partido Y tocarão três vagas, o partido W não terá vaga, e o partido Z terá quatro vagas. Assim, ficam preenchidas as nove vagas existentes.

No caso de empate nas médias de dois ou mais partidos, a vaga será atribuída àquele com maior votação (Res. TSE nº 16.844/90; TSE – Acórdãos nºˢ 11.778/94 e 2.895/2001; Res. TSE nº 23.611/2019, art. 10, § 2º). Havendo empate nas médias e no número de votos, o desempate se dá pelo número de votos nominais (TSE – Ag. nº 2845/PI – *DJ* v. 1, 25-5-2001, p. 49; Res. TSE nº 23.611/2019, art. 10, § 3º).

Distribuição de "sobra das sobras" – se após essa segunda rodada de distribuição de vagas remanescer alguma sem preenchimento, passa-se a uma terceira etapa de cálculos, a qual é prevista no inciso III do já citado art. 109 do CE, que reza:

> "Art. 109 [...] III – quando não houver mais partidos com candidatos que atendam às duas exigências do inciso I deste *caput*, as cadeiras serão distribuídas aos partidos que apresentarem as maiores médias" (redação da Lei nº 14.211/2021).

A primeira parte desse inciso III condiciona a sua incidência à não existência de "partidos com candidatos que atendam às duas exigências do inciso I deste *caput*". Assim, só se ingressa na presente etapa de distribuição de sobras se não houver partido que satisfaça as duas exigências assinaladas, a saber: obter votação mínima 80% do QE, e possuir candidato com votação nominal mínima de 20% do QE.

Atendida tal condição, as cadeiras ainda remanescentes "serão distribuídas aos partidos que apresentem as maiores médias" (CE, art. 109, III, segunda parte). Reaplica-se, portanto, a regra das sobras, sendo a vaga atribuída ao partido que obtiver a maior média.

Nessa hipótese, são dispensadas a cláusula de barreira relativa ao partido (atingimento de no mínimo 80% do QE) e de desempenho individual pertinente ao candidato (votação nominal mínima de 20% do QE). Tal é o entendimento do Excelso Pretório que, apreciando a constitucionalidade do art. 109 do CE, deu-lhe interpretação conforme à Constituição para estabelecer que, na terceira fase de cálculo de sobras (sobras das sobras), é permitido "que todas as legendas e seus candidatos participem da distribuição das cadeiras remanescentes descrita no inciso III do artigo 109 do Código Eleitoral, independentemente de terem alcançado a exigência dos 80% e 20% do quociente eleitoral, respectivamente; [...]" (STF – ADIs 7.228/DF, 7.263/DF e 7.325/DF – Pleno – Rel. do acórdão Min. Cármen Lúcia – j. 28-2-2024). Voltou-se, portanto, ao sistema do art. 3º da Lei nº 13.488/2017 (que havia sido alterado pela Lei nº 14.211/2021), declarado constitucional pelo STF na ADI 5.947/DF, j. 4-3-2020. Nesse quadro, havendo vagas residuais, devem ser distribuídas em consonância com o critério das médias, com a participação de todos os partidos e candidatos que concorreram nas eleições.

Distribuição de cadeiras no Poder Legislativo	Cláusula de barreira do partido – Votação mínima	Cláusula de desempenho do candidato – Votação nominal mínima
1ª fase	100% do QE	10% do QE
Sobras (2ª fase)	80% do QE	20% do QE
Sobras das sobras (3ª fase)	*nihil*	*nihil*

Fonte: elaborado pelo Autor.

Critério etário – por fim, vale registrar que, havendo empate na votação de candidatos integrantes de um mesmo partido político, considera-se eleito o mais idoso (CE, art. 110). Optou-se, então, pelo critério etário como último recurso para preenchimento de vagas nas Casas Legislativas.

7.3.4 Críticas ao sistema proporcional

Conquanto o sistema proporcional seja preferido em todo o mundo, não é perfeito – aliás, nenhum sistema possui a qualidade da perfeição.

Entre as críticas que lhe são endereçadas, afirma-se que ele tende a gerar multiplicação de partidos e, consequentemente, a fragmentação partidária. O excesso de partidos contribui para emperrar a ação governamental. Essa é a grande objeção que sempre se faz, no mundo todo, ao sistema proporcional. O excesso de partidos políticos provoca instabilidade no poder, haja vista que fragmenta em demasia as forças políticas, impedindo a formação de maiorias sólidas e consistentes. Não contando com maioria no Parlamento, o governante é impelido a realizar inúmeros acordos – muitos deles inconfessáveis, concluídos na calada da madrugada – para manter a governabilidade e a estabilidade política, de maneira a implantar as medidas e as políticas públicas entendidas como necessárias ou adequadas ao país. A história recente do Brasil revela a verdade dessa assertiva. Impende encontrar um ponto de equilíbrio, no qual a representação de todos os segmentos sociais (ou do maior número possível) seja assegurada, mas também seja garantida a solidez das maiorias e, pois, a governabilidade do país.

Além disso, afirma-se que esse sistema:

i) contribui para a elevação dos custos da campanha, pois essa é realizada por cada candidato em todo o território da circunscrição eleitoral, que não é subdividida como ocorre no sistema distrital;

ii) devido à necessidade de o partido atingir o quociente eleitoral, raras vezes um candidato é eleito tão somente com a própria votação obtida nas urnas, devendo contar com a transferência de votos de outros candidatos (inclusive de não eleitos) para a formação daquele quociente – isso faz com que o voto a um candidato ajude a eleger outro;

iii) em razão do fenômeno da transferência de votos, há pouca (ou nenhuma) transparência quanto ao destino do voto do eleitor.

É muito criticada a transferência de votos dos chamados candidatos "puxadores de votos". Funciona assim: pessoa famosa ou bem conhecida no meio social se candidata por um partido à Câmara de Deputados (ou Assembleia Legislativa ou Câmara Municipal), obtendo votação muito expressiva. A alta votação alcançada permite que o partido atinja mais de uma vez o quociente eleitoral, assim elevando o seu quociente partidário; com isso, são também eleitos (ou contemplados) outros candidatos do mesmo partido que, porém, obtiveram baixa ou inexpressiva votação. É clara nessa situação a "transferência" de votos de candidato muito bem votado a outro candidato pouco votado e com insignificante representatividade na sociedade. Ou seja: o cidadão vota em um candidato e seu voto contribui para eleger outros candidatos do mesmo partido.

Para exemplificar, imagine-se eleição no Estado de São Paulo para Deputado Federal em que o candidato C1 do partido P tenha sozinho obtido 550 mil votos; somada essa votação à de outros candidatos e à da própria legenda, o partido P consegue atingir duas vezes o quociente eleitoral, obtendo, portanto, duas vagas (quociente partidário = 2). Na lista de candidatos do partido, C1 figura em primeiro lugar em razão de sua alta votação. O segundo lugar da lista é ocupado pelo candidato C2, que conseguiu apenas 20 mil votos. Como o partido P conseguiu duas vagas, a primeira será ocupada por C1 e a segunda será destinada a C2.

Esse é um fenômeno frequente no sistema proporcional brasileiro. Apenas para exemplificar, ocorreu nas eleições do Estado de São Paulo para a Câmara de Deputados com os candidatos Enéas Carneiro (PRONA) em 2002, Clodovil Hernandez (PTC) em 2006 e Tiririca (PR) em 2010 e 2014. Nas eleições de 2002, Enéas Carneiro obteve cerca de 1,55 milhão de votos, tendo sido o candidato a deputado federal mais votado no país. Com isso, conseguiu eleger mais cinco dos sete concorrentes de seu minúsculo partido Prona à Câmara dos Deputados. Entre os eleitos figuraram Irapuan Teixeira com 673 votos, Elimar Máximo Damasceno com 478 votos, Ildeu Araújo com 378 votos e Vanderlei Assis de Souza com apenas 274 votos.

Problema inverso refere-se à não eleição de candidato que obteve alta votação em razão de o partido pelo qual concorreu não alcançar o quociente eleitoral e, portanto, ser excluído da distribuição de lugares a preencher na Casa Legislativa. Como exemplo, cite-se o caso da candidata Luciana Genro que nas eleições de 2010 concorreu à Câmara de Deputados pelo Estado do Rio Grande do Sul; embora tenha obtido cerca de 130 mil votos, seu partido (PSOL) não alcançou o quociente eleitoral que foi de 193.126 votos.

Ocorre, porém, que algumas críticas formuladas não raro revelam certa incompreensão da *ratio essendi* do sistema proporcional. Em que pese um candidato realmente poder ser eleito com menos votos que outros, isso não seria um problema muito grave para o normal funcionamento do sistema, pois o eleito com baixa votação integra a representação conferida a seu partido. Há uma preponderância do partido. E a atuação deste inclui a representação de interesses de determinados segmentos sociais.

De qualquer modo, apesar das críticas, quando comparado com os outros sistemas, o proporcional tem a insuperável vantagem de ensejar a representação de todos (ou pelo menos da maioria) os segmentos sociais. Portanto, prestigia o pluralismo político – que é fundamento da República Federativa do Brasil nos termos do art. 1º, V, da Lei Maior. Isso faz com que esse sistema seja bem mais democrático que os demais, sobretudo em sociedades como a brasileira que tem na diversidade um de seus traços mais característicos.

Os defeitos ou problemas apontados se devem sobretudo ao modo casuístico como é regulado no Brasil, e não à lógica de funcionamento do sistema.

7.3.5 Suplência

O art. 112 do Código Eleitoral trata da suplência. Denomina-se suplente o candidato mais votado entre os "não efetivamente escolhidos" segundo as regras expostas anteriormente. Em outros termos, é o candidato que, apesar de ter recebido votos, não foi eleito. Ficará, então, como reserva do ente (partido, federação de partidos ou coligação) pelo qual concorreu, podendo eventualmente vir a ser contemplado com uma cadeira na Casa Legislativa se o cargo do titular ficar vago.

A definição dos suplentes deve observar a "ordem decrescente de votação" obtida pelo candidato, não sendo exigido que ele tenha alcançado a votação nominal mínima de 10% do quociente eleitoral (CE, art. 112, I, parágrafo único – incluído pela Lei nº 13.165/2015). Essa regra – que dispensa a necessidade de votação nominal mínima para suplentes – foi julgada constitucional pelo STF na ADI 6.657/DF, na sessão de 22-2-2023.

A história da suplência no sistema político brasileiro é centenária, dela havendo notícia já nos albores do Império, em 1822, e também nas Cortes portuguesas. A função do suplente é assumir o mandato do titular em caso de vacância do cargo ou impedimento temporário, preservando-se, assim, a representatividade do partido na Casa Legislativa. É como se o suplente fosse eleito antecipadamente, ficando na reserva do partido, na expectativa de tornar-se titular do mandato. Ademais, por esse instituto mantém-se preenchido o cargo sem que seja necessária a realização de novas eleições.

À luz da exegese firmada pelo Supremo Tribunal Federal nos Mandados de Segurança nº 26.602, 26.603 e 26.604, julgados na sessão de 4 de outubro de 2007, no sentido de que o mandato político-eletivo pertence ao partido e não à pessoa do mandatário e que a infidelidade partidária pode ensejar perda de mandato, impõe-se concluir que o suplente que troca de partido sem justa causa, ou simplesmente se desliga da agremiação pela qual concorreu, *perde* essa qualidade, isto é, a suplência. É que o parlamentar eleito que deixa o partido também perde o mandato, sendo certo que esse mesmo entendimento deve prevalecer em face do suplente, dada a similitude existente entre ambas as situações.

Assim, embora se reconheça que a mudança de agremiação pelo suplente "consubstancia matéria *interna corporis* [da agremiação e seu filiado], e escapa da competência da Justiça Eleitoral" (Res. TSE nº 23.017 – *DJe* 26-3-2009, p. 36), isso não implica afirmar que a condição

158 | DIREITO ELEITORAL – *José Jairo Gomes*

jurídica de suplente integra o patrimônio jurídico do filiado, impondo-se reconhecer que a suplência, também ela, pertence ao partido.

Ocorrendo vacância no cargo e não havendo suplente para preenchê-la, far-se-á eleição, salvo se faltarem menos de 15 meses para findar o período de mandato (CF, art. 56, § 2º; CE, art. 113).

7.3.6 Lista aberta, fechada e flexível

Por *lista aberta* compreende-se aquela em que os *eleitores* (e não os partidos) definem quais são os candidatos eleitos dentre os integrantes da lista apresentada pelo partido. Ou melhor, são os próprios eleitores que estabelecem a ordem nominal a ser observada na indicação dos eleitos – pois somente os candidatos mais votados individualmente ocuparão as cadeiras a que o partido terá direito.

Nos termos do art. 45 da Constituição Federal, a Câmara dos Deputados compõe-se de representantes do povo, eleitos por ele – portanto, o povo vota diretamente nos candidatos que irão representá-lo no Parlamento. Já o art. 109, § 1º, do Código Eleitoral dispõe que o efetivo preenchimento dos lugares com que cada partido for contemplado far-se-á segundo a ordem de votação recebida pelos seus candidatos.

O sistema proporcional com lista aberta tem sido muito criticado atualmente. Entre outras coisas, é acusado de semear a discórdia no interior dos partidos, pois estimula a competição entre os candidatos, já que a lista é encabeçada pelos mais votados. Também se diz que esse sistema torna as campanhas muito caras, porquanto a disputa por votos se dá por cada candidato em todo o território do Estado-federado, no caso de Deputados Federal e Estadual, e do Município, no caso de vereador. Daí a necessidade de o candidato buscar apoio político em diversas fontes para lograr a eleição ou a reeleição, retribuindo mais tarde com o apadrinhamento e as famosas "emendas" no orçamento público. Há, ainda, invulgar fomento à irresponsabilidade, dada a enorme dificuldade de se estabelecer vínculo sério entre os cidadãos das diversas localidades e seus representantes. Isso explica o fato de pouco tempo após o pleito muitos eleitores nem sequer se recordarem do nome dos candidatos em quem votaram. Explica também o fato de muitos parlamentares não demonstrarem qualquer consideração com seus eleitores, ignoran-do-os simplesmente após as eleições.

Ademais, esse sistema é ainda acusado de propiciar a eleição e investidura de candidatos com baixa representatividade perante o eleitorado – pois dá ensejo à eleição de candidatos com baixa votação e a não eleição de candidatos com alta votação. Todavia, visando minorar esse problema, a Lei nº 13.165/2015 introduziu nos arts. 108 e 109, I, do CE uma cláusula de barreira, pela qual as vagas só poderão ser preenchidas por candidatos que obtiverem votação nominal superior a 10% do quociente eleitoral.

Já a *lista fechada* é aquela em que a ordem ou hierarquia dos candidatos é preestabelecida pelos respectivos partidos, sendo essa ordem inalterável pela votação dos eleitores. Consoante assinala Nicolau (2012a, p. 63), no "sistema de lista fechada os partidos decidem, antes das elei-ções, a ordem dos candidatos. O eleitor não vota em nomes, mas apenas em um dos partidos" que estiverem na disputa. De sorte que as cadeiras destinadas a cada partido serão ocupadas pelos nomes que compõem a respectiva lista.

A formação prévia da lista em geral ocorre por meio de Convenção do partido convocada para esse fim.

Tal método é associado ao fortalecimento das elites e dos dirigentes partidários, bem como à redução de custos da campanha eleitoral.

Entretanto, no regime de lista fechada os eleitores não exercem qualquer interferência nos "nomes" que efetivamente ocuparão as cadeiras legislativas, pois apenas votam nos partidos.

Ademais, tem-se ressaltado o *déficit* democrático representado por esse método, pois, ainda que indiretamente, enseja que a cúpula (os "caciques") das agremiações escolha (ou influencie decisivamente na escolha) os candidatos que figurarão nas primeiras posições da lista, excluindo-se desafetos, adversários e filiados "pouco influentes" ou deixando-os para o final da lista e, pois, em posições menos vantajosas. Por outro lado, o mandatário não é motivado a estreitar relações com os eleitores, menos ainda a prestar-lhes contas de seus atos; sua atenção estará mais voltada ao "trabalho partidário", interno, de modo a garantir boas relações e, consequentemente, as primeiras posições na lista.

Por fim, na *lista flexível* é ainda o partido quem previamente define a ocupação das vagas, mas os eleitores podem interferir na posição em que os candidatos se encontrarem na lista, escolhendo uns e deixando de escolher outros. Assim, a preferência manifestada pelo eleitor com o seu voto tem a força de alterar a ordem da lista elaborada pela agremiação.

7.4 SISTEMA MISTO

O sistema misto foi a fórmula encontrada por países como Alemanha e México, cada qual à sua maneira. Há muito tempo se discute sobre sua implantação no Brasil, mas até hoje as tentativas realizadas não tiveram êxito.

O art. 148, parágrafo único, da Constituição Federal de 1967, com a redação dada pela EC nº 22/82 estabeleceu a eleição por "sistema distrital misto, majoritário e proporcional" para os cargos de Deputado Federal e Estadual, na forma que a lei dispusesse. Mas não foi aprovada lei dispondo sobre essa matéria, tendo aquele parágrafo sido revogado logo em seguida pela EC nº 25/85.

Sem sucesso, esse tema voltou à baila na Assembleia Constituinte de 1988 e na revisão constitucional de 1994. Foi também rejeitado em 27-5-2015 (com 369 votos não, e 99 sim), quando da votação na Câmara dos Deputados da reforma política debatida naquela ocasião (PEC nº 182/2007).

O sistema misto é formado pela combinação de elementos do majoritário e do proporcional e tem em vista as eleições legislativas, exceto para o Senado. Trata-se de somar elementos positivos daqueles dois modelos de modo a se chegar a um equilíbrio na representação política sem prejuízo da estabilidade no governo estatal.

A circunscrição eleitoral é dividida em distritos. No dia do pleito, aos eleitores são apresentadas duas listas de votação: uma majoritária (restrita ao distrito), outra proporcional (abrangente de toda a circunscrição).

Na primeira lista segue-se a lógica do sistema distrital. Ou seja, os eleitores votam diretamente no nome do candidato indicado pelos partidos àquele distrito. A lista poderá conter um só nome (se se tratar de voto distrital uninominal) ou mais de um (se se tratar de voto distrital plurinominal). Considera-se eleito o candidato que obtiver o maior número de votos no distrito.

Na segunda lista segue-se a lógica do sistema proporcional com lista fechada. O eleitor vota em um partido, ou melhor, em uma lista fechada de candidatos previamente elaborada e apresentada pelos partidos que disputam o pleito. Aqui o eleitor não vota em candidatos, mas em partidos. A apuração dos eleitos leva em conta a votação em toda a circunscrição, isto é, em todos os distritos.

A composição da Casa Legislativa perfaz-se pela soma dos eleitos nas duas listas de votação, ou seja, na distrital (majoritária) e na partidária (proporcional).

Não se pode negar que o sistema distrital misto é superior ao que se encontra em vigor no Brasil. Nele, a representação dos segmentos minoritários não é totalmente sacrificada, como ocorre no distrital clássico ou puro. Há significativa redução do território da disputa eleitoral, pois os candidatos distritais só pedirão votos nos distritos em que concorrerem. Isso barateia a campanha, o que propicia o ingresso de novos atores no jogo político e a diminuição da perniciosa influência dos poderes político, econômico e dos meios de comunicação social. Outro fator positivo é o estabelecimento de novas bases no relacionamento entre os cidadãos e seus representantes, já que a proximidade entre eles enseja um controle social mais efetivo da atuação do parlamentar.

No entanto, para a eleição proporcional a lista aberta é mais consentânea com os valores e princípios democráticos que inspiram a Constituição Federal.

8

ALISTAMENTO ELEITORAL

8.1 CONSIDERAÇÕES INICIAIS

Conforme estabelece a Constituição Federal, todo poder emana do povo, que o exerce por meio de representantes eleitos ou diretamente (CF, art. 1º, parágrafo único). A democracia representativa pressupõe a existência de um corpo eleitoral bem estruturado. Não fosse assim, seria impossível que os cidadãos escolhessem seus mandatários. Daí a importância do alistamento eleitoral, pois é ele que propicia a organização do eleitorado em todo o território nacional com vistas ao exercício do sufrágio.

Entende-se por alistamento o procedimento administrativo-eleitoral pelo qual se qualificam e se inscrevem os eleitores. Nele se verifica o preenchimento dos requisitos constitucionais e legais indispensáveis à inscrição do eleitor. Uma vez deferido, o indivíduo é integrado ao corpo de eleitores, podendo exercer direitos políticos, votar e ser votado, enfim, participar da vida política do País. Em outras palavras, adquire cidadania. Note-se, porém, que, com o alistamento, adquire-se apenas a capacidade eleitoral ativa, o *jus suffragii*; a passiva ou a elegibilidade depende de outros fatores.

Não havendo alistamento, não é possível que o indivíduo exerça direitos políticos, já que não terá título de eleitor, seu nome não figurará no rol de eleitores de nenhuma seção eleitoral, tampouco constará da urna eletrônica. Por isso, tem-se dito que o alistamento constitui pressuposto objetivo da cidadania, sem o qual não é possível a concretização da soberania popular.

Ao tratar dessa matéria, a Constituição Federal distingue entre alistamento obrigatório, alistamento facultativo e casos de inalistabilidade, situações essas que serão expostas na sequência.

8.1.1 Proteção de dados pessoais e sigilo do cadastro eleitoral

A Lei Federal nº 13.709/2018 (Lei Geral de Proteção de Dados Pessoais – LGPD) tem por objeto a proteção de dados pessoais. Aplica-se aos entes que tratam dados pessoais, ou seja, que manipulam informação que permita identificar, direta ou indiretamente, um indivíduo, tal como ocorre com documentos (carteira de identidade, CNH, CPF), dados sobre gênero, filiação, data e local de nascimento, número de telefone, endereço de domicílio, endereço eletrônico (*e-mail*), imagem, impressões digitais, assinatura, informações constantes em cartão bancário etc. *Tratar* dados pessoais significa realizar qualquer operação com tais informações, como coleta, produção, recepção, classificação, utilização, armazenamento, compartilhamento, eliminação e transferência.

A Justiça Eleitoral certamente realiza tratamento de dados pessoais no âmbito de suas atividades, o que é bem evidenciado na formação, manutenção e atualização do cadastro eleitoral dos eleitores. A legitimidade desse tratamento encontra-se no exercício das competências que lhe foram constitucionalmente atribuídas, bem como no interesse público na realização dos serviços inerentes à própria atividade desenvolvida.

Ao realizar tratamento de dados pessoais, deve a Justiça Eleitoral observar o regime de tratamento de dados previsto na LGPD, pois esta se aplica "a qualquer operação de tratamento realizada por pessoa natural ou por pessoa jurídica de direito público ou privado, independentemente do meio, do país de sua sede ou do país onde estejam localizados os dados" (LGPD, art. 3º, *caput*). Assim, o acesso a informações constantes do Cadastro Eleitoral por instituições públicas e privadas e por pessoas físicas se dará conforme a referida norma, complementada pelas normas expedidas pelo Tribunal Superior Eleitoral.

Antes da entrada em vigor da LGPD, e à vista da proteção da intimidade e privacidade do cidadão, a Justiça Eleitoral já não fornecia informações de caráter pessoal, tais como filiação, data de nascimento, profissão, estado civil, escolaridade, número de telefone e endereço. O acesso às informações do cadastro eleitoral dependia de autorização judicial, a qual, porém, era dispensada quando o requerimento fosse feito: *(i)* pelo próprio eleitor acerca de seus dados; *(ii)* por órgão ou agente autorizado por lei, como ocorre com as autoridades judicial, policial e Ministério Público; nesse caso, a abertura do sigilo justificava-se pela prevalência do interesse público. Não havendo autorização legal nem judicial, o interessado não poderia ter acesso *direto* às informações. Nesse sentido, negando acesso direto à Defensoria Pública, *vide*: TSE – RMS nº 0608733-39.2018.6.19.0000/RJ, j. 30-4-2019.

8.1.2   Domicílio eleitoral

Não é diminuta a importância de se definir o domicílio, pois é nele que a pessoa estabelece o centro de vida e de suas atividades, disso surgindo diversas consequências no espaço sociojurídico. Em regra, é no domicílio civil que a pessoa deve ser demandada. No campo eleitoral, é o domicílio que determina o lugar em que o cidadão deve alistar-se como eleitor e também é nele que poderá candidatar-se a cargo eletivo. Para concorrer às eleições, o candidato deverá possuir domicílio eleitoral na respectiva circunscrição pelo prazo de, pelo menos, seis meses (LE, art. 9º – com a redação da Lei nº 13.488/2017).

No âmbito das relações civis, tive a oportunidade de acentuar (GOMES, 2006, 7.1) entender-se por domicílio o lugar em que a pessoa natural estabelece sua residência com ânimo definitivo. Dois, portanto, são os requisitos: um objetivo – consistente na residência – e outro subjetivo – relativo ao *animus*, ou seja, o ânimo definitivo. Assim, o domicílio da pessoa natural é o lugar em que ela se fixa com a intenção manifesta de permanecer, de centralizar sua vida, suas atividades e seus negócios. A intenção de permanência é o elemento essencial e decisivo do domicílio voluntário; é o que o distingue da residência e da mera habitação ou moradia. Daí a importância da prova desse elemento, o que não é tarefa fácil por se tratar de elemento subjetivo, abstrato, presente apenas no recesso da alma humana. Sua demonstração assemelha-se à prova do dolo no campo da responsabilidade civil e penal. Mister será considerar o contexto social em que a pessoa se insere, sua história de vida, suas atividades, as declarações feitas assim no lugar que deixa, como naquele para onde vai, as próprias circunstâncias que acompanham a mudança. Todos esses fatores podem indicar o *animus* de se fixar em dado local. Resulta, pois, que a mudança de domicílio se opera com a transferência da residência, com a intenção manifesta de mudar (CC, art. 74). Observe-se que com o domicílio não se confunde a habitação e a moradia. Estes são locais ocupados provisória ou esporadicamente pela pessoa, sem a intenção de permanecer. As casas de campo, de praia ou de veraneio, para onde se vai ocasionalmente, são exemplos de habitação ou moradia.

No Direito Eleitoral, o conceito legal de domicílio é mais flexível que no Direito Privado. Com efeito, o art. 4º, parágrafo único, da Lei nº 6.996/82 dispõe que, "para efeito de inscrição, domicílio eleitoral é o lugar de residência ou moradia do requerente, e, verificado ter o alistando mais de uma, considerar-se-á domicílio qualquer delas". É essa igualmente a definição constante do art. 42, parágrafo único, do Código Eleitoral. Logo, o Direito Eleitoral considera domicílio da pessoa o lugar de residência, habitação ou moradia, ou seja, não é necessário haver *animus* de permanência definitiva, conforme visto.

Admite-se como domicílio eleitoral qualquer lugar em que o cidadão possua *vínculo específico*, o qual poderá ser familiar, econômico, social ou político. Daí dispor o art. 23 da Res. TSE nº 23.659/2021: "Para fins de fixação do domicílio eleitoral no alistamento e na transferência, deverá ser comprovada a existência de vínculo residencial, afetivo, familiar, profissional, comunitário ou de outra natureza que justifique a escolha do município". Assim, considera-se domicílio eleitoral o lugar em que o eleitor mantiver vínculo: (a) familiar, *e. g.*, aquele em que é domiciliado seu parente (TSE – AAg. nº 4.788/MG – *DJ* 15-10-2004, p. 94); (b) econômico/patrimonial (TSE – REspe nº 13.459/SE – *DJ* 12-11-1993, p. 24.103), como o em que seja "proprietário rural" (TSE – REspe nº 21.826/SE – *DJ* 1-10-2004, p. 150); (c) afetivo, social ou comunitário (TSE – AgR-AI nº 7.286/PB – *DJe*, t. 50, 14-03-2013; TRE-MG – Ac. nº 1.240/2004 e Ac. nº 1.396/2004 – *RDJ* 14:148-155); (d) o lugar em que o candidato, nas eleições imediatamente anteriores, obteve a maior parte da votação (TSE – REspe nº 16.397/AL – *DJ* 9-3-2001, p. 203).

Frise-se, porém, que, se o indivíduo possuir mais de um domicílio eleitoral, somente poderá alistar-se em um deles, sob pena de cancelamento em virtude de pluralidade de inscrições (CE, art. 71, III).

Comprovação do domicílio eleitoral – nos termos do art. 118 da Res. TSE nº 23.659/2021, a comprovação do domicílio poderá ser feita mediante documentos dos quais se possa inferir a existência de vínculo que justifique a escolha da localidade pela pessoa para nela exercer seus direitos políticos. No caso de *vínculo residencial*, a comprovação poderá ser feita mediante "contas de luz, água ou telefone, bem como notas fiscais ou envelopes de correspondência", desde que recentes. Tratando-se de vínculo diverso do residencial, a comprovação poderá ser feita por documentos adequados à sua natureza. Ademais, também se admite: (i) a só *declaração* do eleitor pertencente a comunidade indígena ou quilombola ou que esteja em situação de rua; (ii) a *declaração sob as penas da lei* de que o declarante tem domicílio no município, se subsistir dúvida quanto à idoneidade da documentação apresentada ou sendo tal documentação inexistente. Na análise dos documentos apresentados e da declaração efetuada, a interpretação deve ser mais benéfica ao cidadão.

Convém notar que a aceitação de *declaração* como suficiente para a comprovação do vínculo do eleitor com a localidade torna praticamente inócua a exigência de documentos para esse fim. Contudo, a declaração que se revelar *falsa* poderá implicar o cometimento do delito de falsidade ideológica, consoante prevê o art. 350 do CE.

8.2   ALISTAMENTO ELEITORAL OBRIGATÓRIO

8.2.1   Realização do alistamento

Reza o art. 42 do Código Eleitoral que o alistamento se faz mediante a qualificação e inscrição do eleitor. Qualificação é o ato pelo qual o indivíduo fornece informações concernentes à sua pessoa, como nome, gênero, filiação, data de nascimento e endereço. Tais dados são inscritos – gravados ou escritos – no cadastro de eleitores.

O alistamento pode ser realizado de duas formas: (i) diretamente no Cartório Eleitoral do domicílio do interessado; (ii) pela Internet, mediante o aplicativo Título Net disponibilizado na página do Tribunal Superior Eleitoral. Em qualquer caso, o alistando deve preencher o Requerimento de Alistamento Eleitoral (RAE), cujo modelo é previamente aprovado e disponibilizado pela Justiça Eleitoral. Deve também apresentar: *a)* documento oficial de identidade com foto; *b)* comprovante de residência recente; *c)* comprovante de quitação do serviço militar (para homens com 19 a 45 anos).

Cuidando-se de alistamento originário, não se exige tempo mínimo de residência no local.

No caso de comparecimento ao Cartório Eleitoral, depois de comprovadas a identidade e a exatidão dos dados do alistando, o título lhe é entregue imediatamente, antes mesmo de o requerimento de alistamento ser concluso ao exame do juízo eleitoral. O título deve ser entregue, no cartório ou no posto de alistamento, *pessoalmente* ao eleitor, vedada a interferência de pessoas estranhas à Justiça Eleitoral. Posteriormente, sendo deferido o alistamento pelo juízo eleitoral, o requerente passa a integrar o corpo de eleitores da respectiva circunscrição. Contudo, se for indeferido, a inscrição previamente efetuada é invalidada e excluída do sistema (Res. TSE nº 23.659/2021, arts. 50 e 56).

Confeccionado de acordo com modelo aprovado pelo TSE, o título eleitoral pode ser *físico* (impresso em papel e expedido por Cartório Eleitoral) ou *digital* (*e-Título*, obtido mediante aplicativo disponibilizado em lojas digitais). Os dados desse documento devem coincidir com os do Cadastro Eleitoral, dele devendo constar, em espaços próprios: o nome do eleitor (o *nome social*, se este for registrado no Cadastro Eleitoral), a data de nascimento, a filiação, a unidade da Federação, o município, a zona e a seção eleitoral onde vota, o número da inscrição eleitoral e a data de emissão (Res. TSE nº 23.659/2021, arts. 68 ss.).

Vale consignar que a Lei nº 13.444/2017 criou a Identificação Civil Nacional (ICN), cujo objetivo é "identificar o brasileiro em suas relações com a sociedade e com os órgãos e entidades governamentais e privados". A base de dados da ICN será armazenada e gerida pelo TSE (art. 2º, § 1º). A referida norma também criou o Documento Nacional de Identidade (DNI), que goza de "fé pública e validade em todo o território nacional". Entre outros órgãos, a Justiça Eleitoral foi autorizada a emitir esse documento, o qual "poderá substituir o título de eleitor, observada a legislação do alistamento eleitoral, na forma regulamentada pelo Tribunal Superior Eleitoral" (art. 8º, § 3º, I, § 4º).

Se, posteriormente à emissão do título eleitoral, o eleitor necessitar alterar o local de votação, no mesmo município, ainda que haja mudança de zona eleitoral (em um município pode haver mais de uma zona eleitoral), retificar dados pessoais ou regularizar inscrição cancelada, as mudanças poderão ser feitas por procedimento próprio, denominado *revisão* pelo art. 39 da Res. TSE nº 23.659/2021.

No entanto, se houver mudança de domicílio eleitoral, o procedimento a ser seguido será o de *transferência* (Res. TSE nº 23.659/2021, art. 37), não o de revisão. No entanto, com a transferência também pode haver retificação de dados ou regularização de inscrição cancelada.

A mudança de seção – ainda que não haja mudança de município ou zona eleitoral – implicará a expedição de novo título.

Ocorrendo perda ou extravio do título, bem como sua inutilização ou dilaceração, deverá o eleitor requerer a expedição de segunda via.

A decisão que defere ou indefere requerimento de alistamento eleitoral ou transferência sujeita-se a recurso perante o Tribunal Regional Eleitoral. Nesse sentido, estabelece o art. 7º, § 1º, da Lei nº 6.996/82 (que derrogou o art. 45, § 7º, do Código): "Do despacho que indeferir o requerimento de inscrição, caberá recurso interposto pelo alistando no prazo de 5 (cinco) dias e, do que o deferir, poderá recorrer qualquer delegado de Partido Político no prazo de 10 (dez) dias". Essa regra é regulamentada pelos arts. 57 e 58 da Res. TSE nº 23.659/2021, nos seguintes termos:

Cap. 8 • ALISTAMENTO ELEITORAL | **165**

"Art. 57. Qualquer partido político e o Ministério Público Eleitoral poderão interpor recurso contra o deferimento do alistamento ou da transferência, no prazo de 10 dias, contados da disponibilização da listagem prevista no art. 54 desta Resolução".

"Art. 58. Indeferido o alistamento ou a transferência, poderão interpor recurso, no prazo de 5 dias: a) o eleitor ou a eleitora, contando-se o prazo respectivo a partir da data em que for realizada a notificação sob uma das formas previstas no art. 55 desta Resolução; b) o Ministério Público Eleitoral, fluindo o prazo respectivo da disponibilização da listagem prevista no art. 54 desta Resolução."

O órgão do Ministério Público que oficiar perante o juízo eleitoral terá igualmente legitimidade para recorrer tanto na hipótese de deferimento quanto na de indeferimento, sendo o prazo recursal de cinco ou dez dias conforme o caso.

Os procedimentos de alistamento eleitoral e transferência têm natureza administrativa. Mas se houver recurso contra a decisão do juízo eleitoral, surge um conflito de interesses que deve ser resolvido pela jurisdição estatal. Daí ser preciso que o interessado preencha os pressupostos processuais pertinentes, sob pena de extinção do processo sem julgamento do mérito (CPC, arts. 316, 354 e 485, IV). No entanto: *(i)* à pessoa menor de 18 anos é conferida "capacidade para estar em juízo, como recorrente ou recorrida", sendo-lhe "facultada" a assistência por seu representante legal; *(ii)* de eleitor não é exigida *capacidade postulatória* (ou representação por advogado) enquanto o processo tramitar nas instâncias ordinárias (ou seja, perante o juízo eleitoral e o TRE); nesse caso, a dispensa de capacidade postulatória não autoriza o exercício perante o tribunal das "prerrogativas legais próprias à advocacia, tal como a sustentação oral", devendo-se, porém, conferir-se "o máximo aproveitamento a suas alegações escritas e aos documentos que as acompanhar" (Res. TSE nº 23.659/2021, arts. 59 e 60).

Vale notar que o delegado de partido somente possui interesse em recorrer no caso de deferimento da inscrição. O recurso, nesse caso, tem o propósito de alijar do corpo eleitoral pessoas que não apresentem verdadeiro interesse no lugar e, por isso mesmo, poderiam macular a vontade dos eleitores que lá se encontram estabelecidos.

Impende recordar o disposto no art. 91 da LE: "Nenhum requerimento de inscrição eleitoral ou de transferência será recebido dentro dos 150 (cento e cinquenta) dias anteriores à data da eleição". Observe-se que o legislador usa o termo *inscrição* como sinônimo de alistamento.

8.2.2 Pessoas obrigadas a se alistar

Prescreve o art. 14, § 1º, I e II, alínea *b*, da Constituição Federal que o alistamento eleitoral e o voto são obrigatórios para os maiores de 18 e menores de 70 anos. Isso significa que todo cidadão que se encontrar nessa faixa etária tem o dever legal de inscrever-se como eleitor, comparecer ao local de votação, assinar a lista de comparecimento e votar. Conforme assinalado, o alistamento e o voto constituem deveres cívicos; são verdadeiras funções exercidas no interesse da soberania popular.

O brasileiro nato que não se alistar até os 19 anos ou o naturalizado que não se alistar até um ano depois de adquirida a nacionalidade brasileira incorrerá em multa imposta pelo juízo eleitoral e cobrada quando do alistamento; porém, essa sanção não se aplicará ao não alistado que requerer sua inscrição eleitoral até o 151º dia anterior à eleição subsequente à data em que completar 19 anos. Também há isenção de multa para o não alistado que declarar perante o juízo eleitoral, sob as penas da lei, "seu estado de pobreza" (CE, art. 8º; Res. TSE nº 23.659/2021, art. 33, § 1º, *a* e *c*). Além da multa, o brasileiro que não se alistar fica privado de exercer seus direitos políticos, bem como todos os demais deles decorrentes.

Apesar de o alistamento do analfabeto ser facultativo, tão logo se alfabetize surge o dever de inscrever-se eleitor. Todavia, se não o fizer, não fica sujeito à multa referida por alistamento tardio (Res. TSE nº 23.659/2021, art. 33, § 1º, *b*).

E quanto às pessoas incapazes? O Código Civil cuida de dois tipos de incapacidade de fato: absoluta e relativa.

A incapacidade absoluta é prevista no art. 3º do referido Código (com a redação da Lei nº 13.146/2015), que reza: "São absolutamente incapazes de exercer pessoalmente os atos da vida civil os menores de 16 (dezesseis) anos". Estes – a *contrario sensu* do art. 14, § 1º, I e II, *c*, da CF – não exercem direitos políticos, de modo que (em razão da idade) não podem inscrever-se como eleitores.

Por sua vez, a incapacidade relativa é contemplada no art. 4º do CC, *in verbis*:

> "Art. 4º São incapazes, relativamente a certos atos ou à maneira de os exercer:
>
> I – os maiores de dezesseis e menores de dezoito anos;
>
> II – os ébrios habituais e os viciados em tóxico;
>
> III – aqueles que, por causa transitória ou permanente, não puderem exprimir sua vontade;
>
> IV – os pródigos".

Todas as pessoas arroladas nesse dispositivo têm o dever legal de alistar-se e votar. Excetuam-se apenas os "maiores de dezesseis e menores de dezoito anos", pois, quanto a eles, o alistamento e o voto são facultativos (CF, art. 14, § 1º, I e II, *c*).

Apesar de serem qualificadas como *relativamente incapazes*, as pessoas arroladas no citado art. 4º do CC sofrem apenas algumas restrições legais, não estando privadas de direitos como os de personalidade e os políticos (*i.e.*, de votar e ser votado). *Exemplo 1*: "os maiores de dezesseis e menores de dezoito anos" (inciso I) encontram-se sob o poder familiar, competindo a seus pai e mãe "assisti-los, após essa idade, nos atos em que forem partes, suprindo-lhes o consentimento" (CC, art. 1.634, VII) – apesar disso, é a própria Constituição que lhes confere o direito de voto (CF, art. 14, § 1º, I e II, *c*). *Exemplo 2*: os pródigos (inciso IV), quando interditados, só ficam privados de, sem curador, praticar atos negociais que impliquem disposição patrimonial e, "em geral, os atos que não sejam de mera administração" (CC, art. 1.782) – apesar disso, mantêm os direitos políticos, podendo votar e ser votados.

O mesmo ocorre com pessoas portadoras de deficiência, ainda que eventualmente necessitem de auxílio para a prática de certos atos. À luz da Convenção Internacional sobre os Direitos das Pessoas com Deficiência (CIDPD) de 2007 (promulgada pelo Decreto nº 6.949/2009) e da Lei nº 13.146/2015, tais pessoas são detentoras de plena capacidade moral e política, não havendo razão para serem alijadas do gozo de direitos políticos. Por isso, é vedado à Justiça Eleitoral processar "solicitação de suspensão de direitos políticos amparada em deficiência, em decisão judicial que declare incapacidade civil ou em documento que ateste afastamento laboral por invalidez ou fato semelhante" (Res. TSE nº 23.659/2021, art. 14, § 4º).

Incapacidade (e ainda assim relativa – CC, art. 4º, III) haverá apenas se de nenhum modo a pessoa portadora de deficiência puder formar, manifestar ou expressar sua vontade. Nesse caso, a prudência aconselha a flexibilização da rigidez da obrigação legal. Assim, apesar da permanência do dever de alistar, o art. 15 da Res. TSE nº 23.659/2021 isenta de "sanções legais decorrentes da ausência de alistamento e do não exercício do voto a pessoa com deficiência para quem seja impossível ou demasiadamente oneroso o cumprimento daquelas obrigações eleitorais".

É certo que muitas deficiências não chegam a comprometer seriamente a capacidade de manifestação individual nem impedem o exercício dos atos da vida social e jurídica. Hoje em

Cap. 8 • ALISTAMENTO ELEITORAL | **167**

dia, com o vertiginoso progresso das ciências e técnicas, é dado ao portador de deficiência suprir suas necessidades, tornando-se autônomo, independente, plenamente integrado na vida social.

A exigência de alistamento eleitoral também tem o propósito de integrar tais pessoas em todos os momentos da vida sociopolítica, despertando nelas o sentimento de pertencimento. O princípio a ser observado é o da inclusão, pondo-se em prática o discurso da alteridade. Nesse ponto, têm razão Decomain e Prade (2004, p. 63) ao aduzirem que,

> "se o propósito constitucional é reconhecer que tais pessoas devem ter todas as oportunidades possíveis, que devem ser protegidas em face da deficiência de que são cometidas, mas que ao mesmo tempo devem ser encaradas como pessoas integrantes da sociedade, capazes não só para a prática pessoal de atos da vida civil, como também de todas as atividades que a deficiência não lhes haja retirado, então conclui-se que, não sendo a invalidez, para repetir o termo utilizado pelo Código [Civil de 1916], proveniente de circunstância determinante de incapacidade civil absoluta, o alistamento eleitoral já não deve mais ser considerado facultativo, mas sim obrigatório".

Indígena tem o dever de se alistar? A Constituição Federal confere especial proteção aos povos originários (CF, art. 231), e seu art. 14, § 2º, não os exclui do alistamento eleitoral e da participação política. Deve-se, porém, considerar e valorizar as peculiaridades de sua organização social, seus costumes e suas línguas, crenças e tradições. E nem poderia ser diferente, dado que os indígenas são brasileiros natos, nascidos que são na República Federativa do Brasil (CF, art. 12, I, *a*).

O Código Civil dispõe que a capacidade dos indígenas será regulada por legislação especial (CC, art. 4º, parágrafo único), o que é feito pelo Estatuto do Índio (Lei nº 6.001/73). Por este, os indígenas sujeitam-se à tutela da União, até que se adaptem à civilização brasileira. A tutela é cumprida pela Fundação Nacional do Índio (Funai). Nos termos do art. 9º do citado Estatuto, o indígena poderá requerer ao Poder Judiciário sua liberação do regime tutelar, tornando-se plenamente capaz na órbita civil. Para tanto, deverá cumprir os seguintes requisitos: (a) idade mínima de 21 anos (a partir do vigente CC, 18 anos); (b) conhecimento da língua portuguesa; (c) razoável compreensão dos usos e costumes da comunhão nacional. Também poderá ocorrer a emancipação se a Funai assim o reconhecer, devendo esse ato ser homologado judicialmente ou por decreto do Presidente da República.

Não obstante, na esfera político-eleitoral tem o indígena o dever de alistar-se como eleitor e exercer o sufrágio, porquanto – na dicção do art. 13, § 1º, da Res. TSE nº 23.659/2021 –, em relação a ele não há exclusão da aplicação "das normas constitucionais, legais e regulamentares que impõem obrigações eleitorais e delimitam o exercício dos direitos políticos". A esse respeito, vale registrar ter havido mudança na compreensão da Justiça Eleitoral, pois anteriormente o dever de alistar só incidia nos indígenas *integrados* (Res. TSE nº 7.919/66 – BO 184, t. 1, p. 172; TSE – Decisão nº 20.806 – *DJ* 24-8-2001, p. 173). Hoje, porém, é vedado realizar distinções entre pessoas indígenas "integradas" e "não integradas", "aldeadas" e "não aldeadas", ou qualquer outra que não seja autoatribuída pelos próprios grupos étnico-raciais (Res. TSE nº 23.659/2021, art. 13, § 2º).

E quanto aos brasileiros residentes no exterior? Pelo art. 225 do Código Eleitoral, nas eleições "para presidente e vice-presidente da República poderá votar o eleitor que se encontrar no exterior". A Constituição Federal em vigor alterou a disciplina dessa matéria, tornando *obrigatórios* o alistamento e o voto dos brasileiros residentes no exterior, porquanto, a teor de seu art. 14, § 1º, II, o alistamento e o voto são facultativos apenas para analfabetos, maiores de 70 anos e maiores de 16 e menores de 18 anos.

As seções eleitorais são organizadas nas sedes das embaixadas e consulados gerais, desde que na circunscrição haja um mínimo de 30 eleitores inscritos.

Para fazer o alistamento eleitoral fora do País, o nacional deve apresentar documento oficial brasileiro de identificação que contenha nacionalidade e filiação, tais como certidão de nascimento, carteira de identidade ou de trabalho. Além disso, deve exibir comprovante de residência no exterior; aos homens maiores de 18 anos, também se exige a apresentação de certificado de alistamento militar ou de reservista.

O interessado deve contatar o consulado ou a sede da embaixada brasileira mais próxima de sua residência, onde deverá ser preenchido o RAE e anexadas as cópias dos documentos exigidos. Não se admite alistamento por procuração. Na sequência, o requerimento é encaminhado ao *Cartório Eleitoral do Exterior*, situado em Brasília/DF para apreciação e eventual deferimento do juiz eleitoral. Uma vez emitido, o título eleitoral é enviado à repartição onde foi solicitado. Por se tratar de documento intransferível, o título só poderá ser retirado por quem o requereu. A emissão deve ser feita até três meses antes da data marcada para a eleição.

8.3 ALISTAMENTO ELEITORAL FACULTATIVO

Em seu art. 14, § 1º, a Lei Maior estabelece que o alistamento eleitoral e o voto são facultativos para: (a) analfabetos; (b) maiores de 70 anos; (c) maiores de 16 e menores de 18 anos.

Considera-se analfabeto quem não domina determinado sistema escrito de linguagem, carecendo dos saberes necessários para ler e escrever naquele idioma. Assim, em geral, a noção de analfabetismo prende-se ao conhecimento mínimo da escrita e à compreensão de textos, ainda que singelos. O dever de inscrever-se eleitor surge, para o analfabeto, assim que venha a ser alfabetizado.

Quanto aos maiores de 16 e menores de 18 anos, a Resolução TSE nº 23.659/2021 faculta o alistamento "a partir da data em que a pessoa completar 15 anos", mas nesse caso o título eleitoral somente surtirá o efeito que lhe é inerente "quando a pessoa completar 16 anos" (art. 30, *caput*, § 3º). Essa regra tem em vista viabilizar o exercício do direito de voto daquele que, no dia da eleição, já terá completado 16 anos.

O art. 6º, inciso I, do Código Eleitoral dispõe que o alistamento é facultativo para: (a) inválidos; (b) maiores de 70 anos; (c) os que se encontrem fora do País. No entanto, essa regra somente foi recepcionada pela Constituição quanto aos maiores de 70 anos. No que concerne às pessoas portadoras de deficiência (denominadas "inválidos" pelo CE), foi visto que são titulares e gozam plenamente dos direitos políticos, devendo se alistar. Já para os brasileiros que se encontram fora do País o alistamento e o voto são obrigatórios, podendo ser feitos em representações diplomáticas ou consulares.

Observe-se que, sendo facultativo o voto, não é necessária a apresentação de justificação por parte de quem se ausentar no dia do pleito, tampouco incidem quaisquer penalidades.

8.4 INALISTABILIDADE

A inalistabilidade impede que a cidadania se constitua. O inalistável não pode exercer direitos políticos, pois lhe falta capacidade eleitoral ativa e passiva. Não pode votar nem ser votado.

Reza o art. 14, § 2º, da Constituição Federal não poderem alistar-se como eleitores os estrangeiros e, durante o período do serviço militar obrigatório, os conscritos. Embora a Constituição não diga, os apátridas também não podem alistar-se.

Assim, estrangeiro, conscrito e apátrida são inalistáveis.

Estrangeiro é a pessoa que não detém nacionalidade brasileira, encontrando-se vinculada a outro Estado soberano. Apátrida, por sua vez, é a pessoa não vinculada a qualquer Estado, não tendo, por isso, uma nacionalidade própria; conta apenas com a proteção conferida pelo Direito Internacional. No âmbito do sistema jurídico-político brasileiro, nem o estrangeiro, nem o apátrida têm cidadania, pois esta só é deferida aos nacionais, isto é, aos brasileiros natos ou naturalizados.

Conscrito é o nome dado aos que prestam serviço militar obrigatório. O art. 143, § 1º, da Constituição dispõe que "o serviço militar é obrigatório nos termos da lei". Consiste esse serviço no exercício de atividades específicas desempenhadas nas Forças Armadas – Exército, Marinha e Aeronáutica –, compreendendo encargos relacionados com a defesa nacional. Em tempo de paz, a obrigação legal de prestar serviço militar começa no primeiro dia do mês de janeiro do ano em que a pessoa completar 18 anos de idade (mas é permitida a prestação do serviço militar já a partir dos 17 anos de idade). O serviço militar inicial dos incorporados terá a duração normal de 12 meses, mas esse prazo poderá ser reduzido a dois meses ou dilatado até seis meses (Lei nº 4.375/64, arts. 5º e 6º). Daí estabelecer o art. 35, § 1º, da Res. TSE nº 23.659/2021 que, "apenas se consideram conscritos, nos termos da legislação militar, os brasileiros nascidos entre 1º de janeiro e 31 de dezembro do ano em que completarem 19 anos de idade, os quais compõem a classe chamada para a seleção, tendo em vista a prestação do Serviço Militar inicial (Lei nº 4.375/1964, art. 3º; e Decreto nº 57.654/1966, art. 3º, 5)".

O conscrito é inalistável. Entretanto, sendo facultado o alistamento eleitoral aos maiores de 16 anos e menores de 18 anos (CF, art. 14, § 1º, I e II, c), muitos dos que forem incorporados ao serviço militar já estarão gozando dos direitos políticos, encontrando-se inscritos como eleitores; muitos até já terão votado. Diante disso, ao ser incorporado às Forças Armadas, a inscrição do eleitor deve ser mantida, ficando, porém, suspensos os seus efeitos, "uma vez comunicado pela autoridade competente o início da prestação do serviço militar inicial obrigatório" (Res. TSE nº 23.659/2021, art. 35, § 3º). Cumpre ao responsável pela unidade militar enviar à Justiça Eleitoral a relação dos conscritos para que sejam suspensos do rol de eleitores, sendo tal comunicação condição da suspensão. Assim, a questão da inalistabilidade de conscritos não se encontra propriamente no alistamento, mas, antes, no exercício do direito de voto.

Se o conscrito se recusar a prestar serviço militar e também se negar a realizar prestação alternativa, haverá suspensão de seus direitos políticos em razão da "recusa de cumprir obrigação a todos imposta ou prestação alternativa" (CF, art. 15, IV). Em tal caso, somente poderá se alistar eleitor quando cessar a obrigação legal – o que ocorrerá "após 31 de dezembro do ano que completar 45 anos" (Lei nº 4.375/64, art. 5º; Res. TSE nº 23.659/2021, art. 35, § 2º, b).

Observe-se que a regra da inalistabilidade só alcança quem se encontrar na situação jurídica de conscrito. São alistáveis todos os demais militares integrantes das Forças Armadas. Quanto aos militares dos Estados – policiais militares e bombeiros militares –, não há, igualmente, qualquer restrição ao alistamento eleitoral.

8.5 TRANSFERÊNCIA DE DOMICÍLIO ELEITORAL

O eleitor vincula-se à zona e à seção eleitoral indicadas em seu título. É aí que são exercidos os direitos cívicos. O local de votação é definido conforme a preferência manifestada pelo próprio cidadão dentre os locais disponíveis (Res. TSE nº 23.659/2021, art. 42, § 11). Por isso mesmo, convém que tal local seja o mais próximo possível de sua residência, considerados a distância e os meios de transporte disponíveis, de maneira a facilitar o deslocamento e comparecimento.

No entanto, poderá o eleitor mudar de domicílio eleitoral, transferindo-se do município em que está inscrito para outro, no mesmo ou em outro Estado da Federação. Nesse caso, deverá requerer *transferência*. A mudança de zona eleitoral dentro do mesmo município, se neste houver mais de uma, não consiste propriamente em transferência, mas, sim, em *revisão*.

A transferência implica a expedição de novo título, mantendo-se, porém, o número originário da inscrição.

Não há transferência *ex officio*, devendo ser requerida pelo interessado ao juízo da nova zona eleitoral em que se encontrar domiciliado. Ao eleitor é dado alistar-se em ou transferir-se para qualquer um de seus *domicílios eleitorais*. Por essa razão, a mera mudança de domicílio *civil* ou de residência não o obriga a requerer a transferência se permanecer ligado ao primitivo. Embora essa medida possa parecer conveniente, é importante lembrar que cada um é senhor de suas próprias conveniências, sendo abusiva a interferência estatal nesse setor.

A transferência implica renovação do processo administrativo-eleitoral de alistamento – denominado derivado. Para implementá-la, duas vias se abrem ao eleitor: (i) comparecer ao Cartório Eleitoral de seu *novo* domicílio para preenchimento do RAE, que é processado eletronicamente, e apresentação dos documentos devidos; (ii) acessar a página da Justiça Eleitoral na *Internet* e ingressar no sistema Título Net, aí preenchendo o RAE e formulando sua solicitação de transferência; nesse caso, se não for possível concluir a operação remotamente, o protocolo gerado e a documentação pertinente deverão ser apresentados no Cartório Eleitoral correspondente à residência (Res. TSE nº 23.659/2021, art. 45, §§ 2º e 3º). O título eleitoral anterior e a prova de quitação com os deveres eleitorais devem ser disponibilizados à Justiça Eleitoral, pois, do contrário, poderá o requerente ser apenado com multa se ficar evidenciado não ter atendido a convocações para auxiliar nos trabalhos eleitorais ou não ter votado nem justificado a ausência.

A matéria em foco é disciplinada no art. 8º da Lei nº 6.996/82, no art. 91 da Lei nº 9.504/97, no art. 46, §§ 1º e 3º, do Código Eleitoral, bem como na Resolução TSE nº 23.659/2021, que consolida as regras estampadas nos referidos dispositivos. Conforme esta estabelece em seu art. 38:

> "Art. 38. A transferência só será admitida se satisfeitas as seguintes exigências:
>
> I – apresentação do requerimento perante a unidade de atendimento da Justiça Eleitoral do novo domicílio no prazo estabelecido pela legislação vigente;
>
> II – transcurso de, pelo menos, um ano do alistamento ou da última transferência;
>
> III – tempo mínimo de três meses de vínculo com o município, dentre aqueles aptos a configurar o domicílio eleitoral, nos termos do art. 23 desta Resolução, pelo tempo mínimo de três meses, declarado, sob as penas da lei, pela própria pessoa (Lei nº 6.996/1982, art. 8º);
>
> IV – regular cumprimento das obrigações de comparecimento às urnas e de atendimento a convocações para auxiliar nos trabalhos eleitorais".

Quanto ao primeiro requisito, o requerimento de transferência deve ser feito até 151 dias antes da data marcada para a eleição. É que o art. 91 da Lei nº 9.504/97 determina que "nenhum requerimento de inscrição eleitoral ou de transferência será recebido dentro dos 150 (cento e cinquenta) dias anteriores à data da eleição".

Por outro lado, os requisitos temporais dos incisos II e III não se aplicam à transferência de título eleitoral de servidor público civil e militar ou de membro de sua família, por motivo de remoção, transferência ou posse.

A *declaração* de residência a que alude o transcrito inciso III, pelo lapso de três meses, exige cautela. Não se pode olvidar que, na seara eleitoral, o conceito de domicílio é flexível, concretizando-se no "vínculo residencial, afetivo, familiar, profissional, comunitário ou de outra natureza que justifique a escolha do município" (Res. TSE nº 23.659/2021, art. 23, *caput*):

> "Para o Código Eleitoral, domicílio é o lugar em que a pessoa mantém vínculos políticos, sociais e afetivos. A residência é a materialização desses atributos. Em tal circunstância,

constatada a antiguidade desses vínculos, quebra-se a rigidez da exigência contida no art. 55, III [do Código Eleitoral]" (TSE – Ac. nº 23.721/2004).

De qualquer maneira, é preciso sempre estar atento para que não aconteçam transferências eleitorais fraudulentas, pois elas podem alterar profundamente o resultado de eleições, falseando a representatividade popular. Isso é verdadeiro sobretudo em municípios não muito populosos, onde poucos votos podem ser decisivos tanto para a eleição de prefeito quanto para a de vereador.

A declaração falsa de residência rende ensejo à ocorrência do delito de falsidade ideológica. Previsto no art. 350 do Código Eleitoral, esse crime consuma-se no momento em que se insere ou se faz inserir, em documento público (como o RAE) ou particular, declaração falsa ou diversa da que devia constar. De outra parte, pode-se também cogitar o delito previsto no art. 289 do mesmo Código, consistente em inscrever-se fraudulentamente eleitor; tal crime pode consumar-se com a realização de alistamento eleitoral em lugar diverso daquele que figura como domicílio eleitoral do requerente. Não há antinomia entre esses dois delitos, haja vista que o primeiro pode consumar-se sem que o segundo chegue a se configurar.

No que concerne à *prova de quitação com a Justiça Eleitoral*, trata-se de exigência não prevista em lei, mas tão só no inciso IV, art. 38, da aludida Res. TSE nº 23.659/2021. Em face do princípio da legalidade estrita (CF, art. 5º, II), é de se indagar se o direito subjetivo público de mudar de domicílio eleitoral, com reflexos nas condições de elegibilidade (CF, art. 14, § 3º, IV; LE, art. 9º) e no exercício da cidadania, poderia ser obstado por ato administrativo emanado de órgão da Justiça Eleitoral, fundado na falta de quitação de multa eleitoral. De qualquer sorte, baseando-se a ausência de quitação no não pagamento de multa, havendo parcelamento do débito, com juntada aos autos de "certidão positiva com efeitos de negativa" expedida pelo órgão encarregado da cobrança (no caso, a Procuradoria da Fazenda Nacional – PFN), não se vislumbra óbice ao deferimento da transferência.

Tal qual ocorre com o alistamento eleitoral, deferido ou não o requerimento de transferência, contra a decisão poder-se-á cogitar a interposição de recurso perante o Tribunal Regional. Este é regulado pelo art. 57, § 2º, do Código Eleitoral. Todavia, tal dispositivo foi derrogado, sendo certo que o prazo recursal de três dias nele previsto passou a ser de cinco e dez dias, conforme o recurso seja interposto respectivamente contra decisão que indefere e defere o requerimento de transferência. A alteração encontra fundamento na interpretação sistemática do art. 7º, § 1º, da Lei nº 6.996/82. Ademais, na decisão monocrática proferida no PA nº 19.536/2006, a Corregedoria-Geral Eleitoral realçou a necessidade de se compatibilizar o procedimento de transferência de domicílio eleitoral com o processamento eletrônico de dados introduzido no alistamento eleitoral pela Lei nº 7.444/85. Assim, conforme dispõem os já citados arts. 57 e 58 da Res. TSE nº 23.659/2021: *(i)* da decisão que *deferir* da transferência qualquer partido político e o órgão Ministério Público poderão interpor recurso no prazo de dez dias; e *(ii)* da decisão que *indeferir* a transferência o eleitor interessado e o órgão do Ministério Público poderão recorrer no prazo de cinco dias.

A expressa atribuição de legitimidade recursal ao órgão do *Parquet* Eleitoral se deve à sua elevação constitucional à condição de guardião do regime democrático.

Note-se que delegado de partido somente detém interesse recursal em caso de deferimento da transferência. Nessa hipótese, o recurso tem o propósito impedir que pessoas que não apresentem real interesse na comunidade integrem o corpo eleitoral, obscurecendo a representatividade dos eleitores que lá se encontram estabelecidos.

O procedimento de transferência tem natureza administrativa, nele não se exigindo que a parte seja representada por advogado, conforme, aliás, dispõe a Súmula Vinculante nº 5 do Supremo Tribunal Federal. No entanto, havendo interposição de recurso contra a decisão do juízo eleitoral, surge um conflito de interesses que deve ser resolvido pela jurisdição estatal.

Em tal situação, impõe-se que o interessado preencha os pressupostos processuais pertinentes, sob pena de extinção do processo sem julgamento do mérito (CPC, arts. 316, 354 e 485, IV). No entanto, de eleitor não é exigida *capacidade postulatória* (ou representação por advogado) enquanto o processo tramitar nas instâncias ordinárias (ou seja, perante o juízo eleitoral e o TRE). Nesse caso, a dispensa de capacidade postulatória não autoriza o exercício perante o tribunal das "prerrogativas legais próprias à advocacia, tal como a sustentação oral", devendo-se, porém, conferir-se "o máximo aproveitamento a suas alegações escritas e aos documentos que as acompanhar" (Res. TSE nº 23.659/2021, art. 60).

8.6 CANCELAMENTO E EXCLUSÃO

O alistamento e a organização do eleitorado consubstanciam-se em atividades eminentemente administrativas. Entretanto, uma vez acertado o corpo de eleitores, não se pode pretender que permaneça estático, imutável. O dinamismo é próprio dessa estrutura, sendo contínuas as mudanças que nela se operam. Ora é um eleitor que perde seus direitos políticos ou os tem suspensos, ora é outro que falece e, pois, perde a condição de pessoa e de cidadão. Assim, diante das inevitáveis mudanças, impõe-se que a própria Administração Eleitoral reveja e atualize seus assentamentos, alterando informações constantes dos registros e mesmo cancelando inscrições e promovendo exclusões, tudo com o fito de preservar a idoneidade do corpo eleitoral. Impera nessa seara o princípio da legalidade, pelo que a Administração deve sempre seguir o estabelecido em lei.

As hipóteses legais são previstas no art. 71 do Código Eleitoral, que estabelece como causas de cancelamento da inscrição do eleitor: (a) a infração às regras relativas ao alistamento eleitoral; (b) a suspensão ou perda dos direitos políticos; (c) a pluralidade de inscrição; (d) o falecimento do eleitor; (e) a ausência injustificada em três eleições consecutivas.

A ocorrência de uma dessas situações acarreta o cancelamento da inscrição e a eventual exclusão do eleitor do Cadastro Eleitoral. Entretanto, cumpre ter presente que a sistemática legal foi pensada para uma realidade diferente da atual. Diante do vertiginoso avanço tecnológico experimentado nos últimos anos e com a ampla informatização da Justiça Eleitoral, outras soluções são requeridas. Nesse sentido, observam Decomain e Prade (2004, p. 101, art. 71) que,

> "com o integral processamento do alistamento eleitoral mediante sistema eletrônico de processamento de dados, nem todas as hipóteses devem conduzir necessariamente ao cancelamento [da inscrição]. Algumas podem limitar-se, hoje, à suspensão da eficácia do alistamento eleitoral, o que pode ser objeto de comando específico junto ao banco de dados do eleitorado nacional, com restabelecimento da situação anterior mediante comando subsequente, depois de cessados os efeitos da situação que determine a suspensão da eficácia do alistamento".

Com efeito, se é certo que algumas hipóteses legais – como o falecimento do indivíduo – reclamam o cancelamento da inscrição, para outras, basta a suspensão de sua eficácia, como se dá, *e. g.*, na suspensão de direitos políticos por condenação criminal transitada em julgado. Nesse caso, recebida a comunicação de trânsito em julgado da decisão penal condenatória, é ela registrada no Cadastro Eleitoral, indicando-se o impedimento ao exercício dos direitos políticos (Res. TSE nº 23.659/2021, art. 16, § 1º, c.c. art. 18, *caput*). Embora os direitos políticos do condenado estejam suspensos, essa circunstância não obsta a realização das operações do Cadastro Eleitoral.

Entre os princípios que se encontram em jogo nessa matéria destacam-se o da veracidade – pois é preciso que as pessoas que estão no rol de eleitores o sejam realmente –, o do sufrágio igual, já que cada cidadão só tem direito a um único voto para cada eleição, com valor igual para todos (*one man, one vote*), e o do domicílio eleitoral, porquanto ninguém pode alistar-se como eleitor em lugar diverso de seu domicílio. Quanto a esse último, cumpre não olvidar que a admissão de eleitores sem domicílio na circunscrição tornaria ilegítima a representação política, haja vista que candidatos poderiam ser eleitos com votos de pessoas estranhas à comunidade.

A exclusão de eleitor dá-se no âmbito de um processo, em que são assegurados o contraditório e a ampla defesa. O processo pode iniciar-se *ex officio* sempre que o juízo eleitoral tiver conhecimento de uma causa que o enseje, mas também tem legitimidade para pleitear sua instauração delegado de partido político, qualquer eleitor ou o representante do Ministério Público.

Para a instauração desse processo, não há que se falar em preclusão, ou escoamento de limites temporais, já que se cuida de matéria de ordem pública, de natureza constitucional. Em obséquio ao princípio da legalidade, a Administração não pode contemporizar com situações irregulares, devendo agir no sentido de eliminá-las. Assim, a qualquer tempo pode ser iniciado o processo em foco, sendo, ademais, impróprio falar-se em prescrição, que só ocorre quando está em jogo pretensão de natureza patrimonial.

O procedimento previsto para a exclusão é relativamente simples, estando contemplado no art. 77 do Código. O juiz eleitoral deve mandar autuar a petição ou representação – ou portaria, se for *ex officio* – com os documentos que a instruírem, fazendo publicar edital com prazo de dez dias para ciência dos interessados, que poderão contestar dentro de cinco dias; poderá haver produção de provas no prazo de cinco a dez dias; na sequência, o juiz deverá decidir em cinco dias, excluindo ou não o eleitor. Da sentença caberá recurso para o TRE no prazo de três dias. O recurso poderá ser aviado tanto no caso de exclusão do eleitor quanto no de ser mantida sua inscrição.

Durante a tramitação do processo, pode o eleitor votar validamente. Todavia, cuidando-se de inscrições contra as quais haja sido interpostos recursos das decisões que as deferiram, desde que tais recursos venham a ser providos pelos Tribunais Regional ou Superior Eleitoral, serão nulos os votos se o seu número for suficiente para alterar qualquer representação partidária ou classificação de candidato eleito pelo princípio majoritário (CE, art. 72, parágrafo único).

No caso de exclusão por pluralidade de inscrições, o cancelamento deve ocorrer preferencialmente nesta ordem: (1º) na inscrição mais recente, efetuada contrariamente às instruções em vigor; (2º) na inscrição que não corresponda ao domicílio eleitoral do eleitor; (3º) naquela que não haja sido utilizado para o exercício do voto pela última vez; (5º) a mais antiga (CE, art. 75; Res. TSE nº 23.659/2021, art. 87).

Ademais, prevê-se cancelamento das inscrições em que não for possível: "a) identificar a titularidade das inscrições; ou b) afastar a incoincidência verificada no batimento de dados biométricos e determinar com precisão qual inscrição deve ser mantida" (Res. TSE nº 23.659/2021, art. 88).

Na exclusão por falecimento, prevê o art. 79 do Código que, tratando-se de fato notório, serão dispensadas as formalidades de publicação de edital e dilação probatória. Tais formalidades poderiam igualmente ser dispensadas nas hipóteses de suspensão e perda de direitos políticos, documentando-se nos autos o ato que as fundamentou.

Os oficiais de Registro Civil deverão enviar, até o dia 15 de cada mês, ao juiz eleitoral da zona em que oficiarem, comunicação dos óbitos de cidadãos alistáveis, ocorridos no mês anterior, para cancelamento das inscrições. Se não o fizerem, poderão responder pelo delito previsto no art. 293 do Código Eleitoral.

A última das aludidas causas de exclusão consiste em o eleitor injustificadamente não comparecer para exercer o sufrágio em três eleições consecutivas. Nessa contagem, são incluídos o primeiro e o segundo turnos de eleições majoritárias, bem como plebiscitos e referendos.

São consideradas não só as eleições cujas datas são fixadas pela Constituição Federal, como também as determinadas pelos tribunais eleitorais, notadamente as eleições suplementares. Vale frisar que, se for anulada, a eleição não é computada para o fim de exclusão eleitoral (Res. TSE nº 22.986/2009, art. 2º, parágrafo único).

No entanto, a exclusão não ocorrerá se o eleitor justificar sua ausência às urnas ou recolher a multa devida em decorrência de sua falta (Res. TSE nº 23.659/2021, art. 130, *caput*, segunda parte). A justificação poderá ser feita na zona eleitoral em que se encontrar o eleitor, e o prazo para sua formalização é de: *a)* 60 dias a contar da realização da eleição; *b)* 30 dias para o eleitor que se encontrar no exterior na data do pleito, contados de seu retorno ao País (Lei nº 6.091/74, art. 7º, Res. TSE nº 23.659/2021, art. 126). A justificação da falta ou o pagamento da multa são sempre anotados no cadastro eleitoral.

Por outro lado, não pode haver cancelamento de inscrição em virtude de ausência: *(i)* de eleitor que, por prerrogativa constitucional, não esteja obrigado ao exercício do voto; *(ii)* de portador de deficiência isento de sanção em razão de impossibilidade de cumprimento das obrigações eleitorais; *(iii)* de pessoa cujos direitos políticos estejam suspensos (Res. TSE nº 23.659/2021, art. 130, § 2º).

Observe-se que não se estipulou o número de vezes que o eleitor poderá justificar ou recolher multa em virtude de se ter ausentado às urnas. Logo, ainda que haja mais de três justificações seguidas, ou o recolhimento das respectivas multas aplicadas, não poderá ser excluído.

Cessada a causa do cancelamento, poderá o interessado requerer novamente a sua qualificação e inscrição (CE, art. 81), recuperando a plenitude de sua cidadania.

8.7 REVISÃO DO ELEITORADO

Denomina-se revisão eleitoral o procedimento administrativo pelo qual se verifica se os eleitores que figuram no cadastro eleitoral de determinada zona ou município encontram-se efetivamente neles domiciliados. Assim, todos são convocados a comparecer perante a Justiça Eleitoral para confirmar seus domicílios e a regularidade de suas inscrições, sob pena de terem suas inscrições canceladas, sem prejuízo das sanções cabíveis, se constatada irregularidade. Mais uma vez, quer-se conferir veracidade ao Cadastro Eleitoral e legitimidade ao mandato popular, haja vista que os eleitores de determinada zona devem nela manter seus domicílios e aí eleger seus representantes.

A revisão eleitoral encontra fundamento no art. 71, § 4º, do Código, no art. 92 da Lei nº 9.504/97 e nos arts. 104 a 125 da Res. TSE nº 23.659/2021, que regulamentam todo o procedimento. Embora seja determinada pelo TRE ou pelo TSE, é sempre presidida pelo juiz eleitoral da zona em que será ultimada. Sua realização conta com a fiscalização do Ministério Público e dos partidos políticos. Quando determinada pelo TSE, caberá ao TRE, por intermédio da corregedoria regional, inspecionar os serviços.

> [CE] "Art. 71, § 4º Quando houver denúncia fundamentada de fraude no alistamento de uma zona ou município, o Tribunal Regional poderá determinar a realização de correição e, provada a fraude em proporção comprometedora, ordenará a revisão do eleitorado, obedecidas as Instruções do Tribunal Superior e as recomendações que, subsidiariamente, baixar, com o cancelamento de ofício das inscrições correspondentes aos títulos que não forem apresentados à revisão."

> [LE] "Art. 92. O Tribunal Superior Eleitoral, ao conduzir o processamento dos títulos eleitorais, determinará de ofício a revisão ou correição das Zonas Eleitorais sempre que:

> I – o total de transferências de eleitores ocorridas no ano em curso seja 10% (dez por cento) superior ao do ano anterior;

II – o eleitorado for superior ao dobro da população entre 10 (dez) e 15 (quinze) anos, somada à de idade superior a 70 (setenta) anos do território daquele Município;

III – o eleitorado for superior a 65% (sessenta e cinco por cento) da população projetada para aquele ano pelo Instituto Brasileiro de Geografia e Estatística – IBGE."

Difícil, na primeira regra, é definir o que seja *proporção comprometedora*. Tratando-se de conceito vago, somente poderá ser determinado no caso concreto, estando a depender das circunstâncias envolvidas.

Não será realizada revisão de eleitorado em ano eleitoral, salvo se iniciado o procedimento revisional no ano anterior ou se, em situações excepcionais, o Tribunal Superior Eleitoral autorizar que a ele se dê início (Res. TSE nº 23.659/2021, art. 107).

Dispõe o art. 114 da Res. TSE nº 23.659/2021:

"Art. 114. Recebida a listagem a que se refere o art. 108 desta Resolução, o juízo eleitoral fará publicar, com antecedência mínima de 5 dias do início dos trabalhos de revisão, edital, do qual constará:

I – a convocação dos eleitores e das eleitoras do(s) município(s) ou da(s) zona(s) para, ressalvadas as hipóteses expressas no próprio edital, comparecer, pessoalmente, à revisão de eleitorado, a fim de confirmarem seu domicílio, sob pena de cancelamento da sua inscrição eleitoral, sem prejuízo da apuração de fraude no alistamento ou na transferência, se constatada irregularidade;

II – a exigência de apresentação de: a) documento de identidade; b) comprovante de domicílio, conforme especificado no art. 118 desta Resolução; e c) se possível, título eleitoral ou documento comprobatório da condição de eleitor;

III – as datas de início e término dos trabalhos revisionais, a área e o período abrangidos e os dias e locais onde funcionarão postos de revisão; e

IV – as hipóteses de dispensa do comparecimento à revisão de eleitorado.

Parágrafo único. A dispensa do comparecimento à revisão de eleitorado poderá ter por fundamento critérios de razoabilidade e economicidade, tais como a data da última operação eleitoral, a condição de indígena, quilombola ou pessoa com deficiência já anotada no Cadastro Eleitoral, a prévia comprovação do domicílio por meio de cruzamento de dados com outras entidades".

Concluídos os trabalhos de revisão, ouvido o Ministério Público, o juízo deverá determinar o cancelamento das inscrições dos eleitores que não tenham comparecido, adotando as medidas legais cabíveis, em especial quanto às inscrições consideradas irregulares, situações de duplicidade ou pluralidade e indícios de ilícito penal a exigir apuração. Todavia, o cancelamento das inscrições somente deverá ser efetivado no sistema após a homologação da revisão pelo TRE. A sentença de cancelamento deverá: I – ser específica para cada município abrangido pela revisão; II – relacionar todas as inscrições que serão canceladas no município; III – determinar a intimação por edital dos eleitores cujas inscrições foram canceladas (que, em razão da ausência, presumem-se em lugar incerto e não sabido), a fim de que possam recorrer da decisão. Contra a referida sentença, o interessado poderá recorrer ao TRE, "no prazo de 3 [três] dias a contar da data final do edital" (Res. TSE nº 23.659/2021, art. 123, § 3º, *in fine*). É prescindível capacidade postulatória. As razões recursais devem especificar a inscrição questionada, relatar fatos e fornecer provas, indícios e circunstâncias ensejadores da alteração pretendida, isto é, da manutenção da inscrição cancelada. O recurso interposto deve ser autuado no PJE, acompanhado dos documentos que o instruem.

E se a sentença não for de cancelamento, mas de confirmação? Em outros termos: e se, em vez de cancelar inscrição aparentemente incorreta, o juiz a ratificar? Tem-se entendido não haver recurso contra essa decisão, haja vista inexistir previsão específica. Argumenta-se que

> "a manutenção de inscrições regulares não é objeto da sentença proferida em processo revisional, pois esta limita-se ao cancelamento das inscrições dos eleitores que não compareceram à revisão ou não comprovaram seu domicílio no município. As inscrições objeto da revisão foram deferidas no momento próprio, ou seja, quando da transferência ou alistamento, sendo possível nessa oportunidade o oferecimento de impugnação e recurso, nos termos dos arts. 45, § 7º, e 55 do Código Eleitoral" (TRE-MG – Ac. nº 1.048/2004, voto de desempate – *RDJ* 14:94-105).

No entanto, ante o disposto no art. 5º, XXXV, da Lei Maior, pode-se defender o cabimento do recurso, porque não se poderia negar a prestação jurisdicional requerida pela parte. De qualquer sorte, sendo detectada, na revisão eleitoral, irregularidade no domicílio do eleitor ou pluralidade de inscrições, o interessado poderá manejar o procedimento de exclusão, conforme prevê o art. 71, I e III, do Código Eleitoral. Assim, mantida inscrição de duvidosa regularidade, o interessado poderá valer-se do processo de exclusão para discutir a questão inclusive perante o Tribunal, nos termos do art. 80 do mesmo Código.

Transcorrido o prazo recursal, o juízo eleitoral fará minucioso relatório dos trabalhos desenvolvidos, que encaminhará, com os autos do processo de revisão, à Corregedoria Regional. Esta, após ouvir o Ministério Público: I – indicará providências a serem tomadas, se verificar a ocorrência de vícios comprometedores à validade ou à eficácia dos trabalhos; II – submetê-lo-á ao Tribunal Regional, para homologação da revisão (se entender pela regularidade dos trabalhos revisionais) ou sua não homologação (Res. nº 23.659/2021, arts. 124 e 125).

9

ELEGIBILIDADE

9.1 CARACTERIZAÇÃO DA ELEGIBILIDADE

O substantivo feminino *elegibilidade* retrata as ideias de cidadania passiva e capacidade eleitoral passiva. Conforme o sufixo da palavra indica, é a aptidão de ser eleito ou elegido. Elegível é o cidadão apto a receber votos em um certame, que pode ser escolhido para ocupar cargos político-eletivos. Exercer a capacidade eleitoral passiva significa candidatar-se a tais cargos. Para isso, devem ser atendidas algumas condições previstas na Constituição Federal, denominadas condições de elegibilidade. Em suma, é o direito público subjetivo atribuído ao cidadão de disputar cargos público-eletivos.

A elegibilidade integra o estado ou *status* político-eleitoral do cidadão. Significa isso que ela resulta da adequação ou conformação da pessoa ao regime jurídico-eleitoral, ou seja, ao sistema normativo existente. Nesse sentido, no julgamento conjunto das ADCs nº 29/DF e 30/DF, e da ADI 4.578/AC, ocorrido na sessão plenária de 16-2-2012, assentou o Supremo Tribunal Federal que "a elegibilidade é a adequação do indivíduo ao regime jurídico – constitucional e legal complementar – do processo eleitoral".

A plena elegibilidade não é alcançada de uma só vez, de um jacto. Perfaz-se por etapas, tornando-se plena somente quando a pessoa completa 35 anos, idade em que poderá candidatar-se aos cargos de Presidente, Vice-Presidente da República ou Senador. Por outro lado, os naturalizados jamais a alcançam plenamente, porquanto certos cargos – como o de Presidente da República – são reservados a brasileiros natos. Por fim, são sempre inelegíveis o estrangeiro, o analfabeto e o conscrito.

Para que alguém seja candidato e receba validamente votos, não basta o preenchimento das condições de elegibilidade – não é suficiente que seja elegível –, porque também é preciso que não compareçam fatores negativos denominados causas de inelegibilidade. Além disso, é mister que sejam atendidos outros requisitos, como a escolha na convenção do partido e o deferimento do pedido de registro da candidatura pela Justiça Eleitoral.

Note-se que uma pessoa pode ter cidadania ativa (pode votar, escolher seu representante) sem que tenha a passiva, ou seja, sem que possa ser votada. Nesse caso, ou não atende às condições de elegibilidade – não preenchendo os requisitos para ser candidata –, ou é inelegível, diante da ocorrência de fator negativo que obstaculiza a candidatura.

9.2 CONDIÇÕES DE ELEGIBILIDADE

O termo *condição*, na expressão *condições de elegibilidade*, deve ser bem compreendido. Do ponto de vista lógico, trata-se de requisito necessário para que algo exista validamente, em conformidade com o ordenamento jurídico. Assim, as condições de elegibilidade são exigências ou requisitos positivos que devem, necessariamente, ser preenchidos por quem queira registrar candidatura e receber votos validamente. Em outras palavras, são requisitos essenciais para que se possa ser candidato e, pois, exercer a cidadania passiva.

A fonte das condições de elegibilidade é a Constituição Federal, encontrando-se previstas no art. 14, § 3º, que assim dispõe:

"Art. 14 [...] § 3º São condições de elegibilidade, na forma da lei:

I – a nacionalidade brasileira;

II – o pleno exercício dos direitos políticos;

III – o alistamento eleitoral;

IV – o domicílio eleitoral na circunscrição;

V – a filiação partidária;

VI – a idade mínima de:

a) trinta e cinco anos para Presidente e Vice-Presidente da República e Senador;

b) trinta anos para Governador e Vice-Governador de Estado e do Distrito Federal;

c) vinte e um anos para Deputado Federal, Deputado Estadual ou Distrital, Prefeito, Vice-Prefeito e juiz de paz;

d) dezoito anos para Vereador".

Analisemos cada qual deles.

9.2.1 Nacionalidade brasileira

Já foi salientado que a nacionalidade consiste no vínculo que liga o indivíduo a determinado Estado. Somente o nacional detém capacidade eleitoral passiva. A exceção fica por conta dos portugueses, pois, se tiverem residência permanente no País e se houver reciprocidade em favor de brasileiros, ser-lhes-ão atribuídos os direitos inerentes ao brasileiro (CF, art. 12, § 1º). Quanto a isso, insta registrar que, nos termos do art. 11, § 3º, da Res. TSE nº 23.659/2021, a aquisição do gozo de direitos políticos por brasileiros em Portugal não acarreta no Brasil "a suspensão de direitos políticos ou o cancelamento da inscrição eleitoral e não impede o alistamento eleitoral ou as demais operações do Cadastro Eleitoral".

A comprovação da nacionalidade é feita por ocasião do alistamento eleitoral, já que o requerimento de inscrição deve ser instruído com documento do qual se infira a nacionalidade brasileira. Daí essa prova não ser exigida por ocasião do registro de candidatura.

9.2.2 Pleno exercício dos direitos políticos

Os direitos políticos ou cívicos denotam a capacidade de votar e ser votado, significando a prerrogativa de participar direta ou indiretamente do governo, da organização e do funcionamento do Estado. São adquiridos com o alistamento eleitoral.

A perda e a suspensão desses direitos, nos termos do art. 15 da Constituição, influenciam na elegibilidade, que igualmente ficará perdida ou suspensa conforme o caso.

Para que o cidadão esteja no *pleno* (*i.e.*, total, integral) gozo dos direitos políticos, é mister que cumpra todas as obrigações político-eleitorais exigidas pelo ordenamento jurídico. Essa situação é certificada pela Justiça Eleitoral, que expede uma certidão de quitação eleitoral. Se a certidão for *negativa*, significa que o cidadão não estará no *pleno* gozo dos direitos políticos – o que lhe impede de exercer sua cidadania passiva e, portanto, registrar sua candidatura.

Os limites de tal certidão são estabelecidos no art. 11, § 7º (introduzido pela Lei nº 12.034/2009), da LE, que reza:

> "A certidão de quitação eleitoral abrangerá exclusivamente a plenitude do gozo dos direitos políticos, o regular exercício do voto, o atendimento a convocações da Justiça Eleitoral para auxiliar os trabalhos relativos ao pleito, a inexistência de multas aplicadas, em caráter definitivo, pela Justiça Eleitoral e não remitidas, e a apresentação de contas de campanha eleitoral".

Voltar-se-á a esse tema quando se tratar do registro de candidatura.

9.2.3 Alistamento eleitoral

O alistamento eleitoral é condição *sine qua non* para a aquisição da cidadania, pois é por ele que o corpo de eleitores é organizado. Não estando inscrito no cadastro eleitoral, é impossível que o nacional exerça direitos políticos, já que nem sequer terá título de eleitor. Na verdade, o não alistado encontra-se fora do sistema.

O título eleitoral faz prova do alistamento.

9.2.4 Domicílio eleitoral na circunscrição

O brasileiro somente pode concorrer às eleições na circunscrição eleitoral em que for domiciliado há pelo menos seis meses.

A contagem desse lapso temporal deve ser feita com base na data-limite para o pedido de registro de candidatura (LE, art. 9º, *caput* – com a redação da Lei nº 13.488/2017 – c.c. o art. 11, § 10, primeira parte). Entretanto, o TSE fixou o entendimento de que o referido prazo deve ser contado com base na data do pleito; nesse sentido, *vide*: Res. TSE nº 23.609/2019, art. 10, *caput*.

Ocorre que o referencial "data do pleito" (considerado pelo TSE) foi suprimido do art. 9º, *caput*, da LE (com a redação da Lei nº 13.488/2017), tampouco consta do art. 20 da LPP (dispositivos invocados como fundamento pela referida Resolução). Diante de tal supressão, incide o § 10, art. 11, da LE, que determina que as condições de elegibilidade sejam "aferidas no momento da formalização do pedido de registro da candidatura".

Para disputar os cargos de Prefeito, Vice-Prefeito ou Vereador, o cidadão deverá ter domicílio eleitoral no respectivo Município; para os de Governador, Vice-Governador, Senador, Deputado Federal e Estadual, deverá ter domicílio no respectivo Estado, em qualquer cidade; por fim, o candidato a Presidente ou Vice-Presidente da República poderá ter domicílio em qualquer ponto do território nacional.

O título eleitoral faz prova do domicílio eleitoral.

Tendo ocorrido transferência de domicílio eleitoral, as discussões acerca de sua regularidade devem ser feitas em procedimento próprio, inclusive com o manejo do recurso previsto no art. 57, § 2º, do Código Eleitoral (o prazo é de cinco ou dez dias, conforme já salientado). Se a via recursal já estiver preclusa, o interessado poderá pleitear o cancelamento da inscrição com base no art. 71, I e III, desse mesmo diploma. Nesse sentido, a Corte Superior Eleitoral tem entendido:

> "[...] 7. O cancelamento de transferência eleitoral é matéria regulada pela legislação infraconstitucional, tendo natureza de decisão constitutiva negativa com eficácia *ex nunc*, conforme decidido por esta Corte no Acórdão nº 12.039. 8. Se o candidato solicitou e teve deferida transferência de sua inscrição eleitoral, não tendo sofrido, naquela ocasião, nenhuma impugnação, conforme prevê o art. 57 do Código Eleitoral, ele possuía

domicílio eleitoral no momento da eleição, não havendo como reconhecer a ausência de condição de elegibilidade por falta deste. 9. O cancelamento de transferência supostamente fraudulenta somente pode ocorrer em processo específico, nos termos do art. 71 e seguintes do Código Eleitoral, em que sejam obedecidos o contraditório e a ampla defesa. Recurso contra expedição de diploma a que se nega provimento" (TSE – RCED nº 653/SP – *DJ* 25-6-2004).

9.2.5 Filiação partidária

Na democracia brasileira, a representação popular não prescinde de partidos políticos, os quais são peças essenciais para o funcionamento de nosso sistema político. Não é possível a representação política fora do partido, porque o art. 14, § 3º, V, da Lei Maior erigiu a filiação partidária como condição de elegibilidade. Ademais, o art. 11, § 14, da LE (incluído pela Lei nº 13.488/2017) veda "o registro de candidatura avulsa, ainda que o requerente tenha filiação partidária". Assim, os partidos detêm o monopólio das candidaturas: para ser votado, o cidadão deve filiar-se. O sistema brasileiro desconhece candidaturas avulsas.

Não obstante, vale registrar que o Pleno do STF resolveu por unanimidade, em 5-10-2017, "atribuir repercussão geral à questão constitucional constante" do ARE nº 1.054.490, no qual se discute a constitucionalidade da candidatura avulsa.

O fundamento desse RE e da referida decisão encontra-se na Convenção Americana de Direitos Humanos (CADH), cujo art. 23, *b*, estabelece como direito político de todos os cidadãos "votar e ser eleitos em eleições periódicas autênticas, realizadas por sufrágio universal e igual e por voto secreto que garanta a livre expressão da vontade dos eleitores". Ocorre que não está clara nesse dispositivo da CADH a garantia da candidatura sem filiação partidária. O que ele afirma é que todos têm direito de "ser eleitos". Todavia, esse direito não existe. O que existe em regimes democráticos e pluralistas – como o brasileiro – é o direito de concorrer a um cargo público-eletivo, ou seja, de se candidatar. É nesse sentido que a aludida regra deve ser compreendida. "Ser eleito" depende da vontade do povo soberano, não sendo, pois, um direito subjetivo do cidadão – no sentido de poder ser exigido.

Mas ainda que se vislumbrasse a existência de um direito à candidatura avulsa, é preciso ponderar que o funcionamento do sistema político-eleitoral brasileiro pressupõe a intermediação partidária. Mesmo que se restringisse às eleições majoritárias, a candidatura avulsa não seria viável senão com inúmeras limitações. Isso porque o funcionamento do sistema político brasileiro requer a intermediação de partidos políticos. Entre outras coisas, basta pensar no seguinte: *(i)* a distribuição de cadeiras nas Casas Legislativas depende da apuração dos quocientes eleitoral e partidário (CE, arts. 106 e 107); *(ii)* a distribuição dos recursos do Fundo Especial de Financiamento de Campanha (FEFC) é feita entre os partidos políticos (LE, art. 16-D), *(iii)* o direito de acesso *gratuito* ao rádio e à televisão só é concedido a partidos políticos (CF, art. 17, § 3º).

Para que um partido possa participar das eleições, é preciso que, "até seis meses antes do pleito, tenha registrado seu estatuto no Tribunal Superior Eleitoral", e, ainda, "tenha até a data da convenção, órgão de direção constituído na circunscrição, de acordo com o respectivo estatuto" (LE, art. 4º – com a redação da Lei nº 13.488/2017). É, pois, necessário que haja sido *constituído definitivamente* há pelo menos seis meses antes da data das eleições e, ademais, esteja regularmente instalado e em regular funcionamento na circunscrição do pleito que pretende disputar.

No tocante à filiação partidária, é ela compreendida como o vínculo jurídico estabelecido entre um cidadão e a entidade partidária. É regulada nos arts.16 a 22-A da Lei nº 9.096/95, bem como no estatuto da agremiação política.

Conforme salientado anteriormente, o ato de filiação é concretizado perante os órgãos partidários de direção municipal, estadual ou nacional. Uma vez deferido o requerimento

Cap. 9 • ELEGIBILIDADE | 181

internamente, o próprio órgão de direção deve inserir os dados do filiado no sistema eletrônico da Justiça Eleitoral, denominado *Filia (Módulo Externo desse sistema)*. Após, tal informação é publicizada no *site* do TSE, sendo atualizada a base oficial de filiados da Justiça Eleitoral. Ademais, aos juízes eleitorais das respectivas circunscrições é remetida uma relação contendo os nomes dos filiados, da qual deve constar: "a data de filiação, o número dos títulos eleitorais e das seções em que estão inscritos"; tal remessa é feita para fins de "arquivamento, publicação e cumprimento dos prazos de filiação partidária para efeito de candidatura a cargos eletivos" (LPP, art. 19, *caput* – redação da Lei nº 13.877/2019).

Para concorrer às eleições, o candidato deverá "estar com a filiação deferida pelo partido" há pelo menos seis meses (LE, art. 9º da LE – com a redação da Lei nº 13.488/2017). A contagem desse lapso temporal deve ser feita com base na *data do pleito* (não a data do pedido de registro de candidatura. Isso porque o art. 4º da LE (com a redação da Lei nº 13.488/2017) permite que participe das eleições o partido (portanto, também seus filiados) que "até seis meses antes do pleito" tenha registrado seu estatuto no TSE.

O estatuto do partido tem a faculdade de estabelecer prazo de filiação superior ao de seis meses. Se isso ocorrer, o prazo estatutário não poderá ser alterado em ano de eleição (LPP, art. 20).

Vale salientar que, nos termos da Súmula TSE nº 2:

> "Assinada e recebida a ficha de filiação partidária até o termo final do prazo fixado em lei, considera-se satisfeita a correspondente condição de elegibilidade, ainda que não tenha fluído, até a mesma data, o tríduo legal de impugnação".

Para fins de registro de candidatura, a filiação não pode estar suspensa, pois a *suspensão impede o filiado de exercer cargo político-eletivo dentro do organismo partidário (TSE – Ag-REspe nº 11.166/GO – j. 30-3-2017)*.

Há exceções à regra que impõe a prévia filiação partidária. Referem-se elas a agentes públicos que, por determinação constitucional, não podem dedicar-se a atividades político-partidárias. É o caso de magistrados (CF, art. 95, parágrafo único, III), membros do Ministério Público (CF, art. 128, § 5º, II, *e*), ministros do Tribunal de Contas da União (CF, art. 73, § 3º) e militares (CF, art. 142, § 3º, V).

No entanto, apesar de dispensados de cumprir o prazo de filiação partidária fixado em lei, tais agentes têm de satisfazer a condição de elegibilidade em apreço, filiando-se a um partido no mesmo prazo previsto para a desincompatibilização – exceto o militar, a quem é proibida a filiação partidária. Assim, magistrados, representantes do Ministério Público e membros de Tribunais de Contas, para se candidatarem, poderão filiar-se a partido político até seis meses antes do pleito (LC nº 64/90, arts. 1º, II, *a*, 8, 14 e *j*). Nesses casos, o tempo exigido de filiação partidária coincide com o prazo previsto para desincompatibilização. É esse o entendimento consagrado na jurisprudência:

> "[...] 2. O prazo de filiação partidária para aqueles que, por força de disposição constitucional, são proibidos de exercer atividades político-partidárias, deve corresponder, no mínimo, ao prazo legal de desincompatibilização fixado pela Lei Complementar nº 64/90 [...]" (TSE – Res. TSE nº 23.180, Consulta nº 1.731 – *DJe* 11-12-2009, p. 10).

> "[...] II – Os membros do Ministério Público da União se submetem à vedação constitucional de filiação partidária, dispensados, porém, de cumprir o prazo de filiação partidária fixado em lei ordinária, a exemplo dos magistrados, devendo satisfazer tal condição de elegibilidade até seis meses antes das eleições, de acordo com o art. 1º, inciso II, alínea *j*, da LC nº 64/90, sendo certo que o prazo de desincompatibilização dependerá do cargo para o qual o candidato concorrer. III – Não se conhece de questionamentos

182 DIREITO ELEITORAL – *José Jairo Gomes*

formulados em termos amplos. IV – A aplicação da EC nº 45/2004 é imediata e sem ressalvas, abrangendo tanto aqueles que adentraram nos quadros do Ministério Público antes, como depois da referida emenda à Constituição" (Res. TSE nº 22.095, Consulta nº 1.154 – *DJ* 24-10-2005, p. 89).

9.2.6 Idade mínima

Conforme salientado, a elegibilidade não é alcançada de um jacto, mas por etapas. O art. 14, § 3º, da Lei Maior determina a idade mínima que o nacional deve ter para concorrer a cargos públicos eletivos. Assim, deverá contar com: (a) 35 anos para Presidente, Vice-Presidente da República e Senador; (b) 30 anos para Governador e Vice-Governador de Estado e do Distrito Federal; (c) 21 anos para Deputado Federal, Deputado Estadual ou Distrital, Prefeito, Vice--Prefeito e juiz de paz; (d) 18 anos para Vereador.

A Constituição adotou o critério cronológico, de modo que somente ao atingir a idade especificada estará preenchida a condição de elegibilidade em apreço. É evidente a preocupação em se exigir maior grau de consciência política, experiência e maturidade dos candidatos de acordo com a importância e a complexidade das funções inerentes ao cargo pretendido. Mas esse desiderato poderia ser frustrado na prática. Por exemplo: exige-se que o Presidente e o Vice-Presidente da República tenham, no mínimo, 35 anos; no entanto, de acordo com o art. 80 da Constituição, em caso de impedimento ou vacância de ambos os cargos, será chamado ao exercício da Presidência da República o Presidente da Câmara dos Deputados, cuja idade poderá ser de 21 anos. O mesmo ocorre com Governadores e Prefeitos, que em tese poderiam ser substituídos por Deputado Estadual ou Vereador com idade de 21 e 18 anos, respectivamente. Uma solução razoável para tal questão consiste em interpretar a Constituição no sentido de que o substituto ou sucessor deve necessariamente ostentar a idade mínima exigida para o cargo; de sorte que se o presidente da Câmara de Deputados tiver menos de 35 anos, estaria impedido de ocupar a presidência da República.

Em que oportunidade o limite de idade deve ser atingido? Na ocasião da escolha na convenção partidária, na época da formalização do registro da candidatura, no momento da eleição, da diplomação ou da posse? Prescreve a primeira parte do § 2º, art. 11, da LE que o requisito da idade mínima deve ser atendido na "data da posse" dos eleitos. Tal data não é fixada na legislação eleitoral, mas sim nas Constituições e normas infraconstitucionais. Assim, *e.g.*, o Presidente da República deve tomar posse no dia "5 de janeiro do ano seguinte ao de sua eleição" (CF, art. 82, com a redação da EC nº 111/2021); os deputados federais tomam posse "no dia 1º de fevereiro do primeiro ano de cada legislatura" (Res. nº 17/89 da Câmara dos Deputados, art. 4º, *caput*). Portanto, é nessa data que "o candidato deve apresentar a idade mínima exigida na Constituição Federal" (TSE – REspe nº 20059/TO – PSS 3-9-2002; REspe nº 22.900/MA – PSS 20-9-2004). No entanto, se for prevista a possibilidade de prorrogação da posse de mandato proporcional, já se entendeu que a nova data também pode ser considerada para os fins de aferição da idade mínima e, pois, preenchimento da presente condição de elegibilidade; nesse sentido: TSE – RCED 060642556/MG e TutCautAnt nº 060004021/MG, j. 2-5-2023.

Vale registrar que não era essa a posição inicial da Corte Superior Eleitoral, em cuja jurisprudência encontrava-se assentado que a idade mínima deveria ser atendida na data da eleição. Tal entendimento contou com expressivos apoios doutrinários. Nesse sentido, pontificou Moraes (2002, p. 239, nota 1) que a "Constituição estabelece, claramente, o requisito da idade mínima como condição para que o candidato possa ser escolhido pelo eleitorado – fato esse que ocorre na data do pleito eleitoral –, e não como condição de posse". Por isso, entendeu como inconstitucional a regra inscrita no § 2º do art. 11 da Lei nº 9.504/97. Deveras, a data relevante a ser considerada é o dia do pleito, pois é nesse momento que os candidatos são votados. A posse já é um fato posterior, que nada tem a ver com as condições de elegibilidade.

Em regra, poderá o candidato contar com idade inferior à exigida quando do registro da candidatura, desde que a complete até a data da posse. Assim, por exemplo, uma pessoa de 20 anos poderá ser candidata a Prefeito ou a deputado.

Entretanto, isso não poderá ocorrer quando a idade mínima é fixada em 18 anos, pois nesse caso a parte final do § 2º, art. 11 da LE (introduzida pela Lei nº 13.165/2015) determina que a idade seja "aferida na data-limite para o pedido de registro". De maneira que um adolescente de 17 anos não poderá registrar sua candidatura para o cargo de Vereador, ainda que complete 18 anos antes da data marcada para a posse.

9.2.6.1 Há idade máxima para se candidatar?

Para o exercício da cidadania passiva a Constituição apenas fixou idade mínima. Não há previsão expressa de idade *máxima*. A inexistência de prescrição constitucional explícita significaria que o candidato pode ter qualquer idade?

Na apreciação dessa questão, não se pode esquecer que o art. 40, § 1º, II, da Lei Maior (regulamentado pela LC nº 152/2015) determina a *aposentadoria compulsória* de agentes públicos "aos 75 (setenta e cinco) anos de idade". Embora a redação desse dispositivo tenha sido alterada pela EC nº 88/2015, ele já constava no texto original da Constituição. Ademais, o art. 100 do ADCT (incluído pela EC nº 88/2015) estabelece que tal limitação máxima aplica-se igualmente aos "Ministros do Supremo Tribunal Federal, dos Tribunais Superiores e do Tribunal de Contas da União", os quais "aposentar-se-ão, compulsoriamente, aos 75 (setenta e cinco) anos de idade". Eis, portanto, o limite máximo de idade para a permanência no serviço público brasileiro.

A questão é saber se referido obstáculo etário poderia ser considerado condição de elegibilidade, aplicando-se, pois, a agentes políticos. Em outros termos: ao se candidatar, o cidadão deve contar com idade inferior a 75 anos?

A cidadania passiva constitui direito político fundamental. A fundamentalidade desse direito requer que as restrições que lhe forem impostas sejam prescritas diretamente na Constituição e de forma expressa. Entre as condições de elegibilidade inscritas no art. 14, § 3º, da Constituição não consta a de "idade máxima".

Por outro lado, não é possível restringir direito fundamental via interpretação extensiva, tampouco por analogia. Ora, a aposentadoria compulsória foi imposta somente a servidores titulares de cargos efetivos, membros do Poder Judiciário, membros do Ministério Público, membros das Defensorias Públicas, membros dos Tribunais e dos Conselhos de Conta, "Ministros do Supremo Tribunal Federal, dos Tribunais Superiores e do Tribunal de Contas da União" (CF, art. 40, § 1º, II, ADCT, art. 100, LC nº 152/2015). Por implicar restrição a direito político fundamental, afigura-se inviável ampliar a regra em exame para nela abarcar mandatários público-eletivos.

Essa interpretação é apoiada por exemplos extraídos da história política brasileira. Na eleição de 2006, José Sarney foi eleito pela terceira vez senador pelo Estado do Amapá, contando na época com 76 anos de idade – e em 2011, aos 81 anos de idade, foi eleito pela quarta vez presidente do Senado. Na eleição de 2010, Itamar Franco foi eleito senador pelo Estado de Minas Gerais, contando na época com 80 anos de idade. Em nenhuma dessas oportunidades houve impugnação dos respectivos pedidos de registro com fundamento na avançada idade do candidato.

Pode-se, então, concluir que o sistema brasileiro não prevê idade máxima como condição de elegibilidade.

9.3 ELEGIBILIDADE DE MILITAR

Considera-se militar o integrante das Forças Armadas (Exército, Marinha e Aeronáutica – CF, art. 142), bem como os membros das Polícias Militares e Corpos de Bombeiros Militares que são militares dos Estados e do Distrito Federal (CF, art. 42). Excetuando-se o conscrito, o militar é alistável e elegível. De se ver que o art. 52 do Estatuto dos Militares (Lei nº 6.880/80) não foi recepcionado pela Constituição Federal. Entretanto, a elegibilidade do militar apresenta peculiaridades que a própria Lei Maior fez questão de gizar.

Dispõe o art. 142, § 3º, V, da Constituição que "o militar, enquanto em serviço ativo, não pode estar filiado a partidos políticos". Sendo a filiação partidária uma das condições de elegibilidade, como poderia o militar em atividade exercer sua cidadania passiva – reconhecida e afirmada na Lei Maior – se está proibido de filiar-se a partido político? Para superar a colisão, Mendes (1994, p. 107) propugnava haver necessidade de não se estabelecer "qualquer lapso temporal anterior a apresentação e registro da candidatura por meio de partido político". O TSE, interpretando construtiva e prospectivamente a Constituição, entende que a filiação partidária não é exigível do militar da ativa que conte com mais de 10 anos de serviço e pretenda concorrer a cargo eletivo, bastando a só apresentação pela respectiva agremiação de pedido de registro de candidatura após prévia escolha em convenção partidária (Res. TSE nº 23.609/2019, art. 10, § 6º; Res. TSE nº 21.787/2004; TSE – REspe nº 8.963/MS – j. 30-8-1990; Res. TSE nº 21.787/2004). Não é necessário, nesse caso, que o militar-candidato esteja filiado a partido, sendo suficiente que detenha cidadania ativa, ou seja, que esteja inscrito como eleitor, e tenha seu nome escolhido na convenção realizada pela agremiação pela qual pretende concorrer. Diferentemente, se o militar da ativa contar com menos de 10 anos de serviço, não precisará cumprir o tempo de filiação partidária legalmente fixado, mas na ocasião do pedido de registro de candidatura deverá estar filiado ao partido político pelo qual concorre (Res. TSE nº 23.609/2019, art. 10, § 5º).

Não há exceção relativamente às demais condições de elegibilidade, devendo o militar ostentá-las. Em razão de encontrar-se sujeito a frequentes transferências de domicílio, discutiu-se se do militar também seria exigível domicílio eleitoral na circunscrição do pleito pelo tempo mínimo legalmente requerido. Apreciando essa questão, chegou a Corte Superior Eleitoral à conclusão de que tal exigência "também se aplica aos servidores públicos militares", eis que se trata de "requisito de natureza objetiva que se destina à verificação do mínimo liame político e social entre o candidato, a circunscrição eleitoral e o eleitorado que representa" (TSE – REspe nº 22.378/MG – PSS 13-9-2012).

Reza o art. 14, § 8º, da Constituição Federal:

"§ 8º O militar alistável é elegível, atendidas as seguintes condições:

I – se contar menos de dez anos de serviço, deverá afastar-se da atividade;

II – se contar mais de dez anos de serviço, será agregado pela autoridade superior e, se eleito, passará automaticamente, no ato da diplomação, para a inatividade".

Esse dispositivo aplica-se a militar candidato ao Poder Executivo e ao Legislativo, incidindo em eleição majoritária e proporcional.

O militar candidato deve estar afastado do serviço ativo "no momento em que for requerido o seu Registro de Candidatura" (TSE – Cta nº 060106664/DF – DJe, t. 51, 14-3-2018). Nesse particular, houve mudança na orientação da jurisprudência da Corte Superior que antes entendia que o afastamento era "exigível após deferido o registro da candidatura" (TSE – REspe nº 20318/PA – PSS 19-9-2002; REspe nº 20169/MT – PSS 10-9-2002), ou seja, o militar devia "afastar-se apenas a partir do deferimento de seu registro de candidatura" (TSE – REspe nº

30516/MG – PSS 25-10-2016). Há relevante distância temporal entre os momentos de "requerimento" e de "deferimento" do pedido de registro de candidatura.

O afastamento deverá ser definitivo, se o militar contar menos de dez anos de serviço, sendo, pois, desligado – demitido ou licenciado *ex officio* – da organização a que pertence. No caso, o desligamento independe do êxito no registro da candidatura ou nas eleições, prevalecendo mesmo que o requerimento de registro de candidatura seja indeferido ou cassado ou, ainda, que o candidato não venha a ser eleito.

Entretanto, se o militar tiver mais de dez anos de serviço, será agregado, devendo licenciar-se do cargo para tratar de interesse particular. A agregação "é contada a partir da data do registro como candidato" (Lei nº 6.880/80, art. 82, § 4º), o que deve ser compreendido como "data de formalização do *pedido* de registro":

> "[...] 2. O prazo fixado pelo Estatuto dos Militares para a agregação do militar em geral há de ser compreendido como o momento em que é requerido o Registro de Candidatura, tendo em vista que, com a reforma da Lei Eleitoral em 2009, a condição de candidato é obtida com a formalização do pedido de registro, e não após o seu deferimento pela Justiça Eleitoral, o que garantirá ao candidato militar a realização de todos os atos de campanha, mesmo que seu registro esteja ainda em discussão. [...]" (TSE – Cta nº 060106664/DF – *DJe*, t. 51, 14-3-2018).

Encontrando-se licenciado e na condição de agregado ou adido, o militar deixa de exercer funções e ocupar vaga na escala hierárquica da organização a que serve, embora continue a figurar no respectivo registro militar, sem número, no mesmo lugar que até então ocupava (*vide* Estatuto dos Militares, arts. 80 e 84). Não sendo eleito, retorna à caserna, reassumindo seu posto e suas funções. Se eleito, passa, automaticamente, à inatividade no ato da diplomação.

Na eleição majoritária para o Poder Executivo, a regra que determina a passagem do militar eleito para a inatividade aplica-se tanto à assunção de cargo de titular quanto à de vice, pois ambos são investidos nesses cargos políticos e desde logo tomam posse e entram em exercício. Dada a incompatibilidade existente entre as carreiras política e castrense, não é possível conciliá-las.

Já na eleição majoritária para o Senado e na proporcional, a passagem do militar eleito para a inatividade deve se restringir à assunção de cargo de titular, não abrangendo a suplência. É que somente os titulares são investidos no mandato, enquanto os suplentes detêm mera expectativa de direito à investidura. Não se afigura proporcional nem razoável, tampouco atende à moralidade administrativa, colocar na inatividade militar suplente de parlamentar somente porque eventualmente pode vir a substituí-lo – ou mesmo o tenha substituído – por alguns dias. Contudo, se o suplente *suceder* o titular e efetiva e definitivamente assumir a titularidade do cargo, justificada estaria sua colocação na inatividade. Nesse sentido: STF – RE nº 616.779/PE, *DJe* 21-5-2014.

Observe-se que, se o militar já estiver na reserva remunerada, impõe-se sua filiação partidária pelo prazo legal. Se a passagem para a inatividade se der a menos de seis meses do pleito, deverá o militar filiar-se a partido político logo depois desse ato, cumprindo, assim, a condição de elegibilidade relativa à filiação partidária.

No caso de conscrito, a restrição à elegibilidade assenta – diz Bonavides (2010, p. 254) – na conveniência de se preservar "[...] a solidez dos laços de disciplina nas fileiras militares, uma vez que evita: (a) a pressão dos oficiais sobre os soldados; (b) o ingresso da política nos quartéis, com abalo ou quebra do princípio de autoridade e disciplina". Vale salientar que as Forças Armadas contam com grande número de conscritos em suas bases, os cargos que estes ocupam não têm caráter efetivo, tampouco é estável e duradoura a relação jurídica que, nessa qualidade, mantêm com o Estado.

9.4 REELEGIBILIDADE

A reeleição no Poder Executivo não pertence à história do sistema político brasileiro, haja vista que desde a primeira Constituição Republicana, de 1891, esse instituto jamais foi contemplado. A derrubada da monarquia imperial fixou de forma indelével na consciência coletiva brasileira a ideia da necessidade de rotatividade no poder, base do sistema republicano. Por outro lado, sempre pairou na classe política o temor de que o mandatário supremo da nação pudesse perpetuar-se no comando do Estado, o que poderia ser alcançado com o exercício de sucessivos mandatos. Quebrando essa tradição, a EC nº 16/97 introduziu o instituto da reeleição nos seguintes termos: "O Presidente da República, os Governadores de Estado e do Distrito Federal, os Prefeitos e quem os houver sucedido ou substituído no curso dos mandatos poderão ser reeleitos para um único período subsequente" (CF, art. 14, § 5º).

Assim, os chefes do Poder Executivo, ou quem os houver sucedido ou substituído, poderão renovar seus mandatos para um único período subsequente. Vencido o segundo mandato, tornam-se inelegíveis para o mesmo cargo no período sucessivo. Frise-se que a inelegibilidade ocorre para o terceiro mandato *consecutivo*, de sorte que a mesma pessoa não está proibida de ser mandatária por três, quatro ou cinco vezes, desde que não haja sucessividade a partir do segundo mandato. Assevera Moraes (2002, p. 245) ter sido essa a regra trazida pela EC nº 16/97,

> "mesmo porque, se a Constituição brasileira pretendesse impedir que uma mesma pessoa exercesse mais de dois mandatos na Chefia do Executivo, utilizar-se-ia da fórmula '[...] poderão ser reeleitos para um único período', pois, dessa maneira, irrelevante seria a sucessividade ou não dos mandatos, e não da adotada pela EC nº 16/97: '[...] poderão ser reeleitos para um único período subsequente'".

Já no Poder Legislativo não é obstaculizada a reeleição do parlamentar por número indeterminado de vezes.

Em qualquer caso, o candidato à reeleição deve ostentar as condições de elegibilidade. Assim, por exemplo, não poderá disputar a reeleição quem não tiver domicílio eleitoral na circunscrição do pleito, quem não estiver filiado a partido político pelo tempo mínimo legalmente estabelecido, quem estiver com seus direitos políticos suspensos.

9.5 MOMENTO DE AFERIÇÃO DAS CONDIÇÕES DE ELEGIBILIDADE

Em que momento o postulante a cargo político-eletivo deve reunir as condições de elegibilidade? Quando requerer o registro de sua candidatura, no dia das eleições, na diplomação ou na posse?

Reza o § 10 do art. 11 da Lei nº 9.504/97 (acrescentado pela Lei nº 12.034/2009): "As condições de elegibilidade e as causas de inelegibilidade devem ser aferidas no momento da formalização do pedido de registro da candidatura, ressalvadas as alterações, fáticas ou jurídicas, supervenientes ao registro que afastem a inelegibilidade".

A primeira parte dessa regra deixa claro que as condições de elegibilidade "devem ser aferidas no momento da formalização do pedido de registro da candidatura". Pacífico é esse entendimento na jurisprudência, conforme revelam os seguintes julgados da Corte Superior Eleitoral: REspe nº 25.616/PR – PSS 4-9-2012; REspe nº 363.171/SP – *DJe*, t. 184, 25-9-2012, p. 8; AgR-REspe nº 97.112/PR – PSS 4-10-2012; REspe nº 524.951/SP – *DJe*, t. 196, 9-10-2012, p. 18. Assim, se no momento em que o registro de candidatura é requerido não estiverem preenchidas todas as condições de elegibilidade, o requerimento deve ser repelido.

No entanto, a parte final do citado § 10, art. 11, da LE ressalva "as alterações, fáticas ou jurídicas, supervenientes ao registro que afastem a inelegibilidade". Ademais, o § 2º do mesmo art. 11 (com a redação da Lei nº 13.165/2015) prescreve que a idade mínima exigida para certos cargos deve ser apurada no momento da posse, "salvo quando fixada em dezoito anos, hipótese em que será aferida na data-limite para o pedido de registro".

Diante disso, é preciso distinguir o momento de *aferição* do momento de *perfeição* das condições de elegibilidade. Se a aferição ou conferência deve tomar por base a data-limite para o registro, nem todas as condições de elegibilidade devem necessariamente estar completas, perfeitas, nessa oportunidade.

Nesse sentido, a condição de elegibilidade relativa: *(i)* ao domicílio eleitoral na circunscrição por seis meses (CF, art. 14, § 3º, IV, c.c. LE, art. 9º), segundo a jurisprudência do TSE, deve estar perfeita na data do pleito; *(ii)* à filiação partidária por seis meses, deve ser atendida na data do pleito (CF, art. 14, § 3º, V, c.c. LE, arts. 4º e 9º); *(iii)* à idade mínima para certos cargos, deve ser atendida na data da posse (CF, art. 14, § 3º, VI, c.c. LE, art. 11, § 2º).

Voltando ao § 10, art. 11, da LE, sua parte final ressalva "as alterações, fáticas ou jurídicas, supervenientes ao registro que afastem a inelegibilidade". Assim, a "inelegibilidade" existente na ocasião em que o pedido de registro é formalizado e que levou ao seu indeferimento, deve ser desconsiderada se posteriormente deixar de existir, o que implicará, ao final, o deferimento do pedido de registro de candidatura.

Inicialmente, o termo *inelegibilidade,* inscrito na parte final do citado parágrafo 10, foi interpretado restritivamente pela jurisprudência, não abarcando as "condições de elegibilidade". Sua aplicação restringia-se, pois, tão só às causas de inelegibilidade. Nesse sentido, confira-se: *(i)* "[...] 2. Segundo a jurisprudência do TSE, a quitação eleitoral é condição de elegibilidade, razão pela qual não se enquadra na ressalva prevista no art. 11, § 10, da Lei 9.504/97, que se refere exclusivamente às causas de inelegibilidade. Precedentes. 3. Recurso especial não provido" (TSE – REspe nº 363.171/SP – *DJe*, t. 184, 25-9-2012, p. 8); *(ii)* "Segundo a jurisprudência deste Tribunal, o pagamento de multa, no caso, por propaganda antecipada, após o pedido de registro de candidatura, não tem o condão de afastar a falta de quitação eleitoral, não se aplicando a essa condição de elegibilidade o disposto na parte final do § 10 do art. 11 da Lei nº 9.504/97. Recurso especial não provido" (TSE – REspe nº 524.951/SP – *DJe*, t. 196, 9-10-2012, p. 18).

Contra essa interpretação restritiva, foi ajuizada no Supremo Tribunal Federal a ADI 4.856 MC/DF. Pretendia o autor que se conferisse ao referido § 10 interpretação conforme à Constituição, de maneira que as alterações fáticas ou jurídicas supervenientes ao registro da candidatura que afastem a inicial ausência de condição de elegibilidade pudessem ser consideradas, ensejando o posterior deferimento do registro. Pretendia-se, em suma, que as condições de elegibilidade fossem submetidas ao mesmo tratamento dispensado às "inelegibilidades", e que a aquisição superveniente de elegibilidade fosse considerada e valorada. Ocorre, porém, que o pedido de medida cautelar formulado nessa demanda foi indeferido ao argumento de "que o entendimento que o E. Tribunal Superior Eleitoral tem adotado na interpretação desse mesmo preceito normativo parece revestir-se de correção jurídica, além de revelar-se impregnado de suficiente e adequado coeficiente de razoabilidade [...]" (STF – ADI 4.856 MC/DF – Rel. Min. Celso de Mello – *DJe* 198 9-10-2012).

Entretanto, ao apreciar o REspe nº 80.982/AM (PSS 27-8-2014), a Corte Superior Eleitoral, por maioria, modificou o entendimento acima delineado, afirmando, agora, que as condições de elegibilidade podem, sim, ser aferidas após a data da formalização do registro de candidatura, enquanto o feito se encontrar na instância ordinária. Tal posição foi ainda reiterada no § 13 do art. 27 da Res. TSE nº 23.455/2015 (que dispõe sobre as eleições municipais de 2016). Posteriormente, foi ela assentada na Súmula TSE nº 43, *verbis:*

188 | DIREITO ELEITORAL – *José Jairo Gomes*

"As alterações fáticas ou jurídicas supervenientes ao registro que beneficiem o candidato, nos termos da parte final do art. 11, § 10, da Lei nº 9.504/97, também devem ser admitidas para as condições de elegibilidade".

De maneira que a ausência de "condição de elegibilidade" existente quando do pedido de registro de candidatura deve ser desconsiderada se, após aquele momento e até antes da data do pleito, não subsistir, devendo, ao final, haver o deferimento do pedido de registro de candidatura.

É preciso discernir o efetivo preenchimento das condições de elegibilidade de sua prova. Por vezes, o requerimento de registro de candidatura vem desacompanhado de documento comprobatório da situação do pré-candidato. Em tal caso, deverá o órgão judicial abrir o "prazo de setenta e duas horas para diligências" (LE, art. 11, § 3º). Nesse lapso, o documento faltante deve ser levado aos autos, sob pena de indeferimento do pedido. O fundamento para a negativa de registro consiste na falta de apresentação da documentação adequada. Note-se que o documento faltante não poderá ser juntado aos autos posteriormente, juntamente com recursos interpostos pelo interessado, face à ocorrência de preclusão.

Mas não ocorrerá preclusão se não tiver sido facultado ao interessado a realização das referidas diligências, caso em que o defeito poderá ser sanado ulteriormente. A esse respeito, reza a Súmula nº 3 do TSE: "No processo de registro de candidatos, não tendo o juiz aberto prazo para o suprimento de defeito da instrução do pedido, pode o documento, cuja falta houver motivado o indeferimento, ser juntado com o recurso ordinário".

9.6 ARGUIÇÃO JUDICIAL DE FALTA DE CONDIÇÃO DE ELEGIBILIDADE

A ausência de condição de elegibilidade deve ser conhecida e decidida pela Justiça Eleitoral por ocasião do processo de registro de candidatura. Por ser funcional, é absoluta a competência para apreciar essa matéria, tendo sido distribuída entre os órgãos das três instâncias da Justiça Eleitoral. Sua determinação se dá pelo tipo de eleição. Conforme estabelece o art. 2º da LC nº 64/90, será competente: o TSE, quando se tratar de candidato a Presidente ou Vice-Presidente da República; o TRE, quando se tratar de candidato a Senador, Governador e Vice-Governador de Estado e do Distrito Federal, Deputado Federal, Deputado Estadual e Deputado Distrital; o Juiz Eleitoral, quando se tratar de candidato a Prefeito, Vice-Prefeito e Vereador.

Por ser matéria de ordem pública, no processo de registro é dado ao órgão judicial afirmar de ofício a ausência de condição de elegibilidade. Também a pessoa legitimada pode impugnar o pedido de registro, valendo-se, para tanto, da ação de impugnação de registro de candidatura (AIRC).

A ausência de condição de elegibilidade pode acarretar negação do registro de candidatura ou sua cassação na superior instância da Justiça Eleitoral, se já tiver sido deferido (LC nº 64/90, art. 15).

Devido à sua natureza constitucional, a matéria em apreço não se submete à preclusão temporal. De tal maneira, caso a falta de condição de elegibilidade não seja arguida na ocasião do registro e o candidato venha a ser eleito, poderá ter seu diploma impugnado via recurso contra expedição de diploma (RCED), conforme prevê o art. 262 do CE, com a redação dada pela Lei nº 12.891/2013.

9.7 PERDA SUPERVENIENTE DE CONDIÇÃO DE ELEGIBILIDADE

Em tese, pode haver perda superveniente de condição de elegibilidade. No momento em que o registro de candidatura é pleiteado, o cidadão reúne todas as condições e tem deferido o registro. Entretanto, durante o processo eleitoral perde uma delas. Isso ocorreria, *e. g.*, se durante o processo eleitoral o candidato – brasileiro naturalizado – tivesse sua naturalização cancelada por sentença judicial emanada da Justiça Federal (CF, arts. 12, § 4º, I, 14, § 3º, I, e 109, X; regis-tre-se que o cancelamento ou a invalidação de ato de naturalização só pode decorrer de decisão judicial: STF – RMS nº 27.840/DF – Pleno – *DJe* 27-8-2013) ou se deixasse de se encontrar "no pleno exercício dos direitos políticos" (CF, arts. 14, § 3º, II) ou, ainda, se ele se desfiliasse ou fosse expulso do partido pelo qual concorre sem que fosse substituído (CF, art. 14, § 3º, V).

Por se tratar de condição para o exercício da cidadania passiva, poderia a Justiça Eleitoral declarar *ex officio* a extinção da candidatura? E se o candidato for eleito, terá direito à diplo-mação? Haverá nulidade no diploma conferido a quem não ostente condição de elegibilidade?

Em face do relevante interesse público que se apresenta, parece razoável que a Justiça Eleitoral possa extinguir o registro do candidato.

A esse respeito, o art. 14 da LE sujeita "ao cancelamento do registro os candidatos que, até a data da eleição, forem expulsos do partido, em processo no qual seja assegurada ampla defesa e sejam observadas as normas estatutárias". Todavia, além do alcance desse dispositivo ser limi-tado, o seu parágrafo único condiciona o cancelamento do registro à "solicitação do partido".

Na verdade, em razão do relevante interesse público que se encontra em jogo, impõe-se que a Justiça Eleitoral possa cancelar *ex officio* o registro de candidatura ou, pelo menos, que se admita a legitimidade ativa do *Parquet* eleitoral para pleitear tal cancelamento sempre que houver perda superveniente de condição de elegibilidade.

De todo modo, no caso de cancelamento, é preciso lembrar que, por força do art. 5º, LIV, da Lei Maior, o ato respectivo deve ser precedido de processo próprio, no qual seja o interessado cientificado para, querendo, se defender. Sendo ferido direito líquido e certo, pode-se cogitar a impetração de mandado de segurança.

No que concerne à negação de diploma, vale registrar que a impugnação à diplomação é feita pelo recurso contra expedição de diploma (RCED), previsto no art. 262 do CE. A Lei nº 12.891/2013 conferiu nova redação ao *caput* desse dispositivo, prevendo expressamente, o cabimento de RCED no caso de "falta de condição de elegibilidade". Devido à sua natureza constitucional, essa matéria não se submete à preclusão temporal. Logo, poderão ser arguidas tanto a falta de condição de elegibilidade já existente na fase de registro de candidatura, quanto a surgida posteriormente.

10

INELEGIBILIDADE

10.1 CONCEITO

Denomina-se inelegibilidade ou ilegibilidade o impedimento ao exercício da cidadania passiva, de maneira que o cidadão fica impossibilitado de ser escolhido para ocupar cargo político-eletivo. Em outros termos, trata-se de fator negativo cuja presença obstrui ou subtrai a capacidade eleitoral passiva do nacional, tornando-o inapto para receber votos e, pois, exercer mandato representativo. Tal impedimento é provocado pela ocorrência de determinados fatos previstos na Constituição ou em lei complementar. Sua incidência embaraça a elegibilidade, esta entendida como o direito subjetivo público de disputar cargo eletivo. Para Niess (1994, p. 5), "a inelegibilidade consiste no obstáculo posto pela Constituição ou por lei complementar ao exercício da cidadania passiva, por certas pessoas, em razão de sua condição ou em face de certas circunstâncias. É a negação do direito de ser representante do povo no Poder". Esclarece o autor tratar-se de barreira intransponível que desautoriza o exercício regular de mandato político, porquanto o inelegível não goza do direito de ser votado, embora possa votar.

Preleciona Ferreira Filho (2005, p. 116) que a

> "inelegibilidade é uma medida destinada a defender a democracia contra possíveis e prováveis abusos. Em sua origem, na Constituição de 1934, aparecia ela como medida preventiva, ideada para impedir que principalmente os titulares de cargos públicos executivos, eletivos ou não, se servissem de seus poderes para serem reconduzidos ao cargo, ou para conduzirem-se a outro, assim como para eleger seus parentes. Para tanto, impedia suas candidaturas, assim como a de cônjuge ou parentes, por um certo lapso de tempo (art. 112)".

Visava-se, pois, impedir o uso abusivo de cargos e funções públicos.

Atualmente, as hipóteses de inelegibilidade não objetivam apenas impedir o abuso no exercício de cargos, empregos ou funções públicos, pois, além disso (conforme dispõe o art. 14, § 9º, da Constituição e o art. 22, *caput*, e parágrafo XIV da LC nº 64/90), apresentam os objetivos de proteger os seguintes bens jurídicos: *(i)* probidade administrativa; *(ii)* moralidade para exercício de mandato considerada vida pregressa do candidato; *(iii)* integridade e normalidade das eleições contra influências nocivas ou deslegitimadoras decorrentes de abuso do poder econômico, de autoridade, político e dos meios de comunicação social. Esses bens são necessários à caracterização da legítima ocupação dos cargos político-eletivos, formação do governo e regular funcionamento do regime democrático.

Registre-se que, em sua redação original, não constava no aludido § 9º, art. 14, da Lei Maior a cláusula "a probidade administrativa, a moralidade para exercício de mandato considerada vida pregressa do candidato", a qual foi inserida pela Emenda Constitucional de Revisão nº 4, de 1994.

Não se deve confundir inelegibilidade com inalistabilidade e condições de elegibilidade. Conforme visto, a inalistabilidade expressa impedimentos relativos ao alistamento eleitoral, de sorte que a pessoa não pode inscrever-se eleitora, ficando tolhida sua capacidade eleitoral ativa. Já as condições de elegibilidade são requisitos positivos que o cidadão deve preencher para ser candidato a cargo eletivo; aqui, encontra-se em jogo a capacidade eleitoral passiva, o *ius honorum*.

Nada obstante, às vezes o legislador emprega o termo *inelegibilidade* em sentido amplo, nele encerrando a noção de "condição de elegibilidade". É o que faz, *e. g.*, no art. 2º da LC nº 64/90, ao prescrever a competência da Justiça Eleitoral para "conhecer e decidir as arguições de inelegibilidade"; ou no art. 15 da mesma norma, ao estabelecer que será negado registro ou cancelado o diploma de candidato cuja "inelegibilidade" for declarada por órgão colegiado ou em decisão transitada em julgado. É óbvio que o vocábulo *inelegibilidade*, nesses casos, compreende as condições de elegibilidade.

10.2 FONTE

As causas de inelegibilidade são expressamente previstas na Constituição Federal e em Lei Complementar.

As constitucionais encontram-se albergadas no art. 14, §§ 4º a 7º, da Lei Maior.

Quanto às infraconstitucionais, dispõe o art. 14, § 9º, da Constituição: "Lei complementar estabelecerá outros casos de inelegibilidade [...]". Logo, somente lei complementar pode prevê-las. Tal é feito pela LC nº 64/90.

Diante disso, e também por se tratar de restrição a direito fundamental, não se afigura possível a veiculação de causa de inelegibilidade em lei ordinária, lei delegada, medida provisória, decreto e resolução legislativos, tampouco é possível deduzi-la de princípios, ainda que estes sejam expressos.

10.2.1 Tratado ou convenção internacional e inelegibilidade

Tratados e convenções internacionais incluem-se entre as fontes do Direito Eleitoral. Quando aprovados e promulgados no Brasil, passam a integrar o sistema jurídico brasileiro.

Dessarte, as normas definidoras de inelegibilidade submetem-se a controle de convencionalidade, *i.e.*, à verificação de sua compatibilidade com os direitos humanos e com os deveres e obrigações estabelecidos em tratados e convenções internacionais ratificados pelo Estado. Consoante assinalam Cunha e Bastos Júnior (2021, p. 42), tal controle se dá de forma difusa e em duas dimensões: primeiramente, ocorre no âmbito da instância doméstica, devendo a Corte Internacional "ser provocada somente em face da inoperância ou ineficácia dos órgãos nacionais".

Por outro lado, cumpre perquirir se causa de inelegibilidade poderia ser veiculada em tratados e convenções internacionais.

A esse respeito, é preciso considerar a posição que tais diplomas ocupam no ordenamento jurídico brasileiro. Nos termos do art. 5º, § 2º, da Constituição, os direitos e garantias nela expressos não excluem outros decorrentes "dos tratados internacionais em que a República Federativa do Brasil seja parte".

Por sua vez, o § 3º do art. 5º da Constituição (incluído pela EC nº 45/2004) dispõe que os tratados e convenções internacionais sobre *direitos humanos* equivalerão às emendas constitucionais se "forem aprovados, em cada Casa do Congresso Nacional, em dois turnos, por três quintos dos votos dos respectivos membros". Note-se que esse *quorum* é igual ao estabelecido no art. 60, § 2º, da Lei Maior para aprovação de Emenda Constitucional.

Assim, quanto à posição no ordenamento jurídico brasileiro:

i) tratado e convenção sobre direitos humanos – Constituem normas formal e materialmente constitucionais, equivalendo a Emenda Constitucional se introduzidos no Direito brasileiro em consonância com o procedimento legislativo próprio daquela espécie normativa (CF, art. 5º, § 3º);

ii) tratado sobre outros direitos e garantias fundamentais que não se enquadrem no âmbito dos direitos humanos – Constitui norma materialmente constitucional (CF, art. 5º, § 2º). Entretanto, a posição majoritária firmada no STF é no sentido de que esses tratados situam-se "abaixo da Constituição, porém acima da legislação interna". Tal *status* supralegal torna inaplicável "a legislação infraconstitucional com eles conflitante, seja ela anterior ou posterior ao ato de adesão" (STF – RE nº 349.703/RS – Pleno (maioria) – Rel. Min. Carlos Britto, Rel. p/ o acórdão: Min. Gilmar Mendes – j. 3-12-2008 – *DJe* 5-6-2009). À luz dessa compreensão, por se encontrarem abaixo da Constituição, os tratados devem harmonizar-se com ela, sob pena de não terem eficácia no sistema jurídico brasileiro;

iii) tratado que não verse sobre direito ou garantia fundamental (ex.: tratado comercial), nem sobre direitos humanos – Tem *status* de lei ordinária, segundo os citados precedentes do Pretório Excelso.

Vale lembrar que os direitos políticos são direitos humanos fundamentais.

Se é certo que tratado e convenção internacionais sobre direitos humanos e também sobre direitos e garantias fundamentais possuem *status* constitucional, é de se concluir que podem igualmente veicular causa de inelegibilidade.

E se assim é, por igual razão podem extinguir ou tornar sem efeito causa de inelegibilidade prevista na Constituição ou em lei complementar.

Relativamente às inelegibilidades infraconstitucionais, impõem-se tais conclusões mesmo que se atribua aos tratados internacionais *status* supralegal, pois, conforme visto, a própria Constituição Federal permite a criação de inelegibilidade por lei complementar.

Entretanto, tal argumentação não tem prevalecido em outras searas do direito sancionador, como no Direito Penal. Aqui, por força do princípio da reserva legal (CF, art. 5º, XXXIX), afirma-se ser sempre necessário haver lei aprovada no Congresso Nacional que defina o crime e comine a respectiva pena relativamente a delitos de competência da Justiça brasileira previstos em tratado internacional e praticados no Brasil. De sorte que, para iniciar-se a persecução penal no Brasil, é insuficiente a só previsão de um crime em tratado ou convenção internacional, sendo necessária a atuação do legislador brasileiro. Nesse sentido:

> "[...] As convenções internacionais, como a Convenção de Palermo, não se qualificam, constitucionalmente, como fonte formal direta legitimadora da regulação normativa concernente à tipificação de crimes e à cominação de sanções penais" (STF – RHC nº 121835 AgR/PE – 2ª T. (unânime) – Rel. Min. Celso de Mello – j. 13-10-2015 – *DJe* 23-11-2015).

Na seara penal, o princípio da legalidade constitui garantia essencial do cidadão oponível ao Estado. Por isso, é condição *sine qua non* que a criminalização de condutas sempre se perfaça por meio de lei votada e aprovada no Parlamento nacional.

194 | DIREITO ELEITORAL – *José Jairo Gomes*

A se considerar as razões penais, também aqui no Direito Eleitoral impor-se-ia a exigência de norma votada e aprovada no Parlamento para a criação de inelegibilidade. Mas essa exigência não poderia ser oposta a tratado e convenção sobre direitos humanos, pois esbarraria nos citados §§ 2º e 3º do art. 5º, da CF.

10.3 NATUREZA JURÍDICA E FUNDAMENTO

10.3.1 Natureza jurídica da inelegibilidade

Perquirir a natureza jurídica de um instituto equivale a pesquisar sua localização no sistema jurídico, de modo a descobrir a categoria ou gênero a que se encontra relacionado. Isso permitirá conhecê-lo e também o regime jurídico a que ele se encontra vinculado.

Tanto a elegibilidade quanto a inelegibilidade podem ser pensadas como estado ou *status* eleitoral da pessoa, integrantes, portanto, de sua personalidade.

Georg Jellinek (*apud* ALEXY, 2008, p. 255) elaborou uma teoria sobre o *status*, na qual este é formal ou abstratamente caracterizado como "uma relação com o Estado que qualifica o indivíduo". O *status* integra a personalidade, de maneira que se liga à dimensão do *ser* da pessoa e não à de seu patrimônio (dimensão do *ter*). Em sua concepção, o jusfilósofo alemão distingue quatro *status*, a saber: *status passivo* ou *subiectionis, status negativo* ou *libertatis, status positivo* ou *civitatis e status ativo* ou *da cidadania ativa*. Aqui, apenas importa destacar os denominados *status passivo* e *ativo*. Reporta Alexy (2008, p. 256) que no *status passivo* "encontra-se o indivíduo em razão de sua 'sujeição ao Estado […] no âmbito da esfera de obrigações individuais.' […]". Assim: "[…] o fato de que *a* se encontra no *status passivo* significa simplesmente que existe *algum* dever ou proibição estatal ao qual *a* esteja sujeito, ou que poderia legitimamente existir *algum* dever ou proibição, ou seja, que o Estado teria uma competência diante de *a* para estabelecer algum dever ou proibição que o afetasse, o que significa que *a* se encontra, em relação ao Estado, em uma posição de sujeição […]". Já o *status ativo* liga-se ao "conceito de competência", esta entendida como poder ou faculdade de agir reconhecido às pessoas. Assinala Alexy (2008, p. 268): "Para que o indivíduo seja inserido nesse *status*, a ele 'devem ser outorgadas capacidades que estejam além de sua liberdade natural', como, por exemplo, o direito de votar. […]".

Sob outra perspectiva, assevera Ascensão (2000, p. 148, 149) que estados "são posições ocupadas pela pessoa na vida social, de que resultam graduações da sua capacidade". Compreende posições típicas que situam as pessoas na vida em sociedade e que são normativamente previstas para todos que se encontrarem em determinadas condições.

Tradicionalmente, apontam-se na doutrina jurídica três espécies de estado, a saber: individual, familiar (*status familiae*) e político (*status civitatis*). Não mais se cogita do *status libertatis*, pois, quanto a ele, a todos é assegurado o direito fundamental à liberdade (CF, art. 5º, *caput*). Sob o *aspecto individual*, envolve o estado situações físico-psíquicas da pessoa, pelo que se considera: idade (embrião, nascituro, criança, adolescente, idoso, emancipado), gênero (masculino e feminino), saúde (higidez ou insanidade psíquica, grau de desenvolvimento mental, interdito). O *status familiae* posiciona a pessoa na família, qualificando-a como solteira, casada, companheira, pai, mãe, filha, sogro, nora, genro, divorciada, viúva. A seu turno, o *status civitatis* diz respeito ao vínculo do indivíduo com a *polis* ou Estado. Sob essa perspectiva, pode a pessoa ser nacional, estrangeira ou apátrida. A definição do estado político apresentou grande relevo na antiguidade, particularmente no Império e no Direito romanos, onde aos estrangeiros não eram conferidos os mesmos direitos que aos cidadãos romanos. No entanto, atualmente a importância dessa classificação encontra-se arrefecida, já que, a teor do disposto no art. 5º da Lei Maior: "Todos são iguais perante a lei, sem distinção de qualquer natureza". Permanecem, porém, algumas limitações ao estrangeiro, pois a ele não é atribuído *ius suffragii* nem *ius honorum*, isto é, os direitos de votar e ser votado para cargo público-eletivo, tampouco

Cap. 10 • INELEGIBILIDADE | 195

pode ser proprietário de empresa jornalística e de radiodifusão sonora e de sons e imagens (CF, arts. 14, §§ 2º e 3º, I, e 222).

Consoante assinalei alhures (GOMES, 2009, p. 58, 59), do estado defluem variadas situações jurídicas, direitos, deveres e obrigações. Cuida-se de matéria que concerne à ordem pública. Por isso, sua fixação – em regra – independe da vontade individual, não podendo ser alterada por ato unilateral ou acordo de vontades. Trata-se de realidade objetiva, da qual cada pessoa é titular e frui com exclusividade.

Assim, o cidadão poderá ostentar o *status* de elegível e inelegível, candidato, eleito, diplomado, agente público, asilado. Como visto, o *status* de inelegível impõe restrições à esfera jurídica da pessoa, a qual não pode ser eleita; já o *status* de elegível confere-lhe o direito subjetivo público de disputar o certame e participar do governo. O *status* de candidato confere a seu titular diversos direitos e deveres, tais como: realizar propaganda eleitoral, arrecadar recursos, não ser preso até 15 dias antes das eleições (CE, art. 236, § 1º, salvo em flagrante delito), ser diplomado se eleito, prestar contas à Justiça Eleitoral.

Adequação ao regime jurídico-eleitoral: compreensão do Supremo Tribunal Federal – No julgamento conjunto das ADCs 29/DF e 30/DF, e da ADI 4.578/AC, todas tendo por objeto a constitucionalidade da LC nº 135/2010, o Supremo Tribunal Federal, por seu órgão pleno, assentou o entendimento de que "a elegibilidade é a adequação do indivíduo ao regime jurídico – constitucional e legal complementar – do processo eleitoral". Essa interpretação foi reiterada posteriormente no julgamento do RE nº 929.670/DF, ocorrido em 4-10-2017. Nesses julgados, o termo *elegibilidade* foi empregado em sentido amplo, denotando a presença das condições de elegibilidade e a ausência de causas de inelegibilidade. Trata-se da qualidade de elegível, ou seja, que permite ao cidadão receber votos válida e eficazmente ou exercer válida e legitimamente sua cidadania passiva. Essa qualidade é definida pelo regime jurídico eleitoral, sendo elegível o cidadão que se conformar a esse regime. Não há direito adquirido a regime jurídico, conforme pacífico entendimento do STF (ARE nº 712.790 AgR/RJ – 2ª T. – Rel. Min. Gilmar Mendes – *DJe* 11-12-2012; RE nº 227.755 AgR/CE – 1ª T. – Rel. Min. Dias Toffoli – *DJe* 23-10-2012). Assim, não se apresenta a ideia jurídica de sanção, mas de mera adequação ou conformação ao regime vigente quando do requerimento de registro de candidatura. Em sua história, a pessoa pode registrar eventos diversos que ensejam a incidência de uma causa de inelegibilidade; tais eventos podem ou não se fundar na ocorrência de sanção pela prática de ilícitos, sejam estes penais, civis, administrativos ou político-eleitorais. A só existência desses eventos pode levar à incidência de uma causa de inelegibilidade. Disso resulta o efeito imediato da causa de inelegibilidade (respeitado apenas o princípio da anualidade previsto no art. 16 da CF), sem que se possa cogitar de retroatividade da norma que a instituiu, tampouco de violação a ato jurídico perfeito. Afinal, cuida-se apenas de mudança do regime jurídico. Eis excerto da ementa do acórdão proferido nas aludidas ações:

> "1. A elegibilidade é a adequação do indivíduo ao regime jurídico – constitucional e legal complementar – do processo eleitoral, razão pela qual a aplicação da Lei Complementar nº 135/10 com a consideração de fatos anteriores não pode ser capitulada na retroatividade vedada pelo art. 5º, XXXVI, da Constituição, mercê de incabível a invocação de direito adquirido ou de autoridade da coisa julgada (que opera sob o pálio da cláusula *rebus sic stantibus*) anteriormente ao pleito em oposição ao diploma legal retromencionado; subjaz a mera adequação ao sistema normativo pretérito (expectativa de direito). [...]"
> (STF – ADC 29/DF – Pleno – Rel. Min. Luiz Fux – *DJe* 127, 29-6-2012).

A compreensão do Pretório Excelso não é incompatível com a abordagem da inelegibilidade como *status* eleitoral. Mesmo porque o *status* deriva da conformação da pessoa ao sistema normativo existente. É dessa conformação que ele surge.

Em tal quadro, incidirá a inelegibilidade sempre que na história ou no patrimônio jurídico do cidadão figurar evento como tal definido na norma complementar. Assim, por exemplo, é inelegível por oito anos a pessoa que tiver sido condenada pela prática de um dos crimes previstos na alínea *e* do inciso I do art. 1º da LC nº 64/90 (independentemente da natureza e do montante da pena aplicada), a que tenha perdido mandato legislativo (alínea *b*), servidor público que tenha sido demitido do serviço público (alínea *o*) etc.

10.3.2 Fundamento da inelegibilidade

Se em geral toda inelegibilidade relaciona-se ao *status* e, pois, à adequação da pessoa ao regime jurídico-eleitoral, ao se perquirir seu fundamento ou causa percebe-se que algumas têm origem na prática de ilícito, situando-se, pois, no âmbito eficacial da respectiva decisão sancionatória. Outras se fundam na mera situação jurídica em que o cidadão se encontra no momento de formalização do pedido de registro de candidatura, situação essa que pode decorrer de seu *status* profissional ou familiar, bem como de outras ocorrências consideradas relevantes pelo Estado-legislador.

No primeiro caso, tem-se a denominada inelegibilidade-sanção. Ela tem origem na prática de ilícito, situando-se na linha de eficácia da decisão que o declara e sanciona. Duas situações podem ocorrer. *Primeira*: a inelegibilidade constitui efeito direto e imediato da decisão, sendo por ela constituída. É isso o que ocorre, *e.g.*, na hipótese prevista nos arts. 19 e 22, XIV, ambos da LC nº 64/90. Aqui, é imposta a sanção de inelegibilidade (entre outras) como consequência do ilícito eleitoral consubstanciado em abuso de poder. Está-se no campo da responsabilidade eleitoral, havendo responsabilização pela prática de atos ilícitos ou auferimento de benefícios destes decorrentes. A inelegibilidade é *constituída* pela decisão judicial que julga procedente a causa eleitoral – o *decisum* tem matiz constitutivo-positivo. *Segunda* situação: a inelegibilidade é efeito secundário ou indireto de uma decisão sancionatória da prática de ilícito (que pode ser penal, administrativo etc.). Como exemplo dessa segunda situação, cite-se a inelegibilidade prevista na alínea *e* do inciso I, art. 1º, da LC nº 64/90. Um dos efeitos secundários da decisão penal condenatória por "tráfico de entorpecentes" é a inelegibilidade do agente. Mas esse efeito só surge por força da alínea *e*, I, art. 1º da LC nº 64/90, porque pela Constituição as hipóteses de inelegibilidade devem ser estabelecidas por lei complementar (CF, art. 14, § 9º) – é necessária, então, a conjugação da decisão condenatória com a previsão em lei complementar.

No segundo caso, tem-se a chamada inelegibilidade originária ou inata. Deveras, o entendimento consagrado na jurisprudência (*vide* STF – ADCs 29/DF e 30/DF, e ADI 4.578/AC) é o de que as situações previstas no art. 14, §§ 4º a 7º, da Constituição Federal e no art. 1º, I, da LC nº 64/90 não se trata propriamente de sanção jurídica, mas tão somente da conformação do cidadão ao regime jurídico-eleitoral. Visa-se aqui resguardar certos valores e interesses tidos como relevantes para o sistema político-social, voltando-se o instituto em tela à proteção da sociedade e do interesse público. Como exemplo podem-se mencionar categorias profissionais que sofrem limitações em sua esfera jurídica, tal qual ocorre com membros da Magistratura e do Ministério Público, que não podem se dedicar a atividade político-partidária (CF, art. 95, parágrafo único, III, art. 128, § 5º, II, *e*); ademais, são inelegíveis o cônjuge e os parentes até 2º grau de titulares do Poder Executivo.

Sob tal perspectiva, afigura-se correta afirmação de que a inelegibilidade apresenta duplo fundamento. De um lado, pode ser efeito direto ou indireto da decisão condenatória pela prática de ilícito, tendo, portanto, natureza de sanção. De outro, liga-se à adequação da situação do cidadão ao regime jurídico-eleitoral em vigor, sem que na origem exista uma sanção por prática de ilícito.

O referido art. 22, XIV, é normalmente relacionado ao art. 1º, I, *d*, todos da LC nº 64/90. Embora esses dispositivos estejam inter-relacionados, o primeiro é autônomo em relação ao segundo e vice-versa. Logo, por exemplo, se a referida alínea *d*, I, art. 1º, não existisse ou se viesse a ser revogada, ainda assim seria possível – em eventual processo de registro de candidatura – ser declarada a inelegibilidade constituída com fundamento no aludido art. 22, XIV, indeferindo-se com esse fundamento o respectivo pedido de registro de candidatura.

Por outro lado, ainda que na origem a inelegibilidade tenha natureza sancionatória, o Supremo Tribunal Federal afirmou a possibilidade de retroação da norma que a institui. Deveras, ao julgar o RE nº 929.670/DF, em 4-10-2017, pela maioria de seis votos a cinco, o Pleno daquele sodalício "assentou a aplicabilidade da alínea *d* do inciso I do art. 1º da Lei Complementar 64/90, na redação dada pela Lei Complementar 135/2010, a fatos anteriores à publicação desta lei".

Em qualquer caso, para gerar efeito no processo de registro de candidatura, deve a inelegibilidade ser nele *declarada*. Isso porque, na dicção do § 10 do art. 11 da LE: "as causas de inelegibilidade devem ser aferidas no momento da formalização do pedido de registro da candidatura". Nessa oportunidade, os fatos estruturantes da inelegibilidade devem ser arguidos e demonstrados perante o órgão judicial eleitoral, a fim de que este, conhecendo-os, possa declará-la e, consequentemente, indeferir o pedido de registro de candidatura. Tal exigência se funda na segurança jurídica que deve haver no processo de registro de candidatura.

Note-se que a inelegibilidade-sanção não perde essa natureza (= não deixa de ter caráter sancionatório) em razão da necessidade de ser declarada no processo de registro de candidatura para nele gerar efeito. Tampouco perde sua natureza sancionatória em razão da realização de teste de adequação do postulante a candidato ao regime jurídico-eleitoral. Isso porque em sua origem há um ilícito, o que não é alterado pela exigência de a inelegibilidade ser declarada no processo de registro de candidatura para nele gerar efeito.

10.4   PRINCÍPIOS REITORES

Cumpre esclarecer que o termo *princípio* é aqui empregado em seu sentido epistemológico, ou seja, como juízo que embasa ou informa um instituto ou determinado conhecimento.

À vista disso, tem-se que inelegibilidades são instituídas em norma legal de ordem pública, por prazo determinado e em caráter personalíssimo; devem ser interpretadas restritivamente e se perfazerem no dia das eleições. No sentido do texto, com variações, *vide* Maligner (2007, p. 140).

Instituição por norma legal ou legalidade – Porque restringe o direito político fundamental atinente à cidadania passiva, a criação de inelegibilidade somente se dá por norma legal. A competência legiferante é exclusiva do Legislador Constituinte (originário ou derivado) e do Legislador Complementar. A Constituição Federal prevê hipóteses de inelegibilidades em seu art. 14, §§ 4º a 7º. Já as inelegibilidades infraconstitucionais ou legais fundam-se no art. 14, § 9º, da Lei Maior e na LC nº 64/90.

Daí não ser possível deduzir causa de inelegibilidade a partir da interpretação de um princípio, tampouco veiculá-la em lei ordinária, lei delegada ou medida provisória.

Em item anterior, dedicado às *fontes* de inelegibilidade, foi exposta a problemática acerca da veiculação de causa de inelegibilidade em tratados e convenções internacionais.

Norma de ordem pública – A norma que institui inelegibilidade é de ordem pública. Trata-se, portanto, de norma imperativa, cogente, cuja finalidade é o resguardo do interesse público. Por isso, não pode ser alterada pela vontade individual de seus destinatários, tampouco por acordo firmado entre eles.

Temporalidade – Nenhuma inelegibilidade pode ter caráter perene ou imutável. A norma legal que instituir inelegibilidade deve fixar "os prazos de sua cessação" (CF, art. 14, § 9º). Isso porque em jogo se encontra o exercício do direito fundamental de ser votado (*ius honorum*), direito esse insuscetível de sofrer restrição eterna. Vale ressaltar que o sistema de direitos fundamentais estabelecido na Constituição repudia a existência de pena (= restrição de direito) "de caráter perpétuo" (CF, art. 5º, XLVII, *b*).

Personalíssima – Por se tratar de restrição a direito político fundamental, a inelegibilidade não pode afetar outro cidadão que não aquele em relação ao qual se apresentam os fatos por ela previstos.

Interpretação estrita – Justo por limitar a cidadania passiva ou o direito do cidadão de ser votado e, pois, eleito para participar da gestão político-estatal, a inelegibilidade deve ser interpretada restritivamente, e não de modo ampliativo.

Ocorrência na data da eleição – Cuidando-se de condição negativa para ser eleito, deve a inelegibilidade apresentar-se no dia da eleição, porque é nesse momento que os eleitores exercem o direito de sufrágio e escolhem seus candidatos. Enfocando o Direito Eleitoral francês, é igualmente nesse sentido a lição de Maligner (2007, p. 143), *in verbis*: "Il s'agit d'un principe constant, qui s'explique par le fait que, s'agissant d'une condition requise pour être élu, cette condition ne peut être normalement appreciée qu'au jour de l'élection [...]". Por igual, no Direito português, afirma Jorge Miranda (2018, p. 114) que a elegibilidade deve ser apuada à data da eleição, porque nessa matéria a interpretação deve ser "no sentido mais favorável ao direito fundamental dos cidadãos de serem eleitos para cargos eletivos".

No entanto, no Direito Eleitoral brasileiro este último princípio comporta ajustamentos. É que, por razões de ordem administrativa e de organização das eleições, a inelegibilidade é *aferida* no processo de registro de candidatura tendo por base o "momento da formalização do pedido de registro da candidatura" (LE, art. 11, § 10). São, pois, distintos os momentos de *aferição e de existência da inelegibilidade*. Mas uma inelegibilidade detectada quando do pedido de registro de candidatura pode vir a ser afastada se, até a data do pleito, houver "alterações, fáticas ou jurídicas, supervenientes ao registro" (LE, art. 11, § 10, *in fine*); por outro lado, uma inelegibilidade inexistente no momento do pedido de registro poderá surgir depois (inelegibilidade superveniente), o que rende ensejo à cassação do diploma do candidato caso seja eleito (CE, art. 262).

10.5 CLASSIFICAÇÃO

Entre outros critérios, pode-se classificar as inelegibilidades:

Quanto à abrangência – Por esse critério, pode a inelegibilidade ser absoluta ou relativa. *Absoluta* é a que causa impedimento para o exercício de quaisquer cargos político-eletivos, independentemente da circunscrição em que ocorra a eleição. Incidindo esse tipo de inelegibilidade, o cidadão não poderá disputar eleição em nenhuma circunscrição. Já a inelegibilidade *relativa* é a que obsta a elegibilidade apenas para alguns cargos ou ante a presença de determinadas circunstâncias. Nessa hipótese, poderá o interessado concorrer a outros cargos, para os quais não esteja impedido, ou, sendo isso possível, afastar as circunstâncias adversas.

Quanto à extensão – Em *sentido amplo*, a inelegibilidade compreende as hipóteses de "condição de elegibilidade". É isso que ocorre no art. 2º da LC nº 64/90, ao prescrever a competência da Justiça Eleitoral para "conhecer e decidir as arguições de inelegibilidade". Nesse caso, o vocábulo *inelegibilidade* compreende as condições de elegibilidade. Já em *sentido restrito*, esse termo não apresenta tal extensão, referindo-se apenas às situações que lhe são próprias.

Critério espacial ou *territorial* – Reportando-se a uma concepção francesa, mas na ótica do Direito pátrio, Mendes (1994, p. 117, nº 160) classifica as inelegibilidades em: (a) nacionais, (b) estaduais e (c) municipais. Esclarece que essa classificação permite reconhecer, em cada hipótese de inelegibilidade, (a) o conteúdo proibitivo decorrente da situação objetiva descrita pela norma jurídica (aspecto material), (b) a circunscrição eleitoral (âmbito espacial ou território) e (c) as eleições como processo de investidura em cargos eletivos, marcando a relevância temporal (âmbito temporal).

Critério temporal – Quanto ao momento de sua ocorrência, pode a inelegibilidade ser atual e superveniente. A primeira é a que se apresenta no patrimônio jurídico do cidadão no momento em que se postula o registro de candidatura. Já a *superveniente* é a inelegibilidade surgida no período compreendido entre o pedido de registro de candidatura e o pleito. Por exemplo: suponha-se que, na ocasião em que o pedido de registro foi formulado, o postulante a candidato estivesse sendo processado por improbidade administrativa em razão da prática de ato doloso que importou lesão ao erário e enriquecimento ilícito (LC nº 64/90, art. 1º, I, *l*), vindo a decisão do órgão colegiado competente confirmar a sentença condenatória um mês depois, em momento em que o pedido de registro de candidatura já se encontra deferido). Nesse caso, se eleito, o cidadão poderá ter a diplomação questionada via Recurso Contra Expedição de Diploma (RCED).

Ressalte-se que não se qualifica como *superveniente* inelegibilidade cujos elementos constitutivos se perfaçam após o dia das eleições. Nessa hipótese, ela só gera efeitos em eleições futuras, sendo impróprio se cogitar de sua retroatividade com vistas a alcançar pleito já realizado. Isso porque, no dia em que o direito fundamental de sufrágio é exercido, o candidato era *elegível*.

Conquanto tal compreensão fosse controvertida no passado, hoje se encontra agasalhada na Súmula TSE nº 47, da qual se extrai que a inelegibilidade superveniente ao registro de candidatura de índole infraconstitucional é a "que surge até a data do pleito".

Quanto à fonte – Dessa ótica, a inelegibilidade pode ser *constitucional* e *infraconstitucional*. Aquela é prevista diretamente na Constituição Federal, por isso não sofre preclusão, se não for arguida na primeira oportunidade possível. Já a infraconstitucional é veiculada em lei complementar – atualmente, a LC nº 64/90 – e com relação a ela haverá preclusão, se não houver impugnação na primeira oportunidade que se apresentar. Lei ordinária que institua inelegibilidade é inconstitucional.

Quanto ao modo de incidir – Chama-se inelegibilidade *direta* a que causa o impedimento do próprio envolvido no fato que a desencadeia. Já a inelegibilidade *reflexa* ou *indireta* provoca o impedimento de terceiros, como cônjuge e parentes.

Quanto à origem – Conforme já exposto, pode a inelegibilidade ser originária ou inata, ou sanção. Essa última pode ser constituída na própria decisão sancionatória ou ser efeito indireto ou secundário dela.

10.6 DURAÇÃO DA INELEGIBILIDADE

Conforme salientado, nenhuma inelegibilidade pode ter caráter perene ou imutável. A norma legal que instituir inelegibilidade deve fixar "os prazos de sua cessação" (CF, art. 14, § 9º), pois um direito fundamental (como é o caso da cidadania passiva) não poderia ser restringido eternamente.

A duração da inelegibilidade depende de sua natureza e de circunstâncias próprias da situação que a provoca.

A inelegibilidade originária ou inata perdura enquanto subsistir sua causa geradora. Por exemplo: *(i)* a inelegibilidade do analfabeto perdurará enquanto a pessoa se mantiver nesse estado; *(ii)* a inelegibilidade do filho existirá enquanto o pai estiver no exercício da chefia do poder Executivo; *(iii)* a inelegibilidade funcional persistirá se não houver a desincompatibilização do agente público no prazo legalmente fixado.

No caso da chamada inelegibilidade-sanção, convém distinguir os dois casos há pouco considerados. Sendo a inelegibilidade efeito indireto ou secundário de uma decisão, em geral,

200 | DIREITO ELEITORAL – *José Jairo Gomes*

o prazo de sua duração é estabelecido em oito anos, variando seu termo inicial conforme a hipótese considerada.

Diferentemente, sendo a inelegibilidade constituída na própria decisão sancionatória, ou melhor, integrando o dispositivo da sentença – hipótese do art. 22, XIV, da LC nº 64/90 –, ela perdurará pelos "8 (oito) anos subsequentes à eleição" em que o evento ocorrer.

10.7 INCOMPATIBILIDADE E DESINCOMPATIBILIZAÇÃO

Denomina-se incompatibilidade o impedimento decorrente do exercício de mandato, cargo, emprego ou função públicos, sendo fundada no conflito existente entre a situação de quem ocupa um lugar na organização político-estatal e a disputa eleitoral.

A inelegibilidade suscitada pela incompatibilidade só pode ser superada com a desincompatibilização. Esta consiste na desvinculação ou no afastamento do mandato, cargo, emprego ou função públicos, de maneira a viabilizar a candidatura almejada. Conforme preleciona Ferreira (1989, p. 313), desincompatibilização "é a faculdade dada ao cidadão para que se desvincule do cargo de que é titular, no prazo previsto em lei, tornando assim possível a sua candidatura".

Destarte, nas hipóteses de desincompatibilização, o agente público pode escolher entre manter-se no cargo, emprego ou função – e não se candidatar – ou sair candidato, e, nesse caso, afastar-se temporária ou definitivamente, sob pena de tornar-se inelegível, já que estará impedido de ser candidato.

A finalidade desse instituto é evitar o quanto possível que candidatos ocupantes de cargos públicos coloquem-nos a serviço de suas candidaturas, comprometendo não só os desígnios da Administração Pública, no que concerne aos serviços que devem ser prestados com qualidade e eficiência à população, como também o equilíbrio e a legitimidade da eleição.

As hipóteses de desincompatibilização são definidas na Constituição ou em lei complementar, que fixam prazos para que o agente público afaste-se do cargo, emprego ou função que ocupa. Não havendo afastamento, incidirá a inelegibilidade.

O regramento acerca da desincompatibilização de servidores públicos é exposto mais à frente, em subitem específico.

10.7.1 Desincompatibilização e reeleição

Já foi ressaltado que, embora contrariando a tradição político-constitucional brasileira, a EC nº 16/97 alterou a redação do art. 14, § 5º, da Lei Maior, introduzindo a reeleição dos chefes do Poder Executivo. Podem, pois, concorrer à reeleição para um único período subsequente. No entanto, não se previu que os ocupantes desses cargos tivessem de se desincompatibilizar para disputar a reeleição, embora fosse essa uma exigência ética das mais elementares. Assim, podem permanecer no exercício de suas funções, apesar de se encontrarem empenhados na campanha para a própria reeleição. Nisso têm como grande aliado a máquina administrativa estatal, da qual permanecem como dirigentes máximos mesmo durante o processo eleitoral.

Os resultados desse casuísmo nefando são testemunhados por todos em anos eleitorais: é o desequilíbrio das eleições diante da inevitável antecipação da campanha eleitoral para um momento em que os demais partidos ainda debatem sobre a escolha de seus candidatos – obviamente, o chefe do Executivo será sempre o candidato natural de seu partido; é a realização aberta de comícios, carreatas, "motociatas" e propagandas eleitorais em período vedado, sempre com a desculpa de que se está inaugurando obras ou participando de reuniões e eventos; é o uso abusivo de recursos públicos para custear eventos e viagens, sob o argumento de que se está a realizar compromissos de governo; é o cumprimento quase simultâneo de promessas feitas em palanques; é, enfim, a sangria desatada dos cofres públicos por conta de suposta realização de "propaganda institucional".

Observe-se que, se os chefes do Poder Executivo saírem candidatos para outros cargos, terão de se desincompatibilizar, renunciando a seus mandatos até seis meses antes do pleito (CF, art. 14, § 6º).

Quanto aos membros do Poder Legislativo, também eles poderão se candidatar à reeleição sem a necessidade de se desincompatibilizar.

10.7.2 Flexibilização do instituto da desincompatibilização?

Em situações excepcionais, tem a jurisprudência repudiado uma interpretação demasiado rígida das normas atinentes à desincompatibilização.

A Corte Superior julgou o caso de uma candidata à senadora que no exercício do cargo de vice-Prefeita substituíra o Prefeito Municipal (afastado de suas funções por alguns dias por motivo de viagem devidamente comunicada à Câmara Municipal) no período de seis meses que antecedeu ao pleito. Por essa razão, dever-se-ia reconhecer a inelegibilidade da agora candidata ao Senado, pois o titular do Poder Executivo só pode disputar outro cargo eletivo se desincompatibilizar-se no prazo legal. No entanto, para afirmar a inelegibilidade, entendeu o Colegiado Superior ser necessário examinar se houve prática, real e efetiva, de "atos de governo ou de gestão" que possam ultrajar os valores que os institutos da incompatibilidade e desincompatibilização visam tutelar. É que a *ratio essendi* desses institutos

> "reside na tentativa de coibir – ou, ao menos, amainar – que os pretensos candidatos valham-se da máquina administrativa em benefício próprio, circunstância que, simultaneamente, macularia os princípios da Administração Pública e vulneraria a igualdade de chances entre os *players* da competição eleitoral, bem como a higidez das eleições. [...] Daí por que, a meu sentir, o (correto) equacionamento de controvérsias envolvendo a desincompatibilização (ou não) de pretensos candidatos não pode ficar adstrito apenas a um exame meramente temporal (*i.e.*, se foi, ou não, atendido o prazo exigido na Constituição ou na legislação infraconstitucional), mas também se o pretenso candidato praticou atos em dissonância com o *telos* subjacente ao instituto. [...]" (TSE – RO nº 26.465/RN – PSS 1º-10-2014).

Entretanto, é certo que o exercício da titularidade de cargo político-eletivo – especialmente a direção do Poder Executivo – só por si já provoca *desigualação* de fato no pleito eleitoral vindouro, em razão da excepcional exposição pública que tal situação propicia. Por outro lado, não se pode olvidar que, ainda que não pratique atos concretos, detém o titular o *poder de direção do órgão*, podendo, portanto, preparar ou encaminhar a prática de atos por outrem ou, pelo menos, desobstruir o caminho espinhoso da burocracia estatal. A vingar o entendimento jurisprudencial colacionado, fácil se tornaria driblar a exigência legal de desincompatibilização, bastando, para tanto, que o agente público não assinasse qualquer ato no período.

10.8 INELEGIBILIDADES CONSTITUCIONAIS

10.8.1 Considerações iniciais

A Lei Maior prevê várias hipóteses de inelegibilidades em seu art. 14, §§ 4º a 7º, a saber:

> "Art. 14. [...]
>
> § 4º São inelegíveis os inalistáveis e os analfabetos.
>
> § 5º O Presidente da República, os Governadores de Estado e do Distrito Federal, os Prefeitos e quem os houver sucedido ou substituído no curso dos mandatos poderão ser reeleitos para um único período subsequente.

§ 6º Para concorrerem a outros cargos, o Presidente da República, os Governadores de Estado e do Distrito Federal e os Prefeitos devem renunciar aos respectivos mandatos até seis meses antes do pleito.

§ 7º São inelegíveis, no território de jurisdição do titular, o cônjuge e os parentes consanguíneos ou afins, até o segundo grau ou por adoção, do Presidente da República, de Governador de Estado ou Território, do Distrito Federal, de Prefeito ou de quem os haja substituído dentro dos seis meses anteriores ao pleito, salvo se já titular de mandato eletivo e candidato à reeleição".

A distinção que se faz entre inelegibilidades constitucionais e legais não é cerebrina, apresentando inegável relevância prática. Para além da diversidade de fontes normativas, não há preclusão quanto às primeiras, as quais podem ser arguidas na fase do registro de candidatura ou posteriormente, antes ou depois do dia das eleições. A arguição posterior pode ser feita no RCED (CE, art. 262). Já as inelegibilidades legais sujeitam-se à preclusão se não forem questionadas na primeira oportunidade após o seu surgimento, que em geral coincide com a fase de registro de candidatura. Ultrapassado esse momento, não mais poderão ser discutidas, salvo se supervenientes; a propósito, reza a Súmula 47 do TSE: "A inelegibilidade superveniente que autoriza a interposição de recurso contra expedição de diploma, fundado no art. 262 do Código Eleitoral, é aquela de índole constitucional ou, se infraconstitucional, superveniente ao registro de candidatura, e que surge até a data do pleito".

10.8.2 Inelegibilidade de inalistáveis

Impende registrar a falta de técnica da Constituição ao erigir o transcrito § 4º, pelo qual são "inelegíveis os inalistáveis". Inalistáveis são os estrangeiros e, durante o período de serviço militar obrigatório, os conscritos (CF, art. 14, § 2º). É assente que o alistamento eleitoral condiciona a própria cidadania. Enquanto o inalistável não apresenta capacidade eleitoral ativa nem passiva, o inelegível encontra-se privado da segunda. Assim, a tautológica dicção constitucional afirma ser inelegível aquele que, por ser inalistável, já não o seria de qualquer forma. Assevera, em outros termos, ser inelegível o inelegível!

10.8.3 Inelegibilidade de analfabetos

Não é fácil definir o analfabetismo. Qual o tipo e grau de conhecimento necessário para que alguém possa ser considerado alfabetizado? Será que bastaria a produção de umas quantas garatujas ou a mera leitura de palavras isoladas?

De modo geral, pode-se dizer que analfabeto é quem não domina um sistema escrito de linguagem, carecendo dos conhecimentos necessários para ler e escrever um texto simples em seu próprio idioma. Assim, a noção de analfabetismo prende-se ao domínio da estrutura da língua, notadamente em sua dimensão escrita, e da compreensão de textos, ainda que singelos. Por outro lado, o domínio de tal sistema em algum grau justifica o *status* de alfabetizado – ou, pelo menos, de semialfabetizado.

Nível	Habilidade
Analfabeto	Não consegue ler nem escrever
Alfabetizado de nível rudimentar	Consegue ler alguns títulos e frases isoladas
Alfabetizado de nível básico	Consegue localizar uma informação específica em textos curtos
Alfabetizado de nível pleno	Consegue ler e interpretar textos longos

Para a Organização das Nações Unidas para a Educação, Ciência e Cultura – Unesco, o processo de alfabetização só se consolida de fato quando se completa o primeiro ciclo do ensino fundamental. Entre aqueles que iniciaram e não concluíram essa etapa do processo educacional, verificaram-se elevadas taxas de retorno ao anterior estado de analfabeto. Quem não finalizou tal período de estudos é classificado como *analfabeto funcional*.

Nessa categoria também se deve inscrever a pessoa alfabetizada, a qual, todavia, por não ter consolidado o conhecimento que lhe foi transmitido ou por falta de uso (desuso), tornou-se incapaz de produzir ou compreender adequadamente textos simples. Esse tipo de *analfabetismo funcional* não tem sido de rara ocorrência nas modernas sociedades consumistas, em que há a prevalência dos meios de comunicação sonoros e visuais, potenciais desestimuladores da leitura e da escrita para aquisição e solidificação de informações e a interação com o mundo.

Segundo informa o Instituto Brasileiro de Geografia e Estatística (IBGE), a taxa de analfabetismo de pessoas de 15 anos ou mais de idade vem diminuindo no Brasil. Veja-se a tabela a seguir.

Taxa de analfabetismo de pessoas de 15 anos ou mais de idade – Brasil	
2007	10,1%
2009	9,7%
2013	8,5%
2015	8,0%
2016	7,2%
2017	6,9%
2018	6,8%
2019	6,6%

Fonte: IBGE (disponível em: https://www.ibge.gov.br/cidades-e-estados.html?view=municipio. Acesso em: 25 mar. 2023).

Em 2019, a população brasileira foi estimada em cerca de 210.000.000 de pessoas. Considerada essa população, o índice de 6,8% representa 14.280.000 pessoas sem alfabetização, revelando permanecer muito alto o montante de analfabetos no País. A informação, na verdade, é alarmante para um Estado que tem por fundamento a dignidade da pessoa humana (CF, art. 1º, III).

Vale frisar que a regra constitucional em apreço, definidora de inelegibilidade, porque restritiva de direitos políticos, não pode ser ampliada pelo intérprete, só colhendo as pessoas que efetivamente não saibam ler nem escrever.

Merece encômios a postura da Constituição de não conferir elegibilidade ao analfabeto. Coerentemente, o art. 205 desse diploma dispõe que a educação é direito de todos e dever do Estado e da família, devendo ser promovida e incentivada com a colaboração da sociedade, visando o pleno desenvolvimento da pessoa, seu preparo para o exercício da cidadania e sua qualificação para o trabalho. A exigência em foco, em certa medida, serve também como incentivo para que as pessoas se esforcem e alcancem grau mínimo de alfabetização. Na sociedade contemporânea, é impensável que alguém passe a vida em estado bruto. É desnecessário aduzir que o mundo atual é custoso para os que não dominam minimamente os processos de escrita e leitura. É quase impossível, a um analfabeto, de forma autônoma, reunir as condições necessárias para a tomada consciente de decisões no exercício de funções públicas, porquanto o aparato burocrático é complexo e gigantesco. O argumento de que poderá contar com auxiliares e assessores é primário e deve ser repelido, pois suas ações poderão ser pautadas por estes. Afinal, os cidadãos elegem o candidato, não seus assessores...

No âmbito do Direito Eleitoral, a jurisprudência tem agasalhado concepções bastante restritas de analfabeto. Não raro, confunde-se analfabetismo com experiência ou conhecimento de mundo, ignorando-se que aquele conceito liga-se ao domínio de um sistema formal de escrita e compreensão de textos. Ninguém duvida que alguém possa ser analfabeto e deter rica experiência de vida. Isso, aliás, é muito comum em países de gente inculta como o Brasil, em que o desprezo pela educação efetiva e qualitativa é manifesto em todos os lugares.

Mas urge frisar: não se trata de trocar *x* por *s* ou *sc* por *c*, confundir *mal* com *mau* ou *bem* com *bom*, escorregões, aliás, comuns mesmo em portadores de diplomas. Cuida-se, sim, de desconhecerem-se estruturas e articulações fundamentais da língua, de não se saber ler uma frase singela, de se ignorar a escrita de palavras corriqueiras, como "gato", "banana", "mãe". Obviamente, não se pretende que apenas homens letrados se candidatem aos postos públicos, mas, sim, que os candidatos tenham um mínimo de conhecimento da língua para que possam exercer com independência, dignidade e altivez o mandato conquistado.

Visando solucionar esse problema, impõe-se que o pedido de registro de candidatura seja acompanhando de documento comprovante de escolaridade, podendo-se exibir o diploma, histórico escolar ou certidão expedida pela unidade de ensino (TSE – REspe nº 8.941/PI – PSS 27-9-2016). A só apresentação de um desses documentos é suficiente para demonstrar o *status* de alfabetizado, não importando o número de anos de frequência escolar.

A ausência de documento que comprove a escolaridade pode ser suprida. Para tanto, abrem-se as seguintes vias:

i) o interessado é titular de documento que enseja presunção de escolaridade. É esse o caso da carteira nacional de habilitação – CNH, conforme se extrai da Súmula TSE nº 55: "A Carteira Nacional de Habilitação gera a presunção da escolaridade necessária ao deferimento do registro de candidatura".

ii) o interessado produz declaração de próprio punho perante autoridade ou servidor do Cartório ou Secretaria Eleitoral. Note-se que a declaração deve ser *produzida* na presença dos referidos agentes públicos, e não apenas apresentada já confeccionada e tão só assinada diante deles. A jurisprudência já considerou que a mera assinatura em documentos é insuficiente para provar a condição de alfabetizado do candidato (TSE – REspe nº 21.958/SE – PSS 3-9-2004).

iii) o interessado é submetido a prova ou teste. Nesse caso, é necessário que a alfabetização seja aferida de modo individual e reservado, sem que se fira a dignidade inerente à pessoa. Para que se considere alfabetizada, basta que a pessoa possa "ler e escrever, ainda que de forma precária" (TSE – AgR-REspe nº 90.667/RN – PSS 8-11-2012) ou "minimamente" (TSE – AgR-REspe nº 424.839/SE – *DJe*, t. 170, 4-9-2012, p. 50).

Quanto à última, muitos juízes eleitorais passaram a aplicar provas aos candidatos, visando aferir se são realmente alfabetizados. Tal proceder contou com o beneplácito do TSE, como revela o seguinte julgado:

> "Registro. Indeferimento. Candidatura. Vereador. Analfabetismo. Aferição. Teste. Aplicação. Juiz eleitoral. Art. 28, VII e § 4º, Res. – TSE nº 21.608, de 5-2-2004. 1. O candidato instruirá o pedido de registro de candidatura com comprovante de escolaridade, o qual poderá ser suprido por declaração de próprio punho, podendo o juiz, diante de dúvida quanto à sua condição de alfabetizado, determinar a aferição por outros meios (art. 28, VII e § 4º, da Res. – TSE nº 21.608). 2. O teste de alfabetização, aplicado pela Justiça Eleitoral, visa à verificação da não incidência da inelegibilidade, a que se refere o art. 14, § 4º, da Carta Magna, constituindo-se em instrumento legítimo. Vedada, entretanto, a submissão

de candidatos a exames coletivos para comprovação da aludida condição de elegibilidade, uma vez que tal metodologia lhes impõe constrangimento, agredindo-lhes a dignidade humana. [...] Recurso conhecido, mas improvido" (REspe nº 21.920, de 31-8-2004).

Frise-se que a aplicação de testes de alfabetização não pode agredir a dignidade inerente à pessoa humana.

"Registro. Eleições de 2004. Analfabetismo. Teste. Declaração de próprio punho. Possibilidade. Recurso provido em parte. A Constituição Federal não admite que o candidato a cargo eletivo seja exposto a teste que lhe agrida a dignidade. Submeter o suposto analfabeto a teste público e solene para apurar-lhe o trato com as letras é agredir a dignidade humana (CF, art. 1º, III). Em tendo dúvida sobre a alfabetização do candidato, o juiz poderá submetê-lo a teste reservado. Não é lícito, contudo, a montagem de espetáculo coletivo que nada apura e só produz constrangimento" (REspe nº 21.707, de 17-8-2004).

Bem é de ver que a concepção e aplicação de provas por parte de juízes eleitorais não resolve adequadamente o problema. Conquanto a intenção seja louvável, a verdade é que esses profissionais não são formados para isso. Ademais, a falta de uniformidade dos exames e de métodos pedagógicos reconhecidos pela ciência poderia fustigar o princípio constitucional da isonomia, porquanto candidatos considerados analfabetos em uma zona eleitoral poderiam não o ser em outra, tudo a depender do rigor do exame, dos critérios adotados e do subjetivismo do avaliador. Mais ainda: a pessoa que concebe e aplica o teste é também a que realiza a avaliação.

A Corte Superior Eleitoral considerou analfabeto, e, pois, inelegível: (a) candidato que, submetido a teste de alfabetização, não demonstrou possuir habilidades mínimas para ser considerado alfabetizado (REspe nº 13.180, de 23-9-1996); (b) candidato que se mostra incapaz de esboçar um mínimo de sinais gráficos compreensíveis (REspe nº 12.804, de 25-9-1992); (c) candidato que não mostre aptidão para leitura (REspe nº 12.952, de 1º-10-1992); (d) candidato que não logre sucesso na prova a que se submeteu, mesmo que já tenha ocupado a vereança (REspe nº 13.069, de 16-9-1996).

Ressalte-se, finalmente, que o só *exercício anterior de cargo eletivo* não é considerado bastante para demonstrar alfabetização. Nesse sentido, dispõe a Súmula TSE nº 15: "O exercício de mandato eletivo não é circunstância capaz, por si só, de comprovar a condição de alfabetizado do candidato".

10.8.4 Inelegibilidade por motivos funcionais

Diz-se funcional a inelegibilidade que decorre da ocupação de cargo e do exercício de função pública. A Constituição Federal trata dessa matéria em seu art. 14, §§ 5º e 6º, que dispõem:

"Art. 14. [...]

§ 5º O Presidente da República, os Governadores de Estado e do Distrito Federal, os Prefeitos e quem os houver sucedido, ou substituído no curso dos mandatos poderão ser reeleitos para um único período subsequente.

§ 6º Para concorrerem a outros cargos, o Presidente da República, os Governadores de Estado e do Distrito Federal e os Prefeitos devem renunciar aos respectivos mandatos até seis meses antes do pleito".

Conforme salientado, o referido § 5º foi alterado pela EC nº 16/97 para permitir a reeleição dos chefes do Poder Executivo e de seus sucessores e substitutos. A reeleição só pode ocorrer "para um único período subsequente". De plano, patenteia-se a inelegibilidade dessas autoridades para um terceiro mandato *sucessivo*, relativamente ao mesmo cargo.

A inelegibilidade também alcança quem, no curso do mandato, "houver sucedido, ou substituído" o titular. O conceito de sucessão não deve ser confundido com o de substituição, pois, enquanto naquela a investidura no cargo do titular se dá em caráter permanente, nesta é temporária. Daí que a *sucessão* gera inelegibilidade em qualquer época em que ocorrer, enquanto a *substituição* só produz tal efeito se ocorrer nos seis meses anteriores ao pleito.

A cláusula "para um único período subsequente" abrange os sucessores e substitutos do titular, de sorte que eles só podem concorrer ao mandato consecutivo àquele em que houve a sucessão ou substituição. Assim, se o titular falece durante o primeiro mandato e o vice o sucede, assumindo o comando do Executivo, só poderá candidatar-se para o período subsequente ao da sucessão, ficando inelegível para um terceiro mandato. Nesse caso, apesar de não se poder falar propriamente em reeleição quanto ao segundo mandato conquistado pelo vice (isso porque, no primeiro, ele foi eleito para o cargo de vice, não para o de titular), é certo que o impedimento alcança-o, pois o termo *reeleição*, nesse contexto, deve ser interpretado estritamente, significando nova eleição para o mesmo cargo já ocupado. Isso é assim, primeiro, porque o titular e o vice formam uma só chapa, sendo ambos eleitos na mesma ocasião, com os mesmos votos. Segundo, porque os sucessores e substitutos, ainda que temporariamente, exercem os poderes inerentes ao mandato popular, e a *ratio juris* da regra constitucional em apreço é no sentido de que uma mesma pessoa não ocupe por mais de duas vezes o mesmo cargo eletivo. Terceiro: o citado § 5º é expresso em permitir aos sucessores e substitutos a reeleição "para um único período subsequente". Por fim, o princípio republicano impõe a rotatividade no exercício do poder político.

> "O vice-prefeito que substituiu o titular seis meses antes do pleito e é eleito prefeito em eleição subsequente não pode candidatar-se à reeleição, sob pena de se configurar um terceiro mandato" (TSE – REspe nº 23.570 – PSS 21-10-2004).

> "Impossibilidade de candidatar-se a prefeito, o vice-prefeito que sucedeu ao chefe do Executivo no exercício do primeiro mandato e também sucedeu ao titular no exercício do segundo mandato consecutivo, em virtude de falecimento. Hipótese que configuraria o exercício do terceiro mandato consecutivo no mesmo cargo, vedado pelo art. 14, § 5º, da CF. Precedentes" (TSE – REspe nº 21.809 – PSS 17-8-2004).

> "Governador que ocupou o cargo de vice-governador no mandato anterior. Possibilidade de reeleição. Art. 14, § 5º, da Constituição Federal. 1. É possível ao governador que tenha ocupado o cargo de vice-governador no mandato anterior concorrer à reeleição, exceto nos casos em que substituiu o titular nos seis meses antes daquela eleição" (Res. TSE nº 21.456 – *DJ* 19-9-2003, p. 112).

Por sua vez, o transcrito § 6º, art. 14, da Lei Maior regula a situação em que o titular do Poder Executivo concorre a outro cargo eletivo, diverso do já ocupado por ele. Nesse caso, "devem renunciar aos respectivos mandatos até seis meses antes do pleito". Regra idêntica é reiterada no art. 1º, § 1º, da LC nº 64/1990.

Não há dúvida de que esse se trata de um dos mais expressivos casuísmos do Direito pátrio. Os titulares do Executivo não precisam se desincompatibilizar de seus cargos para concorrerem à reeleição, mas terão de fazê-lo para se candidatarem a outros cargos. Assim, para se livrarem do impedimento, terão de renunciar a seus mandatos até seis meses antes do pleito. Não deixa de causar espécie essa estranha solução da política tupiniquim. Adverte Ferreira Filho (2005, p. 117) haver nisso uma "incoerência chocante", pois, "se há o risco de abuso no exercício de cargo por parte do Chefe do Executivo que pretender outro cargo, o que justifica a regra do §

6º – a necessidade de renúncia até seis meses antes do pleito –, igualmente este risco existe na hipótese de a autoridade pretender reeleger-se. Onde fica a lógica?".

Situação do vice – o referido art. 14, § 6º, da CF refere-se apenas aos titulares do Poder Executivo. Nada diz sobre os respectivos vices. Assim – sem se desincompatibilizar – pode o vice se candidatar não só à reeleição (para o mesmo cargo de vice), mas também a cargo diverso. Daí dispor o art. 1º, § 2°, da LC nº 64/90: "O Vice-Presidente, o Vice-Governador e o Vice-Prefeito poderão candidatar-se a outros cargos, preservando os seus mandatos respectivos, desde que, nos últimos 6 (seis) meses anteriores ao pleito, não tenham sucedido ou substituído o titular". Por exemplo: vice-prefeito não precisa se afastar de seu cargo para concorrer a Deputado, Senador ou Governador.

O tratamento jurídico conferido aos vices possui semelhança com o dos parlamentares, pois todos poderão candidatar-se a outros cargos eletivos preservando os seus mandatos.

Somente se pode cogitar de inelegibilidade e de necessidade de desincompatibilização se o vice suceder ao titular em qualquer época ou o substituir nos seis meses anteriores ao pleito.

Por conseguinte, não tem aptidão para gerar inelegibilidade a substituição do titular ocorrida no período anterior a seis meses do pleito.

> "O vice-prefeito reeleito que tenha substituído o titular em ambos os mandatos poderá se candidatar ao cargo de prefeito na eleição subsequente, desde que as substituições não tenham ocorrido nos seis meses anteriores ao pleito" (TSE – Cta nº 1604/DF – *DJ* 24-6-2008, p. 20).
>
> "1. Consoante o disposto no art. 14, § 5º, da CF/88 e o entendimento do TSE e do STF acerca da matéria, eventual substituição do chefe do Poder Executivo pelo respectivo vice ocorrida no curso do mandato e fora do período de seis meses anteriores ao pleito não configura o desempenho de mandato autônomo do cargo de prefeito. […]" (TSE – Ag--REspe nº 7055/BA – PSS 11-12-2012).

Esse mesmo entendimento aplica-se ao presidente do Poder Legislativo quando, em razão de dupla vacância, assume de forma temporária e precária a chefia do Poder Executivo. Nesse sentido, *vide*: TSE – REspe nº 10975/MG – PSS 14-12-2016.

Desdobramentos – a chapa vitoriosa nas eleições é sempre formada por um titular e um vice. A eleição e a reeleição subsequente de uma chapa tornam seus integrantes inelegíveis para um terceiro mandato para os mesmos cargos. Destarte, nem o titular nem o vice poderão concorrer aos mesmos cargos pela terceira vez consecutiva.

Incidirá a inelegibilidade ainda que o segundo mandato tenha sido interrompido ou cassado, pois durante algum tempo ele foi exercido pelo titular. A propósito: "1. Prefeito reeleito afastado do mandato por decisão judicial é inelegível para um terceiro período consecutivo, não importando o tempo de exercício no segundo mandato. […]" (TSE – Cta nº 23.854/DF – *DJe* 2-8-2016, p. 194-195).

Apesar de titular e vice serem cargos diferentes, quem ocupar o primeiro por duas vezes fica impedido de candidatar-se ao segundo, já que poderia tornar-se titular pela terceira vez consecutiva nas hipóteses de substituição e sucessão. Nesse sentido:

> "Consulta. Elegibilidade de prefeito reeleito. Candidato a vice-prefeito. Terceiro mandato. Impossibilidade. Na linha da atual jurisprudência desta Corte, o Chefe do Executivo que se reelegeu para um segundo mandato consecutivo não pode se candidatar para o mesmo cargo nem para o cargo de vice, na mesma circunscrição, independentemente de ter renunciado até seis meses antes da eleição" (Res. TSE nº 21.483 – *DJ* 15-10-2003, p. 104).

208 | DIREITO ELEITORAL – *José Jairo Gomes*

O contrário, porém, pode suceder. Assim, o vice de uma chapa vitoriosa por duas vezes pode disputar, em uma terceira eleição subsequente, a titularidade, já que, desta feita, não concorre ao cargo de vice, mas, sim, ao de titular. Para tanto, o vice não precisa se afastar de seu mandato (*i.e.*, não precisa se desincompatibilizar), sendo-lhe vedado, porém, suceder ao titular ou substituí-lo nos seis meses anteriores à eleição (LC nº 64/90, art. 1º, § 2º).

> "Consulta. Possibilidade. Vice-Prefeito reeleito. Candidatura. Prefeito. Eleições subsequentes. O vice-prefeito reeleito que tenha substituído o titular em ambos os mandatos poderá se candidatar ao cargo de prefeito na eleição subsequente, desde que as substituições não tenham ocorrido nos seis meses anteriores ao pleito" (Res. TSE nº 22.815 – *DJ* 24-6-2008, p. 20).

> "Poder Executivo. Titular. Vice. Substituição. Reeleição. O vice que não substituiu o titular dentro dos seis meses anteriores ao pleito poderá concorrer ao cargo deste, sendo-lhe facultada, ainda, a reeleição, por um único período. Na hipótese de havê-lo substituído, o vice poderá concorrer ao cargo do titular, vedadas a reeleição e a possibilidade de concorrer ao cargo de vice" (Res. TSE nº 21.791 – *DJ* 5-7-2004, p. 1).

Situação interessante ocorre quando o vice que sucedeu ao chefe do Executivo quiser disputar a eleição seguinte não como titular (caso de reeleição), mas como vice. Nessa hipótese, impõe-se sua desincompatibilização.

> "1. O vice que passou a ser chefe do Poder Executivo, em qualquer esfera, somente disputa a reeleição se pleiteia o cargo de titular que ocupa por sucessão. 2. Já definiu o STF que a Emenda Constitucional nº 16/97 não alterou a regra do § 6º do art. 14 da Constituição Federal. 3. Se o vice que se tornou titular desejar ser eleito para o cargo de vice, deverá renunciar ao mandato de titular que ocupa até seis meses antes do pleito, para afastar a inelegibilidade" (Res. TSE nº 22.129 – *DJ* 13-3-2006, p. 142).

Em síntese, tem-se o seguinte: (a) o titular do Poder Executivo e o vice podem reeleger-se aos mesmos cargos uma só vez sucessiva; (b) cumprido o segundo mandato, o titular não poderá candidatar-se novamente ao cargo de titular nem ao de vice; (c) nesse caso, o titular poderá candidatar-se a outro cargo, devendo, porém, desincompatibilizar-se, renunciando ao mandato até seis meses antes do pleito; (d) se o vice suceder o titular em qualquer época, poderá concorrer ao cargo de titular, vedadas, nesse caso, a reeleição e a possibilidade de concorrer novamente ao cargo de vice, pois isso implicaria ocupar o mesmo cargo eletivo por três vezes; (e) se o vice não substituir o titular nos últimos seis meses antes do pleito nem sucedê-lo em qualquer época, poderá concorrer ao lugar do titular, podendo, nesse caso, candidatar-se à reeleição; assim, poderá cumprir dois mandatos como vice e dois como titular.

Prefeito itinerante – É possível que prefeito reeleito em um município se candidate ao cargo de prefeito por outro município? Inicialmente, a jurisprudência respondeu afirmativamente a essa questão, exigindo apenas que se apresentassem os requisitos para o registro da nova candidatura. Posteriormente, porém, essa orientação foi alterada. Embora não haja expressa regra legal de inelegibilidade, firmou-se o entendimento de que o art. 14, § 5º, da CF não autoriza a assunção de um terceiro mandato subsequente, mesmo que em outro município. Assim: "[...] o exercício de dois mandatos consecutivos no cargo de prefeito torna o candidato inelegível para o mesmo cargo, ainda que em município diverso. [...]" (TSE – AgR-REspe nº 35.880/PI – *DJe*, t. 100, 27-5-2011, p. 38). Compreende-se como fraudulenta a transferência de domicílio eleitoral de um para outro município, porque feita com vistas a ilidir a incidência do § 5º do art. 14 da CF, o que evidencia "desvio da finalidade do direito à fixação do domicílio eleitoral

[...]" (TSE – REspe nº 32.507/AL – PSS 17-12-2008). Tal questão foi submetida ao Supremo Tribunal Federal, tendo sido mantida a vedação. A ver:

> "Recurso extraordinário. [...] I. Reeleição. Municípios. Interpretação do art. 14, § 5º, da Constituição. Prefeito. Proibição de terceira eleição em cargo da mesma natureza, ainda que em município diverso. O instituto da reeleição tem fundamento não somente no postulado da continuidade administrativa, mas também no princípio republicano, que impede a perpetuação de uma mesma pessoa ou grupo no poder. O princípio republicano condiciona a interpretação e a aplicação do próprio comando da norma constitucional, de modo que a reeleição é permitida por apenas uma única vez. Esse princípio impede a terceira eleição não apenas no mesmo município, mas em relação a qualquer outro município da federação. Entendimento contrário tornaria possível a figura do denominado 'prefeito itinerante' ou do 'prefeito profissional', o que claramente é incompatível com esse princípio, que também traduz um postulado de temporariedade/alternância do exercício do poder. Portanto, ambos os princípios – continuidade administrativa e republicanismo – condicionam a interpretação e a aplicação teleológicas do art. 14, § 5º, da Constituição. O cidadão que exerce dois mandatos consecutivos como prefeito de determinado município fica inelegível para o cargo da mesma natureza em qualquer outro município da federação. [...]" (STF – RE nº 637.485/RJ – Pleno – Rel. Min. Gilmar Mendes – *DJe* 21-5-2013).

A proibição da segunda reeleição é absoluta, não sendo possível "que o prefeito já reeleito se candidate novamente para o mesmo cargo em eleição municipal subsequente, independentemente da localização do município em que pretende concorrer"; incide a vedação, inclusive, na hipótese de o prefeito ter se exonerado e se afastado na metade do segundo mandato para concorrer a outro cargo político-eletivo (TSE – CtaEl nº 060.070.452/DF – j. 18-6-2024; TSE – CtaEl nº 060.053.735/DF – 18-6-2024).

No entanto, cumpre destacar o entendimento segundo o qual a limitação territorial do *ius honorum* do prefeito em segundo mandato não se aplica ao seu cônjuge e parentes (afetados pela inelegibilidade reflexa do art. 14, § 7º, da CF), os quais são elegíveis em outra circunscrição eleitoral, ainda que situada em município vizinho. Nesse sentido: " [...] 3. Na linha da jurisprudência desta Corte Superior, cônjuge e parentes de prefeito reeleito são elegíveis em outra circunscrição eleitoral, ainda que em município vizinho, desde que este não resulte de desmembramento, incorporação ou fusão realizada na legislatura imediatamente anterior ao pleito. 4. Agravo regimental desprovido" (TSE – Ag-REspe nº 22071/SE – *DJe* 19-4-2017, p. 51-52). No mesmo sentido: TSE – REspe nº 19257/AL – *DJe* 12-8-2019; REspe nº 0600237/AL, j. 3-12-2020.

Interinidade – o exercício interino e, pois, precário da chefia do Poder Executivo equipara-se à situação do vice-titular, não tendo aptidão para gerar inelegibilidade quando a assunção temporária da titularidade do cargo ocorrer em momento anterior a seis meses do pleito. Assim, entende-se viável a candidatura à reeleição de quem, antes do primeiro mandato fora precariamente investido no exercício da chefia do Poder Executivo, desde que essa investidura temporária tenha ocorrido fora do período de seis meses anteriores à eleição regular.

> "[...] 5. A jurisprudência do Supremo Tribunal Federal e desta Corte firmou–se no sentido de que '[o] vice que assume o mandato por sucessão ou substituição do titular dentro dos seis meses anteriores ao pleito pode se candidatar ao cargo titular, mas, se for eleito, não poderá ser candidato à reeleição no período seguinte' (REspe 222–32/SC, Rel. Min. Henrique Neves da Silva, publicado em sessão de 16/11/2016). Para as Eleições 2020, em hipótese bastante similar ao caso dos autos: REspe 0600147–24/GO, Rel. Min. Tarcisio

Vieira de Carvalho Neto, sessão virtual de 16 a 18/12/2020, com embargos declaratórios julgados na sessão virtual de 5 a 12/3/2021. No mesmo sentido, REspe 0600162–96/RJ, Rel. Min. Mauro Campbell Marques, sessão de 15/12/2020. 6. Não é possível afastar a inelegibilidade para um terceiro mandato consecutivo quando há exercício do cargo de prefeito, ainda que por período curto e a título provisório, nos seis meses anteriores ao pleito, impedimento que possui natureza objetiva. Ressalva de entendimento deste Relator. [...]." (TSE – Ag-REspe nº 060022282/PB – *DJe*, t. 151, 17-8-2021).

"[...] 5. Se se conclui que o vice que não substitui o titular nos seis meses antes do pleito poderá candidatar-se ao cargo de prefeito e, se eleito, almejar a reeleição (único substituto legal e potencial sucessor), com maior razão a possibilidade de o presidente da Câmara de Vereadores, substituto meramente eventual e sempre precário em casos de dupla vacância, pleitear a eleição e, se eleito, a reeleição. [...] Seria uma verdadeira contradição jurídica criar para o substituto eventual (presidente de Câmara) uma restrição em sua capacidade eleitoral passiva maior que aquela definida no ordenamento jurídico e na jurisprudência eleitoral para o substituto legal do titular, pois as regras de inelegibilidades, enquanto limitação dos direitos políticos, devem sempre ser interpretadas restritivamente. 6. Recurso desprovido" (TSE – REspe nº 10.975/MG – PSS 14-12-2016).

"Eleições 2008. Agravo regimental no recurso especial. Registro de candidatura ao cargo de prefeito. Inelegibilidade. Art. 14, § 5º, da Constituição Federal. Terceiro mandato. Não configuração. Ascensão ao cargo por força de decisão judicial, revogada três dias depois. Caráter temporário. Precedentes. Agravos regimentais desprovidos, mantendo-se o deferimento do registro" (TSE – AgR-REspe nº 34.560/MA – *DJe* 18-2-2009, p. 49-50).

"A interinidade não constitui um 'período de mandato antecedente' ao período de 'mandato tampão'. O 'período de mandato tampão' não constitui um 'período de mandato subsequente' ao período de interinidade. O período da interinidade, assim como o 'mandato tampão', constituem frações de um só período de mandato. Não houve eleição para um terceiro mandato. [...]" (TSE – REspe nº 18.260/AM – PSS 21-11-2000).

Em igual sentido, vide: TSE – REspe nº 15.409/SP – *DJe*, t. 172, 5-9-2017, p. 10-11; TSE – Cta nº 12.537/DF – *DJe* 10-9-2015, p. 54; TSE – Cta nº 1.505/DF – *DJ*, v. 1, 10-3-2008, p. 16.

Portanto, se a assunção interina ou provisória da chefia do Executivo: *i)* ocorrer dentro do período de seis meses anteriores à eleição regular, a pessoa investida provisoriamente poderá disputar o pleito sem se afastar do cargo, mas se eleita não poderá se candidatar à reeleição para o período subsequente, pois isso configuraria a assunção de um terceiro mandato; *ii)* ocorrer fora do período de seis meses anteriores à eleição regular, não há geração de inelegibilidade, de modo que se a pessoa investida provisoriamente disputar o pleito e for eleita, poderá se candidatar à reeleição.

10.8.5 Inelegibilidade reflexa: cônjuge, companheiro e parentes

Denomina-se reflexa a inelegibilidade que atinge pessoas que mantêm vínculos familiares com o titular do mandato. Essa matéria é tratada no § 7º do art. 14 da Constituição, que dispõe:

"Art. 14 [...] § 7º São inelegíveis, no território de jurisdição do titular, o cônjuge e os parentes consanguíneos ou afins, até o segundo grau ou por adoção, do Presidente da República, de Governador de Estado ou Território, do Distrito Federal, de Prefeito ou de quem os haja substituído dentro dos seis meses anteriores ao pleito, salvo se já titular de mandato eletivo e candidato à reeleição".

A mesma regra é reiterada no art. 1º, § 3º, da LC nº 64/1990.

A presente inelegibilidade pretende evitar que o mesmo grupo familiar controle e monopolize o exercício do poder em determinada esfera estatal, restringindo o acesso ao mandato aos seus integrantes. Consoante ressalta Ferreira Filho (2005, p. 118), as hipóteses previstas derivam do temor de que, em razão dos vínculos familiares, "sejam candidatos beneficiados pela atuação do ocupante de elevados cargos públicos, o que prejudicaria o pleito". Afinal, sabe-se que a máquina administrativa estatal desde sempre é a grande impulsionadora das campanhas dos exercentes do poder político, que jamais hesitaram em empregá-la desbragadamente para favorecer a si próprios, a seus familiares e aliados.

Em princípio, a inelegibilidade ocorre apenas quanto ao cônjuge e parentes de chefes do Poder Executivo, a saber: Presidente da República, Governador de Estado ou do Distrito Federal e Prefeito. Não alcança os do vice, tampouco alcança os parentes de quem exerce de modo interino e precário a chefia do Poder Executivo – como pode ocorrer, por exemplo, com o presidente do Poder Legislativo e do Judiciário.

Se tiver havido sucessão no cargo de titular, incidirá a inelegibilidade nos parentes do sucessor.

Já na hipótese de substituição, a inelegibilidade reflexa se patenteará somente se aquele evento ocorrer dentro dos seis meses anteriores ao pleito. É justa tal solução, pois se não há restrição para o *ius honorum* do substituto, não há razão para que o seu parente sofra restrição em sua capacidade política.

Assim, não há inelegibilidade do cônjuge e parentes do vice que se mantiver nessa condição, ou seja, que não suceder o titular nem o substituir nos últimos seis meses antes da data marcada para a eleição. Diante disso, se o Vice-Governador substituir o titular nesse período, atrairá para seu cônjuge e seus parentes a inelegibilidade em apreço. O mesmo ocorrerá, por exemplo, se o Presidente de Câmara Municipal substituir o Prefeito, se o Presidente de Assembleia Legislativa substituir o Governador, se o Presidente da Câmara de Deputados ou do Senado substituir o Presidente da República.

E se não há inelegibilidade em relação aos parentes do vice, nada impede que integrem a mesma chapa.

> "1. Não há impedimento para que um filho lance sua candidatura a prefeito municipal tendo como candidato a vice-prefeito seu pai, vice-prefeito em primeiro mandato. 2. Em face da situação anterior, não há a necessidade de afastamento do pai vice-prefeito. 3. O referido vice-prefeito, caso queira se candidatar a prefeito, não necessita se desincompatibilizar. 4. É possível a candidatura do pai, vice-prefeito no primeiro mandato, ao cargo de prefeito, tendo como vice seu filho" (Res. TSE nº 22.799 – *DJ* 16-6-2008, p. 30).

Por conseguinte, pode haver chapa formada pelos cônjuges ou companheiros (Res. TSE nº 23.087 – *DJe* 1º-9-2009, p. 48).

Outro ponto a ser considerado é a cláusula "no território de jurisdição do titular". A inelegibilidade reflexa é relativa, só ocorrendo quanto aos cargos em disputa na circunscrição do titular. De maneira que o cônjuge e parentes de prefeito são inelegíveis no mesmo Município, mas podem concorrer em outros Municípios, bem como disputar cargos eletivos estaduais (inclusive no mesmo Estado em que for situado o Município) e federais, já que não há coincidência de circunscrições nesses casos. O cônjuge e parentes de Governador não podem disputar cargo eletivo que tenham base no mesmo Estado, quer seja em eleição federal (Deputado Federal e Senador – embora federais, a circunscrição desses cargos é o Estado), estadual (Deputado Estadual, Governador e Vice) e municipal (Prefeito e Vice e Vereador). Por fim, o cônjuge e os parentes do Presidente da República não poderão candidatar-se a qualquer cargo eletivo no País.

Frise-se que, de acordo com a parte final do citado § 7º, a inelegibilidade em tela não se patenteia se o cônjuge ou parente já for titular de mandato eletivo e candidato à reeleição. É desnecessário dizer que a reeleição é sempre para o mesmo cargo já ocupado, na mesma circunscrição eleitoral, pois implica renovação do mandato. Assim, por exemplo, se o filho do Presidente da República for vereador, poderá concorrer à reeleição para esse mesmo cargo – mas não poderá disputar o cargo de Deputado.

Com o advento da EC nº 16/97, que implantou a reeleição, a regra inscrita no § 7º tem merecido nova leitura, de maneira a ser adaptada ao contexto atual. Com efeito, não é razoável que os parentes de mandatários executivos sejam inelegíveis, enquanto o titular do mandato se pode reeleger. Deveras, a razoabilidade desse entendimento beira a obviedade. Se o titular de mandato executivo pode se reeleger sem se desincompatibilizar, não seria justo nem razoável que seu cônjuge e seus parentes ficassem impedidos de exercer idêntico direito e disputar o mesmo cargo por ele ocupado; nesse caso, concorreriam entre si. Não se pode esquecer que os princípios de isonomia e razoabilidade permeiam todo o sistema jurídico, afirmando-se, sobretudo, na Lei Maior. Em tese, seria lícito ao cônjuge e parentes do titular de mandato executivo se candidatar à sua sucessão, sem necessidade de desincompatibilização e independente de ele disputar ou não a reeleição para um segundo mandato. Nessa hipótese, se o cônjuge ou parente lograr êxito na disputa, não poderá disputar a reeleição, pois isso implicaria o exercício de um terceiro mandato pelo mesmo grupo familiar.

Todavia, não é essa a interpretação que a jurisprudência confere a essa peculiar situação. Entende-se que, cumprindo o chefe do Executivo o primeiro mandato e não se candidatando à reeleição, poderá ser sucedido por seu cônjuge ou parente, desde que se desincompatibilize até seis meses antes do pleito. Se eleito, o cônjuge ou parente ficará inelegível para uma eventual reeleição.

> "Consulta. Governador. Renúncia. Inelegibilidade. Afastamento. I – O Governador de Estado, se quiser concorrer a outro cargo eletivo, deve renunciar a seu mandato até seis meses antes do pleito (CF, art. 14, § 6º). II – A renúncia do Governador em primeiro mandato, até seis meses antes do pleito, torna elegíveis os parentes relacionados no art. 14, § 7º, da Constituição Federal. III – A renúncia do Governador, até seis meses antes da eleição, torna seus parentes elegíveis (CF, art. 14, § 7º) para cargo diverso, na mesma circunscrição. IV – Presidente da Câmara Municipal que exerce provisoriamente o cargo de Prefeito não necessita desincompatibilizar-se para se candidatar a este cargo, para um único período subsequente" (Res. TSE nº 22.119 – DJ 16-12-2005, p. 200).

A esse respeito, dispôs com clareza o § 2º do art. 14 da Resolução TSE nº 22.156/2006: "O cônjuge e os parentes consanguíneos ou afins, até o segundo grau ou por adoção, do presidente da República, de governador de Estado, de território, ou do Distrito Federal são inelegíveis para sua sucessão, salvo se este, não tendo sido reeleito, se desincompatibilizar seis meses antes do pleito". Regra idêntica foi prevista no art. 15, § 2º, da Resolução TSE nº 22.717/2008.

Não obstante, é certo que a compatibilização da reeleição com a regra do § 7º impõe que as possibilidades abertas ao titular de mandato executivo sejam estendidas a seu cônjuge e seus parentes. Não fosse assim, o princípio da isonomia restaria fustigado.

Nesse sentido, por previsão expressa do art. 14, § 6º, da Lei Maior, o titular pode candidatar-se a outros cargos eletivos, ainda que na mesma circunscrição eleitoral, devendo, para tanto, renunciar ao mandato até seis meses antes do pleito. Logo, ao cônjuge e aos parentes igualmente é dado candidatar-se a outros cargos na hipótese de desincompatibilização do titular. Pode-se dizer que, se, de um lado, o exercente de mandato executivo determina a inelegibilidade de seu cônjuge e parentes, de outro lado, sua desincompatibilização restitui-lhes a elegibilidade, devolvendo-lhes a liberdade de ação política. Nesse sentido, o TSE assentou: "2. São elegíveis, nos termos do art. 14, § 7º, da Constituição Federal, cônjuge e parentes, para cargo diverso, no território de jurisdição do titular da chefia do Executivo, desde que este se desincompatibilize nos seis meses anteriores ao pleito" (Res. TSE nº 21.508 – *DJ* 14-10-2003, p. 82).

Vedada é a alternância no Poder Executivo entre cônjuges e parentes, na hipótese de configuração de terceiro mandato pelo mesmo grupo familiar. Por exemplo: governador em primeiro mandato (após se desincompatibilizar) lança seu irmão para sua sucessão, o qual vence a eleição; nenhum parente (inclusive o referido governador) ou cônjuge desse último (o irmão) poderá se candidatar para sucedê-lo, pois isso significaria a assunção de terceiro mandato pelo mesmo grupo familiar, o que é vedado pela Constituição.

> "[…] 5. No caso *sub examine*, verifica-se que o Prefeito 'A' desempenhou o mandato referente ao quadriênio 2009-2012, e o seu parente em segundo grau, Prefeito 'C', assumiu a chefia do Poder Executivo no período de 2013-2016, de modo que, no segundo mandato, ficou caracterizada a reeleição e, em razão disso, atraiu-se a vedação de exercício de terceiro mandato consecutivo por esse núcleo familiar no mesmo cargo ou no cargo de vice-prefeito, *ex vi* do art. 14, §§ 5º e 7º, da Constituição da República. 6. Consulta respondida negativamente, porquanto o Prefeito 'C' é inelegível para o desempenho do cargo de Chefe do Executivo municipal nas Eleições de 2016" (TSE – Cta nº 11.726/DF – *DJe* 12-9-2016, p. 36-37).

Os parentes do vice também são atingidos pela inelegibilidade reflexa na hipótese de configuração de terceiro mandato pelo mesmo grupo familiar. Nesse sentido, assentou a Corte Superior Eleitoral:

> "[…] 2. Ante a interpretação sistemática dos §§ 5º e 7º do art. 14 da Constituição Federal, verifica-se a impossibilidade de alternância de membros de um mesmo grupo familiar no exercício de cargo majoritário por três mandatos consecutivos. Tais postulados, a toda evidência, alcançam os candidatos aos cargos de vice-presidente, vice-governador e vice-prefeito, porque o preceito constitucional visa coibir a perpetuação no mesmo cargo político de um núcleo familiar em determinada circunscrição, a fim de dar efetividade aos postulados básicos do regime democrático. [...] 5. Irrelevante para o deslinde da lide o fato de o agravante e sua esposa, enquanto vice-prefeitos, não sucederem o prefeito no curso do mandato. [...]" (TSE – AgRg-REspe nº 128/TO – *DJe* 19-12-2018).

Se o titular do Executivo renunciar ou afastar-se definitivamente do cargo no "primeiro" mandato, seu cônjuge e seus parentes poderão concorrer à sua sucessão na subsequente eleição ordinária e, se vitoriosos, ficarão inelegíveis para a própria reeleição. Não fosse assim, configurar-se-ia o exercício de um terceiro mandato pelo mesmo grupo familiar. Nesse sentido, é clara a ressalva constante na segunda parte da Súmula TSE nº 6:

> "São inelegíveis para o cargo de Chefe do Executivo o cônjuge e os parentes, indicados no § 7º do art. 14 da Constituição Federal, do titular do mandato, salvo se este, reelegível, tenha falecido, renunciado ou se afastado definitivamente do cargo até seis meses antes do pleito" (TSE – Súmula nº 6). [Registre-se que a hipótese de "falecimento" prevista na súmula tornou-se ineficaz e insubsistente com o julgamento pelo STF do RE nº 758.461/ PB, *DJe* 30-10-2014].

Embora não conste da referida súmula, esse mesmo entendimento aplica-se à hipótese de cassação.

A Corte Superior entendeu como regular a sucessão de prefeito em primeiro mandato pelo filho vereador, este presidente da Câmara Municipal, que, nessa qualidade, passou a exercer interinamente a chefia do Poder Executivo, porque em tal caso não ocorre a "perpetuação do grupo familiar no poder, de modo que não foi maculada a *ratio essendi* do art. 14, § 7º, da Constituição Federal" (TSE – REspEl nº 060008132/SP – *DJe* 12-12-2023).

Deveras, é considerado regular o exercício de "frações de um mandato" por membros do mesmo grupo familiar dentro do respectivo período de quatro anos entre duas eleições ordinárias; compreende-se que o exercício interino ou definitivo (no caso de eleição suplementar) ocorrido naquele interstício constitui mera complementação do quadriênio e, portanto, "não configura novo mandato" (TSE – REspEl nº 060008246/SP – *DJe* 12-12-2024), mas sim exercício do mesmo mandato. Assim, quem exercer de modo interino ou definitivo uma fração do primeiro mandato de seu cônjuge ou parente pode disputar a própria reeleição. Confira-se:

> "Teses de julgamento:
>
> 1. O mandato da chefia do Poder Executivo corresponde ao quadriênio que se inicia no ano seguinte à eleição ordinária. Havendo, no interstício do mandato, a realização de eleição suplementar, o respectivo período constitui mera complementação do mandato quadrienal ordinário, de modo que não configura novo mandato (arts. 29, I, e 81, § 2º, da CF).
>
> 2. Para fins do art. 14, §§ 5º e 7º, da CF: (a) o exercício da chefia do Poder Executivo por integrante de grupo familiar caracteriza um só mandato quando a assunção do cargo – em caráter interino e/ou definitivo – ocorre dentro do quadriênio da respectiva eleição ordinária; (b) sendo o titular do Poder Executivo reelegível, poderão concorrer à sucessão os integrantes do seu clã familiar, sendo admitida uma reeleição – por quaisquer de seus integrantes – para a legislatura subsequente" (TSE – REspEl nº 060.008.246/SP – *DJe* 12-12-2024).

Nas hipóteses de o chefe do Executivo renunciar ou ter seu diploma cassado durante o "segundo" mandato, a leitura literal da citada Súmula nº 6 do TSE induz à conclusão de que seu cônjuge e parentes não poderiam sucedê-lo para a assunção de um "novo mandato" no quadriênio subsequente, pois isso caracterizaria o terceiro mandato pelo mesmo grupo. Não obstante, poderiam se candidatar a outros cargos, desde que a renúncia ou a cassação tenha ocorrido há mais de seis meses antes do pleito; esses eventos produzem o mesmo efeito da desincompatibilização.

Por outro lado, à luz da jurisprudência há pouco citada, na hipótese de interrupção do segundo mandato em virtude de renúncia ou cassação do titular, o cônjuge e parentes deste poderiam se candidatar para o "mandato tampão", e assim concluir o mandato precocemente interrompido.

10.8.5.1 Inelegibilidade reflexa derivada de matrimônio e união estável

Apesar de o citado § 7º, art. 14, da Lei Maior aludir a "cônjuge", é evidente que a inelegibilidade em exame também se aplica a companheiros na hipótese de união estável, pois a família se origina tanto do casamento quanto da união estável. Vale lembrar que a Constituição Federal e o Código Civil reconhecem a união estável entre o homem e a mulher, caracterizando essa relação como entidade familiar. Além disso, no que concerne ao casamento, não importa seja ele civil ou religioso, pois em ambos comparece a inelegibilidade em foco.

No caso de separação e divórcio do chefe do Executivo, se esses fatos ocorrerem durante o exercício do mandato, permanecerá o impedimento do cônjuge separado, divorciado ou viúvo – inclusive o dos parentes por afinidade –, porque, de qualquer forma, em algum momento do mandato terão existido os vínculos conjugal e parental. Essa interpretação foi cristalizada na Súmula Vinculante nº 18 do Supremo Tribunal Federal, que reza: "A dissolução da sociedade ou do vínculo conjugal, no curso do mandato, não afasta a inelegibilidade prevista no § 7º do art. 14 da Constituição Federal".

Note-se que o casamento válido extingue-se pelo divórcio dos cônjuges, caso em que se opera a extinção do vínculo matrimonial (CC, art. 1.571, § 1º). No entanto, o impedimento em apreço só não se manifesta se aquele fato for anterior ao exercício do mandato. Consumando-se o divórcio durante o primeiro mandato, a inelegibilidade do ex-cônjuge do chefe do Executivo permanece durante todo o período, mas não se patenteia em eventual segundo mandato.

União estável – A união estável goza do *status* de entidade familiar. Sendo em tudo semelhante ao casamento (CF, art. 226, § 3º), em relação a ela também incide a inelegibilidade prevista no art. 14, § 7º, da Lei Maior. Assim: "1. De acordo com a jurisprudência do Tribunal Superior Eleitoral, a união estável atrai a incidência da inelegibilidade prevista no art. 14, § 7º, da Constituição Federal. Nesse sentido: Res. – TSE nº 21.367, rel. Ministro Luiz Carlos Madeira, de 1º-4-2003" (TSE – REspe nº 23.487/TO – PSS 21-10-2004).

Concubinato – O concubinato é contemplado no art. 1.727 do Código Civil, que o define como "as relações não eventuais entre o homem e a mulher, impedidos de casar". Não se confunde, pois, com a união estável, pois nesta não há qualquer impedimento a que o casal contraia matrimônio. Dada a similitude do concubinato com o casamento e a união estável e, sobretudo, a sociedade conjugal de fato por ele engendrada, tem-se afirmado a existência de inelegibilidade nesse tipo de consórcio. É que a inelegibilidade reflexa visa evitar que o mesmo grupo familiar se perpetue no poder.

> "[…] 2. A convivência marital, seja união estável ou concubinato, gera inelegibilidade reflexa em função de parentesco por afinidade (Precedentes: Recurso Ordinário nº 1.101, Rel. Min. Carlos Ayres Britto, *DJ* de 2-5-2007; Recurso Especial Eleitoral nº 23.487, Rel. Min. Caputo Bastos, sessão de 21-10-2004; Recurso Especial Eleitoral nº 24.417, Rel. Min. Gilmar Mendes, *DJ* de 13-10-2004; Consulta nº 845, Rel. Min. Luiz Carlos Madeira, *DJ* de 8-5-2003)" (Res. TSE nº 22.784 – *JTSE* 2:2008:212).

Separação jurídica do casal – A separação do casal, judicial ou extrajudicial, elide a inelegibilidade prevista no art. 14, § 7º, da Constituição Federal, eis que há rompimento da *sociedade conjugal*, malgrado o *vínculo matrimonial* permaneça hígido. É que com a separação não mais se pode falar em monopólio do poder político por pessoas ligadas ao mesmo grupo familiar.

Vale ressaltar que a inelegibilidade do cônjuge separado permanece durante todo o curso do mandato em que a separação ocorreu.

Extrai-se da jurisprudência da Corte Superior Eleitoral: *(a)* "[…] Cônjuge separado judicialmente de prefeito, com trânsito em julgado da sentença anterior ao exercício do segundo mandato deste, não tem obstaculizada a eleição para idêntico cargo do ex-esposo" (Res. TSE nº 22.729/DF – *DJ* 31-3-2008, p. 13); *(b)* "[…] Se a separação judicial ocorrer no curso do mandato eletivo, o vínculo de parentesco persiste para fins de inelegibilidade até o fim do mandato, inviabilizando a candidatura do ex-cônjuge ao pleito subsequente, na mesma circunscrição, a não ser que o titular se afaste do cargo seis meses antes da eleição […]" (TSE – AREspe nº 26.033/MG – *DJ* 10-9-2007, p. 107); *(c)* "Se a separação ocorreu no curso do mandato, mesmo que neste mesmo período tenha o ex-cônjuge passado a manter união estável com terceira pessoa, este somente será elegível caso o titular se desincompatibilize do cargo seis meses antes do pleito" (TSE – REspe nº 22.169/GO – *DJ* 23-9-2005).

Separação de fato – Se a *separação de fato* do casal estiver consolidada, com real e efetivo rompimento da sociedade conjugal, não há razão para subsistir indefinidamente a inelegibilidade em foco. Tal conclusão é ainda mais evidente quando os ex-cônjuges passam a conviver pública e continuamente com outras pessoas, revelando que a família anterior não mais subsiste. Nesse diapasão:

"[...] 4. A separação de fato ocorrida antes do curso do mandato que antecedeu aquele para o qual a candidata pretendeu se eleger, devidamente comprovada e sobre a qual não há qualquer pecha de fraude, é marco bastante ao afastamento da hipótese de inelegibilidade reflexa de que trata o artigo 14, § 7º, da Constituição Federal e a Súmula Vinculante nº 18, exatamente porque suficiente a afastar, estreme de dúvidas, resquícios do desvio que a norma constitucional pretendeu extirpar" (TSE – REspe nº 060012772/MA – j. 1-7-2021).

"[...] quando a separação de fato ocorreu há mais de dez anos, havendo sido reconhecida na sentença da separação judicial, o ex-cônjuge pode candidatar-se na eleição subsequente, pois a ruptura do vínculo conjugal se deu antes mesmo do primeiro mandato, sem haver, portanto, violação ao preceito constitucional" (Res. TSE nº 21.775 – DJ 21-6-2004, p. 91).

No mesmo sentido: TSE – Cta-El nº 060.037.285/DF – DJe 22-9-2023; Cta-El nº 060.066.470/DF, j. 2-4-2024.

Divórcio – O divórcio extingue o vínculo matrimonial, tornando insubsistente a inelegibilidade em apreço. Tal efeito é alcançado tanto pelo divórcio judicial, quanto pelo extrajudicial. Este é regulamentado pelo art. 733 do CPC, sendo ultimado por escritura pública, lavrada por tabelião, quando não houver nascituro ou filho incapaz e houver consenso; é dispensada a homologação judicial do ato.

A inelegibilidade do cônjuge divorciado permanece no curso do mandato em que o vínculo se dissolveu.

Sobre esse tema, assim tem entendido a Corte Superior Eleitoral:

a) "No caso de o chefe do Executivo exercer dois mandatos consecutivos, existindo a extinção do vínculo, por sentença judicial, durante o primeiro mandato, não incide a inelegibilidade prevista no art. 14, § 7º, da Constituição Federal" (TSE – REspe nº 22.785/PA – PSS 15-9-2004);

b) "[...] II – Se a sentença de dissolução do casamento transitar em julgado durante o mandato, persiste, para fins de inelegibilidade, até o fim do mandato o vínculo de parentesco com o ex-cônjuge, pois '[...] em algum momento do mandato existiu o vínculo conjugal'. III – Para fins de inelegibilidade, o vínculo de parentesco por afinidade na linha reta se extingue com a dissolução do casamento, não se aplicando o disposto no § 2º do art. 1.595 do Código Civil/2002 à questão de inelegibilidade. Todavia, há de observar-se que, se a sentença de dissolução do casamento transitar em julgado durante o mandato, persiste até o fim do mandato o vínculo de parentesco por afinidade" (Res. TSE nº 21.798 – DJ 9-8-2004, p. 104).

Morte do mandatário – A morte de um dos consortes extingue o vínculo conjugal, tornando insubsistente a inelegibilidade reflexa relativamente ao cônjuge e parentes do falecido.

A Súmula Vinculante nº 18 do Supremo Tribunal Federal dispõe que: "A dissolução da sociedade ou do vínculo conjugal, no curso do mandato, não afasta a inelegibilidade prevista no § 7º do art. 14 da Constituição Federal". E é certo que a morte encontra-se entre as causas de dissolução não só da sociedade, como do próprio vínculo conjugal.

No entanto, ao julgar o RE nº 758.461/PB, na sessão de 22-5-2014, sob a sistemática da repercussão geral, o Excelso Pretório assentou a necessidade de se aplicar a citada Súmula de maneira contextualizada, não tendo ela incidência na hipótese de "extinção do vínculo conjugal pela morte de um dos cônjuges", a ver:

> "Constitucional e eleitoral. Morte de prefeito no curso do mandato, mais de um ano antes do término. Inelegibilidade do cônjuge supérstite. CF, art. 14, § 7º. Inocorrência. 1. O que orientou a edição da Súmula Vinculante nº 18 e os recentes precedentes do STF foi a preocupação de inibir que a dissolução fraudulenta ou simulada de sociedade conjugal seja utilizada como mecanismo de burla à norma da inelegibilidade reflexa prevista no § 7º do art. 14 da Constituição. Portanto, não atrai a aplicação do entendimento constante da referida súmula a extinção do vínculo conjugal pela morte de um dos cônjuges. 2. Recurso extraordinário a que se dá provimento" (STF – RE nº 758.461/PB – Pleno – Rel. Min. Teori Zavascki – *DJe* 30-10-2014).

Com base nesse julgado, firmou a Corte Superior Eleitoral o seguinte entendimento: "[...] 2. O Supremo Tribunal Federal, no julgamento do RE nº 758.461 submetido à sistemática da repercussão geral, assentou a impossibilidade de comparação da dissolução da sociedade ou do vínculo conjugal por ato de vontade dos cônjuges com a situação decorrente do evento morte. Dessa forma, estabeleceu que a morte do cônjuge no curso do seu mandato eletivo rompe o vínculo familiar para fins do art. 14, § 7º, da Constituição da República (RE nº 758.461/PB, Rel. Min. Teori Zavaski, *DJe* de 29.11.2013). Justamente porque submetida à sistemática da repercussão geral, a tese jurídica fixada no precedente é de observância obrigatória a este Tribunal Superior e aos demais órgãos do Poder Judiciário. [...]" (TSE – Cta. nº 060004946/DF – j. 25-4-2024).

Assim, à consideração de que "a morte do cônjuge no curso do seu mandato eletivo rompe o vínculo familiar para fins do art. 14, § 7º, da Constituição da República", ao julgar o REspe nº 12.162/PR (*DJe*, t. 85, 3-5-2017), o TSE afastou a incidência de inelegibilidade por parentesco de companheira de prefeito reeleito falecido no início do segundo mandato. Ademais, no julgamento do AgR-REspe nº 177-20/MG (*DJe* 2-2-2018), o TSE assentou que "não incide sobre a candidata a inelegibilidade prevista no art. 14, §§ 5º e 7º, da Constituição da República, uma vez que a dissolução do seu vínculo conjugal com o mandatário do Executivo municipal deu-se em virtude do falecimento deste, no curso do segundo mandato, cerca de mais de um ano e meio antes do pleito eleitoral de 2016, fato este que evidencia o rompimento do continuísmo do grupo familiar no poder".

Invalidade do casamento – No que concerne à inelegibilidade reflexa, inexiste regra específica disciplinando os efeitos do casamento inválido, isto é, nulo ou anulável. As hipóteses de nulidade são previstas no art. 1.548 do CC, enquanto as de anulabilidade vêm contempladas nos arts. 1.550, 1.556, 1.557 e 1.558 da mesma norma. A invalidação do casamento só se dá em regular processo judicial. A declaração judicial de nulidade ou a decretação de anulabilidade o desconstitui, retirando-o do mundo jurídico. Em ambos os casos, os efeitos da sentença são *ex tunc*, retroagindo à data da celebração. Vale salientar que, nos termos do art. 1.561 do CC, quando putativo (isto é, se contraído de boa-fé), produz o matrimônio todos os efeitos até o dia da sentença anulatória; havendo má-fé de ambos os contraentes, seus efeitos civis só aos filhos aproveitam.

Cumpre, pois, perquirir se, a despeito da invalidação do ato, a inelegibilidade reflexa se patenteia.

Apesar de o ato matrimonial ser desconstituído, durante certo lapso de tempo subsistiu uma relação conjugal, a qual, sendo putativo o casamento, acreditava-se hígida. Saliente-se inexistir prazo para que a ação declaratória de nulidade seja ajuizada, enquanto a ação de anulação deve ser intentada em prazos que variam de 180 dias a quatro anos após a celebração, nos termos do art. 1.560 do CC. Não parece razoável afirmar-se a inelegibilidade *tout court* se o matrimônio for anulado pouco tempo após ser contraído, pois a situação sequer terá se consolidado. Por outro lado, sendo duradoura a relação, deve-se reconhecer a eficácia geradora de inelegibilidade do casamento inválido. É que a situação fática dele resultante assemelha-se ao casamento *válido*, à união estável e ao concubinato. A inelegibilidade reflexa visa impedir que o mesmo grupo familiar se perpetue no exercício do poder estatal em determinada circunscrição.

10.8.5.2 Inelegibilidade reflexa e família homoafetiva

A ideia contemporânea de família é bem diferente de outrora. Se antes essa instituição social era revestida de sacralidade e tinha por fim precípuo a reprodução ou perpetuação da espécie, hoje ela se funda na afetividade, solidariedade, dignidade da pessoa humana, bem como no respeito às diferenças.

Chama-se homoafetiva a família constituída pela união de pessoas do mesmo sexo. Embora o *casamento* homossexual não seja expressamente contemplado no ordenamento positivo brasileiro, o certo é que uniões dessa natureza são comuns. O Censo 2010, promovido pelo IBGE, revelou existir no Brasil cerca de 60 mil cônjuges de igual sexo do chefe do domicílio" (disponível em: <http://www.ibge.com.br/home/presidencia/noticias/noticia_visualiza.php?id_noticia=1866&id_pagina=1>. Acesso em: 1º maio 2011). Mas esse número pode não ser exato, estando dissociado da realidade nacional em razão de muitos, por preconceito, preferirem não revelar seu verdadeiro *status* familiar; a tendência é que aumente em futuras pesquisas.

Trata-se, pois, de realidade que não mais se pode ignorar, sobretudo na seara jurídica, visto que as relações daí surgidas devem ser objeto de disciplina legal adequada.

O Supremo Tribunal Federal posicionou-se a respeito do tema em comento. Ao julgar a ADI nº 4.277/DF em conjunto com a ADPF nº 132/RJ na sessão plenária realizada em 5-5-2011, por unanimidade, acolheu os pedidos formulados em tais demandas, com eficácia *erga omnes* e efeito vinculante, para afirmar a possibilidade jurídica de haver união estável entre pessoas do mesmo sexo. Conformando o sentido do art. 1.723 do Código Civil à Constituição, entendeu a Corte Suprema dever ser excluído desse dispositivo qualquer significado que impeça o reconhecimento da união entre pessoas do mesmo sexo como entidade familiar. Salientou-se no julgamento que o art. 3º, IV, da Lei Maior veda qualquer discriminação em virtude de sexo, raça, cor e que, nesse sentido, ninguém pode ser diminuído ou discriminado em função de sua preferência sexual.

No campo eleitoral, há muito proclamou o TSE a inelegibilidade reflexa de pessoa que mantém com titular do Executivo "relação estável homossexual". Inegavelmente, tal exegese implica alargar o conceito de entidade familiar, que passa a abranger esse tipo de união. Confira-se:

> "Registro de candidato – Candidato ao cargo de prefeito – Relação estável homossexual com a prefeita do município – Inelegibilidade (CF, 14, § 7º). Os sujeitos de uma relação estável homossexual, à semelhança do que ocorre com os de relação estável, de concubinato e de casamento, submetem-se à regra de inelegibilidade prevista no art. 14, § 7º, da CF. Recurso a que se dá provimento" (TSE – REspe nº 24.564/PA – PSS 1º-10-2004).

10.8.5.3 Inelegibilidade reflexa derivada de parentesco por consanguinidade ou adoção até o 2º grau

A inelegibilidade afeta tanto o parentesco na linha reta, quanto na colateral, limitando-se, porém, ao 2º grau. Nessa situação, enquadram-se: pais, avós, filhos (adotivos ou não), netos e irmãos.

Cap. 10 • INELEGIBILIDADE | 219

10.8.5.4 Inelegibilidade reflexa derivada de parentesco por afinidade até o 2º grau

Os afins também são afetados, sendo abrangidas as linhas reta e colateral. Nessa situação, enquadram-se: sogro, sogra, sogro-avô, sogra-avó, genro, nora, genro-neto, nora-neta, cunhado e cunhada.

Genro – "É inelegível ex-genro do atual prefeito candidato à reeleição, na jurisdição do titular do mandato executivo, em razão de parentesco por afinidade na linha reta" (TSE – AREspe nº 22.602/PE – PSS 20-9-2004).

Cunhado – (a) "É necessário o afastamento do titular do Poder Executivo Estadual para que a sua cunhada se candidate a cargos políticos na mesma área de jurisdição" (TSE – AREspe nº 21.878/PR – PSS 14-9-2004); (b) "A reeleição é faculdade assegurada pelo art. 14, § 5º, da Constituição Federal. O cunhado do prefeito candidato à reeleição pode candidatar-se também, desde que o prefeito se desincompatibilize seis meses antes do pleito. O titular de mandato do Poder Executivo não necessita de se desincompatibilizar para se candidatar à reeleição. Precedentes" (Res. TSE nº 21.597 – *DJ* 10-2-2004, p. 87).

Cunhado em união estável – "1. De acordo com a jurisprudência do Tribunal Superior Eleitoral, a união estável atrai a incidência da inelegibilidade prevista no art. 14, § 7º, da Constituição Federal. Nesse sentido: Res. – TSE nº 21.367, rel. Ministro Luiz Carlos Madeira, de 1º-4-2003. 2. É inelegível candidato que mantém relacionamento caracterizado como união estável com a irmã do atual prefeito" (TSE – REspe nº 23.487/TO – PSS 21-10-2004).

No *cunhadio*, o impedimento não alcança o cônjuge ou companheiro(a) do(a) cunhado(a) do(a) titular do mandato. Esse entendimento foi expresso pelo TSE ao responder à Consulta nº 1.487/2007 (Res. nº 22.682, *DJ* 12-2-2008, p. 8), ocasião em que assentou que "os afins do cônjuge não são afins entre si". Eis a ementa da Resolução: "Consulta. Esposa ou companheira do cunhado do prefeito candidato à reeleição. Candidatura. Possibilidade. 1 – A esposa ou companheira do cunhado de prefeito candidato à reeleição pode candidatar-se a cargo eletivo porque os afins do cônjuge não são afins entre si. 2. Precedentes".

10.8.5.5 Município desmembrado e inelegibilidade reflexa

A inelegibilidade reflexa também se apresenta na hipótese de desmembramento de município. Nesse sentido, dispõe a Súmula TSE nº 12:

> "São inelegíveis, no município desmembrado, e ainda não instalado, o cônjuge e os parentes consanguíneos ou afins, até o segundo grau ou por adoção, do prefeito do município-mãe, ou de quem o tenha substituído, dentro dos seis meses anteriores ao pleito, salvo se já titular de mandato eletivo".

Note-se que, nos termos da súmula, a inelegibilidade incide apenas enquanto "ainda não instalado" o município desmembrado.

10.9 INELEGIBILIDADES INFRACONSTITUCIONAIS OU LEGAIS

10.9.1 Considerações iniciais

As inelegibilidades infraconstitucionais ou legais fundam-se no art. 14, § 9º, da Constituição Federal, que reza:

> "Art. 14 [...] § 9º Lei complementar estabelecerá outros casos de inelegibilidade e os prazos de sua cessação, a fim de proteger a probidade administrativa, a moralidade para exercício de mandato considerada vida pregressa do candidato, e a normalidade e legi-

timidade das eleições contra a influência do poder econômico ou o abuso do exercício de função, cargo ou emprego na administração direta ou indireta".

A redação desse dispositivo foi conferida pela Emenda Constitucional de Revisão nº 4, de 1994. Nos termos da Súmula TSE nº 13, ele "não é autoaplicável", carecendo, portanto, de regulamentação legal.

Diz expressamente o referido § 9º que somente lei complementar pode instituir inelegibilidade infraconstitucional. Tal espécie normativa, para ser aprovada no Parlamento, requer *quorum* qualificado: maioria absoluta.

Conforme salientado, a distinção entre inelegibilidades constitucionais e legais é sobremodo relevante. Deveras, por se tratar de matéria constitucional, não incide a preclusão temporal. Já as inelegibilidades legais precluem se não forem arguidas na primeira oportunidade que, em geral, coincide com o registro de candidatura. Não sendo alegadas neste momento, não mais poderão sê-lo. Após o registro, só se admite a alegação da chamada inelegibilidade superveniente, assim considerada a inelegibilidade legal surgida no período compreendido entre o registro e a data da eleição. Conforme assentou a Corte Superior Eleitoral:

> "[...] III – As inelegibilidades constitucionais podem ser arguidas tanto na impugnação de candidatura quanto no recurso contra expedição de diploma, mesmo se existentes no momento do registro, pois aí não há falar em preclusão. No entanto, as inelegibilidades constantes da legislação infraconstitucional só poderão ser alegadas no recurso contra expedição de diploma se o fato que as tiver gerado, ou o seu conhecimento for superveniente ao registro. IV – Regularidade de diretório não é matéria constitucional, ensejando preclusão. V – É inviável o provimento do agravo interno quando não ilididos os fundamentos da decisão agravada" (TSE – Ac. nº 3.328/MG – *DJ* 21-2-2003, p. 136).

> "Recurso especial recebido como ordinário. Registro de candidatura. Rejeição de contas. Inelegibilidade arguida nas razões do recurso. Impossibilidade. Preclusão. As hipóteses de inelegibilidade infraconstitucional devem ser arguidas mediante impugnação ao pedido de registro de candidatura, sob pena de preclusão. Recurso a que se nega provimento" (TSE – REspe nº 19.985/SP – PSS 29-8-2002).

Observe-se que, segundo a dicção constitucional, a lei complementar deve pautar-se por três princípios: (a) proteção da probidade administrativa; (b) proteção da moralidade para exercício de mandato, considerada a vida pregressa do candidato; (c) preservação da normalidade e legitimidade das eleições contra a influência do poder econômico ou o abuso do exercício de função, cargo ou emprego na Administração direta ou indireta.

Outrossim, inelegibilidade não pode ter caráter perene ou imutável, devendo a norma legal instituir "os prazos de sua cessação". Isso porque em jogo se encontra o exercício do direito fundamental de ser votado, direito esse insuscetível de sofrer restrição de caráter perpétuo.

10.9.2 A Lei Complementar nº 64/90

A Lei Complementar nº 64/90 – também chamada de Lei de Inelegibilidades – regulamentou o art. 14, § 9º, da Constituição, erigindo diversas hipóteses de inelegibilidade.

Cerca de 20 anos após sua promulgação, aquela norma foi alterada pela LC nº 135/2010 (Lei da Ficha Limpa), a qual foi fruto de um amplo movimento nacional denominado "Movimento de Combate à Corrupção Eleitoral (MCCE)". Aliando-se a diversas entidades, tal Movimento organizou a coleta de assinaturas em todo o País para apresentação ao Congresso Nacional de Projeto de Lei de Iniciativa Popular que impedisse a candidatura de pessoas moralmente inidôneas para ocupar cargo público. Após recolher mais de 1,3 milhão de assinaturas, tal Projeto foi apresentado ao Congresso no dia 29 de setembro de 2009. Sua tramitação iniciou-se na Câmara de Deputados, onde recebeu o número PL nº 518/2009; posteriormente, por semelhança de objetos, foi apensado ao PLP nº 168/93, que trata de inelegibilidade com base na vida pregressa do candidato.

Outra mudança na Lei de Inelegibilidades foi promovida pela LC nº 184/2021.

O elenco legal de causas de inelegibilidades é extenso, como se pode constatar da norma em exame. O critério da abrangência ou extensão fundamenta a primeira grande divisão acolhida nessa matéria, porquanto as inelegibilidades são repartidas em absolutas e relativas.

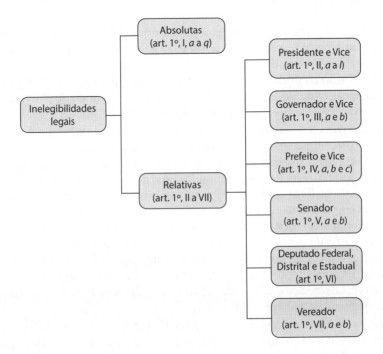

Fonte: Elaborado pelo Autor.

Observe-se que o art. 1º, I, *a*, bem como os §§ 1º, 2º e 3º, da LC nº 64/90 reproduzem matéria constitucional já tratada anteriormente, razão pela qual não serão repetidos aqui.

10.9.3 Inelegibilidades legais absolutas – LC nº 64/90, art. 1º, I

Conforme salientado, as inelegibilidades absolutas ensejam impedimento para qualquer cargo político-eletivo, independentemente de a eleição ser presidencial, federal, estadual ou municipal. A ocorrência de uma delas rende ensejo à declaração de inelegibilidade, que pode culminar na negação do registro ou no cancelamento do diploma, caso esse já tenha sido expedido. No caso, a impugnação poderá ser feita por qualquer candidato, partido político ou pelo órgão do Ministério Público.

Na sequência, faz-se breve análise das hipóteses legais seguindo-se a mesma ordem em que são apresentadas na Lei Complementar. Para que a exposição não se torne repetitiva, as inelegibilidades constitucionais reproduzidas no texto legal não serão tratadas, haja vista terem sido objeto de considerações anteriores.

10.9.3.1 Perda de mandato legislativo (art. 1º, I, b)

Reza o art. 1º, I, *b*, da LC nº 64/90 serem inelegíveis para qualquer cargo:

> "os membros do Congresso Nacional, das Assembleias Legislativas, da Câmara Legislativa e das Câmaras Municipais, que hajam perdido os respectivos mandatos por infringência do disposto nos incisos I e II do art. 55 da Constituição Federal, dos dispositivos equivalentes sobre perda de mandato das Constituições Estaduais e Leis Orgânicas dos Municípios e do Distrito Federal, para as eleições que se realizarem durante o período remanescente do mandato para o qual foram eleitos e nos oito anos subsequentes ao término da legislatura".

No tocante aos parlamentares federais, a perda de mandato deve ser decidida por maioria absoluta dos membros da respectiva Casa, isto é, a Câmara ou o Senado. A votação é aberta (CF, art. 55, § 2º, com redação da EC nº 76/2013), sendo assegurada ampla defesa ao acusado. O processo tem início mediante provocação da Mesa ou de partido político representado no Congresso Nacional. Durante o processo, não surtirá efeito a renúncia do parlamentar submetido a processo que vise ou possa levar à perda do mandato (CF, art. 55, § 4º).

Entre os motivos da cassação, figuram as seguintes condutas, vedadas aos parlamentares: (a) realização de procedimento declarado incompatível com o decoro parlamentar, assim entendido o abuso das prerrogativas asseguradas aos membros do Congresso Nacional, a percepção de vantagens indevidas, além dos casos definidos no regimento interno; (b) firmar ou manter contrato com pessoa jurídica de Direito Público, autarquia, empresa pública, sociedade de economia mista ou empresa concessionária de serviço público, salvo quando o contrato obedecer a cláusulas uniformes; (c) aceitar, exercer ou ocupar cargo, função ou emprego remunerado, inclusive os de que sejam demissíveis *ad nutum*, nas entidades constantes do item anterior; (d) ser proprietário, controlador ou diretor de empresa que goze de favor decorrente de contrato com pessoa jurídica de Direito Público, ou nela exercer função remunerada; (e) patrocinar causa em que seja interessada qualquer das entidades aludidas na letra *b*; (f) ser titular de mais de um cargo ou mandato público-eletivo.

Interessante na hipótese legal em apreço é a definição do período de incidência da inelegibilidade. O termo inicial coincide com a publicação da decisão emanada da respectiva Casa Legislativa de perda do mandato.

Já quanto ao termo final, é preciso considerar o disposto na última parte da presente alínea *b*, pelo que a inelegibilidade vigorará: *(i)* para as eleições que se realizarem durante o período remanescente do mandato para o qual o parlamentar foi eleito; *(ii)* "nos oito anos subsequentes ao término da legislatura". Há, portanto, duas referências a serem consideradas: o mandato e a legislatura. A Constituição define a *legislatura* como sendo o período de quatro anos (CF, art. 44, parágrafo único).

Para o cargo de deputado federal, o mandato coincide com a legislatura, não havendo margem a dúvida sobre o período de incidência da inelegibilidade. Assim, por exemplo, se em 2012 deputado eleito em 2010 ficou inelegível com fundamento na regra legal em exame, a inelegibilidade perdurou pelo restante do mandato (*i. e.*, até 2014), estendendo-se por oito anos após o fim da legislatura, ou seja, de 2015 a 2022.

Mas essa coincidência não ocorre no cargo de senador, pois o mandato deste é de oito anos (CF, art. 46, § 1º) e abrange duas legislaturas. O problema, então, consiste em saber se o período de inelegibilidade se estenderá a partir da primeira ou da segunda legislatura abarcadas pelo mandato senatorial. Pelo menos duas hipóteses podem ser aventadas, contando-se a inelegibilidade: *(1)* a partir do final da legislatura em que o mandato era exercido, caso em que pode ser a primeira ou a segunda legislatura; *(2)* a partir do final da segunda legislatura. À

Cap. 10 • INELEGIBILIDADE | **223**

guisa de exemplo, figure-se senador eleito em 2010 (para exercício nas legislaturas de 2011/2014 e 2015/2018) cujo mandato tenha sido cassado em 2012. Pela hipótese "1", a inelegibilidade perdura pelo tempo restante do mandato (*i. e.*, até 2018) e se estende por mais oito anos após o fim da primeira legislatura (na qual o mandato foi cassado), vigorando, portanto, de 2015 até 2022. Nessa mesma hipótese "1", se o mandato for cassado na segunda legislatura, o final desta seria o marco a partir do qual a inelegibilidade se estenderia, vigorando de 2019 a 2026. Já pela hipótese "2", a inelegibilidade se estenderia por mais oito anos após o fim da segunda legislatura, vigorando, portanto, de 2015 até 2026 – nesse caso, é irrelevante que o mandato tenha sido cassado na primeira ou na segunda legislatura.

Sopesadas as situações expostas, tem-se que a hipótese "2" é mais consentânea com os princípios da igualdade, proporcionalidade e responsabilidade presentes no sistema jurídico. Isso porque, a par de impor a responsabilização de autores de ilícito, enseja que a todos seja dado o mesmo tratamento. Além disso, na hipótese "1" poderia haver dupla incidência de inelegibilidade no período correspondente à 2ª legislatura, caso em que a inelegibilidade ocorreria porque se conta a partir do final da legislatura em que ocorreu a cassação do mandato, *e* porque vigora até o final do mandato.

Registre-se que a presente alínea *b* foi objeto da ADI 4089/DF, por suposta violação da isonomia. É que o art. 52, parágrafo único, da CF prevê para o Presidente da República que sofrer *impeachment* a "inabilitação, por oito anos, para o exercício de função pública", sanção essa incidente a partir da publicação da decisão de perda de mandato. Argumentou-se que esse mesmo marco temporal deve ser observado para parlamentares. Entretanto, em 17-8-2020, o STF julgou improcedente o pedido formulado na referida ADI, considerando, portanto, constitucional o dispositivo impugnado.

10.9.3.2 Perda de mandato executivo (art. 1º, I, c)

Reza o art. 1º, I, *c*, da LC nº 64/90 serem inelegíveis para qualquer cargo

> "o Governador e o Vice-Governador de Estado e do Distrito Federal e o Prefeito e o Vice-Prefeito que perderem seus cargos eletivos por infringência a dispositivo da Constituição Estadual, da Lei Orgânica do Distrito Federal ou da Lei Orgânica do Município, para as eleições que se realizarem durante o período remanescente e nos 8 (oito) anos subsequentes ao término do mandato para o qual tenham sido eleitos".

Cogita-se aí de inelegibilidade decorrente de perda de cargo eletivo em virtude de processo de *impeachment* instaurado contra o chefe do Executivo estadual, distrital ou municipal, cuja finalidade é apurar crime de responsabilidade. Em certa medida, são equiparadas as situações de parlamentares e chefes do Poder Executivo. O processo e o julgamento do chefe do Poder Executivo competem às respectivas casas legislativas.

Para que a inelegibilidade da vertente alínea *c* se configure, é mister que a perda do mandato tenha por fundamento, respectivamente, "infringência a dispositivo da Constituição Estadual, da Lei Orgânica do Distrito Federal ou da Lei Orgânica do Município". Sendo outro o fundamento, não se pode afirmá-la, porquanto restrições a direito político fundamental devem ser interpretadas restritivamente.

A incidência da inelegibilidade se dá com a publicação do ato decisório de perda do mandato.

A inelegibilidade perdura por todo o período remanescente do mandato cassado até os "8 (oito) anos subsequentes".

E quanto ao titular do Executivo federal? Não houve omissão na presente alínea, pois, se condenado em processo de *impeachment*, o Presidente da República deve ficar inabilitado pelo prazo de oito anos para o exercício de função pública. É o que prevê o art. 52, parágrafo único, da Constituição Federal. Note-se que a sanção de *inabilitação* é mais abrangente que a de inelegibilidade, pois, por ela, fica inviabilizado o exercício de quaisquer cargos públicos, e não apenas os eletivos. É assente que a inelegibilidade obstrui tão só a capacidade eleitoral passiva. Outra peculiaridade está no fato de que, embora a competência para o julgamento seja do Senado, o processo deve ser presidido pelo Presidente do Supremo Tribunal Federal.

No entanto, cumpre registrar que, no processo de *impeachment* da ex-Presidente da República Dilma Vana Rousseff, as sanções de impedimento e de inabilitação para o exercício de função pública foram votadas separadamente pelo Senado. Conforme se vê na Resolução do Senado nº 35/2016 (publicada no *DOU* 31-8-2016), após decidir pelo impedimento, em subsequente votação restou afastada a inabilitação por não se ter obtido "dois terços dos votos constitucionalmente previstos, tendo-se verificado 42 votos favoráveis à aplicação da pena, 36 contrários e 3 abstenções".

Daí que, posteriormente, ao se candidatar ao Senado pelo Estado de Minas Gerais, a ex--presidente Dilma Rousseff teve seu pedido de registro de candidatura deferido pelo Tribunal Regional Eleitoral daquele Estado (RCAND nº 0602388-25, j. 17-9-2018). Essa decisão foi confirmada pela unanimidade dos integrantes do Tribunal Superior Eleitoral (RO nº 0602388-25, PSS 4-10-2018), que assentou não lhe caber extrair da referida condenação, no processo de impeachment, sanção de inabilitação para o exercício de função pública, cuja aplicação foi afastada pelo Senado Federal. Ao final, a ex-presidente não foi eleita ao cargo de senador.

10.9.3.3 *Abuso de poder econômico e político (art. 1º, I, d)*

O art. 14, § 9º, da Lei Maior também visa assegurar "a normalidade e legitimidade das eleições contra a influência do poder econômico ou o abuso do exercício de função, cargo ou emprego na administração direta ou indireta". Daí a previsão contida no art. 1º, I, *d*, da LC nº 64/90, segundo a qual são inelegíveis para qualquer cargo

> "os que tenham contra sua pessoa representação julgada procedente pela Justiça Eleitoral, em decisão transitada em julgado ou proferida por órgão colegiado, em processo de apuração de abuso do poder econômico ou político, para a eleição na qual concorrem ou tenham sido diplomados, bem como para as que se realizarem nos 8 (oito) anos seguintes".

Extrai-se desse dispositivo serem requisitos essenciais para a caracterização da inelegibilidade: *(1)* abuso de poder econômico ou político, *(2)* praticado por particular ou agente público, *(3)* de modo a carrear benefício a candidato em campanha eleitoral; *(4)* representação *(5)* julgada procedente *(6)* pela Justiça Eleitoral *(7)* em decisão transitada em julgado ou proferida por órgão colegiado.

O primeiro requisito para a configuração da inelegibilidade da vertente alínea *d* consiste na existência de abuso de poder econômico ou político. Com efeito, as eleições em que esses ilícitos ocorrem resultam indelevelmente corrompidas, maculadas, gerando representação política ilegítima.

Por *abuso de poder* compreende-se o ilícito eleitoral consubstanciado no mau uso ou o uso de má-fé ou com desvio de finalidade de direito, situação ou posição jurídicas, podendo ou não haver desnaturamento dos institutos jurídicos envolvidos. Na dimensão *econômica* do abuso encontram-se bens econômicos, financeiros ou patrimoniais. Já em sua dimensão *política* apresenta-se o *poder de autoridade estatal ou o poder político-estatal, que é* pertinente ao "exercício de função, cargo ou emprego na administração direta ou indireta" (CF, art. 14, § 9º, *in fine*).

Note-se que, enquanto a presente alínea usa a expressão *abuso do poder*, o § 9º do art. 14 da CF fala em *influência do poder*. A rigor, o termo *influência* apresenta significado mais sutil e abstrato que *abuso*. Um comportamento tanto pode ser determinado por influência de poder quanto por abuso de poder. Sempre haverá algum tipo de influência do poder nas eleições, mas o que se deve repelir com veemência é o seu emprego abusivo.

Em *segundo* lugar, tem-se que o abuso é sempre cometido por alguém. Podem praticá-lo tanto particular (pessoa física ou jurídica) quanto agente, entidade ou órgão público. A qualquer pessoa, portanto, pode-se imputar o fato abusivo.

Obviamente, evento decorrente de caso fortuito ou força maior que porventura afete o processo eleitoral, beneficiando ou prejudicando uma candidatura, não pode fundamentar juízo de abuso de poder e, pois, gerar inelegibilidade do candidato por ele beneficiado.

O *terceiro* requisito refere-se à necessidade de o abuso ostentar finalidade eleitoral, carreando benefício a candidato em campanha eleitoral. A presente alínea *d* não é específica quanto às pessoas por ela abrangidas, pois afirma serem inelegíveis "os que tenham contra sua pessoa representação julgada procedente pela Justiça Eleitoral [...]". Ocorre que se entende que essa "representação" é a prevista no art. 22 da LC nº 64/90, a qual pode ser ajuizada cumulativamente contra o candidato beneficiado e o autor do fato abusivo. Assim, a conjugação da alínea *d* com o art. 22, XIV, da LC nº 64/90 revela que a inelegibilidade em exame pode ser declarada tanto em relação ao candidato beneficiado pelo fato abusivo, quanto em face de terceiros que, embora não tenham disputado o pleito, contribuíram conscientemente para sua ocorrência.

O *quarto* requisito é a existência de "representação". Firmou-se na jurisprudência a interpretação de que a alínea *d* relaciona-se com os arts. 19 e 22, *caput*, XIV, da mesma LC nº 64/90. Esses dispositivos preveem a ação de investigação judicial eleitoral (AIJE) para a apuração de abuso de poder, sancionando-o com inelegibilidade, cassação de registro de candidatura e mandato. O procedimento dessa ação é delineado nos incisos do aludido art. 22.

Para o aludido entendimento, o termo "representação" inscrito na alínea *d* refere-se à AIJE, e não à outra ação eleitoral. Nesse sentido: TSE – REspe nº 138/RN – *DJe*, t. 56, 23-3-2015, p. 33-34; REspe nº 15.105/AM – *DJe*, t. 54, 19-3-2015, p. 36-37; REspe nº 1.062/BA – *DJe* 10-10-2013; AgR-REspe nº 52.658/MG – *DJe*, t. 44, 6-3-2013, p. 118; AgR-REspe nº 64.118/MG – PSS 21-11-2012; AgR-REspe nº 5.158.657/PI – *DJe* 10-5-2011, p. 47; RO nº 312.894/MA – PSS 30-9-2010.

A questão, porém, é saber se na alínea *d* o vocábulo representação restringe-se à AIJE regulada nos arts. 19 e 22 da LC nº 64/90 ou se é mais abrangente, referindo-se a "ação eleitoral" em geral. É importante perceber a relevância desse questionamento, pois além da AIJE o *abuso de poder* (notadamente o econômico) também pode figurar como causa de pedir na Ação de Impugnação de Mandato Eletivo – AIME (CF, art. 14, § 10). Destarte, se se toma o referido termo *representação* em sentido amplo (*i.e.*, significando ação eleitoral em geral), quem, por abuso de poder (notadamente o econômico), tiver tido cassado o diploma ou o mandato em sede de AIME, também poderá ficar inelegível por oito anos.

O *quinto* requisito é que a aludida "representação" tenha sido julgada procedente. Tem-se, portanto, que, para a declaração da inelegibilidade da alínea *d*, é fundamental que exista prévia decisão judicial acerca do mérito da causa, na qual se afirme a ocorrência de abuso de poder na respectiva eleição.

Pelo *sexto* requisito, a decisão deve emanar exclusivamente da Justiça Eleitoral. Afastam-se, portanto, decisões da Justiça Comum (Federal ou Estadual), por exemplo, em processos de ação civil pública, improbidade e popular.

O *sétimo* requisito impõe que a decisão tenha transitado em julgado ou tenha sido proferida por órgão colegiado.

Emanando a decisão de órgão colegiado da Justiça Eleitoral, tem-se entendido que tal requisito completa-se com sua só publicação, porque a oposição de embargos declaratórios "não afasta a incidência na causa de inelegibilidade, pois a Lei Complementar nº 64/1990 pressupõe decisão colegiada, não o exaurimento de instância ordinária" (TSE – REspe nº 122-42/CE – PSS 9-10-2012; TSE – RO nº 20.922/TO – PSS 12-9-2014).

É duvidoso o acerto desse entendimento, já que, conforme os fundamentos levantados, os embargos declaratórios podem alterar o sentido essencial da decisão impugnada.

Incidência da inelegibilidade – Importa ressaltar que a alínea *d* não trata de constituição de sanção, mas de mera conformação da situação do cidadão ao regime jurídico-eleitoral em vigor quando da formalização do pedido de registro de candidatura. A decisão judicial é meramente declaratória, pois se limita a reconhecer e declarar um estado prévio ao pedido de registro. A incidência da inelegibilidade requer apenas a existência de *anterior* "representação julgada procedente pela Justiça Eleitoral". De maneira que não importa se a sanção aplicada no respectivo processo foi ou não de inelegibilidade – a sanção pode ter sido, por exemplo, tão somente de cassação do registro de candidatura ou apenas de cassação de mandato.

Extrai-se da cláusula final da alínea *d* que a inelegibilidade em exame alcança a eleição em que o abuso ocorrer, bem como "as que se realizarem nos 8 (anos) anos seguintes". No entanto, a eleição em que o abuso de poder acontecer já é alcançada pelo inciso XIV do art. 22 da LC nº 64/90, que prevê as sanções de cassação do registro de candidatura e do diploma.

O período de oito anos de inelegibilidade é resultado da alteração promovida pela LC nº 135/2010. O lapso anterior – de três anos – era criticável em razão de sua exiguidade. Considerando-se que as eleições ocorrem a cada quatro anos, não se impedia a candidatura de alguém para o mesmo cargo no certame seguinte; impedia-se apenas de disputar na eleição intermediária. Nesse sentido, a ineficácia da regra legal era de todo censurável, sendo evidente que não se tratava de sanção séria, mas meramente simbólica. A mudança operada pela LC nº 135/2010 otimizou a eficácia da regra em apreço, pois impede que o beneficiário de abuso de poder concorra nos quatro pleitos seguintes. Na prática, esse longo afastamento pode significar sua "morte política".

Termos inicial e final da inelegibilidade – Cumpre perscrutar os termos *inicial* e *final* da inelegibilidade, tema objeto de controvérsias. Se está claro no texto da alínea *d* que a inelegibilidade estende-se às eleições "que se realizarem nos 8 (oito) anos seguintes" à que se deu o abuso de poder, há pouca clareza quanto ao momento exato a partir do qual tal lapso deve escoar. Afinal, sua contagem deve ser feita a partir: *(i)* do dia do pleito, *(ii)* do término do processo eleitoral, que se dá com a diplomação, *(iii)* do final do ano em que se realizam as eleições ou *(iv)* do trânsito em julgado da sentença ou da publicação do acórdão do órgão colegiado afirmando a ocorrência de abuso de poder?

Há muito tempo se entende que o termo inicial do prazo de inelegibilidade é o dia das eleições em relação às quais o abuso de poder tiver ocorrido, enquanto o termo final é o "dia de igual número de início do oitavo ano subsequente, como disciplina o art. 132, § 3º, do Código Civil [...]" (TSE – Cta nº 43.344/2014 – *DJe*, t. 118, 1º-7-2014, p. 60). E mais: TSE – RO nº 20.837/TO e RO nº 20.922/TO – PSS 12-9-2014.

Também é nesse sentido a Súmula TSE nº 19, que reza: "O prazo de inelegibilidade decorrente da condenação por abuso do poder econômico ou político tem início no dia da eleição em que este se verificou e finda no dia de igual número no oitavo ano seguinte (art. 22, XIV, da LC nº 64/90)". Note-se que a súmula remete ao inciso XIV do art. 22 da LC nº 64/90. E esse inciso XIV trata da inelegibilidade-sanção (e não da inelegibilidade-declaração, como é a hipótese da vertente alínea *d*). Claro está no preceito sumular que o marco inicial da inelegibilidade-sanção por abuso de poder é o "dia da eleição em que este se verificou", isto é, o dia do pleito, e não o ano das eleições ou a data da decisão de mérito na respectiva AIJE.

E se houver segundo turno? Deve o lapso da inelegibilidade ser contado da data do primeiro ou do segundo turno? Sendo certo que o marco inicial da inelegibilidade é o dia das eleições, é mais coerente o entendimento que afirma dever a contagem ser feita a partir da data da segunda eleição para os que nela forem eleitos; isso, tanto na hipótese de os atos ilícitos ocorrerem antes da primeira quanto na hipótese de ocorrerem no interregno entre a primeira e a segunda eleição. Entretanto, ao julgar o RO nº 56.635/PB (PSS 16-9-2014), entendeu a Corte Superior Eleitoral que tal lapso deve ser contado a partir da data do primeiro turno, mesmo que os atos ilícitos considerados tenham ocorrido entre as duas eleições; argumentou-se que "o segundo turno não configura nova eleição [...], mas critério constitucional para alcançar o princípio da maioria absoluta"; ademais: a fixação do primeiro turno como marco inicial para contagem do prazo atenderia ao princípio da igualdade, o qual restaria ferido se se adotasse para os candidatos eleitos no primeiro turno marco inicial de contagem diverso do adotado para os eleitos no segundo turno.

Na linha desse precedente, o TSE editou a Súmula nº 69, segundo a qual: "Os prazos de inelegibilidade previstos nas alíneas *j* e *h* do inciso I do art. 1º da LC nº 64/90 têm termo inicial no dia do primeiro turno da eleição e termo final no dia de igual número no oitavo ano seguinte". É verdade que tal súmula não faz expressa alusão à enfocada alínea *d*, mas apenas às alíneas *j* e *h*. Contudo, por interpretação extensiva, o entendimento nela expresso aplica-se igualmente à alínea *d*, dada a similitude das situações por todas elas reguladas e, pois, à identidade de razões. Nesse sentido, dispõe o art. 52, parágrafo único, da Res. TSE nº 23.609/2019 (incluído pela Res. nº 23.729/2024): "Os prazos de inelegibilidade, cujo marco inicial seja a eleição, contam-se a partir do primeiro turno do pleito respectivo, terminando no dia de igual número do seu início (Código Civil, art. 132, § 3º, e ADI nº 7.197/DF)".

Vale registrar, ainda, o entendimento jurisprudencial (minoritário) segundo o qual o lapso da inelegibilidade deve sempre ser computado após o encerramento do ano do pleito. Nesse sentido: TSE – AgR-REspe nº 34.811/BA – *DJe* 20-5-2013; REspe nº 16.512/SC – PSS 25-9-2012. Assim, para essa corrente, o lapso de oito anos deve ser contado integralmente a partir do final do ano eleitoral, *i.e.*, a partir do primeiro dia do ano seguinte ao da eleição em que ocorreram os fatos considerados para a declaração de inelegibilidade.

Confronto com a alínea h – A alínea *h*, I, do enfocado art. 1º da LC nº 64/90 também tem em vista punir abuso de poder econômico ou político. Nela, porém – diferentemente do que ocorre com a alínea *d* –, os autores dos fatos abusivos são "detentores de cargo na administração pública direta, indireta ou fundacional" que, abusando de suas posições, beneficiam a si ou a terceiros no pleito eleitoral. Assim, o destinatário da regra inscrita na alínea *h* é especificamente agente público, enquanto pela alínea *d* pode-se atingir o *extraneus*. Por exemplo: se Governador de Estado abusar do poder político que detém para beneficiar candidatura de outrem, este incorrerá na alínea *d* (na qualidade de beneficiário), ao passo que a conduta do Governador enquadrar-se-á na alínea *h*, podendo, ainda, configurar improbidade administrativa.

Outra diferença entre as normas das alíneas *d* e *h* está no fato de que a primeira pressupõe condenação anterior por abuso de poder emanada da Justiça Eleitoral, ao passo que, pela alínea *h*, a condenação anterior pode provir tanto da Justiça Eleitoral, quanto da Justiça Comum; nesse sentido: TSE – RO nº 60.283/TO – PSS 16-11-2010; TSE – REspe nº 15.105/AM – *DJe*, t. 54, 19-3-2015, p. 36-37.

10.9.3.4 *Condenação criminal, vida pregressa e presunção de inocência (art. 1º, I, e)*

O art. 15, inciso III, da Constituição Federal determina que a condenação criminal transitada em julgado acarreta a suspensão dos direitos políticos do condenado enquanto perdurarem seus efeitos. A *ratio legis* presente no dispositivo em foco é a salvaguarda da legitimidade do poder e da dignidade da representação popular, porquanto o Parlamento não pode transformar-se em abrigo de delinquentes, o que constituiria decadência moral vitanda.

Os efeitos da suspensão dos direitos políticos só cessam com o cumprimento ou a extinção da pena aplicada. Nesse sentido, afirma a Súmula TSE nº 9: "A suspensão de direitos políticos decorrente de condenação criminal transitada em julgado cessa com o cumprimento ou a extinção da pena, independendo de reabilitação ou de prova de reparação dos danos".

O cidadão que tem suspensos seus direitos políticos fica privado das capacidades eleitorais ativa e passiva: não pode votar nem ser votado. Quanto à última, o art. 14, § 3º, II, da Constituição prevê que o pleno exercício de direitos políticos constitui *condição de elegibilidade*.

No entanto, o Legislador Complementar foi mais severo em relação a alguns delitos. Dispõe o art. 1º, I, *e*, da LC nº 64/90 serem *inelegíveis para qualquer cargo*

> "os que forem condenados, em decisão transitada em julgado ou proferida por órgão judicial colegiado, desde a condenação até o transcurso do prazo de 8 (oito) anos após o cumprimento da pena, pelos crimes: 1. contra a economia popular, a fé pública, a administração pública e o patrimônio público; 2. contra o patrimônio privado, o sistema financeiro, o mercado de capitais e os previstos na lei que regula a falência; 3. contra o meio ambiente e a saúde pública; 4. eleitorais, para os quais a lei comine pena privativa de liberdade; 5. de abuso de autoridade, nos casos em que houver condenação à perda do cargo ou à inabilitação para o exercício de função pública; 6. de lavagem ou ocultação de bens, direitos e valores; 7. de tráfico de entorpecentes e drogas afins, racismo, tortura, terrorismo e hediondos; 8. de redução à condição análoga à de escravo; 9. contra a vida e a dignidade sexual; e 10. praticados por organização criminosa, quadrilha ou bando".

Também ensejam a inelegibilidade estabelecida na enfocada alínea *e*:

i) crimes contra a Administração Pública tipificados em normas penais extravagantes (fora do Título XI da Parte Especial do Código Penal – arts. 312 a 359-H), tal como o art. 183 da Lei nº 9.472/97, que prevê o delito de exploração ilegal de atividade de telecomunicação. Nesse sentido: TSE – REspe nº 7.679/AM – *DJe*, t. 227, 28-11-2013, p. 83; REspe nº 060004105/PI, j. 15-12-2020;

ii) "crime de adulteração de combustível, tipificado no art. 1º, I, da Lei 8.176/91, pois configura crime contra a economia popular". Nesse sentido: TSE – REspe nº 22.879/SP – PSS 25-10-2012;

iii) crime de responsabilidade de prefeito (Decreto-lei nº 201/67). Nesse sentido: TSE – AgR-RO nº 417.432/CE – PSS 28-10-2010;

iv) crime contra a Administração Militar, tal como o de desacato a superior descrito no art. 298 do CPM (TSE – REspe nº 060050579/SE, j. 20-11-2020);

v) crime de incêndio em casa habitada ou destinada a habitação (CP, art. 250, § 1º, II, a), por se tratar de crime "contra o patrimônio privado". Nesse sentido: TSE – REspe nº 060013696/PE – j. 1º-8-2022;

vi) o crime de porte ou posse ilegal de arma de fogo de uso proibido, por se tratar de crime hediondo (Lei nº 8.072/1990, art. 1º, parágrafo único, com a redação da Lei nº 13.964/2019).

A inelegibilidade em apreço não se aplica aos crimes não especificados na alínea e, tais como os de sequestro e cárcere privado (CP, art. 148), tráfico de pessoas (CP, art. 149-A) etc.

Por outro lado, o legislador excluiu a incidência da inelegibilidade nas hipóteses enumeradas no § 4º, art. 1º, da LC nº 64/1990, a saber: *(a)* nos crimes culposos, *(b)* de menor potencial ofensivo, e, *(c)* de ação penal privada.

Ademais, tem-se entendido na jurisprudência não gerar inelegibilidade: *(1)* o crime de violação de direito autoral (CP, art. 184, § 1º), ao argumento de que ele "não se enquadra na classificação legal de crime contra o patrimônio privado" (TSE – RO nº 98.150/RS – PSS 30-9-2014); *(2)* o crime do art. 10 da Lei nº 7.347/85 (Lei da Ação Civil Pública – LACP), pois, não foi "catalogado no rol de espécies do gênero crimes contra a Administração Pública" (TSE – REspe nº 20.735/SC – *DJe* 20-3-2017, p. 86-87).

Quanto às infrações nomeadas na alínea e, além de o agente ter suspensos seus direitos políticos enquanto durarem os efeitos da condenação (CF, art. 15, III), poderá também ficar inelegível pelo prazo de oito anos.

Para a declaração da inelegibilidade, irrelevante é a natureza da pena concretamente aplicada, ou seja, se privativa de liberdade, restritiva de direito ou pecuniária (multa). Portanto, é também irrelevante que a pena privativa de liberdade inicialmente aplicada tenha sido convertida para restritiva de direitos.

Irrelevante, ainda, para a conformação da inelegibilidade, é o fato de a conduta infratora incidir na modalidade privilegiada da tipificação legal. É que o crime privilegiado constitui desdobramento do tipo penal básico em relação ao bem jurídico tutelado. Consoante ensina o eminente penalista luso, Figueiredo Dias (2007, p. 313), frequentemente, o legislador, "partindo do crime fundamental, acrescenta-lhe elementos, respeitantes à ilicitude ou/e à culpa, que agravam (crimes qualificados) ou atenuam (crimes privilegiados) a pena prevista no crime fundamental". Mas tais acréscimos não apagam a "ação essencial que vulnera um bem jurídico", tampouco suprimem o juízo de reprovabilidade da conduta nem do resultado. Assim, incidirá a presente inelegibilidade ainda que o crime em questão tenha ocorrido na forma privilegiada. Nesse sentido: *i)* "[...] A condenação pelo delito tipificado no art. 33, § 4º, da Lei nº 11.343/2006 (tráfico privilegiado) é causa de inelegibilidade prevista objetivamente na LC nº 64/90. [...]" (TRE/MG – REl nº 060.034.630 – PSS 16-9-2024; TRE/MG –REl nº 060.034.245 – PSS 16-9-2024); *ii)* "[...] Condenação criminal transitada em julgado pelo crime previsto no artigo 33, § 4º, da Lei 11.343/2006. Crimes de tráfico de entorpecentes são aptos a atrair a inelegibilidade do art. 1º, I, e, 7, da Lei Complementar nº 64/90. [...]" (TRE-SP – REl nº 060036876 – PSS 30-9-2024); *iii)* [...] "O afastamento da hediondez do tráfico privilegiado não exclui a incidência da causa de inelegibilidade prevista no art. 1º, I, e, 7, da LC nº 64/1990, que abrange a prática de tráfico de drogas." (TSE – AgR-REspEl nº 060046794/MG – *DJe* 5-3-2025).

Sobre o *marco inicial* para a incidência da causa de inelegibilidade em exame, considera-se: 1) o trânsito em julgado da decisão penal condenatória de primeiro grau; 2) a publicação da decisão penal condenatória emanada de "órgão judicial colegiado" de primeiro grau como são o Tribunal do Júri (Ag-REspe nº 19826/CE – *DJe*, t. 49, 13-3-2017, p. 44) e o Conselho Permanente da Justiça Militar (TSE – RO nº 060.066.541/PA – j. 18-10-2018); 3) a publicação: (3.1) do acórdão penal condenatório, no âmbito da competência originária do tribunal; (3.2) do acórdão que reforma sentença penal absolutória; (3.3) do acórdão que confirma (= confirmatório) sentença condenatória.

Nos casos de condenação emanada de tribunal, tem-se entendido que a inelegibilidade incide desde a *publicação* da decisão, de maneira que a oposição de embargos de declaração não afeta sua imediata incidência (TSE – AgRg-REspe nº 5.217/PR – *DJe*, t. 116, 16-6-2017, p. 22; TSE – RO nº 20.922/TO – PSS 12-9-2014; TSE – REspe nº 122-42/CE – PSS 9-10-2012). É preciso ponderar, porém, que, a depender dos fundamentos invocados e sobretudo no caso de omissão, os embargos declaratórios podem alterar o conteúdo da decisão e afetar a própria condenação.

A interposição de embargos infringentes e de nulidade contra decisão *não unânime* da turma ou câmara julgadora e desfavorável ao réu (*vide* CPP, art. 609, parágrafo único) tem o condão de afastar a incidência da inelegibilidade enquanto não forem apreciados. É que esse recurso é dotado de efeito suspensivo. Conforme assinala Badaró (2014, p. 648), em regra "todo e qualquer recurso, quando não for expressamente negado pela lei, terá efeito suspensivo. Diante de tal regra geral, e ante o silêncio da lei, é de reconhecer que os embargos infringentes têm, além do efeito devolutivo, o efeito suspensivo". Assim, "não incide a inelegibilidade do art. 1º, I, e, da LC nº 64/90, se pendentes de julgamento embargos infringentes e de nulidade, dada a sua natureza recursal dotada de eficácia suspensiva plena" (TSE – AgR-RO nº 060.132.806/PE – *DJe* 30-10-2018). Em igual sentido: TSE – REspe nº 48.466/MG, j. 13-6-2017.

Note-se, porém, que se houver condenação por mais de um crime e o julgamento for unânime em relação a um deles, versando os embargos infringentes apenas sobre o delito em que a decisão ocorreu por maioria, haverá trânsito em julgado da decisão condenatória do primeiro. Nesse sentido, dispõe a Súmula nº 354 do STF: "Em caso de embargos infringentes parciais, é definitiva a parte da decisão embargada em que não houve divergência na votação". Assim, por força do trânsito em julgado de decisão, haverá suspensão dos direitos políticos. Por outro lado, sendo interposto Recurso Especial ou Extraordinário em relação ao delito decidido por unanimidade, poderá incidir a causa de inelegibilidade da presente alínea e. Nesse sentido:

> "[...] 12. A suspensão da inelegibilidade em virtude do efeito suspensivo automático decorrente da interposição dos embargos infringentes não se aplica ao caso, dada a higidez da condenação criminal não impugnada emanada de órgão colegiado. Inaplicabilidade do precedente invocado pelo agravante. [...]" (TSE – AgR-RO nº 060031559/AP – *DJe* 11-12-2018).

Cessando os efeitos da condenação penal pelo cumprimento ou extinção da pena, o sentenciado recobra seus direitos políticos, podendo e devendo votar, sob pena de descumprir deveres cívico-políticos e sofrer sanção pecuniária no âmbito administrativo. Não obstante, sua cidadania passiva poderá permanecer cerceada em virtude da incidência da *causa da inelegibilidade* em apreço. Consequentemente, não poderá ser votado, porque a restrição veiculada na presente alínea *e* embaraça apenas a capacidade eleitoral passiva.

Nesse quadro, na hipótese de condenação por órgão colegiado de primeiro ou segundo graus (itens 2 e 3, acima): *(i)* ficará o réu inelegível no intervalo situado entre (A) a publicação da decisão condenatória até (B) o seu trânsito em julgado; *(ii)* a partir do trânsito em julgado da decisão, seus direitos políticos (e, pois, sua condição de elegibilidade – CF, art. 14, § 3º, II) estarão suspensos até (C) o cumprimento ou a extinção da pena; *(iii)* finalmente, o réu ficará inelegível por oito anos após o cumprimento ou a extinção da pena. Quanto a esse último período, dispõe a Súmula TSE nº 61: "O prazo concernente à hipótese de inelegibilidade prevista no art. 1º, I, *e*, da LC nº 64/90 projeta-se por oito anos após o cumprimento da pena, seja ela privativa de liberdade, restritiva de direito ou multa".

Note-se que a inelegibilidade concernente ao intervalo (A) – (B) não possui prazo definido, vigorando pelo tempo em que o respectivo recurso permanecer pendente de julgamento. No caso, a incidência da inelegibilidade antes do trânsito em julgado da decisão condenatória não ofende a presunção constitucional de inocência ou da não culpabilidade, conforme assentou o STF, no julgamento das ADCs 29/DF e 30/DF (*DJe* 29-6-2012).

Ademais, a opção legislativa acolhida não prevê expressamente a detração, isto é, a possibilidade de se descontar dos oito anos de inelegibilidade o tempo relativo ao referido intervalo (A) – (B). Em sendo admitida a detração, a demora no julgamento do recurso poderia acarretar a ineficácia da incidência autônoma do período de inelegibilidade nos termos em que previsto na lei, que dispõe de modo claro e expresso que os oito anos de inelegibilidade devem

Cap. 10 • INELEGIBILIDADE | 231

ser contados "*após o cumprimento da pena*" – e não antes. Por certo, não se afigura razoável a interpretação que priva o instituto de gerar os efeitos para os quais foi concebido.

Apesar de a vertente alínea *e* ter sido declarada constitucional pelo órgão Pleno do STF no bojo das ADCs 29/DF e 30/DF (*DJe* 29-6-2012), a questão atinente à constitucionalidade da duração do período de inelegibilidade foi objeto de novo questionamento na ADI 6.630/DF. Esta argumenta que a expressão "após o cumprimento da pena" contida naquela alínea é inconstitucional porque acarreta "uma inelegibilidade por tempo indeterminado dependente do tempo de tramitação processual". Daí a pretensão de ser excluída da regra legal "qualquer interpretação que permita que o prazo de inelegibilidade ultrapasse o prazo de 8 (oito) anos", o que implica a possibilidade de detração do tempo total de inelegibilidade cumprido: *(1) antes* do término do cumprimento da pena; *(2)* entre o julgamento colegiado e o trânsito em julgado. No entanto, na sessão de 9-3-2022, o Pleno do STF não conheceu a referida ADI 6.630/DF, ao fundamento de que não cabe ação de controle de constitucionalidade contra norma já declarada constitucional sem que tenha havido mutação constitucional, alterações fáticas ou jurídicas relevantes que justifiquem a rediscussão do tema.

A inelegibilidade em tela incide ainda que tenha ocorrido *extinção* da *pretensão executória* do Estado pela ocorrência de prescrição. Transitando em julgado a sentença penal condenatória (com o que se torna definitiva a condenação), surge para o Estado a pretensão de executar a pena imposta, pretensão essa de natureza material. Nos termos do art. 110 do Código Penal, tal pretensão deve ser satisfeita nos prazos estabelecidos no art. 109 do mesmo código (ou em dois anos, caso somente seja aplicada a pena de multa – CP, art. 114, I), tendo por base o montante da pena privativa de liberdade aplicada. Não sendo a pena executada no prazo, opera-se a prescrição, a qual fulmina o direito de o Estado executá-la (*ius executiones*). Entretanto, a extinção da pretensão executória não prejudica os efeitos secundários e extrapenais da condenação criminal, designadamente não afasta a inelegibilidade prevista na presente alínea *e*, I, art. 1º da LC nº 64/90. Nesse sentido, dispõe a Súmula TSE nº 59: "O reconhecimento da prescrição da pretensão executória pela Justiça Comum não afasta a inelegibilidade prevista no art. 1º, I, *e*, da LC nº 64/90, porquanto não extingue os efeitos secundários da condenação".

Logo, permanece hígida a inelegibilidade, que, no caso, deve ser contada a partir da data em que se operou a extinção da pretensão executória. Por ser mais favorável ao réu, deve-se observar essa data, e não a da publicação do ato judicial que declara extinta a pretensão executória. Tal interpretação mereceu acolhida na Súmula TSE nº 60, que reza:

> "O prazo da causa de inelegibilidade prevista no art. 1º, I, *e*, da LC nº 64/90 deve ser contado a partir da data em que ocorrida a prescrição da pretensão executória e não do momento da sua declaração judicial".

Assim, poderá o réu ficar inelegível por até oito anos após a data em que se opera a extinção da pretensão executória estatal.

Com isso, porém, não deve ser confundida a *extinção da pretensão punitiva estatal*, pois aqui perece o próprio direito ou poder de punir do Estado (*ius puniendi*), surgido com o cometimento do crime. A extinção do *ius puniendi* afasta não só os efeitos principais (= imposição de pena ou medida de segurança), como também os secundários da sentença penal condenatória (ex.: reincidência, confisco de bens etc.), e, ainda, os efeitos extrapenais como os civis (CP, art. 91, I) e os político-eleitorais.

> "1. Inelegibilidade referida no art. 1º, inciso 1, alínea *e*, da LC nº 64/1990. Reconhecida a prescrição da pretensão punitiva, afasta-se a incidência da causa de inelegibilidade. Precedentes. […]" (TSE – AgR-RO nº 69.179/BA – *DJe* 1-7-2015)

"[...] 8. A declaração de extinção da punibilidade pela prescrição da pretensão executória, embora impeça a execução da pena, não afasta os efeitos penais secundários decorrentes da existência de condenação criminal que transitou em julgado, tais como a formação de reincidência e maus antecedentes. É hipótese diferente da prescrição da pretensão punitiva, cujo implemento fulmina a própria ação penal, impedindo a formação de título judicial condenatório definitivo, e, por essa razão, não tem o condão de gerar nenhum efeito penal secundário. [...]" (STJ – REsp nº 1.065.756/RS – 6ª T. – Rel. Min. Sebastião Reis Júnior – *DJe* 17-4-2013)

"[...] 2. A inelegibilidade prevista no art. 1º, I, *e*, da LC nº 64/90 incide mesmo após o reconhecimento da prescrição da pretensão executória, a qual afasta apenas a execução da pena, subsistindo os efeitos secundários da decisão condenatória, como é o caso da inelegibilidade (condenação por tráfico de drogas – arts. 12 e 14 da Lei nº 6.368/76). [...] 5. Agravo regimental a que se nega provimento" (TSE – AgR-REspe nº 22.783/SP – PSS 23-10-2012).

Ressalte-se não competir à Justiça Eleitoral declarar a prescrição da pretensão punitiva ou executória de crimes comuns, processados e julgados pela Justiça Comum Estadual ou Federal. Nesse sentido, estabelece a Súmula TSE nº 58: "Não compete à Justiça Eleitoral, em processo de registro de candidatura, verificar a prescrição da pretensão punitiva ou executória do candidato e declarar a extinção da pena imposta pela Justiça Comum". A referência a "processo de registro de candidatura" se deve ao fato de ser nessa oportunidade que as inelegibilidades são debatidas.

Cuidando-se de extinção da punibilidade, importa considerar os efeitos dos institutos da anistia, graça e indulto na inelegibilidade em apreço. Nos termos do art. 107, II, do CP, todos eles acarretam a extinção da punibilidade.

A *anistia* é justificada pelo interesse sociopolítico de se olvidarem os fatos por ela abrangidos. Trata-se de ato político de soberania estatal, devendo ser veiculada em lei, votada e aprovada no Congresso Nacional (CF, art. 48, VIII). Incide em fatos pretéritos, podendo ser total ou parcial. Pode ser concedida antes ou depois do trânsito em julgado da decisão penal condenatória. Acarreta a exclusão do crime e dos respectivos efeitos penais, principal e secundários. Entretanto, se for concedida após o trânsito em julgado da decisão condenatória, não afasta efeitos *extrapenais secundários* como o dever de indenizar o dano causado pelo crime, a perda dos instrumentos e do produto do crime. No que concerne à inelegibilidade prevista na enfocada alínea *e*, I, art. 1º da LC nº 64/90, é ela abolida pela anistia. A subsistência da inelegibilidade é inconciliável com o instituto em apreço. Afinal, a anistia é em regra motivada por razões de ordem política, cuja finalidade é o esquecimento dos fatos em prol da paz social. Assim, pela própria natureza da anistia, ainda que não haja específica previsão legal, não subsiste a inelegibilidade.

A *graça* e o *indulto* são institutos parecidos: *(i)* podem ser concedidos por decreto do Presidente da República, a quem é permitido delegar tal atribuição a "Ministros de Estado, ao Procurador-Geral da República ou ao Advogado-Geral da União, que observarão os limites traçados nas respectivas delegações" (CF, art. 84, XII, parágrafo único); *(ii)* são concedidos a pessoas, e não a fatos (como ocorre na anistia); *(iii)* pressupõem a existência de sentença penal condenatória (admite-se a concessão na hipótese de sentença condenatória contra a qual só houve recurso da defesa, ou seja, em que não houve recurso da acusação); *(iv)* podem ser *totais* (caso em que extinguem a punibilidade) ou *parciais* (caso em que reduzem a pena aplicada). A graça é também denominada indulto individual. A principal distinção entre esses institutos está em que a graça é concedida a pessoa determinada, mediante provocação do interessado (LEP, art. 188), enquanto o indulto é concedido coletivamente por iniciativa da própria autoridade estatal competente. No plano dos efeitos, tanto a graça quanto o indulto afetam apenas a pena (efeito penal principal), deixando incólumes os efeitos penais secundários e extrapenais. Logo, a vertente inelegibilidade da alínea *e*, I, art. 1º da LC nº 64/90 não é afetada pela graça nem pelo indulto.

Há também a *abolitio criminis*, prevista nos arts. 2º e 107, III, do CP. O art. 5º, XL, da Constituição Federal permite a retroatividade da lei penal para beneficiar o réu (*lex mitior*). Por esse instituto, extingue-se a punibilidade pela retroatividade da lei que deixa de considerar crime o fato (descriminalização). De sorte que o fato deixa de ser típico, passando a ser lícito na esfera penal. A extinção da punibilidade se dá com a entrada em vigor da nova norma, a qual retroage à data dos fatos. Se a *abolitio criminis* ocorrer durante o trâmite do processo criminal ou após o trânsito em julgado da decisão condenatória, a extinção da punibilidade deverá ser declarada judicialmente. Por força da *abolitio criminis* fica rescindida a condenação, cessando todos os efeitos penais da respectiva decisão judicial. Entretanto, subsiste o efeito extrapenal secundário atinente à obrigação de reparar o dano causado pelo crime. É compreensível a permanência da obrigação de indenizar, afinal, embora o fato deixe de ser penalmente típico, ele existiu e produziu um dano; ele permanece ilícito na esfera civil. Já no que toca à inelegibilidade da alínea *e*, I, art. 1º da LC nº 64/90, não parece razoável que ela subsista como efeito extrapenal secundário da decisão condenatória. Na verdade, a inelegibilidade é fulminada pela *abolitio criminis*, pois o fato deixou de ser típico e, diferentemente do que ocorre com o dever de indenizar, não há regra legal estabelecendo a subsistência desse gravame à cidadania passiva.

A *reabilitação criminal* não afasta nem gera qualquer efeito na inelegibilidade. Nos termos do art. 93 do Código Penal, tal instituto visa apenas assegurar o sigilo dos registros processuais e da respectiva condenação, podendo ainda atingir alguns efeitos da condenação previstos no art. 92 daquele Código.

Por fim, assinale-se que, ao erigir a causa de inelegibilidade inscrita na vertente alínea *e*, I, do art. 1º da LC nº 64/90, o Legislador Complementar teve em vista o contido no § 9º do art. 14 da Lei Maior, que manda considerar "a vida pregressa do candidato", de sorte a preservar "a moralidade para o exercício do mandato". O condenado por um dos delitos indigitados atrai para si a presunção de desapreço pelos valores maiores que o Constituinte quis implantar, nomeadamente a primazia do interesse público e a dignidade e o decoro no exercício de mandato.

Réu em processo criminal – À luz do princípio constitucional de presunção de inocência (CF, art. 5º, LVII), muito se discute acerca da viabilidade da candidatura de *réu em processo criminal*. Argumenta-se que a mera condição de sujeito passivo em tal processo retira do cidadão a qualificação moral requerida para a investidura em cargo público. O pano de fundo da discussão situa-se na Ética Pública, nomeadamente na higidez moral exigida dos ocupantes de cargo ou função estatal. Da Justiça se tem exigido o controle da moralidade e, pois, da legitimidade ética do processo eleitoral.

Tal debate intensificou-se nas eleições de 2006, quando o TRE carioca, apreciando ações movidas pela Procuradoria Regional Eleitoral, denegou os pedidos de registro de candidatos que fossem réus em processos criminais. O argumento central consistia em que, conquanto inexistisse sentença condenatória transitada em julgado, tais cidadãos não detinham os necessários adornos morais para exercer mandato eletivo. Não eram, pois, elegíveis.

No entanto, ainda no pleito de 2006, a tese foi rejeitada pela Corte Superior por quatro votos a três. Em 2008, foi amplamente debatida na Consulta nº 1.621/PB (da qual resultou a Res. TSE nº 22.842 – *DJ* 4-7-2008, p. 6), em cujo julgamento ficou assentado que a LC nº 64/90 já limita os critérios para concessão de registro de candidaturas. Ao votar nesse caso, o Ministro Eros Grau ressaltou que o "Poder Judiciário não pode, na ausência de lei complementar, estabelecer critérios de avaliação da vida pregressa de candidatos para o fim de definir situações de inelegibilidade". À vista disso, ao apreciar a Consulta nº 1.607/2007, em 17 de junho de 2008, a Corte Superior afirmou ser possível o registro de candidato sem condenação definitiva, mas que responde a processo.

Esse tema também mereceu a atenção do Pleno do Supremo Tribunal Federal. Ao julgar a Ação de Descumprimento de Preceito Fundamental (ADPF) nº 144/DF, na sessão de 6 de agosto de 2008, o relator, Ministro Celso de Mello, asseverou em sua conclusão que

> "a regra inscrita no § 9º do art. 14 da Constituição, na redação dada pela Emenda Constitucional de Revisão nº 4/94, não é autoaplicável, pois a definição de novos casos de inelegibilidade e a estipulação dos prazos de sua cessação, a fim de proteger a probidade administrativa e a moralidade para o exercício do mandato, considerada a vida pregressa do candidato, dependem, exclusivamente, da edição de lei complementar, cuja ausência não pode ser suprida mediante interpretação judicial".

Assim, assentou o excelso pretório:

> "a mera existência de inquéritos policiais em curso ou de processos judiciais em andamento ou de sentença penal condenatória ainda não transitada em julgado, além de não configurar, só por si, hipótese de inelegibilidade, também não impede o registro de candidatura de qualquer cidadão";

Durante a tramitação do projeto que resultou na Lei nº 12.034/2009, a questão voltou à baila. A Emenda nº 54, apresentada no Senado, inseria no art. 11 da Lei Eleitoral o § 1º-A, cuja redação era a seguinte: "o registro de candidatura será deferido aos candidatos que comprovem idoneidade moral e reputação ilibada". Aprovado no Senado, o alvissareiro preceito foi rejeitado na Câmara de Deputados.

Houve avanço com a LC nº 135/2010 (Lei da Ficha Limpa), que conferiu nova redação à alínea *e*, I, art. 1º, da LC nº 64/90, conforme anteriormente transcrito. Com isso, passou-se a prever a inelegibilidade de quem tiver contra si processo criminal pendente, ainda que a sentença condenatória (no caso do Tribunal do Júri) ou o acórdão (confirmatório da condenação ou condenatório) não tenham transitado em julgado. A inelegibilidade incide desde a publicação da decisão, mas, para que se configure, é mister que: *(i)* haja condenação por crime especificado na enfocada alínea *e*; *(ii)* a decisão seja proferida por órgão judicial colegiado; *(iii)* o interessado não obtenha no órgão competente a suspensão da inelegibilidade, nos termos do art. 26-C da LC nº 64/90.

À vista de tais requisitos, é lícito inferir que a só existência de processo criminal não é óbice à candidatura, sendo necessário analisar as circunstâncias concretas do caso, notadamente a fase de tramitação do processo.

Por isso, em atenção ao direito à informação e a fim de assegurar o exercício consciencioso do direito de sufrágio, propugna-se a divulgação pública dos antecedentes criminais dos candidatos. Se os documentos e as informações constantes do processo de registro de candidatura são de acesso comum (LE, art. 11, § 6º), nada impede que seja facilitada sua consulta pelos interessados. E ninguém negará em sã e reta consciência que os maiores interessados nesse assunto são os eleitores, pois, sabendo que o candidato responde a processo criminal, dificilmente se animarão a nele votar; mas, se votarem, eles o farão com consciência e vontade, dentro da liberdade que lhes é assegurada na Lei Maior. Isso certamente contribui para o amadurecimento do eleitorado, a melhoria da qualidade da representação popular e o aperfeiçoamento das práticas democráticas.

Candidaturas ligadas a organizações criminosas e milícias – nas eleições de 2024, a Justiça Eleitoral indeferiu registros de candidaturas sob o fundamento de ligação dos requerentes com organizações criminosas e milícias. Embora não houvesse condenação penal emanada de órgão colegiado, os pretensos candidatos eram réus em processos criminais, nos quais havia evidências robustas de suas atividades criminosas.

As decisões de indeferimento dos registros fundaram-se na proibição constitucional e legal de os partidos políticos se valerem, em suas atividades, de "organização paramilitar" ou similar, isto é, que apresente aquela "mesma natureza" (CF, art. 17, § 4º; Lei nº 9.096/95, art. 6º). Deveras, é vedada "a utilização de organização armada pelo partido político", sob qualquer forma ou pretexto, "ainda que pela via transversa, que se dá com a candidatura de agentes por ela designados, apoiados, ou dela integrantes, considerando que o partido político é a entidade detentora do monopólio das candidaturas aos cargos eletivos" (TSE – REspEl nº 060.024.256/RJ – *DJe* 19-12-2024).

> "[...] 5. O texto constitucional impõe ao Juízo eleitoral a absoluta preservação dos valores inerentes ao Estado Democrático de Direito, notadamente a liberdade do voto e a moralidade para o exercício de cargo público, bens jurídicos insuscetíveis de flexibilização. Doutrina e jurisprudência.
>
> 6. A Carta da República é peremptória ao proscrever a utilização de organização armada por partidos políticos (art. 17, § 4º). Nesse sentido, os partidos políticos não podem utilizar-se de organização paramilitar ou de mesma natureza (art. 6º da Lei nº 9.096/1995) sob nenhuma forma ou sob nenhum pretexto, ainda que pela via oblíqua, que se dá com a candidatura de agentes por ela designados, apoiados, ou dela integrantes, considerando que o partido político é a entidade detentora do monopólio das candidaturas aos cargos eletivos.
>
> [...]
>
> 8. O processo eleitoral viciado pela atuação de organizações criminosas ou congêneres, a exemplo das milícias, põe em xeque a liberdade de escolha do eleitorado, por meio do apoio concedido a determinados candidatos ligados a tais grupos, mas também mediante a redução da competitividade eleitoral. Não há espaço para liberdade sob o domínio do crime organizado, tampouco margem ao exercício do voto consciente e desimpedido, lastreado no livre consentimento.
>
> 9. A robustez dos elementos coligidos e indicados na moldura fática delineada pelo Tribunal local perfaz quadro suficiente para obstar a candidatura de integrante de organização paramilitar ou congênere, mormente porque o impedimento deriva diretamente de norma constitucional de eficácia plena e, por isso, de aplicabilidade imediata, integral e direta.
>
> [...]
>
> 11. No caso, a partir da moldura fática fixada pelo Tribunal local, constata-se que o candidato ostenta contra si diversos elementos denotativos de sua participação em milícia armada, da prática de homicídio qualificado, da coação de testemunha e de sua condição de distribuidor de gás na região, tudo isso para manter seu poderio e domínio de atividades econômicas locais, quadro indubitavelmente atrativo da vedação prevista no art. 17, § 4º, da CF. [...]" (TSE – REspEl nº 060.027.526/RJ – *DJe* 19-12-2024).

10.9.3.5 Indignidade do oficialato (art. 1º, I, f)

Prevê o art. 1º, I, *f*, da LC nº 64/90 serem inelegíveis para qualquer cargo: "os que forem declarados indignos do oficialato, ou com ele incompatíveis, pelo prazo de 8 (oito) anos".

A inelegibilidade em questão atinge tão somente militares integrantes do *oficialato*, isto é, oficiais: tenente, capitão, major etc. Não atinge, portanto, integrantes da carreira das praças, a saber: soldado, cabo, sargento e subtenentes.

A regra reporta-se ao disposto no art. 142, § 3º, VI, da Constituição Federal, pelo qual a perda de posto e patente só se dá se o militar for julgado indigno do oficialato ou com ele incompatível. A competência para essa decisão é privativa de Tribunal Militar de caráter permanente, em tempo de paz, ou de Tribunal especial, em tempo de guerra.

Nos termos do inciso VII do mesmo dispositivo constitucional, submete-se a esse julgamento o oficial condenado, na Justiça Comum ou Militar, a pena privativa de liberdade superior a dois anos, por sentença transitada em julgado. Infere-se que a perda de patente de oficial não constitui efeito automático da condenação criminal. Para que se patenteie, será preciso que: (a) o militar seja condenado a pena privativa de liberdade superior a dois anos; (b) a perda seja decretada pelo Tribunal competente.

10.9.3.6   Rejeição de contas (art. 1º, I, g)

O art. 1º, I, *g*, da LC nº 64/90 dispõe serem inelegíveis para qualquer cargo

> "os que tiverem suas contas relativas ao exercício de cargos ou funções públicas rejeitadas por irregularidade insanável que configure ato doloso de improbidade administrativa, e por decisão irrecorrível do órgão competente, salvo se esta houver sido suspensa ou anulada pelo Poder Judiciário, para as eleições que se realizarem nos 8 (oito) anos seguintes, contados a partir da data da decisão, aplicando-se o disposto no inciso II do art. 71 da Constituição Federal, a todos os ordenadores de despesa, sem exclusão de mandatários que houverem agido nessa condição" [quanto à parte final, *vide* STF – RE nº 848.826/DF – Pleno – j. 10-8-2016].

A inelegibilidade enfocada decorre do ato de reprovação – pelo órgão competente – de contas prestadas por quem tenha atuado "como gestor ou ordenador de despesas" (TSE – Ag-REspe nº 060015883/MA – *DJe* 22-4-2021). Trata-se de efeito (secundário) da decisão de rejeição das contas. De sorte que a inelegibilidade não é constituída por ato próprio da Justiça Eleitoral, a qual apenas aprecia os fatos e as provas que lhe são apresentados, reconhecendo-a ou a afastando na situação examinada. Cabe a essa Justiça proceder ao enquadramento jurídico dos fatos.

O dispositivo em exame tem em mira a proteção da probidade administrativa e a moralidade para o exercício do mandato em vista da experiência pregressa do candidato como agente político (executor de orçamento) e gestor público (ordenador de despesas).

A configuração da inelegibilidade requer: (a) a existência de prestação de contas relativas ao exercício de cargos ou funções públicas; (b) o julgamento e a rejeição ou desaprovação das contas; (c) a detecção de irregularidade insanável; (d) que essa irregularidade caracterize ato doloso de improbidade administrativa; (e) decisão irrecorrível no âmbito administrativo (f) emanada do órgão competente para julgar as contas.

A *prestação de contas* reporta-se ao *controle externo* a que a Administração Pública encontra-se submetida por imperativo constitucional, previsto, nomeadamente, nos arts. 31 e 70 a 75 da Lei Maior. O controle financeiro das contas públicas é realizado pelo Poder Legislativo e pelo Tribunal de Contas em todos os níveis da Federação, a ele, portanto, sujeitando-se a União, os Estados, o Distrito Federal e os Municípios.

No tocante ao julgamento das contas no âmbito do Tribunal de Contas, dispõe a Lei nº 8.443/92:

"Art. 16. As contas serão julgadas:

I – regulares, quando expressarem, de forma clara e objetiva, a exatidão dos demonstrativos contábeis, a legalidade, a legitimidade e a economicidade dos atos de gestão do responsável;

II – regulares com ressalva, quando evidenciarem impropriedade ou qualquer outra falta de natureza formal de que não resulte dano ao Erário;

III – irregulares, quando comprovada qualquer das seguintes ocorrências:

a) omissão no dever de prestar contas;

b) prática de ato de gestão ilegal, ilegítimo, antieconômico, ou infração à norma legal ou regulamentar de natureza contábil, financeira, orçamentária, operacional ou patrimonial;

c) dano ao Erário decorrente de ato de gestão ilegítimo ou antieconômico;

d) desfalque ou desvio de dinheiros, bens ou valores públicos".

Julgando regulares as contas, cumpre ao tribunal dar quitação ao responsável. Julgando-as *regulares com ressalva*, também dará quitação, mas determinará "a adoção de medidas necessárias à correção das impropriedades ou faltas identificadas, de modo a prevenir a ocorrência de outras semelhantes" (art. 18). Todavia, julgando-as *irregulares*, duas vias se abrem: *(i)* existindo débito, o responsável deverá ser condenado ao pagamento da dívida atualizada monetariamente acrescida de juros, podendo, ainda, ser-lhe aplicada multa; *(ii)* inexistindo débito, o tribunal aplicará multa ao responsável (art. 19).

Note-se que esse dispositivo não alude a "irregularidade insanável", como o faz a alínea *g*, I, art. 1º, da LC nº 64/90. A *insanabilidade* é requisito posto pela lei eleitoral para a configuração da inelegibilidade. É, pois, da Justiça Eleitoral a competência privativa, absoluta, para apreciá-la.

A *irregularidade insanável* constitui a causa da rejeição das contas. Está claro não ser qualquer tipo de irregularidade que ensejará a inelegibilidade enfocada. De sorte que, ainda que o Tribunal de Contas afirme haver irregularidade, desse reconhecimento não decorre automaticamente a inelegibilidade. Esta só se configura se a irregularidade detectada for irremediável, ou seja, se for insuperável ou incurável. Assim, pequenos erros formais, deficiências inexpressivas ou que não cheguem a ferir princípios regentes da atividade administrativa, evidentemente, não atendem ao requisito legal. Dados o gigantismo do aparato estatal e a extraordinária burocracia que impera no Brasil, não é impossível que pequenas falhas sejam detectadas nas contas. Não obstante, apesar de não ensejarem a inelegibilidade em foco, poderão – e deverão – determinar a adoção de providências corretivas no âmbito da própria Administração.

Insanáveis, frise-se, são as irregularidades graves, decorrentes de condutas perpetradas com dolo ou má-fé, contrárias à lei ou ao interesse público; podem causar dano ou prejuízo ao erário, enriquecimento ilícito, ou ferir princípios constitucionais reitores da Administração Pública.

Além de insanável, a caracterização da inelegibilidade em apreço ainda requer que a irregularidade "configure ato doloso de improbidade administrativa". Assim, ela deve ser insanável *e* constituir ato doloso de improbidade administrativa. Improbidade, portanto, dolosa – e não culposa.

Sobre a natureza do dolo, após a alteração da Lei de Improbidade (Lei nº 8.429/92) pela Lei nº 14.320/2021, tem-se entendido que ele deve ser específico – e não genérico, como antes se afirmava. Nesse diapasão: "[...] 2. O advento da Lei n. 14.230/2021 alterou o panorama de incidência da inelegibilidade por desaprovação de contas públicas, passando a ser exigido o dolo específico, em superação ao dolo genérico (RO n. 0601046-26/PE, redator para o acórdão o Ministro Ricardo Lewandowski, PSESS em 10.11.2022). [...]" (TSE – RO-EI 060076575/SC – j. 22-11-2022). Em igual sentido: TSE – RO-El nº 060205129/RJ – PSS 15-12-2022.

Não é exigida a prévia condenação do agente por ato de improbidade administrativa, tampouco que haja ação de improbidade em curso na Justiça Comum. Na presente alínea *g*, o requisito de que a irregularidade também configure "ato doloso de improbidade administrativa" tem a única finalidade de estruturar a inelegibilidade. Logo, é a Justiça Eleitoral a única competente para apreciar essa matéria e qualificar os fatos que lhe são apresentados, afirmando se a *irregularidade* apontada é ou não *insanável*, se configura *ato doloso de improbidade administrativa* e se constitui ou não inelegibilidade. Isso é feito exclusivamente com vistas ao reconhecimento de inelegibilidade, não afetando outras esferas em que os mesmos fatos possam ser apreciados. Destarte, não há falar em condenação em improbidade administrativa pela Justiça Eleitoral, mas apenas em apreciação e qualificação jurídica de fatos e circunstâncias relevantes para a estruturação da inelegibilidade em apreço. Note-se, porém, que, havendo condenação emanada da Justiça Comum, o juízo de improbidade aí afirmado vincula a Justiça Eleitoral; esta não poderá negar a existência de improbidade, principalmente se houver trânsito em julgado da respectiva decisão, sob pena de haver injustificável contradição na jurisdição estatal.

A configuração da inelegibilidade também requer que haja *decisão irrecorrível do órgão competente* rejeitando as contas. Diz-se *irrecorrível* a decisão final, irretratável, da qual não mais caiba recurso visando sua modificação. Opera-se, nesse caso, a preclusão ou o que se denomina *coisa julgada formal*. Note-se, porém, que isso ocorre no âmbito administrativo. A matéria sempre poderá ser levada à apreciação do Poder Judiciário, por força do princípio da inafastabilidade da jurisdição (CF, art. 5º, XXXV).

A regular publicação dessa decisão é fundamental para a configuração da inelegibilidade em apreço, pois isso enseja "transmitir ao interessado a ciência inequívoca de seu inteiro teor e lhe permitir a adoção das medidas cabíveis, sejam elas administrativas ou judiciais, para reverter ou suspender seus efeitos. [...]" (TSE – REspe nº 134.024/MG – *DJe* 21-9-2011, p. 38-39). Em igual sentido: TSE – REspe nº 20.533/SP – *DJe* 25-9-2013; REspe nº 20.150/CE – PSS 20-9-2002; RO nº 272/MA – PSS 10-9-1998). Assim, apesar de o órgão competente ter deliberado rejeitar as contas, se não houver efetiva publicação desse ato não se aperfeiçoa a inelegibilidade.

Outrossim, é essa decisão que fixa o marco inicial para a contagem do prazo de oito anos de inelegibilidade.

No tocante ao *órgão competente para julgar as contas*, sua definição tornou-se objeto de viva controvérsia, já que somente o ato de rejeição praticado por ele é hábil a configurar a inelegibilidade em apreço. É assente que, em alguns casos, essa função *julgadora* é realizada pelo Poder Legislativo, enquanto em outros se encarta nas atribuições do Tribunal de Contas.

A Constituição Federal conferiu ao Tribunal de Contas uma série de relevantes funções, conforme se vê no rol constante de seu art. 71. Entre elas, destacam-se as de *consulta* e *julgamento*.

Pela primeira – prevista no inciso I –, compete-lhe *apreciar* as contas prestadas anualmente pelo chefe do Poder Executivo, mediante *parecer* prévio que deverá ser elaborado e enviado ao Poder Legislativo. A este competirá *julgar* as contas à luz do parecer emitido pelo Tribunal (CF, art. 49, IX). O julgamento em foco envolve questões atinentes à execução do orçamento votado e aprovado no Parlamento; importa averiguar se os projetos, as metas, as prioridades e os investimentos estabelecidos na lei orçamentária foram atingidos, se as políticas públicas foram implementadas. É lícito que assim seja porque, se há uma lei definindo e orientando o sentido dos gastos e investimentos públicos, impõe-se que sua execução seja acompanhada e fiscalizada pelos representantes do povo, que, aliás, a aprovaram. Não fosse assim, a atividade parlamentar fiscalizatória cairia no vazio, perderia o sentido, seria, em suma, inútil. É bem de ver que a Lei Maior erigiu como crime de responsabilidade os atos do Presidente da República que atentem contra "a lei orçamentária" (CF, art. 85, VI). O julgamento das contas anualmente apresentadas, atinentes à execução do orçamento, é, pois, competência exclusiva do Poder Legislativo. Nessa hipótese, o Tribunal de Contas realiza papel meramente técnico-auxiliar. O parecer prévio que emite tem o objetivo de orientar os membros das Casas Legislativas, não os vinculando, porém. Assim, se ao Tribunal parecer que as contas devam ser rejeitadas, nada impede que o Legislativo as aprove. Nessa hipótese, aprovadas as contas pelo Parlamento, não desponta a responsabilidade político-jurídica do administrador público, não se configurando, pois, a inelegibilidade em foco. Isso, porém, *não liberta* o *ordenador* das despesas tidas por irregular pelo Tribunal de suas responsabilidades, porquanto prevalece, nesse caso, o julgamento técnico.

Pela segunda – prevista no inciso II –, compete ao Tribunal de Contas, ele mesmo, *julgar* as contas dos administradores e demais responsáveis por dinheiros, bens e valores públicos da Administração direta e indireta, incluídas as fundações e sociedades instituídas e mantidas pelo Poder Público federal, e as contas daqueles que derem causa a perda, extravio ou outra irregularidade de que resulte prejuízo ao erário. Note-se que a hipótese em foco é bem diferente da anterior, pois se trata de perscrutar a responsabilidade do *ordenador de despesas*. É certo não se cuidar de *responsabilidade política* pela execução orçamentária em seu conjunto, mas, sim, de responsabilidade técnico-jurídica pela ordenação específica de despesas, pela gestão de recursos públicos. Nesse caso, as contas devem ser prestadas diretamente ao Tribunal, sendo sua, igualmente, a competência para *julgá-las*. Daí o dever inscrito no parágrafo único do art. 70 da Constituição Federal, a saber: "Prestará contas qualquer pessoa física ou jurídica, pública ou privada, que utilize, arrecade, guarde, gerencie ou administre dinheiros, bens e valores públicos ou pelos quais a União responda, ou que, em nome desta, assuma obrigações de natureza pecuniária".

A decisão do Tribunal de que resulte imputação de débito ou multa terá eficácia de título executivo (CF, art. 71, § 3º). Pode, pois, ser executada diretamente perante o Poder Judiciário, sendo desnecessária a prévia instauração de processo de conhecimento. Isso ocorre mesmo quando a competência para julgamento é do Poder Legislativo e este aprove as contas prestadas pelo gestor, pois a imputação de débito é feita ao *ordenador de despesas*. O mesmo se dá com a ação de improbidade administrativa, que não fica inviabilizada em razão de as contas anuais serem aprovadas pelo Legislativo.

Note-se que, na primeira hipótese aventada, as contas são prestadas ao Poder Legislativo, sendo remetidas ao Tribunal apenas para a emissão de parecer. Em tal caso, o Tribunal funciona como órgão técnico-auxiliar do Parlamento. Assim, a competência para *julgar* as contas é do Poder Legislativo. Já quanto à segunda hipótese, é o próprio Tribunal que detém competência – atribuída diretamente pela Constituição – para apreciar e emitir julgamento acerca das contas que lhe forem submetidas. Nesse caso, o Tribunal profere julgamento, e não apenas emite parecer prévio.

As observações feitas aplicam-se a todos os entes federativos (CF, art. 75). No particular, as funções consultiva e de julgamento do Tribunal de Contas são repetidas nas Constituições estaduais e do Distrito Federal.

O mesmo se dá quanto ao Município. Todavia, no tocante a este ente federativo, há algumas peculiaridades que merecem destaque. Em regra, o controle externo da Câmara Municipal é exercido com o auxílio dos Tribunais de Contas dos Estados, já que é vedada a criação de tribunais, conselhos ou órgãos de contas municipais (CF, art. 31, § 4º).

No que concerne às contas que anualmente devem ser prestadas, o *parecer prévio* emitido pelo Tribunal só deixará de prevalecer por decisão de dois terços dos membros da Câmara Municipal (CF, art. 31, § 2º). Assim, se o julgamento no Poder Legislativo não alcançar esse *quorum*, prevalecerá a conclusão constante do parecer técnico.

No julgamento do EAREspe nº 23.921/AM (publicado na sessão de 9-11-2004), asseverou o TSE que prevalecerá a decisão da Corte de Contas se o parecer por ela emitido não for apreciado e julgado pela Câmara Municipal no prazo legal, previsto na Lei Orgânica do Município. Entretanto, esse entendimento não prosperou na ulterior jurisprudência. Consoante se vê no

REspe nº 19.967/SE, julgado pela mesma Corte Superior Eleitoral em 29-11-2012, a ausência de manifestação do Órgão Legislativo sobre as contas não faz prevalecer o parecer técnico emitido pelo Tribunal de Contas. Isso porque, no caso de prefeito, o art. 31, § 2º, da Constituição Federal é expresso ao impor a manifestação da Câmara Municipal, não podendo o julgamento e a rejeição das contas resultarem da inação desse órgão legislativo. Em outros termos, não há aprovação nem desaprovação de contas por decurso de prazo, exigindo-se sempre a manifestação expressa do Legislativo municipal. Consequentemente, a não apreciação das contas pelo Poder competente obsta a formação da inelegibilidade em exame.

Outro importante aspecto a ser considerado reside no fato de que o Prefeito, mormente nos pequenos e médios Municípios, em geral acumula as funções de *executor do orçamento* e *ordenador de despesas*. Isso não ocorre nas esferas estadual e federal, em que os chefes do Executivo não ordenam despesas, zelando apenas pela execução geral do orçamento.

Destarte, o prefeito pode ser julgado diretamente pelo Tribunal de Contas como ordenador de despesas (*i.e.*, por específicos atos de gestão) e, ainda, pela Câmara Municipal, como executor do orçamento governamental.

Não obstante, há muito entende-se que essa distinção é irrelevante para fins de inelegibilidade. Para essa específica finalidade, mesmo quando pratica ato de gestão e ordena despesas, o prefeito deve ser julgado por outro Poder que, no caso, é a Câmara Municipal. Tal interpretação funda-se no art. 31, *caput*, da Lei Maior, segundo o qual a fiscalização do Município é exercida pelo Poder Legislativo municipal, mediante controle externo. Nesse sentido, vejam-se: TSE – REspe nº 13.174/BA – PSS 1º-10-1996 e REspe nº 23.235 – PSS 18-9-2004.

Essa interpretação manteve-se mesmo após a alteração procedida pela LC nº 135/2010 à alínea *g*, I, do art. 1º da LC nº 64/90:

> "Agravo Regimental. Recurso Ordinário. Registro de Candidatura. Deputado Estadual. Inelegibilidade. LC nº 64/90, art. 1º, I, *g*. Alteração LC nº 135/2010. Rejeição de contas públicas. Prefeito. Órgão competente. Câmara Municipal. Provimento judicial. Desprovimento. 1. A despeito da ressalva final constante da nova redação do art. 1º, I, *g*, da LC nº 64/90, a competência para o julgamento das contas de Prefeito, sejam relativas ao exercício financeiro, à função de ordenador de despesas ou a de gestor, é da Câmara Municipal, nos termos do art. 31 da Constituição Federal. Precedente. 2. Cabe ao Tribunal de Contas apenas a emissão de parecer prévio, salvo quando se tratar de contas atinentes a convênios, pois, nesta hipótese, compete à Corte de Contas decidir e não somente opinar. [...]" (TSE – Ag-RO nº 420.467/CE – PSS 5-10-2010).

No mesmo sentido: AgR-RO nº 433.457/CE PSS – 23-11-2010; AgR-REspe nº 323.286/MA – PSS 7-10-2010; AgR-RO nº 440.692/PB – PSS 5-10-2010; REspe nº 200-89/RJ – PSS 18-10-2012; REspe nº 120-61/PE – PSS 25-9-2012.

E foi acolhida pelo Supremo Tribunal Federal:

> "I – Compete à Câmara Municipal o julgamento das contas do chefe do Poder Executivo municipal, com o auxílio dos Tribunais de Contas, que emitirão parecer prévio, cuja eficácia impositiva subsiste e somente deixará de prevalecer por decisão de dois terços dos membros da casa legislativa (CF, art. 31, § 2º). II – O Constituinte de 1988 optou por atribuir, indistintamente, o julgamento de todas as contas de responsabilidade dos prefeitos municipais aos vereadores, em respeito à relação de equilíbrio que deve existir entre os Poderes da República (*checks and balances*). III – A Constituição Federal revela que o órgão competente para lavrar a decisão irrecorrível a que faz referência o art. 1º, I, *g*, da LC 64/1990, dada pela LC 135/2010, é a Câmara Municipal, e não o Tribunal de

Contas. IV – Tese adotada pelo Plenário da Corte: 'Para fins do art. 1º, inciso I, alínea *g*, da Lei Complementar 64, de 18 de maio de 1990, alterado pela Lei Complementar 135, de 4 de junho de 2010, a apreciação das contas de prefeito, tanto as de governo quanto as de gestão, será exercida pelas Câmaras Municipais, com o auxílio dos Tribunais de Contas competentes, cujo parecer prévio somente deixará de prevalecer por decisão de 2/3 dos vereadores'. V – Recurso extraordinário conhecido e provido" (STF – RE nº 848826/DF – Pleno – Rel. Min. Roberto Barroso – Redator do acórdão Min. Ricardo Lewandowski – *DJe* 24-8-2017).

Nesse precedente (RE nº 848.826/DF), a Suprema Corte acolheu a tese com repercussão geral de que, para fins da inelegibilidade prevista no art. 1º, I, *g*, da LC 64/90, "a apreciação das contas de prefeito, tanto as de governo quanto as de gestão, será exercida pelas Câmaras Municipais". Portanto, para embasar a referida inelegibilidade, as decisões dos Tribunais de Contas nos dois tipos de prestação de contas – anuais (ou de governo) e de gestão (ou de atos específicos de gestão) – devem passar pelo crivo da respectiva Casa Legislativa.

Não é esse, porém, o entendimento que tem sido observado pela jurisprudência eleitoral no caso de convênio (ou ato ou negócio jurídico) entabulado entre Município e outro ente da Federação. Nesse caso, tem-se entendido que, sendo o Tribunal de Contas o órgão competente para julgar as contas prestadas pelo Prefeito, a inelegibilidade deve ser embasada na decisão técnica da Corte de Contas. Nesse sentido, vejam-se os seguintes julgados: i) "[...] o TSE, em recente julgado, na linha da orientação do STF [RE 848.826/CE e RE 729.744/MG], assentou que o entendimento externado pela Corte Constitucional não alberga as contas prestadas por prefeito referentes a recursos que derivem de convênio firmado entre municípios e a União (REspe 46-82/PI, rel. Min. Herman Benjamin, publicado na sessão de 29-9-2016). 3. Recentemente, este Tribunal Superior decidiu que a competência para julgar as contas que envolvem a aplicação de recursos repassados pela União ou pelo Estado aos Municípios é do Tribunal de Contas competente, e não da Câmara de Vereadores (REspe 726-21/SP, Rel. Min. Rosa Weber, *DJe* 11-4-2017). [...]." (TSE – REspel nº 45.002/MG – *DJe*, t. 161, 21-8-2017, p. 126-127); ii) "[...] 2. Em apertada síntese, este Tribunal assentou que a nova regra trazida no § 4º-A do art. 1º da LC 64/90 [...] se aplica apenas nas hipóteses em que o julgamento das contas públicas seja realizado por tribunal de contas. [...]." (TSE – ED-RO-El nº 060259789/SP – *DJe* 29-3-2023); iii) "[...] 4. A orientação firmada pelo Supremo Tribunal Federal, no julgamento do tema 1.340 da repercussão geral, considera correta a interpretação conforme a Constituição, no sentido de que o disposto no § 4º-A do art. 1º da Lei Complementar 64/90 se aplica apenas aos casos de julgamento de gestores públicos pelos Tribunais de Contas, o que não seria o caso dos autos, uma vez que a rejeição das contas do agravado, na condição de chefe do Poder Executivo municipal na ocasião, ocorreu por meio de decreto legislativo oriundo da Câmara Municipal. [...]." (TSE – REspe nº 060006262/PR – *DJe* 3-4-2025).

O Supremo Tribunal Federal apreciou novamente esse tema ao julgar a ADPF 982/PR, oportunidade em que reiterou o seu entendimento no sentido de que, ainda que se trate de ato ordenação de despesa ou de gestão (inclusive os praticados no âmbito de convênio firmado com outros entes federativos), para o fim específico de afirmação da inelegibilidade do art. 1º, I, *g*, da LC nº 64/90, é necessário que as contas sejam submetidas à apreciação da Câmara Municipal, pois é esse o órgão constitucionalmente competente para realizar julgamento político dos alcaides, nos termos do art. 31, § 2º, da Constituição Federal. Nesse sentido:

> "[...] 3. Os Tribunais de Contas têm competência para julgar contas de gestão de Prefeitos que ordenem despesas, exclusivamente para imputação de débito e aplicação de sanções fora da esfera eleitoral. Congruência com a tese fixada no Tema de Repercussão Geral nº

1.287 (ARE nº 1.436.197/RO, Rel. Min. Luiz Fux, j. 18-12-2023). 4. A competência dos Tribunais de Contas para julgar contas de ordenadores de despesas, incluindo prefeitos, é técnica e independente do controle político realizado pelas Casas Legislativas. 5. São inválidas as decisões judiciais ainda não transitadas em julgado que anulem atos decisórios de Tribunais de Contas que, em julgamentos de contas de gestão de Prefeitos, imputem débito ou apliquem sanções não eleitorais, preservada a competência exclusiva das Câmaras Municipais para os fins do art. 1º, inciso I, *g*, da Lei Complementar nº 64/1990. 6. Arguição de Descumprimento de Preceito Fundamental julgada procedente. 7. Tese de julgamento: '(I) Prefeitos que ordenam despesas têm o dever de prestar contas, seja por atuarem como responsáveis por dinheiros, bens e valores públicos da administração, seja na eventualidade de darem causa a perda, extravio ou outra irregularidade que resulte em prejuízo ao erário; (II) Compete aos Tribunais de Contas, nos termos do art. 71, II, da Constituição Federal de 1988, o julgamento das contas de Prefeitos que atuem na qualidade de ordenadores de despesas; (III) A competência dos Tribunais de Contas, quando atestada a irregularidade de contas de gestão prestadas por Prefeitos ordenadores de despesa, se restringe à imputação de débito e à aplicação de sanções fora da esfera eleitoral, independentemente de ratificação pelas Câmaras Municipais, preservada a competência exclusiva destas para os fins do art. 1º, inciso I, alínea *g*, da Lei Complementar nº 64/1990.'" (STF – ADPF 982/PR – Pleno – Rel. Min. Flávio Dino – *DJe* 17-3-2025).

Portanto, para fins de declaração da inelegibilidade prevista no vertente art. 1º, I, *g* da LC nº 64/90, o órgão competente para *julgar* as contas de Prefeito será a Câmara Municipal tanto na hipótese de contas de governo quanto na de atos de gestão ou ordenação de despesas.

Note-se que essa compreensão não exclui a possibilidade de declaração de inelegibilidade no caso de rejeição ou desaprovação de contas fundada em ato de gestão ou ordenação de despesas. O que se exige é que, para os fins do art. 1º, I, *g*, da LC nº 64/90, a decisão da Corte de Contas passe pelo crivo do respectivo Poder Legislativo.

O § 4º-A do art. 1º da LC nº 64/90 (acrescido pela LC nº 184/2021) afasta a aplicação da presente causa de inelegibilidade aos "responsáveis que tenham tido suas contas julgadas irregulares sem imputação de débito e sancionados exclusivamente com o pagamento de multa". São três, portanto, os requisitos legais para a não incidência da inelegibilidade: *i*) serem as contas julgadas irregulares; *ii*) não haver imputação de débito; *iii*)) ser o gestor "responsável" sancionado exclusivamente com multa. O conectivo "e" na cláusula legal indica que o afastamento da inelegibilidade requer a ocorrência simultânea dos três requisitos. Entende-se que essa regra "tem aplicabilidade restrita aos julgamentos de contas de gestores públicos" (TSE – AgR-REspEl nº 060011983/GO – *DJe* 21-11-2024; STF – RE nº 1459224/SP – Pleno – Rel. Min. Gilmar Mendes – *DJe* 20-9-2024). Aplica-se, portanto, apenas à hipótese de contas de gestão – e não à de contas anuais ou de governo. Assim, os referidos requisitos devem ser pesquisados na decisão do Tribunal de Contas, mas somente na hipótese de as contas serem apreciadas e desaprovadas pela Câmara Municipal. É que, nas hipóteses de aprovação das contas e de sua não apreciação pela Câmara Legislativa, não haverá fundamento bastante para a afirmação da causa de inelegibilidade do art. 1º, I, *g*, da LC nº 64/90.

Em resumo:

1) as contas anuais ou de governo prestadas por prefeito devem ser julgadas pela Câmara de Vereadores, atuando o Tribunal de Contas como auxiliar do Poder Legislativo. Nessa hipótese, não se aplica o art. 1º, § 4º-A, da LC nº 64/90, e só se poderá cogitar a inelegibilidade em exame se o órgão legislativo reprovar as contas.

2) as contas prestadas por prefeito em razão de convênio ou atos de gestão (tomada de contas especial) devem ser julgadas pelo Tribunal de Contas. Nesse caso, porque age como gestor de recursos públicos, o prestador submete-se a julgamento técnico-jurídico, podendo sofrer sanções de multa e imputação de obrigações e despesas. Porém, só por si, a decisão do Tribunal de Contas não tem efeitos político-eleitorais, ou melhor: não tem aptidão para sozinha gerar a inelegibilidade do art. 1º, I, *g*, da LC nº 64/90. Para esse fim específico, o ato que aprecia as contas é do tipo complexo, de modo que, para se aperfeiçoar e produzir efeitos, depende da manifestação de vontade de dois órgãos, quais sejam: a Corte de Contas e a Câmara Municipal. Portanto, para fins eleitorais (ou de inelegibilidade), o julgamento do Tribunal de Contas deve também passar pelo crivo da respectiva Casa Legislativa. Somente se poderá cogitar da inelegibilidade em exame se o órgão legislativo reprovar as contas. Nesse aspecto, o Tribunal de Contas também atua como auxiliar do Poder Legislativo. E mais: a inelegibilidade poderá ser afastada por força do há pouco citado art. 1º, § 4º-A, da LC nº 64/90.

Quanto a *presidente do Poder Legislativo*, a competência para julgar as respectivas contas é do Tribunal de Contas. Nesse sentido: TSE – REspe nº 13.713/ES – PSS 1º-10-1996.

Pela inelegibilidade em foco, o agente público torna-se inelegível "para as eleições que se realizarem nos 08 (oito) anos seguintes, contados a partir da data da decisão".

Portanto, o marco inicial da inelegibilidade é claramente fixado na *data da decisão* que a gera, devendo-se considerar a data de sua *publicação*, não a que lhe for aposta. Assim, considerado o momento da publicação, se a inelegibilidade expirar antes da data prevista para a eleição, nesta não poderá gerar efeito restritivo do exercício da cidadania passiva. Caso contrário, a inelegibilidade se estenderia para além dos oito anos legalmente previstos, o que significaria violação ilegal e inconstitucional do direito político fundamental atinente à cidadania passiva, bem como extensão indevida da incidência de uma restrição.

Quid juris se, após a configuração da inelegibilidade em razão de o Órgão Legislativo ter aprovado o parecer do Tribunal de Contas que rejeita as contas prestadas, houver novo pronunciamento do Legislativo, desta feita afastando o parecer técnico e aprovando as contas? Nesse caso, a reapreciação das contas pelo Órgão Legislativo só por si não tem o condão de desconstituir a inelegibilidade. Do contrário, a afirmação da inelegibilidade ficaria sempre ao sabor da coloração política dos Órgãos Legislativos. Na verdade, o ato que aprova o parecer desfavorável do Tribunal de Contas ingressa no mundo jurídico, gerando efeitos. Sua desconstituição deve ser formalmente pleiteada pelo interessado junto ao Poder Judiciário, em ação anulatória. Se procedente o pedido nesta formulado, novo ato deverá ser editado pelo Legislativo, já que invalidado o primeiro. O novo julgamento poderá afastar o parecer técnico e aprovar as contas. Somente nessa hipótese seria possível infirmar a inelegibilidade antes constituída, pois não mais encontraria fundamento jurídico.

Pode ocorrer de o *novo* pronunciamento emanar não do Órgão Legislativo, mas do Tribunal de Contas. Nesse caso, porque o novo parecer prévio aprovando as contas por si só não afasta a validade do ato Legislativo que as desaprovara, não fica afastada a inelegibilidade. A propósito, colhe-se na jurisprudência:

> "[…] 3. O fato de a Corte de Contas haver rescindido seu acórdão anterior e exarado novo parecer prévio, desta vez aprovando as contas com ressalvas, não tem o condão de afastar a validade do Decreto Legislativo que desaprovara as contas do chefe do Poder Executivo, caso não tenha havido também novo pronunciamento da Câmara de Vereadores. Precedentes. […]" (TSE – AgR-REspe nº 19.374/PR – PSS 12-12-2012).

A questão a respeito das contas, ou melhor, da rejeição delas, pode sempre ser submetida à apreciação do Poder Judiciário. Isso é feito via ação desconstitutiva ou anulatória do ato. A competência para essa ação é da Justiça Comum. Para que a inelegibilidade fique afastada, será necessário que, na petição inicial, sejam questionadas *todas* as irregularidades apontadas, sob pena de não se afastá-la quanto às que não se questionarem. Por exemplo: se forem apontadas dez irregularidades e a demanda questionar apenas quatro, as outras seis poderão fundamentar juízo de inelegibilidade com fulcro na regra em tela, já que sobre elas não poderá o Órgão Judicial se pronunciar ante a necessidade de a sentença adstringir-se aos fatos e pedido postos na peça exordial (CPC, art. 492).

Note-se que a nova redação conferida à enfocada alínea *g* pela LC nº 135/2010 ressalva expressamente a possibilidade de a decisão em que a inelegibilidade se funda ser "suspensa ou anulada pelo Poder Judiciário". De sorte que a inelegibilidade somente é afastada – ainda que em caráter provisório – se houver provimento jurisdicional que suspenda ou anule a decisão de rejeição de contas. Assim, não é suficiente a mera submissão da questão à apreciação do Poder Judiciário mediante a propositura de ação, sendo mister existir efetivo provimento jurisdicional.

Ainda que proferido após a formalização do pedido de registro da candidatura, o provimento liminar de caráter cautelar ou antecipatório da tutela jurisdicional pleiteada na Justiça Comum tem o condão de suspender a inelegibilidade. Tem-se aí a hipótese de elegibilidade superveniente, consoante previsão constante do art. 11, § 10, da Lei nº 9.504/97. A esse respeito, assentou o TSE:

> "[...] 3. Nos termos do art. 11, § 10, da Lei nº 9.504/97, inserido pela Lei nº 12.034/2009, a concessão da liminar, ainda que posterior ao pedido de registro, é capaz de afastar a inelegibilidade decorrente da rejeição de contas no exercício de cargos públicos. 4. Agravo regimental desprovido" (TSE – AgR-RO nº 420.467/CE – PSS 5-10-2010).

Delimitação da cognição da Justiça Eleitoral – A inelegibilidade em apreço decorre da rejeição de contas pelo órgão competente, sendo efeito secundário desse ato. Por isso, ao apreciá-la, a cognição do órgão judicial eleitoral é limitada. Sobretudo, não lhe é dado rever o mérito dos atos emanados do Tribunal de Contas e da Casa Legislativa. É dessas instituições a competência para afirmar ou negar a regularidade dos atos praticados pelo administrador público em face do ordenamento positivo. Daí o acerto da Súmula TSE nº 41, *verbis*:

> "Não cabe à Justiça Eleitoral decidir sobre o acerto ou desacerto das decisões proferidas por outros Órgãos do Judiciário ou dos Tribunais de Contas que configurem causa de inelegibilidade".

Na verdade, a Justiça Eleitoral é informada por aqueles órgãos, cotejando os dados recebidos com os princípios e as regras do Direito Eleitoral, a fim de realizar o enquadramento jurídico dos fatos. Cabe-lhe, pois, tão só averiguar se na decisão que desaprova as contas se apresentam os requisitos configuradores da inelegibilidade. Em outros termos, a competência da Justiça Eleitoral cinge-se a verificar: (a) existência de prestação de contas relativas ao exercício de cargos ou funções públicas; (b) julgamento e rejeição das contas; (c) presença de irregularidade insanável; (d) caracterização dessa irregularidade como ato doloso de improbidade administrativa; (e) existência de decisão irrecorrível do órgão competente para julgar as contas; (f) se a inelegibilidade encontra-se suspensa em razão de tutela provisória de urgência (cautelar ou antecipada) concedida pela Justiça Comum.

Note-se, porém, que dentro de sua esfera competencial, tem a Justiça Eleitoral plena autonomia para valorar os fatos ensejadores da rejeição das contas e fixar, no caso concreto, o sentido da cláusula aberta "irregularidade insanável", bem como apontar se ela caracteriza ato doloso de improbidade administrativa. É que a configuração da inelegibilidade requer não só a rejeição das contas, como também a insanabilidade das irregularidades detectadas e sua caracterização como improbidade. Se a rejeição (ou desaprovação) das contas é dado objetivo e facilmente verificável (basta uma certidão expedida pelo órgão competente), a insanabilidade e a configuração da improbidade requerem a formulação de juízo de valor por parte da Justiça Eleitoral, única competente para afirmar se há ou não inelegibilidade.

10.9.3.7 *Abuso de poder econômico ou político por agente público (art. 1º, I, h)*

O art. 14, § 9º, da Lei Maior também objetiva assegurar "a normalidade e legitimidade das eleições contra [...] o abuso do exercício de função, cargo ou emprego na administração direta ou indireta". Daí a previsão contida no art. 1º, I, *h*, da LC nº 64/90, segundo a qual são inelegíveis para qualquer cargo

> "os detentores de cargo na administração pública direta, indireta ou fundacional, que beneficiarem a si ou a terceiros, pelo abuso do poder econômico ou político, que forem condenados em decisão transitada em julgado ou proferida por órgão judicial colegiado, para a eleição na qual concorrem ou tenham sido diplomados, bem como para as que se realizarem nos 8 (oito) anos seguintes".

Consoante se extrai desse dispositivo, são requisitos essenciais para a caracterização da inelegibilidade: *(1)* existência de abuso de poder econômico ou político; *(2)* a qualidade de agente público do autor do abuso de poder; *(3)* a finalidade eleitoral do abuso, de modo a carrear benefício ao próprio agente ou a terceiro; *(4)* a existência de condenação judicial do autor do abuso em decisão transitada em julgado ou proferida por órgão colegiado.

Em primeiro lugar, a configuração da inelegibilidade em exame requer que haja abuso de poder econômico ou político. Com efeito, as eleições em que ele ocorre resultam indelevelmente corrompidas, maculadas, gerando representação política ilegítima.

Por *abuso de poder* compreende-se o ilícito eleitoral consubstanciado no mau uso ou o uso de má-fé ou com desvio de finalidade de direito, situação ou posição jurídicas, podendo ou não haver desnaturamento dos institutos jurídicos envolvidos. Na dimensão *econômica* do abuso encontram-se bens econômicos, financeiros ou patrimoniais. Já em sua dimensão *política* apresenta-se o *poder de autoridade estatal* ou o *poder político-estatal, que é* pertinente ao "exercício de função, cargo ou emprego na administração direta ou indireta" (CF, art. 14, § 9º, *in fine*).

O *segundo* requisito para a configuração da inelegibilidade da vertente alínea *h* diz respeito a que o autor do abuso de poder seja ou tenha sido agente público. No texto legal esse requisito é expresso pela cláusula "os detentores de cargo na administração pública direta, indireta ou fundacional".

Ao realizarem seus misteres, os agentes públicos devem sempre guardar obediência aos princípios constitucionais regentes de suas atividades, nomeadamente os previstos no art. 37 da Lei Maior, dentre os quais se destacam: legalidade, impessoalidade, moralidade, probidade, publicidade, eficiência, licitação e concurso público. A ação administrativo-estatal deve necessariamente pautar-se pelo atendimento do *interesse público*.

A expressão "detentores de cargo", no texto legal, apresenta sentido amplo, abrangendo todos os agentes públicos, inclusive os detentores de cargos em comissão e titulares de mandato público-eletivo.

O *terceiro* requisito impõe a finalidade eleitoral ao fato abusivo, o qual deve carrear benefício eleitoral ao próprio agente ou a terceiro. Se não houver benefício ou este for exclusivamente de outra natureza (*e.g.*, econômico), não estará configurada a inelegibilidade e tampouco haverá interesse do Direito Eleitoral.

Pelo *quarto* requisito é mister que haja "condenação" judicial do autor do abuso em decisão judicial transitada em julgado ou proferida por órgão colegiado. Portanto, o fato deve ter sido submetido e apreciado pelo Poder Judiciário, tendo este declarado sua ilicitude.

Para gerar efeito, não se exige o trânsito em julgado da decisão do órgão colegiado, bastando que ela seja publicada.

Não é necessário que a decisão emane da Justiça Eleitoral, pois, conforme já assentou a Corte Superior, a inelegibilidade da alínea *h* "incide nas hipóteses de condenação tanto pela Justiça Comum como pela Justiça Eleitoral" (TSE – REspe nº 15.105/AM – *DJe*, t. 54, 19-3-2015, p. 36-37). Portanto, em tese, tal decisão pode ter origem em processo de ação civil pública, de improbidade ou popular.

Assim, tratando-se de decisão originária da Justiça Eleitoral, poderá ela emanar de qualquer tipo de ação ou procedimento eleitoral, inclusive da ação de impugnação de mandato eletivo – AIME (CF, art. 14, §§ 10 e 11).

Termos inicial e final da inelegibilidade – No que concerne aos termos inicial e final da inelegibilidade em apreço, a solução é idêntica à apontada anteriormente na alínea *d*. Em igual sentido, assentou a Corte Superior: "1. O prazo da inelegibilidade prevista na alínea *h* do inciso I do art. 1º da LC nº 64/90 […] se conta da data da eleição […]" (TSE – Cta nº 13.115/DF – *DJe*, t. 154, 20-8-2014, p. 71).

Se houver segundo turno, deve o lapso da inelegibilidade ser contado da data do primeiro turno. Nesse sentido, reza a Súmula TSE nº 69: "Os prazos de inelegibilidade previstos nas alíneas *j* e *h* do inciso I do art. 1º da LC nº 64/90 têm termo inicial no dia do primeiro turno da eleição e termo final no dia de igual número no oitavo ano seguinte". Por igual, dispõe o art. 52, parágrafo único, da Res. TSE nº 23.609/2019 (incluído pela Res. nº 23.729/2024): "Os prazos de inelegibilidade cujo marco inicial seja a eleição contam-se a partir do primeiro turno do pleito respectivo, findando no dia de igual número do seu início (Código Civil, art. 132, § 3º, e ADI nº 7.197/DF)".

Confronto com a alínea d – embora não se confundam, há semelhanças entre as hipóteses previstas nas alíneas *d* e *h*, I, do art. 1º da LC nº 64/90.

As duas alíneas cuidam de abuso de poder manejado em prol de candidatura, vinculando-se, portanto, a finalidades eleitorais.

Diferem, porém, em que a alínea *d* objetiva impedir a candidatura dos *beneficiários* da conduta abusiva, tornando-os inelegíveis "para a eleição na qual concorrem ou tenham sido diplomados", enquanto a regra da alínea *h* visa obstar a candidatura dos "detentores de cargo na administração pública direta, indireta ou fundacional" que, abusando dos poderes econômico ou político que defluem dos cargos que ocupam ou das funções que exercem, beneficiem a si próprios ou a terceiros no pleito eleitoral. Portanto, o destinatário da regra da alínea *d* é qualquer pessoa, enquanto o destinatário da regra da alínea *h* é o agente público. Para exemplificar: suponha-se que um prefeito abuse do poder político que detém com vistas a fazer com que seu sucessor seja eleito. Seu comportamento realiza a hipótese da alínea *h*, além de poder configurar improbidade administrativa, já seu afilhado político, candidato à sua sucessão, incorrerá na alínea *d*, pois será beneficiário da ação ilícita.

Ademais, a alínea *d* pressupõe condenação anterior por abuso de poder emanada da Justiça Eleitoral, ao passo que, pela alínea *h*, a condenação anterior pode emanar tanto da Justiça Comum, quanto da Justiça Eleitoral.

As diferenças entre as alíneas *d* e *h* foram debatidas pela Corte Superior Eleitoral no julgamento do RO nº 60.283/TO, tendo afirmado o relator:

Cap. 10 • INELEGIBILIDADE | 247

"De início, verifica-se que as causas de inelegibilidade previstas nos dois dispositivos incidem no caso de condenação por abuso de poder econômico ou político, por decisão transitada em julgado ou proferida por órgão colegiado.

No entanto, há duas diferenças fundamentais entre as mencionadas alíneas: o sujeito destinatário da norma e o órgão judicial que proferiu a decisão condenatória.

O sujeito da alínea *d* é qualquer pessoa ('os que tenham contra sua pessoa'), enquanto a alínea *h* refere-se apenas a detentores de cargo na administração pública direta, indireta ou fundacional (*'os detentores de cargo na administração pública direta, indireta ou fundacional'*).

Além disso, na alínea *d* a condenação por abuso de poder político ou econômico deve ser julgada procedente pela Justiça Eleitoral; na alínea *h*, por outro lado, o legislador não estabeleceu essa condição, donde se extrai que nesse caso a inelegibilidade pode decorrer de condenação por abuso de poder econômico ou político proferida tanto pela Justiça comum, quanto pela Justiça Eleitoral. [...]" (TSE – RO nº 60.283/TO – Rel. Min. Aldir Guimarães Passarinho Júnior – PSS 16-11-2010). Em igual sentido, *vide*: TSE – REspe nº 15.105/AM – *DJe*, t. 54, 19-3-2015, p. 36-37.

10.9.3.8 Cargo ou função em instituição financeira liquidanda (art. 1º, I, i)

Pela LC nº 64/90, art. 1º, I, *i*, são inelegíveis para qualquer cargo

"os que, em estabelecimentos de crédito, financiamento ou seguro, que tenham sido ou estejam sendo objeto de processo de liquidação judicial ou extrajudicial, hajam exercido, nos 12 (doze) meses anteriores à respectiva decretação, cargo ou função de direção, administração ou representação, enquanto não forem exonerados de qualquer responsabilidade".

As instituições de crédito, financiamento e seguro integram o sistema financeiro nacional (CF, art. 192; Lei nº 4.595/64, art. 17; Lei nº 7.492/86, art. 1º). Para funcionarem, dependem de autorização do Banco Central do Brasil, que intervém e fiscaliza suas atividades. Tais instituições encontram-se sujeitas à *liquidação extrajudicial* (Lei nº 4.595/64, art. 45), cujos decretação e processamento competem ao Banco Central. A liquidação tem como pressuposto a insolvência da entidade. As atividades desta ficam paralisadas com a instauração do procedimento, apenas sendo praticados atos, pelo liquidante, com o objetivo de adimplir as obrigações remanescentes. Ademais, há a instauração de concurso universal de credores. Tomando-se como exemplo um estabelecimento bancário, todos os depositantes e correntistas são convocados para, uma vez realizado o ativo, reaverem seus créditos. Estes credores não detêm nenhum privilégio, pois são classificados como *quirografários*. A liquidação pode ser convolada em falência. Entretanto, a tais instituições não se aplica o disposto na Lei nº 11.101/2005, que regula a recuperação judicial, a extrajudicial e a falência do empresário e da sociedade empresária.

Desnecessário dizer que a liquidação de instituições financeiras pode acarretar danos a um grande número de pessoas, além do risco gerado para a estabilidade do sistema financeiro em seu conjunto. Normalmente, situações como essa são acompanhadas de grande alvoroço no mercado.

O dispositivo em exame assevera serem absolutamente inelegíveis as pessoas que hajam exercido cargo ou função de direção, administração ou representação em tais instituições, nos 12 meses anteriores à decretação da liquidação, enquanto não forem exonerados de qualquer responsabilidade pela bancarrota.

248 DIREITO ELEITORAL – José Jairo Gomes

10.9.3.9 Ilícitos eleitorais: corrupção eleitoral, captação ilícita de sufrágio, captação ou gasto ilícito de recurso em campanha, conduta vedada (art. 1º, I, j)

Pelo art. 1º, I, j, da LC nº 64/90 (acrescida pela LC nº 135/2010), são inelegíveis

> "os que forem condenados, em decisão transitada em julgado ou proferida por órgão colegiado da Justiça Eleitoral, por corrupção eleitoral, por captação ilícita de sufrágio, por doação, captação ou gastos ilícitos de recursos de campanha ou por conduta vedada aos agentes públicos em campanhas eleitorais que impliquem cassação do registro ou do diploma, pelo prazo de 8 (oito) anos a contar da eleição".

Antes da promulgação da LC nº 135/2010, não geravam *inelegibilidade* os ilícitos eleitorais enumerados na presente alínea *j*, a saber: captação ilícita de sufrágio (LE, art. 41-A), captação ou gastos ilícitos de recursos de campanha (LE, art. 30-A) e conduta vedada a agentes públicos em campanhas eleitorais (LE, arts. 73 ss.). É que tais condutas ilícitas foram contempladas em lei ordinária, e não em lei complementar, conforme exige o art. 14, § 9º, da Lei Maior.

Quanto ao ilícito de "corrupção eleitoral", essa hipótese é prevista no § 10 do art. 14 da Constituição Federal como causa ensejadora de ação de impugnação de mandato eletivo (AIME), e também não gerava inelegibilidade, mas tão somente a cassação do mandato. Em face da redação da enfocada alínea *j*, parece plausível o entendimento de que a procedência do pedido formulado em AIME, fundada em corrupção, enseja a declaração de inelegibilidade do impugnado.

Nas hipóteses vertentes, a inelegibilidade não constitui objeto direto ou imediato da ação fundada nos aludidos arts. 14, §§ 10 e 11, da CF, e 30-A, 41-A e 73 ss. da LE. Na verdade, ela constitui efeito externo ou secundário da sentença de procedência do pedido nessas demandas. Assim, não é preciso que conste expressamente do dispositivo da sentença ou do acórdão condenatório, pois somente será declarada em futuro e eventual processo de registro de candidatura – isso porque, na dicção do § 10 do art. 11 da LE: "as causas de inelegibilidade devem ser aferidas no momento da formalização do pedido de registro da candidatura".

Para que a inelegibilidade em exame se patenteie e gere efeitos, não é necessário que a decisão judicial proferida na demanda que tem por objeto os ilícitos enumerados transite em julgado, bastando que seja proferida por órgão colegiado da Justiça Eleitoral e devidamente publicada.

Extrai-se do texto legal que só há geração de inelegibilidade se houver cassação de registro ou de diploma, o que pressupõe a gravidade dos fatos. Tem-se entendido na jurisprudência que a aplicação isolada de multa não acarreta inelegibilidade, confira-se: TSE – AgR-REspe nº 7.922/PA – *DJe* 19-4-2017, p. 51; TSE – AgR-RO nº 292.112/SP – PSS 27-11-2014. Atende-se com isso ao princípio constitucional de proporcionalidade, pois, se se entender como adequada tão só a aplicação de multa, a conduta considerada certamente terá pouca gravidade. Nesse caso, a lesão ao bem jurídico tutelado não é de tal monta que justifique a privação da cidadania passiva por oito longos anos.

Note-se, porém, que o condicionamento da inelegibilidade à cassação de registro ou diploma poderá ensejar situações contraditórias. Isso porque a inelegibilidade não alcançará quem não for candidato com pedido de registro deferido ou diploma expedido; não alcançará, *e.g.*, o "agente público" responsável pela prática de conduta vedada em benefício de candidato (LE, art. 73, § 5º) – embora esse mesmo agente público figure como corréu (juntamente com o candidato beneficiado) na respectiva ação eleitoral.

E mais: no que concerne às ações fundadas nos arts. 30-A, 41-A e 73 ss. da LE, se o candidato-réu não for eleito, torna-se inviável a eficácia concreta das sanções de cassação de seu registro ou diploma, mas tão somente a da multa nas duas últimas hipóteses. De maneira que a não eleição do candidato-réu tem o condão de imunizá-lo da incidência da inelegibilidade (esta, porém, incidiria se na mesma situação ele fosse eleito e tivesse cassado o diploma). Em tal caso, pode-se discutir se a ausência do pressuposto legal impede a ulterior declaração de inelegibilidade. Em princípio, não se afigura juridicamente possível a declaração de inelegibilidade por ausência de específico pressuposto legal. Entretanto, nas eleições proporcionais, poder-se-ia cogitar a cassação do diploma de suplente, daí exsurgindo a possibilidade de declaração de inelegibilidade. Por outro lado, se os fatos debatidos no processo forem muito graves, com potencialidade para gerar a cassação do registro ou mesmo do diploma, sendo certo que isso só não ocorreu em razão de o réu ter perdido as eleições, parece plausível admitir-se a inelegibilidade, desde que isso seja expresso no *decisum*. De sorte que o provimento jurisdicional concluiria pela procedência do pedido e cassação do diploma, deixando, porém, de aplicar essa sanção em virtude de sua não expedição.

Ademais, ao menos em tese, também se poderia cogitar dessa mesma solução para a hipótese de inviabilizar-se a aplicação das sanções de cassação de registro, diploma ou mandato em razão do término ou cumprimento do mandato sem que o mérito do processo pertinente à representação tenha sido definitivamente decidido.

Sobre o termo inicial, extrai-se da cláusula final da alínea *j* que a inelegibilidade em exame deve vigorar "pelo prazo de 8 (oito) anos a contar da eleição". Não há, porém, clareza quanto ao momento exato a partir do qual a contagem deve ser feita: *(i)* do dia do pleito, *(ii)* do término do processo eleitoral, que se dá com a diplomação, ou, *(iii)* do final do ano em que se realizam as eleições?

É razoável aplicar-se aqui a mesma solução apontada para as alíneas *d* e *h, expostas anteriormente*. Nesse sentido:

> "Inelegibilidade – Prazo – Art. 1º, alínea *j*, da Lei Complementar nº 64/1990. Tendo em conta o disposto na alínea *j*, do art. 1º da Lei Complementar nº 64/1990, o prazo de inelegibilidade não coincide com a unidade de tempo de 1º de janeiro a 31 de dezembro, mas com a data da eleição. [...] O contido, em termos de prazo, na parte final da alínea *j*, revela termo inicial definido com clareza solar, para saber-se da extensão da inelegibilidade, sobressaindo a alusão não à unidade de tempo de 1º de janeiro a 31 de dezembro, mas à data da eleição. Refere-se à inelegibilidade pelo período de oito anos, a contar do escrutínio. Não se pode, observada a interpretação do preceito, alcançar resultado que acabe por elastecer o prazo estabelecido" (TSE – REspe nº 84-50/BA – *DJe* 6-3-2014 – excerto do voto do relator).
>
> De igual modo, *vide*: TSE – AgR-AI nº 17.773/PB – *DJe*, t. 23, 3-2-2014, p. 299; REspe nº 9.628/SP – *DJe* 11-10-2013; REspe nº 9.308/AM, j. 20-6-2013; TSE – REspe nº 7.427/PR – PSS 9-10-2012; TSE – Cta nº 43.344/2014 – *DJe*, t. 118, 1º-7-2014, p. 60.

Se houver segundo turno, deve o lapso da inelegibilidade ser contado da data do primeiro turno, ainda que o fato ilícito ocorra entre os dois turnos de votação. Nesse sentido, reza a Súmula TSE nº 69: "Os prazos de inelegibilidade previstos nas alíneas *j* e *h* do inciso I do art. 1º da LC nº 64/90 têm termo inicial no dia do primeiro turno da eleição e termo final no dia de igual número no oitavo ano seguinte". Por igual, estabelece o art. 52, parágrafo único, da Res. TSE nº 23.609/2019 (incluído pela Res. nº 23.729/2024): "Os prazos de inelegibilidade cujo marco inicial seja a eleição contam-se a partir do primeiro turno do pleito respectivo, findando no dia de igual número do seu início (Código Civil, art. 132, § 3º, e ADI nº 7.197/DF)".

No entanto, vale registrar que a interpretação exposta não é pacífica. Para uma corrente (minoritária e já superada na jurisprudência), a causa de inelegibilidade em exame deve "incidir a partir da eleição da qual resultou a respectiva condenação até o final do período dos 8 (oito) anos civis seguintes por inteiro, independentemente da data em que se realizar a eleição no oitavo ano subsequente. [...]" (TSE – REspe nº 16.512/SC – PSS 25-9-2012 – excerto do voto do relator). Na mesma linha: TSE – REspe nº 5.088/PE, j. 20-11-2012; REspe nº 11.661/RS, j. 21-11-2012; AgR-REspe nº 40.785/PA – *DJe* 12-6-2013. Aqui, deve-se contar o prazo de oito anos integralmente a partir do final do ano eleitoral, *i.e.*, a partir do *primeiro dia do ano seguinte* ao da eleição em que ocorreram os fatos considerados para a declaração de inelegibilidade.

10.9.3.10 Renúncia a mandato eletivo (art. 1º, I, k)

Renúncia é o ato jurídico unilateral pelo qual a pessoa abdica de direito próprio, alijando-o de seu patrimônio. No caso em tela, trata-se do abandono ou desistência do mandato por parte de seu titular, ficando vago o cargo eletivo ocupado. O ato deve ser voluntário, surtindo efeito tão logo formalizado perante o órgão ou a autoridade competente; ademais, é irrevogável, porquanto inexiste previsão de retratação.

Conforme visto, as alíneas *b* e *c*, I, do art. 1º, da LC nº 64 preveem a inelegibilidade por oito anos do titular de mandato eletivo que perder o cargo por ato do Poder Legislativo, respectivamente, em razão de violação do estatuto parlamentar e do cometimento de crime de responsabilidade.

A regra veiculada na presente alínea *k* é ainda mais ampla e rigorosa, pois, por ela:

> "o Presidente da República, o Governador de Estado e do Distrito Federal, o Prefeito, os membros do Congresso Nacional, das Assembleias Legislativas, da Câmara Legislativa, das Câmaras Municipais, que renunciarem a seus mandatos desde o oferecimento de representação ou petição capaz de autorizar a abertura de processo por infringência a dispositivo da Constituição Federal, da Constituição Estadual, da Lei Orgânica do Distrito Federal ou da Lei Orgânica do Município, para as eleições que se realizarem durante o período remanescente do mandato para o qual foram eleitos e nos 8 (oito) anos subsequentes ao término da legislatura".

A só *renúncia* a mandato eletivo após o oferecimento ao órgão competente de representação ou petição aptos a ensejarem a instauração de processo na Casa Legislativa tem o condão de gerar a inelegibilidade do renunciante pelos "8 (oito) anos subsequentes ao término da legislatura". Nessa linha, afirma a jurisprudência incidir a causa de inelegibilidade em comento quando, antes da renúncia, for remetido ao Conselho de Ética e Decoro Parlamentar "relatório elaborado por Comissão Parlamentar Mista de Inquérito (CPMI) em que se assenta a necessidade de abertura de processo disciplinar contra deputado, em razão de gravíssimos fatos ofensivos do decoro parlamentar [...]" (TSE – RO nº 214.807/ES – *DJe* 4-4-2011, p. 53).

É preciso que o motivo da renúncia seja relacionado ao anterior oferecimento de representação ou petição, e que essa tenha *aptidão* para provocar a instauração de processo contra o renunciante.

A cláusula legal "representação ou petição *capaz* de autorizar a abertura de processo" enseja o entendimento de que, mesmo que o processo não seja instaurado pelo órgão competente – após a renúncia –, pode-se cogitar a incidência da inelegibilidade. Em princípio, basta que a petição seja *apta* ou *hábil* para a instauração, juízo de valor esse a ser formulado pelo destinatário da petição. Entretanto, se a não instauração fundar-se justamente na *inaptidão* ou *insuficiência* da representação, não parece razoável sustentar a incidência de inelegibilidade.

Consoante reza o art. 55, § 4º, da Constituição, não surtirá efeito a renúncia de parlamentar federal "submetido a processo que vise ou possa levar à perda do mandato". Nesse caso, portanto, a renúncia do parlamentar não impedirá a instauração do processo pelo órgão competente, tampouco obstará seu julgamento. Diante disso, havendo condenação por infringência ao disposto nos incisos I e II do art. 55 da Constituição Federal, é lícito indagar se poderá haver duas sanções de inelegibilidade, a saber: uma fundada na alínea *b* e a outra na presente alínea *k*, ambas do inciso I do art. 1º da LC nº 64/90. Considerando que a renúncia não gera pleno efeito jurídico, deve prevalecer a regra da alínea *b*, nesta ficando absorvida a hipótese da alínea *k*. Embora sejam diversos os fatos, a situação deve ser considerada globalmente, em sua totalidade. Note-se, porém, que a cumulação de sanções não surtiria efeitos práticos, já que há coincidência dos períodos de eficácia das inelegibilidades em tela, pois ambas estendem às "eleições que se realizarem durante o período remanescente do mandato para o qual foram eleitos e nos 8 (oito) anos subsequentes ao término da legislatura".

Ainda na hipótese do art. 55, § 4º, da Lei Maior, *quid juris* se, considerando-se apta a petição e instaurado o processo contra o parlamentar renunciante, ao final – no mérito – ele for absolvido da imputação? Nesse caso, é desarrazoada a incidência da inelegibilidade veiculada na alínea *k*. Isso porque a renúncia não só não produz o efeito de obstar a instauração de processo, como esse atinge a fase final de julgamento. Com isso, ao final, remanesce apenas o ato de renúncia a mandato, o que em si não constitui causa de inelegibilidade. Esta só despontará se a renúncia ocorrer num determinado contexto, ou seja, se visar afastar a instauração de processo em virtude do oferecimento de "representação ou petição" ao órgão competente. Porém, uma vez instaurado o processo, chegando este a seu termo, julgado o mérito e sendo absolvido o renunciante, perde sentido a afirmação da inelegibilidade. É nesse sentido que a jurisprudência tem se pronunciado:

> "[…] 5. Consideradas a absolvição do recorrente, em decisão transitada em julgado, da prática do crime motivador da renúncia e a não instauração do processo por quebra de decoro parlamentar, conclui-se não ser aplicável ao caso específico a inelegibilidade prevista na alínea *k* do inciso I do art. 1º da LC nº 64/1990, acrescida pelo art. 2º da LC nº 135/2010. 6. Recurso provido" (TSE – RO nº 101.180/PA – PSS 2-10-2014).

> "[…] 2. A instauração de representação por quebra de decoro parlamentar, lastreada nos mesmos fundamentos de representação anterior – em vista da qual o candidato havia renunciado no primeiro mandato – dessa vez apreciada e arquivada pela Casa Legislativa, constitui circunstância alteradora do quadro fático-jurídico do recorrente, apta a afastar a incidência da inelegibilidade da alínea *k* do inciso I do art. 1º da LC nº 64/90. 3. Se, por um lado, o exercício do mandato não pode ser outorgado a cidadão que ostente mácula incompatível com a gestão da *res publica*, segundo os parâmetros fixados pelo legislador, também não se pode expungir da vida política aqueles que, nas instâncias próprias, foram legitimamente absolvidos. 4. Recurso provido para deferir o registro de candidatura" (TSE – RO nº 73.294/PA – PSS 2-10-2014).

O § 5º do mesmo art. 1º estabelece uma exceção expressa à hipótese da letra *k*. Dispõe que a inelegibilidade aí prevista não despontará se a renúncia tiver a finalidade de atender "à desincompatibilização com vistas a candidatura a cargo eletivo ou para assunção de mandato". Mas essa exceção só se apresentará se a desincompatibilização não for fraudulenta, ou seja, se não tiver o propósito de desvirtuar o sentido da Lei de Inelegibilidades. Sendo fraudulenta, é mister que a fraude seja reconhecida pela Justiça Eleitoral.

A cláusula final da presente alínea *k* suscita a mesma questão já versada anteriormente na alínea *b*, a propósito da definição do período de incidência da inelegibilidade.

10.9.3.11 *Improbidade administrativa (art. 1º, I, l)*

Dispõe o art. 1º, I, *l*, da LC nº 64/90 serem inelegíveis:

> "os que forem condenados à suspensão dos direitos políticos, em decisão transitada em julgado ou proferida por órgão judicial colegiado, por ato doloso de improbidade

administrativa que importe lesão ao patrimônio público e enriquecimento ilícito, desde a condenação ou o trânsito em julgado até o transcurso do prazo de 8 (oito) anos após o cumprimento da pena".

A Constituição Federal trata da improbidade administrativa em seus arts. 15, V, e 37, § 4º. Por sua vez, a Lei nº 8.429/92 (Lei da Improbidade Administrativa – LIA) regulamentou essa matéria e, ao fazê-lo, distinguiu três categorias de improbidade, a saber: *(i)* a que importa enriquecimento ilícito (art. 9º); *(ii)* a que causa lesão ao erário (art. 10); *(iii)* a que atenta contra princípios da administração pública (art. 11).

Para cada uma dessas categorias, o art. 12 daquela lei prevê sanções próprias, arrolando-as, respectivamente, em seus incisos I (para o art. 9º), II (para o art. 10), III (para o art. 11). Considerando-se todas as hipóteses, são as seguintes as sanções: *(a)* perda dos bens ou valores acrescidos ilicitamente ao patrimônio; *(b)* perda da função pública; *(c)* suspensão dos direitos políticos; *(d)* pagamento de multa civil; *(e)* proibição de contratar com o Poder Público; *(f)* proibição de receber benefícios ou incentivos fiscais ou creditícios, direta ou indiretamente.

A configuração da inelegibilidade da presente alínea *l* requer a conjugação dos seguintes requisitos: *(1)* existência de condenação por decisão judicial transitada em julgado ou proferida por órgão judicial colegiado; *(2)* suspensão dos direitos políticos; *(3)* prática de ato doloso de improbidade administrativa; *(4)* lesão ao patrimônio público e enriquecimento ilícito.

Primeiramente, é necessário que haja decisão condenatória emanada da Justiça Comum (Federal ou Estadual), pois é desta a competência para conhecer e julgar os casos de improbidade administrativa.

Por conseguinte, não tem o condão de gerar inelegibilidade: *(i)* decisão de natureza administrativa (*e.g.*, proferida em processo administrativo disciplinar – PAD ou em procedimento do Tribunal de Contas); *(ii)* o acordo de não persecução cível (ANPC) previsto no art. 17-B da Lei nº 8.429/92 (incluído pela Lei nº 14.230/2021), ainda que homologado judicialmente.

Por outro lado, não compete à Justiça Eleitoral imiscuir-se no mérito da decisão da Justiça Comum com vistas a alterá-la, corrigi-la ou complementá-la, pois isso significaria usurpação de competência constitucionalmente atribuída a outro ramo do Poder Judiciário. Assim, se a incidência da causa de inelegibilidade pressupõe análise vinculada da condenação imposta em ação de improbidade administrativa, à Justiça Eleitoral não é dado "chegar à conclusão não reconhecida pela Justiça Comum competente" (TSE – RO nº 44.853/SP – PSS 27-11-2014).

Não é necessário que a decisão judicial na demanda de improbidade respectiva tenha transitado em julgado, bastando que tenha sido proferida por órgão colegiado e devidamente publicada.

Note-se, porém, ser preciso haver *decisão* colegiada sobre o mérito da causa. Esse requisito não é atendido, por exemplo, se a decisão limitar-se a não admitir recurso interposto contra a decisão condenatória de primeiro grau no processo por improbidade. Nesse sentido: TSE – REspe nº 14.883/SP – j. 23-2-2017.

Pelo segundo requisito, a suspensão dos direitos políticos deve figurar entre as sanções impostas na decisão judicial, constando de forma expressa no dispositivo, pois não decorre automaticamente do reconhecimento da improbidade na fundamentação do *decisum*.

Pelo *terceiro* requisito, é preciso que se reconheça a prática de "ato doloso de improbidade administrativa".

No Direito vigente, o ato de improbidade é sempre doloso (art. 1º, § 1º, da LIA); a hipótese culposa era prevista no art. 10 da LIA (que trata de ato lesivo ao erário), mas foi suprimida pela Lei nº 14.230/2021. Note-se que o legislador não diferenciou o dolo direto do eventual. E, se não o fez, é porque quis abranger as duas espécies. No sentido do texto:

"1. A incidência da inelegibilidade prevista na alínea *l* do inciso I do art. 1º da LC nº 64/90 não pressupõe o dolo direto do agente que colaborou para a prática de ato ímprobo, sendo suficiente o dolo eventual, presente na espécie. 2. É prescindível que a conduta do agente, lesadora do patrimônio público, se dê no intuito de provocar, diretamente, o enriquecimento de terceiro, sendo suficiente que, da sua conduta, decorra, importe, suceda, derive tal enriquecimento, circunstância que, incontroversamente, ocorreu no caso dos autos. [...]" (TSE – RO nº 237.384/SP – PSS 23-9-2014).

Finalmente, o *quarto* requisito impõe que do ato de improbidade resultem lesão ao patrimônio público *e* enriquecimento ilícito.

A *lesão ao patrimônio público* implica a ocorrência de prejuízo ou dano. Já o *enriquecimento ilícito* caracteriza-se pelo acréscimo ilícito de bens ou valores ao patrimônio do agente ímprobo ou de terceiros; não há, aqui, a exigência de que o ilícito enriquecimento seja do próprio agente, podendo ser de terceiros.

A interpretação sistêmica da Lei nº 8.429/92 revela que apenas as hipóteses previstas em seus arts. 9º e 10 são aptas a gerar a inelegibilidade enfocada, ficando excluídas as decorrentes de infração a princípios da Administração Pública, previstas no art. 11. Isso porque, essa última hipótese: *i)* não é sancionada com a suspensão de direitos políticos no art. 12, III, da LIA; *ii)* não trata de lesão ao erário nem de enriquecimento ilícito, temas objeto dos arts. 9º e 10, respectivamente.

Nesse sentido, há muito se entende na jurisprudência:

"[...] 4. [...] As condenações por ato doloso de improbidade administrativa fundadas apenas no art. 11 da Lei nº 8.429/92 – violação aos princípios que regem a administração pública – não são aptas à caracterização da causa de inelegibilidade prevista no art. 1º, I, *l*, da LC nº 64/90. Precedentes. Recurso do candidato provido para afastar a inelegibilidade reconhecida pelo TRE. [...]" (TSE – AgR-RO nº 260.409/RJ – *DJe*, t. 117, 23-6-2015, p. 87-88).

Em igual sentido: TSE – AgR-RO nº 292.112/SP – PSS 27-11-2014; RO nº 180.908/SP – PSS 1º-10-2014.

A conjuntiva *e* no texto da alínea *l*, I, do art. 1º, da LC nº 64/90 deve ser entendida como disjuntiva, isto é, *ou*. Assim o exige uma interpretação sistemática comprometida com os valores presentes no sistema jurídico, notadamente a moralidade-probidade administrativa (CF, arts. 14, § 9º, e 37, *caput* e § 4º). E também porque, do ponto de vista lógico, é possível cogitar de lesão ao patrimônio público por ato doloso do agente sem que haja evidência de enriquecimento ilícito; a ação *dolosa* levada a efeito contra o patrimônio público indica a inaptidão para ocupação de mandato representativo. Cuida-se, então, de falsa conjuntiva.

Entretanto, não é essa a interpretação que tem sido acolhida na jurisprudência. Em censurável interpretação gramatical e restritiva, a Corte Superior Eleitoral entende que a configuração da inelegibilidade requer a ocorrência cumulativa de enriquecimento ilícito *e* lesão ao erário. Nesse sentido: REspe nº 060018198/AL – j. 1º-12-2020; AC nº 060289262/MA – *DJe* 29-6-2018, p. 45-48; REspe nº 4.932/SP – PSS 18-10-2016; AgR-RO nº 260.409/RJ – *DJe*, t. 117, 23-6-2015, p. 8.788; REspe nº 154.144/SP – *DJe* 3-9-2013; AgR-REspe nº 7.130/SP – PSS 25-10-2012; RO nº 229.362/SP – *DJe* 20-6-2011, p. 45.

Malgrado tal linha interpretativa, é preciso convir que em numerosas situações a lesão ao patrimônio público (demonstrada no processo por improbidade) tem por inequívoca consequência o enriquecimento ilícito de alguém, sendo, pois, razoável presumir o enriquecimento. E, ao contrário, o enriquecimento ilícito de alguém (demonstrado no processo por improbidade) tem por consequência certa a lesão ao erário, sendo, pois, razoável presumir o dano. Diante de determinadas circunstâncias, é justo e jurídico aceitar essas presunções. A propósito, a Corte Superior já entendeu: "Ainda que não haja condenação de multa civil e ressarcimento do Erário, é possível extrair da *ratio decidendi* a prática de improbidade administrativa na modalidade dolosa, com dano ao erário e enriquecimento ilícito. [...]" (TSE – REspe nº 29.676/MG – *DJe*, t. 167, 29-8-2017, p. 25).

Ademais, não é necessário que o "enriquecimento ilícito" e o "dano ao erário" constem expressamente do dispositivo da sentença que condena por improbidade, podendo a configuração deles ser extraída "a partir do exame da fundamentação do decisum condenatório" proferido pela Justiça Comum (TSE – REspe nº 18725/MA – *DJe* 29-6-2018, p. 45-48). Em outros termos: "A Justiça Eleitoral pode extrair dos fundamentos do decreto condenatório os requisitos necessários para configuração da inelegibilidade, ainda que não constem de forma expressa da parte dispositiva" (TSE – REspe nº 9707/PR – PSS 19-12-2016; TSE – AgR-AI nº 41102/MG – *DJe* 7-2-2020).

Quanto ao período de incidência, a inelegibilidade da vertente alínea *l* é sobremodo severa, pois incide "desde a condenação [por órgão judicial colegiado] ou o trânsito em julgado até o transcurso do prazo de 8 (oito) anos após o cumprimento da pena". Já entendeu a Corte Superior ser suficiente para a sua caracterização a só existência de decisão judicial condenatória, independentemente da data de sua publicação (TSE – REspe nº 060027279/SP, j. 20-5-2021); assim, se a decisão colegiada ocorrer antes do momento do registro de candidatura e publicada após esse marco, poderá a inelegibilidade ser declarada no processo de registro de candidatura.

Na expressão legal, o vocábulo "pena" deve ser interpretado de forma ampla ou restrita? Em outros termos: abrange todas as sanções impostas pela Justiça Comum, aí incluídas o pagamento de multa, a proibição de contratar com o Poder Público ou receber benefícios ou incentivos fiscais, ou somente se refere à pena de suspensão de direitos políticos? A presente questão possui relevância prática, porque após escoado o período de suspensão dos direitos políticos podem ainda restar outras sanções a serem cumpridas.

A esse respeito, tem-se entendido na jurisprudência que o referido vocábulo deve ser interpretado de forma ampla ou extensiva, de modo que a contagem do prazo de oito anos de inelegibilidade somente tem início após cumpridas todas as sanções impostas cumulativamente na decisão que condena em improbidade. Confira-se:

> "[...] 2. Para efeito da aferição do término da inelegibilidade prevista na parte final da alínea l do inciso I do art. 1º da LC nº 64/90, o cumprimento da pena deve ser compreendido não apenas a partir do exaurimento da suspensão dos direitos políticos e do ressarcimento ao Erário, mas a partir do instante em que todas as cominações impostas no título condenatório tenham sido completamente adimplidas, inclusive no que tange à eventual perda de bens, perda da função pública, pagamento da multa civil ou suspensão do direito de contratar com o Poder Público ou receber benefícios ou incentivos fiscais ou creditícios, direta ou indiretamente. [...]." (TSE – Cta. nº 33673/DF – *DJe* 15-12-2015, p. 25).

> "[...] 6. De acordo com o disposto na parte final da alínea l, o cômputo do prazo da inelegibilidade se inicia desde a condenação ou o trânsito em julgado até o transcurso do prazo de 8 anos após o cumprimento da pena, o que, nos termos da jurisprudência do TSE, deve ser compreendido a partir do instante em que todas as cominações impostas no título condenatório tenham sido completamente adimplidas. Isso, contudo, não ocorreu no caso dos autos, tendo em vista que não houve o ressarcimento ao erário. [...]." (TSE – RO-El nº 060154260/SC – *DJe* 27-10-2022).

No entanto, considerando-se que limitações a direitos fundamentais (como são os direitos políticos) devem ser interpretadas restritivamente, melhor se afigura a interpretação estrita do vocábulo "pena", fixando-se o marco inicial para a inelegibilidade apenas no cumprimento da sanção de suspensão dos direitos políticos, independentemente da efetiva execução de outras sanções impostas cumulativamente na decisão judicial. É que a palavra "pena" foi empregada na forma singular na parte final do texto alínea *l*, art. 1º, *I*, da LC nº 64/90, fazendo, portanto, clara remessa ou referência ao termo "suspensão dos direitos políticos", escrito na parte inicial. Não fosse assim, no dispositivo em apreço teria constado "penas", no plural, o que certamente abarcaria as demais sanções passíveis de imposição previstas no art. 12 da Lei nº 8.429/1992 (Lei de Improbidade Administrativa).

Desse modo, a sanção juridicamente relevante para a configuração da inelegibilidade é a de suspensão dos direitos políticos, única a ser mencionada na regra legal em exame – e não as demais que porventura constem no dispositivo da decisão condenatório de improbidade. Essa assertiva é facilmente confirmada pelo fato de que, se em ação de improbidade administrativa houver condenação do réu tão somente em "ressarcimento integral do dano patrimonial" ou "pagamento de multa civil", a inelegibilidade não restará configurada por faltar-lhe requisito essencial. E a inelegibilidade não se configura se a reparação do dano ou a multa forem as únicas sanções aplicadas, não é razoável que perdure restrição à cidadania passiva quando as referidas sanções patrimoniais forem as únicas que restarem a ser cumpridas.

Ademais, fazer coincidir o início da contagem do prazo da inelegibilidade com o momento de adimplemento de todas as cominações impostas no título condenatório pode implicar grave afronta a direitos fundamentais. É que o art. 37, § 5º, da Constituição Federal estabelece a imprescritibilidade de ilícitos que "causem prejuízos ao erário"; logo, se a obrigação de "ressarcimento ao erário" (que decorre de ato ilícito) imposta na sentença condenatória de improbidade não for cumprida espontaneamente nem executada, a dívida ficará aberta, podendo sempre e a qualquer tempo ser cobrada pelo ente estatal, independentemente do tempo transcorrido desde o seu surgimento. Enquanto não for paga a dívida, incidirá a causa de inelegibilidade. Com isso, erige-se restrição de caráter perpétua e permanente a direito fundamental – o que é vedado pelo art. 5º, XLVII, da Constituição, que impera: "não haverá penas: [...] b) de caráter perpétuo". Tal permitiria, inclusive, indevidas manipulações políticas de direitos políticos, pois bastaria o ente estatal legitimado omitir-se no cumprimento da decisão para, com esse expediente, manter o cerceamento dos direitos políticos. Por outro lado, afigura-se evidente a afronta ao princípio da proporcionalidade em razão da perene e desproporcional restrição de direitos políticos.

10.9.3.12 *Exclusão do exercício profissional (art. 1º, I, m)*

Dispõe o art. 1º, I, *m*, da LC nº 64/90 serem inelegíveis: "os que forem excluídos do exercício da profissão, por decisão sancionatória do órgão profissional competente, em decorrência de infração ético-profissional, pelo prazo de 8 (oito) anos, salvo se o ato houver sido anulado ou suspenso pelo Poder Judiciário".

Várias profissões submetem-se ao controle de autarquias criadas especificamente para essa finalidade. É o caso da Ordem dos Advogados do Brasil (OAB) e do Conselho Federal de Medicina.

A exclusão do exercício da profissão é sanção que decorre de falta grave cometida pelo agente e deve ser precedida de regular processo administrativo em que seja assegurado contraditório e ampla defesa. Acaso haja qualquer vício que macule e torne inválido esse processo, tal deve ser alegado perante a Justiça Comum, pois não se encarta na competência da Justiça Eleitoral a análise de sua regularidade.

Na esfera eleitoral, a exclusão implicará também a inelegibilidade do excluído pelo período de oito anos, contados do ato de exclusão.

A ressalva final da regra em apreço é inócua. Se a sanção de suspensão for anulada ou suspensa por ato do Poder Judiciário, é óbvio que não poderá subsistir em detrimento do exercício da cidadania passiva do agente. Por força do art. 11, § 10, da LE, o provimento jurisdicional (liminar, antecipatório ou final) afastará a inelegibilidade ainda que venha a lume durante o processo eleitoral.

10.9.3.13 Simulação de desfazimento de vínculo conjugal (art. 1º, I, n)

Pelo art. 1º, I, n, da LC nº 64/90 são inelegíveis: "os que forem condenados, em decisão transitada em julgado ou proferida por órgão judicial colegiado, em razão de terem desfeito ou simulado desfazer vínculo conjugal ou de união estável para evitar caracterização de inelegibilidade, pelo prazo de 8 (oito) anos após a decisão que reconhecer a fraude".

Simular é fazer parecer real aquilo que não é. Significa fingir, mascarar ou esconder uma dada realidade. Tal termo não apresenta o mesmo sentido de *dissimular*. Na simulação quer-se enganar a respeito de algo que não existe, pretendendo-se verdadeiro algo irreal, fantasioso. Já na dissimulação quer-se ocultar a verdade, procurando-se fazer crer como irreal algo real, verdadeiro. Em outros termos, na simulação finge-se que uma situação irreal existe, ao passo que na dissimulação finge-se que uma situação real não existe. De comum têm apenas o propósito de enganar ou fraudar.

Conforme visto, o § 7º do art. 14 da Lei Maior estabelece a inelegibilidade reflexa de cônjuge ou companheira(o) de titular de mandato executivo, no território de sua jurisdição.

A regra veiculada na presente alínea n visa a coibir ou desestimular ações fraudulentas cuja finalidade seja contornar a inelegibilidade prevista no aludido § 7º. Ou seja: para viabilizar a candidatura do cônjuge à sucessão do titular, finge-se o desfazimento do vínculo conjugal (*i. e.*, o divórcio) ou da união estável. Na realidade, o casal permanece ligado; o casamento ou a união estável não foram desfeitos "de verdade".

Não houve expressa referência legal à simulação do rompimento de *sociedade conjugal* – caso de separação. Sabe-se que a só separação do casal, judicial ou extrajudicial, já seria bastante para afastar a inelegibilidade reflexa derivada do matrimônio. Essa hipótese, porém, apresenta pouco interesse desde a promulgação da EC nº 66/2010, que confere nova redação ao § 6º do art. 226 da CF. Hoje, o casamento civil pode ser dissolvido diretamente pelo divórcio, já que foi suprimido o requisito de prévia separação judicial por mais de um ano ou de comprovada separação de fato por mais de dois anos.

Para gerar a inelegibilidade em exame, a fraude no desfazimento do vínculo deve ser declarada pelo Poder Judiciário, em "decisão transitada em julgado ou proferida por órgão judicial colegiado". Assim, conforme afirmou a Corte Superior, é requerida a existência de "ação judicial que condene a parte por fraude, ao desfazer ou simular desfazimento de vínculo conjugal ou de união estável para fins de inelegibilidade. [...]" (TSE – REspe nº 39.723/PR – *DJe*, t. 166, 5-9-2014, p. 79). Por conseguinte, a inelegibilidade só poderá ser declarada após decisão final naquela ação judicial. O desfazimento verdadeiro do vínculo matrimonial figura como antecedente lógico que deve ser resolvido em momento anterior ao debate acerca da inelegibilidade. Significa isso que o interessado deve, primeiro, buscar provimento jurisdicional que declare ou reconheça a fraude e, depois, com base nesse provimento, impugnar o pedido de registro de candidatura com fundamento na vertente alínea *n*.

De quem é a competência para conhecer e julgar a causa: da Justiça Comum ou da Justiça Eleitoral? Sendo a simulação o objeto principal da demanda, pela lógica do sistema e considerando as repercussões que podem advir às relações de família, a ação declaratória de fraude (e não *condenatória*, como consta da alínea n) deve ser ajuizada na Justiça Comum Estadual, na Vara de Família. Ainda porque, a Justiça Eleitoral é absolutamente incompetente para conhecer e decidir questões de Direito de Família. Nesse caso, a sentença transitada em julgado ou o acórdão prolatado pelo órgão colegiado deve instruir a arguição de inelegibilidade feita no processo de registro de candidatura.

Note-se que, por ser distinta e autônoma, a presente inelegibilidade não prejudica a incidência do art. 14, § 7º, da Constituição, que estabelece inelegibilidade reflexa derivada de matrimônio ou união estável. Essa última deve ser conhecida e declarada pela Justiça Eleitoral, ainda que a impugnação ao pedido de registro de candidatura tenha por fundamento simulação de desfazimento de vínculo conjugal com vistas a viabilizar a candidatura de cônjuge ou companheira (o). Nesse caso, o julgamento da Justiça Eleitoral circunscreve-se à análise da existência ou não da referida causa de inelegibilidade, e tem em vista unicamente o deferimento ou não do pedido de registro de candidatura. Assim, poderá a Justiça Eleitoral declarar a inelegibilidade e denegar o registro de candidatura em razão da persistência do vínculo conjugal.

No que concerne ao período de incidência, a inelegibilidade em exame perdura por oito anos, prazo esse contado do trânsito em julgado da decisão de primeiro grau que reconhecer a fraude, ou da publicação do acórdão proferido por órgão judicial colegiado no exercício de competência originária ou recursal.

10.9.3.14 *Demissão do serviço público (art. 1º, I, o)*

Pelo art. 1º, I, *o*, da LC nº 64/90 são inelegíveis: "os que forem demitidos do serviço público em decorrência de processo administrativo ou judicial, pelo prazo de 8 (oito) anos, contado da decisão, salvo se o ato houver sido suspenso ou anulado pelo Poder Judiciário".

Se o servidor praticou ato no exercício de seu cargo ou função de tal gravidade que chegou a ser demitido, por igual não ostenta aptidão moral para exercer cargo político-eletivo. Eis o fundamento da inelegibilidade em exame.

A configuração da inelegibilidade requer que tenha havido *(i)* demissão do servidor público *(ii)* decorrente de processo administrativo ou judicial.

Demissão constitui penalidade disciplinar imposta em razão da prática de grave ilícito. A Lei nº 8.112/90 (Estatuto dos Servidores Públicos Civis da União) prevê tal pena em seu art. 127, III, e o art. 132 dessa mesma norma estabelece os casos em que ela tem cabimento.

Conquanto o texto legal trate de demissão ("demitidos"), tem-se afirmado que esse termo é sinônimo de "destituição"; ambos, "para os efeitos legais são como sinônimos, ou seja, significam a extinção do vínculo com a Administração Pública diante da realização de falta funcional grave" (TSE – AgR-RO nº 83.771/PA – PSS 3-10-2014; TSE – REspe nº 18.103/MT – decisão monocrática – PSS 7-12-2012). Portanto, para fins de inelegibilidade, é irrelevante que a extinção do vínculo do agente com a Administração Pública seja formalizada como demissão ou destituição.

Indiferente é a natureza do vínculo que o servidor mantém com a Administração Pública. Assim, também gera inelegibilidade a demissão/destituição, com caráter sancionatório, de cargo em comissão. Nesse sentido:

> "[...] 2. No caso dos autos, o agravante teve sua exoneração convertida em destituição de cargo em comissão, após a instauração de processo administrativo disciplinar. 3. A destituição de cargo em comissão possui natureza jurídica de penalidade administrativa equivalente à demissão, aplicável ao agente público sem vínculo efetivo com a Administração Pública Federal, conforme prevê o art. 135 da Lei nº 8.112/90, nos casos de

258 | DIREITO ELEITORAL – *José Jairo Gomes*

improbidade administrativa, nos termos do art. 132, IV, da mesma lei. [...]" (TSE – AgR--RO nº 57.827/RR – PSS 9-10-2014).

A inelegibilidade não se aperfeiçoa no caso de exoneração do servidor a seu próprio pedido ou por conveniência da Administração Pública (TSE – REspe nº 163-12/SP – PSS 9-10-2012). Também não incide na hipótese de inabilitação ou reprovação em estágio probatório (TSE – AgREspe nº 060026998/SC – *DJe* 3-3-2021).

Ademais, o ato de demissão também requer a instauração de processo administrativo, no qual sejam assegurados ao servidor contraditório e ampla defesa.

Se houver vício que macule e torne inválido o processo administrativo, tal deve ser debatido perante a Justiça Comum, pois não se encarta na competência da Justiça Eleitoral a análise de sua regularidade, tampouco lhe compete apreciar o acerto ou desacerto do mérito do ato demissório.

Pode ocorrer que, além do processo administrativo, o ato praticado pelo servidor também acarrete a instauração de processo criminal. Em tal caso, a absolvição do candidato na esfera penal não afasta automática e necessariamente a incidência da inelegibilidade. Isso porque a absolvição penal não tem o condão de anular ou suspender o ato demissório, "pois as esferas cível, administrativa e penal são independentes e a responsabilidade administrativa do servidor somente é afastada no caso de absolvição criminal que negue a existência do fato ou da autoria (Lei 8.112/90, arts. 125 e 126) [...]" (TSE – RO nº 29.340/MS – PSS 12-9-2014). Assim, para gerar efeitos na esfera eleitoral, primeiramente deve o interessado pleitear a revisão do ato de demissão perante a Justiça Comum por meio dos instrumentos processuais pertinentes.

Os atos administrativos podem ser revistos pela própria Administração Pública, no âmbito do controle de legalidade, e também pelo Poder Judiciário. De modo que, se o ato demissório vier a ser invalidado no âmbito administrativo, não subsistirá a inelegibilidade da vertente alínea *o* (TSE – REspe nº 38.812/PB, j. 6-12-2016).

Ademais, não subsistirá a inelegibilidade se o ato for "suspenso ou anulado" pelo Poder Judiciário, conforme ressalva expressa constante da parte final da alínea *o*. Mas, para tanto, é mister que exista ato efetivo do Poder Judiciário, pois "o só ajuizamento de ação de nulidade contra o ato de demissão não afasta, por si só, os efeitos da causa de inelegibilidade" (TSE – AgR-REspe nº 47.745/SP – *DJe* 23-4-2013, p. 35-36). Por força do art. 11, § 10, da LE, o provimento jurisdicional (liminar, antecipatório ou final) afastará a inelegibilidade ainda que venha a lume durante o processo eleitoral.

A inelegibilidade em apreço perdura pelo lapso de oito anos, contado da decisão demissória.

10.9.3.15 *Doação eleitoral ilegal (art. 1º, I, p)*

Pelo art. 1º, I, *p*, da LC nº 64/90 são inelegíveis: "a pessoa física e os dirigentes de pessoas jurídicas responsáveis por doações eleitorais tidas por ilegais por decisão transitada em julgado ou proferida por órgão colegiado da Justiça Eleitoral, pelo prazo de 8 (oito) anos após a decisão, observando-se o procedimento previsto no art. 22".

A doação de *pessoa física* a candidatos e partidos para campanha eleitoral é regulada no art. 23 da Lei nº 9.504/97. A pessoa física pode doar, em dinheiro, até 10% dos rendimentos brutos auferidos no ano anterior ao da eleição. A doação acima de tal limite sujeita o doador à sanção de multa, a qual deve ser aplicada pela Justiça Eleitoral em específica ação jurisdicional movida em face do infrator.

Já a doação de *pessoa jurídica* a candidatos e partidos para campanha eleitoral era prevista no art. 81 da Lei nº 9.504/97, segundo o qual ela devia limitar-se "a dois por cento do faturamento bruto do ano anterior à eleição". Entretanto, aquele dispositivo foi revogado pela Lei nº

13.165, de 29-9-2015. O Projeto de Lei aprovado no Congresso Nacional em 9-9-2015 que deu origem a essa norma (Projeto de Lei nº 5.735/2013) incluía na Lei nº 9.504/97 o art. 24-B, que regulava as "doações e contribuições de pessoas jurídicas para campanhas eleitorais", as quais só poderiam ser feitas para partidos políticos (e não para candidatos). Todavia, o art. 24-B foi vetado, tendo o veto sido mantido no Congresso Nacional. Por outro lado, no julgamento da ADI 4.650/DF, ocorrido em 19-9-2015, o Pleno do Supremo Tribunal Federal, por maioria, declarou "a inconstitucionalidade dos dispositivos legais que autorizavam as contribuições de pessoas jurídicas às campanhas eleitorais".

Note-se, porém, que o fato de não mais haver previsão legal para doação de pessoa jurídica para campanhas eleitorais não impede que, na realidade, haja esse tipo de doação. E se houver, será ilícita por falta de embasamento legal. A ilicitude da doação poderá ser declarada pela Justiça Eleitoral.

Permanecem, então, os pressupostos ensejadores da incidência da presente inelegibilidade a dirigentes de pessoas jurídicas.

Da alínea *p* extraem-se os seguintes requisitos configuradores da inelegibilidade: *(i)* a existência de decisão judicial – transitada em julgado ou proferida por órgão colegiado da Justiça Eleitoral – reconhecendo a ilegalidade da doação à campanha; *(ii)* no caso de o infrator ter sido pessoa jurídica, a comprovação de que o impugnado era seu dirigente à época da doação; *(iii)* a observância do rito previsto no art. 22 da LC nº 64/90 no processo em que foi declarada a irregularidade da doação.

No processo de registro de candidatura, a doação irregular figura como antecedente lógico, ponto esse que já deve ter sido objeto de apreciação autônoma (*principaliter*) e resolução em processo judicial anterior. Se a decisão nesse processo não tiver transitado em julgado, é mister que emane de órgão judicial colegiado da Justiça Eleitoral, gerando efeito desde a sua publicação.

Pela regra da alínea *p*, a decisão que reconhecer a ilegalidade da doação para campanha eleitoral também acarretará a inelegibilidade do doador pessoa física ou dos dirigentes da pessoa jurídica. Como *dirigente*, compreende-se a pessoa com poderes de gestão e disposição do patrimônio da pessoa jurídica doadora.

Obviamente, a inelegibilidade não atinge – nem poderia atingir – a pessoa jurídica em si mesma, pois ela não goza de cidadania ativa nem passiva.

O surgimento da inelegibilidade requer a observância do rito do art. 22 da LC nº 64/90, ou seja, do procedimento da AIJE.

Consoante a lógica do sistema, a inelegibilidade se apresenta de forma reflexa ou como efeito secundário da decisão no processo que reconhecer a irregularidade da doação, de maneira que ela só deve ser arguida e declarada no processo de registro de candidatura, caso este seja oportunamente requerido.

Na apreciação da inelegibilidade não é preciso perquirir acerca da existência de dolo ou má-fé na conduta do doador; é irrelevante discutir-se a espécie de doação efetuada, se em dinheiro, bens ou serviços. Ademais, o comando normativo da alínea *p* exige "que haja 'decisão transitada em julgado ou proferida por órgão colegiado da Justiça Eleitoral' [...]" (TSE – AgR--REspe nº 26.124/SP – PSS 13-11-2012).

Por outro lado, a jurisprudência tem exigido que o montante doado ilegalmente seja relevante. De sorte que a inelegibilidade em exame somente se configura se o montante da doação ilegal for apto a efetivamente comprometer o resultado, a normalidade e legitimidade do pleito, caracterizando, portanto, abuso do poder econômico. Confira-se:

> "[...] 4. Para definição do alcance da expressão 'tida como ilegais', constante da alínea *p* do art. 1º, I, da LC 64/90, é necessário considerar o disposto no art. 14, § 9º, da Cons-

tituição, pois não é qualquer ilegalidade que gera a inelegibilidade, mas apenas aquelas que dizem respeito à normalidade e legitimidade das eleições e visam proteção contra o abuso do poder econômico ou político. 5. Reconhecido expressamente pelas decisões proferidas na representação para apuração de excesso de doação que não houve quebra de isonomia entre as candidaturas, deve ser afastada a hipótese de inelegibilidade por ausência dos parâmetros constitucionais que a regem. Recurso provido para deferir o registro da candidatura" (TSE – RO nº 53.430/PB – PSS 16-9-2014).

Em igual sentido: AgR-REspe nº 124-68/MG – *DJe* 20-3-2017; RO nº 0603059-85/SP – PSS 8-11-2018; REspe nº 060008782/RJ, j. 3-12-2020.

Essa última interpretação afasta-se de uma apreciação objetiva da regra em tela e relativiza os efeitos da ilegalidade da doação (que por si macula a legitimidade das eleições), valorando apenas a expressividade de seu montante pecuniário e relegando a plano secundário outros aspectos relevantes da questão, como, *e.g.*, a possibilidade de haver fraude na operação. De sorte que a decisão que reconhecer a irregularidade da doação só gerará inelegibilidade se a situação fática equivaler ao abuso de poder conforme previsão dos arts. 19 e 22, XIV, da LC nº 64/90, o que restringe significativamente o alcance da norma contida na alínea *p*.

Quanto ao dirigente, entendeu-se na jurisprudência que, para que a inelegibilidade enfocada seja declarada, não é necessário que, pessoalmente, ele tenha sido citado e participado do processo anterior em que houve a declaração de ilegalidade da doação efetuada pela pessoa jurídica. Nesse sentido:

> "1. A inelegibilidade do art. 1º, inciso I, alínea *p*, da Lei Complementar nº 64/1990 não é sanção imposta na decisão judicial que condena o doador a pagar multa por doação acima do limite legal (art. 23 da Lei nº 9.504/1997), mas possível efeito secundário da condenação, verificável se e quando o cidadão se apresentar como postulante a determinado cargo eletivo, desde que presentes os requisitos exigidos. [...]" (TSE – REspe nº 22.991/TO – *DJe* 4-8-2014).

> "3. A alínea *p* do inciso I do art. 1º da LC nº 64/90 não exige, para a incidência da inelegibilidade, que os dirigentes das pessoas jurídicas responsáveis por doações eleitorais irregulares integrem a relação processual da representação respectiva, mas tão somente que a doação irregular tenha sido reconhecida por meio de decisão transitada em julgado ou proferida por órgão colegiado. [...]" (TSE – AgR-REspe nº 40.669/SP – *DJe* 4-6-2013)

> No mesmo sentido: TSE – REspe nº 38.875/MG – *DJe*, t. 229, 4-12-2014, p. 10-11.

Assim, a inelegibilidade do dirigente decorreria da estreita e relevante relação que mantém com a pessoa jurídica. Deve-se considerar o *risco* por ele assumido ao decidir (como "presentante" do ente) doar ilegalmente. Portanto, em sua defesa, restar-lhe-á apenas debater a sua relação com a pessoa jurídica (se era ou não dirigente) e se o rito do art. 22 da LC nº 64/90 foi devidamente observado.

Nessa ótica, cumpre indagar se *no processo de registro de candidatura* poderia o dirigente rediscutir a decisão (e seus fundamentos) proferida no processo anterior, movido apenas contra a pessoa jurídica por doação irregular.

A resposta a essa indagação há de ser positiva. Isso porque o dirigente, pessoalmente, não foi parte no processo em que se discutiu regularidade da doação, de modo que a decisão aí proferida não faz coisa julgada em relação a ele, não podendo, portanto, prejudicá-lo (CPC, art. 506). Como é cediço, a decisão proferida em um processo pode *beneficiar* terceiros, nunca, porém, prejudicá-los, sob pena de violação grosseira aos direitos fundamentais de contraditório, de falar ao juiz, e ao processo justo.

Cap. 10 • INELEGIBILIDADE | 261

Mas dada sua qualidade de terceiro juridicamente interessado, poderá o dirigente intervir no processo como assistente simples (CPC, arts. 119 e 121) para auxiliar a pessoa jurídica em sua defesa. O interesse jurídico que legitima sua intervenção encontra-se na possibilidade de ser indiretamente prejudicado pela decisão naquela demanda, a qual, se for de procedência do pedido, poderá torná-lo inelegível.

Caso ingresse no processo como assistente simples, o dirigente ficará vinculado "à justiça da decisão" (CPC, art. 123, *caput*), ou seja, aos efeitos de sua intervenção. Isso significa – esclarecem Marinoni, Arenhart e Mitidiero (2016, p. 102) – "estar vinculado àquilo que foi decidido na *fundamentação* da decisão, que se torna indiscutível para o assistente, e aos *efeitos reflexos* direcionados ao assistente". Portanto, se intervier no processo anterior como assistente da pessoa jurídica, não poderá o dirigente rediscutir no posterior *processo de impugnação registro* a regularidade ou não da doação, nem os fundamentos da decisão que declarou a irregularidade.

Por fim, quanto à duração, a inelegibilidade da presente alínea *p* perdura pelo prazo de oito anos, contado do trânsito em julgado da decisão de 1º grau ou de sua confirmação por órgão colegiado, no caso, o Tribunal Regional Eleitoral.

10.9.3.16 *Magistrado e membro do MP: aposentadoria compulsória, perda de cargo e pedido de exoneração na pendência de PAD (art. 1º, I, q)*

Pelo art. 1º, I, *q*, da LC nº 64/1990 são inelegíveis: "os magistrados e os membros do Ministério Público que forem aposentados compulsoriamente por decisão sancionatória, que tenham perdido o cargo por sentença ou que tenham pedido exoneração ou aposentadoria voluntária na pendência de processo administrativo disciplinar, pelo prazo de 8 (oito) anos".

A inelegibilidade se assenta na ocorrência de três hipóteses: *i)* aposentadoria compulsória por decisão sancionatória; *ii)* perda do cargo por sentença judicial; *iii)* pedido de exoneração ou aposentadoria voluntária na pendência de processo administrativo disciplinar (PAD).

A primeira e a segunda hipótese referem-se a sanções concretamente aplicadas a magistrado ou membro do Ministério Público em razão de conduta ilícita por eles perpetrada no exercício de suas funções ou em razão delas. A aposentadoria compulsória constitui pena disciplinar prevista no art. 42, V, da LC nº 35/1979 (LOMAN). Já a perda do cargo só pode ocorrer "por sentença judicial transitada em julgado" (CF, art. 95, I; art. 128, § 5º, I, *a*).

A terceira hipótese legal refere-se a pedido de exoneração ou aposentadoria voluntária na pendência de "processo administrativo disciplinar" (PAD). Nessa hipótese, não há ainda uma sanção concretizada, mas apenas a pendência de um processo no qual ela pode vir a ser aplicada. Pressupõe-se, então, que o pedido voluntário de exoneração consubstancia uma fraude praticada com vistas a afastar a incidência da inelegibilidade. Consiste a fraude justamente no pedido voluntário de exoneração ou de aposentadoria, sabendo o agente que contra ele encontra-se instaurado um PAD com aptidão para impedir-lhe o exercício da cidadania passiva. Trata-se de presunção legal, absoluta – *juris et de jure* –, não admitindo, portanto, prova em contrário. Assim, estando pendente um PAD, mesmo que o agente se exonere voluntariamente do cargo por motivos de ordem pessoal, tal ato não o livrará da inelegibilidade em tela.

Em termos conceituais, o PAD constitui instrumento usado pela Administração Pública para apurar e punir possíveis irregularidades, infrações ou atos ilícitos praticados por agente público. Sua instauração é obrigatória na hipótese de o ilícito cometido "ensejar a imposição de penalidade de suspensão por mais de 30 (trinta) dias, de demissão, cassação de aposentadoria ou disponibilidade, ou destituição de cargo em comissão" (Lei nº 8.112/1990, art. 146).

Note-se que PAD não se confunde com "sindicância", pois esta é procedimento autônomo destinado à apuração preliminar sobre os fatos. Se os fatos forem confirmados, a sindicância somente pode concluir pela "[...] II – aplicação de penalidade de advertência ou suspensão de até 30 (trinta) dias; III – instauração de processo disciplinar" (Lei nº 8.112/1990, art. 145). Logo, a sindicância constitui procedimento que antecede o PAD, não tendo aptidão para fazer incidir a presente inelegibilidade.

Está claro na regra legal em exame que a inelegibilidade só incide se o pedido de exoneração ou aposentadoria ocorrer "na pendência de processo administrativo disciplinar". Todavia, interpretando extensivamente essa cláusula, a Corte Superior Eleitoral já entendeu configurada a inelegibilidade se, ante a existência de procedimento administrativo que eventualmente possa vir a ser convolado em PAD, o pedido voluntário de exoneração tiver caráter fraudulento, isto é, se for revestido do propósito de fraudar a lei com vistas a afastar a incidência da inelegibilidade. Confira-se:

> "[...] 9. Na espécie, a somatória de cinco elementos, devidamente concatenados e contextualizados, revela de forma cristalina que o recorrido exonerou-se do cargo de procurador da República em 3/11/2021 com intuito de frustrar a incidência da inelegibilidade do art. 1º, I, *q*, da LC 64/90 e, assim, disputar as Eleições 2022. A manobra impediu que 15 procedimentos administrativos em trâmite no Conselho Nacional do Ministério Público (CNMP), em seu desfavor, viessem a gerar processos administrativos disciplinares (PAD) que poderiam ensejar aposentadoria compulsória ou perda do cargo. [...]" (TSE – RO nº 0601407-70/PR – j. 16-5-2023).

O fundamento da presente regra é trivial: se o magistrado ou o membro do Ministério Público praticaram ato ilícito que mereça penalidades tão graves quanto a aposentadoria compulsória e a perda do cargo, certamente não ostentam aptidão moral para exercer cargo político-eletivo. *Não se pode olvidar que esses profissionais são também agentes públicos.* A presente alínea *q* apenas equipara a situação deles à dos agentes políticos, conforme dispõem as alíneas *b, c* e *k* do mesmo inciso e artigo.

Quanto ao prazo, a inelegibilidade em exame vigora por oito anos, contados da decisão sancionatória ou do ato exonerativo.

10.9.4 Inelegibilidades legais relativas – LC nº 64/90, art. 1º, II a VII

As inelegibilidades relativas são estabelecidas no art. 1º, incisos II a VII, da LC nº 64/90. Causam impedimento apenas quanto a alguns cargos ou impõem restrições à candidatura. Em geral, são baseadas no critério funcional, tornando necessária a *desincompatibilização* para a disputa de cargo político-eletivo na circunscrição em que o agente público exerce seu cargo ou suas funções.

Os *prazos de desincompatibilização* variam de três a seis meses antes da data marcada para a eleição. A falta de desincompatibilização no prazo legal enseja a impugnação e o indeferimento do pedido de registro do candidato.

Relevante para a desincompatibilização é a função exercida pelo agente público, e não o nome ou o título do cargo que ocupa. Tal compreensão impede a subversão da lógica do sistema de inelegibilidades e a sua burla "a partir de meras mudanças casuísticas no nome do cargo" (TSE – Cta nº 060115922/DF, j. 1º-9-2020).

Nos casos em que a desincompatibilização se fizer necessária, sua ausência não impõe a demonstração de que o efetivo exercício de função pública desequilibrou o processo eleitoral ou influenciou efetivamente o resultado do pleito, porquanto esses fatos são presumidos absolutamente.

Cap. 10 • INELEGIBILIDADE | 263

10.9.4.1 Inelegibilidade para Presidente e Vice-Presidente da República

Para candidatar-se aos cargos de Presidente e Vice-Presidente da República, é necessária a desincompatibilização de agentes públicos e membros de certas categorias. Excepciona-se apenas a hipótese de reeleição do próprio titular, pois nesse caso a Constituição não exige o afastamento. De modo geral, as hipóteses arroladas nessa rubrica são aplicáveis a todos os demais cargos político-eletivos. A matéria é regulada no art. 1º, II, *a usque l*, da LC nº 64/90.

> "Art. 1º São inelegíveis:
>
> [...]
>
> II – para Presidente e Vice-Presidente da República:
>
> *a)* até 6 (seis) meses depois de afastados definitivamente de seus cargos e funções: 1. os Ministros de Estado; 2. os Chefes dos órgãos de assessoramento direto, civil e militar, da Presidência da República; 3. o Chefe do órgão de assessoramento de informações da Presidência da República; 4. o Chefe do Estado-Maior das Forças Armadas; 5. o Advogado-Geral da União e o Consultor-Geral da República; 6. os Chefes do Estado-Maior da Marinha, do Exército e da Aeronáutica; 7. os Comandantes do Exército, Marinha e Aeronáutica; 8. os Magistrados; 9. os Presidentes, Diretores e Superintendentes de Autarquias, Empresas Públicas, Sociedades de Economia Mista e Fundações Públicas e as mantidas pelo Poder Público; 10. os Governadores de Estado, do Distrito Federal e de Territórios; 11. os Interventores Federais; 12. os Secretários de Estado; 13. os Prefeitos Municipais; 14. os membros do Tribunal de Contas da União, dos Estados e do Distrito Federal; 15. o Diretor-Geral do Departamento de Polícia Federal; 16. os Secretários-Gerais, os Secretários-Executivos, os Secretários Nacionais, os Secretários Federais dos Ministérios e as pessoas que ocupem cargos equivalentes;
>
> *b)* os que tenham exercido, nos 6 (seis) meses anteriores à eleição, nos Estados, no Distrito Federal, Territórios e em qualquer dos Poderes da União, cargo ou função, de nomeação pelo Presidente da República, sujeito à aprovação prévia do Senado Federal;
>
> *c)* (*Vetado*)
>
> *d)* os que, até 6 (seis) meses antes da eleição, tiverem competência ou interesse, direta, indireta ou eventual, no lançamento, arrecadação ou fiscalização de impostos, taxas e contribuições de caráter obrigatório, inclusive parafiscais, ou para aplicar multas relacionadas com essas atividades;
>
> *e)* os que, até 6 (seis) meses antes da eleição, tenham exercido cargo ou função de direção, administração ou representação nas empresas de que tratam os arts. 3º e 5º da Lei nº 4.137, de 10 de setembro de 1962, quando, pelo âmbito e natureza de suas atividades, possam tais empresas influir na economia nacional;
>
> *f)* os que, detendo o controle de empresas ou grupo de empresas que atuem no Brasil, nas condições monopolísticas previstas no parágrafo único do art. 5º da lei citada na alínea anterior, não apresentarem à Justiça Eleitoral, até 6 (seis) meses antes do pleito, a prova de que fizeram cessar o abuso apurado, do poder econômico, ou de que transferiram, por força regular, o controle de referidas empresas ou grupo de empresas;
>
> *g)* os que tenham, dentro dos 4 (quatro) meses anteriores ao pleito, ocupado cargo ou função de direção, administração ou representação em entidades representativas de classe, mantidas, total ou parcialmente, por contribuições impostas pelo Poder Público ou com recursos arrecadados e repassados pela Previdência Social;

h) os que, até 6 (seis) meses depois de afastados das funções, tenham exercido cargo de Presidente, Diretor ou Superintendente de sociedades com objetivos exclusivos de operações financeiras e façam publicamente apelo à poupança e ao crédito, inclusive através de cooperativas e da empresa ou estabelecimentos que gozem, sob qualquer forma, de vantagens asseguradas pelo Poder Público, salvo se decorrentes de contratos que obedeçam a cláusulas uniformes;

i) os que, dentro de 6 (seis) meses anteriores ao pleito, hajam exercido cargo ou função de direção, administração ou representação em pessoa jurídica ou em empresa que mantenha contrato de execução de obras, de prestação de serviços ou de fornecimento de bens com órgão do Poder Público ou sob seu controle, salvo no caso de contrato que obedeça a cláusulas uniformes;

j) os que, membros do Ministério Público, não se tenham afastado das suas funções até 6 (seis) meses anteriores ao pleito;

l) os que, servidores públicos, estatutários ou não, dos órgãos ou entidades da Administração direta ou indireta da União, dos Estados, do Distrito Federal, dos Municípios e dos Territórios, inclusive das fundações mantidas pelo Poder Público, não se afastarem até 3 (três) meses anteriores ao pleito, garantido o direito à percepção dos seus vencimentos integrais."

10.9.4.2 Inelegibilidade para Governador e Vice-Governador

Nos termos do art. 1º, III, da LC nº 64/90, são inelegíveis para Governador e Vice-Governador de Estado e do Distrito Federal os inelegíveis para os cargos de Presidente e Vice-Presidente da República especificados na alínea *a*, II, do art. 1º. A desincompatibilização deve ocorrer igualmente no prazo de seis meses, sendo certo que o afastamento deve ser feito em caráter definitivo.

No tocante às alíneas *b* a *l* do aludido inciso II, a inelegibilidade só despontará se se tratar de repartição pública, associação ou empresas que operem no território do Estado ou do Distrito Federal em que a disputa é travada. Para livrar-se do impedimento, o interessado deve desincompatibilizar-se do cargo, emprego ou função que exerce, "observados os mesmos prazos" respectivamente previstos naquelas alíneas.

Ademais, são também inelegíveis para os cargos em apreço,

"até 6 (seis) meses depois de afastados definitivamente de seus cargos ou funções: 1. os chefes dos Gabinetes Civil e Militar do governador do Estado ou do Distrito Federal; 2. os comandantes do Distrito Naval, Região Militar e Zona Aérea; 3. os diretores de órgãos estaduais ou sociedades de assistência aos Municípios; 4. os secretários da administração municipal ou membros de órgãos congêneres".

10.9.4.3 Inelegibilidade para Prefeito e Vice-Prefeito

O art. 1º, IV, da LC nº 64/90 dispõe serem inelegíveis para Prefeito e Vice-Prefeito: (a) no que lhes for aplicável, por identidade de situações, os inelegíveis para os cargos de Presidente e Vice-Presidente da República, Governador e Vice-Governador de Estado e do Distrito Federal, observado o prazo de quatro meses para a desincompatibilização; (b) os membros do Ministério Público e Defensoria Pública em exercício na comarca, nos quatro meses anteriores ao pleito, sem prejuízo dos vencimentos integrais; (c) as autoridades policiais, civis ou militares, com exercício no Município, nos quatro meses anteriores ao pleito.

Cap. 10 • INELEGIBILIDADE | 265

10.9.4.4 Inelegibilidade para o Senado

Conforme reza o art. 1º, V, da LC nº 64/90, são inelegíveis para o Senado: (a) os inelegíveis para os cargos de Presidente e Vice-Presidente da República especificados na alínea *a* do inciso II do art. 1º e, no tocante às demais alíneas, quando se tratar de repartição pública, associação ou empresa que opere no território do Estado, observados os mesmos prazos; (b) em cada Estado e no Distrito Federal, os inelegíveis para os cargos de Governador e Vice-Governador, nas mesmas condições estabelecidas, observados os mesmos prazos.

10.9.4.5 Inelegibilidade para a Câmara de Deputados

Nos termos do art. 1º, VI, da LC nº 64/90, são inelegíveis para "a Câmara dos Deputados, Assembleia Legislativa e Câmara Legislativa, no que lhes for aplicável, por identidade de situações, os inelegíveis para o Senado Federal, nas mesmas condições estabelecidas, observados os mesmos prazos".

10.9.4.6 Inelegibilidade para a Câmara Municipal

Prescreve o art. 1º, VII, da LC nº 64/90 serem inelegíveis para a Câmara Municipal: (a) no que lhes for aplicável, por identidade de situações, os inelegíveis para o Senado Federal e para a Câmara dos Deputados, observado "o prazo de seis meses" para a desincompatibilização; (b) em cada Município, os inelegíveis para os cargos de Prefeito e Vice-Prefeito, observado o prazo de seis meses para a desincompatibilização.

O prazo de seis meses estabelecido nessa regra é reduzido para três meses quando o candidato for servidor público que não tenha competência ligada à fiscalização, lançamento ou arrecadação de tributo. Somente o servidor que tiver tal competência deverá afastar-se do cargo, sem direito à remuneração, seis meses antes do pleito (LC nº 64/90, art. 1º, II, *d*).

10.9.4.7 Desincompatibilização – regramento geral de servidores públicos

É firme a orientação jurisprudencial no sentido de que o prazo de desincompatibilização de servidor público é de três meses antes do pleito, independentemente do cargo eletivo em disputa. Tal prazo resulta da extensão da norma inscrita no art. 1º, II, *l*, da LC nº 64/90, referente aos cargos de Presidente da República e Vice-Presidente da República. Conforme ressaltado na Resolução TSE nº 18.019/92, solução diversa levaria:

> "[…] a consequências catastróficas, dificilmente conciliáveis com o princípio constitucional da moralidade (CF, art. 37), quando transposta para o prisma de seus reflexos sobre a Administração Pública: como expliquei na resposta das consultas, ora reexaminadas, o prazo de seis meses de afastamento remunerado – porque significa o dobro do prazo de registro de candidaturas – redundaria no direito a uma licença-prêmio semestral, renovável a cada quatro anos e subordinada apenas à prova de uma filiação partidária e, de início, à simples afirmação pelo servidor de uma intenção de candidatar-se.
>
> Dobro-me, pois, à evidência de que o absurdo das consequências, apenas esboçadas, da interpretação precedente, impõe a redução teleológica do sentido a emprestar, nos dispositivos atinentes ao pleito municipal (Lei Complementar nº 64/90, art. 1º, IV, *a*, e VII, *a*), *a prazos de desincompatibilização*, de modo a restringir-lhe a aplicação aos casos em que se reclame do candidato o afastamento definitivo de posto gerador de inelegibilidade.
>
> Daí decorre que o prazo de afastamento remunerado do servidor público candidato, compreendido no art. 1º, II, *l*, Lei Complementar nº 64/90, será sempre de três meses

anteriores ao pleito, *seja qual for o pleito considerado: federal, estadual ou municipal; majoritário ou proporcional: em consequência […]*".

A redução do prazo legal para a desincompatibilização de servidor público não é medida arbitrária, fruto do capricho do intérprete da norma eleitoral. Constitui, antes, ajuste que se impõe em nome do interesse público e dos princípios constitucionais regentes da Administração, pois se o servidor não vier a ser escolhido na convenção do partido pelo qual pretende concorrer ou mesmo se no derradeiro momento desistir de sair candidato, terá se afastado do exercício de suas funções sem causa justificadora legítima ou razoável.

Tal regramento é aplicável ainda na hipótese de o servidor ser indicado para substituir outro candidato, pois, do contrário, estar-se-ia burlando o comando que determina a desincompatibilização. Nesse sentido: TSE – AREspe nº 23.135/MG – PSS 23-9-2004.

A comprovação da desincompatibilização pode ocorrer mediante a apresentação do "requerimento do servidor para se afastar do cargo, protocolado perante o respectivo órgão" (TSE – AgR-REspEl nº 060.000.102/AL – *DJe* 14-10-2022).

Não obstante, é essencial que o afastamento ocorra concretamente, que seja real, fático. Ainda que não haja requerimento formalizado, a inelegibilidade estará elidida se ficar evidenciado "o afastamento de fato das funções" (TSE – AgR-REspEl nº 060.011.963/MA – *DJe* 29-3-2021).

Portanto, não é suficiente que a desincompatibilização se perfaça tão só no plano jurídico--formal. Assim, por exemplo, médico lotado em Hospital Público que, apesar de ter requerido (e até deferido) afastamento do cargo, continue a atender a população não cumpre a exigência de desincompatibilização.

E mais: impõe-se que o *afastamento de fato* se dê dentro do prazo legal. De sorte que a desincompatibilização não se perfaz se o requerimento do servidor, dirigido ao superior hierárquico, for protocolado dentro do prazo, mas aprovado a destempo, tendo ele exercido suas funções no intervalo entre o protocolo e o deferimento.

> "1. A jurisprudência deste Tribunal Superior Eleitoral amiúde analisa hipóteses concretas nas quais há desincompatibilização formal de cargos e funções públicas, em relação a todos os vínculos jurídicos com a Administração Pública, mas há permanência na prática dos atos e tarefas dos quais o candidato deveria se afastar. Trata-se de hipótese de ausência de desincompatibilização de fato. […]." (TSE – REspe nº 060016566/MG – *DJe* 27-4-2021).

> "[…] 2 – A concessão do registro de candidatura ao cargo de vereador dar-se-á somente com o afastamento de fato no prazo legal, mesmo que o pedido de desincompatibilização seja feito dentro do prazo e o deferimento a destempo (art. 1º, IV, *c*, c.c. o VII, *b*, da Lei Complementar nº 64/90 e Ac. nº 541, redator designado Min. Fernando Neves, e Ac. nº 16.595, rel. Min. Waldemar Zveiter). Agravo regimental desprovido" (TSE – EREspe nº 22.753/PR – PSS 18-9-2004). […]." (TSE – AgR-REspe nº 26766/SP – PSS 3-10-2006).

Pertence ao impugnante "o ônus de comprovar a extemporaneidade do ato ou eventual continuidade do exercício de fato das funções" (TSE – AgR-RO-El nº 060.065.742/RO – *DJe* 19-5-2022).

Servidor público comissionado – o regramento de desincompatibilização "aplicável aos servidores públicos abarca tanto os ocupantes de cargo efetivo quanto os comissionados" (TSE – Cta nº 45.971/DF – *DJe* 19-5-2016, p. 60-61; TSE – AgR-RO 92.054/SP – PSS 30-10-2014). No caso do comissionado, o servidor deve se exonerar, afastando-se do cargo de forma definitiva. É o que se extrai da Súmula TSE nº 54, *verbis*: "A desincompatibilização de servidor público que possui cargo em comissão é de três meses antes do pleito e pressupõe a exoneração do cargo comissionado, e não apenas seu afastamento de fato".

Cap. 10 • INELEGIBILIDADE | **267**

Servidor público temporário – de igual modo, "pessoa contratada para atender necessidade temporária de excepcional interesse público deverá se afastar três meses antes do pleito (Res. – TSE nº 21.809/2004) [...]" (TSE – AREspe nº 22.708/CE – PSS 20-9-2004).

Aqui também se impõe que o afastamento seja definitivo, devendo o servidor exonerar-se do cargo.

Servidor do Fisco – o regramento previsto para o servidor público em geral não é extensivo a *servidores do Fisco* (auditores, fiscais, gestores e técnicos da Fazenda Pública federal, estadual e municipal), cujas funções sejam pertinentes à arrecadação e fiscalização de tributos. No caso, aplica-se o disposto no art. 1º, II, *d*, da LC nº 64/90, tendo se pacificado o entendimento de que o prazo de desincompatibilização é sempre de seis meses.

> "Os funcionários do fisco estão sujeitos aos seguintes prazos de desincompatibilização: 6 meses para as eleições presidenciais; 6 meses para governador e vice e para deputado estadual; 6 meses para deputado federal; e 6 meses para vereador. Lei Complementar nº 64, de 18-5-90, art. 1º, II, *d*; III, *a*; IV, *a*; e VII, *a* e *b* [...]" (Res. TSE nº 19.506/96 – *DJ* 10-5-1996, p. 15.167).

> "O TSE tem entendido que é de 6 (seis) meses o prazo de desincompatibilização para o servidor público que tem competência ou interesse no lançamento, arrecadação ou fiscalização de impostos, taxas e contribuições de caráter obrigatório" (TSE – REspe nº 16.734/SP – PSS 13-9-2000).

> "Para concorrer ao cargo de vereador, o servidor público ocupante do cargo de técnico da Receita Federal deve se afastar do cargo seis meses antes do pleito (art. 1º, II, *d*, da LC nº 64/90)" (TSE – AgR-REspe nº 22.286/MS – PSS 23-9-2004).

Por se tratar de regra mais rigorosa, não pode a restrição imposta a servidores do Fisco ser estendida a agentes públicos de outras categorias, ainda que estes ocupem função fiscalizatória. Assim, por exemplo, não abrange fiscal de postura municipal (TSE – REspe nº 12.667/ES – j. 18-4-2017).

Servidor da Justiça Eleitoral – o art. 366 do Código Eleitoral veda que "funcionários de qualquer órgão da Justiça Eleitoral" integrem diretório de partido político ou exerçam qualquer atividade partidária. Interpretando-se esse dispositivo como compatível com a vigente ordem constitucional, firmou-se o entendimento de que "o servidor da Justiça Eleitoral, para candidatar-se a cargo eletivo, necessariamente terá que se exonerar do cargo público em tempo hábil para o cumprimento da exigência legal de filiação partidária" (Res. TSE nº 22.088, de 20-9-2005). Logo, os servidores em questão necessariamente terão de se exonerar do cargo. Afastando eventual caráter discriminatório dessa regra, vislumbrou-se nela "a busca constante da moralidade que deve presidir os pleitos eleitorais" (TSE – REspe nº 19928/PR – PSS 3-9-2002), compreendendo-se, ainda, como "mais que razoável que aqueles que participam da organização do pleito e do processamento e julgamento dos feitos eleitorais não possam ter nenhuma atividade político-partidária" (TSE – Pet nº 1025/DF, Res. TSE nº 20921, de 23-10-2001).

Exercício de cargo em circunscrição diversa da do pleito – não é necessária a desincompatibilização quando o exercício do cargo ou função pública ocorrer em circunscrição diversa da do pleito, porque nesse caso o afastamento geográfico entre os locais torna irrelevante eventual influência que o exercício do cargo público possa carrear ao certame eleitoral. Assim, por exemplo, em eleição municipal não é necessária a desincompatibilização de servidor de um município que venha a candidatar-se em outro, especialmente se não forem próximos:

> "1. É firme o entendimento do TSE no sentido de que não se opera a regra da incompatibilidade se o servidor exerce suas atividades em município distinto e sem possibilidade

de influenciar o pleito na circunscrição na qual efetivamente disputa o cargo eletivo. Afinal, as regras de desincompatibilização objetivam evitar a utilização do cargo público em detrimento do equilíbrio do pleito, impedindo, assim, qualquer abalo no primado da igualdade de chances. [...]." (TSE – AgR-RESpEl nº 060.007.168/CE – *DJe* 22-10-2024).

Essa mesma compreensão aplica-se a servidor público estadual ou federal que não exerce suas funções no município em que a sua candidatura é lançada. Nesse sentido: TSE – REspe nº 12418/PI – *DJe* 1º-7-2013; TSE – AgR-REspe nº 18.977/CE – *DJe* 27-9-2012).

Divergindo, porém, desse entendimento, o mesmo TSE já assentou que eventualmente o exercício de cargo em comissão no âmbito federal, em tese, poderia favorecer campanha para Deputado Federal ainda que realizada em circunscrição diversa do local de lotação do servidor-candidato. Nesse sentido: TSE – AgRg-RO nº 060076396/PB – j. 24-10-2019. Assim, nos termos desse julgado, para impedir a quebra da isonomia entre os candidatos decorrente de potencial influência que o desempenho do cargo federal possa exercer na disputa eleitoral, é preciso que o servidor se desincompatibilize "nos três meses anteriores ao pleito, nos termos do art. 1º, inciso II, alínea *l*, da Lei Complementar nº 64/1990".

Licença, afastamento e remuneração do servidor candidato – no âmbito administrativo-funcional, para a esfera federal, a Lei nº 8.112/90 prevê em seu art. 86 que o servidor tem direito a: *(i) licença sem remuneração* – no período que mediar entre a escolha em convenção partidária e a véspera do registro de candidatura; *(ii) licença com remuneração por três meses* – a partir do registro da candidatura até o décimo dia seguinte ao da eleição.

O § 1º do aludido art. 86 trata de servidor ocupante de "cargo de direção, chefia, assessoramento, arrecadação ou fiscalização" que for candidato "a cargo eletivo na localidade onde desempenha suas funções", caso em que "será afastado, a partir do dia imediato ao do registro de sua candidatura perante a Justiça Eleitoral, até o décimo dia seguinte ao do pleito". Em tais casos, o afastamento do servidor é imperativo, *ope legis*, devendo ocorrer já com a formalização do requerimento de registro.

No tocante à remuneração durante o período de licença ou afastamento, entende-se que o servidor candidato somente tem direito a ela "após o deferimento do registro de sua candidatura pela Justiça Eleitoral" (STJ – AgInt-REsp nº 1644476/RS – 1ª T. – Rel. Min. Benedito Gonçalves – *DJe* 2-8-2019; STJ – AgRg-Ag nº 1075291/DF – 6ª T. – Rel. Min. Og Fernandes – *DJe* 4-5-2009). Trata-se, aqui, de efetivo deferimento do requerimento de registro, e não apenas de sua formalização (protocolo) perante a Justiça Eleitoral. Por conseguinte, se ulteriormente a Justiça Eleitoral indeferir (negar) o requerimento de registro, o servidor licenciado ou afastado sem remuneração não fará jus a ela.

Não flexibilização do prazo de desincompatibilização ante o encurtamento do período eleitoral – antes da promulgação da Lei nº 13.165/2015, o art. 11 da LE estabelecia que o pedido de registro de candidatura deveria ser efetuado até 5 de julho do ano das eleições. Como as eleições sempre ocorrem no primeiro domingo de outubro (CF, art. 28, *caput*, art. 29, II, art. 77, *caput*) o prazo de três meses de desincompatibilização coincidia com a data prevista para o registro de candidatura. Entretanto, esse quadro foi alterado pela citada lei, que estabelece: (i) o período de 20 de julho a 5 de agosto para a realização de convenções partidárias (LE, art. 8º), e (ii) o dia 15 de agosto como data-limite para o registro de candidatura (LE, art. 11). Passou, então, a haver descompasso entre os três meses previstos para a desincompatibilização de servidor público e a data do pleito. Aliás, a desincompatibilização deve ocorrer até mesmo antes da escolha dos candidatos na convenção partidária. Não obstante, assentou a Corte Superior que "A reforma eleitoral promovida pela Lei nº 13.165/2015 não alterou os prazos de desincompatibilização para disputa de cargos eletivos constantes da LC nº 64/90" (TSE – Cta nº 10087/DF – *DJe*, t. 171, 5-9-2016, p. 33).

10.9.4.8 Situações especiais

A seguir, são analisados alguns casos de inelegibilidade que merecem destaque pelas suas relevâncias.

Vale frisar que os prazos de desincompatibilização variam de três a seis meses, de acordo com o cargo eletivo em disputa.

Autoridade policial civil – É obrigatório que autoridades policiais civis se desincompatibilizem para se candidatar a cargo político-eletivo. Nessa categoria enquadram-se: delegado de polícia, agente policial, escrivão de polícia, policial rodoviário federal e estadual.

Conselhos e comitês – É variado o número de entidades a que se atribui a natureza de "Conselho" e "Comitê". Nem todas, porém, impõem a desincompatibilização de seus dirigentes para a disputa eleitoral. Em geral, a desincompatibilização se faz necessária quando a entidade é dotada de algum tipo de poder político-estatal, exerce relevante influência na comunidade ou gerencia dinheiro oriundo do erário.

Nessa perspectiva, ainda que não haja remuneração, tem-se afirmado a necessidade de desincompatibilização de membros de: (a) Conselho Municipal de Saúde (TSE – Ac. nº 22.493, de 13-9-2004); (b) Conselho Tutelar (TSE – Ac. nº 16.878, de 27-9-2000); (c) Conselho Municipal de Habitação (TSE – AgR-REspEl nº 060016315/SC – DJe 18-12-2020); (d) Conselho Municipal do Fundo de Manutenção e Desenvolvimento da Educação Básica e Valorização dos Profissionais da Educação (FUNDEB) e Conselho Municipal de Educação (TSE – AgR-REspe nº 20132/BA – DJe 3-11-2017). O fundamento invocado é o art. 1º, II, *l*, da LC nº 64/90.

> "1. O membro titular de conselho municipal, cuja atribuição não seja meramente consultiva, mas imbricada à execução de políticas públicas, notadamente aquelas que impactam o cotidiano da comunidade local, fica sujeito à regra do art. 1º, II, l, da Lei Complementar nº 64/90, devendo se desincompatibilizar, a fim de concorrer a cargo eletivo. Precedentes do Tribunal Superior Eleitoral. [...]" (TSE – RO-El nº 060054103/MT – DJe 29-9-2022).

De outro lado, tem-se negado a necessidade de desincompatibilização de membro (ainda que participe da diretoria) de: *i)* órgão meramente opinativo ou consultivo, tais como Conselho de Turismo (TSE – REspe nº 22.433/SP – DJ 8-9-2004 – decisão monocrática do relator), Conselho de Desenvolvimento (REspe nº 15.067/BA – DJ 6-3-1998, p. 70), Comitê de Bacia Hidrográfica (Res. TSE nº 22.238/2006 – DJ 6-7-2006, p. 2); *ii)* conselho deliberativo de autarquia (TSE – RO-El nº 060067455/SE – DJe 24-3-2023).

Conselhos profissionais – Os membros de conselhos profissionais, como Conselho Regional de Engenharia, Arquitetura e Agronomia (Crea), Conselho Regional de Medicina (CRM), Conselho Regional de Farmácia (CRF), Ordem dos Advogados do Brasil (OAB), devem desincompatibilizar-se para se candidatar a cargo político-eletivo, eis que tais organizações são mantidas com contribuição parafiscal. Enquadram-se, pois, no art. 1º, II, *g*, da LC nº 64/90. Mas o dever de desincompatibilização só atinge os ocupantes de "cargo ou função de direção, administração ou representação" de tais entidades (TSE – Cta nº 11.187/DF – DJe 6-8-2014).

Entidades privadas de assistência social ou de defesa de interesse público ou coletivo – Desde que tais entidades, embora de natureza privada, sejam mantidas total ou parcialmente pelo Poder Público (com contribuição efetiva e relevante), entendia-se que seus dirigentes deveriam desincompatibilizar-se no prazo legal para disputar cargo político-eletivo. Como exemplo, citem-se: organizações não governamentais – ONGs, associação, fundação, organização da sociedade civil de interesse público – Oscip (Lei nº 9.790/99). O fundamento legal encontra-se no art. 1º, inciso II, alínea a, item 9 (in fine), da Lei Complementar no 64/90. Nesse sentido: Res. TSE nº 22.191, de 20-4-2006 – DJ 3-5-2006, p. 128; TSE – REspe nº 29.188/SP – PSS 16-9-2008; TSE

– REspe nº 30.539/SC – PSS 7-10-2008. Não sendo a entidade "mantida" pelo Poder Público, não se impunha a desincompatibilização.

Entretanto, em julgados mais recentes, a Corte Superior assentou que a regra inscrita no item 9 da alínea a do inciso II do art. 1º da LC nº 64/1990 somente abarca entidades da Administração Pública Indireta (como são autarquias, empresas públicas, sociedades de economia mista e fundações públicas), não incidindo em entidades privadas. Confira-se:

> "[...] 7. A redação do item 9 da alínea a do inciso II do art. 1º da LC 64/90 disciplina apenas o caso das entidades da Administração Indireta, como se extrai da referência expressa, no dispositivo, a 'autarquias, empresas públicas, sociedades de economia mista e fundações públicas'. 8. Todos os 16 casos de afastamento do art. 1º, II, *a*, da LC 64/90 referem–se a órgãos, entes e cargos da Administração Direta e Indireta, sem liame com entidades privadas. [...] 11. O parâmetro para aferir a necessidade do afastamento com base no art. 1º, II, *a*, 9, da LC 64/90 é a entidade compor a Administração Indireta, sendo irrelevante a mera circunstância de se tratar de instituição privada mantida pelo poder público. 12. Recurso especial provido para deferir a candidatura." (TSE – REspe nº 060062698/RJ – PSS 10-12-2020).

Entidade religiosa – Não há necessidade de desincompatibilização de dirigente de entidade religiosa, ainda que essa tenha sido beneficiada com doação de bens pelo Poder Público. Nesse sentido: TSE – REspe nº 385-75/MS – PSS 25-10-2012.

Entidade que mantém contrato com o Poder Público – Também devem desincompatibilizar-se os dirigentes de pessoa jurídica que mantenha contrato "de execução de obras, de prestação de serviços ou de fornecimento de bens com órgão do Poder Público ou sob seu controle, salvo no caso de contrato que obedeça a cláusulas uniformes". É o que prevê o art. 1º, inciso II, alínea *i*, da Lei Complementar nº 64/90.

O impedimento apresenta-se apenas no âmbito da circunscrição do pleito. Assim, por exemplo, em eleição municipal, se a entidade mantiver contrato com município diverso daquele pelo qual o seu dirigente concorre como candidato, tal não atrai o presente impedimento, não sendo necessária a desincompatibilização. Nesse sentido: TSE – AgReg-REspe nº 0600135-86/PI – j. 25-2-2021.

Por "contrato que obedeça a cláusulas uniformes" deve-se compreender os contratos de adesão, em que a vontade do contratante nenhuma influência apresenta na definição do conteúdo negocial, tal como ocorre naqueles firmados com empresas de telefonia, de fornecimento de energia elétrica, de gás ou água.

Sobre isso, colhem-se os seguintes precedentes:

a) "[...] 1. A Lei Complementar nº 64/90 estabelece que aqueles que têm contratos com o poder público e não sejam de cláusulas uniformes têm de se desincompatibilizar para concorrer a cargo eletivo [...]" (TSE – RO nº 1.288/RO – PSS 27-9-2006);

b) "[...] os contratos decorrentes de licitação não configuram contratos de adesão e, como tais, não se cogita, nesta situação, da ressalva contida na alínea *i* do inciso II do art. 1º da Lei Complementar nº 64/90" (TSE – EREspe nº 21.966/CE – PSS 13-9-2004).

Entretanto, isso não se aplica aos contratos decorrentes de procedimento licitatório na modalidade de pregão, os quais se incluem na ressalva final da regra em apreço. Confira-se: "[...] 7. Contrato firmado entre pessoa jurídica e o Poder Público, oriundo de pregão, obedece em regra a cláusulas uniformes, aplicando-se a ressalva da parte final do art. 1º, II, i, da LC 64/90 e, por conseguinte, não se exigindo afastamento do respectivo dirigente. [...] 11. Dessa forma, a vontade do contratante manifesta-se apenas na apresentação do

Cap. 10 • INELEGIBILIDADE | **271**

menor preço, sendo que as demais cláusulas contratuais são previamente estabelecidas pelo ente público, o que caracteriza a hipótese de contrato de cláusulas uniformes previstas na ressalva do art. 1º, II, i, da LC 64/90. […]" (TSE – AgREspe nº 4614/MA – *DJe* 2-8-2018).

c) "[…] 1. Não configura contrato vedado para fins de elegibilidade o existente entre candidato e a administração municipal com vistas ao transporte escolar de alunos da rede municipal, quando as cláusulas são impostas pelo poder público, sem participação do particular nos termos contratuais. 2. A circunstância de o proprietário de um meio de transporte modesto aderir às determinações impostas pela administração, com a única prerrogativa de a proposta do preço do serviço a ser prestado estar adstrita ao menor valor, não lhe atribui privilégio especial de modo a retirá-lo da disputa por cargo eletivo. 3. Necessidade de observância dos princípios da razoabilidade e da prevalência dos direitos políticos, dos quais o direito de ser votado é de especial relevância. […]" (TSE – REspe nº 21.968/CE – PSS 19-6-2004);

d) "[…] Desincompatibilização. Farmácia comunitária. Convênio firmado com o município. Incidência da alínea *i* do inciso II do art. 1º da LC nº 64/90. […]" (TSE – AREspe nº 21.874/PR – PSS 31-8-2004);

e) "Inelegibilidade (LC nº 64/90, art. 1º, II, *i*): direção, no período gerador de inelegibilidade, de sociedade civil que mantém contrato de prestação de serviços de assistência social com município, do qual recebe remuneração, nada importando que ao ajuste se haja dada a denominação de convênio, nem que a entidade privada não tenha finalidades lucrativas" (TSE – REspe nº 20.069/MS – PSS 11-9-2002);

f) "[…] I – Para concorrer a cargo eletivo, impõe-se que sócio-gerente de empresa que mantenha contratos de publicidade com órgãos públicos se afaste de suas funções […]" (TSE – REspe nº 19.988/PR – PSS 3-9-2002);

g) deve haver desincompatibilização do cargo de vice-presidente de cooperativa que mantenha contrato *sem* cláusulas uniformes com órgão ou entidade do poder público (TSE – AgREspe nº 17.002/RS, j. 25-4-2013).

Entidade representativa de classe – Se a "entidade representativa de classe" for mantida total ou parcialmente pelo Poder Público ou perceber contribuição parafiscal (que tem natureza tributária e, pois, é compulsória), é mister que seus dirigentes se desincompatibilizem para saírem candidatos. A previsão consta do art. 1º, II, *g*, da LC nº 64/90. Nesse sentido: "Recurso Especial. Agravo Regimental. Indeferimento. Registro de candidatura. Ocupação. Cargo de direção. Entidade sindical. Desincompatibilização no prazo previsto no art. 1º, II, *g*, da LC nº 64/90. Ausência. Desprovimento. Agravo regimental a que se nega provimento" (TSE – AREspe nº 23.448/PI – PSS 6-10-2004).

Caso contrário, não há que falar em desincompatibilização. Assim já entendeu a Corte Superior Eleitoral: "[…] Dirigente ou representante de associação profissional não reconhecida legalmente entidade sindical e que não receba recursos públicos. Candidatura a prefeito ou vereador. Não está sujeita a desincompatibilização" (Res. TSE nº 20.590, de 30-3-2000).

No tocante a sindicato, cumpre registrar que a Lei nº 13.467/2017 alterou a CLT (vide arts. 545, 578, 579 e 582 da CLT), condicionando o desconto de "contribuição sindical" à prévia e expressa autorização do empregado. Alterou-se, portanto, a natureza jurídica da aludida contribuição, que deixa de ter caráter tributário para se configurar como prestação de natureza civil, fundada na autonomia privada das pessoas interessadas. Diante disso, não haveria razão para subsistir a necessidade de desincompatibilização de dirigente sindical, e, caso isso não ocorra, de sua inelegibilidade. Nesse sentido:

"1. A regra do art. 1º, II, g, da LC nº 64/1990, que impõe a necessidade de desincompatibilização dos dirigentes sindicais, pressupõe que a entidade de classe seja mantida, total ou parcialmente, por contribuições impostas pelo poder público ou com recursos arrecadados e repassados pela Previdência Social. 2. O TSE possui entendimento no sentido de que, como não mais existe o caráter compulsório das contribuições sindicais, sendo recolhidas apenas com a prévia autorização expressa por parte do trabalhador, não há necessidade de desincompatibilização, porquanto as contribuições de cunho voluntário não atraem o óbice a que se refere a alínea g do inciso II do art. 1º da LC nº 64/1990. Incidência do Enunciado nº 30 da Súmula do TSE. 3. Agravo interno desprovido" (TSE – AgR-REspEl nº 060.047.769/MS – *DJe* 27-11-2024).

Magistrado – O art. 1º, II, *a*, nº 8, da LC nº 64/90 prevê o afastamento definitivo do magistrado que dispute cargo político-eletivo. Portanto, para que se candidate, deve exonerar-se do cargo ou aposentar-se. Esse entendimento, aliás, pacífico, é estribado no art. 95, parágrafo único, III, da Lei Maior, que veda aos juízes dedicar-se à atividade político-partidária. O afastamento tem de ocorrer no mesmo prazo da desincompatibilização, que é de seis meses antes do pleito. Conforme salientado, é também esse o tempo exigido de filiação partidária.

Médico – firmou-se o entendimento de que médico que presta serviço a *entidade privada* conveniada ao Sistema Único de Saúde (SUS) não se equipara a servidor público, ainda que sua remuneração provenha indiretamente de recursos públicos. Nesse diapasão: *i)* "[…] médico credenciado pelo SUS não se enquadra na previsão da alínea *i* do inciso II do art. 1º da LC nº 64/90. O médico credenciado realiza atendimentos médicos eventuais, o que, por si só, não o obriga a afastar-se do trabalho para disputar mandato eletivo. Precedentes" (TSE – AREspe nº 23.670/MG – PSS 19-10-2004; TSE – REspe nº 23.077/CE – PSS 11-10-2004); *ii)* "[...] 2. O médico credenciado ao SUS que esteja no exercício particular da medicina não se submete à desincompatibilização. Não incide, nesta hipótese, a inelegibilidade prevista na alínea *a* do inciso IV do art. 1º, c.c. a alínea *l* do inciso II do art. 1º, ambos da Lei Complementar nº 64/90. [...]" (TSE – AgR-AI nº 86.268/SP – *DJe*, t. 107, 10-6-2014, p. 47).

Tal entendimento também se aplica na hipótese de o médico atuar no Programa Mais Médicos do Ministério da Saúde. Nesse sentido: TSE – AgR-REspe nº 060028362/SP, j. 16-3-2023.

Militar – O militar da ativa (inclusive policiais e bombeiros militares) que pretenda se candidatar não precisa se filiar a partido político, ainda porque é proibido de fazê-lo (CF, art. 142, § 3º, V). Basta que, estando alistado como eleitor e sendo cumpridos os demais requisitos legais, seja escolhido em convenção partidária e tenha o registro de sua candidatura requerido pela agremiação à Justiça Eleitoral com sua concordância.

No tocante à desincompatibilização, se o militar exercer função de comando ou de "autoridade militar", deve se desincompatibilizar dela no prazo legal. Tal prazo varia conforme o cargo disputado, sendo, por exemplo, de seis meses para vereador (LC nº 64/90, art. 1º, VII, *b*, c.c. art. 1º, IV). Nesse sentido: (*i*) "A elegibilidade de militar que exerce função de comando condiciona-se à desincompatibilização no prazo legal (Lei Complementar nº 64/1990, art. 1º, inciso II, *a*, 2, 4, 6 e 7; inciso III, *a* e *b*, 1 e 2; inciso IV, *a* e *c*; inciso V, *a* e *b*; incisos VI e VII" (Res. TSE nº 23.609/2019, art. 9º-A, § 1º); (*ii*) "[…] 10. A LC 64/90 estabelece inúmeras hipóteses de desincompatibilização quanto a militares que ocupam funções de comando (art. 1º, II, *a*, 2, 4, 6 e 7 e art. 1º, III, *b*, 1 e 2) [...]" (TSE – REspe nº 30516/MG – PSS 25-10-2016). Note-se que a desincompatibilização se refere à função de comando, e não ao cargo regularmente ocupado na organização militar. O comandante de uma unidade poderá desincompatibilizar-se dessa função e seguir exercendo o seu cargo regular até quando for formalizado o seu pedido de registro de candidatura, momento em que deverá estar afastado do cargo.

Se o militar não exercer função de comando nem de "autoridade militar", a sua desincompatibilização deve ocorrer quando do pedido de registro, porque inexiste específica previsão legal em sentido diverso. Em tal caso, não se aplica o prazo de desincompatibilização previsto para os servidores públicos de três meses do art. 1º, II, *l*, da LC 64/90 (Res. TSE nº 23.609/2019, art. 9º-A, § 2º; TSE – REspe nº 30516/MG – PSS 25-10-2016; TSE – Cta nº 060106664/DF – *DJe*, t. 51, 14-3-2018).

Portanto, na última situação poderá haver coincidência entre os momentos de desincompatibilização, afastamento do cargo (que é definitivo – mediante demissão ou licenciamento *ex officio* – para os que contarem *menos* de 10 anos de serviço – CF, art. 14, § 8º, I) e agregação e licença para tratar de interesse pessoal (para os que contarem *mais* de 10 anos de serviço – CF, art. 14, § 8º, II) do militar.

Ministério Público – Em sua redação original, a alínea *j*, II, do art. 1º da LC nº 64/90 exige que, nos seis meses anteriores ao pleito, o membro do Ministério Público afaste-se de suas funções para disputar cargo eletivo. Não se empregou, aí, o advérbio *definitivamente*, como ocorre com os magistrados (*vide* art. 1º, II, *a*, 8). Assim, para candidatar-se a cargo político-eletivo, bastava que o órgão do *Parquet* se afastasse temporariamente de suas funções. A referida alínea *j* harmonizava-se com a primitiva redação do art. 128, § 5º, II, *e*, da Lei Maior, que vedava a este profissional "exercer atividade político-partidária, salvo exceções previstas na lei".

No entanto, a EC nº 45/2004 alterou a redação da citada alínea *e*, II, § 5º, art. 128 da CF, suprimindo-lhe a ressalva final. Ademais, a alínea *d*, do mesmo preceito constitucional, proíbe o exercício, ainda que em disponibilidade, de outra atividade pública, salvo uma de magistério.

Nesse quadro, o art. 1º, II, alínea *j*, da LC nº 64/90, interpretado à luz do novo contexto constitucional, está a exigir, agora, o afastamento definitivo do membro do Ministério Público do cargo que ocupa. Houve, portanto, equiparação com o regime traçado para a magistratura.

Sendo vedado ao órgão do Ministério Público o exercício de atividade político-partidária, afigura-se razoável que sua filiação partidária com vistas à disputa de cargo político-eletivo possa ser pelo mesmo tempo previsto para a desincompatibilização.

O tema em foco foi objeto da Resolução nº 5 do Conselho Nacional do Ministério Público (CNMP), cujo art. 1º reza: "Estão proibidos de exercer atividade político-partidária os membros do Ministério Público que ingressaram na carreira após a publicação da Emenda nº 45/2004". Vê-se, pois, que por essa regra somente os membros do Ministério Público que ingressaram na carreira após a EC nº 45/2004 estariam impossibilitados de exercer atividade político-partidária. Quanto aos demais, vale o regime anterior, que não a vedava.

Mas não é essa a interpretação que se pacificou na jurisprudência acerca do tema enfocado. Entende-se que os membros do Ministério Público que ingressaram na carreira entre 5 de outubro de 1988 e a promulgação da EC nº 45/2004 não estão excepcionados do alcance da vedação estabelecida pela última norma. Isso porque a referida EC não previu qualquer regra transitória a tal respeito. A propósito, assentou o Excelso Pretório:

> "[...] 4. Não há possibilidade de filiação político-partidária, de exercício de cargo eletivo e de função no âmbito do Poder Executivo, por membros do Ministério Público que ingressaram na carreira após o regime jurídico instaurado pela Constituição Federal de 1988. 5. A vedação ao exercício de atividade político partidária aos membros do Ministério Público constitui causa absoluta de inelegibilidade, impedindo a filiação a partidos políticos e a disputa de qualquer cargo eletivo, salvo se estiverem aposentados ou exonerados, independentemente de o ingresso ter sido após a EC 45/04 ou entre essa e a promulgação do texto constitucional. 6. Ao membro do Ministério Público é vedado exercer, ainda que em disponibilidade, qualquer outra função pública, salvo uma de magistério. 7. Ação direta conhecida parcialmente e

julgada procedente." (STF – ADI 2534 – Pleno – Rel. p/ o acórdão Min. Alexandre de Moraes – *DJe*-280 26-11-2020).

Por sua vez, entendeu a Corte Superior Eleitoral: (a) "[...] 2. O recorrente ingressou no Ministério Público Estadual após a promulgação da Constituição Federal e não se exonerou do cargo. Dessa forma, imperioso se revela o indeferimento do registro de sua candidatura, na direção da novel jurisprudência desta Corte [...]" (TSE – REspe nº 26.673/PI – PSS 20-9-2006); (b) "[...] A proibição do exercício de atividade político-partidária ao membro do Ministério Público tem aplicação imediata e linear, apanhando todos aqueles que o integram, pouco importando a data do ingresso" (Res. TSE nº 22.045/DF – *DJ*, v. 1, 26-8-2005, p. 176; Res. TSE nº 22.095/DF – *DJ*, v. 1, 24-10-2005, p. 89).

Não obstante, admitiu-se como regular a candidatura de membro do Ministério Público que, tendo ingressado na carreira antes da promulgação da Constituição de 1988, optou pelo regime anterior, conforme dispõe o art. 29, § 3º, do ADCT (TSE – REspe nº 26.768, de 20-9-2006; Res. TSE nº 22.717/2008, art. 17, § 1º). No âmbito do Ministério Público da União, o art. 281, parágrafo único, da LC nº 75/93 determinou que tal opção fosse exercida até 20 de maio de 1995. Todavia, ao argumento de que este artigo não se aplica ao Ministério Público Estadual, entendeu o Tribunal Superior Eleitoral que, para integrantes do *Parquet* estadual, a opção em tela "é formalizável a qualquer tempo" (TSE – AgRO nº 1.070/SP – *DJ* 24-4-2007, p. 179).

Ademais, admitiu-se como regular a candidatura de membro do Ministério Público que exercia mandato quando da promulgação da EC nº 45/2004 e posteriormente pleiteou a reeleição (TSE – RO nº 999/SP – PSS 19-9-2006; STF – RE nº 597.994/PA – *DJe* 19-6-2009); argumentou-se que, se eleito sob uma regra que permite a recandidatura, tem o mandatário público direito a ela, devendo prevalecer a ideia de segurança jurídica.

Embora essa exceção tenha sido aberta apenas para a hipótese de reeleição (ou seja, nova eleição para o mesmo cargo ocupado), chegou-se a admitir a candidatura para cargo diverso (TRE-DF – RCand nº 0600937-30.2018.6.07.0000, j. 13-9-2018); nesse caso, deputado distrital, que vinha sendo reeleito desde 2002, teve deferido seu pedido de registro para o cargo de senador.

Radialista, apresentador, comunicador, comentador, locutor, repórter – Em tais casos, não há previsão legal para a desincompatibilização. Nesse sentido: "Registro de candidato. Radialista. Desincompatibilização não prevista em lei [...]" (TSE – REspe nº 13.173 – PSS 17-9-1996). Note-se, porém, que o art. 45, § 1º, da Lei nº 9.504/97 (com a redação da Lei nº 13.165/2015) veda às emissoras, a partir de 30 de junho do ano da eleição, "transmitir programa apresentado ou comentado por pré-candidato". Caso o pré-candidato seja escolhido em convenção partidária, a infringência dessa regra pode ensejar: *(i)* sanção de multa à emissora; *(ii)* indeferimento ou cancelamento do registro da candidatura do beneficiário. Ademais, pode-se ainda cogitar abuso de poder econômico por utilização indevida de veículo ou meio de comunicação social, nos moldes dos arts. 1º, I, *d*, c.c. 19 e 22, todos da LC nº 64/90.

Secretário Municipal – "Comprovado nos autos o exercício do cargo de Secretário Municipal de Saúde pelo candidato a vereador, faz-se mister sua desincompatibilização no prazo de seis meses antes do pleito. Art. 1º, II, *a*, c.c. VII, da Lei Complementar nº 64/90. Embargos rejeitados" (TSE – EREspe nº 24.071/PA – PSS 19-10-2004). Observe-se que o afastamento aqui deve ser em caráter definitivo.

Serventias extrajudiciais (registradores, notários ou tabeliães) – O "Titular de serventia extrajudicial deve se desincompatibilizar do cargo no prazo de três meses antes do pleito. Art. 1º, II, *l*, da Lei Complementar nº 64/90. Agravo Regimental a que se nega provimento" (TSE – AREspe nº 23.696/MG – PSS 11-10-2004). E mais: "Aplicabilidade do art. 1º, II, *l*, da LC nº 64/90 aos titulares de serventias judiciais ou extrajudiciais, oficializadas ou não, que se tornam inelegíveis se não se afastarem das funções até 3 (três) meses anteriores ao pleito (Resolução – TSE nº 14.239/94)" (TSE – AREspe nº 22.668/GO – PSS 19-9-2004).

Contudo, isso não se aplica ao *serventuário* de cartório contratado sob o regime da CLT. É nesse sentido a Súmula TSE nº 5: "Serventuário de cartório, celetista, não se inclui na exigência do art. 1º, II, *l*, da LC nº 64/90".

Tribunal de Contas – Os membros de Tribunais de Contas devem afastar-se definitivamente do cargo para se candidatarem a cargo eletivo (art. 1º, II, *a*, nº 14). Submetem-se à mesma disciplina aplicada a magistrados e membros do Ministério Público.

10.10 ARGUIÇÃO JUDICIAL DE INELEGIBILIDADE

As causas de inelegibilidade devem ser conhecidas, decididas e declaradas pela Justiça Eleitoral por ocasião do processo de registro de candidatura. É esse o momento próprio para que os fatos estruturantes da inelegibilidade sejam apreciados. O órgão judicial eleitoral, dentro de sua esfera de competência, tem plena autonomia para valorar os fatos e fundamentos que lhe são apresentados e a partir deles firmar o juízo acerca da existência ou não de inelegibilidade, declarando-a ou não.

Dada sua natureza funcional, é absoluta a competência para apreciar a matéria em exame, tendo sido distribuída entre os órgãos das três instâncias da Justiça Eleitoral. Sua definição se dá pelo tipo de eleição. Conforme estabelece o art. 2º da LC nº 64/90, serão competentes: o TSE, quando se tratar de candidato a Presidente ou Vice-Presidente da República; o TRE, quando se tratar de candidato a Senador, Governador e Vice-Governador de Estado e do Distrito Federal, Deputado Federal, Deputado Estadual e Deputado Distrital; o Juiz Eleitoral, quando se tratar de candidato a Prefeito, Vice-Prefeito e Vereador.

No processo de registro de candidatura, é permitido ao órgão judicial afirmar de ofício (*i.e.*, sem que haja impugnação) a inelegibilidade. Também a pessoa e o órgão legitimados podem impugnar o pedido de registro, valendo-se, para tanto, da ação de impugnação de registro de candidatura – AIRC ou, no caso de inelegibilidade constitucional e infraconstitucional superveniente, do Recurso Contra Expedição de Diploma – RCED (CE, art. 262).

A declaração de inelegibilidade pode acarretar: (*i*) a negação do pedido de registro de candidatura, o seu cancelamento se já tiver sido deferido ou a invalidação do diploma se este já tiver sido expedido (LC nº 64/90, art. 15); (*ii*) o cancelamento do diploma (CE, art. 262). Nos dois casos, pode haver perda de mandato eletivo.

10.11 AFERIÇÃO DAS CAUSAS DE INELEGIBILIDADE

10.11.1 Regra geral: aferição no momento do registro de candidatura

Em regra, as causas de inelegibilidade devem ser aferidas no momento em que o requerimento do registro de candidatura é formalizado. A esse respeito, dispõe a primeira parte do § 10 do art. 11 da Lei nº 9.504/97 (acrescentado pela Lei nº 12.034/2009): "As condições de elegibilidade e as causas de inelegibilidade devem ser aferidas no momento da formalização do pedido de registro da candidatura [...]".

Isso significa que a análise da situação jurídica do pretenso candidato terá como referência o aludido momento. Aqui se considera que a inelegibilidade já exista antes da formalização do pedido de registro, ou melhor, que seja preexistente.

Assim, se incidir causa de inelegibilidade no momento em que o registro de candidatura é postulado, deverá ser apreciada no processo de registro de candidatura, devendo o requerimento respectivo ser impugnado pela parte legitimada ou repelido de ofício pelo órgão judicial.

10.11.2 Inelegibilidade superveniente: momento de aferição

Consoante salientado, a causa de inelegibilidade poderá surgir após o pedido de registro, caso em que se caracterizará como *superveniente*.

No entanto, para ter eficácia no processo eleitoral em curso quando de seu surgimento, a inelegibilidade superveniente deve despontar até a data do pleito. É essa a ocasião em que o cidadão exerce o direito de sufrágio e pratica o ato jurídico de votar, sendo, portanto, nessa oportunidade que o candidato deve integralizar todos os requisitos necessários ao exercício da cidadania passiva, notadamente a elegibilidade. Essa interpretação tem por si o disposto na Súmula TSE nº 47, segundo a qual a inelegibilidade superveniente ao registro de candidatura de índole infraconstitucional é a "que surge até a data do pleito".

No caso, se o candidato for eleito, a inelegibilidade superveniente deverá ser apreciada em processo próprio. Sua arguição deverá ser feita após a diplomação, via recurso contra expedição de diploma (RCED), conforme prevê o art. 262 do Código Eleitoral.

Esta última é também a via adequada para impugnação de inelegibilidade constitucional contemporânea à formalização do pedido de registro (com relação à qual não há preclusão) não arguida inicialmente no processo de registro de candidatura.

Com isso, prestigia-se a cidadania passiva, pois se permite que "não elegível" participe da disputa.

Apreciação durante o processo de registro de candidatura – malgrado o exposto, tem-se admitido a apreciação de inelegibilidade superveniente no próprio processo de registro de candidatura, dispensando-se, portanto, sua impugnação em ação autônoma.

Deveras, nos RO nº 15.429/DF (PSS 27-8-2014) e RO nº 90.346/DF (PSS 12-9-2014), assentou a Corte Superior que as causas de inelegibilidade supervenientes ao pedido de registro de candidatura podem ser conhecidas e decididas pelas instâncias ordinárias da Justiça Eleitoral. Entre outras coisas, argumentou-se que ao juiz é dado conhecer a situação fática existente no momento em que decide o pedido de registro, bem como que o registro de candidatura não se efetiva na data em que o respectivo pedido é apresentado, mas sim posteriormente. Ademais, infringir-se-ia o princípio da isonomia, se se admitisse, com base na parte final do § 10 do art. 11 da LE, que uma inelegibilidade inicialmente constatada fosse superada durante o processo de registro e essa mesma possibilidade fosse vetada na hipótese contrária, ou seja, na hipótese em que a inelegibilidade surgir após o pedido de registro; a igualdade impõe que tanto a elegibilidade superveniente quanto a inelegibilidade superveniente tenham o mesmo tratamento no plano normativo. Outrossim, tal interpretação ainda tem por si o fato de o processo de registro de candidatura ser desenvolvido no âmbito da *jurisdição voluntária*, o que permite a adequação do *decisum* às mudanças fático-jurídicas ocorrentes nas instâncias ordinárias. É sempre preciso, porém, que seja observado o devido processo legal, assegurando-se ao interessado contraditório e ampla defesa.

A partir dessa compreensão, tem-se que a inelegibilidade superveniente pode ser aferida e efetivamente declarada: *(i) ex officio*, no processo de registro de candidatura enquanto o processo tramitar nas instâncias ordinárias; *(ii)* mediante provocação do interessado no bojo do processo de registro; *(iii)* em recurso contra expedição de diploma – RCED, com fulcro no art. 262 do CE.

Como consequência desse entendimento, também se terá de admitir a possibilidade de impugnação ao pedido de registro de candidatura pelo interessado fora do lapso previsto no art. 3º da LC nº 64/90, isto é, quando já vencido o prazo de cinco dias da publicação do pedido de registro de candidatura.

Nos termos do § 1º do art. 262 do CE (inserido pela Lei nº 13.877/2019), se inelegibilidade superveniente for arguida "no âmbito do processo de registro, não poderá ser deduzida no recurso contra expedição de diploma". Assim, uma vez arguida a inelegibilidade, operar-se-á a preclusão consumativa, não se podendo renovar a arguição. Entretanto, para que esse efeito se produza, não basta a mera alegação, sendo necessária decisão sobre a questão arguida.

10.11.3 Inelegibilidade posterior à data da eleição: irretroatividade da inelegibilidade

Patenteando-se a inelegibilidade após a data do pleito – ainda que antes da diplomação dos candidatos eleitos –, não se caracteriza como *superveniente*, não havendo como se lhe atribuir eficácia no processo eleitoral em curso. Isso porque o ato jurídico-político de votar já foi praticado, encontrando-se perfeito e acabado. É ilógico que a inelegibilidade surgida depois da integração daquele ato opere retroativamente. Contudo, ainda que se admita a possibilidade de produção de efeitos retroativos, o fato de a inelegibilidade implicar severa restrição ao exercício de direito político fundamental requer que o referido efeito seja previsto em lei. E não existe previsão legal dessa natureza. Portanto, a inelegibilidade que surge após a data do pleito – ainda que antes da diplomação – só poderá ter relevância jurídica no processo eleitoral subsequente.

10.12 ELEGIBILIDADE SUPERVENIENTE

10.12.1 Alterações fáticas ou jurídicas supervenientes ao pedido de registro: parte final do § 10, art. 11, LE

A parte final do § 10, art. 11, LE, ressalva "as alterações, fáticas ou jurídicas, supervenientes ao registro que afastem a inelegibilidade". Trata-se de conferir eficácia à reaquisição superveniente de elegibilidade, de maneira a prestigiar o direito fundamental de cidadania passiva, ou seja, quando do requerimento de registro de candidatura apresentava-se uma *causa de inelegibilidade* que impedia o seu deferimento, causa que, posteriormente, deixa de subsistir em razão de evento de ordem fática ou jurídica. A respeito, dispõe a Súmula TSE 70: "O encerramento do prazo de inelegibilidade antes do dia da eleição constitui fato superveniente que afasta a inelegibilidade, nos termos do art. 11, § 10, da Lei nº 9.504/97".

Em certas situações, é prevista a suspensão ou extinção do ato (ou de seus efeitos) que gerou a inelegibilidade, o que causa a imediata suspensão ou extinção da própria inelegibilidade. Vejam-se no art. 1º, I, da LC nº 64/90 as seguintes hipóteses: alínea *g* ("... e por *decisão irrecorrível do órgão competente*, salvo se esta houver sido suspensa ou anulada pelo Poder Judiciário..."); alínea *m* ("... salvo se o ato houver sido anulado ou suspenso pelo Poder Judiciário..."); alínea *o* ("... salvo se o ato houver sido suspenso ou anulado pelo Poder Judiciário...").

O fato de ser submetido à apreciação judicial revela que o ato em questão ainda não se apresenta firme, definitivamente estruturado. Por exemplo: a demissão de servidor público enseja a inelegibilidade prevista na alínea *o*, inciso I, art. 1º, da LC nº 64/90; suponha-se que, após o indeferimento do registro (pendente recurso aviado contra essa decisão), o ato demissório seja suspenso pela Justiça Comum (o que pode ocorrer pela concessão de tutela de urgência cautelar ou antecipada, ou de tutela final) – nesse caso, mister será afastar a inelegibilidade inicialmente reconhecida, o que ensejará o deferimento do requerimento de registro de candidatura. Nesse sentido:

> "Agravo regimental. Recurso especial. Registro de candidato. Eleição municipal 2012. Inelegibilidade. Demissão. Lei Complementar 64/90, art. 1º, I, *o*. Efeito suspensivo. Fato superveniente. Desprovimento. 1. Segundo o disposto no art. 11, § 10, da Lei nº 9.504/97, as condições de elegibilidade e as causas de inelegibilidade são aferidas no momento do pedido de registro de candidatura, ressalvadas as modificações de fato e de direito posteriores que afastem a inelegibilidade. 2. *In casu*, a antecipação de tutela concedida

pela Justiça Comum após o pedido de registro, de forma a suspender os efeitos da decisão de demissão e, por consequência, a própria inelegibilidade, enquadra-se na ressalva consignada naquele dispositivo. 3. Agravo regimental desprovido" (TSE – AgR-REspe nº 97.112/PR – PSS 4-10-2012).

No caso, o ato gerador de inelegibilidade deve ser suspenso ou extinto por provimento jurisdicional emanado da Justiça Comum, pois é desta a competência para conhecer tais questões. Como a suspensão ou extinção do ato afeta a inelegibilidade, não poderá subsistir qualquer restrição à cidadania passiva, tampouco à candidatura.

Logo, se por ocasião da formalização do registro de candidatura não incidir causa de inelegibilidade ou esta estiver suspensa por ato judicial (TSE – AgR-REspe nº 7.661/CE – PSS 20-11-2012), o pedido de registro deve ser deferido.

Entretanto, a suspensão ou extinção do ato poderá ocorrer após a formalização do pedido de registro e, portanto, durante a tramitação do respectivo processo na Justiça Eleitoral. Em tal contexto, é afastada a inelegibilidade inicialmente ocorrente ou até mesmo já declarada por ato judicial, devendo o pedido de registro ser deferido. Se for mantida a decisão de suspensão ou extinção do ato, o deferimento do pedido de registro deve ocorrer ainda que a questão esteja pendente de julgamento nas instâncias ordinárias (1º e 2º graus de jurisdição) da Justiça Eleitoral.

Cumpre indagar: até que momento do processo eleitoral terá eficácia eleitoral a extinção ou suspensão do ato gerador da inelegibilidade? A esse respeito, sobretudo para que haja segurança jurídica no processo eleitoral, é necessário que um marco seja fixado. Pressupõe-se, aqui, tenha havido recurso contra a decisão de indeferimento do pedido de registro de candidatura, estando ele pendente de julgamento; se não foi interposto recurso, haverá preclusão da decisão que indeferiu o registro.

É razoável o entendimento que fixa tal marco no dia da eleição, de maneira que somente a suspensão ou extinção do ato ocorrida até esse dia tem o condão de afetar o pedido de registro de candidatura e ensejar o seu ulterior deferimento. Isso porque é no dia da eleição que o direito de sufrágio é exercido pelos cidadãos; a rigor, é nesse dia que o candidato deve ser elegível. Nesse sentido:

"[...] 2. É constitucional a aferição das condições de elegibilidade e as causas de inelegibilidade no momento da formalização do pedido de registro da candidatura, ressalvadas as alterações fáticas ou jurídicas supervenientes ao registro que afastem a inelegibilidade, e que ocorram até as eleições. [...]" (STF – ADI 7.197/DF – Pleno – Rel. Min. Cármen Lúcia – *DJe* 7-12-2023).

"[...] a análise sistêmica do processo eleitoral demonstra que a data do pleito é o marco em torno do qual orbitam os demais institutos eleitorais, *e.g.*, o prazo de domicílio eleitoral para concorrer; o prazo de filiação partidária; o prazo para o partido registrado no TSE participar da eleição; os prazos de desincompatibilização; o prazo de substituição de candidatos; o prazo de preenchimento das vagas remanescentes; os prazos de publicação das relações dos candidatos/partidos; os prazos de impedimentos; os prazos de condutas vedadas; os prazos da propaganda eleitoral; os prazos de organização e administração do processo eleitoral; e os prazos de publicação de atos partidários, além do marco de incidência do princípio constitucional da anualidade" (TSE – REspe nº 28341/CE – PSS 19-12-2016).

Entretanto, vale ressaltar que para essa mesma situação há outras duas interpretações.

A primeira interpretação sustenta que, para produzir efeito no registro de candidatura, a extinção ou suspensão do ato gerador da inelegibilidade pode ocorrer até a data da diplomação. Esta, então, constituiria o aludido marco. Confira-se:

> "1. A jurisprudência do Tribunal Superior Eleitoral entende que os fatos supervenientes que afastem a inelegibilidade podem ser conhecidos desde que ocorridos até a data da diplomação [...]" (TSE – AgRg-REspe nº 32663/SE – *DJe* 6-11-2018).

> "[...] 4. A orientação jurisprudencial do colendo TSE é afirmativa de que os fatos supervenientes à eleição, que afastem as causas de inelegibilidade listadas no art. 1º, I, da LC 64/90, podem ser considerados e acolhidos, se ocorridos até a data da diplomação dos eleitos [...]" (TSE – REspe nº 28.808/DF – *DJe*, t. 124, 28-6-2017, p. 51-52).

> "1. Fato superveniente que afasta a inelegibilidade. Liminar do Superior Tribunal de Justiça que suspende a condenação por improbidade administrativa e, consequentemente, afasta a causa de inelegibilidade do art. 1º, inciso I, alínea *l*, da LC nº 64/1990. 2. Considerado ter o TSE entendido ser possível reconhecer inelegibilidade superveniente em processo de registro de candidatura (caso Arruda), como ocorreu no caso concreto, com maior razão a possibilidade de se analisar o fato superveniente que afasta a inelegibilidade antes da diplomação dos eleitos [...]. 4. Negar o fato superveniente que afasta a inelegibilidade constitui grave violação à soberania popular, traduzida nos votos obtidos pelo candidato, plenamente elegível antes do encerramento do processo eleitoral, isto é, da diplomação dos eleitos. Entendimento em sentido contrário, além de fazer do processo eleitoral não um instrumento de resguardo da soberania popular, mas um processo exageradamente formalista em detrimento dela, pilar de um Estado Democrático, nega o próprio conceito de processo eleitoral definido pelo Supremo Tribunal Federal, o qual se encerra com a diplomação dos eleitos. 6. Embargos de declaração acolhidos com efeitos modificativos para deferir o registro de candidatura" (TSE – ED-RO nº 29.462/SE – PSS 11-12-2014).

A *data da diplomação* a ser considerada é a fixada no calendário eleitoral elaborado pelo Tribunal Superior (TSE – ED-REspe nº 16.629/MG – *DJe*, t. 68, 5-4-2017, p. 18), e não aquela estabelecida pelo órgão judicial eleitoral, na qual concretamente se deu a diplomação.

Já pela segunda interpretação, que é mais liberal, a suspensão ou extinção do ato pode ocorrer enquanto subsistir o processo de registro, isto é, durante a sua pendência na Justiça Eleitoral. Nessa hipótese, a suspensão ou extinção do ato gerador de inelegibilidade terá relevância jurídica (e, pois, afastará a inelegibilidade) ainda que seja positivado depois da diplomação. Em prol dessa corrente, vejam-se os seguintes julgados da Justiça Eleitoral:

> "[...] 2.3. Se se conclui que a inelegibilidade superveniente pode ser apreciada em ação de impugnação de registro de candidatura, em fase recursal, inclusive, desde que o recurso seja de natureza ordinária, e a referida inelegibilidade tenha surgido antes da eleição, com maior razão a possibilidade de se considerar o fato superveniente que afasta a causa de inelegibilidade, mormente quando a ação ainda se encontrava na instância originária, pois a Constituição Federal de 1988 prestigia o direito à elegibilidade. [...]" (TSE – REspe nº 1.019/CE – *DJe* 23-5-2016, p. 62-63).

> "[...] Registro – Fato superveniente. Cumpre à Justiça Eleitoral, enquanto não cessada a jurisdição relativamente ao registro de candidato, levar em conta fato superveniente – inteligência do § 10 do art. 11 da Lei nº 9.504/97" (TSE – RO nº 252.037/BA – *DJe*, t. 164, 26-8-2011, p. 98-99).

Também nos EEDD-RO nº 060417529/SP, julgados em 13-3-2019, embora ressaltando as peculiaridades do caso concreto, a Corte Superior reconheceu causa superveniente à diplomação para afastar a inelegibilidade que, antes, aquele mesmo órgão havia afirmado.

Em qualquer caso, a questão atinente ao afastamento da inicial causa de inelegibilidade deve ser arguida no âmbito da jurisdição ordinária, ou melhor, enquanto a causa estiver pendente de julgamento nas instâncias ordinárias – inclusive no bojo do recurso interposto contra a decisão denegatória de registro. A arguição dessa matéria em recurso especial eleitoral (e também em recurso extraordinário) depende da existência de prévio debate e efetivo pronunciamento do tribunal regional, devendo, portanto, haver esgotamento das vias ordinárias. A propósito, dispõe a Súmula TSE nº 25: "É indispensável o esgotamento das instâncias ordinárias para a interposição de recurso especial eleitoral".

Realmente, graças ao caráter excepcional que ostenta e, sobretudo, à necessidade de haver *prequestionamento* da matéria impugnada, não é possível no recurso especial (nem extraordinário) alegar fato novo ou superveniente ou não decidido pelo tribunal *a quo*. É que a competência do Tribunal Superior Eleitoral (e também do STF) restringe-se ao exame dos fatos e temas jurídicos efetivamente debatidos e decididos pelos tribunais regionais. De maneira que fatos "supervenientes, ainda que configurem matéria de ordem pública, não são passíveis de exame na via extraordinária em razão da ausência do necessário prequestionamento. [...]" (TSE – AgR-REspe nº 6.750/BA – *DJe*, t. 34, 20-2-2013, p. 56-57). Em igual sentido:

> "Recurso de natureza extraordinária – Matéria nova. Pouco importando a envergadura, não se julga tema pela vez primeira em sede extraordinária, a pressupor o prequestionamento, ou seja, o debate e a decisão prévios, na origem. Acordam os ministros do Tribunal Superior Eleitoral, por maioria, em não conhecer do recurso, nos termos das notas de julgamento" (TSE – REspe nº 26.320/MG – PSS 13-12-2012).

> "[...] Documentos novos. Alteração superveniente. Afastamento da inelegibilidade. Instância especial. 1. Recebido o recurso especial nesta instância, não se admite a juntada de novos documentos, ainda que eles visem alegar alteração de situação fática ou jurídica com fundamento no § 10 do art. 11 da Lei nº 9.504/97. 2. A atuação jurisdicional do TSE, na via do recurso especial, está restrita ao exame dos fatos que foram considerados pelas Cortes Regionais Eleitorais, portanto não é possível alterar o quadro fático a partir de fato superveniente informado depois de interposto o recurso especial. 3. A alegação de que a matéria poderia ser considerada de ordem pública não possibilita seu exame em recurso de natureza extraordinária, por lhe faltar o necessário prequestionamento. Agravo regimental a que se nega provimento" (TSE – AgR-REspe nº 14.458/MT – *DJe* 20-5-2013, p. 39-40).

E também: TSE – REspe nº 3.430/PB – *DJe* 11-10-2013; REspe nº 11.228/GO – *DJe* 13-3-2013, p. 45.

Entretanto, a despeito de sua razoabilidade técnico-processual, também esse entendimento não é pacífico e já foi flexibilizado. Contrário a ele, há julgados do próprio Tribunal Superior consoante os quais "as circunstâncias fáticas e jurídicas supervenientes ao registro de candidatura que afastem a inelegibilidade, com fundamento no que preceitua o art. 11, § 10, da Lei nº 9.504/97, podem ser conhecidas em qualquer grau de jurisdição, inclusive nas instâncias extraordinárias" (TSE – RO nº 9.671/GO – PSS 23-11-2016; TSE – ED-REspe nº 16.629/MG – *DJe*, t. 68, 5-4-2017, p. 18). E mais: "[...] 6. Inaugurada a instância especial, revela-se inadmissível a juntada de documentos novos, ressalvados aqueles que se destinem a comprovar alterações fáticas ou jurídicas supervenientes ao Registro de Candidatura que afastem a inelegibilidade

(REspe 112-49/PB, Rel. Min. Rosa Weber, *DJe* 24.3.2017). [...]" (TSE – REspe nº 28.808/DF – *DJe*, t. 124, 28-6-2017, p. 51-52).

Funda-se essa interpretação no maior peso axiológico que se deve conferir ao direito político fundamental de elegibilidade. Por isso mesmo: "Em sede de recurso especial, o conhecimento de fato superveniente, a teor do art. 11, § 10, da Lei nº 9.504/1997, se restringe às causas que afastem a inelegibilidade, não se aplicando a fatos que a façam incidir" (TSE – REspe nº 12.431/ CE – *DJe* 6-4-2017). Portanto, não é possível arguir e provar no âmbito das instâncias excepcionais causa que leve ao reconhecimento e afirmação de inelegibilidade.

Ainda assim, não se pode aplaudir essa interpretação, pois ela ofende a lógica do sistema recursal e deforma a função dos recursos excepcionais, isto é, dos recursos extraordinário e especial. Como se sabe, esses recursos não têm a função de fazer justiça no caso concreto, mas sim de estabelecer precedentes e fixar orientações interpretativas a fim de que haja integridade, harmonia e coerência no sistema jurídico. A propósito, a Súmula nº 24 do próprio TSE afirma expressamente que "não cabe recurso especial eleitoral para simples reexame do conjunto fático-probatório", ou seja, em sede de recurso especial, não é possível apreciar a existência ou inexistência de fato, devendo a Corte Superior considerar apenas a narrativa fática fixada na decisão recorrida.

Por outro lado, não parece razoável admitir que a questão pertinente à ulterior superação do óbice da inelegibilidade seja veiculada em ação própria, pois nesse caso: *(i)* já haverá decisão definitiva denegando o pedido de registro; *(ii)* já estará vencido o prazo para requerimento de registro de candidatura; *(iii)* poderá haver prejuízo aos serviços de administração das eleições, notadamente no que concerne à alimentação das urnas eletrônicas.

10.12.2 Revogação da suspensão do ato gerador da inelegibilidade

Questão relevante e que se encontra ligada à debatida no item anterior refere-se à *revogação da suspensão* do ato gerador da inelegibilidade. A revogação da suspensão causa o revigoramento ou renascimento do ato e, pois, da inelegibilidade que nele era fundada. Aqui, importa considerar o momento em que se dá a revogação.

Se a revogação da suspensão ocorrer *antes* do encerramento do processo de registro de candidatura, ainda que a questão esteja pendente de julgamento no tribunal de 2º grau, em princípio, seria possível que a agora "restabelecida" inelegibilidade seja considerada e funda-mente o indeferimento do pedido de registro. Afinal, o processo de registro encontra-se sob a égide da jurisdição voluntária e as causas de inelegibilidade podem e devem ser conhecidas e declaradas *ex officio* pela Justiça Eleitoral.

Entretanto, se a revogação da suspensão ocorrer *após* o encerramento do processo de registro de candidatura e antes do pleito, não poderá haver revisão *ex officio* do ato judicial que deferiu o pedido de registro. Ainda que essa revisão possa ser considerada *pro societate*, é preciso ponderar que o processo de registro se encontra encerrado e não pode ser reaberto. Há que se respeitar a segurança jurídica do processo eleitoral. A inelegibilidade, então, terá caráter *superveniente* e só poderá ser arguida via recurso contra expedição de diploma (RCED), com fundamento no art. 262 do CE.

No entanto, o Tribunal Superior Eleitoral não tem feito essa distinção. Interpretando literalmente a parte final do já citado § 10 do art. 11 da LE, afirma esse sodalício que a alteração superveniente que faça incidir a inelegibilidade não deve ser conhecida em processo de registro de candidatura, ainda que tal alteração resulte de revogação posterior de tutela de urgência cautelar. Confira-se:

"Eleições 2012. Recurso especial eleitoral. Registro de candidatura. Candidata ao cargo de prefeito. Candidata eleita. Inelegibilidade referida no art. 1º, inciso I, alínea g, da Lei Complementar nº 64/1990. Contas desaprovadas pela Câmara Municipal. Decreto legislativo suspenso entre o registro de candidatura e a sentença de 1º grau. Revogação posterior da liminar. Irrelevância. Art. 11, § 10, da Lei nº 9.504/1997. Ausência de fundamento autônomo não atacado no acórdão regional. Provimento do recurso. [...] 2. Como decorrência lógica do direito constitucional à elegibilidade e da própria segurança jurídica, o fato superveniente referido no art. 11, § 10, da Lei nº 9.504/1997 somente pode afastar a causa de inelegibilidade, restabelecendo a capacidade eleitoral passiva do candidato. Por conseguinte, o fato superveniente que atrai a causa de inelegibilidade – revogação da liminar – não pode ser apreciado em registro de candidatura, mas, quando muito, em recurso contra expedição de diploma, desde que presentes outros requisitos específicos. [...]" (TSE – REspe nº 12.460/PR – *DJe*, t. 221, 4-3-2015, p. 217-218).

"Agravo regimental. Recurso especial eleitoral. Registro de candidatura. Eleições 2012. Prefeito. Inelegibilidade. Art. 1º, I, g, da Lei Complementar 64/90. Não provimento. 1. Deve ser deferido o registro de candidatura quando, ao tempo da formalização do pedido, a decisão de rejeição de contas estiver suspensa por provimento judicial. A alteração superveniente que faça incidir a inelegibilidade não deve ser conhecida pelo julgador em processo de registro de candidatura. 2. Na espécie, no momento da formalização do pedido de candidatura, o agravado estava amparado por decisão judicial que suspendia os efeitos dos acórdãos do TCM/CE em que suas contas foram desaprovadas. Assim, o registro de candidatura deve ser deferido, não obstante a liminar judicial tenha perdido eficácia posteriormente. 3. Agravo regimental não provido" (TSE – REspe nº 7.661/CE – PSS 20-11-2012).

"[...] 3. Na jurisprudência desta Corte, se o candidato, no instante do pedido de registro, estava amparado por tutela antecipada suspendendo os efeitos de decisão de rejeição de contas, não há falar na inelegibilidade do art. 1º, I, g, da Lei Complementar nº 64/90, não importando a revogação posterior da tutela acautelatória. Precedentes. 4. A ressalva prevista no referido § 10 do art. 11 da Lei nº 9.504/97 – alteração fática ou jurídica superveniente ao pedido de registro de candidatura – só se aplica para afastar a causa de inelegibilidade, e não para fazê-la incidir. Precedentes. 5. Agravos regimentais desprovidos" (TSE – Ag-REspe nº 14.645/GO – *DJe*, t. 49, 13-3-2013, p. 48).

Resta saber se esse entendimento deve ser mantido, porque, conforme visto há pouco, há pronunciamentos da Corte Superior afirmando a possibilidade de as causas de inelegibilidade supervenientes serem conhecidas e apreciadas pelas instâncias ordinárias da Justiça Eleitoral no processo de registro de candidatura. Em verdade, há evidente contradição entre esses entendimentos.

E se a revogação da suspensão do ato do qual derivou a inelegibilidade só ocorrer após o pleito? Caso tenha sido eleito, ter-se-á de diplomar e investir no cargo público cidadão inelegível? Para essa hipótese, não há uma regra como a do § 2º do art. 26-C da LC nº 64/90, que regula a situação do candidato eleito beneficiado com a suspensão da inelegibilidade nas hipóteses que descreve. Esse dispositivo prevê a desconstituição do "registro ou o diploma eventualmente concedidos ao recorrente", caso seja mantida a condenação de que derivou a inelegibilidade ou revogada a suspensão liminar da inelegibilidade. Dada a semelhança das situações, é de todo recomendável a aplicação desse dispositivo na hipótese em apreço, de maneira que a revogação – ocorrida depois do pleito ou até mesmo da diplomação – da suspensão do ato gerador da inelegibilidade (o que equivale à restauração da inelegibilidade) possa impedir a expedição do diploma ou ensejar sua desconstituição.

Cap. 10 • INELEGIBILIDADE | 283

De qualquer forma, é certo que a revogação da suspensão do ato do qual derivou a inelegibilidade implica o revigoramento desta (da inelegibilidade), o que atrai o cabimento de recurso contra expedição de diploma (RCED).

10.12.3 Inelegibilidade extinta após a data da eleição: irretroatividade da elegibilidade

Pode ocorrer que inelegibilidade existente quando da formalização do pedido de registro de candidatura venha a se extinguir ou cessar seus efeitos em momento posterior à realização da eleição. De modo que o *status* de inelegível se mantém inclusive no dia do pleito; somente depois desse marco o cidadão recobra o *status* de elegível ou a elegibilidade. Em tal caso, a elegibilidade que se torna íntegra depois da eleição não poderia retroagir seus efeitos para fundamentar a revisão e o consequente deferimento do pedido de registro de candidatura. Nesse sentido, assentou a Corte Superior que o "exaurimento do prazo [de inelegibilidade] após a eleição não desconstitui nem suspende o obstáculo ao *ius honorum* que aquele substrato atraía no dia da eleição, ocorrendo, após essa data, apenas o exaurimento de seus efeitos" (TSE – REspe nº 28341/CE – PSS 19-12-2016; REspe nº 14589/RN – *DJe*, t. 184, 13-9-2018, p. 28-29). Portanto, a elegibilidade integrada após a data da eleição não gera efeito retroativo.

10.13 SUSPENSÃO DE INELEGIBILIDADE

Em algumas situações, pode haver suspensão da inelegibilidade.

10.13.1 O art. 26-C da LC nº 64/90

O art. 26-C da LC nº 64/90 foi incluído pela LC nº 135/2010. Reza o *caput* desse dispositivo: "O órgão colegiado do tribunal ao qual couber a apreciação do recurso contra as decisões colegiadas a que se referem as alíneas *d, e, h, j, l* e *n* do inciso I do art. 1º poderá, em caráter cautelar, suspender a inelegibilidade sempre que existir plausibilidade da pretensão recursal e desde que a providência tenha sido expressamente requerida, sob pena de preclusão, por ocasião da interposição do recurso".

Assim, é prevista a *suspensão* da inelegibilidade decorrente de decisão de órgão colegiado de tribunal (que, portanto, ainda não transitou em julgado), devendo-se observar os seguintes pressupostos: *(i)* que esteja em causa uma das hipóteses de inelegibilidade previstas nas alíneas *d, e, h, j, l* e *n* do inciso I do art. 1º da LC nº 64/90; *(ii)* que haja decisão desfavorável, não transitada em julgado, oriunda de órgão judicial colegiado; *(iii)* que haja decisão emanada de órgão colegiado do tribunal ao qual couber a apreciação do recurso contra a decisão colegiada aludida no item anterior; *(iv)* que exista plausibilidade ou viabilidade da pretensão recursal (*fumus boni juris*); *(v)* que a suspensão seja expressamente requerida por ocasião da interposição do recurso.

As hipóteses de inelegibilidade em que é possível haver suspensão foram especificadas porque apenas naquelas alíneas se prevê decisão judicial emanada de *órgão judicial colegiado*. No entanto, já se entendeu que a enumeração legal é exemplificativa (*numerus apertus*), comportando outras situações não expressas. Nesse sentido:

> "[...] 3. A interpretação do art. 26-C da Lei Complementar nº 64/1990 compatível com a Constituição Federal de 1988 é no sentido de que não apenas as decisões colegiadas enumeradas nesse dispositivo poderão ser suspensas por força de decisão liminar, mas também outras que lesem ou ameacem direitos do cidadão, suscetíveis de provimento cautelar. 4. Suspensa liminarmente a decisão colegiada de condenação por doação acima do limite legal (art. 23 da Lei nº 9.504/1997), consequentemente suspensa estará a inelegi-

bilidade decorrente daquela decisão. 5. Recurso especial eleitoral provido" (TSE – REspe nº 229-91/TO – *DJe* 4-8-2014).

Diferentemente da hipótese versada no item anterior, a suspensão aqui é diretamente da inelegibilidade, e não do ato judicial colegiado que a gerou.

A competência para a suspensão cautelar foi atribuída ao "órgão colegiado" a que couber a apreciação do recurso contra as decisões judiciais colegiadas. Se na maioria das situações a competência é do TSE, em alguns casos poderá ser de tribunal não eleitoral. Assim, *e. g.*, na hipótese da alínea *e* do inciso I do art. 1º da LC nº 64/90, a competência poderá ser: *(i)* do Superior Tribunal de Justiça, se a decisão recorrida for proferida por Tribunal da Justiça comum (TJ ou TRF); *(ii)* de Tribunal de Justiça ou de Tribunal Regional Federal na hipótese de crime contra a vida – isso porque o júri constitui *órgão judicial colegiado*, nos termos da referida alínea *e*, sendo que sua decisão é revista por esses tribunais de segundo grau.

Pode parecer de duvidosa constitucionalidade regra legal que atribui a órgão *não* integrante da Justiça Eleitoral competência para suspender "inelegibilidade", pois, por ser tipicamente eleitoral, a apreciação dessa matéria foi atribuída à Justiça Eleitoral pelo Legislador Constituinte Originário. No entanto, é preciso ponderar que a suspensão da inelegibilidade no dispositivo em apreço significa a paralisação de um dos efeitos secundários emanados da decisão penal condenatória, decisão essa que pode ter sido proferida pela Justiça Comum.

Por expressa previsão legal, a suspensão em tela deve resultar de ato jurisdicional emanado do órgão colegiado competente para rever a decisão colegiada impugnada. De sorte que o relator do recurso no tribunal *ad quem*, isoladamente, é incompetente para decidir o pedido de suspensão; por ser funcional, a incompetência aí tem caráter absoluto.

Todavia, nas hipóteses em que a legislação processual confere ao relator poderes para decidir monocraticamente o mérito do recurso (*vide* CPC, art. 932, IV), não se vislumbra óbice a que o relator também aprecie e decida não só a liminar como também o próprio pedido de suspensão da inelegibilidade. Afinal, quem pode o mais, pode o menos – se ao relator é dado resolver o próprio mérito recursal, com maior razão poderá solver o pedido de liminar. Mesmo porque nesse caso o mérito do recurso só seguirá para a apreciação do órgão colegiado se for interposto recurso de agravo interno.

Além disso, firmou-se na jurisprudência o entendimento segundo o qual o relator tem competência para, singularmente, apreciar e decidir pedido de liminar em sede de tutela provisória de urgência cujo objeto seja a suspensão de inelegibilidade. Argumenta-se que o art. 26-C da LC nº 64/90 não derrogou o poder geral do juiz de conceder tutela provisória de urgência cautelar para proteger o direito da parte em discussão no processo; nesse sentido, o art. 301 do CPC assegura o uso de qualquer "medida idônea para asseguração do direito". Ademais, o referido art. 26-C não transferiu ao órgão colegiado de tribunal competência para examinar *pedido de liminar* formulado nessa sede (CPC, art. 300, § 2º). A ver:

> "O disposto no art. 26-C da LC nº 64/90 não afasta o poder geral de cautela conferido ao magistrado pelo Código de Processo Civil" (Súmula TSE nº 44).

> "4. Não obstante o art. 26-C da Lei Complementar nº 64/90 estabelecer que o 'órgão colegiado', em caráter cautelar, poderá suspender a inelegibilidade, tal preceito não afasta o poder geral de cautela conferido ao juiz pelos arts. 798 e 804 do Código de Processo Civil [de 1973]. [...]" (TSE – AgRg-AC nº 68.088/RJ – *DJe* 11-11-2014).

> "Questão de ordem. Ação cautelar. Suspensão. Efeitos. Acórdão recorrido. Inelegibilidade. Art. 26-C da LC nº 64/90. Decisão monocrática. Relator. Poder geral de cautela. Viabilidade. 1. Compete ao relator do feito decidir monocraticamente pedido de liminar

em ação cautelar. 2. O disposto no art. 26-C da LC nº 64/90, inserido pela LC nº 135/10, não afasta o poder geral de cautela conferido ao juiz pelo art. 798 do CPC [de 1973], nem transfere ao Plenário a competência para examinar, inicialmente, pedido de concessão de medida liminar, ainda que a questão envolva inelegibilidade" (TSE – QO-AC nº 142.085/RJ – *DJe* 28-6-2010, p. 61-62).

Uma vez conferido efeito suspensivo, o julgamento do recurso terá prioridade sobre todos os demais, à exceção dos atinentes a mandado de segurança e *habeas corpus* (LC nº 64/90, art. 26-C, § 1º). Mas tal efeito será revogado em razão da "prática de atos manifestamente protelatórios por parte da defesa, ao longo da tramitação do recurso" (§ 3º).

O § 2º do art. 26-C regula a situação do candidato beneficiado com a suspensão da inelegibilidade nas hipóteses mencionadas. Reza esse dispositivo: "Mantida a condenação de que derivou a inelegibilidade ou revogada a suspensão liminar mencionada no *caput*, serão desconstituídos o registro ou o diploma eventualmente concedidos ao recorrente".

Destarte, o pedido de registro de candidatura de quem é beneficiado com a suspensão da inelegibilidade deve ser deferido sob condição, sendo evidente a precariedade desse ato, sobretudo quando amparado em liminar.

> "[...] 4. O § 2º do art. 26-C da LC nº 64/90 expressamente estabelece que o deferimento do registro, na hipótese de concessão de cautelar sustando os efeitos da condenação, fica condicionado ao deslinde do recurso interposto contra a decisão colegiada ou à manutenção da liminar concedida, razão pela qual, nessas hipóteses, deve o pedido de registro ser deferido sob condição. [...]" (TSE – AgR-RO nº 125.963/RO – PSS 28-10-2010).

Trata-se de condição resolutiva, consistindo o evento futuro e incerto na manutenção ou não "da condenação de que derivou a inelegibilidade".

Caso a eleição ocorra e o candidato seja eleito na pendência da condição, poderá ele – provisoriamente – ser diplomado, investido no mandato e empossado no cargo. Mas a solução definitiva para a questão deverá aguardar o resultado do julgamento do recurso no processo condicionante, *i. e.*, do qual derivou a inelegibilidade. Ao final, duas hipóteses se apresentam: *(i)* se houver absolvição no processo condicionante, consolidam-se a diplomação e a investidura no mandato; *(ii)* se, ao contrário, for mantida a condenação (ou se for revogada a liminar), serão desconstituídos o registro ou o diploma eventualmente concedidos ao recorrente, o qual deverá ser desinvestido do cargo público-eletivo.

Na hipótese *(ii)*, porém, firmou-se a jurisprudência no sentido de que a manutenção da condenação ou a revogação da liminar não geram automaticamente a desinvestidura do mandato, sendo preciso, antes, verificar a configuração da inelegibilidade com vistas à efetivação do indeferimento do pedido de registro de candidatura ou ao cancelamento do diploma.

> "A incidência do § 2º do art. 26-C da LC nº 64/90 não acarreta o imediato indeferimento do registro ou o cancelamento do diploma, sendo necessário o exame da presença de todos os requisitos essenciais à configuração da inelegibilidade, observados os princípios do contraditório e da ampla defesa" (Súmula TSE nº 66).

> "1. Em homenagem ao princípio da segurança jurídica, a revogação ou suspensão dos efeitos da liminar que deu suporte à decisão de deferimento do registro de candidatura, nos termos do art. 26-C, § 2º, da LC nº 64/1990, somente pode vir a produzir consequências, na seara eleitoral, se, ocorrida ainda no prazo das ações eleitorais, desvelar uma das hipóteses de incidência. 2. *In casu*, a suspensão da liminar que deu suporte ao deferimento do registro do candidato eleito, ocorrida no curso do mandato, não tem o

condão de desconstituí-lo, repercute seus efeitos, tão somente, nas eleições futuras. 3. Recurso especial provido" (TSE – REspe nº 21.332/SP – *DJe* 3-10-2016).

Com isso, à guisa de interpretar-se o § 2º do art. 26-C da LC nº 64/90, terminou-se por desfigurá-lo.

Finalmente, vale salientar que nada impede a Justiça Eleitoral de analisar o mérito do requerimento de registro de candidatura se o interessado não apresentar pedido de suspensão da inelegibilidade ao órgão competente, ou, se o houver apresentado, tal órgão ainda não o tiver apreciado quando da análise daquele requerimento.

10.13.2 Efeito suspensivo de recurso

Outra situação em que se pode cogitar a suspensão da inelegibilidade ocorre quando é conferido efeito suspensivo ao recurso interposto contra a decisão do órgão colegiado. Ora, a suspensão dos efeitos da decisão impugnada implica o impedimento de geração de quaisquer efeitos concretos, inclusive o atinente à inelegibilidade.

11

PROCESSO ELEITORAL

11.1 O QUE É PROCESSO ELEITORAL?

Na teoria política contemporânea, assinala Norberto Bobbio (2015, p. 35) que o único modo de se chegar a um acordo quando se fala de democracia "é o de considerá-la caracterizada por um conjunto de regras (primárias ou fundamentais) que estabelecem *quem* está autorizado a tomar as decisões coletivas e com quais *procedimentos*". Pondo em destaque as "regras do jogo", essa concepção processual de democracia enfatiza o método estabelecido para a conquista do poder político, bem assim o *como* se chegar a decisões políticas democraticamente fundadas e revestidas de legitimidade.

No cerne dessa definição encontra-se o "processo eleitoral", que é o *locus* próprio para a escolha democrática de *quem* estará autorizado a legitimamente decidir as questões coletivas.

Em destaque, portanto, encontra-se a ideia de processo.

Processo é termo plurívoco, comportando vários sentidos e acepções. Em ciência, designa a "sequência de fenômenos que apresentam certa unidade ou se reproduzem com certa regularidade" (LALANDE, 1999, p. 869); a "maneira de operar ou de agir", indicando "o método que consiste em ir das causas ao efeito, ou do efeito às causas" (ABBAGNANO, 2003, p. 798).

Na ciência política, expressa o fenômeno dinâmico da realidade social, caracterizado pela complexidade das relações entre instituições, órgãos e pessoas.

Nos domínios do Direito, a ideia de *processo* tem nítido caráter formal, instrumental ou não substancial. No Direito Processual, esse termo traduz duas ideias. Uma denota a relação que se estabelece entre Estado-juiz e partes (notadamente autor e réu) direcionada à prestação jurisdicional. Aqui, o processo configura-se como instrumento de exercício da jurisdição, pelo qual são tutelados direitos, notadamente os fundamentais.

A outra ideia a que o processo se encontra referido é a de *procedimento*. Este se consubstancia na técnica que organiza e disciplina a atividade desenvolvida no interior da relação jurídica processual; é o *iter* ou caminho seguido na expansão do processo rumo à sua finalidade, que é a prestação jurisdicional e, portanto, a pacificação social. Por isso, diz-se que o procedimento constitui o aspecto exterior do processo, sua dimensão perceptível. Daí a existência de diversas formas procedimentais, cada qual com peculiar concatenação de atos e fórmulas legais.

No Direito Eleitoral, o termo *processo* assume duplo sentido: um amplo, outro restrito. Esses dois entes significativos são dotados de linguagem, método e finalidade próprios e inconfundíveis. De igual modo, ressalta Viana Pereira (2008, p. 23) que, apesar dos diversos usos encontrados na doutrina, podem-se detectar duas dimensões da expressão *processo eleitoral*: a primeira refere-se "ao processo de formação e manifestação da vontade eleitoral", enquanto a segunda relaciona-se ao "controle jurídico-eleitoral", ou seja, ao controle levado a efeito pelo processo jurisdicional eleitoral. Essas duas dimensões coincidem com os sentidos amplo e restrito aludidos.

Em sentido amplo, o processo eleitoral pode ser compreendido como espaço democrático e público de livre manifestação da vontade política coletiva. É o *locus* em que são concretizados direitos políticos fundamentais, nomeadamente as cidadanias ativa (*ius suffragii*) e passiva (*ius honorum*). Trata-se de fenômeno coparticipativo, em que inúmeras pessoas e entes atuam cooperativamente em prol da efetivação da soberania popular e concretização do direito fundamental de sufrágio.

Mas não apenas isso: o processo eleitoral é também instrumento essencial de controle da normalidade e legitimidade das eleições e, portanto, das investiduras político-eletivas. É por ele que se perfaz a ocupação consentida de cargos político-eletivos e o consequente exercício legítimo do poder estatal.

Já como *procedimento*, o processo eleitoral refere-se à intrincada via que se percorre para a concretização das eleições, desde a efetivação das convenções pelas agremiações políticas até a diplomação dos eleitos. Cuida-se, então, de fenômeno altamente complexo: é continente que encerra enorme gama de conteúdos e relações. Basta dizer que é em seu interior que se dá a escolha de candidatos nas convenções partidárias, o registro de candidaturas, a arrecadação de recursos para as campanhas, a propaganda eleitoral, a realização e divulgação de pesquisas eleitorais, a votação e todos os seus procedimentos preparatórios, a proclamação de resultados, a diplomação dos eleitos, os processos *jurisdicionais* instaurados para atuação da lei e decisão dos conflitos ocorrentes etc.

Pode-se, pois, dizer que em sua concretização o processo eleitoral determina a instauração de complexa relação envolvendo todos os atores da vida social, destacando-se os que se encontram diretamente implicados com a realização das eleições: Justiça Eleitoral, Ministério Público, partidos políticos, candidatos, cidadãos.

Nesse contexto, o processo eleitoral constitui um sistema lógico-normativo, formado por princípios e regras e que deve estar em harmonia com os valores e direitos fundamentais contemplados na Constituição Federal. É ele condição *sine qua non* de realização de direitos políticos fundamentais como a cidadania e soberania popular, bem como do próprio regime democrático.

Assim, ele se configura como bem jurídico próprio do regime democrático, regula a disputa pela condução do Estado e legitima a representação política.

Entre as funções do processo eleitoral, destaca-se a de regular as regras do jogo da disputa pelo exercício do poder político-estatal. Para ser democrático, é preciso que o processo eleitoral possibilite que haja verdadeira competição entre todas as forças políticas presentes na comunidade, sobretudo as minoritárias; também é preciso que a disputa do pleito ocorra de forma efetiva, livre e em igualdade de condições (paridade de armas). Só assim se poderá afirmar que as eleições são autênticas e ocorreram normalmente, sendo, pois, legítimos os mandatos conquistados. Só assim haverá espaço para que os perdedores reconheçam a legitimidade da vitória dos ganhadores, alcançando-se dessa forma a paz social.

Quanto aos marcos temporais em que se desenvolve o processo eleitoral, há forte controvérsia a respeito de seu início. Já o seu final, em geral, é apontado como ocorrendo com a diplomação dos candidatos eleitos.

Sobre o seu início, destacam-se os seguintes entendimentos: *(i)* o processo eleitoral começa com o pedido de registro de candidaturas, ou seja: no dia 15 de agosto do ano eleitoral; *(ii)* seu início coincide com a data mais remota de desincompatibilização, que é o mês de abril do ano das eleições; *(iii)* principia com o início das restrições impostas pela legislação eleitoral, sendo esse marco o mês de janeiro do ano eleitoral ante o disposto no art. 73, § 10, da Lei nº 9.504/97, que proíbe, no ano em que se realizar eleições "a distribuição gratuita de bens, valores ou benefícios por parte da Administração Pública [...]"; *(iv)* inicia-se um ano antes do certame, face à regra da anterioridade ou anualidade eleitoral, prevista no art. 16 da Constituição Federal.

Entre esses marcos, afigura-se acertado aquele que fixa o termo inicial do processo eleitoral nas convenções partidárias, pois é nesse momento que se perfaz o ato de escolha do candidato no âmbito do partido. Concluída a convenção, já se pode pleitear o registro de candidaturas. De sorte que, nos termos do art. 8º da LE, o marco inicial do processo eleitoral pode ser fixado no dia 20 de julho do ano das eleições.

Perfilhando o último entendimento, pontifica Tito Costa (1992, p. 23-24, nota 12) que, genericamente, a denominação *processo eleitoral* identifica o complexo de atos relativos à realização de eleições, atos esses que vão da escolha de candidatos, em convenção partidária, até sua eleição e diplomação. E aduz: "Durante toda essa trajetória de atos, ficam eles sob a tutela da Justiça Eleitoral, que tem sua competência exaurida com a diplomação dos candidatos". No mesmo diapasão, Cândido (2002, p. 121) divide o processo eleitoral em três fases sucessivas, a saber: preparatória, votação/totalização e diplomação. A primeira fase é repartida em três "momentos", assim especificados: (1º) convenções partidárias; (2º) registro dos candidatos; (3º) medidas preliminares à votação e apuração. De maneira igual pensa Michels (2006, p. 105), que assevera: "As convenções partidárias para escolha dos candidatos pelos partidos dão início à Fase Preparatória do Processo Eleitoral (1ª Fase)". A seu turno, Antônio Hélio Silva (2004, p. 9) afirma que o processo eleitoral principia "com a escolha dos candidatos em convenção e finaliza com a diplomação dos eleitos".

Também nessa linha é o disposto no art. 14, § 3º, do Código Eleitoral, que proíbe – desde a homologação da respectiva convenção partidária até a diplomação – servir como juízes nos Tribunais Eleitorais, ou como juiz eleitoral, o cônjuge, parente consanguíneo ou afim, até o 2º grau, de candidato a cargo eletivo registrado na circunscrição. A homologação é de competência da Justiça Eleitoral e pode levar algum tempo para ser efetivada. Independentemente dela, o candidato pode dar início à sua campanha a partir de 16 de agosto do ano da eleição (LE, arts. 16-A, *caput*, e 36). Daí se entender que o referido impedimento surge já com a escolha realizada na convenção.

Não obstante, fatos anteriores à convenção partidária poderão ter reflexos relevantes no processo eleitoral. Por isso, podem ser conhecidos e julgados pela Justiça Eleitoral em processos jurisdicionais específicos, de natureza contenciosa. É o caso, por exemplo, de abuso de poder econômico ou político, que pode ter por base situações ocorridas antes da escolha e do registro de candidatura.

É no âmbito do processo eleitoral que se realiza o controle de legitimidade das eleições, o qual, no sistema brasileiro, é confiado a um órgão especializado: a Justiça Eleitoral. A esta instituição incumbe a aplicação forçada das normas reguladoras do certame político, emitindo julgamentos fundados em tais normas.

Processo jurisdicional eleitoral – em sentido restrito, a expressão *processo eleitoral* também é empregada para significar *processo jurisdicional eleitoral*. Aqui, seu fundamento liga-se ao controle das eleições exercido pelo poder jurisdicional do Estado.

O processo *jurisdicional* eleitoral é instaurado e se desenvolve perante órgão jurisdicional. Tem em vista a atuação da lei e responsabilização pelo cometimento de ilícitos, bem como a resolução de conflitos eleitorais que são submetidos ao Estado-juiz. Por isso, ele é individualizado (as partes são bem definidas), contém causa de pedir e pedido bem delimitado. Deve subsumir-se ao modelo do *processo jurisdicional constitucional*, observando, portanto, princípios fundamentais como o *due process of law* e seus consectários. A ele se aplica subsidiariamente o Código de Processo Civil, nos termos do art. 15 desse diploma normativo. Ora se apresenta em sua feição clássica, em que se divisa uma relação triangular, da qual participam Estado-juiz, autor e réu; é isso o que ocorre em ações como impugnação de mandato eletivo, investigação judicial eleitoral, captação ilícita de sufrágio e conduta vedada. Ora se apresenta na forma de relação linear, integrada por um requerente e pelo órgão judicial, tal qual ocorre no pedido de registro de candidatura.

Os processos jurisdicionais são sempre ligados a determinado processo eleitoral em sentido amplo, pois neste encontram-se contidos. A relação entre eles não é do tipo gênero-espécie; tampouco é do tipo principal-acessório, como entende Viana Pereira (2008, p. 23), pois, se assim fosse, o encerramento do processo eleitoral afetaria os processos jurisdicionais pendentes que a ele estivessem relacionados – isso é consectário do vetusto princípio segundo o qual o acessório segue a sorte do principal. Na verdade, a relação que se estabelece entre esses dois fenômenos é de continência, estando o processo jurisdicional contido no processo eleitoral em sentido amplo. Note-se que, sob o aspecto temporal, o processo jurisdicional pode extrapolar os limites desse último. Isso ocorrerá, *e.g.*, quando o jurisdicional perdurar após a diplomação dos eleitos.

Processo político – não se deve confundir processo eleitoral, em sentido amplo, com processo político. Este constitui fenômeno mais abrangente que aquele, sendo que a relação entre eles é de continência: o processo eleitoral está contido no político. O processo político denota o complexo funcionamento da vida sociopolítica, bem como das relações que aí se desenvolvem; portanto, relaciona-se à estrutura constitucional, aos regimes político, parlamentar e de governo, ao sistema partidário, às ações da oposição e de grupos minoritários, aos grupos de pressão, à afirmação da ideologia em voga, entre outras coisas.

Processo administrativo eleitoral – não se deve confundir processo jurisdicional com *processo administrativo eleitoral*. Este pode ser instaurado de ofício pela autoridade eleitoral, fundando-se no exercício de funções administrativas da Justiça Eleitoral, bem como dos poderes de polícia, controle, organização e fiscalização que a lei lhe defere em atenção à eficaz organização e regularidade das eleições.

11.2 SALVAGUARDA DO PROCESSO ELEITORAL

Em sua totalidade, o processo eleitoral configura-se como bem jurídico. Ele regula a disputa pelo acesso ao poder político e, pois, pela condução do Estado e formação do governo. De sua normalidade, higidez e veracidade exsurge a legitimidade das eleições e da representação política, abrindo-se a via para o exercício legítimo e consentido do poder político-estatal. Trata-se de bem jurídico fundamental para a democracia, que se configura como condição de sua realização. Por isso, é objeto de proteção constitucional e legal.

Daí a incidência de princípios e regras que visam precipuamente resguardá-lo do abuso de poder econômico e político, do abuso dos meios de comunicação social, fraudes e outros ilícitos que possam conspurcá-lo.

No âmbito protetivo do processo eleitoral, destacam-se as normas da anualidade (CF, art. 16) e as que visam à "normalidade e legitimidade" das eleições (CF, art. 14, § 9º; LC nº 64/90, art. 1º, I, *d* e *h*, e 22, XIV).

A anualidade é objeto do item subsequente.

Já quanto ao ferimento à "normalidade e legitimidade" das eleições, tal é aferível pelo risco ou pela aptidão de a ação ilícita lesar esses bens. Isso equivale a dizer que o fato e as circunstâncias consideradas ilícitas devem ser relevantes. Para usar a linguagem do Direito Penal, a tipicidade aqui deve ser material e não meramente formal.

Para expressar esse fenômeno, falou-se durante muito tempo em "potencialidade lesiva", expressão que – em razão das infindáveis polêmicas que suscitava – pretendeu o legislador substituir por esta: "gravidade das circunstâncias" (LC nº 64/90, art. 22, XVI). Mas a questão é puramente de linguagem, ou melhor, de texto ou palavras. Na verdade, os termos empregados

Cap. 11 • PROCESSO ELEITORAL | **291**

pela jurisprudência, doutrina e pelo próprio legislador apresentam importância relativa. Imprescindível, realmente, é a exata identificação do bem jurídico protegido, as formas de risco ou lesão a que se encontra sujeito e os instrumentos preventivos e inibidores.

11.3 ANUALIDADE ELEITORAL

A anualidade eleitoral, também denominada anterioridade, é prevista no art. 16 da Constituição Federal, que reza: "A lei que alterar o processo eleitoral entrará em vigor na data de sua publicação, não se aplicando à eleição que ocorra até um ano da data de sua vigência".

Parte da doutrina e da jurisprudência atribui *status* de princípio a essa norma constitucional.

Entretanto, em razão de sua densidade e alto grau de especificação, ela melhor se harmoniza com o conceito de regra.

Isso porque os princípios são normas que podem ser satisfeitas em diferentes medidas ou de diversas formas. São dotados de conteúdo mais abstrato, com textura mais fluida e aberta, e por isso não descrevem com precisão os atos ou comportamentos que requerem.

É verdade que o conteúdo de uma regra pode não ser absolutamente predeterminado, podendo ostentar alguma imprecisão. A própria linguagem utilizada contribui para isso. Por exemplo, no caso do vertente art. 16 pode-se discutir o sentido e a extensão do vocábulo "lei" (a que tipo de espécie normativa ele se refere? Seria extensivo a atos praticados pelo Poder Judiciário?). O que se deve entender por "processo eleitoral"? Quando este se inicia? Mas imprecisões dessa natureza são próprias da linguagem, e não garante ao referido dispositivo o *status* de princípio, pois o que caracteriza esse último é a capacidade de produzir diversos efeitos e, pois, de reger inúmeras situações.

Na sua primeira parte, o art. 16 corrobora princípio de direito intertemporal ao determinar a vigência imediata, na data da publicação, da lei que alterar o processo eleitoral. Mas, apesar de vigente, tal lei não goza de eficácia plena e imediata, pois não se aplica a eleição que ocorra até um ano da data de sua entrada em vigor. Note-se que a lei entra em vigor, mas sua eficácia é paralisada pela incidência da regra da anualidade.

Por outro lado, a ineficácia restringe-se às normas modificativas do processo eleitoral. Normas que não o alterem estão fora do alcance do citado art. 16 da Constituição, gozando, pois, de eficácia plena e imediata.

Deveras, a regra da anualidade tutela o processo eleitoral. Seu escopo é impedir mudanças casuísticas na legislação eleitoral que possam surpreender os participantes do certame em curso ou que se avizinha, beneficiando ou prejudicando partidos e candidatos. Com isso, enseja estabilidade, previsibilidade, confiança e segurança jurídica quanto às normas a serem aplicadas.

Em igual sentido, assinalam Fux e Frazão (2016, p. 123) que a *ratio essendi* do referido dispositivo "é a garantia da segurança jurídica inerente e necessária à estabilidade do regime democrático, de ordem a evitar o 'efeito surpresa' [...]".

A propósito, ao julgar a incidência da EC nº 52, de 8 de março de 2006 (que trata da verticalização das coligações partidárias), nas eleições daquele mesmo ano, assentou o STF:

> "[...] 3. Todavia, a utilização da nova regra às eleições gerais que se realizarão a menos de sete meses colide com o princípio da anterioridade eleitoral, disposto no art. 16 da CF, que busca evitar a utilização abusiva ou casuística do processo legislativo como instrumento de manipulação e de deformação do processo eleitoral (ADI 354, rel. Min. Octavio Gallotti, *DJ* 12-2-93). [...] o art. 16 representa garantia individual do cidadão--eleitor, detentor originário do poder exercido pelos representantes eleitos e 'a quem assiste o direito de receber, do Estado, o necessário grau de segurança e de certeza jurídicas contra alterações abruptas das regras inerentes à disputa eleitoral' (ADI 3.345, rel.

Min. Celso de Mello). 5. Além de o referido princípio conter, em si mesmo, elementos que o caracterizam como uma garantia fundamental oponível até mesmo à atividade do legislador constituinte derivado, nos termos dos arts. 5º, § 2º, e 60, § 4º, IV, a burla ao que contido no art. 16 ainda afronta os direitos individuais da segurança jurídica (CF, art. 5º, *caput*) e do devido processo legal (CF, art. 5º, LIV) [...]" (STF – ADI 36.858 – Rel. Min. Cármen Lúcia – *DJ* 10-8-2006).

A previsibilidade do arcabouço normativo incidente no processo eleitoral reforça a segurança jurídica e propicia a normalidade e legitimidade do pleito. A alteração da norma aplicável durante ou já em momento próximo ao início do processo eleitoral pode prejudicar alguns candidatos e/ou partidos políticos ou beneficiar outros.

Portanto, também se garante liberdade e igualdade de oportunidades ou de chances entre todos os concorrentes. A esse respeito, acentua Muñoz (2007, p. 35) que

> "Desde la perspectiva del elector [...] no puede existir una elección libre allí donde no haya existido una igualdad de oportunidades de entre los competidores electorales a la hora de influir en la formación de la voluntad electoral. Desde la perspectiva del competidor el princípio [da igualdade] no es sino un elemento integrante del contenido constitucional de su proprio derecho de aceso a los cargos públicos en condiciones de igualdad [...]".

Assim, ao assegurar a estabilidade do processo eleitoral, a norma em exame contribui para a plena realização dos direitos políticos ativos e passivos, beneficiando igualmente a todos os participantes daquele processo: cidadãos, candidatos, partidos, Justiça Eleitoral e demais órgãos envolvidos com a realização das eleições.

Ao tutelar o processo eleitoral, a norma da anualidade não faz qualquer distinção quanto à natureza da mudança, ou seja, não distingue entre alteração material e processual, tampouco entre norma material ou processual. Simplesmente veda a eficácia de mudanças ocorridas a menos de um ano das eleições. O que significa que qualquer tipo de alteração não poderá incidir naquele período.

Nem poderia ser diferente, pois, como visto anteriormente, o processo eleitoral é um continente que encerra enorme gama de conteúdos e relações, os quais por vezes encontram-se entrelaçados, de modo que alterações de ordem processual podem afetar direitos não processuais (ou materiais) e vice-versa, podendo haver nas duas situações instabilidade e insegurança jurídica. O processo é instrumento que se contamina com os valores materiais que nele se debatem.

Além disso, o processo eleitoral é essencial para a concretização da soberania popular e do direito fundamental de sufrágio. Fora dele, não é possível no Estado Democrático de Direito haver escolha legítima de exercentes do poder político-estatal. Nele, portanto, a forma é também garantia fundamental.

Por isso, não parece exato entendimento como o expresso por Zílio (2010, p. 31) no sentido de que, por objetivar "disciplinar os aspectos materiais necessários ao exercício do sufrágio", o processo eleitoral se coaduna "com normas de caráter estritamente material, afastadas as que ostentem caráter instrumentalizador puro". Assim, a regra da anualidade só imporia restrição à eficácia de normas materiais ou substanciais, incidindo desde logo as de natureza formal. Entretanto, tal distinção não é respaldada pela Lei Maior, cujo art. 16 fala apenas em "processo eleitoral", sem fazer distinções. E não poderia fazê-las, porque o exercício do sufrágio é garantido por normas materiais e processuais, sendo impossível separar essas duas dimensões no processo eleitoral. Não se pode olvidar que o processo eleitoral é instrumento de concretização dos direitos políticos, sendo fundamental que em relação a ele haja confiança e segurança jurídica, o que só ocorrerá se todo o seu arcabouço normativo for previamente conhecido.

Em sua literalidade, o texto do art. 16 da Constituição alude apenas à "lei". Uma interpretação gramatical e superficial daquele dispositivo poderia ensejar as errôneas conclusões de que nele o termo "lei": *(i)* refere-se apenas ao texto (ou à concatenação de palavras) veiculado na lei; *(ii)* refere-se apenas à categoria da lei ordinária.

No que concerne ao primeiro aspecto *(i)*, tem-se que não é o texto legal, as palavras nele escritas, que se salvaguarda, mas sim o *direito* ou a *ratio juris* que a partir dele se erige. É cediço que lei e direito são coisas inconfundíveis. O direito só se patenteia a partir da interpretação (considerado o subjetivismo do intérprete) do dispositivo legal à luz da realidade concreta que se apresenta.

A propósito, bem assevera Studart (2016, p. 139) que aquilo que permite a norma da anualidade é "a estabilização de uma determinada referibilidade jurídica, de um determinado conteúdo jurídico", e não propriamente de uma determinada descrição legal. Ora, a lei é o veículo da *norma*; essa última é erigida pela interpretação levada a efeito a partir daquela e das circunstâncias concretas que se apresentarem na espécie.

O objeto de proteção do princípio enfocado só pode ser a *norma* – no caso, a norma legal. O texto de lei integra o processo de interpretação, e desse processo resulta a norma. É pela norma assim construída que se fixa o sentido jurídico de um fato ou da ação a ser concretamente observada. É na norma que se encontra a específica significação jurídica de um fato. Portanto, norma e texto legal são coisas distintas. Tanto que a mudança de interpretação de um mesmo texto legal provoca a alteração da própria norma, sem que o texto se altere.

Já quanto ao segundo aspecto aludido *(ii)*, o termo "lei" contido no citado art. 16 deve ser interpretado amplamente, abrangendo, pois, outras espécies normativas com potencial para inovar no sistema jurídico, como a lei complementar, a emenda à Constituição, resoluções do Senado etc.

Ademais, entende-se que a anualidade eleitoral não só restringe a plena eficácia de *norma legal*, como também – em determinadas situações – a de atos judiciais, limitando, portanto, a eficácia dos atos emanados do Legislador e do Poder Judiciário.

Isso porque, conforme acentua Studart (2016, p. 119), a "abrupta mudança da interpretação da lei pelo Poder Judiciário, e em especial, pela Justiça Eleitoral, seja editando resoluções, respondendo a consultas, ou mesmo modificando sua jurisprudência, exerce enorme influência no quadro normativo que rege o processo eleitoral".

Há diversos exemplos de modificações repentinas de interpretação promovidas pelo Tribunal Superior Eleitoral que resultaram em importantes alterações no processo eleitoral, bastando lembrar três delas:

i) a determinação de verticalização para as coligações partidárias (Res. TSE nº 21.045/2002).

ii) os diversos indeferimentos de pedido de registro de candidatura dos chamados "prefeitos itinerantes", em que, após já ter pacificado entendimento segundo o qual não existe "impedimento para que o prefeito reeleito possa candidatar-se para o mesmo cargo em outro município" (Res. TSE nº 21.487/2003), a Corte Superior Eleitoral a todos surpreendeu ao passar a decidir o contrário, inclusive afirmando a ocorrência de "fraude consumada mediante o desvirtuamento da faculdade de transferir-se domicílio eleitoral de um para outro Município, de modo a ilidir-se a incidência do preceito legal disposto no § 5º do art. 14 da CB" (TSE – REspe nº 32.507/AL – PSS 17-12-2008). Essa virada interpretativa certamente prejudicou muitos candidatos e partidos que confiaram no anterior e então pacífico entendimento.

iii) a previsão contida no § 2º, art. 52, da Res. TSE nº 23.376/2012 (editada para reger as eleições municipais desse mesmo ano de 2012) no sentido de que "a decisão que desaprovar as contas de candidato implicará o impedimento de obter a certidão de quitação eleitoral". Dada a polêmica que essa regra gerou, pouco tempo depois de sua entrada em vigor foi revogada pela Res. TSE nº 23.382/2012.

É intuitivo que mudanças nas "regras do jogo" emanadas notadamente dos tribunais superiores não podem incidir em processo eleitoral já em curso ou prestes a iniciar, sob pena de abalar a confiança e a segurança jurídica relativamente às normas que o regem.

No julgamento do RE nº 637.485/RJ, ocorrido na sessão plenária de 1º-8-2012, assentou o Supremo Tribunal Federal que "as decisões do Tribunal Superior Eleitoral que, no curso do pleito eleitoral ou logo após o seu encerramento, impliquem mudança de jurisprudência, não têm aplicabilidade imediata ao caso concreto e somente terão eficácia sobre outros casos no pleito eleitoral posterior". Para o Supremo, afigura-se "razoável concluir que a Constituição também alberga uma norma, ainda que implícita, que traduz o postulado da segurança jurídica como princípio da anterioridade ou anualidade em relação à alteração da jurisprudência do TSE".

Deveras, a norma jurídica firmada no julgamento do citado RE nº 637.485/RJ *impede* – no curso do pleito eleitoral ou logo após o seu encerramento – a imediata aplicação de decisões do TSE que modifiquem o sentido de sua jurisprudência ou de seus precedentes, independentemente do momento em que esses tiverem sido estabelecidos. Estribado no art. 16 da CF, tal norma visa resguardar o processo eleitoral de mudanças abruptas que esgarçam a segurança jurídica, a confiança e as justas expectativas geradas por soluções judiciais já consolidadas. O entendimento do Pretório Excelso apega-se à autoridade do precedente; pretende ensejar que os cidadãos possam ajustar suas condutas à lei, de maneira a planejar seus assuntos e negócios com relativa "certeza" (ou, pelo menos, com alto grau de previsibilidade) de como agirá a jurisdição eleitoral.

Por outro lado, não se pode olvidar que o Código de Processo Civil fortaleceu o sistema de precedentes, conferindo ao direito jurisprudencial relevantíssimo papel no sistema jurídico. Nos termos do art. 926 daquele código: "Os tribunais devem uniformizar sua jurisprudência e mantê-la estável, íntegra e coerente". Os tribunais devem observar a orientação do respectivo plenário ou órgão especial, sendo certo que a modificação de enunciado de súmula ou de jurisprudência pacificada requer "fundamentação adequada e específica, considerando os princípios da segurança jurídica, da proteção da confiança e da isonomia" (CPC, art. 927, V, § 4º).

Atento a essa problemática, o Tribunal Superior Eleitoral editou a Resolução nº 23.472/2016, cujo art. 5º, *caput,* determina que a modificação de sua jurisprudência e de suas instruções regulamentadoras de eleições "entrarão em vigor na data de sua publicação, não se aplicando à eleição que ocorra até um ano da data de sua vigência".

Houve, portanto, expresso alinhamento com a regra do art. 16 da Lei Maior, sendo acolhida a tese que propugna a interpretação extensiva do termo "lei" nesse dispositivo constitucional para também colher os atos emanados do Poder Judiciário.

Note-se que *não é vedada* alteração no "direito jurisprudencial". Mesmo porque abertura e flexibilidade são qualidades do sistema jurídico que a todos interessa manter. Desde que haja "fundamentação adequada e específica" (CPC, art. 927, § 4º), pode haver modificação a qualquer tempo. Mas se isso ocorrer, a norma que exsurge do novo entendimento só terá eficácia "para as eleições que se realizarem após um ano, contado da data da deliberação final do Plenário" (Res. TSE nº 23.472/2016, art. 5º, § 1º).

Nos termos do § 2º do referido art. 5º da Res. TSE nº 23.472/2016, caracteriza-se como modificação da jurisprudência: "I – o entendimento que seja contrário a reiterados julgamentos do Plenário do Tribunal Superior Eleitoral ou do Supremo Tribunal Federal sobre a matéria; ou II – o entendimento que seja manifestamente contrário ao disposto nas instruções do Tribunal Superior Eleitoral. [...]".

Diferentemente, o § 3º desse dispositivo arrola situações que *não caracterizam* modificação de jurisprudência, a ver:

"I – a análise das circunstâncias de casos concretos que demonstrem a inaplicabilidade do entendimento consolidado, as quais deverão ser objetivamente identificadas e justificadas;

II – o entendimento que decorra da alteração da legislação que não tenha sido anteriormente apreciada em sede jurisdicional pelo Plenário do Tribunal Superior Eleitoral ou pelo Supremo Tribunal Federal; ou

III – o entendimento expresso em decisão monocrática que não tenha sido debatido pelo Plenário do Tribunal".

Pelo § 4º do mesmo art. 5º da Res. TSE nº 23.472/2016: "Na hipótese do inciso II do § 3º, a tese definida nas decisões tomadas pelo Tribunal Superior Eleitoral em relação aos feitos eleitorais de determinado pleito deverão ser observadas nos demais casos que envolvam a mesma eleição".

Vale salientar que o sentido desse § 4º é igual ao da primeira parte do art. 263 do CE, que reza: "No julgamento de um mesmo pleito eleitoral, as decisões anteriores sobre questões de direito constituem prejulgados para os demais casos, salvo se contra a tese votarem dois terços dos membros do Tribunal". Ocorre que esse dispositivo do Código Eleitoral não vinha sendo aplicado por ter sido julgado "incompatível com as Constituições posteriores" à sua entrada em vigor (TSE – REspe nº 9.936/RJ – *DJ* 11-3-1993, p. 3.478). É lícito, então, concluir que no particular houve mudança do entendimento da Corte Superior.

Já pelo § 5º: "As decisões definitivas de mérito, proferidas pelo Supremo Tribunal Federal, nas ações diretas de inconstitucionalidade e nas ações declaratórias de constitucionalidade, produzem eficácia *erga omnes* e deverão ser observadas pelo Tribunal Superior Eleitoral no julgamento dos feitos judiciais". Esse dispositivo repete o já contido no art. 102, § 2º, da CF, e também o há pouco citado art. 927, I, do CPC.

Ressalte-se que, o que se restringe são *novas* interpretações de situações já anteriormente apreciadas e decididas, em relação às quais haja precedentes consolidados, pacificamente observados. Se a questão é decidida pela vez primeira, se a Justiça ainda não se pronunciou sobre ela, não há obviamente que se falar em "mudança de entendimento". Para haver mudança, é preciso que o entendimento já esteja firmado e venha sendo observado.

Assim, quanto a atos emanados do Poder Judiciário, a estabilização do processo eleitoral promovida pela regra da anualidade não é absoluta. E nem poderia ser, porque se o fosse haveria perigoso engessamento do direito, com impedimento à sua evolução e adaptação a novas situações.

Perspectivas jurisprudenciais – ao interpretar a norma da anualidade, os tribunais eleitorais têm se sensibilizado pelas circunstâncias reinantes, afastando a mera ideia *temporal* de "anualidade" em prol de um suposto sentido substancial que se encontre afinado com os valores em voga. Este consistiria em repelir, às vésperas do pleito, a incidência no processo eleitoral de normas casuístas, que surpreendam os participantes do certame, engendradas com o fito de beneficiar ou prejudicar determinadas candidaturas. Relevam-se a igualdade, a imparcialidade (= a aplicação indistinta da norma a todos os candidatos) e a *não surpresa*. De sorte que o significado literal do princípio em tela tem cedido lugar a seu sentido essencial e à afirmação de valores considerados mais elevados ou de maior densidade.

Assim é que foi afirmada a eficácia da LC nº 64/90 (que define hipóteses de inelegibilidades) nas eleições realizadas no mesmo ano de sua entrada em vigor (Res. TSE nº 16.551/90), o mesmo tendo ocorrido com a Lei nº 11.300/2006 (Res. TSE nº 22.205/2006), que trata de temas como financiamento de campanha, prestação de contas de campanha, propaganda eleitoral. Não obstante, os temas tratados por essas leis evidentemente são próprios do processo eleitoral.

Registre-se a grande controvérsia que grassou no STF acerca da incidência da LC nº 135/2010 (Lei Ficha Limpa, que alterou a LC nº 64/90) já nas eleições presidencial, federal e estadual de 2010. Embora o TSE tivesse afirmado categoricamente a incidência dessa norma legal no pleito daquele mesmo ano em que ela entrou em vigor (cf. Consultas nºs 1.120-26 e 1.147-09, ambas de 2010), essa decisão posteriormente foi afastada pela maioria do Pleno do Supremo Tribunal Federal no julgamento do RE nº 633.703/MG, na sessão plenária de 24-3-2011. Neste julgamento, por seis votos a cinco, ficou assentado que a LC nº 135/2010 não poderia ter sido aplicada nas eleições de 2010 (como afirmara o TSE) por força da norma da anualidade prevista no art. 16 da CF. Essa decisão promoveu a reconfiguração do resultado das eleições, levando alguns senadores e deputados já diplomados e em exercício a perderem seus diplomas, tendo sido *desinvestidos* de seus mandatos para que outros os ocupassem.

Nesse contexto, faz-se oportuna a advertência de Wambier *et alii* (2015, p. 1.315), para quem se deve insistir "na necessidade de estabilidade da jurisprudência dos órgãos superiores, sob pena de inaceitável desrespeito ao princípio da isonomia e de o próprio ordenamento jurídico, juntamente com o Estado Democrático de Direito, ruírem definitivamente".

12

CONVENÇÃO PARTIDÁRIA

12.1 CARACTERIZAÇÃO DA CONVENÇÃO PARTIDÁRIA

A Lei Maior – em seu art. 14, § 3º, V – erigiu a filiação a partido político como condição de elegibilidade. Ademais, o art. 11, § 14, da LE veda "o registro de candidatura avulsa, ainda que o requerente tenha filiação partidária". Consequentemente, no sistema político brasileiro, os partidos políticos detêm o controle e o monopólio das candidaturas.

Somente o partido político (e a federação de partidos) com situação jurídica regular na circunscrição da eleição poderá validamente dela participar. Isso significa que: *(i)* até seis meses antes do pleito, o partido e a federação deverão estar constituídos e com seus estatutos registrados no TSE; *(ii)* até a data da convenção, os órgãos partidários – permanentes ou provisórios – devem ter sido devidamente constituídos e encontrar-se anotados ou registrado perante o Tribunal Eleitoral competente (LE, art. 4º; LPP, art. 7º, § 2º).

Para ser votado, o cidadão deve integrar um grêmio político há mais de seis meses, excetuando-se apenas os militares, magistrados, membros de Tribunais de Contas e do Ministério Público. Mas ainda nesses casos o requerimento de registro deve contar com a intermediação de entidade partidária, pois, como visto, o sistema brasileiro não permite candidaturas avulsas.

Em princípio, todos os filiados à agremiação possuem o *direito subjetivo político* de participar do certame. Entretanto, quase sempre há mais interessados que lugares a preencher. Deve-se, pois, encontrar um método transparente e democrático para a escolha daqueles que contarão com a necessária indicação do partido para se tornarem candidatos e concorrerem oficialmente ao pleito. Da interpretação sistemática dos arts. 8º, *caput* e § 2º, e 11, § 1º, I, ambos da Lei nº 9.504/97, bem como dos arts. 15, VI, e 51, estes da Lei nº 9.096/95, impõe-se concluir que a escolha deverá ser feita pela convenção partidária.

Convenção é a instância máxima de deliberação do partido político. Consubstancia-se na reunião ou assembleia formada pelos filiados – denominados convencionais – e tem entre suas finalidades a de escolher os candidatos que disputarão as eleições e decidir sobre a formação de coligações com outras agremiações.

É no estatuto do partido ou da federação de partidos que se devem buscar as regras concernentes ao modo como ele se organiza e opera, aos requisitos e às formalidades para a escolha dos candidatos, realização de convenções, prazos, forma de convocação, *quorum* para instalação da assembleia e deliberação, composição de diretórios e comissões executivas, entre outras coisas. Tais temas concernem à esfera da *autonomia partidária*, conforme prevê o art. 17, § 1º, da Lei Maior. Apresentam, pois, natureza *interna corporis*.

Importa ressaltar que o princípio da autonomia partidária não tem caráter absoluto, não podendo ser invocado para eximir os partidos do cumprimento das regras regentes do processo eleitoral em todas as suas fases, como se tais entidades fossem fechadas e soberanas, imunes à legítima regulamentação emanada do Estado Democrático de Direito. De modo que ao Poder Judiciário cabe apreciar a legalidade da norma estatutária, sem que isso implique interferência na autonomia reconhecida ao grêmio político. Ainda porque o princípio constitucional de inafastabilidade da jurisdição (CF, art. 5º, XXXV) impede que a lei alije desse Poder a apreciação de lesão ou ameaça a direito, independentemente da natureza da entidade, do tipo de conflito ou da pessoa envolvida.

Entretanto, a esse respeito é preciso distinguir entre a jurisdição da Justiça Eleitoral (que é especializada) e a da Comum. Há muito se firmou o entendimento de que a competência para apreciar matéria *interna corporis* dos partidos (ou seja: matéria de Direito Partidário) é da Justiça Comum, não da Eleitoral. A esse respeito, *vide*: TSE – R-Pet nº 82.632/DF – *DJe*, t. 123, 1º-7-2015, p. 3; TSE – MS nº 43.803/RJ – *DJe*, t. 182, 23-9-2013, p. 32; TSE – AgR-Pet nº 4.459/MA – *DJe* 20-8-2013, p. 65; STJ – CC nº 40.929/SC – 2ª Seção – *DJ* 7-6-2004, p. 157. Em verdade, a jurisdição eleitoral só é reclamada na hipótese de a questão debatida transcender o âmbito interno do partido e gerar reflexos concretos no processo eleitoral. No entanto, tem-se procurado atenuar esse entendimento, alargando-se, em consequência, a esfera de competência da Justiça Eleitoral que se tornaria competente para conhecer e julgar conflitos partidários e *interna corporis*. Nesse sentido: TSE – MS nº 060145316/PB – proc. eletrônico – *DJe* 29-9-2016.

Dispõe o art. 15, VI, da LPP que o estatuto do partido deve conter regras a respeito das "*condições e forma de escolha de seus candidatos a cargos e funções eletivas*". Esse comando é reiterado no art. 7º, *caput*, da LE, que prescreve: "*As normas para a escolha e substituição dos candidatos e para a formação de coligações serão estabelecidas no estatuto do partido, observadas as disposições desta Lei.*" Sendo omisso o estatuto, caberá ao órgão de direção nacional – o Diretório Nacional – estabelecer as normas pertinentes, publicando-as no *Diário Oficial da União* até 180 dias antes das eleições.

A natureza da convenção encontra-se em sintonia com a das eleições. Logo, há tantas modalidades de convenção quantas são as de eleição, a saber: nacional, estadual ou regional e municipal. Na convenção nacional é que se procede à escolha dos candidatos a Presidente e Vice-Presidente da República. Na estadual, são escolhidos os candidatos a Governador, Vice-Governador, Senador e respectivos suplentes, Deputado Federal, Estadual e Distrital. Já na municipal são escolhidos os candidatos a Prefeito, Vice-Prefeito e Vereador.

Diante do caráter nacional que os partidos políticos necessariamente devem ostentar (CF, art. 17, I), o ajuste nacional apresenta primazia em relação aos inferiores – estadual e municipal. Assim, no que se refere à escolha de candidatos e formação de coligações, não sendo respeitadas as diretrizes e orientações fixadas nacionalmente, o órgão de direção nacional do partido poderá, nos termos estabelecidos no estatuto, intervir nos demais, invalidando suas deliberações e os atos delas decorrentes. A intervenção e a invalidação de deliberações devem ser comunicadas à Justiça Eleitoral até 30 dias após a data limite para o registro de candidatura. Da invalidação poderá resultar a necessidade de se registrarem novos candidatos. Nesse caso, o registro deverá ser requerido até 10 dias contados da deliberação invalidatória, respeitado, ainda, o prazo de até 20 dias antes do pleito (LE, art. 7º, §§ 1º a 4º, art. 13, § 3º).

Admite-se que o órgão regional ou estadual do partido intervenha no local ou municipal, desde que o faça para assegurar o cumprimento das diretrizes nacionalmente traçadas. Vale notar que – relativamente à "deliberação sobre coligações" –, a atribuição de "anular a deliberação e os atos dela decorrentes" foi expressamente conferida ao órgão de direção nacional do partido (LE, art. 7º, § 2º).

A convenção para escolha de candidatos e deliberação sobre coligação deve ser ultimada no período de 20 de julho a 5 de agosto do ano em que se realizarem as eleições (CE, art. 93, § 2º; LE, art. 8º, *caput*). Conquanto possa ser levada a efeito em qualquer dia da semana, salvo se o estatuto fixar um, é conveniente que ocorra em domingo ou dia feriado, de modo a ensejar que todos os convencionais compareçam.

É normal que a convenção ocorra de modo presencial, ou seja, com o comparecimento físico à reunião que congrega todos os convencionais. Mas também se admite sua realização em ambiente virtual ou eletrônico e, ainda, de forma híbrida; nesse sentido: Res. TSE nº 23.609/2019, art. 6º, com a redação da Res. nº 23.675/2021; Consultas nº 0600413-57/DF, 0600460-31/DF e 0600479-37/DF – j. 4-6-2020.

No caso de federação partidária, a convenção deve ser realizada "de forma unificada, dela devendo participar todos os partidos políticos que tenham órgão de direção partidária na circunscrição" (Res. TSE nº 23.609/2019, art. 6º, § 2º-A – incluído pela Res. nº 23.675/2021).

No que concerne ao local, a convenção nacional pode ser realizada fora da capital, em qualquer Estado da Federação. No mesmo sentido, a regional pode ter lugar em Município diverso da capital do Estado. Já a municipal deve ser realizada dentro do território do Município.

Faculta-se aos partidos o uso gratuito de prédios públicos, como escolas, ginásios desportivos, casas legislativas, desde que as atividades neles desenvolvidas não fiquem prejudicadas (LE, art. 8º, § 2º; LPP, art. 51). Em contrapartida, ficam os partidos responsáveis por eventuais danos que tais bens sofrerem em decorrência do evento. Por óbvio, será preciso que o diretório respectivo solicite o uso à autoridade responsável pelo imóvel, expondo os motivos e indicando a data em que pretende utilizá-lo. Havendo coincidência de data com outro evento da mesma natureza, deve ser dada preferência ao partido ou coligação que primeiro formulou a solicitação. A precedência temporal constitui critério objetivo, de fácil aferição, que tem o mérito de evitar favoritismos.

Impende registrar ser proibido aos agentes públicos, servidores ou não, ceder ou usar, em benefício de candidato, partido político ou coligação, bens móveis ou imóveis pertencentes à Administração direta ou indireta da União, dos Estados, do Distrito Federal e dos Municípios. A proibição estende-se a serviços públicos. Tal conduta é vedada pelos arts. 346, 377, ambos do CE, e 73 da LE. Esse último dispositivo ressalva, porém, o uso de bens públicos – não de serviços! – para a realização de convenção partidária.

A convenção deve ser convocada pelo respectivo diretório. Sua presidência incumbe a quem o estatuto indicar. Nada impede seja presidida por quem estiver disputando a indicação para concorrer às eleições. Por outro lado, admite-se sua convocação ou presidência "por pessoa com direitos políticos suspensos" (Res. TSE nº 23.609/2019, art. 7º, parágrafo único – incluído pela Res. nº 23.675/2021).

Evidente, porém, não poder a convenção ser presidida por pessoa estranha aos quadros do partido, tampouco por quem se encontrar com os direitos políticos suspensos, porque neste caso sequer poderia participar do ato como filiado (LPP, art. 16). Não obstante, a Corte Superior tem afirmado a validade dos atos praticados por convenção presidida por quem se encontrava com os direitos políticos suspensos por entender tal irregularidade como sendo incapaz de comprometer a validade global da convenção, caracterizada por ser um ato decisório coletivo, a ver: TSE – AgR-REspe nº 060014110/SE – *DJe* 28-6-2023; Ag-REspe nº 060019288/MG, *DJe* 27-5-2021; REspe nº 060028489/RJ, j. 15-12-2020; REspe nº 0600267-64/SP, j. 15-12-2020.

Quanto à forma, a convocação pode ser efetivada por carta, notificação pessoal, edital ou outro meio. Em geral, é feita por edital, que deve conter o endereço, o dia, o horário e a matéria objeto da deliberação. O edital pode ser publicado na imprensa. Inexistindo órgão de imprensa na localidade, admite-se sua publicação mediante afixação no lugar de costume no cartório da respectiva zona eleitoral.

Entre a data da convocação e a realização da convenção deve mediar prazo razoável, sob pena de inviabilizar-se o ato, o que enseja sua invalidação. O art. 34, I, da revogada Lei nº

5.682/71 (antiga LPP) previa o prazo de oito dias. Mas essa matéria, hoje, deve ser disciplinada no estatuto face à afirmação da autonomia partidária.

A convenção pode ser realizada em recinto aberto ou fechado.

Uma vez instalada a convenção, passa-se às discussões e deliberações. O *quorum* a ser observado na votação deve ser estabelecido no estatuto, já que, cuidando-se de matéria *interna corporis*, é reservada à esfera da autonomia partidária. Normalmente, estabelece-se como *quorum* a maioria absoluta dos convencionais, como tal entendendo-se o número imediatamente superior à metade. A não observância do *quorum* estatutário enseja a anulação do ato.

Não é necessário que o filiado ao partido se apresente pessoalmente à convenção para ser escolhido candidato. Poderá ser indicado candidato do partido sem estar presente naquele ato, desde que consinta com isso, consentimento esse que pode ser expresso por qualquer meio, inclusive por procurador constituído.

Ante a inexistência de proibição legal, não é necessário que a convenção seja realizada uma única vez, podendo-se ultimá-la em duas ou mais reuniões.

A atividade da convenção deve ser registrada em ata, lavrada em livro físico previamente aberto e rubricado pela Justiça Eleitoral. Também é necessário registrar a presença dos participantes, o que pode ser realizado: *i)* em convenção presencial: mediante assinatura de lista de presentes; *ii)* em convenção virtual ou híbrida: mediante assinatura eletrônica, registro de áudio e vídeo, mecanismo ou aplicação que permita a identificação dos presentes e sua anuência com o conteúdo da ata. Esses documentos devem ser disponibilizados à Justiça Eleitoral com vistas a publicação em sua página de internet (LE, art. 8º) e integração aos autos do processo de registro de candidatura (LE, art. 11, § 1º, I). É possível que se utilize o "Módulo Externo do Sistema de Candidaturas (CANDex), registrando-se diretamente no sistema as informações relativas à ata e à lista das pessoas presentes" (Res. TSE nº 23.609/2019, art. 6º, §§ 3º-A e 3º-C – incluídos pela Res. nº 23.675/2021).

A exigência de registro e publicidade dos atos praticados na convenção visa conferir segurança e confiabilidade a esse importante ato, de sorte a prevenir futuras disputas acerca das deliberações oficialmente tomadas pelos convencionais. É de todo conveniente que assuntos dessa magnitude sejam escrupulosamente documentados e publicados, de maneira a ensejar a todos a consulta ao que foi deliberado. Em jogo encontram-se a segurança jurídica e a própria prática democrática.

É nula a ata que não espelhe a verdade das escolhas feitas pela assembleia, sendo, pois, material ou ideologicamente falsa. A irregularidade aí não é meramente formal, mas substancial. Conforme assentou o TSE: "Provada a falsidade da ata e sendo essa essencial para atestar a escolha do candidato em convenção, não era de se deferir o registro, pois o que é falso contamina de nulidade o ato em que se insere" (TSE – REspe – nº 17484/MG – *DJ*, v. 1, 14-5-2001, p. 617).

Sendo simplesmente formais as irregularidades constatadas na ata, não se a invalida, sobretudo se for possível corrigi-la ou supri-la. O Tribunal Superior Eleitoral já entendeu como irregularidade desta natureza: (a) a ausência de rubrica (REspe nº 15441/RN – PSS 5-9-1998); (b) o manifesto equívoco de lavratura, de plano evidenciado, por omissão de determinado nome (REspe nº 13282/MT – PSS 19-9-1996).

12.2 IMPUGNAÇÃO DA CONVENÇÃO

Pode ocorrer de a convenção – ou atos nela praticados – ser realizada ao arrepio de regras legais ou estatutárias de observância obrigatória. Nesse caso, expõe-se à invalidação, porquanto à agremiação política não é dado descumprir as disposições regentes do processo eleitoral. É esse o caso, por exemplo, da convenção realizada em lugar ou data diferentes dos estampados no edital de convocação, que não observou o *quorum* mínimo de votação, que ocorreu fora do período legal, que foi convocada por quem não detinha legitimidade para fazê-lo.

Note-se, porém, que o Direito Eleitoral esposou o princípio originário do Direito francês segundo o qual *pas de nullité sans grief*, não há nulidade sem demonstração de prejuízo. É o que dispõe o art. 219 do CE, assim redigido: "Na aplicação da lei eleitoral o juiz atenderá sempre aos fins e resultados a que ela se dirige, abstendo-se de pronunciar nulidades sem demonstração de prejuízo". Em certos casos – como no de falsidade da ata – o prejuízo é presumido, pois a matéria interessa à ordem pública. Mas, em outros, mister será sua comprovação.

Há situações em que a irregularidade é meramente formal. Aqui, por óbvio, não se invalida o ato, mormente se for possível suprir o vício que o inquina.

No que concerne à legitimidade, é assente o entendimento consoante o qual as irregularidades verificadas na convenção só podem ser arguidas por integrantes do partido ou da coligação que a promoveu. Não há restrição para que a questão seja levantada por quem foi indicado candidato. Todavia, outras agremiações não detêm legitimidade para arguir questões desse jaez.

> "A arguição de irregularidade em convenção partidária por meio de impugnação junto à Justiça Eleitoral, deve partir do interior da própria agremiação, sendo carecedor de legitimidade ativa *ad causam* qualquer candidato, coligação ou partido político alheio àquela convenção" (TSE – RO nº 228/PR – PSS 4-9-1998).
>
> "Eleições 2004. Registro. Recurso especial. Negativa de seguimento. Impugnação. Irregularidade em convenção. Ilegitimidade ativa *ad causam* de qualquer candidato, coligação ou partido político alheio àquela convenção. Precedentes. Não possui legitimidade a coligação para impugnar registro de candidaturas de outra agremiação partidária, por irregularidades em convenção. Trata-se de questão interna do partido que só seus membros podem questionar. Agravo regimental. Argumentos que não infirmam a decisão. Desprovimento" (TSE – AgREspe nº 22534/SP – PSS 13-9-2004).

12.3 QUANTOS CANDIDATOS PODEM SER ESCOLHIDOS EM CONVENÇÃO?

A quantidade de candidatos a serem escolhidos em convenção coincide com o número cujo registro pode ser requerido à Justiça Eleitoral, conforme regramento do art. 10 da Lei nº 9.504/97.

Note-se que poderão ser escolhidos menos candidatos que o número que a agremiação tem direito de registrar. A diferença numérica é denominada *vaga remanescente*, cujo preenchimento poderá ser feito posteriormente.

12.4 MODO DE INDICAÇÃO DE CANDIDATO PARA VAGA REMANESCENTE E SUBSTITUIÇÃO

Não impõe a lei a realização de convenção para que sejam completadas as *vagas remanescentes*. Nesse caso, os órgãos de direção da agremiação poderão preenchê-las até 30 dias antes do pleito (LE, art. 10, § 5º).

Para o preenchimento da vaga, exige-se apenas que o indicado preencha os requisitos legais, podendo, inclusive, ser apontada pessoa escolhida "em convenção, cujo registro não tenha sido requerido anteriormente" (TSE – REspe nº 34.371/MT – *DJe* 19-6-2013).

Contudo, tem-se entendido que vaga remanescente não pode ser preenchida: *(i)* por quem "teve o seu pedido de registro indeferido, com decisão transitada em julgado, para a mesma eleição" (TSE – AgR-REspe nº 20.608/MT – *DJe*, t. 90, 15-5-2013, p. 75); *(ii)* por quem renunciou à candidatura a igual cargo nas mesmas eleições (TSE – RESPe nº 26.418/SP – *DJe*, t. 229, 2-12-2013, p. 37/38).

302 | DIREITO ELEITORAL – *José Jairo Gomes*

De igual modo, não se convoca nova convenção para ultimar-se a *substituição* de candidato em caso de renúncia, falecimento, indeferimento de registro, declaração de inelegibilidade ou outro impedimento legal.

Note-se que a própria convenção pode delegar poderes à comissão executiva da agremiação para que indique outros candidatos nas situações aludidas. Nesse sentido, assentou o TSE: (a) "[...] 2.1. A comissão executiva, tendo em vista os termos da ata da convenção partidária, tem legitimidade para substituir candidato que houver manifestado desistência à candidatura, podendo a escolha recair em qualquer outro de partido integrante da coligação [...]" (RO nº 278/RJ – PSS 18-9-1998); (b) "[...] 1. A lei não veda que ato emanado de convenção partidária, legalmente constituída, transfira poderes à comissão executiva para indicar candidatos [...]" (REspe nº 19961/SP – PSS 29-8-2002).

12.5 DIVULGAÇÃO PÚBLICA DA CONVENÇÃO

A convenção constitui evento interno do partido político. Mas é natural que possa ser divulgada publicamente, pois as decisões que nela são adotadas interessam a toda a comunidade, e não apenas aos respectivos filiados. Regimes democrático-representativos não são autênticos nem se afirmam sem a participação do povo. Por certo que interessa à opinião pública saber o que se passa no interior dos partidos políticos, de suas práticas internas, como são investidos os recursos que recebem dos cofres públicos, a intensidade com que abraçam os valores democráticos e, notadamente, como e com quais critérios são selecionados os seus candidatos.

Nessa perspectiva, é legítimo que a *grei* possa divulgar publicamente a sua convenção, o que, de resto, contribui para a transparência de seus procedimentos internos. Trata-se de mais um elemento informativo a auxiliar o eleitor a formar sua consciência política e definir o voto.

Conquanto não haja regra legal dispondo especificamente sobre a divulgação pública de convenção partidária, a análise sistemática da legislação evidencia a aplicabilidade do regime do art. 36-A da LE. Esse dispositivo permite amplas possibilidades de comunicação político-eleitoral na fase que antecede ao registro de candidatura.

Assim, desde que aos eleitores em geral não seja dirigido "pedido explícito de voto" em prol de pretensos candidatos (LE, art. 36-A, *caput*) nem haja "transmissão ao vivo por emissoras de rádio e de televisão", afigura-se juridicamente possível a cobertura de convenção por *outros* "meios de comunicação social" (LE, art. 36-A, § 1º), aí incluída a transmissão pelo partido em sua página na Internet e nas redes sociais. Nesse sentido: TSE – AgREspe nº 27760/PB – *DJe*, t. 250, 19-12-2018, p. 95-96.

Mas ainda que os limites do evento sejam extrapolados e haja "pedido explícito" de voto endereçado a eleitores em geral, tal deve ser tratado no âmbito da responsabilidade por propaganda eleitoral antecipada, não devendo prejudicar o ato em si nem a sua divulgação pública.

12.6 PRÉVIAS PARTIDÁRIAS OU ELEITORAIS

Denominam-se *prévias partidárias* ou *eleitorais* as deliberações promovidas pelo partido político antes da convenção com a finalidade de antecipar a definição do candidato que irá disputar as eleições.

Tal instituto não é regulamentado pela legislação, mas isso não impede que os partidos o acolham em seus estatutos.

> "1. Os partidos políticos podem realizar, entre seus filiados, as chamadas prévias eleitorais, destinadas a buscar orientação e fixar diretrizes, inclusive sobre escolha de candidatos.
> 2. A eventual divulgação, pelos veículos de comunicação, dos resultados da consulta

interna, não caracteriza, em princípio, propaganda eleitoral antecipada" (TSE – Ac. nº 20.816, de 19-6-2001).

Conquanto se trate de matéria *interna corporis*, não podem as prévias substituir a convenção do partido, pois esta constitui exigência legal inexorável.

Caso sejam realizadas, o § 1º do art. 36-A da LE proíbe "a transmissão ao vivo por emissoras de rádio e de televisão das prévias partidárias", não havendo, porém, "prejuízo da cobertura dos meios de comunicação social".

12.6.1 Primárias americanas

Nos EUA, prévias eleitorais são denominadas *primaries* (primárias). Trata-se de instituto tradicional do sistema político daquele país, que marca a primeira fase do processo eleitoral. Segundo Kollman (2014, p. 456), os partidos não têm interesse que mais de um de seus filiados disputem o mesmo cargo numa dada eleição. Por isso, realizam eleições internas para definir os seus candidatos (*"Parties hold internal elections to determine their candidates"*). Assim, as primárias têm a finalidade de propiciar a escolha do candidato entre os filiados do partido. Note-se, porém, que os "eleitores" não escolhem os candidatos em si, mas sim *delegados*, os quais, na convenção do partido, elegerão o candidato.

As primárias podem ser abertas (*open*) ou fechadas (*closed*). No primeiro caso, permite-se que qualquer eleitor registrado (*registered voter*) possa participar e votar nas primárias realizadas por um partido (em geral, Democrata ou Republicano na eleição presidencial), independentemente de ser ou não filiado a ele. No segundo, somente os membros ou filiados do partido podem participar e votar nas primárias por ele realizadas. Há também a forma denominada *caucus*; trata-se de reunião ou assembleia formal de membros do partido para escolher os delegados que votarão na respectiva convenção para escolha do candidato.

Os Estados americanos têm autonomia legislativa para regular as primárias que neles se realizam. Não há uniformidade nessa regulamentação. Tampouco há simultaneidade, pois em cada Estado as primárias e *caucuses* são efetivadas em diferentes datas.

Na eleição presidencial, as primárias são realizadas pelos partidos Democrata e Republicano no período de janeiro a agosto do ano eleitoral. Em seguida, nos meses de agosto e setembro, têm lugar as convenções desses partidos. Participam dessas convenções os delegados escolhidos nas primárias ou *caucuses*, sendo o vencedor indicado candidato do partido à Casa Branca. Na fase seguinte (que vai de setembro a novembro), os candidatos assim escolhidos desenvolvem suas campanhas, disputando os votos dos eleitores. A eleição ocorre na terça-feira após a primeira segunda-feira do mês de novembro do ano eleitoral.

13

REGISTRO DE CANDIDATURA

13.1 PROCESSO DE REGISTRO DE CANDIDATURA

13.1.1 Considerações iniciais

O *ius honorum*, isto é, o direito de ser votado, só pode ser exercido pelos cidadãos que gozem de condição de elegibilidade, não incidam em qualquer causa de inelegibilidade ou impedimento e logrem cumprir determinadas formalidades, registrando suas candidaturas junto aos órgãos a tanto legitimados.

Com vistas a aferir tais requisitos é preciso que o partido formalize na Justiça Eleitoral pedido ou requerimento de registro de candidatura de seus filiados que tenham sido escolhidos em convenção e concordem em disputar as eleições. Para tanto, é instaurado um complexo processo, cujo objeto é o registro de candidatos no pleito político-eleitoral.

Sobre sua natureza, uns entendem que esse processo tem cunho puramente administrativo, ao passo que outros afirmam constituir um misto de administrativo e jurisdicional. Nesse último sentido, há autores que vislumbram a atuação da jurisdição voluntária. Esposando tal pensamento, Soares da Costa (2006, p. 408) assinala tratar-se de "uma ação de jurisdição voluntária, sem espaço para o estabelecimento de contraditório". Aduz o eminente eleitoralista que a relação processual forma-se "linearmente, entre requerente e juiz eleitoral, sem que haja angularização, ou seja, sem a existência de um polo passivo (autor; juiz; réu)".

Certo é que, não sendo o processo em apreço de natureza contenciosa, porquanto não há lide nem conflito de interesses a serem solvidos, ao Juízo ou Tribunal Eleitoral é dado conhecer *ex officio* (isto é, sem arguição do interessado) de todas as questões nele envolvidas, nomeadamente as pertinentes à ausência de condição de elegibilidade, às causas de inelegibilidade e ao atendimento de determinados pressupostos formais atinentes ao pedido de registro. Esse poder é reforçado pelo disposto no art. 7º, parágrafo único, da LC nº 64/90, que autoriza o órgão judicial a formar "sua convicção pela livre apreciação da prova, atendendo aos fatos e às circunstâncias constantes dos autos, ainda que não alegados pelas partes".

Saliente-se, porém, que mesmo a atuação *propter officium* deve guardar harmonia com os direitos fundamentais inscritos na Constituição. Urge respeitar o devido processo legal (CF, art. 5º, LIV), porque sem sua observância ninguém pode ser privado de sua liberdade ou de seus bens. E a participação no governo constitui direito humano e fundamental, bem jurídico de alta grandeza numa sociedade democrática.

A propósito, o art. 9º, *caput*, do CPC veda a surpresa ao determinar que "não se proferirá decisão contra uma das partes sem que ela seja previamente ouvida". Ademais, prestigiando o contraditório, dispõe o art. 10 do mesmo Código processual: "O juiz não pode decidir, em grau algum de jurisdição, com base em fundamento a respeito do qual não se tenha dado às partes oportunidade de se manifestar, ainda que se trate de matéria sobre a qual deva decidir de ofício".

Assim, à autoridade eleitoral não é dado *indeferir* de ofício o pedido de registro de candidatura sem antes comunicar o interessado para se manifestar previamente. Daí o acerto da Súmula TSE nº 45, *verbis*:

> "Nos processos de registro de candidatura, o Juiz Eleitoral pode conhecer de ofício da existência de causas de inelegibilidade ou da ausência de condição de elegibilidade, desde que resguardados o contraditório e a ampla defesa".

Nesse quadro, constatando o órgão judicial eleitoral a presença de causa que enseje o indeferimento de pedido de registro, deve determinar a intimação do interessado para se manifestar. O interessado, no caso, é não só o filiado cujo registro de candidatura foi requerido, como também o partido ou a coligação que efetuou o requerimento, nos termos do art. 11 da LE. Em seguida, antes da decisão do juízo, também o órgão do Ministério Público Eleitoral deve ser intimado para se pronunciar na qualidade de fiscal da ordem jurídica.

Porque inquiridos no processo de registro, é nessa oportunidade que os requisitos necessários à concretização da candidatura são analisados. A esse respeito, em sua primeira parte, o § 10 do art. 11 da LE (acrescentado pela Lei nº 12.034/2009) é claro ao estabelecer que "as condições de elegibilidade e as causas de inelegibilidade devem ser aferidas no momento da formalização do pedido de registro da candidatura". Entretanto, em que pese deverem ser *aferidas, nem todas devem* estar perfeitas por ocasião da data-limite para o pedido de registro de candidatura. Tanto assim que a condição de elegibilidade pertinente à idade mínima para certos cargos deve ser atendida na data da posse dos eleitos (CF, art. 14, § 3º, VI, c.c. LE, art. 11, § 2º). Por outro lado, a segunda parte do citado § 10 ressalva "as alterações, fáticas ou jurídicas, supervenientes ao registro que afastem a inelegibilidade" ou que afastem a inicial "ausência de condição de elegibilidade" (Súmula TSE nº 43). Assim, o que aquela cláusula firma é o momento referencial para averiguação dos aludidos requisitos; em outros termos, estabelece que eles devem ser pensados e resolvidos com base na situação existente por ocasião da formalização do pedido de registro.

Não se deve, pois, confundir o momento de *aferição* com o de *existência* das condições de elegibilidade e causas de inelegibilidade.

De maneira que a causa de inelegibilidade e a ausência de condição de elegibilidade inicialmente detectadas podem vir a ser afastadas (restabelecendo-se a elegibilidade do candidato) em razão de "alterações, fáticas ou jurídicas, supervenientes ao registro" (LE, art. 11, § 10, *in fine, Súmula TSE nº 43*). Isso significa que o inicial indeferimento do pedido de registro pode ser revertido se até o dia do pleito a inelegibilidade ou a ausência de condição de elegibilidade não mais subsistirem em razão de subsequente mudança *fática* ou *jurídica*. Têm-se aqui hipóteses de *elegibilidade superveniente*, em contraste com a *inelegibilidade superveniente*.

E mais: conforme já salientado anteriormente, há pronunciamentos (vide RO nº 15.429/ DF – PSS 27-8-2014; RO nº 90.346/DF – PSS 12-9-2014) em que a Corte Superior Eleitoral afirma a possibilidade de as causas de inelegibilidade supervenientes serem conhecidas e apreciadas pelas instâncias ordinárias da Justiça Eleitoral no bojo do processo de registro de candidatura (RCAND).

Assim, o que realmente importa para o exercício do direito fundamental de sufrágio é que no dia do pleito o candidato seja elegível.

A qualidade de "candidato" só é plenamente alcançada com a efetivação do registro, o que ocorre com o "trânsito em julgado" (= preclusão) da decisão que defere o respectivo pedido. Nesse diapasão, Soares da Costa (2006, p. 403) salienta que a "candidatura e a condição de candidato são efeitos jurídicos do registro, operados em virtude de sentença constitutiva prolatada no processo de pedido de registro de candidatos".

Desde a indicação na convenção partidária até a efetivação da candidatura, o cidadão goza do *status* de pré-candidato, encontrando-se investido em uma situação que lhe assegura o gozo de alguns direitos. Entre outros, tem direito de ver requerido seu registro pelo partido perante a Justiça Eleitoral, sob pena de fazê-lo ele próprio, conforme lhe autoriza o § 4º do art. 10 da LE; é que sua candidatura não poderá ser retirada sem motivo e sem sua anuência (TSE – REspe nº 10.062/ES – PSS 25-9-1992). Note-se, porém, que na linguagem comum já é tratado como "candidato". Por outro lado, são previstos diversos deveres na legislação, sendo certo que a desatenção a eles pode resultar em responsabilização do agente.

Vale, ainda, salientar que há temas que devem ser discutidos em outra sede, que não o processo de registro de candidatura, pois este não constitui o local apropriado para se debatê-los. Tais temas, em geral, têm seu próprio foro para discussão. Como exemplo, citem-se eventuais vícios ocorridos em processo de prestação de contas. A propósito, estabelece a Súmula TSE nº 51 que: "O processo de registro de candidatura não é o meio adequado para se afastarem os eventuais vícios apurados no processo de prestação de contas de campanha ou partidárias".

13.1.1.1   Candidatura coletiva

Compreende-se por *candidatura coletiva* a integrada ou formada por mais de um cidadão. Desde as eleições municipais de 2016, tem aumentado o número de candidaturas que buscam se enquadrar nesse modelo, notadamente para o Poder Legislativo.

Como reflexo desse movimento, tem havido propostas legislativas com vistas a disciplinar a matéria. Assim é que foi apresentada à Câmara dos Deputados a PEC nº 379/2017, que acrescenta ao art. 14 da Constituição o § 12, estabelecendo que "Os mandatos, no âmbito do Poder Legislativo poderão ser individuais ou coletivos, na forma da lei". O PL nº 4475/2020 estabelece regras para o registro de candidatura coletiva e para a propaganda eleitoral. O PL nº 4724/2020 cria as figuras do coparlamentar e do mandato coletivo. Por sua vez, o projeto de Código Eleitoral em trâmite no Congresso Nacional – PLC nº 112/2021 – contempla a candidatura coletiva em seu art. 186, compreendendo-a como a "exteriorização de uma estratégia direcionada a facilitar o acesso dos partidos políticos aos cargos proporcionais em disputa" (§ 1º), e determinando que ela constitui matéria *interna corporis*, devendo o partido definir os requisitos de sua modulação (§ 6º).

Entre as justificativas para a candidatura coletiva, destacam-se a necessidade de fortalecimento da democracia representativa, a ideia de política como projeto coletivo, a necessidade de reforço à participação popular e expansão do conceito de representação política.

Ocorre que no sistema político-eleitoral brasileiro não há norma legal dispondo sobre tal modelo de candidatura, tampouco sobre "mandato coletivo". A candidatura é sempre individual. Na Justiça Eleitoral, o registro de candidatura é formalizado em nome de determinada pessoa, que, se eleita, torna-se titular de mandato eletivo. Os direitos, prerrogativas, deveres e regime de responsabilidade de candidato e de mandatário público são sempre referidos a determinada pessoa e não a grupo ou coletividade. Deveras, não existe juridicamente a figura de cocandidato, nem a de coparlamentar, tampouco a possibilidade de compartilhamento de poder decisório.

Mas, apesar da ausência normativa, a candidatura coletiva tem ocorrido na prática. É promovida mediante acordo firmado entre pessoas ligadas a um partido que comungam certas visões de mundo e que deliberam se unir e somar esforços para realizar campanha eleitoral e pedir votos. Um dos integrantes do grupo é escolhido para representar os demais (e o próprio grupo), e em nome dele é formalizado o registro da candidatura. Há cooperação e empenho mútuo com vistas ao êxito no pleito.

Tal realidade levou a Justiça Eleitoral a se posicionar sobre alguns aspectos desse tipo de candidatura. Assim, por exemplo, quanto à composição do nome a ser usado na urna, o art. 25, §§ 1º a 3º, da Res. TSE nº 23.609/2019 (incluídos pela Res. nº 23.675/2021) permite que o nome do candidato seja acrescido da "designação do grupo ou coletivo social que apoia sua candidatura", sendo, porém, vedado "o registro de nome de urna contendo apenas a designação do respectivo grupo ou coletivo social".

Caso o representante do grupo seja eleito, o exercício do mandato se dará em consonância com a disciplina legal comum prevista para tal função, com a diferença de que todos os integrantes do coletivo passam a colaborar com a atuação político-parlamentar do representante com vistas ao alcance dos objetivos comuns. A colaboração pode ocorrer de modo não oficial ou mesmo com a nomeação dos integrantes do grupo para exercer cargos no Gabinete do mandatário eleito. Mas é importante ressaltar que a titularidade do mandato é individual – não coletiva.

Em caso de vacância do cargo ocupado pelo representante da candidatura coletiva, não haverá substituição por membros do coletivo, mas pelo suplente da respectiva agremiação política.

13.1.2 Rito

Os processos de registro de candidatura tramitam no Sistema Processo Judicial Eletrônico (PJe), na classe Registro de Candidatura (RCand).

O procedimento pode ser esquematizado da seguinte forma:

pedido de registro de candidatura (até 15 de agosto, às 19 h) → publicação do edital → (impugnação via AIRC ou Notícia de Inelegibilidade – em cinco dias) → diligências (três dias) → decisão (três dias depois das diligências) → recurso ao TRE (três dias) → recurso ao TSE (três dias) → recurso ao STF (três dias).

O pedido ou requerimento de registro deve ser feito pelos partidos, federações de partidos e coligações interessados em lançar candidatos ao pleito, sendo gerado e processado por sistema de informática desenvolvido pelo TSE, o qual é denominado CANDex (Sistema de Candidaturas – Módulo Externo), o qual é disponibilizado nos sítios eletrônicos dos tribunais eleitorais.

O pedido de registro é formado por dois formulários, a saber: Demonstrativo de Regularidade dos Atos Partidários (DRAP) e Requerimento de Registro de Candidatura (RRC). Mas eventualmente também pode ser integrado por um terceiro formulário, o Requerimento de Registro de Candidatura Individual (RRCI). Além disso, ao pedido de registro devem ser anexados todos os documentos listados nos incisos do § 1º do art. 11 da Lei nº 9.504/97.

A formalização do pedido de registro provoca a instauração de um processo. É complexa a natureza desse processo, podendo ser desdobrado em pelo menos duas dimensões. Embora diversas e autônomas, tais dimensões são complementares e se encontram inter-relacionadas.

A primeira dimensão é materializada no DRAP, consubstanciando-se no processo de habilitação do partido político, federação ou coligação. Esse processo de habilitação (também chamado processo principal, raiz ou geral) é autônomo e dotado de numeração própria. Seu objeto consiste em propiciar a análise de dados (ex.: nome e sigla do partido ou da federação de partidos, endereço físico e eletrônico), atos (ex.: convenção do partido e respectivas deliberações) e situações (ex.: regularidade da agremiação) pressupostos pelo registro de candidatura. Nele são debatidos temas, como a regularidade da constituição e da situação jurídica do órgão do partido na circunscrição do pleito, validade da convenção, deliberação sobre a formação de coligação. O deferimento do registro do DRAP abre o caminho para a apreciação individualizada dos pedidos de registro dos pré-candidatos.

A segunda dimensão é expressa pelo conjunto de requerimentos de registro de candidaturas em consonância com os formulários RRC e RRCI. Refere-se especificamente aos filiados lançados no certame eleitoral pela agremiação. O RRC é qualificado como "coletivo", porque por ele, no mesmo ato e momento, o partido pleiteia o registro de candidatura de todos os seus filiados escolhidos na convenção previamente realizada. Diferentemente, o RRCI viabiliza o requerimento de Registro de Candidatura pleiteado *individualmente*, pelo próprio interessado, quando o partido político não o tenha feito (LE, art. 11, § 4º).

No âmbito dessa segunda dimensão, são instaurados tantos processos quantas forem as candidaturas a serem registradas. Sendo relativamente independentes e contendo numeração própria, cada um desses processos pode ser compreendido como "particular", "parcial" ou "individual", porque têm por objeto o registro de um só candidato. Assim, cada processo tem por objeto o pedido de registro de um postulante a candidatura em particular, ensejando a discussão de temas, como condições de elegibilidade, causas de inelegibilidade, nome do candidato e suas variações, preenchimento de formalidades exigidas para o registro.

Ressalte-se que a sorte dos processos de RRC e RRCI depende do julgamento do DRAP, pois o indeferimento desse último constitui fundamento suficiente para a negação dos primeiros. Ou seja: o indeferimento do DRAP implica o indeferimento dos RRCs e RRCIs a ele vinculados. A relação entre eles assemelha-se à que vincula um objeto principal a seu acessório. Por isso, o DRAP é sempre julgado primeiro, devendo o resultado do julgamento ser certificado nos processos das candidaturas que lhe são vinculados (Res. TSE nº 23.609/2019, art. 47).

Nas eleições municipais, tanto os DRAPs quanto os RRCs e RRCIs a eles relacionados são distribuídos ao juiz eleitoral da circunscrição. Já nas gerais (federais e estaduais) – em que os registros são feitos junto aos TREs –, os DRAPs são distribuídos por sorteio, na ordem em que protocolizados no PJe, a um juiz-relator, o qual fica prevento para todos os RRCs e RRCIs vinculados àqueles. Assim, o juiz-relator do DRAP será também o dos RRCs e RRCIs, que não são distribuídos autonomamente, mas por prevenção. Essa medida tem o mérito de evitar decisões contraditórias, porque permite que o DRAP e todas as candidaturas da respectiva agremiação sejam avaliados pelo mesmo juiz eleitoral.

No entanto, conforme já entendeu a Corte Superior, essa vinculação do juiz ou relator ao processo de registro não é absoluta, pois, se ele se encontrar afastado ou em gozo de férias, pode haver redistribuição dos autos "ao juiz substituto, prestigiando-se o princípio da celeridade, a fim de permitir a imediata solução da controvérsia" (TSE – Ac. nº 9.405, de 11-9-2001).

O processo do DRAP é prejudicial em relação aos dos RRCs e RRCIs a ele vinculados. A decisão, por exemplo, que indefira o registro do DRAP (porque concluiu pela invalidade da convenção) prejudica todos os pedidos de registro de candidatos que se lhe encontrem ligados. Logo, os processos de RRC e RRCI só podem ser apreciados depois do julgamento do DRAP.

O contrário, porém, não ocorre. Cada processo de RRC e RRCI desenvolve-se autonomamente, já que se refere aos postulantes a candidatos em si considerados. Consequentemente: (a) nele não se pode discutir matéria atinente ao processo do DRAP, e vice-versa; (b) por isso, em seu bojo não cabe recurso para revisão de questão decidida no processo do DRAP; (c) uma vez indeferido pedido de registro de um determinado candidato, a decisão não afeta os demais processos; (d) havendo recurso da decisão, só sobem para a instância *ad quem* os autos respectivos.

O processo de registro de candidatura segue o chamado rito ordinário previsto nos arts. 2º a 16 da Lei de Inelegibilidades (LC nº 64/90), no que lhe for aplicável. Nele também incidem dispositivos da Lei nº 9.504/97, como o art. 11, § 3º, relativo à realização de diligências. A adoção do aludido rito decorre da dicção de dispositivos daquele diploma, como os arts. 3º e 13, *caput*, que cuidam respectivamente da "publicação" e do julgamento do pedido de registro. Trata-se do mesmo procedimento previsto para a Ação de Impugnação de Registro de Candidato (AIRC). Subsidiariamente, aplicam-se as disposições do Código de Processo Civil.

Dada a urgência reclamada pelas eleições, o processo em foco é amplamente influenciado pelo princípio da celeridade. Até 20 dias antes da data do pleito todos os pedidos de registro de candidatos, inclusive os impugnados, e os respectivos recursos nas instâncias ordinárias devem estar julgados, e publicadas as decisões a eles relativas (CE, art. 93, § 1º; LE, art. 16, § 1º). Por isso, o processo de registro de candidatura tem prioridade sobre quaisquer outros. Nesse diapasão, não se pode olvidar que, desde o encerramento do registro até a proclamação dos eleitos, os prazos são contínuos e peremptórios, correm em cartório ou secretaria, não se suspendendo aos sábados, domingos e feriados (LC nº 64/90, art. 16).

O pedido de registro deve ser pleiteado na Justiça Eleitoral até as 19 horas do dia 15 de agosto do ano em que as eleições se realizarem (CE, art. 93, *caput*; LE, art. 11, *caput*). Em seguida, feitos o registro, a distribuição e a verificação dos documentos do processo, é publicado edital em que todos os pedidos são relacionados (LC nº 64, art. 3º).

Não há na lei prazo certo para a publicação do aludido edital. O art. 97 do Código Eleitoral determina que seja feita "imediatamente". É evidente, porém, que tal prazo variará conforme a maior ou menor quantidade de processos existentes.

A partir da publicação do edital, inicia-se a contagem do prazo de cinco dias para que candidato, partido político, federação de partidos, coligação ou o Ministério Público apresentem impugnação (AIRC). Nesse caso, instaura-se nova relação processual, concomitante e acessória à do registro, que é a principal, devendo ambas ser julgadas em uma única decisão.

Saliente-se que esse prazo de cinco dias é comum, também se aplicando ao Ministério Público, nos termos da Súmula TSE nº 49:

> "O prazo de cinco dias, previsto no art. 3º da LC nº 64/90, para o Ministério Público impugnar o registro inicia-se com a publicação do edital, caso em que é excepcionada a regra que determina a sua intimação pessoal".

Com ou sem impugnação, poderá o juiz abrir o prazo de três dias para a realização das diligências que entender pertinentes para a correção e adequação do processo de registro (LE, art. 11, § 3º; e LC nº 64/90, art. 6º). À vista de sua função constitucional de defensor da ordem jurídica, também ao Ministério Público é dado requerer diligências, o que poderá fazer no prazo comum de cinco dias depois da publicação dos editais. Eventuais dúvidas, falhas, omissões ou ausência de documentos necessários no pedido de registro devem ser supridas nessa fase. Conta-se o prazo a partir da intimação do candidato e do partido. Note-se que o candidato também deve ser cientificado, sobretudo quando a falha detectada só por ele puder ser suprida, como ocorre no caso de juntada de comprovante de escolaridade ou declaração de bens.

Cumpre ressaltar que o facultar a realização de diligências não constitui mera liberalidade do juiz, caracterizando-se, antes, como poder-dever que lhe é atribuído pelo ordenamento. Havendo irregularidade sanável, a chance de corrigi-la tem de ser proporcionada ao interessado. De modo que, verificada irregularidade na documentação que instrui o pedido de registro, o juiz eleitoral deverá notificar o partido ou o candidato a fim de saná-la.

Ausente a fase de diligência, quando cabível, o documento faltante poderá ser juntado em outra oportunidade, até mesmo com os recursos eleitoral e ordinário (endereçados, respectivamente, ao TRE e ao TSE em conformidade com a natureza da eleição), já que em jogo encontra-se direito político fundamental, para além do ferimento que adviria ao mais basilar princípio de justiça. Nesse sentido, reza a Súmula nº 3 do TSE: "No processo de registro de candidatos, não tendo o juiz aberto prazo para o suprimento de defeito da instrução do pedido, pode o documento, cuja falta houver motivado o indeferimento, ser juntado com o recurso ordinário". Note-se que o efeito devolutivo inerente a tais recursos (eleitoral e ordinário) aceita a análise e reapreciação de fatos e provas.

Cap. 13 • REGISTRO DE CANDIDATURA | **311**

Vislumbrando-se que a irregularidade que se apresenta é *insanável*, razão não há para que a fase de diligência seja aberta, devendo o juiz decidir desde logo o pedido.

As peculiaridades do rito estabelecido para o processo de registro não admitem sucessivas aberturas de prazo para diligência. Afinal, o dia da eleição constitui limite temporal inadiável. Ademais, a instrução adequada do pedido é de inteira responsabilidade do postulante e de seu partido. A falha na instrução seguida do não cumprimento da diligência no prazo fixado acarreta o indeferimento do pedido diante da evidente ocorrência de *preclusão*, a qual se patenteia sempre que o interessado não pratica oportunamente o ato que lhe compete.

O Tribunal Superior Eleitoral, superando sua própria Súmula, admitiu a juntada de documento em recurso de natureza ordinária (Recurso Eleitoral e Recurso Ordinário), ainda que tenha sido oportunizada ao recorrente a realização de diligência; argumentou-se que, no Tribunal, é possível a conversão do julgamento em diligência quando houver falha ou omissão no pedido de registro "para que o vício seja sanado; – Sanado o vício, defere-se o pedido de registro de candidatura" (TSE – RO nº 917 – PSS 24-8-2006). E mais:

> "Eleições 2014. Agravo regimental. Recurso especial. Registro de candidatura indeferido. Deputado Estadual. Ausência de documento indispensável. Julgamento convertido em diligência. Irregularidade não sanada. Apresentação de documento com o recurso especial. Impossibilidade. Fundamentos não infirmados. Manutenção da decisão agravada. [...] 2. Admite-se, nos processos de registro de candidatura, a apresentação de documentos até a instância ordinária ainda que tenha sido anteriormente dada oportunidade ao requerente para suprir a omissão, não sendo possível conhecer de documentos apresentados com o recurso especial. Precedentes. [...]" (TSE – AgR-REspe nº 45.540/RJ – PSS 30-10-2014).

> "1. As normas de direito eleitoral devem ser interpretadas de forma a conferir a máxima efetividade do direito à elegibilidade. 2. A juntada tardia de certidão faltante deve ser considerada pelo julgador enquanto não esgotada a instância ordinária, até mesmo em razão da ausência de prejuízo ao processo eleitoral. Incidência, na espécie, dos princípios da instrumentalidade das formas, da razoabilidade e da proporcionalidade. 3. Recurso provido, para determinar o retorno dos autos à Corte *a quo*, a qual deverá proceder ao exame do aludido documento" (TSE – REspe nº 38.455/AM – PSS 4-9-2014).

Todavia, ainda que se despreze o argumento atinente à preclusão, somente se poderia admitir a juntada, em qualquer tempo, de "documento novo", jamais de documento que sempre esteve à disposição do interessado e só não veio aos autos a tempo por displicência. A boa-fé objetiva (CPC, art. 5º) requer que todos ajam com diligência e integridade no processo. Compreende-se, porém, que se deve conferir máxima efetividade ao direito político, humano e fundamental, de participar do governo e da direção do Estado. No balanço dos princípios envolvidos, conferiu-se primazia ao exercício da cidadania passiva, daí o afastamento da rigidez de certas formalidades processuais.

Vedada é a juntada de documento em sede de recurso especial e extraordinário, pois nestes não se reexamina matéria fática nem prova. A tal respeito, é cristalina a Súmula TSE nº 24: "Não cabe recurso especial eleitoral para simples reexame do conjunto fático-probatório". No mesmo diapasão encontram-se as Súmulas nº 279 do STF ("Para simples reexame de prova não cabe recurso extraordinário") e nº 7 do STJ ("A pretensão de simples reexame de prova não enseja recurso especial"), ambas acolhidas no processo jurisdicional eleitoral.

O não cumprimento da diligência determinada pelo juiz induz ao indeferimento do pedido de registro, pois certamente faltará no processo documento ou informação que deveria conter.

Encerrada a fase de diligências, os autos são conclusos ao juiz eleitoral ou ao juiz-relator (nas eleições presidenciais, federais e estaduais), para julgamento.

Discute-se acerca da necessidade de abertura de vista dos autos ao Ministério Público Eleitoral após a publicação dos editais e antes da conclusão dos autos ao juiz, de modo que ele possa atuar como *custus juris* nos processos que não tiverem sido objeto de impugnação. No caso, não tendo sido impugnado o pedido de registro no prazo legal, afigura-se razoável considerar que o órgão do *Parquet* está de acordo com o seu deferimento.

Entretanto, se o juiz constatar de ofício a existência de impedimento à candidatura, deverá determinar a intimação do interessado e, após a manifestação deste, dever-se-á abrir vista ao órgão ministerial para que este, em até dois dias, se pronuncie como *custus juris*. Embora não haja específica previsão legal para tal abertura de vista, ela pode ser fundamentada no art. 127, *caput*, da Constituição, que atribui àquela instituição "a defesa da ordem jurídica, do regime democrático".

No âmbito da competência originária dos tribunais eleitorais, se não houver impugnação nem notícia de inelegibilidade, ao juiz-relator é facultado decidir monocraticamente os pedidos de registro de candidatura que lhe forem distribuídos.

A decisão poderá deferir ou indeferir o pedido de registro de candidatura. Na hipótese de indeferimento, ela declara a ausência de condição de elegibilidade ou a presença de causa de inelegibilidade. Não condena o postulante ao registro (*i.e.*, não tem natureza condenatória), nem constitui inelegibilidade (*i.e.*, não tem natureza constitutiva), mas tão só a reconhece e afirma. No dizer de Soares da Costa (2006, p. 414), a decisão judicial que nega o pedido de registro "é meramente certificativa da ausência do *ius honorum*, ou seja, falta de elegibilidade".

Se houver sido ajuizada ação de impugnação, a decisão nela proferida deve ser comum à do processo de registro. Por isso, a partir do início da fase decisória, os ritos de ambos os processos unificam-se e passam a ser idênticos, cabíveis, igualmente, os mesmos recursos.

13.1.3 Formalidades para o pedido de registro

O pedido ou requerimento de registro tem de ser subscrito pelo representante do partido ou federação de partidos a tanto autorizado pelo respectivo estatuto ou, no caso de coligação, por seu representante (LE, art. 6º, § 3º, III). É desnecessária a representação por advogado. Além de estar acompanhado da documentação legal exigida, precisa conter dados como os seguintes: nome civil ou nome social declarado no Cadastro Eleitoral, cargo pleiteado, nome e sigla do ente partidário, número de telefone móvel que disponha de aplicativo de mensagens instantâneas, endereço – inclusive o endereço de correio eletrônico –, a fim de que possa receber validamente intimações e comunicados.

É necessário que o pedido seja formalizado na Justiça Eleitoral até as 19 horas do dia 15 de agosto do ano em que as eleições se realizarem. Tal se perfaz em duas etapas: primeiramente, os formulários DRAP e RRC devem ser remetidos pela Internet à Justiça Eleitoral "até as 8 (oito) horas do dia 15 de agosto do ano da eleição"; em seguida – até as 19 horas do mesmo dia – devem ser entregues, juntamente com os documentos requeridos, "em mídia à Justiça Eleitoral" (Res. TSE nº 23.609/2019, art. 19, § 2º, I e II – com a redação da Res. TSE nº 23.675/2021).

Nas eleições presidenciais, o pedido é dirigido ao TSE, órgão competente para efetuar o registro de candidatos a Presidente e Vice-Presidente da República. Nas gerais, os candidatos aos cargos de Senador, Governador, Vice-Governador, Deputado Federal, Deputado Estadual e Deputado Distrital devem requerer o registro junto ao TRE do respectivo Estado ou do Distrito Federal. Por fim, nas municipais, em que se concorre aos cargos de Prefeito, Vice-Prefeito e Vereador, o registro é feito junto ao juiz titular da zona eleitoral em que a circunscrição se situa.

Nas três esferas do Poder Executivo, o registro é sempre efetivado em chapa única e indivisível, de sorte que o titular e vice eleitos integram a mesma chapa, não podendo ser eleitos de forma separada. Caso o pedido de registro de um dos integrantes da chapa (titular ou vice) seja indeferido antes do pleito, pode-se efetuar sua substituição. Não havendo substituição e mantido o indeferimento, à chapa será negado o registro.

É mister, ainda, formar-se chapa única para o cargo de Senador, a qual é composta pelo titular e dois suplentes, nos termos do art. 46, § 3º, da Lei Maior. É preciso que a chapa seja completa, pois a falta de indicação de um dos suplentes impede o registro.

> "Senado. Registro de candidatura. A chapa a ser registrada deve ser completa, havendo de conter dois candidatos a suplência [...]" (TSE – Ac. nº 15.419, de 15-9-1998).

> "É juridicamente impossível o pedido de registro de chapa de candidatos ao Senado, contendo um único suplente (art. 46, § 3º, da Constituição Federal) [...]" (TSE – Ac. nº 11.517, de 11-9-1990).

Não obstante, a Corte Superior já admitiu a complementação posterior da chapa formada para o Senado.

> "[...] Registro de candidato ao Senado. Suplente único. Chapa incompleta. Complementação posterior. Indeferimento. Direito que se assegura face ao art. 46, § 3º, da Constituição Federal. Consoante entendimento preconizado pelo STF (Recurso Extraordinário nº 128-518-4/DF), é de ser assegurado ao partido político a possibilidade de complementação do pedido de registro de candidato para o Senado Federal – indicado em chapa incompleta, ainda que decorrido o prazo previsto na lei ordinária para o registro. Recurso provido parcialmente, para assegurar a complementação da chapa, determinando-se a volta dos autos à instância de origem, para o necessário exame da documentação e dos aspectos formais, com relação ao candidato indicado como suplente" (TSE – Ac. nº 12.020, de 4-8-1994).

Desde o protocolo do pedido de registro, tem o pretenso candidato direito de participar da campanha eleitoral, inclusive arrecadar recursos, realizar propaganda, utilizar o horário eleitoral gratuito. Esse direito existe ainda que a Justiça Eleitoral não tenha apreciado o seu pedido de registro (LE, art. 16-B).

13.1.3.1 *Documentos necessários ao registro*

Com vistas a aferir os requisitos necessários à implementação da candidatura, impõe a lei que o pedido de registro seja acompanhado de determinados documentos. Sendo o processo público, em geral qualquer pessoa pode consultar os documentos que o instruem, devendo a Justiça Eleitoral facultar o acesso (LE, art. 11, § 6º). Essa medida tem por si os princípios da publicidade e da transparência, que informam todo o processo eleitoral.

No entanto, há mister que se observem as restrições impostas pela Lei Geral de Proteção de Dados – LGPD (Lei nº 13.709/2018) ao tratamento de dados pessoais, notadamente a boa-fé e os princípios apontados no art. 6º daquela lei. Daí que:

> "A divulgação de dados no DivulgaCandContas observará os princípios do art. 6º da Lei nº 13.709/2018" (Res. TSE nº 23.609/2019, art. 33, § 1º – inserido pela Res. nº 23.729/2024).

> "Os endereços informados para atribuição de CNPJ, comunicações processuais e do Comitê Central de Campanha, telefone pessoal, e-mail pessoal, número do CPF e o documento pessoal de identificação não serão divulgados no DivulgaCandContas e serão juntados como documento sigiloso no processo de registro de candidatura no PJe" (Res. TSE nº 23.609/2019, art. 33, § 2º – inserido pela Res. nº 23.729/2024).

"A divulgação de dados pessoais no PJe ou na página de divulgação de candidaturas do TSE será restringida, nos termos da Lei Geral de Proteção de Dados Pessoais, ao mínimo necessário para o atingimento da finalidade legal (Lei nº 13.709/2018, art. 6º)" (Res. TSE nº 23.609/2019, art. 74, § 1º – inserido pela Res. nº 23.729/2024).

Considerando que o processo do DRAP tem por escopo averiguar a regularidade do partido e dos atos praticados com vistas ao pleito, devem-se apresentar documentos que patenteiem essa situação, entre os quais se destacam a cópia da ata da convenção e a demonstração de legitimidade do representante do partido e subscritor do pedido de registro.

Já o processo pertinente ao RRC deve ser instruído com provas atinentes à situação do futuro candidato.

O art. 11, § 1º, da Lei nº 9.504/97 elenca os documentos que devem acompanhar o pedido de registro de candidatura, a saber: I – cópia da ata da convenção; II – autorização escrita do candidato; III – prova de filiação partidária; IV – declaração de bens, assinada pelo candidato; V – cópia do título eleitoral ou certidão, fornecida pelo cartório eleitoral, de que o candidato é eleitor na circunscrição ou requereu sua inscrição ou transferência de domicílio no ano anterior; VI – certidão de quitação eleitoral; VII – certidões criminais fornecidas pelos órgãos de distribuição da Justiça Eleitoral, Federal e Estadual; VIII – fotografia do candidato, nas dimensões estabelecidas em instrução da Justiça Eleitoral; IX – propostas defendidas pelo candidato a Prefeito, a Governador de Estado e a Presidente da República. Além disso, é ainda necessário que o requerente apresente: X – comprovante de escolaridade; XI – prova de desincompatibilização, quando for o caso. E mais: é ainda conveniente juntar certidão do Poder Judiciário acerca da existência de ação de improbidade administrativa.

O § 13 do art. 11 da LE (introduzido pela Lei nº 12.891/2013) determina a dispensa de "apresentação pelo partido, coligação ou candidato de documentos produzidos a partir de informações detidas pela Justiça Eleitoral, entre eles os indicados nos incisos III, V e VI do § 1º deste artigo", e, ainda, o inciso VII relativamente a certidão de crimes eleitorais, pois é fornecida pela própria Justiça Eleitoral. Portanto, é dispensada a apresentação de prova de filiação partidária, cópia do título eleitoral ou certidão, certidão de quitação eleitoral e certidão de crime eleitoral.

Ata da convenção – É necessário averiguar se o cidadão cujo registro de candidatura é pedido foi deveras escolhido na convenção realizada para esse fim. A prova desse fato é feita pela respectiva ata. Daí a necessidade de se apresentar tal documento.

Autorização escrita do candidato – Para que a candidatura se concretize, é necessário que o interessado declare sua vontade nesse sentido. Faltando sua autorização, não há como se deferir o pedido de registro formulado pela agremiação política. Mesmo porque, em torno da figura do candidato giram inúmeros interesses; além de assumir relevantes deveres, ele pode, inclusive, ser responsabilizado civil, administrativa ou penalmente em razão de ocorrências que lhe sejam imputadas. É claro o absurdo que seria obrigar alguém a ser candidato, máxime em regime que se pretende democrático. Não há forma especial para a manifestação da vontade, a qual pode ser externada no próprio requerimento de registro de candidatura (RRC) apresentado pelo partido à Justiça Eleitoral. Nesse diapasão: "[...] autorização para que o partido registre a candidatura inscrita no próprio formulário é suficiente para suprir a exigência da Lei nº 9.504/97, art. 11, § 1º, II [...]" (TSE – RO nº 291/AP – PSS 22-9-1998). Note-se que o RRC pode ser subscrito "por procurador constituído por instrumento particular", com poderes especiais para a prática do ato (TSE – REspe nº 276524/SP – PSS 16-9-2014; Res. TSE nº 23.609/2019, art. 24, § 1º).

Prova de filiação partidária – A filiação partidária constitui condição de elegibilidade indeclinável, já que prevista no art. 14, § 3º, V, da Lei Maior. É preciso que o cidadão esteja "com a filiação deferida pelo partido" há pelo menos seis meses antes do pleito (LE, arts. 4º e 9º da LE – com a redação da Lei nº 13.488/2017).

Por força da autonomia que lhe é inerente e com vistas à candidatura a cargos eletivos, ao partido é facultado estabelecer em seu estatuto prazo de filiação *superior* a seis meses. Se o fizer, o lapso estipulado não poderá ser alterado no ano da eleição (LPP, art. 20).

E se houver fusão ou incorporação de partidos dentro desse período de seis meses ou do prazo fixado no estatuto? Em tal caso, considera-se, para efeito de filiação partidária, a data de filiação do candidato ao partido de origem, não havendo qualquer prejuízo aos integrantes das extintas agremiações.

Para fins de registro de candidatura, o vínculo partidário é aferido pela própria Justiça Eleitoral com base nas informações constantes do banco de dados por ela mantidos (sistema FILIA), o qual é alimentado pelos partidos políticos (LPP, art. 19, *caput* – com a redação da Lei nº 13.877/2019). Daí ser dispensada a apresentação de documento específico comprobatório da filiação (LE, art. 11, § 13).

Não figurando o requerente como filiado ao partido pelo qual pretende ter registrada sua candidatura, nem logrando, por outros meios idôneos, demonstrar sua filiação (Súmula TSE nº 20), o pedido de registro deverá ser indeferido por ausência de condição de elegibilidade concernente à filiação partidária. Vale lembrar que documentos produzidos unilateralmente, destituídos de fé pública, não são aceitos como elementos de convicção.

Observe-se que, nos termos da Súmula TSE nº 52, o processo de registro de candidatura não é a sede própria para analisar "o acerto ou desacerto da decisão que examinou, em processo específico, a filiação partidária do eleitor".

Declaração de bens – Conquanto não figure entre as condições de elegibilidade, impõe a lei a apresentação de relação de bens por ocasião do pedido de registro de candidatura. A declaração é feita para fins eleitorais, não sendo necessária a apresentação de cópia da Declaração Anual de Imposto de Renda. Contudo, a relação de bens e valores deve ser atualizada e coincidir com as informações prestadas à Receita Federal.

Objetiva-se dar publicidade ao patrimônio do candidato, tornando-o visível à sociedade desde o princípio. Em tempos como os atuais, em que cada vez mais pessoas deixam de pautar suas ações por padrões éticos e passam a aceitar como normais desvios de condutas, quis o legislador que a arrecadação e os gastos de campanha fossem transparentes, sem confusão com o patrimônio pessoal do candidato. A medida favorece o controle social, particularmente o exercido pela Justiça Eleitoral. Beneficia, ainda, a transparência no exercício de mandatos eletivos. Nesse diapasão, seria igualmente alvissareiro que se exigisse dos eleitos a apresentação de declaração de bens ao término do mandato, pois essa medida ensejaria o acompanhamento da real evolução patrimonial do homem público. Alguns países já adotam essa prática. Informa Hervé Cauchois (2005, p. 177-178) que a multiplicação de escândalos relativos ao financiamento da vida política francesa ensejou a instituição de declaração patrimonial no início e no fim do exercício de certas funções públicas, *notamment les mandats électifs*.

Qualquer pessoa deve poder acessar os dados constantes da declaração, já que ela não é acobertada pelo sigilo, como ocorre com os dados fiscais e bancários. Com acerto, já entendeu a Corte Superior Eleitoral: "Exigindo a lei que os candidatos apresentem declaração de bens, como condição do registro, não se justifica que se esconda essa declaração dos cidadãos, dos eleitores. Essa divulgação ajuda no julgamento do candidato pelo eleitor" (TSE – Ac. nº 11.710, de 1º-9-1994).

A falta da declaração em apreço determina o indeferimento do pedido de registro, por insuficiência da documentação legalmente exigida.

Não sendo o requerente titular de qualquer bem, deve simplesmente declarar que nada possui, já que esse ato é obrigatório.

Conquanto deva ser atualizada, já se entendeu que a "não atualização dos bens constantes da declaração entregue não constitui motivo impeditivo para que se proceda o registro" (TSE – Ac. nº 11.363, de 31-8-1990).

Não obstante, a inserção de falsas informações ou a omissão dolosa na declaração de bens caracteriza o delito de falsidade ideológica previsto no art. 350 do Código Eleitoral, cujo teor é o seguinte: "Omitir, em documento público ou particular, declaração que dele devia constar, ou nele inserir ou fazer inserir declaração falsa ou diversa da que devia ser escrita, para fins eleitorais". Nesse sentido: TSE – REspe nº 4931/AM – j. 27-8-2019. Contudo, há decisões mais antigas da Corte Superior tolerante com o aludido delito, consoante revela o seguinte julgado: "[…] 2. Se o documento não tem força para provar, por si só, a afirmação nele constante – como ocorre na hipótese da declaração de bens oferecida por ocasião do pedido de registro de candidatura – não há lesão à fé pública, não havendo, assim, lesão ao bem jurídico tutelado, que impele ao reconhecimento de atipicidade da conduta descrita na inicial acusatória. […]" (TSE – AgR-REspe nº 36.417/SP – *DJe* 14-4-2010, p. 54-55; TSE – REspe nº 12799/DF – *DJ* 19-9-1997, p. 45647). Em verdade, além de equivocada (porque a referida declaração de bens constitui documento de instrução do processo de registro de candidatura e, como tal, cumpre várias finalidades), essa interpretação torna inócua a exigência legal, que perde seu valor e sentido, passando a ser mais uma formalidade meramente burocrática.

Observe-se que a falsidade da declaração – por ação ou omissão – não autoriza, só por si, concluir que houve *abuso de poder econômico*. A configuração deste requer outros elementos, a exemplo da influência na normalidade do pleito.

Título eleitoral – A exigência do título tem a finalidade de explicitar a cidadania e o alistamento eleitoral do requerente. Em sua falta, admite-se a apresentação de certidão, fornecida pelo cartório eleitoral, de que o candidato é eleitor na circunscrição ou requereu sua inscrição ou transferência de domicílio.

A própria Justiça Eleitoral deve certificar esse documento nos autos do processo de registro, sendo dispensada, portanto, sua apresentação (LE, art. 11, § 13).

Certidão de quitação eleitoral – Conforme estabelece o art. 11, § 7º (introduzido pela Lei nº 12.034/2009), da LE, a

> "certidão de quitação eleitoral abrangerá exclusivamente a plenitude do gozo dos direitos políticos, o regular exercício do voto, o atendimento a convocações da Justiça Eleitoral para auxiliar os trabalhos relativos ao pleito, a inexistência de multas aplicadas, em caráter definitivo, pela Justiça Eleitoral e não remitidas, e a apresentação de contas de campanha eleitoral".

O pleno gozo dos direitos políticos envolve também o fiel cumprimento de todas as obrigações político-eleitorais. Daí a exigência de que o postulante a candidato ostente quitação. A certificação é feita pela própria Justiça Eleitoral nos autos do processo de registro (LE, art. 11, § 13).

O art. 41, § 3º, da Resolução TSE nº 22.715/2008 ampliara o conceito de quitação ao prescrever que a *desaprovação* das "contas de candidato implicará o impedimento de obter a certidão de quitação eleitoral durante o curso do mandato ao qual concorreu". Contudo, essa restrição foi afastada pelo transcrito § 7º, pelo qual a certidão de quitação eleitoral deverá tão só informar se as contas de anterior campanha eleitoral do candidato foram prestadas, não podendo valorar o mérito de seu julgamento pelo órgão da Justiça Eleitoral. Em princípio, portanto, basta que as contas de campanha sejam prestadas para que tenha o interessado direito à certidão de quitação. Essa conclusão tem por si a impossibilidade de se restringir direito político fundamental (no caso, a elegibilidade) sem regra legal expressa. É nesse sentido a Súmula TSE nº 57:

"A apresentação das contas de campanha é suficiente para a obtenção da quitação eleitoral, nos termos da nova redação conferida ao art. 11, § 7º, da Lei nº 9.504/97, pela Lei nº 12.034/2009".

Tratando-se de prestação de contas de campanha, pacificou-se o entendimento de que somente na hipótese de não haver a prestação é que se poderá expedir certidão negativa de quitação eleitoral. A tal respeito, dispõe a Súmula TSE nº 42:

"A decisão que julga não prestadas as contas de campanha impede o candidato de obter a certidão de quitação eleitoral durante o curso do mandato ao qual concorreu, persistindo esses efeitos, após esse período, até a efetiva apresentação das contas".

No que concerne às multas aplicadas pela Justiça Eleitoral, dispõe o § 8º do art. 11 da LE (introduzido pela Lei nº 12.034/2009) que, para fins de expedição da certidão de quitação, consideram-se quites aqueles que: "I – [...] tenham, até a data da formalização do seu pedido de registro de candidatura, comprovado o pagamento ou o parcelamento da dívida regularmente cumprido; II – pagarem a multa que lhes couber individualmente, excluindo-se qualquer modalidade de responsabilidade solidária, mesmo quando imposta concomitantemente com outros candidatos e em razão do mesmo fato". O parcelamento é regulado no inciso III desse artigo, que afirma ser ele "direito dos cidadãos e das pessoas jurídicas". Destarte, o parcelamento do débito não impede a expedição de certidão de quitação, desde que se comprove o regular pagamento das parcelas.

Extrai-se do citado inciso I, § 8º, do art. 11 da LE que o interessado deve comprovar o cumprimento regular da dívida (no caso de parcelamento, o regular pagamento das parcelas) "até a data da formalização do seu pedido de registro de candidatura". Todavia, a jurisprudência estabeleceu limite temporal mais favorável, pois afirma que o pagamento da multa (ou das parcelas) e a sua comprovação podem ser feitos até antes do julgamento do pedido de registro. É esse o teor da Súmula TSE nº 50:

"O pagamento da multa eleitoral pelo candidato ou a comprovação do cumprimento regular de seu parcelamento após o pedido de registro, mas antes do julgamento respectivo, afasta a ausência de quitação eleitoral".

Diante disso, é de se concluir haver quitação eleitoral na hipótese em que o requerimento de parcelamento da dívida é formulado antes do pedido de registro de candidatura, mas deferido pelo órgão competente somente depois dessa fase.

Observe-se que o inadimplemento de multa (ou das parcelas em que o débito for dividido) imposta à agremiação política não chega a prejudicar os pré-candidatos que por ela concorrem ao certame. A sanção imposta à entidade partidária não pode ser extensiva a seus filiados, já que todos detêm personalidade jurídica autônoma. Ainda porque inexiste solidariedade passiva (no sentido do art. 275 do CC) entre agremiação política e filiado; as sanções pecuniárias são sempre aplicadas autonomamente.

Certidões criminais – A condenação penal, seja por crime ou contravenção, transitada em julgado, apresenta como efeito secundário imediato a suspensão dos direitos políticos (CF, art. 15, III). A restrição só cessa com o fim dos efeitos da condenação, fato que se dá com o cumprimento ou a extinção da pena. É o que reza a Súmula nº 9 do TSE: "A suspensão de direitos políticos decorrente de condenação criminal transitada em julgado cessa com o cumprimento ou a extinção da pena, independendo de reabilitação ou prova de reparação de danos".

O *pleno* exercício dos direitos políticos é condição de elegibilidade prevista no art. 14, § 3º, da Lei Maior, e, por isso mesmo, indeclinável. Daí a necessidade de se investigar se o requerente encontra-se no "pleno gozo" de tais direitos. A prova desse estado se faz mediante certidões criminais fornecidas pelos órgãos do Poder Judiciário com jurisdição no domicílio eleitoral do postulante ao registro de candidatura. Se tiver mais de um domicílio, deverá apresentar certidão de todos eles.

Gozando ou tendo gozado o requerente de foro privilegiado, deverá trazer aos autos certidões expedidas pelos Tribunais perante os quais responde. Assim:

1. se o requerente for Presidente da República, Vice-Presidente da República, Senador, Deputado Federal, Ministro do Supremo Tribunal Federal, Procurador-Geral da República, Ministro de Estado, comandante militar (Marinha, Exército e Aeronáutica), membro de Tribunal Superior (STJ, TSE, TST e STM), do Tribunal de Contas da União ou chefe de missão diplomática de caráter permanente, deverá juntar certidão criminal emanada do Supremo Tribunal Federal (CF, art. 102, I, *a* e *b*);

2. no caso de se tratar de Governador de Estado ou do Distrito Federal, desembargador de Tribunal de Justiça ou de Tribunal Regional Federal, membro de Tribunal de Contas estadual ou municipal, juiz de Tribunal Regional Eleitoral, de Tribunal Regional do Trabalho, membro do Ministério Público da União que oficie perante Tribunais, deverá ser juntada certidão do Superior Tribunal de Justiça (CF, art. 105, I, *a*);

3. se for Deputado Estadual ou Prefeito, deverá juntar certidão do Tribunal de Justiça e do Tribunal Regional Federal da circunscrição de seu domicílio;

4. se for juiz de direito, certidão do Tribunal de Justiça;

5. se for juiz federal ou do trabalho, certidão do Tribunal Regional Federal respectivo;

6. se for Vereador, certidão da Justiça Comum Estadual e Federal;

7. se for militar das Forças Armadas, certidão da Justiça Militar Federal, da primeira ou segunda instância, conforme a graduação ou patente do interessado;

8. se integrante da Polícia ou do Corpo de Bombeiros Militar, certidão da Justiça Militar Estadual;

9. se o foro por prerrogativa junto ao Tribunal de Justiça for assegurado pela Constituição estadual – como ocorre com secretários de Estado –, deverá juntar certidão desse Tribunal e também do respectivo Tribunal Regional Federal.

Observe-se que, "a exigência da certidão de 2º grau somente se aplica aos candidatos com prerrogativa de foro" (TSE – AgR-REspe nº 27.609/RJ – PSS 27-9-2012). Por óbvio, se o candidato jamais ocupou cargo ou exerceu função que lhe assegurasse foro privilegiado, não há razão jurídica para juntar certidão criminal de tribunal.

Quanto aos crimes eleitorais, não se exige a apresentação de certidão específica. É que a própria Justiça Eleitoral cuida de consultar seu banco de dados, certificando nos autos do processo de registro a existência de condenação.

Consciente da burocracia que impera no serviço público brasileiro, e diante da celeridade inerente aos processos de registro de candidatura, admite-se que as certidões em foco sejam obtidas pela Internet, quando disponível esse serviço.

Vale lembrar que, quanto aos crimes arrolados na alínea *e*, I, art. 1º da LC nº 64/90, se houver decisão condenatória originária de órgão colegiado ou por esse confirmada, não poderá o réu registrar sua candidatura, já que incide a causa de inelegibilidade aí prevista.

Certidões judiciais de improbidade administrativa – Essa exigência decorre do disposto no art. 1º, I, *l*, da LC nº 64/90, que dispõe ser inelegível quem tiver sido "condenado à suspensão de direitos políticos [...] por ato doloso de improbidade administrativa que importe lesão ao patrimônio público e enriquecimento sem causa".

No entanto, a apresentação desse documento não tem sido exigida nas normas do TSE que regulam o registro de candidatos. Entre outras coisas, afirma-se que, na falta de expressa previsão legal, cabe ao próprio interessado impugnar o pedido de registro e comprovar que o impugnado encontra-se com seus direitos políticos suspensos em virtude de condenação judicial pela prática de ato de improbidade. No entanto, sob vários aspectos a improbidade tem semelhança com a condenação criminal. Se é imperiosa a apresentação de certidão criminal, também deveria sê-lo a de certidão judicial acerca de improbidade administrativa.

Fotografia/imagem do candidato – A fotografia será utilizada na urna eletrônica. Como se sabe, no momento da votação o eleitor digita o número do candidato em quem irá votar e automaticamente o painel da urna exibe sua imagem. Diante disso, mister se faz que o retrato seja recente e observe o padrão estipulado em instrução expedida pela Justiça Eleitoral. Observe-se que, nas eleições majoritárias é mister que as fotografias dos candidatos a vice e suplente também sejam apresentadas. Embora candidatos a vice e suplemente não exerçam grande influência no eleitorado, é sobremodo importante que o cidadão tenha consciência de quem é eleito com o seu voto, pois o vice e o suplente são os legítimos substitutos e sucessores do titular. É a transparência, portanto, que impõe a exibição de suas imagens na urna eletrônica.

Propostas defendidas pelo candidato – Essa exigência foi introduzida pela Lei nº 12.034/2009. Restringe-se aos candidatos "a Prefeito, a Governador de Estado e a Presidente da República". Embora a regra legal refira-se a "Governador de Estado", a interpretação extensiva indica que também se aplica a candidato a "Governador do Distrito Federal". Pretende o legislador conferir mais transparência e sinceridade no debate eleitoral, evitando que um candidato *vampirize* projetos e propostas de seu adversário na medida em que estas angariem maior aceitação junto ao eleitorado. Por outro lado, confere-se ao cidadão importante instrumento de fiscalização da ação política desenvolvida pelo eleito, dele podendo cobrar a realização do programa registrado, das propostas e promessas propaladas.

Comprovante de escolaridade – O art. 14, § 4º, da Lei Maior retira do analfabeto a elegibilidade, a cidadania passiva. Daí a necessidade de o requerente demonstrar desde logo que é alfabetizado. Na falta de especificação, qualquer documento que revele esse fato é admissível. A inexistência de prova documental pode ser suprida por declaração de próprio punho (não vale a digitada ou datilografada) firmada na presença de autoridade ou servidor do Cartório ou Secretaria Eleitoral, bem como por outros meios de aferição, desde que individuais e reservados; entre estes, destaca-se a aplicação de exame individualizado pelo juiz eleitoral.

Prova de desincompatibilização – Por desincompatibilização compreende-se a desvinculação do cargo, emprego ou função públicos ocupado pelo requerente, no prazo legal, a fim de viabilizar a candidatura. Conforme salientado alhures, o agente público pode escolher entre manter-se no cargo, emprego ou função – e não se candidatar – ou sair candidato e, nesse caso, afastar-se temporária ou definitivamente, sob pena de se tornar inelegível, já que estará impedido de ser candidato. Optando pela última alternativa, deverá demonstrar *ab initio* que se desincompatibilizou.

À exceção dos documentos atinentes a filiação partidária, domicílio eleitoral, quitação eleitoral e certidão criminal da Justiça Eleitoral, todos os demais devem acompanhar o pedido de registro de candidatura. Caso falte algum documento, deverá o juiz abrir o prazo de três dias para diligências (LE, art. 11, § 3º). Nesse prazo o documento faltante deve ser levado aos autos, sob pena de indeferimento do requerimento de registro de candidatura (RRC). O fundamento para a negativa de registro, aqui, é simplesmente a falta de cumprimento de formalidade legal, consistente na apresentação da documentação adequada. Não se chega a ingressar na discussão acerca de condições de elegibilidade e causas de inelegibilidade.

Se nessa oportunidade o documento faltante não for juntado aos autos, não se poderá fazê-lo posteriormente, pois haverá preclusão. Isso, porém, não ocorrerá se não for facultada a realização de diligências, caso em que o defeito ainda poderá ser sanado. A esse respeito reza a Súmula nº 3 do TSE: "No processo de registro de candidatos, não tendo o juiz aberto prazo para o suprimento de defeito da instrução do pedido, pode o documento, cuja falta houver motivado o indeferimento, ser juntado com o recurso ordinário". É esse o pacífico entendimento da jurisprudência: "1. A jurisprudência deste Tribunal admite a apresentação de documento faltante até a oposição de embargos de declaração na instância ordinária, desde que não tenha sido aberto o prazo de 72 horas previsto no art. 32 da Res.-TSE nº 23.373/2011. [...]" (TSE – AgR-REspe nº 27.609/RJ – PSS 27-9-2012).

E se for falso o documento que instruiu o pedido de registro? Sendo a falsidade levantada no próprio processo de registro ou na respectiva ação de impugnação (AIRC), deverá o pedido ser indeferido. Vindo a lume após a eleição do agente e estando em jogo matéria de natureza constitucional, provada a falsidade, pode-se cogitar a cassação de sua diplomação via recurso contra diplomação (CE, art. 262). Tais soluções se impõem seja em razão da ausência de documento legalmente exigido, seja em virtude de apresentar-se causa de inelegibilidade, "justo aquela" que se procurou ocultar com o falso. Na seara penal, pode-se cogitar o crime de *uso de documento falso*, tipificado no art. 353 do Código Eleitoral. Nessa linha, pronunciou-se a Corte Superior Eleitoral:

> "[...] Registro de candidatura. Uso de documento falso. Provada a falsidade da ata e sendo essa essencial para atestar a escolha do candidato em convenção, não era de se deferir o registro, pois o que é falso contamina de nulidade o ato em que se insere [...]" (TSE – Ac. nº 17.484, de 5-4-2001).

> "Inelegibilidade. Descumprimento de obrigação constitucional. Registro de candidatura. Documento falso. Inocorrência de preclusão. Alcance do art. 259 do CE. Provada a falsidade do documento que instruiu o pedido de registro, é de ser declarada a inelegibilidade do candidato, com a cassação de sua diplomação" (TSE – Ac. nº 11.575, de 21-9-1993).

O art. 11, § 5º, da LE determina que os Tribunais e Conselhos de Contas disponibilizem à Justiça Eleitoral, até o dia 15 de agosto do ano eleitoral, relação das pessoas

> "que tiveram suas contas relativas ao exercício de cargos ou funções públicas rejeitadas por irregularidade insanável e por decisão irrecorrível do órgão competente, ressalvados os casos em que a questão estiver sendo submetida à apreciação do Poder Judiciário, ou que haja sentença judicial favorável ao interessado".

A medida tem em vista averiguar a incidência da inelegibilidade prevista no art. 1º, I, *g*, da LC nº 64/90. Visando implementar essa regra legal, o Tribunal de Contas da União tem disponibilizado a relação em apreço em sua página na Internet, providência que facilita a pesquisa.

13.1.3.2 *Identificação do candidato*

É fundamental que cada candidato seja adequadamente identificado no cenário da disputa eleitoral, de sorte a não ser confundido com outro. Ao votar, o eleitor deve estar bem ciente de que seu representante será fulano, não sicrano ou beltrano.

A identificação é feita nominal e numericamente.

A primeira é disciplinada no art. 12 da LE. Ao requerer sua candidatura, deve o pré--candidato indicar, além de seu próprio nome, "as variações nominais com que deseja ser registrado, até o máximo de três opções, que poderão ser o prenome, sobrenome, cognome, nome abreviado, apelido ou nome pelo qual é mais conhecido, desde que não se estabeleça dúvida quanto à sua identidade, não atente contra o pudor e não seja ridículo ou irreverente, mencionando em que ordem de preferência deseja registrar-se". Na composição do nome, não é permitido "o uso de expressão ou de siglas pertencentes a qualquer órgão da administração pública federal, estadual, distrital ou municipal, direta ou indireta" (Res. TSE nº 23.609/2019, art. 25, § 1º). Ademais, tratando-se de candidatura coletiva, pode o candidato "apor ao nome pelo qual se identifica individualmente a designação do grupo ou coletivo social que apoia sua candidatura, respeitado o limite máximo de caracteres" (Res. TSE nº 23.609/2019, art. 25, § 2º – incluído pela Res. TSE nº 23.675/2021).

Se o nome indicado puder confundir o eleitor, é facultado à Justiça Eleitoral exigir do candidato prova de que é conhecido por ele.

A opção de nome será utilizada na urna eletrônica. Não sendo apontado o nome que deseja que conste na urna, mesmo depois de notificado para fazê-lo, o candidato concorrerá com seu nome próprio, o qual poderá ser adaptado *ex officio* no caso de homonímia ou de ultrapassar o limite de caracteres que podem figurar na urna.

O § 3º do art. 12 da LE autoriza a Justiça Eleitoral a indeferir "todo pedido de variação de nome coincidente com nome de candidato a eleição majoritária, salvo para candidato que esteja exercendo mandato eletivo ou o tenha exercido nos últimos quatro anos, ou que, nesse mesmo prazo, tenha concorrido em eleição com o nome coincidente". A propósito, a Súmula no 4 do TSE estabelece: "Não havendo preferência entre candidatos que pretendam o registro da mesma variação nominal, defere-se o do que primeiro o tenha requerido".

É reconhecido o direito de pessoa transgênera registrar candidatura com o nome social e o gênero com o qual se identifica (*vide* STF – ADI 4.275, j. 1º-3-2018; TSE – Consulta nº 0604054-58, j. 1º-3-2018). Para tanto, não é necessário haver alteração no registro civil, bastando a autodeclaração do interessado. Nesse propósito, "será considerado o gênero declarado no registro de candidatura, ainda que dissonante do Cadastro Eleitoral" (Res. TSE nº 23.609/2019, art. 17, § 5º – incluído pela Res. TSE nº 23.675/2021). Assim, considerar-se-á a autodeclaração firmada quando do registro de candidatura e não – como vinha se entendendo – a constante do Cadastro Eleitoral.

Da identificação numérica do candidato cuida o art. 15 da Lei nº 9.504/97, que estipula os seguintes critérios:

> "I – os candidatos aos cargos majoritários concorrerão com o número identificador do partido ao qual estiverem filiados; II – os candidatos à Câmara dos Deputados concorrerão com o número do partido ao qual estiverem filiados, acrescido de dois algarismos à direita; III – os candidatos às Assembleias Legislativas e à Câmara Distrital concorrerão com o número do partido ao qual estiverem filiados acrescido de três algarismos à direita; IV – o Tribunal Superior Eleitoral baixará resolução sobre a numeração dos candidatos concorrentes às eleições municipais [nestas, normalmente se repete a regra do inciso III, concorrendo o candidato a Vereador com o número do partido em que estiver filiado acrescido de 3 algarismos à direita – *vide* nesse sentido o art. 17, II, da Res. TSE nº 23.373/2011]".

O § 1º desse dispositivo também assegura aos partidos "o direito de manter os números atribuídos à sua legenda na eleição anterior, e aos candidatos, nesta hipótese, o direito de manter os números que lhes foram atribuídos na eleição anterior para o mesmo cargo". No caso de coligação majoritária, o § 3º do mesmo artigo determina que os candidatos sejam "registrados com o número de legenda do respectivo partido".

13.1.3.3 Verificação e validação de dados e fotografia

Diversas resoluções do TSE previam a realização de "audiência de verificação e validação de dados e fotografia", audiência que era pública e deveria ocorrer no final do processo de registro de candidatura. Nesse sentido, as seguintes resoluções daquele Tribunal Superior: 22.717/2008 (art. 68), 23.221/2010 (art. 61), 23.373/2011 (art. 71), 23.405/2013 (art. 64).

Atualmente, não mais se prevê a realização de *audiência*, havendo, porém, um sistema de validação de dados (Res. TSE nº 23.609/2019, art. 35-A – inserido pela Res. nº 23.729/2024). Cada candidato deve ingressar no sistema para conferir e validar os seus dados; se não conseguir fazê-lo, a conferência poderá ser feita pelo representante de seu partido. Em qualquer caso, porém, os dados serão objeto de conferência pela Justiça Eleitoral.

A finalidade de tal procedimento é examinar a veracidade e a qualidade dos dados que constarão da urna eletrônica antes do fechamento do Sistema de Candidaturas, assegurando-se, com isso, as suas correções.

Estão sujeitos à verificação e validação: o nome que será usado na urna, o cargo disputado, o número com o qual o candidato concorre, o partido, o gênero e a qualidade da fotografia. Eventualmente, tais dados poderão ser alterados.

13.1.4 Requerimento de registro de candidatura individual – RRCI

Em regra, o pedido de registro de candidatura é feito pelo partido de forma conjunta ou coletiva, englobando todos os filiados escolhidos em convenção para disputar as eleições. Por razões diversas, pode ocorrer que um ou outro filiado não seja relacionado no formulário respectivo (RRC), o que significa que a candidatura do "ausente" não será concretizada. Nesse caso, o art. 11, § 4º, da LE faculta ao interessado requerer, ele próprio, o registro de sua candidatura, o qual é denominado *individual*, porque feito isoladamente pelo filiado preterido. O requerimento de registro de candidatura individual (RRCI) deverá ser feito nos dois dias seguintes à publicação pela Justiça Eleitoral do edital com a lista dos candidatos apresentada pelos partidos. É justa a fixação desse termo. Com a publicação, a lista com os pedidos de registro de todos os candidatos torna-se pública, viabilizando-se, pois, a consulta pelos interessados, mormente aqueles que, escolhidos em convenção, não tiveram seus nomes contemplados.

13.1.5 Candidatura nata

O § 1º do art. 8º da Lei nº 9.504/97 estabelece hipótese de *candidatura nata* para as eleições proporcionais. Reza esse dispositivo: "Aos detentores de mandato de Deputado Federal, Estadual ou Distrital, ou de Vereador, e aos que tenham exercido esses cargos em qualquer período da legislatura que estiver em curso, é assegurado o registro de candidatura para o mesmo cargo pelo partido a que estejam filiados". Assim, na disputa pela reeleição, tais parlamentares não necessitam submeter seus nomes às respectivas convenções. Para gozar desse privilégio – instituído em causa própria, frise-se –, bastará que o interessado "esteja filiado" ao partido pelo qual pretende alcançar novo mandato para o mesmo cargo. Não importa, pois, que tenha sido eleito por um partido e, posteriormente, mudado de sigla.

Entretanto, o referido preceito da LE foi julgado inconstitucional pelo Supremo Tribunal Federal que modulou os efeitos da declaração de inconstitucionalidade para que "tal que o dispositivo seja considerado inconstitucional apenas a partir de 24 de abril de 2002 (data da suspensão de sua eficácia pelo Supremo Tribunal Federal, na medida cautelar deferida nestes autos) [...]." (STF – ADI 2530/DF – Pleno – Rel. Min. Nunes Marques – j. 18-8-2021). A decisão louvou-se nos princípios da isonomia (CF, art. 5º) e da autonomia partidária (CF, art. 17), salientando que o instituto da candidatura nata é inadequado em um ambiente de liberdade partidária, conferindo privilégio injustificado ao detentor de mandato.

13.1.6 Número de candidatos que pode ser registrado por partido

Em cada eleição, o cidadão só pode concorrer em uma só circunscrição eleitoral e a um único cargo político-eletivo. O art. 88, *caput*, do Código Eleitoral veda o registro de um mesmo candidato para mais de um cargo, ainda que diferentes ou vinculados a circunscrições diversas.

No tocante às eleições majoritárias, o que se registra são chapas formadas pelo titular e seu vice, no caso de disputa por mandato executivo, e pelo candidato a Senador e seus dois suplentes. Assim, dependendo do tipo de eleição que se realiza, cada partido político, federação de partidos ou coligação poderá requerer o registro de um candidato a Presidente da República, de um candidato a Governador em cada Estado e no Distrito Federal, de um candidato a Prefeito em cada Município, todos com seus respectivos vices, e de um ou dois (conforme a renovação se dê por um ou dois terços, nos termos do art. 46, § 2º, da CF) candidatos para o Senado Federal em cada unidade da Federação, estes com dois suplentes cada um.

Nas proporcionais, o cálculo do número de candidatos que cada partido pode registrar toma por base a quantidade de vagas a serem completadas na respectiva Casa Legislativa. Nos termos do art. 10, *caput*, da Lei das Eleições (com a redação da Lei nº 14.211/2021), "cada partido poderá registrar candidatos para a Câmara dos Deputados, Câmara Legislativa, Assembleias Legislativas e Câmaras Municipais no total de até 100% (cem por cento) do número de lugares a preencher mais 1 (um)." Assim, por exemplo, se em uma Casa Legislativa existirem trinta vagas a serem preenchidas, cada partido poderá lançar 31 candidatos, isto é: 30 + 1 candidatos.

Vale registrar que, além de alterar a redação do *caput* do citado art. 10 da LE, a Lei nº 14.211/2021 também revogou os incisos I e II daquele dispositivo. Comparando-se tais mudanças com o regime anterior, arrimado nas regras revogadas, tem-se como consequência forte redução no número de candidatos que os partidos poderão lançar nas eleições proporcionais.

Número de lugares a preencher – para o regular funcionamento do regime democrático-representativo, é fundamental fixar-se o "número de lugares a preencher" nas Casas Legislativas. A partir desse número é que se determina quantos candidatos cada partido pode registrar em uma eleição proporcional.

O número de cadeiras a preencher é sempre proporcional à população da circunscrição em que se trava a disputa, conforme se infere dos arts. 27, 29, IV, e 45, § 1º, todos da Constituição Federal. Tal proporcionalidade encontra fundamento no fato de a Câmara dos Deputados representar o povo (no bicameralismo brasileiro, o Senado representa os Estados e o DF – CF, art. 46, *caput*) e na ideia de participação igual e democrática.

A população da circunscrição é indicada nos dados demográficos fornecidos pelo Instituto Brasileiro de Geografia e Estatística (IBGE), os quais devem ser pesquisados no ano anterior às eleições.

Ocorre que, diante da não edição da norma prevista no art. 45, § 1º (segunda parte), da CF, o Supremo Tribunal declarou a mora legislativa do Congresso Nacional, estabelecendo o prazo de até 30 de junho de 2025 para que a omissão seja sanada. Caso a mora legislativa persista: "caberá ao Tribunal Superior Eleitoral, até 1º de outubro de 2025, determinar o número de deputados federais de cada Estado e do Distrito Federal para a legislatura que se iniciará em 2027, bem como o consequente número de deputados estaduais e distritais (CF, arts. 27, *caput*, e 32, § 3º), observado o piso e o teto constitucional por circunscrição e o número total de parlamentares previsto na LC nº 78/1993, valendo-se, para tanto, dos dados demográficos coletados pelo IBGE no Censo 2022 e da metodologia utilizada por ocasião da edição da Resolução-TSE 23.389/2013" (STF – ADO nº 38/DF – Pleno – Rel. Min. Luiz Fux – *DJe* 9-10-2023).

A Câmara dos Deputados é composta por 513 representantes do povo. Considerando o atual cenário legislativo, dispõe o parágrafo único do art. 1º da LC nº 78/93: "Feitos os cálculos da representação dos Estados e do Distrito Federal, o Tribunal Superior Eleitoral fornecerá aos Tribunais Regionais Eleitorais e aos partidos políticos o número de vagas a serem disputadas". Assim, para cada legislatura, deve o TSE dispor sobre a representação dos Estados e do Distrito Federal na Câmara de Deputados, sempre com base nos dados demográficos disponibilizados pelo IBGE. Tomando-se como exemplo as eleições de 2006, isso foi feito pela Resolução TSE nº 22.144 (Instrução nº 101), na qual o número de representantes foi assim fixado: São Paulo – 70, Minas Gerais – 53, Rio de Janeiro – 46, Bahia – 39, Rio Grande do Sul – 31, Paraná – 30, Pernambuco – 25, Ceará – 22, Maranhão – 18, Goiás e Pará – 17, Santa Catarina – 16, Paraíba – 12, Espírito Santo e Piauí – 10, Alagoas – 9, demais Estados da Federação e Distrito Federal – 8. Observe-se que a representação mínima e máxima por Estado é respectivamente de 8 e 70 deputados. Nas eleições de 2010 e 2014 (*vide* TSE – Pet nº 95.457/AM – *DJe* t. 152, 18-8-2014, p. 152-153), essa matéria foi regulada pela Resolução TSE nº 23.220/2010, que repetiu esses números.

Nas Assembleias Legislativas, o número de "lugares a preencher" é também proporcional à população. O tema é objeto do art. 27 da Lei Maior: "O número de Deputados à Assembleia Legislativa corresponderá ao triplo da representação do Estado na Câmara dos Deputados e, atingido o número de trinta e seis, será acrescido de tantos quantos forem os Deputados Federais acima de doze". Assim, obtém-se o número de vagas nas Assembleias multiplicando-se por três o número de representantes do Estado na Câmara Federal. Se o resultado superar o limite de 36, acresce-se a este o número de Deputados Federais que sobejar a 12. O cálculo pode ser expresso nas equações seguintes: no primeiro caso, tem-se: (número de Deputados Federais pelo Estado) × (3) = (número de Deputados à Assembleia); no segundo: (número de Deputados Federais pelo Estado) – (12) + (36) = (número de Deputados à Assembleia). Alguns exemplos ilustram melhor o tema. Foi visto que, para a legislatura iniciada em 2007, o Espírito Santo contava com 10 representantes na Câmara Federal; logo, sua Assembleia Legislativa devia ser composta por 30 Deputados Estaduais, número obtido pela multiplicação de 10 por 3. Já a Assembleia do Estado da Paraíba devia ter exatos 36 deputados, porquanto é esse o resultado da multiplicação do número de seus representantes na Câmara Federal, isto é, 12 por 3. Diferente é o cálculo em Estados com número maior de Deputados Federais, como São Paulo, Minas Gerais, Rio de Janeiro, Bahia, Rio Grande do Sul, Pernambuco, entre outros. Aqui, aplica-se a segunda parte do art. 27, *caput*, da Constituição Federal, pelo que, atingido o número limite de 36 Deputados, "será acrescido de tantos quantos forem os Deputados Federais acima de doze". Assim, no caso de Minas Gerais, considerando-se a legislatura de 2007, a Assembleia Legislativa devia ser integrada por 77 deputados, pois 53 – 12 + 36 = 77. No caso de São Paulo, a Assembleia devia contar com 94 deputados, número resultante da seguinte equação: 70 – 12 + 36.

Obtido o "número de lugares a preencher" na Assembleia Estadual, fica fácil calcular o número de candidatos que cada partido poderá registrar, pois basta somar um a esse número.

E quanto às Câmaras Municipais? Aqui, igualmente, o número de cargos é fixado em função da população, sendo-lhe proporcional. Não se pode olvidar que o município integra o sistema federativo brasileiro e goza de autonomia. Daí competir ao próprio município estabelecer em sua lei orgânica o número de vereadores que compõem a Câmara Municipal, consoante as balizas constitucionais.

A Constituição Federal fixou limites máximos em função do número de habitantes, em seu art. 29, IV, alíneas *a* a *x* (com a redação da EC nº 58/2009), em que são previstas faixas progressivas para o número de vereadores, que aumenta em razão do volume populacional.

Assim, municípios com até 15 mil habitantes poderão ter no máximo 9 cadeiras de vereador, já aqueles com população acima de 8 milhões de habitantes poderão ter no máximo 55 cadeiras.

Em que pese a anterior redação do art. 29, IV, da Constituição igualmente assentar o princípio da proporcionalidade entre o número de vereadores e a população do município, não era tão minuciosa quanto a atual (introduzida pela EC nº 58/2009), que regulou objetivamente a matéria. Para que haja alteração nos limites previstos naquele dispositivo, será preciso promulgar nova Emenda Constitucional.

O enquadramento do município em determinada faixa pode ser alterado em razão do aumento ou da diminuição de sua população. Assim, por exemplo, a Câmara de um Município com 45 mil habitantes pode ser composta de no máximo 13 vereadores; mas se a população aumentar para 52 mil pessoas, a composição da Câmara poderá subir para 15 edis (CF, art. 29, IV, alíneas *c* e *d*).

Havendo crescimento da população, o aumento do número de cadeiras na Casa Legislativa não é obrigatório nem automático. Não é obrigatório, porque não existe qualquer previsão normativa que imponha a adoção do patamar máximo do texto constitucional. Conforme entendeu o Excelso Pretório: "A intenção do constituinte reformador foi conferir objetividade no estabelecimento do número de vereadores, sem, contudo, coartar a autonomia dos municípios, princípio que foi valorizado pela Constituição de 1988, permitindo certa flexibilidade na definição do número de representantes das casas legislativas municipais" (STF – RE nº 881422/ SP – Rel. Min. Dias Toffoli – Pleno – *DJe*-95 de 16-5-2018). E mais:

> "[...] 2. Na Emenda Constitucional n. 58/2009, pela qual se alterou o inc. IV do art. 29 da Constituição da República, não se impôs a obrigatoriedade na fixação do número de cadeiras de vereadores no patamar máximo estabelecido, em observância à proporcionalidade, autonomia municipal e isonomia. Precedentes" (STF – ADPF nº 364/SP – Rel. Cármen Lúcia – Pleno – *DJe* 211 de 27-9-2019).

E não é automática, porque a definição do número de vereadores que compõem o Poder Legislativo Municipal é matéria que compete à Lei Orgânica do Município, observados os limites constitucionais. Assim, com fundamento nos levantamentos do último censo demográfico realizado pelo IBGE, pode-se promover a emenda da Lei Orgânica a fim de aumentar o número de cadeiras na Câmara Municipal. A exigência de previsão legal não constitui mera formalidade, prendendo-se à necessidade de haver debate público acerca da alteração, estudo de impacto orçamentário, análise de viabilidade financeira (porque haverá incremento de despesas), formação de consensos para a criação dos novos cargos e outras medidas que somente são possíveis no âmbito de um processo legislativo.

Diferentemente, se houver diminuição da população que acarrete o rebaixamento da faixa e, pois, redução de cadeiras na Câmara de Vereadores, impõe-se a realização de mudança legislativa com vistas à adequação da situação aos limites máximos fixados na Constituição Federal. Nessa hipótese, caso a Câmara não promova a necessária alteração legislativa, poderá ser compelida a fazê-lo por determinação judicial em regular processo.

Para ter eficácia e ser aplicada em determinado pleito, a norma que altera o número de vereadores deve ser aprovada e entrar em vigor até a "realização das convenções partidárias". Nesse sentido: Res. TSE nº 22.556/2007, Res. TSE nº 22.823/2008. Caso contrário, somente poderá ser observada nas eleições subsequentes.

Uma vez obtido o "número de lugares a preencher" nas Câmaras Municipais, torna-se fácil a apuração do número de candidatos que o partido poderá registrar, bastando para tanto que acrescente um a esse número.

13.1.7 Quota eleitoral de gênero

Por *quota eleitoral de gênero* compreende-se a ação afirmativa que visa garantir espaço mínimo de participação de cada gênero, masculino e feminino, na vida política do País. Seu fundamento encontra-se nos valores atinentes à cidadania, dignidade da pessoa humana, igualdade e pluralismo político que fundamentam o Estado Democrático brasileiro (CF, art. 1º, II, III e V).

A implementação da quota se dá por meio da reserva de certo número de vagas que os partidos podem lançar para as eleições proporcionais, ou seja, de deputados e vereadores.

Mas a baixa efetividade dessa solução tem lhe rendido críticas. Afirma-se que a política de quotas deveria garantir aos beneficiados o efetivo preenchimento de cadeiras nas Casas Legislativas. Para tanto, propugna-se que um percentual de cadeiras nas Casas Legislativas (e não um percentual de vagas na disputa) seja destinado ao atendimento da quota de gênero.

Conquanto se aplique indistintamente a ambos os gêneros, a enfocada ação afirmativa foi pensada para resguardar a posição das mulheres que, sobretudo por razões históricas ligadas a uma cultura de exclusão e machista, não desfrutam de espaço relevante no cenário político brasileiro, em geral controlado por homens. Nesse âmbito, a discriminação contra a mulher constitui desafio a ser superado. Ainda nos dias de hoje, é flagrante o baixo número de mulheres na disputa pelo poder político em todas as esferas do Estado; ainda menor é o número de mulheres que efetivamente ocupam os postos público-eletivos. Tais constatações são de todo lamentáveis em um país em que o gênero feminino forma a maioria da população.

Com efeito, consoante evidenciado pelo senso demográfico realizado pelo IBGE em 2010, a população feminina era, naquele ano, de 51% do total contra 49% da masculina (disponível em: http://www.ibge.com.br/home/ – sinopse dos resultados do Censo 2010. Acesso em: 30 abril 2011). Também são maioria nas universidades e instituições de ensino superior, respondendo, ademais, por expressiva fatia dos mercados de trabalho e consumo.

Por outro lado, segundo dados estatísticos publicados pelo Tribunal Superior Eleitoral, o eleitorado feminino supera o masculino, prevalecendo a preeminência feminina em quase todas as faixas etárias. Eis a distribuição do eleitorado por gênero no mês de outubro de 2021:

Faixa etária	Masculino	%/T	Feminino	%/T	Sexo não informado	%/T
Inválida	811	45,41	975	54,59		
16 anos	48.591	42,11	66.800	57,89	0	0
17 anos	234.259	47,29	261.152	52,71	0	0
18 a 20 anos	2.970.112	48,57	3.145.185	51,43	0	0
21 a 24 anos	6.021.669	48,99	6.269.540	51,01	0	0
25 a 34 anos	14.483.778	48,06	15.650.643	51,94	0	0
35 a 44 anos	14.626.070	47,49	16.169.581	52,51	0	0,00
45 a 59 anos	17.241.684	46,93	19.492.578	53,05	7.017	0,02
60 a 69 anos	7.834.159	45,83	9.251.888	54,12	8.834	0,05
70 a 79 anos	3.851.415	44,52	4.793.139	55,40	7.131	0,08
Acima de 79 anos	1.654.274	42,28	2.249.194	57,49	9.072	0,23
Total	68.966.822	47,12	77.350.675	52,85	32.054	0,02
Eleitorado total	146.349.551					

Fonte: Brasil. TSE. Estatísticas do eleitorado – por sexo e faixa etária (disponível em: <https://www.tse.jus.br/eleitor/estatisticas-de-eleitorado/estatistica-do-eleitorado-por-sexo-e-faixa-etaria>. Acesso em: 20 nov. 2021).

Os dados estatísticos das eleições municipais de 2020 são significativos. Revelam que a participação feminina na política brasileira é bem inferior à masculina. Dos 5.458 prefeitos eleitos, apenas 658 são mulheres, o que representa 12,1% do total. Já para vereador, foram eleitos 48.250 homens, mas apenas 9.196 mulheres, o que constitui 12,1% do total de eleitos para as Câmaras Municipais.

Cargo	Gênero	Número de candidatos	Número de eleitos	% de mulheres eleitas
Prefeito	Masculino	16.750	4.800	–
Prefeita	Feminino	2.602	658	12,1%
Vereador	Masculino	338.106	48.265	–
Vereadora	Feminino	180.222	9.196	12,1%
Total Geral	–	537.680	62.919	15,6%

Fonte: Brasil. TSE. Repositório de dados eleitorais; Estatísticas Eleitorais 2020 – Resultados; Cruzamento de dados por gênero (disponível em: <https://www.tse.jus.br/eleicoes/estatisticas/estatisticas-eleitorais>. Acesso em: 1º dez. 2020).

O modelo de sub-representação feminina é reproduzido em todas as esferas de poder político. Assim, por exemplo, nas eleições gerais de 2022 foram eleitas 91 pessoas do gênero feminino para a Câmara dos Deputados, o que representa 18% das 513 cadeiras existentes naquela Casa Legislativa. O gráfico seguinte bem ilustra essa disparidade:

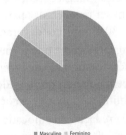

Fonte: www.tse.jus.br.

Indaga Bucchianeri Pinheiro (2010, p. 215) se não haveria inconstitucionalidade na determinação legal de estabelecimento de quotas de gênero face ao princípio da autonomia partidária inscrito no § 1º do art. 17 da Lei Maior. Respondendo negativamente à indagação, assinala a autora que,

> "[...] embora a cláusula da autonomia seja inerente ao próprio estatuto constitucional dos partidos políticos, conferindo-lhes uma esfera de privacidade e intimidade dogmática e institucional/organizacional que é infensa à intervenção estatal, isso não significa que tais corpos intermediários sejam integralmente imunes às regras e aos princípios fundamentais constantes da Carta Política, tal como o é o princípio da igual dignidade de todos e o da não discriminação entre os sexos [...]. Não há falar, pois, em soberania partidária, mas, unicamente, em autonomia, que não se sobrepõe ao dever constitucional de observância aos direitos fundamentais (art. 17, *caput*) e que autoriza, sim, sob tal perspectiva, não só a atuação corretiva por parte do Poder Judiciário, mas, por igual, determinadas imposições derivadas da lei, tal como ocorre na hipótese da paridade mínima entre sexos, em tema de candidaturas políticas".

Vale registrar que o art. 93-A da LE (com a redação da Lei nº 13.488/2017) autoriza o TSE, no período compreendido entre 1º de abril e 30 de julho do ano eleitoral (antes e durante as convenções dos partidos), a promover propaganda institucional "destinada a incentivar a participação feminina na política" (bem como a "dos jovens e da comunidade negra"); para tanto, poderá requisitar das emissoras de rádio e televisão, até cinco minutos diários, contínuos ou não.

A primeira ação afirmativa visando incrementar a participação feminina na política foi positivada na Lei nº 9.100/95, cujo art. 11, § 3º, determinava que nas eleições proporcionais (para deputado e vereador), vinte por cento, no mínimo, das vagas de cada agremiação "deverão ser preenchidas por candidaturas de mulheres".

Esse percentual mínimo foi elevado a 30% pela Lei nº 9.504/97, que também deixou de indicar o gênero beneficiado com a quota. Assim, nas eleições proporcionais, cada partido *preencherá* o mínimo de 30% e o máximo de 70% "para candidaturas de cada sexo" (LE, art. 10, § 3º – redação dada pela Lei nº 12.034/2009). De sorte que, à vista da quantidade de candidatos que a agremiação poderá registrar, no mínimo 30% do total deverá ser ocupado por um dos gêneros.

O aludido § 3º, art. 10, da LE teve sua redação alterada pela Lei nº 12.034/2009. A expressão *deverá reservar* constante do texto anterior foi substituída pelo imperativo *preencherá*. A esse respeito, adverte Barreiros Neto (2011, p. 180) que a interpretação da nova redação do § 3º *"não pode tender para o absurdo*, que seria obrigar o partido a, de fato, preencher os trinta por cento reservados a cada sexo". Isso porque, muitas vezes, a agremiação não conta em suas fileiras com número de pessoas suficientes, de um determinado gênero, para preencher a quota. Diante disso, prossegue o autor, a interpretação mais coerente "é aquela que impõe o limite máximo de 70% do total de vagas que podem ser preenchidas para um determinado sexo, e não exatamente aquela que determina que os 30% mínimos deverão ser, a qualquer custo, preenchidos".

O problema, porém, dessa interpretação é que torna sem sentido o estabelecimento da quota de gênero, já que o partido fica desobrigado de preencher o limite mínimo estabelecido. E o que se quer é justamente o preenchimento do referido percentual mínimo, de maneira a se incrementar a participação feminina na política e na ocupação de cargos político-eletivos.

Na verdade, com a mudança da redação do enfocado § 3º, art. 10, da LE é necessário que o cálculo dos percentuais de 30% e 70% se baseie no número de candidatos cujos registros forem real e efetivamente requeridos pelo partido, e não (como ocorria antes) o número abstratamente previsto em lei.

E mais: na hipótese de federação de partidos, o art. 17, § 4º-A, da Res. TSE nº 23.609/2019 (com a redação da Res. nº 23.729/2024) determina a aplicação dos referidos percentuais "à lista de candidaturas globalmente considerada e às indicações feitas por partido para compor a lista".

E se da operação de cálculo da quota de gênero resultar número fracionário? A regra que manda, em todos os cálculos, desprezar a fração, se inferior a meio, e igualá-la a 1, se igual ou superior (LE, art. 10, § 4º), não pode ser inteiramente seguida aqui. É que, sendo a fração inferior a meio, deverá ser desprezada, e, consequentemente, o percentual de 30% não será observado. Figure-se o exemplo de Município em que haja 9 lugares a preencher na Câmara Municipal; cada partido poderá lançar 14 candidatos a vereador; como 30% de 14 é 4,2, o número de vagas reservadas será de 4, menos, pois, que o mínimo legal. Logo, tratando-se de quotas eleitorais, se do cálculo resultar fração, esta jamais poderá ser desprezada, devendo, ao contrário, ser arredondada sempre para mais. Com isso, assegura-se a eficácia do piso legal de vagas para cada gênero. Resulta, pois, que na *reserva percentual de gênero*, qualquer fração resultante do cálculo percentual máximo (70%) deverá ser desprezada, mas igualada a 1 no cálculo percentual mínimo (30%).

Tendo em vista eleições municipais, o quadro seguinte relaciona o número de candidatos que pode ser registrado por partido com os percentuais mínimo e máximo atinentes à reserva por gênero.

Número de cadeiras	Nº de candidatos por partido	Mínimo de 30%	Máximo de 70%
9	14	5	9
11	17	6	11
13	20	6	14
15	23	7	16
17	26	8	18
19	29	9	20
21	32	10	22
37	56	17	39
41	62	19	43

Fonte: Elaborado pelo autor. Referências: *(i)* número máximo de candidatos – LE, art. 10, *caput* (com a redação da Lei nº 13.165/2015); *(ii)* percentual por gênero – LE, art. 10, §§ 3º e 4º.

Os referidos percentuais devem ser atendidos na ocasião de formalização do pedido de registro de candidatura. Mas, e se não forem demonstrados nessa oportunidade? Há precedente do TSE entendendo ser possível o atendimento da quota "em data posterior à do limite para requerimento de candidaturas" (TSE – REspe nº 107.079/BA – PSS 11-12-2012). Assim, é possível fazer-se a adequação ulteriormente, acrescentando-se ou ceifando-se da lista apresentada a quantidade de nomes que se fizer necessária.

O problema, porém, é saber quem fará o acréscimo e a poda de nomes, e com quais critérios. Sobre a primeira questão, tem-se que – em tese – a adequação pode ser feita pelo partido requerente ou pela Justiça Eleitoral. Já quanto aos critérios, podem-se figurar os seguintes: (a) realização de nova convenção partidária; (b) sorteio; (c) ordem de protocolo dos requerimentos de registro de candidatura; e (d) deliberação da direção do partido requerente.

Análise acurada desse tema revela que a escolha de nomes jamais poderia ser feita pela Justiça Eleitoral. Isso porque haveria violação ao princípio constitucional da autonomia partidária (CF, art. 17), já que a escolha de pré-candidatos é matéria *interna corporis* da agremiação, tendo lhe sido entregue com exclusividade. No regime de democracia e representação partidária, é impensável que o Estado, pelos órgãos da Justiça Eleitoral, se substitua ao partido para tomar decisão tão relevante. De modo que a escolha só pode ser feita pelo próprio partido.

Já quanto aos critérios apontados, são eles cogitados para a hipótese de supressão de nomes da lista apresentada. O critério da letra "a" é inviável; poderia prejudicar a marcha do processo eleitoral, pois demandaria muito tempo para que novas convenções partidárias sejam organizadas e realizadas – ademais, seria inútil caso o partido não contasse com outros filiados que pudessem atender ao montante da quota. Inviável, igualmente, é o critério da letra "b", visto que a escolha de candidatos numa democracia não pode ser relegada ao acaso, ao azar ou infortúnio – ao contrário, o regime democrático exige certo nível de consciência política e responsabilidade de seus atores. A seu turno, o critério da letra "c" (ordem de protocolo dos requerimentos de registro de candidatura) tem por si a vantagem da objetividade; entretanto, fere o princípio constitucional da autonomia partidária (CF, art. 17, § 1º), uma vez que permite a manipulação da lista de pré-candidatos aprovada pela convenção partidária. Em tese, essa manipulação poderá ser feita: *(i)* pelo preposto do partido incumbido de protocolar na Justiça Eleitoral os pedidos de registro, já que poderá estabelecer a ordem de entrega; *(ii)* pelo servidor do cartório eleitoral encarregado de protocolar os pedidos de registro. Por fim, o critério da letra "d" parece ser o mais adequado, pois é o próprio partido, por seus órgãos deliberativos, que estabelecerá os nomes a serem suprimidos da lista apresentada à Justiça Eleitoral.

Nesse quadro, não sendo atendidos os percentuais legais, deverá o juiz notificar a agremiação para, em até três dias (LE, art. 11, § 3º), regularizar a situação. A não regularização implica o indeferimento do DRAP – Demonstrativo de Regularidade Partidária, prejudicando todos os pedidos de registro de candidatura apresentados (TSE – REspe nº 2.939/PE – PSS 6-11-2012; Res. TSE nº 23.609/2019, art. 17, § 6º). Reitere-se que o ajuste deve ser efetuado pela própria agremiação, e não pela Justiça Eleitoral, pois a indicação de nomes para a disputa do certame é ato privativo do partido. A esse respeito, assentou a Corte Superior que o não atendimento dos respectivos percentuais impõe a intimação do partido para que "proceda ao ajuste e regularização na forma da lei" (TSE – REspe nº 78.432/PA – PSS 12-8-2010).

Está claro que, não havendo número suficiente de homens e mulheres na agremiação para preencher os percentuais fixados, é defeso ao partido indicar para as vagas sobejantes candidatos do gênero oposto àquele a que elas se destinavam, visto que não poderá preencher com candidatos masculinos as vagas destinadas a candidatas femininas e vice-versa. Tal permissão afrontaria a letra e o espírito da regra em questão, esvaziando seu relevante significado no sistema jurídico-eleitoral.

O que cumpre aos partidos é aprimorar sua comunicação social e seus quadros, aumentando o número de filiados de ambos os gêneros, tornando-se, portanto, mais plural. Sabe-se, porém, que essa tarefa não é fácil, pois, além dos obstáculos históricos advindos do ambiente cultural (que não favorece o protagonismo feminino na política), a Constituição Federal garante que "ninguém poderá ser compelido a associar-se ou a permanecer associado" a quaisquer instituições, pública ou privada (CF, art. 5º, XX).

Problema diverso ocorre se os percentuais de 70% e 30% forem cumpridos quando da formalização do pedido de registro de candidatura, mas, posteriormente (antes do pleito), por razões não imputáveis à agremiação, restarem desatendidos. Isso sucederia, *e.g.*, se houvesse indeferimento do pedido de registro, renúncia ou morte de candidato(a)s e: *(i)* a agremiação não dispusesse de outros nomes do mesmo gênero para promover a substituição e completar a quota; ou, *(ii)* os aludidos eventos tivessem lugar em momento em que a substituição já não é permitida. Nessas hipóteses, a quota ficará irremediavelmente desfalcada em razão de fato superveniente ao pedido de registro.

A propósito, já asseverou o TSE que "o indeferimento posterior de candidaturas não infirma a observância do sistema de cotas pelo Partido" (TSE – REspe nº 107.079/BA – PSS 11-12-2012). Por outro lado, ao julgar em 23-5-2013 o REspe nº 21.498/RS, por unanimidade, entendeu aquele sodalício que o desfalque ulterior na porcentagem da quota em razão de renúncia de candidaturas femininas não viola o limite de 30% previsto no dispositivo legal em exame, porque tal percentual foi atendido no momento do registro e não houve burla por parte da agremiação ao comando legal.

Candidatura única – no espaço de autonomia que a Constituição lhe assegura (CF, art. 17, § 1º), a agremiação não é obrigada a preencher todas as vagas de candidato a que tem direito. Por exemplo: embora tenha direito de pedir o registro de nove candidatos, poderá optar por lançar menos que isso ou até nenhum.

Não obstante, em qualquer caso, impõe-se a observância da quota de gênero.

E se o partido lançar um único candidato? A lógica da quota requer que o partido lance mais de uma candidatura. No caso, afigura-se razoável admitir-se que o único candidato lançado seja de qualquer gênero, porque: *(a)* é impossível incidir a referida proporção de 30% e 70%; *(b)* a fração resultante deve ser arredondada para o primeiro número inteiro acima, que, no caso, é um; *(c)* deve preponderar o direito político fundamental atinente à participação política. A propósito, já se entendeu na jurisprudência: "Em se tratando de candidatura única nas eleições proporcionais, a regra inserta no art. 10, § 3º, da Lei nº 9.504/97 merece mitigação, por ofender a razoabilidade, compelir o grêmio a requerer nova candidatura de sexo oposto ou desistir da única candidatura requerida. [...]" (TRE-MG – RE nº 36676 – PSS 14-9-2016). Em igual sentido: TRE-BA – RE nº 11435 – PSS 12-9-2016; TRE-RS – RE nº 22089 – PSS 27-9-2016.

13.1.7.1 A questão dos trans, transgênero e transexual

No âmbito do registro de candidatura e notadamente nas quotas eleitorais, debate-se acerca da questão de pessoas trans, transgênero e transexual.

Trans é palavra de origem latina, que significa além de, para lá de, transposição, mudança, transformação. Já o vocábulo gênero, entre outras coisas, refere-se aos padrões de masculinidade e feminilidade construídos culturalmente em dada sociedade; delineia as diferentes formas sexuais dos indivíduos, podendo ser masculino e feminino. O gênero consiste em uma atribuição cultural.

Em geral, os termos trans, transgênero e transexual são empregados para designar pessoas cujo gênero difere daquele que lhe foi formalmente atribuído no nascimento com base em uma avaliação biológica ou morfológica. Sob o aspecto psicológico, tais pessoas se identificam com o sexo oposto ao que lhes foi conferido. Assim, uma pessoa que do ponto de vista biológico nasce fêmea, pode, psicologicamente, sentir-se do sexo masculino – e vice-versa. Há, portanto, discrepância entre o sexo biológico e o psicológico.

Com base no princípio fundamental da dignidade da pessoa humana, direito à identidade, à não discriminação e à felicidade, o Supremo Tribunal Federal reconheceu (ADI 4275, j. 1º-3-2018) ao transgênero "o direito à substituição de prenome e sexo diretamente no registro civil", independentemente da realização de cirurgia "de transgenitalização, ou da realização de tratamentos hormonais ou patologizantes". Para tanto, basta que haja declaração firmada pelo próprio interessado, isto é, autodeclaração.

Nos domínios eleitorais, o art. 10, § 3º, da LE estabelece quota "para candidaturas de cada sexo". Afirmou o TSE (vide Consulta nº 0604054-58, j. 1º-3-2018) o direito de transgênero registrar candidatura com o nome social e o gênero com o qual se identifica. No caso, ele entrará na quota adequada ao gênero que ele próprio espontaneamente declarar como sendo aquele com o qual se identifica. Assim, homem transgênero deve ser computado na quota masculina, enquanto mulher transgênera (incluindo travesti) na quota feminina.

Para fins de eleições, "será considerado o gênero declarado no registro de candidatura, ainda que dissonante do Cadastro Eleitoral" (Res. TSE nº 23.609/2019, art. 17, § 5º – incluído pela Res. TSE nº 23.675/2021). Assim, considerar-se-á a autodeclaração firmada quando do registro de candidatura e não – como vinha se entendendo – a constante do Cadastro Eleitoral.

13.1.7.2 Fraude na quota de gênero

A dificuldade em lançar candidaturas de mulheres em ordem a preencher a quota mínima de gênero tem levado partidos políticos a fraudar o regime e o processo de registro de candidatura.

Consiste a fraude em lançar a candidatura de mulheres que na realidade não disputarão efetivamente o pleito. São candidaturas fictícias. Os nomes femininos são incluídos na lista do partido tão somente para atender à necessidade de preenchimento do mínimo de 30%, viabilizando-se, com isso, a presença do partido e de seus verdadeiros candidatos nas eleições. Trata-se, portanto, de burla à regra legal que instituiu a ação afirmativa direcionada ao incremento da participação feminina na política.

332 | DIREITO ELEITORAL – *José Jairo Gomes*

Embora esse tipo de fraude se perfaça na fase de registro de candidatura, em geral os indícios de sua ocorrência ficam mais palpáveis depois do pleito, sendo evidenciados por situações como a ausência de votos à suposta candidata (ou seja: a candidata não teve o próprio voto), a não realização de campanha própria, dedicação à campanha de outro candidato, prestação de contas sem registro de receita ou despesa (ou seja: a prestação de contas aparece zerada). Em um caso concreto, foram destacados indícios de padronização e maquiagem contábil como a "extrema semelhança dos registros nas contas de campanha de cinco candidatas – tipos de despesa, valores, data de emissão das notas e até mesmo a sequência numérica destas" (TSE – REspe nº 19392/PI – *DJe* 4-10-2019). A respeito, dispõe a Súmula nº 73 do TSE:

> "A fraude à cota de gênero, consistente no que diz respeito ao percentual mínimo de 30% de candidaturas femininas, nos termos do art. 10, § 3º, da Lei 9.504/1997, configura-se com a presença de um ou alguns dos seguintes elementos, quando os fatos e as circunstâncias do caso concreto assim permitirem concluir:
>
> – votação zerada ou inexpressiva;
>
> – prestação de contas zerada, padronizada ou ausência de movimentação financeira relevante;
>
> – ausência de atos efetivos de campanha, divulgação ou promoção da candidatura de terceiros.
>
> O reconhecimento do ilícito acarretará nas seguintes penas:
>
> – cassação do Demonstrativo de Regularidade de Atos Partidários (DRAP) da legenda e dos diplomas dos candidatos a ele vinculados, independentemente de prova de participação, ciência ou anuência deles;
>
> – inelegibilidade daqueles que praticaram ou anuíram com a conduta, nas hipóteses de Ação de Investigação Judicial Eleitoral (AIJE);
>
> – nulidade dos votos obtidos pelo partido, com a recontagem dos quocientes eleitoral e partidário (artigo 222 do Código Eleitoral), inclusive para fins de aplicação do artigo 224 do Código Eleitoral, se for o caso."

Os eventos elencados nessa súmula evidenciam "o propósito de burlar o cumprimento da norma que estabelece a cota de gênero, conclusão não afastada pela afirmação não comprovada de desistência tácita da competição" (Res. TSE nº 23.735/2024, art. 8º, § 2º).

No entanto, para se concluir pela ocorrência de fraude, é mister que o contexto fático seja bem ponderado, afinal, não é impossível que surjam obstáculos que tornem muito difícil ou impeçam a candidata de levar adiante sua campanha, ou mesmo que simplesmente se desinteresse ou não se empolgue com ela.

Caso seja reconhecida a fraude enfocada, o ato poderá afetar tanto a decisão anterior que deferiu o Demonstrativo de Regularidade dos Atos Partidários – DRAP, como também os pedidos de registro de candidatura a ele vinculados, que eventualmente deverão ser readequados ou até mesmo extintos. Se a decisão que afirma a fraude ocorrer após as eleições, todos os candidatos eleitos (não importa se homens ou mulheres) do partido ou coligação responsável pela fraude serão afetados, podendo perder seus mandatos em razão da anulação dos votos decorrente da mácula da lista do partido; em consequência, impor-se-á o recálculo dos quocientes eleitoral e partidário e, pois, a reconfiguração do quadro de eleitos para a Casa Legislativa. Nesse sentido:

"A fraude à cota de gênero acarreta a cassação do diploma de todas as candidatas eleitas e de todos os candidatos eleitos, a invalidação da lista de candidaturas do partido ou da federação que dela tenha se valido e a anulação dos votos nominais e de legenda, com as consequências previstas no *caput* do art. 224 do Código Eleitoral" (Res. TSE nº 23.735/2024, art. 8º, § 5º).

"A conclusão, nas ações referidas no § 1º deste artigo, pela utilização de candidaturas femininas fictícias, acarretará a anulação de todo o DRAP e a cassação de diplomas ou mandatos de todas as candidatas e de todos os candidatos a ele vinculados, independente- mente de prova de sua participação, ciência ou anuência, com a consequente retotalização dos resultados e, se a anulação atingir mais de 50% (cinquenta por cento) dos votos da eleição proporcional, a convocação de novas eleições" (Res. TSE nº 23.609/2019, art. 20, § 5º – incluído pela Res. TSE nº 23.675/2021).

"Eleições 2020. [...] Ação de investigação judicial eleitoral (AIJE). Fraude à cota de gênero. [...] 1. A fraude à cota de gênero de candidaturas femininas representa afronta aos princí- pios da igualdade, da cidadania e do pluralismo político, na medida em que a *ratio* do art. 10, § 3º, da Lei 9.504/1997 é ampliar a participação das mulheres no processo político- -eleitoral. [...] 4. Caracterizada a fraude, e, por conseguinte, comprometida a disputa, a consequência jurídica é: (i) a cassação dos candidatos vinculados ao Demonstrativo de Regularidade de Atos Partidários (Drap), independentemente de prova da participação, ciência ou anuência deles; (ii) a inelegibilidade daqueles que efetivamente praticaram ou anuíram com a conduta; (iii) a nulidade dos votos obtidos pela Coligação, com a recontagem do cálculo dos quocientes eleitoral e partidários, nos termos do art. 222 do Código Eleitoral [...]" (TSE – Ag-REspe nº 060072253 – j. 13-6-2023).

Isso é assim porque as candidaturas femininas fictícias propiciam uma falsa competição pelo voto popular, restando contaminadas todas as candidaturas estruturadas no terreno pan- tanoso da fraude. A configuração desse ilícito embaraça a própria disputa eleitoral, perdendo os mandatos aqueles que dele participaram ou se beneficiaram de forma direta ou indireta. Nesse sentido: STF – ADI 6.338/DF – Pleno – Rel. Min. Rosa Weber – j. 3-4-2023 (*a contrario sensu*). E mais:

"[...] 10. O registro das candidaturas fraudulentas possibilitou maior número de homens na disputa, cuja soma de votos, por sua vez, contabilizou-se para as respectivas alianças, culminando em quociente partidário favorável a elas (art. 107 do Código Eleitoral), que puderam então registrar e eleger mais candidatos. 11. O círculo vicioso não se afasta com a glosa apenas parcial [das candidaturas], pois a negativa dos registros após a data do pleito implica o aproveitamento dos votos em favor das legendas (art. 175, §§ 3º e 4º, do Código Eleitoral), evidenciando-se, mais uma vez, o inquestionável benefício auferido com a fraude. [...]" (TSE – REspe nº 19392/PI – *DJe* 4-10-2019).

No terreno processual, a jurisprudência já afirmou não ser "cabível a proposição de repre- sentação com fundamento no art. 96, § 8º, da Lei nº 9.504/97, para questionar o preenchimento dos percentuais de gênero, à míngua de expressa previsão legal" (TSE – AI nº 21.838/RS – *DJe*, t. 203, 22-10-2013, p. 60).

Assentou-se, porém, o entendido de que o reconhecimento da fraude de gênero pode ocorrer em sede de ação de impugnação de mandato eletivo (AIME), porque o "conceito da fraude, para fins de cabimento da ação de impugnação de mandato eletivo (art. 14, § 10, da Constituição Federal) é aberto e pode englobar todas as situações em que a normalidade das eleições e a legitimidade do mandato eletivo são afetadas por ações fraudulentas, inclusive nos casos de fraude à lei. [...]" (TSE – REspe nº 149/PI – *DJe* 21-10-2015, p. 25-26). Também a ação de investigação judicial eleitoral (AIJE) é admitida, consoante revelam os seguintes julgados: STF – ADI 6.338/DF – Pleno – Rel. Min. Rosa Weber – j. 3-4-2023 (*a contrario sensu*); TSE – AREspe nº 0601196-36/RJ – j. 16-2-2023; TSE – REspe nº 19392/PI – *DJe* 4-10-2019; TSE – REspe nº 24.342/PI – *DJe*, t. 196, 11-10-2016, p. 65-66.

Considerando os efeitos atinentes à perda de mandato, afigura-se razoável o entendimento que requer a colocação no polo passivo das aludidas ações (AIME e AIJE) – como litisconsortes passivos – todos os candidatos que se beneficiaram direta ou indiretamente da fraude, independentemente do gênero a que pertençam.

Mas o litisconsórcio passivo é necessário apenas quanto aos candidatos eleitos. Em relação a *suplentes*, entendeu a Corte Superior que a não inclusão deles no polo passivo não invalida as referidas ações eleitorais, pois detêm mera expectativa de direito de exercer mandato. Nesse sentido: TSE – AgR-REspe nº 68480/MT – *DJe* 31-8-2020; AgR-REspe nº 68565/MT – j. 28-5-2020; AgR-REspe nº 000000133/BA – 3-5-2021. De sorte que, em relação a suplentes, o litisconsórcio passivo é facultativo. Em consequência, é possível invalidar toda a lista de candidatos proporcionais em que haja candidaturas femininas fictícias e cassar o mandato dos eleitos, ainda que suplentes não tenham sido incluídos no polo passivo da relação processual.

Assim, sendo os pedidos nas referidas ações eleitorais julgados procedentes após as eleições, a decisão judicial poderá implicar ingentes alterações nos resultados anteriormente proclamados, pois a cassação do registro ou do diploma dos candidatos beneficiados pela fraude implicará a reconfiguração do quadro de eleitos e da representação partidária na respectiva Casa Legislativa.

13.1.7.3   Financiamento da quota de gênero

No julgamento da ADI 5617/DF (*DJe* 22-3-2018) e da Consulta nº 0600252 (j. 22-5-2018) o Supremo Tribunal Federal e o Tribunal Superior Eleitoral firmaram, respectivamente, o entendimento de que: *(i)* no mínimo 30% do montante de recursos do Fundo Partidário (STF, ADI 5617), do Fundo Especial de Financiamento de Campanha e do tempo de propaganda gratuita no rádio e na TV (TSE, Consulta nº 0600252) deve ser destinado ao financiamento e promoção de candidaturas femininas nas eleições majoritárias e proporcionais; *(ii)* se o percentual de candidaturas femininas for superior a 30%, o mínimo desses recursos a elas destinados deve variar e ser elevado na mesma proporção.

Criticável nas referidas decisões é o fato de ensejarem que o cumprimento do percentual mínimo se dê com a destinação dos recursos para as eleições majoritárias (*i.e.*, presidente da República, governador, prefeito, senador e respectivos vices e suplentes).

Na verdade, a quota de gênero foi instituída para as eleições proporcionais (*i.e.*, deputado e vereador), e a referida permissão pode prejudicar as candidaturas que por ela deveriam ser promovidas, pois normalmente o investimento em candidaturas majoritárias é muito elevado, especialmente para o Poder Executivo. Assim, bastará que uma mulher figure como candidata a vice numa chapa majoritária encabeçada por um homem, ou a suplente de senador, para que os recursos destinados a essas chapas possam ser computados na quota, sugando, assim, boa parte dos recursos que deveriam ser destinados às candidaturas beneficiárias da política de quota de gênero.

Desvio de recursos destinados ao financiamento da quota de gênero – o desvio de recursos de fundo público destinado a financiar a quota de gênero é fato ilícito que impede ou dificulta a implementação da política pública a que a quota visa implementar.

Apreciando um caso concreto, entendeu a Corte Superior que a doação pela candidata de "recursos recebidos do Fundo Partidário a candidatos do gênero masculino viola a política instituída pelos arts. 44, V, da Lei nº 9.096/1995 e 9º da Lei nº 13.105/2015. Da mesma forma, frustra essa política o recebimento pelo candidato Afrânio de valores que sabidamente eram destinados ao fomento de campanha feminina" E conclui pela manutenção do acórdão do TRE que cassou os mandatos impugnados (TSE – AI nº 33986/RS – *DJe* 20-9-2019).

13.1.8 Quota eleitoral étnico-racial

Não há previsão legal de quota eleitoral étnico-racial, de modo a compelir-se os partidos políticos a reservarem vagas para candidaturas de cidadãos que se enquadrem nessa categoria.

Todavia, no tocante ao financiamento, a EC nº 133/2024 introduziu no art. 17 da CF o § 9º, o qual determina que o partido aplique "em candidaturas de pessoas pretas e pardas" pelo menos 30% dos recursos oriundos do FEFC e do Fundo Partidário "destinados às campanhas eleitorais". O investimento deve ocorrer "nas circunscrições que melhor atendam aos interesses e às estratégias partidárias". Os interesses e as estratégias partidárias são definidos pela direção da entidade que, com base nessa definição, tem liberdade para repassar os recursos a seus candidatos.

Essa regra foi promulgada sob os influxos da Consulta nº 060030647/DF (j. 25-8-2020) e da ADPF nº 738/DF (j. 2-10-2020), em que o TSE e o STF respectivamente assentaram que os recursos públicos do Fundo Partidário, do FEFC e o tempo de propaganda gratuita no rádio e na TV devem ser distribuídos na mesma proporção das candidaturas de cidadãos pretos/pardos e brancos. Não parece haver incompatibilidade entre a regra constitucional e os referidos julgados, pois 30% dos recursos dos fundos representam um valor mínimo, não máximo.

Já no âmbito da Consulta nº 060022207/DF (j. 27-2-2024), o TSE assentou o entendimento de que candidaturas indígenas registradas por partidos e federações partidárias deverão contar com distribuição proporcional de recursos financeiros oriundos dos Fundo Partidário e do FEFC, além de tempo gratuito de rádio e televisão, da mesma maneira que ocorre com as candidaturas de pessoas negras.

Tais medidas fundam-se nos valores constitucionais da dignidade da pessoa humana e cidadania, bem como no escopo fundamental de construção de uma sociedade justa, fraterna, pluralista e sem preconceitos.

13.1.9 Vagas remanescentes

Se a convenção selecionar menos candidatos que o número que o partido tem direito de registrar, as *vagas remanescentes* poderão ser preenchidas posteriormente. O art. 10, § 5º, da Lei nº 9.504/97 faculta aos "órgãos de direção" ultimar tal providência até 30 dias antes do pleito. Conforme já salientado, desnecessária será a realização de nova convenção para se proceder à escolha de um nome. Mas, se esta tiver fixado diretrizes, deverão ser atendidas. Não há óbice a que a vaga seja preenchida por alguém indicado na convenção, cujo registro, porém, não tenha sido requerido na oportunidade própria (TSE – REspe nº 50.442/RS – PSS 2-10-2012; REspe nº 34.371/MT – *DJe* 19-6-2013). Note-se que eventual interessado não possui legitimidade para, sozinho, pleitear seu próprio registro, porquanto a indicação só pode ser feita pelo órgão de direção.

Sendo indicado servidor público, nem por isso fica dispensada sua desincompatibilização pelo prazo legal. O afastamento ocorrido após esse lapso torna o indicado inelegível.

O preenchimento de vagas remanescentes deve respeitar os limites percentuais de 30% e 70% das vagas destinadas a cada gênero, sob pena de burlar-se o comando do art. 10, § 3º, da LE.

13.1.10 Substituição de candidatos

Tanto o candidato quanto aquele cujo registro ainda se encontra sob apreciação podem ser substituídos. Diversos podem ser os fundamentos invocados para a substituição, a saber:

(a) indeferimento do pedido de registro por decisão prolatada seja no processo de registro, seja em ação de impugnação (LC nº 64/90, arts. 3º e 17); (b) cassação do registro em ação eleitoral (LC nº 64/90, art. 22, XIV; LE, arts. 41-A e 73, § 5º); (c) cancelamento do registro em razão de expulsão do partido (LE, art. 14); (d) renúncia; (e) falecimento.

Cada qual desses pressupostos exige a presença de requisitos próprios. Nos dois primeiros casos, é preciso que haja decisão judicial nos respectivos processos. A substituição poderá ser promovida pelo respectivo partido, ainda que não haja renúncia formal à candidatura (TSE – RO nº 44.545/MA – *DJe* 3-10-2014).

A expulsão do candidato das fileiras da agremiação política é ato de cunho sancionatório. Logo, deve ser antecedida de processo em que sejam assegurados ao filiado o contraditório e a ampla defesa; também as regras estatutárias hão de ser observadas. Tais exigências decorrem da incidência do direito fundamental inscrito no art. 5º, LV, da Lei Maior. Vale frisar que não apenas o Estado e seus agentes encontram-se sob a influência da Constituição e dos direitos fundamentais nela veiculados, mas também os particulares em suas relações recíprocas, em sua autonomia privada.

A renúncia apresenta natureza de negócio jurídico unilateral, não prescindindo, portanto, de manifestação de vontade. Deve ser externada em documento escrito, datado e assinado. Outrossim, para que valha e seja eficaz, deve ser homologada pelo juiz ou Tribunal eleitoral competente.

Uma vez homologada, a renúncia gera o efeito de afastar o renunciante do processo eleitoral, além de impedi-lo de "concorrer ao mesmo cargo na mesma eleição" (TSE – REspe nº 26418/ SP – *DJe*, t. 229, 2-12-2013, p. 37-38; Res. TSE nº 23.609/2019, art. 69, § 3º).

Ao julgar o REspe nº 61.245/SE (PSS 11-12-2014), a Corte Superior Eleitoral afirmou o entendimento segundo o qual, por ser ato unilateral de vontade, a renúncia à candidatura produz efeitos imediatos; sua ulterior homologação judicial constituiria mera formalidade. Por isso, ela é irretratável. No entanto, cumpre indagar: e se o ato de renúncia não for homologado? Nessa hipótese, ele não poderá gerar efeito jurídico. Melhor, então, parece ser o entendimento que faz depender a eficácia da renúncia de sua regular homologação, resultando, pois, ser ela retratável até a homologação.

Já no caso de falecimento, extingue-se a própria personalidade da pessoa do candidato, porquanto a existência da pessoa natural termina com a morte. É mister que o pedido de substituição se faça acompanhar da respectiva certidão de óbito.

Nas hipóteses de renúncia e falecimento, o cancelamento do registro – acaso já deferido – pode ser feito *ex officio* pela Justiça Eleitoral. Esta, aliás, não possui alternativa diante de tais ocorrências. Com efeito, no primeiro caso, é o próprio candidato que manifesta seu desejo de não mais disputar o pleito. No segundo, a inscrição no corpo de eleitores deve ser cancelada (CE, art. 71, IV). Nada impede, porém, que o cancelamento seja pleiteado pelo interessado ou pelo Ministério Público.

Diferentemente, no caso de expulsão, é necessário que o partido requeira o cancelamento "até a data da eleição", nos termos do art. 14 da LE. Omitindo-se o partido, o requerimento poderá ser ultimado pelo Ministério Público, já que a matéria interessa à ordem pública, pois a filiação partidária é condição de elegibilidade instituída na Lei Maior.

A substituição de candidato é direito assegurado à organização partidária (LE, art. 13, *caput*), e só por ela pode ser exercido.

Esse direito só pode ser exercido "até 20 (vinte) dias antes do pleito, exceto em caso de falecimento de candidato, quando a substituição poderá ser efetivada após esse prazo" (LE, art. 13, § 3º, com a redação da Lei nº 12.891/2013).

Apesar de não constar no texto legal, é justo que a exceção prevista no referido art. 13, § 3º, da LE também possa ser aplicada quando houver demora da Justiça Eleitoral para decidir o pedido de registro de candidatura, vindo a rejeitá-lo nos vinte dias anteriores ao pleito. Afinal, por qual razão teria o partido de perder o direito de substituição se a demora for atribuível exclusivamente à Justiça Eleitoral?

Tal limite temporal se justifica em razão de que 20 dias é o tempo mínimo necessário para que a Justiça Eleitoral faça as alterações necessárias na urna eletrônica.

Além disso, deve-se também observar o lapso de 10 dias contados do fato ou da intimação da decisão judicial que propiciou a substituição (LE, art. 13, § 1º, *in fine*). A toda evidência, trata-se de prazo decadencial, não podendo ser alterado pelos particulares. Logo, o requerimento feito a destempo deve ser indeferido.

A escolha do substituto é matéria reservada à autonomia partidária. Far-se-á, pois, na forma estabelecida no estatuto da organização a que pertencer o substituído (LE, art. 13, § 1º). Para esse fim, não se convoca nova convenção, sendo a escolha feita pelos órgãos de direção da agremiação.

Caso a escolha recaia em servidor público, nem por isso fica dispensada sua desincompatibilização pelo prazo estabelecido nas normas regentes da matéria. Deveras, o afastamento ocorrido após esse lapso torna o substituto escolhido inelegível.

Vale salientar o entendimento consoante o qual a "renúncia à candidatura obsta que o renunciante requeira novo registro para o mesmo cargo e no mesmo pleito. [...]" (TSE – REspe nº 26.418/SP – *DJe*, t. 229, 2-12-2013, p. 37-38). Assim, quem renunciar à candidatura (ainda que esta não tenha sido decidida definitivamente) não poderá – em momento posterior do mesmo processo eleitoral – pleitear novo registro para idêntico cargo, desta feita como substituto de outro candidato. Poderá, porém, requerer a substituição para cargo diverso daquele que renunciara. O problema dessa interpretação é que, em determinadas situações, poderá implicar cerceamento indevido à cidadania passiva, pois o fato "renúncia à candidatura" não foi previsto em lei complementar como causa de inelegibilidade. E mais grave será o cerceamento se o pedido de registro não tiver sido apreciado definitivamente pela Justiça Eleitoral, pois nesse caso a candidatura ainda não estaria consolidada. Ainda que tal restrição possa se fundamentar nos valores inscritos no § 9º do art. 14 da CF (notadamente a "probidade", a "moralidade" ou a "legitimidade"), seria preciso demonstrar que, na realidade histórica, foram eles infringidos, ou seja, que a renúncia implicou o seu ferimento. Mesmo porque, é princípio basilar do sistema jurídico não se poder presumir que as pessoas agem ilicitamente ou com intenções fraudulentas; ao contrário, o ilícito deve sempre ser demonstrado.

As regras para implementação da substituição variam conforme o sistema eleitoral considerado seja majoritário ou proporcional. Certo é que ambos a admitem.

13.1.10.1 Substituição de candidato majoritário

Extrai-se do há pouco citado § 3º do art. 13 da LE: *(a)* "até 20 (vinte) dias antes do pleito", pode haver substituição de candidato por qualquer causa; *(b)* dentro desse lapso, excepcionalmente, só pode haver substituição se o candidato falecer.

O falecimento deve ser comprovado por certidão de óbito, pois somente por esse documento se comprova o estado das pessoas. Na falta de certidão, e havendo dúvida sobre a ocorrência do evento morte, este deve ser compreendido como morte encefálica, de caráter irreversível, pois essa é a forma atual de entendimento da morte do ser humano. Na dúvida, inclusive quanto ao momento de sua ocorrência, será útil observar o protocolo estabelecido na Res. CFM nº 2.173/2017, que define critérios para o diagnóstico de morte encefálica. Para tanto, dispõe o art. 2º dessa norma: "É obrigatória a realização mínima dos seguintes procedimentos para determinação da morte encefálica: a) dois exames clínicos que confirmem coma não perceptivo e ausência de função do tronco encefálico; b) teste de apneia que confirme ausência de movimentos respiratórios após estimulação máxima dos centros respiratórios; c) exame complementar que comprove ausência de atividade encefálica".

Diante da existência de dois turnos de votação no sistema majoritário, será preciso distinguir se o problema da substituição comparece no primeiro ou no segundo.

No *primeiro turno*, a discussão da substituição só se torna relevante se se pretender efetivá-la nos 20 dias que antecedem o pleito. Em tal caso, como visto, a regra legal só permite substituição se o candidato falecer.

Ainda assim, o registro do novo candidato deve ser pleiteado no prazo de dez dias, contado do fato (LE, art. 13, § 1º), sob pena de operar-se a decadência.

Diante disso, é de se indagar: e se a morte ocorrer a menos de dez dias da data designada para a eleição, de modo que o prazo de dez dias vença quando já realizado o pleito? Nessa hipótese, por óbvio, o pedido deve ser feito em *tempo útil*, antes do pleito, já que a data marcada para a eleição é fatal, impostergável. Presente esse contexto, em tese, o pedido de substituição poderá ser feito até o dia da eleição. E isso é o que deverá ocorrer se o candidato falecer na véspera ou no próprio dia do pleito.

Se a substituição ocorrer após a preparação das urnas, o substituto concorrerá com o nome, o número e a imagem do substituído, computando-se-lhe os votos a este atribuídos. Nesse caso, convém seja o fato amplamente repercutido nos meios de comunicação de massa, de maneira que os eleitores saibam com antecedência que os votos dados ao candidato falecido, cujos nome e imagem aparecerão na tela da urna eletrônica, serão redirecionados a seu substituto.

Já no *segundo turno*, por determinação constitucional expressa, não é possível a substituição de candidato. É o que determina o art. 77, § 4º, da Constituição Federal, consoante o qual: "Se, antes de realizado o segundo turno, ocorrer morte, desistência ou impedimento legal de candidato, convocar-se-á, entre os remanescentes, o de maior votação". Essa regra é reiterada pelo art. 2º, § 2º, da Lei nº 9.504/97. Assim, patenteando-se uma dessas hipóteses, convoca-se o terceiro colocado, desfazendo-se a chapa vitoriosa no primeiro turno, mas que, para o segundo, ficou desfalcada de um de seus integrantes. Havendo empate no terceiro lugar, qualificar-se-á o mais idoso.

Note-se que os dispositivos citados empregam o termo *candidato* sem distinguir entre titular e vice na chapa majoritária. Todavia, sendo o "vice" o substituído, o TSE já entendeu não haver óbice a essa operação. Confira-se:

> "Consulta. Candidato a vice-governador de estado. Substituição anterior ao segundo turno por morte, desistência ou impedimento legal. Hipótese de aplicação do art. 13, § 2º, da Lei nº 9.504/97 [...]" (TSE – Ac. nº 20.141, de 26-3-1998).

> "Consulta. Deputado federal. Substituição, no segundo turno, de candidato a vice-presidente ou vice-governador que falecer, desistir ou for impedido legalmente, por candidato eleito ou não em 3 de outubro. É possível a substituição desde que o substituto seja de partido já integrante da coligação no primeiro turno" (TSE – Ac. nº 14.340, de 12-5-1994).

Assim, a chapa só seria desfeita se o substituído fosse o titular.

No entanto, cumpre reconhecer que o Constituinte não cuidou dessa distinção. Não se pode olvidar que a chapa majoritária é sempre única e indivisível. Indiscutivelmente, a aludida interpretação do TSE pode ensejar abusos não condizentes com os princípios fixados no ordenamento pátrio. Figure-se candidato às eleições proporcionais ou ao Senado que, após ser eleito, seja indicado para substituir candidato majoritário (ao Executivo) no segundo turno.

Além de ferir o equilíbrio da disputa eleitoral, tal ocorrência possibilitaria a uma só pessoa disputar dois cargos eletivos no mesmo processo eleitoral, o que esbarra no dizer claro do art. 88 do Código Eleitoral.

13.1.10.2 Substituição de candidato proporcional

No sistema proporcional só há um turno de votação. Vigoram, aqui, as regras já aludidas a respeito de substituição de candidatos.

O § 3º do art. 13 da LE (com a redação da Lei nº 12.891/2013) derroga o § 1º do art. 101 do CE, notadamente na parte em que este prevê que "o novo pedido [de registro] seja apresentado até 60 (sessenta) dias antes do pleito". É evidente a incompatibilidade dos sentidos desses dois dispositivos, devendo prevalecer o primeiro (que estabelece o prazo de 20 dias) em razão do princípio *lex posterior derogat priori*.

Não é demais reiterar que o pedido de substituição há de ser feito dentro do prazo decadencial de dez dias, contados do fato ou da intimação ao partido da decisão judicial que lhe ensejou (LE, art. 13, § 1º).

Note-se que a substituição de candidatos deve seguir os percentuais de 30% e 70% estabelecidos para cada gênero (LE, art. 10, § 3º). Não será possível a substituição fora desse marco, de sorte que vaga feminina só poderá ser preenchida por mulher.

13.2 IMPUGNAÇÃO A PEDIDO DE REGISTRO DE CANDIDATURA

O pedido de registro de candidatura pode ser impugnado ou contestado. Para tanto, duas veredas se apresentam, a saber: Notícia de Inelegibilidade e Ação de Impugnação de Registro de Candidatura (AIRC).

13.2.1 Notícia de inelegibilidade

Tecnicamente, a "notícia de inelegibilidade" não constitui uma ação de impugnação, mas forma de valorizar a cidadania, otimizando a participação do cidadão no processo político--eleitoral.

O art. 97, § 3º, do Código Eleitoral conferia ao eleitor legitimidade para impugnar pedido de registro de candidatura. Essa regra, porém, já não prevalece no ordenamento diante do texto claro do art. 3º da LC nº 64/90, que só confere legitimidade ativa a "candidato, a partido político, coligação ou ao Ministério Público", não fazendo alusão ao eleitor. Logo, impõe-se a conclusão de que o eleitor não detém legitimidade ativa para ajuizar ação de impugnação de registro de candidato. Nesse sentido:

> "[...] Condições de elegibilidade: a denúncia da carência de qualquer delas com relação a determinado candidato, ainda que partida de cidadão não legitimado a impugnar-lhe o registro, é de ser recebida como notícia, nos termos do art. 37 da Res. – TSE nº 20.993/2002 [...]" (TSE – Ac. nº 20.267, de 20-9-2002).

> "[...] Registro de candidato impugnado por eleitor: parte ilegítima. Art. 3º da Lei Complementar nº 64/90 [...]" (TSE – Ac. nº 14.807, de 18-11-1996).

Com vistas a alterar esse quadro, instituiu o TSE procedimento que, talvez, amenize a falta de legitimidade do cidadão para a ação impugnatória. Tal procedimento é delineado nas resoluções que tratam do registro de candidatos, nos seguintes termos:

340 | DIREITO ELEITORAL – *José Jairo Gomes*

"Qualquer cidadão no gozo de seus direitos políticos poderá, no prazo de 5 dias contados da publicação do edital relativo ao pedido de registro, dar notícia de inelegibilidade ao Juiz Eleitoral, mediante petição fundamentada".

Há mais de uma década essa regra tem sido reiterada, conforme revelam as resoluções TSE nºˢ 20.561/2000 (art. 30, § 2º), 20.933/2002 (art. 37), 22.156/2006 (art. 35), 22.717/2008 (art. 45), 23.221/2010 (art. 38), 23.373/2011 (art. 44), 23.405/2013 (art. 41), 23.455/2015 (art. 43), Res. 23.548/2017 (art. 42), Res. 23.609/2019, art. 44).

Assim, o cidadão, no mesmo prazo previsto para a impugnação e mediante petição fundamentada, poderá "dar notícia" à Justiça Eleitoral não só de inelegibilidade, como também de ausência de condição de elegibilidade. Cuidando-se de "notícia", não é preciso que a petição seja subscrita por advogado. No entanto, o noticiante deve se identificar adequadamente, e demonstrar que se encontra no gozo de seus direitos políticos. A identificação se impõe não só porque a ordem constitucional repudia o anonimato (CF, art. 5º, IV), como também por constituir crime a "arguição de inelegibilidade [...] de forma temerária ou de manifesta má-fé" (LC nº 64/90, art. 24).

Mutatis mutandis, deve-se observar o rito traçado para a ação de impugnação de registro, previsto nos arts. 2º a 16 da LC nº 64/90. O Ministério Público deverá acompanhar o procedimento em todos os seus desdobramentos; poderá produzir provas, pugnar pela realização de diligências e recorrer à superior instância. Protocolada a petição contendo a "notícia", deve o candidato ser citado para se defender. Sete dias depois da citação, o candidato, partido político ou coligação poderá se manifestar, sendo-lhes igualmente facultada a produção de provas. Há que se cumprir os cânones fundamentais atinentes ao contraditório e à ampla defesa. Encerrada a instrução, pronunciar-se-ão o candidato (e, havendo assistência, também o partido ou a coligação a que pertença) e o Ministério Público no prazo de cinco dias. Finalmente, decidirá o juiz. É recorrível a decisão que defere ou nega o pedido de registro.

Saliente-se que esse procedimento desenvolve-se no bojo dos autos do processo de registro, no qual é dado ao juiz indeferir de ofício o pedido de registro. A decisão deve ser exarada no mesmo ato que aprecia o pedido de registro.

Resta saber se essas disposições resistem a uma análise de constitucionalidade, já que o Constituinte Originário conferiu à União – não ao TSE – *competência privativa* para legislar em matéria processual e eleitoral (CF, art. 23, I). De qualquer sorte, não me parece haver qualquer inconstitucionalidade, pois o procedimento em tela tem o sentido de promover a cidadania e o direito de participação política, concretizando o princípio inscrito no art. 1º, II, da Lei Maior. Na ponderação dos princípios, tem primazia o que prestigia a cidadania e a soberana participação popular no processo político-eleitoral.

13.2.2 Ação de Impugnação de Registro de Candidatura (AIRC)

13.2.2.1 *Caracterização da ação de impugnação de registro de candidato*

A partir da data da publicação do edital contendo a relação nominal dos pedidos de registro de candidatura, começa a fluir o prazo de cinco dias para impugnação. Já se admitiu a antecipação desse prazo, "quando evidenciada a ciência prévia da candidatura pelo impugnante" (TSE – REspe nº 26.418/SP – *DJe*, t. 229, 2-12-2013, p. 37-38).

Conforme prescreve o art. 3º, *caput*, da LC nº 64/90, na Ação de Impugnação de Registro de Candidatura (AIRC) devem ser deduzidos os fundamentos fáticos e jurídicos que levaram o autor a ajuizá-la.

Diferentemente do processo de registro de candidatura – RCAND, em que não há conflito a ser solvido, a AIRC apresenta natureza contenciosa. Sua finalidade é impedir que determinado registro seja deferido quer em razão da ausência de condição de elegibilidade, quer em virtude da incidência de uma ou mais causas de inelegibilidade, quer, finalmente, em consequência de não se ter cumprido formalidade legal. Assim, necessariamente, há de ser observado o *due process of law*, oportunizando-se ao impugnado contraditório e ampla defesa, de sorte que possa discutir amplamente a imputação que lhe foi feita.

No que concerne à sua natureza, a AIRC constitui um incidente no processo de registro de candidato, que é principal em relação a ela. Daí ambas as relações se desenvolverem nos mesmos autos. Nada impede, porém, que, por razões de ordem prática, os autos da AIRC sejam apensados aos do RCAND; o que não pode ocorrer é ser instaurado processo autônomo em relação a ela face à sua irrecusável natureza incidental, acessória.

Cuidando-se de demandas autônomas, com pressupostos próprios, pode ocorrer de a AIRC ser julgada improcedente, e, ainda assim, o pedido de registro de candidatura restar indeferido por fundamento diverso. Entretanto, se procedente a AIRC, o corolário necessário é a negação do registro.

Tem-se, pois, que a falta de condição de elegibilidade e a presença de causa de inelegibilidade podem ser conhecidas e julgadas: (a) *ex officio*, no próprio processo em que se pede o registro de candidatura; (b) mediante impugnação de candidato, partido político, coligação e Ministério Público.

Não sendo a inelegibilidade pronunciada de ofício nem arguida via AIRC, haverá preclusão temporal. Esta só não atinge matéria de ordem constitucional, a qual pode ser levantada em outra oportunidade, nomeadamente via recurso contra expedição de diploma (RCED).

Daí a necessidade de se devotar máxima cautela nos processos de registro, sobretudo ao se analisar a documentação que instrui o pedido. Grande seria o constrangimento, para a Justiça Eleitoral, se fosse deferido registro de candidato inelegível, sobretudo porque, uma vez transitada em julgado, essa decisão não pode ser revista de ofício. Maior ainda seria o embaraço se esse candidato lograsse vitória na corrida eleitoral, porque, nesse caso, teria direito subjetivo à diplomação.

E quanto à *inelegibilidade superveniente*? É cediço que o processo de registro constitui o lugar próprio para se aferir a aptidão de candidato ao pleito. Mas a inelegibilidade que aí se pode arguir é somente a existente antes do momento em que o registro de candidatura é pedido. Se ela surgir depois desse momento, considera-se *superveniente* e, portanto, não poderia ser deduzida em AIRC. Assim, eleito candidato que, antes do dia do pleito, se tornou inelegível (ainda que tenha sido registrado), outra solução não há senão diplomá-lo. No entanto, porque a inelegibilidade é superveniente, independentemente de ser constitucional ou infraconstitucional, poderá o candidato ter sua diplomação contestada via RCED, consoante autorizado pelo art. 262 do Código Eleitoral.

Impende salientar que constitui crime eleitoral "a arguição de inelegibilidade, ou a impugnação de registro de candidato feito por interferência do poder econômico, desvio ou abuso do poder de autoridade, deduzida de forma temerária ou de manifesta má-fé". A pena para esse delito varia de seis meses a dois anos de detenção, além de multa (LC nº 64/90, art. 25).

13.2.2.2 Procedimento

O procedimento da AIRC é traçado nos arts. 2º a 16 da Lei de Inelegibilidades, reputado ordinário na seara eleitoral por ser o mais dilatado.

Mas os aludidos dispositivos não exaurem todos os aspectos de um processo justo, razão pela qual, havendo compatibilidade sistêmica, o Código de Processo Civil é sempre aplicável

342 | DIREITO ELEITORAL – *José Jairo Gomes*

supletiva e subsidiariamente. É isso o que determina o art. 15 do CPC, e também o art. 2º, parágrafo único, da Res. TSE nº 23.478/2016. Nesse sentido: TSE – RCAND nº 0600903-50, PSS 1º-9-2018; REspe nº 19930 – *DJe* 9-5-2017, p. 284; RO nº 40563 – *DJe* 15-3-2017, p. 11; REspe nº 13646 – PSS 6-10-2016; RO nº 40259 – PSS 9-9-2014.

Grosso modo, o rito da AIRC pode ser resumido da seguinte forma:

> pedido de registro de candidatura (15 de agosto, até 19 h) → publicação do edital → impugnação (cinco dias após a publicação do edital) → contestação (sete dias da citação) → julgamento antecipado do mérito; extinção do processo sem julgamento do mérito → fase probatória (quatro dias após a defesa) → diligências (cinco dias após a audiência probatória) → alegações finais (cinco dias depois das diligências) → manifestação do Ministério Público (se não for parte; dois dias) → decisão (três dias depois das diligências) → recurso ao TRE (três dias) → recurso ao TSE (três dias) → recurso STF (três dias).

13.2.2.3 Prazos

A eleição é evento futuro e certo. Daí a forte influência do princípio da celeridade nesse processo, que possui tempo determinado para ser finalizado. Com efeito, até 20 dias antes da data das eleições, todos os pedidos de registro de candidatura, inclusive os impugnados, e os respectivos recursos *nas instâncias ordinárias*, devem estar julgados, e publicadas as decisões a eles relativas (CE, art. 93, § 1º; LE, art. 16, § 1º). Por isso, o processo de registro de candidatura conta com regras especiais a respeito de *fluência* (fluxo, existência) e *contagem* (cômputo) de prazos.

Desde o registro de candidatura até a proclamação dos eleitos (portanto, durante o chamado *período eleitoral*), os prazos processuais são contínuos e peremptórios, correm em cartório ou secretaria, não se suspendendo aos sábados, domingos e feriados (LC nº 64/90, art. 16). Assim, eles podem correr, iniciar e findar em finais de semana e dias feriados.

Dada a especial finalidade dessa regra, não incide o disposto no art. 219 do CPC, segundo o qual: "Na contagem de prazo em dias, estabelecido por lei ou pelo juiz, computar-se-ão somente os dias úteis". Em igual sentido é o disposto no art. 7º, *caput*, da Res. TSE nº 23.478/2016, segundo o qual: "O disposto no art. 219 do Novo Código de Processo Civil não se aplica aos feitos eleitorais".

No cômputo dos prazos, incide o disposto no *caput* do art. 224 do CPC, segundo o qual "os prazos serão contados excluindo o dia do começo e incluindo o dia do vencimento". Todavia, por força do aludido art. 16 da LC nº 64/90 – no período eleitoral –, os parágrafos desse dispositivo não têm aplicação. Isso porque eles determinam que o começo ou o vencimento do prazo sejam protraídos para o primeiro dia útil seguinte se coincidirem com dia em que não houver expediente forense ou este "for encerrado antes ou iniciado depois da hora normal ou houver indisponibilidade da comunicação eletrônica" (§ 1º), bem como que a contagem do prazo somente "terá início no primeiro dia útil que seguir ao da publicação" (§ 3º).

A propósito, o art. 7º, § 2º, da Res. TSE nº 23.478/2016 estabelece que somente "fora do período definido no calendário eleitoral" serão os prazos processuais computados na forma do art. 224 do CPC. Aqui, porém, deve-se compreender que apenas os parágrafos do art. 224 do CPC são inaplicáveis; o *caput* desse dispositivo contém regra que tradicionalmente incide na contagem de prazos processuais e materiais (CPC/1973, art. 184; CPP, art. 798, § 1º; CC, art. 132), inclusive na seara eleitoral. De todo desarrazoado seria a inclusão na contagem do dia em que o prazo começa a existir, pois, além da exiguidade dos prazos previstos na legislação eleitoral, o interessado poderia ser prejudicado: *(a)* pela redução do prazo em razão do momento do dia em que o ato é publicado; *(b)* pelo fato de, no mesmo dia da publicação, já ter de iniciar as providências necessárias para a prática do ato.

Não obstante, é possível haver prorrogação de prazos processuais. Nos termos do art. 38-A da Res. TSE nº 23.609/2019 (inserido pela Res. TSE nº 23.675/2021), a prorrogação será para o dia seguinte se, na data do vencimento: "I – houver indisponibilidade técnica do PJe, quando se tratar de ato que deva ser praticado por meio eletrônico (Lei nº 11.419/2006, art. 10, § 2º; e CPC, art. 213, *caput*); ou II – o expediente do cartório ou da secretaria perante o qual deva ser praticado for encerrado antes ou iniciado depois da hora normal, quando se tratar de ato que exija comparecimento presencial (Lei nº 11.419/2006, art. 10, § 1º; e CPC, arts. 213, *caput*, e 224, § 1º)". A "indisponibilidade técnica" a que alude o citado inciso I é compreendida como a que: "I – for superior a 60 (sessenta) minutos, ininterruptos ou não, se ocorrida entre 6 (seis) horas e 24 (vinte e quatro) horas; ou II – ocorrer na última hora do prazo, independentemente da sua duração".

Vale ressaltar que nos processos de registro de candidatura, durante o período eleitoral, os acórdãos dos Tribunais Eleitorais são publicados em sessão, sendo as partes consideradas intimadas independentemente da posterior publicação de seu inteiro teor no *Diário Oficial* (*DJe*). É da publicação na sessão que os prazos recursais são contados.

Não se aplicam as regras dos arts. 180, 183, 186 e 229 do diploma processual, que duplicam os prazos respectivamente do Ministério Público, da Advocacia Pública, da Defensoria Pública e de litisconsortes com diferentes procuradores de distintos escritórios.

No que concerne ao Ministério Público, é inaplicável o prazo de 30 dias previsto no art. 178 do CPC, para que ele intervenha no processo "como fiscal da ordem jurídica nas hipóteses previstas em lei ou na Constituição Federal".

Ademais, a intimação do *Parquet* deve ser pessoal, e nos processos de registro de candidatura – mesmo após o período eleitoral – será feita pelo sistema PJe "com abertura automática e imediata do prazo processual" (Res. TSE nº 23.609/2019, art. 38, § 7º). Isso significa que não incide a regra do art. 5º, §§ 1º e 3º, da Lei nº 11.419/2006, segundo a qual a intimação considera-se realizada "no dia em que o intimando efetivar a consulta eletrônica ao teor da intimação", devendo essa consulta "ser feita em até 10 (dez) dias corridos contados da data do envio da intimação, sob pena de considerar-se a intimação automaticamente realizada na data do término desse prazo". Assim, tão logo a intimação seja disponibilizada no PJe já se inicia a contagem do prazo.

13.2.2.4   Início do processo

Inicia-se a marcha processual com a protocolização da petição inicial na Justiça Eleitoral, o que deve ocorrer impreterivelmente em cinco dias contados da publicação do edital a que alude o art. 3º, *caput*, da LC nº 64/90.

Esse prazo é material e decadencial, pois em jogo encontra-se o direito subjetivo público de impugnar o pedido de registro. Na contagem, exclui-se o dia da publicação do edital, incluindo-se o do vencimento (CC, art. 132, *caput*); nesse sentido: TSE – REspe nº 14194/SP – PSS 4-3-1997; TSE – RO nº 118/PE – PSS 1-9-1998; TRE/SC – RDJE nº 1489, Ac. nº 16458 – PSS 24-8-2000. E mais: "1. A contagem do prazo para ajuizamento da ação de impugnação ao registro de candidatura – AIRC, faz-se excluindo o dia do início da publicação do edital. Preliminar rejeitada. […]" (TRE/PA – RE nº 38311, Ac. nº 28537– PSS 27-9-2016).

Trata-se, ademais, de prazo comum.

Ressalte-se que, perdido o prazo para a impugnação, nada impede que se leve aos autos do processo de registro de candidatura a notícia do fato com sua respectiva prova, ensejando ao juiz sua apreciação *ex officio* por ocasião do julgamento.

Pode a impugnação ser ajuizada antes do início da fluência (ou existência) do prazo legal? Não há óbice a que a AIRC seja proposta antes da publicação do edital, e, portanto, antes do início da fluência do referido prazo de cinco dias. Nesse sentido, pronunciou-se o TSE ao julgar impugnação ao RCAND nº 0600903-50 (PSS 1º-9-2018), assentando que o fato de a impugnação ter sido protocolada "antes da publicação do edital contendo os pedidos de registro (e, logo, da abertura do prazo para impugnação) não constitui óbice ao seu conhecimento". Em igual sentido: TSE – REspe nº 26.418/SP – *DJe* 22-4-2014). O que se exige é que o pedido de registro de candidatura seja anterior à propositura da ação.

13.2.2.5 Competência

A competência é absoluta, pertencendo ao órgão jurisdicional a que o pedido de registro encontrar-se afeto. Nesse rumo, estabelece o art. 2º, parágrafo único, da LC nº 64/90 que a arguição de inelegibilidade será feita perante:

"I – o Tribunal Superior Eleitoral, quando se tratar de candidato a Presidente ou Vice-Presidente da República; II – os Tribunais Regionais Eleitorais, quando se tratar de candidato a Senador, Governador e Vice-Governador de Estado e do Distrito Federal, Deputado Federal, Deputado Estadual e Deputado Distrital; III – os Juízes Eleitorais, quando se tratar de candidato a Prefeito, Vice-Prefeito e Vereador".

Observe-se não haver nova distribuição da AIRC, sendo competente o juiz ou o relator a quem foram distribuídos os processos do DRAP e RRCs. Há, portanto, prevenção do juiz ou relator, sendo a distribuição da ação de impugnação feita por dependência.

13.2.2.6 Petição inicial

A petição inicial segue o padrão do art. 319 do CPC. Deve indicar o órgão jurisdicional a que se dirige, a qualificação e o domicílio do impugnado, o pedido e seus fundamentos fático-jurídicos (= causa de pedir) e conter requerimento de citação do impugnado.

Além disso, a petição deve especificar as provas com que se pretende demonstrar a verdade dos fatos alegados. A esse respeito, o § 3º, art. 3º, da LC nº 64/90, em sua primeira parte, determina que o autor desde logo indique "os meios de prova com que pretende demonstrar a veracidade do alegado". Portanto, quaisquer meios de prova poderão ser requeridos, quer sejam típicos (*i.e.*, regulados em lei), quer sejam atípicos e "moralmente legítimos" (CPC, art. 369). De sorte que pode ser postulada a produção de prova documental, ata notarial, pericial (notadamente a perícia simplificada do art. 464, § 2º, do CPC), testemunhal etc.

O referido § 3º, art. 3º, da LC nº 64/90, em sua segunda parte, alude expressamente (em caráter exemplificativo) à prova testemunhal para estabelecer que podem ser arroladas no máximo seis testemunhas.

Como não há condenação em sucumbência nos feitos eleitorais, desnecessário que na inicial se inscreva o valor da causa. Este, aliás, é sempre inestimável.

Nas hipóteses elencadas no art. 330 do CPC, poderá a inicial ser rejeitada de plano, extinguindo-se o processo ainda em seu nascedouro. Ao autor é dado recorrer da decisão, oportunidade em que juiz poderá dela se retratar. Não havendo retratação, o réu deverá ser citado "para responder ao recurso" (CPC, art. 331, § 1º).

13.2.2.7 Objeto

Busca-se com a AIRC o indeferimento do pedido de registro de candidatura.

13.2.2.8 Causa de pedir

O fundamento do pedido é a falta de condição de elegibilidade, a incidência de causa de inelegibilidade ou o descumprimento de formalidade legal, como a juntada de documento exigido pelo art. 11, § 1º, da LE. Pode a AIRC estribar-se em qualquer fato, desde que revelador de uma dessas causas.

Por vezes, o legislador emprega o termo *inelegibilidade* em sentido amplo, nele encerrando aqueles dois conceitos. É o que faz, *e. g.*, no art. 2º da LC nº 64/90, ao prescrever a competência da Justiça Eleitoral para "conhecer e decidir as arguições de inelegibilidade". É óbvio que o vocábulo *inelegibilidade*, aqui, compreende as condições de elegibilidade.

Conforme salientado anteriormente, as condições de elegibilidade encontram-se elencadas no art. 14, § 3º, da Constituição Federal. Já as causas de inelegibilidade podem ser constitucionais ou infraconstitucionais. As primeiras encontram-se previstas no art. 14, §§ 4º, 5º, 6º e 7º, da Lei Maior. As infraconstitucionais são prescritas no art. 1º da Lei Complementar nº 64/90.

Discute-se se o *abuso de poder econômico ou político*, previsto nos arts. 19 e 22, XIV, dessa norma complementar poderia figurar como causa de pedir na AIRC. Cuida-se, aqui, da chamada *inelegibilidade-sanção*. Diferentemente da inelegibilidade originária (que integra o *status* jurídico-eleitoral do cidadão, apresentando-se no mundo jurídico desvinculada da ideia de sanção pela prática de ato ilícito, a exemplo do parentesco com titular de mandato executivo), a inelegibilidade-sanção, para existir, deve ser constituída, criada na realidade jurídica, já que é consequência da imposição de sanção pela prática de ilícito, tal qual ocorre com a condenação criminal e a improbidade administrativa.

A inelegibilidade-sanção em virtude da prática de abuso de poder com vistas às eleições resulta da procedência do pedido formulado em ação eleitoral. A *vexata quaestio* está em saber se essa ação pode ser a AIRC em apreço ou se deve ser a Ação de Investigação Judicial Eleitoral (AIJE), prevista no art. 22 da LC nº 64/90.

Há que se distinguir duas situações: (a) o abuso de poder econômico ou político já foi apurado em ação eleitoral, sendo, como consequência de sua prática, decretada a inelegibilidade do agente; (b) não houve, ainda, ação eleitoral para apurá-lo, nem decretação da inelegibilidade do agente.

No primeiro caso, tanto a doutrina quanto a jurisprudência põem-se de acordo quanto à possibilidade de figurar como causa de pedir da AIRC inelegibilidade decorrente de transgressões atinentes a abuso de poder econômico ou político. É que os fatos já foram apreciados anteriormente, isto é, já foram objeto de ação, cujo pedido foi julgado procedente por sentença definitiva, com a imposição de sanção de "inelegibilidade para as eleições a se realizarem nos 8 (oito) anos subsequentes à eleição em que se verificou" (LC nº 64/90, art. 22, XIV). A inelegibilidade, aqui, é patente, cumprindo à Justiça Eleitoral recusar registro de candidatura (com fulcro no art. 1º, I, *d* ou *h*, conforme o caso) ou via AIRC. Aqui, apenas se declara inelegibilidade já existente no patrimônio jurídico do cidadão.

> "[...] A impugnação ao pedido de registro de candidatura, fundada em abuso do poder econômico, deve vir instruída com decisão da Justiça Eleitoral, com trânsito em julgado, sendo inadmissível a apuração dos fatos no processo de registro [...]" (TSE – Ac. nº 11.346, de 31-8-1990).

A controvérsia se instala quanto à segunda hipótese. É cediço que o abuso de poder econômico ou político ensejador de inelegibilidade pode ocorrer antes ou durante o processo eleitoral. Partindo dessa constatação, Soares da Costa (2006, p. 423) interpreta que a AIRC tem cabimento "[...] *para fustigar os fatos geradores de inelegibilidade ocorridos antes do pedido de registro de candidatura*, inclusive, e com maioria de razão, aqueles previstos pela Lei Complementar 64/90, de escalão infraconstitucional, mercê da possibilidade legal de sua preclusão". Para os ilícitos (abuso de poder) ocorridos entre o pedido de registro de candidatura e a diplomação, a medida judicial adequada seria a AIJE. Na ótica do ilustre eleitoralista alagoano, à luz do ordenamento vigente, é absolutamente incoerente admitir-se a AIRC somente para as inelegibilidades que sejam prévia e documentalmente demonstradas, mas não para os casos "cuja apuração dependa de dilações probatórias". E esse argumento – aduz – é reforçado ainda mais com a ponderação de que o rito a ser seguido na AIRC é considerado ordinário na seara eleitoral, justamente por ser mais alargado, com maior espaço para defesa. Assim, conclui o autor, ocorrendo abuso de poder econômico ou político *antes* do pedido de registro de candidatura, a ação cabível para se apurarem os fatos e lograr a inelegibilidade dos beneficiários seria a AIRC.

A despeito dos bem lançados fundamentos, essa tese esbarra em óbices incontornáveis. Primeiro, há que se recordar o princípio da especialidade, pelo qual *lex especiali revogat generali* – a lei especial revoga a geral. Se o art. 22 da Lei de Inelegibilidades prevê procedimento específico para a apuração de transgressões atinentes a abuso de poder econômico ou político, é esse, justo por ser especial, que deve ser observado em casos que tais. Note-se que esse dispositivo não diz em que momento (se antes ou depois do pedido de registro) a conduta abusiva deve ocorrer para que tenha incidência, sendo defeso ao intérprete fazê-lo.

Por outro lado, no processo de registro de candidatura a inelegibilidade é apenas *declarada* e não *constituída*. Nesse diapasão, o art. 15 da LC nº 64/90 não concede à decisão passada na AIRC natureza "constitutiva", senão meramente "declaratória". Reza esse dispositivo: "Transitada em julgado ou publicada a decisão proferida por órgão colegiado que declarar a inelegibilidade do candidato [...]". Ora, o ato de declaração pressupõe anterior constituição.

Mais: o uso da AIJE para discussão de abuso de poder ocorrido antes do pedido de registro tem a grande vantagem de permitir que os legitimados ingressem com a demanda até a data da diplomação. Isso, só por si, já representa inestimável benefício para o exercício da cidadania e lisura do pleito, porquanto há grande cópia de pedidos de registro a serem processados e julgados. Tais pedidos – e as respectivas impugnações e recursos – devem ser solucionados o quanto antes, de modo a viabilizar as campanhas e a própria eleição. Não é outra a razão pela qual, nessa fase do processo eleitoral, todas as energias e atenções estão concentradas nos registros de candidatura. A celeridade aí comparece de maneira excepcional, já que é improrrogável o prazo para julgamento dos respectivos pedidos e AIRCs, para além da necessidade de se cumprir à risca o calendário eleitoral, sob pena de se inviabilizarem as eleições. Daí a instituição de prazos exíguos, peremptórios e contínuos, correndo, inclusive, aos sábados, domingos e feriados. Daí a necessidade de que a prova seja predominantemente documental, o que não ocorre na apuração de abuso de poder, dada a complexidade reinante nesse campo. De mais a mais, se os fatos se tornarem públicos ou só chegarem ao conhecimento do Ministério Público, ou de outro colegitimado, após o registro, a AIJE ainda poderá ser ajuizada. Diferentemente, pela tese exposta, passados cinco dias da publicação do edital com a relação dos pedidos de registro, o abuso de poder jamais poderá ser levado à apreciação da Justiça Eleitoral, o que, é óbvio, contribui para a impunidade e para o descrédito do processo eleitoral. Se a AIJE será ou não julgada antes do pleito, isso já constitui outro problema. Ideal é que seja.

Após vacilar, a jurisprudência firmou o entendimento de que o abuso de poder econômico ou político ocorrido antes ou depois do pedido de registro não se presta a fundamentar AIRC, devendo ser questionado em outra ação eleitoral, notadamente a AIJE.

> "[...] 4. A ação de investigação judicial eleitoral constitui instrumento idôneo à apuração de atos abusivos, ainda que anteriores ao registro de candidatura. Precedentes [...]" (TSE – RO nº 1.362/PR – *DJe* 6-4-2009, p. 45).

> "[...] se firmou a jurisprudência deste Tribunal no sentido de admitir-se a ação de investigação judicial até a diplomação, não sendo a impugnação ao registro via própria para apurar eventual abuso de poder (RO nº 593, julgado em 3-9-2002, rel. Min. Sálvio de Figueiredo). II – Recurso a que se nega provimento" (TSE – Ac. nº 20.134, de 10-9-2002).

"[...] O processo de registro não é adequado para apuração da causa de inelegibilidade consubstanciada no abuso de poder econômico, haja vista a existência de procedimento específico, conforme se depreende do art. 22 da Lei Complementar nº 64/90 [...]" (TSE – Ac. nº 92, de 4-9-1998).

Quid juris se a parte ingressar com AIRC e inscrever na causa de pedir abuso de poder econômico ou político? Se isso ocorrer, não se afigura correta a simples extinção do processo, solução, aliás, que denota demasiado apego ao formalismo jurídico em detrimento de efetiva tutela jurisdicional. É que o processo e o procedimento são instrumentos da jurisdição, meios de exercício do direito fundamental de ação, sendo certo que "a lei não excluirá da apreciação do Poder Judiciário lesão ou ameaça a direito" (CF, art. 5º, XXXV). A solução, então, será a adaptação do rito, devendo-se processar a demanda como AIJE. Nesta, não só poderá ser cassado o registro de candidatura ou o diploma do réu, como também ser decretada sua inelegibilidade por oito anos (LC nº 64/90, art. 22, XIV).

Saliente-se que, no tocante ao registro, há sutil diferença: enquanto a procedência do pedido na AIRC acarreta o *indeferimento* do pedido de registro, a procedência da AIJE implica sua *cassação* ou desconstituição, pois se pressupõe que ele já tenha sido deferido.

13.2.2.9 Partes

No *polo ativo* da ação em apreço pode figurar qualquer candidato, partido político, federação de partidos, coligação ou o Ministério Público; excepcionalmente, afirma-se a legitimidade *ad causam* ativa de *terceiro* interessado.

A legitimidade ativa do candidato comparece mesmo que seu pedido de registro ainda não esteja definitivamente julgado e deferido. Sendo, porém, indeferido no curso da AIRC, impõe-se a extinção dessa por carência superveniente de ação.

Não é preciso que o impugnado dispute cargo da mesma natureza do candidato impugnante, nem na mesma circunscrição eleitoral (TSE – AIRC no RCAND nº 0600903-50, PSS 1º-9-2018; TSE – RO nº 161660/DF – PSS 31-8-2010), porquanto o art. 3º da LC nº 64/90 emprega o termo *candidato*, deixando claro que os candidatos, quaisquer que sejam, podem impugnar suas respectivas candidaturas. Caso a legitimidade ativa se restringisse aos candidatos a cargos de mesma natureza, ficaria bastante restringida; assim, e.g., nas eleições majoritárias para o Executivo somente os candidatos a prefeito, governador e presidente da República poderiam impugnar seus concorrentes.

Por outro lado, não exige a lei que o domicílio eleitoral do impugnante coincida com o do impugnado.

Já se entendeu que o "concorrente derrotado na convenção é parte legítima para impugnar o registro de candidatura do concorrente vitorioso na convenção, sob a alegação de vício essencial na mesma" (TSE – Ac. nº 9.469, de 10-10-1988). E mais: nos termos da Súmula TSE nº 53: "O filiado a partido político, ainda que não seja candidato, possui legitimidade e interesse para impugnar pedido de registro de coligação partidária da qual é integrante, em razão de eventuais irregularidades havidas em convenção".

Se a causa de pedir disser respeito a assunto *interna corporis* da agremiação, que somente a ela interessa, candidatos não vinculados a ela não detêm legitimidade para ingressar com a ação em foco sob esse fundamento. Sobre isso, assentou a Corte Superior Eleitoral:

"Candidato não filiado à agremiação não possui legitimidade para impugnar registro de candidatura sobre o fundamento de nulidade dos atos do diretório estadual, com incursão em assuntos *interna corporis* do partido político. Agravo regimental não provido" (TSE – AREspe nº 23.319/SC – PSS 28-9-2004).

Quanto a partido político, é natural sua legitimidade ativa. Anote-se, porém, antigo entendimento segundo o qual Diretório partidário só pode impugnar registro de candidatura nas eleições pertinentes à circunscrição de sua atuação. Diretório municipal, *e.g.*, não ostenta legitimidade para impugnar pedido de registro em eleição presidencial, federal e estadual, mas tão só em pleito municipal. Confira-se: TSE – REspe nº 26957/PR – *DJ* 11-12-2006, p. 216; TSE – REspe nº 26957/PR – *DJ* 11-12-2006, p. 216.

A federação de partidos encontra previsão no art. 6º-A da LE e no art. 11-A da LPP (ambos introduzidos pela Lei nº 14.208/2021), e atua em todo o processo eleitoral como se fosse um partido. A legitimação ativa para ajuizar AIRC pertence à federação (e, pois, a seu órgão dirigente ou legítimo representante), não a detendo de forma isolada os partidos integrantes do consórcio; nesse sentido: TSE – RO-EI nº 060095751/SP – j. 22-11-2022.

A coligação partidária possui legitimidade ampla, podendo, por exemplo, uma coligação formada para eleição majoritária impugnar candidaturas de eleições proporcionais (TSE – REspe nº 060028611/BA – j. 18-5-2021). Porém, é firme o entendimento jurisprudencial no sentido de que "não cabe à coligação adversária impugnar registro de candidatura por irregularidades em convenção de outro partido" (TSE – AgRg-REspe nº 20.771/PE – *DJe* 13-5-2013).

Havendo coligação, as agremiações coligadas não detêm legitimidade ativa para ajuizar AIRC por si próprias. Ainda que o polo ativo seja ocupado por todos os partidos que a integram, remanesce a ilegitimidade (TSE – ED-AgR-REspe nº 8.274/SC – *DJe* 11-9-2013). É que a legitimidade pertence exclusivamente ao representante da coligação – escolhido nos moldes do art. 6º, § 3º, III, da LE. Entretanto, considerando que as coligações só são admitidas em eleições majoritárias, não há impedimento a que partido coligado, isoladamente, impugne candidaturas relativas à eleição proporcional.

Desfeita a coligação, perderá legitimidade para seguir no processo já instaurado, pois não se admite substituição processual por partido que compunha a aliança. Nesse sentido: "[...] Os partidos políticos integrantes de uma coligação não a sucedem para o fim de substituição processual. A perda da legitimação da parte implica extinção do processo sem julgamento do mérito (CPC [de 1973], art. 267, VI)" (TSE – EAREspe nº 24.531/BA, de 25-11-2004 – *DJ* 30-9-2005, v. 1, p. 122). Face ao papel que a Constituição Federal lhe reservou, afigura-se razoável o entendimento que afirma a possibilidade de o Ministério Público assumir o polo ativo do processo, deixando, portanto, a posição de *custos legis*.

Ao Ministério Público é dado impugnar o pedido de registro de candidatura. Sua legitimidade emana imediatamente do art. 127 da Lei Maior, que lhe confere *status* de instituição permanente, essencial à função jurisdicional do Estado, incumbida da defesa da ordem jurídica e do regime democrático.

Entretanto, se nos quatro anos anteriores ao pleito o representante do Ministério Público tiver "disputado cargo eletivo, integrado diretório de partido ou exercido atividade político-partidária", estará impedido de impugnar registro de candidato, nos termos do art. 3º, § 2º, da LC nº 64/90. Consequentemente, não poderá ingressar com a ação em apreço. Por ser mais específico, esse prazo de quatro anos não se afigura incompatível com o prazo de dois anos previsto no art. 80 da LC nº 75/93, segundo o qual: "A filiação a partido político impede o exercício de funções eleitorais por membro do Ministério Público até dois anos do seu cancelamento". Com efeito, é possível que uma pessoa tenha sido filiada a partido político sem, porém, ter "disputado cargo eletivo, integrado diretório de partido ou exercido atividade político-partidária". Essas últimas atuações implicam envolvimento político bem superior à mera filiação, justificando, portanto, o prazo maior de impedimento do membro do *Parquet*.

Cap. 13 • REGISTRO DE CANDIDATURA | 349

O Ministério Público poderá ingressar com a impugnatória ainda que outro colegitimado já o tenha feito (LC nº 64/90, art. 3º, § 1º). Se o fundamento fático-jurídico (= causa de pedir) da ação do MP for diverso do colegitimado, ter-se-á no processo cúmulo objetivo de ações. Por outro lado, se o fundamento da ação do MP for idêntico ao do colegitimado, haverá litisconsórcio ativo entre ambos, que, no caso é facultativo.

Quanto a *terceiro interessado*, embora de modo excepcional, ostenta ele legitimidade ativa para a demanda em exame, devendo demonstrar interesse jurídico. Nesse sentido, no REspe nº 219-78 (PSS 18-10-2012) a Corte Superior Eleitoral afirmou a legitimidade do Instituto Nacional do Seguro Social (INSS) para impugnar registro de candidato que agregue à sua identificação nominal a sigla da autarquia (ex.: fulano do INSS); na espécie, entendeu-se que o interesse de agir do INSS é evidenciado pela necessidade de defesa e preservação de sua própria denominação, bem como pela conveniência de se evitar concepções errôneas por parte dos eleitores.

Nada impede que se forme litisconsórcio facultativo entre candidato e seu partido para o ajuizamento da ação. Nesse caso, devido à peculiar celeridade do processo em tela, não parece razoável a contagem em dobro do prazo para os litisconsortes, nos termos do art. 229 do CPC, que reza: "Os litisconsortes que tiverem diferentes procuradores, de escritórios de advocacia distintos, terão prazos contados em dobro para todas as suas manifestações, em qualquer juízo ou tribunal, independentemente de requerimento".

E quanto ao cidadão? Conforme salientado, o art. 3º da LC nº 64/90 não conferiu ao eleitor legitimidade ativa para a ação em foco. Se tiver conhecimento de inelegibilidade, o mais que poderá fazer é apresentar "notícia" aos órgãos legitimados para agir ou, se preferir, comunicá-la diretamente ao juiz eleitoral, o que ensejará a instauração de procedimento relativo à "notícia de inelegibilidade".

A Corte Superior tem precedentes no sentido de não ser possível "aproveitar-se de impugnação ajuizada por parte ilegítima como notícia de inelegibilidade" para indeferir-se o pedido de registro (TSE – REspe nº 41.662/SC – *DJe* 25-10-2013; REspe nº 23.578/AL – PSS 21-10-2004). No entanto, em tais precedentes a AIRC foi ajuizada por partidos políticos cuja legitimidade ativa não foi reconhecida. Razoável se afigura o aproveitamento da impugnação se a ação impugnatória for ajuizada por cidadão cuja legitimidade venha a ser infirmada. Afinal, se o juiz pode conhecer e decidir de ofício a questão, não parece ter relevância a fonte de seu conhecimento; relevante, sim, é que sua decisão seja fundamentada, observando-se o processo justo.

Capacidade postulatória – extrai-se do texto constitucional que "o advogado é indispensável à administração da justiça" (CF, art. 133). O vigente Estatuto da Advocacia, além de reiterar essa assertiva, prescreve como atividade privativa de advocacia a postulação a "órgão do Poder Judiciário e aos juizados especiais", excepcionando, porém, a "impetração de *habeas corpus* em qualquer instância ou tribunal" (Lei nº 8.906/94, art. 1º, I, § 1º – *vide* ADI 1.127-8, em que o STF declarou inconstitucional o termo *qualquer*, originariamente inscrito neste inciso I). Assim, há mister que o impugnante tenha representação processual por advogado devidamente constituído; nesse sentido: Res. TSE nº 23.609/2019, art. 40, § 1º; TRE-RS – Ac. nº 15.016.400, de 31-8-2000.

Não obstante, vale registrar que no passado havia dispensa de capacidade postulatória do impugnante, isto é, que a petição inicial fosse "subscrita por advogado". Nesse sentido: TSE – AgRgREspe no 30.334/MG – PSS 21-10-2008; REspe nº 13.788/PE, de 25-3-1997; REspe no 13.389/PA, de 27-11-1996; Ac. nº 24.190, de 11-10-2004; Ac. nº 5.345/PR, j. 1º-10-1982. Em prol da dispensa, tem-se que, se ao juiz é dado conhecer *ex officio* (ou mediante notícia de inelegibilidade apresentada por cidadão) do fato objeto da AIRC e, consequentemente, negar o registro pleiteado, não seria razoável exigir do impugnante capacidade postulatória, conquanto seja isso recomendável diante da capacitação técnico-jurídica dos profissionais da advocacia. Portanto, ao próprio candidato deveria ser facultado ingressar com a ação em apreço, ele mesmo podendo subscrever a inicial, sendo certo que os partidos e coligações podem fazê-lo por seus dirigentes, delegados ou representantes autorizados.

Mas para a interposição de recurso, jamais houve controvérsia acerca da necessidade de representação processual por advogado. Aqui sempre se entendeu como necessária a capacidade postulatória da parte. Nesse rumo, assentou a Corte Superior Eleitoral: "[...] Não consta dos autos procuração outorgada ao subscritor do recurso, portanto considera-se inexistente o recurso interposto sem a juntada do instrumento do mandato [...]" (TSE – REspe nº 23.668/MG – PSS 11-10-2004). Em outro julgamento, nem sequer se admitiu a juntada posterior de substabelecimento: "Agravo Regimental. Reclamação. Registro de Candidato. Ausência de procuração. A juntada posterior de substabelecimento não sana o vício de representação processual na fase recursal. Precedentes. Agravo não conhecido" (TSE – ARCL nº 289/BA, de 9-9-2004 – *DJ* 29-10-2004, v. 1, p. 1).

Caso se constate ausência ou irregularidade na representação processual do impugnante e não sendo a falha sanada no prazo assinalado pelo juízo, deverá a impugnação ser conhecida como notícia de inelegibilidade, passando o impugnante à condição de noticiante (Res. TSE nº 23.609/2019, art. 40, § 1º-B – incluído pela Res. nº 23.675/2021).

Polo passivo – O réu ou impugnado na AIRC é sempre o cidadão cujo registro de candidatura foi requerido, isto é, o pré-candidato.

Tal qual ocorre com o impugnante, também do impugnado é exigida a representação processual por advogado.

Nos termos da Súmula TSE nº 39: "Não há formação de litisconsórcio necessário em processos de registro de candidatura". Por ser genérica, a cláusula "processos de registro de candidatura" abrange os processos de impugnação de pedido de registro. Mesmo porque as impugnações se dão no âmbito dos processos de registro de candidatura.

Assim, não há litisconsórcio passivo necessário entre o impugnado e o partido a que se encontra vinculado. Nesse sentido: "[...] Alegação de nulidade absoluta pela falta de citação da coligação e do partido ao qual está filiada a candidata. Inexistência de litisconsórcio passivo necessário" (TSE – Ac. nº 18.151, de 12-12-2000).

Nada impede, porém, haja assistência por parte da agremiação política. O interesse jurídico desta é evidente, sobretudo porque a procedência da impugnação poderá prejudicá-la, influindo, pois, em sua esfera jurídica.

Ademais, no tocante ao pleito majoritário, apesar da necessidade de se formar chapa, sendo esta una e indivisível, não é imperiosa a formação de litisconsórcio passivo necessário entre titular e vice. Confira-se: "[...] Na fase de registro de candidatura, como ressaltei, não há litisconsórcio entre prefeito e vice" (TSE – ED no REspe nº 22332/SP – *DJ*, v. 1, 17-12-2004, p. 319; excerto do voto do relator). É que tanto as condições de elegibilidade, quanto as causas de inelegibilidade, têm caráter personalíssimo: a falta da primeira e a presença da segunda quanto a um dos integrantes da chapa não prejudica o outro. Se, antes do dia das eleições, titular ou vice tiver indeferido seu pedido de registro de candidatura, poder-se-á promover sua substituição.

No entanto, eventualmente poderá haver conveniência na formação de litisconsórcio passivo entre titular e vice. Isso porque os pedidos de registro da chapa e de seus integrantes são julgados conjuntamente, no mesmo ato, embora cada candidatura seja analisada individualmente; o registro da chapa somente deve ser deferido se também o forem os pedidos dos dois candidatos que a compõem. Assim, para que a chapa seja registrada, é mister que cada um de seus integrantes esteja apto a disputar o certame.

Suponha-se, porém, que a decisão acerca do pedido de registro de um dos integrantes da chapa só venha a se tornar definitiva após as eleições, tendo a chapa vencido o pleito. Nessa hipótese, dada a exigência legal de unidade e indivisibilidade da chapa, invalidados devem ser os votes (CE, art. 175, § 3º, LE, art. 16-A, *caput*, final) e os respectivos diplomas (LC nº 64/90, art. 15), caso esses tenham sido expedidos. É certo, pois, que, à vista da unidade e indivisibilidade da chapa, a decisão final a atingirá, prejudicando a esfera jurídica de todos os seus membros.

No entanto, a Corte Superior já reconheceu a possibilidade de dissociação da chapa em virtude do indeferimento do registro de candidato a vice, assegurando, portanto, a permanência no cargo do titular "legitimamente eleito". Isso ocorreu, e.g., no julgamento do REspe nº 8353/GO, em 26-6-2018, em que o princípio da indivisibilidade da chapa foi flexibilizado e excepcionado, de modo que a reconhecida inelegibilidade da candidata à vice-prefeita não prejudicou a candidatura do titular. E mais:

> "[...] 2. Indeferido o registro e comunicada essa decisão ao juízo competente, tem-se como consequência natural o seu imediato cancelamento ou a anulação do diploma, caso já expedido (art. 15, *caput* e parágrafo único, da LC 64/90). 3. Em face da peculiaridade do caso dos autos, há de ser afastada a incidência do princípio da indivisibilidade da chapa majoritária para prevalecer o princípio da segurança jurídica, pois a) o registro do vice-prefeito foi indeferido somente após a data da diplomação e em julgamento que modificou jurisprudência que lhe era totalmente favorável, havendo expectativa real e plausível de que a sua candidatura seria mantida pelo Tribunal Superior Eleitoral; b) as causas de inelegibilidade possuem natureza personalíssima (art. 18 da LC 64/90); c) inexiste relação de subordinação entre o titular da chapa e o respectivo vice. 4. Recurso em mandado de segurança provido para, concedendo-se parcialmente a ordem, anular o ato reputado coator e restabelecer o diploma de prefeito outorgado ao recorrente [...]" (TSE – RMS nº 50367/RJ – *DJe*, t. 43, 5-3-2014, p. 47).

13.2.2.10 Citação do impugnado

Ajuizada a AIRC, antes de o impugnado ser citado para se defender, deve-se aguardar o esgotamento do prazo de cinco dias da publicação do edital. É que, tratando-se de prazo comum, outros legitimados poderão comparecer e impugnar o pedido de registro, até mesmo por fundamento diverso. Vencido esse prazo, procede-se à citação do impugnado.

O art. 4º da LC nº 64/90 fala em "devida notificação" do réu, expressão que deve ser compreendida como regular "citação".

Não há especificação legal sobre a forma como a citação deve ser realizada. Mas dada a celeridade requerida pela AIRC, fixou-se que ela pode ser efetivada eletronicamente, inclusive por meio de "mural eletrônico"; não sendo possível por esse meio, admite-se sua realização sucessivamente por mensagem instantânea e *e-mail* (no número de telefone ou no endereço informados no registro de candidatura), bem como por correspondência (Res. TSE nº 23.609/2019, art. 41, *caput*, c.c. art. 38, § 1º).

Note-se que, quando realizada por mural eletrônico, reputa-se válida a citação com só a publicação ou disponibilização no sistema, presumindo-se, então, o conhecimento da parte.

13.2.2.11 Defesa

Feita a citação, passa a correr o prazo de sete dias para que o impugnado conteste a ação.

Esse prazo de sete dias é contado a partir da "data de publicação" ou da disponibilização do ato citatório no mural eletrônico. Sendo, porém, a citação realizada por outras formas, como mensagem instantânea e *e-mail*, o referido prazo passa a correr a partir de quando a parte toma conhecimento dela, o que, presume-se, se dá com a confirmação de entrega da comunicação ao destinatário (Res. TSE nº 23.609/2019, art. 41, *caput*, c.c. art. 38, §§ 1º e 2º). O marco inicial do prazo é fixado nos aludidos eventos, independentemente de posterior juntada aos autos de certidão da publicação no mural ou da confirmação de entrega ao destinatário.

O contestante deve deduzir toda a matéria de defesa (princípio da eventualidade), expondo as razões de fato e de direito com que rechaça o pedido exordial. Em preliminar, qualquer dos temas elencados no art. 337 do CPC poderá ser levantado.

A contestação deve especificar todas as provas com que se pretende demonstrar a verdade dos fatos alegados. Extrai-se da primeira parte do art. 4º da LC nº 64/90 que com ela a parte poderá "juntar documentos, indicar rol de testemunhas e requerer a produção de outras provas". Poderá, ainda, requerer a exibição de documentos "que se encontrarem em poder de terceiros, de repartições públicas ou em procedimentos judiciais, ou administrativos, salvo os processos em tramitação em segredo de justiça" (LC nº 64/90, art. 4º, segunda parte).

Tem-se, porém, como injustificável essa última ressalva. É que, conforme frisa Decomain (2004a, p. 83), o fato de estar o documento em processo que tramita em segredo de justiça não pode representar obstáculo ao direito do impugnado, ou do partido que representa, de provar sua elegibilidade e com isso obter o registro de sua candidatura. Bastará que a Justiça Eleitoral requisite o documento e determine seja mantido o necessário sigilo.

Sendo a contestação acompanhada de documentos, deve o juiz abrir vista dos autos ao autor para manifestar-se sobre eles (CPC, art. 437). É essa uma exigência do contraditório efetivo (CPC, arts. 9º e 10), que veda a surpresa e possibilita à parte atuar no sentido de influenciar no convencimento e consequentemente no conteúdo da decisão judicial.

Por serem a elegibilidade e a inelegibilidade matérias de ordem pública, portanto indisponíveis, não incide a presunção de veracidade dos fatos articulados na exordial se o réu, citado na forma legal: *(i)* não apresentar contestação e tornar-se revel; *(ii)* na contestação apresentada, não se manifestar "precisamente sobre as alegações de fato constantes da petição inicial" (CPC, arts. 240, 341, 344, 345, II).

A reconvenção não tem cabimento na AIRC. Sua admissão implicaria aceitar que o reconvinte, ao contestar a demanda contra si proposta, postulasse o indeferimento do registro do reconvindo, caso esse seja candidato. Todavia, à altura em que a reconvenção é formulada, o prazo para impugnação certamente já se terá esgotado. Logo, a admissão desse instituto nos domínios da AIRC significaria aumentar indevidamente o prazo para a impugnação, que é fatal e improrrogável.

13.2.2.12 Sucessão processual e substituição de candidato

Pelo princípio da estabilidade subjetiva da demanda, as partes indicadas na petição inicial devem permanecer as mesmas até o final do processo. Uma vez que o processo esteja formado e assim definidas as partes, somente se admite alteração subjetiva "nos casos expressos em lei" (CPC, art. 108), entre os quais se destaca "a morte de qualquer das partes" (CPC, art. 110). E, para fins de sucessão processual, a extinção de pessoa jurídica no curso da demanda equivale à morte da pessoa natural (STJ – AgInt no AREsp nº 1.827.513/MG – 3ª T. – Rel. Min. Ricardo Villas Bôas Cueva – *DJe* 9-10-2024).

Ante a ausência de previsão legal, não se tem admitido sucessão processual na hipótese do candidato que ajuizou a demanda ser substituído por outro (independentemente do motivo da substituição); de modo que o substituto não pode ingressar no processo já em curso à guisa de sucessão processual. É possível, porém, que o órgão do Ministério Público assuma o polo ativo da relação processual. Nesse sentido:

> "[...] 3. Inexiste previsão legal para que o candidato substituto suceda o substituído no polo ativo das ações eleitorais, cabível a remessa dos autos ao Ministério Público, para

eventual assunção do feito, considerado o disposto no art. 127 da Lei Maior. 4. O candidato, no polo ativo das ações eleitorais, não age para defender direito próprio, pois sua legitimação decorre da necessidade de se resguardar o interesse público na preservação da lisura do pleito, razão pela qual não há falar em sucessão processual. [...]. Agravo regimental conhecido e não provido" (TSE – AgR-REspe nº 27.722/BA – *DJe* 30-6-2017).

Se o polo ativo do processo não for assumido pelo Ministério Público, impõe-se sua extinção sem julgamento do mérito (CPC, art. 485, IV e VI).

13.2.2.13 Desistência da ação

Pode haver desistência da ação de impugnação, com vistas à extinção do processo, nos termos do art. 485, VIII, do CPC. A desistência só "pode ser apresentada até a sentença" (CPC, art. 485, § 5º).

Havendo desistência após o oferecimento de contestação pelo impugnado, será necessária sua concordância. De aplicar-se o disposto no § 4º do aludido art. 485, segundo o qual: "Oferecida a contestação, o autor não poderá, sem o consentimento do réu, desistir da ação".

No entanto, o Ministério Público poderá assumir o polo ativo da relação processual, ainda que o impugnado concorde com a desistência. Esse poder é, antes, um dever ou "poder-dever", diante da relevância do interesse público que se apresenta. Conquanto não haja específica previsão legal nos domínios da legislação eleitoral, há situações – previstas em lei – em que o Ministério Público deve assumir a titularidade da demanda. Por exemplo: o art. 976, § 2º, do CPC determina que o *Parquet* assuma a titularidade do incidente de resolução de demandas repetitivas "em caso de desistência ou de abandono" por parte do autor. Outro exemplo: dispõe o art. 9º da Lei nº 4.717/65 (Lei de Ação Popular) que, se o autor popular desistir da ação ou provocar a extinção do processo, ficará assegurado ao representante do Ministério Público dar-lhe seguimento. Nos dois exemplos, prevalece o interesse público consistente em dar-se prosseguimento à demanda. De sorte que, no Eleitoral, hão de preponderar os valores e princípios altamente significativos para o Estado Democrático de Direito, como são a lisura das eleições e a legitimidade do processo eleitoral. Tal entendimento foi sufragado pela jurisprudência:

> "Recurso especial. Desistência. Impossibilidade. Matéria de ordem pública. Assunção do MPE ao polo ativo da demanda. Reconsideração da decisão agravada. A jurisprudência desta Corte é no sentido de não admitir desistência de recurso que verse sobre matéria de ordem pública. Precedentes. [...]. *Decisão*: O Tribunal, por unanimidade, proveu o agravo regimental da Coligação Governo para Todos, para, em reconsiderando a decisão proferida, deferir o pedido formulado a fim de que o Ministério Público Eleitoral assuma o polo ativo da demanda, tendo em vista o pedido de desistência formulado por Eduardo Sidnei de Queiroz Pinheiro Neves, nos termos do voto do Relator" (TSE – AgR-REspe nº 8.716/RJ – *DJe*, t. 240, 22-12-2014, p. 2-3).

Não sendo o polo ativo do processo assumido pelo Ministério Público, o que deverá ser objeto de manifestação fundamentada nos autos, impõe-se sua extinção.

Mas isso não impede que o magistrado aproveite os dados e as provas constantes dos autos para declarar de ofício a inelegibilidade, negando, pois, registro ao candidato. Entendimento diverso não seria coerente nem razoável, já que, cuidando-se de matéria de ordem pública, de aplicação cogente, é dado ao juiz conhecer *ex officio* da ausência de condições de elegibilidade e da presença de causa de inelegibilidade.

13.2.2.14 Tutela provisória

Tutela provisória é instituto comprometido com um processo justo e expedito. A tutela jurisdicional útil e eficaz – em tempo hábil – minimiza a violação da ordem jurídica e contribui para a pacificação social. O principal instrumento para afastar os riscos e prejuízos à efetividade do provimento jurisdicional final (após cognição exauriente) são as tutelas provisórias, às quais foi conferida destacada normatização em livro próprio do Código de Processo Civil (arts. 294 a 311). Tamanha a importância da efetividade da prestação jurisdicional que, apesar do reforço desse Código ao contraditório prévio (CPC, arts. 7º e 10º), as tutelas provisórias constituem excepcionais hipóteses de contraditório diferido, dispensando prévia manifestação da parte adversa (CPC, arts. 9º, I e II).

Embora o procedimento da AIRC não cuide expressamente de tutela provisória, a aplicação desse instituto não é afastada, mormente em razão de o CPC poder ser aplicado supletivamente aos procedimentos eleitorais (CPC, art. 15; Res. TSE nº 23.478/2016, art. 2º, parágrafo único). A propósito, tal instituto foi expressamente referido no art. 14 da Res. TSE nº 23.478/2016, segundo o qual "os pedidos autônomos de tutela provisória serão autuados em classe própria", enquanto os pedidos incidentais devem ser "encaminhados à autoridade judiciária competente, que determinará a sua juntada aos autos principais ou adotará as providências que entender cabíveis". Bem por isso, ele já foi acolhido em inúmeros processos de registro de candidatura, a exemplo dos seguintes: TSE – AIRC no RCAND nº 0600903-50, PSS 1º-9-2018 (aqui, o pedido de tutela de evidência foi "julgado prejudicado"); TRE-MA – AIRC no RCAND nº 0600515-71, j. 13-9-2018; TRE-ES – AIRC no RCAND nº 716-20, j. 2-9-2018; TRE-MT – AIRC no RCAND nº 0600814-21, j. 4-9-2018; TRE-DF – AIRC no RCAND nº 0600977-12, j. 30-8-2018; TRE-DF – AIRC no RCAND nº 0601407, j. 26-8-2018; TRE-RN – AIRC no RCAND nº 0600817, j. 26-8-2018; TRE-PA – AIRC no RCAND nº 0600294, j. 23-8-2018.

A tutela provisória pode fundar-se em urgência e evidência. A de urgência pode ser cautelar ou antecipada, e ambas comportam provimento liminar *inaudita altera pars*, isto é, sem que a parte adversa seja ouvida (CPC, art. 294, 300, § 2º). Conforme o fundamento, a de evidência também admite liminar (CPC, art. 311, parágrafo único).

No âmbito da AIRC, não é possível a concessão de tutela provisória para negar pedido de registro de candidatura. Isso porque decisão como essa obstaria, de modo radical, o exercício do direito político fundamental atinente à cidadania passiva com base em cognição sumária, que é sempre fundada em juízo de probabilidade ou verossimilhança. A rigor, o aludido impedimento só poderia resultar de decisão fundada em cognição exauriente (após a apresentação de defesa e, pois, observância do devido processo legal), nos termos do art. 15 da LC nº 64/90, que, para tanto, impõe o trânsito em julgado da respectiva decisão de 1º grau ou a publicação de decisão denegatória proferida por órgão colegiado no exercício de sua competência originária ou recursal. Não por outra razão, a urna eletrônica é apta a receber votos dados a candidato cujo pedido de registro encontre-se *sub judice*, ou por ter sido indeferido originariamente ou por haver recurso contra a decisão de deferimento.

De mais a mais, a concessão de tutela provisória poderia impor ao impugnado dano irreversível, sobretudo no que pertine à promoção de sua campanha, realização de propaganda eleitoral e arrecadação de recursos no meio privado. E, a esse respeito, o § 3º do art. 300 do CPC é cristalino: "A tutela de urgência de natureza antecipada não será concedida quando houver perigo de irreversibilidade dos efeitos da decisão".

Entretanto, cogita-se o cabimento de tutela provisória em outras situações. O argumento é o de que na AIRC a tutela final pretendida é sempre a negativa do requerimento de registro de candidatura, de modo a impedir que o réu se constitua candidato e, como consequência lógica necessária: (a) não se habilite a realizar campanha eleitoral em causa própria; (b) não

Cap. 13 • REGISTRO DE CANDIDATURA | 355

utilize o horário eleitoral gratuito, subsidiado com recursos públicos; (c) não dispenda recursos públicos alocados ao Fundo Partidário (FP) e ao Fundo Especial de Financiamento de Campanha (FEFC); (d) não tenha seu nome lançado na urna de votação; (e) não possa ser votado no escrutínio vindouro. Afinal, cada um desses consectários lógicos pressupõe a condição legal de candidato (LE, arts. 16-A e 16-B, *contrario sensu*, arts. 16-C e 16-D, § 2º, 17, 20), que, a rigor, só é alcançada com o deferimento do requerimento de registro de candidatura.

Em determinados contextos, alguns desses efeitos poderiam ser objeto de tutela provisória, afastando-se a incidência do art. 16-A da LE (que permite ao pré-candidato realizar campanha) e antecipando-se parcela dos efeitos da tutela final pretendida pelo impugnante.

Cogita-se, então, o impedimento de recebimento ou gasto de recursos públicos (item c, supra) oriundos do FP e do FEFC pelo réu que, no momento do registro, apresentar em seu patrimônio jurídico obstáculo certo e intransponível, que desde logo se afigure insuscetível de alteração no âmbito do processo de registro de candidatura. Como exemplo dos aludidos "obstáculos intransponíveis", citem-se: (i) a ausência de condição de elegibilidade decorrente (i.1) do não preenchimento da idade mínima exigida para o cargo em disputa (CF, art. 14, § 3º, VI), e (i.2) da suspensão de direitos políticos em razão de sentença penal condenatória transitada em julgado (CF, art. 14, § 3º, II, c.c. art. 15, III); (ii) a inelegibilidade (ii.1) decorrente de *impeachment* do chefe do Poder Executivo (LC nº 64/90, art. 1º, I, *c*), e (ii.2) constituída em processo por abuso de poder (LC nº 64/90, art. 1º, I, *d*, c.c. art. 22, XIV) cuja decisão já tenha transitado em julgado.

Admitida que seja a tutela provisória na situação enfocada, não é possível que se afete de forma grave e irreversível o exercício do direito político fundamental atinente à cidadania passiva.

Por outro lado, há mister que o impugnante demonstre cabalmente os requisitos ensejadores da tutela pretendida. Se se tratar de tutela provisória de urgência, é preciso demonstrar (CPC, art. 300): a "probabilidade do direito" e o "perigo de dano ou risco ao resultado útil do processo". Já quanto à tutela da evidência, urge demonstrar alguma das hipóteses arroladas nos incisos do art. 311 do CPC, especialmente as do inciso I ("abuso do direito de defesa ou o manifesto propósito protelatório da parte") e IV (apresentação de "prova documental suficiente dos fatos constitutivos do direito do autor, a que o réu não oponha prova capaz de gerar dúvida razoável"). Por óbvio, o referido inciso I do art. 311 pressupõe que a defesa já tenha sido produzida no processo.

A probabilidade do direito pode ser evidenciada a partir da manifesta e insuperável situação jurídica em que o impugnado se encontrar – situação essa que deve ser demonstrada de plano pelo impugnante. Quando desprovido de razoáveis fundamentos jurídicos, o pedido de registro de candidatura se evidencia protelatório, contrário à boa-fé objetiva e ao ordenamento legal, consubstanciando, ainda, evidente abuso de direito. Não é razoável, então, que possa viabilizar dispêndio estéril de escassos recursos públicos.

A seu turno, o perigo de dano ou risco ao resultado útil do processo advém justamente do prejuízo que pode advir não só aos cofres públicos, como também aos demais candidatos do mesmo partido que ficariam privados de maior investimento em suas candidaturas. Também os eleitores ficariam prejudicados com a redução das informações e da visibilidade das candidaturas juridicamente viáveis.

O art. 300, § 3º, do CPC veda a concessão de tutela de urgência de natureza antecipada "quando houver perigo de irreversibilidade dos efeitos da decisão". Ocorre que a concessão da tutela provisória na situação enfocada não acarretaria necessariamente prejuízo insanável ao impugnado. Isso porque a campanha pode ser tocada com recursos próprios do candidato, ou mesmo com recursos arrecadados no meio privado. Mas ainda que houvesse prejuízo, não seria irreversível, porque – devido à celeridade do rito – em pouco tempo sobrevirá decisão definitiva da Justiça Eleitoral, julgando o mérito da demanda impugnatória.

Advirta-se, porém, que a concessão de tutela provisória limitando a disponibilização de recursos públicos ao impugnado não poderia, de nenhum modo, prejudicar o seu partido nem os demais candidatos a ele filiados, que têm direito a eles.

Se concedida, a tutela provisória conserva sua eficácia durante toda a tramitação processual (CPC, art. 296, *caput*), exceto se revogada nesse ínterim. Ao final, se a AIRC for julgada procedente e indeferido o pedido de registro, a respectiva decisão deverá, em capítulo próprio, pronunciar-se sobre a tutela provisória. Sendo esta confirmada, seguirá produzindo efeitos, nos termos do art. 1.012, § 1º, V, do CPC. Por esse dispositivo: "começa a produzir efeitos imediatamente após a sua publicação a sentença que: [...] V – confirma, concede ou revoga tutela provisória;" Deveras, uma vez confirmada na decisão final, a manutenção da eficácia da tutela provisória ocorrerá ainda que o recurso cabível contra a decisão de mérito seja dotado de efeito suspensivo.

Por outro lado, sendo a AIRC julgada improcedente e, em consequência, deferido o pedido de registro, a tutela provisória automaticamente perde sua eficácia.

Cumpre, ainda, ressaltar que o art. 302 do CPC prevê responsabilidade por dano processual e civil "pelo prejuízo que a efetivação da tutela de urgência causar à parte adversa", se, entre outras hipóteses, a decisão da causa for desfavorável à parte que a requereu. Tal responsabilidade tem natureza objetiva e só desponta com a efetivação da tutela provisória, e não de seu mero requerimento ou da só concessão sem a ulterior concretização. Daí que o uso do vertente instrumento processual requer máxima cautela, só devendo ser utilizado se houver certeza quanto à situação fático-jurídica que embasa a impugnação do pedido de registro.

Não obstante, a compreensão exposta não tem sido endossada pela jurisprudência da Corte Superior, que tem entendido ser permitido "a todo candidato, ainda que esteja com seu registro indeferido *sub judice*, a realização de campanha eleitoral, inclusive no rádio e televisão, e o acesso aos fundos públicos, até decisão do Tribunal Superior Eleitoral ou o trânsito em julgado" (TSE – ARgAI nº 060117778/MS – *DJe* 7-10-2020).

13.2.2.15 Extinção do processo sem resolução do mérito

Apresentada a defesa e colhido o alvitre do Ministério Público (caso este órgão não seja o autor), poderá o juiz, sendo o caso, extinguir o processo sem resolver o mérito da causa nos termos dos arts. 354 c.c. 485 do CPC. Pra tanto, merecem destaque as hipóteses previstas nos incisos IV a VI desse último dispositivo, a saber: *(iv)* "ausência de pressupostos de constituição e de desenvolvimento válido e regular do processo"; *(v)* "existência de perempção, de litispendência ou de coisa julgada"; *(vi)* "ausência de legitimidade ou de interesse processual".

Já entendeu o TSE que: "[...] Fulminada a impugnação ante o fato de haver sido formalizada por parte ilegítima, descabe o aproveitamento dos dados dela constantes para, de ofício, indeferir-se o registro" (TSE – REspe nº 23.578/AL – PSS 21-10-2004). No entanto, a toda evidência, essa interpretação fere a coerência do sistema, além de padecer de falta de razoabilidade. Se no processo de registro é dado ao juiz conhecer *ex officio* da ausência de condições de elegibilidade e da presença de causa de inelegibilidade, não seria a extinção da AIRC por ilegitimidade do impugnante que o impediria de conhecer e julgar o pedido de registro de acordo com todos os elementos presentes nos autos. Não se pode esquecer que a matéria em foco é de ordem pública. O poder atribuído ao juiz para decidir de ofício o processo de registro jamais deve ser confundido com o de extinguir o processo da AIRC por carência de ação (= falta de legitimidade ou interesse) ou ausência de pressuposto processual.

13.2.2.16 *Julgamento antecipado do mérito*

Admite-se julgamento antecipado do mérito na AIRC. Por esse instituto, deverá o juiz conhecer diretamente do pedido, proferindo sentença com resolução do mérito da causa, quando não houver necessidade de produção de outras provas (CPC, art. 355). A primeira parte do art. 5º da LC nº 64/90 estabelece que a fase de produção de provas só terá início "se não se tratar apenas de matéria de direito e a prova protestada for relevante". Logo, tratando-se de discussão apenas de direito, estando já o fato probando satisfatoriamente demonstrado com os documentos carreados aos autos com a petição inicial e contestação, ou sendo irrelevante a prova que se pretenda produzir, deverá o juiz decidir a causa antecipadamente. Mas antes disso, no prazo de dois dias, será ouvido o Ministério Público, que funciona no processo como fiscal da ordem jurídica.

Relembre-se que, se o impugnado juntar documentos com a contestação, sobre eles deverá o impugnante ter a oportunidade de se defender e o Ministério Público de se manifestar, sob pena de ferir-se o devido processo legal. Neste caso, a sentença estará eivada de nulidade. Sobre isso, pronunciou-se a Corte Superior Eleitoral:

> "Art. 43, § 4º Na hipótese do § 3º deste artigo [dispensa de apresentação de alegação final], ficam assegurados, antes do julgamento, o prazo de 3 (três) dias para manifestação do impugnante, caso juntados documentos e suscitadas questões de direito na contestação, bem como o prazo de 2 (dois) dias ao Ministério Público Eleitoral, em qualquer caso, para apresentar parecer" (Res. TSE nº 23.609/2019).

> "Eleições 2004. Registro. Candidato. Cargo. Vice-prefeito. Defesa. Impugnação. Defesa. Apresentação. Documentos. Ausência. Vista. Impugnante. Cerceamento de defesa. Caracterização. Nulidade. Sentença. 1. Tendo sido juntados documentos pelo impugnado na oportunidade da apresentação de sua defesa em ação de impugnação de registro de candidatura e não concedida vista ao impugnante, resta caracterizado o cerceamento de defesa. Precedente: Acórdão nº 21.988. Agravo regimental a que se nega provimento" (TSE – AREspe nº 22.545/SP – PSS 6-10-2004).

13.2.2.17 *Fase probatória: audiência de instrução e diligências*

Por versar sobre condição de elegibilidade, causa de inelegibilidade ou descumprimento de formalidade imposta em lei, normalmente, a prova reclamada na impugnatória de registro será a documental. Todavia, eventualmente, será necessária a produção de outros meios de provas. Exemplo: poderá ser preciso produzir prova pericial ou testemunhal caso se pretenda demonstrar que o pré-candidato é analfabeto ou que, sendo servidor público, não se desincompatibilizou *de fato* do exercício de suas funções.

Estabelece o art. 5º, *caput*, da Lei de Inelegibilidades:

> "Decorrido o prazo para contestação, se não se tratar apenas de matéria de direito e a prova protestada for relevante, serão designados os 4 (quatro) dias seguintes para inquirição das testemunhas do impugnante e do impugnado, as quais comparecerão por iniciativa das partes que as tiverem arrolado, com notificação judicial".

Note-se que esse dispositivo fala genericamente em "prova protestada". Já o art. 3º, § 3º, da LC nº 64/90 permite ao autor especificar "os meios de prova com que pretende demonstrar a veracidade do alegado". Por sua vez, o art. 4º, *caput*, permite ao réu na contestação "requerer a produção de outras provas". Embora todos esses dispositivos também aludam expressamente à prova testemunhal, isso se dá apenas em caráter exemplificativo. Por óbvio, quaisquer outros meios de prova poderão ser utilizados pelas partes. Ainda porque, o direito à prova tem fundamento constitucional, podendo ser extraído diretamente do art. 5º da Lei Maior, cujo inciso LV assegura o contraditório "aos litigantes, em processo judicial ou administrativo, e aos acusados em geral", e cujo inciso LIV garante o devido processo legal. No plano infraconstitucional, o art. 369 do CPC proclama que as partes têm o direito de empregar todos os meios legais, bem como os moralmente legítimos, "para provar a verdade dos fatos em que se funda o pedido ou a defesa e influir eficazmente na convicção do juiz".

Assim, ultrapassada a fase de defesa e sendo ainda necessário produzir provas, o juiz designará audiência de instrução nos quatro dias subsequentes à contestação ou ao vencimento do prazo fixado para sua produção.

Sob o aspecto formal, a audiência deve observar o estipulado nos arts. 358 a 368 do CPC. A ela deve apresentar-se o órgão do Ministério Público caso atue no feito como fiscal da ordem jurídica.

No entanto, por se tratar de direito ou situação jurídica indisponível, não há espaço para a conciliação preconizada no art. 359 desse diploma.

Todas as provas orais serão produzidas em uma só audiência, aí, portanto, estando incluídas a eventual arguição de especialista na perícia simplificada (CPC, art. 464, § 4º), bem como a oitiva das testemunhas indicadas pelo impugnante e pelo impugnado.

No tocante à prova testemunhal, as testemunhas devem ser arroladas na petição inicial e na contestação. O art. 3º, § 3º, da LC nº 64/90 limitou o número de testemunhas a seis, não se aplicando, aqui, o limite de dez previsto no art. 357, § 6º, do CPC. Todavia, com base nessa última disposição, é lícito ao juiz eleitoral restringir a três o número de testemunhas para cada fato.

O comparecimento das testemunhas à audiência se dá "por iniciativa das partes que as tiverem arrolado". Assim, elas poderão comparecer independentemente de intimação judicial se as partes se comprometerem a levá-las. Caso contrário, extrai-se da parte final do citado art. 5º ("com notificação judicial") que elas deverão ser intimadas judicialmente, sendo essa intimação efetivada pela parte que arrolou a testemunha. Há casos, porém, em que a intimação deverá ser efetivada pelo Estado-juiz haja vista que, na prática, nem sempre a parte terá acesso à testemunha ou esta se disporá a comparecer à audiência espontaneamente.

Diligências – Encerrada a audiência de instrução, nos cinco dias subsequentes serão ultimadas todas as diligências determinadas pelo juiz, de ofício ou a requerimento das partes. Para tanto, poderão ser ouvidos "terceiros, referidos pelas partes, ou testemunhas, como conhecedores dos fatos e circunstâncias que possam influir na decisão da causa" (LC nº 64/90, art. 5º, §§ 2º e 3º). Assim, nova audiência poderá ser realizada.

Nesse mesmo prazo, poderá ser ordenado o depósito em juízo de qualquer documento necessário à formação da prova que se achar em poder de terceiro. Se o terceiro, sem justa causa, não exibir o documento, ou não comparecer a juízo, poderá o juiz expedir mandado de busca e apreensão, requisitando, se for preciso, força policial para o seu cumprimento; também poderá impor multa processual e determinar "outras medidas indutivas, coercitivas, mandamentais ou sub-rogatórias necessárias para assegurar a efetivação da decisão" (CPC, art. 403, parágrafo único). Isso sem prejuízo da responsabilização do terceiro por crime de desobediência (LC nº 64/90, art. 5º, § 5º; CE, art. 347).

13.2.2.18 *Alegações finais*

Reza o art. 6º da Lei de Inelegibilidades que, tão logo encerrada a fase probatória, "as partes, inclusive o Ministério Público, poderão apresentar alegações no prazo comum de 5 (cinco) dias".

Face ao emprego do vocábulo *poderão* nesse dispositivo, discute-se se a abertura de prazo para alegações finais é opcional, a critério do juiz, ou se essa providência é sempre necessária.

Se a lei estabelece uma fase no processo para produção de provas, e sendo essa fase cumprida, viola o devido processo legal não conferir às partes, e ao Ministério Público, oportunidade para sobre elas se manifestar. Não é exato que as provas produzidas em juízo se dirijam somente ao juiz. Ao contrário, é assente encontrar-se a serviço do processo judicial, pois para este são produzidas. Ao juiz cabe presidir sua produção e sopesá-las no momento de decidir. Mas, antes de sentenciar, devem as partes se manifestar, expondo suas narrativas e argumentos à luz do quadro probatório resultante da instrução (CPC, art. 10). Sem isso, não se pode dizer haja processo legal, mas mero arremedo.

Logo, o termo *poderão*, na aludida expressão legal, só pode ser compreendido como faculdade conferida às partes. Se não quiserem, se entenderem desnecessário ou supérfluo, poderão deixar de apresentar alegações finais. Mas a oportunidade para fazê-lo deve ser-lhes franqueada. Tanto é assim que o art. 7º, *caput*, da LC nº 64/90 estipula que os autos serão conclusos ao juiz somente após "encerrado o prazo para alegações" das partes.

No entanto, se não houver dilação probatória, entende-se não ser necessária a abertura de vista dos autos às partes para alegações finais, podendo o juiz, após a fase de defesa, julgar antecipadamente o mérito da causa (CPC, art. 355, I). Assim: "A apresentação das alegações finais será dispensada nos feitos em que não houver sido aberta a fase probatória" (Res. TSE nº 23.609/2019, art. 43, § 3º). E mais: "[...] Em observância do princípio da economia processual, é permitido ao juiz eleitoral, nas ações de impugnação ao registro de candidatura, e passada a fase de contestação, decidir, de pronto, a ação, desde que se trate apenas de matéria de direito e as provas protestadas sejam irrelevantes" (TSE – REspe nº 16694/SP – PSS 19-9-2000; em igual sentido: TSE – AgREspe nº 5286/CE – PSS 23-10-2012; TSE – AgREspe nº 28623/SC – PSS 28-11-2016). Em tal situação, também se entende desnecessária a abertura de vista à parte adversa em razão da juntada de documentos na contestação; nesse caso, eventual nulidade só pode ser reconhecida se houver demonstração de efetivo prejuízo à parte. Confira-se: TSE – AIRC no RCAND nº 0600903-50, PSS 1º-9-2018.

Manifestação do Ministério Público Eleitoral – Nas impugnações em que não figurar como autor, o órgão do *Parquet*, na qualidade de fiscal da ordem jurídica (custos legis), deverá ser intimado para se manifestar sobre o mérito da causa. Para tanto, dispõe do prazo de dois dias.

13.2.2.19 Julgamento

Esgotado o prazo para alegações finais e, sendo o caso, para a manifestação do Ministério Público Eleitoral, com ou sem elas, devem os autos ser conclusos ao juiz eleitoral (nas eleições municipais) ou ao juiz-relator no tribunal (nas eleições presidenciais e gerais) para julgamento da causa.

É exigência constitucional indeclinável – inscrita no art. 93, IX, da Lei Maior – que o ato decisório exiba os fundamentos considerados relevantes para a conclusão, sob pena de nulidade. No Estado Democrático de Direito, é simplesmente inconcebível que alguém sofra restrição de direito sem ao menos saber dos motivos. Por isso mesmo, o ato decisório deve obedecer ao padrão do art. 489 do CPC, contendo pelo menos três partes: relatório, fundamentação e dispositivo.

Ante o princípio da persuasão racional, para formar sua convicção, o juiz ou Tribunal eleitoral goza de liberdade para apreciar o acervo probatório constante dos autos (LC nº 64/90, art. 7º, parágrafo único; CPC, art. 371), independentemente de quem tenha realizado a produção da prova.

Entretanto, face ao interesse público predominante no âmbito da AIRC e por força do princípio da *congruência*, deve haver *correlação* entre os fatos imputados na petição inicial (= *causa petendi*) e a decisão de mérito. É que o conteúdo da decisão resulta da delimitação fática posta naquela peça – e não propriamente do pedido formulado pelo autor (como ocorre no Processo Civil comum – CPC, arts. 191 e 492).

Deve a decisão ser proferida impreterivelmente no prazo de três dias após a conclusão dos autos ao juiz ou relator no tribunal (LC nº 64/90, arts. 8º e 13).

Nos tribunais eleitorais, é dispensada a publicação de pauta. Todavia, na sessão de julgamento só podem ser apreciados os processos relacionados até o seu início. O julgamento de ação impugnatória cujo processo não foi arrolado até o início da sessão viola o contraditório e a ampla defesa, sobretudo por surpreender as partes (CPC, arts. 7º e 9º, *caput*), que ficam tolhidas de apresentar adequadamente suas razões ao órgão julgador, e, pois, de influenciar efetivamente na formação do conteúdo da decisão colegiada.

Nas eleições municipais, sendo a decisão de 1º grau prolatada fora desse lapso, "o Corregedor Regional, de ofício, apurará o motivo do retardamento e proporá ao Tribunal Regional Eleitoral, se for o caso, a aplicação da penalidade cabível" (LC nº 64/90, art. 9º). Nas eleições presidenciais e gerais (federais e estaduais) não é prevista sanção semelhante, porquanto a decisão promana de órgão colegiado.

Importa frisar que a decisão, aqui, abarca duas relações processuais diferentes: a atinente ao registro de candidatura propriamente dito e a decorrente da AIRC. E ambas devem ser resolvidas em um só ato. Por isso, a partir da sentença, há unificação do procedimento, que passa a ser idêntico para ambas.

A sentença possui caráter declaratório, pois apenas reconhece e afirma a não elegibilidade em razão dos fatos comprovados nos autos. Assim, a procedência do pedido inicial implica declaração de não elegibilidade, acarretando o indeferimento do requerimento de registro de candidatura.

A decisão que defere ou indefere o requerimento de registro é recorrível. Havendo recurso, a candidatura seguirá *sub judice*. Se ela se encontrar nesse estado no dia do pleito, o indeferimento final do registro acarreta: *(i)* a invalidação (nulidade ou anulabilidade, conforme o caso) dos votos dados ao candidato; *(ii)* a invalidação do diploma eventualmente expedido. Como consequência da invalidação dos votos e tratando-se do candidato vitorioso: *(a)* no pleito majoritário, novas eleições deverão ser realizadas por força do disposto no art. 224, § 3º, do CE (com a redação da Lei nº 13.165/2015); *(b)* no pleito proporcional, o suplente será convocado para investidura na titularidade do cargo que se tornou vago. Nesse último (pleito proporcional) a nulidade dos votos não é total, mas parcial, sendo eles computados para a legenda (CE, art. 175, § 4º); portanto, são mantidos os quocientes eleitorais e partidários, não havendo reconfiguração dos resultados proclamados das eleições.

Note-se que a improcedência do pedido na AIRC não significa que o registro será deferido. É que o pedido de registro pode ser negado, até mesmo de ofício, em virtude de outras ocorrências no processo de registro de candidatura, como, *e. g.*, a não apresentação de documento legal ou o desvelamento de causa de inelegibilidade diversa da arguida na AIRC.

13.2.2.20 *Eficácia da decisão que indefere registro de candidatura*

A LC nº 135/2010 alterou substancialmente o regime das inelegibilidades previsto na LC nº 64/90. Declarada constitucional pelo STF (*vide* ADCs nº 29/DF e 30/DF, e a ADI 4.578/AC), na sistemática daquela norma o julgamento de órgão colegiado é suficiente para configurar uma inelegibilidade, não sendo necessário aguardar-se o trânsito em julgado da respectiva decisão.

No tocante à decisão de mérito (cognição exauriente) proferida na AIRC, dispõe o art. 15 da Lei de Inelegibilidades (com a redação da LC nº 135/2010): "Transitada em julgado ou publicada a decisão proferida por órgão colegiado que declarar a inelegibilidade do candidato, ser-lhe-á negado registro, ou cancelado, se já tiver sido feito, ou declarado nulo o diploma, se já expedido".

Cap. 13 • REGISTRO DE CANDIDATURA | 361

O termo *inelegibilidade* nesse dispositivo deve ser compreendido em sentido amplo, abrangendo as causas de inelegibilidade propriamente ditas e também as condições de elegibilidade.

O referido art. 15 regula os efeitos decorrentes da decisão judicial que declara a inelegibilidade e, consequentemente, nega o requerimento de registro de candidatura. No plano da eficácia, a decisão "transitada em julgado" é equiparada à decisão "proferida por órgão colegiado".

Assim, para fins de cumprimento e concretização da decisão denegatória de registro, não é necessário que se aguarde o trânsito em julgado do ato colegiado. Significa dizer que as decisões proferidas por órgão colegiado de tribunal eleitoral têm aptidão para produzir efeitos concretos imediatos, podendo ser cumpridas tão logo publicadas.

Ao dotar a decisão colegiada de eficácia concreta imediata, o art. 15 da LC nº 64/90 contribui para a confiança no processo eleitoral, para a certeza e sinceridade do voto e efetiva representatividade do candidato eleito. Isso porque, em certa medida, elimina-se a dúvida sobre a candidatura. E aqui vale ressaltar a função constitucional básica da Justiça Eleitoral de garantir um processo eleitoral íntegro e seguro – inclusive para os eleitores, que têm o direito fundamental de comparecer às urnas com a segurança de saber que seu voto terá peso e valor igual. Deveras, a manutenção de candidatura *sub judice* no dia do pleito (e mesmo depois dele) é incompatível com os valores democráticos, porque além de gerar perplexidade nos eleitores que não poderão saber se fazem escolha válida e eficaz, também provoca instabilidade institucional se o candidato *sub judice* for eleito e os votos por ele obtidos vierem a ser invalidados.

Não obstante, apreciando essa matéria, o Tribunal Superior Eleitoral restringiu a incidência do art. 15 da Lei Complementar nº 64/90, conferindo primazia ao art. 16-A da Lei Ordinária nº 9.504/97. Esse último autoriza o candidato com pedido de registro *sub judice* (porque recorreu da decisão de indeferimento) a efetuar todos os atos relativos à campanha eleitoral, inclusive utilizar o horário eleitoral gratuito no rádio e na televisão, e ter seu nome mantido na urna eletrônica enquanto estiver nessa condição. A validade dos votos a ele atribuídos é condicionada ao deferimento de seu registro na decisão final do processo.

Nesse sentido, para as eleições gerais, a Corte Superior fixou a seguinte tese:

> "a condição de candidato *sub judice*, para fins de incidência do art. 16-A da Lei nº 9.504/97, nas eleições gerais, cessa (i) com o trânsito em julgado da decisão de indeferimento do registro ou (ii) com a decisão de indeferimento do registro proferida pelo Tribunal Superior Eleitoral".

> Também fixou a seguinte tese complementar: "como regra geral, a decisão de indeferimento de registro de candidatura deve ser tomada pelo Plenário" (TSE – RO nº 0600919-68/MS – PSS 9-10-2018).

Esse mesmo entendimento aplica-se às eleições presidenciais: TSE – RCAND nº 0600903-50, PSS 1º-9-2018.

E também se aplica às eleições municipais. Nesse sentido:

> "Art. 51. O candidato cujo registro esteja *sub judice* pode efetuar todos os atos relativos à campanha eleitoral, inclusive utilizar o horário eleitoral gratuito no rádio e na televisão e ter seu nome mantido na urna eletrônica enquanto estiver sob essa condição.

> § 1º Cessa a situação *sub judice*: I – com o trânsito em julgado; ou II – independentemente do julgamento de eventuais embargos de declaração, a partir da decisão colegiada do Tribunal Superior Eleitoral, salvo se obtida decisão que: [...]" (Res. TSE nº 23.609/2019, art. 51, § 1º).

No mesmo diapasão, *vide*: TSE – ED-REspe nº 13925/RS – PSS 28-11-2016.

Se a tanto se chegou, mal não haveria em se fazer depender a eficácia da decisão colegiada do TSE à publicação do julgamento dos embargos de declaração, conclusão, aliás, mais técnica e justa tendo em vista a possibilidade de os embargos alterarem o sentido do julgamento.

Portanto, a "decisão colegiada" referida no art. 15 da LC nº 64/90 é a proferida pelo *plenário* do TSE – e não a emanada dos Tribunais Regionais Eleitorais. Então, somente o trânsito em julgado da decisão e a publicação de acórdão daquele tribunal superior constituem marcos finais para uma candidatura, salvo, na última situação, se o interessado recorrer ao Supremo Tribunal Federal e neste obtiver tutela provisória de urgência em sentido diverso.

Outra conclusão que se pode extrair do citado entendimento jurisprudencial: o art. 16-A da LE incidirá independentemente de o recurso interposto contra o acórdão do Tribunal Regional ser ordinário ou especial. Mas, apesar da coerência dessa conclusão com os julgados citados, há manifesta subversão de importantes conceitos processuais. É que, no âmbito do processo de registro de candidatura, os referidos recursos não são dotados de efeito suspensivo. Assim, o referido entendimento: (i) ao criar efeito suspensivo a recurso que não o tem, invade a competência privativa da União para legislar em matéria processual (CF, art. 22, I); (ii) impõe a automática suspensão de decisão negativa, qual seja: a que nega o pedido de registro.

13.2.2.21 *Recurso*

No tocante a decisões interlocutórias proferidas por juiz de primeira instância, há o entendimento segundo o qual são elas irrecorríveis de imediato. Só se pode recorrer delas ao final do processo. Como consequência, tais decisões não são cobertas pela preclusão, podendo, pois, serem submetidas ao tribunal *ad quem* como preliminar do recurso interposto contra a decisão final. Nesse caso, dever-se-á conhecer "da matéria versada na decisão interlocutória como preliminar à decisão de mérito" (Res. TSE nº 23.478/2016, art. 19, § 1º).

Ao menos em parte, esse entendimento é ratificado pelo CPC de 2015. Contra decisões interlocutórias de juiz de primeira instância, esse Código prevê o cabimento do "agravo de instrumento", restringindo-o, porém, apenas às hipóteses arroladas nos incisos I a XI de seu art. 1.015, bem como aos "casos expressamente referidos em lei" (inciso XIII).

Já no âmbito dos tribunais, "contra decisão proferida pelo relator" pode-se cogitar o cabimento do agravo interno previsto no art. 1.021 do CPC. O fato de esse dispositivo não prescrever ressalvas induz à conclusão de que quaisquer decisões interlocutórias proferidas monocraticamente pelo relator são agraváveis. Isso é compreensível especialmente ante o princípio da colegialidade, pois, ao decidir monocraticamente uma questão, o relator apenas exerce, por delegação, competência própria do órgão colegiado a que pertence, sendo mais do que razoável a abertura da via recursal para que o próprio órgão colegiado, desde logo, conheça e decida questão que originariamente lhe pertence.

É razoável que tal modelo processual se aplique ao processo da AIRC, porque: (i) o art. 265, *caput*, do Código Eleitoral, prevê (sem ressalvas) caber recurso "dos atos, resoluções ou despachos" proferidos por juiz eleitoral; (ii) o art. 15 do CPC determina sua aplicação supletiva "na ausência de normas que regulem processos eleitorais"; (iii) o art. 2º, parágrafo único, da Res. TSE nº 23.478/2016, determina a aplicação das regras do CPC "desde que haja compatibilidade sistêmica"(e no caso há a requerida compatibilidade); iv) no âmbito dos tribunais, a recorribilidade da decisão monocrática do relator é expressamente prevista no art. 19, § 2º, da citada Res. TSE nº 23.478/2016, que prevê que "recurso especial interposto contra decisão interlocutória" seja "processado em autos suplementares, prosseguindo o curso da demanda nos autos principais" – ora, se até mesmo recurso especial é cabível contra decisão interlocutória, por que razão não o seria o agravo interno?

Cap. 13 • REGISTRO DE CANDIDATURA | **363**

Além disso, referido modelo se orienta em direção a um processo justo, eficiente e em tempo razoável. Em verdade, trata-se de atribuir máxima eficácia a direitos fundamentais como a inafastabilidade da tutela jurisdicional (CF, art. 5º, XXXV e LXXVIII).

Assim, contra decisão interlocutória: (i) em eleições municipais, deve-se admitir agravo de instrumento nos mesmos casos do art. 1.015 do CPC; (ii) em eleições gerais, deve-se admitir o agravo interno previsto no art. 1.021 do CPC. Nos dois casos, o prazo recursal é três dias.

No entanto, caso não se entenda cabíveis o agravo de instrumento nem o agravo interno, pode o interessado valer-se do *writ of mandamus*. O art. 5º, II, da Lei do Mandado de Segurança – interpretado *a contrario sensu* – assegura o seu cabimento contra decisão judicial, sempre que não houver recurso específico com efeito suspensivo previsto nas leis processuais. E, nos termos da Súmula 22 do TSE: "Não cabe mandado de segurança contra decisão judicial recorrível, salvo situações de teratologia ou manifestamente ilegais". Assim, sendo a decisão interlocutória "teratológica" ou "manifestamente ilegal" e dela podendo resultar lesão a direito líquido e certo da parte, admite-se sua impugnação mediante mandado de segurança. No caso, a competência é do próprio tribunal a que pertence o autor da decisão singular".

Já a decisão final na AIRC (bem como no processo de registro de candidatura, e na hipótese de "notícia de inelegibilidade") que extingue o processo com apreciação do mérito é sempre recorrível. A sistemática recursal pode ser assim resumida:

- no pleito municipal, é cabível recurso eleitoral para o TRE (CE, arts. 265 ss.), devendo ser interposto perante o juiz eleitoral. Contra o acórdão regional, pode-se ingressar com recurso especial eleitoral – REspe, de competência do TSE (CF, art. 121, § 4º, I e II; CE, art. 276, I); a interposição, nesse caso, se faz perante o presidente do TRE. Por falta de previsão legal, não é cabível recurso ordinário – RO, pois as hipóteses que o autorizam encontram-se expressas no art. 121, § 4º, III, IV e V, da CF, e no art. 276, II, do CE. Os acórdãos do TSE são impugnáveis por Recurso Extraordinário – RE.

- nas eleições gerais (federais e estaduais) são cabíveis: *(i)* recurso ordinário – RO, se em jogo estiver causa de inelegibilidade (CF, art. 121, § 4º, III); *(ii)* recurso especial, se a questão não se referir a causa de inelegibilidade; assim, será cabível REspe (e não RO) se a questão disser respeito a condição de elegibilidade. Note-se que nos termos da Súmula TSE nº 64: "Contra acórdão que discute, simultaneamente, condições de elegibilidade e de inelegibilidade, é cabível o recurso ordinário"; *(iii)* recurso extraordinário – RE contra o acórdão do TSE.

- nas eleições presidenciais, é cabível somente recurso extraordinário – RE para o Supremo Tribunal Federal (CF, art. 121, § 3º).

À exceção do recurso extraordinário, em nenhum dos demais recursos há juízo de admissibilidade no órgão judicial *a quo*, sendo ele sempre realizado direta e primeiramente pelo tribunal *ad quem*. Aplica-se, aqui, o disposto no art. 12, parágrafo único, da LC nº 64/90, pelo que, apresentadas as contrarrazões, serão os autos imediatamente remetidos ao Tribunal *ad quem*. Logo, o seguimento dos recursos ordinário e especial eleitoral não pode ser obstado no Tribunal Regional.

São cabíveis, ainda, embargos de declaração se na sentença ou no acórdão houver obscuridade, contradição, omissão de ponto sobre que devia pronunciar-se o juiz, ou necessidade de correção de erro material. Os embargos *interrompem* o prazo para a interposição de recurso. Sendo eles manifestamente protelatórios, poderá o embargante ser condenado "a pagar ao embargado multa não excedente a 2 (dois) salários mínimos", multa essa que será elevada até dez salários em caso de reiteração (CE, art. 275, I a III, §§ 5º, 6º e 7º, com a redação do art. 1.067 do CPC).

364 DIREITO ELEITORAL – José Jairo Gomes

Na instância *ad quem (TRE ou TSE, conforme o caso)*, após distribuição do recurso ao relator, os autos são enviados com vista ao Ministério Público para, em dois dias, apresentar parecer. Em seguida, os autos são remetidos ao relator, que poderá:

i) *não conhecer o recurso* ou negar-lhe seguimento, se for inadmissível, prejudicado ou se não tiverem sido impugnados especificamente os fundamentos da decisão recorrida (CPC, art. *932, III*, e RITSE, art. 36, § 6º) – sendo o caso, antes de considerar o recurso inadmissível, deve o relator conceder prazo ao recorrente para que seja sanado vício ou complementada a documentação exigível (CPC, art. 932, parágrafo único);

ii) *negar provimento* a recurso que for contrário à súmula do próprio Tribunal, do TSE, do STF ou do STJ (CPC, art. 932, IV);

iii) desde que se tenha facultada a apresentação de contrarrazões, *prover o pedido recursal* se a decisão recorrida for contrária à súmula do próprio Tribunal, do TSE, do STF ou do STJ (CPC, art. 932, V, *a*, e RITSE, art. 36, § 7º);

iv) intimar as partes para se manifestarem sobre "fato superveniente à decisão recorrida ou a existência de questão apreciável de ofício ainda não examinada que devam ser considerados no julgamento do recurso" (CPC, art. 933);

v) apresentar o recurso em mesa para julgamento.

Nas hipóteses I, II e III, da decisão monocrática proferida pelo relator, cabe recurso de agravo interno (CPC, art. 1.021), o qual é dirigido ao órgão colegiado e processado nos próprios autos.

Na sessão de julgamento, feito o relatório, as partes e, depois delas, o *Parquet*, poderão manifestar-se oralmente pelo tempo máximo de dez minutos. O acórdão prolatado deve ser lido e publicado na própria sessão.

O prazo para interposição de todos os recursos assinalados é de três dias.

Durante o período eleitoral, tal prazo é contado da publicação da decisão – *vide* arts. 258, 275, § 1º, 276, § 1º, e 281, do Código Eleitoral, bem como os arts. 11, § 2º, e 14 da LC nº 64/90.

No âmbito dos tribunais eleitorais, a publicação dos acórdãos ocorre na própria sessão de julgamento, a partir daí, portanto, contando-se o prazo recursal.

Contudo, sendo municipais as eleições, conta-se o prazo a partir do terceiro dia após a conclusão dos autos ao juiz eleitoral (LC nº 64/90, art. 8º), pois é esse o lapso fixado para que a sentença seja publicada. Logo, o marco inicial para o cômputo do prazo em foco não é o só fato da publicação da decisão, mas sim o terceiro dia após a conclusão dos autos ao juiz. Daí dispor a Súmula nº 10 do TSE:

> "No processo de registro de candidatura, quando a sentença for entregue em Cartório antes de três dias contados da conclusão ao juiz, o prazo para o recurso ordinário, salvo intimação pessoal anterior, só se conta do termo final daquele tríduo".

Assim, se o juiz antecipar a sentença e a publicação ocorrer, por exemplo, no primeiro dia do tríduo legal, não tem esse evento o condão de alterar o termo inicial do prazo recursal, exceto, é óbvio, se dessa antecipação for o interessado intimado pessoalmente. Nesse caso, a intimação pessoal torna certo o conhecimento do *decisum*, de sorte que aguardar o encerramento do tríduo legal significaria aumentar indevidamente o prazo recursal.

No entanto, se a sentença for publicada mais de três dias depois da conclusão dos autos ao juiz, "o prazo para recurso só começará a correr após a publicação da mesma" (LC nº 64/90, art. 9º).

Cap. 13 • REGISTRO DE CANDIDATURA | **365**

Como o prazo recursal em apreço é computado em dias, na contagem incide o disposto no art. 224, *caput*, do CPC, sendo excluído o dia do começo e incluído o do vencimento. Não se olvide, porém, que no processo de registro os prazos são contínuos e peremptórios, não sofrendo suspensão nem interrupção nos sábados, domingos e feriados – daí serem inaplicáveis os parágrafos daquele dispositivo do Código processual.

De três dias é também o prazo para apresentação de contrarrazões (LC nº 64/90, art. 8º, 1º), sendo contado da intimação da parte. A intimação é feita por mural eletrônico, o qual é veiculado na página da Justiça Eleitoral na Internet (LE, art. 94, § 5º – incluído pela Lei nº 13.165/2015). Note-se que por essa forma de intimação inicia-se "a contagem do prazo no dia seguinte ao da divulgação" do mural.

A teor da Súmula nº 11 do TSE, não ostenta legitimidade para recorrer da decisão que defere registro de candidatura quem não o tiver impugnado via AIRC (LC nº 64/90, art. 3º), exceto no caso de matéria constitucional. Confira-se: "No processo de registro de candidatos, o partido que não o impugnou não tem legitimidade para recorrer da sentença que o deferiu, salvo se se cuidar de matéria constitucional". A ilegitimidade em tela persiste ainda que o recorrente tenha sido o autor da "notícia" de inelegibilidade (TSE – Ac. nº 23.613, de 30-9-2004).

Não obstante, o Ministério Público tem sempre legitimidade recursal, sendo irrelevante não tenha apresentado impugnação anterior, porquanto age na qualidade de *custos legis*, de fiscal da ordem jurídica, sendo seu objetivo a salvaguarda dos interesses maiores da sociedade. É nessa linha a interpretação do Supremo Tribunal Federal, para quem "a Súmula nº 11 do Tribunal Superior Eleitoral não se aplica ao Ministério Público Eleitoral" (STF – ARE nº 728.188/RJ – Pleno – Rel. Min. Ricardo Lewandowski – j. 18-12-2013), o qual, como fiscal da lei, não poderia ter diminuída sua legitimidade recursal ativa. Por igual, no âmbito eleitoral, é firme o entendimento de que: "O Ministério Público Eleitoral poderá recorrer ainda que não tenha oferecido impugnação ao pedido de registro" (Res. TSE nº 23.405/2013, arts. 50, § 5º, e 57, § 5º; Res. nº 23.609/2019, art. 56).

É mister que os pedidos de registro, inclusive os impugnados e também os recursos aviados, sejam julgados, e as respectivas decisões, publicadas em tempo útil, de maneira a não se prejudicarem os demais trâmites do processo eleitoral. Atento a essa necessidade, tem-se que, até 20 dias antes da data das eleições, todos os pedidos de registro de candidatura, inclusive os impugnados, e os respectivos recursos nas instâncias ordinárias, devem estar julgados, e publicadas as decisões a eles relativas (CE, art. 93, § 1º; LE, art. 16, § 1º). Note-se que esse limite temporal aplica-se apenas às *instâncias ordinárias*, não, porém, às instâncias excepcionais. Portanto, aplica-se: *(i)* aos juízes eleitorais e TREs, nas eleições municipais; *(ii)* aos TREs e TSE, nas eleições federais e estaduais; *(iii)* ao TSE, na eleição presidencial. Por outro lado, não se aplica: *(a)* ao TSE, nas eleições municipais; *(b)* ao STF, em qualquer eleição.

Depois de afirmar que os processos de registro terão prioridade sobre quaisquer outros, o § 2º do art. 16 da LE determina que a Justiça Eleitoral adote as providências necessárias para o cumprimento daquele prazo-limite de 20 dias antes da data das eleições, "inclusive com a realização de sessões extraordinárias e a convocação dos juízes suplentes pelos Tribunais, sem prejuízo da eventual aplicação do disposto no art. 97 e de representação ao Conselho Nacional de Justiça".

Todavia, aproximando-se o pleito e havendo recursos pendentes de apreciação, é imperioso se proceda ao julgamento dos pedidos de registro, pois é preciso que haja segurança jurídica no processo eleitoral. Sobre isso, já se entendeu que "[...] a proximidade das eleições justifica que o TSE proceda, desde logo, ao exame das irregularidades, verificando se são sanáveis" (TSE – Ac. nº 678, de 27-9-2002).

Desistência do recurso – Tem-se afirmado na jurisprudência que, após a realização das eleições, à parte recorrente não é dado desistir do recurso interposto, notadamente se o tribunal já tiver iniciado o seu julgamento. Isso porque o registro de candidatura é matéria de ordem pública e, pois, indisponível; eventual invalidação de votos dados ao recorrente interferirá no cálculo do quociente eleitoral e, pois, afetará os interesses dos eleitores e do partido por ele representado. Nesse sentido: TSE – AgR-RO nº 436.006/PB – *DJe*, t. 29, 13-2-2013, p. 31-32.

14

CAMPANHA ELEITORAL

14.1 CAMPANHA ELEITORAL E PRÉ-CAMPANHA

A campanha eleitoral constitui acontecimento próprio do processo eleitoral. Trata-se do complexo de atos e técnicas empregados pelos candidatos e agremiações políticas com vistas a se comunicar com a comunidade, influenciar os eleitores para obter-lhes o voto e lograr êxito na disputa de cargo público-eletivo. Em seu âmbito, é desenvolvido um conjunto de atividades comunicativas consistentes em atos de mobilização e apoiamento, troca de informações, debates, difusão de ideias e projetos, realização de propaganda, divulgação de pesquisas e consultas populares, embates com adversários.

Ela se desenvolve no período situado entre a formalização do requerimento de registro de candidatura e a data do pleito. Assim, o dia 16 de agosto do ano em que as eleições se realizam marca o momento em que a campanha pode se iniciar oficialmente. Esse é o primeiro dia após a protocolização dos pedidos de registro de candidatura na Justiça Eleitoral. É claro que muito antes desse marco temporal há intensa atividade, movimentação e comunicação política por parte dos pretensos candidatos e partidos. Mas é a partir daí que se efetiva o direito de antena (ou seja, o direito de acesso à propaganda eleitoral gratuita no rádio e na tv), se viabilizam a arrecadação e os gastos de recursos na campanha e se permite que candidatos se dirijam diretamente aos eleitores para captar-lhes o voto.

A campanha eleitoral é inteiramente voltada à comunicação política com vistas à manutenção, captação ou atração de votos. Deve sempre se pautar pela licitude, cumprindo ao candidato e seus apoiadores se curvar às diretrizes ético-jurídicas do sistema jurídico. Como prevê o art. 64-*bis* do Código Eleitoral argentino (Lei nº 19.945), deve ela "desarrollar en un clima de tolerancia democrática".

A propaganda é instrumento indispensável, de importância primordial, em qualquer campanha eleitoral. Sem ela, é praticamente impossível alcançar a vitória no certame eleitoral. É pela propaganda que o político torna pública sua candidatura, levando ao conhecimento do eleitorado os projetos que defende (e os que repudia), bem como as suas realizações e as ações que pretende implementar; com isso, sua história, imagem, ideias, projetos e propostas adquirem grande visibilidade perante o eleitorado, inserindo-se no espaço público de debate.

Mas não é esse o único instrumento, pois, consoante assinalam Durán Barba e Nieto (2017, p. 120), as campanhas modernas devem usar "encuestas, estudios cualitativos, análisis de resultados electorales y de datos sociales, económicos, culturales, y otra serie de estudios que les permiten trabajar con la información más objetiva posible".

368 | DIREITO ELEITORAL – *José Jairo Gomes*

O altíssimo custo financeiro envolvido em uma campanha – sobretudo quando se disputa a chefia do Poder Executivo – impõe a busca por financiamento, quer seja ele público, quer seja privado.

Lamentavelmente, há diversos tipos de ilicitudes detectadas em campanhas eleitorais, destacando-se entre elas o uso abusivo de poder em suas variegadas facetas, dos meios de comunicação social, de redes e plataformas digitais de comunicação.

O terreno econômico é certamente onde mais se cogita do uso abusivo de poder nas eleições, fenômeno que pode não só desequilibrar as disputas, como também relativizar (ou até tornar menos importante) a voz dos soberanos cidadãos. Por isso, o legislador deve intervir, fazendo-o sempre com o objetivo de que o processo eleitoral seja hígido, as disputas equilibradas e harmônicas, haja transparência na captação e no dispêndio de recursos por partidos e candidatos. Afinal, é nos cidadãos que se encontra a fonte vital da democracia.

Deve-se, pois, impedir que a grande riqueza dos mais abastados e o poder detido por autoridades, meios e estruturas de comunicação interfiram de forma relevante ou decisiva no processo e no resultado das eleições. Se todos são iguais perante a lei (princípio constitucional da igualdade), justo não seria que houvesse grande diferença de oportunidades ou chances para a ocupação de cargos político-eletivos, o que retiraria a autenticidade da representação política.

14.1.1 Pré-campanha

A expressão *pré-campanha* é compreendida por similitude com *campanha*, tratando-se do conjunto de atividades e ações comunicativas realizadas no período anterior à formalização do registro de candidatura.

Embora não exista um regime legal próprio atinente à pré-campanha, o art. 36-A da LE (introduzido no sistema eleitoral pela Lei nº 12.034/2009 e alterado pela Lei nº 13.165/2015) confere amplas possibilidades de comunicação aos que pretendem se candidatar. Tal dispositivo é fruto do encurtamento do "período eleitoral" que decorreu da necessidade de redução dos gastos de campanha em virtude da proibição do financiamento por pessoa jurídica (STF – ADI 4650/DF – j. 19-9-2015; Lei nº 13.165/2015, art. 15; LPP art. 31, II). Flexibiliza a rigidez do sistema anterior, permitindo a promoção pessoal e a divulgação de pré-candidatos antes da formalização do requerimento de registro de candidatura.

Conforme se verá mais adiante, a regra do art. 36-A apenas veda o "pedido explícito de voto" (*caput*). Prestigiando as liberdades de expressão e informação no chamado período pré-eleitoral, permite "menção à pretensa candidatura" e "exaltação das qualidades pessoais dos pré-candidatos" (*caput*); permite a participação de pré-candidatos "em entrevistas, programas, encontros ou debates no rádio, na televisão e na Internet, inclusive com a exposição de plataformas e projetos políticos" (inciso I); permite que o pretenso candidato realize reuniões "em qualquer localidade, para divulgar ideias, objetivos e propostas partidárias" (inciso VI) – reuniões, portanto, que podem ocorrer em local público ou privado; permite pedido de doação financeira para a campanha (inciso VII), bem como "o pedido de apoio político e a divulgação da pré-candidatura, das ações políticas desenvolvidas e das que se pretende desenvolver" (§ 2º).

Mas note que a ação não é totalmente livre no referido período, pois há situações relacionadas ao processo eleitoral que devem ser observadas por todos que pretendam tornar-se candidatos, sob pena de responsabilização eleitoral. Entre elas, vale destacar as seguintes:

i) proibição de propaganda eleitoral antecipada (LE, art. 36, § 3º);

ii) proibição de arrecadação e gasto de recursos (exceto a arrecadação antecipada prevista no art. 22-A, § 3º, da LE, conhecida como *crowdfunding* ou vaquinha virtual);

iii) proibição de distribuição gratuita de bens, valores ou benefícios (LE, art. 73, §
10);

iv) limitação de gastos com publicidade institucional (LE, art. 73, VII);

v) registro de pesquisa eleitoral para fins de divulgação (LE, art. 33);

vi) proibição de custeio de impulsionamento com recursos do Fundo Partidário
180 dias antes do pleito (LPP, art. 44, XI);

vii) abuso de poder, dos meios de comunicação social e digital;

viii) propaganda institucional infringente do § 1º do art. 37 da CF (LE, art. 74).

14.2 DIREITOS E DEVERES DE CANDIDATOS NO PROCESSO ELEITORAL

Conforme salientado alhures, o processo eleitoral, em sentido amplo, constitui espaço
democrático e público de livre manifestação da vontade política coletiva. É o *locus* em que são
concretizados direitos políticos fundamentais, nomeadamente as cidadanias ativa (*ius suffragii*)
e passiva (*ius honorum*). Trata-se de fenômeno coparticipativo, em que inúmeras pessoas e
entes atuam cooperativamente em prol da efetivação da soberania popular e concretização do
direito fundamental de sufrágio.

As pessoas e entes envolvidos no processo eleitoral ocupam específicas posições, podendo
ser titulares de direitos e deveres.

14.2.1 Direitos de candidato

Como um dos principais atores do processo eleitoral, vários são os direitos e garantias
conferidos ao candidato. Entre outros, vale lembrar os seguintes:

i) não ter a legislação reguladora do *processo eleitoral* alterada a menos de um ano
da data do pleito – anterioridade ou anualidade eleitoral;

ii) ter assegurada igualdade de chances relativamente aos demais concorrentes;

iii) ter garantida liberdade de manifestação de pensamento e de informação;

iv) ser requerido o registro de sua candidatura perante a Justiça Eleitoral, ou requerê-lo ele próprio, caso o partido não o faça no tempo devido (= pedido individual
de registro de candidatura);

v) obter recursos para financiamento da campanha;

vi) usar com exclusividade o nome e o número com que foi registrado;

vii) imunidade formal – não ser preso desde 15 dias antes da data do pleito até 48
(quarenta e oito) horas depois do encerramento da eleição, salvo se houver
flagrante delito ou em virtude de prisão cautelar decretada em sentença penal
condenatória por crime inafiançável;

viii) conceder entrevistas em veículos de mídia, ainda que virtuais. Entrevistas podem
ser dadas ainda antes do início do período eleitoral;

ix) realizar todo tipo de propaganda eleitoral considerada lícita pela legislação;

x) não ser impedido de fazer propaganda, nem ter inutilizado, alterado ou pertur-
bado meio de propaganda devidamente empregado (CE, arts. 248, 331 e 332);

xi) promover e divulgar pesquisas eleitorais;

370 | DIREITO ELEITORAL – *José Jairo Gomes*

xii) fiscalizar todo o processo eleitoral, inclusive os atos praticados pelos seus concorrentes;

xiii) acompanhar e fiscalizar a votação, apuração e totalização de votos.

14.2.2 Deveres de candidato

Uma ordem normativa não pode conter somente direitos, senão também deveres. Essa, aliás, é uma das críticas que se fez à Constituição de 1988, cujo Título II prevê *os direitos e garantias fundamentais*, omitindo-se quanto aos *deveres*.

Por dever – conforme Abbagnano (2003, p. 265-266) – compreende-se a "ação segundo uma ordem racional ou uma norma". Esclarece, ademais, que na ética contemporânea: "a doutrina do dever continua ligada à da ordem racional necessária, ou norma (ou conjunto de normas) apta a dirigir o comportamento humano". Dever, portanto, significa o que precisa acontecer, o que tem de ser feito ou a conduta cuja realização se impõe, quer seja por necessidade, quer seja por conveniência.

Em geral, distingue-se o dever em religioso, moral e jurídico. Enquanto o primeiro se impõe à consciência humana em razão da relação com o divino, decorrem os demais da vida em sociedade, ou seja, da cultura. Estes são heterônomos, frutos de regras consensuadas, construídas na vida em comum. Para suas construções, deve haver uma fecunda interação entre as consciências subjetivas e a realidade objetiva, relação essa intermediada por valores que brotam da cultura. É, pois, na dialética social que os deveres moral e jurídico são erigidos.

No campo eleitoral, diversos são os deveres atribuídos a candidatos, sendo que muitos têm natureza jurídica. A seguir, apenas para fins didáticos, é esboçada uma classificação desses deveres:

I – *Deveres do candidato para consigo mesmo* – *(i)* agir conforme os preceitos éticos, elevando-se moralmente; *(ii)* ser verdadeiro e coerente com sua própria história; *(iii)* cuidar bem da própria imagem.

II – *Deveres do candidato com a sociedade e os cidadãos em geral* – *(i)* aceitar o resultado das urnas em caso de derrota, contestando-o apenas quando tiver fundamentos sólidos, razoáveis e válidos; *(ii)* não abusar dos poderes econômico, político ou qualquer outro que porventura detiver, tampouco permitir ou tolerar que terceiros o façam em seu proveito; *(iii)* respeitar as normas regentes da campanha e do processo eleitoral; *(iv)* tratar com dignidade e respeito os cidadãos ao endereçar-lhes mensagens, discursos e propagandas; *(v)* abster-se de fazer promessas que não sejam sérias ou que não tenha capacidade ou intenção de cumprir; *(vi)* agir sempre com boa-fé objetiva e subjetiva; *(vii)* colaborar com o meio ambiente e manter a cidade limpa, recolhendo, após a realização de atos de campanha, o material de propaganda que tiver sido lançado em vias e locais públicos.

III – *Deveres do candidato com o próprio partido* – tais deveres vêm definidos no estatuto da agremiação, destacando-se a *lealdade*: *(i)* abster-se de apoiar partido diverso em detrimento daquele em que se encontra filiado; *(ii)* não apoiar candidato de partido concorrente; *(iii)* não atacar ou combater os próprios colegas de agremiação; *(iv)* contribuir para o crescimento e aperfeiçoamento do partido, sobretudo para que se fortaleça e tenha êxito no certame.

IV – *Deveres do candidato para com a Justiça Eleitoral* – inúmeros são os deveres que o candidato tem com a Justiça Eleitoral. Face à incidência do princípio da legalidade, tais deveres devem sempre ser veiculados em normas legais ou regulamentares. Entre muitos outros, citem-se os seguintes: *(i)* respeitar a Justiça Eleitoral como instituição democrática; *(ii)* atender às notificações e aos chamados da Justiça Eleitoral; *(iii)* tratar com urbanidade os agentes da Justiça Eleitoral.

V – *Deveres do candidato para com os demais candidatos concorrentes* – aqui, avulta o respeito e a consideração que sempre se deve ter para com o próximo.

A propósito deste último dever, ressalta Emmanuel Lévinas (2005, p. 27) que, com a derrocada da razão moderna, é preciso buscar o sentido presente nas relações intersubjetivas. Há que se entender que outro é um ser, e não apenas objeto de conhecimento e comunicação, e, pois, de apreensão intelectual. Diz o filósofo: "[...] Outrem não é primeiro objeto de compreensão e, depois, interlocutor. As duas relações confundem-se. Dito de outra forma, da compreensão de outrem é inseparável sua invocação. Compreender uma pessoa é já falar-lhe. Pôr a existência de outrem, deixando-a ser, é já ter aceito essa existência, tê-la tomado em consideração [...]".

Entre as distintas facetas que o *respeito* pode adquirir, destacam-se o *respeito pela verdade* e *o respeito à honra alheia* – *valores tão depreciados nos tempos correntes*. No tocante à primeira, acentua Jolivet (1995, p. 402-404):

> "A finalidade da palavra, falada ou escrita, é permitir aos homens comunicar-se entre si nas suas diversas necessidades. Ora, a primeira condição para que a palavra cumpra a sua função é que ela exprima a verdade. Nenhuma vida em comum será possível se não pudermos apoiar-nos na veracidade alheia. É por isto que a *mentira* tem uma tripla malícia, *viola o respeito que se deve ter ao próximo*, desmerecendo a sua confiança, – *perturba a ordem social*, pondo em perigo a concórdia mútua dos homens, – *degrada moralmente o mentiroso*, que desvia a sua palavra do seu fim natural, que é a expressão da verdade".

No processo eleitoral brasileiro, urge encarecer o respeito devido ao próximo. Lamentavelmente, o que se tem visto nas campanhas é o absoluto menosprezo à pessoa dos adversários, tratados muitas vezes como inimigos a serem desacreditados, aniquilados, abatidos física ou moralmente a qualquer custo. Visando ao constrangimento pessoal do candidato e à sua exposição ao ridículo, fatos concernentes à sua vida privada e íntima (e que aí deveriam permanecer) são maldosamente expostos ao público e com grande alarde, como se fossem imprescindíveis novidades; e não raro há distorções dos fatos. A lógica do espetáculo tem dado o ritmo das campanhas eleitorais. Em vez do debate sério e comprometido dos problemas nacionais, regionais e locais, coloca-se em discussão as preferências sexuais dos candidatos, o grau de alfabetização que alcançaram, seu gênero e *status* familiar, a religião que professam, se tiveram filhos antes ou fora do casamento; chega-se até a explorar supostas enfermidades de adversários no afã de instilar a ideia de que não poderão cumprir todo o período do mandato caso eleitos... É preciso, portanto, elevar o nível de respeito às pessoas, que, vale frisar, não perdem nem têm diminuída a dignidade por defenderem ideias diversas ou ocuparem posições sociais distintas.

Dúvidas não restam de que, para a miséria e a mediocridade do debate político contemporâneo, muito têm contribuído a banalização da vida, a busca do poder pelo poder, os holofotes da mídia e das redes sociais, o consumismo desenfreado e a falta de valores e projetos sérios e autênticos. Como bem frisou Lipovetsky (1989, p. 12), "[...] vivemos em sociedades de dominante frívola, último elo da plurissecular aventura capitalista-democrática-individualista", nas quais os novos regimes democráticos são destituídos de grandes projetos coletivos mobilizadores, e as pessoas aturdidas pelos gozos privados do consumo, infantilizadas pela cultura instantânea, pela publicidade, pela política-espetáculo.

15

FINANCIAMENTO DE CAMPANHA ELEITORAL E PRESTAÇÃO DE CONTAS

15.1 FINANCIAMENTO DE CAMPANHA ELEITORAL

15.1.1 Modelos de financiamento de campanha eleitoral

Nos atuais regimes democráticos, o financiamento de campanha eleitoral é certamente um dos temas mais importantes e polêmicos.

Os candidatos e partidos políticos necessitam de recursos para se divulgarem e se aproximarem do eleitorado, exporem suas ideias e projetos, de maneira a captarem os votos necessários para vencerem o pleito, ascenderem aos postos estatais e, pois, se investirem ou se manterem no poder político. Para tanto, é essencial que tenham acesso a dinheiro e canais de financiamento. É impensável a realização de campanha eleitoral sem dispêndio de recursos, ainda que pouco vultosos.

Normalmente, são arrecadadas e gastas – de forma legal e ilegal – elevadíssimas somas pecuniárias, o que é particularmente notório em eleições majoritárias para o Poder Executivo.

E o que é mais grave e preocupante: boa parte do dinheiro efetivamente gasto em campanhas eleitorais tem origem ilícita, emanando da corrupção envolvendo agentes estatais e pessoas privadas, do desvio de recursos do Estado, de caixa 2, de organizações criminosas etc. Em geral, os valores oficialmente declarados como gastos de campanha correspondem a apenas uma parte do montante realmente despendido. Note-se que uma doação oficial de campanha pode ser lícita ou não; será ilegal ou ilícita quando for vedada ou sua origem for criminosa. Como a origem do recurso doado em regra não é objeto de investigação, as contas do candidato podem ser regularmente prestadas e aprovadas pela Justiça Eleitoral – sem que isso afaste a origem criminosa dos recursos.

É certo que se dinheiro é necessário para o financiamento da democracia, também pode ser usado como instrumento para indevida influência no processo eleitoral e nas decisões políticas. Por isso, como afirma Speck (2007, p. 154), a diminuição de sua importância na disputa político-eleitoral "coincide com o ideal de uma relação mais orgânica e consciente entre os partidos políticos e o seu eleitorado".

Afinal, o uso de recursos ilícitos torna ilegítima qualquer eleição, além de oportunizar que espúrios financiadores privados cooptem agentes públicos e exerçam indevida influência na esfera estatal.

Por isso, é de fundamental importância haver abertura e transparência quanto à veraz origem e destino de todos os recursos efetivamente empregados no financiamento de campanhas políticas.

Daí a necessidade de haver estrita regulamentação, bem como severa aplicação e execução das regras legais por parte da Justiça Eleitoral.

Em geral, conhecem-se três modelos de financiamento de campanha: público exclusivo, privado e misto.

Financiamento público exclusivo – nesse modelo as campanhas eleitorais são integralmente financiadas pelo Estado, portanto com recursos públicos, oriundos da cobrança de tributos. Em seu favor, argumenta-se que ele contribui decisivamente para a redução da corrupção na gestão estatal, porque os candidatos eleitos deixam de estar à mercê da influência e da cooptação de seus financiadores privados. Afirma-se que esse sistema promove a igualdade de oportunidades ou chances no certame eleitoral, tornando a disputa mais justa e equilibrada; afinal, nem todos os candidatos têm acesso a ricos financiadores privados, e há mesmo candidatos cujas bandeiras contrariam seus interesses.

Contra esse modelo, de modo mais sensato e realista, argumenta-se que ele não extinguirá o tráfico privado nas campanhas eleitorais, pois o dinheiro privado certamente nelas ingressará por vias tortuosas, o que, além de não resolver o problema, contribuirá para que candidatos ingressem no campo da ilicitude. Afirma-se, ainda, ser equivocado o entendimento de que a corrupção nos centros do governo e da Administração Pública é sempre causada por financiadores privados de campanha eleitoral, pois estes não estão envolvidos na maioria dos casos de corrupção. Ao contrário, não poucas vezes a corrupção é fruto da desmesurada ambição e cobiça do próprio agente público, o qual, muitas vezes sequer ocupa cargo eletivo. Por outro lado, poucos são os que resistem à cooptação do poder econômico, que exerce uma irresistível atração. Sob outro ângulo, argumenta-se que muitos candidatos "bem cotados" na corrida eleitoral flertam com ou são emergentes de grupos político-econômicos de incontestável vitalidade financeira, os quais lhes emprestam apoio moral e financeiro não só durante o período de campanha eleitoral, mas ao longo de toda sua trajetória política, o que lhes permite estarem sempre bem situados perante o eleitorado; ora, é de evidência solar que jamais gozarão da isenção necessária no trato da coisa pública.

E mais: afirma-se que, em países em que há graves desníveis sociais, altos índices de analfabetismo, parcos investimentos em saúde e educação, em que as rodovias são "caminhos" esburacados (e por isso devem ser financiadas pelos próprios usuários pela cobrança de pesados pedágios), em que a segurança pública é ineficiente e insatisfatória, certamente o dispêndio de elevadas verbas do erário para financiar campanhas eleitorais não é algo que em sã e reta consciência se possa considerar prioritário.

De sorte que o modelo de financiamento público exclusivo não põe fim à corrupção de agentes estatais, nem acaba com o financiamento espúrio de campanhas, tampouco com o uso de caixa 2. A bem da verdade, tais práticas têm na leniência e impunidade suas mais entusiásticas aliadas e apoiadoras.

Por outro lado, como ressalta Magnus Ohman (Apud Carazza (2018, p. 239)), os partidos políticos

> "são organizações privadas destinadas a promover ideias de um segmento da sociedade, e por isso devem se aproximar dos cidadãos que comungam de suas bandeiras para se financiar. Se o financiamento público for responsável pela maior parte das despesas de um partido, eles perdem essa natureza e se tornam cada vez mais uma agência pública. É por motivos dessa natureza que o financiamento exclusivamente público de campanhas, apesar de exercer fascínio, não é visto em nenhum país relevante no cenário internacional [...]".

Financiamento privado – nesse modelo as campanhas eleitorais são financiadas por particulares, pessoas físicas e jurídicas.

Contra esse modelo, argumenta-se que pessoa jurídica não detém nem exerce direitos políticos: não é cidadã. Por outro lado, em geral, suas doações têm caráter meramente pragmático, constituindo estratégia para se aproximarem e exercerem influência nos agentes políticos beneficiados; prova disso está em que a mesma pessoa doa a candidatos e partidos de diferentes espectros ideológicos, os quais, muitas vezes, disputam os mesmos cargos. Nessa perspectiva, ao candidato eleito cedo ou tarde sempre se enviarão as faturas, já que, conforme dizia Tomás de Aquino, nesse mundo não há ação sem finalidade. Com efeito, ninguém (sobretudo as pessoas jurídicas que doam expressivos recursos) contribui financeiramente para uma campanha sem esperar retorno do agraciado, caso seja eleito. De sorte que, uma vez eleito, fica o donatário comprometido com o doador que o apoiou concreta e significativamente.

Sob o aspecto ético, não haveria problema se a atuação do político coincidisse com os interesses socioeconômicos da comunidade que representa. No entanto, condena-se o desvio do sentido da representação. Para muitos, a doação de campanha constitui verdadeiro investimento, do qual se espera retorno econômico-financeiro para ambas as partes do negócio. A experiência tem mostrado ser esse um dos mais relevantes focos de corrupção e desvio de recursos públicos. Em numerosos casos, a retribuição se dá pela contratação de empresas ligadas direta ou indiretamente ao doador, pelo favorecimento em licitações e contratos públicos ou superfaturamento de bens e serviços contratados pelo Estado, pela concessão de anistia e renúncia fiscais, pela desoneração tributária de setores relevantes da atividade econômica. Afinal, há que se recuperar as altas somas doadas às campanhas, de preferência com o acréscimo de bons lucros. Assim, o financiamento de campanha pode ser visto como um bom negócio, cuja álea reside na eleição ou não do beneficiário.

Nesse quadro, além de ludibriados em sua boa-fé, os eleitores são também privados dos benefícios de políticas e investimentos públicos sérios, gratuitos e de qualidade. As ilícitas contratações afetam a economia do País e em nada contribuem para melhorar a qualidade de vida dos cidadãos, diminuir as desigualdades socioeconômicas e promover a concorrência saudável entre as empresas.

Há também o cenário em que os financiadores privados são ligados a organizações criminosas e ao crime organizado, hipótese em que o Estado pode se tornar instrumento de facilitação de crimes.

Financiamento misto – nesse modelo as campanhas são financiadas tanto pelo Estado quanto pelos agentes privados.

Pode haver várias configurações de financiamento, sendo a variação determinada pela legislação de cada país. No setor público, há casos em que o Estado: *(i)* destina determinada quantia a partidos e candidatos; *(ii)* dentro de certos limites, os reembolsa dos gastos com a campanha eleitoral; *(iii)* arca com parte dos custos, como o de acesso à televisão e ao rádio para a realização de propaganda.

No setor privado, é sempre permitida, dentro de certos limites fixados em lei, a doação de pessoa *física* a candidatos e partidos políticos. Já as pessoas *jurídicas* (empresas e organizações privadas) estão sujeitas a restrições, pois, conforme a legislação do país: *(i)* só podem doar a partido político (não a candidato); *(ii)* podem doar a partido político e candidatos; *(iii)* podem realizar despesas *independentes*, ou seja, sem vinculação a partido e candidato, com o fito de promover suas ideias e projetos.

O quadro seguinte apresenta as opções de alguns países quanto ao financiamento de campanha eleitoral:

País	Financiamento público	Financiamento privado – pessoa física	Financiamento privado – pessoa jurídica
Estados Unidos	sim (há peculiaridades)	sim	não (há exceções)
Canadá	sim	sim	não
Argentina	sim	sim	sim (só para candidato)
Chile	sim	sim	sim
França	sim	sim	não
Portugal	sim	sim	não
Reino Unido	sim (pouco relevante)	sim	sim

Fontes consultadas: The International IDEA (Disponível em: http://www.idea.int/political-finance/– Acesso em 4-6-2015, às 11h50min). E também: EUA: Kollman (2014), Federal Election Commission – FEC (Disponível em: http://www.fec.gov/ans/answers_general.shtml#How_much_can_I_contribute – Acesso em 1-6-2015 às 17h32min). Argentina: Cámara Nacional Electoral (Disponível em: http://www.electoral.gov.ar – Acesso em 31-5-2015, às 9h), art. 44 *bis* da Ley 26.215/2006, alterada pela Ley 26.571/2009. Reino Unido: Corrêa (2013), The Electoral Commission (Disponível em: http://www.electoralcommission.org.uk/i-am-a/party-or-campaigner/non-party-campaigners – Acesso em 31-5-2015, às 9h16min).

Note-se, porém, que – como afirma Ohman (2014, p. 4) – o fato de o financiamento ser bem regulamentado não significa que o papel do dinheiro na política seja mais transparente ("*A higher level of regulation does not necessarily mean that the role of money in politics is more transparent*"), ou que ricos candidatos tenham poucas vantagens. Em verdade, isso depende do contexto político-social em que se dá o processo eleitoral.

De maneira que a existência de proibição formal nem sempre impede que o capital corporativo deslize para as campanhas, o que pode ocorrer, por exemplo, pelo apoio indireto ou dissimulado e pela doação de recursos por interpostas pessoas físicas. Vejam-se os casos dos EUA e da França.

Nos EUA, para a eleição de Presidente da República, existe a previsão de um fundo público formado inclusive por doações de cidadãos contribuintes voluntários. O candidato a presidente poderá escolher entre receber recursos desse fundo ou buscar financiamento no meio privado – a opção por uma fonte exclui a outra. Optando por arrecadar recursos no setor privado, é vedada a doação de pessoa jurídica (empresa, corporação) e sindicatos; porém, há exceções a essa vedação, entre as quais pode-se citar: *(i)* a possibilidade de realização de "gastos independentes", por pessoas físicas e jurídicas, sindicatos e comitês políticos, desde que esses gastos não sejam realizados em conjunto, a pedido ou por sugestão de candidato ou partido ("Independent expenditures represent spending by individuals, groups, political committees, corporations or unions expressly advocating the election or defeat of clearly identified federal candidates. These expenditures may not be made in concert or cooperation with, or at the request or suggestion of, a candidate, the candidate's campaign or a political party". Disponível em: http://www.fec.gov/press/press2011/ieoc_alpha.shtml – Acesso em: 1-6-2015, às 18h13min); *(ii)* entre esses "gastos independentes", destacam-se os realizados pelos chamados "super PACs", ou seja, *super Political Action Committes*. Trata-se de comitês de simpatizantes da campanha ou defensores de certas ideias que levantam grandes somas de recursos para serem investidos em ações e propagandas a favor ou contra candidatos ou causas que defendem (ex.: aborto, porte de armas). Segundo Kollman (2014, p. 465), os PACs normais são regulados pelo FEC e geralmente doam diretamente a candidatos ou partidos, enquanto os super-PACs estão sujeitos a uma levíssima regulamentação, gastam dinheiro em prol de candidatos e partidos ou em favor de um dos lados no debate de um tema ou de uma ideologia. Ao contrário dos comitês políticos normais ("PACs"), os "super-PACs" não estão sujeitos a registro no *Federal Election Commission* – FEC, não se submetem às proibições relativas às fontes (podem aceitar doações

Cap. 15 • FINANCIAMENTO DE CAMPANHA ELEITORAL E PRESTAÇÃO DE CONTAS | **377**

de empresas e sindicatos) nem aos limites de arrecadação (podem aceitar doações ilimitadas), tampouco têm que prestar contas à aludida agência federal. A esse respeito, lê-se no *site* do FEC: "Independent-expenditure-only political committees (sometimes called "super PACs") may accept unlimited contributions, including from corporations and labor organizations. (Disponível em: http://www.fec.gov/ans/answers_general.shtml#How_much_can_I_contribute – Acesso em: 1-6-2015, às 17h 32min). Para se avaliar o poder de influência dos super PACs, registra Kollman (2014, p. 468) que: "By the end of 2012, 1,292 super PACs were registered, spending $703 million to influence presidential and congressional elections. [...]".

Conquanto sejam objeto de intensos debates e questionamentos, não são ilegais os aludidos "gastos independentes". Ao julgar o caso Citizens United *v.* Federal Election Commission, em 2010, pela maioria de 5 votos a 4, a Suprema Corte dos EUA fixou o entendimento de que a proteção que a Primeira Emenda constitucional confere à liberdade de expressão é devida tanto aos indivíduos quanto às pessoas jurídicas (empresas, corporações) e sindicatos, o que abrange organizações e os superPACs. Segundo aquela Corte Suprema, tais gastos são legítimos porque viabilizam a liberdade de expressão.

Já na França, o art. 11-4 da Lei nº 88-227 veda doação de pessoa jurídica, excetuando, porém, a oriunda de partidos e grupos políticos ("groupements politiques"). Candidatos e partidos podem criar "pequenos partidos ou grupos políticos", podendo, assim, aumentar seus recursos com mais doações de pessoas físicas; estas só podem doar até certo limite para um partido e candidato (mas podem doar a mais de um partido); posteriormente, o dinheiro doado aos aludidos "pequenos partidos" é transferido ao partido ou candidato que os criou. Por outro lado, no Direito Eleitoral francês, para que uma despesa tenha natureza eleitoral e, pois, conste na prestação de contas do candidato, é preciso que com ela tenha concordado o candidato, ainda que de forma tácita. Sobre isso, assevera Malinger (2007, p. 543) que "[...] par dépenses électorales il faut entendre le coût de toutes les opérations, engagées par les candidats et avec l'accord de ces derniers [...]". Caso contrário, a despesa não é tratada como "eleitoral" e, portanto, sequer deverá figurar na prestação de contas do candidato.

À guisa de conclusão, é desejável evitar uma visão romântica acerca do financiamento político-eleitoral. É alto o custo de financiamento do sistema democrático, sendo de duvidosa prudência a decisão que dispensa a contribuição de pessoas jurídicas, pois isso onera sobremaneira o orçamento público. Em que pese não votarem, tais entes têm relevante função social, produzem riquezas, geram empregos, desenvolvem a economia etc.

A partir de uma perspectiva realista, tem-se que o grande problema nessa área não é necessariamente a origem privada (notadamente as doações de empresas) do dinheiro, mas, sobretudo, a falta de regulamentação séria e adequada, na qual sejam impostas com rigor – sob pena de sanção grave a todos os envolvidos – a transparência da origem e do destino do dinheiro, e estabelecidos limites máximos razoáveis (democráticos) para o montante das doações e dos gastos, bem como criadas restrições aos doadores, tais como: *(i)* só se pode doar a um candidato ou a um partido; *(ii)* não pode doar quem tiver contrato com o Poder Público; iii) ao doador é vedado contratar com o Poder Público no período correspondente ao mandato para o qual doou.

E mais: é de fundamental importância que as regras positivadas sejam interpretadas, aplicadas e executadas com rigor e seriedade pelos agentes públicos a tanto incumbidos, porque a leniência e a "acomodação de interesses" induz a formação de um esquálido sistema de controle, no qual predominam a irresponsabilidade e a impunidade. A esse respeito, bem lembrou Ohman (2014, p. 30) que mesmo as melhores regulamentações não chegam a lugar algum se não forem efetivamente implementadas (*"even the best formal regulations come to nothing if they are not enforced"*). A impunidade dos infratores leva sempre à descrença no sistema, prejudicando o processo democrático.

15.1.2 Modelo brasileiro de financiamento de campanha eleitoral

No Brasil adota-se um sistema misto, de maneira que para as campanhas eleitorais tanto contribui o Poder Público quanto o setor privado. Mas há forte inclinação para o financiamento público, porque é do Estado que provém o grande volume dos recursos que irrigam as campanhas.

Também se impõe um limite máximo de gastos para as campanhas eleitorais.

Muitas são as distorções do sistema brasileiro. No âmbito do financiamento público: (i) o dinheiro não é distribuído igualmente entre os partidos que disputam as eleições; (ii) dentro de um partido, o dinheiro não é repartido de modo igual entre os candidatos, sendo que os filiados mais influentes (os famosos "caciques") recebem altas somas, enquanto os menos influentes recebem pouco, havendo alguns que nada recebem.

Já no âmbito do financiamento privado: (i) os partidos têm pouca ou nenhuma aderência na sociedade, e são vistos com grande desconfiança; por isso, há baixo envolvimento da população e poucos são os que se animam a doar recursos a campanhas eleitorais; (ii) o montante máximo de doação permitida a pessoa física não é um valor fixo e razoável para todos, mas sim 10% (dez por cento) dos "rendimentos brutos" auferidos pelo doador no ano anterior à eleição (LE, art. 23, § 1º); com isso, pessoas físicas muito ricas podem doar altíssimas quantias a campanhas eleitorais, o que além de ser antidemocrático, fere o ideal de igualdade política e rende ensejo à cooptação dos beneficiários.

15.1.2.1 Limite de gastos de campanha

Em cada eleição, devem ser estabelecidos tetos ou limites de gastos para as campanhas eleitorais majoritárias e proporcionais. Trata-se do maior valor que pode ser despendido por cada candidato em sua campanha.

Os limites devem ser instituídos em lei, e esta normalmente utiliza critérios que requerem cálculos complexos. Ao TSE cabe realizar tais cálculos, consolidar os resultados e divulgar o montante exato do limite de gasto para cada campanha (LE, art. 18, *caput*, e art. 18-C, respectivamente, conforme as Leis nº 13.488/2017 e nº 13.878/2019).

Para o atingimento do teto de gastos, serão contabilizadas "as despesas efetuadas pelos candidatos e as efetuadas pelos partidos que puderem ser individualizadas" (LE, art. 18-A, *caput* – incluído pela Lei nº 13.165/2015). Não importa que a despesa tenha sido liquidada pelo próprio candidato ou pelo partido, nem que a liquidação tenha ocorrido com recursos oriundos do Fundo Especial de Financiamento de Campanha (FEFC), do fundo partidário (*vide* LE, art. 20; LPP, art. 38), recursos do próprio candidato ou de doações privadas. Como *despesa* também entram transferências financeiras e doações a outros partidos políticos ou outros candidatos. Ou seja: em qualquer caso, a despesa deverá ser computada para compor o teto de gastos.

Note-se que, nas eleições majoritárias, o limite é único, incluindo todos os gastos realizados pela chapa, ou seja, pelo titular e respectivo vice ou suplente (no caso de Senador). Isso é assim mesmo se houver utilização de recursos próprios dos candidatos a vice ou suplente, caso em que os valores deverão ser somados aos recursos próprios do titular para aferição do limite de gasto na campanha.

É intransponível o teto de gastos fixado para cada campanha. Entretanto, há uma exceção prevista no parágrafo único do art. 18-A da LE (incluído pela Lei nº 13.877/2019). Segundo esse dispositivo, não estão sujeitos aos limites estabelecidos "os gastos advocatícios e de contabilidade referentes a consultoria, assessoria e honorários, relacionados à prestação de serviços em campanhas eleitorais e em favor destas, bem como em processo judicial decorrente de defesa de interesses de candidato ou partido político". Assim, pois, as despesas com advogados e contadores realizadas no interesse da campanha podem extrapolar o teto de gastos fixado;

Cap. 15 · FINANCIAMENTO DE CAMPANHA ELEITORAL E PRESTAÇÃO DE CONTAS | 379

mas, "embora excluídas do limite de gastos, são gastos eleitorais, sujeitos, portanto, a registro na prestação de contas" (TSE – AgR-REspe nº 060028408/SE – j. 23-5-2024).

Nos termos do art. 18-B da LE (incluído pela Lei nº 13.165/2015), o descumprimento dos limites de gastos estabelecidos para cada campanha acarreta: *(i)* sanção "de multa em valor equivalente a 100% (cem por cento) da quantia que ultrapassar o limite estabelecido"; *(ii)* "apuração da ocorrência de abuso do poder econômico", o que pode se dar tanto no âmbito da AIJE instituída no art. 22 da LC nº 64/90 quanto da ação por captação ou gastos ilícitos de recursos prevista no art. 30-A da LE.

15.1.2.2 Financiamento público

O art. 79 da Lei nº 9.504/97 determina que o financiamento de campanhas eleitorais com recursos públicos seja disciplinado em lei específica.

O art. 16-C da LE (introduzido pela Lei nº 13.487/2017) criou o Fundo Especial de Financiamento de Campanha (FEFC), o qual "é constituído por dotações orçamentárias da União em ano eleitoral".

Por esse dispositivo, o FEFC é composto por valores equivalentes: "I – ao definido pelo Tribunal Superior Eleitoral, a cada eleição, com base nos parâmetros definidos em lei; II – ao percentual do montante total dos recursos da reserva específica a programações decorrentes de emendas de bancada estadual impositiva, que será encaminhado no projeto de lei orçamentária anual"(inciso II com a redação da Lei nº 13.877/2019).

Portanto, são previstas duas fontes de recursos para o FEFC. A primeira fonte (inciso I) corresponde aos recursos que no período anterior à criação desse fundo eram alocados à propaganda *partidária* no rádio e na televisão, nos termos do art. 3º da Lei nº 13.487/2017 – o montante desses recursos será definido pelo TSE. Vale lembrar que a propaganda partidária foi extinta pelo art. 5º da referida lei, sendo os recursos a ela destinados remanejados para o FEFC.

A segunda fonte (inciso II) corresponde a uma percentagem dos recursos reservados no orçamento da União para "programações decorrentes de emendas de bancada estadual impositiva", sendo a alíquota encaminhada "no projeto de lei orçamentária anual". Antes da alteração promovida pela Lei nº 13.877/2019, o enfocado inciso II, art. 16-C, definia o referido percentual em 30%, mas, com a alteração, o percentual fixado poderá ser superior ou inferior. Tem-se, pois, que essa segunda fonte tem origem nos recursos destinados a atender "emendas de bancada", as quais, em geral, visam custear demandas de parlamentares relativas à realização de obras ou serviços em suas bases eleitorais.

Embora os partidos tenham direito aos recursos do FEFC, não são obrigados a aceitá-los. Deveras, o §16 do art. 16-C da LE (incluído pela Lei nº 13.877/2019) permite que o partido renuncie ao FEFC, para tanto devendo "comunicar ao Tribunal Superior Eleitoral até o 1º (primeiro) dia útil do mês de junho". Ocorrendo renúncia, é vedada a redistribuição aos demais partidos dos recursos a que o renunciante teria direito de receber.

Como é feita a distribuição dos recursos do FEFC entre os partidos políticos? Esse tema é regulado pelo art. 16-D da LE (incluído pela Lei nº 13.488/2017). Para ter direito de acesso aos recursos do FEFC, é preciso que o partido tenha seus estatutos registrados no TSE. Mas os recursos não são divididos em parcelas iguais para cada partido que tenha esse registro. Pelo referido art. 16-D, apenas 2% do total dos recursos devem ser "divididos igualitariamente entre todos os partidos com estatutos registrados no Tribunal Superior Eleitoral"; o restante é distribuído proporcionalmente às suas representações na Câmara de Deputados e no Senado.

Havendo federação de partidos, "os recursos do FEFC devem ser distribuídos aos diretórios nacionais na proporção do direito de cada um dos partidos que integram a federação" (Res. TSE nº 23.605/2019, art. 1º, § 3º – incluído pela Res. nº 23.664/2021). Assim, cada partido federado receberá em parcela única a quota a que teria direito isoladamente.

No tocante à distribuição de recursos proporcional à representação partidária no Poder Legislativo, vale ressaltar a política afirmativa em prol de candidatas mulheres e de candidatos negros, com vistas a estimular suas participações na vida política nacional. Nesse sentido, dispõe a EC nº 111/2021:

> "Art. 2º. Para fins de distribuição entre os partidos políticos dos recursos do fundo partidário e do Fundo Especial de Financiamento de Campanha (FEFC), os votos dados a candidatas mulheres ou a candidatos negros para a Câmara dos Deputados nas eleições realizadas de 2022 a 2030 serão contados em dobro.
>
> Parágrafo único. A contagem em dobro de votos a que se refere o *caput* somente se aplica uma única vez."

Assim, os votos dados a mulheres e a negros (categoria que engloba as pessoas autodeclaradas pretas e pardas) para a Câmara dos Deputados, nas eleições de 2022 a 2030 devem ser computados em dobro para fins de distribuição de recursos dos fundos públicos aos partidos políticos. Note-se que a contagem em dobro só pode ser aplicada uma vez, ainda que a candidatura atenda aos dois critérios legais; ou seja, no caso de uma candidata mulher e negra, os votos que lhe forem destinados não poderão ser contados em dobro duas vezes em razão do atendimento do critério do gênero e do critério da cor da pele.

Por outro lado, na hipótese de mudança de partido pelo parlamentar, o art. 17, §§ 5º e 6º, da Constituição (acrescidos pelas ECs nº 97/2017 e 111/2021 respectivamente) determina que não seja "computada, em qualquer caso, a migração de partido para fins de distribuição de recursos do fundo partidário ou de outros fundos públicos […]." Assim, se o parlamentar sair do partido pelo qual foi eleito e migrar para outra agremiação, não haverá alteração na quota de recursos públicos a que tem direito o seu partido de origem.

O Tesouro Nacional deverá depositar os recursos destinados ao FEFC "no Banco do Brasil, em conta especial à disposição do Tribunal Superior Eleitoral, até o primeiro dia útil do mês de junho do ano do pleito" (LE, art. 16-C, § 2º). Em seguida, o TSE deve divulgar o montante de recursos disponíveis.

Para que o partido tenha acesso à parcela de recursos a que tem direito precisa, antes, definir "critérios para a sua distribuição, os quais, aprovados pela maioria absoluta dos membros do órgão de direção executiva nacional do partido, serão divulgados publicamente" (LE, art. 16-C, § 7º).

Portanto, os critérios de *distribuição interna* dos recursos são estabelecidos pelo órgão de direção executiva nacional do partido, encontrando-se essa matéria no âmbito da autonomia partidária (CF, art. 17, § 1º). Entretanto, não há absoluta discricionariedade nessa importante decisão, devendo-se observar algumas diretrizes, notadamente as que determinam a distribuição de porcentagens mínimas a candidaturas femininas, a pessoas negras e indígenas; nesse sentido: STF – ADI 5617/DF – *DJe* 23-3-2018; STF – ADPF-MC nº 738/DF, *DJe* 29-10-2020; TSE – Cta nº 060025218 – *DJe*, t. 163, 15-8-2018; TSE Cta nº 060030647 – *DJe* 5-10-2020; TSE – Cta nº 060022207/DF (j. 27-2-2024); Res. TSE nº 23.607/2019, art. 17, § 4º – com a redação da Res. nº 23.665/2021.

A deliberação do órgão de direção nacional deve ser formalizada perante o TSE, sob pena de tornar-se eficaz. Caso contenha ilicitude ou ilegalidade (inclusive no que concerne à observância das diretrizes normativas que orientam a distribuição dos recursos), poderá o TSE recusar-lhe homologação, e, pois, eficácia concreta.

Por sua vez, os candidatos somente terão acesso aos recursos se fizerem "requerimento por escrito ao órgão partidário respectivo" (LE, art. 16-D, § 2º). Ou seja: os recursos não são disponibilizados nem enviados automaticamente aos candidatos; para acessá-los, é necessário que o interessado os pleiteie junto às respectivas instâncias partidárias.

Caso os recursos do fundo em exame não sejam utilizados em campanhas eleitorais, "deverão ser devolvidos ao Tesouro Nacional, integralmente, no momento da apresentação da respectiva prestação de contas" (LE, art. 16-C, § 11). Há, pois, a *obrigação legal* de restituir a parcela de recursos não utilizados.

Além do FEFC, importa destacar as relevantes contribuições suportadas pelo erário, provenientes:

1) do Fundo Especial de Assistência Financeira aos Partidos Políticos (fundo partidário), que, segundo reza o art. 38 da LPP, recebe: "I – multas e penalidades pecuniárias aplicadas nos termos do Código Eleitoral e leis conexas; II – recursos financeiros que lhe forem destinados por lei, em caráter permanente ou eventual; [...] IV – dotações orçamentárias da União [...]";

2) do custeio da propaganda *eleitoral* gratuita, no rádio e na televisão, porquanto igualmente às emissoras é resguardado o direito à compensação fiscal pela cedência do respectivo horário (LE, arts. 44 e 99);

3) do custeio da propaganda *partidária* gratuita, no rádio e na televisão (LPP, arts. 50-A a 50-E – inseridos pela Lei nº 14.291/2022), pois às emissoras é assegurado o direito à compensação fiscal pela cessão dos horários;

4) de renúncia fiscal, eis que, conforme dispõe o art. 150, VI, *c*, da Constituição, é vedado à União, aos Estados, ao Distrito Federal e aos Municípios instituir impostos sobre patrimônio, renda ou serviços dos partidos políticos, inclusive de suas fundações.

Quanto ao fundo partidário, as verbas que lhe são alocadas são legalmente vinculadas, somente podendo ser utilizadas para custear as atividades partidárias descritas no art. 44 da Lei nº 9.096/95. Ocorre que o inciso II desse dispositivo legal prevê a aplicação de recursos "na propaganda doutrinária e política". Assim, ainda que de forma indireta, os recursos do fundo partidário podem beneficiar campanhas eleitorais, pois estas são compostas por atos de propaganda.

15.1.2.2.1 Financiamento da quota eleitoral de gênero

Dispõe o art. 17, § 8º, da Constituição (incluído pela EC nº 117/2022):

> "O montante do Fundo Especial de Financiamento de Campanha e da parcela do fundo partidário destinada a campanhas eleitorais, bem como o tempo de propaganda gratuita no rádio e na televisão a ser distribuído pelos partidos às respectivas candidatas, deverão ser de no mínimo 30% (trinta por cento), proporcional ao número de candidatas, e a distribuição deverá ser realizada conforme critérios definidos pelos respectivos órgãos de direção e pelas normas estatutárias, considerados a autonomia e o interesse partidário".

O contexto dessa regra constitucional situa-se no julgamento da ADI 5617/DF (*DJe* 22-3-2018) e da Consulta nº 060025218 (*DJe*, t. 163, 15-8-2018), nas quais o Supremo Tribunal Federal e o Tribunal Superior Eleitoral firmaram, respectivamente, o entendimento de que: (i) no mínimo 30% do montante de recursos do Fundo Partidário (STF, ADI 5617), do Fundo Especial de Financiamento de Campanha e do tempo de propaganda gratuita no rádio e na TV (TSE,

Consulta nº 060025218) deve ser destinado ao financiamento de candidaturas femininas nas eleições majoritárias e proporcionais; (ii) se o percentual de candidaturas femininas for superior a 30%, o mínimo desses recursos a elas destinados deve variar (aumentar) na mesma proporção.

Assim, para candidaturas femininas, o percentual a ser aplicado "corresponderá à proporção dessas candidaturas em relação à soma das candidaturas masculinas e femininas do partido, não podendo ser inferior a 30% (trinta por cento)". Vale ressaltar que os percentuais de candidaturas femininas, e de pessoas negras e indígenas (cf. Cta TSE nº 060022207/DF, j. 27-2-2024), serão obtidos "pela razão dessas candidaturas em relação ao total de candidaturas do partido em âmbito nacional" (Res. TSE nº 23.607/2019, art. 17, § 4º, I e III – com a redação da Res. nº 23.731/2024).

A parte final do transcrito § 8º, art. 17, da CF deixa claro que a distribuição dos recursos será decidida "pelos respectivos órgãos de direção" do partido, os quais devem observar as "normas estatutárias" e considerar "a autonomia e o interesse partidário". No entanto, a decisão do partido está sujeita ao escrutínio judicial, já que não se "excluirá da apreciação do Poder Judiciário lesão ou ameaça a direito" (CF, art. 5º, XXXV).

Critério étnico-racial – no âmbito da quota de gênero, a distribuição dos recursos também deve observar critérios étnico-raciais. Deveras, no julgamento da Consulta nº 060030647/DF, em 25-8-2020, a Corte Superior Eleitoral assentou que os recursos públicos do Fundo Partidário, do FEFC e o tempo de propaganda gratuita no rádio e na TV – destinados às candidaturas femininas em razão das quotas de gênero – devem ser repartidos entre mulheres negras e brancas, na mesma proporção das candidaturas existentes.

O STF ratificou esse entendimento ao julgar a ADPF nº 738/DF (j. 2-10-2020). Invocando os valores constitucionais da dignidade da pessoa humana e da cidadania, bem como o escopo fundamental de construção de uma sociedade justa, fraterna, pluralista e sem preconceitos, o Excelso Pretório assentou que:

> "O volume de recursos destinados a candidaturas de pessoas negras deve ser calculado a partir do percentual dessas candidaturas dentro de cada gênero, e não de forma global. Isto é, primeiramente, deve-se distribuir as candidaturas em dois grupos – homens e mulheres. Na sequência, deve-se estabelecer o percentual de candidaturas de mulheres negras em relação ao total de candidaturas femininas, bem como o percentual de candidaturas de homens negros em relação ao total de candidaturas masculinas. Do total de recursos destinados a cada gênero é que se separará a fatia mínima de recursos a ser destinada a pessoas negras desse gênero; [...]".

Desvio de finalidade dos recursos – o desvio de finalidade dos recursos públicos destinados a financiar candidaturas femininas é considerado grave, independente do montante desviado, podendo caracterizar-se o ilícito do art. 30-A da LE. Se o montante desviado beneficiar candidatura masculina, a configuração do aludido ilícito ocorrerá com a só demonstração de que os recursos foram empregados exclusivamente para esse fim (Res. TSE nº 23.735/2024, art. 11, § 2º).

15.1.2.2.2 Financiamento étnico-racial de candidaturas

Estabelece o art. 17, § 9º, da Constituição (incluído pela EC nº 133/2024):

> "Dos recursos oriundos do Fundo Especial de Financiamento de Campanha e do fundo partidário destinados às campanhas eleitorais, os partidos políticos devem, obrigatoriamente, aplicar 30% (trinta por cento) em candidaturas de pessoas pretas e pardas, nas circunscrições que melhor atendam aos interesses e às estratégias partidárias."

Essa regra veio a lume sob os influxos dos julgamentos da Consulta nº 060030647/DF (j. 25-8-2020) e da ADPF nº 738/DF (j. 2-10-2020), pelos quais o TSE e o STF, respectivamente, assentaram a necessidade de se garantir o custeio proporcional das campanhas dos candidatos negros e pardos, bem como assegurar-lhes tempo de propaganda eleitoral gratuita no rádio e na TV.

Pelo citado dispositivo constitucional, os partidos são obrigados a aplicar "em candidaturas de pessoas pretas e pardas" pelo menos 30% dos recursos oriundos do FEFC e do Fundo Partidário "destinados às campanhas eleitorais". Tal investimento deve ocorrer "nas circunscrições que melhor atendam aos interesses e às estratégias partidárias". Os interesses e as estratégias partidárias são definidos pela direção de cada agremiação que, com base nessa definição, tem liberdade para repassar os recursos a seus candidatos.

Não parece haver incompatibilidade entre o § 9º do art. 17 da CF e os referidos julgados do TSE e STF, pois 30% dos recursos dos fundos representam um valor mínimo a ser aplicado, não máximo. Assim, a porcentagem aplicada pode ser superior a 30%, variando proporcionalmente ao número de "candidaturas de pessoas pretas e pardas".

Financiamento de candidatura feminina – conforme salientado, na esfera da quota de gênero, os recursos públicos do FEFC e do Fundo Partidário destinados ao financiamento de campanhas devem ser repartidos entre mulheres negras e brancas, na mesma proporção das candidaturas existentes. Desse modo, dentro de cada gênero, o percentual a ser aplicado nas candidaturas corresponderá à proporção de pessoas negras e brancas com pedidos de registro formalizados. Tal é o entendimento resultante da Consulta nº 060030647/DF, julgada em 25-8-2020 pela Corte Superior Eleitoral, e da ADPF nº 738/DF, julgada em 2-10-2020 pelo STF.

Candidaturas indígenas – na Consulta nº 060022207/DF (j. 27-2-2024), o TSE firmou o entendimento de que também candidaturas indígenas registradas por partidos e federações partidárias deverão contar com distribuição proporcional de recursos financeiros oriundos dos Fundo Partidário e do FEFC, tal como ocorre com pessoas negras.

15.1.2.3 Financiamento privado

15.1.2.3.1 Introdução

No que concerne ao financiamento privado, impera o princípio da transparência, sendo necessário que se divulgue publicamente por quem e como o candidato é financiado. É preciso que os eleitores saibam, ou pelo menos possam saber, da origem e do destino dos recursos usados nas campanhas políticas, sob pena de votarem ignorando os verdadeiros patrocinadores do candidato escolhido, o que ensejaria representação política mendaz, dissociada da verdadeira vontade coletiva. Isso porque o eleitor votaria em candidato que, na verdade, irá empenhar-se na defesa de interesses não coincidentes com os seus, podendo até mesmo contrariá-los.

A arrecadação de recursos no meio privado submete-se a complexo regramento legal, havendo controle estrito quanto à origem e quem pode contribuir, o montante que cada pessoa pode doar, o destino dado aos recursos. Além disso, os beneficiários são obrigados a prestar contas minuciosas à Justiça Eleitoral. Segundo o art. 34 da Lei nº 9.096/95, a Justiça Eleitoral exerce a fiscalização sobre a prestação de contas "das despesas de campanha eleitoral, devendo atestar se elas refletem adequadamente a real movimentação financeira, os dispêndios e os recursos aplicados nas campanhas eleitorais [...]".

15.1.2.3.2 Início e fim da arrecadação privada de recursos

Para que se possa arrecadar recursos no meio privado e realizar investimentos ou despesas em uma campanha, é preciso que: (a) os pedidos de registro das candidaturas estejam formalizados; (b) haja inscrição no Cadastro Nacional de Pessoa Jurídica – CNPJ; (c) tenha sido aberta conta bancária específica para a movimentação financeira da campanha (LE, art. 22-A, § 2º). Além disso, a arrecadação deve ser adequadamente formalizada ou documentada, o que em geral ocorre por meio de "recibo eleitoral" (exceto se houver dispensa de emissão de recibo, como nas hipóteses previstas na EC nº 133/2024). Portanto, a arrecadação de recursos só pode ocorrer durante o período eleitoral, ou seja, entre o registro de candidatura e o dia da eleição.

Não obstante, excepcionalmente, admite-se a "arrecadação prévia" (*i.e.*, antes da formalização do pedido de registro de candidatura) de recursos. Isso só é possível de ocorrer na modalidade de *crowdfunding*, consoante dispõe o art. 22-A, § 3º, da LE (incluído pela Lei nº 13.488/2017). Nesse caso, se o registro da candidatura não for efetivado, o § 4º do art. 22-A determina às entidades arrecadadoras a devolução dos valores aos respectivos doadores.

Ademais, os partidos políticos podem injetar nas campanhas de seus candidatos recursos granjeados anteriormente – até mesmo os obtidos em anos anteriores ao do pleito.

Termo final da arrecadação – o dia da eleição é também o termo final para a arrecadação de recursos no meio privado. Após aquele evento, só excepcionalmente esta é permitida, e ainda assim com a única finalidade de quitar despesas comprovadas e regularmente contraídas e não pagas durante o período de campanha.

15.1.2.3.3 Formalidades para arrecadação de recursos: inscrição no CNPJ, abertura de conta bancária

Assim, para que se arrecade recursos no meio privado é necessário que o candidato ou partido: *(a)* esteja inscrito no Cadastro Nacional de Pessoa Jurídica – CNPJ; *(b)* tenha conta bancária específica para a movimentação financeira da campanha (LE, art. 22-A, § 2º).

Inscrição no CNPJ – os candidatos são obrigados a se inscrever no CNPJ. O número respectivo será fornecido pela Justiça Eleitoral (que para tanto formaliza convênio com a Receita Federal) em até três dias úteis após o recebimento do pedido de registro da candidatura (LE, art. 22-A, § 1º).

Quanto aos partidos políticos, podem usar o seu próprio CNPJ.

A finalidade da inscrição liga-se à necessidade de abertura de contas bancárias para captação e movimentação de recursos durante o certame. É também relevante para o aperfeiçoamento do controle exercido pela Justiça Eleitoral, pois permite o intercâmbio de informações entre prestadores de serviço, Receita Federal e sistema bancário.

À exceção dos partidos, as inscrições em apreço são temporárias. De sorte que, após as eleições, são canceladas *ex officio* e automaticamente pela Receita Federal, o que ocorre normalmente no final do ano, no dia 31 de dezembro. A essa altura, já terão cumprido a finalidade para a qual foram concebidas.

Abertura de conta bancária específica – a abertura de *conta bancária específica* para a campanha é exigência imposta pelo art. 22 da LE, assim aos candidatos como aos partidos. É vedado ao partido usar sua própria conta bancária (*i. e.,* de seu fluxo normal de caixa fora de período eleitoral) para movimentação de recursos destinados à campanha. Por outro lado, partidos e candidatos devem abrir contas bancárias distintas e específicas para o registro da movimentação financeira de recursos oriundos dos fundos públicos (FP e FEFC). Havendo coligação ou federação de partidos, cada qual dos entes consorciados deverá abrir sua própria conta.

Isentos dessa obrigação estão os candidatos a vice e suplente em eleições majoritárias, pois suas contas de campanha são encampadas pelas do titular. De qualquer sorte, se chegarem a abrir uma conta, os documentos respectivos comporão as prestações de contas dos respectivos titulares.

Por outro lado, a exigência em questão não se aplica: (*i*) à candidatura em circunscrições em que não haja agência nem posto de atendimento bancários (LE, art. 22, § 2º – com a redação da Lei nº 13.165/2015); (*ii*) a candidato que renunciou ao registro, desistiu da candidatura, teve o registro indeferido ou foi substituído antes do fim do prazo de 10 (dez) dias a contar da emissão do CNPJ de campanha, desde que não haja indícios de arrecadação de recursos e realização de gastos eleitorais; (*iii*) a candidato cujo registro de candidatura não tenha sido conhecido pela Justiça Eleitoral a qualquer tempo (Res. TSE nº 23.607/2019, art. 8º, § 4º).

Pela conta bancária específica deve transitar todo o movimento financeiro da campanha, excetuando-se apenas recursos do fundo partidário aplicados diretamente pelo partido. Até mesmo os recursos disponibilizados pelos candidatos às suas próprias campanhas devem ser depositados nessa conta, já que a movimentação financeira de qualquer natureza deve ser feita mediante depósito identificado, cheque cruzado e nominal ou transferência bancária.

A circunstância de dever ser "específica" impede o uso de conta bancária preexistente.

Mais de uma conta específica pode ser aberta, como, por exemplo, a que tem por finalidade "comprovar a regularidade da destinação dos recursos" mínimos para financiar candidaturas femininas e de pessoas negras (Res. TSE nº 23.609/2019, art. 17, § 5º-A).

Ainda que o partido ou o candidato não disponham de recursos e, pois, que não haja movimentação financeira, é obrigatória a abertura de conta, a qual deverá figurar no futuro processo de prestação de contas.

Cuidando-se de obrigação legal inarredável, não é dado aos bancos deixar de aceitar o pedido de abertura de conta-corrente nem condicioná-lo a depósito mínimo, tampouco podem cobrar taxas ou outras despesas de manutenção de conta. Além disso, ainda têm o dever legal de identificar, nos respectivos extratos bancários, o CPF ou o CNPJ do doador (LE, art. 22, I e II), pois tais extratos deverão constar da prestação de contas.

Os bancos são ainda obrigados a: (*i*) encerrar a conta bancária no final do ano da eleição; (*ii*) se houver saldo nas contas destinadas a movimentar recursos do fundo partidário e de doações privadas, transferi-lo para a conta bancária do órgão de direção partidário da respectiva circunscrição; (*iii*) existindo saldo na conta de movimentação de recursos do FEFC, transferi-lo para o Tesouro Nacional; (*iv*) informar o fato à Justiça Eleitoral (LE, art. 22, § 1º, III – incluído pela Lei nº 13.165/2015; Res. TSE nº 23.609/2019, art. 12, IV).

Nos termos do § 3º, art. 22, da LE: "O uso de recursos financeiros para pagamentos de gastos eleitorais que não provenham da conta específica [...] implicará a desaprovação da prestação de contas do partido ou candidato; comprovado abuso de poder econômico, será cancelado o registro da candidatura ou cassado o diploma, se já houver sido outorgado". Nesse caso, determina o § 4º do mesmo artigo que cópias de todo o processo sejam remetidas ao Ministério Público para o ajuizamento de ação de investigação judicial eleitoral (AIJE) ou de ação de impugnação de mandato eletivo (AIME).

Tem-se, pois, que a abertura de conta bancária específica é imprescindível à aferição da regularidade da prestação de contas, pois é nela que se registra, em sua integralidade, o movimento financeiro da campanha.

15.1.2.3.4 Documentação da arrecadação

Em regra, toda arrecadação de recursos deve ser formalizada ou documentada. Essa documentação constitui um dos mais importantes instrumentos para a posterior auditoria e análise financeira das contas, o que é feito no âmbito do processo de prestação de contas. É por ela que se identifica a origem e o montante dos recursos aportados às campanhas eleitorais.

Em geral, a documentação da doação é feita mediante recibo eleitoral, que deve apresentar numeração seriada ou sequencial. Assim, o recibo constitui o instrumento que viabiliza e legitima a coleta de recursos para a campanha. A documentação deve ocorrer ainda que o candidato doe para a sua própria campanha; porquanto, mesmo aí, é preciso que o negócio seja comprovado e devidamente contabilizado para figurar na prestação de contas.

Mas em algumas situações não é exigida a emissão de recibo. Nesse sentido, estabelece o art. 8º da EC nº 133/2024:

> "Art. 8º É dispensada a emissão do recibo eleitoral nas seguintes hipóteses: I – doação do Fundo Especial de Financiamento de Campanha e do fundo partidário por meio de transferência bancária feita pelo partido aos candidatos e às candidatas; II – doações recebidas por meio de Pix por partidos, candidatos e candidatas."

Ademais, a doação de "recursos financeiros" (= dinheiro) sempre deve ser feita mediante depósito na conta bancária específica do candidato ou do partido (LE, arts. 22 e 23, § 4º). A comprovação da arrecadação se dá "por meio de documento bancário que identifique o CPF dos doadores" (LE, art. 23, § 4º-A – incluído pela Lei nº 13.488/2017). As instituições financeiras têm o dever legal de identificar, nos respectivos extratos bancários, o CPF ou o CNPJ do doador (LE, art. 22, II), de maneira que a comprovação da doação na prestação de contas será feita por esses extratos (e não por recibo eleitoral), nos quais o doador é identificado.

Quanto às doações *estimáveis em dinheiro* a candidato ou partido, o art. 23, § 2º, da LE (com a redação da Lei nº 12.891/2013) determina que elas "deverão ser feitas mediante recibo, assinado pelo doador, exceto na hipótese prevista no § 6º do art. 28". Assim, é necessária a expedição de recibo para doações estimáveis em dinheiro.

Quando for necessário, os próprios candidatos e partidos políticos deverão obter os recibos eleitorais de que necessitem diretamente na página da Justiça Eleitoral na Internet, extraindo-os do Sistema de Prestação de Contas Eleitorais (SPCE).

A arrecadação de recursos sem a devida documentação ou sendo esta deficiente em pontos essenciais constitui irregularidade insuprível, podendo, conforme o caso, acarretar juízo de "não apresentação" ou de "desaprovação" das contas prestadas pelo candidato, eis que fica inviabilizado o controle efetivo por parte da Justiça Eleitoral.

15.1.2.4 *Recursos de campanha*

Por recurso, em geral, entende-se: dinheiro, bens e serviços estimáveis em dinheiro. Todos os recursos arrecadados compõem a receita da campanha.

Entre as receitas de campanha eleitoral, figuram as seguintes:

a) recursos próprios do candidato;

b) doações de pessoas físicas;

c) doações de empresário individual;

d) doações de outro candidato;

e) doações de outro partido;

f) aplicação ou distribuição de recursos do partido político;

g) receita decorrente da comercialização de bens e/ou serviços e promoção de eventos de arrecadação;

h) receita decorrente de investimentos e aplicações no mercado financeiro.

a) Recursos próprios do candidato: autofinanciamento – cuida-se de transferência feita pela pessoa do candidato para sua campanha. Não se trata propriamente de "doação", mas de autofinanciamento ou investimento do candidato na própria campanha. Tudo se passa como se o candidato fosse uma entidade autônoma, com personalidade distinta de sua pessoa física.

No autofinanciamento, impõe-se a observância do limite estabelecido no art. 23, § 2º-A, da LE; o candidato só pode "usar recursos próprios em sua campanha até o total de 10% (dez por cento) dos limites previstos para gastos de campanha no cargo em que concorrer". Esse parágrafo foi incluído na Lei nº 9.504/97 pela Lei nº 13.878/2019. A legislação anterior já estabelecia aquele mesmo percentual de 10%, o qual, porém, incidia nos "rendimentos brutos auferidos" no ano anterior à eleição. Logo, o novo § 2º-A alterou a base de cálculo, que doravante deverão ser os "limites previstos para gastos de campanha no cargo em que concorrer". Esses *limites* devem ser calculados, definidos e divulgados pelo TSE a partir de parâmetros legalmente traçados (LE, art. 18, *caput*, c.c. art. 18-C).

Note-se, porém, que o § 10, art. 23, da LE (incluído pela Lei nº 13.877/2019) exclui desse limite de 10% o pagamento efetuado por *candidatos* "de honorários de serviços advocatícios e de contabilidade, relacionados à prestação de serviços em campanhas eleitorais e em favor destas, bem como em processo judicial decorrente de defesa de interesses de candidato ou partido político". Embora esse dispositivo somente faça referência ao § 1º do art. 23 da LE (e silencie sobre o § 2º-A do mesmo artigo), não parece razoável não estender sua incidência aos candidatos que autofinanciam suas campanhas.

Admite-se que a pessoa física do candidato contraia empréstimo para irrigar sua campanha, caso em que os respectivos recursos são considerados como investimentos próprios. Todavia, o empréstimo deve ser contratado "em instituições financeiras ou equiparadas autorizadas a funcionar pelo Banco Central do Brasil" (Res. TSE nº 23.607/2019, art. 16). Não mais se admite empréstimo contraído de outra pessoa física ou jurídica, conforme, aliás, já entendeu a jurisprudência: TSE – RO nº 262.247/TO – *DJe*, t. 40, 24-2-2017, p. 58-59.

Mesmo no autofinanciamento é preciso que os ingressos financeiros na conta de campanha sejam devidamente documentados, contabilizados e registrados na prestação de contas do candidato.

b) Doações de pessoas físicas – pessoas físicas podem contribuir individualmente para a campanha do candidato ou partido de sua preferência doando-lhes dinheiro, bens e serviços estimáveis em dinheiro. O objeto da doação deve recair sobre bens de sua propriedade ou decorrentes de seu trabalho ou de suas atividades.

Dispõe o art. 23, § 1º, da LE, que as doações em dinheiro ou estimáveis em dinheiro devem limitar-se a 10% dos rendimentos brutos do doador pessoa física, tomando-se por base o ano anterior à eleição.

Note-se que a soma de todas as doações feitas por uma pessoa física deve limitar-se a 10% de seu rendimento bruto auferido no ano anterior ao da eleição. De maneira que doações feitas a partido em ano precedente ao do pleito devem ser somadas às realizadas nesse ano, não podendo o montante transferido a partidos e candidatos extrapolar o aludido limite.

Por *rendimento bruto* compreendem-se todas as rendas ou ganhos indicados na Declaração Anual de Imposto de Renda da Pessoa Física (DIRPF), auferidos pelo doador que resultem em real disponibilidade financeira, tributáveis ou não tributáveis (TSE – REspe nº 17365/MS, j. 1º-10-2020), tais como os rendimentos isentos (ex.: de caderneta de poupança). Entretanto, nesse conceito não se inclui ingresso de capital mediante empréstimos (TRE-SP – Rec. nº 191.912 – *DJe* 6-12-2012).

Na avaliação do rendimento, deve-se considerar eventual Declaração Retificadora entregue pelo contribuinte à Receita Federal, mas desde que a retificação seja "apresentada até o ajuizamento da ação de doação irregular" (Res. TSE nº 23.607/2019, art. 27, § 9º).

Para aferir o rendimento bruto, admite-se somar os rendimentos do doador com os de seu cônjuge em hipóteses como as seguintes: *(i)* casamento em regime de comunhão universal de bens (TSE – REspe nº 183569/MS, j. 20-3-2012; TSE – AgR-REspe nº 45663/PR – *DJe* 2-10-2015); *(ii)* "rendimentos auferidos pelo cônjuge do doador, casado sob o regime de comunhão parcial de bens", já que nesse regime os rendimentos adquiridos na constância do casamento tornam-se bens comuns durante o matrimônio (TSE – REspe nº 060012932/SP, j. 28-11-2021; TSE – REspe nº 2963/BA – *DJe* 25-2-2019). Não se admite, porém, a soma de rendimentos de cônjuges casados sob o regime de separação de bens, pois os limites estabelecidos têm caráter individual.

O limite de 10% dos rendimentos brutos não se aplica: *(i)* "a doações estimáveis em dinheiro relativas à utilização de bens móveis ou imóveis de propriedade do doador ou à prestação de serviços próprios, desde que o valor estimado não ultrapasse R$ 40.000,00 (quarenta mil reais) por doador" (LE, art. 23, § 7º – com a redação da Lei nº 13.488/2017); *(ii)* à eventual valoração de atividade voluntária, pessoal e direta, realizada pelo eleitor em prol do candidato ou partido que apoia; *(iii)* a pagamento "de honorários de serviços advocatícios e de contabilidade, relacionados à prestação de serviços em campanhas eleitorais e em favor destas, bem como em processo judicial decorrente de defesa de interesses de candidato ou partido político" (LE, art. 23, § 10 – incluído pela Lei nº 13.877/2019).

Ademais, a qualquer eleitor é permitido realizar "gastos, em apoio a candidato de sua preferência, até a quantia equivalente a um mil UFIR" (LE, art. 27). Tais despesas não estão sujeitas a contabilização, a menos, é claro, que sejam reembolsadas pelo candidato. Essa possibilidade só se aplica a *eleitor*, pessoa física, sendo, pois, vedada a qualquer outra entidade.

A doação superior ao marco legal sujeita o infrator à sanção de multa "no valor de até 100% (cem por cento) da quantia em excesso" (LE, art. 23, § 3º); portanto, a multa corresponde a uma vez a quantia doada em excesso. A redação dessa regra foi dada pela Lei nº 13.488/2017, que reduziu o valor da multa, a qual, no texto anterior, era de "cinco a dez vezes a quantia em excesso". Além disso, a responsabilização do infrator propicia a declaração de sua inelegibilidade pelo prazo de oito anos (LC nº 64/90, art. 1º, I, *p*), além de ensejar a responsabilização do candidato beneficiário por abuso de poder econômico.

c) Doações de empresário individual – à pessoa física é equiparado o empresário individual. Assim, é lícito somar "os rendimentos percebidos como pessoa natural e empresário individual, para fins de aferição do limite de doação de recursos para campanha eleitoral" (TSE – REspe nº 48.781/MG – *DJe*, t. 173, 16-8-2014, p. 128). Em igual sentido: TSE – AgREspe nº 5.733/AC – j. 12-9-2017.

Para esse entendimento, o empresário individual é pessoa física, sendo equiparado à pessoa jurídica tão somente para fins de organização empresarial e tributária. Assim, o montante da doação deve limitar-se a 10% da aludida soma.

d) Doações de outro candidato – é lícito que um candidato doe a outro. Nesse caso, o faz como todo cidadão, pessoa física, devendo observar o limite estabelecido no art. 23, § 1º, da LE. Assim, as doações em dinheiro devem cingir-se a 10% dos rendimentos brutos do doador, tomando-se por base o ano anterior à eleição.

e) Doações de partido – embora o partido político tenha natureza de pessoa jurídica de direito privado, não há expressa vedação legal à doação de um partido a outro. Aliás, a interpretação sistemática da Lei Eleitoral autoriza essa conclusão, pois seu art. 28, § 6º, II, fala em "doações estimáveis em dinheiro entre candidatos ou partidos".

Trata-se, então, de exceção à proibição de doação por parte de pessoa jurídica.

A permissão de doação para campanha eleitoral entre partidos atende sobretudo aos interesses das coligações e federações partidárias. Isso porque a possibilidade de os partidos coligados ou federados doarem entre si contribui para o fortalecimento do consórcio na disputa, o que termina por favorecer o próprio doador.

Fora do âmbito da coligação e da federação, não é razoável admitir-se a doação de um partido a outro partido ou a candidato de partido diverso, especialmente se o valor doado for originário do fundo partidário (FP) ou do fundo especial de financiamento de campanha (FEFC). Isso porque haveria contrariedade à lógica de funcionamento do sistema democráti-co-representativo e grave vulneração das regras legais de distribuição de recursos, notadamente desses fundos públicos. Acresce que os recursos públicos disponibilizados a um partido visam a que ele promova a si próprio ou a seus filiados perante os cidadãos; aqui não se trata de bens "privados", com destinação final discricionária e com relação aos quais haja plena liberdade de transferência a terceiros. Se operação como essa fosse possível, certamente a agremiação ou o candidato beneficiado com a doação se tornaria mero apêndice ou satélite do doador – e não seu adversário na arena política, com real capacidade de apresentação de alternativas e visões políticas diversas. Por óbvio, tal situação afeta o equilíbrio do sistema político-partidá-rio e desvirtua seu regular funcionamento. Acolhendo tal interpretação, vide: TSE – REspe nº 060119381/AP – *DJe*, t. 239, 12-12-2019; TSE – AgREspe-ED nº 060115909/AP – *DJe* 9-2-2021. É vedado, portanto, o repasse de recursos do Fundo Partidário e do FEFC "dentro ou fora da circunscrição, por partidos políticos ou candidatos: I – não pertencentes à mesma federação ou coligação; e/ou II – não federados ou coligados" (Res. TSE nº 23.607/2019, arts. 17, § 2º, e 19, § 7º). Por isso mesmo, caso ocorra, o repasse em apreço "configura irregularidade grave e caracteriza o recebimento de recursos de fonte vedada" (Res. TSE nº 23.607/2019, arts. 17, § 2º-A, e 19, § 7º-A – inseridos pela Resolução nº 23.665/2021), bem como "uso irregular de verbas do FEFC" (TSE – AgR-REspe nº 060052918 – j. 5-10-2023), impondo-se o recolhimento do valor correspondente ao Tesouro Nacional.

Se os recursos doados pelo partido provierem de doações privadas, o recibo eleitoral que documentar a operação precisa conter a identificação do doador originário dos recursos, isto é, da fonte ou da pessoa que por primeiro doou ao partido. Com isso, evita-se a chamada "doação oculta", conforme se exporá no item subsequente.

f) Aplicação ou distribuição de recursos do partido político – os recursos da agremiação po-dem ter origem em diversas fontes, tais como o fundo especial de financiamento de campanha (LE, art. 16-C – incluído pela Lei nº 13.487/2017), o fundo partidário (LPP, art. 38), doações feitas por pessoas privadas (somente pessoas físicas), contribuições de filiados, promoção de eventos e comercialização de bens e produtos no mercado, lucro decorrente de investimentos e aplicações no mercado financeiro.

O partido pode injetar recursos próprios nas campanhas de seus candidatos, o que deve ser feito sob a forma de doação com a expedição de recibo eleitoral; também pode promover ações promocionais e propagandas que os beneficiem direta ou indiretamente. Ademais, como visto, um partido pode doar a outra agremiação ou a candidato de outro partido quando todos integrarem a mesma coligação.

A estratégia da "doação oculta" tem merecido repúdio. Assim se denomina a doação de recursos entre partidos ou entre partido e candidato sem que seja informado o doador originário (*i.e.*, a fonte), o qual, portanto, permanece oculto ou desconhecido. Inexiste aqui transparência quanto à verdadeira origem do recurso. Por exemplo: o partido p1 recebe robusta doação da pessoa física pf; uma parte desses recursos ele (p1) doa ao partido p2 ou ao candidato c sem informar a origem do recurso transferido. Assim, se uma pessoa quisesse doar ao candidato c sem se vincular a este, bastaria doar ao partido p1 com a determinação de que o dinheiro seja repassado a c, sendo c o verdadeiro destinatário dos recursos.

Tal estratégia havia sido consagrada no texto do art. 28, § 12, da LE (incluído pela Lei nº 13.165/2015), cuja parte final estabelecia que as transferências deveriam ser efetuadas "sem individualização dos doadores". Entretanto, na ADI 5394, j. 22-3-2018, o Supremo Tribunal Federal declarou a inconstitucionalidade dessa expressão. Posteriormente, o referido dispositivo teve sua redação alterada pela Lei nº 13.877/2019, dele sendo decotada aquela expressão final. Eis o teor do § 12, art. 28, da LE (com a redação da Lei nº 13.877/2019): "Os valores transferidos pelos partidos políticos oriundos de doações serão registrados na prestação de contas dos candidatos como transferência dos partidos e, na prestação de contas anual dos partidos, como transferência aos candidatos".

Observe-se que pelo § 12, art. 28, da LE, o candidato registrará a transferência em sua prestação de contas de campanha, mas o partido deverá fazê-lo em sua "prestação de contas anual" (não na de campanha a que esse ente também está obrigado). Ocorre que há diferença de prazo para entrega desses dois tipos de prestações de contas. Enquanto a do candidato deve ser entregue "até o trigésimo dia posterior à realização das eleições" (LE, art. 29, III), a "anual dos partidos" deve ser enviada "até o dia 30 de junho do ano seguinte" (LPP, art. 32), portanto quase um ano depois daquela. A grande distância entre os momentos de efetivação das respectivas prestações de contas pode dificultar a efetiva fiscalização da origem e licitude de doações privadas feitas ao partido e repassadas às campanhas de candidatos. Em consequência, pode igualmente restar comprometida a responsabilização eleitoral por eventuais ilícitos detectados.

De qualquer modo, os recursos privados captados por um partido para campanha eleitoral só podem ser doados a outro partido político no âmbito de uma coligação ou a candidato (filiado ao próprio partido doador ou a partido integrante da mesma coligação) mediante a expedição de recibo eleitoral; e o recibo deve conter a identificação da fonte do recurso e, pois, do doador originário. Tal exigência promove a transparência e aprimora o controle do financiamento de campanhas. A respeito, *vide:* Res. TSE nº 23.607/2019, art. 29, § 3º.

g) Receita decorrente da comercialização de produtos, bens e/ou serviços e promoção de eventos de arrecadação – outras relevantes fontes de recursos para campanhas eleitorais são a comercialização de produtos (ex.: broches, chaveiros, canetas), serviços e a promoção de eventos de arrecadação, como encontro, festa, jantar, *live* em plataforma digital na Internet (TSE – AC nº 0601600-03/RS, j. 5-11-2020) ou *show* com a participação não remunerada de artistas (STF – ADI 5970/DF, j. 7-10-20210. Essas atividades devem ser promovidas "diretamente pelo candidato ou partido político" (LE, art. 23, § 4º, V – com a redação da Lei nº 13.488/2017). É preciso que sejam previamente comunicadas à Justiça Eleitoral, que poderá fiscalizá-las. Deve haver emissão de recibo eleitoral e depósito na conta bancária específica das quantias pecuniárias arrecadadas.

h) Receita decorrente de investimentos e aplicações no mercado financeiro – as importâncias pecuniárias disponibilizadas ou arrecadadas pelos candidatos e partidos podem ser aplicadas no mercado financeiro, por exemplo: em CDB, caderneta de poupança etc. Os valores resultantes dos rendimentos ingressam como receita de campanha.

15.1.2.5   Objeto da doação

A doação pode abranger (*i*) recursos financeiros (dinheiro, título de crédito); ou (*ii*) bens estimáveis em dinheiro, tais como coisas (ex.: panfletos, adesivos, combustível, material de escritório, instrumentos, faixas e cartazes), cessão de uso de móveis (ex.: veículos automotores, aeronaves e embarcações) ou imóveis (ex.: casa, sala, garagem), prestação de serviços (ex.: filmagem, produção de vídeo, criação e manutenção de página ou blog na Internet).

Cuidando-se de bem estimável em dinheiro, os bens e serviços doados devem ser próprios do doador, integrando a sua atividade econômica ou o seu patrimônio. Assim, o doador deve ser proprietário do bem doado ou o responsável direto pelo serviço prestado. Excetuando-se as situações previstas no § 6º do art. 28 da LE (com a redação da Lei nº 12.891/2013), o negócio deve ser demonstrado por documento idôneo emitido pelo doador ou cedente, tais como nota fiscal, instrumento contratual ou termo de doação ou cessão.

Por outro lado, havendo transferência de recursos financeiros, as doações somente poderão ser efetuadas na conta específica do partido ou candidato por meio de: "I – cheques cruzados e nominais ou transferência eletrônica de depósitos; II – depósitos em espécie devidamente identificados […]; III – mecanismo disponível em sítio do candidato, partido ou coligação na Internet, permitindo inclusive o uso de cartão de crédito […]; IV – instituições que promovam técnicas e serviços de financiamento coletivo por meio de sítios na Internet, aplicativos eletrônicos e outros recursos similares […]" (LE, art. 23, § 4º).

Nas transações bancárias (LE, art. 23, § 4º, I e II, da LE), o CPF do doador deve necessariamente ser identificado.

A doação pela Internet (LE, art. 23, § 4º, III) pode ser realizada mediante cartão de crédito e/ou débito. No caso, o candidato ou partido deve disponibilizar mecanismo em página eletrônica, em que haja: (a) identificação do doador; (b) emissão obrigatória de recibo eleitoral para o doador; (c) utilização de terminal de captura de transações para as doações por meio de cartão de crédito e de cartão de débito. Tal modalidade de doação foi introduzida no Direito Positivo pela Lei nº 12.034/2009. Inspirou-se o legislador na vitoriosa campanha eleitoral de Barack Obama para a presidência dos EUA, que, em 2008, arrecadou pela *web* mais de 500 milhões de dólares, havendo expressivo volume de doações de pequena monta.

O uso de cartões de crédito e/ou débito para realização de doação eleitoral não pode ser recusado pelas "instituições financeiras e de pagamento" (LE, art. 23, § 9º – incluído pela Lei nº 13.488/2017). O § 6º desse mesmo art. 23 ressalva a responsabilidade do beneficiário na hipótese de haver "fraudes ou erros cometidos pelo doador" sem o conhecimento do candidato ou partido; afirmando o princípio da responsabilidade pessoal do agente, estabelece que os beneficiários não poderão ser responsabilizados nem poderá haver rejeição de contas eleitorais com fundamento na irregularidade perpetrada por ato exclusivo do doador.

Por sua vez, o inciso IV, § 4º, do art. 23 da LE foi introduzido pela Lei nº 13.488/2017, e prevê o *crowdfunding ou "vaquinha virtual"*. Ao responder à Consulta nº 20.887/DF (*DJe* 13-6-2014, p. 44), o TSE havia rejeitado a possibilidade de arrecadação por esse meio, entendimento que agora fica superado ante a expressa previsão legal o acolhendo.

O *crowdfunding* (LE, art. 23, § 4º, IV) foi introduzido pela Lei nº 13.488/2017. Ao responder à Consulta nº 20.887/DF (*DJe* 13-6-2014, p. 44), o TSE havia rejeitado a possibilidade de arrecadação por esse meio, entendimento que ficou superado ante a expressa previsão legal o acolhendo. Trata-se de técnica de financiamento coletivo em que diversas pessoas investem ou contribuem com pequenas quantias para a viabilização de um negócio, projeto ou ideia. Por ele, as doações são feitas mediante aplicativo na Internet, sendo os montantes transferidos ao beneficiário (candidato ou partido) vinculado ao aplicativo. Entre outras exigências, a arrecadação por esse meio requer: (a) cadastramento prévio na Justiça Eleitoral da entidade gestora do aplicativo; (b) identificação de cada doador (com o CPF) e das quantias doadas; (c) disponibilização, em sítio eletrônico, de lista com identificação dos doadores e das respectivas quantias doadas, a ser atualizada instantaneamente a cada nova doação; (d) emissão obrigatória de recibo para o doador, relativo a cada doação realizada.

Desde 15 de maio do ano eleitoral, é possível a "arrecadação prévia" (*i.e.*, antes da formalização do pedido de registro de candidatura) de recursos mediante *crowdfunding*, nos termos do art. 22-A, § 3º (com a redação da Lei nº 13.488/2017). Há aparente contradição desse dispositivo com a alínea *g*, IV, § 4º, art. 23, da mesma LE, pois, para arrecadação via *crowdfunding*, a referida alínea *g* determina a "observância do calendário eleitoral, especialmente no que diz respeito ao início do período de arrecadação financeira, nos termos dispostos no § 2º do art. 22-A desta Lei". Deve, porém, prevalecer a possibilidade de arrecadação prévia prevista no referido § 3º do art. 22-A, porque: *(i)* pela sua localização, o § 3º abre uma exceção ao § 2º, o qual estabelece o momento em que a arrecadação pode iniciar; *(ii)* o § 3º é confirmado por outros dispositivos da mesma LE, a saber: o § 4º do mesmo art. 22-A e o art. 36-A, VII.

Se houver arrecadação prévia por *crowdfunding* e o registro da candidatura do beneficiário não for efetivado, o § 4º do art. 22-A determina às entidades arrecadadoras a devolução dos valores arrecadados aos doadores.

A doação por *telefone* não conta com previsão legal. Durante a tramitação da Lei nº 12.034/2009 houve uma emenda no Senado admitindo o telefone como ferramenta facilitadora do procedimento de doação por pessoa física. Argumentou-se que "a população brasileira já demonstrou inúmeras vezes disposição para se engajar em atividades de relevância social ou cultural, inclusive com contribuições financeiras realizadas a distância, por telefone e internet". Mas a emenda foi rejeitada na Câmara, sequer sendo levada à sanção presidencial.

É imprescindível que todo recurso transferido seja identificado. A falta de especificação do doador ou o erro quanto ao número de seu CPF ou CNPJ impede a adequada identificação, tornando ilícita a doação.

E se houver transferência ou depósito na conta do candidato sem a necessária identificação do doador ou com identificação incorreta ou deficiente? Nesses casos, o montante correspondente entra no conceito de *recurso de origem não identificada*. Como tal, não poderá ser utilizado, devendo ser transferido ao Tesouro Nacional (LE, art. 24, § 4º – incluído pela Lei nº 13.165/2015).

15.1.2.6 Fontes de financiamento proibidas

De forma expressa, proíbe o legislador que as campanhas sejam irrigadas com recursos oriundos de determinadas fontes, denominadas *fontes vedadas*. Nesse sentido, dispõe o art. 24 da Lei nº 9.504/97:

> "Art. 24. É vedado, a partido e candidato, receber direta ou indiretamente doação em dinheiro ou estimável em dinheiro, inclusive por meio de publicidade de qualquer espécie, procedente de: I – entidade ou governo estrangeiro; II – órgão da administração pública direta e indireta ou fundação mantida com recursos provenientes do Poder Público; III – concessionário ou permissionário de serviço público; IV – entidade de direito privado que receba, na condição de beneficiária, contribuição compulsória em virtude de disposição legal; V – entidade de utilidade pública; VI – entidade de classe ou sindical; VII – pessoa jurídica sem fins lucrativos que receba recursos do exterior; VIII – entidades beneficentes e religiosas; (Incluído pela Lei nº 11.300, de 2006) IX – entidades esportivas; (Redação dada pela Lei nº 12.034/2009) X – organizações não governamentais que recebam recursos públicos; (Incluído pela Lei nº 11.300, de 2006) XI – organizações da sociedade civil de interesse público (Incluído pela Lei nº 11.300, de 2006)".

Pessoa jurídica – em sua redação original, o art. 81 da Lei nº 9.504/97 permitia a doação por pessoa jurídica a partidos e candidatos. Todavia, essa matéria foi submetida ao STF na ADI 4.650/DF, julgada em 19-9-2015. Por maioria, o Pretório Excelso declarou "a inconstitucionalidade dos dispositivos legais que autorizavam as contribuições de pessoas jurídicas às campanhas eleitorais". Por outro lado, o art. 15 da Lei nº 13.165/2015 revogou o referido art.

Cap. 15 • FINANCIAMENTO DE CAMPANHA ELEITORAL E PRESTAÇÃO DE CONTAS | 393

81 da LE. E mais: pelo art. 31, II, da LPP (com a redação da Lei nº 13.488/2017), é vedado ao partido receber "direta ou indiretamente, sob qualquer forma ou pretexto, contribuição ou auxílio pecuniário ou estimável em dinheiro, inclusive através de publicidade de qualquer espécie, procedente de [...] pessoas jurídicas de qualquer natureza".

Força é reconhecer que a importância do detalhamento do vertente art. 24 reduziu-se com a vedação de doação para campanha por pessoa jurídica, que, por si só, torna desnecessária muitas das hipóteses nele arroladas.

Estrangeiro – a Corte Superior já entendeu que a vedação de financiamento por parte de "entidade ou governo estrangeiro" (LE, art. 24, I; LPP, art. 31) refere-se à procedência dos recursos, não à nacionalidade do doador; assim, a vedação legal não abrange doação de pessoa física de nacionalidade estrangeira, mormente quando houver equiparação com o nacional e se não existir evidência da origem alienígena do montante doado: TSE – Ag-REspe nº 0607838-83/SP – *DJe* 15-4-2021; TSE – Ag-REspe nº 060707837 – j. 26-5-2022.

Concessionário e permissionário de serviço público – a Lei nº 8.987/95 dispõe sobre os institutos da concessão e permissão. Nos termos do art. 2º dessa lei, o contrato de concessão de obra ou serviço público só pode ser entabulado com pessoa jurídica ou consórcio de empresas, enquanto o de permissão de serviço público pode ser feito com pessoa jurídica ou pessoa física.

Como não há distinção no inciso III do citado art. 24 da LE, a vedação de doação nele constante compreende também pessoas físicas. No entanto, é razoável o entendimento segundo o qual tal vedação só afeta pessoa física que exerce atividade empresarial decorrente de permissão pública.

Cartórios de serviços notariais e de registro – pode haver doação por esses entes? A esse respeito, cumpre salientar que não se deve confundir as entidades "cartório extrajudicial" ou "serviço notarial ou registral" com a pessoa física do notário (tabelião) ou registrador. Nos termos do art. 236 da CF, tais serviços técnico-administrativos são públicos, mas "exercidos em caráter privado, por delegação do Poder Público". Não são personificados, ou seja, não são organizados e exercidos sob a forma de pessoa jurídica. A esse respeito, assentou o Superior Tribunal de Justiça:

> "[...] III – Os cartórios extrajudiciais – incluindo o de Protesto de Títulos – são instituições administrativas, ou seja, entes sem personalidade, desprovidos de patrimônio próprio, razão pela qual, bem de ver, não possuem personalidade jurídica e não se caracterizam como empresa ou entidade, afastando-se, dessa forma, sua legitimidade passiva *ad causam* para responder pela ação de obrigação de fazer. IV – Recurso especial improvido" (STJ – REsp nº 1.097.995/RJ – 3ª T. – *DJe* 6-10-2010).

Ainda que se possa considerar ilícita a doação efetuada por "cartórios de serviços notariais e de registros" (porque são serviços públicos exercidos por delegação do Poder Público), a vedação não poderia atingir o notário nem o oficial de registro, pois, *como cidadãos – pessoas físicas –, podem fazer* doação à campanha eleitoral. Isso porque disporão de recursos que lhes pertencem a justo título, recebidos à guisa de remuneração pelos serviços que prestam. Devem, porém, observar o teto previsto no art. 23, § 1º, da LE, de maneira que o total de doações não pode superar o montante de "dez por cento dos rendimentos brutos auferidos no ano anterior à eleição". Aqui, agem o tabelião e o registrador como qualquer agente público, que dispõe livremente de seus bens, a eles se aplicando o princípio inscrito no art. 5º, II, da Lei Maior, segundo o qual "ninguém será obrigado a fazer ou deixar de fazer alguma coisa senão em virtude de lei" – lei estrita, frise-se.

Servidores e agentes públicos – no que concerne a servidores e agentes públicos, não há expressa vedação à realização de doação à campanha eleitoral. Todavia, cumpre perquirir se a liberalidade pode ser feita por integrantes de carreiras a que a Constituição Federal proíbe a dedicação a "atividades político-partidárias", como ocorre com a magistratura (CF, art. 95, parágrafo único, III), com o Ministério Público (CF, art. 128, § 5º, II, *e*) e com os militares (CF, art. 142, § 3º, V). Nesses casos, o ato isolado de doar a partido ou candidato não parece configurar prática estrita de atividade político-partidária, afeiçoando-se mais ao exercício dos direitos humanos e fundamentais de cidadania, participação democrática e mesmo manifestação de pensamento e opinião. Vivendo em sociedade, é óbvio que tais profissionais percebem seus problemas e soluções, e em certos casos essa percepção é ainda mais acurada que a da maioria da população. É, pois, natural que queiram apoiar partidos e candidatos que melhor traduzam suas visões de mundo.

Diversa é a situação do juiz ou membro do *Parquet* que tenha de resolver ou se pronunciar em caso concreto, veiculado em processo de sua competência. Se a *neutralidade* é impossível de ser alcançada, de magistrados e membros do *Parquet* exige a lei *imparcialidade* e *impessoalidade*. Essas impõem a adequação lógica e psicológica dessas autoridades para conhecer e julgar os feitos sob seus cuidados. Aqui, porém, a questão deve ser tratada no âmbito processual. Ocorre que nem a lei eleitoral nem o art. 144 do CPC preveem como causa de *impedimento* do juiz doação à campanha eleitoral. No tocante à *suspeição*, o art. 145, II, do código processual reputa fundada a suspeita de parcialidade do juiz que "receber presentes de pessoas que tiverem interesse na causa", o que não é o caso típico de doação de campanha, pois aqui o magistrado nada recebe, mas dá. Resta, então, a hipótese genérica do inciso IV do art. 145 do CPC, que reputa suspeito o juiz "interessado no julgamento do processo em favor de qualquer das partes". Parece claro que se alguém doa a partido ou candidato é porque tem interesse (ainda que genérico) de vê-lo sagrar-se vencedor no pleito. Assim, dependendo das circunstâncias que concretamente se apresentarem, poder-se-á arguir a suspeição de magistrado ou membro Ministério Público que realizar doações a partido ou candidato que for parte em processo que atue. Ressalte-se, porém, que as circunstâncias fáticas da espécie é que fundamentarão o juízo de suspeição.

Loteria, rifa, bingo, sorteio – é vedada a arrecadação de recursos por meio de *loteria*, assim considerada "toda operação que, mediante a distribuição de bilhete, listas, cupões, vales, sinais, símbolos ou meios análogos, faz depender de sorteio a obtenção de prêmio em dinheiro ou bens de outra natureza" pois tais atividades são definidas como ilícitas pela Lei das Contravenções Penais (D-L nº 3.688/1941, art. 51, § 2º). Nesse sentido: TSE – Cta nº 060073866/DF – j. 6-8-2020.

Devolução dos recursos recebidos – o § 4º do art. 24 da LE (incluído pela Lei nº 13.165/2015) determina que "o partido ou candidato que receber recursos provenientes de fontes vedadas ou de origem não identificada deverá proceder à devolução dos valores recebidos ou, não sendo possível a identificação da fonte, transferi-los para a conta única do Tesouro Nacional". Assim, só se faz a transferência para o Tesouro Nacional se não se puder proceder à devolução.

Captação ilícita de recursos – o uso de verba proveniente de fonte vedada caracteriza *captação ilícita de recursos eleitorais*. Trata-se de irregularidade insanável. Além de provocar a desaprovação das respectivas contas, enseja a responsabilização do candidato beneficiário, que, nos termos do art. 30-A da Lei nº 9.504/97, poderá ter negado o diploma ou cassado, se já expedido. Também se pode cogitar de abuso de poder econômico para o fim de impugnação de mandato.

Ausência de sanção ao doador – embora o candidato beneficiário da doação vedada possa vir a ser responsabilizado nos termos do referido art. 30-A da LE, não há previsão legal de sanção para o doador.

15.1.2.7 Gastos eleitorais

O art. 26, *caput*, da LE arrola os gastos de campanha eleitoral sujeitos a registro e, pois, declaração da prestação de contas.

"Art. 26. São considerados gastos eleitorais, sujeitos a registro e aos limites fixados nesta Lei: (Redação dada pela Lei nº 11.300/2006)

I – confecção de material impresso de qualquer natureza e tamanho, observado o disposto no § 3º do art. 38 desta Lei [esse § 3º dispõe sobre a dimensão de adesivos];

II – propaganda e publicidade direta ou indireta, por qualquer meio de divulgação, destinada a conquistar votos;

III – aluguel de locais para a promoção de atos de campanha eleitoral;

IV – despesas com transporte ou deslocamento de candidato e de pessoal a serviço das candidaturas, observadas as exceções previstas no § 3º deste artigo; (Redação dada pela Lei nº 13.488/2017)

V – correspondência e despesas postais;

VI – despesas de instalação, organização e funcionamento de Comitês e serviços necessários às eleições;

VII – remuneração ou gratificação de qualquer espécie a pessoal que preste serviços às candidaturas ou aos comitês eleitorais;

VIII – montagem e operação de carros de som, de propaganda e assemelhados;

IX – a realização de comícios ou eventos destinados à promoção de candidatura; (Redação dada pela Lei nº 11.300/2006)

X – produção de programas de rádio, televisão ou vídeo, inclusive os destinados à propaganda gratuita;

XI – (Revogado pela Lei nº 11.300/2006);

XII – realização de pesquisas ou testes pré-eleitorais;

XIII – (Revogado pela Lei nº 11.300/2006);

XIV – (Revogado pela Lei nº 12.891/2013);

XV – custos com a criação e inclusão de sítios na internet e com o impulsionamento de conteúdos contratados diretamente com provedor da aplicação de internet com sede e foro no País; (Redação dada pela Lei nº 13.488/2017)

XVI – multas aplicadas (até as eleições) aos partidos ou candidatos por infração do disposto na legislação eleitoral;

XVII – produção de *jingles*, vinhetas e *slogans* para propaganda eleitoral (Incluído pela Lei nº 11.300/2006)."

A Lei nº 11.300/2006 alterou a redação da cabeça desse art. 26. Na redação anterior, no final da frase constava a expressão *dentre outros*, ficando claro que o rol legal constituía *numerus apertus*, admitindo, portanto, outras hipóteses de gastos eleitorais. Com a retirada da referida expressão, importa saber se o elenco legal tornou-se *numerus clausus*, de sorte a se admitirem como lícitos só os gastos lá indicados. Deveras, a despeito da alteração procedida, o rol do art. 26 segue admitindo complementação, sendo, pois, *numerus apertus*. Conclusão diferente conflitaria com a dinâmica do processo eleitoral e da própria vida social. Assim, por exemplo, o § 4º do mesmo art. 26 (inserido pela Lei nº 13.877/2019) estabelece como gastos eleitorais "as despesas com consultoria, assessoria e pagamento de honorários realizadas em decorrência da prestação de serviços advocatícios e de contabilidade no curso das campanhas eleitorais". O próprio TSE considerou como despesas eleitorais as doações feitas a outros candidatos ou partidos (vide, Res. TSE nº 23.607/2019, art. 35, XIV), sendo certo que essas despesas não constam do rol legal.

O inciso XVI do art. 26 da LE inclui nos gastos de campanha *multas* aplicadas a candidatos por infração à legislação eleitoral. Nesse sentido, o § 5º desse mesmo dispositivo (inserido pela Lei nº 13.877/2019) estabelece que para fins de pagamento das despesas nele relacionadas "poderão ser utilizados recursos da campanha, do candidato, do fundo partidário ou do FEFC". Não obstante, vale registrar o entendimento pretoriano que não admite o uso de recursos oriundos do fundo partidário para a quitação de multas "relativas a atos infracionais, ilícitos penais, administrativos ou eleitorais ou para a quitação de encargos decorrentes de inadimplência de pagamentos, tais como multa de mora, atualização monetária ou juros"; nesse sentido: Res. TSE nº 23.604/2019, art. 17, § 2º; Consulta nº 139.623/DF – *DJe*, t. 175, 15-9-2015, p. 68-69.

Quem pode realizar gastos eleitorais? – os gastos e a administração financeira da campanha eleitoral devem ser feitos pelo próprio candidato, que poderá designar uma pessoa para auxiliá-lo nessa tarefa, denominada administrador financeiro (LE, art. 20).

A seu turno, o partido igualmente poderá realizar gastos de campanha. Poderá, por exemplo, contratar serviços em proveito de seus candidatos.

Momento de efetivação dos gastos eleitorais – os gastos eleitorais efetivam-se na data de sua contratação, independentemente de seu pagamento não ser à vista, mas sim, adiado para o futuro (Res. TSE nº 23.607/2019, art. 36, § 1º). Por outro lado, o fato de o partido ou candidato restar inadimplente não descaracteriza a natureza eleitoral da despesa realizada.

Forma de realização de gastos – os gastos de natureza financeira só podem ser feitos mediante cheque nominal cruzado, transferência bancária que identifique o CPF ou CNPJ do beneficiário, débito em conta, cartão de débito da conta bancária, ou PIX (pagamento instantâneo).

Dessa regra excetuam-se apenas as despesas individuais de *pequeno valor*, que podem ser pagas em espécie (Res. TSE nº 23.607/2019, arts. 38 e 40). Para fazer frente a tais despesas, o partido ou candidato pode manter uma *reserva em dinheiro* (fundo de caixa) durante todo o período eleitoral. Observe-se que mesmo as despesas de pequeno valor devem ser comprovadas na prestação de contas.

É vedado o pagamento de gastos eleitorais com criptomoedas ou moedas virtuais, como *bitcoin*, Ethereum (ETH) e Litecoin (LTC).

Comprovação de gastos eleitorais – a comprovação de gastos eleitorais deve ser feita por meio de documento fiscal idôneo emitido em nome dos candidatos e partidos políticos. Também se admite qualquer meio idôneo de prova, como contrato, comprovante de entrega de material ou da prestação efetiva do serviço, comprovante bancário de pagamento, recibo.

Gastos eleitorais ilícitos – a realização de despesa com ação ilícita implica a ilicitude do gasto. Por exemplo: *i)* o art. 39, § 6º, da LE veda "na campanha eleitoral a confecção, utilização, distribuição por comitê, candidato, ou com a sua autorização, de camisetas, chaveiros, bonés, canetas, brindes, cestas básicas ou quaisquer outros bens ou materiais que possam proporcionar vantagem ao eleitor"; *ii)* é proibido o emprego de painéis do tipo *outdoor* para a realização de propaganda (LE, art. 39, § 8º); *iii)* no período compreendido entre o pedido de registro e a eleição, não poderá o candidato realizar "quaisquer doações em dinheiro, bem como de troféus, prêmios, ajudas de qualquer espécie", a pessoas físicas ou jurídicas (LE, art. 23, § 5º). Nesses e em outros casos ilícitos são os gastos realizados.

Limitação de gastos – além do limite do total de gasto na campanha (LE, art. 18 – com a redação da Lei nº 13.488/2017), também são estabelecidos limites para determinados tipos de ações e despesas.

Nesse sentido, o § 1º do art. 26 da LE (renumerado pela Lei nº 13.488/2017) estabelece "os seguintes limites com relação ao total do gasto da campanha: I – alimentação do pessoal que presta serviços às candidaturas ou aos comitês eleitorais: 10% (dez por cento); II – aluguel de veículos automotores: 20% (vinte por cento)".

Por outro lado, visando à coibição de *fraude* no processo eleitoral, em que a "compra de voto" é disfarçada de contrato de prestação de serviços para a campanha, a Lei nº 12.891/2013 introduziu na Lei nº 9.504/97 o art. 100-A, que limita a "contratação direta ou terceirizada de pessoal para prestação de serviços referentes a atividades de militância e mobilização de rua nas campanhas eleitorais". Daí serem estabelecidos limites de contratação para cada candidato. O § 5º do referido dispositivo estabelece que o descumprimento dos limites "sujeitará o candidato às penas previstas no art. 299 da Lei nº 4.737, de 15 de julho de 1965".

Sanção ao partido infrator – o art. 25 da LE institui sanção para o partido que descumprir as normas referentes à arrecadação e à aplicação de recursos de campanha, hipótese em que "perderá o direito ao recebimento da quota do fundo partidário do ano seguinte, sem prejuí-zo de responderem os candidatos beneficiados por abuso do poder econômico". Nesse caso, perde o partido e perdem os candidatos eventualmente beneficiados. Sendo a irregularidade cometida localmente, por diretório municipal ou estadual, por exemplo, não é razoável que todo o partido seja punido, ficando privado, durante um ano, de perceber as verbas emana-das do Fundo. Incide, aqui, o princípio da razoabilidade da sanção em relação à natureza e à extensão do ato praticado. Com efeito, o Brasil é país-continente, contando com 27 Estados e mais de cinco mil e quinhentos Municípios. É, pois, impossível ao órgão nacional, incumbido de dirigir a agremiação, fiscalizar em tempo real as práticas de todos os órgãos subalternos. Ademais, é cediço que a sanção não deve ir além do responsável pelo ilícito. Daí que somente o órgão partidário (diretório) responsável pela irregularidade é que deverá ficar privado de receber os recursos em tela.

15.1.2.8 Gastos eleitorais não sujeitos a registro

A Lei nº 13.488/2017 incluiu um § 3º no art. 26 da LE, no qual define algumas despesas que "não são consideradas gastos eleitorais nem se sujeitam a prestação de contas". São as seguintes: "[...] a) combustível e manutenção de veículo automotor usado pelo candidato na campanha; b) remuneração, alimentação e hospedagem do condutor do veículo a que se refere a alínea *a* deste parágrafo; c) alimentação e hospedagem própria; d) uso de linhas telefônicas registradas em seu nome como pessoa física, até o limite de três linhas".

Note-se que a regra do referido § 3º do art. 26 da LE somente incide na hipótese de recursos de origem privada. Tratando-se de gastos realizados com recursos públicos, a natureza destes torna obrigatório o registro das aludidas despesas na prestação de contas. Nesse sentido: TSE – AgR-REspe nº 0601116-98/RN – JSV 29-5 a 4-6-2020.

Por outro lado, o § 6º, art. 28, da LE dispensa "de comprovação na prestação de contas: I – a cessão de bens móveis, limitada ao valor de R$ 4.000,00 (quatro mil reais) por pessoa cedente; II – doações estimáveis em dinheiro entre candidatos ou partidos, decorrentes do uso comum tanto de sedes quanto de materiais de propaganda eleitoral, cujo gasto deverá ser registrado na prestação de contas do responsável pelo pagamento da despesa; III – a cessão de automóvel de propriedade do candidato, do cônjuge e de seus parentes até o terceiro grau para seu uso pessoal durante a campanha.

Como esses negócios não figurarão na prestação de contas, deixa de ser obrigatória a expedição de recibo eleitoral (LE, art. 23, § 2º). Note-se, porém, que a dispensa de expedição de recibo restringe-se às relações eleitorais; para quaisquer outros fins é de todo conveniente a documentação do negócio, inclusive a emissão de recibo.

398 | DIREITO ELEITORAL – *José Jairo Gomes*

E mais: pelo art. 27, *caput*, da LE, a qualquer eleitor é permitido realizar, com seus próprios recursos, "gastos, em apoio a candidato de sua preferência, até a quantia equivalente a 1.000 (um mil) UFIR". Dentro desse limite pecuniário não está incluído "o pagamento de honorários decorrentes da prestação de serviços advocatícios e de contabilidade, relacionados às campanhas eleitorais e em favor destas", e tal pagamento "não compreende doação eleitoral" (LE, art. 27, §§ 1º e 2º, estes incluídos pela Lei nº 13.877/2019).

Tais despesas não estão sujeitas a contabilização, a menos, é claro, que sejam reembolsadas pelo partido ou candidato.

Também a atividade voluntária, pessoal e direta do eleitor em apoio a candidatura, não é objeto de registro na contabilidade de campanha. Conquanto tal atividade possa implicar a realização de gastos, a situação se insere nas esferas do direito fundamental de manifestação do pensamento e das liberdades de opinião e expressão. Nos termos do art. 1º, parágrafo único, da Lei nº 9.608/98, tratando-se de *serviço voluntário*, não gera para com o candidato apoiado ou seu partido vínculo empregatício, tampouco obrigação de natureza trabalhista, previdenciária ou afim.

15.1.2.9 *Administração financeira da campanha*

A Lei nº 13.165/2015 extinguiu a figura do comitê *financeiro* (que era previsto no revogado art. 19 da LE e na anterior redação do art. 34 da Lei nº 9.096/95).

Com isso, no sistema vigente, é o próprio candidato que "fará, diretamente ou por intermédio de pessoa por ele designada, a administração financeira de sua campanha" (LE, art. 20). Incumbe-lhe, pois, gerir e aplicar em sua campanha os recursos que lhe forem destinados, sejam os repassados pelo partido (inclusive os oriundos do FEFC e do fundo partidário), sejam os recursos próprios, sejam as doações particulares que receber.

O candidato é solidariamente responsável com a pessoa por ele designada "pela veracidade das informações financeiras e contábeis de sua campanha, devendo ambos assinar a respectiva prestação de contas" (LE, art. 21).

Por outro lado, há a "obrigatoriedade de designação de dirigentes partidários específicos para movimentar recursos financeiros nas campanhas eleitorais" (Lei nº 9.096/95, art. 34, I). Esses "dirigentes partidários", portanto, têm a específica incumbência de movimentar recursos *financeiros* nas campanhas. Não devem ser confundidos com o extinto *comitê financeiro*, pois este era uma entidade jurídica.

15.2 PRESTAÇÃO DE CONTAS DE CAMPANHA ELEITORAL

15.2.1 Generalidades

Encerradas as eleições, determina a lei que os candidatos e partidos políticos prestem contas à Justiça Eleitoral dos recursos arrecadados e despesas efetuadas na campanha. Para os candidatos, a previsão está contida no art. 28, §§ 1º e 2º, da LE, enquanto para os partidos encontra-se nos arts. 33, II, e 34, I e V, da Lei nº 9.096/95. As contas de cada qual deles devem ser prestadas de modo individualizado.

No caso de federação partidária, embora lhe sejam aplicáveis todas as normas que regem as atividades dos partidos políticos, não há previsão de prestação de contas em seu próprio nome, correspondendo a sua àquela "apresentada à Justiça Eleitoral pelos partidos que a integram e em todos os níveis de direção partidária" (Res. TSE nº 23.607/2019, art. 1º, § 5º – inserido pela Res. nº 23.665/2021).

A *prestação de contas* constitui o instrumento oficial que permite a realização de auditoria, fiscalização e controle financeiro das campanhas eleitorais.

Ela deve ser elaborada pelo Sistema de Prestação de Contas Eleitorais (SPCE). Trata-se de programa disponibilizado pela Justiça Eleitoral para preenchimento das informações e remessa à Justiça Eleitoral.

O controle realizado pela prestação de contas confere mais transparência e legitimidade às eleições, além de prevenir o abuso de poder, notadamente o de caráter econômico. Muitas vezes, o abuso de poder econômico é configurado a partir de divergências verificadas entre os dados constantes da prestação de contas e a *realidade da campanha.*

Deveras, é direito impostergável dos integrantes da comunhão política saber quem financiou a campanha de seus mandatários e de que maneira esse financiamento se deu. Nessa seara, impõe-se a transparência absoluta, pois em jogo encontra-se o legítimo exercício de mandatos e consequentemente do poder estatal. Sem isso, não é possível o exercício pleno da cidadania, já que se subtrairiam do cidadão informações essenciais para a formação de sua consciência político-moral, relevantes sobretudo para que ele aprecie a estatura ético-moral de seus representantes e até mesmo para exercer o sacrossanto direito de sufrágio.

Sem a prestação de contas, impossível seria averiguar a correção na arrecadação e nos gastos de valores pecuniários durante a corrida eleitoral. Não se poderia saber, *e. g.*, se o partido ou candidato recebeu recursos de fontes vedadas (LE, art. 24), se patrocinou ações ilícitas, se incorreu em alguma forma de abuso de poder econômico etc. É claro que ninguém em sã consciência declarará na prestação de contas o uso de recursos emanados de fontes vedadas ou exporá o uso abusivo de recursos, mas sendo a prestação de contas o instrumento oficial em que receitas e despesas devem ser lançadas, permite que se faça o contraste entre o declarado e a realidade da campanha.

Instaurado na Justiça Eleitoral, o processo de prestação de contas (PCON) tramita no sistema Processo Judicial Eletrônico (PJe). Trata-se de processo de jurisdição voluntária. É público e, por isso mesmo, pode ser livremente consultado por qualquer pessoa, ainda que não tenha participado das eleições. Dele pode ser extraída cópia integral ou parcial, ressalvada a existência de documento sobre o qual se deva guardar sigilo. Nesse caso, por óbvio, não se cerceia o acesso aos autos do processo, mas tão só ao documento sigiloso.

O candidato que renunciar, desistir, for substituído ou tiver o seu registro indeferido pela Justiça Eleitoral não se forra da obrigação legal de prestar contas, devendo fazê-lo relativamente ao período em que tiver participado do processo eleitoral. Se falecer, essa obrigação será transmitida a seu administrador financeiro ou, na ausência deste, à direção do partido; não há transferência da aludida obrigação ou mesmo imposição patrimonial a herdeiros ou sucessores civis do *de cujus* (Res. TSE nº 23.607/2019, art. 45, §§ 6º e 7º; TSE – AREspe nº 060755475, j. 22-6-2023). Tal dever legal deve ser cumprido, ainda que o candidato não tenha realizado campanha ou não tenha havido movimentação de quaisquer recursos.

Nas eleições majoritárias, a prestação de contas dos candidatos que encabeçarem a chapa deve englobar a dos respectivos vices e suplentes, ainda que estes tenham optado por abrir conta bancária específica.

15.2.2 Formas de prestação de contas

Atualmente, há dois modelos de prestação de contas: comum e simplificado.

O modelo simplificado foi introduzido nos §§ 9º, 10 e 11 do art. 28 da LE pela Lei nº 13.165/2015, caracterizando-se pela análise informatizada e simplificada da prestação de contas. Eis o teor daqueles dispositivos:

> "Art. 28 [...] § 9º A Justiça Eleitoral adotará sistema simplificado de prestação de contas para candidatos que apresentarem movimentação financeira correspondente a, no má-

ximo, R$ 20.000,00 (vinte mil reais), atualizados monetariamente, a cada eleição, pelo Índice Nacional de Preços ao Consumidor – INPC da Fundação Instituto Brasileiro de Geografia e Estatística – IBGE ou por índice que o substituir.

§ 10. O sistema simplificado referido no § 9º deverá conter, pelo menos:

I – identificação das doações recebidas, com os nomes, o CPF ou CNPJ dos doadores e os respectivos valores recebidos;

II – identificação das despesas realizadas, com os nomes e o CPF ou CNPJ dos fornecedores de material e dos prestadores dos serviços realizados;

III – registro das eventuais sobras ou dívidas de campanha.

§ 11. Nas eleições para Prefeito e Vereador de Municípios com menos de cinquenta mil eleitores, a prestação de contas será feita sempre pelo sistema simplificado a que se referem os §§ 9º e 10".

Esse modelo é de observância obrigatória: *(i)* em qualquer eleição, para prestação de contas de candidatos que apresentarem movimentação financeira de até R$ 20.000,00, atualizados monetariamente; *(ii)* nas eleições para Prefeito e Vereador de Municípios com menos de 50 mil eleitores – neste caso, independentemente do valor da movimentação financeira.

Em comparação com a prestação de contas comum, a simplificada requer menor quantidade de informações (prestadas diretamente no SPCE) e documentos, sendo, ainda, agilizada a análise técnica dos dados constantes dos autos.

Inexiste, porém, diferença em relação às conclusões possíveis de serem adotadas. Em ambos os modelos de prestação as conclusões possíveis serão sempre pela aprovação, aprovação com ressalvas, desaprovação ou não prestação das contas.

Não sendo o caso de se adotar o modelo simplificado, deverá a prestação de contas observar as regras do sistema comum.

15.2.3 Prestações de contas parciais e finais

No curso da campanha eleitoral, o art. 28, § 4º, II, da LE (com a redação da Lei nº 13.165/2015) determina que partidos, coligações e candidatos apresentem contas parciais. Embora parciais, os dados e informações divulgados publicamente contribuem para a transparência do financiamento da campanha do candidato, auxiliando os eleitores a formarem suas opiniões políticas.

A prestação parcial deve ser realizada em sítio próprio, criado pela Justiça Eleitoral na rede mundial de computadores (Internet), e nela se deve divulgar:

> "Art. 28, § 4º, II – no dia 15 de setembro, relatório discriminando as transferências do Fundo Partidário, os recursos em dinheiro e os estimáveis em dinheiro recebidos, bem como os gastos realizados".

Além disso, devem ser informadas à Justiça Eleitoral e divulgadas: *(i)* doações de recursos em dinheiro, no prazo de "até 72 (setenta e duas) horas de seu recebimento" (LE, art. 28, § 4º, I); *(ii)* doações de recursos financeiros realizadas por aplicativo na página do candidato/partido na Internet (LE, art. 23, § 4º, III); e, *(iii)* doações de recursos financeiros por meio de *crowdfunding* (LE, art. 23, § 4º, IV). Nas duas últimas modalidades (*ii* e *iii*), o prazo para informar a Justiça Eleitoral é "contado a partir do momento em que os recursos arrecadados forem depositados nas contas bancárias dos candidatos, partidos ou coligações" (LE, art. 23, § 4º-B). Por outro lado, no caso de *crowdfunding*, os valores arredados antecipadamente (a partir de 15 de maio – LE, art. 22-A, § 3º) também devem ser declarados na referida oportunidade.

Cap. 15 • FINANCIAMENTO DE CAMPANHA ELEITORAL E PRESTAÇÃO DE CONTAS | 401

Nos termos do § 7º do art. 28, nas prestações parciais as informações sobre os recursos recebidos "deverão ser divulgadas com a indicação dos nomes, do CPF ou CNPJ dos doadores e dos respectivos valores doados".

As contas finais dos partidos e candidatos devem ser prestadas até o 30º (trigésimo) dia posterior às eleições. Havendo dois turnos de votação, as contas dos candidatos que disputá-los deverão ser apresentadas de uma só vez, abrangendo os dois turnos, no prazo de 20 (vinte) dias, computado da realização do segundo (LE, art. 29, III e IV – com a redação da Lei nº 13.165/2015).

Esse prazo reclama muito cuidado. É importante que seja cumprido à risca pelos interessados, porquanto sua inobservância impede a diplomação dos eleitos (LE, art. 29, § 2º), eis que ninguém poderá ser diplomado sem que suas contas de campanha estejam julgadas. Mas é interessante notar que a não aprovação das contas, só por si, não obstaculiza a diplomação – para a cassação do diploma ou do mandato, é preciso que se ajuíze ação eleitoral própria.

15.2.3.1 Retificação da prestação de contas

Uma vez formalizada a sua apresentação à Justiça Eleitoral, admite-se a retificação da prestação de contas, que poderá ocorrer: (i) se houver o cumprimento de diligência que importar na alteração das peças inicialmente apresentadas; (ii) se for detectado erro material antes do pronunciamento técnico (Res. TSE nº 23.607/2019, art. 71, *caput*, I e II). O pedido de retificação deve ser instruído com as justificativas pertinentes e, quando cabível, com documentos que comprovem a alteração realizada.

Na prestação de contas parciais, a retificação poderá ser pleiteada até antes do início do prazo para a apresentação das contas finais. Perdido esse prazo, eventual alteração somente pode ser realizada "por retificação das contas finais, com apresentação de nota explicativa" (Res. TSE nº 23.607/2019, art. 71, § 2º).

15.2.4 Procedimento na Justiça Eleitoral

Conforme salientado anteriormente, a prestação de contas é elaborada com o auxílio do programa Sistema de Prestação de Contas Eleitorais (SPCE), o qual é disponibilizado pela Justiça Eleitoral em sua página na Internet.

Após a regular apresentação da prestação de contas final na Justiça Eleitoral, é publicado um edital.

Em seguida, abre-se o prazo de três dias (contado da publicação do referido edital) para a *impugnação* das contas. A impugnação poderá ser realizada por partido político, candidato ou Ministério Público, bem como por qualquer outro interessado.

Para bem examinar e decidir sobre a regularidade das contas, a Justiça tem à sua disposição o imprescindível apoio técnico de órgão de auditoria e controle interno. Ademais, o § 3º do art. 30 da LE faculta-lhe requisitar servidores dos Tribunais de Contas da União, dos Estados, do Distrito Federal ou dos Municípios (onde houver), pelo tempo que for preciso.

Constatando-se indícios de irregularidade, informações adicionais poderão ser requisitadas *ex officio* tanto do candidato quanto do partido. Sendo necessário, a Justiça também poderá determinar *diligências* "para a complementação dos dados ou o saneamento das falhas" (LE, art. 30, § 4º). Entre tais diligências consolidou-se a realização do procedimento denominado *circularização* entre fornecedores e doadores a fim de ser analisada a veracidade das informações prestadas. Em geral, as diligências devem ser cumpridas no prazo de três dias, contado da intimação.

Ao referido órgão técnico, cumpre emitir parecer sobre as contas. Se concluir pela sua desaprovação ou aprovação com ressalvas, ao candidato ou partido será aberta vista dos autos

402 | DIREITO ELEITORAL – *José Jairo Gomes*

para, em três dias, manifestar-se (LE, art. 11, § 3º – por analogia). Nessa oportunidade, poderá trazer novas informações e complementar a documentação. À luz disso, o órgão técnico pronunciar-se-á novamente, ratificando ou alterando suas conclusões iniciais.

Tendo sido oportunizada ao prestador a possibilidade de se manifestar nos autos e juntar documentos, não se admite que o faça extemporaneamente, dada a ocorrência de preclusão temporal. Nesse sentido: "[...] 3. Não se admite juntar de modo extemporâneo, em processo de contas, documentos retificadores na hipótese em que a parte foi intimada para suprir as falhas e não o fez oportunamente, haja vista a incidência dos efeitos da preclusão e a necessidade de se conferir segurança às relações jurídicas. Precedentes. [...]" (TSE – AgR-REspEl nº 060103865/ RN – j. 26-10-2023; TSE – AgR-AREspe nº 060550752/MG – *DJe* 2-8-2024). O mesmo ocorre na fase recursal: "[...] 4. A jurisprudência deste Tribunal Superior firmou-se pela inadmissibilidade de apresentação de documentos em fase recursal em processo de prestação de contas quando o prestador foi intimado da forma devida para o atendimento de diligências, ocorrendo os efeitos da preclusão. [...]" (TSE – AgR-AREspe nº 060186438/AM – *DJe* 2-8-2024).

Encerrada a fase de análise técnico-contábil, os autos seguem com vista ao Ministério Público pelo prazo de dois dias para emissão de parecer.

Finalmente, a Justiça deve julgar as contas, decidindo sobre sua regularidade.

15.2.5 Julgamento da prestação de contas

O julgamento engloba as contas *finais* e *parciais*. Embora tenham de ser apresentadas em momentos distintos, não há exame separado ou autônomo de contas parciais: o julgamento é um só e realizado em conjunto, compreendendo todas as contas apresentadas pelo prestador, de modo que falhas ou omissões ocorridas nas prestações de contas parciais podem ser ponderadas na prestação de contas final, contribuindo assim para a estruturação do juízo final a respeito das contas. A propósito, *vide*: TSE – AgR-REspe nº 060138748/PB – JSV 5 a 11-6-2020; TSE – AgR-AI nº 060175423/SC – *DJe*, t. 98, 20-5-2020. De maneira que a omissão de informações em prestações de contas parciais pode "ser considerada grave e suficiente para ensejar a desaprovação das contas" (TSE – AgR-AREspe nº 06058004 – j. 14-9-2023).

No julgamento, há mister que o intérprete tenha em mente o art. 30, § 2º da LE, segundo o qual "erros formais e materiais corrigidos não autorizam a rejeição das contas e a cominação de sanção a candidato ou partido". Note-se que a regra legal traça duas hipóteses diversas. A primeira, quando houver erros formais". A segunda, quando houver "erros materiais corrigidos". Em ambos os casos, não pode haver rejeição de contas nem cominação de sanção. Infere-se, ainda, que não havendo erros formais nem materiais, a solução inexorável será a aprovação das contas.

Por outro lado, havendo erros materiais "não corrigidos" poderão as contas ser rejeitadas ou não aprovadas. Mas nessa hipótese a desaprovação dependerá da relevância das *irregularidades* detectadas, pois, conforme reza o § 2º-A do referido art. 30 da LE: "erros formais ou materiais irrelevantes no conjunto da prestação de contas, que não comprometam o seu resultado, não acarretarão a rejeição das contas". Portanto, esse dispositivo introduz a necessidade de se empregar critérios de "proporcionalidade" e "razoabilidade" na apreciação das contas.

Em resumo, ao julgar as contas, poderá a Justiça Eleitoral (LE, art. 30):

a) aprová-las, se estiverem integralmente regulares;

b) aprová-las com ressalvas, se verificadas falhas formais ou, se materiais, que não comprometam sua análise nem a fiscalização exercida pela Justiça Eleitoral;

Cap. 15 • FINANCIAMENTO DE CAMPANHA ELEITORAL E PRESTAÇÃO DE CONTAS | **403**

c) não as aprovar, desaprovar ou rejeitar, quando constatadas faltas materiais não sanadas ou insanáveis que prejudiquem sua análise adequada ou comprometam a fiscalização da Justiça Eleitoral; há falta de transparência e comprometimento do controle social. Por exemplo, essa deverá ser a opção se as contas estiverem desacompanhadas "de documentos e informações essenciais à fiscalização" (TSE – PC nº 44298/DF – j. 19-11-2020), ou se a campanha se beneficiar de recursos oriundos de "fonte vedada" ou de "origem não identificada" (Res. TSE nº 23.607/2019, art. 31, § 9º, e art. 32, § 7º);

d) julgar não prestadas as contas quando: 1) não forem apresentadas espontânea e tempestivamente, tampouco após notificação da Justiça Eleitoral para que sejam prestadas; 2) não forem apresentados documentos e informações essenciais; 3) não forem ultimadas as diligências determinadas para suprir a ausência que impeça a análise da movimentação declarada na prestação de contas; 4) não for regularizada a representação processual do prestador com a juntada aos autos de procuração outorgada a advogado (Res. TSE nº 23.607/2019, art. 74, IV, e § 3º-B). Ressalte-se que essa modalidade de juízo incide apenas nas contas finais. Tratando-se de contas *parciais*, a sua não apresentação no prazo legal pode até comprometer a regularidade das contas finais que, conforme as circunstâncias, podem ser desaprovadas ou aprovadas com ressalvas – mas não induz o juízo de *não prestação*.

No tocante à "aprovação com ressalvas", embora essa solução intermediária somente tenha sido introduzida no sistema eleitoral pela Lei nº 12.034/2009, há muito era admitida pela jurisprudência (*vide* Res. TSE nº 22.499/2006; TSE – RMS nº 551/PA – *DJ* 24-6-2008, p. 8) com fundamento nas ideias de *razoabilidade* e *proporcionalidade*. Estas orientam no sentido de que, consideradas as circunstâncias concretas, toda sanção deve ser proporcional à gravidade da conduta inquinada e à lesão perpetrada ao bem jurídico protegido. Deve-se optar pela enfocada solução quando forem evidenciadas faltas *materiais* que não tenham aptidão para comprometer a análise contábil das contas e, pois, a fiscalização exercida pela Justiça Eleitoral.

Na ausência de critérios legais seguros, a jurisprudência se orienta pela razoabilidade e proporcionalidade procurando, então, construir parâmetros homogêneos para balizar juízos concretos acerca da "aprovação com ressalvas". Entre os padrões empregados estão os relativos ao valor das prestações de contas, receitas e despesas, e ao percentual da irregularidade no conjunto das contas.

Nesse sentido, vale destacar os seguintes métodos: (i) o que considera o baixo valor do total da prestação de contas, e (ii) o que considera o baixo valor das irregularidades ponderando-se o montante da prestação de contas.

Pelo primeiro método, propugna-se a aprovação com ressalva de qualquer *prestação de contas enquadrada como de baixo valor ou de valor insignificante*, independentemente do montante e da natureza (formal ou material) das irregularidades detectadas. O parâmetro para fixação do conceito de "baixo valor" é encontrado no art. 27 da LE. Esse dispositivo permite que qualquer eleitor realize gastos, "em apoio a candidato de sua preferência, até a quantia equivalente a um mil UFIR [correspondente a R$ 1.064,10], não sujeitos a contabilização". Ante a desnecessidade de contabilização, considera-se o referido valor como parâmetro de *insignificância* para fins de apreciação de contas eleitorais, já que o próprio legislador dispensa maior rigor no exercício do controle. Assim, se o montante total da prestação de contas for inferior àquela cifra, deve-se julgá-la aprovada com ressalva – exceto se houver recurso oriundo de fonte vedada. Nesse sentido: "Diante desse quadro, entendo que as irregularidades encontradas em prestações de contas de campanhas de candidatos cujos valores absolutos não excedam a 1.000 (mil) Ufirs – R$ 1.064,10 (mil e sessenta e quatro reais e dez centavos) – devem ser consideradas irregularidades de valor diminuto e, portanto, inaptas *per se* a causarem a desaprovação das prestações de contas. [...]" (TSE – Ag-REsp nº 060315749/PR – *DJe*, t. 214, 23-10-2020; TSE – AI-REspe nº 30465/SP – *DJe*, t. 221, 3-11-2020 – excerto do voto do relator, Min. Luiz Edson Fachin).

Pelo segundo método, propugna-se a aprovação com ressalva da prestação de contas quando *o montante* das *irregularidades encontradas for de baixo valor ou de pequeno percentual.* Aqui são consideradas as prestações de contas mais expressivas (assim entendidas as de montante superior a "um mil Ufirs" ou R$ 1.064,10 – LE, art. 27), sendo necessário verificar a relevância das irregularidades detectadas. A comparação é feita com o total das receitas ou despesas declaradas na própria prestação de contas. O objeto do juízo de insignificância são as irregularidades – e não as contas em si (como ocorre na situação anterior). Nesse sentido: (i) "1. Tendo em vista que as irregularidades apontadas não atingiram montante expressivo do total dos recursos movimentados na campanha eleitoral, não há falar em reprovação das contas, incidindo, na espécie, os princípios da razoabilidade e proporcionalidade. [...]" (TSE – AgR-RMS nº 704/AM – *DJe* 4-5-2010; (ii) "1. De acordo com o entendimento desta Corte, a aplicação dos princípios da proporcionalidade e da razoabilidade em processo de contas condiciona-se a três requisitos cumulativos: a) falhas que não comprometam a higidez do balanço; b) percentual ou valor não expressivo do total irregular; c) ausência de má-fé. [...]" (TSE – Ag-REspe nº 30028/SP – *DJe* 16-3-2020).

No âmbito desse segundo método, e com vistas a conferir maior concretude e uniformidade na aplicação dos conceitos, passou-se a fixar a possibilidade de superação de irregularidades materiais quando representarem até 10% do total das receitas ou despesas da respectiva campanha. Nesse sentido, *contrario sensu*: "[...] 6. Inaplicabilidade dos princípios da proporcionalidade e da razoabilidade ante a existência de irregularidades graves, que representam mais de 10% do montante global arrecadado. [...]" (TSE – Ag-REspe nº 25641/PI – *DJe*, t. 211, 9-11-2015, p. 82-83). Assim, aprovam-se com ressalvas prestações de contas cujas irregularidades representem menos de 10% das receitas contabilizadas. E mais:

"[...] 2. A aplicação dos princípios da insignificância, da proporcionalidade e da razoabilidade permite a superação de irregularidades que representem valor absoluto diminuto ou percentual inexpressivo. Precedentes. 3. A superação do limite de R$ 1.064,10 (mil e sessenta e quatro reais e dez centavos), valor máximo absoluto entendido por diminuto, permite a aplicação dos princípios da proporcionalidade e da razoabilidade para aquilatar se o valor total das irregularidades é inferior a 10% do total da arrecadação ou da despesa, autorizando a aprovação das contas com ressalvas. 4. Na espécie, extrai-se do quadro fático delineado no acórdão regional que as falhas apuradas somam R$ 13.790,72 (treze mil, setecentos e noventa reais e setenta e dois centavos), correspondentes a menos de 5,00% das despesas contratadas na campanha, valor que se afigura diminuto em termos percentuais, autorizando a aprovação das contas com ressalvas, à luz da compreensão jurisprudencial desta Corte Superior. Inexistentes, ainda, circunstâncias qualitativas capazes de inviabilizar a incidência dos aludidos princípios no caso concreto. 5. Agravo interno a que se nega provimento" (TSE – AI-REspe nº 30465/SP – *DJe*, t. 221, 3-11-2020).

De todo modo, não se pode concordar com a automática aprovação com ressalva quando estiverem em questão recursos oriundos de fundos públicos como o FEFC, ainda que se trate de prestação de contas de *baixo valor* ou de *valor insignificante*. Independentemente do valor, a malversação de recursos públicos deve sempre implicar a desaprovação das contas. Afinal, a natureza pública do recurso constitui um valor em si que deve ser considerado.

Por outro lado, malgrado o montante dos valores envolvidos, não se afigura lógico nem razoável optar-se pela aprovação com ressalvas de contas irrigadas com recursos oriundos de fontes vedadas, arroladas no art. 24 da LE. Isso porque, sendo *vedada* a doação, o que se censura

Cap. 15 • FINANCIAMENTO DE CAMPANHA ELEITORAL E PRESTAÇÃO DE CONTAS | **405**

é a própria natureza da conduta, independentemente do bem doado ou de seu valor. Esse tipo de relativização enfraquece sobremodo o caráter ilícito e proibitivo das referidas fontes, que em certos casos deixam de ser vedadas se o intérprete considerar o valor do bem transferido como sendo baixo, proporcional ou razoável. Entretanto, surpreendentemente, julgados há que aprovaram com ressalvas contas que receberam recursos de fontes vedadas, a ver: (i) doação proveniente de sindicado: TSE – AgR-AI nº 8242/MG – *DJe*, t. 81, 2-5-2012, p. 125-126; TSE – AgR-AI nº 1020743/MG – *DJe*, t. 227, 27-11-2012, p. 11; (ii) doação proveniente de organizações da sociedade civil de interesse público (OSCIP): TSE – AgR-REspe – nº 229555/SC – *DJe*, t. 118, 25-6-2012, p. 12.

Advirta-se, ainda, que uma falha aparentemente pouco expressiva pode ser apenas a ponta de uma campanha repleta de irregularidades, irrigada com recursos ilícitos. É óbvio que oficialmente só serão levados aos autos os dados, informações e documentos que não comprometam o prestador.

Efeitos do julgamento – havendo aprovação integral ou com ressalvas, é inegável o efeito ético do julgamento. No primeiro caso, é como se o candidato fosse laureado pelo agir dentro das regras do jogo, angariando com seu comportamento legitimidade e autoridade para exercer com dignidade o mandato conquistado. No segundo, houve irregularidades, mas a situação não reveste gravidade que chegue a deslustrar a campanha ou o mandato conquistado. A *ressalva*, aqui, apresenta efeito predominantemente moral.

Note-se que a só aprovação das contas, com ou sem ressalvas, não afasta a discussão acerca da ocorrência de ilícitos como o abuso de poder, mormente se novos elementos probatórios forem descortinados, bem como o eventual ajuizamento de ação eleitoral com essa finalidade.

Já o ato de desaprovação das contas traz em si a mácula da ilicitude, do opróbrio, da reprovação da consciência ético-jurídica. Significa que a campanha não foi conduzida dentro da legalidade esperada e, sobretudo, exigida de qualquer cidadão, mas principalmente dos que pretendem se tornar agentes estatais e representantes do povo. A desaprovação das contas de campanha pode ensejar: *(i)* perda do direito do partido de receber quota do fundo partidário no ano seguinte ao trânsito em julgado da decisão (LE, art. 25), se a causa da desaprovação decorrer de ato praticado pelo partido (TSE – REspe nº 588.133/RJ – *DJe* 27-10-2015, p. 58.); *(ii)* perda do diploma e inelegibilidade dos candidatos beneficiados caso fique demonstrado: *(ii.a)* abuso de poder econômico (LE, art. 25 c.c. LC 64/90, arts. 19 e 22, XIV); *(ii.b)* arrecadação ou gasto ilícito de recursos na campanha eleitoral (LE, art. 30-A).

O julgamento das contas como "não prestadas" implica consequências ainda mais graves, que podem afetar o candidato e o partido. Quanto ao candidato, nos termos da parte final do § 7º do art. 11 da LE (com a redação da Lei nº 12.034/2009), gera o impedimento de obtenção de certidão de quitação eleitoral – impedimento que perdura até o final da legislatura referente ao mandato disputado. Sobre isso, dispõe a Súmula TSE nº 42:

> "A decisão que julga não prestadas as contas de campanha impede o candidato de obter a certidão de quitação eleitoral durante o curso do mandato ao qual concorreu, persistindo esses efeitos, após esse período, até a efetiva apresentação das contas".

Já quanto ao partido político, há a perda do direito ao recebimento das quotas do Fundo Partidário (FP) e do Fundo Especial de Financiamento de Campanha (FEFC), bem como a suspensão do registro ou da anotação do respectivo órgão partidário, que só serão restabelecidos com a regularização das contas (Res. TSE nº 23.607/2019, art. 80, 2º).

15.2.5.1 Sobras de campanha, recursos de fundos públicos, de fonte vedada e origem não identificada

Ao julgar as contas, a Justiça Eleitoral também deverá resolver questões outras como sobras de campanha, recursos oriundos de fundos públicos, de fonte vedada, de origem não identificada.

Sobras de campanha – denominam-se sobras de campanha os recursos financeiros e bens licitamente arrecadados ou adquiridos pelo candidato ou partido durante a corrida eleitoral, porém não gastos ou não utilizados, havendo, pois, saldo positivo no balanço contábil final. Na contabilidade da campanha, haverá diferença positiva entre o que foi arrecadado e o que foi gasto.

As sobras podem ser originárias de recursos provenientes de doações privadas (doações de terceiros ou do candidato para a sua própria campanha) ou do Fundo Partidário. No primeiro caso, determina o art. 31 da LE que as sobras deverão ser transferidas ao órgão do partido na circunscrição do pleito; no caso de coligação, podem ser divididas entre os partidos que a compuseram. Uma vez incorporadas, os partidos políticos devem utilizá-las no cumprimento de suas finalidades institucionais.

Já quanto às sobras de recursos do Fundo Partidário, o dinheiro deve retornar para a conta específica do partido e só pode ser usado para os fins previstos na Lei nº 9.096/95 (*vide* art. 44).

Não constitui sobra de campanha eventual saldo de valores oriundos do Fundo de Financiamento de Campanhas Eleitorais (FEFC). Nesse caso, os valores não utilizados "deverão ser devolvidos ao Tesouro Nacional, integralmente, no momento da apresentação da respectiva prestação de contas" (LE, art. 16-C, § 11).

Ausência de comprovação de utilização de recurso dos fundos públicos (FP e FEFC) – há diferença entre a "não utilização de recurso" e a "não comprovação de utilização de recurso". No primeiro caso, o recurso de fato não é usado, não é gasto, por isso aparece como "sobra" ou "saldo positivo" nos registros contábeis.

Diferentemente, no segundo caso, o recurso foi utilizado, mas não há comprovação disso, ou seja, o seu gasto não se encontra devidamente documentado. Em tal situação, presume-se a aplicação irregular do recurso, devendo o valor correspondente ser devolvido ao Tesouro Nacional mediante recursos próprios do partido; nesse sentido: art. 79, § 1º, da Res. TSE nº 23.607/2019, c.c. art. 41, § 1º, da Res. TSE nº 23.709/2022.

Recursos de fonte vedada e de origem não identificada – com as sobras de campanha não se confundem os recursos de *origem não identificada* (ex.: depositados na conta de campanha sem adequada identificação do doador) e os oriundos de fonte vedada (ex.: doados por empresa concessionária de serviço público).

Nessas duas hipóteses, os respectivos valores não podem ser utilizados na campanha, nem incorporados ao patrimônio do partido. Devem ser devolvidos (se essa providência for possível), recolhidos durante a campanha ou transferidos ao Tesouro Nacional (LE, art. 24, § 4º).

Recursos de fundo público indevidamente utilizados – ao julgar as contas, poderá a Justiça Eleitoral declarar que recursos oriundos de fundos públicos (FP e FEFC) foram utilizados na campanha de maneira indevida ou irregular. Nessa hipótese, a decisão constitui para o prestador (candidato ou partido) a obrigação de devolver ou restituir ao Tesouro Nacional a quantia cujo gasto foi declarado irregular. Caso o prestador não restitua espontaneamente o valor que lhe foi imputado, promover-se-á o cumprimento da decisão com vistas à sua cobrança.

15.2.5.2 Prazo para o julgamento das contas

Nos termos do art. 30, § 1º, da Lei nº 9.504/97 (com a redação da Lei nº 13.165/2015): "A decisão que julgar as contas dos candidatos eleitos será publicada em sessão até três dias antes da diplomação". Está claro nesse dispositivo que somente as contas dos "candidatos eleitos" devem

Cap. 15 • FINANCIAMENTO DE CAMPANHA ELEITORAL E PRESTAÇÃO DE CONTAS | **407**

ser julgadas, e as respectivas decisões publicadas em sessão até três dias antes da diplomação. As prestações de contas dos candidatos não eleitos serão apreciadas ulteriormente.

Conquanto não se tenha especificado se esse prazo é máximo ou mínimo, certo é que o advérbio "até" – na expressão "até três dias antes" – deixa claro que o limite é máximo, isto é, dentro dos três dias anteriores à data marcada para a diplomação, o julgamento das contas dos eleitos já deverá estar concluído, inclusive com a publicação da decisão final. Impõe-se essa solução, mormente se se considerar que a convocação para a diplomação deve ser feita com antecedência, dando-se ciência desse ato aos interessados.

É imperioso que a Justiça Eleitoral cumpra rigorosamente tal lapso, porquanto nenhum candidato eleito poderá ser diplomado até que suas contas sejam julgadas. A diplomação requer o efetivo julgamento das contas, independentemente de elas serem aprovadas ou desaprovadas.

Já quanto a candidatos não eleitos, não há específica previsão de prazo para julgamento das contas.

15.2.5.3 Recursos

A decisão que julga as contas é recorrível.

Cuidando-se de eleições municipais, o recurso é o eleitoral, previsto no art. 265 do Código Eleitoral. Deve ser interposto no prazo de três dias contado da intimação do ato, o que em regra se dá com a publicação no órgão oficial.

Já quanto às decisões do Tribunal Regional – inclusive as atinentes aos processos de competência originária relativos às eleições federais e estaduais –, havia se pacificado no TSE o entendimento segundo o qual não cabe recurso especial nem ordinário em processo de natureza administrativa, como são os atinentes à prestação de contas. Argumentava-se que o art. 121, § 4º, da Lei Maior é taxativo ao enumerar apenas cinco hipóteses de cabimento de recurso àquela Corte Superior, e nenhuma delas contemplaria decisões dos TREs em sede administrativa. Do referido parágrafo consta a cláusula "somente caberá recurso", sendo certo que o advérbio "somente" é categórico, não admitindo interpretação extensiva. Confira-se: "[...] 1. O plenário do TSE, apreciando o recurso especial, decidiu dele não conhecer, considerando tratar-se de matéria de natureza administrativa [...]" (TSE – EREspe Ac. nº 26.115/SP – *DJ* 8-11-2006, p. 114). Nesse mesmo rumo: Recursos Ordinários nºs 1.407 e 1.427, Recursos Especiais nºs 28.060, 1.428 e 28.057, todos decididos na sessão plenária de 17 de abril de 2007. Assim, ostentando o processo e a questão da agitada natureza administrativa, não era o recurso – especial ou ordinário, não importava – conhecido naquele sodalício.

No entanto, os parágrafos 5º e 6º do art. 30 da Lei Eleitoral (com a redação das Lei nº 13.165/2015 e Lei nº 12.034/2009, respectivamente) dispõem em sentido diverso. Assim, reza o aludido § 5º: "Da decisão que julgar as contas prestadas pelos candidatos [e partidos que arrecadarem recursos para campanha eleitoral] caberá recurso ao órgão superior da Justiça Eleitoral, no prazo de 3 (três) dias, a contar da publicação no Diário Oficial". No mesmo prazo – dispõe o § 6º – "caberá recurso especial para o Tribunal Superior Eleitoral, nas hipóteses previstas nos incisos I e II do § 4º do art. 121 da Constituição Federal". Logo, nas hipóteses especificadas, é cabível recurso especial (e não ordinário, frise-se) à Corte Superior com vistas à reforma do acórdão regional que julgar as contas de campanha do candidato e do partido.

15.2.5.4 Omissão de informações e falsidade ideológica

A omissão – total ou parcial – de informações na prestação de contas denota desinteresse do candidato ou partido em submeter-se ao controle jurídico-contábil, em revelar a origem e o destino exatos dado aos valores arrecadados e empregados na campanha.

408 | DIREITO ELEITORAL – José Jairo Gomes

A falta de transparência faz brotar a presunção relativa de que a campanha se desenvolveu por caminhos escusos, inconfessáveis, incompatíveis com os princípios que informam o Estado Democrático de Direito; induz à crença de que os autos de prestação de contas não passam de peça ficcional, longe, pois, de espelhar a realidade da campanha.

Nesse diapasão, não se pode olvidar que o art. 350 do Código Eleitoral prevê o crime de *falsidade ideológica*, como tal considerando a conduta de "omitir em documento público ou particular, declaração que dele devia constar, ou nele inserir ou fazer inserir declaração falsa ou diversa da que devia ser escrita, para fins eleitorais". A prestação de contas enquadra-se no conceito de documento público. E o ilícito perfaz-se tanto com a "omissão" de dados quanto com a "inserção de declaração falsa ou diversa da que devia ser escrita".

15.2.6 Assunção de dívida de campanha pelo partido

Pode ocorrer que, ao final da campanha, o montante arrecadado pelo candidato não seja suficiente para adimplir todas as obrigações contraídas. Nesse caso, excepcionalmente, permite-se a arrecadação de recursos após as eleições para serem quitadas dívidas já contraídas e não pagas.

Se ainda assim não forem arrecadados recursos bastantes, a fim de evitar a desaprovação das contas do candidato, o art. 29, §§ 3º e 4º, da LE (incluídos pela Lei nº 12.034/2009) permite ao partido assumir voluntariamente "eventuais débitos de campanha não quitados até a data de apresentação da prestação de contas". Nessa hipótese, "o órgão partidário da respectiva circunscrição eleitoral passará a responder por todas as dívidas solidariamente com o candidato". Ao assumir as dívidas do candidato, torna-se a agremiação devedora solidária, dela podendo o credor exigir e receber, parcial ou totalmente, a dívida comum (CC, art. 275).

Cuida-se, pois, de assunção de dívida do tipo *cumulativa*. Nesta, diferentemente do que ocorre na *assunção liberatória ou privativa*, não fica o devedor-cedente liberado da obrigação para com o credor-cedido; apenas incrementa-se o polo passivo da obrigação, que é reforçado com o ingresso do partido.

A *assunção de dívida* constitui negócio privado cuja perfeição requer manifestação de vontade das partes envolvidas. O partido deve se manifestar expressamente, pois para ele a assunção é mera faculdade, e não um dever imperativo (TSE – Cta nº 060073951 – *DJe* 5-8-2020). No entanto, é desnecessário o expresso consentimento do credor (CC, art. 299), porque o devedor primitivo não é liberado do vínculo obrigacional. Assim, a assunção poderá decorrer de ato firmado entre o candidato e o partido, o que a doutrina denomina *delegação*.

Ao assumir dívidas de campanha, é dado ao partido empregar seus próprios recursos (destinados a seu regular funcionamento), como os oriundos do fundo partidário, da contribuição de filiados, da comercialização de bens e de doações. No que concerne a doações, à consideração de que o patrimônio é bem disponível, não fixou o legislador qualquer limite a doações destinadas ao regular funcionamento do partido. Assim, é lícito concluir que uma pessoa poderia usar estratagema para extrapolar os limites legalmente fixados para doações *a campanhas políticas*, bastando, para tanto, que doe ao partido para que este, ao final, assuma dívidas de campanha de seus candidatos. Nessa hipótese, a agremiação funcionaria como mera intermediária na alocação de recursos. No entanto, interpretando sistematicamente as normas eleitorais e considerando a *fraude* ínsita nesse procedimento (pois na assunção de dívidas os recursos doados efetivamente são destinados à campanha e não propriamente à manutenção do partido), entendeu o TSE de obstá-lo. Assim, mesmo na assunção de débitos de campanha, dever-se-á observar o limite estabelecido no art. 23, § 1º, da Lei nº 9.504/97, de modo que os recursos provenientes de doações deverão limitar-se a 10% do rendimento bruto, no caso de pessoa física, havido no ano anterior ao do pleito (Res. TSE nº 23.607/2019, art. 33, § 5º, I). Esse percentual deve ter em conta as doações já realizadas durante a campanha.

Cap. 15 • FINANCIAMENTO DE CAMPANHA ELEITORAL E PRESTAÇÃO DE CONTAS | **409**

Merece aplausos tal interpretação. Não fosse assim, poderia haver embaraço na necessária transparência que deve permear o financiamento de campanha eleitoral, frustrando-se, ainda, os mecanismos de refreamento ao abuso de poder nas eleições. Dificuldade certamente não haveria para se driblar o controle e as restrições impostas às doações a campanhas, bastando que se doasse grandes somas ao partido, que atuaria como intermediário na alocação final dos recursos.

Na assunção de dívidas, não é dado à agremiação empregar verba emanada de fonte vedada (LE, art. 24) ou não identificada.

Quanto ao objeto da assunção, as dívidas transmitidas à agremiação devem referir-se a *gastos de campanha*, os quais são especificados no art. 26 da LE.

Se, mesmo após as eleições, não se arrecadar montante financeiro suficiente para a quitação das dívidas de campanha nem o partido assumi-las e incorporá-las a seu passivo, deverão as contas ser desaprovadas. Em prol dessa solução, argumenta-se não poder o candidato gastar mais do que a arrecadação lhe permite; é seu dever exercer controle sobre a campanha, moderando os gastos conforme a disponibilidade de recursos. O desequilíbrio negativo das contas enseja sua desaprovação, pois denota grave irregularidade.

Cumprirá, então, aos credores buscar as vias ordinárias de cobrança, não estando essa matéria afeta à competência da Justiça Eleitoral, mas à da Justiça Comum Estadual. Aqui o que se tem são credores privados à procura da realização de seus créditos.

15.2.7 Conservação dos documentos

O art. 32 da Lei nº 9.504/97 instituiu para os candidatos e partidos o dever de conservar a documentação concernente a suas contas pelo prazo mínimo de "cento e oitenta dias após a diplomação". Havendo recurso pendente de julgamento, a documentação deverá ser preservada até a decisão final, ainda que ultrapassado aquele prazo.

Para o descumprimento desse dever, não previu o legislador específica sanção. Se no prazo assinalado houver destruição, supressão ou ocultação de documentos, pode-se cogitar a ocorrência do delito de supressão de documento, previsto no art. 305 do Código Penal. Conquanto não tenha sido contemplado na legislação eleitoral, alguns autores – como Decomain (2004a, p. 193-194) – alvitram que a competência para conhecer e julgar o fato deve ser da Justiça Eleitoral, pois o crime tem por objeto documento relacionado à prestação de contas de campanha, matéria evidentemente ligada aos domínios eleitorais.

15.3 AÇÃO POR DOAÇÃO IRREGULAR A CAMPANHA ELEITORAL

Já foi salientado que as pessoas podem contribuir para campanhas eleitorais, doando a candidato ou partido de sua preferência dinheiro, bens e serviços estimáveis em dinheiro.

A doação de *pessoa física* é regrada no art. 23, *caput* e § 1º, da Lei nº 9.504/1997, que limita o montante da doação "a dez por cento dos rendimentos brutos auferidos no ano anterior à eleição".

Mas esse limite não se aplica com exatidão às doações *estimáveis em dinheiro* "relativas à utilização de bens móveis ou imóveis de propriedade do doador ou à prestação de serviços próprios, desde que o valor estimado não ultrapasse R$ 40.000,00 (quarenta mil reais) por doador" (LE, art. 23, § 7º). No caso, o limite do referido § 1º do art. 23 da LE só deve ser considerado se o "valor estimado" ultrapassar o montante de 40 mil reais. Vale lembrar que os bens e serviços doados devem ser próprios do doador, integrando sua atividade econômica.

A extrapolação do teto legal sujeita o infrator à sanção de multa "no valor de até 100% (cem por cento) da quantia em excesso" (LE, art. 23, § 3º, com a redação da Lei nº 13.488/2017. Ademais, poderá ter declarada sua inelegibilidade pelo prazo de oito anos (LC nº 64/90, art. 1º,

I, *p*); essa restrição surge como efeito secundário da decisão condenatória na ação ora enfocada, e, se for o caso, somente deve ser declarada por ocasião do processo de registro de candidatura, se e quando este for requerido.

A sanção fundada no art. 23, § 3º, da LE só pode ser imposta pelo poder jurisdicional. Para tanto, há mister que contra o infrator seja instaurado processo jurisdicional próprio, no qual, observado o devido processo legal, lhe seja assegurado o contraditório e a ampla defesa. Não se trata, portanto, de sanção cuja imposição possa decorrer do só manejo do poder de polícia reconhecido aos órgãos eleitorais, ou seja, não se pode aplicá-la *propter officium, tampouco no âmbito do processo de prestação de contas.*

Em geral, para a aplicação de sanção por descumprimento da Lei nº 9.504/1997, deve-se seguir o rito traçado por ela própria em seu art. 96. Contudo, na matéria em apreço, o rito a ser cumprido deve ser o previsto no art. 22 da LC nº 64/90, porque a eventual, futura, declaração de inelegibilidade fundada no art. 1º, I, *p*, da LC nº 64/90 só será viável se tiver havido sua observância. Portanto, é recomendável que o procedimento na ação por doação irregular observe sempre o rito do aludido art. 22.

A *legitimidade ativa* na presente ação é extraída do art. 96, *caput*, da LE, sendo reconhecida a "qualquer partido político, coligação ou candidato", além, é claro, do Ministério Público Eleitoral em razão de sua missão de defensor da ordem jurídica e do regime democrático (CF, art. 127, *caput*). Também é de se reconhecer a legitimidade ativa da federação de partidos (prevista no art. 6º-A da LE e no art. 11-A da LPP – introduzidos pela Lei nº 14.208/2021), pois esse ente atua no processo eleitoral como se fosse um partido.

No polo passivo deve figurar o doador.

E quanto ao candidato beneficiário da doação irregular? Embora não tenha *legitimatio ad causam* passiva para a demanda em exame, em ação própria (no caso, a prevista no art. 30-A da LE), pode eventualmente ser responsabilizado por abuso de poder econômico, sendo cassado seu mandato e ainda exposto à declaração de inelegibilidade por oito anos por força do art. 1º, I, alínea *j*, da LC 64/90.

Sobre o momento para ajuizamento da demanda, é preciso considerar duas situações, a saber: o termo *a quo* e o termo final, ou seja, a partir de quando e até quando se poderá protocolar a petição inicial.

No tocante ao termo inicial, é preciso ter em conta o disposto no § 4º, art. 30, da LE (com a redação da Lei nº 13.165/2015), pelo qual "havendo indício de irregularidade na prestação de contas, a Justiça Eleitoral poderá requisitar do candidato as informações adicionais necessárias, bem como determinar diligências para a complementação dos dados ou o saneamento das falhas". Logo, antes do julgamento final das contas, eventuais questões ou falhas detectadas ainda podem ser resolvidas no âmbito do respectivo processo. Não é esclarecido que tipo ou qual natureza de "falha" está sujeita à correção durante a tramitação da prestação de contas. Donde se conclui que a eiva relativa à doação irregular pode ser sanada antes do julgamento final das contas.

Assim, se, em tese, não é necessário aguardar o julgamento final do processo de prestação de contas para se ajuizar a demanda contra o doador irregular, haveria conveniência em assim se proceder se nos autos do PCON for debatida a extrapolação dos limites legais de doação.

De todo modo, em geral, doações além do limite legal só são detectadas após o cruzamento efetuado pela Receita Federal do Brasil entre a relação de doadores extraídas dos PCONs (fornecida pela Justiça Eleitoral) e o banco de dados dos contribuintes mantido por aquele órgão fazendário.

Diante disso, normalmente ações visando sancionar os doadores irregulares só podem ser ajuizadas após a efetivação do referido cruzamento de dados, o que pressupõe o encerramento e, pois, julgamento do processo de prestação de contas.

A respeito do *prazo final para ajuizamento* da demanda em apreço, reza o § 3º, art. 24-C, da LE (incluído pela Lei nº 13.165/2015):

> "Art. 24-C [...] § 3º A Secretaria da Receita Federal do Brasil fará o cruzamento dos valores doados com os rendimentos da pessoa física e, apurando indício de excesso, comunicará o fato, até 30 de julho do ano seguinte ao da apuração, ao Ministério Público Eleitoral, que poderá, até o final do exercício financeiro, apresentar representação com vistas à aplicação da penalidade prevista no art. 23 e de outras sanções que julgar cabíveis".

Assim, a causa poderá ser ajuizada pelo Ministério Público até o final do exercício financeiro em que receber a comunicação da Receita Federal de ocorrência de "indício de excesso" de doação.

Antes da entrada em vigor do referido art. 24-C, não havia expressa previsão legal acerca do prazo para ajuizamento da causa, o que levou o TSE a estabelecer o prazo de até 180 dias após a diplomação. A adoção desse lapso se deu em razão da suposta similitude com a regra inscrita no art. 32 da LE, a qual determina a conservação por 180 dias de toda a documentação concernente às contas de campanha. Vencido tal termo, tornava-se o autor carecedor de ação por ausência de interesse de agir. Nesse sentido, confira-se: TSE – REspe nº 36.552/SP – *DJe* 28-5-2010, p. 32-33; Res. TSE nº 23.367/2011, art. 21, parágrafo único; Res. TSE nº 23.398/2013, art. 22, § 1º; Res. TSE nº 23.406/2014, art. 68; TSE – AgR-REspe nº 784.452/RJ – *DJe* 17-5-2011, p. 35; TSE – AgR-REspe nº 173726/SP – *DJe* 11-6-2013. Mas esse prazo de 180 dias não era razoável, sobretudo no caso de doações feitas a candidatos "não eleitos", pois quanto a eles não há prazo legalmente estabelecido para que os processos de prestação de contas sejam julgados e encerrados. Na prática, por não serem prioritários, muitos desses PCONs tramitam durante meses e até anos depois da diplomação dos eleitos, havendo diversos recursos e complexas discussões. Para esses casos, a exegese pretoriana feria a Constituição Federal em um de seus pontos mais sensíveis, pois inviabilizava o exercício do direito fundamental de ação por parte dos legitimados. É que, quando finalmente se podia contar com os documentos necessários para o ajuizamento da demanda contra os doadores irregulares, o autor era carecedor de interesse processual porque o prazo já tinha sido ultrapassado.

Outro ponto a ser considerado refere-se à *competência* para conhecer e julgar a ação em apreço. Inicialmente, defendeu-se a competência do órgão jurisdicional incumbido do registro de candidatura e do processamento da prestação de contas, por ser aí que se reúnem as informações e se julgam as questões atinentes ao processo de prestação de contas. Esse entendimento ainda tem por si o disposto no art. 96, I a III, da Lei nº 9.504/1997, segundo o qual as demandas relativas ao seu descumprimento devem dirigir-se: "I – aos Juízes Eleitorais, nas eleições municipais; II – aos Tribunais Regionais Eleitorais, nas eleições federais, estaduais e distritais; III – ao Tribunal Superior Eleitoral, na eleição presidencial". Diferente dessa, porém, foi a tese acolhida na Corte Superior Eleitoral, a qual assentou a competência do juízo eleitoral do local em que o doador for domiciliado. A ver:

> "Questão de ordem. Representação. Eleições 2010. Doação de recursos de campanha acima do limite legal. Pessoa jurídica. Pedido liminar. Incompetência do TSE. Remessa dos autos ao juízo competente. 1. A competência para processar e julgar a representação por doação de recursos acima do limite legal é do juízo ao qual se vincula o doador, haja vista que a procedência ou improcedência do pedido não alcança o donatário. [...] 3. Questão

de ordem resolvida no sentido de não conhecer da representação e determinar a remessa dos autos ao juiz eleitoral competente" (TSE – Rp nº 98.140/DF – *DJe* 28-6-2011, p. 62).

Em igual sentido: Res. TSE nº 23.398/2013, art. 22, § 1º.

Saliente-se que a competência é do juízo eleitoral do *domicílio civil* do doador pessoa física, e não de seu domicílio eleitoral. Nesse sentido, vide: TSE – CC nº 19122/CE – *DJe*, t. 191, 4-10-2013, p. 156; Res. TSE nº 23.608/2019, art. 46, *caput*. Porquanto é em seu domicílio civil que presumivelmente a pessoa realiza seus negócios, lá podendo ser encontrada. Se o réu tiver mais de um domicílio civil (CC, art. 71), poderá ser demandado em qualquer deles (CPC, art. 46, § 1º).

Como se trata de competência territorial, tem ela natureza relativa, podendo ser prorrogada caso não seja alegada pela parte ou pelo Ministério Público em preliminar de contestação (CPC, arts. 65 e 337, II).

Ajuizada a demanda, faz-se a citação pelos meios inerentes ao processo civil, devendo ser realizada "preferencialmente por meio eletrônico", conforme preconiza o art. 246, *caput*, do CPC. No entanto, não sendo possível a citação por esse meio, admite-se seja feita: "I – pelo correio; II – por oficial de justiça; III – pelo escrivão ou chefe de secretaria, se o citando comparecer em cartório; IV – por edital" (CPC, art. 246, § 1º-A – incluído pela Lei nº 14.195/2021). A citação por oficial de justiça abrange a denominada citação *com hora certa*, prevista no art. 252 do CPC.

Quanto à prova, é do autor o ônus de demonstrar a existência e irregularidade da doação (CPC, art. 373, I). Mas vale ressaltar que o § 1º desse dispositivo prevê a possibilidade de "o juiz atribuir o ônus da prova de modo diverso"; isso poderá ocorrer: *(i)* nos casos previstos em lei; *(ii)* diante de peculiaridades da causa relacionadas à impossibilidade ou à excessiva dificuldade de a parte cumprir o encargo nos termos do *caput* do art. 373; *(iii)* à maior facilidade de obtenção da prova do fato contrário. A decisão deve ser fundamentada, e "não pode gerar situação em que a desincumbência do encargo pela parte seja impossível ou excessivamente difícil" (§ 2º).

Em geral, a demonstração da irregularidade é embasada em documentos fornecidos pela Justiça Eleitoral (extraídos dos processos de prestação de contas, que são públicos) e pela Receita Federal (LE, art. 24-C – incluído pela Lei nº 13.165/2015). Enquanto aquela provê os dados atinentes às doações, esta fornece informações atinentes aos rendimentos declarados pelos contribuintes-doadores. É do cruzamento desses dados que se conclui acerca da regularidade ou não da doação. Em favor dos documentos fornecidos por tais órgãos, milita presunção de veracidade, pois gozam de fé pública. Mas a presunção pode ceder ante prova em contrário apresentada pelo interessado.

No que concerne às informações emanadas da Receita Federal, coloca-se o problema do sigilo fiscal. Ocorre que a Receita não informa aos órgãos de controle (Justiça Eleitoral e Ministério Público) os rendimentos declarados pelos contribuintes-doadores, mas tão só lhes indica se houve extrapolamento dos limites legalmente estabelecidos para doação de campanha. Apenas são indicadas as pessoas que doaram além do permitido. Considera-se que esse procedimento não chega a abalar o sigilo fiscal, sendo, pois, lícito. De posse das aludidas informações, pode o Ministério Público ingressar em juízo e pleitear a quebra de sigilo fiscal do doador. Tal providência poderá ser ultimada em sede de tutela cautelar requerida em caráter antecedente (em processo autônomo) ou de forma incidental à ação eleitoral. Tal questão é objeto da Súmula TSE nº 46, *verbis*:

> "É ilícita a prova colhida por meio da quebra do sigilo fiscal sem prévia e fundamentada autorização judicial, podendo o Ministério Público Eleitoral acessar diretamente apenas a relação dos doadores que excederam os limites legais, para os fins da representação

cabível, em que poderá requerer, judicialmente e de forma individualizada, o acesso aos dados relativos aos rendimentos do doador".

Do ângulo da defesa, obviamente, tem direito de empregar "todos os meios legais, bem como os moralmente legítimos", ainda que não especificados em lei, para provar a verdade de suas alegações fáticas e influir na convicção do juiz (CPC, art. 369).

Em tal sentido, destaque-se a possibilidade de a defesa produzir prova pericial, notadamente perícia contábil, com vistas a demonstrar a não extrapolação do limite legalmente fixado para a doação eleitoral.

O *provimento jurisdicional* no procedimento em exame tem caráter condenatório, pois aplica multa pecuniária ao réu. Não há, aqui, constituição de inelegibilidade.

A decisão final é impugnável mediante *recurso eleitoral* (CE, art. 265), que deve ser dirigido ao TRE. Contra o acórdão por este prolatado, cabe recurso especial para o Tribunal Superior Eleitoral (CF, art. 121, § 4º, I e II; CE, art. 276, I). Também são sempre cabíveis embargos declaratórios (CE, art. 275), que têm o efeito de interromper o prazo para a interposição de outro recurso.

Quanto ao prazo para interposição de embargos de declaração e do recurso eleitoral, é de um dia, contado da intimação da sentença. Não se aplica a regra do art. 258 do CE, que estabelece o lapso de três dias "sempre que a lei não fixar prazo especial". No caso, existe prazo especial, o qual é previsto no art. 96, § 8º, da Lei nº 9.504/97, que reza: "Quando cabível recurso contra a decisão, este deverá ser apresentado no prazo de vinte e quatro horas [que é convertido em um dia] da publicação da decisão em cartório ou sessão, assegurado ao recorrido o oferecimento de contrarrazões, em igual prazo, a contar da sua notificação". Logo, é de um dia o prazo recursal – e deve ser contado da intimação da decisão. A aplicação do citado § 8º se dá em razão de dois fatores. Primeiro, porque, ainda que se aplique o rito do art. 22 da LC nº 64/90, este não cuida de recursos, tampouco fixa lapso recursal. Segundo, porque a Lei nº 9.504/97 estabeleceu, em seu art. 96, rito especial relativamente ao descumprimento de seus próprios preceitos (entre os quais figura o art. 23). Ante a incidência do princípio da especialidade em eventual conflito de normas, não parece defensável a aplicação do prazo de três dias previsto no art. 258 do Código Eleitoral, prevalecendo a regra especial do referido art. 96, § 8º, da Lei nº 9.504/97.

Já no caso de recurso especial contra o acórdão do Tribunal Regional, mercê de sua natureza excepcional, o prazo é sempre de três dias, nos termos do art. 276, § 1º, do CE. Esse tríduo também deve ser observado relativamente aos recursos relacionados ao especial, como o agravo em recurso especial e o agravo interno manejado contra decisão singular proferida pelo relator no TSE.

Outros aspectos processuais atinentes ao rito da presente demanda são expostos ulteriormente, no capítulo dedicado à Ação de Investigação Judicial Eleitoral (AIJE).

16

PESQUISA ELEITORAL

Por pesquisa eleitoral compreendem-se o levantamento e a interpretação de dados atinentes à opinião ou preferência do eleitorado quanto aos candidatos que disputam as eleições. Tem por finalidade verificar a aceitação ou o desempenho dos concorrentes no certame.

As pesquisas constituem importante instrumento de avaliação dos partidos em relação à atuação e ao desempenho de seus candidatos. São úteis sobretudo para a definição de estratégias e tomada de decisões no desenvolvimento da campanha.

Há, porém, frequentes críticas que lhes são dirigidas. Entre elas, destacam-se a manipulação dolosa de dados e erros graves de previsão. Lembra Barreiros Neto (2011, p. 248) que exemplos

> "de erros grosseiros de previsão não faltam, como o ocorrido na Bahia, em 2006, quando os institutos de pesquisa previam, quase à unanimidade, uma vitória, ainda no primeiro turno do então governador Paulo Souto, candidato à reeleição, sobre o oponente, Jacques Wagner, do PT. Apurados os resultados das urnas, Wagner derrotou Souto ainda no primeiro turno. Historicamente conhecido também é fato ocorrido na eleição para prefeito de São Paulo, em 1985, disputada entre os ex-presidentes da república Jânio Quadros e Fernando Henrique Cardoso, quando FHC, crente na vitória dada como certa pelos institutos de pesquisa, posou para fotos na cadeira de prefeito, antes do pleito, sendo, contudo, surpreendentemente derrotado por Jânio no dia das eleições".

Erros em pesquisas também não são incomuns nos EUA, país em que essa técnica de pesquisa de opinião pública é largamente empregada. Na eleição presidencial de 1948, as pesquisas anunciaram a vitória do democrata Thomas Dewey sobre o republicano Harry Truman, mas erraram, e Truman foi reeleito com folgada vantagem – ficou famosa a irônica imagem de Truman exibindo exemplar do jornal Chicago Daily Tribune estampando na primeira página a notícia "Dewey defeats Truman". Na eleição presidencial de 2016, a candidata do Partido Democrata Hillary Clinton foi apontada como favorita por quase todas as pesquisas de intenção de voto, tendo, porém, perdido a eleição para o republicano Donald John Trump. Não obstante, isso só por si não significa que houve erro nas pesquisas, porque nos EUA vigora o *electoral college system* (sistema de colégio eleitoral), pelo qual somente é eleito o candidato que receber a maioria dos votos dos *delegates* (delegados) no Colégio Eleitoral; assim, um candidato pode receber a maioria dos votos dos cidadãos e não ser eleito. Foi o que ocorreu nas eleições de 2016, em que a candidata democrata Hillary Clinton teve cerca de três milhões de votos populares a mais que o seu oponente, mas perdeu no Colégio Eleitoral.

De modo geral, pesquisas rigorosas, realizadas por instituições sérias e de modo imparcial, acertam a tendência do eleitorado e muitas vezes até mesmo o resultado das eleições.

É certo que os resultados, divulgados com alarde pelos interessados e ecoados pela mídia, podem influir de modo relevante e perigoso na vontade dos eleitores. Por serem psicologicamente influenciáveis, muitos indivíduos tendem a perfilhar a opinião da maioria, fenômeno a que se tem denominado "efeito de manada". Daí votarem em candidatos que supostamente estejam "na frente" ou "liderando as pesquisas". Por isso, transformaram-se as pesquisas eleitorais em relevante instrumento de marketing político, que deve ser submetido a controle estatal, sob pena de promoverem grave desvirtuamento na vontade popular e, pois, na legitimidade das eleições.

Entre os tipos conhecidos, vale destacar as pesquisas interna e externa. Enquanto aquela se circunscreve às instâncias do partido, não sendo difundida para além de suas fronteiras, esta é adrede elaborada para divulgação pública. É, pois, com a pesquisa externa que o Direito Eleitoral se ocupa.

Toda pesquisa elaborada para conhecimento público deve ser registrada na Justiça Eleitoral no prazo de até cinco dias anteriores à divulgação. A finalidade do registro é permitir o controle social, mormente das pessoas e entidades envolvidas no pleito, que poderão coligir os dados levantados.

A lei não especifica a data em que o registro se torna obrigatório. Entretanto, a partir de análise sistêmica da legislação eleitoral, tem-se fixado esse marco no dia 1º de janeiro do ano das eleições (Res. TSE nº 23.600/2019, art. 2º).

Por se encontrar em jogo o direito fundamental de manifestação do pensamento e a liberdade de informação, ambos de extração constitucional, o registro de pesquisa não é passível de indeferimento. Também por isso, à Justiça Eleitoral não é dado proibir sua divulgação se tiver sido devidamente registrada.

Reza o art. 33 da Lei nº 9.504/97:

> "Art. 33. As entidades e empresas que realizarem pesquisas de opinião pública relativas às eleições ou aos candidatos, para conhecimento público, são obrigadas, para cada pesquisa, a registrar, junto à Justiça Eleitoral, até cinco dias antes da divulgação, as seguintes informações:
>
> I – quem contratou a pesquisa;
>
> II – valor e origem dos recursos despendidos no trabalho;
>
> III – metodologia e período de realização da pesquisa;
>
> IV – plano amostral e ponderação quanto a sexo, idade, grau de instrução, nível econômico e área física de realização do trabalho a ser executado, intervalo de confiança e margem de erro; (redação da Lei nº 12.891/2013)
>
> V – sistema interno de controle e verificação, conferência e fiscalização da coleta de dados e do trabalho de campo;
>
> VI – questionário completo aplicado ou a ser aplicado;
>
> VII – nome de quem pagou pela realização do trabalho e cópia da respectiva nota fiscal". (redação da Lei nº 12.891/2013)

A esse rol, outras exigências têm sido feitas nas resoluções do TSE que disciplinam essa matéria, tais como indicação da identidade do estatístico responsável pela pesquisa e indicação dos locais e cargos por ela abrangidos (*vide* Res. TSE nº 23.600/2019, art. 2º).

O registro de pesquisa deve ser realizado pela Internet, a qualquer tempo, no Sistema de Registro de Pesquisas Eleitorais (PesqEle), cujo programa é disponibilizado nos sítios eletrônicos dos tribunais eleitorais. Concluído o registro, as informações e os dados respectivos podem ser

Cap. 16 • PESQUISA ELEITORAL | **417**

complementados posteriormente, e ficam à disposição de todos pelo prazo de 30 dias (LE, art. 33, § 2º), sendo, pois, livre o acesso.

Note-se que a efetivação do registro não torna obrigatória a divulgação dos resultados da pesquisa.

Aos candidatos, partidos, federações de partidos e coligações é facultado requerer à Justiça Eleitoral

> "acesso ao sistema interno de controle, verificação e fiscalização da coleta de dados das entidades que divulgaram pesquisas de opinião relativas às eleições, incluídos os referentes à identificação dos entrevistadores e, por meio de escolha livre e aleatória de planilhas individuais, mapas ou equivalentes, confrontar e conferir os dados publicados, preservada a identidade dos respondentes" (LE, art. 34, § 1º).

Consequentemente, deferido o requerimento, a empresa realizadora da pesquisa não pode deixar de fornecer os dados e os documentos solicitados.

Não sendo atendidas as prescrições legais e regulamentares, tanto o registro quanto a divulgação de pesquisa podem ser impugnados por partido, federação de partido, coligação, candidato ou Ministério Público. A impugnação segue o rito do art. 96 da Lei nº 9.504/97. Na representação, em sede de tutela de urgência, pode o juiz determinar a suspensão da divulgação dos resultados da pesquisa impugnada ou a inclusão de esclarecimento na divulgação de seus resultados, cominando multa para o descumprimento da decisão.

No que concerne à divulgação, o art. 35-A da LE (acrescido à LE pela Lei nº 11.300/2006) estabelecia ser "vedada a divulgação de pesquisas eleitorais por qualquer meio de comunicação, a partir do décimo quinto dia anterior até as 18 (dezoito) horas do dia do pleito". A regra restabelecia o art. 255 do Código Eleitoral, implicitamente revogado pelo art. 33 da Lei nº 9.504/97. Todavia, ao apreciar a Ação Declaratória de Inconstitucionalidade – ADI 3.741-2, em 6 de setembro de 2006 (*DJ* 14-3-2007, p. 1), o Supremo Tribunal Federal declarou a inconstitucionalidade do art. 35-A. O TSE já tinha concluído nessa mesma direção, conforme teor de decisão administrativa datada de 23 de maio de 2006, publicada no *DJ* de 30 de maio de 2006. Em ambas as oportunidades, considerou-se que o teor do dispositivo não se harmoniza com os valores e ditames da Lei Maior, porquanto a proibição de difusão de resultados de pesquisas eleitorais 15 dias antes do pleito contraria os direitos fundamentais atinentes à liberdade de expressão e à informação livre e plural.

Resulta, pois, que a difusão de pesquisa eleitoral pode ocorrer em qualquer momento, até mesmo no dia das eleições. Mas os levantamentos de intenção de voto realizados no dia do pleito só podem ser divulgados depois de 17 horas, após o encerramento da votação.

Para a divulgação, tem-se exigido (Res. TSE nº 22.143/2006, art. 6º, Res. 22.623/2007, art. 5º, Res. nº 23.190/2009, art. 10, Res. nº 23.364/2011, art. 11, Res. nº 23.400/2013, art. 11, Res. nº 23.453/2015, art. 10; Res. nº 23.549/2017, art. 10; Res. nº 23.600/2019, art. 10) que seja informado: "I – o período da realização da coleta de dados; II – a margem de erro; III – o nível de confiança; IV – o número de entrevistas; V – o nome da entidade ou da empresa que a realizou, e, se for o caso, de quem a contratou; VI – o número de registro da pesquisa".

Sem registro prévio, a ninguém é lícito difundir *pesquisa eleitoral*. O descumprimento dessa regra sujeita o infrator à sanção de multa (LE, art. 33, § 3º). Essa sanção incide ainda que o registro tenha sido efetivado posteriormente à divulgação (TSE – ED-AgR-AI – nº 815/SP – *DJe*, t. 35, 19-2-2014, p. 79). Para a perfeição da infração é preciso que o agente atue com culpa; não estará configurada, por exemplo, se a ação for revestida de boa-fé. Nesse sentido, a Corte Superior entendeu como não configurada a infração enfocada no caso de replicação em rede social (Instagram) de conteúdo previamente divulgado por veículo midiático de confiabilidade reconhecida e cujas publicações possuem aparência de veracidade e legalidade (TSE – REspe nº 0601424-96/SE – j. 28-5-2019). Observe-se que, nessa hipótese, a pesquisa é veraz, isto é, foi feita realmente. Não se trata, pois, de pesquisa mendaz ou fictícia. A ilicitude consiste no descumprimento do dever de registrar, pois fica prejudicada a possibilidade de oportuna impugnação pelos entes legitimados e, pois, de controle social eficaz. Na ótica constitucional, é inegável que a regra em apreço restringe a liberdade de informação e, pois, de imprensa. Todavia, não chega a colidir com a Lei Maior, porquanto salvaguarda valores e princípios igualmente constitucionais, porém diversos.

Se a pesquisa deveras feita e registrada tiver distorcidos ou falseados os resultados difundidos, realizam os agentes o tipo penal do art. 34, § 3º, da LE, que comina pena de detenção, de seis meses a um ano, com a alternativa de prestação de serviços à comunidade pelo mesmo prazo, e multa. Por esse crime também podem ser responsabilizados os representantes legais da empresa ou entidade de pesquisa e do órgão veiculador (LE, art. 35). Pode-se, ademais, determinar a "veiculação dos dados corretos no mesmo espaço, local, horário, página, caracteres e outros elementos de destaque, de acordo com o veículo usado".

Por outro lado, pode ocorrer de a pesquisa, em si mesma, ser mendaz, falsa, inventada, fictícia. É essa a hipótese prevista no art. 33, § 4º, da LE, que erige como crime, punível com detenção e multa, a divulgação de pesquisa fraudulenta. Por esse delito também pode ser responsabilizado o representante legal do órgão difusor da falsa pesquisa, salvo se houver boa-fé de sua parte, o que somente se poderia admitir se a falsa pesquisa tiver sido devidamente registrada junto à Justiça Eleitoral.

Enquete eleitoral – pesquisa eleitoral não deve ser confundida com *enquete*. Esta se configura como sondagem informal de opiniões de pessoas que participam espontaneamente, sendo bem menos rigorosa que a "pesquisa eleitoral" quanto ao âmbito, à abrangência e ao método de realização adotado.

O § 5º do art. 33 da LE (introduzido pela Lei nº 12.891/2013) veda "no período de campanha eleitoral, a realização de enquetes relacionadas ao processo eleitoral". Como esse dispositivo não especifica o momento em que a *campanha eleitoral* tem início, não há clareza quanto ao momento a partir do qual incide a proibição. De todo modo, por veicular limitação à liberdade de expressão, o marco inicial da vedação em tela deve ser o menos restritivo possível. Assim, tal marco deve ser fixado no dia 16 de agosto do ano eleitoral, data que coincide com o início da propaganda eleitoral consoante prevê o art. 36, *caput*, da Lei nº 9.504/97.

No período em que é permitida a realização de enquete, não é obrigatório seu registro na Justiça Eleitoral. Nesse sentido: TSE – REspe nº 20.664/SP– *DJ* 13-5-2005, p. 142. Todavia, em sua divulgação é preciso que se informe com clareza não se tratar de pesquisa eleitoral, mas, sim, de enquete ou mera sondagem de opinião pública; faltando esse esclarecimento, a divulgação poderá ser considerada "pesquisa eleitoral sem registro", e ensejar a aplicação de sanção.

Note-se que a proibição legal é de "realização", não de "divulgação" de enquete anteriormente efetuada. Logo, parece razoável o entendimento segundo o qual, no período de campanha eleitoral, é permitida a divulgação de resultado de enquete efetivada anteriormente, em momento em que era lícito realizá-la.

O referido § 5º, art. 33, da LE não prevê sanção específica para o seu descumprimento. Diante disso – em manifesto abuso do poder regulamentar –, normas do TSE chegaram a estabelecer a incidência da "multa prevista no § 3º do art. 33 da Lei nº 9.504/1997, independentemente da menção ao fato de não se tratar de pesquisa eleitoral" (Res. TSE nº 23.549/2017, art. 23, § 2º). Entretanto, a referida sanção não foi reiterada em normas posteriores, como a Res. TSE nº 23.600/2019, cujo art. 23, § 2º, corretamente, apenas explicita a possibilidade de exercício do poder polícia "contra a divulgação de enquetes, com a expedição de ordem para que seja removida, sob pena de crime de desobediência". Assim, pode ser determinada a cessação da realização da enquete, providência essa situada no âmbito do poder de polícia do juiz eleitoral. Nesse caso, o descumprimento da ordem judicial (que deve ser específica e dirigida a pessoa determinada) pode significar a realização do tipo penal do art. 347 do Código Eleitoral, que prevê o crime de desobediência.

17

PROPAGANDA ELEITORAL

17.1 PROPAGANDA POLÍTICA

17.1.1 Caracterização da propaganda política

No léxico, propaganda significa difundir, espalhar, propalar, alastrar, multiplicar por meio de reprodução, tornar comum a muitas pessoas. Tecnicamente, traduz procedimentos de comunicação em massa, pelos quais se difundem ideias, informações e crenças com vistas a obter-se a adesão dos destinatários. Busca sempre incutir certos pensamentos nas pessoas, influenciar suas opiniões ou impressões, de modo a despertar-lhes a simpatia ou a rejeição de determinadas ideias, tornando-as propensas ou inclinadas a dado sistema ideológico, político, religioso, econômico ou social. A comunicação externada objetiva criar nos destinatários imagens positivas – ou negativas – acerca do objeto enfocado.

A propaganda foi conhecida na Antiguidade. Na Grécia e em Roma, era usada largamente em festas populares e ações estatais com vistas à comunicação social.

Reiteradas vezes, a Igreja Católica dela lançou mão para difundir a doutrina e a fé cristãs, e, ainda, condicionar o comportamento dos fiéis.

No plano sociopolítico do Estado Moderno, foi instrumento decisivo da burguesia liberal na peleja contra a monarquia absolutista.

O forte poder persuasivo da propaganda ficou bem evidenciado na história do século XX, época em que houve a ascensão em toda parte de regimes totalitários, tanto de direita, quanto de esquerda. O exemplo mais marcante é a Alemanha nazista. Adolf Hitler (o Führer) e seu ministro de comunicações, Joseph Goebbels, reinventaram a propaganda moderna com vistas à difusão do ideário nazista, notadamente a ideologia centrada na pureza da "raça" ariana e sua suposta supremacia. Partindo do princípio de que a propaganda "jamais apela à razão, mas sempre à emoção e aos instintos", as mentes de milhões de alemães foram cevadas e treinadas naquele credo e adestradas para obedecer cegamente, sem contestar nem criticar. Com a maciça divulgação em todos os ambientes sociais de imagens, sons, palavras de ordem e figuras – inclusive de forma subliminar – que mexiam nas emoções das pessoas e tocavam o inconsciente coletivo, abriu-se caminho para o domínio nazista e a consequente eliminação de milhões de pessoas consideradas inferiores e indesejadas, bem como de opositores políticos. Evidenciou-se que, se empregadas adequadamente na promoção de uma ideologia e em determinado contexto social, as estratégias de propaganda e *marketing* podem ser determinantes na definição dos rumos da história.

Mais recentemente, a propaganda foi recurso essencial nas mãos dos poderosos Estados Unidos, Reino Unido e aliados contra o fraco Iraque. Inaugurando a chamada *guerra preventiva*, os dirigentes daqueles países souberam forjar um sentimento coletivo favorável ao confronto bélico. O cenário foi todo preparado e montado em cima de fatos que depois se revelaram mentirosos. Mas isso não foi feito sem o apoio de parcela expressiva da mídia, sem o suporte de forte aparato propagandístico e de comunicação social. Afinal, as decisões dos governantes careciam de respaldo popular, sendo preciso manipular a opinião pública – o que, de fato, ocorreu.

Não há dúvida de que a propaganda pode transformar-se em perigoso instrumento de manipulação coletiva, sendo, ainda, fundamental para a manutenção do poder. Por isso, a ninguém é dado ignorá-la, muito menos o Estado Democrático de Direito, comprometido que se encontra com os direitos fundamentais da pessoa humana.

Apesar de não ser obra da modernidade, foi a partir dos progressos científicos nela conquistados que a propaganda experimentou grande avanço, sobretudo com o desenvolvimento da Psicologia, ciência que investiga a consciência humana e seus reflexos no comportamento. A partir daí aprofundaram-se estudos acerca de mensagens subliminares e seus efeitos no inconsciente humano.

Os vocábulos *propaganda* e *publicidade* não apresentam idêntico sentido, mas, em geral, são usados como sinônimos. Enquanto a finalidade da publicidade é sempre econômico-comercial – presentes as ideias de lucro, mercado e consumo –, a propaganda tem em foco a comunicação ideológica. Ambos têm em vista persuadir e chamar a atenção do público, mas a publicidade visa sugerir-lhe ou infundir-lhe desejo acerca de produtos, serviços e marcas colocados no mercado consumidor. Os produtos e serviços são apresentados de forma atraente, de sorte que o consumidor os queira para si e termine por adquiri-los. Note-se, porém, que se classicamente a publicidade era voltada à realização de operações lucrativas, contemporaneamente tem buscado outras alternativas. O mundo dos negócios conscientizou-se de que tão importante quanto vender produtos e serviços é também estabelecer com a clientela relações individualizadas, duradouras, construir marcas fortes e consolidar o reconhecimento no meio em que se opera.

Importa frisar que, em si mesma, a publicidade não apresenta compromisso com a *verdade*, isto é, sua mensagem não tem necessariamente correspondência com a realidade, com o mundo objetivo. Não se dirige à razão, mas à emoção, aos sentimentos e instintos. Deveras, há forte apelo à fantasia, ao imaginário. Basta perceber que o ato de consumir determinada bebida, fumar certa marca de cigarro ou usar roupas de determinada grife não torna o indivíduo mais atrativo, nem mais bonito e charmoso, muito menos rico ou poderoso, tampouco inteligente. Na verdade, a função básica da indústria publicitária é influenciar o processo decisório das pessoas fomentando da ilusão de que certos produtos ou serviços proporcionarão prazer e felicidade a quem os adquirir.

Por igual razão, a propaganda não se confunde com o *marketing*, termo de significado ainda mais amplo que publicidade, mas também referido ao mercado consumidor e ao lucro.

Não obstante, nada impede que a racionalidade, os métodos e as técnicas de publicidade e *marketing* sejam empregados na propaganda política. Isso, aliás, tornou-se comum nos dias de hoje. Sabe-se que o voto, em geral, não resulta de escolhas estritamente racionais, sendo certo que outros aspectos psicológicos e sobretudo a emoção têm peso decisivo na escolha de candidatos. O fato de o discurso político da modernidade ter caráter fantasioso e descolado da realidade confirma essa assertiva. Há muito não se assiste a debates político-eleitorais sérios, que tenham em foco autênticos projetos e programas de governo, que discutam com honestidade os reais problemas nacionais e mundiais. A discussão pública de grandes questões ligadas a setores como economia, meio ambiente, previdência social, saúde pública, segurança pública foi substituída por discursos vazios e fantasiosos, não raras vezes fundados em falsos dados. Em geral, esses discursos são cuidadosamente moldados para agradar o povo, conquistar-lhe

Cap. 17 • PROPAGANDA ELEITORAL | **421**

o voto, devendo ser graciosos e bem articulados, com ares de superior intelectualidade, porém, não necessariamente verdadeiros ou bem intencionados.

Tal é igualmente confirmado pela variedade de instrumentos de comunicação de massa explorados nas eleições, com destaque para aplicações de Internet, redes sociais, programas de rádio e televisão, propaganda volante, panfletos, banners e bandeiras exibidas em vias públicas. O foco, sempre, é bem embalar o político, de maneira a alavancar sua imagem pública. Busca-se ampliar sua credibilidade, conferir-lhe ares de transparência, seriedade, retidão de caráter e honestidade, de sorte que as relações estabelecidas com o "público-alvo" – o eleitor – sejam fortes e duradouras, o que termina por refletir no resultado das urnas. Consequentemente, o neologismo *marketing político* vem lentamente penetrando na linguagem. Diz-se, nesse caso, que o "produto" oferecido no mercado político é a própria imagem do homem público.

Não há dúvida de que a apresentação do político como produto de consumo transforma o eleitor em consumidor. Na pós-modernidade, votar já não significa optar por uma corrente de pensamento simbolizada pelo candidato, mas mero ato de escolha, semelhante ao que se faz no mercado. Em regra, a opção se dá pela aparência, não pelo real ou verdadeiro. Para que algo seja aceito como verdadeiro, basta que *pareça* ou como tal seja apresentado. Como resultado, tem-se a degradação do espaço político, a submissão da esfera pública à lógica perversa do capitalismo e do consumo.

A propaganda política caracteriza-se por veicular concepções ideológicas com vistas à obtenção ou manutenção do poder estatal. Sublinha Djalma Pinto (2005, p. 214) que ela é voltada para a *polis*, aí compreendido tudo o que se refere à cidade, ao Estado, ao modo de governá-lo. Tem em vista a conquista do poder, a prevalência de uma posição em plebiscito, referendo ou eleições para preenchimento de cargos eletivos, em que há a manutenção ou substituição de integrantes do governo. Também tem por objetivo informar o povo das atividades e realizações da Administração estatal.

Impende registrar que a Constituição assegura as liberdades de expressão e informação, cometendo à lei o estabelecimento de meios adequados que garantam à pessoa e à família a possibilidade de se defenderem de programas ou programações de rádio e televisão destoantes de seus valores básicos, mormente os expressos no art. 221. Destaca-se, nesse dispositivo, a necessidade de a produção e a programação das emissoras de rádio e televisão atenderem às finalidades educativas, artísticas, culturais e informativas, bem como respeitarem os valores éticos e sociais da pessoa e da família. Desnecessário ressaltar que a propaganda política deve atender a tais diretrizes.

17.1.2 Importância das novas tecnologias comunicacionais

As novas tecnologias acarretaram importantes transformações na sociedade e, pois, também no ambiente político-eleitoral. Sempre houve uma relação fundamental entre o poder político e a comunicação social. Ao promover a descentralização (ou a horizontalização) dos meios de comunicação, as novas tecnologias subverteram a lógica da velha ordem social. Por isso, um debate recorrente na atualidade diz respeito às relações entre a política e as novas tecnologias.

A sociedade contemporânea funciona em rede (redes comunicacionais). E, conforme assinala Castells (2015, p. 30, 33), as novas redes horizontais e as tradicionais formas de comunicação unidirecional (tais como a televisão, o rádio e a mídia impressa) estão cada vez mais misturadas, formando um amplo sistema de comunicação híbrido:

> "Nós vivemos em um mundo de comunicação híbrida em que vários modos de comunicação constantemente se referem uns aos outros e, dessa forma, a comunicação estendeu e aprofundou, de fato, seu papel essencial na moldagem dos processos de tomada de poder, tanto nas instituições, quanto na sociedade em geral".

Por certo, não será a só existência da Internet, de computadores, *smartphones, tablets* e aplicativos digitais que influenciará a órbita política de modo relevante e às vezes decisivo. A tecnologia sozinha nada determina nem transforma, sendo fundamentais a efetiva ação humana comunicativa e a conjugação de esforços individuais para a mobilização de pessoas e a construção de novos discursos e, pois, de novas realidades. Mas é verdade que esses tesouros da revolução tecnológica ensejam a formação de redes infinitas de interação humana. Isso permite a difusão rápida de informações (e também de desinformações e *fake news*), a organização de ideias e ações, bem como a definição e redefinição de estratégias. O formato e a dinâmica da rede permitem que um fato seja conhecido e analisado em tempo real por vários ângulos, por inúmeras pessoas, sendo desnudados equívocos, distorções ou inverdades que as informações veiculadas porventura possam conter. Diversos sentidos podem ser arquitetados a partir da interação e das inúmeras mensagens compartilhadas por uma multidão heterogênea de indivíduos.

Esse poder de organização e mobilização rápidas ficou claro na derrota sofrida pelo Partido Popular (PP) do ex-Primeiro-Ministro da Espanha, José Maria Aznar, nas eleições de 14 de março de 2004. Segundo amplamente noticiado, após o trágico atentado ocorrido em Madri três dias antes, que resultou na morte de cerca de 200 pessoas e em 1.500 feridos, o governo Aznar empenhou-se junto à grande mídia (imprensa, televisão, rádio) para veicular uma versão que lhe beneficiava eleitoralmente. Contra todas as evidências, sustentou que as explosões nos trens foram provocadas pelo ETA (Pátria Basca e Liberdade), grupo revolucionário nascido de um movimento socialista que desde os anos 1960 luta pela libertação da nação basca do jugo espanhol. No entanto, enquanto nada apontava para a participação do ETA (que, aliás, a negou), havia fortes indícios de que o ataque partiu de terroristas islâmicos como represália à presença de tropas espanholas na guerra contra o Iraque, tropas essas enviadas pelo próprio José Maria Aznar contra a vontade da grande maioria dos espanhóis. A manipulação informativa foi descoberta, tendo sido amplamente divulgada nas redes sociais. Uma vez evidenciada a ação do governo no sentido de converter o massacre em dividendos político-eleitorais, a população, indignada, organizou-se pacífica e espontaneamente. Convocações foram feitas por mensagens de textos enviadas por aparelhos celulares. Em apenas um dia, um gigantesco protesto foi levado a cabo no centro de Madri, sendo esse ato repetido em todo o país. Impossível negar a influência marcante de tais eventos no pleito de 14 de março. O partido do governo, que antes liderava as pesquisas de opinião, saiu derrotado pelos socialistas (PSOE). Note-se que a "versão oficial" divulgada na grande mídia foi simplesmente deixada de lado. Graças às novas tecnologias, milhares de pessoas puderam rápida e eficazmente estabelecer uma complexa rede de comunicação, organizar-se e fazer prevalecer suas vontades no pleito.

No Brasil, vale destacar as denominadas *manifestações de junho* que, em 2013, sacudiram todo o país, levando milhões de pessoas às ruas para protestar contra o governo, os agentes estatais e a classe política. A crise teve início com o aumento de passagens de ônibus em várias capitais e grandes cidades, sendo que os altos preços praticados contrastavam com a péssima qualidade dos serviços; várias outras reivindicações foram colocadas na ordem do dia, tais como o combate à corrupção, o fim da impunidade, a diminuição da carga tributária, a melhoria de serviços públicos como saúde e educação. As manifestações se davam mediante passeatas, ocupação de espaços públicos ou cercamento de prédios públicos (em geral sedes dos governos). Não há dúvida de que estão entre as maiores expressões de cidadania da história brasileira. E, para que tivessem êxito, o uso de novas tecnologias foi essencial, já que a organização e a convocação dos participantes eram feitas pelas redes sociais.

A Internet e as novas mídias também desempenharam papel decisivo na histórica eleição de Barack Obama em 4 de novembro de 2008, primeiro negro a ocupar a presidência dos EUA. Barack Obama foi o primeiro candidato eleito a usar intensamente a Internet e as redes sociais; postava vídeos no YouTube e realizava lives no Facebook. Destacou-se sua sagacidade ao usar a Internet para se comunicar com os norte-americanos (notadamente com a população jovem e minorias formadas por afrodescendentes e latinos), engendrar um movimento nacional, mobilizar eleitores para comparecer às urnas no dia da eleição (vale lembrar que nos EUA o voto não é obrigatório) e mantê-los coesos em torno de sua candidatura, difundir sua mensagem e arrecadar recursos para a campanha. Um bom exemplo disso foi dado por Kollman (2014, p. 472) ao relatar que na campanha de 2008, antes de anunciar publicamente o vice-presidente, a campanha de Barack Obama enviou uma mensagem que dizia simplesmente "VP"; os destinatários foram levados a crer que estariam entre os primeiros a saber a identidade do colega de chapa de Obama; os que respondessem à mensagem receberiam um adesivo da campanha. Essa maneira criativa de usar novas tecnologias ensejou que a campanha de Obama interagisse com seus apoiadores, além de engajar ativistas e mobilizar jovens que normalmente não compareciam maciçamente às eleições. No tocante ao financiamento, a mudança foi radical. Foram arrecadados pela Internet mais de 500 milhões de dólares, prevalecendo doações inferiores a 200 dólares. A tecnologia possibilitou a pulverização dos patrocinadores da campanha presidencial de Barack Obama, o que enfraqueceu a ação de grandes corporações privadas, sempre ávidas para influir nas decisões estatais pela via do financiamento eleitoral. Chegou-se a dizer que "o dinheiro pequeno venceu o dinheiro graúdo".

Aplicações de Internet e plataformas de comunicação passaram a ser usadas como instrumentos políticos para construção de narrativas, disseminação de mentiras, desinformações e *fake news*. Nos tempos da chamada pós-verdade, a realidade é cancelada: só importa a narrativa. Um marco dessa fase foi a campanha eleitoral de 2014 do primeiro-ministro da Índia Narendra Damodardas Modi. Conforme assinala Campos Mello (2020, p. 155), a campanha do então candidato Modi utilizava aplicações da Internet para construir e moldar narrativas, "muitas vezes inflamando a maioria hindu que se ressentia das concessões à minoria muçulmana"; para tanto, seus guerreiros cibernéticos (cyber yodhas) dispunham "de um arsenal muito sofisticado e diversificado para conquistar votos nas redes sociais". Outro referencial dessa fase é a eleição presidencial dos EUA de 2016. A campanha do vitorioso candidato republicano Donald Trump foi acusada de se beneficiar da invasão de e-mails de democratas e de difundir mensagens e notícias falsas no Facebook e no X/Twitter; milhões de mensagens foram microdirecionadas não só para empolgar segmentos de eleitores trumpistas, como também para manipular eleitores democratas a fim de fazê-los desistir de comparecer à seção eleitoral para votar, com isso beneficiando indiretamente o candidato republicano.

Preocupa o fato de as grandes redes comunicacionais serem dominadas por poucas empresas. A propósito, pontua Castells (2015, p. 30) que, à medida que a Internet se expandia "para se tornar o principal meio de comunicação da era digital, as grandes corporações passaram a dominar o seu negócio, e as companhias de comunicação globais moldaram as plataformas móveis de comunicação". Afinal, não se pode duvidar que as instâncias dos poderes político e econômico podem se valer desse formidável poderio em seu próprio benefício, para, *e.g.*, construir narrativas e disseminar desinformações com o intuito de manipular o debate público, influenciar concepções dos cidadãos e o sentido de suas escolhas eleitorais.

Daí a necessidade de se estabelecer rígido controle estatal nesse setor, sobretudo para que não haja manipulação da opinião pública e acentuado desequilíbrio de forças (ou chances) na disputa política.

As novas tecnologias não podem ser alijadas do debate político-eleitoral. Ainda porque elas já fazem parte de inúmeros setores e atividades do mundo contemporâneo; além disso, dão relevante contribuição ao processo democrático, pois não só contribuem para a organização e realização das eleições, mas também facilitam o diálogo, a crítica e a discussão política no espaço público.

424 DIREITO ELEITORAL – José Jairo Gomes

Nessa perspectiva, vale destacar sua poderosa influência no comportamento individual. Afinal, tudo e todos estão em permanente exposição pública. Se alguém é filmado ou gravado dizendo ou realizando algo inconveniente, indigno, falso, moralmente incorreto ou mesmo ilícito, logo em seguida (ou em momento oportuno) isso provavelmente virá à tona, sendo disponibilizado no cyberespaço e amplamente debatido nas redes sociais, exibido no YouTube e assistido por milhares de pessoas em todo o mundo. E o pior: é praticamente impossível apagar totalmente um conteúdo inconveniente ou indesejado que tenha sido colocado na Internet.

Pode-se, pois, dizer que a onipresença das novas tecnologias, redes, plataformas digitais e mídias sociais no jogo político-eleitoral impõe às pessoas redobrado cuidado em suas exposições públicas, com as palavras que proferem e as ações que realizam. Como efeito colateral, tem-se que os atores político-sociais se tornam menos espontâneos e mais apegados a roteiros pré-elaborados.

Mais à frente, um subitem próprio é dedicado ao tema pertinente à propaganda eleitoral na Internet e redes sociais.

17.1.3 Tipos de propaganda política

Distinguem-se quatro tipos de propaganda de natureza política, a saber: partidária, intrapartidária, institucional e eleitoral.

Propaganda partidária – conforme salientado em capítulo anterior, a propaganda partidária é a comunicação estabelecida entre o partido e a sociedade; nela são divulgados a ideologia abraçada pela agremiação, seus valores, projetos e programas com vistas ao bem-estar e desenvolvimento da sociedade.

Propaganda intrapartidária – anteriormente foi ressaltado que essa comunicação tem caráter interno, sendo promovida pelos filiados que querem se candidatar (os "candidatos a candidato") e dirigida aos integrantes da convenção incumbidos de escolher os candidatos do partido.

Propaganda institucional – trata-se da comunicação que o Estado, a Administração Pública e seus órgãos estabelecem com a sociedade.

No Estado Democrático de Direito – em que o povo é o titular do poder –, a transparência e a informação são regras de ouro. Não se pode pretender configurado esse Estado onde os assuntos de interesse geral são ocultados; onde atos e comportamentos de autoridades públicas são escondidos dos olhos da população; onde os interesses privados afetados pela ação administrativa são mantidos sob sigilo; onde, enfim, informações necessárias para defesa de direitos são dificultadas ou sonegadas.

Tão importante é o princípio da publicidade que a Constituição o insculpiu em seu art. 37, ao lado de outros princípios capitais, como são a legalidade, a impessoalidade, a moralidade e a eficiência.

A prestação de informações de interesse público, de caráter estritamente informativo e educativo, de orientação social, afigura-se como direito de todos e dever do Estado. Consoante ressalta Bandeira de Mello (2002, p. 58), se os interesses públicos são indisponíveis, se são interesse de toda a coletividade, os atos emitidos a título de implementá-los hão de ser exibidos em público. O povo precisa conhecê-los, pois esse é o direito mínimo que assiste a quem é a verdadeira fonte de todos os poderes. E conclui: "O princípio da publicidade impõe a *transparência* na atividade administrativa exatamente para que os administrados possam conferir se está sendo bem ou mal conduzida".

A publicidade institucional deve ser realizada para divulgar de maneira honesta, verídica e objetiva políticas públicas, atos, ações, serviços, obras e resultados alcançados pela Administração, sempre com foco no dever de orientar e bem informar a população. Para configurar-se, deve ser autorizada por agente estatal e custeada com recursos públicos. A propaganda paga com dinheiro privado não se caracteriza como institucional, embora possa promover ente ou órgão estatal.

Não obstante, ninguém ignora que valores e princípios altamente significativos como os expostos são amiúde desprezados por agentes públicos, que insistem em perpetrar práticas ilícitas lamentáveis de promoção pessoal, mas sempre às expensas do erário. Por certo, jogam com a certeza da secular impunidade característica do País.

Visando coibir tais práticas, a Constituição estabeleceu em seu art. 37, § 1º:

> "A publicidade dos atos, programas, obras, serviços e campanhas dos órgãos públicos deverá ter caráter educativo, informativo ou de orientação social, dela não podendo constar nomes, símbolos ou imagens que caracterizem promoção pessoal de autoridades ou servidores públicos".

Ao erigir essa regra, o Legislador Constituinte teve em mira finalidade ética, moralizadora, de alto significado. É vedado gasto de dinheiro público em propagandas conducentes à promoção pessoal de agentes públicos, seja por meio de menção de nomes, seja por meio de *símbolos* ou *imagens* que possam de qualquer forma estabelecer alguma conexão pessoal entre estes e o próprio objeto divulgado. Sublinha Moraes (2002, p. 341-342) que o móvel para essa determinação constitucional foi a exorbitância de verbas públicas despendidas com publicidade indevida. Autoridades públicas não podem utilizar seus nomes, símbolos ou imagens para, no bojo de peça publicitária, custeada com dinheiro público, obter ou simplesmente pretender obter promoção pessoal, devendo a matéria veiculada pela mídia ter caráter eminentemente objetivo para que atinja sua finalidade constitucional de educar, informar ou orientar, e não sirva, simplesmente, como autêntico *marketing* eleitoral.

A despeito disso, ainda é comum que governantes se utilizem na propaganda institucional – de meios artificiosos para veicularem imagens e mensagens otimistas, penetrantes, de suas gestões, fertilizando o terreno para a futura candidatura. São verdadeiras propagandas eleitorais travestidas de "institucionais". A rigor, boa parte delas carece de caráter informativo, educativo ou de orientação social, constituindo pura exposição midiática. Por vezes, promessas são feitas, um cenário maravilhoso é desenhado, um futuro feliz e promissor é colocado em perspectiva, ao alcance de todos, desde que, é claro, o governante em questão ou o seu afilhado político sagre-se vitorioso nas urnas e seja mantido no poder. Invariavelmente, afirmações de fatos que não correspondem à verdade histórica são feitas sem o menor constrangimento e com muita pompa. Enfim, todo arsenal do *marketing* político é mobilizado para criar artificialmente na opinião pública imagens mentais favoráveis ao governante e potencial candidato. Daí a pertinente observação de Bucci (2015, p. 169-172):

> "Não obstante, tanta publicidade não leva, quase nunca, informações vitais aos cidadãos; interessa apenas aos governantes, que, graças a esse expediente, fazem campanha eleitoral fora do período autorizado por lei. O que os governos fazem é *publicidade do governo*, ou seja, *a favor do governo,* com peças publicitárias oficiais que seguem as fórmulas da publicidade comercial.
>
> A divulgação é feita sob o pretexto de informar o cidadão sobre a inauguração de um novo hospital, uma campanha de vacinação ou o início de funcionamento de uma estação do metrô (daqui a alguns meses ou anos), mas serve apenas para exaltar os feitos de quem responde pelo Poder Executivo e para passar a mensagem e que o prefeito, governador ou presidente, tanto faz, deve permanecer onde está – no poder – ou deve eleger o sucessor. [...].
>
> No Brasil, a propaganda eleitoral na TV determina o sucesso dos candidatos. Quanto maior o tempo de exposição (ou seja: quanto mais propaganda), maior a chance de o po-

lítico se eleger [...]. Ora, como crescer nesse espaço sem ter que obedecer às restrições do horário eleitoral? Nada mais elementar: basta mostrar ali as inacreditáveis maravilhas da gestão daquele partido à frente de prefeituras, governos ou mesmo do Palácio do Planalto.

Eis por que a propaganda de governo vem sendo cada vez mais praticada nos moldes da publicidade comercial, que alcança as massas com mensagens banais, como a de um sabonete, um automóvel, uma geladeira, mas com propósito escancaradamente eleitoral. [...]".

Propaganda eleitoral – é exposta no item seguinte.

17.2 PROPAGANDA ELEITORAL

17.2.1 Introdução

O art. 17, § 3º, da Constituição Federal assegura aos partidos políticos acesso gratuito ao rádio e à televisão – o denominado *direito de antena*. No Código Eleitoral, a propaganda eleitoral é regulada nos arts. 240 a 256. Já a Lei nº 9.504/97 dedica-lhe os arts. 36 a 57 ss., cuidando o art. 58 do direito de resposta.

Por propaganda eleitoral compreende-se a elaborada por partidos políticos e candidatos com a finalidade de se comunicar com a comunidade e captar votos dos eleitores visando à investidura em cargo público-eletivo. Caracteriza-se por levar ao conhecimento público, ainda que de maneira disfarçada ou dissimulada, candidatura ou os motivos que induzam à conclusão de que o beneficiário é o mais apto para o cargo em disputa. Nessa linha, constitui propaganda eleitoral aquela adrede preparada para influir na formação da consciência política e na vontade do eleitor, em que a mensagem é orientada à atração e conquista de votos.

O período de realização de propaganda eleitoral é rigidamente demarcado na legislação. Ela "somente é permitida após o dia 15 de agosto do ano da eleição" (LE, art. 36, *caput*) até a antevéspera do pleito. A violação dessa regra implica o cometimento de ilícito eleitoral, sujeitando os agentes responsáveis pela sua criação e divulgação, bem como o beneficiário (quando demonstrado seu prévio conhecimento), à sanção pecuniária prevista no § 3º do referido art. 36 da LE. De igual modo, no âmbito da Internet, dispõe o art. 57-A da referida lei: "É permitida a propaganda eleitoral na internet, nos termos desta Lei, após o dia 15 de agosto do ano da eleição".

Os candidatos e os partidos têm direito à realização de propaganda eleitoral, enquanto os cidadãos têm direito fundamental à informação. Essa relação comunicativa é importante para o exercício consciente e responsável da cidadania.

Desde que exercida em harmonia com a legislação eleitoral, não pode a propaganda sofrer censura (LE, art. 41, § 2º), nem ser coibida por autoridade pública, tampouco por particular. Tanto é assim que o Código Eleitoral prevê como crime a conduta de "inutilizar, alterar ou perturbar meio de propaganda devidamente empregado" (CE, art. 331). Também tipificou o "impedir o exercício de propaganda" (CE, art. 332). Na mesma linha é o art. 41 da LE, que reza:

> "A propaganda exercida nos termos da legislação eleitoral não poderá ser objeto de multa nem cerceada sob alegação do exercício do poder de polícia ou de violação de postura municipal, casos em que se deve proceder na forma prevista no art. 40".

A redação desse dispositivo foi alterada pela Lei nº 12.034/2009. Em sua parte final, modifica a regra inscrita no art. 243, VIII, do Código Eleitoral. Esse inciso VIII proscreve a propaganda que "contravenha a posturas municipais ou a outra qualquer restrição de direito". À consideração de que a competência para legislar sobre assuntos de interesse local foi atribuída ao Município (CF, art. 30, I), entendia-se que a norma local só deveria prevalecer quando contivesse restrições a qualquer tipo de publicidade, independentemente de sua natureza, pois seria inconstitucional se limitasse a realização de propaganda eleitoral, pois o art. 22, I, da Lei Maior fixa a competência privativa da União para legislar sobre matéria eleitoral. Tomando posição sobre esse assunto, o transcrito art. 41 da LE é cristalino ao estabelecer que a propaganda exercida nos termos da legislação eleitoral não pode ser cerceada sob alegação de violação de postura municipal. Assim, na hipótese de conflito entre normas federal eleitoral e local, prevalece aquela.

De outro lado, candidatos e partidos políticos gozam de "autonomia para definir o cronograma das atividades eleitorais de campanha e executá-lo em qualquer dia e horário, observados os limites estabelecidos em lei" (LPP, art. 3º, § 1º – com redação dada pela Lei nº 13.831/2019).

17.2.1.1 Proteção de dados pessoais na propaganda

A proteção dos dados pessoais, inclusive nos meios digitais, foi elevada à categoria de direito fundamental (CF, art. 5º, LXXIX – inserido pela EC nº 115/2022), sendo regulamentada pela Lei nº 13.709/2018 – Lei Geral de Proteção de Dados Pessoais (LGPD). O regramento legal impõe transparência no tratamento de dados pessoais e respeito aos direitos fundamentais dos titulares dos dados – entre os quais se destacam a liberdade de expressão, informação e comunicação, a inviolabilidade da privacidade e intimidade, a autodeterminação informativa.

Há diversos âmbitos de aplicação da LGPD na seara eleitoral. O partido político, candidato ou apoiador (pessoa física ou jurídica) que tratar dados pessoais de eleitores encontra-se submetido à referida norma, pois esta "aplica-se a qualquer operação de tratamento realizada por pessoa natural ou por pessoa jurídica de direito público ou privado, independentemente do meio, do país de sua sede ou do país onde estejam localizados os dados […]" (LGPD, art. 3º). Nesse sentido:

> "O tratamento de dados pessoais por qualquer controlador ou operador para fins de propaganda eleitoral deverá respeitar a finalidade para a qual o dado foi coletado, observados os demais princípios e normas previstas na Lei Geral de Proteção de Dados (LGPD) e as disposições desta Resolução" (Res. TSE nº 23.610/2019, art. 10, § 4º – incluído pela Res. nº 23.671/2021).

Dado pessoal objeto de proteção é qualquer "informação relacionada a pessoa natural identificada ou identificável" (LGPD, art. 5º, I), ou seja, é todo dado que permita identificar ou individualizar uma pessoa de forma direta ou indireta (mediante associação com outras informações). Portanto, essa definição abrange informações armazenadas em arquivos, cadastros, bancos de dados, plataformas de Internet e redes sociais.

É importante ressaltar que dados pessoais permitem traçar o perfil individual, propiciando conhecimentos específicos sobre a pessoa a partir de seus hábitos, costumes, práticas, preferências, gostos, tendências – isso possibilita a segmentação em redes sociais e o direcionamento de mensagens específicas para aquela pessoa em particular. Há, pois, o risco de manipulação da pessoa – o que é particularmente preocupante nas relações político-eleitorais.

Por "tratamento" de dados pessoais consideram-se quaisquer operações, tais "como as que se referem a coleta, produção, recepção, classificação, utilização, acesso, reprodução, transmissão, distribuição, processamento, arquivamento, armazenamento, eliminação, avaliação ou controle da informação, modificação, comunicação, transferência, difusão ou extração" (LGPD, art. 5º, X).

Entre os deveres impostos aos agentes de tratamento de dados pessoais destaca-se a necessidade de obtenção do *consentimento* do titular. O tratamento de dados pessoais somente pode ser realizado mediante "consentimento pelo titular" (LGPD, art. 7º, I), *i.e.*, da pessoa a quem as informações se referirem. O consentimento não pode ser genérico ou vago, devendo ser expresso, informado e emitido livremente. Para *dados sensíveis* (tais como: origem racial ou étnica, convicção religiosa, opinião política, filiação a sindicato ou a organização de caráter religioso, filosófico ou político, dado referente à saúde ou à vida sexual, dado genético ou biométrico – art. 5º, II) são aumentadas as exigências necessárias à exteriorização do consentimento, o qual deverá ocorrer de "forma específica e destacada, para finalidades específicas" (LGPD, art. 11).

No caso de pessoa física – eleitor – é necessário que autorize prévia e expressamente o tratamento de seus dados, o que implica tenha conhecimento do modo e da finalidade da utilização. Assim, por exemplo: *(a)* se um partido *coleta* dados pessoais de eleitores (como nome, endereço, *e-mail*, número de telefone celular) a fim de armazená-los e usá-los em sua comunicação ou mesmo *transmiti-los* às campanhas de seus candidatos, tal ação encaixa-se na definição de "tratamento de dados pessoais"; portanto, cada eleitor deverá externar o seu consentimento; *(b)* se um ente (associação, Fundação, ONG etc.) ou apoiador disponibiliza sua lista de contatos pessoais para a campanha de um candidato, essa ação encaixa-se na definição de "tratamento de dados pessoais"; portanto, cada pessoa da lista de contatos deverá consentir que o referido apoiador compartilhe os seus dados.

O titular dos dados poderá pleitear a confirmação da existência de tratamento, acesso às suas informações, correções, eliminação e revogação do consentimento anteriormente manifestado (LGPD, art. 8º, § 5º, art. 18).

A LGPD é cogente. Sua não observância na realização de tratamento de dados pessoais implica o cometimento de ilícito, sendo previstas sanções administrativas (de atribuição da Agência Nacional de Proteção de Dados – ANPD, conforme arts. 52 e 55-J, IV), e também a possibilidade de responsabilização civil por danos nos seguintes termos: "Art. 42. O controlador ou o operador que, em razão do exercício de atividade de tratamento de dados pessoais, causar a outrem dano patrimonial, moral, individual ou coletivo, em violação à legislação de proteção de dados pessoais, é obrigado a repará-lo".

Se o tratamento de dados com afronta à LGPD implica o cometimento de ilícito civil, haverá evidente contaminação da comunicação ou propaganda eleitoral que o tiver por base, podendo, então, cogitar-se a ocorrência de ilícitos eleitorais como: *(i)* propaganda ilícita – o que enseja a determinação de sua remoção; *(ii)* abuso de poder, conforme a extensão dos fatos.

De todo modo, a regulamentação do tratamento de dados pessoais uniformiza e impõe o emprego de métodos mais éticos, transparentes e naturais para alcançar as pessoas – no caso, os eleitores. Com isso, protege-se a integridade do processo eleitoral de indevida influência a partir da manipulação de *big data* – grande volume de dados gerados a partir de redes sociais e dispositivos como telefone celular e aparelhos de televisão.

17.2.2 Princípios

Entre os princípios incidentes na propaganda eleitoral, destacam-se os seguintes:

Legalidade – a propaganda eleitoral é regulada por lei, sendo esta de ordem pública, insuscetível de derrogação pelos interessados. A competência legislativa é privativa da União (CF, art. 22, I). Ao TSE é dado regulamentar o tema, sem, porém, invadir a competência do legislador.

Liberdade – há liberdade quanto à criação do conteúdo e da forma da propaganda. Ademais, é livre a realização de qualquer ato de propaganda, em recinto aberto ou fechado, não sendo necessárias a obtenção de licença municipal nem autorização de autoridade policial (LE, art. 39; CE, art. 245).

Liberdade de expressão e comunicação – nos termos do art. 5º, IV, da Lei Maior, "é livre a manifestação do pensamento, sendo vedado o anonimato". Pelo inciso IX desse artigo: "é livre a expressão da atividade intelectual, artística, científica e de comunicação, independentemente de censura ou licença". Já o inciso XIV garante "a todos o acesso à informação e resguardado o sigilo da fonte, quando necessário ao exercício profissional". Nos domínios da comunicação social, o art. 220 estabelece que: "A manifestação do pensamento, a criação, a expressão e a informação, sob qualquer forma, processo ou veículo não sofrerão qualquer restrição, observado o disposto nesta Constituição"; veda, ainda, ao legislador aprovar lei que contenha "dispositivo que possa constituir embaraço à plena liberdade de informação jornalística em qualquer veículo de comunicação social" (§ 1º); e "toda e qualquer censura de natureza política, ideológica e artística" (§ 2º).

A livre circulação de ideias, pensamentos, opiniões e críticas promovida pela liberdade de expressão e comunicação é essencial para a configuração de um espaço público de debate, e, portanto, para a democracia e o Estado Democrático. Sem isso, a verdade sobre os candidatos e partidos políticos pode não vir à luz, prejudicam-se o diálogo e a discussão públicos, refreiam-se as críticas e os pensamentos divergentes, tolhem-se as manifestações de inconformismo e insatisfação, apagam-se, enfim, as vozes dos grupos minoritários e dissonantes do pensamento majoritário.

Em que pese a liberdade em apreço não possuir caráter absoluto, admitindo-se sua limitação na prática, sua restrição só é concebível em casos de evidente e reconhecida relevância, e ainda assim em atenção à promoção de um bem mais proeminente ou de maior peso. Deve haver sempre a ponderação dos interesses e valores em jogo no caso concreto.

Liberdade de informação – os cidadãos têm direito a receber todas as informações – positivas ou negativas – acerca do candidato, pois só assim podem formular juízo seguro a respeito de sua pessoa, das ideias que defende, dos projetos e do programa que representa. O fato de o candidato ser figura pública, os direitos atinentes a privacidade, segredo e intimidade sofrem acentuada atenuação, devendo-se conferir às liberdades de expressão e informação maior proteção.

Veracidade – os fatos veiculados devem corresponder à verdade histórica. Como reflexos desse princípio têm-se, por exemplo, o repúdio à *desinformação* (entendida como conteúdo falso dolosamente criado para prejudicar terceiro), a possibilidade de exercício do direito de resposta sempre que candidato for atingido por afirmação "sabidamente inverídica" (LE, art. 58), a criminalização da conduta de "divulgar, na propaganda, eleitoral ou durante período de campanha eleitoral, fatos que sabe inverídicos, em relação a partidos ou candidatos e capazes de exercerem influência perante o eleitorado" (CE, art. 323), a previsão de denunciação caluniosa eleitoral e a divulgação por qualquer meio ou forma do fato falsamente imputado (CE, art. 326-A, *caput*, e § 3º).

Igualdade ou *isonomia – deve haver paridade de armas entre todos os concorrentes no certame,* inclusive partidos e coligações; a todos devem-se conferir iguais oportunidades para veiculação de seus programas, pensamentos, projetos e propostas. A igualdade, aí, é meramente formal, não material, já que os maiores partidos contam com maioria no Parlamento e, consequentemente, detêm mais recursos e maior espaço na propaganda eleitoral. Ademais, não há uniformização de gastos nas campanhas eleitorais, o que permite que algumas sejam milionárias e outras franciscanas.

Responsabilidade – a responsabilidade pela propaganda deve sempre ser atribuída a alguém. Em princípio, é carreada ao candidato, partido e coligação, que respondem pelo seu teor e pelos excessos ocorridos. Eventualmente, o veículo e o agente da comunicação também podem ser responsabilizados. A esse respeito, o art. 241 do Código Eleitoral estabelece o *princípio da solidariedade,* pelo qual: "Toda propaganda eleitoral será realizada sob a responsabilidade dos partidos e por eles paga, imputando-lhes solidariedade nos excessos praticados pelos seus candidatos e adeptos". Embora esse dispositivo mencione "partidos", igualmente "aplica-se às coligações" (TSE – AgR-AREspE nº 060355027 – j. 24-8-2023) e às federações partidárias.

Controle judicial – a propaganda eleitoral submete-se ao controle da Justiça Eleitoral, à qual é atribuído poder de polícia para controlá-la e coibir abusos. Daí a possibilidade de o juiz eleitoral agir *ex officio*, determinando, por exemplo, que cesse, seja retirada propaganda ou suprimido conteúdo (na Internet e redes sociais) que infrinja as regras pertinentes.

17.2.3 Classificação

Sob vários aspectos se pode classificar a propaganda eleitoral: forma de realização, sentido, momento em que é levada a efeito.

Quanto à forma de realização – a esse respeito, pode a propaganda ser expressa ou subliminar.

Expressa é aquela que pode ser percebida e compreendida racionalmente, na dimensão consciente da mente; por isso, o teor de sua mensagem é claro, induvidoso.

Subliminar é palavra derivada da expressão latina *sub limen*, significando o que está abaixo ou no limiar da consciência. O neurologista austríaco Sigmund Freud comparou a mente do ser humano a um *iceberg*, em que o consciente é a parte visível e o inconsciente, a vastidão submersa na água. Há estímulos tão fracos que não chegam a ser percebidos de maneira direta pelos sentidos e pela denominada "mente consciente", mas que são assimilados na dimensão inconsciente. Sem que tenha plena ciência, a mente humana é capaz de registrar e interpretar palavras ou fragmentos de palavras, desvendar símbolos, expressões corporais e mímicas, bem como captar sons aparentemente inaudíveis. Os estímulos ou as mensagens subliminares dirigem-se à dimensão inconsciente da mente e visam atingir certos efeitos, como induzir o destinatário a realizar determinada ação ou adotar determinado ponto de vista, instilar-lhe opiniões (positivas ou negativas).

No campo científico, há controvérsia acerca dos "efeitos" concretos que se podem alcançar com estímulos subliminares. De um lado, há os que defendem que do complexo de informações que formam o inconsciente pode resultar *conteúdo consciente* – antes de ser cognitivo, o ser humano é sensorial, de maneira que capta mais as informações não verbais. De outro, conforme informa Uhlhaas (2014), muitos psicólogos entendem não ser possível "ler" palavras e símbolos no patamar inferior à consciência. Assinala, ainda que, embora já se tenha demonstrado que estímulos não captados conscientemente possam provocar reações no cérebro, não é aceitável falar em manipulação profunda de nossos julgamentos e decisões. Isso, sobretudo, quando o estímulo considerado não atingir a consciência do destinatário, porque nesse caso a suposta influência seria fugaz, com pouco tempo de duração. Ademais, não se pode desconsiderar a subjetividade inerente a cada pessoa, de modo que os efeitos de mensagens subliminares na mente dependem das conexões que o inconsciente fará diante delas; assim, tais efeitos dependem mais do próprio indivíduo do que da mensagem em si mesma, podendo, pois, haver resultados diferentes do que inicialmente se pretendeu.

O Código Brasileiro de Autorregulamentação Publicitária (disponível em: <http://www.conar.org.br/>. Acesso em: 11 nov. 2016) declara na primeira parte de seu art. 29 não se ocupar da propaganda subliminar "por não se tratar de técnica comprovada, jamais detectada de forma juridicamente inconteste". Contraditoriamente, porém, a segunda parte daquele dispositivo condena "quaisquer tentativas destinadas a produzir efeitos 'subliminares' em publicidade ou propaganda". A contradição é evidente, pois, após afirmar que a técnica em apreço não é comprovada, condenam-se os seus efeitos. Melhor andou o Código de Publicidade português (DL nº 66/2015 – disponível em: <http://www.pgdlisboa.pt/leis/lei_mostra_articulado.php?nid=390&tabela=leis&so_miolo=>. Acesso em: 11 nov. 2016), cujo art. 9º assim dispõe:

> "Art. 9º Publicidade oculta ou dissimulada 1 – É vedado o uso de imagens subliminares ou outros meios dissimuladores que explorem a possibilidade de transmitir publicidade sem que os destinatários se apercebam da natureza publicitária da mensagem. [...] 3 – Considera-se publicidade subliminar, para os efeitos do presente diploma, a publicidade

que, mediante o recurso a qualquer técnica, possa provocar no destinatário percepções sensoriais de que ele não chegue a tomar consciência".

No âmbito do Direito Eleitoral, denomina-se *propaganda eleitoral subliminar* os estímulos de conteúdo político-eleitoral inseridos em um discurso ou comunicação que, porém, não podem ser percebidos conscientemente pelos destinatários. Se vir a ser percebido pelo consciente individual, o estímulo não é subliminar.

É comum a associação da propaganda subliminar à comunicação político-eleitoral disfarçada, ambígua, nebulosa, que se encontra subjacente ao discurso que a envolve.

Entretanto, a comunicação não é subliminar pelo fato de ensejar interpretações ambíguas ou divergentes, pois isso pode acontecer em qualquer âmbito de linguagem. Na verdade, somente se podem dizer subliminares os estímulos dirigidos ao inconsciente dos eleitores, que, portanto, são imperceptíveis conscientemente. E isso não tem relação com a natureza ambígua da comunicação.

Quanto ao sentido – pode a propaganda ser positiva ou negativa. Naquela, exalta-se o beneficiário, sendo louvadas suas qualidades, ressaltados seus feitos, sua história, enfim, sua imagem. Como assinalam Clift e Spieler (2012, p. 73), na propaganda positiva (*positive political ads*) o candidato alardeia suas realizações e personalidade, fazendo todo o possível para se apresentar sob uma luz positiva, de maneira a passar uma imagem com a qual os votantes possam facilmente se identificar. Nela podem ser veiculadas informações sobre desempenhos anteriores do candidato no exercício de funções públicas (ex.: "quando senador, o candidato João votou projetos que melhoravam escolas e combatiam a criminalidade"), sobre sua biografia (ex.: "o candidato João bem serviu ao seu país, criou muitos empregos como empresário, combateu a corrupção enquanto governador").

Já a propaganda negativa tem por fulcro o menoscabo ou a desqualificação dos candidatos oponentes, sugerindo que não detém os adornos morais ou a aptidão necessária à investidura em cargo eletivo. Os fatos que a embasam podem ser total ou parcialmente verdadeiros, e até mesmo falsos. Clift e Spieler (2012, p. 73) bem a resumem:

> "Esses anúncios publicitários, não surpreendentemente, são destinados a tornar o adversário aparecer incompetente, corrupto, distante [*out-of-touch*], desagradável, e, geralmente, em favor de todos os tipos de coisas terríveis [*dreadful things*]. Tais anúncios podem exibir uma foto comprometedora ou mesmo adulterada de um político oponente, ou usar imagens granuladas em preto-e-branco [*grainy black-and-white footage*] para fazer suas ações parecerem ameaçadoras. Tais anúncios podem ser moderados ('O senador Thomas votou cinquenta e sete vezes para aumentar os seus impostos...') ou fortes ('O senador Thomas votou para colocar assassinos, estupradores e molestadores de crianças em liberdade ...')".

Como *tática*, a propaganda negativa pode provocar sérios danos à imagem de suas vítimas. Sobretudo quando fundada em fatos mendazes, se for *inteligente* e de fácil compreensão, pode ser devastadora para a campanha adversária.

No entanto, é preciso ponderar que, como bem ressalta Aline Osorio (2017, p. 228): "A crítica política – dura, mordaz, espinhosa, ácida – é peça essencial ao debate democrático", sendo natural em campanhas eleitorais a utilização de estratégias de desqualificação de oponentes, realçando defeitos, pontos fracos, erros e manchas em suas biografias. Além de inevitável, a propaganda negativa pode ser benéfica ao processo democrático. Afinal, assevera a autora,

DIREITO ELEITORAL – José Jairo Gomes

"por meio da crítica à figura dos candidatos, os eleitores têm acesso a um quadro mais completo das opções políticas. Considerações a respeito do caráter, da idoneidade e da trajetória dos políticos não são indiferentes ou [ir]relevantes para o eleitorado e fazem parte do leque de informações legitimamente utilizadas na definição do voto".

Quanto ao momento de realização – pode a propaganda ser tempestiva ou extemporânea. Será tempestiva se ocorrer dentro do período legalmente demarcado; tal lapso inicia-se no dia 16 de agosto do ano da eleição, encerrando-se no dia do pleito (CE, art. 240, *caput*; LE, art. 36, *caput*, art. 57-A; Lei nº 12.034/2009, art. 7º). Qualificar-se-á, porém, de extemporânea ou antecipada, se levada a cabo fora desse período.

17.2.4 Propaganda eleitoral ilícita e sanção

Ilícita é a propaganda eleitoral que não se coaduna com o regime legal que lhe é prescrito. Por isso, deve ser rechaçada pela Justiça Eleitoral seja *ex officio* – no âmbito do exercício do poder de polícia (LE, art. 41, §§ 1º e 2º) –, seja mediante provocação de interessado ou do Ministério Público.

Ao apreciar a regularidade ou legalidade de evento propagandístico, não deve o intérprete cingir-se tão só à literalidade do conteúdo veiculado. Cumpre ir além, pois do contexto e do conjunto da comunicação despontam relevantes elementos informativos que auxiliam na interpretação, a exemplo da ambientação de cenas, do que é apenas insinuado, das cores empregadas, da sequência das imagens, da entonação do discurso.

A atuação da Justiça tem o sentido de inibir práticas ilegais e restabelecer a igualdade de oportunidades entre os concorrentes no certame. Também tem o propósito de preservar a veracidade e a seriedade das mensagens veiculadas, de modo que, adverte Djalma Pinto (2005, p. 215), "o eleitor não seja enganado sobre o real perfil do candidato pelo qual optou nas urnas".

Nos termos do art. 243 do CE, não será tolerada propaganda:

"I – de guerra, de processos violentos para subverter o regime, a ordem política e social ou de preconceitos de raça ou de classes; II – que provoque animosidade entre as forças armadas ou contra elas, ou delas contra as classes e instituições civis; III – de incitamento de atentado contra pessoa ou bens; IV – de instigação à desobediência coletiva ao cumprimento da lei de ordem pública; V – que implique em oferecimento, promessa ou solicitação de dinheiro, dádiva, rifa, sorteio ou vantagem de qualquer natureza; VI – que perturbe o sossego público, com algazarra ou abusos de instrumentos sonoros ou sinais acústicos; VII – por meio de impressos ou de objeto que pessoa inexperiente ou rústica possa confundir com moeda; VIII – que prejudique a higiene e a estética urbana [o art. 41 da LE revogou a parte final desse inciso, que dizia: 'ou contravenha a posturas municipais ou a outra qualquer restrição de direito']; IX – que caluniar, difamar ou injuriar quaisquer pessoas, bem como órgãos ou entidades que exerçam autoridade pública; X – que deprecie a condição de mulher ou estimule sua discriminação em razão do sexo feminino, ou em relação à sua cor, raça ou etnia. (Incluído pela Lei nº 14.192/2021)".

Já o art. 40 da Lei nº 9.504/97 considera ilícito e tipifica como crime "o uso, na propaganda eleitoral, de símbolos, frases ou imagens, associadas ou semelhantes às empregadas por órgão de governo, empresa pública ou sociedade de economia mista". Observe-se que os "símbolos, frases ou imagens" de entes da Administração direta e indireta a que esse dispositivo se refere não se confundem com os símbolos nacionais, de Estado Federado ou Município, como bandeiras e hinos; para estes últimos, não existe vedação legal para a exibição ou utilização em propaganda eleitoral.

Conquanto seja ilícito o uso na propaganda de "símbolos, frases ou imagens" de entes da Administração direta e indireta, não há irregularidade em o candidato apresentar "as realizações de seu governo", pois isso é inerente à natureza do debate envolvido na disputa eleitoral e desenvolvido na propaganda (TSE – RCED nº 698/TO – *DJe* 12-8-2009, p. 28-30). É natural que o candidato exponha suas realizações e sua experiência anterior, ensejando ao eleitor informações para sopesar sua escolha.

O sistema sancionatório pertinente à propaganda contempla várias espécies de sanções, tais como: multa (LE, art. 36, § 3º), restauração do bem (LE, art. 37, § 1º), retirada de *outdoor* (LE, art. 39, § 8º), perda do direito à veiculação de propaganda (LE, art. 53, § 1º), impedimento de reapresentação de propaganda (LE, art. 53, § 2º), perda de tempo no horário eleitoral gratuito (LE, art. 55, parágrafo único), suspensão da programação normal da emissora (LE, art. 56, *caput*). Algumas vezes, a sanção limita-se à cessação da conduta (LE, art. 39, § 3º), à adequação ou retirada da propaganda irregular (como ocorre na afixação de adesivo com dimensões excedentes à legalmente fixada – LE, art. 37, § 2º).

Em geral, a restauração do bem, a adequação e a retirada de propaganda irregular podem ser determinadas administrativamente pelo juiz eleitoral, já que são providências atinentes ao poder de polícia. Significa dizer que não é preciso que se ajuíze ação eleitoral, com todas as formalidades envolvidas nesse ato, para que tais sanções sejam aplicadas. Sendo ferido direito líquido e certo em razão de ilegalidade ou abuso de poder decorrentes de atos praticados por autoridade eleitoral, pode-se cogitar a impetração de mandado de segurança.

No que concerne à aplicação de sanções ou penalidades como multa, suspensão de programação de emissora de televisão ou rádio, só podem ser impostas pelo poder jurisdicional, após regular processo judicial, assegurado o devido processo legal, em que sejam oportunizados à parte o contraditório e a ampla defesa. Sobre isso, dispõe a Súmula nº 18 do TSE:

> "Conquanto investido de poder de polícia, não tem legitimidade o juiz eleitoral para, de ofício, instaurar procedimento com a finalidade de impor multa pela veiculação de propaganda eleitoral em desacordo com a Lei nº 9.504/97".

Nesse sentido, o art. 96 da Lei Eleitoral instituiu via procedimental expedita para que as infrações a seus preceitos sejam conhecidas e julgadas com a celeridade imposta pelas circunstâncias. Não obstante essa via tenha sido denominada representação, na verdade, cuida-se de verdadeira ação, com todas as condições a ela inerentes.

A depender da natureza e do volume, irregularidades na propaganda eleitoral podem configurar abuso de poder econômico ou político, rendendo ensejo à decretação de inelegibilidade, bem como à cassação do registro de candidatura ou do diploma do candidato eleito, conforme consta dos arts. 19 e 22, XIV, ambos da Lei Complementar nº 64/90.

17.2.5 Propaganda eleitoral extemporânea ou antecipada

Conforme salientado, a propaganda eleitoral só é permitida a partir do dia 16 de agosto do ano da eleição até o dia do pleito, durante, pois, o período eleitoral (LE, art. 36, *caput*). Nessa oportunidade, o candidato já terá sido escolhido na convenção e seu pedido de registro já deverá ter sido requerido à Justiça Eleitoral, pois o prazo para a prática desse ato encerra-se às 19 horas do dia 15 de agosto. Se feita fora desse período, qualifica-se como *extemporânea* ou antecipada, sujeitando o agente a responsabilização e sanção.

A publicidade em apreço caracteriza-se pela atração ou captação antecipada de votos, o que pode ferir a igualdade de oportunidade ou a paridade de armas entre os candidatos, o que desequilibra as campanhas.

434 | DIREITO ELEITORAL – *José Jairo Gomes*

Tal como ocorre com a propaganda eleitoral em geral, pode a propaganda antecipada ser *expressa* ou *subliminar*. É árdua a identificação da propaganda antecipada subliminar, pois seu conteúdo é sempre veiculado de maneira implícita ou subjacente, no mais das vezes resultando do contexto da comunicação. Já se intentou estabelecer critérios objetivos mínimos para a sua identificação, tendo sido apontados os seguintes: *(i)* alusão a processo eleitoral, externada pela menção a nome do pretenso candidato ou candidatura; *(ii)* exaltação de suas qualidades, procurando inculcar a ideia de que é o melhor para o cargo almejado; *(iii)* pedido de voto, ainda que implícito; *(iv)* ações políticas que pretende implementar.

"[...]. Elementos caracterizadores da propaganda antecipada: (I) referência à pretensa candidatura, (II) pedido, expresso ou implícito, de votos, (III) ações políticas que se pretende desenvolver ou (IV) ideia de que o beneficiário é o mais apto para o desempenho da função pública eletiva. Desprovimento. [...]. 5. A configuração da propaganda eleitoral extemporânea exige que seja levado ao conhecimento geral, ainda que de forma dissimulada, referência à pretensa candidatura, pedido de voto, ações políticas que se pretende desenvolver ou a ideia de que o beneficiário é o mais apto para o desempenho da função pública eletiva. 6. Agravo regimental desprovido. Decisão: O Tribunal, por unanimidade, desproveu o agravo regimental, nos termos do voto do Relator" (TSE – AgR-AI nº 152.491/PR – *DJe* t. 72, 16-4-2015, p. 83-84).

"[...] 7. A configuração de propaganda eleitoral antecipada não depende exclusivamente da conjugação simultânea do trinômio candidato, pedido de voto e cargo pretendido. Nesse sentido, o pedido de voto não é requisito essencial para a configuração do ilícito, desde que haja alusão à circunstância associada à eleição (AgRg no Ag nº 5.120, Rel. Min. Gilmar Mendes, *DJ* de 23-9-2005). 8. *Para a identificação deste trabalho antecipado de captação de* votos, é comum que o julgador se depare com atos que, embora tenham a aparência da licitude, possam configurar ilícitos como a propaganda antecipada que podem acabar por ferir a igualdade de oportunidade dos candidatos no pleito (RCED nº 673/RN, Rel. Min. Caputo Bastos, *DJ* de 30-10-2007). Na presente hipótese, a aplicação da teoria da fraude à lei significaria que, embora determinado discurso ou participação em inaugurações possam ser considerados lícitos, se analisados superficialmente, o exame destes em seu contexto pode revelar que o bem jurídico tutelado pelas normas regentes da matéria foi, efetivamente, maculado [...]" (TSE – ARp nº 205-74/DF – *DJe* 11-5-2010, p. 31-32).

Não fixa a lei um marco temporal a partir do qual (= *dies a quo*) a comunicação política possa ser caracterizada como "propaganda antecipada". Diante disso, tem-se entendido que o evento pode ocorrer em qualquer tempo, mesmo em anos anteriores ao do pleito. Conforme ressalta Zílio (2010, p. 286), receia-se que "a delimitação de um rígido critério temporal importe, na via transversa, em um estímulo à inesgotável prática de propaganda eleitoral extemporânea, tornando, assim, a véspera do pleito eleitoral em um período excessivamente conturbado e litigioso".

Já entendeu a Corte Superior ser irrelevante "a distância temporal entre o ato impugnado e a data das eleições ou das convenções partidárias de escolha dos candidatos". Por isso, considerou propaganda extemporânea – em relação à eleição presidencial de 2010 – comunicação feita há mais de um ano antes (em 29 de maio de 2009), por ocasião de cerimônia de inauguração de obra. A ver:

"1. Considerados os dois principais vetores a nortearem a proibição do cometimento do ilícito, quais sejam, o funcionamento eficiente e impessoal da máquina administrativa e a igualdade entre os competidores no processo eleitoral, a configuração de propaganda

Cap. 17 • PROPAGANDA ELEITORAL | 435

eleitoral antecipada independe da distância temporal entre o ato impugnado e a data das eleições ou das convenções partidárias de escolha dos candidatos. 2. Nos termos da jurisprudência da Corte, deve ser entendida como propaganda eleitoral antecipada qualquer manifestação que, previamente aos três meses anteriores ao pleito e fora das exceções previstas no art. 36-A da Lei nº 9.504/97, leve ao conhecimento geral, ainda que de forma dissimulada, a candidatura, mesmo que somente postulada, a ação política que se pretende desenvolver ou as razões que levem a inferir que o beneficiário seja o mais apto para a função pública [...]" (TSE – RRp nº 1.406/DF – *DJe* 10-5-2010, p. 28).

Em outra oportunidade, o mesmo sodalício censurou propaganda realizada no mês de janeiro do ano do pleito. Confira-se:

> "Propaganda extemporânea. Finalidade eleitoral. 1. Cartilha publicada em janeiro de 2006 contendo louvores às realizações do Governo Federal, sem objetivo de orientação educacional, informação ou comunicação social. 2. Extrapolação potencializada do art. 37, § 1º, da CF. 3. Princípios da legalidade e da moralidade violados. 4. Intensa publicidade do Governo Federal com dados comparativos referentes às realizações da Administração anterior. 5. Documento que, em ano de eleição, se reveste de verdadeiro catecismo de eleitores aos feitos do Governo Federal. 6. Multa imposta de acordo com o § 3º do art. 36 da Lei nº 9.504/97. Valor de R$ 900.000,00 (novecentos mil reais), equivalente ao custo de publicidade. 7. Proibição de distribuição da referida propaganda (art. 36 da Lei nº 9.504/97). 8. Procedência da representação" (TSE – Rp nº 875/DF – *DJ* 12-9-2006, p. 148).

É mais razoável a interpretação que fixa o termo *a quo* no mês de janeiro do ano das eleições. Antes desse marco, o recuo do tempo em relação ao início do processo eleitoral (sobretudo em relação ao dia do pleito) enseja a diluição de eventual influência que a comunicação possa exercer na disputa, de modo a desequilibrá-la. Inexistiria, pois, lesão relevante ao bem jurídico protegido pela norma, que é a igualdade entre os participantes do certame. O mês de janeiro constitui um marco temporal adequado, pois é a partir dele que se iniciam algumas restrições em função do pleito, tais como a necessidade de registro de pesquisas de opinião pública e a proibição de distribuição gratuita de bens, valores ou benefícios por parte da Administração Pública (LE, arts. 33 e 73, § 10). Sob essa perspectiva, desde que levada a efeito no ano eleitoral e antes de 15 de agosto, tem-se como consumada a ilicitude da propaganda.

O art. 36-B da LE (acrescido pela Lei no 12.891/2013) prevê hipótese configuradora de propaganda eleitoral antecipada nos seguintes termos:

> "Art. 36-B. Será considerada propaganda eleitoral antecipada a convocação, por parte do Presidente da República, dos Presidentes da Câmara dos Deputados, do Senado Federal e do Supremo Tribunal Federal, de redes de radiodifusão para divulgação de atos que denotem propaganda política ou ataques a partidos políticos e seus filiados ou instituições. Parágrafo único. Nos casos permitidos de convocação das redes de radiodifusão, é vedada a utilização de símbolos ou imagens, exceto aqueles previstos no § 1º do art. 13 da Constituição Federal".

À luz desse dispositivo, estará configurada propaganda antecipada se na comunicação houver a divulgação de atos que denotem: *(i)* propaganda política; *(ii)* ataques a partidos políticos; *(iii)* ataques a filiados de partidos políticos; *(iv)* ataques a instituições. De modo geral, o que se pretende é que a comunicação em rede por parte das autoridades especificadas se limite à exposição e ao esclarecimento à população, de maneira objetiva, da situação geradora da convocação. O desvirtuamento ou desvio da comunicação para o campo político-eleitoral denota

436 | DIREITO ELEITORAL – *José Jairo Gomes*

uso abusivo da mídia social, com potencial para desequilibrar o futuro pleito em benefício de candidatura ou partido.

No tocante às hipóteses arroladas, tem-se que a vagueza e imprecisão da primeira delas (atos que denotem propaganda política), poderá dificultar o seu reconhecimento em determinadas situações; somente a análise das circunstâncias concretas e do contexto da comunicação poderá indicar se houve ou não abuso. Na quarta hipótese (ataques a instituições), não é especificada a natureza da instituição, o que enseja a compreensão de que a hipótese abrange tanto as públicas quanto as privadas.

O parágrafo único do art. 36-B estabelece que, durante a transmissão, somente poderão ser exibidos os símbolos da República Federativa do Brasil, ou seja: "a bandeira, o hino, as armas e o selo nacionais" (CF, art. 13, § 1º). Assim, a utilização de outros símbolos ou imagens (principalmente se relacionados à Administração Pública, direta ou indireta, ou a partido político) poderão caracterizar propaganda antecipada.

Vale registrar que o art. 73, VI, *c*, da LE proíbe – nos três meses que antecedem o pleito – a realização de "pronunciamento em cadeia de rádio e televisão, fora do horário eleitoral gratuito, salvo quando, a critério da Justiça Eleitoral, tratar-se de matéria urgente, relevante e característica das funções de governo".

17.2.5.1 Não configuração de propaganda eleitoral antecipada: o art. 36-A da LE

O art. 36-A da LE (introduzido pela Lei nº 12.034/2009 e depois alterado pelas Leis nº 12.891/2013, 13.165/2015 e 13.488/2017) retira do conceito de "propaganda eleitoral antecipada" várias situações de comunicação política, tornando-as lícitas. Sua formulação liga-se ao encurtamento do "período eleitoral" que decorreu da necessidade de redução de gastos eleitorais em virtude da proibição do financiamento de campanhas por pessoa jurídica (STF – ADI 4650/DF – j. 19-9-2015; Lei nº 13.165/2015, art. 15; LPP art. 31, II). Tem o propósito de flexibilizar a rigidez do sistema precedente que, pretendendo fomentar a isonomia entre os concorrentes, proibia a promoção e a divulgação de pré-candidatos antes da formalização do requerimento de registro de candidatura. Eis o seu teor:

> "Art. 36-A *Não configuram propaganda eleitoral antecipada*, desde que não envolvam pedido explícito de voto, a menção à pretensa candidatura, a exaltação das qualidades pessoais dos pré-candidatos e os seguintes atos, que poderão ter cobertura dos meios de comunicação social, inclusive via internet: I – a participação de filiados a partidos políticos ou de pré-candidatos em entrevistas, programas, encontros ou debates no rádio, na televisão e na internet, inclusive com a exposição de plataformas e projetos políticos, observado pelas emissoras de rádio e de televisão o dever de conferir tratamento isonômico; II – a realização de encontros, seminários ou congressos, em ambiente fechado e a expensas dos partidos políticos, para tratar da organização dos processos eleitorais, discussão de políticas públicas, planos de governo ou alianças partidárias visando às eleições, podendo tais atividades ser divulgadas pelos instrumentos de comunicação intrapartidária; III – a realização de prévias partidárias e a respectiva distribuição de material informativo, a divulgação dos nomes dos filiados que participarão da disputa e a realização de debates entre os pré-candidatos; IV – a divulgação de atos de parlamentares e debates legislativos, desde que não se faça pedido de votos; V – a divulgação de posicionamento pessoal sobre questões políticas, inclusive nas redes sociais; VI – a realização, a expensas de partido político, de reuniões de iniciativa da sociedade civil, de veículo ou meio de comunicação ou do próprio partido, em qualquer localidade, para divulgar ideias, objetivos e propostas partidárias; VII – campanha de arrecadação prévia de recursos na modalidade prevista no

inciso IV do § 4º do art. 23 desta Lei. § 1º É vedada a transmissão ao vivo por emissoras de rádio e de televisão das prévias partidárias, sem prejuízo da cobertura dos meios de comunicação social. § 2º Nas hipóteses dos incisos I a VI do *caput*, são permitidos o pedido de apoio político e a divulgação da pré-candidatura, das ações políticas desenvolvidas e das que se pretende desenvolver. § 3º O disposto no § 2º não se aplica aos profissionais de comunicação social no exercício da profissão".

Além das hipóteses legais, também não configura propaganda antecipada a manifestação espontânea de pessoas em *sites* na Internet e redes sociais sobre temas eleitorais, ainda que haja elogio ou crítica a pré-candidato ou partido político. Tais ações encontram-se sob o abrigo da liberdade de expressão.

A regra do art. 36-A apenas proíbe o "pedido explícito de voto". Pedido *explícito* pode ser compreendido como aquele evidenciado pela forma, pelas características ou pela técnica empregada na comunicação. Para ser explícito o pedido, não é preciso que se diga "peço o seu voto", "quero o seu voto", "vote em mim", "vote em fulano", "não vote em beltrano". Até porque, nem mesmo na publicidade e propaganda eleitoral regular esses modos de comunicar são normalmente empregados. Para ser explícito o pedido, basta que o propósito de pedir o voto ressaia claramente da forma, da técnica de comunicação empregada, do conjunto da peça considerada e das circunstâncias em que o evento ocorre. De maneira que é possível vislumbrar pedido explícito de voto em expressões equivalentes, com sentido similar a tal pedido, ou a partir do uso de "palavras mágicas", assim consideradas palavras com significados semelhantes ou próximas semanticamente. Nesse diapasão:

"[...] 1. Na linha da jurisprudência desta Corte, estão compreendidas na vedação do art. 36-A, *caput*, da Lei nº 9.504/1997 as expressões semanticamente similares ao pedido explícito de voto. 2. Evidenciados a referência expressa ao pleito e o pedido de apoio para obter vitória nas urnas, afasta-se a caracterização do simples apoio político, pois incontestável a vinculação do referido pedido no contexto das eleições. [...]" (TSE – AgR--AREspe nº 060006074/CE – j. 6-6-2024).

"[...] 2. Nos termos da jurisprudência desta Corte, para fins de caracterização de propaganda eleitoral antecipada, é possível identificar o requisito do pedido explícito de votos a partir do uso de 'palavras mágicas'. Precedentes. 3. Na espécie, consta da moldura fática *a quo* que os próprios pré-candidatos divulgaram em suas redes sociais Facebook e Instagram vídeo contendo frases como: 'conto com o seu apoio, e conte comigo', 'conto com seu apoio, quero lutar por uma Dom Cavati ainda melhor e acredito nessa possibilidade, muito obrigado', 'contando com o apoio de todos vocês', 'quero pedir o apoio de todos vocês', 'estou pleiteando mais uma vez uma vaga a vereador, e creio que com o apoio de todos vocês e de seus familiares, conseguirei atingir esse objetivo', 'conto com seu apoio nessa próxima eleição', 'conto com o apoio de todos vocês para darmos sequência aos nossos projetos sociais e de crescimento para Dom Cavati', o que configura o ilícito em tela. [...]" (TSE – AgR-REspe nº 0600063-81/MG – *DJe* 1-9-2021).

Em igual sentido: TSE – AgR-REspe nº 060043104/MT – j. 8-9-2023; TSE – AgR-REspe nº 060018643 – j. 8-9-2023.

Tão extensas são as hipóteses permitidas arroladas no vertente art. 36-A (especialmente as do *caput*, dos incisos I, V, VI e VII e do § 2º) que resta bastante esmaecido o rigor das restrições que o art. 36 da LE impõe à propaganda extemporânea. Tal esmaecimento é bem evidenciado ao se considerar que a regra do § 2º do art. 36-A permite "o pedido de apoio político e a divulgação da pré-candidatura, das ações políticas desenvolvidas e das que se pretende desenvolver". Isso só não é permitido "aos profissionais de comunicação social no exercício da profissão" (§ 3º).

Incoerentemente, ao mesmo tempo que veda o "pedido explícito de voto" (*caput*), o dispositivo legal em apreço permite "o pedido de apoio político" (§ 2º). Ora, em que medida o "pedido de apoio político" não se confunde com o próprio "pedido de voto", quer seja este explícito ou implícito, direto ou indireto? Em que se distinguem essas duas situações? Na prática linguística, pedir apoio político é o mesmo que pedir voto, não havendo, portanto, diferença semântica entre tais expressões.

E a incoerência tem o seu grau elevado se se considerar a hipótese do inciso VII do transcrito art. 36-A, que permite a arrecadação prévia de recursos financeiros. Pode-se, então, pedir doação financeira para a futura campanha, desde que não se peça explicitamente voto.

Prevalecem nessa sistemática as liberdades de expressão e de informação. À luz do art. 36-A, no período anterior a 16 de agosto do ano das eleições, não há óbice à "menção à pretensa candidatura", tampouco à "exaltação das qualidades pessoais dos pré-candidatos" (*caput*); não é vedada a participação de pré-candidatos "em entrevistas, programas, encontros ou debates no rádio, na televisão e na Internet, inclusive com a exposição de plataformas e projetos políticos" (inciso I); é permitido que o pretenso candidato realize reuniões "em qualquer localidade, para divulgar ideias, objetivos e propostas partidárias" (inciso VI) – reuniões, portanto, que podem ocorrer em local público ou privado; é permitido pedido de doação financeira para a campanha (inciso VII), bem como "o pedido de apoio político e a divulgação da pré-candidatura, das ações políticas desenvolvidas e das que se pretende desenvolver" (§ 2º).

O só fato de a comunicação ou publicidade apresentar teor político e eleitoral não significa que se encaixe na definição de "propaganda eleitoral antecipada" e, pois, que seja ilícita. Assim: "o uso de elementos classicamente reconhecidos como caracterizadores de propaganda, desacompanhado de pedido explícito e direto de votos, não enseja irregularidade *per se*" (TSE – AgRg-AI nº 924/SP – *DJe* 22-8-2018 – trecho do voto do Min. Luiz Fux, p. 80).

O gráfico a seguir apresenta um resumo da comunicação política no denominado período pré-eleitoral:

Comunicação não política	Ex.: comunicação realizada nos ambientes familiar e de trabalho.
Comunicação política não eleitoral	Ex.: *i*) debates no parlamento sobre projeto de lei; *ii*) divulgação de informações de interesse público, como campanha de vacinação; *iii*) divulgação de atividades realizadas como mandatário público.
Comunicação política e eleitoral	1. *Permitida* no período de pré-campanha. Ex.: promoção pessoal sem pedido de voto. 2. *Proibida* no período de pré-campanha. Ex.: promoção pessoal: *a*) com pedido de voto; *b*) realizada em meio ou instrumento vedado (como *outdooor*), ainda que o conteúdo seja permitido; *c*) com conteúdo vedado (ex.: impulsionamento de conteúdo negativo contra adversários políticos).

Fonte: Elaborado pelo autor.

Se o teor da comunicação político-eleitoral não for caracterizado como ilícito, afigura-se razoável admitir sua realização por quaisquer meios ou veículos.

Contudo, vale frisar que a liberdade de comunicação não é total. Mesmo na fase anterior ao início do período eleitoral, há restrições que devem ser observadas pelos entes político-partidários e cidadãos que pretendem se candidatar, podendo-se afirmar como ilegais:

i) a comunicação (publicidade, campanha promocional, manifestação de apoio etc.) em que haja pedido *explícito* de voto, pois nesse caso o teor ou conteúdo veiculado caracteriza-se como propaganda eleitoral antecipada. O pedido explícito de voto pode ser positivo (ex.: "peço o seu voto", "vote em fulano") ou negativo ("não vote em fulano"). Nesse sentido:

> "Agravo regimental. Agravo de instrumento. Propaganda eleitoral antecipada. Placas de plástico. Pedido explícito de votos. Ausência. Art. 36-A da Lei nº 9.504/97. Incidência. Desprovimento. 1. Este Tribunal Superior, em julgamento recente, assentou que, 'com a regra permissiva do art. 36-A da Lei nº 9.504, de 1997, na redação dada pela Lei nº 13.165, de 2015, retirou-se do âmbito de caracterização de propaganda antecipada a menção à pretensa candidatura, a exaltação das qualidades pessoais de pré-candidatos e outros atos, que poderão ter cobertura dos meios de comunicação social, inclusive via internet, desde que não haja pedido expresso de voto' (Rp nº 294-87/DF, Rel. Min. Herman Benjamin, *DJe* de 9.3.2017 – grifei). 2. A veiculação de mensagens com menção a possível candidatura, sem pedido explícito de votos, como ocorreu na espécie, não configura propaganda eleitoral extemporânea, nos termos da redação conferida ao art. 36-A pela Lei nº 13.165/2015. 3. Agravo regimental desprovido. [...]" (TSE – AgRg-AI nº 924/SP – *DJe* 22-8-2018).

> "1. Propaganda extemporânea caracteriza-se apenas na hipótese de pedido explícito de voto, nos termos do art. 36-A da Lei 9.504/97 e de precedentes desta Corte. 2. Extrai-se da moldura fática do aresto do TRE/SE que os recorridos limitaram-se a divulgar áudio – por meio de carro de som, redes sociais e mensagens via WhatsApp – com o seguinte teor: '[...] seu irmão vai ser prefeito e você nosso deputado, Luciano meu amigo, Itabaiana está contigo e Deus está do nosso lado [...]' (fl. 67v). 3. Agravo regimental desprovido" (TSE – Ag-REspe nº 4346/SE – *DJe* 28-8-2018).

Note-se, porém, que mesmo tendo havido "pedido explícito de voto", já entendeu o TSE não caracterizado o ilícito de propaganda antecipada quando tal pedido for efetuado em ambiente restrito de aplicativo de mensagens como o WhatsApp (ou outro similar, como o Telegram), pois nesse caso a comunicação não objetiva "o público em geral, de modo a macular a igualdade de oportunidade entre os candidatos, mas apenas os integrantes daquele grupo, enquanto conversa circunscrita aos seus usuários, alcançada, nesta medida, pelo exercício legítimo da liberdade de expressão" (TSE – REspe nº 13351/SE – *DJe*, t. 157, 15-8-2019, p. 51-52).

ii) a comunicação (publicidade, campanha promocional, manifestação de apoio etc.) com conteúdo proibido pela legislação durante o período de campanha eleitoral. Exemplos:

> *(a)* uso de "símbolos, frases ou imagens, associadas ou semelhantes às empregadas por órgãos de governo, empresa pública ou sociedade de economia mista", pois tal constitui o crime previsto no art. 40 da LE;

> *(b)* utilização de imagens com ações denotativas de promessa, entrega ou distribuição de produtos ou serviços a eleitores, porque tal comportamento é proibido pelos arts. 41-A

e 73, § 10, da LE, sendo também proibido o uso promocional de distribuição gratuita de bens e serviços de caráter social custeados ou subvencionados pelo Poder Público (LE, art. 73, IV). Acolhendo essa tese, *vide*: TSE – Ag-REspe nº 060011353/RR, j. 27-5-2021;

(c) a veiculação dos conteúdos arrolados no art. 243 do CE, relacionados a guerra, processos violentos para subverter o regime, a ordem política e social ou a preconceitos de raça ou de classes etc.;

(d) mensagens contendo "discurso de ódio", com apologia ou incentivo à violência, na internet e redes sociais (TSE – Ag-REspe nº 060007223/MA – j. 4-5-2021);

(e) mensagens veiculando "ideias contrárias à ordem constitucional e ao Estado de Direito" (TSE – Rec-Rp nº 060003703 – j. 5-5-2023) na internet e redes sociais;

(f) "mensagens difamatórias, caluniosas ou injuriosas ou o comprovado vínculo entre o meio de comunicação e o candidato" (TSE – Rec-Rp nº 060003703 – j. 5-5-2023) na internet e redes sociais;

(g) mensagens de conteúdos "manifestamente inverídicos" na internet e redes sociais (TSE – REC-Rp nº 060175450 – j. 28-3-2023);

(h) utilização de "conteúdo fabricado ou manipulado para difundir fatos notoriamente inverídicos ou descontextualizados com potencial para causar danos ao equilíbrio do pleito ou à integridade do processo eleitoral" (Res. TSE no 23.610/2022, art. 9º-C, *caput* – incluído pela Res. TSE nº 23.732/2024);

(i) emprego "de conteúdo sintético em formato de áudio, vídeo ou combinação de ambos, que tenha sido gerado ou manipulado digitalmente, ainda que mediante autorização, para criar, substituir ou alterar imagem ou voz de pessoa viva, falecida ou fictícia (*deep fake*)" (Res. TSE nº 23.610/2022, art. 9º-C, § 1º – incluído pela Res. TSE nº 23.732/2024);

(j) uso de chatbots, avatares e conteúdos sintéticos para simular comunicação ou "interlocução com a pessoa candidata ou outra pessoa real" (Res. TSE nº 23.610/2022, art. 9º-B, § 3º – incluído pela Res. TSE nº 23.732/2024).

iii) a comunicação (publicidade, campanha promocional, manifestação de apoio etc.) realizada por entidades interditadas pela legislação em período regular de propaganda eleitoral. Nesse sentido: "1. A participação de pessoas jurídicas em atos de propaganda eleitoral, em período de pré-campanha ou de campanha eleitoral, é incompatível com o posicionamento do Supremo Tribunal Federal que lhes vedou a realização de doações para campanhas eleitorais e com a racionalidade adotada por esta Corte no julgamento do REsp nº 0600227-31/PE, julgado em 9-4-2019. 2. A realização de propaganda eleitoral em perfil de pessoa jurídica na rede social *Facebook* viola os arts. 57-B e 57-C da Lei nº 9.504/97 e atrai a imposição de multa. [...]" (TSE – Rp nº 0601478-58 – *DJe* 18-5-2020).

iv) a comunicação (publicidade, campanha promocional, manifestação de apoio etc.) realizada em local vedado ou com emprego de meios, instrumentos, formas, técnicas, métodos e artefatos proscritos pela legislação em período regular de propaganda eleitoral. No caso, o conteúdo em si da comunicação é permitido, mas há vedação do meio utilizado. Nesse sentido:

(a) "Considera-se propaganda antecipada passível de multa aquela divulgada extemporaneamente cuja mensagem contenha pedido explícito de voto, ou que veicule conteúdo eleitoral em local vedado ou por meio, forma ou instrumento proscrito no período de campanha" (Res. TSE nº 23.610/2019, art. 3º-A, *caput* – incluído pela Res. nº 23.671/2021);

(b) Relevância econômica do meio empregado – "[...] a opção pela exaltação de qualidades próprias para o exercício de mandato, assim como a divulgação de plataformas de campanha ou planos de governo acarreta, sobretudo quando a forma de manifestação possua uma expressão econômica minimamente relevante, os seguintes ônus e exigências: (i) impossibilidade de utilização de formas proscritas durante o período oficial de propaganda (*outdoor*, brindes etc.); e (ii) respeito ao alcance das possibilidades do pré-candidato médio. [...]" (TSE – AgRg-AI nº 924/SP – *DJe* 22-8-2018 – trecho do voto do Min. Luiz Fux, p. 80);

(c) Outdoor – *i*) a "realização de atos de pré-campanha por meio de *outdoors* importa em ofensa ao art. 39, § 8º da Lei nº 9.504/97 e desafia a imposição da multa, independentemente da existência de pedido explícito de voto" (TSE – REspe nº 060022731/PE – *DJe*, t. 123, 1-7-2019); *ii*) "[...] Representação. Propaganda eleitoral antecipada. Pré-candidato. Deputado. Outdoor. Meio proscrito. Exaltação do candidato. Princípio da igualdade. [...] 5. O entendimento prevalecente no Tribunal Superior Eleitoral é no sentido de que 'caracteriza propaganda eleitoral extemporânea (arts. 36 e 36-A da Lei n. 9.504/97) a hipótese em que, embora inexista pedido explícito de votos, a mensagem contenha promoção pessoal do pretenso candidato e tenha sido veiculada por meio que é vedado durante a campanha' [...]" (TSE – AgR-REspe nº 060115642/AL – *DJe* 2-8-2024). Em igual sentido: TSE – AgR-REspEl nº 060072316/MA – *DJe* 30-10-2024.

Note-se que o *outdoor* pode ser caracterizado a partir da junção ou conjugação de elementos (adesivos, placas etc.) que gerem efeito visual de *outdoor*, como ocorre na adesivação de veículo com imagem e slogan de campanha (TSE – AgR-REspEl nº 06000294 – j. 26-10-2023);

(d) Distribuição de brindes e benesses – a distribuição de brindes e benesses por pré-candidato configura propaganda extemporânea, ainda que não haja pedido de votos (TSE – AgREspe nº 060004663/PE, j. 11-2-2021).

Ressalte-se que, embora determinado evento – tomado isoladamente – seja permitido, sua associação ou acumulação com outros pode configurar um ilícito, notadamente o de abuso de poder econômico se houver dispêndio de relevante montante de recursos financeiros ou patrimoniais. Nesse sentido: "[...] 6. A propaganda eleitoral antecipada massiva, mesmo que não implique violação explícita ao art. 36-A da Lei nº 9.504/1997, pode caracterizar ação abusiva, sob o viés econômico, a ser corrigida por meio de ação própria. [...]" (TSE – RO nº 060161619/MT – *DJe*, t. 244, 19-12-2019).

17.2.5.2 *Dever de tratamento isonômico por emissoras de rádio e TV*

A parte final do inciso I do art. 36-A da LE atribui às "emissoras de rádio e de televisão" o dever de "conferir tratamento isonômico" aos "filiados a partidos políticos" ou "pré-candidatos". Por essa regra, uma emissora que entreviste um pré-candidato tem de entrevistar os demais, pois só assim se confere tratamento isonômico a todos os interessados em disputar o pleito. Se essa ilusória igualdade de tratamento é quase impossível de ser observada com *todos os candidatos registrados* (sobretudo nas eleições proporcionais), tanto mais o será com filiados e pré-candidatos ainda em busca de indicação na convenção.

17.2.5.3 *Impulsionamento em redes sociais no período de pré-campanha*

Impulsionamento constitui serviço oneroso disponibilizado por empresas na Internet e redes sociais. Sua função primordial consiste em direcionar e priorizar conteúdos para os usuários que se desejam atingir. Em outros termos: trata-se de ação paga (onerosa) que, pelo uso de algoritmos e técnicas específicas, aprimora e amplia o impacto, a visibilidade e a exposição do conteúdo veiculado ao público almejado.

Nas situações abrangidas pelo art. 36-A em que a comunicação se dá em páginas na Internet ou redes sociais, é razoável admitir-se o impulsionamento de conteúdos, porque se trata de formas lícitas de comunicação. Se a comunicação do pré-candidato é lícita ("não configura propaganda antecipada" – reza o *caput* do art. 36-A), então ela é permitida. E como tal não pode ser objeto de restrição, ainda que haja gasto de recursos pecuniários para a sua realização, sob pena de se apoucar a liberdade de comunicação.

Apesar de o art. 57-C, *caput*, da LE (com a redação da Lei nº 13.488/2017) vedar a veiculação na Internet "de qualquer tipo de propaganda eleitoral paga", excepcionalmente permite o "impulsionamento de conteúdos, desde que identificado de forma inequívoca como tal". É verdade que esse dispositivo legal só permite a contratação de impulsionamento por "partidos, coligações e candidatos e seus representantes"; também é verdade que o art. 57-B, IV, *b*, da mesma LE, proíbe a contratação de impulsionamento por pessoa natural ou física – todavia, é preciso ponderar que essas restrições apenas se aplicam à "propaganda eleitoral", e não às hipóteses do art. 36-A da LE, as quais são formas lícitas de comunicação e por definição legal "não configuram propaganda eleitoral". Além disso, a vedação ao impulsionamento não é absoluta, já que partidos e candidatos podem contratar esse serviço no período eleitoral.

Nesse sentido, tem-se entendido na jurisprudência que mensagens impulsionadas durante o período de pré-campanha, que não trazem pedido explícito de voto não constituem "instrumental proibido também durante a campanha, o que traria automaticamente ilicitude" (TSE – AR-REspe nº 0600034-77, j. 12-8-2021).

Daí dispor o art. 3º-B da Res. TSE nº 23.610/2019 (alterado pela Res. TSE nº 23.732/2024) ser lícito o impulsionamento na pré-campanha, desde que cumpridos cumulativamente os seguintes requisitos: "I – o serviço seja contratado por partido político ou pela pessoa natural que pretenda se candidatar diretamente com o provedor de aplicação; II – não haja pedido explícito de voto; III – os gastos sejam moderados, proporcionais e transparentes; IV – sejam observadas as regras aplicáveis ao impulsionamento durante a campanha".

A exigência de observância das "regras aplicáveis ao impulsionamento durante a campanha" (prevista no citado inciso IV do art. 3º-B da Res. TSE nº 23.610/2019), implica que o impulsionamento na pré-campanha é lícito apenas quando tiver "o fim de promover ou beneficiar candidatos ou suas agremiações" (LE, art. 57-C, § 3º, *in fine*). Portanto, na pré-campanha, não é lícito o impulsionamento de conteúdos com "propaganda negativa" direcionada a adversários políticos.

Ademais, se a comunicação ou a peça examinada for considerada propaganda eleitoral *antecipada* (*e.g.,* comunicação com pedido explícito de voto), por óbvio, vedado estará o impulsionamento. Ainda porque, é induvidoso que para veicular "propaganda eleitoral", essa técnica somente poderia ser contratada por "partidos, coligações e candidatos e seus representantes", sendo proibida sua contratação por pessoa natural ou física (LE, arts. 57-B, IV, e 57-C, *caput*).

17.2.5.4   *Dever de informar o uso de tecnologias digitais*

Conforme salientado, na fase pré-eleitoral ou de pré-campanha não é total a liberdade de comunicação político-eleitoral. Além das restrições já expostas, vale destacar o dever de transparência, notadamente no que concerne ao uso de tecnologias digitais para criação de conteúdos que circularão nas redes e grupos sociais.

O dever de transparência impõe que os destinatários da comunicação sejam informados sobre a tecnologia digital usada na produção do conteúdo que acessam ou a que se encontram expostos. Nesse sentido, dispõe o art. 3º-C da Res. TSE nº 23.610/2019 (incluído pela Res. nº 23.732/2024):

> "A veiculação de conteúdo político-eleitoral em período que não seja o de campanha eleitoral se sujeita às regras de transparência previstas no art. 27-A desta Resolução e de uso de tecnologias digitais previstas nos arts. 9º-B, *caput* e parágrafos, e 9º-C desta Resolução, que deverão ser cumpridas, no que lhes couber, pelos provedores de aplicação e pelas pessoas e entidades responsáveis pela criação e divulgação do conteúdo."

Assim, toda comunicação que empregue conteúdo sintético multimídia produzido com tecnologia de inteligência artificial (IA) para criar, substituir, omitir, mesclar ou alterar a velocidade ou sobrepor imagens ou sons, deve conter aviso aos cidadãos sobre a tecnologia empregada e o uso que dela se fez.

17.2.5.5 *Responsabilidade por propaganda antecipada*

No tocante à responsabilidade, o § 3º do art. 36 da LE prevê sanção de multa a ser imposta a *quem divulgar* propaganda antecipada. A ação de *divulgar* compreende a de criar a publicidade. Se a divulgação for feita por partido político (ou com sua colaboração ou conivência), nada impede seja ele sancionado. Também o beneficiário pode ser responsabilizado, mas para tanto é preciso que se comprove que teve *prévio conhecimento* do fato.

Se a divulgação for feita por várias pessoas, entre elas haverá solidariedade. Frise-se, porém, que no presente contexto a solidariedade não apresenta o mesmo significado que lhe empresta o Direito das Obrigações, ou seja, o dever de cada qual dos codevedores cumprir integralmente a prestação obrigacional se assim o exigir o credor (CC, art. 275). Diferentemente, aqui a solidariedade consubstancia o princípio pelo qual a responsabilidade pelo ilícito deve ser imputada a todos os agentes. Uma vez afirmada, deve a sanção ser aplicada integral e autonomamente. Isso porque a multa é sempre individualizada, não existindo "multa solidária" a ser repartida entre os diversos infratores.

A responsabilização do beneficiário depende da comprovação de que teve *prévio conhecimento* da propaganda irregular. Será preciso demonstrar que sabia de sua existência. Tal exigência visa evitar que o pré-candidato seja vítima de adversários políticos que, para prejudicá-lo, poderiam fazer veicular propaganda irregular em seu nome. Nesse caso, injusta e injurídica seria a penalização da vítima.

Observe-se, porém, que o prévio conhecimento pode ser afirmado em situações como as seguintes: (a) sempre que o beneficiário seja o responsável direto pela realização da propaganda ou dela participe; (b) se as circunstâncias e as peculiaridades do caso concreto revelarem a impossibilidade de o beneficiário não ter tido conhecimento da propaganda; (c) se o beneficiário for notificado da existência da propaganda irregular e não providenciar sua retirada ou regularização no prazo especificado na notificação.

O condicionamento da responsabilidade ao prévio conhecimento da publicidade eleitoral revela que o legislador esposou o princípio da responsabilidade pessoal, afastando a objetiva. Por conseguinte, não poderia o beneficiário ser responsabilizado por eventuais, solitárias e espontâneas manifestações de terceiros em prol de sua candidatura.

17.2.6 Propaganda em bem público

Há duas situações a serem consideradas. Uma de proibição de propaganda em bens públicos, outra de permissão em certos locais públicos. Pode-se, pois, dizer que a proibição não é absoluta.

Proibição de propaganda em bens públicos – o art. 37, *caput*, da Lei das Eleições (com a redação dada pela Lei nº 13.165/2015) proíbe a realização de propaganda eleitoral de qualquer natureza (inclusive pichação, inscrição a tinta e exposição de placas, estandartes, faixas, cavaletes, bonecos e assemelhados) nos bens que "pertençam" ao Poder Público, "e nos bens de uso comum, inclusive postes de iluminação pública, sinalização de tráfego, viadutos, passarelas, pontes, paradas de ônibus e outros equipamentos urbanos".

Essa proibição é reiterada no § 2º do mesmo art. 37 (com a redação da Lei nº 13.488/2017), que em sua primeira parte afirma peremptoriamente: "Não é permitida a veiculação de material de propaganda eleitoral em bens públicos [...]".

Assim, é vedada a realização de propaganda eleitoral em locais como (*vide* também o § 5º, art. 37, da LE): *(a) árvores e jardins públicos; (b) muros, cercas e tapumes divisórios localizados em áreas e bens públicos; (c) cavalete e boneco colocado em locais e vias públicas; (d) carretinha ou veículo utilizados de forma fixa em locais e vias públicas; (e) poste com sinalização de trânsito, de iluminação ou com transformador de energia; (f) torre de telefonia fixa e móvel.*

Também se compreende como ilícito o uso de bem público para a realização de discurso de campanha, tal como ocorreu com "a sacada da Embaixada do Brasil em Londres, convertida em palanque eleitoral para enaltecimento do governo e mobilização do eleitorado, com vistas à reeleição do candidato" (TSE – Rp nº 060115866/DF – j. 23-5-2024).

Nos termos do § 1º do art. 37, a violação da enfocada proibição sujeita o infrator à restauração do bem e, caso não cumprida no prazo, à multa. Entretanto, não parece razoável que a imposição de multa fique condicionada apenas à não restauração do bem. Pois, pelo menos durante algum tempo, isso significaria franquear a realização de propaganda em bem público, o que é ilícito. Não é essa, efetivamente, a *ratio* da regra em apreço.

Permissão de propaganda em bens públicos – de forma excepcional, o § 2º, I, do citado art. 37, da LE (com a redação da Lei nº 13.488/2017) permite a veiculação de "bandeiras ao longo de vias públicas, desde que móveis e que não dificultem o bom andamento do trânsito de pessoas e veículos". Essa permissão é reiterada pelo § 6º daquele mesmo dispositivo legal.

Esse § 6º, art. 37, da LE também permite "a colocação de mesas para distribuição de material de campanha [...] desde que móveis e que não dificultem o bom andamento do trânsito de pessoas e veículos".

Tanto o § 2º, I, quanto o § 6º do referido art. 37, condicionam a realização da propaganda à sua *mobilidade* ("desde que móveis"). Ocorre que pelo § 7º do mesmo artigo tal mobilidade "estará caracterizada com a colocação e a retirada dos meios de propaganda entre as seis horas e as vinte e duas horas". De modo que as "bandeiras ao longo de vias públicas" e as "mesas para distribuição de material de campanha" só podem ser colocadas a partir de 6 horas da manhã, devendo ser retiradas às 22 horas. Quanto às bandeiras, o que ocorre em geral é serem seguradas por pessoas ao longo das vias.

Dependências do Poder Legislativo – nas dependências do Poder Legislativo, a veiculação de propaganda eleitoral fica a critério da Mesa Diretora (LE, art. 37, § 3º).

Órgão público e local de prestação de serviço público – a Administração Pública constitui corpo técnico e como tal não pode apoiar determinada candidatura, devendo manter-se distante da disputa pelo poder político. Por isso, ao agente público não é dado manifestar ostensivamente suas opções políticas no local de trabalho, durante o expediente.

Por outro lado, o lugar em que serviço público é prestado constitui *bem público de uso especial*. A realização de propaganda nesse local – ainda que por *extraneus* – poderia perturbar o trabalho realizado pelos agentes públicos e, pois, a prestação do serviço ou mesmo transtornar as pessoas que a ele se dirigem. Por tais razões, proíbe-se a realização de propaganda eleitoral em locais de prestação de serviço público, tais como hospitais, quartéis militares, delegacias, biblioteca, postos de atendimento, museus, unidades de ensino. Assim, a jurisprudência já entendeu ser vedada: *(i)* a distribuição de folheto, panfleto ou outros impressos em escola (TSE – REspe nº 25.682/MG – *DJ* 14-9-2007, p. 224; REspe nº 35021/RS – *DJe*, t. 79, 28-4-2015, p. 105-106); *(ii)* a realização de discurso político em escola pública (TSE – AgR-AI nº 381.580/RJ – *DJe* t. 149, 6-8-2015, p. 54-55).

No entanto, tal restrição não deve tolher a livre expressão e manifestação do pensamento de quem busca os serviços públicos, desde que isso ocorra de forma adequada. Por exemplo: nada impede que pessoa necessitada de atendimento médico ingresse em hospital usando broche de seu candidato ou que, durante o período de aula, estudante estacione seu veículo com adesivos nos locais a tanto destinados no interior do *campus* universitário.

Quanto à universidade e respectivo campus, na ADPF nº 548 (cuja liminar foi confirmada pelo órgão Pleno do STF em 31-10-2018), o Supremo Tribunal Federal assentou ser livre a manifestação do pensamento e das ideias no âmbito daquela instituição. Nos termos do voto da relatora, Ministra Cármen Lúcia, "Impedir ou dificultar a manifestação plural de pensamento é trancar a universidade, silenciar estudantes e amordaçar professores". Salienta, ainda, que a exposição de opiniões, ideias ou ideologias e o desempenho de atividades de docência são manifestações da liberdade e garantia da integridade individual digna e livre, afinal: "A liberdade de pensamento não é concessão do Estado, mas sim direito fundamental do indivíduo que pode até mesmo se contrapor ao Estado". Ademais, as liberdades de informação, de ensino e aprendizado e as escolhas políticas fazem com que haja "perfeita compatibilidade entre os princípios constitucionais e a legislação eleitoral que se adota no Brasil e que tem de ser cumprida". Daí a Corte Superior ter assentado:

> "O art. 37 da Lei nº 9.504/1997 não autoriza a prática de atos judiciais ou administrativos pelos quais se possibilite, determine ou promova o ingresso de pessoas agentes públicas em universidades públicas e privadas, o recolhimento de documentos, a interrupção de aulas, debates ou manifestações de docentes e discentes universitários, a atividade disciplinar docente e discente e a coleta irregular de depoimentos dessas cidadãs e desses cidadãos pela prática de manifestação livre de ideias e divulgação do pensamento nos ambientes universitários ou em equipamentos sob a administração de universidades públicas e privadas e serventes a seus fins e desempenhos. (ADPF nº 548/DF, *DJe* de 9.6.2020)" (Res. TSE nº 23.610/2019, art. 19, § 10 – incluído pela Res. nº 23.671/2021).

Lançamento ou derramamento de santinhos ou panfletos na véspera do pleito – é comum na véspera da eleição candidatos e partidos (ou seus correligionários) lançarem inúmeros santinhos ou panfletos de propaganda em vias e locais públicos, normalmente situados nas adjacências das seções eleitorais onde se realiza a votação. Tal conduta sempre foi considerada atípica e, portanto, lícita, não ensejando qualquer sanção por parte da Justiça Eleitoral.

Entretanto, ao julgar o REspe nº 379.823/GO, em 15-10-2015, a Corte Superior Eleitoral, por unanimidade, afirmou a ilicitude do aludido comportamento, passando a compreendê-lo como propaganda eleitoral irregular violadora do art. 37, *caput*, da LE. A responsabilidade do agente poderá ser firmada a partir de indícios ou circunstâncias indicadoras da impossibilidade de ele não ter tido conhecimento da propaganda. Nesse sentido:

> "O derrame ou a anuência com o derrame de material de propaganda no local de votação ou nas vias próximas, ainda que realizado na véspera da eleição, configura propaganda irregular, sujeitando-se o infrator à multa prevista no § 1º do art. 37 da Lei nº 9.504/1997, sem prejuízo da apuração do crime previsto no inciso III do § 5º do art. 39 da Lei nº 9.504/1997" (Res. TSE nº 23.457/2015, art. 14, § 7º; Res. TSE nº 23.610/2019, art. 19, § 7º).

17.2.7 Propaganda em bem de uso ou acesso comum

O art. 37, *caput*, da LE também proíbe a realização de propaganda eleitoral "nos bens de uso comum". Embora apresente sentido bem definido no Direito Privado (cf. art. 99, I, do CC), no Eleitoral a expressão "bens de uso comum" deve ser compreendida em pelo menos duas acepções, a saber: *i)* como bens públicos, cujo uso é facultado a todos ou de acesso aberto, a exemplo das "feiras livres", conforme tem afirmado a jurisprudência: TSE – REspe nº 060157844/RJ – *DJe* 17-10-2023; TSE – AREspe nº 060157674/RJ – *DJe* 24-9-2021; *ii)* como bens particulares, cujo uso ou acesso não se restringe ao titular do domínio, mas às pessoas em geral.

À luz da primeira acepção, tem-se entendido que "não se há cogitar de ilicitude da propaganda eleitoral realizada em bem de uso comum quando não comprometida a aparência do bem, como no caso da entrega de impressos em feira livre" (TSE – REspe nº 060148953/DF – j. 23-5-2024).

Já na segunda acepção, veja-se que ginásios desportivos, cinemas, teatros, lojas, *shoppings centers*, galerias comerciais, estádios de futebol, restaurantes, bares constituem bens, em geral, integrantes do domínio privado, pois pertencem a particulares, pessoas física ou jurídica. Entretanto, são "de uso público", pois não se destinam à utilização exclusiva de seus proprietários, mas ao público em geral. É esse o sentido do § 4º do art. 37 da LE (introduzido pela Lei nº 12.034/2009), que reza: "Bens de uso comum, para fins eleitorais, são os assim definidos pela Lei nº 10.406, de 10 de janeiro de 2002 – Código Civil e também aqueles a que a população em geral tem acesso, tais como cinemas, clubes, lojas, centros comerciais, templos, ginásios, estádios, ainda que de propriedade privada".

> "Agravo Regimental. Recurso Especial. Eleições 2004. Propaganda eleitoral. Estabelecimento comercial. Bem particular de uso comum. É vedada a propaganda em estabelecimento comercial que, apesar de ser bem particular, é de uso comum [...]. Agravo a que se nega provimento" (TSE – AREsp nº 25.428/SP – *DJ* 31-3-2006, p. 134).

Conquanto a propriedade goze do *status* de direito fundamental (CF, art. 5º, XXII), o uso de tais bens é restringido em função das eleições, já que o abuso poderia comprometer o equilíbrio que deve permear o jogo eleitoral. Imagine-se que proprietário de ginásio desportivo apoie determinado candidato e afixe faixas e cartazes em suas dependências. Bastaria que no período eleitoral fossem realizados vários eventos – que poderiam até mesmo ser transmitidos pela televisão – para que o candidato beneficiado tivesse sua candidatura "alavancada". Suponha-se, mais, que proprietário de sala de cinema afixasse em um dos cantos da tela a sigla partidária e o nome do candidato que apoia... Por tudo isso, é fácil compreender que a propriedade, embora particular, porque de uso público, isto é, das pessoas em geral, sofre restrição em seu uso, nela não podendo ser afixada propaganda eleitoral. Não se olvide que a propriedade está adstrita à realização de função social (CF, art. 5º, XXIII). A restrição à veiculação de propaganda em bens particulares, mas de uso comum, é feita no interesse público, sendo, por isso, legítima. É claro que a regular função de ginásios desportivos, cinemas, lojas e restaurantes não é a promoção de candidatos, sobretudo em período eleitoral.

17.2.8 Propaganda em bem cujo uso dependa de autorização, cessão ou permissão do Poder Público

O art. 37, *caput*, da LE também veda a realização de propaganda eleitoral "nos bens cujo uso dependa de cessão ou permissão do Poder Público". Na proibição se incluem os bens cujo uso dependa de *autorização* do Poder Público. Sabe-se, com efeito, que cessão, permissão e

Cap. 17 • PROPAGANDA ELEITORAL | **447**

autorização são negócios jurídicos realizados pelo Poder Público, submetendo-se cada qual deles a regime jurídico próprio.

Banca de jornal e revista – "[...] 3. É irregular a propaganda eleitoral veiculada na área externa de banca de revista porque se trata de estabelecimento comercial que depende de autorização do poder público para seu funcionamento, além do que, comumente, situa-se em local privilegiado ao acesso da população, levando-se a enquadrá-la como bem de uso comum" (TSE – REspe nº 25.615/SP – *DJ* 23-8-2006, p. 110).

Veículo de transporte – não se admite que veículo particular que preste serviço público de transporte de pessoa ou coisa ostente, interna ou externamente, propaganda eleitoral. Essa vedação tem o sentido de estabelecer uma "equidistância da Administração Pública Direta e Indireta e de seus titulares em relação às várias candidaturas. Daí por que, independentemente de semelhança com o *outdoor*, é vedada a veiculação de propaganda eleitoral de qualquer natureza em veículos automotores prestadores de serviços públicos, tais como os ônibus de transporte coletivo urbano, a teor do art. 37 da Lei nº 11.300/2006 [*rectius*: 9.504/97]" (TSE – Cons. nº 1.323/DF – *DJ* 28-8-2006, p. 104).

Além do óbice atinente à autorização, permissão ou concessão de serviço de transporte público, tem-se que veículos como ônibus e aviões – quando afetados ao transporte comercial – são também de uso comum.

Se o veículo – e a tarefa a que se encontra ligado – é tão só *contratado* pelo Poder Público para realizar determinada atividade (inexistindo contrato de concessão ou permissão de serviço público), não poderá exibir propaganda enquanto estiver a serviço da Administração. Já se entendeu ser lícito seu uso em campanha política fora do horário em que está a serviço do Poder Público. Nesse sentido: TRE-MG – Rp nº 2.368 – PSS 18-9-2006.

Táxi – além de ser considerado bem de uso comum, o serviço de táxi depende de licença ou permissão do Poder Público. Enquadra-se, pois, na situação anterior (TSE – AgI nº 2.890/SC – *DJ* 31-8-2001, p. 158).

Aplicativo de viagem – embora haja semelhança com o serviço prestado por táxis, o serviço de transporte oferecido por aplicativos como *Uber, Cabify* e 99 diferencia-se em diversos pontos, notadamente: *(i)* o serviço não é concedido nem formalmente fiscalizado pelo Poder Público; *(ii)* os veículos que realizam o transporte não são identificados exteriormente; *(iii)* são diversos os critérios de remuneração. Contudo, o fato de o serviço em exame ser acessível às pessoas em geral, indistintamente, torna razoável a proibição de realização de propaganda eleitoral nos veículos.

17.2.9 Propaganda em bem particular

Em bem particular – de uso e acesso privados –, a realização de propaganda eleitoral depende do consentimento do proprietário ou possuidor, sendo desnecessária a obtenção de licença municipal ou autorização da Justiça Eleitoral. Tal faculdade decorre da autonomia privada e da liberdade de expressão e opinião do proprietário ou detentor. O consentimento deve ser espontâneo e gratuita a cessão do espaço (LE, art. 37, § 8º).

Note-se, porém, que mesmo em bem particular a veiculação de propaganda não é totalmente livre, sofrendo restrições legais. Estas se devem não só à necessidade de haver equilíbrio nas disputas, como também ao barateamento do custo da propaganda e, pois, das campanhas político-eleitorais.

A regra geral inscrita no § 2º, art. 37, da LE é a proibição. Nos termos desse dispositivo, salvante as exceções que enumera, "não é permitida a veiculação de material de propaganda eleitoral em bens [...] particulares".

Assim, a propaganda eleitoral em bens particulares tem caráter excepcional, apenas sendo permitida quando feita em "adesivo plástico em automóveis, caminhões, bicicletas, motocicletas e janelas residenciais, desde que não exceda a 0,5 m² (meio metro quadrado)" (LE, art. 37, § 2º, II – com a redação da Lei nº 13.488/2017).

O limite de 0,5 m² não pode ser excedido. Havendo justaposição de propagandas de menores proporções, o conjunto destas não pode extrapolar aquela área, sob pena de a publicidade caracterizar-se como irregular.

Imóveis – extrai-se do citado inciso II, § 2º, art. 37 que propaganda só pode ser realizada: *(i)* em imóveis *residenciais* (não em imóveis comerciais, industriais, agrícolas etc.); *(ii)* somente em "janelas" ou similares (não em muros, paredes, telhados etc.); *(iii)* em "adesivo plástico" (não mediante pintura ou inscrição a tinta), *(iv)* com dimensão máxima de 0,5 m² (meio metro quadrado).

Inexistindo consentimento do proprietário ou possuidor para a colocação de adesivo de propaganda em seu bem, ilícita ela se torna, podendo o interessado queixar-se à Justiça Eleitoral a fim de que seja determinada sua retirada e, se for o caso, a restauração da coisa danificada. Essas providências poderão ser tomadas no âmbito do poder de polícia da Justiça Eleitoral. Ademais, no plano cível, o agente também poderá responder pelas perdas e danos causados ao proprietário do bem. O dano moral não é afastado, sobretudo quando houver ofensa à imagem da vítima perante a comunidade. A ação de indenização deve ser ajuizada na Justiça Comum, não na Eleitoral.

Sede de partido político – é direito das agremiações políticas fazer inscrever seus nomes ou denominações nas fachadas de suas sedes e respectivas dependências, "pela forma que melhor lhes parecer" (CE, art. 244, I). Por não se tratar de propaganda eleitoral, mas de identificação institucional, essa inscrição não se sujeita às limitações do há pouco citado § 2º, art. 37, da LE – ou seja: não é preciso seja feita "em adesivo plástico" de até 0,5 m² (meio metro quadrado).

Comitê de campanha – nas fachadas e respectivas dependências de seus comitês de campanha é facultado aos partidos fazer veicular seus nomes ou denominações, bem como os de seus candidatos.

Nas dependências internas dos comitês não há limite máximo para a propaganda eleitoral realizada.

Já para as fachadas, há três posições sobre os limites máximos da propaganda eleitoral. A primeira entende que a veiculação dos nomes do partido e do candidato na fachada do comitê se trata de propaganda eleitoral, devendo-se, pois, observar-se as limitações do § 2º, II, art. 37, da LE. Assim, a propaganda deve ser feita "em adesivo" e não exceder a 0,5 m² (meio metro quadrado). Nessa linha: TSE – Rp nº 232.590/DF – PSS 14-9-2010; TSE – AgR-REspe nº 332.757/BA – *DJe* 1-7-2011, p. 91.

Para a segunda posição, a veiculação na fachada dos nomes do partido e do candidato refere-se à identificação do próprio comitê de campanha. Por isso, não incidem as limitações postas no § 2º, II, art. 37, da LE. Nesse sentido: TSE – REspe nº 28.485/SP – *DJ* 11-3-2008, p. 14.

A terceira posição, porém, é a que tem prevalecido. Faz-se, aqui, distinção entre a sede do comitê central e os demais comitês. Nesse sentido, permite-se que candidatos, partidos e coligações façam inscrever, na sede do comitê central de campanha, a sua designação, bem como o nome e o número do candidato "em dimensões que não excedam a 4 m² (quatro metros quadrados)". Nos demais comitês de campanha, que não o central, a divulgação da candidatura deverá observar o limite de 0,5 m2 previsto no art. 37, § 2º, da LE. A fim de que não haja confusão, a Justiça Eleitoral deverá ser informada acerca de qual comitê é o central, caso haja mais de um. A respeito, *vide* Res. TSE nº 23.610/2019, art. 14, § 1º; TSE – REspe nº 060125464/PB – *DJe* 16-10-2023.

Saliente-se não ser raro que comitê de campanha seja instalado na sede do respectivo partido. Nesse caso, é razoável que apenas a propaganda propriamente eleitoral atenda à limitação aludida.

Bem tombado – os bens materiais ou imateriais integrantes do patrimônio cultural brasileiro encontram-se sob a proteção do art. 216, V, § 1º, da Lei Maior. Por isso, restringe-se a realização de propaganda em bem ou conjunto arquitetônico ou paisagístico tombado, pois poderia prejudicar a estética do ambiente que se quis preservar com o tombamento. Como se sabe, este ato "[...] produz efeitos sobre a esfera jurídica dos proprietários privados, impondo limitações ao direito de propriedade de bens particulares, transformando-os em bens de interesse público [...]" (TRE-MG – MS nº 78 – PSS 30-9-2008).

Automóveis – do referido inciso II, § 2º, art. 37, da LE também se extrai a permissão legal para realização de propaganda eleitoral em "automóveis, caminhões, bicicletas e motocicletas" – desde que sejam particulares e destinados ao uso privado. O termo *automóvel* deve ser tomado em sentido amplo, significando veículo que se move por si próprio ou com tração e propulsão decorrente de motor elétrico ou a combustão interna gerada por combustíveis como gasolina, álcool, biodiesel. Assim, deve abranger: trator, patrola, ônibus, van, quadriciclo etc.

A propaganda deve ser realizada por meio de adesivo com dimensão total de até 0,5 m². Pode-se colocar adesivo em quaisquer partes do automóvel, desde que não afete a segurança das pessoas e do trânsito. Assim, *e.g.*, pode ser afixado no para-brisa traseiro, nos vidros das portas, nas portas, no capô, no para-choque etc.

Caso haja mais de um adesivo colado no mesmo automóvel, a soma de suas áreas não pode ultrapassar 0,5 m², sob pena de se caracterizar a irregularidade da propaganda.

A propaganda em automóvel também é objeto do § 4º, art. 38, da LE. Consoante o § 4º, é permitido colar em veículos "adesivos microperfurados até a extensão total do para-brisa traseiro e, em outras posições, adesivos até a dimensão máxima fixada no § 3º". Este § 3º estabelece que adesivos deverão ter "a dimensão máxima de 50 (cinquenta) centímetros por 40 (quarenta) centímetros", que equivale a 0,2 m². Por óbvio, a área desse adesivo (0,2 m²) é inferior à prevista no referido inciso II, § 2º, art. 37, da LE, que é de 0,5 m².

A análise conjunta desses dois dispositivos permite concluir que o inciso II, § 2º, do art. 37, derrogou o § 4º do art. 38. Com isso, tem-se como permitida a fixação de "adesivos microperfurados até a extensão total do para-brisa traseiro" do automóvel, não sendo aplicável, nesse caso, o limite máximo de 0,5 m². A observância desse limite só é necessária quanto a adesivos fixados em outras partes do veículo que não o para-brisa traseiro.

Dada a limitação a 0,5 m² das dimensões do adesivo, vedada é a realização de *plotagem* em automóvel. Por plotagem compreende-se o processo de impressão de imagens, desenhos, letras e traços em grande dimensão; para tanto, é usado equipamento (impressora) de alta qualidade gráfica e precisão denominado *plotter* ou *lutther*. Comum na publicidade (além de outras áreas, como engenharia, arquitetura e *design*), a plotagem pode ser feita em adesivo plástico (entre outros materiais) com tinta resistente à exposição a intempéries. Esse adesivo é aplicado no veículo, que fica quase inteiramente coberto ou plotado.

Sanção por infração – havendo infração às regras estabelecidas para a propaganda em bens particulares, a redação anterior do § 2º do art. 37 da LE impunha ao infrator as "penalidades previstas no § 1º" daquele mesmo dispositivo. Com isso, o infrator ficava sujeito às sanções cumulativas de retirada da propaganda e multa; é nesse sentido o teor da Súmula TSE nº 48. Entretanto, o referido § 2º, art. 37, da LE foi alterado pela Lei nº 13.488/2017; a nova redação suprimiu a referência ao § 1º, tampouco faz alusão à sanção pecuniária (multa) que possa ser impingida ao infrator. Ausente regra sancionatória específica, não é possível *tout court* aplicar as sanções previstas no § 1º, art. 37, da LE; ainda porque, esse § 1º cuida de "veiculação de propaganda em desacordo com o disposto no *caput* deste artigo", isto é, no *caput* do art. 37. E esse último não trata de propaganda em bem particular, mas sim em bens: *(i)* que pertençam ao Poder Público; *(ii)* cujo uso dependa de cessão ou permissão do Poder Público; *(iii)* de uso comum.

Em tal quadro, a infração às regras estabelecidas para a propaganda em bens particulares só pode ser sancionada com a sua retirada e restauração do bem, de modo que não mais é cabível a aplicação de multa; nesse sentido: TSE – REspe nº 060182047/ES, j. 6-6-2019.

17.2.10 *Outdoor*

No âmbito da propaganda em bens particulares, também é proibida a exibida mediante *outdoor*, ainda que em forma de tela ou telão eletrônico. Além do citado art. 37, § 2º, II, a proibição também consta expressamente no art. 39, § 8º, da LE. Esse último dispositivo sujeita a empresa responsável pelo *outdoor*, partidos, coligações e candidatos à imediata retirada da propaganda irregular e ao pagamento de multa.

O problema está na conceituação do que seja *outdoor*. Inicialmente, a jurisprudência considerou como tal "os engenhos publicitários explorados comercialmente, bem como aqueles que, mesmo sem destinação comercial, tenham dimensão igual ou superior a vinte metros quadrados" (Res. TSE nº 20.562/2000, art. 13, § 1º). Logo, ficou estabelecido o limite de 20 m² para a caracterização da placa ou painel como *outdoor*. Em seguida, passou-se a se desprezar as medidas, compreendendo-se por *outdoor* o painel publicitário com destinação comercial. Nesse sentido, *vide*: TSE – AAg. Ac. nº 6.553/SP – *DJ* 2-6-2006, p. 101; TSE – AAg. Ac. nº 4.464/DF – *DJ* 17-3-2006, p. 148. Cedo, porém, o TSE retornou à concepção anterior. Ao responder à Consulta nº 1.274, em 9 de junho de 2006, aquele tribunal esclareceu que "*outdoor* é um engenho publicitário com dimensão igual ou superior a 20 m²". Logo, mesmo que não haja destinação ou exploração comercial, se o painel contiver a referida área, será considerado *outdoor*; consequentemente, se não tiver aquela área não poderá ser caracterizado como tal.

É certo que o tamanho do painel não é um bom critério para se definir o que seja e o que não seja *outdoor*. Isso porque qualquer placa com dimensões inferiores – por menor que fossem – não poderia ser enquadrada no conceito legal. Assim, o melhor é se desprezarem as medidas do *outdoor*, e considerá-lo em sua essência, ou seja, como painel ou placa de natureza publicitária, normalmente colocado em locais de destaque que proporcionam grande visibilidade.

Note-se que, para os fins de propaganda eleitoral, a configuração do *outdoor* pode se dar a partir da junção ou justaposição de dois ou mais artefatos, painéis ou placas de proporções menores, desde que, tomados em conjunto, haja semelhança ou efeito visual de *outdoor*.

> "[...] 2. Configura propaganda irregular o uso de artefatos que, dadas as características, causam efeito visual de *outdoor*, sendo irrelevante a forma, a posição em que colocado ou a mobilidade/transitoriedade do material publicitário para a incidência do art. 39, § 8º, da Lei das Eleições. [...]." (TSE – AgR-REspEl nº 060095395/RR – *DJe* 3-10-2024).

17.2.11 Distribuição de folhetos, adesivos, volantes e outros impressos

Em vias públicas e locais não afetados à prestação de serviço público, é livre a distribuição de folhetos, adesivos, volantes e outros impressos, não sendo, pois, necessária autorização do Poder Público ou da Justiça Eleitoral (LE, art. 38, *caput*) para a realização dessa ação.

Esse material há de ser editado sob a responsabilidade do partido, coligação ou candidato, devendo "conter o número de inscrição no Cadastro Nacional da Pessoa Jurídica – CNPJ ou o número de inscrição no Cadastro de Pessoas Físicas – CPF do responsável pela confecção, bem como de quem a contratou, e a respectiva tiragem". Quando for veiculada no impresso "propaganda conjunta de diversos candidatos, os gastos relativos a cada um deles deverão constar na respectiva prestação de contas, ou apenas naquela relativa ao que houver arcado com os custos" (LE, art. 38, *caput*, §§ 1º e 2º).

Quanto ao tamanho, só há expressa regulamentação acerca de *adesivo*, o qual poderá ter "a dimensão máxima de 50 (cinquenta) centímetros por 40 (quarenta) centímetros" (LE, art. 38, § 3º), ou seja, área máxima de 0,2 m².

Embora a difusão desses impressos seja livre, só pode ocorrer até as 22 horas do dia anterior ao das eleições (LE, art. 39, § 9º), considerando-se crime sua distribuição no dia do pleito (LE, art. 39, § 5º, III). Além disso, não pode haver distribuição em locais de prestação de serviço público, tal como o interior de repartições públicas, escola (TSE – REspe nº 25.682/MG – *DJ* 14-9-2007, p. 224), universidade (TRE-MG – RE nº 2.117 – PSS 29-9-2008).

Ao julgar o REspe nº 379.823/GO, em 15-10-2015, a Corte Superior Eleitoral, por unanimidade, afirmou a ilicitude da conduta de, na véspera do pleito, *lançar ou derramar santinhos ou panfletos* em locais ou vias públicos. Passou, portanto, a considerar tal evento como propaganda eleitoral irregular violadora do art. 37, *caput*, da LE. Assim, houve mudança de entendimento daquele tribunal, pois o aludido comportamento era considerado lícito por ausência de específica previsão legal.

17.2.12 Comício, showmício e eventos assemelhados, *live*

O comício constitui uma das mais tradicionais formas de promoção de candidatos e propaganda eleitoral. Enseja o contato direto de candidatos e eleitores. Pode ocorrer até 48 horas antes do pleito (CE, art. 240, parágrafo único). Sua realização independe de licença da autoridade policial ou judicial. No entanto, é mister que o candidato, partido ou coligação promotora do evento comunique à autoridade policial "em, no mínimo, vinte e quatro horas antes de sua realização, a fim de que esta lhe garanta, segundo a prioridade do aviso, o direito contra quem tencione usar o local no mesmo dia e horário" (LE, art. 39, § 1º). A autoridade pública deverá se incumbir das providências necessárias à garantia da realização do evento e ao funcionamento do tráfego e dos serviços públicos que eventualmente possam ser afetados.

Na realização do comício, a sonorização poderá ser feita por aparelhagem fixa ou trio elétrico, no horário compreendido entre 8 e 24 horas; entretanto, o comício de encerramento da campanha poderá se estender por mais duas horas, devendo encerrar às 2 horas da madrugada (LE, art. 39, §§ 4º e 10).

É lícito o uso de *telão eletrônico* para retransmissão de imagens do próprio comício, *i. e.*, do próprio ato político, pois tal providência tem em vista otimizar a divulgação e apreensão da imagem e mensagem do candidato entre os participantes do evento. Ademais, não se vislumbra óbice na mera retransmissão de comunicações públicas do candidato participante do evento. Mas é vedada, no telão, a retransmissão de *show* artístico ou outro atrativo com a finalidade de diversão ou entretenimento dos presentes.

Não há vedação à transmissão do comício pela página na Internet ou pelas redes sociais do candidato ou partido.

Vale registrar que o § 5º, I, do art. 39 da LE tipifica como crime a promoção de comício no dia da eleição.

Showmício – a teor do § 7º do art. 39 da LE, é proibida a realização de showmício e de evento assemelhado para promoção de candidatos, bem como a apresentação, remunerada ou não, de artistas com a finalidade de animar comício e reunião eleitoral. A constitucionalidade desse dispositivo legal foi assentada pelo Supremo Tribunal Federal no julgamento da ADI 5970/DF, j. 7-10-2021. Estrangeirismo à parte, lamentavelmente, o legislador deixou à doutrina e jurisprudência a tarefa de dizer o que se deve compreender por "showmício" e "evento assemelhado". Deve-se considerar como tal o evento em que haja divertimento, *entretenimento*, recreação ou mero deleite dos presentes.

A regra em apreço limita-se a regular a atuação artística em eventos relacionados às eleições, cuja finalidade seja a promoção de candidatura. Não proíbe que artistas (atores, cantores, animadores, apresentadores etc.) exerçam seus trabalhos durante o período eleitoral, mas apenas que o façam em eventos eleitorais, de modo que estes não sejam descaracterizados nem maculados com o abuso econômicos e a promoção ilícita de desigualdades entre os concorrentes ao pleito. Daí inexistir qualquer ofensa ao inciso IX do art. 5º da Lei Maior, que assegura a livre expressão da atividade artística, tampouco ao inciso XIII do mesmo artigo, que afirma ser "livre o exercício de qualquer trabalho, ofício ou profissão".

E quando o próprio candidato for artista (cantor, ator, animador, apresentador etc.)? Poderá exercer sua arte durante a campanha eleitoral? Poderá, sim, fazê-lo – exceto, porém, "em programas de rádio e de televisão, na animação de comício ou para divulgação, ainda que de forma dissimulada, de sua candidatura ou de campanha eleitoral" (Res. TSE nº 23.610/2019, art. 17, § 1º, I – redação da Res. nº 23.671/2021).

Note-se que o presente § 7º não contém previsão específica de sanção. No entanto, pode-se determinar a cessação da conduta no âmbito do poder de polícia da Justiça Eleitoral e, em caso de descumprimento, punir-se o infrator por delito de desobediência, previsto no art. 347 do Código Eleitoral. Ademais, cuidando-se de *gasto de campanha*, nada impede que se cogite da aplicação do art. 30-A, § 2º, pelo que, "comprovados captação ou gastos ilícitos de recursos, para fins eleitorais, será negado diploma ao candidato, ou cassado, se já houver sido outorgado". Dependendo das proporções que assumir, a situação ainda pode ser analisada na ótica do abuso de poder econômico.

Live eleitoral ou *livemício* – não há vedação para que candidato realize *live* em meio digital ou em sua rede social, comunicando-se, portanto, diretamente com os eleitores e promovendo sua candidatura. Trata-se de "ato de campanha eleitoral de natureza pública" (Res. TSE nº 23.610/2019, art. 29-A, *caput* – incluído pela Res. TSE nº 23.732/2024). Durante o período eleitoral, a *live* realizada por candidato para promoção pessoal ou de atos referentes a exercício de mandato, mesmo sem menção ao pleito, equivale à promoção de candidatura, e como tal, é equiparada a *live eleitoral*.

Considerando a proibição de evento assemelhado a showmício, a *live* não poderá ser realizada com o propósito de entretenimento, e, portanto, não poderá contar com a participação de artistas e animadores, ainda que estes atuem gratuitamente. Nesse sentido, assentou a Corte Superior:

> "É proibida a realização de showmício e de evento assemelhado, presencial ou transmitido pela internet, para promoção de candidatas e candidatos e a apresentação, remunerada ou não, de artistas com a finalidade de animar comício e reunião eleitoral, respondendo a pessoa infratora pelo emprego de processo de propaganda vedada e, se for o caso, pelo abuso de poder (STF: ADI 5.970/DF, j. em 7.10.2021, e TSE: CTA nº 0601243-23/DF, *DJe* de 23.9.2020)" (Res. TSE nº 23.610/2019, art. 17, *caput* – redação da Res. nº 23.671/2021).

> "[...] 3. A realização de eventos com a presença de candidatos e de artistas em geral, transmitidos pela internet e assim denominados como 'lives eleitorais', equivale à própria figura do showmício, ainda que em formato distinto do presencial, tratando-se, assim, de conduta expressamente vedada pelo art. 39, § 7º, da Lei 9.504/97. 4. A proibição compreende não apenas a hipótese de showmício, como também a de 'evento assemelhado', o que, de todo modo, albergaria as denominadas 'lives eleitorais'. 5. Nos termos expressos da lei eleitoral, a restrição alcança os eventos dessa natureza que sejam ou não remunerados. [...]" (TSE – Cta nº 060124323/DF – j. 28-8-2020).

Show e live para arrecadação de recursos para campanha – no julgamento da ADI 5970/DF, em 7-10-2021, o Supremo Tribunal Federal conferiu "interpretação conforme à Constituição ao art. 23, § 4º, inc. V, da Lei nº 9.504/1997, visando incluir no seu escopo a possibilidade de realização de apresentações artísticas ou *shows* musicais em eventos de arrecadação de recursos para campanhas eleitorais". Assim, embora o Excelso Pretório entenda como constitucionalmente adequada a proibição legal de showmícios, afirma a licitude da participação não remunerada de artistas em eventos de arrecadação de recursos para campanhas eleitorais.

Antes disso, a Corte Superior havia assentado ser lícita a realização de *live* ou *show* artístico em plataforma na Internet com vistas à arrecadação de recursos para financiamento de campanha eleitoral. Nesse sentido: TSE – AC nº 0601600-03/RS, j. 5-11-2020. Entendimento esse mantido posteriormente, a ver: "A proibição de que trata o *caput* deste artigo não se estende: [...] II – às apresentações artísticas ou shows musicais em eventos de arrecadação de recursos para campanhas eleitorais previstos no art. 23, § 4º, V, da Lei nº 9.504/1997 (STF: ADI 5.970/DF, j. em 7.10.2021)" (Res. TSE nº 23.610/2019, art. 17, parágrafo único – incluído pela Res. nº 23.671/2021).

O fundamento dessas posições está na distinção feita entre "evento de arrecadação" e "ato de propaganda eleitoral". Enquanto o primeiro é voltado à obtenção de recursos para financiamento de campanha, o segundo tem em vista a exaltação do candidato perante o eleitorado.

17.2.13 Alto-falante, carro de som, minitrio e trio elétrico

O funcionamento de alto-falante ou amplificador de som somente é permitido no período de 8 a 22 horas (LE, art. 39, § 3º). Tais equipamentos podem ser usados até a véspera do dia da eleição. Para que não haja prejuízo ao regular funcionamento de determinados serviços públicos e estorvo aos usuários, proíbe-se sejam instalados e usados em distância inferior a 200 metros:

> "I – das sedes dos Poderes Executivo e Legislativo da União, dos Estados, do Distrito Federal e dos Municípios, das sedes dos Tribunais Judiciais, e dos quartéis e outros estabelecimentos militares; II – dos hospitais e casas de saúde; III – das escolas, bibliotecas públicas, igrejas e teatros, quando em funcionamento".

No entanto, a exigência dessa distância só tem razão de ser se os órgãos arrolados estiverem em funcionamento; caso contrário, não haveria qualquer prejuízo às atividades neles desenvolvidas.

Vale registrar que o § 5º, I, do art. 39 da LE tipifica como crime o uso, no dia da eleição, de alto-falantes e amplificadores de som com vistas à captação de votos.

O uso de *carro de som e minitrio* é permitido. No período eleitoral, esses veículos tocam *jingles* de candidato e anunciam o seu número e propostas. Nos termos do art. 39, § 11, da LE:

> "Art. 39 [...] § 11. É permitida a circulação de carros de som e minitrios como meio de propaganda eleitoral, desde que observado o limite de oitenta decibéis de nível de pressão sonora, medido a sete metros de distância do veículo, e respeitadas as vedações previstas no § 3º deste artigo, apenas em carreatas, caminhadas e passeatas ou durante reuniões e comícios" (redação da Lei nº 13.488/2017).

Assim, a realização de propaganda em carros de som e minitrios requer: *(i)* a observância do limite de 80 decibéis de nível de pressão sonora, medido a sete metros de distância do veículo; *(ii)* o respeito à distância de 200 m de hospitais, escolas etc., conforme estabelece o citado § 3º, art. 39, da LE; *(iii)* a utilização desses veículos apenas em "carreatas, caminhadas e passeatas ou durante reuniões e comícios". Por essa última restrição, os carros de som e minitrios não podem circular pelas ruas a qualquer momento, mas apenas serem utilizados em "carreatas, caminhadas e passeatas ou durante reuniões e comícios".

Quanto ao trio elétrico, seu uso em campanhas eleitorais é vedado pelo § 10, art. 39, da LE (incluído pela Lei nº 12.034/2009), sendo, porém, excepcionalmente permitido apenas "para a sonorização de comícios".

As definições de *carro de som, minitrio* e *trio elétrico* encontram-se no § 12 do art. 39 (incluído pela Lei nº 12.891/2013), que reza:

> "Art. 39 [...] § 12. Para efeitos desta Lei, considera-se:
>
> I – carro de som: veículo automotor que usa equipamento de som com potência nominal de amplificação de, no máximo, 10.000 (dez mil) watts;
>
> II – minitrio: veículo automotor que usa equipamento de som com potência nominal de amplificação maior que 10.000 (dez mil) watts e até 20.000 (vinte mil) watts;
>
> III – trio elétrico: veículo automotor que usa equipamento de som com potência nominal de amplificação maior que 20.000 (vinte mil) watts".

17.2.14 Reunião e manifestação coletiva

O art. 5º, XVI, da Constituição Federal contempla o direito fundamental de reunião, o qual também é previsto no art. XX.1 da Declaração Universal dos Direitos Humanos. Afirma que todos podem reunir-se pacificamente, sem armas, em locais abertos ao público, independentemente de autorização. Por óbvio, estão asseguradas as reuniões e manifestações públicas de caráter político-eleitoral.

No entanto, no dia da eleição, tal direito é atenuado em prol da preservação da paz social. Nesse dia, o art. 39-A, § 1º da LE veda "[...] até o término do horário de votação, a aglomeração de pessoas portando vestuário padronizado, bem como os instrumentos de propaganda referidos no *caput* [bandeiras, broches, dísticos e adesivos], de modo a caracterizar manifestação coletiva, com ou sem utilização de veículos".

Essa vedação é reforçada pelo § 5º do art. 39 da mesma norma, que prevê como crime o uso, no dia da eleição, de alto-falantes e amplificadores de som, a promoção de comício ou carreata, a arregimentação de eleitor, bem como a realização de boca de urna e a divulgação de qualquer espécie de propaganda.

17.2.15 Templo, culto e cerimônia religiosos

Templo, culto e cerimônia religiosos não são os lugares nem os momentos apropriados para se realizar propaganda eleitoral. Além do desrespeito às pessoas presentes, o desvirtuamento de espaços e atos religiosos para a realização de propaganda é ilícito, pois trata-se de locais de uso comum, nos quais é vedada a realização de propaganda nos termos do art. 37, § 4º, da LE (TSE – Ag. nº 2.124/RJ – *DJ* 16-6-2000, p. 104).

Contudo, não é rara a ocorrência de propaganda eleitoral nesses locais em situações como as seguintes: *(i)* prolação de sermões e discursos em que a pregação propriamente religiosa se mistura com o proselitismo político-eleitoral, visando a inculcar nos fiéis certas opiniões ou temores, procurando com isso induzir a formação de seus convencimentos e de suas escolhas políticas; *(ii)* disponibilização de recursos materiais, serviços, espaços e estruturas físicas, tais como: apresentação de candidato em missa, culto ou evento religioso, distribuição de panfletos, colocação no recinto de faixas ou cartazes.

Conforme as circunstâncias, pode restar violada a igualdade de chances que deve haver entre os participantes do certame, o que é agravado quando o evento é disponibilizado na Internet e redes sociais ou transmitido em veículos de comunicação social de massa, como o rádio e a televisão.

É verdade que as liberdades fundamentais de expressão e informação também abrigam líderes religiosos e fiéis. O que não se deve, porém, tolerar é a corrupção do sagrado espaço religioso, instrumentalizando-o para captação de votos dos fiéis que, imbuídos de boa-fé, se apresentam ao ato.

Note-se que, a depender das circunstâncias e magnitude do fato, este poderá ser enquadrado não como mera propaganda ilícita, mas como ilícito de abuso de poder. Para este ou aquele enquadramento, será importante considerar a intensidade da lesão acarretada ao processo eleitoral, notadamente à sua integridade, legitimidade e normalidade – bens jurídicos esses que gozam da proteção constitucional.

17.2.16 Caminhada, passeata, carreata e desfile em veículos automotores

Não se veda a realização de caminhada, passeata, carreata e desfile em veículos automotores em prol de determinada candidatura. Tais eventos podem ser realizados até as 22 horas da véspera do dia das eleições (LE, art. 39, § 9º).

Quanto a carreata e desfile em veículos automotores, por envolverem despesas com combustível, o evento deve ser comunicado à Justiça Eleitoral "com, no mínimo, 24 (vinte e quatro) horas de antecedência, para fins de controle dos respectivos gastos eleitorais" (Res. TSE nº 23.610/2019, art. 13, § 3º – introduzido pela Res. TSE nº 23.732/2024).

Vale observar que o § 5º, I, art. 39 da LE tipifica como crime a promoção, no dia da eleição, de carreata. Embora não haja expressa menção a caminhada e *passeata*, essas duas condutas podem ser compreendidas no tipo do inciso III daquele mesmo § 5º, como crime de divulgação de propaganda no dia da eleição.

17.2.17 Propaganda mediante distribuição de bens ou vantagens

O art. 39, § 6º, da Lei nº 9.504/97 veda, na campanha, a confecção, utilização, distribuição por comitê, candidato, ou com sua autorização, de camisetas, chaveiros, bonés, canetas, brindes, cestas básicas ou quaisquer outros *bens ou materiais que possam proporcionar vantagem ao eleitor*.

A interpretação *contrario sensu* dessa regra indica ser permitida a distribuição de objetos que não propiciem vantagem ao eleitor. É o caso, *e. g.*, de distribuição de "santinho" com a imagem do candidato. Em certos casos, difícil será afirmar se há ou não *real vantagem* ao eleitor. Imagine-se a distribuição de marcador de página ou de minicalendário em forma de "santinho"; se não se pode negar a vantagem, é preciso convir ser ela insignificante.

Confecção de propaganda pelo próprio eleitor – A restrição estampada no aludido § 6º não pode ir ao ponto de suprimir ou cercear o direito público subjetivo de livre manifestação de pensamento e opinião, direito esse que ostenta forte matiz nos domínios políticos.

Assim, nada impede que simpatizante de certo candidato ultime por conta própria ou adquira no comércio, para seu uso pessoal, propaganda em bem que lhe pertença. Mesmo porque o art. 27 da Lei nº 9.504/97 autoriza eleitor a realizar gastos, em apoio a candidato de sua preferência, até a quantia equivalente a um mil UFIR.

É isso o que ocorre, *e. g.*, quando, por serigrafia (*silkscreen*) ou outra técnica, o eleitor faz imprimir em camiseta desenhos ou inscrições que aludam ao candidato que apoia. Tal se inscreve no direito fundamental de manifestação do pensamento.

Venda de material institucional – Cumpre ressaltar ser lícita a comercialização, durante a campanha, de material de propaganda de partido político ou institucional, desde que não haja a divulgação de nome e número de candidato, bem como de cargo em disputa. Por força do art. 33, IV, da LPP, as despesas feitas com a confecção do material e as receitas apuradas com sua venda devem ser discriminadas no balanço contábil anualmente enviado à Justiça Eleitoral. Logo, não pode haver a venda de material de propaganda eleitoral, mas somente partidário-institucional.

Entrega de camiseta a trabalhadores da campanha – A restrição veiculada no vertente art. 39, § 6º, da LE tem o eleitor por objeto. Não é vedado o fornecimento de camisetas com logomarca do partido a pessoas que trabalham na campanha, para uso durante o trabalho. Nesse sentido: "É permitida a entrega de camisas a pessoas que exercem a função de cabos eleitorais para utilização durante o trabalho na campanha, desde que não contenham os elementos explícitos de propaganda eleitoral, cingindo-se à logomarca do partido, da federação ou da coligação, ou ainda ao nome da candidata ou do candidato" (Res. TSE nº 23.610/2019, art. 18, § 2º – com redação da Res. nº 23.671/2021).

17.2.18 *Telemarketing* eleitoral

Consiste a propaganda eleitoral via *telemarketing* em agentes da campanha de um candidato contatar diretamente eleitores por telefone para lhes pedir voto. Em alguns casos apenas se executa o *jingle* ou uma curta mensagem eletrônica.

A prática de *telemarketing ativo* ensejou abusos impossíveis de serem controlados ou comprovada a autoria. Por exemplo: adversários de um candidato, em nome deste, contata eleitores no meio da madrugada; a perturbação do descanso dos eleitores gera forte indisposição para com o suposto responsável pelo contato, prejudicando, portanto, sua candidatura. Trata-se de forma pérfida e antiética de agir.

Tal forma de comunicação eleitoral foi vedada, em qualquer horário. Nesse sentido: TSE – Consultas nº 226-11/DF (*DJe* 2-8-2016, p. 193-194) e nº 20.535/DF (*DJe* 2-8-2016, p. 193-194); Res. TSE nº 23.610/2019, art. 34, I. A proibição invoca como fundamento o "respeito à proteção à intimidade e à inviolabilidade de domicílio e objetivando evitar a perturbação do sossego público". Ao julgar a ADI 5.122, em 3-5-2018, o Supremo Tribunal Federal considerou regular o ato proibitivo emanado do TSE, salientando não haver violação ao direito de informação ou à livre manifestação do pensamento.

Não se veda, porém, o chamado *telemarketing* receptivo, pois aí o próprio eleitor é quem toma a iniciativa do contato. Isso ocorre, por exemplo, quando o eleitor telefona para o escritório ou comitê político do candidato e nos primeiros momentos ouve mensagem ou o *jingle* de sua campanha.

17.2.19 Mensagens de felicitação e agradecimento

É comum a veiculação de mensagens de felicitação e agradecimento em mídias, como painéis, *outdoors, faixas* e *cartazes.* Isso se dá, *e. g.*, por ocasião de algum evento comemorativo como natal, aniversário da cidade, dia das mães ou dos pais, ou de algum acontecimento marcante.

Tem-se reconhecido a licitude de comunicações desse tipo, por ostentarem mera promoção pessoal.

Cap. 17 • PROPAGANDA ELEITORAL | **457**

"1. Nos termos da jurisprudência firmada nesta Corte Superior, a veiculação de mensagens de felicitação em outdoor, sem que haja pedido de voto ou referência a pleito, cargo ou candidatura, como verificado na espécie, configura promoção pessoal e não se confunde com a propaganda eleitoral antecipada. […]. 3. Agravo regimental desprovido" (TSE – AgREspe nº 146256/RR – *DJe*, t. 153, 8-8-2017, p. 11-12).

17.2.20 Divulgação de atos e atuação parlamentar

Impera entre nós o princípio da democracia representativa. Embora esteja radicado no povo, o poder é exercido por seus representantes eleitos. A ampla divulgação de atividades parlamentares liga-se ao princípio da transparência e ao direito-dever de informar. Daí não ser considerada propaganda eleitoral antecipada "a divulgação de atos de parlamentares e debates legislativos", sendo, porém, vedado que se faça "pedido de votos" (LE, art. 36-A, IV – com redação da Lei nº 12.891/2013).

Ademais, sendo o parlamentar representante popular, não se pode vedar sua comunicação com os cidadãos que o elegeram e com a sociedade em geral. Ao contrário, é até recomendável que isso ocorra com frequência. Daí não se poder falar em irregularidade na divulgação de atividades parlamentares, seja mediante panfleto, informativo, jornal ou página na Internet. Nesse sentido é a jurisprudência: TSE – AgR-REspe nº 28.428/SP – *DJe*, t. 32, 14-2-2014, p. 105. E mais:

> "1. É assente no TSE que, nos três meses que antecedem às eleições, não se considera propaganda vedada pelo inciso VI do art. 73 da Lei nº 9.504/97 a divulgação, pelo parlamentar, de sua atuação no cargo legislativo. 2. Maior razão há em se afastar a incidência do § 3º do art. 36 da Lei das Eleições, no caso de veiculação de informativo, no qual o parlamentar divulga suas realizações em período anterior àquele da eleição. 3. Não configurada a propaganda extemporânea, afasta-se a sanção de multa. 4. Agravo desprovido" (AgR-REspe nº 26.718/SC – *DJ* 4-6-2008, p. 18).

Por outro lado, ainda que se deva, por imposição constitucional, manter sempre aberto um canal de comunicação entre parlamentares e eleitores, não pode o detentor de cargo eletivo fazer de sua prestação de contas aos eleitores plataforma para lançamento de futura candidatura. O que se veda "[…] é que a publicação tenha conotação de propaganda eleitoral, a qual, portanto, há de aferir-se segundo critérios objetivos e não conforme a intenção oculta de quem a promova" (TSE – REspe nº 19.752/MG – *DJ* 28-10-2008, p. 35). Por isso, se a divulgação das atividades parlamentares tiver conotação eleitoral, com pedido de votos, projeção de futura candidatura ou claro lançamento de campanha, o fato eventualmente poderia ser enquadrado como propaganda eleitoral antecipada.

17.2.21 Mídia: meios de comunicação social

A sociedade contemporânea notabiliza-se pela sua dimensão comunicativa. São amplos e variados os meios de comunicação individuais e de massa – os denominados *mass medias*. Em razão de seu enorme poderio e forte influência na interpretação do mundo e formação da consciência política dos cidadãos, preocupa-se o legislador estatal em regulamentar esse setor.

Muito se discute acerca dos limites, nas eleições, dos princípios constitucionais atinentes às liberdades de comunicação e de imprensa, bem como aos direitos de informar e ser informado. Pelo art. 5º, IV, da Lei Maior, é "livre a manifestação do pensamento". Já o art. 220 do mesmo diploma assegura que: "A manifestação do pensamento, a criação, a expressão e a informação, sob qualquer forma, processo ou veículo não sofrerão qualquer restrição, observado o disposto nesta Constituição". O § 1º desse dispositivo interdita ao legislador inserir em texto legal "dispositivo que possa constituir embaraço à plena liberdade de informação jornalística em qualquer veículo de comunicação social". Já o § 2º veda "toda e qualquer censura de natureza política, ideológica e artística".

Nesse quadro, cumpre indagar se no ambiente eleitoral é legítimo o estabelecimento de limites à atuação jornalística ou se a liberdade nesse setor apresenta caráter absoluto.

É preciso ponderar que os princípios que resguardam a liberdade de comunicação e informação não são os únicos a figurarem na Constituição. Há muitos outros, como os que protegem o segredo, a intimidade, a vida privada, a imagem, as comunicações telefônicas e de dados, a igualdade entre os participantes no certame eleitoral. A rigor, a Lei Maior constitui uma carta de valores e princípios. Na dinâmica da vida social, não é incomum que princípios detentores de igual *status* constitucional colidam entre si. Cumpre, pois, definir qual dos princípios colidentes deverá prevalecer no caso concreto. A esse respeito, é assente que se deve realizar juízo de ponderação. Tenha-se presente inexistir, *a priori*, hierarquia entre princípios constitucionais, embora a liberdade de comunicação ocupe lugar destacado. Somente a pesquisa dos valores em jogo e das circunstâncias concretas poderá revelar a preponderância de um ou de outro no caso a ser resolvido.

Suponha-se que o princípio da liberdade de comunicação social (no qual está implicado o direito de informação) colida com o da igualdade entre os candidatos que participam do processo eleitoral. Enquanto este último releva a necessidade de se conferir igual tratamento aos candidatos (que equivale à paridade de armas entre os competidores), aquele encarece a liberdade de expressão e de imprensa. Ambos encerram valores caros ao regime democrático de direito. A opção por um deles se dá ao cabo de complexo processo hermenêutico, no qual também comparece a cosmovisão e a pré-compreensão do intérprete. É óbvio que a igualdade absoluta é impossível de ser alcançada. Mas, se se pretender que haja certa equivalência ou equilíbrio entre todos os candidatos, a isonomia deverá prevalecer sobre a liberdade de comunicação. Por outro lado, se se entender que a liberdade de informação é o valor maior a ser prestigiado no caso concreto, deverá, então, sobrepujar a pretendida igualdade entre os candidatos. Isso é assim porque nada no Direito é absoluto, sendo ele mesmo relativo, já que constitui produto da cultura humana.

Entre os tradicionais veículos de comunicação social de massa, destacam-se a imprensa escrita, a televisão e o rádio. Atualmente, porém, tem decrescido a importância desses *medias*, prevalecendo o uso da Internet e de plataformas virtuais de comunicação. Cada qual desses veículos conta com regulamentação própria, conforme se exporá nos tópicos seguintes.

17.2.22 Mídia escrita

Realçando os valores atinentes às liberdades de comunicação e informação, admite-se que a imprensa escrita – jornal, revista e escritos em geral –, em qualquer época (inclusive durante o processo eleitoral), emita *opinião* favorável a candidato ou pré-candidato. Como se sabe, o jornal e a revista (como pessoa jurídica) se expressam no editorial. Mas não há empeço à manifestação de colunista no espaço que lhe é destinado. Note-se, porém, que a matéria não pode ser paga.

Se for franqueada a emissão de opinião favorável, razão não há para se vedar a crítica negativa ou a opinião desairosa. Elogio e crítica fazem parte da dialética democrática.

Por força do art. 36-A da LE, mesmo antes do período eleitoral pode haver publicação de entrevista em que pré-candidato exponha suas plataformas e projetos, peça apoio político, aluda à pretensa candidatura, exalte suas qualidades pessoais. Veda-se, porém, o pedido de voto. A vedação é ao *pedido explícito*, pois é óbvio que toda solicitação de apoio, exposição de plataforma e projetos por parte do pré-candidato traz em si pedido *implícito* ou velado de voto.

Matéria paga – quanto à *divulgação paga* de propaganda eleitoral, até a antevéspera das eleições é ela permitida. Para se evitar que um candidato ou alguns deles monopolizem esse meio, o art. 43 da LE só permite a reprodução de "até 10 (dez) anúncios de propaganda eleitoral, por veículo, em datas diversas, para cada candidato, no espaço máximo, por edição, de 1/8 (um oitavo) de página de jornal padrão e de 1/4 (um quarto) de página de revista ou tabloide". A averiguação da quantidade de anúncios deve se basear no número de vezes em que a imagem ou o nome do candidato sejam veiculados, não dependendo, portanto, de quem os tenha contratado; nesse sentido: Res. TSE nº 23.370/2011, art. 26, § 6º. Além disso, o anúncio deverá conter, de forma visível, o valor pago pela inserção. A inobservância desses limites sujeita o agente à sanção de multa.

17.2.23 Mídia virtual

Consoante assinalado, as novas tecnologias têm acarretado profundas transformações nas comunicações humanas. No mundo contemporâneo, a imprensa escrita convive com a virtual. Empresas jornalísticas e revistas mantêm *sites* ou portais na Internet, nos quais são centralizados inúmeros conteúdos e *links*, inclusive matérias que veiculam nos cadernos impressos. Há, ainda, veículos que só são editados virtualmente.

Sendo a Internet um dos mais importantes meios de informação e comunicação da atualidade, não se vislumbram motivos juridicamente relevantes para se negar a jornais e revistas editados virtualmente as mesmas possibilidades e prerrogativas conferidas aos impressos. Impõe-se o tratamento isonômico, sob pena de grave afronta aos princípios constitucionais de liberdade e igualdade, bem como aos direitos fundamentais de expressão, informação e crítica. Mesmo porque o art. 57-D da LE proclama ser livre a manifestação do pensamento pela Internet, vedando o anonimato. Assim, jornais e revistas virtuais – independentemente de possuírem versões impressas – podem publicar em seus sítios matérias contendo opinião favorável e desfavorável a candidato ou partido, realizar entrevistas e debates, desde que essas ações tenham caráter exclusivamente informativo ou jornalístico, sem qualquer conotação propagandística, promoção de candidatura ou contraprestação pecuniária.

Por outro lado, se é certo que o art. 57-C, § 1º, I, da LE veda a veiculação de propaganda eleitoral na Internet em sítio de pessoa jurídica, não menos certo é o fato de que a matéria jornalística que aluda a candidato não constitui propriamente "propaganda eleitoral", mas lídima manifestação dos direitos fundamentais de expressão do pensamento, crítica e informação.

Matéria paga – tal qual ocorre com a imprensa escrita, restringe-se na virtual a propaganda eleitoral paga.

A Lei nº 12.034/2009 alterou o texto do art. 43 da LE. Pela nova redação, é permitida "a reprodução na Internet do jornal impresso" contendo anúncios de propaganda eleitoral. Logo, só podem ser reproduzidos na Internet anúncios publicados no veículo impresso, dentro dos limites fixados para este, conforme visto linhas atrás.

Conclui-se que se o veículo só é editado virtualmente, não poderá exibir propaganda eleitoral paga. Essa restrição harmoniza-se com o prescrito no art. 57-C, *caput*, e § 1º, I, da LE, que veda a veiculação de propaganda paga na Internet e em sítio de pessoa jurídica. Afigura-se, pois, como exceção a possibilidade de o veículo de comunicação exibir em seu sítio na Internet a mesma propaganda constante de sua versão impressa.

Vale ressaltar que, nos termos do art. 7º da Lei nº 12.034/2009, propaganda eleitoral na Internet só pode ser veiculada até a antevéspera do dia das eleições, salvo a realizada gratuitamente pelo próprio candidato ou partido em seus respectivos sítios eletrônicos.

17.2.24 Rádio e televisão

17.2.24.1 Aspectos da propaganda no rádio e na televisão

Dado o poder de difusão e influência que naturalmente ostentam, a televisão e o rádio sempre foram tratados com cautela pelo legislador estatal. Mesmo em tempos de predomínio da comunicação eletrônica, o rádio e a TV estão presentes em quase todos os lares brasileiros, sendo encontrados nos rincões mais distantes.

Os serviços prestados por tais veículos de comunicação social são concedidos pelo poder público federal, operando as empresas sob o regime de concessão estatal. Estando seus bens afetos à realização de uma finalidade pública, têm natureza de bens públicos por afetação (vide GOMES, 2009, p. 237). Por isso, não podem ser empregados em prol de candidaturas. Devem pautar sua atuação pela imparcialidade. Mesmo porque empresas concessionárias ou permissionárias de serviço público não podem efetuar doação direta ou indireta, "em dinheiro ou estimável em dinheiro, inclusive por meio de publicidade de qualquer espécie", a partido ou candidato (LE, art. 24, III; LPP, art. 31, II). Note-se que a exigência de imparcialidade não significa omissão ou ação acrítica da mídia, mas a impossibilidade de se apoiar determinada candidatura na disputa pelo poder estatal.

Com vistas a coibir o uso abusivo dos meios de comunicação em tela e ensejar o acesso de todos os candidatos, estabelece a lei eleitoral minuciosa regulamentação.

As restrições abarcam as emissoras de rádio comunitária, as emissoras de televisão que operam em VHF e UHF, os canais por assinatura, inclusive os que forem de responsabilidade do Poder Público, como a TV Câmara, a TV Senado, as TVs Assembleia, a TV Justiça.

É vedada a propaganda paga, devendo restringir-se ao horário eleitoral gratuito (LE, arts. 36, § 2º, e 44, *caput*).

Nos termos do art. 45, *caput*, da LE, encerrado o prazo para a realização das convenções no ano das eleições – ou seja, a partir de 6 de agosto –, é defeso às emissoras, em sua programação normal e no noticiário:

> "I) transmitir, ainda que sob a forma de entrevista jornalística, imagens de realização de pesquisa ou qualquer outro tipo de consulta popular de natureza eleitoral em que seja possível identificar o entrevistado ou em que haja manipulação de dados; II) [vigência suspensa – STF/ADI 4.451, j. 2-9-2010 – eis o texto suspenso: 'usar trucagem, montagem ou outro recurso de áudio ou vídeo que, de qualquer forma, degradem ou ridicularizem candidato, partido ou coligação, ou produzir ou veicular programa com esse efeito']; III) veicular propaganda política [a segunda parte desse inciso foi suspensa pelo STF na ADI 4.451, j. 2-9-2010 – eis o texto suspenso: '[...] ou difundir opinião favorável ou contrária a candidato, partido, coligação, a seus órgãos ou representantes']; IV) dar tratamento privilegiado a candidato, partido ou coligação; V) veicular ou divulgar filmes, novelas, minisséries ou qualquer outro programa com alusão ou crítica a candidato ou partido político, mesmo que dissimuladamente, exceto programas jornalísticos ou debates políticos; VI) divulgar nome de programa que se refira a candidato escolhido em convenção, ainda quando preexistente, inclusive se coincidente com o nome do candidato ou com a variação nominal por ele adotada; sendo o nome do programa o mesmo que o do candidato, é proibida sua divulgação, sob pena de cancelamento do respectivo registro".

A emissora que infringir tais vedações sujeita-se à sanção de multa, conforme prevê o § 2º desse mesmo art. 45.

A partir do dia 30 de junho do ano eleitoral, é vedado às emissoras a transmissão de programa apresentado ou comentado por pré-candidato (LE, art. 45, § 1º – com a redação da

Lei nº 13.165/2015). Caso o apresentador ou comentador venha a ser escolhido na convenção partidária, a infringência dessa proibição: *(i)* sujeita a emissora à sanção de multa; *(ii)* acarreta o indeferimento ou cancelamento do registro da candidatura do beneficiário.

Com tais restrições, pretende-se privilegiar os princípios da imparcialidade e da impessoalidade na prestação de serviço público, bem como da isonomia e do equilíbrio entre os participantes do certame, impedindo-se que uns sejam beneficiados em detrimento de outros. Tendo em vista que o rádio e a televisão constituem serviços públicos cuja realização pelo particular depende de concessão do Poder Público, há mister que o concessionário aja com imparcialidade perante os candidatos e as agremiações participantes do certame. Tais mídias

> "[...] têm um dever que não se estende à mídia escrita: o dever da imparcialidade ou da equidistância perante os candidatos. Imparcialidade, porém, que não significa ausência de opinião ou de crítica jornalística. Equidistância que apenas veda às emissoras de rádio e televisão encamparem, ou então repudiarem, essa ou aquela candidatura a cargo político-eletivo" (STF – ADI 4.451/DF – *DJ* 1º-9-2010; trecho do voto do relator Min. Ayres Britto).

Afinal, se o poder político emana do povo, é mister que a liberdade do sufrágio seja garantida de forma plena.

A Lei nº 12.034/2009 revogou o § 3º do citado art. 45. Tal parágrafo estendia as proibições veiculadas nesse artigo "aos sítios mantidos pelas empresas de comunicação social na Internet e demais redes destinadas à prestação de serviços de telecomunicações de valor adicionado". Com isso, fica claro que as aludidas vedações só existem para o rádio e a televisão.

Outrossim, o Pleno do Supremo Tribunal Federal, por maioria, (referendando decisão monocrática do Relator, Min. Ayres Britto), na ADI 4.451 (sessão de 2-9-2010), declarou a inconstitucionalidade do inciso II, da segunda parte do inciso III e dos §§ 4º e 5º, todos do aludido art. 45. Com isso, não mais subsiste a proibição de as emissoras de rádio e televisão, durante o processo eleitoral, difundirem opiniões contrárias ou favoráveis a candidato ou agremiação política, bem como veicularem sátiras, charges ou programas humorísticos tratando de temas político-eleitorais; por igual, não mais se veda que os programas contenham distorções de imagens pelo emprego de trucagem, montagem ou outro recurso. Afirma-se a intangibilidade da liberdade de imprensa, sendo certo que programas de humor e charges devem ser compreendidos como formas lídimas de expressão e circulação de ideias protegidas pela Constituição. Eventuais condutas ilícitas ou abusivas podem repercutir em outras esferas, ensejando a responsabilização civil (ex.: obrigação de indenizar dano moral), administrativa (ex.: perda da concessão) ou criminal (ex.: crimes de injúria, difamação e calúnia) do responsável; não podem, porém, justificar o cerceamento do fundamental direito de comunicação, que só floresce em ambiente democrático. Extrai-se da decisão referendada:

> "[...] o fato é que programas humorísticos, charges e modo caricatural de pôr em circulação ideias, opiniões, frases e quadros espirituosos compõem as atividades de 'imprensa', sinônimo perfeito de 'informação jornalística' (§ 1º do art. 220). Nessa medida, gozam da plenitude de liberdade que a ela, imprensa, é assegurada pela Constituição até por forma literal (já o vimos). Dando-se que o exercício concreto dessa liberdade em plenitude assegura ao jornalista o direito de expender críticas a qualquer pessoa, ainda que em tom áspero, contundente, sarcástico, irônico ou irreverente, especialmente contra as autoridades e aparelhos de Estado. Respondendo, penal e civilmente, pelos abusos que cometer, e sujeitando-se ao direito de resposta a que se refere a Constituição em seu art. 5º, inciso V. Equivale a dizer: a crítica jornalística em geral, pela sua relação de inerência

com o interesse público, não é aprioristicamente suscetível de censura. É que o próprio das atividades de imprensa é operar como formadora de opinião pública, lócus do pensamento crítico e necessário contraponto à versão oficial das coisas, conforme decisão majoritária deste Supremo Tribunal Federal na ADPF 130. Decisão a que se pode agregar a ideia, penso, de que a locução 'humor jornalístico' é composta de duas palavras que enlaçam pensamento crítico e criação artística [...]. Sem falar no conteúdo libertador ou emancipatório de frases que são verdadeiras tiradas de espírito, como essa do genial cronista Sérgio Porto, o Stanislaw Ponte Preta: 'a prosperidade de alguns homens públicos do Brasil é uma prova evidente de que eles vêm lutando pelo progresso do nosso subdesenvolvimento'.

10. Daqui se segue, ao menos nesse juízo prefacial que é próprio das decisões cautelares, que a liberdade de imprensa assim abrangentemente livre não é de sofrer constrições em período eleitoral. Ela é plena em todo o tempo, lugar e circunstâncias. Tanto em período não eleitoral, portanto, quanto em período de eleições gerais. Seria até paradoxal falar que a liberdade de imprensa mantém uma relação de mútua dependência com a democracia, mas sofre contraturas justamente na época em que a democracia mesma atinge seu clímax ou ponto mais luminoso (refiro-me à democracia representativa, obviamente). Sabido que é precisamente em período eleitoral que a sociedade civil em geral e os eleitores em particular mais necessitam da liberdade de imprensa e dos respectivos profissionais. Quadra histórica em que a tentação da subida aos postos de comando do Estado menos resiste ao viés da abusividade do poder político e econômico. Da renitente e triste ideia de que os fins justificam os meios. Se podem as emissoras de rádio e televisão, fora do período eleitoral, produzir e veicular charges, sátiras e programas humorísticos que envolvam partidos políticos, pré-candidatos e autoridades em geral, também podem fazê-lo no período eleitoral. Até porque processo eleitoral não é estado de sítio (art. 139 da CF), única fase ou momento de vida coletiva que, pela sua excepcional gravidade, a nossa Constituição toma como fato gerador de 'restrições à inviolabilidade da correspondência, ao sigilo das comunicações, à prestação de informações e à liberdade de imprensa, radiodifusão e televisão, na forma da lei' (inciso III do art. 139) [...]".

Tal interpretação é sobremodo alvissareira. Além de significar a vitória das liberdades de expressão e informação, expõe uma visão menos tutelar do cidadão, que foi sempre entendido como um ser débil, carente de proteção estatal, incapaz de observar, pensar e produzir juízos autônomos acerca da vida político-social e dos políticos. Ora, a convivência democrática pressupõe, entre outras coisas, a diversidade de formas e meios de expressão, a diversidade de pensamentos. E a democracia não se afirma senão onde é vivida.

É permitido às emissoras de radiodifusão "a transmissão de sessões plenárias de órgãos do Poder Legislativo ou Judiciário, ainda que realizadas durante o período eleitoral", sendo vedado, porém, tratamento privilegiado a qualquer candidato ou partido (Res. TSE nº 23.610/2019, art. 43, § 4º – incluído pela Res. nº 23.671/2021).

17.2.24.2 *Entrevistas com candidatos*

Embora a Lei nº 9.504/97 não contenha específica previsão, é de admitir-se que as emissoras realizem *entrevistas* com candidatos. Afinal, se lhes é dado entrevistar pré-candidato (LE, art. 36-A, I) e promover debate entre candidatos, não há razão jurídica que as impeça de entrevistar os principais atores do certame. Mesmo porque as eleições constituem fato jornalístico de indiscutível relevo e a entrevista propicia aos eleitores conhecer melhor os candidatos e as ideias que apoiam. Note-se que a conveniência de realizar a entrevista é da própria emissora. Consoante já se decidiu:

"[...] não cabe à Justiça Eleitoral impor às emissoras de televisão, ou a qualquer outro veículo de comunicação, a obrigação de entrevistar esta ou aquela pessoa. 4. A possibilidade de tratamento diferenciado para candidatos que se encontram em situações distintas está prevista na própria lei eleitoral, como, por exemplo, na distribuição dos tempos reservados para a propaganda eleitoral gratuita. Agravo a que se nega provimento" (TSE – AgR-AC nº 2.787/PA – *DJe* 7-10-2008, p. 13).

Cuidando-se de entrevista com *candidato*, nada impede que haja explícito pedido de voto aos ouvintes e telespectadores. É isso, aliás, que dele se espera.

Observe-se, porém, que na realização de entrevistas se deve sempre procurar respeitar o princípio da igualdade. Para que não haja desequilíbrio e odioso privilégio, o mesmo espaço deve ser franqueado a todos os concorrentes da eleição a que se referir. Os abusos e excessos, bem como o uso indevido dos meios de comunicação social, podem constituir abuso de poder com as consequências inerentes a esse ilícito.

17.2.24.3 Debate

O *debate* pode ser compreendido como um encontro face a face entre candidatos concorrentes (normalmente) a cargos do Poder Executivo, em que lhes são feitas perguntas e apresentados temas e problemas diversos para suas apreciações e respostas; sua finalidade primordial é auxiliar a escolha dos eleitores no dia das eleições. O evento é realizado em uma sala ampla, palco ou estúdio, e transmitido pela televisão, rádio ou Internet, sendo objeto de grande interesse do público e larga cobertura da mídia.

O primeiro registro de debate transmitido pela mídia (televisão e rádio) que se tem notícia ocorreu nos EUA, na campanha presidencial de 1960. Já ao final da campanha foi realizada uma série de três debates entre os candidatos dos partidos Democrata John F. Kennedy e Republicano Richard M. Nixon, os quais foram assistidos por cerca de 70 milhões de telespectadores. Na percepção geral, Kennedy saiu vitorioso, sobretudo em razão de suas habilidades comunicativas, por sua boa aparência, postura mais espontânea e relaxada, bem como por ter passado a imagem de estar mais próximo e ser mais acessível às pessoas; conquistou a confiança do eleitor norte-americano, para o que os debates foram decisivos. Conforme assinalam Clift e Spieler (2012, p. 86), foi esse o início de uma importante tradição nas campanhas presidenciais americanas.

Embora tradicionalmente o debate seja mediado por profissionais da mídia, nos últimos anos outro modelo também tem sido usado. Trata-se do denominado *town hall debate* ou *town hall meeting* (debate ou encontro comunitário), surgido nas eleições presidenciais dos EUA de 1992, na qual se defrontaram os candidatos democrata William Jefferson Clinton e o republicano George H. W. Bush. Nesse formato, esclarecem Clift e Spieler (2012, p. 87), questões não são postas por um mediador ou por um time de jornalistas, mas pelos próprios cidadãos; além disso, a um candidato é dado comentar as respostas do oponente. Se, de um lado, esse formato de debate favorece candidatos dotados de maior poder comunicativo, que sejam desenvoltos, espontâneos, acessíveis e hábeis para interagir com o público, de outro, encorajam a participação de eleitores indecisos, a quem é facultado se dirigir diretamente aos candidatos.

Atualmente, mercê do desenvolvimento tecnológico, os debates se tornaram uma técnica largamente empregada nas democracias ocidentais.

No Brasil, seu uso foi obstado pelo regime ditatorial inaugurado em 1964. Mas, com os ventos da reabertura política, já no ano de 1982, há registros de sua ocorrência. Assim é que a TVS (TV Studios, sucedida pelo SBT – Sistema Brasileiro de Televisão), em 22 de março de 1982, transmitiu debate entre os então candidatos ao governo do Estado de São Paulo Reynaldo de Barros (PDS) e Franco Montoro (PMDB). Nesse mesmo ano, outras emissoras promoveram e transmitiram debates, inclusive com a participação de outros candidatos. Desde então, o debate se incorporou nas campanhas eleitorais brasileiras.

À luz da legislação vigente, o art. 46 da LE (com a redação da Lei nº 13.488/2017) faculta às emissoras de rádio e televisão inserir em suas programações normais a realização de *debate* sobre as eleições majoritária ou proporcional. Caso a emissora opte por realizar debate, o referido dispositivo assegura "a participação de candidatos dos partidos com representação no Congresso Nacional, de, no mínimo, cinco parlamentares", sendo facultada a participação dos demais candidatos cujos partidos não tenham aquela representação parlamentar mínima. Assim, é garantida a participação de candidatos cujos partidos tenham no mínimo, por exemplo: cinco Deputados Federais ou cinco Senadores ou quatro Deputados e um Senador. Vale registrar que antes da alteração promovida pela Lei nº 13.488/2017, o art. 46 da LE exigia que representação fosse apenas na Câmara de Deputados.

Já se entendeu que a referida "representação partidária no Congresso Nacional" é a resultante da eleição correspondente à legislatura em curso. Havendo parlamentares que tenham mudado de partido, somente devem ser consideradas as mudanças de filiação "realizadas com justa causa até a data da convenção de escolha do candidato" (TSE – Cta nº 10694/DF – *DJe* 9-5-2016, p. 173).

Na hipótese de algum candidato integrar coligação partidária, deve-se considerar a representatividade dos partidos que a compõem.

Se o partido do candidato – seja ele majoritário ou proporcional – não contar com representação no Congresso Nacional ou tiver menos que cinco parlamentares (Deputado e Senador), a emissora não tem o dever legal de convidá-lo para o debate. Querendo, poderá fazê-lo, mas a tanto não está obrigada por lei. Trata-se, pois, de faculdade da emissora que não está adstrita a colher a concordância dos demais candidatos cujos partidos atendam ao aludido critério. É nesse sentido a interpretação do Excelso Pretório:

> "Decisão: O Tribunal, por maioria, deu parcial procedência ao pedido, conferindo interpretação conforme ao § 5º do art. 46 da Lei nº 9.504/1997, com a redação dada pela Lei nº 13.165/2015, para se determinar que os candidatos aptos não possam deliberar pela exclusão dos debates de candidatos cuja participação seja facultativa, quando a emissora tenha optado por convidá-los [...]" (STF – ADI 5487/DF – Pleno (maioria) – Rel. Min. Rosa Weber – Redator para acordão Min. Roberto Barroso – j. 25-8-2016).

Já quanto aos candidatos que necessariamente devem ser convidados, admite-se a realização de debate sem a presença de todos, desde que a emissora os tenha convidado com a antecedência mínima de 72 horas da realização do evento. A decisão de comparecer ou não ao evento é exclusiva do candidato e seu partido.

As regras do debate são ajustadas em negócio jurídico entabulado entre a emissora interessada e os partidos políticos dos candidatos participantes. No primeiro turno das eleições, consideram-se "aprovadas as regras, inclusive as que definam o número de participantes, que obtiverem a concordância de pelo menos 2/3 (dois terços) dos candidatos aptos no caso de eleição majoritária, e de pelo menos 2/3 (dois terços) dos partidos com candidatos aptos, no caso de eleição proporcional" (LE, art. 46, §§ 4º e 5º). Uma vez aprovado o acordo, deve-se cientificar a Justiça Eleitoral. Observe-se não ser preciso que o ajuste seja homologado pela Justiça, bastando seja ela informada.

E se não houver acordo entre os interessados, ainda assim poderia haver debate? Tem--se respondido afirmativamente a essa pergunta (vide Res. TSE nº 23.370/2011, art. 29; nº 23.404/2013, art. 30, nº 23.457/2015, art. 33), de maneira que, inexistindo acordo, os debates transmitidos por emissoras de rádio e televisão devem satisfazer as regras mínimas postas no art. 46, I, *a* e *b*, II e III, a saber:

> "Art. 46 [...] I – nas eleições majoritárias, a apresentação dos debates poderá ser feita: a) em conjunto, estando presentes todos os candidatos a um mesmo cargo eletivo; b) em grupos, estando presentes, no mínimo, três candidatos; II – nas eleições proporcionais, os debates deverão ser organizados de modo que assegurem a presença de número equivalente de candidatos de todos os partidos a um mesmo cargo eletivo e poderão desdobrar-se em mais de um dia, respeitada a proporção de homens e mulheres estabelecida no § 3º do art. 10 desta Lei (redação dada pela Lei nº 14.211/2021); III – os debates deverão ser parte de programação previamente estabelecida e divulgada pela emissora, fazendo-se mediante sorteio a escolha do dia e da ordem de fala de cada candidato, salvo se celebrado acordo em outro sentido entre os partidos e coligações interessados".

A presença do mesmo candidato a eleição proporcional em mais de um debate da mesma emissora é vedada pelo § 2º do art. 46 da LE.

Caso apenas um candidato compareça, admite-se que o horário destinado à realização de debate seja destinado a entrevistá-lo. Nesse sentido: "[...] 1. Estando comprovado o convite para participar de debate em televisão aos dois únicos candidatos, se apenas um compareceu, em princípio pode o programa realizar-se, sem que fique configurado tratamento privilegiado. [...]" (TSE – REspe nº 19.433/MG – *DJ* 23-8-2002, p. 175). Tornou-se pacífica essa interpretação.

17.2.24.4 *Debate virtual*

A realização de debate por mídias, jornais e revistas virtuais não é objeto de específica regulamentação na Lei nº 9.504/97. Não há, pois, proibição do que seja realizado e exibido na *web*. No que for cabível, pode-se cogitar a aplicação por analogia do disposto no art. 46 daquela norma, mormente seu § 4º, segundo o qual "o debate será realizado segundo as regras estabelecidas em acordo celebrado entre os partidos políticos e a pessoa jurídica interessada na realização do evento, dando-se ciência à Justiça Eleitoral". Saliente-se, porém, não ser imperiosa a formulação de convite e a efetiva participação de todos os candidatos, nem mesmo a "de candidatos dos partidos com representação no Congresso Nacional".

No Brasil, o primeiro *debate virtual* de que se tem notícia foi promovido pelo jornal *Folha de S. Paulo* em parceria com o provedor UOL – Universo Online, em 18 de agosto de 2010, nas eleições presidenciais brasileiras. Os três principais candidatos à Presidência da República se encontraram no Teatro Tuca, na capital paulista, de onde as transmissões foram feitas ao vivo. O debate teve cerca de duas horas e meia de duração. Muitas pessoas formularam perguntas diretamente aos candidatos via *webcam*, o que contribuiu para o seu enriquecimento com a introdução de temas difíceis e não explorados. O evento alcançou grande repercussão. Segundo estimativa dos organizadores, "a audiência do UOL Notícias e da Folha.com foi 350% maior do que a média e chegou à casa dos 30 milhões de acesso"; sem mencionar os demais *sites* e *blogs* que o retransmitiram (*Folha de S. Paulo*, 19 ago. 2010 – Debate Folha/UOL). Foram registrados acessos de 127 países, sendo o maior número originário dos EUA, Japão, Alemanha, Reino Unido e Portugal. Isso dá a dimensão da importância e do papel fundamental das novas tecnologias – notadamente da Internet – nas atuais democracias representativas.

466 | DIREITO ELEITORAL – José Jairo Gomes

17.2.25 Propaganda gratuita no rádio e na televisão

17.2.25.1 Introdução

O art. 17, § 3º, da CF (com a redação da EC nº 97/2017) assegura aos partidos políticos "acesso gratuito ao rádio e à televisão". Entretanto, esse direito só é concedido aos que cumprirem certos requisitos.

Denominados cláusulas de desempenho, esses requisitos são previstos naquele mesmo art. 17, § 3º (e também no art. 3º da EC nº 97/2017), consistindo em: (1) obtenção de percentagem mínima de votos válidos para a Câmara de Deputados; (2) em um terço das unidades da Federação (ou seja, em nove Estados ou Distrito Federal); (3) com um mínimo dos votos válidos em cada uma delas. Os requisitos são progressivos, devendo se estabilizar nas eleições de 2030. Se o partido não os atingir em cada eleição, aplica-se um critério alternativo (também progressivo) consistente na eleição de um número mínimo de Deputados Federais em pelo menos nove unidades da Federação. Tal número é também progressivo, sendo fixado em 9, 11, 13 e 15 respectivamente nas eleições de 2018, 2022, 2026 e 2030. Registre-se que, no julgamento da Consulta nº 060412730, em 18-12-2018, entendeu o TSE que a presente regra é aplicável já "a partir das eleições de 2018 para a legislatura de 2019-2022 na Câmara de Deputados".

Assim, se um partido tiver candidatos eleitos, mas seu desempenho for muito fraco e não preencher os referidos requisitos, não terá direito de "acesso gratuito ao rádio e à televisão".

A propaganda eleitoral no rádio e na televisão é gratuita e obrigatória.

A gratuidade significa que as agremiações políticas têm direito de realizá-la e, pois, os candidatos beneficiados *não* têm de ressarcir as emissoras de rádio e televisão pelo uso do espaço. Todavia, o uso desse espaço não é gracioso. O art. 99 da Lei nº 9.504/97 estabelece o direito das emissoras à "compensação fiscal". Assim, a propaganda eleitoral "gratuita" é sempre custeada pelo erário.

Já pela obrigatoriedade, as emissoras têm o dever legal de veicular a propaganda eleitoral, sob pena de terem suspensas suas programações normais (LE, art. 56). Contudo, esse dever só abrange os canais abertos que operam em VHF e UHF, inclusive os comunitários (LE, art. 57). Quanto aos fechados ou por assinatura, só há obrigatoriedade para os que se encontram vinculados a entes públicos como o Senado (TV Senado), a Câmara dos Deputados (TV Câmara), as Assembleias Legislativas (TV Assembleia), a Câmara Legislativa do Distrito Federal, as Câmaras Municipais, o Poder Judiciário (TV Justiça).

Nos termos do § 9º, art. 47, da LE (introduzido pela Lei nº 13.165/2015), "as emissoras de rádio sob responsabilidade do Senado Federal e da Câmara dos Deputados instaladas em localidades fora do Distrito Federal são dispensadas da veiculação da propaganda eleitoral gratuita", exceto no pleito de Presidente da República.

A emissora "não autorizada a funcionar pelo poder competente" não pode exibir propaganda eleitoral, sob pena de ser sancionada com multa (LE, art. 44, § 3º). Note-se que essa regra disse *menos* do que deveria, sendo mister promover sua integração pela interpretação extensiva. É que não apenas a "emissora não autorizada a funcionar pelo Poder Público" deve ser proibida de exibir propaganda eleitoral, como também aquela que, previamente autorizada, exerce a atividade de telecomunicação de forma contrária aos preceitos legais e aos regulamentos. São condutas diversas e ambas constituem crimes autônomos, previstos respectivamente no art. 70 da Lei nº 4.117/1962 e no art. 183 da Lei nº 9.472/1997. Nesse sentido:

> "[...] 1. A prática de atividade de telecomunicação sem a devida autorização dos órgãos públicos competentes subsume-se no tipo previsto no art. 183 da Lei 9.472/97; divergindo da conduta descrita no art. 70 da Lei 4.117/62, em que se pune aquele que, previamente

Cap. 17 • PROPAGANDA ELEITORAL | 467

autorizado, exerce a atividade de telecomunicação de forma contrária aos preceitos legais e aos regulamentos. Precedentes do STJ. 2. Conflito conhecido para declarar competente o Juízo Federal da 2ª Vara de Pelotas – SJ/RS, ora suscitado, em conformidade com o parecer ministerial" (STJ – CC nº 101.468/RS – 3ª Seção – *DJe* 10-9-2009).

"[...] 2. Este Superior Tribunal de Justiça possui entendimento firmado na vertente de que a instalação e funcionamento de emissora de rádio clandestina é crime tipificado no art. 70 da Lei 4.117/62 – e não no art. 183 da Lei 9.472/97 (cf. art. 215, I, da Lei 9.472/97) –, não tendo havido modificação da matéria mesmo após a superveniência da EC 08/95, sendo irrelevante, outrossim, que o serviço de radiodifusão comunitário prestado tenha baixa potência e seja sem fins lucrativos, já que, mesmo em tais casos, persiste a necessidade de prévia autorização do Poder Público para o funcionamento da atividade, a afastar a aplicação do princípio da insignificância. 3. Agravo regimental a que se nega provimento" (STJ – AgR-REsp nº 1.169.530/RS – 6ª Turma – *DJe* 13-10-2011).

As mídias contendo as gravações devem ser entregues antecipadamente às emissoras. Tecnicamente, é inviável que os candidatos compareçam ao estúdio da emissora para geração ao vivo da propaganda. Isso porque (*vide* Res. TSE nº 22.290/2006): *(i)* as emissoras só estão obrigadas a transmitir programas previamente gravados; *(ii)* além da emissora ficar privada do uso de seu estúdio, os custos operacionais seriam agravados com a transmissão ao vivo, não havendo previsão legal para a compensação fiscal desse *plus* (LE, art. 99); *(iii)* é impossível assegurar o *sincronismo* entre as diversas emissoras de um Estado, o que coloca em risco o tratamento isonômico que deve ser conferido a todos os candidatos; *(iv)* poderia haver tumulto caso vários candidatos comparecessem simultaneamente à mesma emissora para geração ao vivo do programa, colocando em risco o êxito da operação. Essa questão passou a ser disciplinada no § 8º, art. 47, da LE (acrescido pela Lei nº 12.891/2013), que dispõe:

"Art. 47 [...] § 8º As mídias com as gravações da propaganda eleitoral no rádio e na televisão serão entregues às emissoras, inclusive nos sábados, domingos e feriados, com a antecedência mínima: I – de 6 (seis) horas do horário previsto para o início da transmissão, no caso dos programas em rede; II – de 12 (doze) horas do horário previsto para o início da transmissão, no caso das inserções".

Transmissão – a *transmissão* da propaganda pode ocorrer de duas formas: em rede ou cadeia e inserção. Quando feita em *rede*, ficam suspensas as transmissões das emissoras, de sorte que a comunicação vai ao ar simultaneamente em todos os canais de transmissão.

Já na *inserção* a propaganda é intercalada na programação normal da emissora, não havendo simultaneidade na difusão nos diversos veículos integrantes do sistema.

17.2.25.2 Conteúdo da propaganda

A elaboração da propaganda é de responsabilidade dos candidatos e das agremiações. O conteúdo deve ligar-se à promoção do candidato perante o eleitorado, de modo a serem difundidas sua imagem, ideias, projetos, propostas e programa, bem como suas posições acerca de temas de interesse da sociedade.

Nos termos do art. 54 da LE (com a redação da Lei nº 13.165/2015), nos programas e inserções de rádio e televisão só poderão aparecer, em gravações internas (estúdio) e externas (ao ar livre): (i) candidatos, (ii) apoiadores do candidato em até 25% do tempo, (iii) caracteres com propostas, (iv) fotos, (v) *jingles*, (vi) clipes com música ou vinhetas, inclusive de passagem, vii) indicação do número do candidato ou do partido. Também é permitida "a veiculação de entrevistas com o candidato e de cenas externas nas quais ele, pessoalmente, exponha: I – realizações de governo ou da administração pública; II – falhas administrativas e deficiências verificadas em obras e serviços públicos em geral; III – atos parlamentares e debates legislativos" (LE, art. 54, § 2º).

Na produção, deve-se observar a Língua Brasileira de Sinais – Libras ou a veiculação de legendas, que deverão constar da mídia entregue às emissoras (LE, art. 44, § 1º). Ademais, a Lei Brasileira de Inclusão da Pessoa com Deficiência garante o uso dos seguintes recursos: "I – subtitulação por meio de legenda oculta; II – janela com intérprete da Libras; III – audiodescrição" (Lei nº 13.146/2015, arts. 67 e 76, § 1º). Com isso, viabiliza-se a comunicação com as pessoas portadoras de deficiência.

Há mister que partidos e coligação sejam identificados no programa (LE, art. 6º, § 2º). Tal exigência visa a conferir transparência às composições políticas que apoiam o candidato.

São proibidas a censura prévia e a realização de cortes nos programas (LE, art. 53).

Além das restrições de caráter geral (CE, art. 243; LE, art. 40), é ainda vedado: *(i)* propaganda de matiz comercial, que promova marca ou produto, ainda que de maneira disfarçada ou subliminar (LE, art. 44, § 2º); *(ii)* mensagem que possa degradar ou ridicularizar candidatos (LE, arts. 51, IV, e 53, § 1º); *(iii)* comunicação ofensiva à honra de candidatos, à moral e aos bons costumes (LE, art. 53, § 2º); *(iv)* transmitir, ainda que sob a forma de entrevista jornalística, imagens de realização de pesquisa ou qualquer outro tipo de consulta popular de natureza eleitoral em que seja possível identificar o entrevistado ou em que haja manipulação de dados (LE, arts. 55 e 45, I); *(v)* programa ou inserção produzido com "montagens, trucagens, computação gráfica, desenhos animados e efeitos especiais" (LE, art. 54, *caput*, parte final – com a redação da Lei nº 13.165/2015); *(vi)* "ofensas ou acusações a adversários, decorrentes de manifestações de terceiros ou de matérias divulgadas pela imprensa" (TSE – Rp nº 165865/DF – PSS 16-10-2014).

17.2.25.3 *Distribuição do tempo de propaganda*

Com vistas a fortalecer o sistema partidário, o tempo no rádio e na televisão é repartido apenas entre as entidades que tenham candidato – e que cumpram a cláusula de desempenho prevista no art. 17, § 3º, da CF c.c. art. 3º da EC nº 97/2017. Eis os critérios legais para a distribuição:

> "Art. 47 […] § 2º Os horários reservados à propaganda de cada eleição, nos termos do § 1º, serão distribuídos entre todos os partidos e coligações que tenham candidato, observados os seguintes critérios:
>
> I – 90% (noventa por cento) distribuídos proporcionalmente ao número de representantes na Câmara dos Deputados, considerado, no caso de coligação para as eleições majoritárias, o resultado da soma do número de representantes dos 6 (seis) maiores partidos que a integrem; (Redação da Lei nº 14.211/ 2021);
>
> II – 10% (dez por cento) distribuídos igualitariamente" (LE, art. 47, § 2º, I e II – com a redação da Lei no 13.165/2015)."

A representação de cada partido é a resultante da eleição para a Câmara dos Deputados (LE, art. 47, § 3º).

O § 6º, art. 17, da Constituição (acrescentado pela EC nº 111/2021) determina que não seja "computada, em qualquer caso, a migração de partido para fins […] de acesso gratuito ao rádio e à televisão". Assim, na hipótese de o parlamentar sair do partido pelo qual foi eleito e migrar para outro partido, não haverá alteração no tempo de propaganda de rádio e televisão a que tem direito o seu partido de origem; significa dizer que o parlamentar não leva para a nova legenda o tempo correspondente de rádio e TV.

Havendo fusão ou incorporação partidária, o número de representantes do novo ente corresponderá à soma das agremiações de origem, sendo igualmente somados os tempos de propaganda gratuita no rádio e na TV a elas atribuídos.

Quid juris se for criado novo partido, sem que haja fusão ou incorporação de outros? Os §§ 5º e 6º do art. 17 da Constituição (acrescidos pelas ECs nº 97/2017 e 111/2021 respectivamente) estabelecem que, em caso de migração partidária, a nova filiação não deve ser "considerada para fins de [...] acesso gratuito ao tempo de rádio e de televisão". Em igual sentido, o § 7º, art. 47, da LE (com a redação da Lei nº 13.107/2015) determina que sejam "desconsideradas as mudanças de filiação partidária em quaisquer hipóteses". No mesmo rumo, assentou a Corte Superior que "será desconsiderada qualquer mudança de filiação partidária (Constituição Federal, art. 17, § 6º; e STF: ADI 4583, *DJe* de 3.12.2020)" (Res. TSE nº 23.610/2019, art. 55, § 3º – com a redação da Res. nº 23.671/2021).

Diante disso, pode-se concluir que, havendo migração de parlamentar para a nova legenda, ele não leva consigo o tempo correspondente de acesso a rádio e televisão. Afigura-se correta tal solução, pois o novo partido jamais se submeteu ao crivo das urnas, nem realizou qualquer investimento para que os seus filiados detentores de mandato pudessem ter sido eleitos, tampouco contribuiu efetivamente para a composição do órgão legislativo. Os Deputados que participaram de sua criação ou para ele migraram já no princípio de sua existência não foram eleitos sob sua bandeira, nem utilizaram seus recursos, imagem e prestígio junto ao povo. Nesse quadro, não é razoável que um novo partido possa ser contemplado com o tempo de propaganda gratuita no rádio e na televisão correspondente ao número de Deputados Federais (já eleitos) que conseguisse atrair para os seus quadros. Mesmo porque esse tempo seria decotado das legendas anteriores desses parlamentares, as quais seriam injustiçadas sobretudo porque foi por elas que os Deputados que passaram para a nova agremiação conseguiram se eleger. Não se pode esquecer que o tempo de propaganda no rádio e na televisão é também uma conquista do partido, que envidou esforços e empenhou-se na peleja eleitoral para ver sagrados seus próprios candidatos.

Uma vez fixado o tempo de propaganda a que as agremiações têm direito, determina o art. 50 da LE que a Justiça Eleitoral efetue sorteio "para a escolha da ordem de veiculação da propaganda de cada partido ou coligação no primeiro dia do horário eleitoral gratuito; a cada dia que se seguir, a propaganda veiculada por último, na véspera, será a primeira, apresentando-se as demais na ordem do sorteio".

Cumpre aos partidos distribuir o horário gratuito a que tiver direito entre seus respectivos candidatos majoritários e proporcionais, respeitados o tempo deferido a cada uma dessas eleições, cabendo à Justiça Eleitoral dirimir eventuais conflitos e abusos. As agremiações também devem promover a organização, geração e gravação dos programas a serem veiculados e entregá-los às emissoras. As gravações devem ser feitas em meio compatível com as condições técnicas das emissoras geradoras, as quais devem conservá-las por até 30 dias, nos termos do art. 71, § 3º, da Lei nº 4.117/1962.

Reserva de gênero – a distribuição do tempo de propaganda eleitoral gratuita no rádio e na TV para candidaturas proporcionais deve observar o percentual mínimo de 30% de candidatura por gênero estabelecido no art. 10, § 3º, da LE. Caso o número de candidaturas por gênero supere o referido percentual mínimo, impõe-se o acréscimo do tempo de propaganda na mesma proporção. A fim de não se reduzir a efetividade da ação afirmativa, a distribuição do aludido percentual de tempo deve ocorrer de forma separada no rádio e na televisão, e, em cada um desses veículos, nos blocos e nas inserções (STF – ADI 5617/DF – *DJe* 23-3-2018;

TSE – Cta nº 060025218 – *DJe*, t. 163, 15-8-2018; TSE – Cta nº 060048306 – j. 26-9-2022; TSE – Res. TSE nº 23.610/2019, art. 55, § 8º, e art. 77, § 1º, I).

Distribuição proporcional do tempo de propaganda por grupo étnico – dentro de cada gênero, deve haver proporcionalidade na distribuição do tempo de propaganda para as candidaturas proporcionais de pessoas negras e não negras. Nesse sentido, o art. 77, § 1º, da Res. TSE nº 23.610/2019 (incluído pela Res. nº 23.671/2021) determina a: "[...] II – destinação proporcional ao percentual de candidaturas de mulheres negras e não negras, calculado com base no total de pedidos de registro apresentados pelo partido ou pela federação na circunscrição (Consulta nº 060030647, *DJe* de 5.10.2020); III – destinação proporcional ao percentual de candidaturas de homens negros e não negros, calculado com base no total de pedidos de registro apresentados pelo partido ou pela federação na circunscrição (Consulta nº 060030647, *DJe* de 5.10.2020)". Para tal finalidade, a definição de pessoa negra inclui a parda – e toma por base a autodeclaração "lançada no formulário do registro de candidatura" (Res. TSE nº 23.610/2019, art. 77, § 1º – incluído pela Res. nº 23.671/2021).

À guisa de exemplo, tome-se um partido que lança um total de 100 candidatos, dos quais 60 se declaram do gênero masculino e 40 do feminino: *(i)* se no grupo *masculino* houver 12 pessoas negras/pardas, a elas dever-se-á atribuir 20% do tempo (12 corresponde a 20% de 60); *(ii)* se no grupo *feminino* houver 6 pessoas negras/pardas, a elas dever-se-á atribuir 15% do tempo (6 corresponde a 15% de 40). Portanto, a distribuição do tempo de propaganda por grupo étnico se dá com base na proporção de candidaturas dentro dos respectivos grupos.

Com o intuito de não reduzir a efetividade da ação afirmativa, o tempo proporcional de propaganda atribuído a negros/pardos deve ser distribuído de forma separada no rádio e na televisão, e, em cada um desses veículos, nos blocos e nas inserções (TSE – Cta nº 060048306 – j. 13-9-2022).

17.2.25.4 Primeiro turno das eleições

A propaganda eleitoral gratuita no rádio e na televisão inicia-se nos 35 dias anteriores à antevéspera do pleito (LE, art. 47, *caput*), sendo transmitida sob duas formas: rede e inserção.

Propaganda em rede – a propaganda em *rede* é disciplinada no § 1º, art. 47, da LE (com a redação da Lei nº 13.165/2015). O legislador foi minucioso, fixando o momento exato em que as peças ou os programas devem ser levados ao ar pelas emissoras. A especificação baseia-se em dois critérios: a espécie de eleição e o cargo em disputa. O quadro seguinte resume essa matéria:

Espécie de eleição e cargo disputado	Dias da propaganda	Horários no rádio	Horários na TV
Presidente da República	Terças e quintas-feiras e sábados	de 7h a 7h12min30s de 12h a 12h12min30s	de 13h a 13h12min30s de 20h30min a 20h42min31s
Deputado Federal	Terças e quintas-feiras e sábados	de 7h12min30s a 7h25min de 12h12min30s a 12h25min	de 13h12min30s a 13h25min de 20h42min30s a 20h55min
Senador (renovação de 1/3 do Senado)	Segundas, quartas e sextas-feiras	de 7h a 7h05min de 12h a 12h05min	de 13h a 13h05min de 20h30min a 20h35min
Senador (renovação de 2/3 do Senado)	Segundas, quartas e sextas-feiras	de 7h a 7h07min de 12h a 12h07min	de 13h a 13h07min de 20h30min a 20h37min

Espécie de eleição e cargo disputado	Dias da propaganda	Horários no rádio	Horários na TV
Deputado Estadual e Distrital (renovação de 1/3 do Senado)	Segundas, quartas e sextas-feiras	de 7h05min a 7h15min de 12h05min a 12h15min	de 13h05min a 13h15min de 20h35min a 20h45min
Deputado Estadual e Distrital (renovação de 2/3 do Senado)	Segundas, quartas e sextas-feiras	de 7h07min a 7h16min de 12h07min a 12h16min	de 13h07min a 13h16min de 20h37min a 20h46min
Governador de Estado e do DF (renovação de 1/3 do Senado)	Segundas, quartas e sextas-feiras	de 7h15min a 7h25min de 12h15min a 12h25min	de 13h15min a 13h25min de 20h45min a 20h55min
Governador de Estado e do DF (renovação de 2/3 do Senado)	Segundas, quartas e sextas-feiras	de 7h16min a 7h25min de 12h16min a 12h25min	de 13h16min a 13h25min de 20h46min a 20h55min
Prefeito	Segunda-feira a sábado	de 7h a 7h10min de 12h a 12h10min	de 13h a 13h10min de 20h30min a 20h40min

Para o cargo de vereador não é prevista a realização de propaganda em rede, mas tão somente na forma de inserções, consoante prescreve o inciso VII desse mesmo § 1º, art. 47, da LE.

Propaganda em inserção – a propaganda eleitoral na forma de *inserção* é contemplada nos arts. 51 e 47, § 1º, VII, ambos da Lei nº 9.504/97 (e ambos com a redação da Lei nº 13.165/2015). Esse último inciso dispõe sobre inserções em eleições de prefeito e vereador, enquanto o art. 51 dispõe sobre inserções nas demais eleições.

Nos termos do art. 51, as emissoras de rádio e televisão devem reservar 70 minutos diários para serem usados em inserções de 30 e 60 segundos, a critério do respectivo partido. As inserções devem ser veiculadas diariamente, inclusive aos domingos. As peças devem ser distribuídas ao longo da programação da emissora e levadas ao ar entre 5 e 24 horas. A todos os candidatos é assegurada participação nos horários de maior e menor audiência (LE, art. 52, parte final), de sorte que suas mensagens atinjam o maior número possível de pessoas.

O tempo destinado às inserções deve ser "dividido em partes iguais para a utilização nas campanhas dos candidatos às eleições majoritárias e proporcionais, bem como de suas legendas partidárias ou das que componham a coligação, quando for o caso" (LE, art. 51, I).

Diferentemente do que ocorre na cadeia ou rede, não fixa a lei os horários exatos em que as inserções devem ser transmitidas. Tal previsão deverá constar no *plano de mídia* elaborado em conjunto pelos partidos e pelas emissoras, em ato presidido pela Justiça Eleitoral (LE, art. 52), ou estabelecido por esta, caso haja omissão daquelas entidades. Em qualquer caso, determina o inciso III do art. 51 da LE que na distribuição dos horários se considerem os blocos de audiência entre às 5 e 11 horas, 11 e 18 horas, 18 e 24 horas.

Nos termos do inciso IV, art. 51, da LE (com a redação da Lei nº 12.891/2013), às inserções são aplicáveis as regras (há pouco referidas) do art. 47 da LE para a propaganda em rede. Com a alteração da redação desse inciso IV, deixou de ser proibido que a inserção contenha gravação externa.

É proibida "a veiculação de inserções idênticas no mesmo intervalo de programação, exceto se o número de inserções de que dispuser o partido exceder os intervalos disponíveis, sendo vedada a transmissão em sequência para o mesmo partido político" (LE, art. 51, § 1º – renumerado pela Lei nº 13.488/2017).

Inserções em eleições municipais – para as eleições municipais, o inciso VII, § 1º, art. 47, da LE (com a redação da Lei nº 13.165/2015) contempla os candidatos a prefeito e vereador com "inserções de trinta e sessenta segundos, no rádio e na televisão, totalizando setenta minutos diários, de segunda-feira a domingo, distribuídas ao longo da programação veiculada entre as cinco e as vinte e quatro horas, na proporção de 60% (sessenta por cento) para Prefeito e 40% (quarenta por cento) para Vereador".

Somente serão exibidas as inserções de televisão "nos Municípios em que houver estação geradora de serviços de radiodifusão de sons e imagens" (LE, art. 47, § 1º-A – incluído pela Lei nº 13.165/2015).

17.2.25.5 Segundo turno das eleições

Havendo segundo turno, é assegurada a realização de propaganda eleitoral em bloco e inserção, no rádio e na televisão, para cada eleição ou cargo em disputa.

Nessa fase do processo eleitoral, o tempo de propaganda é distribuído de forma igual entre os concorrentes. Não importa, pois, que a agremiação do candidato tenha ou não representação no Congresso Nacional.

A propaganda ocorrerá "a partir da sexta-feira seguinte à realização do primeiro turno e até a antevéspera da eleição" (LE, arts. 49, *caput*, e 51, § 2º). Nesse período deve ocorrer a proclamação dos resultados das eleições presidencial e estaduais. Assim, todas as propagandas de segundo turno terão início no mesmo dia, ou seja, na "sexta-feira seguinte à realização do primeiro turno". Entretanto, se por alguma razão não for possível a proclamação dos resultados em algum Estado, isso não impedirá o início da propaganda para a campanha presidencial e para os demais Estados em que a proclamação ocorreu regularmente.

Na propaganda em *bloco* ou *rede*, prescreve o art. 49 da Lei nº 9.504/97 que as emissoras de rádio e televisão deverão reservar dois blocos diários – inclusive aos domingos – de 10 minutos para o horário eleitoral, iniciando-se às 7 e às 12 horas, no rádio, e às 13 e às 20:30 horas, na televisão.

Na circunscrição em que houver segundo turno para os pleitos de Presidente da República e Governador, cada eleição contará com 10 minutos em cada bloco. Nesse caso, a exibição da propaganda da eleição presidencial precede a de Governador. Como o tempo é repartido de forma igual entre os candidatos, cada qual contará com 5 minutos.

Quanto à *inserção*, é prevista no art. 51, § 2º, da LE (incluído pela Lei nº 13.488/2017). É mister que as emissoras destinem diariamente, inclusive aos domingos, 25 minutos "para serem usados em inserções de trinta e de sessenta segundos". Devem ser veiculadas entre às 5 e 24 horas. O referido tempo destina-se ao "cargo em disputa", sendo dividido igualmente entre os candidatos, de sorte que cada um destes contará com 12 minutos e 30 segundos.

E se houver na circunscrição segundo turno para os pleitos de Presidente da República e Governador? Nesse caso, para cada eleição são garantidos 25 minutos, sendo tal tempo dividido igualmente entre os respectivos candidatos; de modo que cada candidato terá o tempo 12 minutos e 30 segundos.

17.2.25.6 Invasão de horário e participação de apoiador

Conforme visto, a distribuição do tempo de rádio e televisão é minuciosamente especificada em lei, sendo estabelecidas as possibilidades para cada cargo em disputa em todas as eleições.

Coloca-se, então, o problema relativo à propaganda de um cargo usar ou invadir o horário reservado a outro.

A Lei nº 9.504/97 trata desse problema em seus arts. 53-A (com a redação da Lei nº 12.891/2013) e 54 (com a redação da Lei nº 13.165/2015). Enquanto o primeiro dispõe sobre a invasão de horários destinado a campanhas majoritária e proporcional, o segundo cuida da participação de apoiador.

Invasão de campanha majoritária em proporcional e vice-versa – o art. 53-A, primeira parte, da LE veda a invasão de horário ou de tempo de propaganda destinado à candidatura proporcional, de propaganda de candidato majoritário e vice-versa. Essa proibição é reiterada no § 2º daquele mesmo dispositivo legal, que proíbe "a utilização da propaganda de candidaturas proporcionais como propaganda de candidaturas majoritárias e vice-versa".

Assim, no âmbito de um mesmo partido ou coligação, a propaganda de cada cargo deve se limitar ao espaço que lhe é reservado. Previne-se com isso o desvirtuamento da distribuição legal de horário gratuito no rádio e na televisão e, consequentemente, o desequilíbrio das campanhas e do pleito, pois uma candidatura seria indevidamente beneficiada com tempo superior ao que lhe foi reservado.

A inobservância das regras de distribuição do tempo de propaganda gratuita entre as candidaturas majoritárias e proporcionais sujeita a agremiação infratora à perda de "tempo equivalente no horário reservado à propaganda da eleição disputada pelo candidato beneficiado" (LE, art. 53-A, § 3º). Medida essa que visa a reequilibrar a distribuição do tempo entre os concorrentes.

Mas essa restrição é relativa. Se os Poderes da República são independentes, devem também ser harmônicos entre si; não se governa isoladamente, sem intenso diálogo entre os Poderes. É, pois, legítimo o interesse de candidatos majoritários em eleger bancada de parlamentares que lhes dê sustentação, assegurando a governabilidade. Por outro lado, há situações em que, devido ao prestígio que goza junto à população, a vinculação de candidato majoritário a proporcional beneficia mais a este que àquele. Sob tais prismas, não é ilícita a só referência ou vinculação a candidato majoritário em horário destinado à candidatura proporcional, desde que esta não seja desnaturada. Assim, na propaganda televisiva, admite-se a utilização de legendas com referência a candidatos majoritários ou, ao fundo, cartazes ou fotografias desses candidatos; também é lícita a menção ao nome e ao número de qualquer candidato do partido ou da coligação (LE, art. 53-A, *caput*, segunda parte). Já na propaganda no rádio, dada sua natureza, a referência só pode ser feita oralmente. Além disso, admite-se "a inserção de depoimento de candidatos a eleições proporcionais no horário da propaganda das candidaturas majoritárias e vice-versa, registrados sob o mesmo partido ou coligação, desde que o depoimento consista exclusivamente em pedido de voto ao candidato que cedeu o tempo" (LE, art. 53-A, § 1º).

Participação de apoiador no primeiro turno – a segunda parte do art. 54, *caput*, da LE (com a redação da Lei nº 13.165/2015) permite a participação de apoiador na propaganda gratuita no rádio e na televisão. Por apoiador, compreende-se a pessoa com aptidão para propiciar benefícios eleitorais ao apoiado. Eis o inteiro teor do referido dispositivo legal:

> "Art. 54. Nos programas e inserções de rádio e televisão destinados à propaganda eleitoral gratuita de cada partido ou coligação só poderão aparecer, em gravações internas e externas, observado o disposto no § 2º, candidatos, caracteres com propostas, fotos, *jingles*, clipes com música ou vinhetas, inclusive de passagem, com indicação do número do candidato ou do partido, bem como seus apoiadores, inclusive os candidatos de que trata o § 1º do art. 53-A, que poderão dispor de até 25% (vinte e cinco por cento) do tempo de cada programa ou inserção, sendo vedadas montagens, trucagens, computação gráfica, desenhos animados e efeitos especiais. [...]".

Tem-se, pois, que a propaganda no rádio e na televisão poderá contar com a participação de candidatos e seus apoiadores.

474 | DIREITO ELEITORAL – *José Jairo Gomes*

Os apoiadores poderão usar "até 25% (vinte e cinco por cento) do tempo de cada programa ou inserção".

Interpretação literal do citado art. 54 da LE (com a redação da Lei nº 13.165/2015) poderia induzir à compreensão de que qualquer pessoa poderia figurar como "apoiador" de um candidato. Entretanto, não há razoabilidade no entendimento de que pessoa ou candidato filiado a um partido (ou coligação) possa usar o horário eleitoral gratuito de candidato de outro partido (ou outra coligação), ainda que na qualidade de apoiador. Entendimento como esse subverte a lógica que preside as regras de distribuição de tempo de rádio e televisão, que deve ser reservado para a promoção e exposição do candidato que a ele faz jus.

Por outro lado, é razoável o entendimento que permite a participação no horário eleitoral gratuito de um candidato de apoiador sem filiação partidária e de candidato do mesmo partido (ou de partido integrante da mesma coligação).

Logo, no âmbito de um mesmo partido ou de uma mesma coligação, um candidato majoritário pode participar como apoiador da propaganda de outro majoritário. Por exemplo: candidato a senador pode ocupar até 25% do tempo de candidato a governador e vice-versa, desde que tal participação "consista exclusivamente em pedido de voto ao candidato que cedeu o tempo", ou seja, ao candidato apoiado. Essa limitação tem o sentido de evitar o desvirtuamento das regras de distribuição de tempo entre os diversos cargos (LE, art. 47), o que poderia gerar benefício indevido a um dos candidatos e, pois, desequilíbrio do pleito.

Havendo descumprimento do citado art. 54 da LE, pode ser determinada a adequação da propaganda.

Não há específica previsão de sanção de perda de tempo destinado ao candidato beneficiado. Todavia, cogita-se a aplicação dessa sanção, afirmando-se a incidência do § 3º do art. 53-A da LE, porque as situações tratadas neste e no art. 54 da LE são essencialmente semelhantes, além do fato de o art. 54 fazer expressa remessa ao § 1º do art. 53-A da LE. Para esse entendimento, a agremiação infratora sujeita-se à perda de "tempo equivalente no horário reservado à propaganda da eleição disputada pelo candidato beneficiado" (LE, art. 53-A, § 3º).

Participação de apoiador no segundo turno – na propaganda eleitoral voltada para o segundo turno das eleições, o § 1º, art. 54, da LE proíbe "a participação de filiados a partidos que tenham formalizado o apoio a outros candidatos". Assim, dadas as peculiaridades das eleições de segundo turno, admite-se a participação de pessoa filiada a partido diverso do candidato apoiado, contanto que não haja formalizado apoio a outros candidatos.

Participação em propaganda de âmbito regional – com vistas a reforçar o desempenho do partido nas eleições, permite-se que a agremiação utilize, na propaganda eleitoral de seus candidatos em âmbito regional, "a imagem e a voz de candidato ou militante de partido político que integre a sua coligação em âmbito nacional" (LE, art. 45, § 6º).

17.2.25.7 Inexistência de emissora geradora de sinais de rádio e televisão

Apesar dos sinais das emissoras de rádio e televisão serem difundidos e captados em muitos municípios, poucos são os que sediam as entidades geradora e retransmissora dos programas.

Nem sempre há identidade entre a emissora *geradora* e a retransmissora. Aquela detém a tecnologia e os equipamentos necessários para gerar sinais e levá-los ao ar, de modo que sejam captados pelos aparelhos de rádio e televisão sintonizados em sua faixa; além disso, encontra-se aparelhada para administrar a grade de sua programação. A seu turno, a emissora *retransmissora* ou *repetidora* tão só capta ou recebe os sinais gerados pela primeira e os repassa. Em princípio, os equipamentos de retransmissão não são aptos para a geração de sinais, tampouco para a administração da grade de programação exibida pela emissora geradora. Ademais, os atos de outorga expedidos pelo Ministério das Comunicações são específicos, apenas permitindo às

Cap. 17 • PROPAGANDA ELEITORAL | 475

retransmissoras a execução de serviços de repetição e retransmissão de sinais em determinada localidade.

Nas eleições municipais, tal situação se torna um grave problema. É que a propaganda eleitoral relativa aos candidatos do município em que a geradora está sediada será transmitida para todas as cidades que recebem seus sinais. Assim, os eleitores residentes nessas cidades ficarão bem informados acerca dos candidatos do município que sedia a geradora.

É certo que os arts. 47, 49 e 51 da Lei nº 9.504/97 não distinguem as emissoras geradoras das emissoras retransmissoras ao estabelecer a obrigação de reserva do horário destinado à propaganda eleitoral gratuita. Na verdade, é direito dos partidos e dos candidatos terem suas mensagens veiculadas nesse espaço.

No entanto, insta ponderar que, se tecnicamente não for exequível a exibição dos programas dos candidatos dos municípios que recebem os sinais da emissora geradora, tal exibição não poderá ser exigida dela.

Nesse sentido, dispõe o art. 48 da LE (com a redação da Lei nº 12.034/2009) que, nas eleições municipais, se não houver emissora de rádio e televisão na cidade, a Justiça Eleitoral deverá garantir "aos Partidos Políticos participantes do pleito a veiculação de propaganda eleitoral gratuita nas localidades aptas à realização de segundo turno de eleições e nas quais seja operacionalmente viável realizar a retransmissão". Note-se que a transmissão da propaganda pressupõe o atendimento cumulativo de dois requisitos, a saber: viabilidade técnico-operacional e aptidão do município para realizar segundo turno (o que implica ter mais de 200 mil eleitores) – nesse sentido: TSE – Rp. nº 852-98/RJ – *DJe*, t. 77, 25-4-2013, p. 64.

O número de Municípios atendidos deve coincidir com a quantidade de emissoras geradoras disponíveis.

Não é "exigível, das estações repetidoras e retransmissoras, que gerem programas eleitorais para os municípios onde se situam" (TSE – Pet nº 2.860/DF – PSS 4-9-2008). O acerto dessa interpretação é evidente. Afinal, ninguém pode ser obrigado a fazer o impossível.

Diante disso, cabe indagar: como será utilizado o tempo vago, caso a emissora retransmissora não veicule o sinal da geradora para o município de sua sede? Sobre isso, já se entendeu que:

> "[...] no período do horário eleitoral gratuito, as emissoras geradoras devem proceder ao bloqueio da transmissão para as estações retransmissoras e repetidoras localizadas em município diverso, substituindo a transmissão do programa por uma imagem estática, com os dizeres 'horário destinado à propaganda eleitoral gratuita' [...]" (TSE – Pet nº 2.860/DF – PSS 4-9-2008).

> "No caso de estações retransmissoras não habilitadas, técnica e legalmente, a gerar imagens, inexiste impedimento de que a geradora, naquele horário, gere a imagem da tarja 'horário destinado a propaganda eleitoral gratuita', diante da impossibilidade de as retransmissoras o fazerem" (Res. TSE nº 14.705/89).

17.2.25.8 Sanções

A Lei nº 9.504/97 previu um sistema próprio de sanção para as condutas infringentes das regras erigidas para a propaganda eleitoral gratuita na televisão e no rádio. Encontram-se sujeitos a penalidades: candidatos, partidos, coligações e emissoras.

Nesse sentido, o § 1º do art. 53 estabelece a "perda do direito à veiculação de propaganda no horário eleitoral gratuito do dia seguinte", caso seja exibida propaganda que possa *degradar* ou *ridicularizar* candidatos. Outrossim, é dado à Justiça Eleitoral impedir "a reapresentação de propaganda ofensiva à honra de candidato, à moral e aos bons costumes" (§ 2º).

Já o § 3º do art. 53-A sanciona o descumprimento das regras que veicula com a perda, para o partido ou a coligação, em seu horário de propaganda gratuita, de "tempo equivalente no horário reservado à propaganda da eleição disputada pelo candidato beneficiado" pela conduta infratora.

Também é prevista sanção pecuniária para exibição de propaganda eleitoral por parte de emissora "não autorizada a funcionar pelo poder competente" (LE, art. 44, § 3º).

Por outro lado, reza o art. 55, parágrafo único, da LE que a violação dos incisos I e II (esse inciso II foi suspenso pelo STF na ADI 4.451/DF, sessão de 2-9-2010) do art. 45 dessa mesma norma sujeita o partido ou a coligação à "perda de tempo equivalente ao dobro do usado na prática do ilícito, no período do horário gratuito subsequente, dobrada a cada reincidência, devendo o tempo correspondente ser veiculado após o programa dos demais candidatos com a informação de que a não veiculação do programa resulta de infração da lei eleitoral". Esclareça-se que o referido inciso I proíbe "transmitir, ainda que sob a forma de entrevista jornalística, imagens de realização de pesquisa ou qualquer outro tipo de consulta popular de natureza eleitoral em que seja possível identificar o entrevistado ou em que haja manipulação de dados".

Por fim, o art. 56 da Lei nº 9.504/97 prevê sanção à emissora que deixar de cumprir as disposições atinentes à propaganda. Nesse caso, a Justiça Eleitoral poderá determinar a suspensão, por 24 horas, de sua programação normal. No período de suspensão, a Justiça Eleitoral veiculará mensagem de orientação ao eleitor, intercalada, a cada 15 minutos (§ 1º). Em cada reiteração de conduta, o período de suspensão será duplicado (§ 2º).

Insta registrar que as hipóteses previstas no referido art. 53, § 1º, não se confundem com os eventos ensejadores de pedido de resposta. Previsto no art. 58 da LE, o direito de resposta é assegurado sempre que houver ofensa, ainda que indireta, "por conceito, imagem ou afirmação caluniosa, difamatória, injuriosa ou sabidamente inverídica". Em verdade, o direito de resposta

> "[...] pressupõe ofensa capaz de autorizar o desmentido, a informação correta, que, portanto, tem qualificação outra que degradar ou ridicularizar o candidato. Se o trecho foi considerado ofensivo e autorizou o direito de resposta não pode ser considerado ao mesmo tempo capaz de degradar ou ridicularizar o candidato para o fim de aplicar-se a penalidade da parte final do § 1º do art. 53 da Lei nº 9.504/97, tanto que os ritos são diversos, o primeiro previsto no art. 58 e o segundo no art. 96 da Lei especial de regência. Degradar ou ridicularizar, portanto, não estão vinculados à ofensa por conceito, imagem ou afirmação caluniosa, difamatória, injuriosa ou sabidamente inverídica. Estas excluem aquelas no sistema da Lei nº 9.504/97" (TSE – Rp nº 1.286/DF – PSS 23-10-2006 – excerto do voto do Min. Menezes Direito).

Para que as sanções assinaladas sejam aplicadas, é preciso que o interessado ou o Ministério Público acione a jurisdição Eleitoral. Todavia, em determinadas situações, não se pode negar à Justiça Eleitoral a possibilidade de agir de ofício para impedir a veiculação de propaganda manifestamente abusiva e atentatória à ordem pública. Aqui, a atuação da autoridade eleitoral encontra fundamento no poder de polícia. Frise-se, porém, não ser possível, sem provocação da parte legitimada, aplicar sanções como multa, perda de tempo de propaganda ou suspensão da programação da emissora. Nesses casos, impõe-se o exercício do direito de ação, instaurando-se processo judicial, no qual seja assegurado o contraditório e a ampla defesa. O procedimento a ser observado é o do art. 96 da Lei nº 9.504/97.

17.2.26 Propaganda na Internet, meios digitais e redes sociais

17.2.26.1 Introdução

Novas tecnologias alteraram profundamente as relações na sociedade globalizada e a própria forma das interações individuais. A política necessita da mídia e de eficientes processos de comunicação social para a sua realização. Com o crescente predomínio das tecnologias digitais, cada vez mais a propaganda político-eleitoral deixa as ruas para se concentrar no mundo eletrônico-virtual, notadamente em aplicações de Internet e redes sociais.

Há quem pregue a plena liberdade de ação na rede, argumentando que o mundo virtual é aberto a todos. Afirmam ser impossível submeter a Internet a rígido controle, pois sua governança é descentralizada e ela não conhece limites territoriais; muitos provedores encontram-se radicados no exterior. Assinalam, ainda, que a Internet não é um sistema nacional, mas global. O estabelecimento de restrições rígidas nesse setor priva os eleitores de ter acesso a informações importantes para a formação de suas opiniões; prejudica os candidatos, que ficam limitados à propaganda feita em suas próprias páginas; afeta os portais, que são tratados como se detivessem concessões públicas; asfixia as finanças de empresas privadas, que não podem vender espaço para a propaganda nos *sites*.

No entanto, muitos afirmam a necessidade de ampla regulamentação estatal. Para estes, a Internet constitui um espaço público, sendo irrelevante a inexistência de concessão ou permissão estatal para sua exploração. O seu controle está nas mãos de poucos grupos empresariais, que seguem a lógica capitalista e buscam o lucro em suas atividades. A ausência de regras estatais deixaria sem solução o problema de atribuição de responsabilidade jurídica pela prática de infrações, com isso contribuindo para a ocorrência de graves abusos e ilícitos, a manipulação da opinião pública e a proliferação de desinformação e *fake news* nas redes sociais. Isso poderia não só desequilibrar as campanhas eleitorais, como também retirar a sinceridade das eleições, prejudicando, portanto, o normal funcionamento do regime democrático.

Não se pode negar que atualmente a Internet constitui um dos mais importantes e eficientes meios para interação social, pois é o suporte de uma gigantesca rede de comunicação. Se é verdade que muitos são os usos que se pode fazer dela (lícitos e ilícitos), também é certo que nem todos os seus recursos e possibilidades são acessíveis a todas as pessoas. O desenvolvimento de *sites*, aplicativos e sistemas, a produção e veiculação de vídeos, o impulsionamento e a priorização de conteúdos, *e. g.*, podem envolver altos custos financeiros. Elevados, também, são os custos de aparelhos e equipamentos que permitam o acesso e o uso eficiente do sistema, sem mencionar a cobrança de custos e serviços pelas operadoras de Internet. Os altos custos podem restringir o acesso a tecnologias de ponta.

Por variadas razões deve haver regulamentação do Estado (e não apenas introduzidas pelas próprias empresas do setor) do uso da Internet e redes sociais nas eleições. Ante a possibilidade de plataformas, aplicativos, mecanismos de busca e redes sociais se tornarem instrumentos de ações indevidas e até ilícitas, urge garantir a integridade, a normalidade e a legitimidade do pleito eleitoral. A propósito, lembra Frank Pasquale (2016, p. 60 e 66): "New media giants can tame information overload by personalizing coverage for us [...] Moreover, behind the technical inscrutability, there's plenty of room for opportunistic, exploitative, and just plain careless conduct to hide" ("Os gigantes da nova mídia podem controlar a abundância de informações personalizando a cobertura para nós [...] Ademais, por trás da inescrutabilidade técnica, há muito espaço para se esconder uma conduta oportunista, exploradora ou simplesmente descuidada"). É mister, pois, evitar a manipulação do debate público, prevenir a disseminação de discursos de violência, preconceito, discriminação e ódio, a difusão de *fake news*, de páginas e perfis espúrios. Isso para que as eleições sejam realmente democráticas, legítimas e sinceras.

478 | DIREITO ELEITORAL – *José Jairo Gomes*

Em perspectiva histórica, a ampla normatização do uso da Internet nas eleições iniciou-se com a Lei nº 12.034/2009, que introduziu na Lei nº 9.504/97 os arts. 36-A, I (atualmente com redação alterada), 57-A (também com redação alterada) até 57-I, 58, § 3º, IV, e 58-A. Antes disso, inexistia regulamentação abrangente da propaganda eleitoral realizada no mundo virtual. A Justiça Eleitoral pronunciava-se à medida que os casos lhe eram apresentados.

Mas embora não existisse previsão legal detalhada, não se podia afirmar que esse espaço fosse alheio às eleições, pois, na prática, os candidatos recorriam à Internet e às redes sociais para conquista de votos. Como exemplo, informa Graeff (2009, p. 35-40) que no ano de 2002

> "a campanha presidencial de José Serra criou o Pelotão 45, grupo de voluntários cadastrados pela Internet e que chegou a ter 25 mil pessoas [...]. Fora dos *sites* de campanha, mas já mostrando o poder de mobilização das mídias sociais, durante a campanha de Sarney à reeleição ao Senado, em 2006, mais de 80 *blogs* criaram a campanha 'Xô Sarney' [...]". E prossegue: "A campanha para reeleição de Gilberto Kassab à prefeitura de São Paulo criou uma rede social própria, batizada de 'K25', para se comunicar com os eleitores e simpatizantes do candidato [...]".

Eram as comunidades criadas nas redes sociais em prol ou contra determinada candidatura. Nas eleições municipais de 2008, ficaram famosos os vídeos que circularam no *YouTube*, protagonizados pelo humorista Tom Cavalcanti, em prol de Márcio Lacerda, candidato vitorioso a prefeito da capital mineira; tais vídeos exibiam explícita propaganda negativa em desfavor do candidato opositor.

Por certo, o uso de tecnologias digitais contribui para estimular diálogos e debates públicos acerca de questões políticas, das eleições e do processo eleitoral democrático, além de tornar os candidatos mais conhecidos ou populares, divulgando suas histórias de vida, ações, ideias, projetos e propostas políticas.

17.2.26.2 *Liberdade de expressão na Internet*

Nos ambientes virtuais da Internet e redes sociais é assegurada a liberdade de manifestação do pensamento, sendo lícitas expressões de apoio, elogio ou crítica a agremiação política ou candidato (CF, art. 5º, IV; LE, arts. 57-A e 57-D). Mas tal liberdade não é absoluta, estando sujeita a restrições de diversas ordens. Assim, por exemplo, é "vedado o anonimato durante a campanha eleitoral", bem como a propaganda (CF, art. 3º, III; CE, art. 243) que:

a) faça apologia a guerra, a processos violentos para subverter o regime, a ordem política e social;

b) difunda fatos notoriamente inverídicos ou descontextualizados com potencial para causar danos ao equilíbrio do pleito ou à integridade do processo eleitoral;

c) incite atentado contra pessoa ou bens;

d) instigue à desobediência coletiva ao cumprimento da lei de ordem pública;

e) implique oferecimento, promessa ou solicitação de dinheiro, dádiva, rifa, sorteio ou vantagem de qualquer natureza;

f) perturbe o sossego público, com algazarra ou abusos de instrumentos sonoros ou sinais acústicos;

g) calunie, difame ou injurie quaisquer pessoas, bem como órgãos ou entidades que exerçam autoridade pública;

h) promova desordem informativa com a propalação de notícias falsas (*fake news*);

i) abuse da liberdade de expressão, notadamente mediante a defesa ou estímulo a discursos de ódio e violência, preconceitos de origem, raça, gênero, orientação sexual, cor, idade, crença religiosa ou político-filosófica e quaisquer outras formas de discriminação.

Ao apreciar os casos que lhe são submetidos, a Justiça Eleitoral deve ser comedida, interferindo o menos possível na dialética democrática ou só quando houver necessidade de tornar efetivo algum direito fundamental, de sorte que manifestações na *rede* devem ser limitadas quando ocorrer ofensa a direito ou configuração de ilícito. Afinal, a expressão e manifestação dos cidadãos em plataformas digitais e redes sociais sobre temas político-eleitorais, candidaturas e partidos – ainda que haja crítica ou elogio – pode não caracterizar propaganda eleitoral, mas lídimo exercício da liberdade fundamental de expressão.

Deveras, é preciso cautela para não se confundir discursos legítimos, abrigados pelo direito fundamental de expressão, com discursos espúrios e ilícitos. É assente o entendimento no sentido de que não se inclui no conceito de propaganda eleitoral "a manifestação espontânea na Internet de pessoas naturais [...] mesmo que sob a forma de elogio ou crítica a candidata, candidato, partido político [...]" (Res. TSE nº 23.610/2019, art. 28, § 6º).

17.2.26.3 *Quem pode realizar propaganda eleitoral na Internet?*

À luz do art. 57-B da Lei nº 9.504/1997, propaganda eleitoral na Internet pode ser realizada por candidato, partido, coligação e "qualquer pessoa natural" ou física.

Assim, pessoa jurídica – privada ou pública – não pode promovê-la nem a patrocinar.

17.2.26.4 *Marco temporal da propaganda eleitoral na Internet*

A propaganda eleitoral na Internet somente pode ser difundida "após o dia 15 de agosto do ano da eleição" (LE, art. 57-A), ou seja, a partir do dia 16 daquele mês.

Mas a rigidez desse termo inicial é mitigada pelo art. 36-A da LE. Por esse dispositivo, antes da referida data é permitida a realização de *marketing* político mediante a participação de filiados a partidos políticos ou de pré-candidatos em entrevistas, programas, encontros ou debates na Internet, podendo, inclusive, haver menção à pretensa candidatura, exaltação pessoal, pedido de apoio político, exposição de plataformas e projetos políticos. Em qualquer caso, porém, é proibido haver *explícito* pedido de voto. Portanto, no período pré-eleitoral, não é vedada a promoção pessoal de filiado a partido e pretendente a candidato.

No tocante ao marco temporal final, o art. 7º da Lei nº 12.034/2009 permite seja mantida até 24 horas *depois* do dia da eleição a propaganda "veiculada *gratuitamente* na Internet, no sítio eleitoral, *blog*, sítio interativo ou social, ou outros meios eletrônicos de comunicação do candidato, ou no sítio do partido ou coligação, nas formas previstas no art. 57-B da Lei nº 9.504, de 30 de setembro de 1997". Logo, pode permanecer durante o dia do pleito a propaganda veiculada *gratuitamente* pela Internet ou em redes sociais pelo próprio candidato ou por seu partido. Fora dessas hipóteses, por força do disposto no art. 240, parágrafo único, do Código Eleitoral, é vedada a realização de propaganda desde a antevéspera do pleito, isto é, 48 horas antes de seu início. Portanto, desde a antevéspera do pleito até 24 depois é vedada a circulação paga ou impulsionada de propaganda eleitoral na Internet, "cabendo ao provedor de aplicação, que comercializa o impulsionamento, realizar o desligamento da veiculação de propaganda eleitoral" (Res. TSE nº 23.610/2019, art. 29, § 11 – incluído pela Res. TSE nº 23.732/2024).

Note-se, porém, que no dia da eleição não pode haver alteração no conteúdo da propaganda regularmente veiculada por candidatos e partidos pela Internet e em redes sociais, devendo ser mantidos os conteúdos publicados anteriormente. E mais: no referido dia também não pode haver impulsionamento de conteúdos, nem mesmo pelos candidatos e partidos. Essas duas condutas foram tipificadas como crime no art. 39, § 5º, IV, da LE (incluído pela Lei nº 13.488/2017), que assim dispõe: "a publicação de novos conteúdos ou o impulsionamento de conteúdos nas aplicações de internet de que trata o art. 57-B desta Lei, podendo ser mantidos em funcionamento as aplicações e os conteúdos publicados anteriormente". Assim, por exemplo, se candidato tem uma página ou perfil no Facebook, no dia da eleição não é necessário retirá-los nem deletar seus conteúdos, pois nesse dia eles podem ser mantidos – porém, não poderá haver publicação de conteúdos novos, tampouco poderá haver impulsionamento de *posts* já existentes.

17.2.26.5 *Formas lícitas de propaganda eleitoral na Internet*

O art. 57-B da LE define as formas lícitas de realização de propaganda eleitoral pela Internet. Estabelece esse dispositivo:

"Art. 57-B. A propaganda eleitoral na internet poderá ser realizada nas seguintes formas:

I – em sítio do candidato, com endereço eletrônico comunicado à Justiça Eleitoral e hospedado, direta ou indiretamente, em provedor de serviço de internet estabelecido no País;

II – em sítio do partido ou da coligação, com endereço eletrônico comunicado à Justiça Eleitoral e hospedado, direta ou indiretamente, em provedor de serviço de internet estabelecido no País;

III – por meio de mensagem eletrônica para endereços cadastrados gratuitamente pelo candidato, partido ou coligação;

IV – por meio de *blogs*, redes sociais, sítios de mensagens instantâneas e aplicações de internet assemelhadas cujo conteúdo seja gerado ou editado por:

a) candidatos, partidos ou coligações; ou

b) qualquer pessoa natural, desde que não contrate impulsionamento de conteúdos".

Candidatos e partidos devem comunicar à Justiça Eleitoral os endereços eletrônicos (incluídos os canais publicamente acessíveis em aplicativos de mensagens) das aplicações aludidas no referido art. 57-B, "podendo ser mantidos durante todo o pleito eleitoral os mesmos endereços eletrônicos em uso antes do início da propaganda eleitoral" (LE, art. 57-B, § 1º – acrescido pela Lei nº 13.488/2017). A comunicação há de ser feita "no Requerimento de Registro de Candidatura (RRC) ou no Demonstrativo de Regularidade de Atos Partidários (Drap)" (TSE – REspe nº 060100457/PR, j. 11-5-2021; Res. TSE nº 23.610/2019, art. 28, § 1º – alterada pela Res. TSE nº 23.732/2024).

Pelos incisos I e II, é facultado ao candidato e ao partido manterem *site* ou página na Internet. O cadastro do respectivo domínio deverá ser feito junto ao órgão gestor da Internet Brasil, responsável pela distribuição e pelo registro de domínios (www.registro.br). O *site* deve ser hospedado em empresa provedora de serviço de Internet estabelecida no Brasil, sendo vedada sua hospedagem em provedor sediado no exterior.

Por sua vez, o inciso III permite a divulgação de propaganda por meio de "mensagem eletrônica". Ao aludir a "Internet" e "mensagem eletrônica", o presente dispositivo (art. 57-B, *caput*, e inciso III) abrange não só o serviço de *e-mail* (correio eletrônico), como também o de mensagens enviadas por telefone celular ou *smartphone*. Essas últimas são denominadas SMS (*Short Message Service*); trata-se de mensagens de textos curtos, e o envio é feito de forma quase instantânea. Abrange, ainda, plataformas como *WhatsApp* e *Telegram* (que funcionam como "multiplataforma de mensagens instantâneas para *smartphones*"), que, além de mensagens curtas de textos, ainda permitem o envio de imagens, vídeos e mensagens de áudio. Tanto o SMS quanto o *WhatsApp* e o *Telegram* são aplicações que permitem interação pela Internet, podendo-se dizer que representam uma evolução do *e-mail* e das ferramentas virtuais. São formas lícitas de comunicação porque o art. 57-A da LE permite "a propaganda eleitoral na Internet", sem especificar os meios nem as ferramentas.

Os conteúdos devem ser enviados para endereços eletrônicos obtidos de forma lícita e gratuita pelo partido ou candidato, desde que haja consentimento do destinatário (observada a Lei nº 13.709/2018 – LGPD). Afigura-se natural que a agremiação política possa compartilhar com seus próprios candidatos os dados e cadastros de endereços eletrônicos que mantiver sob seu controle. Ademais, por força do art. 57-E (lido a *contrario sensu*) pode o candidato lançar mão de cadastros de endereços eletrônicos que lhe forem cedidos gratuitamente por terceiros, sejam eles pessoas naturais ou jurídicas, exceto as pessoas e entes arrolados no art. 24 da LE – porque estas são proibidas de fazer qualquer tipo de doação a candidato.

Finalmente, o inciso IV do art. 57-B da LE autoriza a realização de propaganda por meio de *blogs*, redes sociais, sítios de mensagens instantâneas e aplicações de Internet assemelhadas, cujo conteúdo seja gerado ou editado por: (*a*) candidatos, partidos, federações de partidos ou coligações – desde que não contratem disparos em massa de conteúdo; (*b*) pessoa natural, sendo vedada a contratação de impulsionamento e disparos em massa de conteúdos, bem como a remuneração, a monetização ou a concessão de outra vantagem econômica (LE, art. 57-J; Res. TSE nº 23.610/2019, art. 28, IV, *a* e *b* – com a redação da Res. nº 23.732/2024). Assim, observadas as restrições assinaladas, são lícitas a comunicação e a propaganda em *blogs*, sítios de interação como X/Twitter, aplicativos como Tik Tok, YouTube e *Messenger*, redes sociais como *Facebook*, *Instagram* e *Snapchat*.

Entre os meios e instrumentos utilizáveis, incluem-se aparelhos móveis como *tablets* e *smartphones*. De sorte que imagens, mensagens, notícias, alertas, esclarecimentos e avisos de caráter eleitoral podem ser enviados por essa mídia; também podem ser disponibilizados aplicativos, programas e materiais para *download*, facultando-se aos destinatários baixar e reenviar conteúdos como textos, jogos, vídeos, áudio e *jingles* de campanha. Têm-se destacado as vantagens da campanha eleitoral por tais aparelhos – a chamada *campanha digital* –, pois: (*i*) é alto o índice de absorção de mensagens devido à segmentação do público; (*ii*) as mensagens enviadas são mais lidas que as remetidas por *e-mail*; (*iii*) mesmo quando em deslocamento, os eleitores recebem e podem acessar, visualizar as imagens, ler as mensagens e interagir; (*iv*) no ano de 2022, o Brasil contava com 134 milhões de usuários de Internet, o que representava 74% da população com 10 anos ou mais (disponível em: https://cetic.br/pt/noticia/tres-em-cada--quatro-brasileiros-ja-utilizam-a-internet-aponta-pesquisa-tic-domicilios-2019/. Acesso em: 26 abr. 2022), prevalecendo o acesso à rede por meio de aparelhos móveis e *smartphones*. Por isso, a campanha digital tornou-se uma estratégia eleitoral obrigatória, de primordial importância em qualquer certame político.

Nas redes sociais, também são disponibilizados aplicativos e jogos, alguns dos quais visam auxiliar no voto, notadamente na coleta de informações sobre candidatos.

17.2.26.6 *Impulsionamento e priorização de conteúdos*

O art. 57-C, *caput*, da LE (com a redação da Lei nº 13.488/2017) veda a veiculação pela Internet "de qualquer tipo de propaganda eleitoral paga", excetuando, porém, o "impulsionamento de conteúdos".

Impulsionamento é o serviço oneroso oferecido em redes sociais por plataformas como Facebook e Instagram e por ferramentas de buscas ou sites buscadores como Google e Yahoo. As técnicas utilizadas permitem direcionar determinados conteúdos aos usuários que se pretende atingir, aumentando, assim, a sua visibilidade e o seu impacto. O serviço é prestado pelas próprias plataformas, as quais devem estar cadastradas na Justiça Eleitoral (Res. TSE nº 23.610/2019, art. 29, § 10 – incluído pela Res. nº 23.671/2021).

Nos termos do referido art. 57-C, *caput*, a licitude do impulsionamento requer: *(i)* que seja "identificado de forma inequívoca como tal"; *(ii)* que seja "contratado exclusivamente por partidos, coligações e candidatos e seus representantes"; portanto, é vedada a contratação por pessoa natural. Ademais, nos termos do § 3º daquele dispositivo, o impulsionamento: *(iii)* deve "ser contratado diretamente com provedor da aplicação de internet [*i.e.*, com empresas do setor] com sede e foro no País, ou de sua filial, sucursal, escritório, estabelecimento ou representante legalmente estabelecido no País"; *(iv)* só pode ser empregado "com o fim de promover ou beneficiar candidatos ou suas agremiações".

Essa última restrição (item "*iv*") sugere que esse serviço não possa ser usado para a realização de propaganda de conteúdo negativo, mas apenas positivo. E assim dispõe o art. 28, § 7º-A, da Res. TSE nº 23.610/2019 (incluído pela Res. TSE nº 23.732/2024): "O impulsionamento de conteúdo em provedor de aplicação de internet somente poderá ser utilizado para promover ou beneficiar candidatura, partido político ou federação que o contrate, sendo vedado o uso de impulsionamento para propaganda negativa". A jurisprudência já havia se pacificado nesse sentido, confira-se: AgR-AREspe nº 060194296, j. 8-8-2023). Em igual sentido: TSE – AgR-REspe nº 0600161-80/CE – j. 26-5-2022; TSE – AgR-AREspe nº 060211108/ES – j. 14-9-2023; TSE – Rec-Rp nº 060140547/DF – j. 16-10-2023. Não obstante, embora se possa entrever na referida regra o propósito de evitar agressões e o fomento a discursos de ódio e preconceito nas redes sociais, sua interpretação literal pode ofender o direito de crítica e as liberdades fundamentais de expressão e de informação (CF, art. 5º, IV, IX e XIV). Afinal, não se pode olvidar que a promoção de candidatura também ocorre por comparação e críticas dirigidas aos adversários. E, se "é livre a manifestação do pensamento" (LE, art. 57-D), não há sentido impor que a comunicação seja apenas positiva, que a ninguém incomode.

A Corte Superior declarou a licitude de impulsionamento mediante anúncios e links patrocinados no Google (Google Ads) com vistas à promoção de candidato durante a campanha eleitoral: TSE – AIJe nº 060131284/DF – *DJe* 27-11-2023; TSE – Rp nº 060129111/DF – *DJe* 19-12-2022.

Ademais, o conteúdo impulsionado deve conter, de forma clara e legível (*vide* Res. TSE nº 23.610/2019, art. 29, § 5º): (a) o número de inscrição no Cadastro Nacional da Pessoa Jurídica (CNPJ) ou o número de inscrição no Cadastro de Pessoas Físicas (CPF) do responsável; (b) a expressão "Propaganda Eleitoral". Tais exigências conferem maior transparência à propaganda, permitindo não só sua identificação como propaganda, como também a averiguação da regularidade da sua contratação e financiamento.

Também é permitida a priorização paga de conteúdos digitais em buscadores ou "aplicações de busca" na Internet (como Google, Yahoo!, Bing etc). Tal estratégia enseja que entre os primeiros resultados já apareça a pesquisa relacionada ao conteúdo (seja candidato, partido, projetos, propostas etc.) da campanha que se quer promover. Com isso, alcança-se forte exposição nos resultados de buscadores, otimizando-se a comunicação da campanha. Porém, no uso dessa técnica é vedado que se: "I –promova propaganda negativa; II – utilize como palavra-chave o nome do partido, federação, candidata ou candidato adversário, mesmo com a finalidade de promover propaganda positiva do responsável pelo impulsionamento; III – ou difunda dados falsos, notícias fraudulentas ou fatos notoriamente inverídicos ou gravemente descontextualizados, ainda que benéficas à usuária ou a usuário responsável pelo impulsionamento." (Res. TSE nº 23.610/2019, art. 28, § 7º-B – incluído pela Res. TSE nº 23.732/2024).

Assim, o nome de candidato adversário não pode ser utilizado como palavra-chave para vincular a pesquisa em sites de busca na Internet, pois, segundo assentou a Corte Superior, tal prática:

> "[...] a) existe claro viés desinformador na manipulação monetizada da busca para conduzir, em primeiro plano, a um conteúdo que não é orgânico, normal, que o buscador ensejaria, mas, sim, o desejado por quem compra o serviço, com aptidão para influir no processo eleitoral;
>
> b) o recurso financeiro empregado na manipulação de buscas e conteúdos político-eleitorais interfere na liberdade de comunicação e de informação do eleitorado, na medida em que dificulta e embaraça o usuário na obtenção do resultado esperado;
>
> c) fomenta a reprovável mercancia da carreira e da reputação construída pelo detentor do nome comercializado – atributos de relevante valor no contexto eleitoral -, a caracterizar inadmissível usurpação do prestígio que goza o player em prol do contratante e/ou beneficiário;
>
> d) desvirtua a finalidade do serviço de impulsionamento – que é promover partidos, coligações, candidatos e seus representantes, sem causar prejuízo a terceiros – com o objetivo de alcançar dividendos eleitorais" (TSE – AgR-REspe nº 060792852/SP – *DJe* 7-6-2024).

Considerando a onerosidade do impulsionamento, a despesa respectiva é considerada gasto eleitoral, e como tal deve ser informado na prestação de contas da campanha.

17.2.26.7 *Formas vedadas de propaganda eleitoral na Internet*

A licitude da propaganda na *web* é condicionada à observância do regime legal da propaganda eleitoral. Entre outras ccoisas:

(i) "É vedada, nos termos do Código Eleitoral, a divulgação ou compartilhamento de fatos sabidamente inverídicos ou gravemente descontextualizados que atinjam a integridade do processo eleitoral, inclusive os processos de votação, apuração e totalização de votos" (Res. TSE nº 23.714/2022, art. 2º, *caput* – validada pelo STF na ADI nº 7.261/DF, j. 19-12-2023).

(ii) "É vedada a utilização, na propaganda eleitoral, qualquer que seja sua forma ou modalidade, de conteúdo fabricado ou manipulado para difundir fatos notoriamente inverídicos ou descontextualizados com potencial para causar danos ao equilíbrio do pleito ou à integridade do processo eleitoral" (Res. TSE nº 23.610/2022, art. 9º-C, *caput* – incluído pela Res. TSE nº 23.732/2024).

(iii) É proibida a contratação de serviço de "disparo em massa de conteúdo", assim entendido o "envio, compartilhamento ou encaminhamento de um mesmo conteúdo, ou de variações deste, para um grande volume de usuárias e usuários por meio de aplicativos de mensagem instantânea" (Res. TSE nº 23.610/2019, art. 28, IV, a e b; art. 37, XXI). Com isso, pretende-se prevenir abusos de poder econômico e dos meios de comunicação social no processo eleitoral, ilícitos que ocorreriam se houvesse promoção massiva de propaganda eleitoral por parte de apoiadores de determinada candidatura.

(iv) Não é admitida a veiculação de conteúdos de cunho eleitoral mediante cadastro de usuário de aplicação de *Internet* com a intenção de falsear identidade (LE, art. 57-B, § 2º).

(v) É proibida a utilização de impulsionamento de conteúdos e ferramentas digitais não disponibilizadas pelo provedor da aplicação de *Internet*, ainda que gratuitas, para alterar o teor ou a repercussão de propaganda eleitoral, tanto próprios quanto de terceiros (LE, art. 57-B, § 3º). Ou seja: o impulsionamento deve ocorrer com recursos disponibilizados pela própria plataforma que oferece tal serviço, não podendo ser fornecido por terceiros. Assim, por exemplo, fica vedada a compra de seguidores ou apoiadores, o que poderia gerar falsa percepção sobre o real grau de apoiamento de eleitores à campanha do candidato.

(vi) É proibida a veiculação de propaganda eleitoral em sítios de pessoas jurídicas, ainda que não tenham fim lucrativo (LE, art. 57-C, § 1º, I). A exceção, aqui, fica por conta dos partidos políticos, que são pessoas jurídicas de direito privado.

(vii) É vedada a veiculação de propaganda eleitoral em sítios oficiais e em entidades da Administração Pública direta e indireta (LE, art. 57-C, § 1º, II).

(viii) É proibido o anonimato, ou seja, a difusão de propaganda anônima, isto é, sem nome ou desprovida de autoria (LE, art. 57-D, *caput*, § 2º). Essa regra é reflexo da vedação do anonimato prevista no art. 5º, IV, da Constituição Federal.

(ix) É vedada a realização de propaganda "atribuindo indevidamente sua autoria a terceiro, inclusive a candidato, partido ou coligação" (LE, art. 57-H). Note-se que essa regra não veda o uso de pseudônimo, que é nome fictício usado como alternativa ao nome real de uma pessoa. Não há óbice legal ao uso de pseudônimo, ainda porque este integra os direitos de personalidade, sendo o seu uso para fins lícitos previsto no art. 19 do Código Civil.

(x) As pessoas relacionadas no art. 24 da LE e as pessoas jurídicas de direito privado não podem utilizar, ceder nem doar dados pessoais de clientes em favor de partidos e candidatos (LE, art. 57-E, *caput*).

(xi) É proibida a venda de cadastro de endereços eletrônicos (LE, art. 57-E, § 1º), abrangendo essa proibição a venda de cadastro de "banco de dados pessoais" e de "números de telefone para finalidade de disparos em massa" (Res. TSE nº 23.610/2019, art. 31, §§ 1º e 1º-A – conf. Res. TSE nºs 23.671/2021 e 23.732/2024).

(xii) Conteúdos devem ter tratamento em consonância com a Lei nº 13.709/2018 – LGPD, notadamente o regime jurídico atinente ao tratamento de dados sensíveis.

(xiii) É vedado o *abuso da liberdade de expressão*, notadamente quando houver veiculação de discursos de ódio e violência, bem como agressões, ofensas ou ataques a candidatos, "disseminação de *fake news* tendentes a vulnerar a honra de candidato adversário" (TSE – R-Rep nº 060178825/DF – *DJe* 24-4-2024); "propaganda negativa por meio de divulgação de conteúdo sabidamente inverídico" (TSE – AgR-REspe nº 060381534/PR – *DJe* 2-2-2024) etc. Inclusive, para tal ilícito, a jurisprudência passou a admitir a incidência da multa prevista no art. 57-D, § 2º, da LE, confira-se: "1. O art. 57–D da Lei 9.504/1997 não restringe, de forma expressa, qualquer interpretação no sentido de limitar sua incidência aos casos de anonimato, de forma que é possível ajustar a exegese à sua finalidade de preservar a higidez das informações divulgadas na propaganda eleitoral, ou seja, alcançando a tutela de manifestações abusivas por meio da internet – incluindo–se a disseminação de *fake news* tendentes a vulnerar a honra de candidato adversário – que, longe de se inserirem na livre manifestação de pensamento, constituem evidente transgressão à normalidade do processo eleitoral. Precedente. [...]" (TSE – R-Rep nº 060178825/DF – *DJe* 24-4-2024).

Procura-se, ainda, resguardar o cidadão do recebimento de conteúdos digitais indesejados ou inoportunos. Pelo art. 57-G da Lei 9.504/1997, toda mensagem eletrônica enviada por candidato ou partido deve "dispor de mecanismo que permita seu descadastramento pelo destinatário", bem como a eliminação dos seus dados pessoais. O descadastramento deve ser providenciado no prazo de 48 horas. Presume a lei que, após esse lapso temporal, o descadastramento tenha sido ultimado, pois nova remessa de mensagem sujeitará o agente à sanção de multa. Mas essa obrigação legal de descadastramento não atinge pessoas naturais que envia, compartilha ou troca mensagens de forma privada ou em grupos restritos de participantes. De qualquer modo, a própria plataforma ou aplicativo poderá disponibilizar um meio que permita o bloqueio de conteúdos digitais indesejados.

Ademais, pelo art. 18, VI e IX, da Lei nº 13.709/2018 (LGPD), toda pessoa tem direito de obter do controlador de seus dados pessoais a eliminação destes e, ainda, revogar o consentimento anteriormente manifestado.

17.2.26.8 *Proibição de conteúdo* deepfake

Além das vedações já expostas para a comunicação político-eleitoral na Internet, vale destacar a que proíbe o uso na propaganda eleitoral de conteúdo do tipo *deepfake*.

Compreende-se por *deepfake* a imagem ou vídeo (que é constituído por uma série de imagens em sequência) artificial produzido com tecnologia de aprendizado de máquina (*machine learning*) denominada *deep learning*. A máquina emprega inteligência artificial (IA) e algoritmos de aprendizagem para criar imagens e vídeos irreais ou falsos; pode ser treinada e melhorar suas funções a partir de experiências e dados inseridos em seu sistema. Daí o nome *deep* (de *deep learning*) e *fake* (de falso), a revelar que tal tecnologia presta-se à criação de imagens (ou vídeos) irreais ou fictícias.

Segundo o § 1º do art. 9º-C da Res. TSE nº 23.610/2019 (inserido pela Res. nº 23.732/2024):

> "É proibido o uso, para prejudicar ou para favorecer candidatura, de conteúdo sintético em formato de áudio, vídeo ou combinação de ambos, que tenha sido gerado ou manipulado digitalmente, ainda que mediante autorização, para criar, substituir ou alterar imagem ou voz de pessoa viva, falecida ou fictícia (*deep fake*)."

Assim, é proibido o uso na propaganda eleitoral de conteúdo produzido com tecnologia do tipo *deepfake*, usada para criar vídeos com pessoas reais ou não – e com imagens e sons adulterados, sobrepostos, distorcidos ou falsificados.

Como exemplo de conteúdo ilícito, fabricado ou manipulado digitalmente, cite-se a peça de desinformação que circulou nas eleições presidenciais de 2022: um vídeo exibe candidato movimentando os lábios e gesticulando, enquanto uma voz sobreposta pede votos ao adversário dele; na camiseta usada pelo candidato consta montagem com a letra inicial do adversário acompanhada da sigla do partido deste; para o incauto, é como se o candidato estivesse fazendo propaganda e pedindo voto para o seu maior rival nas eleições. Uma matéria sobre esse fato pode ser acessada em: https://www.estadao.com.br/estadao-verifica/lula-votar-bolsonaro/ – Acesso em 29-1-2024. Há muitos outros exemplos, como o vídeo em que se inseriu o rosto de um candidato sobre o de uma mulher aparentemente algemada em delegacia da Polícia Civil (https://noticias.uol.com.br/comprova/ultimas-noticias/2023/12/01/video-de-mulher-com-rosto-de-lula-e-delegado-de-bolsonaro-e-uma-satira.htm – Acesso em 29-1-2024).

É por demais oportuna a presente regra, pois, como é sabido, as tecnologias de IA e *deepfake* têm potencial para impactar significativamente a formação da opinião das pessoas. As medidas protetivas adotadas por plataformas *on-line* (como o X/Twitter, Facebook, Tik Tok) não têm sido suficientes para impedir a circulação de conteúdos ilícitos e violadores das normas estabelecidas.

17.2.26.9 *Dever de informar o uso de tecnologia digital, chatbot e avatar*

Há que se destacar o dever de transparência – imposto ao responsável pela propaganda – relativamente ao uso de tecnologias digitais para criação de conteúdos que circularão nas redes e grupos sociais.

Em princípio, conteúdos político-eleitorais podem ser produzidos ou editados com o emprego de qualquer método ou técnica, inclusive ferramentas e tecnologias digitais, como algoritmos e inteligência artificial (IA) – exceto *deepfake*, que é proibido. Assim, imagens e/ou sons podem ser – no todo ou em parte – criados, substituídos, omitidos, mesclados, sobrepostos ou mesmo apresentados com velocidade alterada ou em contextos diversos. No mundo de pós-verdade em que vivemos, tornou-se comum uma imagem não espelhar nem reproduzir fielmente a realidade. A falta de veracidade ou correspondência da imagem com a realidade torna-se ainda mais explícita quando sua produção se dá com recursos de inteligência artificial.

O dever de informar impõe ao responsável pela propaganda que os destinatários da comunicação sejam cientificados de que o conteúdo acessado foi fabricado ou manipulado digitalmente e, também, qual a tecnologia utilizada para produzi-lo. Assim, o usuário poderá saber se o conteúdo que acessa e a que se encontra exposto é real ou fictício. A respeito, dispõe o art. 9º-B, *caput*, da Res. TSE nº 23.610/2019 (inserido pela Res. nº 23.732/2024):

> "A utilização na propaganda eleitoral, em qualquer modalidade, de conteúdo sintético multimídia gerado por meio de inteligência artificial para criar, substituir, omitir, mesclar ou alterar a velocidade ou sobrepor imagens ou sons impõe ao responsável pela propaganda o dever de informar, de modo explícito, destacado e acessível que o conteúdo foi fabricado ou manipulado e a tecnologia utilizada."

Mas esse preceito não se aplica e, pois, não incide o dever de informar: "I – aos ajustes destinados a melhorar a qualidade de imagem [ex.: nitidez, contraste, brilho, luminosidade] ou de som [ex.: supressão de ruídos e chiados]; II – à produção de elementos gráficos de identidade visual, vinhetas e logomarcas; III – a recursos de *marketing* de uso costumeiro em campanhas, como a montagem de imagens em que pessoas candidatas e apoiadoras aparentam figurar em registro fotográfico único utilizado na confecção de material impresso e digital de propaganda" (Res. TSE nº 23.610/2019, art. 9º-B, § 2º – inserido pela Res. nº 23.732/2024).

A citada regra enseja que as pessoas se exponham a conteúdo político-eleitoral conscientes de que foram gerados ou manipulados por meio de inteligência artificial (IA) e algoritmos, podendo, com tal informação, melhor avaliá-los sobretudo para fins de formação de opinião e tomada de decisões político-eleitorais. A intenção é que a decisão política seja sempre informada, pois o cidadão consciente é um agente transformador da vida em sociedade por meio de seus atos e de suas escolhas.

Chatbot, avatar e conteúdo sintético – *chatbot* ou "robô de bate-papo" é um programa (*software*) desenvolvido com base em inteligência artificial capaz de interagir, trocar mensagens e simular conversas com pessoas reais; geralmente são aplicados no atendimento de entidades privadas e públicas para orientar ou responder dúvidas de consumidores e usuários. Já o *avatar* é um personagem fictício ou a representação gráfica de alguém (pessoa real ou ser fictício) em ambiente virtual ou plataforma digital.

Na propaganda eleitoral, não é proibido o uso de *chatbots*, avatares e conteúdos sintéticos como intermediários da comunicação realizada entre, de um lado, candidatos e partidos e, de outro, eleitores.

No entanto, o emprego dessas tecnologias impõe a quem as utiliza – que é a pessoa responsável pela propaganda – o dever de informar, de modo que o usuário saiba que está interagindo com robôs ou figuras fictícias.

Ademais, é "vedada qualquer simulação de interlocução com a pessoa candidata ou outra pessoa real" (Res. TSE nº 23.610/2019, art. 9º-B, § 3º – inserido pela Res. nº 23.732/2024).

17.2.26.10 *Dever de cuidado do provedor de aplicação e impulsionamento*

O dever de cuidado vincula provedores de aplicação de Internet em que é veiculado conteúdo político-eleitoral, bem como os que prestam serviço de impulsionamento de conteúdos político-eleitorais.

Nesse sentido, dispõe o art. 9º-D da Res. TSE nº 23.610/2019 (inserido pela Res. nº 23.732/2024): "É dever do provedor de aplicação de internet, que permita a veiculação de conteúdo político-eleitoral, a adoção e a publicização de medidas para impedir ou diminuir a circulação de fatos notoriamente inverídicos ou gravemente descontextualizados que possam atingir a integridade do processo eleitoral, incluindo: I – a elaboração e a aplicação de termos de uso e de políticas de conteúdo compatíveis com esse objetivo; II – a implementação de instrumentos eficazes de notificação e de canais de denúncia, acessíveis às pessoas usuárias e a instituições e entidades públicas e privadas; III – o planejamento e a execução de ações corretivas e preventivas, incluindo o aprimoramento de seus sistemas de recomendação de conteúdo; IV – a transparência dos resultados alcançados pelas ações mencionadas no inciso III do *caput* deste artigo; V – a elaboração, em ano eleitoral, de avaliação de impacto de seus serviços sobre a integridade do processo eleitoral, a fim de implementar medidas eficazes e proporcionais para mitigar os riscos identificados, incluindo quanto à violência política de gênero, e a implementação das medidas previstas neste artigo; VI – o aprimoramento de suas capacidades tecnológicas e operacionais, com priorização de ferramentas e funcionalidades que contribuam para o alcance do objetivo previsto no *caput* deste artigo."

Além disso, nos termos do art. 27-A, *caput* e § 4º, da Res. TSE nº 23.610/2019 (inserido pela Res. nº 23.732/2024), o "provedor de aplicação que preste serviço de impulsionamento de conteúdos político-eleitorais, inclusive sob a forma de priorização de resultado de busca, deverá: I – manter repositório desses anúncios para acompanhamento, em tempo real, do conteúdo, dos valores, dos responsáveis pelo pagamento e das características dos grupos populacionais que compõem a audiência (perfilamento) da publicidade contratada; II – disponibilizar ferramenta de consulta, acessível e de fácil manejo, que permita realizar busca avançada nos dados do repositório que contenha, no mínimo: a) buscas de anúncios a partir de palavras-chave, termos de interesse e nomes de anunciantes; b) acesso a informações precisas sobre os valores despendidos, o período do impulsionamento, a quantidade de pessoas atingidas e os critérios de segmentação definidos pela(o) anunciante no momento da veiculação do anúncio; c) coletas sistemáticas, por meio de interface dedicada (*application programming interface* – API), de dados de anúncios, incluindo seu conteúdo, gasto, alcance, público atingido e responsáveis pelo pagamento". Se essas exigências não forem atendidas, o provedor não poderá ser credenciado pela Justiça Eleitoral para prestar serviço de impulsionamento de propaganda eleitoral.

17.2.26.11 *Responsabilidade jurídica*

Conquanto haja liberdade de expressão e manifestação do pensamento nas plataformas e mídias digitais, esse direito fundamental não é absoluto, pois deve harmonizar-se com outros

488 DIREITO ELEITORAL – *José Jairo Gomes*

valores e princípios presentes no sistema jurídico. Daí a previsão de restrições na legislação e a imposição de responsabilização jurídica de agentes, partidos, candidatos e beneficiários de ilícitos.

Cuidando-se de mera propaganda ilícita, a responsabilização pode implicar a suspensão do acesso, remoção ou correção do conteúdo ilícito veiculado ou à imposição de multa.

Para ilícitos mais graves, como o abuso de poder econômico ou dos meios de comunicação social, cogita-se a cassação do registro, diploma ou mandato do candidato eleito, além da declaração de inelegibilidade. Mas vale frisar que o reconhecimento do abuso de poder requer a presença dos pressupostos específicos desse ilícito como, *e.g.*, a "gravidade das circunstâncias" e, pois, relevância do fato.

É ainda assegurado *direito de resposta* a candidato, partido ou coligação atingidos por conceito, imagem ou afirmação caluniosa, difamatória, injuriosa ou sabidamente inverídica (CF, art. 5º, V; LE, art. 58, § 3º, IV). A propósito, existe presunção de que em sua comunicação na Internet o candidato "tenha verificado a presença de elementos que permitam concluir, com razoável segurança, pela fidedignidade da informação" utilizada como conteúdo de sua propaganda eleitoral (Res. TSE nº 23.610/2019, art. 9º, *caput*).

No âmbito civil, pode-se pleitear reparação por dano material e moral, o que deve ser buscado perante a Justiça Comum.

Na esfera criminal, determinadas condutas na *web* e redes sociais podem configurar crime eleitoral. Assim, no dia das eleições, constitui crime: *(i)* divulgar qualquer espécie de propaganda de partidos políticos ou de seus candidatos (LE, art. 39, § 5º, III, da LE). Mas vale ressaltar que essa incriminação não poderia alcançar a mera expressão individual de opinião político-eleitoral nas redes sociais; *(ii)* publicar "novos conteúdos ou o impulsionamento de conteúdos nas aplicações de internet de que trata o art. 57-B [da Lei nº 9.504/97]" (LE, art. 39, § 5º, IV – incluído pela Lei nº 13.488/2017).

Por sua vez, o Código Eleitoral: *(i)* incrimina a conduta de "divulgar, na propaganda eleitoral ou durante período de campanha eleitoral, fatos que sabe inverídicos [*i.e.*, *desinformação, fake news*], em relação a partidos ou candidatos e capazes de exercerem influência perante o eleitorado" (CE, art. 323); *(ii)* prevê crimes contra a honra, a saber: calúnia (art. 324), difamação (art. 325) e injúria (art. 326); *(iii)* tipifica os crimes de denunciação caluniosa eleitoral (art. 326-A, *caput*) e o de divulgar, ciente da inocência do denunciado e com finalidade eleitoral, por qualquer meio ou forma, o ato ou fato falsamente atribuído (art. 326-A, § 3º).

Ademais, o § 1º do art. 57-H da LE (inserido pela Lei nº 12.891/2013) prevê o crime de "contratação direta ou indireta de grupo de pessoas com a finalidade específica de emitir mensagens ou comentários na Internet para ofender a honra ou denegrir a imagem de candidato, partido ou coligação". Embora com pena mais branda, as pessoas contratadas para realizar essa atividade também cometem crime, nos termos do § 2º do mesmo artigo.

Para situações de ocultamento de identidade com vistas à difusão nas redes sociais de *fake news* em detrimento de candidato, é possível cogitar a incidência do delito de falsa identidade, previsto no art. 307 do Código Penal nos seguintes termos: "Atribuir-se ou atribuir a terceiro falsa identidade para obter vantagem, em proveito próprio ou alheio, ou para causar dano a outrem".

Remoção e suspensão de conteúdo ou recurso ilícito – ante a violação da legislação de regência do processo eleitoral, da integridade deste ou a ofensa a direitos dos cidadãos que dele participam, poderá ser determinada a cessação do ilícito, bem como a remoção e suspensão do conteúdo ou recurso inquinados.

Nesse sentido, dispõe o § 3º, art. 57-D, da LE (incluído pela Lei nº 12.891/2013): "a Justiça Eleitoral poderá determinar, por solicitação do ofendido, a retirada de publicações que contenham agressões ou ataques a candidatos em sítios da Internet, inclusive redes sociais". Está claro, nesse dispositivo legal, que a remoção incide na "publicação" ofensiva, limitando-se, portanto, ao *post* ou conteúdo veiculado.

No entanto, a remoção de conteúdo pode ser determinada não apenas por "solicitação do ofendido", como sugere o aludido § 3º, art. 57-D, da LE, mas também por qualquer interessado e pelo órgão do Ministério Público.

Ocorre que nem sempre as ações ilícitas na rede se voltam contra alguém em particular, podendo visar as instituições democráticas e o próprio processo eleitoral a fim de enfraquecê-lo ou desacreditá-lo perante a população. Havendo "divulgação ou compartilhamento de fatos sabidamente inverídicos ou gravemente descontextualizados que atinjam a integridade do processo eleitoral, inclusive os processos de votação, apuração e totalização de votos", poderá o Tribunal Superior Eleitoral (e, por extensão, os TREs e os juízes eleitorais) determinar *ex officio* "a imediata remoção da URL, URI ou URN" (Res. TSE nº 23.714/2022, art. 2º – validada pelo STF na ADI nº 7.261/DF, j. 19-12-2023) relacionada ao recurso, arquivo ou conteúdo ilícitos, impedindo-se, portanto, o acesso a ele.

Suspensão de acesso – o art. 57-I da LE (com a redação da Lei nº 13.488/2017) estabelece que a Justiça Eleitoral pode determinar, "no âmbito e nos limites técnicos de cada aplicação de Internet, a suspensão do acesso a todo conteúdo veiculado que deixar de cumprir as disposições" da legislação eleitoral. O número de horas de suspensão deve ser definido "proporcionalmente à gravidade da infração cometida em cada caso, observado o limite máximo de vinte e quatro horas". Cada reiteração da conduta implica a duplicação do período de suspensão. Durante a suspensão, os usuários deverão ser informados do descumprimento da legislação eleitoral. Em que pese a falta de clareza, o texto do citado art. 57-I da LE parece indicar que a suspensão determinada pela Justiça incide apenas sobre "todo conteúdo veiculado que deixar de cumprir as disposições", limitando-se, portanto, ao conteúdo contestado pelo interessado – e não sobre toda a página ou toda a plataforma.

A suspensão de acesso também pode ser implementada pelo próprio provedor de aplicação quando detectar conteúdo consubstanciado em "fatos notoriamente inverídicos ou gravemente descontextualizados que possam atingir a integridade do processo eleitoral" (Res. TSE nº 23.610/2019, art. 9º-D, *caput* e § 2º – com a redação da Res. nº 23.732/2024).

Suspensão temporária de perfil, conta ou canal – na hipótese de "produção sistemática de desinformação, caracterizada pela publicação contumaz de informações falsas ou descontextualizadas sobre o processo eleitoral", o art. 4º da Res. TSE nº 23.714/2022 autoriza a Justiça Eleitoral a determinar a "suspensão temporária de perfis, contas ou canais mantidos em mídias sociais". Tal determinação abrange "a suspensão de registro de novos perfis, contas ou canais pelos responsáveis ou sob seu controle".

Atuação do poder de polícia eleitoral – a remoção e suspensão de conteúdos e a suspensão de acesso são efetivadas pela empresa provedora de aplicações na Internet. Para determinar tais medidas, é dado à Justiça Eleitoral agir de ofício, já que se trata de matéria situada no âmbito de sua função administrativa, reclamando a atuação do poder de polícia eleitoral. Em igual sentido é a lição de Cruz *et al.* (2018, p. 134) ao assinalarem que o poder de polícia da Justiça Eleitoral "pode também fazer valer regras aplicáveis a conteúdos de desinformação" veiculados na rede, podendo tal competência ser "exercida espontaneamente pelos juízes eleitorais visando impedir ou cessar um ato praticado em contrariedade às normas eleitorais, principalmente no que diz respeito à propaganda eleitoral".

Note-se, porém que, ao agir de ofício, o juízo eleitoral "somente poderá determinar a imediata retirada de conteúdo na Internet que, em sua forma ou meio de veiculação, esteja em desacordo" com as normas eleitorais (Res. TSE nº 23.610/2019, art. 7º, *caput*). Portanto, em regra, o poder de polícia é limitado, somente podendo atuar na hipótese de violação *formal* de norma eleitoral. Por exemplo: ao juiz eleitoral é dado determinar *ex officio* a remoção de propaganda eleitoral realizada em página de pessoa jurídica ou de ente público, pois estes são legalmente proibidos de veicular esse tipo de comunicação. Entretanto, se a irregularidade constatada na Internet limitar-se ao conteúdo ou teor da propaganda, sua remoção não poderá ser determinada no âmbito do poder de polícia, devendo o interessado acionar o poder jurisdicional, em que se deverá observar o devido processo legal.

No entanto, essa limitação não se apresenta na hipótese de ofensa à "integridade do processo eleitoral, inclusive os processos de votação, apuração e totalização de votos", conforme prevê o art. 2º, *caput*, da Res. TSE nº 23.714/2022. Nesse caso, a importância e a dignidade do bem protegido justificam a adoção de medidas mais ligeiras em defesa do processo democrático. Daí a possibilidade de a Justiça Eleitoral, em decisão fundamentada, determinar de ofício "a imediata remoção da URL, URI ou URN" (Res. TSE nº 23.714/2022, art. 2º – validada pelo STF na ADI nº 7.261/DF, j. 19-12-2023) relacionada ao recurso, arquivo ou conteúdo ilícitos, impedindo-se, portanto, o acesso a ele. O art. 3º da referida Res. TSE nº 23.714/2022 autoriza a presidência do TSE a, *ex officio*, "determinar a extensão de decisão colegiada proferida pelo Plenário do Tribunal sobre desinformação, para outras situações com idênticos conteúdos". A extensão visa a tornar mais célere a retirada de circulação de conteúdos desinformativos potencialmente danosos aos fundamentos do sistema democrático-eleitoral, e com isso reduzir o dano que possam provocar.

No âmbito do poder de polícia eleitoral, têm "efeito vinculante" as decisões do Órgão Colegiado do TSE que tenham por objeto "fatos notoriamente inverídicos ou gravemente descontextualizados sobre o sistema eletrônico de votação, o processo eleitoral ou a Justiça Eleitoral" (Res. TSE nº 23.610/2019, art. 9º-F – inserido pela Res. nº 23.732/2024). Tais decisões deverão ser incluídas em "repositório disponibilizado para consulta pública" (Res. TSE nº 23.610/2019, art. 9º-G – inserido pela Res. nº 23.732/2024). Assim, caso apreciem matérias idênticas ou similares, os juízes eleitorais devem observar o sentido do "precedente" firmado pela Corte Superior.

Necessidade de ordem judicial específica – a empresa provedora de aplicações na Internet só está obrigada a implementar a remoção e suspensão de conteúdos e a suspensão de acesso mediante "ordem judicial específica" e fundamentada (Lei nº 12.965/2014, art. 19 – Marco Civil da Internet).

A ordem judicial específica "deverá conter, sob pena de nulidade, identificação clara e específica do conteúdo apontado como infringente, que permita a localização inequívoca do material" (Lei nº 12.965/2014, art. 19, § 1º). A "identificação clara e específica do conteúdo" se dá pela indicação da URN (*uniform resource name*), enquanto a sua exata localização ou endereço na Internet se dá pela URL (*uniform resource locator*). A URN define a identidade do conteúdo (o que é?), e a URL indica a sua localização (onde está?).

Sobre isso, extrai-se da cartilha editada pelo Facebook:

> "No Facebook, cada Perfil, Página, Evento ou Grupo possui uma URL própria e genérica que, por sua vez, é mais ampla e diferente das URLs mais específicas das Publicações e Comentários neles existentes, por exemplo.
>
> Assim, para fins de remoção de conteúdo, deve-se individualizar a URL de Publicações ou Comentários, tidos por ofensivos (que são em si mais específicos) viabilizando sua remoção pontual e, apenas se for o caso, a URL de Perfis, Páginas, Eventos ou Grupos (que são genéricas e podem conter diversos conteúdos lícitos dentro deles) cuja remoção pode representar medida extrema, desproporcional, inclusive, à própria pretensão".

Natureza da responsabilidade das empresas – as empresas de aplicações de Internet que operam no Brasil têm o dever legal de cumprir a legislação (inclusive a eleitoral) e se submetem à jurisdição brasileira – essa é, aliás, a condição *sine qua non* para aqui operarem. Apesar da inexistência de fronteiras na web, ao operarem no Brasil, elas não estão imunes aos efeitos da Lei Eleitoral e à possibilidade de responsabilização jurídica, inclusive nos âmbitos administrativo, civil e penal (essa última no caso de conduta dolosa de dirigentes).

Mas o só fato de hospedar propaganda supostamente irregular não implica a automática responsabilidade jurídica da empresa provedora. Sua responsabilidade só surge "se a publicação do material for comprovadamente de seu prévio conhecimento" (LE, art. 57-F, parágrafo único). E o prévio conhecimento será certo quando, em procedimento próprio, a Justiça Eleitoral decidir ser ilícito determinado conteúdo e notificar a empresa para indisponibilizá-lo no prazo que estabelecer. A notificação gera a certeza do conhecimento da irregularidade do conteúdo, caso este não seja removido no prazo fixado na decisão.

Assim, a responsabilidade da empresa não tem natureza objetiva, sendo, antes, subjetiva. É nesse mesmo sentido o disposto no art. 19 da Lei nº 12.965/2014 (Marco Civil da Internet):

> "Art. 19. Com o intuito de assegurar a liberdade de expressão e impedir a censura, o provedor de aplicações de internet somente poderá ser responsabilizado civilmente por danos decorrentes de conteúdo gerado por terceiros se, após ordem judicial específica, não tomar as providências para, no âmbito e nos limites técnicos do seu serviço e dentro do prazo assinalado, tornar indisponível o conteúdo apontado como infringente, ressalvadas as disposições legais em contrário. [...]".

Adota-se, portanto, um modelo de responsabilidade subjetiva. É justa tal solução, pois impossível seria à empresa provedora de aplicações na Internet conhecer previamente a gigantesca quantidade de dados e conteúdos gerados e em circulação nos *sites* que administra; pode ser veiculada propaganda irregular sem que o provedor sequer tome conhecimento dela. Contudo, se restar comprovado o seu prévio conhecimento, sua responsabilidade é autônoma, decorrendo do só fato de consciente e voluntariamente ter contribuído para a difusão de publicidade política ilícita.

Manutenção da remoção de conteúdo digital após o pleito – mesmo depois das eleições e do período eleitoral, as ordens judiciais de remoção de conteúdo ilícito da *Internet* terão seus efeitos mantidos, "salvo se houver decisão judicial que declare a perda do objeto ou afaste a conclusão de irregularidade" (Res. TSE nº 23.610/2019, art. 38, § 7º – alterado pela Res. TSE nº 23.732/2024). Portanto, a realização do pleito só por si não torna ineficaz as decisões de remoção de conteúdo digital tomadas durante o processo eleitoral. Essas decisões somente se tornarão ineficazes por força de novos atos que: *(i)* declarem a perda de objeto dos respectivos procedimentos; *(ii)* julguem os conteúdos questionados, declarando-os lícitos ou regulares.

17.2.26.12 *Página institucional na Internet e perfis em redes sociais*

É comum órgãos públicos possuírem páginas na Internet em que divulgam fatos e notícias a eles relacionados, bem como disponibilizam serviços à população. Vejam-se, por exemplo, os *sites* da Presidência da República (<www.planalto.gov.br>), do Tribunal Superior Eleitoral (<www.tse.jus.br>), do Supremo Tribunal Federal (<www.stf.jus.br>.). Tais páginas têm finalidade eminentemente informativa e de orientação social; em muitos casos, são imprescindíveis para o regular funcionamento do órgão e acesso a seus serviços, como ocorre, por exemplo, em informações de endereço, telefone, e-mail institucional, horário de funcionamento. Por isso, não há restrição a sua manutenção durante o período eleitoral.

Entretanto, é proibida a veiculação de propaganda institucional e, com maior razão, eleitoral em sítios oficiais ou hospedados por órgãos ou entidades da Administração Pública direta

492 | DIREITO ELEITORAL – *José Jairo Gomes*

ou indireta (LE, art. 57-C, § 1º, II). Consoante revela o seguinte excerto, a irregularidade pode aparecer dissimulada e decorrer de omissão do chefe do órgão responsável pela sua postagem:

> "[...] 3. *In casu*, verifica-se que o texto divulgado em sítio institucional não guarda pertinência com as atribuições do respectivo órgão público e não se insere nos assuntos de interesse político-comunitário, uma vez que debate temas próprios do pleito passado, inclusive com a divulgação de opinião pessoal sobre candidato a vice-presidente da República. 4. Extrai-se da documentação juntada aos autos que a representada chefiava o setor responsável pela manutenção do sítio em que divulgada a propaganda. 5. Não há como isentar de responsabilidade aquele que, se não por atuação sua, ao menos por omissão quanto à diligência que lhe seria exigível por dever de ofício, permite que a propaganda seja divulgada. 6. O controle, a diligência e o poder de decisão são prerrogativas naturais da função de chefia e não há como transferir essa responsabilidade ocupacional a outrem, ainda que se tenha delegado a execução de tarefas. 7. Para fins de caracterização de propaganda eleitoral não se perquire de potencialidade para desequilibrar o pleito. 8. Recurso desprovido" (TSE – R-Rp nº 295.549/DF – *DJe* 1º-8-2011, p. 216-217).

E mais: constitui conduta vedada a agentes públicos, nos três meses que antecedem o pleito, a realização de publicidade institucional dos atos, programas, obras, serviços e campanhas dos órgãos públicos federais, estaduais ou municipais, ou das respectivas entidades da Administração indireta, salvo em caso de grave e urgente necessidade pública, assim reconhecida pela Justiça Eleitoral (LE, art. 73, VI, *b*).

Assim, conquanto não seja proibida a manutenção de página institucional durante o período eleitoral, nela não pode ser veiculada "propaganda institucional" (TSE – AgR-REspe nº 33.746/PR – *DJe* 24-2-2014) nem qualquer comunicação de teor eleitoral.

É comum que tais páginas contenham um *portal de notícias*, no qual são produzidas e às vezes até mesmo reproduzidas matérias veiculadas na mídia em geral. No período eleitoral, porém, para não incorrer em ilicitude, o portal só deve veicular informações permitidas pela legislação eleitoral.

Quanto a *perfis de entes públicos em redes sociais*, devem ser suspensos nos três meses que antecedem o pleito. Nesse período é também vedada a inserção de novos conteúdos de publicidade institucional.

17.2.26.13 *Página institucional na Internet e perfis em redes sociais de agente público candidato a reeleição ou a outro cargo eletivo*

Há agentes públicos que não precisam se desincompatibilizar de seus cargos para disputarem uma nova eleição. Um deputado, *e. g.*, que se candidate à reeleição ou a outro cargo eletivo pode ter conservada sua página institucional no portal do Órgão Legislativo que integra?

Admite-se a manutenção da página institucional, a qual, porém, não pode conter propaganda institucional nem eleitoral, mas tão só informações objetivas concernentes ao agente público. Conforme entende a jurisprudência (*vide* TSE – RO nº 545358/MG – dec. monocrática de 8-6-2015; RRp nº 78213/DF – PSS 5-8-2014; REspe nº 802961/SP – *DJe* t. 35, 19-2-2014, p. 80), a página institucional do "agente público candidato" não pode conter nem mesmo *link* (ou *hyperlink*) que remeta à sua própria página eleitoral, isto é, à página do candidato. Isso porque, além do indevido beneficiamento, haveria indireta propaganda eleitoral em sítio oficial hospedado por órgão público, o que é vedado pela legislação.

Quanto a perfis em redes sociais: *(i)* os perfis do órgão devem ser suspensos; *(ii)* os perfis pessoais do agente público candidato não podem veicular publicidade institucional.

17.2.27 Dia das eleições: propaganda e liberdade de expressão dos eleitores

Em princípio, é vedada a realização de propaganda eleitoral no dia do exercício do sufrágio (CE, art. 240, parágrafo único). Nessa data – prescreve o art. 39, § 5º, da LE –, constitui crime punível com detenção e multa: "I – o uso de alto-falantes e amplificadores de som ou a promoção de comício ou carreata; II – a arregimentação de eleitor ou a propaganda de boca de urna; III – a divulgação de qualquer espécie de propaganda de partidos políticos ou de seus candidatos; IV – a publicação de novos conteúdos ou o impulsionamento de conteúdos nas aplicações de Internet de que trata o art. 57-B desta Lei, podendo ser mantidos em funcionamento as aplicações e os conteúdos publicados anteriormente".

A previsão constante do citado inciso III deve ser bem ponderada, sob pena de se chocar com direitos fundamentais sacramentados na Constituição. A Lei Maior assegura a liberdade de expressão, traduzida em direito subjetivo público de manifestação do pensamento. O direito de opinião constitui *cláusula pétrea*, jamais podendo ser suprimido, sob pena de sucumbir a essência do regime democrático e da liberdade que lhe é inerente. Assim, no dia das eleições deve ser permitida a manifestação individual da preferência do eleitor por partido político ou candidato.

A propósito, dispõe o art. 39-A da LE: "É permitida, no dia das eleições, a manifestação individual e silenciosa da preferência do eleitor por partido político, coligação ou candidato, revelada exclusivamente pelo uso de bandeiras, broches, dísticos e adesivos". O uso no texto legal do advérbio *exclusivamente* ensejou o entendimento de que a manifestação individual e silenciosa do eleitor só poderia se dar pelo uso dos objetos que indica, a saber: "bandeiras, broches, dísticos e adesivos", com exclusão de outros meios de expressão. O rol seria *numerus clausus*, não admitindo acréscimos. Nessa ótica, vedado estaria o uso de roupa (camisa, camiseta, calça, bermuda, boné, chapéu etc.) contendo pinturas ou inscrições com o nome ou número de candidato.

Essa interpretação, porém, é equivocada e claramente inconstitucional, porque fere a liberdade fundamental de expressão política e o direito de manifestação livre do pensamento. Ademais, trata-se de interpretação ilógica, irracional, porque as vestimentas poderiam conter *adesivos* com as mesmas inscrições; o próprio eleitor poderia portar bandeiras e até encobrir-se com elas. Mais ainda: o eleitor poderia fazer uma tatuagem de Henna, que é temporária, com o nome, número e símbolos do candidato que apoia. Deveras, não há expressão de pensamento mais evidente do que realizada no próprio corpo ou no vestuário.

Ponderando essa questão, assentou a Corte Superior ser "permitido a qualquer tempo o uso de bandeiras, broches, dísticos, adesivos, camisetas e outros adornos semelhantes pela eleitora e pelo eleitor, como forma de manifestação de suas preferências por partido político, federação, coligação, candidata ou candidato" (Res. TSE nº 23.610/2019, art. 18, § 1º, e art. 82, *caput* – com a redação da Res. nº 23.671/2021).

De igual modo, na Internet e redes sociais não há motivo para se cercear a livre expressão de eleitores reais e identificáveis (e não virtuais ou robôs), em troca privada de ideias e mensagens. Esse tipo de manifestação em geral ocorre de forma espontânea, situando-se no âmbito da mera expressão individual e, portanto, sequer poderia ser caracterizada como propaganda eleitoral.

Ainda sobre a Internet e redes sociais, vale registrar que o art. 7º da Lei nº 12.034/2009 excepcionou a "propaganda eleitoral veiculada gratuitamente na Internet, no sítio eleitoral, *blog*, sítio interativo ou social, ou outros meios eletrônicos de comunicação do candidato, ou no sítio do partido ou coligação, nas formas previstas no art. 57-B da Lei nº 9.504, de 30 de setembro de 1997". Logo, no dia do pleito, somente poderá ser mantida: (i) a propaganda que já vinha sendo realizada gratuitamente na Internet, ou seja, na página, "sítio, *blog*, sítio interativo ou social, ou outros meios eletrônicos de comunicação" vinculados ao candidato e à sua campanha; (ii) a propaganda realizada na Internet pelo partido. Observe-se, porém, que, ante o teor do art. 240, parágrafo único, do CE, a propaganda veiculada em *outros sites* deve ser retirada até a antevéspera do pleito, isto é, 48 horas antes de seu início. Nessa proibição, inclui-se a publicidade realizada na imprensa escrita e reproduzida na Internet, conforme prescreve o art. 43 da LE.

Entretanto, no dia da eleição, não pode haver alteração no conteúdo da propaganda regularmente veiculada por candidatos e partidos na Internet e redes sociais, devendo ser mantidos os mesmos conteúdos já publicados anteriormente. E mais: no referido dia também não pode haver veiculação paga, inclusive por monetização, direta ou indireta – sendo, portanto, vedado o impulsionamento de conteúdos (Res. TSE nº 23.610/2019, art. 29, § 11; Res. TSE nº 23.714/2022, art. 6º). Essas duas condutas foram tipificadas como crimes no há pouco transcrito art. 39, § 5º, IV (incluído pela Lei nº 13.488/2017) da LE.

17.2.28 Violação de direito autoral

A propaganda eleitoral deve respeitar o direito autoral, protegido que é pelo art. 5º, inciso XXVII, da Lei Maior. De sorte que a utilização dos frutos da criação intelectual alheia depende sempre de autorização do autor ou titular, sob pena de tornar-se ilícita.

Todavia, há situações que não implicam ofensa ao direito autoral, e, pois, dispensam a autorização do titular do respectivo direito autoral. Entre elas destacam-se "as paráfrases e paródias que não forem verdadeiras reproduções da obra originária nem lhe implicarem descrédito", bem como as "obras situadas permanentemente em logradouros públicos" (Lei nº 9.610/1998, arts. 47 e 48). No caso de paródias (e também sátiras e comédias), assentou o Superior Tribunal de Justiça:

> "1. Recurso especial que debate a utilização pelos recorrentes de obra literomusical de titularidade da recorrida, sem autorização, para elaboração de paródia com finalidade de propaganda eleitoral. […]. 4. A paródia é forma de expressão do pensamento, é imitação de composição literária, filme, música, obra qualquer, que resulta em composição nova, por meio da qual se identifica a remissão à obra original que é adaptada a um novo contexto, com versão diferente. 5. A paródia é uma das limitações do direito de autor, com previsão no art. 47 da Lei 9.610/1998, que prevê serem livres as paráfrases e paródias que não forem verdadeiras reproduções da obra originária nem lhe implicarem descrédito. Respeitadas essas condições, é desnecessária a autorização do titular da obra parodiada. 6. A finalidade da paródia, se comercial, eleitoral, educativa, puramente artística ou qualquer outra, é indiferente para a caracterização de sua licitude e liberdade assegurada pela Lei n. 9.610/1998.7. Recurso especial provido" (STJ – REsp nº 1810440/SP – 3ª T. – Rel. Min. Marco Aurélio Bellizze – *DJe* 21-11-2019).

Na tutela da integridade do processo eleitoral, cabe à Justiça Eleitoral fiscalizar a propaganda, fazendo cessar abusos e ilicitudes cometidos durante sua veiculação. Por isso, não obstante pedidos relacionados à violação de direitos autorais serem de competência da Justiça Comum, a cessação da conduta que se utilize de criação intelectual sem permissão do autor pode ser determinada pela Justiça Eleitoral. Esta, para tanto, poderá deferir tutela inibitória pleiteada pelo interessado (Res. TSE nº 23.679/2022, art. 30, *caput*) e adotar "as providências necessárias" (Res. TSE nº 23.610/2019, art. 111) com vistas à cessação do ilícito. A jurisprudência há muito firmou-se nesse sentido, a ver: "compete à Justiça Eleitoral vedar a reprodução no horário destinado à propaganda eleitoral gratuita, de imagens, verdadeiro videoclipe, fruto de criação intelectual de terceiros, sem autorização do titular" (TSE – Rp nº 586/DF – PSS 21-10-2002).

17.2.29 Pronunciamento em cadeia de rádio ou TV

Nos três meses anteriores ao pleito, é vedado aos agentes estatais fazerem pronunciamento em cadeia de rádio e televisão, fora do horário eleitoral gratuito, salvo quando, a critério da Justiça Eleitoral, tratar-se de matéria urgente, relevante e característica das funções de governo (LE, art. 73, VI, *c*).

17.2.30 Inviolabilidade parlamentar

Segundo a Constituição, são "invioláveis, civil e penalmente, por quaisquer de suas opiniões, palavras e votos": *(i)* deputados federais e senadores – CF, art. 53, *caput*; *(ii)* deputados estaduais – CF, art. 27, § 1º; *(iii)* deputados distritais – CF, art. 32, § 3º; *(iv)* vereadores – CF, art. 29, VIII ("no exercício do mandato e na circunscrição do Município").

A inviolabilidade apresenta natureza material, impedindo a incidência de norma sancionadora. Com isso, a conduta do agente é *atípica*. Sua proteção não se circunscreve ao interior da respectiva Casa Legislativa, estendendo-se a atuações externas do parlamentar, bem como a declarações feitas em plataformas eletrônicas e meios de comunicação social. O privilégio em apreço funda-se no interesse público atinente ao ótimo exercício e desempenho das funções legislativas, a fim de que não haja desvirtuamento por intimidação ou pressão de qualquer espécie. É, pois, essencial que a manifestação externada pelo parlamentar se dê no exercício de suas funções (*in officio*) ou com elas se relacionem (*propter officium*), sob pena de a conduta se tornar penalmente típica.

No entanto, é pacífico o entendimento de que nenhum direito, ainda que fundamental, tem caráter absoluto, o que vale também para a esfera da inviolabilidade parlamentar. Nessa perspectiva, já se entendeu na jurisprudência (*vide* TSE – R-Rp nº 38029/DF – PSS 7-8-2014) que ela não impede a incidência das regras eleitorais atinentes à propaganda.

17.3 REPRESENTAÇÃO POR PROPAGANDA ELEITORAL ILÍCITA

17.3.1 Procedimento do art. 96 da Lei das Eleições

Salvo disposição legal específica em contrário, as representações (*rectius*: ações) relativas ao descumprimento da Lei nº 9.504/97 devem observar o rito traçado em seu art. 96. Esse procedimento só não será seguido se a própria Lei Eleitoral cuidar de afastá-lo. Assim, não é aplicado nas hipóteses de captação ou gasto ilícito de recurso de campanha (LE, art. 30-A, § 1º), captação ilícita de sufrágio (LE, art. 41-A) e conduta vedada (LE, art. 73, § 12), que seguem o rito estabelecido no art. 22 da Lei de Inelegibilidades.

Afora esses casos, há muitos outros em que se impõe a observância do procedimento arquitetado no aludido art. 96 da LE. É isso que ocorre, por exemplo, nas representações que objetivam combater: (a) divulgação de pesquisa sem prévio registro (art. 33, § 3º); (b) propaganda eleitoral extemporânea ou antecipada (art. 36, § 3º); (c) propaganda eleitoral irregular (art. 37, § 1º); (d) propaganda eleitoral mediante *outdoor* (art. 39, § 8º); (e) inobservância dos limites fixados para a propaganda na imprensa (art. 43, § 2º); (f) veiculação de propaganda eleitoral por emissora não autorizada a funcionar pelo poder competente (art. 44, § 3º); (g) descumprimento das regras restritivas da atuação de emissoras de rádio e televisão (art. 45, § 2º); (h) descumprimento das regras relativas a propaganda eleitoral na Internet (LE, art. 57-C, § 2º, art. 57-D, § 2º, art. 57-E, § 2º, art. 57-G, parágrafo único, art. 57-H, *caput*, art. 57-I); (i) infração às regras que disciplinam a propaganda gratuita no rádio e na televisão (art. 53, §§ 1º e 2º, art. 53-A, § 3º, art. 55, parágrafo único, art. 56); (j) ofensas difundidas em veículo de comunicação social – direito de resposta (art. 58); (k) descumprimento de decisão que conceder direito de resposta (art. 58, § 8º).

17.3.2 Caracterização da representação por propaganda eleitoral ilícita

Ressalvadas algumas situações, as restrições legais à propaganda eleitoral não chegam a malferir as garantias fundamentais de livre manifestação do pensamento e de informação, eis que se ligam aos também constitucionais princípios de igualdade, normalidade e legitimidade da eleição.

Deveras, o descumprimento das regras atinentes à propaganda eleitoral enseja a responsabilização do agente ou do beneficiário da conduta ilícita. Nesse sentido, ora a Lei nº 9.504/97 prevê a aplicação de sanção de multa (caso dos arts. 36, § 3º, 37, § 1º, 39, § 8º, 43, § 2º, 45, § 2º), ora estabelece a perda de tempo destinado à propaganda eleitoral (caso dos arts. 45, § 2º, primeira parte, e 55, parágrafo único) ou a perda do direito à veiculação (art. 53, § 1º), ora impede a apresentação de determinados programas (art. 53, § 2º), ora impõe a suspensão da programação normal da emissora de rádio ou televisão (hipótese do art. 56), ora pune provedor de conteúdo de serviços multimídia na Internet (art. 57-F), ora impõe a suspensão do acesso a conteúdo veiculado na Internet (art. 57-I). São respostas sancionatórias que visam coibir especificamente o desvirtuamento da propaganda. Ademais, havendo ofensa à honra ou imagem, é assegurado direito de resposta ao candidato, partido ou coligação ofendido. Por outro lado, dependendo da relevância e amplitude da irregularidade, também se poderá cogitar a ocorrência de abuso de poder econômico ou político, caso em que se declara a inelegibilidade do candidato, bem como a cassação de seu registro e mesmo de seu diploma.

É cediço que tais sanções não podem ser aplicadas *ex officio* pela Justiça Eleitoral, mas tão somente pelo poder jurisdicional, no bojo de um processo justo, se houver provocação de colegitimado. É que refogem do âmbito meramente administrativo dessa Justiça Especializada, situando-se em sua esfera de poder jurisdicional. Incide, pois, o princípio da inércia, pelo qual ao juiz não é dado agir sem provocação: *nemo iudex sine actore*. Nesse diapasão, reza a Súmula nº 18 do TSE: "Conquanto investido de poder de polícia, não tem legitimidade o juiz eleitoral, para, de ofício, instaurar procedimento com a finalidade de impor multa pela veiculação de propaganda eleitoral em desacordo com a Lei nº 9.504/1997".

Assim, para serem impostas, deve ser instaurado *processo jurisdicional*, no qual sejam assegurados à parte o contraditório e a ampla defesa. Nesse sentido, o art. 96 da Lei Eleitoral instituiu procedimento pelo qual as infrações a seus preceitos possam ser conhecidas e julgadas com a rapidez reclamada pelo momento.

17.3.3 Aspectos processuais da representação

17.3.3.1 *Procedimento*

Trata-se de procedimento sobremaneira célere.

O art. 96 da Lei nº 9.504/97 não cuida de todos os aspectos procedimentais da presente representação. Suas deficiências devem ser supridas pelas disposições legais atinentes à Ação de Impugnação de Registro de Candidatura – AIRC (por ser mais dilatado, o rito dessa ação é considerado ordinário na seara eleitoral) e pelo Código Eleitoral, especialmente na parte recursal. Também o Código de Processo Civil é sempre aplicável supletiva e subsidiariamente (CPC, art. 15).

Toda a tramitação processual se dá no Sistema Processo Judicial Eletrônico (PJe).

A petição inicial deve qualificar as partes e indiciar os endereços eletrônicos e de citação (CPC, art. 319, II). Ademais, deve relatar fatos, e ser instruída com "prova da autoria ou do

Cap. 17 • PROPAGANDA ELEITORAL | **497**

prévio conhecimento do beneficiário", caso este não seja o autor do fato (LE, art. 40-B). Se for instruída com mídia de áudio ou vídeo, deve a petição inicial ser acompanhada da transcrição da propaganda ou trecho impugnado.

Uma vez distribuída ao juízo eleitoral competente, o representado deverá ser citado, preferencialmente por meio eletrônico, para se defender.

Sobre a prova, em princípio, deve ser pré-constituída, acompanhando a petição inicial e a contestação. Só se realiza audiência de instrução para a produção de provas imprescindíveis que não poderiam acompanhar aqueles atos.

Após a apresentação da defesa ou decorrido o respectivo prazo, o Ministério Público é intimado (pessoalmente ou no endereço eletrônico cadastrado na Justiça Eleitoral) para manifestar-se sobre a causa.

Na sequência, o órgão judicial sentenciará. Nas eleições municipais, dessa decisão cabe recurso para o TRE no prazo de um dia. Já nas eleições em que o registro de candidatura é feito nos Tribunais Regional e Superior Eleitoral, a decisão é proferida monocraticamente por juiz ou ministro auxiliar; contra esse ato caberá o recurso do art. 96, § 8º, da Lei nº 9.504/97 no prazo de um dia.

17.3.3.2 *Prazos*

Porque a propaganda eleitoral só pode ocorrer no período eleitoral, forte é a influência do princípio da celeridade nas representações que a ela se referem. A demora na prestação jurisdicional pode resultar no prolongamento de condutas ilícitas em prejuízo da campanha por elas afetada. Por isso, os prazos são contínuos e peremptórios, podendo correr, iniciar e findar nos finais de semana e dias feriados, no período compreendido entre o pedido de registro e a data-limite designada no calendário eleitoral para a diplomação dos eleitos.

Na Lei nº 9.504/97, os prazos são fixados em horas. E a contagem de prazo em hora se faz minuto a minuto (CC, art. 132, § 4º). Todavia, há muito se firmou na jurisprudência o entendimento de que, "fixado o prazo em horas passíveis de, sob o ângulo exato, transformar-se em dia ou dias, impõe-se o fenômeno, como ocorre se previsto o de 24 horas a representar um dia. A regra somente é afastável quando expressamente a lei prevê termo inicial incompatível com a prática" (TSE – AgRp nº 789/DF – PSS 18-10-2005). No mesmo sentido: "1. Segundo o entendimento deste Tribunal, o prazo de 24 horas a que alude o art. 96, § 8º, da Lei nº 9.504/97 pode ser convertido em um dia. Precedentes. [...]" (TSE – Rp. nº 180.154/DF – *DJe*, t. 57, 24-3-2015, p. 164-165; TSE – Ag-REspe nº 664/BA – *DJe*, t. 157, 19-8-2013). Essa orientação jurisprudencial foi incorporada às normas que regulam o procedimento da representação para as eleições, de modo que os prazos processuais em horas são convertidos para dia.

A consequência inexorável da referida conversão é a alteração da forma de contagem prazo. Como se sabe, no cômputo dos prazos em dia incide o disposto no *caput* do art. 224 do CPC, segundo o qual "os prazos serão contados excluindo o dia do começo e incluindo o dia do vencimento". Todavia – no período eleitoral –, os parágrafos desse dispositivo não têm aplicação. Isso porque eles determinam que o começo ou o vencimento do prazo sejam protraídos para o primeiro dia útil seguinte se coincidirem com dia em que não houver expediente forense ou este "for encerrado antes ou iniciado depois da hora normal ou houver indisponibilidade da comunicação eletrônica" (§ 1º), bem como que a contagem do prazo somente "terá início no primeiro dia útil que seguir ao da publicação" (§ 3º). A propósito, o art. 7º, § 2º, da Res. TSE nº 23.478/2016 esclarece que somente "fora do período definido no calendário eleitoral" serão os prazos processuais computados na forma do art. 224 do CPC, devendo-se, aqui, compreender que somente os parágrafos desse dispositivo são inaplicáveis.

Por serem os prazos processuais contínuos, peremptórios e correndo nos finais de semana e feriados, não incide o disposto no art. 219 do CPC, segundo o qual: "Na contagem de prazo em dias, estabelecido por lei ou pelo juiz, computar-se-ão somente os dias úteis". Tal assertiva é corroborada pelo art. 7º, *caput*, da Res. TSE nº 23.478/2016, segundo o qual: "O disposto no art. 219 do Novo Código de Processo Civil não se aplica aos feitos eleitorais".

Vale ressaltar que, nos processos relativos à propaganda eleitoral, durante o período eleitoral, os acórdãos dos Tribunais Eleitorais são publicados em sessão, sendo as partes consideradas intimadas independentemente da posterior publicação de seu inteiro teor no Diário Oficial (DJe). É da publicação na sessão que os prazos recursais são contados.

Inaplicáveis nesta seara são as regras dos arts. 180, 183, 186 e 229 do diploma processual, que duplicam os prazos respectivamente do Ministério Público, da Advocacia Pública, da Defensoria Pública e de litisconsortes com diferentes procuradores de distintos escritórios.

No que concerne ao Ministério Público, é também inaplicável o prazo de 30 dias previsto no art. 178 do CPC, para que ele intervenha no processo "como fiscal da ordem jurídica nas hipóteses previstas em lei ou na Constituição Federal".

Prorrogação de prazo – o art. 8º da Res. TSE nº 23.608/2019 (inserido pela Res. TSE nº 23.672/2021) prevê a prorrogação de prazos processuais durante o período eleitoral. A prorrogação será para o dia seguinte se, na data do vencimento: "I – houver indisponibilidade técnica do PJe, quando se tratar de ato que deva ser praticado por meio eletrônico (Lei nº 11.419/2006, art. 10, § 2º; e CPC, art. 213, *caput*); ou II – o expediente do cartório ou da secretaria perante o qual deva ser praticado for encerrado antes ou iniciado depois da hora normal, quando se tratar de ato que exija comparecimento presencial (Lei nº 11.419/2006, art. 10, § 1º; e CPC, arts. 213, *caput*, e 224, § 1º)". A "indisponibilidade técnica" a que alude o citado inciso I é compreendida como a que: "I – for superior a 60 (sessenta) minutos, ininterruptos ou não, se ocorrida entre 6 (seis) horas e 24 (vinte e quatro) horas; ou II – ocorrer na última hora do prazo, independentemente da sua duração".

17.3.3.3 Intimação de partes, procuradores e Ministério Público

Sempre que a decisão for publicada em audiência ou sessão de julgamento no tribunal eleitoral, nesse mesmo ato dá-se a intimação das partes. E a partir daí conta-se o prazo para interposição de recursos.

Segundo o art. 270 do CPC, as intimações devem se realizar por meio eletrônico. Não sendo isso possível, poderá ser feita por publicação do ato no órgão oficial (CPC, art. 272). Esse órgão é o "Diário de Justiça Eletrônico" (*DJe*), sendo por ele que as intimações de atos judiciais são normalmente realizadas.

E se for inviável a intimação por meio eletrônico e pelo *Diário de Justiça Eletrônico*? Nessa hipótese, reza o art. 273 do CPC que a intimação poderá ser realizada: *(i)* pessoalmente, se a parte tiver domicílio na sede do juízo; *(ii)* por carta registrada, com aviso de recebimento, quando a parte for domiciliada fora da sede do juízo.

Vale registrar que o art. 96-A da LE permite a realização de intimação a *candidato* por aparelho de *fac-símile*. Nesse caso, a intimação deverá ser encaminhada exclusivamente "na linha telefônica por ele previamente cadastrada, por ocasião do preenchimento do requerimento de registro de candidatura".

Ademais, faculta a lei a realização de intimação por *edital eletrônico ou mural eletrônico*, o qual deve ser veiculado na página da Justiça Eleitoral na Internet. Normalmente, durante o período eleitoral, é por esse meio que as intimações são feitas. A esse respeito, dispõe o art. 94, § 5º, da LE (incluído pela Lei nº 13.165/2015):

"Nos Tribunais Eleitorais, os advogados dos candidatos ou dos partidos e coligações serão intimados para os feitos que não versem sobre a cassação do registro ou do diploma de que trata esta Lei por meio da publicação de edital eletrônico publicado na página do respectivo Tribunal na internet, iniciando-se a contagem do prazo no dia seguinte ao da divulgação".

Extrai-se desse dispositivo que, nos feitos que *não* versarem "sobre a cassação do registro ou do diploma" de que trata a Lei nº 9.504/97 (ex.: representação por propaganda eleitoral irregular), as intimações dos advogados poderão ocorrer "por meio da publicação de edital eletrônico publicado na página do respectivo Tribunal na internet".

Frise-se que, sendo a intimação feita por mural eletrônico, inicia-se "a contagem do prazo no dia seguinte ao da divulgação". Desconsidera-se, portanto, o dia da veiculação do mural.

No caso do Ministério Público Eleitoral, conquanto tenha a prerrogativa processual de intimação pessoal nos autos do processo (*vide* LC nº 75/93, art. 18, II, *h*, Lei nº 8.625/93, art. 41, IV), sua intimação na representação em apreço pode ser feita por meio eletrônico (ou, não isso possível, mediante encaminhamento de cópia da decisão). Ainda porque, no processo eletrônico não existem autos físicos e toda a tramitação processual se dá eletronicamente.

17.3.3.4 Início do processo

Inicia-se a marcha processual com a protocolização da petição inicial na Justiça Eleitoral.

17.3.3.5 Petição inicial

Em princípio, a petição inicial deve atender às exigências do art. 319 do diploma processual civil. Deve apontar o órgão jurisdicional a que se dirige e indicar a qualificação e o domicílio do representado. Sendo este candidato, partido político ou coligação, há que se indicar o respectivo endereço eletrônico. Tais dados são facilmente obtidos no banco de dados do sistema de candidaturas, que pode ser acessado no sítio eletrônico da Justiça Eleitoral.

Ademais, a peça vestibular deve estampar os fatos e os fundamentos jurídicos do pedido (*i.e.*, a causa de pedir), bem como pedido.

Ante a celeridade do rito, é imprescindível que a prova do fato alegado acompanhe a inicial, devendo, nesse sentido, ser documentada ou pré-constituída. No entanto, sendo isso impossível, cumpre ao autor indicá-la para posterior produção em juízo. Vale observar que o § 1º do art. 96 da LE "tem como suficiente, para o ajuizamento das representações, o relato dos fatos e a indicação das provas, indícios e circunstâncias" (TSE – REspe nº 25063/PA – *DJ* 2-9-2005, p. 154). Mas a produção ulterior abrange apenas as provas que não poderiam ter sido desde logo apresentadas com a exordial.

Nas hipóteses elencadas no art. 330 do CPC, poderá a exordial ser rejeitada de plano, extinguindo-se o processo ainda em seu nascedouro. Da decisão extintiva cabe recurso à superior instância, podendo o juiz dela se retratar; não havendo retratação, o réu deverá ser citado "para responder ao recurso" (CPC, art. 331).

Todavia, a ausência de pedido não torna inepta a petição inicial. Isso porque é "suficiente que a inicial descreva os fatos e leve ao conhecimento da Justiça Eleitoral eventual prática de ilícito eleitoral [...]" (TSE – AgRg-AI nº 4491/DF – *DJ* 3-9-2005). Nesse particular, o processo jurisdicional eleitoral se aproxima do processo penal, no qual não se exige que na denúncia conste *expresso* pedido de condenação, sendo suficiente que esteja *implícito*. Conforme reza o art. 41 do CPP, basta que haja a "exposição do fato, com todas as suas circunstâncias"; essa descrição é essencial para a delimitação da matéria a ser debatida no processo e, pois, para o exercício da ampla defesa e da correlação com a decisão judicial.

A petição inicial deve ser acompanhada de prova da *autoria* da produção ou divulgação da propaganda irregular, bem como, se for o caso, do *prévio conhecimento* por parte do beneficiário. Sobre isso, dispõe o art. 40-B da LE: "A representação relativa à propaganda irregular deve ser instruída com prova da autoria ou do prévio conhecimento do beneficiário, caso este não seja por ela responsável".

Se a demanda tiver por objeto manifestação em ambiente de Internet e redes sociais, além da juntada aos autos de mídia contendo a propaganda impugnada, também é necessário indicar de forma clara e específica o conteúdo tido como infringente e sua localização inequívoca (Lei nº 12.965/2014, art. 19, § 1º). Tal se dá pela URN (*uniform resource name*) e pela URL (*uniform resource locator*) da postagem. A URN refere-se à identidade do conteúdo (o que é?) e a URL indica a sua localização na *web* (onde está?). Note-se que a URL a ser indicada deve ser a especificamente relacionada à publicação ou comentário questionado (não a URL genérica, vinculada à página ou perfil).

17.3.3.6 Objeto

Em princípio, busca-se a condenação do agente ou beneficiário da propaganda eleitoral irregular a multa, perda de tempo destinado à propaganda eleitoral, suspensão da programação normal de emissora de rádio ou televisão, suspensão de acesso a conteúdo veiculado em aplicação de Internet.

17.3.3.7 Tutela inibitória

A tutela jurisdicional no presente procedimento pode ser efetivada mediante a técnica inibitória. O fundamento da ação inibitória encontra-se no art. 5º, XXXV, da CF, e no art. 497, parágrafo único, do CPC. Apresenta caráter preventivo, sendo dirigida contra a probabilidade de ocorrência de ilícito. Em certas circunstâncias, é possível impor ao réu a abstenção, a não continuação ou a não reiteração de determinada conduta ilícita, de modo a evitar dano à integridade do processo eleitoral, bem como à candidatura ou à campanha política da vítima.

Pode-se, ainda, pensar na "tutela inibitória do descumprimento de dever legal". Aqui, a ação tem em vista obrigar ao cumprimento de dever imposto por lei. Por exemplo: na propaganda eleitoral, partido coligado para eleição majoritária ajuíza ação com pedido de tutela inibitória a fim de que o seu nome (ou sigla) seja mencionado com os demais integrantes da coligação, dando-se, pois, cumprimento ao dever inscrito no art. 6º, § 2º, da LE.

Vale lembrar que o descumprimento da decisão na ação inibitória pode ser sancionado com multa (CPC, art. 537), aplicada independentemente de requerimento da parte. Essa sanção não deve ser confundida com a multa eleitoral prevista no art. 36, § 3º, da LE para a propaganda ilícita, pois ambas têm naturezas e finalidades diversas.

> "1. No *decisum* monocrático, reformou-se em parte aresto do TRE/BA a fim de reduzir de R$ 100.000,00 para R$ 35.000,00 o valor de multa cominatória imposta à coligação agravante por descumprir tutela inibitória e praticar ato de campanha em desrespeito aos parâmetros de combate à Covid-19. [...] 4. O teto da sanção pecuniária prevista no art. 36, § 3º, da Lei 9.504/97, de R$ 25.000,00, diz respeito à propaganda irregular, não se vinculando, assim, à fixação da multa cominatória. 5. Agravo interno a que se nega provimento" (TSE – REspEl-Ag nº 060050209/BA – DJe, t. 40, 9-3-2022).

"1. A Corte Regional Eleitoral, por unanimidade, manteve sentença que julgou procedente ação inibitória, ajuizada pelo Ministério Público Eleitoral, confirmando pedido de tutela de provisória, deferida no sentido de proibir atos de campanhas que violassem regras sanitárias, impondo multa de R$ 50.000,00 em caso de descumprimento. [...] 6. A decisão agravada deve ser mantida por seus próprios fundamentos" (TSE – AREspE nº 060009388/BA – *DJe*, t. 69, 20-4-2022).

17.3.3.8 *Causa de pedir*

A demanda pode fundar-se em quaisquer condutas que agridam os valores e a disciplina legal da propaganda eleitoral.

Em jogo encontra-se a igualdade material (em sua dimensão de igualdade de chances) que, em princípio, deve ser assegurada a todos os participantes do certame.

Ainda que o evento considerado ocorra em momento anterior ao registro de candidatura, poderá figurar como causa de pedir da representação em apreço, caracterizando-se como propaganda eleitoral extemporânea, que é sempre realizada *antes* do dia 16 de agosto do ano das eleições.

Sendo vários os fatos, ainda que conexos, cada qual deles pode fundamentar distintas representações, resultando, pois, condenações autônomas.

"[...] Propaganda extemporânea. Veiculação em datas diversas. Causa de pedir também distinta. [...] Por configurarem fatos diversos, representações que versem sobre propaganda veiculada em datas distintas não possuem a mesma causa de pedir [...]" (TSE – Ag. nº 4459/SP – *DJ* 21-6-2004, p. 87).

"[...] Em virtude de cada fato apurado, é perfeitamente possível a aplicação de multa, em representações distintas, sem que isto configure litispendência, conexão ou coisa julgada [...]" (TSE – REspe nº 21182/SP – *DJ* 29-8-2003, p. 100 – excerto do voto do relator).

Como corolário, tem-se que, se os diversos fatos forem reunidos em uma só representação (= cúmulo objetivo de ações), o pedido – e a consequente condenação – deve ser cumulativo, incidindo uma multa para cada fato inquinado.

No entanto, na propaganda realizada no rádio e na televisão, sendo a mesma peça publicitária veiculada em horários distintos do mesmo dia, há entendimento jurisprudencial no sentido de se tratar do mesmo fato, sendo, pois, possível, afirmar-se a ocorrência de litispendência entre as ações. Confira-se:

"1. A jurisprudência desta Corte já assentou, quanto à matéria processual em questão, que, 'verificada a existência de representações que cuidam da mesma peça publicitária, veiculada no mesmo meio de comunicação e no mesmo dia, não há óbice ao reconhecimento da litispendência' (AgR–REspe nº 301–31/AP, redator para acórdão o Min. Dias Toffoli, *DJe* de 18.3.2015). 2. Na hipótese, os recorrentes, em ações idênticas, insurgem–se contra a veiculação da mesma peça publicitária nas inserções da propaganda eleitoral gratuita na televisão, em diferentes horários do dia 5.9.2018. 3. Recurso desprovido" (TSE – Rp. nº 060113732/DF – PSS 20-9-2018).

O desacerto dessa compreensão está em que a diferença de momento em que a peça publicitária é veiculada determina a alteração de sua base fático-temporal. Embora o conteúdo da peça seja idêntico, os momentos de veiculação são distintos. Ora, se os fatos que compõem as causas de pedir das respectivas ações não ocorrem no mesmo momento, não são idênticos, não se podendo afirmar haver repetição de ações.

No caso, correta seria a afirmação de existência de conexão entre as respectivas representações, a justificar reunião de processos para julgamento conjunto – não, porém, de litispendência.

17.3.3.9 Partes

Quanto ao *polo ativo*, a representação em foco pode ser ajuizada por partido político, federação de partidos, coligação, candidato e Ministério Público.

Não se prevê a legitimidade *ad causam* do cidadão, que, todavia, poderá levar o fato de que tiver notícia ao conhecimento do Ministério Público ou do juiz eleitoral para que providenciem o que for de direito no âmbito de suas respectivas esferas funcionais.

Tampouco é prevista legitimidade ativa de pré-candidato. No entanto, ele pode figurar no polo passivo da relação processual:

> "Recurso. Representação. Eleições de 2020. Alegada propaganda eleitoral extemporânea negativa. Preliminar de ilegitimidade ativa. O pré-candidato não é parte legítima para propor representação por propaganda eleitoral. Inteligência do art. 96 da Lei nº 9.504/97. Acolhida. Extinção do feito sem julgamento de mérito, nos termos do art. 485, IV, do CPC" (TRE-MG – Recurso Eleitoral nº 060002312 – PSS 20-10-2020).

> "[...] 5. Já decidiu esta Corte que notório pré-candidato é parte legítima para figurar no polo passivo de representação em que se examina a realização de propaganda eleitoral antecipada. [...]" (TSE – Rp nº 125198/DF – *DJe* 1-8-2012).

A federação de partidos encontra previsão no art. 6º-A da LE e no art. 11-A da LPP (ambos introduzidos pela Lei nº 14.208/2021) e atua no processo eleitoral como se fosse um partido. Partido integrante de federação não ostenta legitimidade *ad causam* ativa para ingressar por si só com representação; nesse sentido: TSE – Rp nº 060058528/DF – *DJe* 3-6-2024.

De igual modo, partido integrante de coligação não ostenta legitimidade para agir isoladamente. Todavia, sendo a coligação apenas para o pleito majoritário, mantém intacta sua legitimidade de ação no âmbito do pleito proporcional.

Tratando-se de atuação judicial, é necessário que as partes estejam representadas por advogado, preenchendo, assim, o requisito atinente à capacidade postulatória.

> "A petição inicial das representações, reclamações e pedidos de direito de resposta, subscrita por advogado ou por representante do Ministério Público Eleitoral, deverá: [...]" (Res. TSE nº 23.608/2019, art. 6º, *caput*). No mesmo sentido: Res. TSE nº 23.547/2017, art. 7º, *caput*.

> "[...] 'A jurisprudência da Corte tem firme entendimento no sentido de a imprescindibilidade da representação ser assinada por advogado regularmente inscrito na Ordem, sob pena de ser o feito extinto sem julgamento do mérito, por violação do art. 133 da Constituição Federal (REspe nº 19.526/MG – *DJ* 8-2-2002)'" (TSE – REspe nº 21.562, de 12-8-2004 – *DJ* 8-10-2004, p. 98).

Inexistindo procuração nos autos, incide a regra do art. 76 do CPC, pelo que deverá o juiz suspender o processo e designar prazo razoável para ser sanado o defeito. Já se fixou esse "prazo razoável" em 24 horas (Res. TSE nº 22.142/2006, art. 5º, Res. TSE nº 23.367/2011, art. 9º). Não sendo cumprido o despacho dentro de tal lapso, se a providência couber: (a) ao autor, será extinto o processo; (b) ao réu, reputar-se-á revel; (c) ao terceiro, dependendo da situação, poderá ser considerado revel ou excluído do processo.

No *polo passivo* da representação deve figurar "o responsável pela divulgação da propaganda, e quando comprovado seu *prévio conhecimento*, o beneficiário" (LE, art. 36, § 3º). Não se pode olvidar a incidência do princípio da solidariedade. Previsto no art. 241, *caput*, do Código Eleitoral, estabelece que a "propaganda eleitoral será realizada sob a responsabilidade dos partidos e por eles paga, imputando-lhes solidariedade nos excessos praticados pelos seus candidatos e adeptos". Embora mencione "partidos", essa regra igualmente "aplica-se às coligações" (TSE – AgR-AREspE nº 060355027 – j. 24-8-2023) e às federações partidárias. A responsabilidade e a solidariedade aí previstas restringem-se aos candidatos e aos respectivos partidos e coligações envolvidos no evento, "não alcançando outros partidos mesmo quando integrantes de uma mesma coligação" (CE, art. 241, parágrafo único, e LE, art. 6º, § 5º, ambos acrescidos pela Lei nº 12.891/2013).

Deveras, todos que contribuíram para a veiculação da propaganda irregular deverão ser responsabilizados, inclusive os veículos de comunicação social envolvidos. Também as agremiações poderão ser acionadas, se forem corresponsáveis pelo ato inquinado (LE, art. 96, § 11 – acrescido pela Lei nº 13.165/2015), porquanto "há solidariedade entre os partidos políticos e seus candidatos no tocante à realização da propaganda eleitoral destes" (TSE – REspe nº 21.418/RS – *DJ*, v. 1, 21-6-2004, p. 89; TSE – AgR-AREspE nº 060335979/GO – j. 20-10-2023). Sendo o caso, formar-se-á litisconsórcio passivo.

Note-se que a solidariedade em tela circunscreve-se à imputação de responsabilidade pelo ilícito. Uma vez afirmada a responsabilidade, a sanção é aplicável de forma autônoma para cada qual dos agentes. Em outras palavras, a multa é sempre individualizada, já que não existe "multa solidária", a ser repartida entre os diversos infratores. Assim: "[...] a multa deve ser aplicada individualmente aos responsáveis pela propaganda eleitoral irregular [...]" (TSE – AgR–AREspe nº 0603320–60/PE – *DJe* 18-5-2023; TSE – REspe nº 060125464/PB – *DJe* 16-10-2023).

Segundo entendeu a Corte Superior Eleitoral: (a) "[...] 1. Nos excessos praticados na propaganda eleitoral poderão ser responsabilizados os candidatos e seus adeptos [...]" (TSE – AgRg-AI nº 3.977/SP – *DJ*, v. 1, 3-10-2003, p. 105); (b) "[...] 1. A municipalidade é parte legítima para figurar no polo passivo, de modo a poder defender a regularidade de sua propaganda institucional, propaganda que pode vir a ser proibida ou suspensa [...]" (TSE – Ag nº 2.706/PA – *DJ*, v. 1, 24-8-2001, p. 173); (c) "Propaganda eleitoral extemporânea efetuada em propaganda institucional. Art. 36, § 3º da Lei nº 9.504/97. Multa aplicada ao beneficiário, chefe do Executivo Estadual, e ao estado membro [...]" (TSE – REspe nº 15.579/PA – *DJ* 23-4-1999, p. 65).

Quanto ao candidato, sua responsabilização depende da comprovação de *prévio conhecimento* da propaganda irregular. Ou seja, será preciso demonstrar que sabia de sua existência. A exigência possui relevante alcance prático. Suponha que alguém queira prejudicar adversário político e à sorrelfa fixe propaganda eleitoral irregular em alguns pontos da cidade. Em eleições presidenciais, estaduais ou mesmo em grandes Municípios não é impossível que o candidato supostamente "beneficiado" pela propaganda irregular dela sequer tome conhecimento. Logo, injusto e injurídico seria sua penalização. Esse o sentido da exigência legal.

Por óbvio, não se pode presumir o prévio conhecimento. No entanto, é ele evidenciado em situações como as seguintes:

- sempre que o candidato seja o responsável direto pela realização da propaganda irregular ou dela participe. Exemplos: propaganda veiculada na televisão, no rádio, em palanque montado para evento comemorativo ou comício, em que o candidato (ou potencial candidato) fala, discursa e exibe sua imagem. Não poderia, é evidente, alegar não ter tido conhecimento, já que participa do ato;

- se as circunstâncias e as peculiaridades do caso concreto revelarem a impossibilidade de o beneficiário não ter tido conhecimento da propaganda (LE, art. 40-B, parágrafo único; TSE – REspe nº 21.262/RS *DJ* 5-9-2003, p. 96). Exemplos: painéis colocados nas proximidades da residência do candidato, ou nas imediações do diretório de seu partido, exibindo sua imagem e mensagem política; grande número de santinhos distribuídos à população; ora, além da ostensividade da propaganda em si mesma, há o fato de ela ter sido contratada por alguém;

- se o candidato for notificado da existência da propaganda irregular e não providenciar sua retirada ou regularização no prazo legal (LE, art. 40-B, parágrafo único). Nesse caso, o prévio conhecimento é documentado, resultando da notificação formalizada. A notificação poderá "ser realizada por candidata, candidato, partido, coligação, Ministério Público ou pela Justiça Eleitoral, por meio de comunicação feita diretamente à pessoa responsável ou beneficiária da propaganda, com prova de recebimento, devendo dela constar a precisa identificação da propaganda apontada como irregular" (Res. TSE nº 23.610/2019, art. 107, § 2º – com a redação da Res. nº 23.671/2021). Já se entendeu que a notificação não precisa ser feita pessoalmente ao candidato, "podendo ser recebida por quem o represente" (TSE – ED-Ag nº 4.125/SP, j. 24-6-2003). Ademais, pode ser efetivada por meio eletrônico, mas apenas nos números e endereços fornecidos por ocasião do registro de candidatura, sendo irregular e, pois, não restando configurado o prévio conhecimento, quando realizada em número ou endereço diverso. Nesse sentido: TSE – REspe nº 21.182/SP – *DJ* 29-8-2003, p. 100).

Frise-se que, embora não seja de rigor a formação de litisconsórcio passivo necessário entre o candidato e seu partido ou coligação, poderá formar-se litisconsórcio facultativo.

Instaurada a demanda contra candidato, poderá a agremiação intervir no feito como assistente, sendo evidente o seu interesse.

Já se admitiu a intervenção de sindicato no processo: "[…] III – Sindicato: substituição processual: plausível afirmação de sua legitimação para intervir, no interesse dos seus filiados, em processo no qual está em causa a liberdade de sua atividade profissional" (TSE – MC nº 1241/DF, j. 25-10-2002).

17.3.3.10 *Prazo para ajuizamento*

De início, o Tribunal Superior Eleitoral assentou inexistir na Lei nº 9.504/97 a fixação de prazo para a propositura de representação por seu descumprimento. Nesse sentido: TSE – Ag-AI nº 5232/RS – *DJ* 1º-4-2005, p. 160; TSE – AI nº 3.308/CE – *DJ* 6-9-2002, p. 205. Isso significa que a representação poderia ser ajuizada durante todo o período do processo eleitoral, até a diplomação dos eleitos.

Contudo, posteriormente, esse mesmo tribunal pacificou o entendimento de que a representação por descumprimento das regras inscritas nos arts. 36 e 37 da LE deve ser ajuizada até a data da eleição, sob pena de carência de ação por falta de interesse processual. Confira-se:

"1. A jurisprudência desta Corte é no sentido de que o prazo final para ajuizamento de representação, por propaganda eleitoral extemporânea ou irregular, é a data da eleição, sob pena de reconhecimento de perda do interesse de agir. […]. Decisão: O Tribunal, por unanimidade, desproveu o agravo regimental, nos termos do voto da Relatora"

(TSE – AI nº 343978/PR – *DJe*, t. 231, 7-12-2015, p. 63). Em igual sentido: TSE – Rp nº 214744/DF – *DJe*, t. 118, 1º-7-2014, p. 61; TSE – Rp nº 1341/DF – *DJ* 1º-2-2007, p. 230.

O referido limite final deve ser observado até mesmo fora do âmbito da propaganda eleitoral, por exemplo, no caso da "representação pela divulgação de pesquisa eleitoral sem o prévio registro" (TSE – AI nº 8225/PA – *DJe* 19-4-2011, p. 57).

Na hipótese de *derramamento* de material de propaganda nas proximidades do local de votação realizado na véspera ou no dia da eleição, o prazo para ajuizamento da representação será de "até 48 (quarenta e oito) horas após a data do pleito" (TSE Res. nº 23.608/2019, art. 17-A – incluído pela Res. nº 23.672/2021).

Já quanto à propaganda eleitoral gratuita realizada nas emissoras de televisão e rádio, entende-se que o prazo para o ajuizamento da ação em apreço é de 48 horas, contadas da veiculação do programa. A fixação desse prazo tem em vista impedir o que se denominou "armazenamento tático de representações", as quais seriam ajuizadas no momento da campanha eleitoral em que se torne mais útil subtrair tempo do adversário.

> "[...] O prazo para representação de que cuida o art. 96, § 5º, da Lei nº 9.504/97 é de 48 horas quando se tratar de veiculação de propaganda eleitoral gratuita de rádio ou televisão (precedente AgRgRp nº 443, relator designado Ministro Sepúlveda Pertence) [...]" (TSE – Ag-Rp nº 483 – PSS 23-9-2002).

O mesmo lapso de 48 horas deve ser observado nas hipóteses de *invasão de horário*, o que implicaria aumento indevido do tempo destinado ao candidato beneficiário.

> "Propaganda eleitoral gratuita: representação por invasão de propaganda de candidato ao pleito majoritário no programa reservado à das eleições proporcionais (Res. – TSE nº 20.988/2002, art. 26: prazo de 48 horas para o ajuizamento da reclamação, por aplicação analógica do art. 96, § 5º, Lei nº 9.504/97)" (TSE – Ag-Rp nº 443/DF – PSS 19-9-2002).

> "[...] A aplicação do prazo de 48 h (quarenta e oito horas) para a propositura das representações por invasão de horário da propaganda e nos casos da veiculação de propaganda irregular no horário normal das emissoras, segundo o entendimento desta Corte, tem como finalidade evitar o armazenamento tático de reclamações a serem feitas no momento da campanha eleitoral, em que se torne mais útil subtrair o tempo do adversário. Tal prazo não se aplica às representações por propaganda antecipada, cuja penalidade é a de multa, prevista no art. 36, § 3º, da Lei das Eleições [...]" (TSE – AgREspe nº 26202/MG – *DJ* 16-3-2007, p. 209).

17.3.3.11 Desistência da ação

É possível que o autor desista da representação, extinguindo-se o processo sem solução do mérito, conforme estabelece o art. 485, VIII, do CPC. A desistência pode ser "apresentada até a sentença" (CPC, art. 485, § 5º).

Todavia, se o representado já tiver sido notificado, necessária será sua concordância, eis que a relação jurídica processual já se terá completado. Incide, aqui, o disposto no § 4º do aludido art. 485, que reza: "Oferecida a contestação, o autor não poderá, sem o consentimento do réu, desistir da ação". Discordando o representado, o processo seguirá sua marcha; com efeito, pode haver interesse em se demonstrar que o fato inexistiu ou que não ocorreu como relatado, ou, se existiu, não enseja as consequências pretendidas.

17.3.3.12 Competência

A competência vem delineada no art. 96 da LE, que reza:

"Art. 96. Salvo disposições específicas em contrário desta Lei, as reclamações ou representações relativas ao seu descumprimento podem ser feitas por qualquer partido político, coligação ou candidato, e devem dirigir-se:

I – aos Juízes Eleitorais, nas eleições municipais;

II – aos Tribunais Regionais Eleitorais, nas eleições federais, estaduais e distritais;

III – ao Tribunal Superior Eleitoral, na eleição presidencial.

§ 1º As reclamações e representações devem relatar fatos, indicando provas, indícios e circunstâncias.

§ 2º Nas eleições municipais, quando a circunscrição abranger mais de uma Zona Eleitoral, o Tribunal Regional designará um Juiz para apreciar as reclamações ou representações.

§ 3º Os Tribunais Eleitorais designarão três juízes auxiliares para a apreciação das reclamações ou representações que lhes forem dirigidas.

§ 4º Os recursos contra as decisões dos juízes auxiliares serão julgados pelo Plenário do Tribunal.

[...]".

Nos termos do art. 121 da Lei Maior, "a organização e competência dos tribunais, dos juízes de direito e das juntas eleitorais" serão reguladas por Lei complementar. À consideração de que a Lei nº 9.504/97 é ordinária, inexistindo norma complementar acerca da matéria nela enfocada, tem-se discutido acerca da constitucionalidade do citado art. 96, nomeadamente na parte em que dispõe sobre competência, criando a figura dos "juízes auxiliares".

O raciocínio acerca da inconstitucionalidade é apenas *formalmente* exato, não, porém, materialmente.

Cumpre ponderar que a norma exigida pelo art. 121 da Constituição até hoje não foi positivada. Não é razoável que os complexos mecanismos de atuação da jurisdição eleitoral – necessários para a efetivação de direitos humanos (políticos) fundamentais – permaneçam inertes, à espera de norma complementar, que não chega. Outrossim, um dos anseios da sociedade contemporânea é justamente a celeridade e a efetividade da prestação jurisdicional, sendo já intolerável a demora do processo.

Para afirmar-se a constitucionalidade do citado art. 96, é inteiramente cabível a invocação do "sentido" da regra inscrita no art. 24, §§ 3º e 4º, da mesma Constituição, pelo que, *mutatis mutandis*, inexistindo lei (geral) complementar, é dado à ordinária regular amplamente a matéria, até que aquela norma seja promulgada, paralisando-se, a partir de então, a eficácia desta no que lhe contrariar. Destarte, diante da inexistência de lei complementar, fica o legislador ordinário livre para exercer plenamente sua competência legiferante, de maneira a atender as necessidades e as peculiaridades reclamadas pela realidade social, mormente no que tange à efetividade da prestação jurisdicional.

Impõe-se, pois, a interpretação da norma em apreço à luz da totalidade da Constituição e, pois, dos princípios lá inscritos. A *interpretação conforme a Constituição* é cânone há muito ventilado no Direito Constitucional. Sobre isso, pronunciou-se Canotilho (1996, p. 229):

"Este princípio [da interpretação das leis em conformidade com a Constituição] é fundamentalmente um princípio de controlo (tem como função assegurar a constitucionalidade da interpretação) e ganha relevância autônoma quando a utilização dos vários elementos interpretativos não permite a obtenção de um sentido inequívoco dentre os vários significados da norma".

Mesmo porque o art. 96 da Lei nº 9.504/97 apenas cumpre a relevante função de ordenar o sistema sob o aspecto processual, nenhum prejuízo concreto carreando às partes, pois a competência permanece afeta ao Tribunal Eleitoral. Nesse rumo, bem assinalou Ramayana (2006, p. 368) ao lembrar que, quando os §§ 3º e 4º do art. 96 da LE trataram do julgamento das reclamações pelos juízes auxiliares, com a previsão de recurso para o pleno dos Tribunais Eleitorais, que decidem por maioria de votos de seus membros, "apenas ampliaram as garantias da ampla defesa e do contraditório, e tornaram célere a prestação jurisdicional, sem afetar a competência específica destes Tribunais". Assim, na perspectiva material, não se divisa inconstitucionalidade alguma.

Destarte, nas eleições municipais, a competência para conhecer e julgar as representações em foco é do juiz eleitoral. Nas federais, estaduais e distritais, é do Tribunal Regional Eleitoral. Na presidencial, a competência é do Tribunal Superior Eleitoral.

Nos termos do art. 96, § 2º, da LE, nas "eleições municipais, quando a circunscrição abranger mais de uma Zona Eleitoral, o Tribunal Regional designará um Juiz para apreciar as reclamações ou representações". Em princípio, o juiz designado já exerce funções eleitorais na circunscrição, ficando incumbido de conhecer e julgar as representações em apreço, bem como exercer o poder de polícia durante o processo eleitoral.

Em circunscrições com grande concentração populacional são criadas Comissões de Fiscalização de Propaganda Eleitoral (CFPE). Composta por três juízes de direito (*não* necessariamente exercentes de função eleitoral, conforme entendeu o TSE no Ac. nº 21.088, de 2-5-2002), a Comissão é instituída pelo Tribunal Regional Eleitoral. Compete à Comissão não só fiscalizar os aspectos administrativos da propaganda no âmbito do poder de polícia, como também exercer jurisdição, conhecendo e julgando as ações atinentes a propaganda eleitoral e direito de resposta. Pelos serviços que prestam, os membros da Comissão têm direito a gratificação mensal idêntica à percebida pelos juízes eleitorais.

Já quanto às eleições federais, estaduais e presidenciais, o § 3º do art. 96 da LE determina que os Tribunais Eleitorais designem "três juízes auxiliares para a apreciação das reclamações ou representações que lhes forem dirigidas". Entende-se que tais juízes devem ser escolhidos entre os "integrantes substitutos" do próprio Tribunal. Assim, enquanto nas eleições federais e estaduais são designados três juízes auxiliares dos Tribunais Regionais Eleitorais, na presidencial são designados três ministros-auxiliares do Tribunal Superior Eleitoral. É interessante constatar que, apesar de a Constituição da República determinar que na composição do TRE deve figurar "um juiz do Tribunal Regional Federal com sede na Capital do Estado ou no Distrito Federal, ou, não havendo, de juiz federal, escolhido, em qualquer caso, pelo Tribunal Regional Federal respectivo" (CF, art. 120, § 1º, II), normalmente os magistrados federais não são convocados para exercer as funções de juiz auxiliar. Pelos relevantes serviços prestados, os juízes auxiliares fazem *jus* à gratificação mensal. Sendo designados apenas para o ano eleitoral, suas investiduras encerram-se com a diplomação dos eleitos, ocasião em que os processos sob seus cuidados são redistribuídos aos membros efetivos do Colegiado.

Os juízes auxiliares exercem a jurisdição estatal. Embora limitada em razão da matéria, a competência que detêm é de natureza absoluta, e não se restringe às representações por propaganda irregular, estendendo-se a todas as demandas fulcradas na Lei nº 9.504/97. Observe-se, porém, que somente julgam monocraticamente as ações em que *não há* pedido de cassação de registro ou de diploma, a exemplo das atinentes a captação ou gasto ilícito de recursos de campanha, captação ilícita de sufrágio e conduta vedada. Nesses casos, a competência para julgar a lide é do Pleno Tribunal; no entanto, os juízes auxiliares presidem toda a instrução processual e, ao final, apresentam relatório ao Colegiado, tomam assento na sessão e votam como relatores da matéria.

Na verdade, detêm os auxiliares a mesma jurisdição e competência afetas aos Tribunais a que se encontram vinculados. Tanto que, se não forem designados, a demanda deve ser distribuída a um dos membros do Colegiado, não à primeira instância da Justiça Eleitoral. Logo, conquanto monocráticas, as decisões desses juízes são decisões do Tribunal. Delas cabe recurso (do art. 96, § 8º, da LE) para o próprio Tribunal em sua composição plena. Nesse caso, o juiz auxiliar que julgou a matéria isoladamente encaminhará o recurso à Corte, na qual substituirá membro efetivo de idêntica categoria e funcionará como relator.

Nas eleições federais e estaduais também é instituída pelo Tribunal Regional Comissão de Fiscalização de Propaganda Eleitoral (CFPE). É ela composta por três juízes de direito (*não* necessariamente exercentes de função eleitoral, conforme entendeu o TSE na Res. nº 21088/2002 – *DJ*, v. 1, 31-5-2002, p. 105), os quais não têm assento na Corte Regional. Incumbe à Comissão fiscalizar os aspectos administrativos da propaganda, e, nesse particular, dão inestimável contribuição à boa marcha do processo eleitoral. Diferentemente dos juízes auxiliares, os membros da CFPE não detêm competência para conhecer e julgar ações envolvendo a violação da Lei Eleitoral e, consequentemente, responsabilizar e impor multa aos transgressores. Atuam exclusivamente no âmbito do poder de polícia, podendo, *e. g.*, determinar a retirada ou a regularização de determinada publicidade que estiver em descompasso com a legislação. O descumprimento de suas decisões ou determinações pode caracterizar delito de desobediência, conforme prescreve o art. 347 do Código Eleitoral. Por outro lado, por serem administrativas, suas decisões podem ser questionadas via mandado de segurança perante o Tribunal Regional.

Nas eleições federais e estaduais, a CFPE é instituída para atuar na capital do Estado, embora não haja empecilho legal a que seja criada em outras circunscrições. No interior, a fiscalização da propaganda e o exercício do poder de polícia são cometidos aos juízes eleitorais.

17.3.3.13 Tutela provisória

Tutela provisória de urgência – admite-se, no procedimento em exame, a concessão de tutela provisória de urgência. Essa pode ser cautelar ou antecipada, bem como ser concedida em caráter antecedente ou incidental ao processo (CPC, art. 294, parágrafo único).

Para tanto, o art. 300 do CPC requer a demonstração de "elementos que evidenciem a probabilidade do direito e o perigo de dano ou o risco ao resultado útil do processo", que respectivamente podem ser compreendidos como *fumus boni iuris* e *periculum in mora*.

A tutela provisória poderá ser deduzida de forma antecedente (CPC, art. 305) à representação em apreço, ou incidentalmente – no início ou durante o desenvolvimento processual.

É possível a concessão de liminar, *inaudita altera pars*, isto é, sem ouvir a parte adversa (CPC, art. 300, § 2º). Essa será a opção mais adequada quando houver necessidade de impedir que propaganda claramente ilícita seja veiculada. Por exemplo: (*i*) liminar visando à imediata remoção em página da Internet de conteúdo eleitoreiro racista; (*ii*) liminar visando à não veiculação de determinada propaganda considerada ilícita por veicular discurso de ódio ou evidentes *fake news*.

Tutela provisória de evidência – a tutela de evidência é uma espécie de tutela provisória, encontrando-se prevista no art. 311 do CPC. Por ela, diante da manifesta verossimilhança ou do alto grau de probabilidade do direito ou da situação jurídica afirmada pelo autor, desde logo autoriza-se o juízo, em cognição sumária, a conceder a tutela pleiteada.

Como bem assinalou Wambier *et alii* (2015, p. 524), trata-se "de uma tutela provisória, *mas não de urgência*, porquanto fundada exclusivamente na evidência do direito, não se cogitando de *periculum in mora*". Tanto é assim que o *caput* do art. 311 do CPC afirma que a tutela será concedida "independentemente da demonstração de perigo de dano ou de risco ao resultado útil do processo", isto é, independentemente de *periculum in mora*.

As hipóteses que permitem a concessão da tutela em exame encontram-se elencadas nos incisos do art. 311 do CPC, valendo destacar as seguintes: "I – ficar caracterizado o abuso do direito de defesa ou o manifesto propósito protelatório da parte; [...] IV – a petição inicial for instruída com prova documental suficiente dos fatos constitutivos do direito do autor, a que o réu não oponha prova capaz de gerar dúvida razoável. [...]". À parte interessada cumpre evidenciar esses pressupostos.

17.3.3.14 Citação do representado

Se o representado for candidato, partido político ou coligação, a citação deve ser feita preferencialmente no meio eletrônico previamente cadastrado por ocasião do pedido de registro de candidatura (LE, art. 96-A). Objetiva-se conferir maior celeridade aos procedimentos eleitorais. Note-se, porém, que o ato será nulo e de nenhum efeito se a citação for realizada em endereço ou meio eletrônico diverso do fornecido naquela oportunidade. Por outro lado, a comunicação regularmente feita é válida e eficaz, não aproveitando à parte a alegação de desconhecimento. Sendo inviável tal meio, a citação deverá ser feita por via postal. Caso essa via seja inexequível, deverá ela, então, ser feita pessoalmente, no endereço físico declinado.

Diferentemente, se o representado não for candidato nem partido político, a citação deverá ser feita conforme o CPC.

17.3.3.15 Defesa

Uma vez citado, o representado deve apresentar defesa em dois dias (LE, art. 96, § 5º, *in fine*).

Durante o chamado período eleitoral (situado entre o registro de candidatura e a diplomação), a citação pode ser realizada "por mensagem instantânea e, frustrada esta, sucessivamente por *e-mail*, por correspondência e pelos demais meios previstos no Código de Processo Civil" (Res. TSE nº 23.608/2019, art. 18, *caput*, c.c. art. 11). A contagem do referido prazo de dois dias para defesa é feita a partir da "data em que for realizada validamente a citação" (Res. TSE nº 23.608/2019, art. 18, § 3º).

Na contestação, o representado deve deduzir toda a matéria de seu interesse, expondo as razões de fato e de direito com que rechaça o pedido exordial. Em preliminar, qualquer dos temas elencados no art. 337 do CPC pode ser arguido.

Dada a celeridade do rito, cumpre à defesa produzir com a contestação toda a prova útil à sua tese. Entretanto, sendo isso impossível, os direitos fundamentais ao devido processo legal (CF, art. 5º, LIV) e à defesa ampla (CF, art. 5º, LV) impõem que a prova seja produzida em juízo, sob o contraditório. Nesse caso, poderá arrolar até seis testemunhas (LC nº 64/90, art. 3º, § 3º), requerer perícia, entre outros meios de prova que entender pertinentes. Note-se, porém, que só se admite a produção judicial da prova que não puder acompanhar a contestação.

Vindo a contestação acompanhada de documentos deve o juiz abrir vista dos autos ao representante para sobre eles se manifestar (CPC, art. 437).

17.3.3.16 Intervenção obrigatória do Ministério Público

Não sendo o autor, o Ministério Público intervirá no feito como *custos legis ou fiscal da ordem jurídica*. Nesse caso, os autos ser-lhe-ão enviados após a apresentação de defesa. O representante do *Parquet* deve pronunciar-se em um dia. Vencido esse prazo, com ou sem manifestação, os autos deverão ser imediatamente devolvidos ao juiz ou relator.

17.3.3.17 Extinção do processo sem resolução do mérito

Colhido o parecer do Ministério Público, poderá o juiz extinguir o processo nos termos dos arts. 354 c.c. 485 do CPC. Merecem destaque as hipóteses previstas nos incisos IV a VI desse último dispositivo, a saber: (iv) "ausência de pressupostos de constituição e de desenvolvimento válido e regular do processo"; (v) "existência de perempção, de litispendência ou de coisa julgada"; (vi) "ausência de legitimidade ou de interesse processual".

Observe-se que a realização das eleições não acarreta só por si a perda de objeto de processos fundamentados em "anonimato ou manifestação abusiva na propaganda eleitoral na internet, inclusive a disseminação de fato notoriamente inverídico ou gravemente descontextualizado tendente a atingir a honra ou a imagem de candidata ou candidato" (Res. TSE nº 23.610/2019, art. 38, § 8º-A – inserido pela Res. TSE nº 23.732/2024). No caso, persiste o interesse processual no prosseguimento da ação.

17.3.3.18 Julgamento antecipado do mérito

Nada impede que no presente procedimento seja o mérito julgado antecipadamente. Por esse instituto, deverá o juiz conhecer diretamente do pedido, proferindo sentença com resolução do mérito, quando não houver necessidade de produção de outras provas (CPC, art. 355). Tal situação não é de rara ocorrência devido à exigência de a representação e a respectiva defesa virem acompanhadas de provas pré-constituídas (ou colhidas antecipadamente) para a demonstração dos fatos alegados pelas partes.

17.3.3.19 Fase probatória

A prova deve ser admissível, pertinente e concludente. Logo, ao juiz é dado indeferir a que não atenda a esses requisitos, sem que isso implique cerceamento do direito de produzir prova em juízo.

Constitui ônus das partes carrear aos autos – com a petição inicial e a contestação – as provas dos fatos que alegam. A audiência de instrução só é admissível para a produção de provas que não poderiam ser apresentadas naquelas oportunidades. Com isso, a prova documental ou colhida antecipadamente (e, pois, documentada) adquire grande relevo.

> "[...] 4. A representação por propaganda irregular deve vir instruída com prova da materialidade da propaganda, sendo também imprescindível a comprovação de sua autoria ou do prévio conhecimento do beneficiário, caso este não seja por ela responsável [...]" (TSE – REspe nº 21.262/RS – *DJ*, v. 1, 5-9-2003, p. 216).

> "[...] Representação. Questão de ordem. Propaganda eleitoral. Horário gratuito. Inserções. Prova. Juntada. Não ocorrência. É imprescindível que o autor instrua a inicial com os documentos que lhe são indispensáveis, relatando fatos e apresentando provas, indícios e circunstâncias [...]" (TSE – Rp nº 490/DF – PSS 23-9-2002).

Admite-se a juntada aos autos de *imagens digitais*, tanto as obtidas por câmeras digitais (inclusive as acopladas a telefone celular, *smartphone* e *tablet*) como as extraídas diretamente da Internet ou de redes sociais. Contudo, é sabido que a imagem digital pode ser facilmente adulterada sem que disso fiquem vestígios. À parte contrária é dado impugnar sua veracidade. Havendo impugnação, se tiver sido juntado o *cartão de memória* da máquina ou outro dado ou suporte físico, torna-se viável a aferição da veracidade da imagem em questão, bem como a realização de perícia. Sobre isso, dispõe o art. 422, § 1º, do CPC: "As fotografias digitais e as extraídas da rede mundial de computadores fazem prova das imagens que reproduzem,

Cap. 17 • PROPAGANDA ELEITORAL | 511

devendo, se impugnadas, ser apresentada a respectiva autenticação eletrônica ou, não sendo possível, realizada perícia". Não sendo possível a comprovação da veracidade da imagem, outra alternativa não restará ao juiz senão valorar livremente o documento juntado aos autos. Assim, a imagem digital deverá ser coligida com os demais elementos probatórios presentes nos autos, sendo acolhida ou rejeitada como meio de convencimento.

Cuidando-se de publicação (texto ou imagem) em jornal ou revista, há que se juntar aos autos exemplar original (CPC, § 2º, art. 422).

CD (*compact disc*), DVD (*digital versatile disc*) e BD (*Blu-ray disc*) com áudio, quando juntados aos autos, devem ser devidamente degravados, apresentando-se por escrito o respectivo texto.

A existência e o modo de existir de algum fato podem ser atestados ou documentados por *ata notarial*, a qual é lavrada exclusivamente por notário ou tabelião (vide Lei nº 8.935/1994, art. 7º, III; e art. 384 do CPC). A ata notarial possui a suprema vantagem de gozar de fé pública e presunção de veracidade própria dos documentos públicos. Nela, o tabelião descreve fato que presencia, o qual pode ocorrer no âmbito de sua serventia, em lugar externo ou em ambiente virtual (ou seja, na rede mundial de computadores).

Entre outras coisas, a ata notarial poderá ter relevância para a prova de fato transcorrido na Internet ou em rede social. A esse respeito, o parágrafo único do art. 384 do CPC permite que dela se constem "dados representados por imagem ou som gravados em arquivos eletrônicos". Tratando desse tema, destacam Wambier et al. (2015, p. 664) a importância da ata notarial, mormente devido à "efemeridade das informações veiculadas na *internet*, que podem ser facilmente apagadas, atualizadas, transferidas de endereço eletrônico ou até mesmo furtadas por criminosos virtuais". De tal modo, poderá o tabelião "acessar o ambiente virtual e certificar o conteúdo de determinada página ou *site*, especificando a data e horário de acesso".

A interpretação conjunta dos §§ 5º e 7º do art. 96 da LE evidencia que, tão logo a defesa seja apresentada, deve o órgão judicial decidir a lide e fazer publicar a sentença.

Diante disso, já se entendeu não ser possível a realização de audiência probatória, eis que referido dispositivo não a contemplou expressamente. Nesse sentido:

> "[…] Propaganda eleitoral irregular. Representação (art. 96 da Lei nº 9.504/97). Oitiva de testemunhas. Não previsão […] 1. Em face da celeridade que informa o procedimento das reclamações e representações a que se refere o art. 96 da Lei nº 9.504/97, inviável a oitiva de testemunhas, o que não consubstancia violação dos princípios constitucionais do contraditório e da ampla defesa […]" (TSE – REspe nº 19.611/SP – *DJ*, v. 1, 9-8-2002, p. 206).

No entanto, havendo necessidade de produção de provas em audiência, o processo deve seguir a essa fase. Com efeito, não se pode menoscabar a incidência dos princípios do devido processo legal e da ampla defesa, previstos respectivamente nos incisos LIV e LV do art. 5º da Lei Maior. É assente que tais princípios, justo por constituírem direitos humanos fundamentais, condicionam e delimitam as fronteiras do sistema jurídico, e até mesmo a atuação estatal. Ademais, é direito da parte produzir prova de suas alegações (CPC, art. 369).

O fato de o art. 96 não aludir expressamente à audiência de produção de provas – não importa se para oitiva de testemunhas, inquirição de especialista na perícia simplificada do art. 464, § 3º, do CPC ou outro fim – não significa que a tenha vedado, isto é, que se não possa realizá-la se houver necessidade. Entendimento diverso implicaria o cometimento de grave inconstitucionalidade, em perigoso regresso aos medievos tempos das ordálias, quando a sorte e a adivinhação determinavam o sentido dos julgamentos. Ainda porque o § 1º do art. 96 da LE emprega o termo genérico *provas*, não excluindo, portanto, nenhum meio de prova.

512 | DIREITO ELEITORAL - *José Jairo Gomes*

Contrastando com a ementa transcrita, em outras oportunidades a Corte Superior Eleitoral assentou: (a) "[...] embora o acórdão paradigma tenha considerado regular o indeferimento de prova testemunhal em sede de representação com base no art. 96, essa conclusão não autoriza que, *a contrario sensu*, seja correto entender que essa prova não possa ser deferida. [...]"(TSE – ARg-AI nº 5088/MG – *DJ* 18-2-2005, p. 121 – excerto do voto do relator); (b) "[...] quanto à possibilidade de realização de perícia na fita apresentada pelos recorridos, apesar de esta Corte _rocesso -la possível, no presente caso tal providência se mostrou desnecessária [...]" (TSE – Respe nº 21159/SP – *DJ*, v. 1, 23-5-2003 – excerto do voto do relator).

Assim, sendo arroladas testemunhas, pode-se aplicar por analogia o disposto no art. 3º, § 3º, da Lei de Inelegibilidades, fixando-se em seis o número máximo para cada parte. Ao juiz é dado limitar a três o número de oitivas para cada fato probando (CPC, art. 357, § 6º).

A própria parte que tiver arrolado a testemunha providenciará para que ela compareça à audiência (LC nº 64/90, art. 5º, *caput*), independentemente de intimação judicial. Entretanto, se a testemunha se recusar a comparecer à audiência espontaneamente, é razoável admitir-se seja ela intimada pelo Estado-juiz.

Todas as provas orais serão produzidas em uma só audiência.

17.3.3.20 *Alegações finais*

Não é expressamente prevista a apresentação de alegações finais pelas partes, tampouco pelo Ministério Público. A interpretação literal dos §§ 5º e 7º do art. 96 da LE deixa claro que o órgão judicial deve sentenciar logo depois da defesa e manifestação do Ministério Público.

Mas cumpre ponderar que, se for realizada audiência instrutória, antes da decisão há mister que as partes e o órgão do *Parquet* se manifestem sobre as provas nela produzidas. Só assim poderão expor ao juiz suas razões e narrativas com fulcro na prova produzida em juízo. Com isso, realiza-se o contraditório efetivo e consequentemente a possibilidade de a parte influir no convencimento do juiz e no conteúdo de sua decisão.

17.3.3.21 *Julgamento*

Escoado o prazo para apresentação de defesa e manifestação do Ministério Público, com ou sem elas, os autos são conclusos ao órgão judicial para julgar a causa e fazer publicar a decisão (LE, art. 96, § 7º).

Conforme salientado, é exigência constitucional indeclinável – inscrita no art. 93, IX, da Lei Maior – que o ato decisório exiba os fundamentos considerados relevantes para a conclusão, sob pena de nulidade. No Estado Democrático de Direito, é simplesmente inconcebível que alguém sofra restrição de direito sem ao menos conhecer os motivos. Por isso mesmo, o ato decisório deve obedecer ao padrão do art. 489 do CPC, contendo relatório, fundamentação e dispositivo, ainda que sucintamente.

Ante o princípio da persuasão racional, para formar sua convicção, o juiz ou Tribunal eleitoral goza de liberdade para apreciar o acervo probatório constante dos autos (LC nº 64/90, art. 7º, parágrafo único – por analogia; CPC, art. 371), independentemente de quem tenha promovido a prova.

Sob pena de nulidade, é necessário que a decisão judicial mantenha fiel correlação com os fatos narrados na exordial. Dado o interesse público prevalecente no processo em apreço e por força do princípio da *congruência*, deve haver *correlação* entre os fatos imputados na petição inicial ou a ela regularmente aditados (= *causa petendi*) e a decisão de mérito. De modo que o conteúdo da decisão deve resultar da delimitação fática posta naquela peça – e não propriamente do pedido formulado pelo autor (como ocorre no Processo Civil comum – CPC, arts. 490 e 492). Consequentemente, é vedado ao juiz fundamentar sua decisão em fato não descrito na petição inicial. Se isso ocorresse, violar-se-ia o *due process of law*, pois haveria surpresa para o réu, que não poderia se defender de fato não descrito, e, portanto, dele desconhecido.

Por outro lado, deve a decisão registrar "de modo preciso o que, na propaganda impugnada, deverá ser excluído ou substituído" (Res. TSE nº 23.608/2019, art. 21 – com a redação da Res. nº 23.672/2021).

Quanto à natureza, a decisão na representação por propaganda ilícita é *condenatória* se impuser multa. Mas terá caráter *mandamental* se estabelecer dever de fazer (positivo) ou de não fazer (negativo), tal qual ocorre quando ao réu for determinada a retificação de determinada comunicação ou a não reiteração de determinado conteúdo na propaganda.

A publicação de atos judiciais (inclusive sentenças e acórdãos), em regra, é feita no *Diário de Justiça Eletrônico – DJe* ou, na impossibilidade, em outro meio oficial (CPC, art. 205, § 3º).

Todavia, durante o período eleitoral, a publicação de atos judiciais é realizada: *(i)* em audiência ou sessão de julgamento do tribunal eleitoral; *(ii)* em *mural eletrônico* veiculado na página da Justiça Eleitoral na Internet (LE, art. 94, § 5º).

Com a publicação dá-se a intimação do ato, contando-se a partir daí o prazo para interposição de recurso.

Quanto ao Ministério Público Eleitoral, embora tenha a prerrogativa de intimação pessoal nos autos do processo (vide LC nº 75/93, art. 18, II, *h*, Lei nº 8.625/93, art. 41, IV), sua intimação na representação em apreço pode ser feita por meio eletrônico (ou, não sendo isso possível, pela remessa de cópia da decisão). Ainda porque, no processo eletrônico não existem autos físicos, e toda a tramitação processual se dá eletronicamente.

17.3.3.22 Recurso

Relativamente às decisões interlocutórias, é firme o entendimento jurisprudencial no sentido de que são elas irrecorríveis "de imediato". Só se pode recorrer delas ao final do processo. Como consequência, tais decisões não são cobertas pela preclusão, podendo, pois, ser submetidas ao tribunal *ad quem* como preliminar do recurso eleitoral interposto contra a decisão final, que extinguir o processo com ou sem julgamento do mérito. Nesse caso, o tribunal deverá conhecer da matéria versada na decisão interlocutória como preliminar à decisão de mérito. Isso é justificado pela excepcional celeridade do procedimento em apreço. A respeito, *vide*: TSE – AgRgREspe nº 328/TO – *DJe*, t. 121, 27-6-2019, p. 32-33; AgRgRMS nº 060000133/PI – *DJe*, t. 82, 3-5-2019.

Essa conclusão não se altera no caso de decisão concessiva ou denegatória de tutela provisória de urgência, contra a qual é afastado o cabimento de agravo. Nesse sentido, *vide*: Res. TSE nº 23.608/2019, art. 18, § 1º.

No entanto, em certas situações, admite-se a *imediata* impugnação da decisão interlocutória mediante mandado de segurança. O art. 5º, II, da Lei do Mandado de Segurança – interpretado a *contrario sensu* – assegura o seu cabimento contra decisão judicial, sempre que não houver recurso específico com efeito suspensivo previsto nas leis processuais. E, nos termos da Súmula 22 do TSE: "Não cabe mandado de segurança contra decisão judicial recorrível, salvo situações de teratologia ou manifestamente ilegais". Assim, sendo a decisão interlocutória "teratológica" ou "manifestamente ilegal" e dela podendo resultar lesão a direito líquido e certo da parte, admite-se sua impugnação por mandado de segurança. No caso, a competência é do tribunal a que o autor da decisão singular se encontrar vinculado.

Já no que concerne às decisões finais, que extinguem o processo com ou sem julgamento do mérito da causa, convém que se faça distinção entre o tipo de eleição.

Eleições municipais – no âmbito das eleições municipais, a decisão final do juiz é impugnável mediante recurso eleitoral, o qual deve ser endereçado ao TRE.

O prazo de interposição desse recurso é de 24 horas, convertidas em um dia. Ao recorrido é assegurado o oferecimento de contrarrazões no mesmo lapso, a contar de sua intimação (Lei nº 9.504/97, art. 96, § 8º).

Esse prazo também se aplica aos embargos de declaração aviados contra a sentença. Confira-se:

"[...] 1. É pacífico o entendimento desta Corte Superior de que é de 24 horas o prazo para recurso contra sentença proferida em representação eleitoral, nos termos do art. 96, § 8º, da Lei das Eleições, [...]. Nesse sentido: Acórdão nº 15.763. [...] 4. Esta Casa já decidiu que 'Os prazos da Lei nº 9.504/97 são aplicáveis a todas as representações por propaganda irregular, independentemente de o julgamento delas ocorrer antes, durante ou depois do período eleitoral' e que 'O exíguo prazo de 24 horas, previsto no art. 96 da Lei nº 9.504/97, justifica-se pela necessidade de se dar pronta solução às representações contra o descumprimento dessa lei eleitoral' (Acórdão nº 3.055, Agravo Regimental no Agravo de Instrumento nº 3.055, rel. Ministro Fernando Neves, de 5-2-2002). [...] Agravo regimental a que se nega provimento" (TSE – AREspe nº 25.421/TO – *DJ* 16-12-2005, p. 201).

Recebido o recurso na secretaria do TRE, deve ser distribuído a um relator e, em seguida, intimada a Procuradoria Regional Eleitoral (PRE) para manifestação em um dia.

Após a manifestação do Ministério Público, os autos retornam à apreciação do relator, que poderá:

(I) *não conhecer o recurso* ou negar-lhe seguimento, se for inadmissível, prejudicado ou se não tiver sido impugnado especificamente os fundamentos da decisão recorrida (CPC, art. 932, III, e RITSE, art. 36, § 6º) – sendo o caso, antes de considerar o recurso inadmissível, deve o relator conceder prazo ao recorrente para que seja sanado vício ou complementada a documentação exigível (CPC, art. 932, parágrafo único);

(II) *negar provimento* a recurso que for contrário à súmula do próprio Tribunal, do TSE, do STF ou do STJ (CPC, art. 932, IV);

(III) desde que se tenha facultada a apresentação de contrarrazões, *prover o pedido recursal* se a decisão recorrida for contrária à súmula do próprio Tribunal, do TSE, do STF ou do STJ (CPC, art. 932, V, a, e RITSE, art. 36, § 7º);

(IV) intimar as partes para se manifestarem sobre "fato superveniente à decisão recorrida ou a existência de questão apreciável de ofício ainda não examinada que devam ser considerados no julgamento do recurso" (CPC, art. 933);

(V) apresentar o recurso para julgamento, independentemente de publicação de pauta (LE, art. 96, § 9º).

Nas hipóteses I, II e III, da decisão monocrática proferida pelo relator cabe, no prazo de um dia (LE, art. 96, § 8º), agravo interno (CPC, art. 1.021), o qual é dirigido ao órgão colegiado e processado nos próprios autos.

Julgado o recurso pelo Tribunal Regional, deve o acórdão respectivo ser publicado na mesma sessão, desse marco contando-se: *(i)* o prazo de um dia para interposição de embargos declaratórios (CE, art. 275); *(ii)* o prazo de três dias (salvo direito de resposta, em que o prazo é de um dia conforme o § 5º, art. 58, da LE) para se recorrer à instância superior mediante recurso especial eleitoral (CF, art. 121, § 4º, I e II, c.c. art. 276, I, § 1º).

Eleições gerais – nas eleições gerais (federais e estaduais), em que o registro das candidaturas é feito diretamente nos Tribunais Regionais, o processo é presidido por juiz auxiliar do TRE. É esse juiz que profere a decisão final, extintiva da fase cognitiva do procedimento – com ou sem julgamento do mérito. Contra esse ato monocrático caberá o recurso previsto no § 8º do art. 96 da LE, que deve ser dirigido ao Pleno do Tribunal. O prazo de interposição é de um dia, contado da publicação da decisão. O recorrido poderá oferecer contrarrazões em igual prazo, contado, porém, de sua intimação (LE, art. 96, § 8º). Após a conclusão dos autos, o prolator da decisão deve levar o recurso a julgamento em sessão da Corte Regional, na qual substituirá membro de equivalente representação e atuará como relator. Dada a exigência de celeridade, o recurso é posto em julgamento independentemente de publicação de pauta (LE, art. 96, § 9º). Na sessão de julgamento, aos advogados das partes é facultado o prazo de dez minutos para sustentação oral. Após, o Procurador Regional Eleitoral manifesta-se oralmente. Na sequência, vota o juiz-relator, confirmando ou não a decisão agravada, sendo colhidos, em seguida, os votos dos demais juízes da Corte. A deliberação do Tribunal pode ser tomada por maioria de votos, não se exigindo *quorum* com a presença de todos os juízes do colegiado.

Durante o período eleitoral, os acórdãos são publicados em sessão, desta contando-se o prazo recursal. Fora daquele período, a publicação em geral é feita pelo Diário de Justiça Eletrônico.

O acórdão regional poderá ser impugnado mediante embargos declaratórios. O prazo para interposição é de 24 horas, convertido em um dia. Confira-se:

> "Os embargos de declaração serão opostos no prazo de 1 (um) dia, nos autos da representação, no PJe, com indicação do erro, obscuridade, contradição ou omissão, facultado o oferecimento de contrarrazões em igual prazo" (Res. TSE nº 23.608/2019, art. 25, § 8º).

> "1. O entendimento deste Tribunal Superior é no sentido de que o prazo de 24 horas previsto no art. 96, § 8º, da Lei nº 9.504/1997 se aplica tanto a recursos contra decisão de juiz auxiliar como também a embargos de declaração opostos a acórdão de TRE. 2. A inobservância do prazo de 24 horas previsto no art. 96, § 8º, da Lei nº 9.504/1997 acarreta a intempestividade do recurso especial. Precedentes. [...]" (TSE – AI nº 781.963/RJ – *DJe*, t. 25, 3-2-2017, p. 122). Em igual sentido: TSE – AI nº 11.190/PR – *DJe*, t. 55, 22-3-2010, p. 80-81.

Ademais, o acórdão da Corte Regional – tanto na seara de sua competência recursal (no caso de eleições municipais) como na originária (no caso de eleições gerais) – poderá ser impugnado por *recurso especial* dirigido ao Tribunal Superior. Quanto ao prazo, à míngua de previsão específica na própria Lei nº 9.504/97, cumpre observar o regramento dos arts. 258, 275, § 1ª e 276, § 1º, todos do Código Eleitoral, de modo que o referido recurso excepcional deve ser interposto no prazo de três dias (salvo no caso de direito de resposta, em que o prazo é de um dia consoante prevê o § 5º, art. 58, da LE). Ao recorrido é dado apresentar contrarrazões em igual lapso temporal.

O recurso especial deve ser dirigido ao Presidente do Tribunal Regional, que realizará o primeiro juízo de admissibilidade, podendo ou não admiti-lo. Não sendo admitido, ao recorrente é facultado – nos próprios autos – interpor agravo em recurso especial (*vide* CPC, art. 1.042, *caput*; TSE PA nº 144.683/DF *DJe*, t. 93, 18-5-2012, p. 379-380; Res. TSE nº 23.608/2019, art. 26, § 3º) para a instância superior, no prazo de três dias da publicação da decisão de inadmissão (salvo no caso de direito de resposta, em que o prazo é de um dia). O agravado (recorrido no recurso especial) poderá contra-arrazoar no mesmo tríduo.

Tão logo seja recebido na secretaria do TSE, o recurso especial deve ser distribuído a um Ministro-relator e em seguida remetido à Procuradoria-Geral Eleitoral (PGE) para que esta se manifeste em três dias. Com o retorno dos autos, poderá o relator adotar uma das cinco medidas há pouco enumeradas, a saber: (I) – não conhecer o recurso ou negar-lhe seguimento; (II) negar provimento a recurso que for contrário a súmula do próprio TSE, do STF ou do STJ; (III) prover o pedido recursal, se a decisão recorrida for contrária à súmula do próprio TSE, do STF ou do STJ; (IV) intimar as partes para se manifestarem sobre fato superveniente ou questão apreciável de ofício que devam ser considerados no julgamento do recurso; (V) apresentar o recurso para julgamento pelo Colegiado, o que deve ocorrer em dois dias (LE, art. 96, § 9º).

Nas hipóteses I, II e III, da decisão monocrática proferida pelo Ministro-relator cabe agravo interno (CPC, art. 1.021).

Há controvérsia quanto ao prazo de interposição desse agravo. Já se entendeu na jurisprudência que esse prazo é de um dia, aplicável também para as contrarrazões; nesse sentido: TSE – AgR-Rp nº 1.350/DF – *DJ* 11-4-2007, p. 199; AgR-Rp nº 884/DF – *DJ* 12-9-2006, p. 149. Entretanto, tal entendimento não mais vigora, tendo prevalecido a corrente segundo a qual, por acompanhar um recurso excepcional, o prazo adequado para o agravo deve ser de três dias, nos termos do art. 36, § 8º, do RITSE. Nesse sentido, dispõe o art. 27, § 6º, da Res. TSE nº 23.608/2019 (alterado pela Res. nº 23.733/2024) ser cabível "agravo interno, no prazo de 3 (três) dia, assegurado a apresentação de contrarrazões, em igual prazo".

Julgado o recurso pelo Tribunal Superior, durante o período eleitoral deve o acórdão respectivo ser publicado na mesma sessão.

Se o acórdão do Tribunal Superior "contrariar a Constituição" (CF, art. 121, § 3º), poderá ser combatido via recurso extraordinário para o Supremo Tribunal Federal. O RE deve ser interposto perante a presidência do TSE, no prazo de três dias da publicação da decisão impugnada.

Eleição presidencial – na eleição presidencial, o procedimento é idêntico ao descrito para as eleições gerais, sendo a decisão proferida por Ministro-auxiliar. Contra essa decisão caberá o recurso previsto no § 8º do art. 96 da LE, que deve ser interposto no prazo de um dia (contado da publicação da decisão) e dirigido ao Pleno do Tribunal Superior.

Efeito – quanto ao efeito, aplica-se a regra geral do art. 257, *caput,* do Código Eleitoral, segundo a qual os recursos eleitorais não têm efeito suspensivo. Devem, pois, ser recebidos apenas no efeito devolutivo, podendo-se executar desde logo o *decisum* condenatório. Exceto se "da imediata produção de seus efeitos houver risco de dano grave, de difícil ou impossível reparação, e ficar demonstrada a probabilidade de provimento do recurso", pois nesse caso a eficácia da decisão recorrida poderá ser suspensa por decisão do relator (CPC, art. 995, parágrafo único). A imediata executividade do *decisum* tem a vantagem de ensejar a cessação da propaganda tida por ilícita.

Há, porém, uma peculiaridade quanto à execução de multa, que só ocorre após o trânsito em julgado da sentença ou acórdão; não há execução provisória de multa eleitoral.

17.4   DIREITO DE RESPOSTA

17.4.1   Caracterização do direito de resposta

O direito de resposta tem natureza constitucional. Trata-se de direito fundamental garantido no art. 5º, V, da Lei Maior, segundo o qual: "é assegurado o direito de resposta, proporcional ao agravo, além da indenização por dano material, moral ou à imagem".

Já foi salientado que, entre os princípios regentes da propaganda, destacam-se os da *informação* e *veracidade*. Pelo primeiro, é direito dos eleitores receber todas as informações sobre os participantes do certame, sejam elas positivas ou negativas. Só assim poderão exercer o sufrágio com consciência e responsabilidade. Quanto ao segundo, os fatos e informações veiculados devem apresentar similitude com a verdade fatual ou histórica, configurando crime eleitoral o "divulgar, na propaganda eleitoral ou durante período de campanha eleitoral, fatos que sabe

Cap. 17 • PROPAGANDA ELEITORAL | **517**

inverídicos, em relação a partidos ou candidatos e capazes de exercerem influência perante o eleitorado" (CE, art. 323).

A propaganda eleitoral tem o sentido de proporcionar aos candidatos oportunidade de expor suas imagens, ideias e seus projetos, de sorte a convencer os eleitores de que são a melhor opção e captar-lhes o voto. Está claro que não deve ser desvirtuada, tornando-se palco de contendas pessoais, agressões morais ou de difusão de *fake news*, mentiras, discursos de ódio, de terror e quejandos.

Nesse diapasão, o art. 243, IX, do Código Eleitoral tem como intolerável a propaganda "que caluniar, difamar ou injuriar quaisquer pessoas, bem como órgãos ou entidades que exerçam autoridade pública". Tais condutas foram tipificadas criminalmente nos arts. 324 a 326 do mesmo diploma, além de ensejarem responsabilização por dano moral sofrido pelo ofendido (que deve ser buscado na Justiça Comum). Ademais, o § 3º do mesmo art. 243 assegura "o direito de resposta a quem for injuriado, difamado ou caluniado através da imprensa, rádio, televisão, ou alto-falante, aplicando-se, no que couber, os arts. 90 e 96 da Lei nº 4.117, de 27-8-1962". Todavia, tem-se propugnado a revogação desse § 3º pelo art. 58 da Lei nº 9.504/97, por ser posterior e ter regulado toda a matéria.

Por sua vez, o art. 58 da LE assevera que, a "partir da escolha de candidatos em convenção, é assegurado o direito de resposta a candidato, partido ou coligação atingidos, ainda que de forma indireta, por conceito, imagem ou afirmação caluniosa, difamatória, injuriosa ou sabidamente inverídica, difundidos por qualquer veículo de comunicação social". A despeito da restrição subjetiva constante desse dispositivo, a natureza constitucional do direito de resposta indica que qualquer pessoa pode invocá-lo, ainda que não seja "candidato, partido ou coligação". Nesse ponto, o citado § 3º do art. 243 do Código Eleitoral parece melhor se harmonizar com a Lei Maior, pois previa o direito de resposta "*a quem* for injuriado, difamado ou caluniado".

Note-se que o referido art. 58 da LE abrange eventos ocorridos em "qualquer veículo de comunicação social", aí devendo incluir-se redes sociais e plataformas de comunicação na Internet. Mais ainda: firmou-se na jurisprudência a orientação de que o direito de resposta é cabível, ainda que a ofensa seja irrogada em veículo que não seja de "comunicação de massa", como, *e.g.*, carro de som. Confira-se:

> "[...] 5. Em face da densificação direta e imediata da Constituição sobre a matéria, bem como reputando, ainda, a análise do caso concreto e a própria interpretação do *caput* do art. 58 da Lei das Eleições, é cabível a veiculação de direito de resposta por ofensa irrogada por carro de som. 6. Ainda que se trate de meio distinto daqueles elencados no art. 58 da Lei nº 9.504/97, incumbe à Justiça Eleitoral, na hipótese específica de ofensa veiculada por carro de som, assegurar o exercício da referida garantia constitucional, sendo-lhe lícito – e encorajado – que busque na legislação a hipótese normatizada que mais se assemelha à ofensa perpetrada e aquilate, por analogia, o procedimento de reparação do aviltamento da honra do cidadão da República. [...]" (TSE – REspe nº 22274/BA – *DJe* 12-11-2019).

O direito de resposta constitui oportunidade conferida ao ofendido para se manifestar. Sua concessão pressupõe a ocorrência de ofensa, ainda que indireta, por conceito, imagem ou afirmação caluniosa, difamatória, injuriosa ou sabidamente inverídica. Nos três primeiros casos, ataca-se a honra pessoal. Conforme assinalam Karpstein e Knoerr (2009, p. 34), é evidente que "a crítica dirigida à Administração governamental e à atuação de candidato como homem público não somente é legal, mas também salutar para a vida democrática"; o que não se deve é "confundi-la com ofensas à honra pessoal de candidatos, caracterizando injúria, difamação ou calúnia". Consiste a calúnia na falsa imputação, a alguém, de fato definido como crime. Já na difamação, atribui-se fato ofensivo à reputação, independentemente de ser falso ou verdadeiro. Por sua vez, na injúria não se imputa fato a outrem, havendo apenas ofensa à dignidade ou ao decoro. Quanto ao último pressuposto, exige-se que a afirmação feita seja "sabidamente inverídica".

Mas esses conceitos – extraídos do Código Penal – não têm aplicação rígida na esfera eleitoral. Dada a natureza de suas atividades, o código moral seguido pelo político certamente não se identifica com o da pessoa comum em sua faina diuturna. Tanto é que os direitos à privacidade, ao segredo e à intimidade sofrem acentuada redução em sua tela protetiva. Afirmações e apreciações desairosas, que, na vida privada, poderiam ofender a honra objetiva e subjetiva de pessoas, chegando até mesmo a caracterizar crime, perdem esse matiz quando empregadas no debate político-eleitoral. Assim, não são de estranhar assertivas apimentadas, críticas contundentes, denúncias constrangedoras, cobranças e questionamentos agudos. Tudo isso insere-se na dialética democrática.

O próprio homem público é disso responsável. Ao imergir na realidade do jogo político, termina por alienar-se da moral comum. Assim é que, de olho exclusivamente em seus interesses – ou nos do grupo de quem recebe apoio –, torna-se infiel a sua própria história, curvando-se a um amontoado de demandas impróprias, por vezes inconfessáveis; transfigura-se em palatável objeto de consumo; faz promessas, bem ciente de que jamais serão cumpridas; alia-se de bom grado a inimigos de outrora; coloca em prática ideias que sempre combateu, olvidando-se dos motivos de sua vitória nas urnas.

Mas é preciso convir que, ante a crueza da realidade, nem sempre será possível ao político seguir plenamente coerente com seu discurso de campanha ou mesmo pôr em prática todos os seus ideais. Ajustar o pensamento à ação é tarefa sobremodo difícil, especialmente no terreno movediço da política. Por outro lado, o que seria de um candidato que falasse sempre a verdade, explicitando as medidas – muitas vezes impopulares – que pretende adotar? Contaria com o apoio do eleitorado? Acaso sua sinceridade mereceria os aplausos de seus opositores, que nele reconheceriam um homem bom, verdadeiro e justo?

Na verdade, política e moral constituem esferas distintas, cada qual contando com diferentes critérios de julgamento no que concerne à justiça, correção, bondade e maldade de ações. Nessa perspectiva, uma ação moral pode ser condenada sob o aspecto político e uma ação política pode ser imoral ou amoral.

A distinção entre "política" (ou razão de Estado) e "moral" não passou despercebida a pensadores como Nicolau Maquiavel. O que no mundo privado se compreende por boa-fé, honra e verdade poderia levar um governante à ruína, eis que muito facilmente seria ludibriado pelos adversários, que o demoliriam na arena. Daí que o discurso abraçado na peleja pela conquista do poder não é o mesmo daquele esposado por quem já o conquistou. Isso faz com que se renuncie não só ao ideário antes apregoado, mas também a muitos dos compromissos assumidos. No capítulo XV d'*O Príncipe*, assevera o filósofo florentino que, a despeito de suas convicções pessoais, o governante deve ater-se à realidade do ambiente político, porquanto "o homem que queira em tudo agir como bom acabará arruinando-se em meio a tantos que não são bons. Daí ser necessário a um príncipe [= governante], para manter-se, aprender a não ser bom, e usar ou não usar o aprendido, de acordo com a necessidade". A ação política deve ser orientada no sentido de vencer o inimigo, conquistar o poder e manter o Estado. Para se julgar uma ação política é preciso olhar seu fim ou resultado: o que importa é que este seja alcançado. Vê-se, pois, que a moral do político não é a mesma do indivíduo.

É evidente não serem esses os parâmetros pelos quais o particular pauta sua vida e conduz seus negócios. É óbvio, igualmente, que, em ambiente democrático, os contrastes aflorarão no debate político-ideológico, sobretudo por ocasião da campanha política. Ademais, a crítica – ainda que contundente, ácida – faz parte do discurso político, traduzindo a dialética própria do regime democrático, assentado que é no enfrentamento de ideias.

Sobre esse tema, é oportuno trazer à cola o entendimento da Corte Superior Eleitoral:

"[...] A propaganda eleitoral gratuita que se limita a discutir a extensão ou importância de programas oficiais, comparando realizações entre governos, configura mera crítica política, que não autoriza o deferimento de pedido de resposta. [...]" (TSE – Rp nº 347.691/DF – PSS 19-10-2010).

"I – Expressão que, no trato comum, constitui injúria perde substância quando se leva em conta o ambiente da campanha política, em que ao candidato incumbe potencializar, em seu proveito, as mazelas do adversário. II – Mesmo que se considere montagem a exibição de imagens, não há nela aquela potencialidade degradante ou ridicularizante que a tornaria ilícita" (Ac. nº 496, de 25-9-2002).

"[...] A linguagem utilizada, ainda que agressiva, folhetinesca e imprópria, não ultrapassa o limite da crítica contundente. A expressão *candidato dos poderosos* não caracteriza conceito calunioso, difamatório, injurioso ou cabalmente inverídico (Lei nº 9.504/97, art. 58). Agravo improvido" (Ac. nº 482, de 24-9-2002).

"A jurisprudência do TSE não considera injuriosa – quando lançados em campanha eleitoral – termos que normalmente traduzem ofensa. Nessa linha, é lícito qualificar como 'mentira' determinada promessa de campanha efetuada pelo candidato adversário [...]" (Ac. nº 488, de 30-9-2002).

"[...] Críticas ao desempenho do administrador [...] Não caracteriza ofensa à honra nem enseja direito de resposta a opinião desfavorável de locutor de emissora que se refere ao desempenho do administrador por suas desvirtudes e equívoco [...]" (Ac. nº 21.711, de 2-9-2004).

"[...] As críticas apresentadas no horário eleitoral gratuito, buscando responsabilizar os governantes pela má-condução das atividades de governo são inerentes ao debate eleitoral e consubstanciam típico discurso de oposição, não ensejando direito de resposta (Ac. nº 349/2002, rel. Min. Sálvio de Figueiredo; Ac. nº 588/2002, rel. Min. Caputo Bastos). Cautelar deferida liminarmente e referendada pela Corte" (Ac. nº 1.505, de 2-10-2004).

"[...] A orientação da Corte está assentada no sentido de que a crítica aos homens públicos, por suas desvirtudes, seus equívocos, falta de cumprimento de promessas eleitorais sobre projetos, revelando a posição do partido diante dos problemas apontados, por mais ácida que seja, não enseja direito de resposta (precedentes: Respe nº 20.480, de 27-9-2002, Rp nº 381, de 13-8-2002). Representação julgada improcedente" (Ac. nº 588, de 21-10-2002).

"Afirmar que o candidato adversário não cumpre promessas eleitorais, consoante diversos julgados deste Tribunal, não constitui motivo para a concessão de direito de resposta. Representação julgada improcedente" (TSE – Rp nº 343.879/DF – PSS 13-10-2010).

"[...] A divulgação de pesquisa de avaliação de Prefeitura, ainda que desatualizada, não caracteriza os supostos autorizadores para concessão da resposta [...]" (Ac. nº 612, de 21-10-2002).

"[...] Rememorar fatos da história de políticos não constitui ofensa a ensejar direito de resposta. Recurso não conhecido" (Ac. nº 20.501, de 30-9-2002).

"[...] Não divulgação de fatos sabidamente inverídicos (rombo no governo, telefones celulares nos presídios). Calúnia não configurada. Não caracterizada nenhuma divulgação de afirmação caluniosa, injuriosa ou sabidamente inverídica, é de ser indeferido o pedido de resposta. Agravo a que se nega provimento" (Ac. nº 492, de 26-9-2002).

"Direito de resposta: crítica à propaganda do adversário, tachada de 'baixaria': inexistência de injúria: resposta indeferida" (Ac. nº 20.440, de 5-10-2002).

"Direito de resposta. Utilização da expressão 'que vergonha governador!', que não possui natureza ofensiva a ensejar direito de resposta. Recurso provido" (Ac. nº 20.515, de 1º-10-2002).

"[...] É lícito qualificar como 'mentira' determinada promessa de campanha efetuada pelo candidato adversário. A injúria desnatura-se, ainda mais quando os termos são lançados em tom de gracejo (precedentes: Rp nº 440, Rp nº 444). A assertiva de que o modelo econômico preconizado por determinado candidato é 'desumano' e de 'muita corrupção' não traduz afirmação de que o candidato esteja pessoalmente maculado por tais atributos. Os termos *cabra* e *homi* utilizados pelos comediantes, no linguajar nordestino, não são ofensivos. Representação julgada improcedente" (Ac. nº 501, de 1º-10-2002).

"[...] O fato de se dizer que esse ou aquele candidato é mais ou menos preparado ou experiente não revela insinuação preconceituosa, porquanto é direito do eleitor conhecer a capacidade administrativa de cada candidato para fazer sua escolha (precedentes: Rp nº 95, rel. Min. Fernando Neves da Silva). Agravo a que se nega provimento" (Ac. nº 502, de 30-9-2002).

"Reproduzindo os representados fatos e declarações publicados em jornal de grande circulação e não contestados ou respondidos pelos representantes, não é possível imputar-lhes nenhuma assertiva caluniosa, injuriosa ou difamatória, punível com o direito de resposta" (Ac. nº 445, de 20-9-2002).

"[...] A propaganda eleitoral gratuita que, sem ofender nem falsear a verdade, se limita a rememorar fato passado, inclusive informando data e disponibilizando dados que permitem compreender que se trata de acontecimento há muito ocorrido, não autoriza o deferimento de pedido de resposta" (TSE – Rp nº 366.217/DF – PSS 26-10-2010).

Cumpre averbar que a agressão ensejadora de direito de resposta pode ser pulverizada "por qualquer veículo de comunicação social" (LE, art. 58, *in fine*), inclusive a Internet, não se limitando àqueles especificados no art. 243 do Código Eleitoral, isto é, "imprensa rádio, televisão, ou alto-falante". Ademais, não importa que o espaço em que ela foi difundida seja comercial. É certo que o emprego daquela cláusula geral, indeterminada, atende melhor à disciplina da matéria em foco. Com efeito, vivemos na era da revolução tecnológica, na qual o incremento de procedimentos e técnicas de comunicação se dá continuamente. O marketing político é pródigo em desenvolver novas estratégias de propaganda. Assim, com a expressão *qualquer veículo de comunicação social* os novos veículos e instrumentos de mídia empregados na propaganda terminam por ser abarcados no conceito legal, sem que para isso se deva proceder a específica mudança legislativa.

17.4.2 Aspectos processuais do pedido de direito de resposta

O procedimento a ser seguido na demanda em que se postula direito de resposta é o estabelecido no art. 96 da Lei nº 9.504/97, conforme delineado anteriormente. Todavia, algumas particularidades devem ser destacadas.

Fixa a lei o prazo máximo de 72 horas (convertidos para três dias) da data da formulação do pedido para que a decisão judicial seja prolatada, sendo prevista convocação de juiz auxiliar e até mesmo sanção à autoridade judicial que descumprir prazos (LE, art. 58, §§ 2º, 7º e 9º). Isso faz com que os prazos na representação em que se busca direito de resposta situem-se entre os mais rigorosos da legislação eleitoral, o que torna esse procedimento extremamente célere. Quer o legislador que a resposta não venha a destempo, pois isso contribuiria para perpetuar o agravo cometido pelo agente em detrimento do equilíbrio da disputa.

Cap. 17 • PROPAGANDA ELEITORAL | 521

O prazo para ajuizamento da representação é contado "a partir da veiculação da ofensa" (LE, art. 58, § 1º) e varia conforme a mídia em que esta foi perpetrada. O quadro seguinte resume essa matéria:

Local de veiculação da ofensa	Prazo para pedir direito de resposta	Termo inicial do prazo	Fundamento legal
horário eleitoral gratuito	1 dia	momento da veiculação do programa	LE, art. 58, § 1º, I.
programação normal de emissora de rádio e televisão	2 dias	momento da veiculação da ofensa	LE, art. 58, § 1º, II.
imprensa escrita	3 dias	data da edição em que foi veiculada a ofensa	LE, art. 58, § 1º, III.
Internet, redes sociais	1) qualquer tempo durante a divulgação do conteúdo, ou 2) em até 3 dias após sua retirada	1) início da divulgação; ou 2) fim da divulgação	LE, art. 58, § 1º, IV.

Fonte: Elaborado pelo autor.

Uma vez expirados os referidos prazos, decai o ofendido do direito de pleitear resposta ao agravo sofrido ou de retificar a supostamente inverídica informação difundida.

Os incisos I a IV, § 3º do art. 58 da LE detalham as regras a serem seguidas nos pleitos de direito de resposta. É necessário que o autor especifique na inicial o trecho do discurso que considerou ofensivo. De mais a mais, é seu o ônus de provar a existência, o teor e a divulgação da mensagem questionada.

Sendo a ofensa veiculada em *órgão da imprensa escrita*, é preciso que a petição inicial seja instruída com cópia da publicação e o texto para resposta. A exigência de apresentação desse texto tem em vista submetê-lo a prévio controle judicial, de sorte a evitar-se tréplica. Sendo deferido, o ofensor deverá comprovar nos autos o cumprimento da decisão, mediante dados sobre a regular distribuição dos exemplares, a quantidade impressa e o raio de abrangência na distribuição.

Cuidando-se de ofensa transmitida em *programação normal das emissoras de rádio e de televisão*, não é necessário que se junte, desde logo, mídia contendo a gravação do programa. A Justiça Eleitoral deverá notificar o responsável pela emissora para que entregue, em um dia, cópia da mídia da transmissão, que será devolvida após a decisão. Deferido o pedido, a resposta deverá ser dada em até dois dias após a sentença, em tempo igual ao da ofensa, porém nunca inferior a um minuto.

"Representação. Admissibilidade. Juntada de fita comprobatória da veiculação da ofensa. Programação normal de emissoras de rádio e televisão. Desnecessidade. Responsabilidade. Terceiro. [...] A emissora que leva ao ar mensagem ofensiva ou sabidamente inverídica, ainda que por conta e ordem de terceiro, pode, em tese, também ser responsabilizada pela veiculação da resposta, podendo, depois, perante a Justiça Comum, cobrar do cliente o pagamento correspondente ao tempo utilizado na resposta (precedente: Respe nº 19.880/2002, rel. Min. Fernando Neves) [...]" (TSE – Rp nº 524/DF – PSS 1-10-2002).

No caso de a ofensa ser difundida na propaganda eleitoral gratuita no rádio ou na televisão, a petição inicial deverá especificar o trecho considerado ofensivo ou inverídico e ser instruída com mídia contendo a gravação do programa e a respectiva degravação ou transcrição do conteúdo. Sendo a resposta deferida, o ofendido poderá usar tempo igual ao da ofensa, nunca inferior, porém, a um minuto.

Finalmente, sendo a ofensa veiculada em propaganda eleitoral realizada no ambiente da Internet ou redes sociais, deverá o postulante comprová-la desde logo com a petição inicial. A comprovação poderá ser feita mediante a juntada de cópia eletrônica da página em que a ofensa foi divulgada e também com identificação de seu endereço na Internet (URL). A URL deve ser a específica do conteúdo questionado, e não a genérica referente à página ou ao perfil. Outro meio de prova possível é a *ata notarial*, a qual é elaborada exclusivamente por tabelião de notas, nos termos do art. 384 do CPC (pelo parágrafo único desse dispositivo, da ata notarial também poderão constar "dados representados por imagem ou som gravados em arquivos eletrônicos"). De ofício ou a requerimento da parte, poderá o órgão judicial determinar diligência para que o *site* em questão seja acessado, sendo tudo certificado nos autos. Convém que o postulante junte na inicial a mídia com a resposta, embora a tanto não esteja obrigado, conforme se pode extrair da parte final da alínea *a*, IV, § 3º, do art. 58 da LE. Deferido o pedido, a resposta deverá ser veiculada em até dois dias após a entrega da "mídia física" pelo ofendido, devendo ser empregado na divulgação o mesmo impulsionamento do conteúdo impugnado.

O direito de resposta pode ser reivindicado por quem quer que seja ofendido na propaganda eleitoral, não se restringindo a candidato ou partido político. Assim, pode pedi-lo pessoa física ou natural, pessoa jurídica de Direito Privado, pessoa jurídica de Direito Público interno da Administração direta (União, Estado, Distrito Federal ou Município) ou indireta (sociedade de economia mista, empresa pública, fundação pública, autarquia, agência). É necessário que a pessoa jurídica esteja devidamente representada.

Não obstante, cumpre frisar que, se o postulante não for candidato nem partido político, isto é, pessoa que não participe do processo eleitoral, a Justiça Eleitoral só examina o pedido de resposta se o evento tiver sido veiculado na propaganda eleitoral gratuita no rádio ou na televisão. Ocorrendo na imprensa escrita ou virtual, revista periódica, na *programação normal* de rádio ou televisão ou na Internet, deve o ofendido postular direito de resposta perante a Justiça Comum. Mas sendo ofendido candidato ou partido político, em qualquer veículo de comunicação social a competência será da Justiça Eleitoral, desde que a matéria tenha relação com as eleições.

Importante, ainda, lembrar que em sede de direito de resposta o Estado não goza dos privilégios que a legislação processual normalmente lhe confere. Nesse sentido: "[...] É intempestivo o agravo interposto além do prazo de 24 horas [isto é, um dia] da publicação da decisão na Secretaria. 3. Agravo da União não conhecido" (TSE – Rp nº 437/DF – PSS 17-9-2002). Assim, o Estado não conta com a prerrogativa do prazo em dobro, tampouco é intimado pessoalmente dos atos praticados no processo, sendo certo que os prazos são contínuos e peremptórios, bem como correm aos sábados, domingos e feriados.

Tratando-se de agressão veiculada em órgão de imprensa escrita ou virtual, bem como na programação de rádio ou televisão, no polo passivo do processo pode figurar não só o ofensor, como também o veículo de comunicação social.

> "[...] Em se tratando de pedido de direito de resposta que se originou por meio de matéria veiculada em jornal cuja ofensa é atribuída a terceiro, é recomendável que o veículo de comunicação figure na relação processual, a fim de lhe assegurar a ampla defesa, além do que, tal providência objetiva que ele assuma sua responsabilidade quanto à veiculação de matérias que possam ter repercussão no pleito. Precedente: Acórdão nº 19.880 [...]"(TSE – REspe nº 24387/RJ – *DJ* 16-9-2005).

Por outro lado, sendo a ofensa veiculada na Internet, o provedor da aplicação respectiva somente deverá figurar no polo passivo se exercer "controle editorial prévio sobre o conteúdo publicado por seus usuários" (Res. TSE nº 23.610/2019, art. 30, § 3º). Se esse controle prévio não for exercido pelo provedor, a obrigação de divulgar a resposta recairá somente sobre o usuário responsável pela divulgação do conteúdo ofensivo – e nesse caso apenas o último deve figurar no polo passivo.

Embora não haja litisconsórcio passivo necessário entre candidato e partido, poderá formar-se litisconsórcio facultativo. Ademais, é dado à agremiação ingressar no processo, sendo evidente sua qualidade de terceiro juridicamente interessado.

Uma vez citado, cumpre ao representado apresentar defesa em um dia (LE, art. 58, § 2º), sob pena de configurar-se sua revelia. Mas esta não induz à presunção de veracidade do fato afirmado na exordial: "[...] A ausência de defesa por parte do ofensor não acarreta o automático deferimento do pedido que será apreciado com base nos elementos constantes dos autos [...]" (TSE – Rp nº 385/SP – PSS 1º-8-2002). Com a defesa já deve ser apresentada toda a prova pertinente à comprovação dos fatos por ela alegados.

Se a representação tiver por fundamento a utilização de conteúdo reputado "sabidamente inverídico", inclusive veiculado originariamente por terceiro (caso em que apenas se dissemina o conteúdo), o representado possui o ônus de "demonstrar que procedeu à verificação prévia de elementos que permitam concluir, com razoável segurança, pela fidedignidade da informação" (Res. TSE nº 23.608/2019, art. 31, parágrafo único). Esse ônus liga-se à necessidade de combater a desinformação no ambiente da propaganda eleitoral. Antes de disseminar qualquer informação, os candidatos e as agremiações partidárias têm o dever de averiguar sua autenticidade e fidedignidade (Res. TSE nº 23.610/2019, art. 9º, *caput*). Se o representado não se desincumbir do aludido ônus (não demonstrando que verificou a fidedignidade do conteúdo antes de divulgá-lo), tratando-se de informação inverídica, o direito de resposta pleiteado deverá ser concedido ao autor.

Não há previsão de dilação probatória, tampouco de alegações finais orais ou apresentação de memoriais. Ainda porque, devendo o processo encerrar-se em até três dias, isso não seria possível.

A despeito da exiguidade do lapso estabelecido para toda a tramitação processual (3 dias), há mister ouvir o Ministério Público, dada sua função constitucional de fiscal da ordem jurídica e defensor do regime democrático. Para tanto, é fixado o prazo de um dia, a ver: "Findo o prazo de defesa, o Ministério Público Eleitoral será intimado para emissão de parecer no prazo de 1 (um) dia" (Res. TSE nº 23.608/2019, art. 33, § 1º). Note-se, porém, ser inviável a extrapolação do prazo total de tramitação processual; nesse rumo, assentou a Corte Superior Eleitoral: "[...] É facultado ao juiz ou relator ouvir o MPE nas representações pertinentes ao exercício do direito de resposta (Lei nº 9.504/97, art. 58), desde que a providência não leve a exceder o prazo máximo para decisão, que é fixado em setenta e duas horas da formulação do pedido [...]" (TSE – Rp nº 385/SP – PSS 1º-8-2002). Daí que, transcorrido o referido prazo de um dia, com ou sem parecer do órgão ministerial, deve o juiz decidir a causa e determinar a publicação da decisão.

Ante o princípio da persuasão racional, ao julgar a causa, o juiz ou Tribunal eleitoral goza de liberdade para apreciar o acervo probatório constante dos autos, independentemente de quem tenha promovido a prova. O contexto da comunicação inquinada não deve ser desprezado, pois é importante para a escorreita compreensão dos fatos.

Da decisão que conceder ou negar direito de resposta cabe recurso no prazo de um dia, contado da data de sua publicação. A seu turno, o recorrido deve oferecer contrarrazões em igual lapso temporal, o qual é computado de sua intimação (LE, art. 58, § 5º).

O prazo de um dia também deve ser observado para interposição de embargos de declaração, agravo interno e recurso especial.

> "Do acórdão do tribunal regional eleitoral caberá recurso especial eleitoral para o Tribunal Superior Eleitoral, no prazo de 1 (um) dia, assegurado o oferecimento de contrarrazões pelo recorrido em igual prazo (Lei nº 9.504/1997, art. 58, § 5º)" (Res. TSE nº 23.608/2019, art. 41).

> "[...] 1. Esta Corte já assentou que o prazo para interposição de recurso contra decisão de juiz auxiliar, em pedido de direito de resposta, é de 24 horas, conforme dispõe o art. 58, § 5º, da Lei nº 9.504/97. 2. Considerando, também, que o recurso especial, nesse caso, deverá ser apresentado em 24 horas, aplica-se igualmente esse prazo aos embargos de declaração opostos contra acórdão regional que confirma o deferimento do direito de resposta, não incidindo o tríduo previsto no art. 258 do Código Eleitoral, em face de regra legal específica. Agravo regimental a que se nega provimento" (TSE – REspe nº 27.839/MG, de 6-3-2007 – *DJ* 22-3-2007, p. 141).

Todavia, para interposição de recurso extraordinário, deve-se observar o prazo de três dias (CE, art. 281, *caput*).

Há de ser certa a decisão que, ao final, julgar procedente o pedido, devendo fixar precisamente o tempo e o espaço destinados à resposta, o momento de sua veiculação, bem como o que, na propaganda impugnada, deverá ser excluído ou substituído.

Nesse caso, é preciso que o ofendido use o espaço que lhe foi concedido para efetivamente esclarecer o eleitorado acerca dos fatos que lhe foram imputados. Sua comunicação deve ater-se a tais fatos. Impõe-se máxima cautela para que a resposta, por sua vez, não seja ofensiva ou desviante.

Sobre isso, dispõe a alínea *f*, III, § 3º, do art. 58 da LE que, na agressão perpetrada em programa de rádio ou televisão no horário eleitoral gratuito,

> "se o ofendido for candidato, partido ou coligação que tenha usado o tempo concedido sem responder aos fatos veiculados na ofensa, terá subtraído tempo idêntico do respectivo programa eleitoral; tratando-se de terceiros, ficarão sujeitos à suspensão de igual tempo em eventuais novos pedidos de resposta e à multa no valor de duas mil a cinco mil UFIR".

Logo, entendendo-se como indevida a resposta veiculada, devolve-se ao partido o tempo que lhe fora decotado.

E se a ofensa ocorrer em dia e hora que inviabilizem sua reparação – por exemplo, no último dia destinado à propaganda eleitoral no rádio e na televisão? Nesse caso, considerando-se que a propaganda eleitoral gratuita é realizada até a antevéspera do pleito, admite-se que a resposta seja divulgada nos horários que a Justiça Eleitoral determinar, ainda que nas 48 horas anteriores ao dia do pleito, em termos e forma previamente aprovados, de modo a não ensejar tréplica (LE, art. 58, § 4º). Essa solução impõe-se mesmo quando houver demora na prestação jurisdicional que possa inviabilizar o exercício do direito de resposta.

Note-se, porém, que se a ofensa se der em programa veiculado em cadeia e o direito de resposta tiver de ser exercido quando já encerrado o período de propaganda eleitoral gratuita, na prática, será inviável a formação de nova rede para esse fim exclusivo. Em tal caso, o melhor é que a resposta seja apresentada em forma de inserções nos intervalos da programação das emissoras.

Cuidando-se de ofensa em propaganda eleitoral na Internet, o art. 58, § 3º, IV, da LE (com a redação da Lei nº 13.488/2017) determina que a resposta seja divulgada pelo usuário ofensor em até dois dias "após sua entrega em mídia física" pelo ofendido. A divulgação deverá ocorrer no "mesmo veículo, espaço, local, horário, página eletrônica, tamanho, caracteres e outros elementos de realce usados na ofensa". Deverá, ainda, ser empregado "o mesmo impulsionamento de conteúdo eventualmente contratado nos termos referidos no art. 57-C" da LE. Ademais, deverá ser disponibilizada para acesso dos usuários da rede "por tempo não inferior ao dobro em que esteve disponível a mensagem considerada ofensiva". Por óbvio, os custos de veiculação da resposta correrão por conta do responsável pela propaganda inquinada.

> "Eleições 2010. Propaganda Eleitoral. Twitter. Direito de resposta. Sítios de mensagens instantâneas e assemelhados. Possibilidade jurídica. 1. O Twitter se insere no conceito de "sítios de mensagens instantâneas e assemelhados", previsto no art. 57-B da Lei 9.504/97, e é alcançado pela referência a "qualquer veículo de comunicação social" contida no art. 58 da Lei das Eleições. 2. O direito de resposta em razão de mensagem postada no Twitter é cabível. Relevância de o detentor da página ser coordenador de comunicação de campanha eleitoral. 3. Deferido o direito de resposta, o próprio usuário, exercendo o controle de conteúdo que detém sobre a sua página no Twitter, deve postar o texto da resposta. 4. Direito de resposta concedido" (TSE – Rp nº 361.895/DF – PSS 29-10-2010).

Com a realização das eleições, cessa a propaganda eleitoral. Em alguns casos – como a propaganda gratuita no rádio e na televisão –, existindo pedidos de direito de resposta em tramitação ou recursos pendentes de julgamento, ficarão prejudicados, devendo os respectivos processos ser extintos sem apreciação do mérito; impossível seria a veiculação da resposta. No entanto, o mesmo não ocorre quando a agressão é perpetrada no curso da programação normal de rádio ou televisão, em jornal ou revista e na Internet, pois nesses casos o direito poderá ser exercido após a conclusão do pleito.

O não cumprimento integral ou em parte da decisão que conceder a resposta sujeitará o infrator ao pagamento de multa, duplicada em caso de reiteração de conduta, sem prejuízo de responder o agente pelo delito de desobediência, previsto no art. 347 do Código Eleitoral (LE, art. 58, § 8º). Além disso, pode-se cogitar a suspensão por até 24 horas: *(i)* da programação normal de emissora de rádio e televisão (LE, art. 56); *(ii)* "do acesso a todo conteúdo veiculado", no caso de Internet (LE, art. 57-I – com a redação da Lei nº 13.488/2017).

18

ELEIÇÕES, CONSULTAS POPULARES, VOTO E PROCLAMAÇÃO DOS RESULTADOS

Dez regras de ouro do eleitor:

I – não deixar de votar;

II – votar livremente, de acordo com a própria consciência, escolhendo quem espelhe suas opiniões e visão de mundo – afinal esse será o seu representante no Poder Estatal;

III – saber que pelo voto pode-se mudar o próprio futuro, o da família, o da comunidade, o da nação e até o do mundo;

IV – discutir com familiares e amigos as propostas dos candidatos – pesquisar quem são eles, suas histórias e o que realmente já fizeram de bom e útil;

V – jamais negociar o voto, pois este não é produto nem mercadoria;

VI – votar sempre nas melhores propostas e ideias, devendo reparar se são exequíveis. Um candidato não deve ser escolhido pela sua aparência, simpatia ou pela beleza de seu discurso;

VII – procurar conhecer os candidatos e suas reais intenções, lembrando-se sempre de que "nem tudo que reluz é ouro". Importante saber quem apoia e financia a campanha do candidato;

VIII – não se deixar influenciar pelo resultado de pesquisas ou enquetes eleitorais, nem pela "opinião" de veículos de comunicação social;

IX – o voto é um direito sacrossanto de escolher os governantes;

X – estar sempre em dia com a Justiça Eleitoral.

18.1 ELEIÇÕES E CONSULTAS POPULARES

No Brasil, eleições são conhecidas e praticadas desde o período colonial, época em que os habitantes da Colônia periodicamente se organizavam para eleger os administradores públicos. Conforme anotam os historiadores Lopez e Mota (2012, p. 238) e Fausto (2012, p. 57-58), já as primeiras vilas e cidades contavam com governo local, o qual era exercido por um órgão de poder constituído por membros da sociedade. Denominado Câmara Municipal ou Conselho Municipal, esse órgão existia em Portugal desde o ano de 1504. A Câmara era composta por membros natos (não eleitos) e por representantes eleitos. As eleições eram indiretas, sendo realizadas de três em três anos por meio de *listas tríplices* elaboradas pelos chamados "homens bons". Esses eram sempre os mais ricos e poderosos, proprietários de terras residentes na vila ou cidade, sendo excluídos os artesãos e os impuros pela cor (negros e mulatos) ou pela religião (cristãos novos). A eleição na Câmara Municipal era fiscalizada por um juiz da Coroa, apelidado juiz de fora.

Findo o período colonial e consolidada a independência do Brasil e o Estado brasileiro, manteve-se a prática eleitoral, agora robustecida pela necessidade de se preencherem os novos postos criados nas instituições políticas nacionais.

Assim, pela Constituição Imperial de 1824, que vigeu até o final do império, as nomeações de Deputados e Senadores para a Assembleia Geral e de Membros dos Conselhos Gerais das Províncias eram feitas por *eleições indiretas* (CI, art. 90).

As *eleições diretas* somente foram introduzidas em 9 de janeiro de 1881, data em que o Imperador Pedro II sancionou o Decreto nº 3.029. Redigida pelo então Deputado Geral Ruy Barbosa e conhecida como Lei Saraiva ou Lei do Censo, essa norma alterou profundamente o sistema político-eleitoral brasileiro. Já em seu primeiro artigo, estabelece: "as nomeações dos Senadores e Deputados para a Assembleia Geral, membros das Assembleias Legislativas Provinciais, e quaisquer autoridades eletivas, serão feitas por eleições diretas, nas quais tomarão parte todos os cidadãos alistados eleitores de conformidade com esta lei". Entre outras coisas, também instituiu o título eleitoral.

O sufrágio direto foi consagrado na primeira Constituição Republicana, de 1891 (arts. 28, 30 e 47), e reiterado nas subsequentes Constituição de 1934 (arts. 2º, 23, 52, § 1º), Constituição de 1946 (arts. 1º, 38, 56, 60, 81), Constituição de 1967 (arts. 1º, § 1º, 30, 41, 43 – exceto para Presidente da República, cuja escolha se dá por sufrágio indireto, exercido por um Colégio Eleitoral nos termos do art. 76). Anote-se que a Constituição de 1937 previa como regra o sufrágio indireto (*vide* arts. 46, 50 e 82); o sufrágio direto só é previsto em caráter excepcional no parágrafo único do art. 84 dessa Carta Constitucional para a hipótese de o Colégio Eleitoral escolher para chefiar o Poder Executivo outro candidato que não o indicado pelo Presidente de República.

A vigente Lei Maior reafirma a soberania popular, a qual é exercida pelo voto direto e secreto, com valor igual para todos (CF, arts. 1º, parágrafo único, 14, *caput*, 27, 28, 29, I, 32, §§ 2º e 3º, 45, 46 e 77).

Costuma-se dizer que a eleição é a festa maior da democracia. Já se falou ser o único momento da história em que o povo é verdadeiramente livre para decidir seu destino. Nela, reluz a soberania popular, afirmando-se a cidadania em toda a sua plenitude. Sem ela, sequer se pode cogitar da existência de Estado Democrático de Direito. Demais, ninguém ignora que nos tempos atuais a escolha de mandatários pelo sufrágio universal constitui direito humano fundamental e, pois, de primeira grandeza no âmbito da ordem cultural-valorativa.

Ante sua importância primordial para o regime democrático, cuidou-se de estabelecer garantias, a fim de que o processo eleitoral atinja seu ápice sem atropelos. Tem-se em vista o resguardo da ordem e da segurança no dia do sufrágio, de modo que sejam assegurados o livre exercício do voto e a normalidade do processo de votação, o que propicia que os mecanismos da democracia operem de maneira transparente e eficaz, infundindo legitimidade à representação popular.

18.1.1 Consultas populares

A escolha de dirigentes estatais em eleições livres constitui uma das mais relevantes expressões de direitos políticos. Há, porém, outras formas de participação cidadã na gestão pública, destacando-se entre elas a consulta popular.

Consulta popular é o instrumento democrático e participativo pelo qual a população delibera sobre a realização de projetos prioritários ou entendidos como importantes para a comunidade.

Cap. 18 • ELEIÇÕES, CONSULTAS POPULARES, VOTO E PROCLAMAÇÃO DOS RESULTADOS | 529

Nos termos do art. 14, § 12, da Constituição (introduzido pela EC nº 111/2021), as consultas populares serão realizadas concomitantemente às eleições municipais, ocasião em que os cidadãos – além da escolha de candidatos – também deverão se manifestar "sobre questões locais aprovadas pelas Câmaras Municipais e encaminhadas à Justiça Eleitoral até 90 (noventa) dias antes da data das eleições".

18.2 SOBRE O VOTO

18.2.1 Definição e classificação do voto

O voto é um dos mais importantes instrumentos democráticos, pois enseja o exercício da soberania popular e do sufrágio. Cuida-se do ato volitivo pelo qual os cidadãos escolhem os ocupantes dos cargos político-eletivos. Por ele, concretiza-se o processo democrático de manifestação da vontade popular, escolhendo o povo os seus representantes no Poder Estatal e programa de governo que pretende ver implantado.

Embora expresse um direito público subjetivo, o voto é também um dever cívico e, por isso, é obrigatório para os maiores de 18 anos e menores de 70 anos (CF, art. 14, § 1º, I). Sua natureza jurídica deve ser bem explicitada, pois, consoante adverte Ferreira (1989, p. 295), ele

> "é essencialmente um direito público subjetivo, é uma função da soberania popular na democracia representativa e na democracia mista como um instrumento deste, e tal função social justifica e legitima a sua imposição como um dever, posto que o cidadão tem o dever de manifestar a sua vontade na democracia".

Argumenta-se, ainda, que a obrigatoriedade do voto faz que o cidadão se interesse mais pela vida política, dela se aproximando, e que a "massa popular" não é preparada para o voto facultativo.

No entanto, cumpre assinalar que, se o voto constitui direito do cidadão, não é razoável que seja exercido compulsoriamente. Sua obrigatoriedade em certa medida ratifica a imaturidade do povo, ainda débil e por isso merecedor de forte tutela estatal. Por outro lado, afirma-se serem reduzidas as chances de "eleitores compulsórios" votarem em candidatos sérios, responsáveis e honestos, já que não participam intensamente da vida política. Votam, pois, em qualquer um, no primeiro que se apresenta ou no mais bem aparentado, isso quando não negociam seus votos, transformando-os em mercadoria, já que só comparecem às urnas compulsoriamente.

De qualquer forma, se o voto é um *direito*, a frustração de seu exercício por falha no serviço estatal enseja indenização ao titular. Nesse sentido já se entendeu na jurisprudência:

> "Indenização. Danos morais. Direito de votar. Impedimento. Falha da administração. Art. 37, par-6º, CF-88. Responsabilidade objetiva. Quantificação. Limites razoáveis. 1. Havendo falha da Administração, através da Justiça Eleitoral, é indenizável o dano moral causado ao autor pelo fato de ser impedido de votar em pleito municipal, corolário do princípio da responsabilidade objetiva do Estado. 2. A quantificação do dano moral deve ser feita dentro dos limites de razoabilidade, de modo a impedir que o ato novamente se repita, sem, contudo, gerar o enriquecimento indevido da parte autora. Indenização arbitrada em 25 (vinte e cinco) salários-mínimos. 3. Remessa oficial e apelação da União Federal parcialmente providas. Apelação do autor improvida" (TRF 4 – EIAC nº 1998.04.01.088121-1/RS – 2ª S. – *DJ* 13-9-2000, p. 138).

O oposto do voto obrigatório é o facultativo. Por este, cuidando-se de direito subjetivo, é natural caber ao cidadão avaliar se vai ou não exercê-lo.

No sistema eleitoral brasileiro, o voto apresenta as seguintes características (MORAES, 2002, p. 235-236; FERREIRA, 1989, p. 294 ss.): personalidade, obrigatoriedade, liberdade, secreto, direto, periódico, igual.

Personalidade significa que o cidadão só pode votar pessoalmente. É imprescindível que o eleitor se apresente para votar. Não é possível exercer esse direito por procuração, representante ou correspondência.

Obrigatoriedade – conforme salientado, pela *obrigatoriedade* o cidadão maior de 18 anos e menor de 70 anos é obrigado – obrigação cívica – a comparecer ao local de votação, assinar a lista de comparecimento e votar. O não comparecimento à seção eleitoral no dia do pleito – por se encontrar fora de seu domicílio eleitoral – deve ser justificado no dia da eleição em formulário próprio, ou até 60 dias depois, sob pena de multa; se o eleitor estiver no exterior, esse prazo reduz-se para 30 dias, contados, porém, do retorno ao País (CE, art. 7º, *caput*, Lei nº 6.091/74, art. 16; Res. TSE nº 23.659/2021, art. 126).

Dispõe o § 1º, art. 7º, do CE que, "sem a prova de que votou na última eleição, pagou a respectiva multa ou de que se justificou devidamente, não poderá o eleitor:

> "I – inscrever-se em concurso ou prova para cargo ou função pública, investir-se ou empossar-se neles;
>
> II – receber vencimentos, remuneração, salário ou proventos de função ou emprego público, autárquico ou paraestatal, bem como fundações governamentais, empresas, institutos e sociedades de qualquer natureza, mantidas ou subvencionadas pelo governo ou que exerçam serviço público delegado, correspondentes ao segundo mês subsequente ao da eleição;
>
> III – participar de concorrência pública ou administrativa da União, dos Estados, dos Territórios, do Distrito Federal ou dos Municípios, ou das respectivas autarquias;
>
> IV – (Revogado pela Lei nº 14.690, de 2023);
>
> V – obter passaporte ou carteira de identidade;
>
> VI – renovar matrícula em estabelecimento de ensino oficial ou fiscalizado pelo governo;
>
> VII – praticar qualquer ato para o qual se exija quitação do serviço militar ou imposto de renda.
>
> [...]".

Há mais: o eleitor que se abstiver de comparecer para votar por três vezes consecutivas, não justificar sua ausência nem recolher a multa imposta terá sua inscrição eleitoral cancelada, perdendo, pois, sua condição de cidadão (CE, art. 7º, § 3º; Res. TSE nº 23.659/2021, art. 130, *caput*).

Contudo, se a pessoa for portadora de deficiência, há que se ponderar a eventual dificuldade ou mesmo a impossibilidade de exercer o direito de sufrágio. Dadas as circunstâncias em que se encontra, se tal lhe for impossível ou demasiadamente oneroso, poderá, por si ou por representante, pleitear ao juízo eleitoral "isenção da sanção decorrente do não cumprimento das obrigações eleitorais de alistamento ou de comparecimento às urnas" (Res. TSE nº 23.659/2021, art. 3º, VII, art. 15, § 1º, art. 130, § 2º, *b*). É justa essa solução, pois resguarda a dignidade da pessoa humana, na medida em que evita a imposição de ônus demasiado elevado ao detentor de grave deficiência que impossibilite o exercício de suas obrigações eleitorais.

Liberdade significa o poder de, sem constrangimento de qualquer espécie, formar a consciência política e de escolher entre os partidos políticos e candidatos que se apresentarem, votar em branco e até mesmo anular o voto. Apesar de haver o dever de comparecimento às eleições e, pois, o dever de votar, todos são livres para escolher ou não um candidato e até anular o voto. À Justiça Eleitoral cumpre propiciar os meios adequados para que essas opções se concretizem. Vê-se, portanto, que a obrigatoriedade do voto é, propriamente, obrigatoriedade de comparecimento à seção eleitoral, já que não fica o eleitor adstrito a emanar sua vontade, isto é, a escolher determinado candidato e nele votar.

Embora a anulação do voto não seja a melhor via a ser seguida em uma sociedade madura e politizada, não se pode deixar de reconhecer seu simbolismo como instrumento de protesto. Um alto índice de votos nulos pode revelar o descontentamento do povo com a classe política; demonstra o seu desprezo pela deficiência dos partidos e candidatos apresentados ou de seus projetos ou programas, que não merecem seu apoio nem despertam seu entusiasmo.

Secreto significa que o voto é sigiloso. Seu conteúdo não pode ser revelado pelos órgãos da Justiça Eleitoral. O segredo constitui direito subjetivo público do eleitor. Somente ele, querendo, poderá revelar seu voto, descortinando suas preferências políticas. O sigilo do voto assegura a probidade e a lisura no processo eleitoral, pois evita o suborno, a corrupção do voto, a intimidação do eleitor.

Tão importante é esse tema que o art. 220, IV, do Código Eleitoral reputa nula a votação "quando preterida formalidade essencial do sigilo dos sufrágios".

No caso da votação feita em urna eletrônica, esta deverá dispor de recursos que, mediante assinatura digital, permitam o registro digital de cada voto e a identificação da urna em que foi registrado, resguardado o anonimato do eleitor; cada voto deverá ser contabilizado individualmente e ter assegurados o sigilo e a inviolabilidade (LE, arts. 59, § 4º, e 61). Entre outros fatores, o sigilo é assegurado pelo uso de sistemas de informática (*softwares*) desenvolvidos com exclusividade pela Justiça Eleitoral e por mecanismos específicos da urna, como a autonomia operacional (garantido pelo uso de bateria interna), o não funcionamento em rede e a impossibilidade de se conectar à Internet, uso de criptografia, chaves de segurança e a lacração a que é previamente submetida.

Conquanto atualmente a votação e a totalização dos votos sejam feitas pelo sistema eletrônico, poderá o TSE autorizar, em caráter excepcional, a votação pelo sistema convencional, no qual são empregadas cédulas. Saliente-se que isso só ocorrerá se a urna eletrônica apresentar defeito insanável ou de difícil reparação no momento da votação e não puder ser substituída por outra, a chamada urna de contingência ou de reserva; somente quando não houver êxito com esta e com os respectivos procedimentos de contingência é que a votação passa a ser por cédula. Nesse caso, de reconhecida raridade nos dias correntes, aplicam-se os arts. 83 a 89 da LE. Complementando tais dispositivos, o art. 103 do CE arrola providências a serem ultimadas com o objetivo de se assegurar o sigilo do voto. São elas:

> "I – uso de cédulas oficiais em todas as eleições, de acordo com modelo aprovado pelo Tribunal Superior; II – isolamento do eleitor em cabine indevassável para o só efeito de assinalar na cédula o candidato de sua escolha e, em seguida, fechá-la; III – verificação da autenticidade da cédula oficial à vista das rubricas; IV – emprego de urna que assegure a inviolabilidade do sufrágio e seja suficientemente ampla para que não se acumulem as cédulas na ordem que forem introduzidas".

A antítese do voto secreto é o voto aberto, a descoberto ou ostensivo, no qual o eleitor é identificado, pois se manifesta verbal e publicamente ou por escrito em cédula nominal. Nesse tipo de voto, a liberdade do votante é restringida, porquanto todos saberão de sua opção. Em tais circunstâncias, o eleitor torna-se alvo fácil de perseguições políticas, infelizmente ainda muito comuns no Brasil contemporâneo.

532 | DIREITO ELEITORAL – *José Jairo Gomes*

Direto significa que os cidadãos escolhem os governantes diretamente, não havendo intermediários nesse ato. O voto direto é o que melhor reflete os ideais dos atuais sistemas democráticos, pois confere indiscutível legitimidade aos governantes eleitos.

O *voto indireto* constitui exceção no sistema brasileiro. Dá-se a eleição indireta no caso de vacância dos cargos de Presidente e Vice-Presidente da República nos últimos dois anos do período presidencial. Nesse caso, manda o art. 81, § 1º, da Lei Maior que a eleição para ambos os cargos seja feita pelo Congresso Nacional 30 dias depois da última vacância. Esse preceito constitucional pode estender-se aos Estados-Membros, Distrito Federal e Municípios, no caso de dupla vacância dos cargos de Governador e Vice-Governador, Prefeito e Vice-Prefeito, desde que tenham editado leis nesse sentido (STF – ADI 3.549/GO – Rel. Min. Cármen Lúcia – *DJ* 31-10-2007, p. 77; ADI-MC nº 1.057/BA – Rel. Min. Celso de Mello – *DJ* 6-4-2001, p. 65). A eleição indireta é organizada e se desenrola na respectiva Casa Legislativa, devendo ser observadas as condições de elegibilidade (CF, art. 14, § 3º) e as causas de inelegibilidade (CF, art. 14, §§ 4º a 9º), inclusive as decorrentes da legislação complementar (LC nº 64/90). A votação é pública, pois o eleitor tem o direito de saber como vota seu representante (STF – ADI 4.298/TO, j. 7-10-2009).

Periodicidade significa que o direito de voto deve ser exercido de tempos em tempos. Tal decorre do princípio republicano, que impõe a rotatividade no exercício do poder político. Assim, em intervalos regulares de tempo, os cidadãos devem comparecer às urnas para votar e renovar a representação política.

Igualdade, significa que os votos de todos os cidadãos têm valor igual, o mesmo peso, no processo político-eleitoral. O voto de um milionário tem o mesmo valor jurídico do voto de uma pessoa pobre ou excluída.

18.2.2 Voto e escrutínio

Voto não se confunde com escrutínio. Enquanto o voto é o exercício do sufrágio, dos direitos políticos, traduzindo o ato de escolher, o termo escrutínio comporta vários significados.

Escrutínio designa a maneira como o processo de votação se perfaz, isto é, o modo como o voto se concretiza. Assim, nomeia a própria votação. Exemplos: *(i)* diferentemente do que ocorre no escrutínio secreto, no público, o votante é identificado; *(ii)* no chamado escrutínio de lista, os nomes dos candidatos são arrolados em uma lista.

Mas essa palavra – *escrutínio* – também identifica o processo de apuração dos votos depositados na urna. Nesse sentido, o verbo *escrutinar* significa apurar os resultados de uma votação; *escrutinador* é a pessoa que realiza a apuração ou a contagem dos votos.

Designa, por fim, "o número de vezes que os mesmos eleitores são chamados a votar na mesma eleição" (Souza, 1984). É sinônimo de turno. De maneira que se pode dizer que a eleição se deu em primeiro ou segundo escrutínio.

18.2.3 Voto eletrônico ou informatizado

O primeiro Código Eleitoral brasileiro (Decreto nº 21.076/32) estabeleceu em seu art. 57, II, 2, a possibilidade de uso de "máquinas de votar".

Mas a efetiva informatização do processo eleitoral remonta à Lei nº 6.996/82, que dispôs sobre a utilização do processamento de dados nos serviços eleitorais, e à Lei nº 7.444/85, a partir da qual foi implantado o processamento eletrônico de dados nos procedimentos de alistamento eleitoral e revisão do eleitorado. Com isso, ainda nos anos de 1985-1986 realizou-se o recadastramento nacional e a emissão de novos títulos eleitorais de cerca de 70 milhões de cidadãos.

Cap. 18 • ELEIÇÕES, CONSULTAS POPULARES, VOTO E PROCLAMAÇÃO DOS RESULTADOS | **533**

Nas eleições de 1994, já foi possível proceder-se à totalização dos votos por meio eletrônico; embora tivessem sido apurados manualmente, os dados foram lançados em computadores e aí totalizados.

Nas eleições municipais de 1996, iniciou-se a implantação do *voto eletrônico* ou *informatizado*, tendo um terço do eleitorado utilizado a urna eletrônica para votar. Desde então a Justiça Eleitoral vem desenvolvendo e aperfeiçoando as urnas eletrônicas, sendo que as eleições de 2000 (municipais) e 2002 (gerais e presidenciais) foram totalmente informatizadas.

A Lei nº 9.504/97 consolidou o sistema de votação eletrônica. Dispõe o art. 59 desse diploma que a votação e a totalização dos votos serão feitas por esse sistema, mas o TSE poderá autorizar, em caráter excepcional, a votação pelo sistema convencional, no qual são empregadas cédulas.

O sistema de votação eletrônica é bastante complexo, sendo a *urna eletrônica* (ou "máquina de votar") sua face mais notória ou visível.

O que é urna eletrônica? – urna eletrônica é o nome dado à máquina que combina equipamentos mecânicos e eletrônicos (*hardwares* e *softwares*) com o objetivo de realizar-se a votação e a contagem de votos em uma eleição.

Os primeiros modelos de urnas eletrônicas são denominados *Direct Recording Electronic Voting Machine* – DRE (Máquina de Gravação Eletrônica Direta do Voto), tecnologia que apenas permite a gravação digital dos votos. Posteriormente foram desenvolvidos outros modelos que permitem, além do registro eletrônico, também a impressão do voto em um documento. Atualmente, há modelos (como o *Scantegrity*) em que o voto é criptografado, impresso e entregue ao eleitor, que poderá conferir seu processamento, preservando, porém, o segredo de seu conteúdo.

A urna eletrônica brasileira pertence aos primeiros dos referidos modelos (DRE). Ela foi projetada pelo Tribunal Superior Eleitoral em parceria com órgãos como o Instituto Nacional de Pesquisas Espaciais (INPE) e o Centro Tecnológico de Aeronáutica (CTA). É composta de duas partes: *hardwares* (componentes físicos) e *softwares* (programas ou sistemas internos). Os *softwares* são desenvolvidos pelos profissionais da área de tecnologia do TSE, conforme as peculiaridades e necessidades do sistema político-eleitoral brasileiro.

A urna nacional dispõe de recursos que, mediante *assinatura digital*, permitem o registro digital de cada voto e a identificação da urna em que foi registrado, resguardado o anonimato do eleitor (LE, art. 59, § 4º). Outrossim, ela contabiliza cada voto, assegurando-lhe o sigilo e a inviolabilidade (LE, art. 61). Ademais, a urna é dotada de arquivo denominado Registro Digital do Voto (RDV), no qual é gravado aleatoriamente cada voto (fora da sequência em que ocorreram), separado por cargo. Tal arquivo poderá ser disponibilizado aos interessados para fins de conferência, estatística e auditoria do processo de totalização dos resultados das eleições. Além de permitir que o voto seja armazenado digitalmente, tal qual expresso pelo cidadão, o *registro digital* torna possível sua recontagem de forma automática.

Outra relevante ferramenta de fiscalização e auditoria é o Boletim de Urna (BU), que é um documento expedido pela própria urna após o encerramento da votação, e faz prova do resultado nela apurado. Trata-se de um extrato ou relatório – digital ou impresso – produzido por equipamento acoplado à urna, contendo os resultados de uma seção eleitoral apurados pela urna eletrônica; apresenta dados como: data da eleição; identificação do Município, da zona e da seção eleitorais; horário de início e encerramento da votação; código de identificação da urna; número de eleitores aptos; número de votantes por seção; a votação individual de cada candidato; os votos para cada legenda partidária; os votos nulos; os votos em branco; a soma geral dos votos. Após expedido, o BU impresso deve ser assinado pelo presidente da mesa receptora de votos e, se presentes, por fiscais dos partidos políticos e membro do Ministério Público Eleitoral. Uma via do BU é afixada em local visível na seção, dando publicidade ao resultado; outras devem ser encaminhadas: *i)* ao cartório eleitoral, juntamente com a ata da seção; *ii)* aos fiscais dos partidos políticos que estiverem presentes. A soma dos BUs de todas as seções eleitorais deve coincidir com os resultados oficialmente divulgados – o que é importante para evidenciar se houve alteração dos dados enviados à central de apuração.

O BU deve conter "código de barras bidimensional (Código QR)", pelo qual se poderá averiguar a "coincidência entre os votos constantes do boletim de urna emitido pela urna ao final da apuração e o seu correspondente disponível na internet" (Res. TSE nº 23.699/2021, arts. 178, XIII, e 179).

A integridade e a autenticidade dos dados e programas empregados no sistema eletrônico de votação são também assegurados pelo uso de lacres e mecanismos de segurança que evidenciam se houve violação (ou tentativa), entre os quais destacam-se mecanismos como:

i)   *registro* da assinatura digital, que é uma forma eletrônica garantidora da autenticidade de documentos;

ii)   *tabela* de correspondência, pela qual os dados e resultados enviados aos computadores centrais do TRE e TSE somente são recebidos e processados se houver correspondência entre a urna e a respectiva seção eleitoral para a qual aquela urna fora especificamente preparada;

iii)   não funcionamento em rede e impossibilidade de se conectar à Internet. Na urna não existem "portas" de conexão em rede, nem é possível conexão mediante *wi-fi, bluetooh* e tecnologias similares;

iv)   uso de criptografia e sistemas de segurança em cada etapa;

v)   cadeia de custódia. Trata-se de procedimentos cujo escopo é registrar a história ou cronologia de eventos;

vi)   *hash* ou resumo digital, que permite verificar se um sistema ou arquivo foi violado;

vii)   lacração dos sistemas e urnas eletrônicas;

viii) testes de autenticidade e integridade da urna eletrônica. Trata-se de auditoria realizada por amostragem, cuja finalidade é evidenciar que a urna registra corretamente todos os votos nela digitados, bem como que os programas (*softwares*) usados coincidem com os originais desenvolvidos e armazenados pelo TSE, não tendo sofrido qualquer adulteração. Todo o procedimento é feito no mesmo dia e durante o horário de votação comum, em ambiente controlado, sendo filmado, fiscalizado e transmitido pelo YouTube.

Como se dá a votação nas urnas eletrônicas? A votação eletrônica deve ser feita no número do candidato ou da legenda partidária, devendo o nome e a imagem do candidato e o nome do partido ou a legenda partidária aparecer no painel da urna eletrônica, com a expressão designadora do cargo disputado no masculino ou feminino, conforme o caso (LE, art. 59, § 1º).

18.2.4 Críticas ao sistema de votação: transparência da urna eletrônica e voto impresso

Uma das críticas mais ácidas dirigidas ao sistema de votação eletrônica brasileiro refere-se à impossibilidade de se conferir *fisicamente* a correção dos votos, bem como de se auditar a votação e a contagem material dos votos. Além de o eleitor não poder conferir *materialmente* a correção do registro de seu voto na urna, as operações de contagem e totalização se dão eletronicamente no interior do sistema, e não publicamente.

Cap. 18 • ELEIÇÕES, CONSULTAS POPULARES, VOTO E PROCLAMAÇÃO DOS RESULTADOS | 535

Argumenta-se, ainda, que o sigilo é imposto apenas ao voto, não à sua contagem, pois esta é fato posterior e deve ser público. Em um regime democrático – em que impera a transparência nos assuntos públicos –, é essencial que os cidadãos possam averiguar a correção de seus votos, a regularidade das eleições e dos procedimentos de contagem e totalização.

Deveras, a inexistência de registro físico e a impossibilidade de se auditar a contagem dos votos suscitam debates e discursos enviesados acerca da transparência do resultado das eleições, da capacidade do sistema de espelhar as reais opções do povo e de sua vulnerabilidade a fraudes e ataques *hackers*.

No entanto, apesar dos esforços, ainda não se demonstrou que concretamente alguma urna (um mecanismo eletrônico, dispositivo ou *software*) ou algum resultado tenha sido fraudado. Há pouco foi visto que o sistema de votação eletrônica é bastante seguro, contando com vários níveis e camadas de proteção. Não há razão para nele não se confiar. O que existe, na verdade, são teorias conspiratórias, *fake news* e desinformações disseminadas por pessoas interessadas em desacreditar as instituições democráticas.

Conforme assinalado anteriormente, o sistema brasileiro usa a primeira geração de urnas eletrônicas, sendo que essa tecnologia apenas permite a gravação digital dos votos.

Infrutíferas têm sido as tentativas de implantação de urnas que ensejam a conferência material do voto. Afirma-se que a impressão do voto imporia retrocesso no sistema eleitoral brasileiro, que é eletrônico e informatizado, e em relação ao qual jamais se demonstrou ter havido fraude. Além do aumento do gasto com a realização das eleições, problemas poderiam surgir com a impressão, pois esse processo é realizado por impressora mecânica; é comum, por exemplo, a impressora "engasgar" com o papel. Além do risco de quebra do sigilo do voto, não se pode desconsiderar o aumento do tempo que cada eleitor levaria para votar; a demora na finalização de cada voto implicaria maior ocorrência de filas e transtornos nos trabalhos desenvolvidos nas seções eleitorais.

Durante a tramitação do Projeto que deu origem à Lei nº 12.034/2009, o voto impresso foi rejeitado no Senado (*vide* Parecer nº 1.457/2009 CCT/CCJ), que o considerou "inadequado à celeridade e ao sigilo do processo eleitoral", destacando, ainda, que a

"utilização de componentes mecânicos acoplados ou inseridos nas urnas eletrônicas aumentará drasticamente a taxa de falha desse equipamento, o que poderá exigir a votação em papel em diversas seções. Isso atrasará o cômputo dos votos e a conclusão do processo, bem como dará margem às mesmas fraudes já conhecidas no processo eleitoral não eletrônico".

Entretanto, sua rejeição no Senado foi superada na Câmara dos Deputados, que o aprovou e o incorporou na Lei nº 12.034/2009, cujo art. 5º determinou sua adoção a partir das eleições de 2014. Segundo tal dispositivo, após exibir para o eleitor respectivamente as telas referentes às eleições proporcionais e majoritárias, a tela da urna deverá mostrar "o voto completo para conferência visual do eleitor e confirmação final do voto" (§ 1º). Após a confirmação final pelo votante, a urna deverá imprimir "um número único de identificação do voto associado à sua própria assinatura digital" (§ 2º). Em seguida, "o voto deverá ser depositado de forma automática, sem contato manual do eleitor, em local previamente lacrado" (§ 3º). Finda a votação, a Justiça Eleitoral "realizará, em audiência pública, auditoria independente do *software* mediante o sorteio de 2% (dois por cento) das urnas eletrônicas de cada Zona Eleitoral, respeitado o limite mínimo de 3 (três) máquinas por Município, que deverão ter seus votos em papel contados e comparados com os resultados apresentados pelo respectivo boletim de urna" (§ 4º).

536 | DIREITO ELEITORAL – *José Jairo Gomes*

Mas a Lei nº 12.034/2009 foi impugnada no Supremo Tribunal Federal na ADI 4.543/DF, tendo a Corte Suprema, por unanimidade, deferido o pedido de medida cautelar para suspender a eficácia do citado art. 5º. Confira-se:

> "Constitucional. Eleitoral. Art. 5º da Lei nº 12.034/2009: impressão de voto. Plausibilidade jurídica dos fundamentos postos na ação. Sigilo do voto: direito fundamental do cidadão. Vulneração possível da urna com o sistema de impressão do voto: inconsistências provocadas no sistema e nas garantias dos cidadãos. Inconstitucionalidade da norma. Cautelar deferida. 1. A exigência legal do voto impresso no processo de votação, contendo número de identificação associado à assinatura digital do eleitor, vulnera o segredo do voto, garantia constitucional expressa. 2. A garantia da inviolabilidade do voto põe a necessidade de se garantir ser impessoal o voto para garantia da liberdade de manifestação, evitando-se qualquer forma de coação sobre o eleitor. 3. A manutenção da urna em aberto põe em risco a segurança do sistema, possibilitando fraudes, impossíveis no atual sistema, o qual se harmoniza com as normas constitucionais de garantia do eleitor. 4. Cautelar deferida para suspender a eficácia do art. 5º da Lei nº 12.034/2009" (STF – ADI MC 4.543/DF – Rel. Min. Cármen Lúcia – *DJe* 2-3-2012).

O tema voltou à baila na Lei nº 13.165/2015, que inseria na LE o art. 59-A, com o seguinte teor:

> "Art. 59-A. No processo de votação eletrônica, a urna imprimirá o registro de cada voto, que será depositado, de forma automática e sem contato manual do eleitor, em local previamente lacrado.
>
> Parágrafo único. O processo de votação não será concluído até que o eleitor confirme a correspondência entre o teor de seu voto e o registro impresso e exibido pela urna eletrônica".

Mas esse dispositivo foi impugnado perante o Supremo Tribunal Federal na ADI 5.889/DF. Ao concluir o julgamento dessa ação, em 14-9-2020, o Excelso Pretório confirmou decisão liminar e declarou sua inconstitucionalidade do referido art. 59-A da LE, assentando que a impressão coloca em risco o sigilo e a liberdade do voto, contrariando a Constituição Federal.

Os defensores do voto impresso voltaram à carga com a apresentação da Proposta de Emenda à Constituição nº 135/2019, a qual, porém, foi rejeitada no Plenário da Câmara dos Deputados no dia 10/08/2021: contou com 229 votos favoráveis, quando – por se tratar de PEC – era necessário alcançar o mínimo de 308 votos.

Assim, tem sido repelida a implantação do voto impresso no sistema brasileiro de votação eletrônica, mecanismo em geral compreendido como retrocesso no sistema eleitoral.

18.3 GARANTIAS ELEITORAIS

18.3.1 Introdução

Desde as lições de Ruy Barbosa, o constitucionalismo brasileiro conhece a distinção entre "direitos" e garantias" fundamentais. Os direitos apresentam sentido substancial ou material, podendo ser compreendidos como os atributos, bens e faculdades reconhecidos ao ser humano para que tenha existência livre e digna; sob a perspectiva subjetiva, trata-se da situação jurídica, faculdade ou poder atribuído ou reconhecido a pessoa. Tem-se em vista nomeadamente os direitos fundamentais assegurados à pessoa humana, que são de três ordens: direitos de liberdade – consagrados simbolicamente na Declaração francesa de 1789; direitos sociais, culturais

Cap. 18 • ELEIÇÕES, CONSULTAS POPULARES, VOTO E PROCLAMAÇÃO DOS RESULTADOS | **537**

e econômicos – consagrados na Constituição de Weimar; e direitos de solidariedade e fraternidade – em voga atualmente, representados pelo amplo leque de direitos difusos e coletivos.

No tocante às garantias, têm elas o sentido de propiciar o exercício efetivo de direitos fundamentais. Sem elas, o direito substancial poderia tornar-se ineficaz, porque desprovido dos instrumentos e meios necessários ao seu reconhecimento e afirmação.

O termo *garantia* não é unívoco. Sobre isso, após ressaltar que o direito contemporâneo enseja a distinção de várias espécies de garantias oferecidas aos direitos fundamentais, assinala Ferreira Filho (2010, p. 93-94):

> "Num primeiro sentido, **amplíssimo**, as garantias são, aproveitando-se um ensinamento de Ruy Barbosa, 'as providências que, na Constituição, se destinam a manter os poderes no jogo harmônico das suas funções, no exercício contrabalançado das suas prerrogativas. Dizemos, então, garantias constitucionais, no sentido em que os ingleses falam em freios e contrapesos da Constituição'. São, pois, a proteção que resulta do próprio sistema constitucional, daí **garantias sistema**.
>
> Num segundo sentido, ainda **amplo**, as garantias são o sistema organizado pela Constituição mediante o qual se opera a proteção de tais direitos, nalguns Estados um sistema judiciário, noutros, um sistema de contencioso administrativo. São as **garantias institucionais**.
>
> Num terceiro sentido, agora **restrito**, são garantias as defesas especiais atribuídas a determinados direitos, como a proibição da censura relativamente à liberdade de expressão do pensamento. São as **garantias-defesa**, ou garantias-limite, porque são limites à ação do poder.
>
> No último, restritíssimo, as garantias são os meios ou instrumentos previstos para a defesa dos direitos fundamentais. É aqui que se situam os chamados remédios constitucionais, como o *habeas corpus*, o mandado de segurança etc. São as **garantias instrumentais**".

Mutatis mutandis, transportando essa perspectiva teórica para os domínios do Direito Eleitoral, pode-se compreender por *garantia*, em sentido amplo, tudo que vise assegurar o "direito político fundamental" de sufrágio. É esse o valor (ou direito fundamental) a ser salvaguardado. Assim, nesse sentido lato, pode-se compreender por *garantias eleitorais*: (a) a própria arquitetura do Estado Democrático de Direito, cuja conformação assegura a liberdade, a igualdade, a pluralidade, a livre manifestação do pensamento, a soberania e a participação popular, entre outros direitos fundamentais; (b) a estruturação da Justiça Eleitoral, enquanto ente autônomo, independente (funcional, administrativa e financeiramente) e especializado na gestão de eleições e resolução dos conflitos aí surgidos; note-se que a existência de juízes independentes com o encargo de solucionar lides eleitorais constitui já significava garantia, sobretudo no que respeita à segurança e confiança na imparcialidade do processo eleitoral e de seus resultados; (c) o arcabouço de normas asseguratórias da normalidade e legitimidade do pleito – normas que coíbem o abuso de poder econômico, político, dos meios de comunicação social, captação ilícita de votos, conduta vedada não só no transcurso da campanha eleitoral, como também no dia da votação; (d) o conjunto de normas jurídicas que visam assegurar o quanto possível a igualdade da disputa entre os diversos concorrentes.

Ocupou-se desse tema o Código Eleitoral, dedicando-lhe o Título I, da Parte Quinta, arts. 234 a 239.

A par das assinaladas garantias gerais, há outras específicas, consistentes em técnicas e instrumentos cujo objetivo é resguardar o exercício do direito de sufrágio. Nesse sentido, o *sigilo do voto* constitui garantia política das mais expressivas, já que impede que os votantes exponham suas opiniões, opções e concepções políticas. Outras visam resguardar a situação

538 DIREITO ELEITORAL – *José Jairo Gomes*

de eleitores, mesários, fiscais e delegados de partidos, bem como os próprios candidatos. Com efeito, a ninguém é dado impedir ou embaraçar o exercício do direito de sufrágio, pena de configurar-se o delito previsto no art. 297 do Código Eleitoral.

18.3.2 Garantias de eleitores, mesários, fiscais e candidatos

Pelo art. 234 do Código Eleitoral, "ninguém poderá impedir ou embaraçar o exercício do sufrágio". Aqui visa-se resguardar o livre e pleno exercício da cidadania. O impedimento trava ou bloqueia a liberdade do eleitor de agir, no caso, de praticar o ato jurídico-político de votar, o qual não chega a ser realizado. Já o embaraço estorva ou atrapalha a concretização desse ato.

O eleitor que sofrer violência, moral ou física, em sua liberdade de votar, ou pelo fato de haver votado, poderá pleitear e obter *salvo-conduto*. Por esse instituto prestigia-se o *ius ambulandi*, isto é, o direito de locomover-se, de ir e vir, podendo o beneficiário transitar livremente, sem risco de detenção ou prisão. A expedição de tal documento é feita pelo juiz eleitoral ou pelo presidente de mesa receptora de votos, sendo certo que sua validade estende-se para o período compreendido entre 72 horas antes até 48 horas depois do pleito (CE, art. 235).

No salvo-conduto pode ser cominada prisão de até cinco dias, em caso de desobediência. Essa prisão não possui natureza penal, senão político-administrativa, cujo sentido é garantir a liberdade de sufrágio do eleitor. Resta, porém, saber se essa modalidade de prisão harmoniza--se com a Constituição Federal. É que o sistema constitucional somente aceita prisão civil (no sentido de não penal) "pelo inadimplemento voluntário e inescusável de obrigação alimentícia" (CF, art. 5º, LXVII; STF, Súmula Vinculante nº 25).

Por outro lado, ainda com vistas a resguardar a pessoa do cidadão, prevê a lei hipóteses de *imunidade formal* ou *processual*, pelas quais o seu titular ou beneficiário fica inibido de ser preso ou processado. Nesse sentido, estabelece o art. 236 do Código que "nenhuma autoridade poderá, desde 5 (cinco) dias antes até 48 (quarenta e oito) horas depois do encerramento da eleição, prender ou deter qualquer eleitor". A prisão somente poderá concretizar-se em três hipóteses: (a) flagrante delito; (b) sentença criminal condenatória por crime inafiançável; (c) desrespeito a salvo-conduto. À vista da letra *b*, não se exige que a sentença tenha transitado em julgado; se o réu tiver sido mantido preso cautelarmente durante a instrução processual penal, poderá a sentença condenatória mantê-lo nesse estado; caso tenha respondido ao processo em liberdade, poderá ser preso se os requisitos da prisão preventiva se apresentarem e assim o determinar a sentença condenatória (CPP, art. 387, parágrafo único). Mas, no período indicado, fora dessas situações, fica afastada a possibilidade de prisão temporária, preventiva ou decorrente de sentença de pronúncia.

Quanto a membro de mesa receptora de votos e justificativas, fiscal ou delegado de partido político, durante o exercício de suas funções, só poderá haver detenção ou prisão no caso de flagrante delito (CE, art. 236, § 1º). Note-se que aqui a imunidade é mais ampla, porque a prisão ou detenção só pode ocorrer em situação de flagrante, ficando afastadas as outras duas hipóteses mencionadas nas letras "b" e "c" do parágrafo anterior. Se não estiverem no exercício de suas funções, gozam das mesmas garantias asseguradas aos eleitores em geral.

Também os candidatos gozam da mesma proteção legal conferida a membro de mesa receptora de votos e justificativas, fiscal ou delegado de partido político, de sorte que só podem ser detidos ou presos em caso de flagrante delito (CE, art. 236, § 1º, *in fine*). Mas quanto a eles (candidatos) o período de vedação de prisão vigora desde 15 dias antes das eleições. Dentro desse lapso, só poderão ser detidos ou presos em flagrante delito. Encerradas as eleições, têm direito à mesma garantia deferida aos eleitores, só podendo ser presos – até quarenta e oito horas depois do encerramento da eleição – em flagrante delito, por violação a salvo conduto ou em

Cap. 18 • ELEIÇÕES, CONSULTAS POPULARES, VOTO E PROCLAMAÇÃO DOS RESULTADOS

virtude de sentença penal condenatória por crime inafiançável. Nesse sentido, ao referendar a medida cautelar concedida na ADF nº 1017/AL, entendeu o Excelso Pretório:

> "[...] que a imunidade eleitoral prevista no § 1º do art. 236 do Código Eleitoral compreende proibição da adoção de medidas cautelares em desfavor de candidato a cargo do Poder Executivo, desde os 15 (quinze) dias que antecedem o primeiro turno até as 48 horas seguintes ao término de eventual segundo turno eleitoral; b) assentar que a referida imunidade eleitoral também se aplica aos demais postulantes a cargos eleitorais majoritários; c) por conseguinte, manter a revogação da medida cautelar de afastamento do mandato estabelecida pelo STJ no MISOC n. 209/DF (2022/0245591-9) em relação ao Governador do Estado de Alagoas, nos termos do voto do Relator. [...]" (STF – ADPF-MC-Ref 1017/AL – Pleno – Rel. Min. Gilmar Mendes – *DJe* 15-8-2023).

Em caso de prisão, deverá o detido ser imediatamente conduzido à presença do magistrado competente que, se constatar ilegalidade, a relaxará, ultimando as medidas necessárias para que o coator seja responsabilizado.

18.3.3 Transporte de eleitores

O art. 10 da Lei nº 6.091/74 proíbe "aos candidatos ou órgãos partidários, ou a qualquer pessoa, o fornecimento de transporte ou refeições aos eleitores da zona urbana".

No entanto, ao julgar a ADPF nº 1013/DF, o Excelso Pretório reconheceu a mora do legislador e fixou a tese de que "É inconstitucional a omissão do poder público em ofertar, nas zonas urbanas em dias de eleições, transporte público coletivo de forma gratuita e em frequência compatível com aquela praticada em dias úteis". Ademais, decidiu "determinar ao poder público que, a partir das eleições municipais de 2024, oferte, nas zonas urbanas em dias de eleições, transporte coletivo municipal e intermunicipal, nos termos do voto" (STF – ADPF nº 1013/DF – Pleno – Rel. Min. Luís Roberto Barroso – *DJe* 19-10-2023). Daí ter disposto o art. 24 da Res. TSE nº 23.736/2024: "O poder público adotará as providências necessárias para assegurar, nos dias de votação, a oferta gratuita de transporte coletivo urbano municipal e intermunicipal, inclusive o metropolitano, com frequência compatível àquela dos dias úteis (Supremo Tribunal Federal, ADPF n. 1.013/DF)".

Quanto à *zona rural*, o transporte somente pode ser efetuado pela Justiça Eleitoral. Para tanto, referida Lei faculta a requisição a órgãos públicos (União, Estado ou Município) de veículos e embarcações devidamente abastecidos, exceto os de uso militar e aqueles indispensáveis ao funcionamento de serviço público insuscetível de interrupção, ou seja, os denominados "serviços essenciais".

Sendo insuficientes os disponibilizados por tais órgãos, poderá a Justiça Eleitoral requisitar veículos e embarcações pertencentes a particulares, preferencialmente aqueles destinados a locação. Nesse caso, devem os particulares ser ressarcidos, e indenizados, se houver dano, incidindo o disposto no art. 5º, XXV, da Constituição Federal.

Os percursos do transporte patrocinado pela Justiça Eleitoral serão adrede organizados de modo a atender as localidades situadas a mais de dois quilômetros das mesas receptoras de votos. Devem ser divulgados pelo menos 15 dias antes da data do pleito.

Reza o art. 5º da Lei nº 6.091/74:

> "Nenhum veículo ou embarcação poderá fazer transporte de eleitores desde o dia anterior até o posterior à eleição, salvo: I – a serviço da Justiça Eleitoral; II – coletivos de linhas regulares e não fretados; III – de uso individual do proprietário, para o exercício

do próprio voto e dos membros da sua família; IV – o serviço normal, sem finalidade eleitoral, de veículos de aluguel não atingidos pela requisição [da Justiça Eleitoral] de que trata o art. 2º".

O transporte de eleitores fora desse esquema constitui crime tipificado no art. 11, III, da aludida norma, ao qual é cominada pena de reclusão, de quatro a seis anos, e pagamento de 200 dias-multa. Note-se que a consumação não exige que os eleitores transportados cheguem ao local de votação, pois esse evento constitui já exaurimento da ação típica.

Situação custosa é a da *carona*. À evidência, estando assegurado na Lei Maior o direito de propriedade (art. 5º, XXII), na qual se insere o uso, não poderia o Legislador Infraconstitucional proibir as pessoas de usarem seus veículos no dia das eleições, inclusive para dar carona a amigos ou familiares. O que se proíbe – com razão – é a instrumentalização do veículo para o aliciamento de eleitor. Por isso, na jurisprudência, é pacífico o entendimento segundo o qual a perfeição do crime de transporte de eleitores exige a demonstração de *dolo específico* do agente. Esse elemento subjetivo é consubstanciado no fim explícito de aliciamento, na captação de voto, na finalidade de impedir ou embaraçar o exercício do direito de sufrágio, ou, enfim, na obtenção de qualquer proveito ou vantagem eleitoral em razão da carona.

> "Agravo Regimental. Recurso Especial. Transporte de Eleitores. Dolo Específico. Não Comprovação. Lei nº 6.091/74, arts. 5º e 11. Código Eleitoral, Art. 302. Para a configuração do crime previsto no art. 11, III, da Lei nº 6.091/74, há a necessidade de o transporte ser praticado com o fim explícito de aliciar eleitores. Precedentes. Agravo a que se nega provimento" (TSE – REspe nº 21.641/PI – *DJ* 5-8-2005, p. 252).

> "[...] 1. Para aplicação das penas previstas na Lei nº 6.091/74, art. 11, impõe-se a constatação da existência do dolo específico, consistente no aliciamento de eleitores em prol de partido ou candidato. 2. Precedentes. 3. Recurso não conhecido" (TSE – REspe nº 15.499/PE – *DJ* 17-12-1999, p. 171).

> "Recurso Criminal. Denúncia. Art. 11, inciso III, c/c o art. 5º, ambos da Lei nº 6.091/2004. Procedência parcial. Transporte de eleitores no dia do pleito. A simples demonstração de que houve transporte de eleitores no dia do pleito é insuficiente para a configuração do delito. Não comprovação de prática maculadora da vontade dos eleitores. Inexistência de dolo específico, consistente no aliciamento e captação ilícita de sufrágio. Absolvição de ambos os recorrentes. Art. 386, III, do Código de Processo Penal. Recurso a que se dá provimento" (TRE-MG – RC nº 1.153/2005 – *DJMG* 21-3-2006, p. 86).

18.3.4 Oferta de alimentos a eleitores

O citado art. 10 da Lei nº 6.091/74 também veda "o fornecimento de refeições aos eleitores da zona urbana".

Na *zona rural*, sendo imprescindível, em face da absoluta carência de recursos de eleitores residentes em *zona rural*, somente à Justiça Eleitoral é dado distribuir-lhes alimentos.

18.3.5 Restrição de acesso ao local de votação

No dia em que as eleições se realizam, é vedado à força pública" (forças armadas, polícia militar, bombeiro militar, polícia civil, guarda civil) ingressar no edifício em que funcionar mesa receptora de votos, ou permanecer a menos de 100 metros da seção eleitoral. Somente pode ingressar nesse recinto por solicitação de juiz eleitoral ou presidente de mesa receptora de votos (CE, arts. 141 e 238).

Ressalva-se, por óbvio, o ingresso de policiais e militares às seções eleitorais para exercer o direito de sufrágio, o que se dará individualmente.

Conforme anotam Decomain e Prade (2004, p. 302), a regra em apreço tem em vista evitar que a presença ostensiva nos locais de votação "possa ser utilizada como meio para velada intimidação dos(as) eleitores(as), já que a força pública está subordinada ao Poder Executivo, sempre interessado no resultado do pleito".

18.3.6 Prioridade postal

Com vistas a assegurar a regularidade das campanhas eleitorais e a eficácia do pleito, o art. 239 do Código Eleitoral confere aos partidos políticos "prioridade postal durante os 60 (sessenta) dias anteriores à realização das eleições, para remessa de material de propaganda de seus candidatos registrados". O descumprimento dessa regra foi erigido como crime pelo art. 338 do mesmo diploma.

18.3.7 Lei seca

Não é raro algumas autoridades decretarem "lei seca" no dia do pleito, proibindo o comércio de bebidas alcoólicas.

Todavia, essa restrição não consta em lei. É oportuno, pois, recordar o princípio da legalidade inscrito no art. 5º, II, da Constituição, segundo o qual "ninguém será obrigado a fazer ou deixar de fazer alguma coisa senão em virtude de lei".

Por igual, vender ou consumir bebida alcoólica no dia das eleições não é conduta definida como crime. É fato atípico. Nem se argumente que em algumas localidades é o juiz eleitoral ou mesmo a autoridade policial quem edita ato administrativo (portaria) restringindo a venda e o consumo de bebidas alcoólicas, porquanto somente ao legislador é dado fazê-lo, ainda assim por lei.

18.3.8 Participação de forças federais nas eleições

Aos Estados federados incumbe assegurar a ordem e a segurança pública em seus respectivos territórios. Sobretudo no dia do pleito, essa função adquire especial relevo, dada a necessidade de se garantir o livre exercício do voto, a normalidade da votação e da apuração dos resultados.

Todavia, não é incomum a participação de forças federais" no cumprimento dessa função. Conquanto haja várias instituições federais voltadas para a segurança pública, como as polícias federal, rodoviária e ferroviária, normalmente por "força federal" compreendem-se as Forças Armadas, nomeadamente o Exército, que apresenta grande capilaridade em todo o território nacional.

A base legal para a requisição de força federal encontra-se no art. 23, XIV, do Código Eleitoral, o qual foi regulamentado pela Resolução TSE nº 21.843, de 22 de junho de 2004. O fundamento é a manutenção da lei e da ordem, conforme consta da parte final do art. 142 da Lei Maior, bem como do livre exercício do sufrágio.

A competência requisitória é privativa do Tribunal Superior Eleitoral. Nos locais em que a presença de *força federal* se fizer necessária, cumpre ao juiz eleitoral reportar o fato ao respectivo Tribunal Regional Eleitoral. Este encaminhará ao TSE a relação das localidades, devendo o pedido ser acompanhado de justificativa fática e circunstanciada em relação a cada zona eleitoral, além do endereço e do nome do juiz a quem o efetivo da força federal deverá apresentar-se. É conveniente que o TSE ouça o Governador do Estado, certamente interessado na matéria, a fim de que se manifeste sobre a real necessidade da medida em face de eventual insuficiência das forças estaduais (TSE – PA nº 112.946/RJ – *DJe* 15-9-2014). Após apreciar discricionariamente

542 | DIREITO ELEITORAL – *José Jairo Gomes*

os pedidos, entendendo ser necessário o uso de força federal para assegurar a ordem, fará o TSE requisição ao Presidente da República, que é a autoridade competente para autorizar seu emprego, nos termos do art. 15, § 1º, da LC nº 97/99. Não se afigura possível o descumprimento da requisição emanada do TSE, sobretudo à luz do art. 85, II e III, da Constituição Federal, e do art. 4º, II e III, da Lei nº 1.079/50, que definem como crime de responsabilidade o ato do Presidente da República que atentar contra o livre exercício do Poder Judiciário e o exercício dos direitos políticos individuais e sociais.

Dada a autorização, a ordem segue para a unidade militar em cuja área situa-se a localidade indicada na requisição. O comandante da unidade militar deve apresentar-se ao juiz eleitoral competente, observando suas instruções.

Os integrantes da força federal devem atuar no sentido de manter a ordem e assegurar o livre exercício do direito fundamental de sufrágio. Também eles se submetem às restrições emanadas da legislação, não podendo, por exemplo, postar-se a menos de 100 metros dos locais de votação, ingressar na seção eleitoral sem a permissão do presidente da mesa ou violar salvo-conduto regularmente emitido. Por óbvio, não se pode detalhar de antemão todas as ações que lhes cumpre realizar, porquanto, na prática, as ações ilícitas assumem inumeráveis formas. Havendo, por exemplo, cometimento de crimes como realização de boca de urna e transporte irregular de eleitores, a ação deverá ser adequada para impedir tais práticas; havendo flagrante delito, devem os agentes ser conduzidos à presença da autoridade de polícia judiciária para as providências administrativas cabíveis. Certo é que a razoabilidade e a proporcionalidade devem sempre prevalecer, de maneira que se deve dar preferência a procedimentos dissuasórios, reservando-se o uso de violência física para casos de real necessidade, ainda assim apenas na dosagem necessária para debelar a prática ilícita.

Para além da função assinalada, as Forças Armadas ainda cumprem importante papel ao prestarem *apoio logístico* nas eleições, sobretudo no transporte de materiais e pessoas em localidades consideradas como de difícil ou perigoso acesso.

18.3.9 Feriado nacional

Segundo o art. 380 do CE, o dia em que se realizarem eleições "será feriado nacional". Nas eleições de segundo turno, o feriado restringe-se às localidades em que ocorrerem.

Essa regra tem em vista garantir condições adequadas para que os eleitores possam comparecer às seções eleitorais para votar.

Apesar de ser feriado, é possível que estabelecimentos comerciais funcionem normalmente no dia do pleito. Contudo, para tanto, é necessário que se propiciem as condições necessárias para que os empregados exerçam o direito de sufrágio. Caso ao empregado não seja oportunizado o comparecimento à seção eleitoral para votar, poder-se-á cogitar a incidência do crime eleitoral consistente em "impedir ou embaraçar o exercício do sufrágio" – previsto no art. 297 do CE.

18.4 PREPARAÇÃO PARA AS ELEIÇÕES

Antes do dia marcado para o pleito, a Justiça Eleitoral promove intenso trabalho de organização e preparação. Sem isso, impossível seria lograr-se êxito nas eleições. Entre outras providências preliminares, desenvolve e prepara os sistemas de informática a serem empregados, fixa os locais de votação, constitui as mesas receptoras de votos e justificativas, prepara as urnas, o material de votação e de justificativas etc.

Hodiernamente, as eleições são inteiramente baseadas em sistemas de informática. Há, pois, a necessidade de serem desenvolvidos programas específicos, o que é feito pelo TSE e por entes especializados em tecnologia e informática. Entre outros, pode-se aludir ao sistema de

Cap. 18 • ELEIÇÕES, CONSULTAS POPULARES, VOTO E PROCLAMAÇÃO DOS RESULTADOS | 543

candidaturas, de horário eleitoral, de totalização, de gerenciamento, de votação, de justificativa eleitoral, de apuração, de divulgação de resultados, de prestação de contas. Tais sistemas somente podem ser instalados em equipamentos da Justiça Eleitoral, sendo vedada a utilização de outros.

A votação se dá nas seções eleitorais. Por isso, é importante que estas não se distanciem muito do local de residência dos eleitores. Isso evita grandes deslocamentos no dia do pleito, facilita o exercício do sufrágio, contribui para a boa ordem dos trabalhos eleitorais e atenua os incidentes. Nas zonas rurais, também dificulta a prática ilícita de transporte ilegal de eleitores.

Prevê a lei a criação de seções eleitorais em vilas e povoados, assim como nos estabelecimentos de internação coletiva, onde haja pelo menos 50 eleitores (CE, art. 136).

Também se prevê a criação de seções especiais em penitenciárias, cadeias públicas e unidades de internação de adolescentes, a fim de que *presos provisórios* (*i.e.*, sem condenação transitada em julgado) e adolescentes internados (maiores de 16 anos) tenham assegurado o direito de voto, caso em que é permitida a presença de força policial e de agente penitenciário a menos de 100 metros do local de votação. O exercício do sufrágio nesses estabelecimentos pressupõe a prévia transferência temporária dos eleitores interessados para as seções eleitorais neles instaladas. Tendo em vista que o eleitor se vincula à seção em que se encontra inscrito, se porventura os que se habilitarem para votar em tais seções não mais estiverem presos ou recolhidos no dia do pleito (ex.: houve concessão de medida alternativa à prisão), não poderão votar em outro local, nem mesmo nas seções em que estavam inscritos originariamente. Nesse caso, se não quiserem ou não puderem comparecer, deverão apresentar justificativa. Note-se que o preso condenado definitivamente encontra-se com seus direitos políticos suspensos, não podendo votar; logo, se durante a prisão cautelar houver trânsito em julgado da decisão penal condenatória, ficará o preso impedido de votar.

Em atenção a eleitores portadores de deficiência, o art. 29, *a, i*, da Convenção Internacional sobre os Direitos das Pessoas com Deficiência – CIDPD de 2007 (promulgada pelo Decreto nº 6.949/2009) prevê a garantia de que as instalações para votação sejam apropriadas e acessíveis. Essa garantia é reiterada no art. 76, § 1º, I, da Lei nº 13.146/2015, que ainda veda "a instalação de seções eleitorais exclusivas para a pessoa com deficiência". Pretende-se que tais eleitores exerçam seus direitos políticos em igualdade de condições com as demais pessoas, sem que sofram nenhuma espécie de discriminação ou constrangimento. Nesse sentido, dispõe o § 6º-A do art. 135 do CE (com a redação da Lei nº 13.146/2015):

> "Os Tribunais Regionais Eleitorais deverão, a cada eleição, expedir instruções aos Juízes Eleitorais para orientá-los na escolha dos locais de votação, de maneira a garantir acessibilidade para o eleitor com deficiência ou com mobilidade reduzida, inclusive em seu entorno e nos sistemas de transporte que lhe dão acesso".

Assim, devem ser ofertadas seções eleitorais adequadas ao uso de eleitores com necessidades especiais ou mobilidade reduzida; o local deve ser de acesso e locomoção fáceis, contar com estacionamento próximo e instalações, inclusive sanitárias, que atendam às normas técnicas.

A escolha do local de votação deve sempre recair em edifícios públicos, somente se recorrendo aos particulares em casos excepcionais, ou seja, se faltarem aqueles em número e condições adequadas. À agremiação política é facultado reclamar ao juiz eleitoral do local por ele designado, dentro de três dias, a contar da publicação do ato de designação, devendo a decisão ser proferida em dois dias (CE, art. 135, § 7º). Dessa decisão caberá recurso ao Tribunal Regional Eleitoral, no prazo de três dias, devendo ser julgado nesse mesmo lapso.

A cada seção corresponde uma mesa receptora de votos, podendo haver agregação de seções com vistas à racionalização dos trabalhos, desde que tal providência não acarrete prejuízos. Prevê-se igualmente a criação de mesas receptoras de justificativas de votos.

544 │ DIREITO ELEITORAL – *José Jairo Gomes*

A mesa receptora de votos e/ou justificativas é constituída por um presidente, um primeiro e um segundo mesários e um secretário. Tem sido facultada aos Tribunais Regionais a redução da mesa para até dois componentes. Os componentes da mesa devem ser escolhidos preferencialmente entre os eleitores da própria seção eleitoral, e, entre estes, os diplomados em escola superior, professores e serventuários da Justiça.

Nos termos do art. 120, § 1º, do Código Eleitoral, estão impedidos de compor a mesa receptora de votos: I – os candidatos e seus parentes, ainda que por afinidade, até o 2º grau, inclusive, e bem como o cônjuge; II – os membros de diretórios de partido político, desde que exerçam função executiva; III – as autoridades públicas e os agentes policiais, bem como os funcionários no desempenho de cargos de confiança do Executivo; IV – os que pertencerem ao serviço eleitoral. A esse rol o art. 63, § 2º, da LE acresceu "os menores de dezoito anos". Também não é possível que a mesma mesa seja integrada por parentes em qualquer grau e servidores da mesma repartição pública ou empresa privada, salvo – quanto aos servidores – se estiverem lotados em dependências diversas.

As nomeações de mesários são feitas pelo juiz eleitoral e publicadas em editais no órgão oficial. Os nomeados devem ser intimados do ato por meio eficaz, para constituírem as mesas receptoras de votos e de justificativas nos dias, horário e lugares designados (CE, art. 120, § 3º). A *recusa* da nomeação – e os respectivos motivos – deve ser apresentada ao juízo eleitoral em até cinco dias da publicação do edital. Por outro lado, o art. 63 da LE faculta a qualquer partido político "reclamar ao Juiz Eleitoral, no prazo de cinco dias, da nomeação da Mesa Receptora, devendo a decisão ser proferida em 48 horas [convertidas para dois dias]". Dessa decisão cabe recurso para o Tribunal Regional no prazo de três dias, devendo ser julgado em igual prazo.

Em reunião própria, os juízes eleitorais, ou quem designarem, deverão instruir os mesários sobre suas atribuições e o processo de votação e de justificativa.

O art. 124 do Código estabelece sanção de multa para o membro de mesa receptora que, sem justa causa, não comparecer ao local, no dia e hora determinados. Sendo o faltoso servidor público ou autárquico, a pena será de suspensão de até 15 dias (§ 2º). Deixando a mesa receptora de funcionar, tais sanções serão aplicadas em dobro. As sanções também serão duplicadas no caso de abandono dos trabalhos sem justa causa.

Estando julgados os pedidos de registro de candidatura, procede-se à carga ou preparação das urnas, o que é feito em sessão pública. A prática desse ato envolve o emprego de sofisticadas técnicas de informática, sendo, porém, ampla a possibilidade de acompanhamento e fiscalização, sobretudo pelo Ministério Público, pela Ordem dos Advogados do Brasil e pelos representantes dos partidos políticos. Finalmente, são elas lacradas, lavrando-se ata.

Todo o material de votação – inclusive as urnas – deverá ser encaminhado às respectivas zonas eleitorais, onde os juízes providenciarão para que seja enviado aos presidentes das mesas receptoras. Se estes não o receberem em até 48 horas antes da votação, deverão diligenciar para que cheguem em tempo útil (CE, art. 133, § 2º).

18.5 PREPARAÇÃO PARA A VOTAÇÃO

Às 7 horas do dia marcado para a votação, os membros das mesas receptoras já devem encontrar-se em suas respectivas seções, cumprindo-lhes verificar se o material remetido pelo juiz eleitoral e a urna encontram-se em ordem, bem como se estão presentes fiscais dos partidos políticos e das coligações (CE, art. 142).

É necessário que haja sempre alguém que responda pela ordem e regularidade dos trabalhos levados a efeito na seção. Por isso, sendo o caso, os mesários deverão substituir o presidente. Conforme dispõe o art. 123, § 1º, do CE, o presidente da mesa deve estar presente ao ato de abertura e de encerramento das atividades, salvo por motivo de força maior; nesse caso, deverá

Cap. 18 • ELEIÇÕES, CONSULTAS POPULARES, VOTO E PROCLAMAÇÃO DOS RESULTADOS | 545

comunicar o impedimento aos mesários e secretários pelo menos 24 horas antes da abertura dos trabalhos, ou imediatamente se o impedimento se der dentro do horário previsto para a votação. Se não comparecer até as 7:30 horas, assumirá a presidência o primeiro mesário e, na sua falta ou impedimento, o segundo mesário, um dos secretários ou o suplente. Diante da ausência de componentes da mesa, faculta-se ao presidente nomear-lhes substituto *ad hoc*, escolhendo entre os eleitores presentes.

O presidente da mesa é a autoridade incumbida de zelar pelo bom andamento dos trabalhos de votação na respectiva seção. Para cumprir sua missão, detém poder de polícia, sendo-lhe facultado dispor da força pública necessária para manter a ordem, devendo, porém, comunicar ao juiz eleitoral as ocorrências cujas soluções dele dependam. Entre outras providências, compete-lhe receber todo o material que será usado na votação e zelar pela sua preservação, abrir e encerrar as atividades de votação, adotar os procedimentos para emissão do relatório zerésima (comprovante de que a urna tem "zero voto" registrado) antes do início dos trabalhos, verificar as credenciais dos fiscais dos partidos políticos e coligações, autorizar os eleitores a votar ou a justificar, resolver as dificuldades ou dúvidas que ocorrerem, receber as impugnações dos fiscais dos partidos políticos e coligações concernentes à identidade do eleitor, encerrar a votação com adoção das providências de estilo, e, por fim, remeter à Junta Eleitoral a mídia gravada pela urna eletrônica acondicionada em embalagem própria, além do boletim de urna, relatórios, ata e demais documentos.

Aos mesários cabe identificar o eleitor e entregar-lhe o comprovante de votação ou de justificativa, conferir o preenchimento dos requerimentos de justificativa eleitoral e dar o recibo, bem como cumprir as demais obrigações que lhes forem atribuídas.

Já os secretários têm a atribuição de: (a) distribuir aos eleitores, às 17 horas, as senhas de entrada, previamente rubricadas ou carimbadas, segundo a ordem numérica; (b) lavrar a ata da mesa receptora, preenchendo o modelo aprovado pelo TSE, para o que irão anotando, durante os trabalhos, as ocorrências que se verificarem; (c) cumprir as demais obrigações que lhes forem atribuídas.

Impende registrar que os integrantes de mesa receptora serão dispensados de seus respectivos trabalhos, pelo dobro dos dias de convocação, "mediante declaração expedida pela Justiça Eleitoral, sem prejuízo do salário, vencimento ou qualquer outra vantagem" (LE, art. 98). Essa matéria foi regulamentada pela Resolução TSE nº 22.747/2008. Pela expressão *qualquer outra vantagem* deve-se compreender "todas as parcelas de natureza remuneratória, ou não, que decorram da relação de trabalho". Os direitos reconhecidos ao eleitor que prestou serviços à Justiça Eleitoral têm caráter personalíssimo, de sorte que só podem ser exercidos pelo próprio titular. Pressupõem a existência de vínculo laboral à época da convocação, sendo oponíveis à pessoa (física ou jurídica, privada ou pública) com quem o eleitor encontrava-se relacionado. Quanto ao direito à dispensa do trabalho pelo dobro dos dias de convocação, não fixa a lei prazo para seu exercício. Assim, pode ser reclamado enquanto durar a relação de emprego ou trabalho, porquanto somente enquanto esta perdurar é que poderá ser exercido.

O benefício de dispensa do trabalho pelo dobro de dias de convocação abrange qualquer evento que a Justiça Eleitoral repute conveniente ou necessário para a preparação das eleições, inclusive o treinamento e preparação de equipamentos e locais de votação.

De mais a mais, os serviços prestados à Justiça Eleitoral são classificados como de relevância pública, constituindo critério de desempate para efeito de promoção de servidor público que não integre os quadros da Justiça Eleitoral (CE, art. 379).

18.6 DIA DA ELEIÇÃO: VOTAÇÃO

As eleições regulares são realizadas "no primeiro domingo de outubro, em primeiro turno, e no último domingo de outubro, em segundo turno, se houver, do ano anterior ao do término do mandato" dos antecessores (CF, art. 28, *caput*, art. 29, II, art. 77, *caput*). Tratando-se, porém, de eleição suplementar, a data deverá ser fixada pela Justiça Eleitoral.

Quanto ao horário, tem-se adotado o oficial de Brasília para todas as unidades da federação (Res. TSE nº 23.677/2021, art. 40).

A votação inicia-se às 8 horas e encerra-se até às 17 horas, se não houver eleitores presentes (CE, arts. 143 e 144). Havendo fila no momento de encerramento, o presidente da mesa receptora fará entregar senhas aos presentes, convidando-os a exibir seus títulos ou documentos de identificação para que sejam admitidos a votar (CE, art. 153). Somente os que receberem essas senhas poderão votar após as 17 horas.

No interior da seção, é defeso aos membros da mesa receptora de votos usar vestuário ou objetos que contenham propaganda política, já que se encontram a serviço da Justiça Eleitoral. Quanto aos fiscais, permite-se apenas o uso de crachás com a sigla de seus partidos – afinal, é a serviço destes que se encontram –, sendo proibido o porte ou uso de qualquer objeto que contenha propaganda eleitoral de candidato, bem como o uso de vestuário padronizado (LE, art. 39-A, §§ 2º e 3º).

Já o eleitor poderá ingressar no local de votação e na seção ostentando propaganda dos candidatos que apoia, desde que o faça de maneira individual e silenciosa, conforme preconiza o art. 39-A, *caput*, da LE. Aqui se trata de livre expressão do pensamento político.

É vedado o ingresso na cabina de votação com aparelho de telefonia celular, *smartphone*, máquina fotográfica, filmadora ou equipamento congênere (LE, art. 91-A, parágrafo único), equipamento de radiocomunicação. Justifica-se a restrição na necessidade de se resguardar o sigilo e a liberdade do sufrágio, impedindo que se documente a imagem do voto. Em outros termos, quer-se prevenir a negociação do voto.

Fiscalização da votação – durante todo o período de votação, admite-se ampla fiscalização das atividades, o que poderá ser feito não só pelo Ministério Público, como também pelos partidos políticos, desde que não se atrapalhe a rotina da votação nem se viole o sigilo do voto.

Cada partido, federação ou coligação poderá credenciar previamente, no máximo, dois fiscais por seção eleitoral (LE, art. 65, § 4º). A escolha não poderá recair em menores de 18 anos; as credenciais serão expedidas pelos próprios partidos, devendo o nome da pessoa autorizada a expedi-las ser informado à Justiça Eleitoral. Não poderá servir como fiscal de partido quem seja integrante de mesa receptora de votos ou justificação.

Preferências para votar – terão preferência para votar as pessoas que se encontrarem envolvidas com o processo eleitoral, a saber, candidatos, juízes e seus auxiliares e servidores da Justiça Eleitoral, membros do Ministério Público que estejam no exercício de função eleitoral e os policiais em serviço. Também terão preferência os eleitores maiores de 60 anos, os enfermos, os portadores de transtorno do espectro autista, os portadores de deficiência, os portadores de mobilidade reduzida, as mulheres grávidas, as lactantes, as pessoas obesas, os doadores de sangue e as pessoas com crianças de colo (CE, art. 143, § 2º; Lei nº 10.048/2000, art. 1º; Lei nº 10.741/2003). A preferência para votar estende-se a acompanhantes ou atendentes da pessoa. Entre os eleitores com preferência, deve-se considerar a ordem de chegada à fila de votação.

Identificação do eleitor – conforme dispõe o art. 62 da LE, só serão admitidos a votar os eleitores cujos nomes estiverem incluídos no respectivo caderno de votação e no cadastro de eleitores da seção em que comparecerem, constante da urna. Mas tem sido admitido a votar o eleitor cujo nome não figure no caderno de votação, desde que os seus dados figurem no cadastro de eleitores constante da urna.

Ao comparecer à seção para votar, não se exigia que o cidadão exibisse seu título eleitoral, pois se admitia a apresentação de outro *documento oficial* – com foto – que comprovasse sua identidade. Assim, ao exercer o sufrágio, bastava que se ostentasse um documento oficial com

Cap. 18 • ELEIÇÕES, CONSULTAS POPULARES, VOTO E PROCLAMAÇÃO DOS RESULTADOS | 547

fotografia. No entanto, o art. 91-A da LE (introduzido pela Lei nº 12.034/2009) estabelece que, "no momento da votação, além da exibição do respectivo título, o eleitor deverá apresentar documento de identificação com fotografia". Logo, esse dispositivo tornou obrigatória a exibição de dois documentos: o título eleitoral e um documento de identificação com a imagem do titular. Entretanto, essa regra foi impugnada perante o Supremo Tribunal Federal, que lhe conferiu interpretação conforme a Constituição "no sentido de que a ausência do título de eleitor no momento da votação não constitui, por si só, óbice ao exercício do sufrágio" (STF – ADI 4467/DF – Pleno – Rel. Min. Rosa Weber – *DJe* 29-10-2020). De sorte que, para votar, bastará que o eleitor exiba documento oficial contendo sua imagem, sendo irrelevante que não porte o título eleitoral. Permanece, portanto, o entendimento anterior à entrada em vigor do aludido art. 91-A da LE.

Entre os documentos oficiais admitidos destacam-se: e-título, carteira de identidade, identidade social, carteira funcional, passaporte, certificado de reservista, carteira de trabalho (exceto se for digital), carteira nacional de habilitação (desde que contenha foto).

Note-se que certidões de nascimento e casamento não são admitidas como prova de identidade no ato de votar, porque destituídas da imagem do titular.

Foram desenvolvidas tecnologias visando à implantação de um sistema de reconhecimento biométrico do eleitor, pelo qual a identificação é feita pelas digitais. A finalidade é assegurar a segurança, lisura e legitimidade do voto, evitando-se fraudes. Em caráter experimental, nas eleições municipais de 2008, a Resolução TSE nº 22.713/2008 regulou a realização desse procedimento nos municípios de Fátima do Sul/MS, Colorado do Oeste/RO e São João Batista/SC. O art. 5º, § 5º, da Lei nº 12.034/2009 dispõe sobre essa matéria, permitindo o uso de identificação do eleitor por sua biometria "desde que a máquina de identificar não tenha nenhuma conexão com a urna eletrônica".

Havendo dúvida insuperável quanto à identidade do votante, ainda que porte título ou outro documento, deverá o fato ser registrado na ata. Se, apesar da dúvida, for ele admitido a votar, os fiscais de partido ou outro eleitor poderão formular impugnação verbal, devendo ser solicitada a presença do juiz eleitoral para decisão.

A votação eletrônica é feita no número do candidato ou da legenda partidária. Primeiro, a urna deve exibir os painéis referentes às eleições proporcionais e, em seguida, os relativos às eleições majoritárias. Na tela deve aparecer a imagem do candidato, inclusive a do vice nas majoritárias.

Desistência de votar – se, após ser identificado, o eleitor desistir de votar, não terá direito ao respectivo comprovante de votação. Todavia, até antes do encerramento dos trabalhos, poderá retornar à seção e exercer seu direito de sufrágio.

Desistência de prosseguir na votação já iniciada – se a desistência ocorrer durante a votação, quando já confirmado pelo menos um voto, o presidente da mesa deverá solicitar-lhe que a conclua; perseverando na recusa, os votos faltantes serão considerados nulos, sendo entregue ao eleitor o respectivo comprovante de votação.

Eleitor analfabeto – ao eleitor analfabeto faculta-se o uso de instrumentos que lhe auxiliem a votar, apesar de o teclado da urna eletrônica já facilitar-lhe o voto.

Eleitor portador de deficiência – deve-se garantir ao portador de deficiência que os procedimentos, materiais e equipamentos para votação sejam "apropriados, acessíveis e de fácil compreensão e uso" (Convenção Internacional sobre os Direitos das Pessoas com Deficiência – CIDPD promulgada pelo Decreto nº 6.949/2009, art. 29, *a*, *i*; Lei nº 13.146/2015, art. 76, § 1º, I), de maneira que ele exerça os direitos políticos em igualdade de condições com as demais pessoas, sem sofrer nenhuma espécie de discriminação.

No entanto, há que se ponderar eventual dificuldade – às vezes, impossibilidade – que esse eleitor possa ter para, por si só, praticar o ato de votar. Nesse caso, poderia contar com a ajuda de outrem? A resposta positiva implicaria violação ao princípio do sigilo do voto, mas a resposta negativa impossibilitaria o próprio voto.

O art. 29, *a, III*, da aludida CIDPD prevê a "Garantia da livre expressão de vontade das pessoas com deficiência como eleitores e, para tanto, sempre que necessário e a seu pedido, permissão para que elas sejam auxiliadas na votação por uma pessoa de sua escolha". Essa garantia é reiterada no art. 76, § 1º, IV, da Lei nº 13.146/2015. Assim, o eleitor portador de deficiência, para votar, poderá contar com o auxílio de pessoa de sua confiança, ainda que não o tenha requerido antecipadamente ao juiz eleitoral. Permite-se que tal pessoa ingresse com ele na cabine de votação, podendo, inclusive, digitar os números na urna. Note-se, porém, que o assistente não poderá estar a serviço da Justiça Eleitoral, de partido político ou de coligação.

Votação no exterior – quanto aos brasileiros residentes no exterior, dispõe o art. 225 do Código Eleitoral que nas eleições "para presidente e vice-presidente da República poderá votar o eleitor que se encontrar no exterior". Resulta desse dispositivo que o voto no exterior é uma faculdade: o eleitor poderá votar.

No entanto, a Constituição Federal em vigor alterou a disciplina dessa matéria, tornando *obrigatórios* o alistamento e o voto dos brasileiros residentes no exterior. Isso porque, a teor de seu art. 14, § 1º, I, o alistamento e o voto são facultativos apenas para analfabetos, maiores de 70 anos e maiores de 16 e menores de 18 anos.

Para exercer direito de sufrágio, além de residir no exterior, o brasileiro deve providenciar o seu alistamento eleitoral. É que o eleitor só pode votar se estiver inscrito no cadastro de eleitores e vinculado a determinada seção eleitoral.

As seções eleitorais no exterior são organizadas nas sedes das embaixadas, consulados ou em locais em que funcionem serviços do governo brasileiro, desde que na respectiva circunscrição haja um número mínimo de eleitores inscritos. Tais seções ficam vinculadas à Zona Eleitoral do Exterior (ZZ), a qual integra o TRE do Distrito Federal.

A votação deve observar o horário local. Encerrada a votação, a subsequente apuração dos votos é feita na própria mesa receptora. Concluída a apuração, o chefe da missão diplomática ou consular deve transmitir ao TRE do Distrito Federal os arquivos de urna e os demais procedimentos relativos à apuração, podendo fazê-lo por meio eletrônico. No tribunal, o resultado será inserido no sistema para compor a totalização dos votos da eleição presidencial.

É inegável que todo cidadão, indistintamente, deve ter oportunidade de participar da vida política de seu país. Todavia, é preciso aprofundar o debate sobre a conveniência de se manter a obrigatoriedade da votação no exterior. A análise dos dados do TRE-DF revela índices altíssimos de abstenção na votação, em geral superiores a 50% dos eleitores inscritos. Além do elevadíssimo custo dessas eleições e da complexa logística para sua realização, na prática, é comum embaixadas e consulados tratarem com descaso os trabalhos eleitorais, que não figuram entre as prioridades do Ministério das Relações Exteriores.

Voto em seção diversa da inscrição e voto em trânsito – o eleitor deve votar na seção em que se encontra inscrito, mas em certas situações é possível votar em sessão diversa (*vide* CE, art. 233-A – com a redação da Lei nº 13.165/2015). Para tanto, é preciso promover a transferência temporária da seção eleitoral, o que pode ser feito pelos eleitores que se enquadrem em alguma das seguintes situações: I – em trânsito no território nacional – nas eleições gerais e presidenciais; II – presas e presos provisórios(as) e adolescentes em unidades de internação; III – militares, agentes de segurança pública e guardas municipais em serviço no dia das eleições; IV – pessoas com deficiência ou com mobilidade reduzida; V – indígenas, quilombolas, integrantes de comunidades remanescentes e residentes de assentamentos rurais (Res. TSE nº 23.659/2021, art. 13, §§ 5º e 6º); VI – mesárias, mesários e pessoas convocadas para apoio logístico, incluídas aquelas nomeadas para atuarem nos testes de integridade das urnas eletrônicas; VII – juízas e juízes eleitorais, juízas e juízes auxiliares, servidoras e servidores da Justiça Eleitoral e promotoras e promotores eleitorais em serviço no dia das eleições; VIII – agentes penitenciárias(os), policiais penais e servidoras e servidores de estabelecimentos penais e de unidades de internação de adolescentes custodiadas(os) nos quais haverá instalação de seções eleitorais (Res. TSE nº 23.736/2024, art. 31; Res. TSE nº 23.669/2021, art. 27).

Na hipótese de "voto em trânsito no território nacional" são previstas duas situações. Na primeira, no dia do pleito, o eleitor estará *fora da unidade da federação de seu domicílio eleitoral* – nesse caso, somente poderá votar em trânsito para Presidente da República. Na segunda situação, no dia do pleito, o eleitor estará em trânsito *dentro da unidade da federação de seu domicílio eleitoral* – nesse caso, além de Presidente da República, também poderá votar em trânsito para Governador, Senador, Deputado Federal, Deputado Estadual e Deputado Distrital.

Para que o voto em trânsito seja viabilizado, mister será que o interessado seja temporariamente transferido de sua seção originária para aquela em que pretende votar. Tal providência deve ser efetivada com antecedência, podendo ser pleiteada em qualquer Cartório Eleitoral do país. Com a habilitação, seu nome será excluído da urna eletrônica instalada na seção eleitoral em que se encontra inscrito, sendo incluído na seção destinada a receber voto em trânsito na cidade indicada. Desde que habilitado para votar em trânsito, não poderá o eleitor exercer o direito de sufrágio em sua seção originária, já que seu nome não figurará na urna aí instalada. Caso não compareça para votar, deverá justificar a ausência.

Na hipótese de voto em trânsito apenas para a eleição presidencial, fica o eleitor dispensado de votar nas demais eleições que se realizam simultaneamente com aquela. É que o voto em trânsito em si já traduz o cumprimento dos deveres político-eleitorais.

Contingência na votação: falha da urna eletrônica: falha da urna eletrônica – é muito baixo o número de urnas eletrônicas que apresentam defeito no momento da votação. Tanto assim que, em geral, são substituídas menos de 1% do total de urnas utilizadas no pleito. O defeito pode ocorrer em componente mecânico (ex.: mal funcionamento do teclado) ou elétrico da máquina.

Se a falha ocorrer durante a votação, adotar-se-ão procedimentos de contingência. Após exame inicial, se o problema persistir, deve-se providenciar a substituição da urna por outra de contingência ou reserva.

Se também a urna de contingência apresentar defeito que impeça seu funcionamento regular, pode-se proceder, excepcionalmente, à votação por cédulas (LE, art. 59), seguindo-se o procedimento traçado nos arts. 83 a 89 da Lei nº 9.504/97. Se iniciada a votação por cédulas, esse procedimento deverá ser observado até o final, não se podendo retornar ao processo eletrônico de votação na mesma seção eleitoral.

18.7 APURAÇÃO E TOTALIZAÇÃO DOS VOTOS

Terminados os trabalhos, o presidente da mesa receptora de votos e/ou justificativas procede ao encerramento da votação na urna. Entre outras providências, insere na urna eletrônica um comando específico, com o que ela realiza a apuração eletronicamente e disponibiliza os resultados parciais já assinados digitalmente e criptografados, bem como emite o respectivo Boletim de Urna – BU.

O encerramento da apuração da seção se dá com a emissão do respectivo boletim de urna e com a geração da mídia com os resultados parciais.

O BU é prova bastante do resultado apurado. Trata-se de relatório impresso por equipamento acoplado à parte interna da urna, contendo dados como: data da eleição; identificação do município e da zona e seção eleitorais; data e horário de início e encerramento da votação; código de identificação da urna; número de eleitores aptos a votar; número de votantes na seção; a votação individual de cada candidato; os votos para cada legenda partidária; os votos nulos; os votos em branco; a soma geral dos votos (CE, art. 179, II; LE, art. 68; Res. TSE nº 23.736/2024, art. 176). Se por quaisquer razões não for possível que o BU seja emitido na própria seção eleitoral, deverá sê-lo pela Junta Eleitoral (CE, arts. 40, III, e 179), que, para tanto, se valerá dos sistemas de votação, de recuperação de dados ou de apuração. O BU pode ser impugnado pelo interessado mediante recurso à Junta Eleitoral.

Assinado pelo presidente da mesa (e, se presentes, por fiscais dos partidos políticos e membro do Ministério Público Eleitoral), esse documento deve ser encaminhado, com a ata da seção, ao cartório eleitoral e à Junta Eleitoral. Uma via deve ser afixada em local visível na seção, dando publicidade ao resultado, além de ser entregue aos fiscais dos partidos políticos que estiverem presentes.

A não expedição de BU imediatamente após o encerramento da votação constitui o crime previsto no art. 313 do Código Eleitoral.

Além da impressão do BU, a urna também gera uma mídia com os respectivos resultados já assinados digitalmente e criptografados.

Os dados das mídias oriundas das urnas são transmitidos pelos Sistemas Transportador e de Gerenciamento da Totalização (SISTOT) a um servidor central, no qual são processados. Ao chegar ao servidor central, primeiramente, o conteúdo transmitido tem verificada sua assinatura digital; se essa for válida, estará garantido que aqueles resultados foram gerados pela urna eletrônica que foi preparada para aquela específica seção eleitoral, isto é, garante-se a integridade e a autenticidade do resultado. Após a verificação da assinatura digital, o BU é decifrado e seus dados integrados no sistema de totalização das eleições.

Encerradas as transmissões das mídias geradas pelas urnas de todas as seções eleitorais da circunscrição do pleito, são os votos totalizados.

A totalização de votos é consolidada em um relatório, denominado Resultado da Totalização, contra o qual cabe reclamação se houver alguma inconsistência (CE, art. 200, §§ 1º e 2º, art. 209, § 1º).

Essa reclamação tem natureza administrativa, sendo que a legitimidade para formalizá-la pertence aos partidos, federações e coligações partidárias (CE, art. 200, § 1º). Por se tratar de atividade administrativa, contra a decisão proferida pela Justiça Eleitoral, é incabível recurso de natureza jurisdicional; nesse sentido: TSE – AREspe nº 060280265/MA – j. 23-5-2024.

Em seguida, passa-se à fase de proclamação dos resultados.

18.8   PROCLAMAÇÃO DOS RESULTADOS

Os resultados da eleição são proclamados ou anunciados em ato oficial da Justiça Eleitoral.

Nas eleições realizadas pelo sistema majoritário, será considerado eleito o candidato a Presidente da República, a Governador e a Prefeito, assim como seus respectivos candidatos a vice, que obtiver a maioria absoluta de votos, não computados os votos em branco e os votos nulos. Se nenhum candidato alcançar maioria absoluta na primeira votação, será realizado segundo turno, ao qual concorrerão os dois candidatos mais votados, considerando-se eleito aquele que obtiver a maioria dos votos válidos. Observe-se, porém, que nas eleições municipais só haverá segundo turno em Municípios com mais de 200 mil eleitores (CF, arts. 28, *caput*, 29, II, e 77, §§ 2º e 3º).

Para o Senado, tem-se como eleito o candidato que obtiver maioria simples dos votos, assim como os dois suplentes com ele registrados (apesar de não serem votados, e, muitas vezes, sequer conhecidos). Ocorrendo empate, qualificar-se-á o mais idoso (CF, arts. 46, *caput*, e 77, § 5º).

Quanto às eleições realizadas pelo sistema proporcional, o resultado depende da apuração dos quocientes eleitoral e partidário, da votação nominal (= individual) mínima de 10% do quociente eleitoral, e do cálculo da distribuição das sobras eleitorais. À vista desses números, têm-se como eleitos os candidatos – a Deputado Federal, Deputado Distrital, Deputado Estadual e Vereador – mais votados de cada partido, na ordem decrescente da lista de votação nominal. Ou seja: o mais votado figura em primeiro lugar na lista e assim sucessivamente. O princípio a ser observado aqui é o atinente à *lista aberta*.

Nesse sistema, os candidatos que, apesar de terem recebido votos, não forem eleitos, entram na categoria de suplentes – e na definição dos suplentes "não há exigência de votação nominal mínima" de 10% do quociente eleitoral (CE, art. 112, parágrafo único – com a redação da Lei nº 13.165/2015).

Nas eleições presidenciais, compete ao Tribunal Superior Eleitoral proclamar os resultados.

Nas eleições federais e estaduais, a proclamação é feita pelo Tribunal Regional Eleitoral.

Já nas eleições municipais, os resultados são proclamados pelo juiz que presidir a Junta Eleitoral.

A proclamação pode ser alterada *ex officio* diante da ocorrência de erro material no relatório de totalização ou em razão do ulterior julgamento de processos em curso na altura do pleito. Suponha-se que, proclamados os resultados, sobrevenha julgamento de recurso interposto em AIRC, reformando decisão que na instância *a quo* deferiu o pedido de registro em eleição proporcional. Nesse caso, far-se-á nova proclamação de resultados e, conforme o caso, outro candidato deverá ser proclamado eleito e investido no mandato em caráter definitivo.

Cumpre observar que, embora feita formalmente, não há previsão de recurso específico para atacar o ato de "proclamação dos eleitos".

18.9 IMPUGNAÇÃO DO FUNCIONAMENTO DOS SISTEMAS DE VOTAÇÃO OU APURAÇÃO

Após as eleições, admite-se a impugnação dos sistemas de votação ou apuração de votos. A impugnação deve ser apresentada por partido, coligação ou federação partidária que demonstrem interesse jurídico. Sob pena de indeferimento, a petição impugnatória deve apresentar "indícios substanciais de anomalia técnica atestados sob responsabilidade de profissional habilitado" (Res. TSE nº 23.673/2021, art. 85-A).

A impugnação temerária, sem fundamento sério e razoável, pode caracterizar litigância de má-fé, sujeitando o autor a multa, entre outras sanções.

Admitida a impugnação, deve-se realizar auditoria por amostragem em urnas utilizadas para a votação nas seções eleitorais. Para tanto, será designada audiência pública, na qual será "escolhida e separada uma amostra das urnas eletrônicas questionadas na ação" (Res. TSE nº 23.673/2021, art. 86; Res. TSE nº 23.736/2024, art. 224), urnas essas que devem ser sorteadas e disponibilizadas para a auditagem.

A auditoria é feita por integrantes do quadro de pessoal da Justiça Eleitoral ou pessoas designadas pela autoridade eleitoral. Mas o requerente poderá indicar técnicos e/ou auditores próprios para acompanharem os trabalhos.

19

DIPLOMAÇÃO

19.1 CARACTERIZAÇÃO DA DIPLOMAÇÃO

A diplomação constitui a derradeira fase do processo eleitoral. Nela são sacramentados os resultados das eleições. Trata-se de ato formal, pelo qual os eleitos são oficialmente credenciados e habilitados a se investirem nos mandatos político-eletivos para os quais foram escolhidos. A posse e o exercício nos cargos se dão posteriormente, fugindo da alçada da Justiça Eleitoral.

Realiza-se em sessão especialmente designada, na qual todos os eleitos são individualmente diplomados. Não é necessário que o diplomado compareça pessoalmente ao ato, podendo receber o diploma por representante ou mesmo retirá-lo posteriormente.

No mesmo ato, também podem ser diplomados suplentes (CE, art. 215, meio), embora não tenham sido eleitos e, pois, não entrem no exercício de mandato. Todavia, por conveniência administrativa, na cerimônia de diplomação poderá a Justiça Eleitoral restringir a entrega de diplomas apenas aos eleitos, facultando aos suplentes requererem os seus em outra oportunidade. Em sentido diverso, porém igualmente restritivo, já entendeu a Corte Superior que a diplomação "deve ocorrer até a terceira colocação, facultando-se aos demais suplentes o direito de solicitarem, a qualquer tempo, os respectivos diplomas" (Res. TSE nº 23.097/2009 – *DJe* 21-9-2009, p. 31).

Em princípio, a sessão de diplomação deve ser realizada na sede da Junta ou do Tribunal Eleitoral. Contudo, se tais locais não comportarem, nada impede seja levada a efeito em outro mais apropriado, de preferência amplo e de fácil acesso ao público, de modo que os parentes, amigos e apoiadores dos diplomados possam comparecer para acompanhar a cerimônia, e, sobretudo, prestigiar os novos mandatários nesse momento especial de suas vidas.

Conquanto os juízes e Tribunais eleitorais tenham liberdade para fixar a data, não podem exceder a constante do calendário estabelecido por Resolução emanada do Tribunal Superior Eleitoral.

O diploma simboliza a vitória no pleito. É o título ou certificado oficialmente conferido pela Justiça Eleitoral ao vencedor que legitima a investidura deste no cargo disputado. Apresenta caráter meramente declaratório, pois não constitui a fonte de onde emana o direito de o eleito exercer mandato político-representativo. Na verdade, essa fonte não é outra senão a vontade do povo externada nas urnas. O diploma apenas evidencia que o rito e as formalidades estabelecidas foram atendidos, estando o eleito legitimado ao exercício do poder estatal.

Entre outros dados, desse documento devem constar o nome do candidato (inclusive o nome social – sem menção ao nome civil – se aquele constar do Cadastro Eleitoral ou do registro de candidatura), a legenda sob a qual concorreu, isoladamente ou em coligação, o cargo para o qual foi eleito ou a sua classificação como suplente (CE, art. 215, parágrafo único).

Nas eleições presidenciais, os diplomas de Presidente e Vice-Presidente da República são expedidos pelo Tribunal Superior Eleitoral e assinados pelo presidente desse sodalício. Nas eleições federais e estaduais, os diplomas de Governador e Vice-Governador, Senador, Deputado Federal, Deputado Distrital, Deputado Estadual e respectivos suplentes são expedidos pelos Tribunais Regionais Eleitorais, sendo subscritos pelos respectivos presidentes. Já nas eleições municipais, os diplomas de Prefeito, Vice-Prefeito, Vereador e suplentes são expedidos pela Junta Eleitoral, sendo assinados pelo juiz que a presidir.

Conforme prescreve o art. 218 do Código, a eleição de militar deverá ser comunicada imediatamente à autoridade a que estiver subordinado. A razão dessa comunicação prende-se ao disposto no art. 14, § 8º, II, da Constituição, pelo qual o militar que contar mais de dez anos de serviço será agregado pela autoridade superior e, se eleito, passará automaticamente, no ato da diplomação, para a inatividade.

A diplomação constitui marco importante para diversas situações. Salvo alguns recursos e ações eleitorais que seguirão em andamento – ou que serão iniciadas posteriormente –, demarca o fim da jurisdição eleitoral, porquanto os problemas decorrentes do exercício do mandato encontram-se afetos à jurisdição comum. É também o marco final para o ajuizamento de ações eleitorais típicas, tais como: (a) a prevista no art. 22 da LC nº 64/90; (b) a por captação ilícita de sufrágio (LE, 41-A, § 3º); (c) a por conduta vedada (LE, art. 73, § 12). Por outro lado, é *a partir* da diplomação que tem início a contagem dos prazos para ingresso de Recurso Contra Expedição de Diploma (RCED), Ação de Impugnação Judicial Eleitoral (AIME) e Ação por Captação e Gasto Ilícito de Recursos de Campanha (LE, art. 30-A).

Por igual, é a diplomação referência primordial no âmbito do Estatuto Parlamentar. Com efeito, a partir dela passam a vigorar: *(i)* o *foro privilegiado ou por prerrogativa de função*, pois, conforme reza o § 1º do art. 53 da Lei Maior, "os Deputados e Senadores, desde a expedição do diploma, serão submetidos a julgamento perante o Supremo Tribunal Federal"; *(ii)* a *imunidade formal*, pois, *(ii.1)*, conforme estabelece o § 2º desse mesmo dispositivo constitucional, "desde a expedição do diploma, os membros do Congresso Nacional não poderão ser presos, salvo em flagrante de crime inafiançável. Nesse caso, os autos serão remetidos dentro de vinte e quatro horas à Casa respectiva, para que, pelo voto da maioria de seus membros, resolva sobre a prisão"; e *(ii.2)* – também o § 3º: "Recebida a denúncia contra o Senador ou Deputado, por crime ocorrido após a diplomação, o Supremo Tribunal Federal dará ciência à Casa respectiva, que, por iniciativa de partido político nela representado e pelo voto da maioria de seus membros, poderá, até a decisão final, sustar o andamento da ação"; *(iii)* *vedações* a Deputados e Senadores, que, por força do art. 54, I, da Constituição Federal, não poderão: "I – desde a expedição do diploma: *a)* firmar ou manter contrato com pessoa jurídica de direito público, autarquia, empresa pública, sociedade de economia mista ou empresa concessionária de serviço público, salvo quando o contrato obedecer a cláusulas uniformes; *b)* aceitar ou exercer cargo, função ou emprego remunerado, inclusive os de que sejam demissíveis *ad nutum*, nas entidades constantes da alínea anterior".

Cumpre indagar se a Justiça Eleitoral poderia, *ex officio*, recusar-se a diplomar candidato eleito em relação ao qual incida inelegibilidade constitucional ou infraconstitucional superveniente ao registro (mas anterior à data do pleito). Exemplos: (a) filho de prefeito que não se desincompatibilizou do cargo é eleito para sucedê-lo, vindo esse fato ao conhecimento público depois das eleições (CF, art. 14, § 7º); (b) após o deferimento do pedido de registro de candidatura, o candidato, que é servidor público, vem a ser demitido após a conclusão de processo administrativo (LC 64/90, art. 1º, I, *o*). A resposta a essa indagação há de ser negativa. Na verdade, o diploma do eleito deve ser contestado perante a jurisdição eleitoral via RCED, previsto no art. 262 do Código e aí, sim, sendo o caso, após regular processo jurisdicional, ser cassado.

E se, após o deferimento do pedido de registro de candidatura, faltar ao candidato condição de elegibilidade? Exemplos: *(i)* ele tem suspensos seus direitos políticos em razão do trânsito em julgado de sentença criminal condenatória (CF, art. 15, III); *(ii)* ele se desfilia ou é expulso do partido (CF, art. 14, § 3º, V); *(iii)* transita em julgado sentença emanada da Justiça Federal que decreta a perda da nacionalidade brasileira do candidato eleito (CF, arts. 12, § 4º, I, 14, § 3º, I, e 109, X). O relevante interesse público emergente de casos que tais autoriza a Justiça Eleitoral a denegar a diplomação ao candidato eleito; isso, caso o seu registro de candidatura já não tenha sido cancelado anteriormente a pedido de pessoa legitimada (veja-se a esse respeito, por exemplo, a legitimidade conferida ao partido pelo art. 5º, LIV da LE). Mas, caso não tenha havido o cancelamento do registro nem a denegação do diploma, é possível impugnar-se a diplomação, via RCED, com fulcro no art. 262 do CE (com a redação dada pela Lei nº 12.891/2013).

19.2 CANDIDATO ELEITO COM PEDIDO DE REGISTRO *SUB JUDICE*

Com a diplomação, o eleito é legitimado ao exercício do mandato público para o qual concorreu. Presume-se que o processo eleitoral tenha transcorrido em boa ordem e que o rito e as formalidades legais tenham sido observados. Mas essa presunção é relativa. Por razões diversas, pode ocorrer que, na ocasião do pleito, o pedido de registro de candidatura do eleito encontre-se *sub judice*. Surge, então, o problema de saber se ele deve ou não ser diplomado se vencer as eleições.

Apesar de a matéria encontrar-se *sub judice*, é certo que no dia do pleito o pedido de registro encontrava-se: deferido, indeferido, cancelado ou não conhecido. Em todas essas situações, a validade e a plena eficácia dos votos atribuídos ao candidato são subordinadas a uma condição, qual seja: a de que o pedido de registro seja, ao final, deferido pela instância superior.

Candidato que concorre com o pedido de registro deferido – nesse caso, embora o candidato eleito tenha disputado o certame *sub judice*, o fez com seu pedido de registro deferido. O deferimento do registro pela Justiça Eleitoral induz o sentimento de *confiança* no eleitor, confiança de que a situação do candidato é regular e a opção por ele não será vã, mas válida e eficaz. Por isso, deve prevalecer a boa-fé objetiva ínsita no ato de votar, podendo o candidato ser diplomado e investido no mandato enquanto a questão envolvendo sua candidatura não for definitivamente resolvida pelo Tribunal Eleitoral. Tanto a diplomação quanto a investidura se dão sob a *condição resolutiva* de o deferimento do registro ser mantido na instância final; caso contrário, serão desfeitas em razão da não implementação desse evento futuro e incerto.

Assim, se o deferimento inicial do registro for mantido na instância *ad quem*, transitando em julgado a decisão final, nenhum problema se apresentará no âmbito do resultado geral das eleições, pois tanto no pleito majoritário quanto no proporcional os votos serão plenamente válidos. Nesse caso, não há alteração no resultado das eleições, de modo que o candidato consolida seu direito à diplomação, permanecendo no exercício do mandato.

No entanto, se ao final – após o dia do pleito – a decisão inicial concessiva do registro for reformada, vindo este a ser indeferido, os votos e o diploma serão anulados, o que implica a desinvestidura do cargo e, pois, o afastamento de seu exercício. Aqui, portanto, é retirada a causa do mandato, que é a diplomação regular.

Nesse último caso – na hipótese de pleito majoritário –, novas eleições deverão ser realizadas por força do disposto no art. 224, § 3º, do CE (com a redação da Lei nº 13.165/2015). Já na hipótese de pleito proporcional, como o candidato *sub judice* concorreu com o registro deferido, os votos que receber são válidos em parte, eis que aproveitados para a agremiação política e computados para a formação dos quocientes eleitoral e partidário; como consequência, o candidato *sub judice* eleito será sucedido pelo seu suplente.

Candidato que concorre com o pedido de registro indeferido, cancelado ou não conhecido – nessa hipótese, o candidato concorre ao pleito *sem* pedido de registro de candidatura deferido, tendo recorrido à instância *ad quem* para lograr a reforma da decisão e o consequente deferimento de sua candidatura com vistas à regularização de sua situação.

Apesar de o candidato não ter tido deferido o seu pedido de registro, por força do art. 16-A da LE, poderá prosseguir em sua campanha na condição de *sub judice*, praticando todos os atos a ela inerentes, inclusive arrecadar recursos, realizar propaganda eleitoral, ter seu nome mantido na urna eletrônica e, sendo o caso, participar do segundo turno das eleições majoritárias; por outro lado, também se submete a todos os deveres que a condição de candidato lhe impõe, tal como a expedição de recibos eleitorais para as doações recebidas e a prestação de contas à Justiça Eleitoral.

No entanto, se eleito, não poderá ser diplomado, porque disputou o certame sem registro. Aqui a eleição do candidato submete-se a uma *condição suspensiva*, ficando a diplomação e posterior investidura na dependência do registro de candidatura vir a ser deferido na instância final da Justiça Eleitoral. Esse risco foi intencionalmente assumido pelo candidato e seu partido. Não cabe o argumento de que o candidato venceu as eleições, devendo-se respeitar a *soberania das urnas* enquanto a matéria é apreciada pela Justiça. Além de esse princípio não ser absoluto (pois um mandato pode ser extinto por razões diversas), não se pode afirmar que tenha havido estrita observância do *procedimento legal*, que impõe o registro do candidato. Por outro lado, eventual concessão de efeito suspensivo ao recurso aviado contra a decisão de indeferimento do registro não possui o condão de conferir registro a quem não o tem. A realização da democracia exige sempre a observância dos procedimentos democraticamente traçados. Como bem assinala Pedicone de Valls (2001, p. 53), a democracia constitui "un supuesto racional de convivencia".

Esse tema foi bem delineado na Consulta TSE nº 1.657, de 19 de dezembro de 2008. Ao votar nessa Consulta, o Ministro Carlos Ayres Britto bem observou não ser possível avançar nas fases do processo eleitoral sem que se cumpra a fase antecedente:

> "Ou seja, somente se proclama eleito candidato registrado [ou seja: que concorre com pedido de registro deferido]. E só pode ser diplomado candidato proclamadamente eleito. Só podendo ser empossado aquele que foi diplomado. O processo apenas avança na medida em que se cumpra satisfatoriamente cada uma das anteriores etapas".

Tal exegese pacificou-se na jurisprudência:

> "Não poderá ser diplomado nas eleições majoritárias ou proporcionais o candidato que estiver com o seu registro indeferido, ainda que *sub judice*" (Res. TSE nº 23.677/2021, art. 32, *caput*).

> "[...] 1. O Tribunal, por intermédio da Res. – TSE nº 22.992/2009, entendeu incabível a diplomação de candidato com registro indeferido, não incidindo, na espécie, o disposto no art. 15 da Lei Complementar nº 64/90" (TSE – AMS nº 4.240/BA – *DJe* 16-10-2009, p. 18).

Diante disso, nas eleições majoritárias, para que a chefia do Executivo não fique vaga, com a danosa paralisação do governo e de políticas e serviços públicos, a solução será convocar o presidente do Poder Legislativo respectivo para assumi-la provisoriamente, até que sobrevenha decisão definitiva no processo de registro, ou, se já encerrado este, realizem-se novas eleições, com a diplomação e posse dos eleitos.

Já nas *eleições proporcionais*, os votos dados a candidato *sub judice* sem registro deferido são computados separadamente, não sendo contabilizados no resultado geral das eleições. Apesar de serem divulgados publicamente, esses votos não são "considerados no cálculo dos

Cap. 19 • DIPLOMAÇÃO | 557

percentuais obtidos por cada concorrente ao pleito proporcional", e sua validade é condicionada "à reversão da decisão desfavorável à candidata ou ao candidato, assim como à legenda" (Res. TSE nº 23.677/2021, art. 22, §§ 3º e 4º).

Ao final, ou o Tribunal reforma a decisão originária que indeferiu, cancelou ou não conheceu o pedido de registro ou confirma essa decisão. Na primeira hipótese, o pedido de registro é deferido na superior instância, de sorte que os votos em questão passam a ser considerados válidos e eficazes para todos os efeitos. Assim, sendo vencidas as eleições majoritárias, será o candidato proclamado eleito, diplomado e investido no mandato. Já no caso de eleições proporcionais, os votos passam a ser computados tanto para o candidato quanto para a legenda, redesenhando-se os resultados iniciais (e provisórios) da eleição, o que poderá implicar o recálculo dos votos, com a consequente redefinição do resultado geral das eleições proporcionais, nova proclamação de eleitos e nova diplomação.

Na segunda hipótese – mantendo a superior instância a decisão que indeferiu, cancelou ou não conheceu o pedido de registro –, os votos dados ao candidato *sub judice* serão anulados em caráter definitivo (Res. TSE nº 23.677/2029, arts. 19, I, e 23, I). A anulação definitiva dos votos impede o cômputo deles, e a ninguém aproveitam.

Por conseguinte, nas *eleições majoritárias*, ninguém será diplomado e novas eleições deverão ser realizadas (CE, art. 224, § 3º – com a redação da Lei nº 13.165/2015; Res. TSE nº 23.677/2021, art. 19, I, c.c. art. 30, I). Já nas eleições proporcionais, inviabiliza-se a contagem dos votos para quaisquer fins, não sendo computados nem para o candidato, nem para o partido pelo qual concorreu; não há, portanto, alteração nos resultados verificados e já proclamados.

Nesse quadro, tem-se que o candidato *sub judice* vitorioso no pleito, mas que teve seu pedido de registro inicialmente indeferido, assume conscientemente o *risco jurídico* de não ser diplomado nem investido no mandato.

Para afastar esse risco, poderá o partido substituí-lo em momento oportuno. Conforme salientado anteriormente, se antes do pleito o candidato for considerado não elegível (sentido amplo), é facultado à agremiação que requereu seu registro dar-lhe substituto (LC nº 64/90, art. 17). No caso de eleição majoritária, a declaração de inelegibilidade do titular da chapa para o Executivo não atingirá o respectivo vice, assim como a desse não afetará aquele (LC nº 64/90, art. 18). Daí não ser necessário substituir toda a chapa, mas tão só o candidato afastado. Todavia, a substituição traz um outro risco, de natureza política: o de o substituto não gozar do mesmo prestígio do substituído junto aos eleitores, vindo a perder as eleições.

20

INVALIDADE: NULIDADE E ANULABILIDADE DE VOTOS

20.1 CONSIDERAÇÕES INICIAIS

A relevância do tema atinente à invalidade no Direito Eleitoral é facilmente constatável pelos seus efeitos. A invalidação de determinados atos eleitorais pode apresentar relevantes consequências. Por exemplo: a invalidação da votação pode tornar insubsistente a respectiva eleição, ensejando a realização de novo pleito.

O Direito Eleitoral não possui uma teoria própria acerca da nulidade ou anulabilidade de atos, assimilando, porém, a lógica do que há muito se encontra construído alhures, nomeadamente na Teoria Geral do Direito.

Todo fato ou fenômeno jurídico reporta-se a uma estrutura hipotética, um modelo criado pelo Direito. O modelo é concebido com vistas à realização de relevantes interesses, seja no plano individual, seja no político-coletivo. Entre os fatos jurídicos, avulta o ato jurídico, que se caracteriza por ser formado por uma ação humana voluntária.

Cuidando-se de criação legal, para que um ato exista juridicamente tem de reunir certos *elementos*, os quais formam seu arcabouço ou sua estrutura. A reunião desses elementos no plano fático, mundano, denota sua existência. Entretanto, não basta isso para que um ato jurídico ocorra de maneira perfeita, propiciando seus regulares efeitos. É preciso também que seus elementos formadores tenham valor perante o Direito, que ingressem no mundo jurídico de determinada maneira, atendendo a certos requisitos. Do contrário, o ato existirá, mas não valerá, porquanto não terá cumprido os pressupostos necessários para sua validade. Não sendo válido, em princípio igualmente não produzirá efeitos, uma vez que não passará para o plano seguinte, que é o da eficácia. Também pode ocorrer de um ato ser válido, porém, ineficaz.

Perfeito é o ato jurídico que, existindo validamente, seja também eficaz, isto é, gere os efeitos jurídicos regulares para os quais foi concebido.

Ao ato existente contrapõe-se o inexistente; ao válido, o inválido; ao eficaz, o ineficaz. Vale ressaltar que o atual estágio da ciência jurídica já não autoriza a colocação da inexistência como espécie de invalidade. Sobre isso grassa enorme confusão na doutrina. Na verdade, tais categorias não se misturam, já que se situam em planos diversos. É certo que o ato inexistente não chega a adentrar o plano da validade. Para que um ato seja válido ou inválido, é necessário ao menos que exista.

Destarte, a validade constitui a *qualidade* de um ato existente, formado de acordo com as regras jurídicas. Como ensina Pontes de Miranda (1970, p. 3-4 e 8), trata-se da qualidade atribuída ao ato jurídico cujos elementos são suficientes e não deficientes em face do modelo descrito no ordenamento jurídico.

Do ponto de vista lógico, o *requisito* não compõe o *ser*, mas condiciona sua existência em conformidade com as exigências postas na norma. De sorte que os requisitos do ato jurídico são condições ou exigências que devem ser preenchidas para que ele se manifeste regularmente e realize o fim para o qual foi concebido.

Não sendo atendidos os requisitos legais, o ato assim gerado sujeita-se a uma sanção, consubstanciada em sua invalidade. Consequentemente, sendo inválido perante o sistema, fica privado de gerar seus próprios e regulares efeitos.

Note-se, porém, que, apesar de inválido, pode o ato produzir efeitos práticos. Isso porque o ato inválido existe. Até mesmo o ato nulo pode produzir efeitos no mundo fenomênico. A esse respeito, esclarece Pontes de Miranda (1970, p. 75) haver "atos jurídicos nulos que surtem efeitos; e efeitos correspondentes ao seu conteúdo [...]".

As causas de invalidade são sempre fixadas em lei. Outrossim, tais causas são contemporâneas ao momento de formação do ato. Por isso se diz que os defeitos que provocam a invalidade são congênitos, de sorte que o ato já nasce com eles. Assim, é incorreto afirmar que um ato foi invalidado se a causa da *invalidação* surgir depois de seu aperfeiçoamento; o ato poderá até não surtir efeitos em virtude da posterior inocorrência de um fator de eficácia, mas de invalidade certamente não se tratará.

Nulidade e anulabilidade – a categoria da invalidade comporta duas espécies: nulidade e anulabilidade. Ressalte-se, porém, que entre elas não há relevantes diferenças de fundo. Na prática, em uma visão geral, ambas rendem a ineficácia do ato, pois implicam recusa dos efeitos da declaração de vontade: *quod nullum est nullum effectum producit*. Os traços diferenciais mais pronunciados entre elas situam-se nos regimes que lhes são próprios, a começar por suas respectivas causas e pelas formalidades para arguição e afirmação.

A compreensão da invalidade como forma de sanção ou penalidade não é nova. Já Clóvis Beviláqua (1955, p. 238) observava que o problema é, antes, de manter ou restabelecer o equilíbrio da ordem jurídica. Sob esse prisma, a invalidade constitui a resposta do sistema jurídico à infração de seus preceitos. Tal reação opera-se de modo mais ou menos violento, mais ou menos decisivo, segundo os interesses feridos. Quando o ato ofende princípios básicos da ordem jurídica, garantidores dos mais elevados interesses da coletividade, é que a reação deve ser mais enérgica, por isso o ato é *nulo*. De outra parte, quando os preceitos que o ato contraria são destinados mais particularmente a proteger os interesses das pessoas, e estas se acham aparelhadas para se dirigirem nas relações da vida social, a reação é atenuada pela vontade individual que se interpõe. O ato, nesse caso, é apenas *anulável*.

Entre outros traços que diferenciam a nulidade da anulabilidade, vale destacar que: *(i)* a nulidade é erigida no interesse público, geral, da sociedade, ao passo que a anulabilidade é ordenada para atender a interesses setoriais ou privados, ou seja, das partes diretamente envolvidas no fato ou de terceiros; *(ii)* diferentemente da anulabilidade, a nulidade deve ser declarada *ex officio* pelo órgão judicial, quando conhecer do ato ou de seus efeitos e a encontrar provada no processo; *(iii)* a sentença que afirma a nulidade tem natureza meramente declaratória, enquanto a que afirma a anulabilidade tem natureza constitutiva, ou melhor, constitutivo-negativa (cf. GOMES, 2009, p. 363-364).

Classificação da invalidade – classifica-se a invalidade em total e parcial, textual e virtual, real e ficta. Enquanto a *total* atinge o ato em toda a sua extensão, a *parcial* afeta apenas algumas de suas partes. Já a *textual* é a que vem expressamente declarada em lei, ao passo que *virtual* ou *tácita* é aquela implícita no sistema jurídico, sendo deduzida da análise global da norma ou dos princípios que a orientam. *Real* é a invalidade que existe concreta e efetivamente, ao passo que *ficta* é a presumida ou inferida a partir de determinados fatos.

Cap. 20 • INVALIDADE: NULIDADE E ANULABILIDADE DE VOTOS | 561

A seu turno, a nulidade pode ser *absoluta* ou *relativa*. *Absoluta* é a que visa resguardar relevante interesse público, podendo ser alegada por qualquer interessado, inclusive pelo Órgão do Ministério Público, quando lhe couber intervir no processo, devendo, ademais, ser declarada *ex officio* pelo órgão judicial, quando a encontrar provada nos autos. Já a *nulidade relativa* é a que, conquanto também atenda ao interesse público, somente pode ser arguida por determinadas pessoas, porque só a essas interessa diretamente questioná-la.

No Direito Eleitoral, a nulidade absoluta funda-se em motivos de ordem constitucional; por isso, não sofre os efeitos da preclusão temporal se não for alegada desde logo. Não sendo alegada em dado momento, poderá sê-lo em outro. Mas nem por isso encontra-se imune a uma limitação temporal, pois findo o processo eleitoral já não poderá ser arguida. Submete-se, portanto, à decadência. Significa dizer que mesmo a nulidade absoluta não fica eternamente sujeita a arguição.

Por sua vez, a nulidade relativa baseia-se em motivos de natureza infraconstitucional, devendo ser declarada ou alegada desde logo, assim que se tornar pública, sob pena de não se poder discuti-la nas fases ulteriores do processo eleitoral.

Tem-se, pois, que, na seara eleitoral, a diferença específica entre as nulidades relativa e absoluta reside na possibilidade de a última ser alegada em qualquer fase do processo, enquanto a relativa preclui se não arguida em dado momento. Ambas, porém, devem ser levantadas antes de findar o processo eleitoral.

A insuscetibilidade de as nulidades absoluta e relativa serem arguidas em razão de decadência ou preclusão não significa que os atos inquinados possam convalescer. Sob o prisma material ou substancial, o ato nulo é insuscetível de convalescimento porque porta anomalia, e esta é intrínseca ou congênita. A decadência e a preclusão não promovem sua assepsia, tornando-o puro ou indene perante o Direito. Ocorre que o ordenamento legal veda sua discussão (o que, em tese, não implica convalescimento) e o faz em atenção a princípios maiores como são a segurança jurídica e a estabilidade do regime político-democrático. Deveras, haveria grave instabilidade se a nulidade de um ato do processo eleitoral viesse a ser postulada em juízo muito tempo após o encerramento da eleição e mesmo após cumprido o mandato respectivo.

20.2 INVALIDADE NO DIREITO ELEITORAL

Indubitavelmente, o *voto* é o principal ato do processo eleitoral. Ícone do regime democrático, instrumentaliza o exercício do poder popular e do sufrágio universal. Por ele os cidadãos escolhem os ocupantes dos cargos político-eletivos, manifestando individualmente suas vontades, de modo a concretizar, em conjunto, a vontade coletiva. A bem ver, todo o processo eleitoral é organizado com vistas a resguardar a higidez do *ato de votar*.

É da regularidade e conformidade de tal processo que *surge* a legitimidade das eleições e do exercício do poder político-estatal. Não se confunda legitimidade com legalidade, pois aquele conceito é mais amplo que este. Legal é simplesmente o que se conforma ao texto normativo (= tipicidade formal), ao passo que legítimo, para além disso, é o que está de acordo com a verdade, que observou o procedimento legal previamente traçado. A legitimidade baseia-se no consenso e no reconhecimento popular. Poder político legítimo é o consentido e aceito como justo pelos governados. Autoridade legítima é a reconhecida e respeitada na comunidade. No atual estágio da civilização, tem-se que a legitimidade do exercício do poder estatal por parte de autoridades públicas decorre da livre escolha levada a cabo pelo povo. Essa escolha deve ser feita em processo íntegro, pautado por uma disputa justa, livre de abusos, vícios, corrupção ou fraude. A escolha é sempre fruto do consenso popular, que, de certa maneira, homologa os nomes dos candidatos, consentindo que exerçam o poder político-estatal. Como bem assinala

562 | DIREITO ELEITORAL – *José Jairo Gomes*

Pedicone de Valls (2001, p. 48-49), "el poder político se legitima por medio del reconocimiento general que hacen los gobernados del sistema de gobierno y sus procedimientos jurídicos".

Daí o relevante papel que o instituto da invalidade apresenta no Direito Eleitoral, nomeadamente no que tange à higidez do voto (que é um ato jurídico) e da votação. Dada sua importância, o Código dedica-lhe todo o Capítulo VI, do Título V, da Parte Quarta (arts. 219 ss).

Por óbvio, não há absoluta identidade de regras em relação a outros ramos da ciência jurídica. O que releva, porém, é que a lógica do instituto em apreço encontra-se plenamente assimilada no Eleitoral.

20.2.1 Delineamento da invalidade no Direito Eleitoral

No Capítulo VI, do Título V, da Parte Quarta, o Código Eleitoral consagrou seis dispositivos à invalidade, a saber: os arts. 219 a 224. Apesar de conter os princípios regentes dessa matéria na seara eleitoral, tais dispositivos não chegam a exauri-la, havendo outras disposições a esse respeito, como, *e. g.*, os arts. 175, § 3º, do CE e 16-A da Lei nº 9.504/97.

Insta salientar a falta de técnica do legislador. Algumas vezes, o termo *nulidade* é usado em sentido amplo, identificando-se com *invalidade*, abarcando, pois, a *anulabilidade*. Por processo metonímico, tomou-se a espécie pelo gênero. Assim é que, já no início, ao nomear o Capítulo VI, emprega-se a expressão *das nulidades da votação*, quando o correto seria *das invalidades da votação*, porque o capítulo trata de ambas as espécies de invalidade, a saber: nulidade (art. 220) e anulabilidade (arts. 221 e 222). Já no *caput* do art. 224, é evidente que o termo *nulidade* foi igualmente empregado no sentido de *invalidade*, pois o efeito de que cogita não se restringe à nulidade.

Ora, conforme visto, invalidade é gênero, do qual são espécies a nulidade e a anulabilidade. O problema é que, além de não primar pela cientificidade e não coadunar com a clareza e coesão textuais, tal atecnia gera confusão numa seara já em si árdua. É certo que a linguagem técnica deve primar pelo rigor e pela clareza, devendo evitar terminologia dúbia.

Lamentavelmente, a atecnia do legislador tem refletido na jurisprudência e na doutrina. Não raro, leem-se arestos em que o adjetivo *nulo* e o substantivo *nulidade* são usados em lugar de *anulável* e *anulabilidade*, a expressão *fator de nulidade* em lugar de *fator de anulabilidade*.

Para que se evitem confusões, no presente texto, os termos *nulidade, nulificar* e *nulificação* estão relacionados a *nulo*. Já *anulabilidade, anular* e *anulação* referem-se a *anulável*. Esclareça-se que o prefixo latino "a" é empregado com o significado de aproximação, de sorte que o sentido de "anulável" aproxima-se de "nulo", mas com ele não se confunde.

20.2.1.1 Inexistência

Conforme ressaltado, ao ato existente contrapõe-se o inexistente; ao válido, o inválido; ao eficaz, o ineficaz. O ato inexistente sequer adentra os domínios jurídicos, pois não chega a se estruturar, reunindo seus elementos formadores. De sorte que não se há cogitar de sua validade, que é já uma etapa posterior. Ora, para se perquirir a validade de um ato, é necessário ao menos que exista.

O Código Eleitoral não contempla explicitamente a teoria da existência. No entanto, prevê hipóteses de nulidade que a confirmam, pois a rigor são de inexistência.

Refiro-me nomeadamente às "causas de nulidade" estampadas na primeira parte dos incisos I (votação "feita perante mesa não nomeada pelo juiz eleitoral") e III (votação "realizada em dia, hora, ou local diferentes do designado") do art. 220 daquele diploma legal. Ora, se a Mesa Receptora de Votos não for a oficialmente constituída em consonância com o preceituado nas normas eleitorais, sequer será órgão integrante da estrutura administrativa da Justiça Eleitoral.

Será, antes, um simulacro de Mesa perante a qual se desenrola uma peça teatral, uma imitação de votação. O mesmo se pode dizer se a votação for realizada em dia, hora ou local diferentes dos oficialmente designados. As eleições sempre são ultimadas em data e local fixados pelas autoridades eleitorais com longa antecedência, havendo ampla publicidade e fiscalização por parte do Ministério Público, partidos políticos, organizações não governamentais e cidadãos.

Em ambos os casos, não se pode dizer que *exista* votação, ou que esta seja real, mas mero arremedo. E o que não existe não é válido nem inválido. É irreal: simplesmente inexistente.

Outro exemplo de inexistência se apresenta na hipótese de ocorrer falha na urna que impeça a continuidade da votação eletrônica antes que o segundo eleitor conclua seu voto; aqui, "deverá a(o) primeira(o) eleitor(a) votar novamente, em outra urna ou em cédulas, sendo o voto sufragado na urna danificada considerado insubsistente" (Res. TSE nº 23.736/2024, art. 121). No caso, a urna apresentou *defeito insanável* após o voto do primeiro eleitor e antes do voto do segundo eleitor. O voto do primeiro (que ficou aguardando) será repetido, sendo o primeiro voto considerado *insubsistente*. Esse voto, na verdade, não é nulo nem anulável, é *inexistente*.

Por isso, nesses casos, sequer será necessário que a Justiça Eleitoral declare formalmente a inexistência do voto ou da votação.

20.2.1.2 *Nulidade*

Em matéria de nulidade, acolheu o legislador eleitoral o critério do prejuízo, cuja síntese foi cristalizada no brocardo *pas de nullité sans grief*. Assim, não se pronuncia nulidade sem que haja efetivo prejuízo. Também não se desprezou o princípio que manda respeitar a ordem pública e os superiores interesses atinentes à higidez e legitimidade das eleições. Com efeito, dispõe o art. 219 do Código Eleitoral que "na aplicação da lei eleitoral o juiz atenderá sempre aos fins e resultados a que ela se dirige, abstendo-se de pronunciar nulidades sem demonstração de prejuízo". Prestigia-se, com isso, a interpretação teleológica, devendo o intérprete atentar para os fins e resultados visados pela norma.

Caso não seja afirmada *ex officio*, em princípio, qualquer pessoa poderá pleitear a declaração de nulidade. Ostentam, pois, legitimidade partidos políticos, coligações, candidatos, Ministério Público e cidadão.

Todavia, não poderá pleiteá-la a "parte que lhe deu causa nem a ela aproveitar" (CE, art. 219, parágrafo único). Quer-se, com isso, evitar que alguém, agindo de má-fé, provoque nulidades para delas se beneficiar oportunamente. O princípio em causa apresenta elevado caráter ético, pois a ninguém é dado valer-se de sua própria torpeza.

É comum afirmar-se que a nulidade gera efeitos *ipso juris*, isto é, por força do Direito, não sendo preciso decisão do órgão judicial para que seja reconhecida. O fato de colidir com normas de ordem pública faz que ela opere automaticamente, independentemente de qualquer declaração judicial. Na verdade, argumenta-se, a nulidade decorre sempre de lei e não propriamente de sentença judicial que a declare.

No entanto – bem pondera Zeno Veloso (2005, p. 152-153) –, no mais das vezes há necessidade prática de ser a nulidade pronunciada pelo juiz, que vai apreciar o caso, analisar a questão, verificar a situação, checar se ocorreu a transgressão do ordenamento jurídico, atestando e, finalmente, declarando a nulidade, se for o caso. Conquanto irregular, o ato nulo existe, aparece no mundo jurídico, apresenta visibilidade, e, pois, pode determinar alguns efeitos fáticos. Não é por operar de pleno direito que a nulidade fica necessariamente a salvo de verificação judicial.

Some-se a isso o fato de que, no Direito Público, muitos dos atos jurídicos que se pretende anular proveem ou são aparentemente respaldados por autoridade pública, de sorte que a presunção de legitimidade que ostentam só poderia ser afastada por expressa manifestação de outra autoridade competente, como é o órgão judicial.

Nesse sentido, dispõe o art. 223 do CE que a "nulidade de qualquer ato, não decretada de ofício pela Junta, só poderá ser arguida quando de sua prática, não mais podendo ser alegada, salvo se a arguição se basear em motivo superveniente ou de ordem constitucional". Há mister, pois, que a nulidade seja reconhecida, quer seja *ex officio*, pela autoridade eleitoral, quer seja pelo órgão judicial, após regular arguição. Esta deve ser feita formalmente, por ato típico, figurando-se no pedido a nulidade e os fatos que a ensejaram como causa de pedir. Resulta que, enquanto não reconhecida a nulidade, o ato maculado poderá seguir produzindo efeitos.

A nulidade é insuscetível de suprimento pelos interessados e não convalesce – embora possa ter trancada a via judicial de discussão. Uma vez demonstrada, deverá ser pronunciada pelo órgão competente, fulminando-se o ato inquinado, que é retirado do mundo jurídico. O parágrafo único do art. 220 do CE é claro ao afirmar não ser lícito seu suprimento, ainda que haja consenso das partes interessadas.

Debate a doutrina acerca da perpetuidade dos efeitos da nulidade, de modo que possa sempre ser arguida em juízo. Mas é certo que, por sua própria natureza, o Direito Eleitoral repele tal tese. De sorte que, nessa seara, sujeita-se a nulidade aos efeitos da preclusão. Por força do regime republicano, os mandatos são temporários, renovando-se as eleições periodicamente. Assim, os interesses ligados à estabilidade do sistema político, à governabilidade e à paz social recomendam que questões desse jaez não fiquem abertas para a posteridade. Mesmo porque, com o fim do período do mandato deixa de subsistir interesse prático na discussão de eventual nulidade detectada no respectivo processo eleitoral.

Uma vez afirmada, o efeito da declaração de nulidade retroage à data da realização do ato inquinado, no que se denomina efeito *ex tunc*.

Causas de nulidade – as causas de *nulidade* são descritas no art. 220 do Código Eleitoral. Por esse dispositivo, é nula a votação:

> "I – quando feita perante mesa não nomeada pelo juiz eleitoral, ou constituída com ofensa à letra da lei; II – quando efetuada em folhas de votação falsas; III – quando realizada em dia, hora, ou local diferentes do designado ou encerrada antes das 17 horas; IV – quando preterida formalidade essencial do sigilo dos sufrágios; V – quando a seção eleitoral tiver sido localizada com infração do disposto nos §§ 4º e 5º do art. 135".

Saliente-se que as hipóteses delineadas referem-se à votação. Por votação, compreende-se a fase do processo eleitoral em que são praticados os atos necessários à concretização do direito constitucional de sufrágio. Conforme salientado anteriormente, a votação deve iniciar-se às 8 horas e encerrar-se às 17 horas do dia marcado para sua realização (CE, arts. 143 e 144).

No trato do presente tema, não se pode olvidar que a Lei nº 9.504/97 consolidou o sistema de votação eletrônica. Pelo art. 59 dessa norma, a votação e a totalização dos votos serão feitas eletronicamente, mas, em caráter excepcional, poderão ser realizados pelo sistema convencional, no qual são empregadas cédulas e as históricas urnas de lona.

No que concerne à segunda parte do inciso I (foi visto que a primeira parte refere-se à inexistência de votação), tem-se que se a constituição da Mesa Receptora de Votos desatender ao preceituado no Código Eleitoral e nos regulamentos expedidos pela Justiça Eleitoral, não terá legitimidade para receber validamente os votos da respectiva seção. Os integrantes de Mesa Receptora (presidente, mesários, secretários e suplente) são nomeados pelo juiz eleitoral, devendo o ato ser publicado no cartório, no local de costume. Os nomeados devem ser intimados, por via postal ou por outro meio eficaz, para comporem as Mesas nos dias, horário e lugares designados (CE, art. 120, § 3º). Com vistas a prevenir a nulidade em tela, o art. 63 da Lei nº 9.504/97 faculta a qualquer partido político "reclamar ao Juiz Eleitoral, no prazo de cinco dias, da nomeação da Mesa Receptora, devendo a decisão ser proferida em 48 horas". Essa decisão é recorrível ao Tribunal Regional Eleitoral.

O inciso II assevera a existência de nulidade quando a votação for efetuada em falsas "folhas de votação". Cumpre frisar que essa expressão não mais é utilizada, tendo sido substituída por "lista de eleitores" ou "caderno de votação". A lista foi introduzida pela Lei nº 6.996/82, que dispõe sobre a implantação do processamento eletrônico de dados no alistamento eleitoral; é gerada e disponibilizada exclusivamente pela Justiça Eleitoral. A lista contém a relação dos eleitores de cada seção com seus respectivos dados, a identificação das eleições, a data de sua realização e o respectivo turno; deve ser assinada pelo eleitor antes de votar, dela sendo destacado o comprovante de votação. Somente os eleitores cujos nomes estiverem inscritos na lista são autorizados a votar. Tão importante é esse documento que deve ser conservado pelo prazo de oito anos. Sua falsificação material ou ideológica pode suscitar dúvidas quanto ao resultado apurado na seção, o que compromete a lisura e integridade do pleito.

Situação de improvável ocorrência é a descrita na segunda parte do inciso III (foi visto que a primeira parte melhor se compreende como hipótese de inexistência), pois a votação é realizada no período de 8 horas até às 17 horas, havendo fiscalização por parte do Ministério Público e dos representantes das agremiações partidárias. Na verdade, só haveria relevância numa questão desse jaez se número significativo de eleitores da respectiva seção ainda não tivesse votado por ocasião do encerramento antecipado. Mas nem isso é provável, porque a urna eletrônica é programada para não permitir o encerramento da votação antes de 17 horas.

O inciso IV prevê a nulidade da votação quando "preterida formalidade essencial do sigilo dos sufrágios". O sigilo constitui direito subjetivo público do eleitor. Visa assegurar a liberdade do sufrágio, pois além de ser instrumento de prevenção de suborno, salvaguarda o cidadão de eventual intimidação moral ou psicológica para que vote ou deixe de votar em determinado candidato. No caso da votação feita em urna eletrônica, esta deverá dispor de recursos que permitam o registro digital de cada voto e a identificação da urna em que foi registrado, além de resguardar o anonimato do eleitor; cada voto deverá ser contabilizado individualmente, e ter assegurados o sigilo, a integridade e a inviolabilidade (LE, arts. 59, §§ 4º e 5º, e 61). A integridade e o sigilo do voto são também assegurados pelo uso de sistemas de informática desenvolvidos com exclusividade para a Justiça Eleitoral e por mecanismos específicos da urna, como a autonomia operacional, o não funcionamento em rede, a chave de segurança e a lacração a que é submetida.

Ainda com vistas à proteção do sigilo, é vedado ao eleitor ingressar na cabina de votação com aparelho celular, máquina fotográfica, filmadora ou equipamento congênere (LE, art. 91-A, parágrafo único). Com isso, impede-se o registro da imagem e a documentação do voto por fotografia, filmagem ou outro instrumento.

Por fim, ao preocupar-se com a localização da seção eleitoral, o inciso V tem em mira não só a liberdade do sufrágio, como também a lisura do escrutínio. Em regra, a cada seção corresponde uma Mesa Receptora de Votos. Consoante ressaltado anteriormente, a escolha do local de votação deve sempre recair em edifícios públicos, somente se recorrendo a particulares em casos excepcionais, ou seja, se faltarem aqueles em número e condições adequadas. Não há proibição absoluta de que seção eleitoral seja instalada em propriedade privada. No entanto, os §§ 4º e 5º do art. 135 do CE vedam peremptoriamente: *(i)* o uso de propriedade pertencente a candidato, membro do diretório de partido, delegado de partido ou autoridade policial, bem como dos respectivos cônjuges e parentes, consanguíneos ou afins, até o 2º grau, inclusive; *(ii)* a instalação de seções eleitorais em fazenda, sítio ou qualquer propriedade rural privada, mesmo existindo no local prédio público. A infração de tais regras implica a nulidade da votação. Ao votar em tais locais, não é improvável que o eleitor se sinta constrangido psicologicamente ou intimidado pelos proprietários ou por agentes estatais interessados em assegurar determinado resultado no pleito. De qualquer sorte, visando prevenir a nulidade em apreço, às agremiações políticas é facultado reclamar ao juiz eleitoral do local por ele designado, dentro de três dias, a contar da publicação do ato de designação, devendo a decisão ser proferida em 48 horas (CE, art. 135, § 7º). Dessa decisão cabe recurso ao Tribunal Regional Eleitoral.

Releva notar que as nulidades em tela incidem apenas nas seções eleitorais em que porventura ocorrerem, e somente a elas se referem.

Nulidade de cédulas e votos: os arts. 175, §§ 3º e 4º, do CE, e 16-A, parágrafo único, da LE – o art. 220 do Código não é *numerus clausus*, não esgotando as causas de nulidade. Em dispositivos diversos, outras hipóteses são previstas. Entre elas, destacam-se as dos arts. 175, § 3º, do CE e 16-A, parágrafo único, da LE. Aquele dispõe:

"Art. 175. Serão *nulas as cédulas*: I – que não corresponderem ao modelo oficial; II – que não estiverem devidamente autenticadas; III – que contiverem expressões, frases ou sinais que possam identificar o voto. § 1º Serão *nulos os votos*, em cada eleição majoritária: I – quando forem assinalados os nomes de dois ou mais candidatos para o mesmo cargo; II – quando a assinalação estiver colocada fora do quadrilátero próprio, desde que torne duvidosa a manifestação da vontade do eleitor. § 2º Serão *nulos os votos*, em cada eleição pelo sistema proporcional: I – quando o candidato não for indicado, através do nome ou do número, com clareza suficiente para distingui-lo de outro candidato ao mesmo cargo, mas de outro partido, e o eleitor não indicar a legenda; II – se o eleitor escrever o nome de mais de um candidato ao mesmo cargo, pertencentes a partidos diversos, ou, indicando apenas os números, o fizer também de candidatos de partidos diferentes; III – se o eleitor, não manifestando preferência por candidato, ou o fazendo de modo que não se possa identificar o de sua preferência, escrever duas ou mais legendas diferentes no espaço relativo à mesma eleição. § 3º Serão *nulos*, para todos os efeitos, *os votos* dados a candidatos inelegíveis ou não registrados. § 4º O disposto no § anterior não se aplica quando a decisão de inelegibilidade ou de cancelamento de registro for proferida após a realização da eleição a que concorreu o candidato alcançado pela sentença, caso em que os votos serão contados para o partido pelo qual tiver sido feito o seu registro".

Conforme salientado, tendo em vista a consolidação do sistema de votação eletrônica e o avanço tecnológico que se experimenta nos dias atuais, torna-se cada vez mais raro o uso de cédula para votar. Tal ocorre apenas em casos excepcionais, quando a urna apresentar defeito insanável ou de difícil reparação no momento da votação e não puder ser substituída por outra, a chamada urna de contingência ou reserva. Somente se não houver êxito com esta e com os respectivos procedimentos de contingência é que a votação passa a ser por cédula. Diante disso, pode-se afirmar a diminuta importância das situações prescritas no transcrito art. 175, I, II, §§ 1º e 2º, que praticamente entraram em desuso. A mera leitura desses dispositivos revela que as hipóteses que veiculam chegam a ser de difícil ocorrência na prática.

Permanecem, porém, as hipóteses descritas nos §§ 3º e 4º do art. 175 do CE. O § 3º descreve uma hipótese de nulidade, enquanto o § 4º trata de anulabilidade, e será abordado no item subsequente.

Pelo citado § 3º, são *nulos* "*os votos dados a candidatos inelegíveis ou não registrados*". Assim, são causas de nulidade: *i)* o não deferimento do requerimento de registro de candidatura em razão de: *i.a)* declaração de inelegibilidade do candidato, *i.b)* declaração de ausência de condição de elegibilidade do candidato; *ii)* cassação do registro de candidatura; *iii)* não conhecimento do pedido de registro de candidatura; *iv)* extinção da candidatura (p. ex.:, o candidato é expulso do partido ou vem a falecer e não é substituído).

A nulidade estará configurada quando as aludidas situações se apresentarem de forma estável ou definitiva (conforme o caso, mediante decisão colegiada do TSE ou transitada em julgado), antes do dia das eleições, e, não obstante, o nome do candidato constar da urna eletrônica. Em outras palavras: o nome do candidato não deveria constar da urna, porque antes do dia do pleito a sua candidatura deixou de subsistir; por isso, o candidato não conta com registro válido, nem concorre *sub judice*. De modo que os votos que porventura receber são nulos (afinal, o nome do candidato estará na urna, mas nela não deveria estar). Tal situação é contemplada nos arts. 17 e 21 da Res. TSE nº 23.677/2021, que estabelecem:

> "Art. 17. Serão computados como nulos os votos dados à chapa que, embora constando da urna eletrônica, dela deva ser considerada excluída, por possuir candidata ou candidato cujo registro, entre o fechamento do Sistema de Candidatura (CAND) e o dia da eleição, encontre-se em uma das seguintes situações:
>
> I – indeferido, cancelado, ou não conhecido por decisão transitada em julgado ou por decisão colegiada do Tribunal Superior Eleitoral (TSE), ainda que objeto de recurso;
>
> II – cassado, em ação autônoma, por decisão transitada em julgado ou após esgotada a instância ordinária, salvo se atribuído, por decisão judicial, efeito suspensivo ao recurso;
>
> III – irregular, em decorrência da não indicação de substituta ou substituto para candidata ou candidato falecida(o) ou renunciante no prazo e na forma legais."
>
> "Art. 21. Serão computados como nulos os votos dados a candidata ou candidato que, embora constando da urna eletrônica, dela deva ser considerada(o) excluída(o), por ter seu registro, entre o fechamento do CAND e o dia da eleição, em uma das seguintes situações:
>
> I – indeferido, cancelado ou não conhecido, por decisão transitada em julgado ou por decisão colegiada do TSE, ainda que objeto de recurso;
>
> II – cassado por decisão transitada em julgado ou após esgotada a instância ordinária, salvo se atribuído, por decisão judicial, efeito suspensivo ao recurso;
>
> III – falecida(o) ou com renúncia homologada."

20.2.1.3 *Anulabilidade*

No Direito Público, discute-se se o *interesse público* se afigura como critério seguro para diferenciar nulidade de anulabilidade. Argumenta-se que nessa seara não se pode afirmar peremptoriamente que a nulidade é erigida no interesse público, enquanto a anulabilidade o é no privado.

No Direito Administrativo, *e. g.*, assinala Meirelles (2007, p. 206) que as normas têm caráter indisponível, por isso não é possível a convalidação de ato anulável; destarte, nesse ramo do Direito Público só se poderia cogitar de nulidade, jamais de anulabilidade. Opinião diversa é sustentada por Bandeira de Mello (2006, p. 449), que flexibiliza a proposição de que os interesses tutelados pelo Direito Público, em especial o Administrativo, seriam públicos por excelência; ensina que também aí há normas voltadas à defesa de interesses disponíveis, que só indiretamente atendem a interesses públicos. Dessa opinião comunga Di Pietro (2007, p. 227-228), para quem alguns atos administrativos seriam passíveis de convalidação, por isso a invalidade pode culminar tanto em nulidade quanto em anulabilidade.

No Direito Eleitoral, que por igual se liga ao Público, tal debate não é descabido. Aqui o ato a ser considerado é o voto, cujo caráter público-político-fundamental é irrecusável.

Não obstante, dada sua natureza e as peculiaridades que o revestem, no Direito Eleitoral o interesse público, só por si, não se afigura como critério seguro para diferenciar nulidade de anulabilidade. Em verdade, ambas visam resguardar relevantes interesses público-coletivos, de maneira que a diferença específica entre tais institutos deve ser buscada em outras fontes. Nesse sentido, as causas e o regime a que se submetem oferecem bons critérios distintivos.

É certo que o nulo jamais deve ser confundido com o anulável. O desvalor do ato nulo é congênito, e por isso ele é insuscetível de convalescimento. Embora se admita que possa gerar *efeitos práticos*, tais efeitos decorrem de sua existência (posto que nulo, o ato existe, e, por conseguinte, interage no mundo). Diferentemente, o ato anulável em princípio é válido, dependendo a anulabilidade de arguição e reconhecimento judicial. Por isso se diz que a nulidade deve ser apenas *declarada*, pois já existe intrinsecamente no ato, enquanto a anulabilidade deve ser *constituída*, pois para existir depende de formal reconhecimento.

Numa perspectiva axiológica, cumpre reconhecer que as causas de nulidade apresentam maior gravidade que as de anulabilidade, ferindo diretamente e com maior intensidade os bens juridicamente protegidos, que são a integridade, higidez e confiabilidade do processo e dos procedimentos eleitorais, a lisura das eleições, a legitimidade dos mandatos político-eletivos. Sendo as infrações muito graves, o legislador as sanciona com a nulidade, determinando que a autoridade judicial as declare *ex officio*, sem aguardar a iniciativa dos interessados. A gravidade das infrações justifica e impõe a autotutela estatal.

Já no que concerne às causas de anulabilidade, conquanto também agridam interesse público, tal já não ocorre com a mesma intensidade que nas hipóteses de nulidade. Não que se considerem irrelevantes as causas de anulabilidade, pois realmente não o são. Apenas que o desvalor da ação ou da causa na nulidade é superior ao da anulabilidade, o que exige do Estado uma resposta mais efetiva com vistas à proteção dos interesses em jogo. Sendo menos intenso o ferimento ao bem protegido, confere o legislador aos próprios interessados (candidatos, partidos e coligações – pois são eles imediatamente prejudicados pela situação geradora de anulabilidade) e ao Ministério Público (pois atua em prol da sociedade) poder de disposição, incumbindo-os de questionar em juízo as situações consideradas ilícitas e postular a invalidação dos atos relacionados.

Note-se que, diferentemente do que sucede no Direito Privado, no Eleitoral a anulabilidade pode ser arguida em juízo pelo Ministério Público. Trata-se de peculiaridade desse ramo do Direito justificada pela natureza dos interesses envolvidos e na necessidade de afirmação do regime democrático. A legitimidade ativa do *Parquet* é extraída imediatamente da Constituição. Deveras, nos termos do art. 127 da Lei Maior, ao Ministério Público incumbe a defesa da ordem jurídica e do regime democrático. Ademais, pelo art. 24, II e VI c.c. 27, § 3º, do Código Eleitoral é atribuição do Órgão ministerial "exercer a ação pública e promovê-la até final", bem como representar à Justiça Eleitoral "sobre a fiel observância das leis eleitorais".

Cumpre frisar que, por força do disposto no art. 219, parágrafo único, do Código, a anulabilidade não poderá ser pleiteada por quem lhe deu causa. Conforme salientado, pretende-se evitar que se provoque de má-fé a invalidação do ato em proveito próprio.

Observe-se, ainda, que a anulabilidade deve ser levantada nos prazos e nos veículos processuais adequados. Do contrário, a questão não mais poderá ser discutida. Não é criticável tal solução. Tem por si a imperiosa necessidade de se conferir segurança jurídica às relações, bem como estabilidade ao regime político, ao governo e à própria vida político-social. A paz – proclamou Rudolf von Ihering – é o fim que o Direito tem em vista.

Nesse quadro, tem-se que, não podendo a anulabilidade ser conhecida e decretada *ex officio* pelo órgão judicial, impõe-se seja arguida pela parte interessada no seu reconhecimento e na afirmação de seus efeitos, sob pena de operar-se a decadência do direito de agir em juízo. Os prazos e as oportunidades de arguição variam em função da situação e suas circunstâncias.

Cap. 20 • INVALIDADE: NULIDADE E ANULABILIDADE DE VOTOS | 569

Também nessa seara é acolhido o critério do prejuízo, pelo que há mister seja ele demonstrado – *pas de nullité sans grief*. Em verdade, com maior razão que na nulidade, não se pronuncia anulabilidade sem que exista efetivo prejuízo. O prejuízo, aqui, pode ser representado pela exigência de gravidade do evento ou sua potencialidade para macular a eleição, comprometendo gravemente seu equilíbrio, sua higidez e legitimidade.

Para que gere seus efeitos próprios, é sempre necessário que a anulabilidade seja reconhecida pelo órgão judicial competente. Não há geração de efeitos *ipso juris*, isto é, por força do Direito. Significa dizer que o ato judicial que a reconhece apresenta natureza constitutiva.

Uma vez pronunciada, a anulabilidade gera efeitos *ex nunc*, isto é, a partir do ato que a afirmou. Em razão de seu efeito expansivo, os atos posteriores que estejam ligados ao invalidado são igualmente atingidos. Suponha-se que a votação em determinado pleito majoritário venha a ser anulada; por consequência, não mais subsistirão nem a diplomação nem os mandatos dos eleitos; apesar disso, os atos praticados pelo Chefe do Executivo e seu vice no período anterior à anulação são válidos e eficazes perante o ordenamento jurídico.

Causas de anulabilidade – as causas de anulabilidade encontram-se previstas nos arts. 221 e 222 (que remete ao art. 237) do Código Eleitoral. Aqui também a enumeração é *numerus apertus*, isto é, não tem caráter taxativo, admitindo a inclusão de outras hipóteses. Tais dispositivos preveem as seguintes causas: *(i)* extravio de documento essencial; *(ii)* negativa ou restrição do direito de fiscalizar; *(iii)* impugnação de eleitor em razão de exclusão, por integrar seção diversa ou falsa identidade; *(iv)* votação viciada de falsidade, fraude e coação; *(v)* interferência do poder econômico; desvio ou abuso do poder de autoridade, em desfavor da liberdade do voto; *(vi)* emprego de processo de propaganda ou captação de sufrágio vedado por lei.

Tal qual sucede com as causas de nulidade, as anulabilidades discriminadas referem-se à votação. Assim, quis o legislador referir-se a fatos relacionados a essa fase do processo eleitoral. Note-se, porém, que nem sempre toda a votação da seção ou da circunscrição estará sob censura, porquanto a anulabilidade poderá circunscrever-se a um ou alguns votos, sem refletir no conjunto da votação.

Extravio de documento essencial – anulável será a votação se documento essencial for extraviado. Por *documento* entende-se qualquer objeto revelador de fatos; é toda coisa em que pensamentos e raciocínios são plasmados ou impressos. Assim, em geral, consideram-se documentos: escritos diversos, mídias de áudio e vídeo (fita, CD, DVD), cartão (*flashcard*) ou placa de memória de computador, atas, lista de votação, boletim de urna. Para que a hipótese em apreço se configure, é preciso que o documento extraviado seja *essencial* à votação ou à sua prova.

Negativa ou restrição do direito de fiscalizar – a fim de que haja transparência, durante todo o período de votação admite-se ampla fiscalização das atividades, o que poderá ser feito não só pelo Ministério Público, como também pelos partidos políticos (representados por fiscais previamente credenciados), desde que se não atrapalhe a rotina da votação nem se viole o sigilo do voto. Havendo negativa ou restrição do direito de fiscalizar, tal fato deve constar da ata ou de protesto interposto, por escrito, no momento de sua ocorrência.

Impugnação de eleitor – haverá anulabilidade se votar, sem as cautelas do art. 147, § 2º, do CE: *(a)* eleitor excluído por sentença transitada em julgada não cumprida por ocasião da remessa da lista de eleitores à Mesa de Votação, desde que haja oportuna reclamação de partido; *(b)* eleitor de outra seção, salvo a hipótese do art. 145, do CE; *(c)* alguém com falsa identidade em lugar do eleitor chamado.

Tanto a hipótese quanto a ressalva previstas na alínea *b* são de impossível ocorrência. Com a implantação do cadastro e da votação eletrônica, para que alguém vote em determinada seção é preciso que nela esteja previamente cadastrado. O eleitor só é autorizado a votar na seção inscrita em seu título eleitoral. E a urna eletrônica só aceita os votos dos eleitores da seção em que estiver instalada, pois coincidirão com os registrados em sua memória. Assim, atualmente não se afigura possível que alguém exerça o direito de sufrágio em seção diversa da que se encontrar cadastrado. O referido art. 145 do CE possibilitava que algumas autoridades votassem em seção eleitoral diversa da que estavam inscritas. No entanto, pelas razões aduzidas, tal faculdade é impossível de ser implementada. O que pode ocorrer é a transferência temporária de eleitores de uma para outra seção eleitoral e, ainda, o voto em trânsito – mas nesses dois casos é necessário que se proceda à desabilitação do eleitor de sua seção de origem e habilitação na seção do local indicado para o exercício do sufrágio.

No que toca à alínea *c*, tem-se que, ao votar, deve o cidadão comprovar sua identidade submetendo-se, ainda, à identificação biométrica. Havendo dúvida insuperável sobre a identidade do votante (na identificação biométrica, *e. g.*, as digitais podem estar apagadas ou incompletas), deverá o fato ser registrado em ata. Se, apesar da dúvida, for ele admitido a votar, os fiscais de partido ou outro eleitor poderão formular impugnação verbal. Tal impugnação deve ser ultimada "no momento da votação, sob pena de preclusão" (TSE – AREspe nº 25.556/PR – *DJ* 22-3-2007, p. 140).

Votação viciada de falsidade, fraude e coação – também é anulável a votação viciada de falsidade, fraude e coação.

A *falsidade* é compreendida como a dissonância de um evento com a verdade, ou seja, com a realidade histórica. Tomando-se um documento, há dois aspectos a serem considerados: autenticidade e veracidade. A *autenticidade* refere-se a sua materialidade ou integridade formal. Já a *veracidade* remete ao conteúdo, ou seja, à verdade de seu teor. O documento pode ser autêntico, mas não ser veraz, verdadeiro, caso em que ocorrerá falsidade ideológica. Por outro lado, pode ser verdadeiro sem ser autêntico, caso em que padecerá de falsidade material. Assim, a falsidade material implica alteração, no todo ou em parte, da forma do documento, ao passo que a ideológica refere-se à mendacidade do conteúdo, o qual não corresponde à verdade. Nessa perspectiva, é falsa a votação que não for efetivamente realizada pelos eleitores da seção a que se referir ou que não guardar correspondência com o que foi manifestado por eles.

A seu turno, a *fraude* significa frustração do sentido e da finalidade da norma jurídica pelo uso de artimanha, astúcia, artifício ou ardil. Embora *aparentemente* aja o agente conforme o Direito, o efeito visado o contraria, disso resultando sua violação. A fraude ao sistema jurídico-eleitoral tem em vista distorcer seus princípios, influenciar ou manipular o resultado da votação e, pois, a própria eleição. Conforme assinala Toffoli (2009, p. 46), sua caracterização "independe de má-fé ou do elemento subjetivo, perfazendo-se no elemento objetivo, que é o desvirtuamento das finalidades do próprio sistema eleitoral".

A história político-eleitoral brasileira oferece incontáveis exemplos de fraudes, das mais toscas às mais sofisticadas. Por muito tempo o sistema político se sustentou na fraude, pois a elite nacional não aprendeu a aceitar a vontade popular como fundamento da vida representativa, recusando ao povo a possibilidade de ser artífice de sua própria história. No período imperial – afirma Faoro (2001, p. 391) – o "sistema se apoiava sobre pés de barro frágil, todos sabiam que as eleições pouco tinham a ver com a vontade do povo"; à Coroa eram levados "números e nomes, todos tão falsos como o gesto de depor nas urnas cativas o voto escravizado". O eleitor, prossegue o autor,

> "era como aquela Jararaca, que o candidato Joaquim Nabuco encontrou num casebre do Recife: estava pronto a votar com o postulante, simpatizava com a causa; 'mas, votando, era demitido, perdia o pão da família; tinha recebido a chapa de caixão (uma cédula marcada com um segundo nome, que servia de sinal), e se ela não aparecesse na urna, sua sorte estava liquidada no mesmo instante'".

Cap. 20 • INVALIDADE: NULIDADE E ANULABILIDADE DE VOTOS | 571

Na Primeira República, o quadro não era diferente; aí a mesa "eleitoral e paroquial" comandava o espetáculo com toda sorte de manipulações e fraudes. Conforme assinala Faoro (2001, p. 421), o "número dos eleitores da paróquia era arbítrio da mesa, havendo casos em que uma freguesia suplantava todos os votos da província". Ante a ausência de controle sério, nada impedia que o mesmo cidadão votasse várias vezes, convertendo-se o título eleitoral em "título ao portador". A eleição era, na verdade, um espetáculo circense, e a fraude, consenso entre os políticos. A esse respeito, diz Faoro (2001, p. 735):

> "Conta-se que Campos Sales, ante a queixa contra a deturpação da obra republicana pelo *bico de pena*, teria replicado: '– Seu Defreitas, a coisa é essa mesma – depois, as [atas] autênticas feitas assim, clandestinamente, são melhormente escritas, com boa caligrafia, podendo-se lê-las com facilidade'".

A institucionalização da fraude eleitoral é denunciada por Ruy Barbosa (*apud* Faoro, 2001, p. 736-737):

> "[...] já no alistamento se fabrica o eleitorado. Depois, ou lhe simulam a presença, ou lha obstam, na eleição. Quem vota e elege, são as *atas*, onde se figuram, umas vezes com o requintado apuro dos estelionatos hábeis, outras com a negligência desasada e bezuntona das rapinagens vulgares, os comícios eleitorais, de que nem notícia houve nos sítios indicados pelos falsários, pelo teatro de cada uma dessas operações eletivas [...] Já não se precisa recorrer à corrupção e à violência: fabricam-se as atas e, até, séries de atas, nas quais figuram votando não só eleitores que não compareceram, mas ainda a grande massa dos fantásticos, dos incognoscíveis, cujos nomes foram, para esse fim, fraudulentamente incluídos no alistamento".

Apesar dos ingentes esforços e dos imensos avanços, ainda não se conseguiu erradicar a fraude no processo eleitoral brasileiro. Com a mudança dos tempos, renovaram-se os métodos. É certo, porém, que atualmente o regime é bem mais representativo que outrora, e isso se deve não só à evolução da sociedade, como também ao fortalecimento das instituições democráticas, dos mecanismos de controle e do desenvolvimento e implantação no processo eleitoral de novas tecnologias, notadamente as empregadas na identificação do eleitor e na votação.

Consoante salientado, configura-se a fraude pelo uso de qualquer artifício ou ardil que desvirtue o sistema jurídico, notadamente o regime jurídico-eleitoral. A fraude pode ocorrer em qualquer fase do processo eleitoral.

Quando a votação era feita em cédulas, reconheceu-se a existência de fraude na "incoincidência entre o número de votantes e o de cédulas oficiais encontradas nas urnas" (TSE – Ag nº 5.934/BA – *DJ* 16-11-1983, p. 1), o que equivaleria a constatar-se que em determinada seção houve mais votos que eleitores inscritos. Também não era de rara ocorrência um tipo de fraude conhecido como "voto de formiguinha"; mancomunado com o líder de seu grupo político, determinado eleitor era instruído para, em vez de votar, subtrair a cédula; esta era preenchida e entregue a outro eleitor que, em vez de efetivamente votar, simplesmente depositava na urna a cédula previamente preenchida, trazendo de volta a sua, em branco, que por sua vez era preenchida pelo cabo eleitoral e entregue a outro eleitor, e assim sucessivamente. Com isso, assegurava-se a eleição do chefe político ou de quem ele indicasse.

Na impossibilidade de se averiguar a extensão da fraude, se ela "se restringiu a determinadas cédulas ou se toda a votação da seção foi preparada para o engodo, deve-se determinar a anulabilidade de toda a urna" (TSE – REspe nº 15.178/MA – *DJ* 4-8-2000, p. 126).

Cumpre frisar o pacífico entendimento jurisprudencial segundo o qual a transferência fraudulenta de eleitores ou os vícios ocorridos durante o alistamento eleitoral não são passíveis de discussão "dentro do processo das eleições" (TSE – REspe nº 6.157/MG – *DJ* 2-5-1985, p. 6216). Essa questão deve ser levantada no veículo e no momento apropriados, conforme prevê o art. 7º, § 1º, da Lei nº 6.996/82.

Já a *coação* consiste na violência exercida contra alguém para compeli-lo a praticar ato contrário à sua vontade. Impede, portanto, a livre e espontânea expressão do querer, de sorte que a declaração feita sob sua influência resulta maculada. Distinguem-se duas espécies de coação: a física ou absoluta (*vis absoluta*) e a psicológica, moral ou relativa (*vis compulsiva*). Dadas as circunstâncias em que a votação ocorre, sobretudo a publicidade e a fiscalização ampla, no Eleitoral só se pode cogitar a segunda espécie. Deveras, na coação relativa o agressor age sobre o campo psicológico da vítima, dirigindo-lhe ameaça iminente e grave. Sua intenção é fomentar a insegurança, o medo, o temor. Tais sentimentos instalam-se imediatamente na consciência do coacto, sendo responsáveis por sua manutenção em permanente estado de tensão, estresse, insegurança e, em certos casos, pânico. Isso para que ele vote ou deixe de votar em determinado candidato. Assim, nessa espécie de coação, fica livre o coacto para decidir: curvar-se à ameaça ou deixar de emitir a declaração de vontade, assumindo, nessa hipótese, o risco de sofrer o mal propalado. Note-se que, para viciar a votação o mal prometido há de ser tal que incuta ao eleitor fundado temor de dano iminente e considerável à sua pessoa, à sua família ou aos seus bens (CC, art. 151). Destarte, é preciso que o mal prometido seja de tal magnitude que rompa as resistências psicológicas da vítima.

Interferência do poder econômico, desvio ou abuso do poder de autoridade, em desfavor da liberdade do voto – essas duas hipóteses são previstas no art. 237, *caput*, do CE, para o qual remete o art. 222 do mesmo diploma.

Apesar de vagas e indeterminadas, as expressões legais revelam a preocupação do legislador com os efeitos deletérios que o poder econômico, o político ou o de autoridade podem exercer nas eleições.

A configuração do abuso de poder é melhor explanada alhures, no capítulo atinente aos ilícitos eleitorais.

Emprego de processo de propaganda ou captação de sufrágio vedado por lei – em sua parte final, o art. 222 do CE torna anulável a votação quando maculada pelo uso de propaganda proibida ou pela captação vedada de sufrágio. Em regra, ambos os casos se patenteiam durante o processo eleitoral, embora não sejam de impossível ocorrência no período anterior.

Quanto à propaganda, não se pode menoscabar o poder de influência dos órgãos de comunicação de massa na formação da opinião das pessoas, na formatação de suas consciências políticas. Justifica-se, pois, a adoção de cautelas, sobretudo porque em jogo se encontram a higidez e a confiabilidade do processo eleitoral.

Candidatura sub judice – conforme salientado, os aludidos arts. 221, 222 e 237 do CE não exaurem as causas de anulabilidade. A votação é igualmente anulável, por exemplo, nas hipóteses de indeferimento do requerimento de registro de candidatura e cassação do registro como consequência de ilícito eleitoral, quando esses eventos se tornarem estáveis ou definitivos (conforme o caso, mediante decisão colegiada do TSE ou transitada em julgado), *após* o dia das eleições.

Em tais casos, embora haja decisão desfavorável à candidatura, o nome do candidato deve constar da urna. É que, como a decisão que indefere o requerimento de registro ou o cassa ainda é objeto de discussão na via recursal, e não tendo, pois, caráter definitivo, o candidato segue no processo eleitoral *sub judice*. O estado da candidatura *sub judice* somente cessa quando a situação for definitivamente resolvida. Daí dispor o art. 16-A, *caput*, da LE:

"Art. 16-A. O candidato cujo registro esteja *sub judice* poderá efetuar todos os atos relativos à campanha eleitoral, inclusive utilizar o horário eleitoral gratuito no rádio e na

Cap. 20 • INVALIDADE: NULIDADE E ANULABILIDADE DE VOTOS | 573

televisão e ter seu nome mantido na urna eletrônica enquanto estiver sob essa condição, ficando a validade dos votos a ele atribuídos condicionada ao deferimento de seu registro por instância superior. [...]."

No final do processo, se o registro de candidatura for indeferido ou cassado, os votos recebidos pelo candidato serão anulados. Os efeitos e as implicações da anulação serão mais bem analisados em item subsequente.

20.3 PRAZOS PARA ARGUIÇÃO

Claro está que a declaração de nulidade (= nulificação) e a constituição de anulabilidade (= anulação) submetem-se a regimes distintos.

Para que sejam arguidas, não foi fixado lapso temporal uniforme, a ambas aplicável indistintamente. Isso, porém, não significa a ausência de prazos, já que foram estabelecidos os momentos próprios para que sejam debatidas. Assim, há mister sejam levantadas em dado momento no âmbito do processo eleitoral, sob pena de operar-se a decadência ou a preclusão.

As principais disposições acerca desse tema encontram-se no art. 223 do Código Eleitoral.

Como regra geral, tem-se que, não sendo declarada *ex officio* pelo órgão judicial, a nulidade deve ser arguida "quando de sua prática" (CE, art. 223, *caput*). No entanto, essa disposição não pode ser tomada em sua literalidade, pois nem sempre a alegação poderá ser feita no momento exato em que a nulidade ocorre.

O art. 223 faz distinção entre "nulidade de ordem constitucional" e infraconstitucional, estabelecendo para cada uma delas regime próprio. Enquanto aquela apresenta natureza *absoluta* – porque não preclui e pode ser alegada em qualquer fase do processo eleitoral (em sentido amplo) –, esta é *relativa*, porque sofre os efeitos da preclusão e só pode ser arguida em determinados momentos.

A arguição de nulidade absoluta deve observar a forma apropriada e ser ultimada em adequado veículo processual. Já se admitiu sua arguição em mandado de segurança, afirmando-se o cabimento deste "para impedir a diplomação de candidato [no caso, Deputado Federal] cujos votos recebidos são nulos e não se computam, também, para a legenda pela qual pretendeu registro" (TSE – MS nº 3.112/RS – *DJ* 16-5-2003, p. 194). Se feita em recurso, não será conhecida se sua interposição se der fora do prazo, caso em que poderá utilmente ser reapresentada em momento posterior (CE, art. 223, § 3º).

Por sua vez, a nulidade cujo fundamento não seja de natureza constitucional (relativa, portanto) pode igualmente ser conhecida de ofício. Mas se não o for, o interessado só poderá levantá-la por ocasião da prática do ato inquinado ou quando se tenha tornado público. Observe-se, porém, que se o motivo for superveniente, o § 2º do referido art. 223 estabelece que a arguição deverá ser ultimada "imediatamente, assim que se tornar conhecida, podendo as razões do recurso ser aditadas no prazo de 2 (dois) dias". Sendo impossível a *imediata* arguição, é facultado ao interessado deduzi-la na primeira oportunidade que para tanto se apresentar.

Quanto à anulabilidade, deve ser arguida pelos interessados no momento e modo adequados, sob pena de decadência.

Conforme firme orientação do TSE (*vide* REspe nº 15.308/BA – *DJ* 11-12-1998, 19.401/ MT – *DJ* 29-6-2001 e 21.393/BA – *DJ* 27-8-2004), o prazo para se recorrer da decisão da Junta relativamente a pedido de invalidação de votação é o do art. 258 do CE, isto é, três dias.

Vale salientar que a anulabilidade decorrente de ilícito eleitoral (inclusive abuso de poder – CE, arts. 222 e 237) deve ser arguida em ação eleitoral típica e, pois, no prazo previsto para o seu ajuizamento. Assim, tal anulabilidade deve ser arguida em: *(i)* 15 (quinze) dias da

574 DIREITO ELEITORAL – *José Jairo Gomes*

diplomação, no caso de ação de impugnação de mandato eletivo; *(ii)* até o dia da diplomação, no caso de ação por conduta vedada (LE, art. 73, § 12, *in fine*); *(iii)* até a data da diplomação, no caso de ação por captação ilícita de sufrágio (LE, art. 41-A, § 3º); *(iv)* 15 (quinze) dias da diplomação, no caso de ação por captação ou gasto ilícito de recursos (LE, art. 30-A, *caput*).

20.4 EFEITOS DA INVALIDADE

20.4.1 Efeitos gerais da invalidade

No plano lógico-formal, se os requisitos e pressupostos de um ato não estiverem presentes, ele não ingressa validamente no mundo jurídico. Assim, uma vez formalmente reconhecida, a invalidade tem o condão de desconstituir o ato, retirando-o do mundo jurídico. Dentro do possível e do razoável, procura-se fazer com que as coisas retornem ao *status quo ante*; mas isso nem sempre é possível.

A invalidação de um ato jurídico afeta os que nele se fundamentarem. A esse respeito, a doutrina põe em evidência o denominado *efeito expansivo* da invalidade, segundo o qual a invalidação de um ato pode descaracterizar a validade de outros que o tenham por pressuposto. Tem-se aqui aplicação da conhecida teoria dos frutos da árvore contaminada. Considerando-se que no processo eleitoral há sucessão de atos, também a ele se aplica o denominado efeito expansivo.

Ressalte-se que o fato de um ou alguns atos serem invalidados pode não ter efeito relevante no processo eleitoral ou numa dada eleição. A despeito da invalidação de alguns votos de uma seção, pode ocorrer de os demais se manterem hígidos. É que a extensão dos efeitos da invalidação à eleição requer a presença de outros fatores. Na verdade, dependendo do tipo de eleição, a invalidação de alguns votos de uma seção eleitoral ou de dada circunscrição não significa que toda a eleição se encontre maculada, pois o evento é restrito e localizado.

Daí dispor o Código em seu art. 187, referindo-se a eleições municipais, que, sendo verificado pela junta eleitoral que os votos das seções invalidadas podem alterar a representação de qualquer partido ou classificação de candidato eleito pelo princípio majoritário, deverá aquele órgão fazer imediata comunicação do fato ao Tribunal Regional, que marcará, se for o caso, dia para a renovação da votação naquelas seções (CE, art. 187). Da nova votação, só participam os eleitores que hajam comparecido ao escrutínio invalidado.

No entanto, se não houver alteração na representação partidária nem no resultado do pleito, não há sentido em se renovar o escrutínio na seção em questão ou mesmo a própria eleição. Prevalecem, pois, o pragmatismo e a ideia de se conferir segurança ao resultado. Ainda porque a regra geral inscrita no art. 219, *caput*, do Código é no sentido de que a afirmação de nulidade e de anulabilidade pressupõe sempre a demonstração de prejuízo.

20.4.2 Indeferimento de registro de candidatura

O *indeferimento* do requerimento de registro de candidatura não deve ser confundido com a sua *cassação*. Enquanto no primeiro o registro é negado em razão de o pretenso candidato não ser elegível (não está presente condição de elegibilidade ou incide causa de elegibilidade); na cassação, revoga-se registro já deferido, como consequência de responsabilização por prática de ilícito eleitoral; esta última tem por pressuposto a ocorrência de ilícito.

No plano dos efeitos – para a hipótese de indeferimento do registro –, é preciso considerar duas situações: *i)* se no dia da eleição a decisão de indeferimento tinha caráter definitivo (ou seja, se transitou em julgado ou se foi proferida pelo órgão colegiado do TSE), ou *ii)* se naquele dia ela estava sendo questionada mediante recurso. Essas duas situações serão expostas na sequência.

20.4.2.1 Primeira situação: nulidade dos votos

A primeira situação trata de nulidade dos votos atribuídos ao candidato. Conforme dispõe o art. 175, § 3º, do Código Eleitoral: "Serão nulos, para todos os efeitos, os votos dados a candidatos inelegíveis ou não registrados". A nulidade se deve ao fato de, no dia do pleito, a decisão que indeferiu o requerimento de registro já gozar de estabilidade (porque proferida pelo órgão colegiado do TSE) ou ter se tornado definitiva com o trânsito em julgado. De modo que o nome do candidato não deveria constar das urnas, mas como essas já foram "fechadas", por razões técnicas, não foi possível excluí-lo.

Por se tratar de nulidade, os votos nulificados não produzirão qualquer efeito jurídico nem nas eleições majoritárias, nem nas proporcionais; não beneficiam nem prejudicam "as demais votações" (Res. TSE nº 23.677/2021, art. 17, § 2º, segunda parte). E se assim é, não podem ser considerados para nenhum fim. Por isso, se os votos recebidos pelo candidato estiverem eivados de nulidade, não serão computados, não entrando na contagem nem na totalização dos votos.

Em consequência, na eleição majoritária, se a chapa majoritária receber votos: *i*) não poderá ser proclamada eleita (Res. TSE nº 23.677/2021, art. 26, § 1º, parte final), caso vença a eleição; *ii*) se houver dois turnos de votação, ela não poderá ser convocada "para eventual segundo turno da eleição" (Res. TSE nº 23.677/2021, art. 17, § 2º, primeira parte).

Já nas eleições proporcionais, os votos nulos: *i*) não são computados para o candidato nem para o partido; *ii*) não entram nos cálculos da distribuição de vagas, ou seja, não são considerados na formação dos quocientes eleitoral e partidário (Res. TSE nº 23.677/2021, art. 27, parágrafo único, parte final).

20.4.2.2 Segunda situação: anulabilidade dos votos

A segunda das situações assinaladas trata de anulabilidade de votos. Ocorre quando, no dia da eleição, a decisão que defere ou indefere o registro de candidatura ainda não detinha caráter definitivo, porque foi impugnada na via recursal; a candidatura encontra-se *sub judice*. Aqui, os votos recebidos pelo candidato são anuláveis: trata-se de *anulabilidade* de votos, e não de nulidade. O ato anulável produz efeitos jurídicos até que esse vício seja declarado, cessando daí em diante a sua eficácia; portanto, possui eficácia *ex nunc*. Assim, os votos anuláveis geram efeitos, até perderem a validade com as suas anulações.

Eleições majoritárias – nas eleições majoritárias *para o Poder Executivo*, são computados como: *i*) válidos os votos dados a "chapa deferida por decisão ainda objeto de recurso"; porém, esses votos passarão a ser computados como anulados *sub judice* se, depois da eleição, o registro de candidatura "vier a ser indeferido, cancelado ou não conhecido" (Res. TSE nº 23.677/2021, art. 16, II, c.c. art. 18, § 1º); *ii*) "anulados *sub judice* os votos dados à chapa que contenha candidata ou candidato cujo registro, no dia da eleição, se encontre indeferido, cancelado ou não conhecido por decisão que tenha sido objeto de recurso" (Res. TSE nº 23.677/2021, art. 18, *caput*).

A norma de regência faz relevante distinção entre – no dia do pleito – o candidato concorrer com registro deferido ou indeferido, conferindo efeitos diversos a essas situações.

Assim é que, embora *sub judice*, se a chapa receber votos com os registros de seus integrantes deferidos, há presunção de validade dos votos, e tal presunção os beneficia. Justo porque os votos são considerados válidos, se a chapa sagrar-se vitoriosa nas urnas, os seus integrantes poderão ser proclamados eleitos (Res. TSE nº 23.677/2021, art. 26, *caput*), e, pois, diplomados, investidos nos mandatos, tomar posse e entrar em exercício nos respectivos cargos. No final do processo questionando os registros de candidatura dos integrantes da chapa, dois resultados podem ocorrer:

i) é mantida a decisão inicial de deferimento do registro. Nesse caso, consolida-se a situação jurídica dos candidatos, que já foram investidos e seguirão no exercício dos respectivos mandatos.

ii) é reformada a decisão inicial de deferimento do registro, que passa à condição de indeferido. Nesse caso, os votos dados à chapa passam a receber o tratamento de "anulados *sub judice*" (Res. TSE nº 23.677/2021, art. 16, II, c.c. art. 18, § 1º). E tão logo os votos ingressem na situação de "anulados em caráter definitivo" (o que ocorre quando a decisão de indeferimento emana do colegiado do TSE ou transita em julgado), a diplomação anterior deixa de subsistir e cessa o exercício dos mandatos, devendo-se convocar "novas eleições imediatamente" (Res. TSE nº 23.677/2021, art. 30, *caput*, I). Nesse caso, o presidente do respectivo Poder Legislativo é designado para assumir interina e precariamente a chefia do Executivo, até que as novas eleições sejam concluídas.

Diferentemente, se já no dia do pleito o registro da chapa estiver indeferido, os votos que receber não serão considerados válidos. Em consequência, se a chapa sagrar-se vencedora nas urnas, os candidatos que a integram não poderão ser proclamados eleitos (Res. TSE nº 23.677/2021, art. 26, *caput – a contrario sensu*), nem diplomados (Res. TSE nº 23.677/2021, art. 32) e investidos nos cargos. Nesse caso, o presidente do respectivo Poder Legislativo é designado para assumir interina e precariamente a chefia do Executivo, até o final do processo em que é questionado o registro de candidatura dos integrantes da chapa. Dois desfechos podem ser vislumbrados:

i) ao final, é mantida a decisão inicial de indeferimento do registro. Nessa hipótese, "o cômputo dos votos da chapa passará imediatamente a anulado em caráter definitivo" (Res. TSE nº 23.677/2021, art. 19, I), devendo-se convocar "novas eleições imediatamente" (Res. TSE nº 23.677/2021, art.30, *caput*, I);

i) é reformada a decisão inicial de indeferimento do registro, que, então, é deferido. Nessa situação, os votos passam a ser considerados válidos. E, como a chapa sagrou-se vitoriosa nas urnas, os seus integrantes poderão ser diplomados e investidos em seus mandatos, assumindo os cargos para os quais foram eleitos.

Eleições proporcionais – nas eleições proporcionais, o art. 175, § 4º, do CE e o art. 16-A, parágrafo único, da Lei nº 9.504/1997 determinam a contagem do voto anulado para o partido pelo qual tiver sido feito o registro de candidatura. Analisemos, então, essa situação.

> "Art. 175. [...] § 3º Serão nulos, para todos os efeitos, os votos dados a candidatos inelegíveis ou não registrados.
>
> § 4º O disposto no parágrafo anterior não se aplica quando a decisão de inelegibilidade ou de cancelamento de registro for proferida após a realização da eleição a que concorreu o candidato alcançado pela sentença, caso em que os votos serão contados para o partido pelo qual tiver sido feito o seu registro."
>
> "Art. 16-A. O candidato cujo registro esteja *sub judice* poderá efetuar todos os atos relativos à campanha eleitoral, inclusive utilizar o horário eleitoral gratuito no rádio e na televisão e ter seu nome mantido na urna eletrônica enquanto estiver sob essa condição, ficando a validade dos votos a ele atribuídos condicionada ao deferimento de seu registro por instância superior.

> Parágrafo único. O cômputo, para o respectivo partido ou coligação, dos votos atribuídos ao candidato cujo registro esteja *sub judice* no dia da eleição fica condicionado ao deferimento do registro do candidato."

Estando o requerimento de registro impugnado em juízo, o candidato concorre *sub judice*. O voto será computado para a legenda: (*a*) se o candidato concorreu com o pedido de registro deferido e, ao final, o deferimento foi mantido no tribunal; (*b*) se o candidato concorreu com o registro indeferido e, ao final, a decisão de indeferimento foi reformada pelo tribunal, que defere o registro; (c) se o candidato concorreu com o pedido de registro deferido e, ao final, houve indeferimento pelo tribunal.

Mas o voto não será computado para a legenda se: (*d*) o candidato concorrer *sub judice* com o pedido de registro *indeferido* e o indeferimento for mantido no julgamento final pelo tribunal.

Letra a – nessa primeira hipótese, porque no dia do pleito o requerimento de registro encontrava-se deferido, os votos que o candidato receber são considerados válidos (Res. TSE nº 23.677/2021, art. 20, II). E por serem válidos, são computados "nos cálculos da distribuição das vagas" (Res. TSE nº 23.677/2021, art. 27, parágrafo único), entrando nos cálculos dos quocientes eleitoral e partidário. Por isso, se eleito, o candidato poderá ser diplomado, investido no mandato e entrar em exercício no cargo – ainda que o seu processo esteja pendente de julgamento nas instâncias recursais. No final, sendo mantida a decisão inicial de deferimento do registro, nada muda nos resultados já proclamados das eleições e o candidato segue exercendo o mandato.

Letra b – na hipótese retratada na letra *b*, no dia do pleito o requerimento de registro encontrava-se indeferido. Nesse caso, os votos que o candidato receber não são considerados válidos; a validade deles encontra-se sob condição de "reversão da decisão desfavorável" (Res. TSE nº 23.677/2021, art. 22, § 4º, parte final). Como os votos não são qualificados como válidos, não serão observados para fins de distribuição das vagas no Órgão Legislativo (Res. TSE nº 23.677/2021, art. 22, § 5º); não serão "considerados no cálculo dos percentuais obtidos por cada concorrente ao pleito proporcional" (Res. TSE nº 23.677/2021, art. 22, § 3º) nem entrarão nos cálculos dos quocientes eleitoral e partidário (Res. TSE nº 23.677/2021, art. 27, *caput*, parágrafo único). Consequentemente, sagrando-se vitorioso nas urnas, o candidato não poderá ser proclamado eleito (Res. TSE nº 23.677/2021, art. 27, *caput*, e parágrafo único) nem diplomado (Res. TSE nº 23.677/2021, art. 32), tampouco investido no mandato. No final do processo, sendo revertida a decisão inicial de indeferimento, o registro de candidatura é deferido. Considerando que os votos antes classificados como "anulados *sub judice*" passam a qualificar-se como válidos, devem, ainda que extemporaneamente, ser computados na totalização dos votos. Poderá, então, haver alteração na situação jurídica dos partidos e candidatos, de modo que "será obrigatoriamente realizada nova totalização dos votos" (Res. TSE nº 23.677/2021, art. 29, *caput*).

Letra c – na hipótese aventada na letra *c*, o registro do candidato proporcional estava *deferido* na ocasião do pleito, vindo a ser indeferido posteriormente. Portanto, é reformada a decisão inicial que deferiu o registro, o qual passa à condição de indeferido. Nesse caso, os votos tornam-se "anulados *sub judice*" (Res. TSE nº 23.677/2021, art. 22, *caput*, § 1º). E tão logo os votos ingressem na situação de "anulados em caráter definitivo" (o que ocorre quando a decisão de indeferimento emana do colegiado do TSE ou transita em julgado), a diplomação anterior deixa de subsistir, devendo cessar o exercício do mandato. Mas apesar de anulados, os votos são aproveitados para a agremiação política e computados para a formação dos quocientes eleitoral e partidário.

Note-se que, na hipótese da letra *c*, não haverá retotalização dos votos, tampouco nova proclamação de resultados, já que, por serem considerados válidos inicialmente, os votos ao final anulados já foram computados para todos os fins. Como consequência, não haverá alteração nos resultados já proclamados, sendo apenas necessária a substituição do candidato pelo

578 | DIREITO ELEITORAL – *José Jairo Gomes*

suplente da respectiva representação partidária. A substituição ocorre em razão do atingimento pelo partido do quociente eleitoral e, portanto, ter conquistado o direito a uma cadeira na Casa Legislativa (CE, art. 108).

No entanto, e se os candidatos não eleitos do partido não cumprirem a cláusula de desempenho prevista no art. 108 do CE, consistente na obtenção de votação individual de pelo menos "10% (dez por cento) do quociente eleitoral"? Sobre isso, um caso interessante foi decidido pelo STF, nele se destacando os seguintes aspectos: *i)* houve somente um candidato a deputado federal eleito *sub judice* pelo partido no Estado; *ii)* após a eleição, já estando investido e no exercício do mandato, o TSE proveu recurso que lhe foi apresentado e indeferiu o seu pedido de registro de candidatura; *iii)* os demais candidatos não eleitos do partido não atingiram a cláusula de desempenho prevista no art. 108 do CE (consistente na obtenção de votação nominal mínima de 10% do quociente eleitoral) e, por isso, não poderiam concorrer à distribuição das cadeiras na Casa Legislativa; *iv)* em consequência, o partido não conquistou nenhuma cadeira na eleição para a Câmara de Deputados naquela circunscrição; *v)* por não ter conquistado nenhuma cadeira, os candidatos não eleitos do partido não são suplentes de ninguém; não há que se falar em suplência, pois esta é relacionada à representação do partido na Casa Legislativa. Em tal contexto, prestigiando a votação da legenda, decidiu o STF que a vaga deve permanecer com o partido do candidato cujo registro foi ao final indeferido, conferindo-a a um candidato não eleito ("suplente"); confira-se:

> "[...] No caso, a decisão de inelegibilidade de Deltan Marinazzo Dallagnol ao cargo de Deputado Federal pelo Estado do Paraná foi posterior à eleição a que concorreu. Tanto o foi que o TSE, em 23/5/2023, indeferiu o registro da candidatura e, no mesmo ato, autorizou a 'preservação de seus votos à legenda, nos termos das ADI 4.542, ADI 4.513 e ADPF 223' (doc. 5).
>
> A situação dos autos amolda-se à tese firmada na ADI 4.513/DF, na qual o STF, em atenção aos princípios democrático, da soberania popular e da centralidade dos partidos políticos no sistema proporcional, acolheu a tese de que o art. 175, § 4º, do Código Eleitoral autoriza o cômputo dos votos à legenda do candidato, se, no momento da disputa eleitoral, o candidato estava com o registro deferido e, posteriormente, sobreveio decisão pelo indeferimento. [...]" (STF, TutProv na Rcl nº 60.201/PR, dec. do rel. Min. Dias Toffoli de 7-6-2023, confirmada no Plenário por maioria).

Há controvérsia sobre o acerto desse entendimento, pois atribui a "candidato não eleito" do partido uma cadeira que esse mesmo partido não conquistou segundo as regras legais vigentes do sistema proporcional. O fato de o partido atingir o QE não lhe garante uma cadeira (esse é um requisito parcial), pois, para conquistá-la, ainda é necessário que os seus candidatos obtenham votação nominal mínima de 10% do QE (cláusula de desempenho). No caso, o correto seria promover-se a retotalização do resultado da eleição. Caso preencha os requisitos legais para a distribuição das sobras eleitorais (CE, art. 109, III), o referido partido eventualmente até poderia receber uma vaga, mas isso ocorreria pelo procedimento normal de distribuição de cadeiras, e o candidato contemplado seria investido no mandato originariamente na qualidade de titular.

A manutenção da validade parcial do voto e seu cômputo apenas para o partido ocorre porque, ao votar em um candidato com pedido de registro deferido, o eleitor também escolhe o partido dele. Então, o ato do cidadão é praticado com boa-fé objetiva, havendo de prevalecer o princípio da confiança. Note-se que pelo art. 59, § 1º, da LE é dado ao cidadão votar "no número do candidato ou da legenda partidária"; mas votando no candidato opta também por seu partido – e ainda que não seja possível identificar o candidato escolhido, valerá o voto para o partido (§ 2º). No sistema de votação eletrônica não é possível que o eleitor vote separadamente

Cap. 20 • INVALIDADE: NULIDADE E ANULABILIDADE DE VOTOS | 579

no candidato *e* no partido: o voto é casado. Por isso que se diz que o voto nas eleições pro-porcionais tem natureza binária: destina-se ao candidato e à agremiação. Essa lógica atende à necessidade de fortalecer os partidos políticos e o sistema partidário.

Daí não merecer encômios a conclusão a que chegou a maioria dos integrantes da Corte Superior Eleitoral ao julgar o AgRg-MS nº 4.034-63/AP, na sessão de 15-12-2010. Em interpretação literal e descontextualizada, entendeu-se que o parágrafo único do art. 16-A da LE estabelece que os votos recebidos pelo candidato só serão computados para a respectiva agremiação partidária se – ao final – o seu pedido de registro de candidatura for deferido. Conquanto não fosse pacífica, essa interpretação foi reiterada na Corte Superior em outras oportunidades:

> "Mandado de segurança. Eleição proporcional. 2010. Cômputo dos votos. Art. 16-A da Lei nº 9.504/97. Denegação da ordem. 1. O cômputo dos votos atribuídos a candidato cujos registros estejam *sub judice* no dia da eleição ao respectivo partido político fica condicionado ao deferimento desses registros, nos termos do art. 16-A da Lei nº 9.504/97. Precedentes. 2. Segurança denegada" (MS nº 418796/CE – maioria – *DJe*, t. 177, 7-8-2012, p. 16).

> Em igual sentido: TSE – MS nº 139453/CE – *DJe* 21-9-2012.

Ou seja: para essa corrente, não importa que o candidato tenha concorrido com o pedido de registro deferido ou indeferido, pois em qualquer caso os votos que receber não serão computados para a legenda se, ao final do processo jurisdicional, o registro for indeferido.

Além de desvalorar e desprezar o ato legítimo praticado pelo eleitor que atuou imbuído de boa-fé objetiva e confiança, tal entendimento tem como corolário a revogação do § 4º do art. 175 do Código Eleitoral – o que foge à alçada do poder regulamentar.

É preciso convir ser duvidosa a constitucionalidade de tal interpretação porque não só fulmina voto dado regularmente pelo eleitor a partido, como fere o sistema proporcional previsto na Lei Maior. Não se pode ignorar que antes do dia do pleito o candidato teve seu pedido de registro deferido por ato formal de órgão da Justiça Eleitoral (tanto que concorreu com registro deferido), que esse ato irradia regulares efeitos jurídicos e que os eleitores ao optarem por ele e seu partido agiram imbuídos de boa-fé e fizeram uma escolha consciente e válida – observe-se que os dois primeiros números que compõem a identificação numérica do candidato à eleição proporcional correspondem ao número do partido. Também não se pode olvidar que, nas eleições proporcionais, é dado ao eleitor votar apenas no partido, e para este ente será o voto computado se não for possível identificar o candidato escolhido (LE, art. 59, §§ 1º e 2º). Por todas essas razões, a aludida interpretação não se harmoniza com a Constituição Federal.

Os aludidos fundamentos foram acolhidos pelo TSE, que reviu o entendimento expresso na citada jurisprudência. É isso o que revela o parágrafo único do art. 181 da Res. TSE nº 23.399/2013:

> "Art. 181. Serão válidos apenas os votos dados a candidatos regularmente inscritos e às legendas partidárias (Lei nº 9.504/97, art. 5º). Parágrafo único. Na eleição proporcional, os votos dados a candidatos com registro deferido na data do pleito e indeferido posteriormente serão computados para a legenda (Código Eleitoral, art. 175, § 4º, e Lei nº 9.504/97, art. 16-A, parágrafo único)".

Tal regra foi reiterada nas resoluções subsequentes: Res. TSE nº 23.456/2015, art. 144, parágrafo único; Res. TSE nº 23.554/2017, art. 218. No mesmo sentido, dispuseram as normas posteriores que o candidato que concorrer com o pedido de registro "deferido" ou "não apreciado" pela Justiça Eleitoral, vindo o registro a ser "indeferido ou cancelado após a realização da eleição, os votos serão contados para a legenda pela qual concorreu" (Res. TSE nº 23.611/2019, art. 196, II e III, § 2º; Res. TSE nº 23.677/2021, art. 20, § 2º).

Destarte, para que o voto na eleição proporcional tenha validade parcial e seja computado para a legenda, há mister que *no dia do pleito* o pedido de registro esteja *deferido*, ou melhor, que o candidato *sub judice* concorra com o pedido de registro deferido.

Letra d – finalmente, no tocante à hipótese da letra *d supra*, no dia do pleito, o requerimento de registro de candidatura não está deferido. Os votos recebidos pelo candidato são qualificados como "anulados *sub judice*" (Res. TSE nº 23.677/2021, art. 22, *caput*), e não serão considerados "nos cálculos da distribuição das vagas" (Res. TSE nº 23.677/2021, art. 27, parágrafo único). No final do processo, sendo mantido o indeferimento na instância superior, os votos tornam-se "anulados em caráter definitivo" (Res. TSE nº 23.677/2021, art. 23, I). Os votos definitivamente anulados a ninguém aproveitarão, pois não serão computados nem para o candidato, nem para a legenda.

Frise-se que os votos anulados em caráter definitivo somente são contados para o partido quando, no dia da eleição, o candidato estiver com o requerimento de registro deferido (Res. TSE nº 23.677/2021, art. 20, § 2º – interpretado *a contrario sensu*).

Nesse sentido, o Excelso Pretório fixou a seguinte tese:

> "Decisão: [...] 'Em atenção aos princípios democráticos, da soberania popular e da centralidade dos partidos políticos no sistema proporcional, o parágrafo único do art. 16-A da Lei nº 9.504/1997 deve ser interpretado no sentido de excluir do cômputo para o respectivo partido apenas os votos atribuídos ao candidato cujo registro esteja indeferido *sub judice* no dia da eleição, não se aplicando no caso de candidatos com pedido de registro deferido ou não apreciado', tudo nos termos do voto do Relator. Plenário, Sessão Virtual de 31.3.2023 a 12.4.2023" (STF – ADIs 4.542/DF e 4.513/DF – Pleno – Rel. Min. Roberto Barroso – j. 13-4-2023).

E como os votos "anulados *sub judice*" (dados a candidatos *sub judice* com registro indeferido, cancelado ou não conhecido no dia do pleito) não são computados no resultado geral das eleições, eles não são "considerados no cálculo dos percentuais obtidos por cada concorrente ao pleito proporcional", e sua validade é condicionada "à reversão da decisão desfavorável à candidata ou ao candidato, assim como à legenda" (TSE – Res. no 23.677/2021, art. 22, §§ 3º e 4º). Portanto, ao final do processo, sendo mantido o indeferimento do registro no tribunal *ad quem*, não haverá qualquer alteração nos resultados já divulgados nem na proclamação dos eleitos.

20.4.3 Cassação de registro de candidatura, diploma ou mandato

Na *cassação* revoga-se registro já deferido ou diploma já expedido como consequência da prática de ilícito eleitoral. Pressupõe-se aqui a ocorrência de ilícito, do qual resultam a responsabilização do candidato e a decorrente cassação de seu registro ou mandato, e invalidação de votos porventura recebidos.

Podem ocorrer tanto o fenômeno da nulidade quanto o da anulabilidade de votos.

20.4.3.1 *Cassação de registro de candidatura e nulidade dos votos*

Trata-se aqui da nulidade dos votos atribuídos a candidato que, no dia do pleito, encontrava-se com o seu registro de candidatura cassado, em ação eleitoral autônoma, por força de decisão estável (porque emanada do órgão colegiado do TSE) ou transitada em julgado (Res.

TSE nº 23.677/2021, arts. 17, II, e 21, II). De modo que o nome do candidato não deveria constar das urnas, mas como essas já foram "fechadas", por razões técnicas, não foi possível excluí-lo.

Por se tratar de nulidade, os votos nulificados não produzirão qualquer efeito jurídico nem nas eleições majoritárias, nem nas proporcionais; não beneficiam nem prejudicam "as demais votações" (Res. TSE nº 23.677/2021, art. 17, § 2º, segunda parte). E se assim é, não podem ser considerados para nenhum fim. Por isso, se os votos recebidos pelo candidato estiverem eivados de nulidade, não são computados, não entrando na contagem, nem na totalização dos votos.

Em consequência, na eleição majoritária para o Poder Executivo: *i*) a chapa não poderá ser proclamada eleita se por acaso sair vitoriosa nas urnas (Res. TSE nº 23.677/2021, art. 26, § 1º, parte final); *ii*) se houver dois turnos de votação, a chapa não poderá ser convocada "para eventual segundo turno da eleição" (Res. TSE nº 23.677/2021, art. 17, § 2º, primeira parte).

Já nas eleições proporcionais, os votos nulos: *i*) não são computados para o candidato nem para o partido; *ii*) não entram nos cálculos da distribuição de vagas, ou seja, não são considerados na formação dos quocientes eleitoral e partidário (Res. TSE nº 23.677/2021, art. 27, parágrafo único, parte final).

20.4.3.2 Cassação e anulabilidade dos votos

No âmbito da cassação de registro, diploma ou mandato, também se cogita da *anulabilidade* dos votos. Nesse sentido, prevê o Código Eleitoral: é "anulável a votação, quando viciada de falsidade, fraude, coação, uso de meios de que trata o art. 237 ["interferência do poder econômico e o desvio ou abuso do poder de autoridade"], ou emprego de processo de propaganda ou captação de sufrágios vedado por lei" (CE, art. 222 c.c. art. 237).

Tratando-se de cassação do registro de candidatura, os votos são considerados "anulados em caráter definitivo" quando, após a eleição, a decisão de cassação "transitar em julgado ou adquirir eficácia em função da cassação ou revogação do efeito suspensivo" (Res. TSE nº 23.677/2021, arts. 19, II, e 23, II).

Nas eleições majoritárias, dispõe o art. 224, § 3º, do CE: "A decisão da Justiça Eleitoral que importe o indeferimento do registro, a cassação do diploma ou a perda do mandato de candidato eleito em pleito majoritário acarreta, a realização de novas eleições, independentemente do número de votos anulados".

Nas eleições proporcionais, durante muito tempo, entendeu-se que a anulação dos votos tinha efeitos parciais: embora os votos invalidados não gerassem efeitos para o candidato (que perde o mandato), podiam ser computados para o partido. Essa compreensão apoiava-se na necessidade de se conferir estabilidade aos mandatos e funcionamento regular do sistema político. De modo que a invalidação dos votos com a cassação do mandato parlamentar não afetava o resultado geral das eleições proporcionais, mantendo-se incólume os quocientes eleitoral e partidário, o que implicava a investidura do suplente, em caráter definitivo, no cargo que vagou.

Entretanto, tal entendimento foi alterado e não mais prevalece. Entende-se hoje que, na hipótese de *cassação* (que, frise-se, não se confunde com indeferimento) do registro, diploma ou mandato, a anulação dos votos não permite sua contagem para o partido. Isso porque a contagem de votos para o partido somente é prevista expressamente para as situações de *indeferimento* e *cancelamento* de registro – não para a de cassação; nesse sentido: o candidato que concorrer com o pedido de registro "deferido por decisão ainda objeto de recurso" ou "não apreciado" pela Justiça Eleitoral, vindo o registro a ser "indeferido ou cancelado após a realização da eleição, os votos serão contados para a legenda pela qual concorreu" (Res. TSE nº 23.611/2019, art. 196, II e III, § 2º; Res. nº 23.677/2021, art. 20, § 2º). Observe-se que esse dispositivo não alude a *cassação*, mas apenas a *indeferimento* e *cancelamento*. O específico efeito relacionado ao "cômputo para o partido de votos invalidados" constitui uma exceção à eficácia natural da invalidação, por isso sua ativação requer a positivação de regra expressa – o que não ocorreu para a enfocada hipótese de *cassação*.

O efeito invalidante da decisão de cassação somente se concretiza quando ela se torna definitiva ou quando esgotada a via processual ordinária. Daí dispor o § 3º do art. 20 da Res. TSE nº 23.677/2021: "A cassação do registro de candidatura, em ação autônoma, não altera o cômputo dos votos como válidos, nos termos dos incisos I a III do *caput* deste artigo, enquanto não esgotada a instância ordinária ou, finda esta, se houver sido concedido efeito suspensivo ao recurso (Código Eleitoral, art. 257, § 2º)". Cuida-se, aqui, de natural reconhecimento do efeito suspensivo que é dotado o recurso de natureza ordinária interponível contra a decisão "que resulte em cassação de registro, afastamento do titular ou perda de mandato eletivo" (CE, art. 257, § 2º).

O fundamento da vertente interpretação está em que, se fosse considerado legítimo o cômputo para o partido de votos anulados em razão de cassação de registro ou mandato, estar-se-ia legitimando votos obtidos mediante a prática de ilícitos eleitorais, o que agride os valores constitucionais e a consciência ético-jurídica da comunidade. A respeito, é esclarecedor o voto do Ministro-relator da Res. TSE nº 23.611/2019, em que o presente entendimento foi primeiramente acolhido, *in verbis*: "[…] 9. As situações do candidato com registro indeferido e com registro cassado não podem ser equiparadas. O indeferimento decorre da ausência de requisitos da elegibilidade. Já a cassação de registro (ou, se já for caso, do diploma) ocorre em ação autônoma, na qual reconhecida a prática de ilícitos eleitorais graves. Não há dúvidas de que, nesse último caso, os votos são inválidos, seja a candidatura majoritária ou proporcional. Portanto, submetem-se ao previsto nos arts. 222 e 237 do Código Eleitoral, que claramente impõem a anulação dos votos obtidos mediante práticas ilícitas. 10. O paradoxo, assim, está posto: com base nas resoluções anteriores, cassava-se o candidato por abuso, compra de voto ou outras condutas ilícitas, mas permitia-se que os votos conquistados por esses meios pudessem ser aproveitados pelo partido. Para agravar a situação, uma vez que, em última análise, não suportava prejuízo em decorrência da cassação, o partido podia assumir postura indiferente ante os ilícitos cometidos por seus candidatos. 11. São essas distorções que ora se corrige com a minuta apresentada, que, em verdade, apenas passa a conferir plena aplicabilidade ao art. 222 do Código Eleitoral. Desse modo, os votos do candidato proporcional que venha a ter seu registro ou diploma cassado passam expressamente a ser considerados anulados, vedado seu aproveitamento pela legenda partidária". E nesse sentido tem-se orientado a jurisprudência, a ver: TSE – RO nº 0603900-65/BA, j. 13-10-2020.

Resulta que a cassação de registro após as eleições ou a de mandato impõe a *retotalização dos votos*, devendo-se recalcular os quocientes eleitoral e partidário a partir dos votos válidos remanescentes. Tal operação pode acarretar a reconfiguração dos resultados anteriormente proclamados das eleições, com alteração de eleitos e ordem de suplência, podendo haver cancelamento de diplomas e expedição de novos, bem como realização de novas eleições (eleições suplementares). Havendo alteração da composição da Câmara de Deputados, impor-se-á o recálculo da distribuição de tempo das propagandas partidária e eleitoral, bem como das cotas do Fundo Partidário (FP) e do Fundo Especial de Financiamento de Campanhas (FEFC). Nesse sentido: Res. TSE nº 23.677/2021, art. 29, § 3º.

20.4.4 Convocação de novas eleições e anulação de votos

Nas eleições majoritárias, conforme as circunstâncias, a anulação de votos poderá implicar a realização de novas eleições. Isso poderá ocorrer em duas situações.

Na primeira delas, novas eleições deverão ser convocadas se forem anulados definitivamente os votos dados à chapa primeira colocada no pleito (CE, art. 224, § 3º; Res. TSE nº 23.677/2021, art. 30, I). Aqui, a realização de novas eleições independe do número de votos anulados. Por exemplo: suponha que em município com menos de 200 mil eleitores (e, pois, com eleição em um só turno) houve várias chapas concorrendo e, em razão da dispersão de votos, a primeira colocada obteve apenas 30% dos votos considerados válidos; vindo esses a ser anulados em caráter definitivo, novas eleições deverão ser convocadas. Não assume, portanto, a chapa que ficou em segundo lugar.

Na segunda situação, novas eleições deverão ser convocadas se forem anulados mais de 50% dos votos considerados válidos conferidos a chapas concorrentes que não alcançaram o primeiro lugar (CE, art. 224, *caput*; Res. TSE nº 23.677/2021, art. 30, II). No mesmo exemplo anterior, suponha que a chapa segunda colocada no pleito obteve 28% dos votos, e a terceira colocada conseguiu 25% dos votos; como a soma dos votos dessas duas chapas resulta em 53% dos votos considerados válidos, se forem anulados em caráter definitivo, novas eleições deverão ser convocadas. Portanto, não prevalecerá a vitória da chapa que logrou o primeiro lugar.

Vale ressaltar que, embora impugnada judicialmente (e, portanto, encontrar-se *sub judice*), se a chapa concorrer com o requerimento de registro: *i*) deferido, os votos que receber são considerados válidos; *ii*) indeferido, os votos que receber são considerados válidos sub judice. Nos dois casos, os votos entram na contagem, sendo "considerados no cálculo dos percentuais obtidos por cada concorrente ao pleito majoritário" (Res. TSE nº 23.677/2021, arts. 18, § 2º, e 26, *caput*). Apenas são excluídos do cálculo "os votos em branco e os nulos decorrentes da manifestação apolítica, de erro ao votar" e os nulos (Res. TSE nº 23.677/2021, art. 26, § 1º).

21

ILÍCITOS ELEITORAIS E RESPONSABILIDADE ELEITORAL

21.1 ILÍCITO ELEITORAL

21.1.1 Configuração do ilícito eleitoral

O ilícito constitui uma categoria geral do Direito. Trata-se de estrutura ou modelo abstrato cuja racionalidade pode ser levada a qualquer disciplina jurídica. Assim, tem-se o ilícito civil, o penal, o tributário, o administrativo, o eleitoral etc.

Compreende-se por ilícito a ação humana caracterizada por não se harmonizar com o Direito, ferindo-o. Os efeitos jurídicos dele resultantes não são necessariamente queridos nem buscados por quem o pratica ou com ele se beneficia, mas sujeitam-se à repulsa legal veiculada na sanção.

Note-se que uma ação não é considerada ilícita simplesmente por transgredir o ordenamento legal, em sua dimensão lógico-formal, mas essencialmente por ferir um bem ou interesse juridicamente reconhecidos e protegidos. De modo que o ilícito não somente atenta contra o Direito, como sistema formal de normas de conduta, mas ataca, sobretudo, os valores em que ele, o Direito, encontra-se arrimado.

Essa perspectiva concreta, material ou substancial, é mais consentânea com o nosso sistema jurídico, que é democrático e tem a eticidade, a dignidade e a solidariedade como alguns de seus fundamentos (CF, arts. 1º, III, e 3º, I).

A partir do modelo geral, pode-se dizer que o ilícito eleitoral apresenta uma estrutura com os seguintes elementos constitutivos: *(a)* ação/evento/conduta; *(b)* resultado; *(c)* relação causal ou imputacional; *(d)* ilicitude ou antijuridicidade.

A ação, evento ou conduta não expressa necessariamente um comportamento único e individualizado, podendo simbolizar a síntese de um complexo de atos ou eventos, os quais podem encerrar diversas ações ou omissões.

O resultado do ilícito não é necessariamente natural ou material (ou seja, uma modificação na realidade exterior perceptível pelos sentidos), podendo ser apenas ideal, jurídico ou normativo – consistindo em alteração no mundo imaterial, perceptível por processos lógicos ou intelectuais; mas ele sempre implica ferimento a bem ou interesse protegido pelo regime jurídico eleitoral. Deveras, no Direito Eleitoral, o resultado malfere bens e interesses político-coletivos da maior importância, difusos (no sentido de que diz respeito a todos indistintamente), preciosos ao adequado funcionamento das instituições e do regime democrático e à normalidade da vida político-social, tais como a integridade do processo eleitoral, a legitimidade para o exercício do poder político, a veraz representatividade, a sinceridade dos votos, a confiança nos sistemas eleitoral e de votação. Desnecessário dizer que, além de serem ideais, esses bens não são apreciáveis economicamente.

A ilicitude ou antijuridicidade do fato diz respeito à sua não conformação ao sistema jurídico, que o desvalora e repudia.

Por fim, tem-se o nexo causal, entendido como o liame existente entre a ação ou o evento considerado e o resultado lesivo ao bem ou interesse juridicamente tutelado. Embora se fale em "relação causal", tal vínculo é ideal ou lógico-jurídico – e não material ou físico. Cuida-se mais propriamente de relação imputacional, em que um resultado é atribuído ou imputado a alguém, que por ele será responsabilizado no âmbito do ordenamento eleitoral, sofrendo, em consequência, uma sanção jurídica.

21.1.2 Sanção por ilícito eleitoral e proporcionalidade

A sanção é a consequência lógico-jurídica do ilícito.

Em sua aplicação, há mister observar-se o princípio da *proporcionalidade*. Por esse, toda sanção deve ser condizente com a gravidade da conduta e com a magnitude do resultado ou da lesão provocada no bem juridicamente protegido. Para ser justa, a resposta sancionatória deve ser ponderada em função da amplitude da lesão perpetrada ao bem jurídico. De maneira que um resultado pouco expressivo ou de baixa lesividade não pode ensejar a aplicação de sanção demasiado severa que, por isso mesmo, se torna desarrazoada e injusta. Jamais se pode olvidar que a justiça se encontra na base da civilização e do Direito; nas palavras do jusfilósofo John Rawls (2002, p. 3-4), ela é "a primeira virtude das instituições sociais [...] leis e instituições, por mais eficientes e bem organizadas que sejam, devem ser reformadas ou abolidas se são injustas".

A proporcionalidade opera concretamente na fixação da sanção, seja na dimensão qualitativa, seja na quantitativa. Assim, em determinados casos, em vez de se cassar o registro ou o diploma, bem se pode optar pela aplicação de multa – se essa solução for possível juridicamente. E mesmo na aplicação da sanção pecuniária há que se observar a moderação. Afinal, a justiça é princípio supremo de qualquer ordenamento jurídico, e no constitucionalismo brasileiro constitui objetivo fundamental inscrito no art. 3º, I, da Lei Maior.

A respeito, a Corte Superior já assentou: "[...] 2. Com base na compreensão da reserva legal proporcional, nem toda conduta vedada e nem todo abuso do poder político acarretam a automática cassação de registro ou de diploma, competindo à Justiça Eleitoral exercer um juízo de proporcionalidade entre a conduta praticada e a sanção a ser imposta. [...]" (TSE – REspe nº 33.645/SC – *DJe*, t. 73, 17-4-2015, p. 45-46).

21.1.3 Espécies de ilícitos eleitorais

Como categoria superior, o ilícito eleitoral possui diversas espécies. Essas são previstas no microssistema jurídico-eleitoral, podendo ser agrupadas sob aquela categoria.

Na sequência, serão expostas as principais espécies de ilícitos eleitorais, a saber: *(i)* abuso de poder; *(ii)* fraude; *(iii)* corrupção; *(iv)* captação ou gasto ilícito de recursos em campanha eleitoral; *(v)* captação ilícita de sufrágio; *(vi)* condutas vedadas a agentes públicos.

Frise-se existirem outras espécies de ilícitos eleitorais, tais como as atinentes à propaganda eleitoral ilícita (LE, art. 36, § 3º) e doação a campanha eleitoral acima do limite legalmente permitido (LE, art. 23, § 3º), que, porém, são expostas alhures.

21.2 ABUSO DE PODER

21.2.1 Introdução

Preocupou-se o Legislador com os efeitos deletérios que a influência e o uso abusivo de poder podem exercer no processo eleitoral. Daí a criação de um conjunto próprio de normas com o fito de proteger "a normalidade e legitimidade das eleições", notadamente "contra a influência do poder econômico ou o abuso do exercício de função, cargo ou emprego na administração direta ou indireta" (CF, art. 14, § 9º).

Nesse sentido, dispõe o art. 237, *caput*, do Código Eleitoral: "A interferência do poder econômico e o desvio ou abuso do poder de autoridade, em desfavor da liberdade do voto, serão coibidos e punidos". O processo eleitoral e as eleições assim viciadas são anuláveis, conforme proclama o art. 222 do mesmo Código.

Por sua vez, o *caput* do art. 19 da LC nº 64/1990 determina que se apurem as "transgressões pertinentes à origem de valores pecuniários, abuso do poder econômico ou político, em detrimento da liberdade de voto". Essa disposição é complementada pelo art. 22 da mesma lei, que dispõe:

> "Art. 22 Qualquer partido político, coligação, candidato ou Ministério Público Eleitoral poderá representar à Justiça Eleitoral, diretamente ao Corregedor-Geral ou Regional, relatando fatos e indicando provas, indícios e circunstâncias e pedir abertura de investigação judicial para apurar uso indevido, desvio ou abuso do poder econômico ou do poder de autoridade, ou utilização indevida de veículos ou meios de comunicação social, em benefício de candidato ou de partido político, obedecido o seguinte rito: [...]
>
> XIV – julgada procedente a representação, ainda que após a proclamação dos eleitos, o Tribunal declarará a inelegibilidade do representado e de quantos hajam contribuído para a prática do ato, cominando-lhes sanção de inelegibilidade para as eleições a se realizarem nos 8 (oito) anos subsequentes à eleição em que se verificou, além da cassação do registro ou diploma do candidato diretamente beneficiado pela interferência do poder econômico ou pelo desvio ou abuso do poder de autoridade ou dos meios de comunicação, determinando a remessa dos autos ao Ministério Público Eleitoral, para instauração de processo disciplinar, se for o caso, e de ação penal, ordenando quaisquer outras providências que a espécie comportar;" (redação da LC nº 135, de 2010).

21.2.2 O que é abuso de poder?

A expressão "abuso de poder" possui significado bastante amplo. O conceito desse instituto é vago, fluido ou indeterminado, o que o permite adaptar-se a inúmeras situações concretas.

O substantivo *abuso* (do latim *abusu: ab + usu*) diz respeito a mau uso, uso errado, desbordamento do uso, ultrapassagem dos limites do uso normal, exorbitância, excesso, uso inadequado ou nocivo. Haverá abuso sempre que, em um contexto amplo, o poder – não importa sua origem ou natureza – for manejado com vistas à concretização de ações ilícitas, irrazoáveis, anormais ou mesmo injustificáveis diante das circunstâncias que se apresentarem e, sobretudo, ante os princípios e valores agasalhados no ordenamento jurídico. Por conta do abuso, ultrapassa-se o padrão normal ou esperado de comportamento, realizando-se condutas que não guardam relação lógica com o que, à luz do Direito, normalmente ocorreria ou se esperaria que ocorresse. A análise da razoabilidade do evento e a ponderação de seus motivos e finalidades oferecem importantes vetores para sua apreciação e julgamento; razoável, com efeito, é o que está em consonância com a razão e com os valores em voga.

Já o vocábulo *poder*, em seu sentido comum, expressa a força bastante, a energia transformadora, a faculdade, a capacidade, a possibilidade, enfim, o domínio e o controle de situações, recursos, estruturas ou meios que possibilitem a realização ou a transformação de algo. Revela-se o poder na força, na robustez, na potencialidade de se realizar algo. Implica a efetiva capacidade de transformar uma dada realidade ou a faculdade de colocar em movimento novas energias ou procedimentos tendentes a modificar um estado de coisas ou uma dada situação.

Na esfera política, em que se destacam as relações estabelecidas entre indivíduos e entre grupos, compreende-se o *poder* como a capacidade de orientar, condicionar ou determinar o comportamento humano. Isso também se dá por meio de influência ou interferência exercida na mente das pessoas, resultando na conformação da maneira como sentem, agem, pensam, percebem e interpretam as coisas e o mundo à sua volta, o que pode ocorrer tanto no plano individual quanto no coletivo.

No Direito Eleitoral, por *abuso de poder* compreende-se o mau uso de direito, situação ou posição jurídico-social com vistas a se exercer indevida e ilegítima influência em processo eleitoral. Isso ocorre seja em razão do cerceamento de eleitores em sua fundamental liberdade política, seja em razão da manipulação de suas consciências políticas ou indução de suas escolhas em direção a determinado candidato ou partido político.

O abuso de poder é ilícito principalmente porque fere bens e valores fundamentais atinentes à higidez do sistema político-eleitoral democrático, tais como *integridade, liberdade, virtude, igualdade, sinceridade, normalidade e legitimidade* do processo eleitoral. Esses bens e valores gozam de proteção constitucional, consoante se vê no art. 14, §§ 9º e 10, da Lei Maior. No Estado Democrático de Direito, é de importância capital que a representação popular seja genuína, autêntica e, sobretudo, originada de procedimento legítimo. Não basta o mero cumprimento de fórmulas procedimentais, pois a democracia não se resume à realização de eleições, exsurgindo a legitimidade do mandato popular sobretudo do respeito àqueles bens e valores.

Para caracterizar o abuso de poder é preciso que ocorram ações (ativas ou omissivas) em desconformidade com o Direito (que, frise-se, não se limita à lei positiva), podendo ou não haver desnaturamento dos institutos jurídicos envolvidos. No mais das vezes, há a realização de ações ilícitas ou anormais com vistas a manipular ou condicionar o voto ou, ainda, influenciar os cidadãos em determinada direção.

O conceito jurídico de abuso de poder é indeterminado, fluido e aberto, por isso ele pode adaptar-se a diversas situações concretas. Assim, somente as peculiaridades do caso concreto é que permitirão ao intérprete afirmar se este ou aquele evento configura ou não abuso de poder. De maneira que a sua concretização tanto pode se dar por ofensa ao processo eleitoral, resultando o comprometimento de sua integridade, da normalidade ou legitimidade das eleições, quanto pela subversão da vontade do eleitor, em sua indevassável esfera de liberdade, ou pelo comprometimento da igualdade da disputa.

Tratando-se, portanto, de conceito elástico, flexível, pode ser preenchido por fatos ou situações tão variados quanto os seguintes: *(i)* uso nocivo e distorcido de meios de comunicação social; *(ii)* realização maciça de propaganda eleitoral ilícita; *(iii)* compra de votos; *(iv)* oferta, promessa ou fornecimento de produtos como alimentos, medicamentos, materiais ou equipamentos agrícolas, utensílios de uso pessoal ou doméstico, material de construção; *(v)* oferta, promessa ou fornecimento de serviços como tratamento de saúde; *(vi)* contratação de agentes públicos em período vedado; *(vii)* percepção de recursos de campanha oriundos de fonte proibida; *(viii)* compra de apoio político de adversários no certame eleitoral; *(ix)* realização de discursos performativos abusivos, em que há indevida promessa ou oferta de bens ou serviços, coação moral etc.

Para que ocorra abuso de poder, é necessário que se tenha em mira processo eleitoral futuro ou que ele já se encontre em marcha. Ausente qualquer matiz eleitoral no evento considerado, não há como caracterizá-lo.

Ademais, é necessário que o abuso de poder ocorra em ato, e não em potência. Como ensinou Aristóteles (2002, 1048a), o ato "é o existir de algo", enquanto a potência é algo que não existe na realidade – mas pode vir a existir ou vir a ser realizado. Nesse sentido, não basta que se domine algum tipo de poder, pois isso só por si não é ilícito. O detentor de poder – ou quem tem o seu controle ou domínio – pode exercitá-lo de variadas maneiras, sendo o uso

Cap. 21 • ILÍCITOS ELEITORAIS E RESPONSABILIDADE ELEITORAL | **589**

ilícito ou abusivo uma das possibilidades. A configuração do ilícito requer que haja real e efetivo exercício do poder, e que tal exercício ocorra de maneira abusiva. A só detenção ou controle de um poder ou a mera possibilidade de que haja abuso em seu exercício não constitui ilícito.

No plano dos efeitos, a natureza, a forma, a finalidade e a extensão do abuso praticado podem induzir diferentes respostas sancionatórias do sistema jurídico.

Impende encarecer o quanto o abuso de poder é daninho ao processo eleitoral. O pleito em que se instala resulta corrompido, maculado, pois impede que a vontade genuína do eleitor se manifeste nas urnas. Isso contribui para a formação de representação política inautêntica, mendaz. Daí a necessidade de se dotar o Direito Eleitoral de instrumental adequado para refrear eficazmente o uso abusivo do poder nas eleições, antes e durante o período de campanha. Do contrário, jamais se logrará a autenticidade representativa requerida pelo Estado Democrático de Direito. Assinala Fávila Ribeiro (1993, p. 30) que esse ramo do Direito tem de demonstrar sua eficiência pelos resultados que possa obter na frenação de qualquer abuso, seja ele proveniente de agentes públicos, seja cometido por instâncias privadas. E adverte: "É propriamente o poder, no exercício expansivo de suas dominações corrosivas, que precisa ser frenado e contido".

Importa ainda frisar que um mesmo processo eleitoral (em sentido amplo) pode abrigar várias eleições, nas quais diferentes cargos eletivos são disputados. Por exemplo: as eleições estaduais e federais compõem um complexo processo no qual são disputados os mandatos de Governador, Vice-Governador, Senador, Deputado Estadual ou Distrital (no DF) e Deputado Federal. Para ser declarado e gerar as consequências que lhes são próprias, não é necessário que o abuso de poder afete todas as eleições atinentes a determinado processo eleitoral. Basta que apenas uma delas reste maculada. Assim, o ilícito afirmado com relação a eleição de Deputado Estadual nenhuma influência exerce nas demais. O fundamental é que sejam salvaguardadas a legitimidade e a normalidade de cada qual das diversas eleições, mantendo-se o equilíbrio das várias campanhas que nelas se apresentem.

21.2.3 Poder e influência

O termo *influência* é empregado no art. 14, § 9º, da Constituição Federal.

A rigor, *poder e influência* não possuem o mesmo significado. *Influência* apresenta sentido mais sutil e abstrato; designa uma relação entre pessoas (e não entre pessoa e coisa, como pode ocorrer com o poder – ex.: fala-se em poder do homem sobre a natureza ou sobre um animal), em que uma delas age de certa maneira por influxo ou inspiração da outra. *Poder*, por sua vez, expressa a real e efetiva capacidade de transformação de uma realidade ou de realização de algo, e não apenas a inspiração para que algo possa acontecer ou ser realizado.

No Direito Eleitoral, às vezes esses dois termos são empregados como sinônimos, confundindo-se em seus significados. Um bom exemplo disso é encontrado no art. 19 da LC nº 64/90; no mesmo contexto, o *caput* desse dispositivo emprega o termo "abuso do *poder* econômico", enquanto o seu parágrafo único usa o termo "*influência* do poder econômico". Consoante aponta Dahl (1984, p. 1), o uso indistinto de tais vocábulos também é comum entre os cientistas políticos.

21.2.4 Tipologia legal do abuso de poder: *numerus clausus* ou *numerus apertus*?

Dada sua indeterminação e vagueza conceitual, o instituto do abuso de poder é apto a configurar-se a partir de inúmeras situações concretas, podendo, ainda, definir situações não conhecidas no presente ou que ainda surgirão no futuro. Não se trata, portanto, de conceito bem delimitado, mas dotado de aptidão para acompanhar a evolução dos tempos e amoldar-se a novos contextos.

Sem empregar linguagem harmônica e coerente, o conjunto normativo que embasa o ilícito em análise especifica os tipos de abuso de poder que considera relevantes para a sua configuração. O microssistema eleitoral sanciona não o "abuso de poder" em geral, mas as espécies ou tipos que especifica. Assim é que:

i) o art. 14, § 9º, da Constituição fala em: *(i.a)* "influência de poder econômico"; e *(i.b)* "abuso do exercício de função, cargo ou emprego na administração direta ou indireta".

ii) o art. 237, *caput*, do Código Eleitoral fala em: *(ii.a)* "interferência do poder econômico"; e *(ii.b)* "desvio ou abuso do poder de autoridade".

iii) o art. 19 da LC nº 64/1990 fala em: *(iii.a)* "transgressões pertinentes à origem de valores pecuniários"; *(iii.b)* "abuso do poder econômico"; e *(iii.c)* "abuso de poder político".

iv) o art. 22, *caput*, da LC nº 64/1990 fala em: *(iv.a)* "uso indevido, desvio ou abuso do poder econômico"; *(iv.b)* "uso indevido, desvio ou abuso do poder de autoridade"; e *(iv.c)* "utilização indevida de veículos ou meios de comunicação social".

v) o art. 22, XIV, da LC nº 64/1990 fala em: *(v.a)* "interferência do poder econômico"; *(v.b)* "desvio ou abuso do poder de autoridade"; e *(v.c)* "desvio ou abuso dos meios de comunicação".

O fato de essas espécies serem descritas de modo muito vago e genérico faz com que possam ser aplicadas a indefinido número de situações concretas. Essa técnica enseja melhor proteção ao bem jurídico tutelado, pois permite a adaptação do instituto a novas situações; mas tem a desvantagem de propiciar ao intérprete um grau elevado de subjetivismo na definição dos casos concretos.

Ante a existência da referida tipologia legal, cabe perguntar se o rol apresentado é fechado (*numerus clausus*) ou meramente exemplificativo (*numerus apertus*). Em outros termos: seria ilícita uma situação de abuso de poder, ofensiva aos princípios e valores inerentes ao processo eleitoral, mas que não se enquadrasse em alguma das referidas figuras legais?

A doutrina tem criticado a especificação feita pelo legislador, entendendo que tal técnica legislativa restringe a eficácia e o alcance do controle exercido em prol da legitimidade, normalidade e lisura do processo eleitoral. É que o abuso de poder deve ser reprimido em suas inumeráveis facetas e formas de manifestação, sendo relevante para sua caracterização apenas o fato de afetar os princípios e valores fundamentais que regem o processo eleitoral democrático. Importante, então, para a sua caracterização é apenas o fato de haver ferimento ao bem jurídico constitucionalmente protegido.

Nesse diapasão, afirma Fávila Ribeiro (1993, p. 57) que "teria sido mais vantajosa a supressão de especificação dos poderes, simplificando-se com um enunciado que transmitisse generalizada abrangência, mencionando apenas – *contra qualquer forma de abuso de poder à lisura do processo eleitoral*". Por sua vez, ressalta Alvim (2019, p. 270) que "o catálogo normativo se revela, *a priori*, falho, em especial por reduzir conceitualmente uma realidade que, a bem da verdade, tem como característica fundamental o próprio desconhecimento de limites". E propõe que a deficiência do texto legislativo seja corrigida pelo intérprete quando de sua aplicação, *in verbis*:

> "Em conclusão, argumentamos que a Constituição da República, quando, sem conceituar o abuso de poder, impõe com franco entusiasmo o seu combalido combate (art. 14, § 9º), acaba por conferir aos órgãos jurisdicionais de controle um espaço apto a emprestar uma efetiva proteção à regularidade eleitoral, mediante o amoldamento do conceito jurídico de poder a situações tão abertas como as suas amplas possibilidades de manifestação. E, se falha ao não o fazer de modo suficientemente claro, o problema é somente de leitura fria, sendo adequadamente resolvido pela atividade de interpretação. [...]" (ALVIM, 2019, p. 273).

Não há duvidar do acerto dessas ponderações, mormente ante a necessidade de se proteger de modo efetivo a integridade e legitimidade do processo eleitoral democrático, bem jurídico constitucionalmente tutelado.

Contudo, há muito se fixou o entendimento que requer para a configuração do ilícito de abuso de poder a correspondência do evento a específica previsão legal. Além dos princípios da legalidade e segurança jurídica, para essa compreensão também contribuiu o fato de estar em jogo a imposição de restrição ao exercício de direito político fundamental e à soberania popular. De sorte que para que o ilícito se configure é preciso que o evento abusivo se subsuma ou esteja relacionado a alguma daquelas figuras "tipificadas" no sistema legal. Formas não previstas de abuso de poder somente são sancionadas se ocorrerem de modo associado às espécies positivadas. Esse entendimento também tem por si o fato de as ações eleitorais apenas aceitarem como fundamento – ou causa de pedir – os fatos legalmente previstos e a elas vinculados. Nesse sentido, dispõe o art. 6º, *caput*, da Res. TSE nº 23.735/2024: "A apuração de abuso de poder em ações eleitorais exige a indicação de modalidade prevista em lei, sendo vedada a definição jurisprudencial de outras categorias ilícitas autônomas".

A seguir, apenas para fins didático-classificatórios, são apresentadas espécies de abuso de poder. As que contam com expressa previsão na legislação foram consideradas típicas – são elas: abuso de poder econômico, de autoridade, político, político-econômico e midiático. Algumas formas de abuso não previstas expressamente são referidas como atípicas, a saber: abuso de poder mediante discurso, religioso e docente.

Nas espécies consideradas atípicas, a configuração do ilícito – e a consequente responsabilização jurídica e aplicação de sanção – requer que elas ocorram de maneira associada ou entrelaçada a alguma forma típica. Assim, por exemplo, não há específica conceituação legal de "abuso de poder religioso", mas este poderá ser reconhecido e sancionado se ocorrer associado ao abuso de poder econômico ou se decorrer de abuso de poder de autoridade.

21.2.5 Abuso de poder econômico

Trata-se de forma típica de abuso de poder prevista: *(i)* no art. 14, § 9º da CF ("influência de poder econômico"); *(ii)* no art. 237, *caput*, do Código Eleitoral ("interferência do poder econômico"); *(iii)* no art. 19 da LC nº 64/1990 ("abuso do poder econômico"); *(iv)* no art. 22, *caput*, da LC nº 64/1990 ("uso indevido, desvio ou abuso do poder econômico"); *(v)* no art. 22, XIV, da LC nº 64/1990 ("interferência do poder econômico").

O termo *econômico*, na expressão em análise, tomado em seu significado comum, registrado no léxico, liga-se à ideia de valor patrimonial, financeiro, apreciado no comércio, no mercado, enfim, valor pecuniário ou em dinheiro. Refere-se, pois, à propriedade, à posse ou ao controle de coisas, bens, produtos ou serviços.

Destarte, a expressão *abuso de poder econômico* deve ser compreendida como a realização de ações (ativas ou omissivas) que consubstanciem mau uso de recurso, estrutura, situação jurídica ou direito patrimoniais em proveito ou detrimento de candidaturas. A finalidade do agente é influenciar a formação da vontade política dos cidadãos, condicionando o sentido do voto, e assim interferir em seus comportamentos quando do exercício do sufrágio. Por terem o propósito de exercer indevida influência no processo eleitoral, as referidas ações não são razoáveis nem normais à vista do contexto em que ocorrem, revelando a existência de exorbitância, desbordamento ou excesso no exercício da situação jurídica ou dos respectivos direitos e no emprego de recursos.

Dada sua vagueza e amplitude, o conceito de abuso de poder econômico comporta preenchimento por inúmeros fatos ou situações, ações ou omissões, que, em si mesmos, não são necessariamente ilícitos.

Em geral, baseia-se o abuso no exercício de situação jurídica ou de direito em desconformidade com a função que lhe é reconhecida. Toda situação jurídica ou direito (pessoal ou real) deve ser exercido ou explorado em consonância com a função jurídico-social que lhe é própria, o que significa dizer que deve realizar uma função útil à vida em sociedade, ao bem comum – do contrário tal exercício não se justifica nem é revestido de legitimidade. Por exemplo: a empresa e os empresários articulam os fatores de produção (capital, mão de obra, insumo, tecnologia) com o fim de realizar "atividade econômica organizada para a produção ou a circulação de bens ou de serviços" (CC, art. 966) e, com isso, obterem lucro; o uso de pessoal, estruturas e recursos de pessoa jurídica em benefício ou em desfavor de determinado candidato constitui ação ilícita, podendo caracterizar-se como abuso de poder econômico em razão de seu desvirtuamento. Nesse sentido, assentou a Corte Superior Eleitoral que o abuso do poder econômico resulta do "excesso de aproveitamento da capacidade de geração de riqueza, apto a desequilibrar o pleito eleitoral, em benefício de candidato" (TSE – RO-EI 060390235/BA – *DJe* 12-11-2020). A plena possibilidade jurídico-constitucional de empresários apoiarem candidatos e expressarem suas opiniões e pensamentos não pode se confundir com a prática de comportamentos ilícitos "que, por meio de ostensiva utilização de logomarca, estrutura e/ou funcionário, culmine por estabelecer nítido vínculo associativo entre pessoas jurídicas e determinados candidatos" (TSE – REspEl nº 060042708/SC – *DJe* 26-6-2023).

Uma definição de abuso de poder econômico encontra-se no projeto de Código Eleitoral em trâmite no Congresso Nacional – PLC nº 112/2021. Nos termos do art. 615, *caput*, desse projeto: "constitui abuso de poder econômico a utilização desmedida de aporte patrimonial que acarrete vantagem eleitoral indevida [...]." Não se afigura oportuna essa definição, pois, além de engessar o instituto, pode ensejar perplexidade em situações concretas; por exemplo: à luz de tal definição, não constitui abuso de poder econômico a utilização *comedida* de aporte patrimonial que acarrete vantagem indevida. *De lege ferenda*, melhor seria que se mantivesse o conceito indeterminado hoje em vigor, pois confere maior liberdade ao intérprete-juiz na apreciação dos casos concretos e permite a acomodação de inúmeras situações concretas.

De qualquer modo, para a configuração do ilícito, é necessário que a conduta abusiva tenha em vista processo eleitoral em curso ou futuro. Normalmente, ocorre durante o período de campanha, embora também possa acontecer antes de seu início, no denominado período de pré-campanha ou mesmo em época ainda mais recuada. Mas é certo que na ausência de liame eleitoral, não há como caracterizar o abuso do poder econômico como ilícito eleitoral, já que o patrimônio, em regra, é disponível.

Por igual, se não se puder valorar economicamente o evento considerado, obviamente não se poderá falar em uso abusivo de poder econômico, já que faltaria a atuação do aludido fator.

Para além da mácula que provoca nas eleições, o abuso de poder econômico invariavelmente tem como corolário a corrupção do político no exercício do mandato assim conquistado. É intuitivo que os financiadores não vertem seus recursos para a promoção de campanhas eleitorais apenas por altruísmo ou elevada consciência cívica; antes o fazem com vistas a conquistar espaço e influência nos centros decisórios do Estado, bem como abrir portas para futuros e lucrativos negócios. A lógica que instala tem matiz capitalista.

A esse respeito, adverte Fávila Ribeiro (1993, p. 58): "a interferência do poder econômico traz sempre por resultado a venalização no processo eleitoral, em maior ou menor escala". E arremata:

> "À proporção que a riqueza invade a disputa eleitoral, cada vez se torna mais avassaladora a influência do dinheiro, espantando os líderes políticos genuínos, que também vão cedendo, ainda que em menor escala, a comprometimentos econômicos que não conseguem de todo escapar, sendo compelidos a se conspurcarem com métodos corruptos".

21.2.6 Abuso de poder de autoridade

Trata-se de forma típica de abuso de poder, prevista: *(i)* no art. 237, *caput*, do Código Eleitoral ("desvio ou abuso do poder de autoridade"); *(ii)* no art. 22, *caput*, da LC nº 64/1990 ("uso indevido, desvio ou abuso do poder de autoridade"); *(iii)* no art. 22, XIV, da LC nº 64/1990 ("desvio ou abuso do poder de autoridade").

O termo *autoridade* tem origem na *auctoritas* romana, que designava o respeito ou a legitimação social detida por alguns cidadãos ou instituições, pelo que se realizava o controle social e o desempenho de alguns papéis na ordem moral; contrapunha-se à *potestas*, que significava poder. Assim, desde a antiguidade clássica, autoridade não se confunde com poder.

Atualmente, porém, esse termo comporta diversos significados. Observa Kerneis (2003) que frequentemente autoridade é confundida com o poder conferido para o exercício de uma função; os juristas em geral o compreendem como o poder de comandar ou ainda como o órgão investido desse poder, e também como o valor de certos atos; para politólogos e filósofos, a autoridade é o poder de, sem constrangimento físico, obter certo comportamento das pessoas a ele submetidas; já para sociólogos e antropólogos, a autoridade supõe o reconhecimento por um grupo acerca da posição mais elevada do líder.

Acentua Lalande (1999, p. 116) que autoridade designa "superioridade ou ascendência pessoais, em virtude dos quais uma pessoa se faz crer, obedecer, respeitar, se impõe ao juízo, à vontade, ao sentimento de outrem". Pode-se, pois, dizer que a autoridade goza de um direito de tomar decisões e ordenar comportamentos de outrem.

Max Weber (*apud* Lakatos e Marconi, 1999, p. 188-189; Dias, 2005, p. 243-244) distingue três tipos de autoridade, de acordo com a sua base de legitimidade, a saber: *(i) autoridade burocrática (racional-legal)* – é impessoal e baseada em normas aceitas por todos, sendo inerente ao exercício de cargo ou função em que a pessoa se encontra investida ou em posição formalmente instituída. Exemplo: servidor público, magistrado; *(ii) autoridade tradicional* – é pessoal e baseada em normas sociais (costumes, crenças, tradições sagradas) tradicionalmente observadas; não há legislação positiva regulando as relações, pois a obediência deve-se à tradição e aos costumes. Exemplo: líder eclesiástico como padre ou pastor evangélico, rei ou monarca que fundamenta seu poder em um direito divino, poder de chefe tribal; *(iii) autoridade carismática* – é pessoal e baseada nas qualidades pessoais excepcionais do indivíduo (líder), sendo que a obediência se funda no carisma. Exemplo: líder revolucionário como Che Guevara, líder político como Napoleão Bonaparte, líder de movimento social como Martin Luther King.

Tem-se, pois, que é difusa na sociedade a fonte da autoridade, podendo sua origem ser pública, privada, política, familiar, comunitária, ético-moral, social, religiosa, científica, empresarial etc. Por isso, ressalta Abbagnano (2003, p. 98):

> "Esse termo [autoridade] é generalíssimo e não se refere somente ao poder político. Além de 'A. do Estado' existe a 'A. dos partidos' ou a 'A. da Igreja', bem como a 'A. do cientista x' a quem se atribui, p. ex., o predomínio temporário de certa doutrina. Em geral, A. é, portanto, qualquer poder de controle das opiniões e dos comportamentos individuais ou coletivos, a quem quer que pertença esse poder".

Por tais motivos, a expressão *abuso de poder de autoridade* deve ser compreendida como a realização de ações que consubstanciam uso indevido do aludido poder ou ascendência pessoal com a finalidade de manipular indevidamente a formação da vontade política dos cidadãos, interferir indevidamente em seus comportamentos quando do exercício do sufrágio, determinando o sentido de seus votos, em proveito ou detrimento de candidaturas.

Assim, o abuso pressupõe que a atuação da autoridade seja realizada em desconformidade com o que dela normalmente se poderia esperar à vista das normas, convenções sociais, tradições e costumes. Sob as vestes da ascendência e do *status* social granjeados, passa a autoridade a agir como militante político-partidário em prol de determinada candidatura.

Para a caracterização do ilícito, é necessário que a conduta abusiva tenha em vista processo eleitoral em curso ou futuro. Normalmente, ocorre durante o período de campanha, embora também possa acontecer antes de seu início.

Mas vale ressaltar que, em princípio, o fato de ser autoridade não priva a pessoa da liberdade fundamental de expressão. Também ela tem o direito de externar publicamente suas opiniões e posições políticas, inclusive indicar o partido ou os candidatos que melhor representam o seu pensamento e visão de mundo.

É bastante amplo o alcance do presente instituto. O caráter genérico e indeterminado de seu conceito permite que sejam abrangidas não só relações na esfera pública, como também na privada. Naquela, são abarcadas situações de cunho político e técnico-administrativo. Já na esfera privada, podem ser abrangidas situações variadas ocorridas em âmbitos diversos como o religioso, educacional e empresarial.

Em que pese a amplitude do termo *autoridade*, fixou-se na jurisprudência eleitoral uma compreensão que o relaciona ao exercício de cargo ou função na esfera político-estatal ou na Administração Pública. Assim, muitos julgados atribuem significados idênticos às expressões "abuso de poder de autoridade" e "abuso de poder político", usando-os como sinônimos. Nesse sentido:

> "[...] 10. Consoante jurisprudência deste Tribunal Superior, o *abuso do poder político ou de autoridade* insculpido no art. 22, *caput*, da LC nº 64/90, caracteriza-se quando o agente público, valendo-se de sua condição funcional e em manifesto desvio de finalidade, compromete a igualdade e a legitimidade da disputa eleitoral em benefício de candidatura própria ou de terceiros (RO nº 172365/DF, Rel. Min. Admar Gonzaga, *DJe* de 27.2.2018; RO nº 466997/PR, Rel. Gilmar Mendes, *DJe* de 3.10.2016; REspe nº 33230/RJ, Rel. Min. João Otávio de Noronha, *DJe* 31.3.2016). [...]" (TSE – REspe nº 40898/SC – *DJe*, t. 150, 6-8-2019, p. 71-72).

> "[...] 2.8 Do exame das provas coligidas, não ficou demonstrada a prática de conduta vedada a agentes públicos, tampouco o *abuso de poder político ou de autoridade*, inexistentes dados concretos que comprovem o efetivo uso do aparato público (bens, servidores e serviços) em prol das candidaturas [...]" (TSE – AgRg-RO nº 519339/MG – *DJe* 2-8-2018).

> "[...] 16. A legislação eleitoral, com a finalidade de proteger a normalidade e a legitimidade das eleições, veda o *abuso do poder político ou de autoridade*, respondendo por eles, nos termos do inciso XIV do art. 22 da LC 64/90, tanto os responsáveis pela prática dos atos abusivos quanto os candidatos que venham a obter vantagens indevidas. [...]" (TSE – RO nº 171821/PB – *DJe*, t. 126, 28-6-2018, p. 29-32).

Não obstante, é certo que o ilícito eleitoral consubstanciado no abuso de poder de autoridade incide em outras dimensões da vida social, não se restringindo ao âmbito público-estatal, devendo, pois, o seu uso ser alargado para tornar mais efetiva a proteção à integridade e legitimidade do processo eleitoral.

21.2.7 Abuso de poder político

Trata-se de forma típica de abuso de poder, prevista: *(i)* no art. 14, § 9º da CF ("abuso do exercício de função, cargo ou emprego na administração direta ou indireta"); *(ii)* no art. 237, *caput*, do Código Eleitoral ("desvio ou abuso do poder de autoridade"); *(iii)* no art. 19 da LC nº 64/1990 ("abuso de poder político"); *(iv)* no art. 22, *caput*, da LC nº 64/1990 ("uso indevido, desvio ou abuso do poder de autoridade"); *(v)* no art. 22, XIV, da LC nº 64/1990 ("desvio ou abuso do poder de autoridade").

Político é vocábulo derivado de *polis*, que significa cidade, Estado. O poder político, consequentemente, refere-se ao poder estatal, isto é, o titulado e exercido pelo Estado em seus diversos âmbitos. Por deter o monopólio do uso legítimo da força, é esse o supremo poder numa sociedade organizada, ao qual subordinam-se todos os demais. Corporifica-se na figura do Estado, penetrando no interior da Administração Pública. Pode encontrar-se concentrado ou descentralizado mediante transferência de atribuições para órgãos locais, pessoas físicas ou jurídicas.

O abuso de poder político pode ser considerado uma forma de abuso de poder de autoridade, pois ocorre na esfera público-estatal sendo praticado por autoridade pública. Consubstancia-se no desvirtuamento de ações ou atividades desenvolvidas por agentes públicos no exercício de suas funções. A função pública ou a atividade da Administração estatal é desviada de seu fim jurídico-constitucional com vistas a condicionar o sentido do voto e influenciar o comportamento eleitoral de cidadãos.

Dada sua natureza essencialmente abstrata, o Estado fala, ouve, vê e age por intermédio de seus agentes, que por exercerem parcela de poder estatal naturalmente ocupam posições destacadas na comunidade, porquanto suas atividades terminam por beneficiá-la de forma efetiva, direta ou indiretamente.

Ao realizarem seus misteres, os agentes públicos têm o dever de guardar obediência ao regime jurídico a que se encontram submetidos, bem como aos valores e princípios constitucionais regentes da Administração Pública, especialmente os previstos no art. 37 da Lei Maior, entre os quais avultam: legalidade, impessoalidade, moralidade, publicidade, eficiência, licitação e o concurso público. A ação administrativo-estatal deve sempre e necessariamente reger-se por esses princípios e pautar-se pelo atendimento do *interesse público*.

O instituto alcança todos os exercentes de funções estatais nos três poderes do Estado (Executivo, Legislativo e Judiciário) e em todas as unidades da federação (União, Estados, DF e Municípios), que indiscriminadamente são denominados *agentes públicos*. Por esta expressão – ensina Bandeira de Mello (2002, p. 219) – designa-se, genérica e indistintamente, "os sujeitos que servem ao Poder Público como instrumentos expressivos de sua vontade ou ação, ainda quando o façam apenas ocasional ou episodicamente". O art. 73, § 1º, da LE oferece definição clara de agente público, assim reputando

> "quem exerce, ainda que transitoriamente ou sem remuneração, por eleição, nomeação, designação, contratação ou qualquer outra forma de investidura ou vínculo, mandato, cargo, emprego ou função nos órgãos ou entidades da administração pública direta, indireta, ou fundacional".

Abrange, portanto, não só servidores públicos efetivos e temporários, como também agentes públicos concursados (como magistrados) e detentores de mandato eletivo.

É intuitivo que a máquina administrativa não pode ser colocada a serviço de candidaturas no processo eleitoral, já que isso desvirtuaria completamente a ação estatal, além de desequilibrar o pleito – ferindo de morte a isonomia que deve permear as campanhas e imperar entre os candidatos – e fustigar o princípio republicano, que repudia tratamento privilegiado a pessoas ou classes sociais.

No entanto, lamentavelmente, no Brasil é público e notório que agentes públicos – principalmente agentes políticos – impunemente abusam do poder político que detêm e se valem de suas posições para beneficiar candidaturas. Desde sempre houve intenso uso da máquina administrativa estatal não só para premiar parentes, amigos e correligionários, como também para punir desafetos e opositores. E mais: ora são as incessantes (e por vezes inúteis) propagandas institucionais (cujo real sentido é, quase sempre, promover o agente político), ora são as obras públicas sempre intensificadas em anos eleitorais e suas monótonas cerimônias de inauguração, ora são os acordos e as trocas de favores impublicáveis, mas sempre envolvendo o apoio da Administração Pública, ora é o aparelho do Estado desviado de sua finalidade precípua e posto a serviço de um fim pessoal, ora são as transferências oportunistas de recursos de um a outros entes federados.

Ante sua elasticidade, o conceito de abuso de poder político pode ser preenchido por fatos ou situações tão variados quanto os seguintes: uso, doação ou disponibilização de bens e serviços públicos, desvirtuamento de propaganda institucional, manipulação de programas sociais, contratação ilícita de pessoal ou serviços, ameaça de demissão ou transferência de servidor público, convênios urdidos entre entes federativos estipulando a transferência de recursos às vésperas do pleito, concessão de perdão e anistia a infratores.

Não só por ação se pode abusar do poder político, como também por omissão.

Ressalte-se que a Lei nº 9.504/97 proibiu aos agentes públicos, servidores ou não, a consecução de certas condutas. Trata-se das chamadas *condutas vedadas*, previstas nos arts. 73 a 78 daquele diploma, as quais serão melhor analisadas posteriormente. Pode-se dizer que o abuso de poder de autoridade e o abuso de poder político são gêneros, dos qual as condutas vedadas constituem espécies.

Uma definição de abuso de poder político encontra-se no projeto de Código Eleitoral em trâmite no Congresso Nacional – PLC nº 112/2021. Nos termos do art. 616, *caput*, do projeto: "constitui abuso de poder político a exploração eleitoreira da estrutura do Estado, bem como o uso desvirtuado das competências e prerrogativas inerentes à condição de agente público que acarrete vantagem eleitoral indevida [...]." Apesar dessa definição sintetizar o que já se construiu na jurisprudência, não se afigura oportuna. É que, além de engessar o instituto, pode ensejar perplexidade em situações concretas. Por exemplo: à luz de tal definição, não constitui abuso de poder político o uso eleitoreiro e desvirtuado da estrutura do Estado e de competências e prerrogativas inerentes à condição de agente público que não acarrete vantagem eleitoral indevida. Em verdade, todo e qualquer uso do Estado ou da Administração Pública em prol de candidatura deveria gerar a presunção absoluta de "vantagem eleitoral indevida", pois fere a igualdade que deve imperar nas disputas eleitorais. *De lege ferenda*, melhor seria se se mantivesse o conceito indeterminado hoje em vigor, pois confere maior liberdade ao intérprete-juiz na apreciação dos casos concretos e permite o enquadramento de inúmeras situações concretas.

Segundo assentou o TSE: *(i)* "10. O abuso do poder político, de que trata o art. 22, *caput*, da LC 64/90, configura-se quando o agente público, valendo-se de sua condição funcional e em manifesto desvio de finalidade, compromete a igualdade da disputa e a legitimidade do pleito em benefício de sua candidatura ou de terceiros. Precedentes. [...]" (TSE – RO nº 172365/ DF – *DJe*, t. 40, 27-2-2018, p. 126/127); *(ii)* o abuso de poder político é "condenável por afetar a legitimidade e normalidade dos pleitos e, também, por violar o princípio da isonomia entre os concorrentes, amplamente assegurado na Constituição da República" (TSE – ARO nº 718/ DF – *DJ* 17-6-2005); *(iii)* "Caracteriza-se o abuso de poder quando demonstrado que o ato da Administração, aparentemente regular e benéfico à população, teve como objetivo imediato o favorecimento de algum candidato" (TSE – REspe nº 25.074/RS – *DJ* 28-10-2005).

21.2.8 Abuso de poder político-econômico

De modo geral, os fatos que caracterizam abuso de poder político não se confundem com os que denotam abuso de poder econômico. Em tese, tais ilícitos são independentes entre si, de sorte que um pode ocorrer sem que o outro se apresente.

Mas em numerosos casos as duas figuras andam juntas. Esse fenômeno bem pode ser designado como abuso de poder "político-econômico". Aqui, o mau uso de poder político é acompanhado pelo econômico, estando ambos inexoravelmente unidos. Essa modalidade de abuso de poder tem sido reconhecida pela Corte Superior. A ver:

> "O abuso de poder político evidenciado em ato que possua expressão econômica pode ser examinado também como abuso de poder econômico" (Res. TSE nº 23.735/2024, art. 6º, § 1º).

> "[...] 3. O abuso de poder econômico entrelaçado com o abuso de poder político pode ser objeto de Ação de Impugnação de Mandato Eletivo (AIME), porquanto abusa do poder econômico o candidato que despende recursos patrimoniais, públicos ou privados, dos quais detém o controle ou a gestão em contexto revelador de desbordamento ou excesso no emprego desses recursos em seu favorecimento eleitoral. Precedentes: REspe nº 28.581/MG, de minha relatoria, *DJe* de 23-9-2008; REspe nº 28.040/BA, Rel. Min. Ayres Britto, *DJ* de 1º-7-2008 [...]" (TSE – AAI nº 11.708/MG – *DJe* 15-4-2010, p. 18-19).

Em Estado historicamente patrimonialista e clientelista como o brasileiro, em que o fisiologismo é prática corriqueira e a máquina estatal posta abertamente a serviço de interesses pessoais e candidaturas, em que a elite e o poder econômico sempre dependeram de políticos e dos recursos do erário para manutenção de dominações e privilégios, não se pode ignorar o consórcio de abusos em apreço.

21.2.9 Abuso de poder midiático

Trata-se de forma típica de abuso de poder, prevista: *(i)* no art. 22, *caput*, da LC nº 64/1990 ("utilização indevida de veículos ou meios de comunicação social"); e *(ii)* no art. 22, XIV, da LC nº 64/1990 ("desvio ou abuso dos meios de comunicação").

A comunicação na contemporânea sociedade informacional e tecnológica é completamente controlada por um conjunto de canais de comunicação denominado *mass media*, mídia ou meios de comunicação social de massa. O conjunto desses instrumentos compõe o que se denomina indústria cultural, destacando-se entre eles *mídias tradicionais*, como a televisão, o rádio, o cinema e a imprensa (jornais e revistas), e *mídias digitais*, que se baseiam na Internet. Quanto a essa última categoria, a Corte Superior Eleitoral já entendeu que os "meios de comunicação social" abrangem as redes sociais (TSE – RO nº 060397598/PR, j. 28-10-2021) e aplicações digitais de mensagens instantâneas, como WhatsApp e Telegram (TSE – AIJEs nº 0601968-80 e 0601771-28, j. 28-10-2021).

A atuação dos *mass media* é muito ampla, e encontra-se na base da formação da *opinião pública*, da cosmovisão, juízos e atitudes das pessoas. Com efeito, transmitem significados, informações e conhecimentos. É por eles que a elite e o poder dominante impõem à coletividade seus valores e visões de mundo, estabelecem e atualizam linguagens, consolidam símbolos, papéis e modelos de comportamento, bem como criam necessidades, medos e angústias.

O poder midiático tem natureza ideológica, pois é relacionado ao conhecimento e ao domínio das construções simbólicas na esfera pública.

Dada sua essencialidade para a experiência social, o uso desse poder torna-se decisivo em disputas político-eleitorais. Afinal, é nos meios de comunicação de massa que a grande maioria dos cidadãos busca conhecimentos e informações, concebendo, então, as convicções políticas que serão externas nas urnas.

Não se pode esquecer que esse setor é controlado por empresas privadas e capitalistas, algumas de grande porte, que perseguem o lucro em suas atividades. Vivem da venda de anúncios, encontrando-se, portanto, na dependência das pessoas e empresas anunciantes. Essa dependência torna as empresas de comunicação social mais dóceis e suscetíveis à submissão ao domínio da elite econômica, assimilando o seu discurso e perfilando os seus interesses.

Por isso, adverte Fávila Ribeiro (1993, p. 45) que os *medias* merecem "grande preocupação na problemática do abuso, com os desvirtuamentos eleitorais que pode causar, pelos desequilíbrios que acarreta, privilegiando alguns e desdenhando a grande maioria". Com sobejas razões, ensina Alvim (2018, p. 83-84) que os meios de comunicação "ficam expostos às tentações do abuso", tendendo a defender, proteger ou perfilar interesses de pessoas, entidades, corporações ou segmentos anunciantes; propendem a descumprir os seus objetivos primários ao usar "da força de que dispõem para agendar a audiência, selecionar pautas, imprimindo ou retirando ênfase às notícias ou continuidade às denúncias e investigações, enfim, matizando acontecimentos com o fito de promover interesses setorizados, em flagrante prejuízo ao sistema político em que se inserem". Para além do controle da agenda, a manipulação midiática também se faz por meios simbólicos, pela colonização das consciências, interpretações tortas, distorções da realidade e construções enviesadas de sentido na esfera pública. A violência simbólica perpetrada sequer é percebida pelos destinatários, pois tudo se passa como se fosse verdadeiro convencimento; conteúdos distorcidos, tendenciosos, são veiculados como se fossem informação de interesse público.

O abuso do poder midiático pode ser compreendido como o desvirtuamento de ações desenvolvidas nos instrumentos de comunicação social, que, desviando-se de suas funções precípuas, passam a atuar ostensiva ou veladamente para influenciar a formação da vontade política dos cidadãos, interferir em seus comportamentos quando do exercício do sufrágio e, pois, determinar o sentido de seus votos em proveito ou detrimento de candidaturas ou partidos políticos.

Note-se que para afirmação do abuso urge verificar se o evento considerado não se trata de exercício regular e legítimo dos direitos constitucionais de expressão, comunicação e informação.

É que a Constituição Federal confere especial proteção às liberdades de expressão e informação em seu art. 5º, IV, IX, e XIV. No âmbito da comunicação social, o art. 220 daquela norma dispõe que "A manifestação do pensamento, a criação, a expressão e a informação, sob qualquer forma, processo ou veículo não sofrerão qualquer restrição, observado o disposto nesta Constituição"; veda, ainda, ao legislador aprovar lei que contenha "dispositivo que possa constituir embaraço à plena liberdade de informação jornalística em qualquer veículo de comunicação social" (§ 1º), e "toda e qualquer censura de natureza política, ideológica e artística" (§ 2º).

Com efeito, a livre circulação de ideias, pensamentos, opiniões e críticas promovida pela liberdade de expressão e comunicação é essencial para a configuração de um espaço público de debate, e, portanto, para o fortalecimento da democracia e do Estado Democrático. Sem isso, a verdade sobre os candidatos e partidos políticos pode não vir à luz, prejudicam-se o diálogo e a discussão públicos, refreiam-se as críticas e os pensamentos divergentes, tolhem-se as manifestações de inconformismo e insatisfação, apagam-se, enfim, as vozes de grupos minoritários e dissonantes do pensamento majoritário. De outro lado, é direito dos cidadãos receber todas as informações – positivas ou negativas – acerca dos candidatos, de sorte que possam formular juízo seguro a respeito deles, das ideias, dos projetos e do programa que representam. O fato do candidato ser figura pública, os direitos atinentes à privacidade, segredo e intimidade sofrem acentuada atenuação.

Cap. 21 • ILÍCITOS ELEITORAIS E RESPONSABILIDADE ELEITORAL | **599**

Entende a jurisprudência que o abuso só se configura se houver "desequilíbrio de forças decorrente da exposição massiva de um candidato nos meios de comunicação em detrimento de outros, de modo apto a comprometer a normalidade e a legitimidade do pleito", podendo tal desequilíbrio ser causado por "exposição excessiva de caráter positivo (favorecimento) ou negativo (desfavorecimento)" (TSE – REspe nº 97229/MG – *DJe* 26-8-2019).

Daí a exigência de gravidade do fato para que o ilícito seja caraterizado.

Na avaliação da gravidade do fato, para além do teor do conteúdo divulgado, devem-se ainda considerar outros aspectos circunstanciais, tais como: *(i)* a natureza do veículo de mídia; *(ii)* a quantidade ou o número de edições veiculadas; *(iii)* a tiragem de cada edição; *(iv)* se a distribuição do periódico é gratuita ou onerosa; *(v)* o alcance do veículo; *(vi)* a duração da comunicação, ou seja, se ocorreu durante longo ou curto período de tempo; *(vii)* a efetiva repercussão perante o eleitorado; *(viii)* a relação entre o beneficiário da conduta e os responsáveis pelo meio de comunicação; *(ix)* a significância da diferença de votos entre os candidatos considerados (TSE – REspe nº 31624/SP – j. 29-11-2022; TSE – REspe nº 31666/SP – *DJe* 21-10-2015; TSE – REspe nº 41395/SP- *DJe* 27-6-2019; TSE – AgR-AREspEl nº 060097688/SP – *DJe* 19-11-2024).

Os diversos canais midiáticos e aplicações digitais não recebem o mesmo tratamento nem têm o mesmo peso, pois a alguns é atribuída maior relevância que a outros. Assim, por exemplo – ao contrário do que ocorre com a televisão e o rádio –, admite-se que a mídia impressa (jornais, revistas) possa "posicionar-se favoravelmente a determinada candidatura sem que isso caracterize *de per si* uso indevido dos meios de comunicação social" (TSE – AgRg-RO nº 250310/PA – *DJe* 27-3-2019, p. 58). Nesse caso, o ilícito só se caracteriza se houver excessos, estes "devendo ser punidos pela Justiça Eleitoral" (TSE – AgRg-REspe nº 29105/RJ – *DJe* 3-8-2018; TSE – AgRg-RO nº 75825/SP – *DJe* 13-9-2017, p. 31-32). Sendo, porém, reconhecida a gravidade do fato, impõe-se a responsabilização jurídica:

> "1. A Corte regional assentou que, diante das provas robustas existentes nos autos, a veiculação de matérias em mídia impressa, favorecendo um dos candidatos em detrimento dos demais, extrapolou os limites da liberdade de expressão e configurou abuso dos meios de comunicação social. A revisão de tal entendimento demandaria nova incursão no acervo probatório dos autos, providência vedada nos termos da Súmula nº 24 do TSE. [...]" (TSE – AI nº 64867/MG – *DJe*, t. 183, 20-9-2019, p. 60-61).

21.2.10 Abuso de poder na Internet, meios digitais e redes sociais

É crescente o número de brasileiros que usam a *web*, Internet e plataformas digitais. Segundo a pesquisa anual TIC – Domicílios (http://data.cetic.br/cetic/explore?idPesquisa=TIC_DOM&idUnidadeAnalise=Usuarios&ano=2018 – Acesso em 16-11-2019), cerca de setenta por cento (70%) da população teve acesso à Internet no ano de 2018, prevalecendo o aparelho celular como principal meio para conexão.

A Internet e as plataformas digitais constituem os mais importantes e eficientes meios de comunicação social da atualidade. Formam uma gigantesca rede de comunicação, a qual resulta bastante ampliada com a interação que se estabelece com os tradicionais meios de comunicação como a televisão, o rádio e a imprensa escrita.

As comunicações travadas no ambiente virtual se dão de forma horizontal: os conteúdos são gerados pelos usuários do sistema, que, ao construírem fatos e notícias, se tornam editorialistas de seus próprios interesses, de suas próprias verdades e visões de mundo. Diversos sentidos podem ser arquitetados a partir da interação e das inúmeras mensagens compartilhadas por uma multidão heterogênea de indivíduos. A comunicação é difusa, ocorrendo instantaneamente entre milhares de pessoas. Prevalece a autonomia (relativa) dos sujeitos comunicantes, aos quais é dado produzir e gerir livremente seus próprios conteúdos e mensagens, distribuindo-os no ciberespaço. O consenso aí é alcançado por cliques, *likes* e compartilhamentos. Ademais, a *web* propicia uma efetiva interação entre os comunicantes, que deixam de ser passivos diante da informação e, ainda que com alguma dificuldade, passam a ter atitude mais ativa. Com isso, novas personagens ganham vez e voz, introduzindo no debate público pensamentos e realidades antes relegados ao desprezo ou ao esquecimento, pois era restrito e difícil o acesso aos instrumentos tradicionais de comunicação.

Não obstante, é ilusão acreditar que a Internet seja um espaço democrático. Se é certo que muitos são os usos que nela se pode fazer, não menos certo é o fato de que nem todos os seus recursos e possibilidades são acessíveis a todas as pessoas. Por outro lado, o domínio da tecnologia e o controle das redes comunicacionais encontram-se com pouquíssimos grupos empresariais, sendo os principais o Google para a Internet e o Facebook para redes sociais. Nesse sentido, ressalta Castells (2015, p. 30) que, à medida que a Internet se expandia "para se tornar o principal meio de comunicação da era digital, as grandes corporações passaram a dominar o seu negócio, e as companhias de comunicação globais moldaram as plataformas móveis de comunicação".

Não se pode duvidar que as instâncias do poder – notadamente o político e o econômico – podem se valer desse formidável poderio em benefício de candidaturas, para, *e.g.*, manipular o debate público, influenciar concepções dos cidadãos e o sentido de suas escolhas eleitorais. Plataformas digitais e redes sociais podem ser exploradas de má-fé, notadamente por pessoas interessadas em degradar o processo democrático. Por trás de operações aparentemente normais, podem se esconder organizações bem estruturadas que usam algoritmos e técnicas orientadas para a disseminação de desinformações, de *fake news,* de discursos mentirosos, de violência, preconceito ou ódio, que busque produzir resultado desvirtuador da integridade das eleições, da veraz representatividade e da sinceridade do voto. Isso, aliás, já ocorreu em plataformas como Facebook, Google e Twitter. Conforme expõem Cruz *et al.* (2018, p. 33):

> "O exemplo das eleições presidenciais de 2016 nos Estados Unidos não deve ser subestimado. No dia 15 de fevereiro de 2018, o *Federal Bureau of Investigation* (FBI) denunciou treze indivíduos russos e três organizações russas por uma gigantesca operação montada para influenciar este pleito. A diversidade e a dimensão das ferramentas utilizadas ilustram um arsenal de técnicas que podem ser colocadas em prática para confundir eleitores ou influenciar o resultado de uma eleição. [...]. O uso de poder econômico e político ou o acesso a meios de comunicação podem abrir espaço para significativas operações tecnológicas que podem desequilibrar o pleito e ser enquadradas como abuso. Tais operações podem aparecer como condutas isoladas e descoordenadas de usuários autênticos, escondendo uma organização para coordenação e disseminação para produzir um resultado deformador da normalidade e da integridade da disputa eleitoral. Ainda, abusos podem decorrer do acesso indevido a bancos de dados pessoais relevantes para campanhas direcionarem propagandas a eleitores. [...]".

É preciso se garantir a integridade, a normalidade e a legitimidade do pleito eleitoral, sendo mister combater a manipulação do debate público, a disseminação de discursos antidemocráticos que visam desacreditar o sistema eleitoral (notadamente os métodos legais de votação e apuração dos votos), os discursos de violência, preconceito, discriminação e ódio, a difusão de notícias falsas (*fake news*), de páginas e perfis espúrios. Isso para que as eleições sejam realmente democráticas, legítimas e sinceras.

A Lei Eleitoral não traz definição específica de abuso de poder na Internet, plataformas digitais e redes sociais. Embora os arts. 57-A até 57-I da LE tragam algumas regras sobre a Internet nas eleições, notadamente no âmbito da propaganda eleitoral, nenhum deles contém a referida definição.

Assim, à míngua de específica previsão legal, para caracterizar-se como ilícito é preciso que a situação considerada se encontre associada a um dos tipos de abuso de poder assinalados, ou seja, econômico, político, de autoridade ou midiático. O suporte econômico requerido para que as ações abusivas na *web* sejam realizadas com eficiência permite fundamentar o ilícito no abuso de poder econômico. Ademais, conforme constata Alvim (2019, p. 338): "a subsunção das variadas estratégias de manipulação informativa no seio da rede à hipótese de uso indevido dos meios de comunicação social é tecnicamente tranquila".

Há julgados do Tribunal Superior compreendendo como "meios de comunicação social" as redes sociais (TSE – RO nº 060397598/PR, j. 28-10-2021) e aplicações digitais de mensagens instantâneas como WhatsApp e Telegram (TSE – AIJEs nº 0601968-80 e 0601771-28, j. 28-10-2021). E nesse mesmo sentido dispõe a Res. TSE nº 23.735/2024, a ver:

> "O uso de aplicações digitais de mensagens instantâneas visando promover disparos em massa, com desinformação, falsidade, inverdade ou montagem, em prejuízo de adversária(o) ou em benefício de candidata(o) configura abuso do poder econômico e uso indevido dos meios de comunicação social." (Res. TSE nº 23.735/2024, art. 6º, § 3º).

> "A utilização da internet, inclusive serviços de mensageria, para difundir informações falsas ou descontextualizadas em prejuízo de adversária(o) ou em benefício de candidata(o), ou a respeito do sistema eletrônico de votação e da Justiça Eleitoral, pode configurar uso indevido dos meios de comunicação e, pelas circunstâncias do caso, também abuso dos poderes político e econômico." (Res. TSE nº 23.735/2024, art. 6º, § 4º).

De qualquer sorte, para a configuração do ilícito é preciso verificar se o evento considerado não se trata de exercício dos direitos constitucionais de expressão, comunicação e informação, que gozam de proteção constitucional (CF, art. 5º, IV, IX, e XIV, art. 220). Mas vale salientar que essa proteção é conferida apenas ao exercício regular e legítimo dos referidos direitos, não incidindo na hipótese de exercício abusivo, o qual é caracterizado como ilícito. Havendo ilícito, não se pode falar de exercício regular de direito.

Ademais, para a afirmação do ilícito, faz-se relevante ponderar a gravidade dos fatos examinados e a aptidão deles para ferir a integridade e legitimidade do processo eleitoral. Assim, há que se avaliar o tipo de estrutura ou plataforma utilizada, pois alguns aplicativos de mensagens – como o WhatsApp e o Telegram – permitem apenas a troca de mensagens (que pode conter texto escrito, som e imagem) entre usuários ou grupos com número limitado de participantes. A respeito, entendeu a Corte Superior:

> "[...] 2. Ferramentas como o WhatsApp e assemelhadas (Telegram, Viber, Hangouts, Skype, Chaton, Line, Wechat, Groupme) podem apresentar feições diversas, a saber, de cunho privado ou público, ao viabilizarem a interação individual ou por meio de conversas em grupos e até por videoconferências. 3. Diante dos desafios impostos por essa nova sociedade informacional, o julgador deverá aferir se houve, em cada caso, um legítimo direito de expressão e comunicação ou se, por outro lado, a informação foi veiculada com intuito de interferir no comportamento do eleitorado, se teve a aptidão para levar ao 'conhecimento público' o resultado da pesquisa eleitoral e, dessa forma, interferir ou desvirtuar a legitimidade e o equilíbrio do processo eleitoral. Para tanto, poderá basear-se em alguns elementos ou sintomas denunciadores de que a divulgação dos dados extrapo-

lou a esfera particular, tais quais: i) uso institucional ou comercial da ferramenta digital; ii) propensão ao alastramento de informações; iii) interesses e número de participantes do grupo; iv) finalidade e nível de organização e/ou institucionalização da ferramenta; v) características dos participantes e, principalmente, do criador ou responsável pelo grupo, pela mídia ou rede social, uma vez que, a depender do seu grau de liderança ou da atuação como formador de opinião, aumenta a potencialidade da informação para atingir um público diversificado, em ambiente propício à manipulação dos interlocutores. [...]" (TSE – REspe nº 41.492/SE – *DJe*, t. 197, 2-10-2018, p. 9-10).

21.2.11 Abuso de poder mediante discurso: os atos perlocutórios

Foi dito que o ilícito de abuso de poder requer que haja *efetivo* exercício de poder, sendo mister que ele ocorra em ato. A questão que ora se coloca é a seguinte: pode o abuso de poder se perfazer apenas com atos de fala ou discurso, ou seria sempre necessário para caracterizá-lo a ocorrência de ações externas ao discurso, tais como o efetivo uso ou emprego de recursos materiais em prol de candidatura?

Sob o aspecto exclusivamente linguístico, desde os estudos desenvolvidos por J. L. Austin reconhece-se que a linguagem, em si mesma, constitui prática social concreta. De modo que o ato da fala ou discurso ostenta uma dimensão *perfomativa*, ou seja, denota uma ação ou um modo de se fazer as coisas. A linguagem é constituinte de situações concretas, excedendo, portanto, os lindes do discurso ou indo além dele. Nesse sentido, consoante J. L. Austin (1962, p. 6 e 107), proferir uma fala ou sentença em circunstâncias apropriadas equivale a fazer algo ("to utter the sentence (in, of course, the appropriate circumstances) is not to describe my doing of what I should be said in so uttering to be doing or to state that I am doing it: it is to do it"). E prossegue:

> "Saying something will often, or even normally, produce certain consequential effects upon the feelings, thoughts, or actions of the audience, or of the speaker, or of other persons: and it may be done with the design, intention, or purpose of producing them; and we may then say, thinking of this, that the speaker has performed an act [...]". (Tradução livre: Frequentemente ou mesmo normalmente, dizer algo produzirá certos efeitos sobre os sentimentos, pensamentos ou ações do público, do falante ou de outras pessoas: e isso pode ser feito de forma deliberada, com a intenção ou objetivo de produzi-los; e podemos então dizer, pensando nisso, que o falante executou um ato [...].).

A tal tipo de ato, o eminente filósofo britânico denomina *perlocutionary act*, isto é, ato perlocutório. Nesse, o discurso não se limita à mera narração ou descrição de objetos (como quando se diz: a neve é branca, chove lá fora); não é algo que possa ser verdadeiro ou falso. Constitui, antes, a própria ação. Discurso e ação se identificam, se confundem, tendo como resultado a produção de efeitos concretos. De maneira que pelo ato da fala algo se transforma ou se realiza.

Discursos bem engendrados podem provocar consequências relevantes no mundo da vida, causando atos e comportamentos aptos a gerar danos; podem expressar comandos, que logo são convertidos em ações; podem incutir sentimentos variados na mente dos interlocutores, ensejar a criação de vínculos psicológicos e emocionais, reforçar crenças e conceitos morais, incutir certezas e levar pessoas a acreditar em valores, assim como em cenários, fantasias, utopias e quimeras que não existem senão na imaginação do falante; podem induzir pessoas a praticar atos em prejuízo de si mesmas, como a doação de seus bens (ainda que necessários à própria subsistência) e o extermínio das próprias vidas ou as de entes queridos. A propaganda e o *marketing* constituem bons exemplos, pois em geral veiculam discursos sedutores e intencionalmente elaborados para despertar em seus destinatários certas emoções e com isso manipulá-los e orientar-lhes o comportamento. Há técnicas e estratégias sofisticadas de psicologia desenvolvidas para a manipulação das pessoas. Para lembrar um exemplo histórico que ficou famoso, pense-se no pânico e desespero ocorridos em cidades dos EUA em 1938, quando a rede de rádio CBS (*Columbia Broadcasting System*) interrompeu sua programação musical para noticiar uma invasão de marcianos que estariam chegando a bordo de naves extraterrestres à cidade de Grover's Mill, no Estado de Nova Jersey; depois se soube que se tratava da dramatização de peça de radioteatro baseada no livro de ficção científica *A Guerra dos Mundos*, do escritor inglês Herbert George Wells. Outro exemplo que pode ser lembrado é a tragédia ocorrida em 1978, relativa ao suicídio coletivo de cerca de 900 pessoas na Guiana (antiga Guiana Inglesa); os suicídios se deram mediante ingestão de veneno por determinação do carismático líder Jim Jones, que com suas preleções exercia forte controle sobre as mentes de seus seguidores, a ponto de levá-los a ceifar suas próprias vidas. Tais discursos consubstanciam ações intencionalmente orientadas à produção de efeitos nos destinatários.

No campo político-eleitoral, falas ou discursos públicos proferidos por candidato e apoiadores poderiam, só por si, caracterizar abuso de poder?

Uma análise sistemática do sistema jurídico evidencia a existência de situações em que a ação em si mesma já implica a realização de um ilícito. Trata-se dos chamados delitos de mera atividade ou formais. Aqui, acentua Figueiredo Dias (2007, p. 306): "o tipo incriminador se preenche através da mera execução de um determinado comportamento". Como exemplo, cite-se o crime de falso testemunho (CP, art. 342), em que a consumação se perfaz com meros atos de fala consistentes em "fazer afirmação falsa", e até mesmo de silêncio na hipótese de se "calar a verdade". No âmbito eleitoral também há ilícitos dessa natureza, tais como o crime de corrupção eleitoral (CE, art. 299) e a chamada compra de voto (LE, art. 41-A), nos quais a realização do ilícito se dá igualmente com meros atos de fala consistentes em "oferecer" ou "prometer" bem ou vantagem a eleitor com o fim de obter-lhe o voto. Em todos esses casos, os atos de fala ou discurso, sozinhos, encerram em si mesmos a própria ação ilícita, ostentando a potencialidade de lesar o bem juridicamente protegido.

Não há dúvida de que ameaçar, oferecer ou prometer publicamente algo implica a intenção de se realizar o que foi dito. A ameaça, oferta ou promessa enfeixam ações intencionais, e devem ser levadas a sério, a menos que haja motivos para se duvidar da seriedade delas, como ocorreria, por exemplo, em um espetáculo teatral ou quando tiverem caráter jocoso ou forem externadas por mentiroso contumaz. Sendo relevantes, sérias e factíveis, a ameaça, oferta ou promessa de bens ou vantagens têm potencialidade para macular a integridade do processo eleitoral em razão do efeito que produzem na consciência política dos cidadãos e das ações daí decorrentes. Configurar-se-ão, então, como modalidade de abuso de poder. No caso, discurso e ação se equivalem ou se confundem, causando efeitos nas consciências dos eleitores, distorcendo a formação de suas vontades políticas e desvirtuando o processo psicológico de escolha, que deve ser livre e normal. Muitos terão motivos bastantes para sucumbir à ameaça, bem como acreditar na oferta ou promessa intencionalmente lançadas no discurso, com isso sendo impelidos a apoiar ou defender determinadas escolhas, posições ou visões de mundo. A distorção provocada no processo eleitoral é fruto da conformação da consciência político-eleitoral dos cidadãos a partir dos discursos ou falas abusivas, assim se delineando o abuso do poder ostentado pelo interessado.

Considerem-se, ainda, as ações discursivas promotoras de desinformações. São discursos desonestos, com conteúdos total ou parcialmente falsos, não validados ou não confirmados pela realidade nem pela ciência, concebidos deliberadamente para enganar, prejudicar ou manipular pessoas, entidades ou instituições. Trata-se, pois, de forma de comunicação ilícita, porque propaga conteúdos e informações falsos criados dolosamente para causar danos. Conforme ressalta Goltzman (2022, p. 63), o dano que se pretende infligir não constitui um fim em si mesmo, mas tem um objetivo certo que "Pode ser um intento político, como eliminar um candidato rival, ou um fim econômico, como auferir dinheiro através dos cliques e da publicidade". Ademais, pode haver o propósito de prejudicar pessoas ou entidades, provocando-lhes lesões de diversas ordens, como abalo na confiança e reputação que gozam perante outrem, econômicos, pessoais, psicológicos. Para que a disseminação do conteúdo seja mais eficiente e atinja rapidamente um maior número de pessoas, são empregados estratégias e recursos digitais, como o uso de plataformas e aplicativos digitais, redes sociais, aplicativos de mensagens, *bots* (robôs), *trolls* (pessoas contratadas para forjar engajamento e simular popularidade) etc. Conforme registrou Campos Mello (2020, p. 24-25):

> "Uma vez 'impulsionada', a narrativa é então propagada naturalmente pelas redes orgânicas, que são as pessoas de carne e osso que acreditam naquilo que está sendo veiculado. Os americanos chamam isso de *firehosing*, derivado de *fire hose*, mangueira de incêndio – trata-se da disseminação de uma informação, que pode ser mentirosa, em um fluxo constante, repetitivo, rápido e em larga escala. As pessoas são bombardeadas de todos os lados por uma notícia – sites de notícias, grupos de WhatsApp, Facebook, Instagram – e essa repetição lhes confere a sensação de familiaridade com determinada mensagem. A familiaridade, por sua vez, leva o sujeito a aceitar certos conteúdos como verdadeiros. Muitas vezes, esse será o primeiro contato que ele terá com determinada notícia – e essa primeira impressão é muito difícil de desfazer".

Deveras, discursos perfomativos podem provocar efeitos relevantes e por vezes graves, porquanto as palavras proferidas podem desencadear ações por parte dos interlocutores; quando inseridas em determinados contextos, legitimam ações, induzem ou confirmam crenças, conceitos e ideologias. No âmbito eleitoral, tais discursos podem prejudicar candidatos e partidos políticos, bem como influenciar a formação da vontade política e o comportamento dos eleitores, em evidente prejuízo à integridade, normalidade e legitimidade do processo eleitoral. Mais ainda, a desinformação tem aptidão para lesar o próprio sistema democrático e as instituições eleitorais, minando a confiança neles depositadas, fato, aliás, que levou o Tribunal Superior Eleitoral a instituir o Programa Permanente de Enfrentamento à Desinformação, cujo objetivo é prevenir e combater a disseminação de notícias falsas (*fake news*) e a desinformação sobre o processo eleitoral, principalmente na Internet (https://www.tse.jus.br/comunicacao/noticias/2022/Julho/programa-de-enfrentamento-a-desinformacao-do-tse-tem-mais-de--150-parcerias-659181. Acesso em: 9 jan. 2024).

De todo modo, obviamente, não é qualquer fala ou discurso, difundido em qualquer meio e por qualquer candidato ou apoiador, que poderá ser enquadrado no ilícito eleitoral de abuso de poder. Entre outros fatores, tal enquadramento requer que o fato seja relevante e tenha aptidão para influenciar ou distorcer a formação da vontade política dos eleitores em benefício de candidato, e assim corroer a integridade do processo eleitoral, comprometendo sua normalidade e legitimidade.

Além disso, é preciso que o discurso abusivo se encontre associado a um dos tipos de abuso de poder reconhecidos, ou seja, econômico, político, de autoridade, midiático.

21.2.12 Abuso de poder religioso

O sociólogo Émile Durkheim compreendia a religião como manifestação coletiva ou fato social, definindo-a como "um sistema unificado de crenças e práticas relativas a coisas sagradas, isto é, coisas reservadas e proibidas – crenças e práticas que se unem em uma única comunidade moral chamada Igreja, todos aqueles que aderem a ela" (DURKHEIM, 1995, p. 44).

São antigas e profundas as relações entre sociedade e religião.

No Brasil, a Constituição Imperial de 1824 engendrou um Estado Religioso. Nos termos do art. 5º daquele diploma: "A Religião Católica Apostólica Romana continuará a ser a Religião do Império". As demais religiões eram permitidas apenas no âmbito doméstico, "ou particular em casas para isso destinadas, sem forma alguma exterior do Templo".

Diferentemente, com a Constituição de 1891 o Brasil passou a ser formalmente um Estado Laico, não adotando nenhuma religião como oficial e mantendo-se neutro em matéria confessional. Nesse sentido, dispunha o § 7º, art. 72, daquele diploma constitucional: "Nenhum culto ou igreja gozará de subvenção oficial, nem terá relações de dependência ou aliança com o Governo da União ou dos Estados". A laicidade do Estado brasileiro foi mantida nas Constituições posteriores.

Na Constituição em vigor, o art. 19, I, proíbe a União, os Estados, o Distrito Federal e os Municípios de "estabelecer cultos religiosos ou igrejas, subvencioná-los, embaraçar-lhes o funcionamento ou manter com eles ou seus representantes relações de dependência ou aliança, ressalvada, na forma da lei, a colaboração de interesse público". Mas é concedida imunidade tributária aos "templos de qualquer culto", o que impede a instituição de imposto sobre "o patrimônio, a renda e os serviços", relacionados com as finalidades essenciais (CF, art. 150, VI, *b* e *c*, § 4º).

O secularismo estatal impõe a separação entre Estado e Religião, entre os poderes temporal e espiritual, entre o profano e o sagrado.

Na esfera individual, o art. 18 da Declaração Universal dos Direitos Humanos consagra a liberdade de crença e religião, a qual abrange "a liberdade de mudar de religião ou crença e a liberdade de manifestar essa religião ou crença, pelo ensino, pela prática, pelo culto e pela observância, isolada ou coletivamente, em público ou em particular".

Por sua vez, impera a Constituição Federal em seu art. 5º, VI: "é inviolável a liberdade de consciência e de crença, sendo assegurado o livre exercício dos cultos religiosos e garantida, na forma da lei, a proteção aos locais de culto e a suas liturgias". No inciso IV daquele mesmo dispositivo, a Lei Maior também garante ser "livre a manifestação do pensamento".

Tal direito humano e fundamental tem em vista a inexorável necessidade humana de se relacionar com o divino, o sublime ou o sobrenatural. O *culto* e a *oração* traduzem momentos em que essa relação se afirma e reforça, pois nele o encontro com a divindade se apresenta pelo diálogo. É esse um dos momentos capitais de expressão de fé e afirmação religiosa.

Não se trata, portanto, do ambiente nem da ocasião apropriados para promoção de partidos nem de candidaturas. Além do desrespeito às pessoas presentes, o desvirtuamento do ato religioso em ação político-eleitoral pode ser ilícito, porque mistura coisas que a Constituição determina sejam mantidas separadas e fere os princípios e valores que informam o processo eleitoral democrático.

De modo geral, o denominado abuso de poder religioso liga-se à realização de discursos, prática de atos, cessão de espaços e estruturas relacionados ao culto, à expressão da fé e à relação com o divino, que são corrompidos com vistas a manipular ou influenciar a formação da vontade política dos fiéis, e interferir em seus comportamentos quando do exercício do sufrágio.

É preciso, então, distinguir duas situações. Na primeira, o abuso ocorre mediante sermões e discursos, misturando-se pregação propriamente religiosa com proselitismo político-eleitoral. Aqui, o pregador desvia-se do conteúdo de sua doutrina e insere em seu sermão palavras e apelos com vistas a inculcar nos fiéis certas opiniões ou temores, procurando com isso induzir a formação de seus convencimentos, de suas escolhas políticas e, pois, manipular os seus comportamentos eleitorais quando do exercício do sufrágio. Como exemplos, podem ser mencionadas situações em que o voto em determinado candidato é vinculado a prêmios ou castigos no plano divino, à salvação da alma do fiel, à realização de comportamento que corresponda à "vontade de Deus", em que o candidato é apresentado como pessoa alinhada aos preceitos religiosos.

Na segunda situação, o abuso pode ocorrer: *(i)* pela disponibilização de recursos materiais, espaços e estruturas físicas. Ex.: apresentação ou efetiva participação de candidato em missa, culto ou evento religioso; *(ii)* pela realização de serviços. Ex.: distribuição de material de propaganda eleitoral em espaço ou ambiente religioso; *(iii)* pela promoção feita em veículos de comunicação social. Ex.: divulgação por jornal impresso ou televisão de sermões contendo promoção de candidato. São casos em que há evidente relação com o abuso de poder econômico e dos meios de comunicação social.

Nessas situações, conforme as circunstâncias, podem restar vulnerados os princípios e valores que presidem o processo eleitoral, especialmente a igualdade de chances entre os participantes do certame. O fato é agravado quando o suposto ato religioso é disponibilizado na Internet e redes sociais ou transmitido em veículos de comunicação social de massa como o rádio e a televisão, pois com isso o seu alcance é em muito ampliado, podendo atingir número indeterminado de pessoas.

Não se pode ignorar que muitos fiéis são suscetíveis a tais discursos e podem vir a perfilar a opinião e as sugestões do líder religioso, até por vê-lo como autoridade em matéria espiritual e tê-lo como importante referência ético-moral, na comunidade e em suas vidas. O alinhamento, portanto, pode ser quase natural em muitos casos.

É preciso, porém, considerar a autonomia e capacidade de discernimento e crítica dos fiéis – que não são autômatos. Apesar da influência, pode não haver alinhamento automático com a opinião do líder em matéria política. E mesmo quando existir alinhamento, esse pode ser consequência da coincidência de visões de mundo. Afinal, sacerdotes e fiéis vivem no mesmo contexto mundano, experimentam problemas e dificuldades semelhantes, não devendo surpreender o fato de terem opiniões coincidentes sobre algumas questões.

Ademais, é mister considerar que as liberdades fundamentais de expressão, manifestação e informação também beneficiam líderes religiosos – de qualquer religião ou crença –, que não devem ser impedidos de exprimir publicamente suas ideias, opiniões políticas e mesmo predileção por candidatos. Essas liberdades são constitucionalmente garantidas, ainda que as manifestações possam exercer algum tipo de influência na formação da consciência política e determinar as opções eleitorais de fiéis. A propósito, a Corte Superior Eleitoral já ressaltou ser "inegável que declarações públicas de apoio ou predileção a determinada candidatura [realizadas por líder religioso] estão resguardadas pela liberdade de manifestação assegurada constitucionalmente", sendo natural a tendência dos indivíduos a um alinhamento "a candidatos oriundos da fé professada" (TSE – RO nº 537003/MG – *DJe* 27-9-2018).

O que não se pode tolerar é o desvio de "poder religioso" manejado de modo intencional para manipular os fiéis e interferir indevidamente no processo eleitoral, corrompendo os princípios e valores democráticos que o regem.

Existem restrições legais aplicáveis à atuação político-eleitoral de entidades e autoridades religiosas, tais como as proibições de candidatos e partidos receberem doação de "entidades religiosas" (LE, art. 24, VIII) e de veiculação de propaganda de qualquer natureza em bens de uso comum (LE, art. 37).

Todavia, não há na legislação previsão expressa de uma categoria jurídica autônoma denominada "abuso de poder religioso".

Cap. 21 • ILÍCITOS ELEITORAIS E RESPONSABILIDADE ELEITORAL | 607

O projeto de Código Eleitoral em trâmite no Congresso Nacional (PLC nº 112/2021) até dispõe sobre essa matéria, mas apresenta uma definição negativa em seu art. 617, *in verbis*: "não configura abuso de poder a emissão, por autoridade religiosa, de sua preferência eleitoral, nem a sua participação em atos regulares de campanha, observadas as restrições previstas nesta Lei".

Nesse quadro, a configuração do ilícito em exame não ocorre de forma autônoma, sendo mister que o evento se relacione a um dos tipos de abuso de poder assinalados, ou seja: econômico, político, de autoridade, midiático.

A respeito, veja-se excerto do seguinte julgado da Corte Superior:

> "[…] 14. A utilização do discurso religioso como elemento propulsor de candidaturas, infundindo a orientação política adotada por líderes religiosos – personagens centrais carismáticos que exercem fascinação e imprimem confiança em seus seguidores –, a tutelar a escolha política dos fiéis, induzindo o voto não somente pela consciência pública, mas, primordialmente, pelo temor reverencial, não se coaduna com a própria laicidade que informa o Estado Brasileiro. 15. Diante desse cenário é que se torna imperioso perscrutar em que extensão cidadãos são compelidos a apoiar determinadas candidaturas a partir da estipulação de líderes religiosos – os quais, por vezes, vinculam essa escolha à própria vontade soberana de Deus –, em cerceio à liberdade de escolha do eleitor, de modo a interferir, em larga escala, na isonomia entre os candidatos no pleito, enfraquecendo o processo democrático. 16. A reiterada conclamação aos fiéis durante as celebrações religiosas, por seus líderes, para que suportem determinada campanha, cientes do seu poder de influência sobre a tomada de decisões de seus seguidores, é conduta que merece detido exame pela Justiça Eleitoral, considerada a nobre missão de que investida, pela Carta Magna, quanto ao resguardo da legitimidade do pleito. […] 18. Porque insofismável o poder de influência e persuasão dos membros de comunidades religiosas – sejam eles sacerdotes, diáconos, pastores, padres etc. –, a extrapolação dessa ascendência sobre os fiéis deve ser enquadrada como abuso de autoridade – tipificado nos termos do art. 22, XIV, da LC nº 64/1990, que veio a regulamentar o art. 14, § 9º, da CF – e ser sancionada como tal. 19. Nessa quadra, revelam-se passíveis, a princípio, de configuração do abuso de autoridade – considerada a liderança exercida e a possibilidade de interpretação ampla do conceito – os atos emanados de expoentes religiosos que subtraiam, do âmbito de incidência da norma, situações atentatórias aos bens jurídicos tutelados, a saber, a normalidade e a legitimidade das eleições e a liberdade de voto (art. 19 da LC nº 64/1990). 20. Todavia, sem embargo da pungente discussão sobre o tema, a se realizar em momento oportuno, a solução da controvérsia que se põe na espécie prescinde desse debate, uma vez incontroversa a utilização, a favor da candidatura dos recorrentes, de sofisticada estrutura de evento religioso de grande proporção, à véspera do pleito, que contou com shows e performances artísticas, cujo dispêndio econômico foi estimado em R$ 929.980,00 (novecentos e vinte e nove mil e novecentos e oitenta reais) – valores não declarados em prestação de contas e integralmente custeados pela Igreja Mundial Poder de Deus –, cujas circunstâncias indicam a configuração do abuso do poder econômico. […]" (TSE – RO nº 537003/MG – *DJe* 27-9-2018).

Mas em outras oportunidades, a Corte Superior entendeu não caracterizado o presente ilícito em situações como as seguintes:

i) discurso de aproximadamente três minutos feito por candidata para cerca de 40 pessoas reunidas em um templo religioso (TSE – REspe nº 8285/GO, j. 18-8-2020);

ii) "[...] Discurso em evento privado promovido por confederação religiosa [...] sem aptidão para causar desequilíbrio na disputa ou prejuízo à normalidade e à legitimidade das eleições" (TSE – RO nº 0601559/AP – decisão singular do relator – j. 27-8-2020);

iii) veiculação normal de entrevista em programa de rádio local em que é enaltecida a imagem do candidato e explorado o seu vínculo com a religião evangélica, sem, porém, ocorrência de exposição desproporcional, massiva ou excessiva (TSE – AgR RO nº 060887106/RJ, j. 24-11-2020).

21.2.13 Abuso de poder docente

Docente é palavra proveniente do Latim *docens*, que significa ensinar, educar, instruir. Remete, então, a profissionais de educação que atuam em processos de ensino e aprendizagem. É o professor que ministra aulas e transmite ciências, conhecimentos e artes a outras pessoas. Exercendo suas atividades em todos os níveis escolares, do ensino pré-escolar até o universitário, em instituições públicas e privadas, o docente é referência fundamental na vida de todos e um dos mais importantes agentes do processo educacional.

Atua o docente na esfera do poder ideológico, isto é, do conhecimento, formulação de ideias e conceitos.

Compreende-se por abuso de poder docente o fato de o profissional da educação, em desvio de finalidades de suas funções, empenhar-se no proselitismo político-eleitoral em proveito ou em detrimento de candidaturas.

Não se trata, é certo, de coibir o ensino, o debate e a crítica, nem de vedar discussões em sala de aula sobre quaisquer questões, tampouco de impedir professores de externar suas interpretações e visões de mundo, bem como exprimir suas opiniões e críticas a respeito de políticas públicas, candidatos e partidos. Ainda porque a escola é o ambiente próprio e vocacionado para discussões e confrontos de ideias sobre problemas humanos, culturais, filosóficos, econômicos, sociais, políticos, eleitorais etc. Ademais, não se pode olvidar que ao professor é garantida a liberdade de cátedra. Deveras, em seu art. 206, a Constituição eleva a princípio constitucional a "liberdade de aprender, ensinar, pesquisar e divulgar o pensamento, a arte e o saber" (inc. II) e o "pluralismo de ideias e de concepções pedagógicas" (inc. III).

Cuida-se, antes, de coibir o abuso da cátedra quando esta for transformada em instrumento de militância político-eleitoral, havendo intensa pregação política orientada à intencional manipulação de discentes e captação de votos para este ou aquele candidato que conta com o apoio pessoal do professor ou da própria instituição de ensino a que se vincula. Isso nada tem com a liberdade de cátedra, tampouco com a discussão séria de temas filosóficos, econômicos, sociais, político-eleitorais etc. Como exemplo, cite-se o fato de, em uma escola ou em uma rede de escolas, os professores – durante as aulas – passarem a fazer proselitismo político e intensa campanha contra ou a favor de determinado candidato.

Não se pode olvidar que, em geral, o estudante encontra-se em uma fase de vida em que sua personalidade e visão de mundo ainda estão em formação, sendo, pois, suscetível de absorver – e seguir – opiniões de pessoas que gozem de seu respeito e afeto e possam lhes parecer superiores, autoridades, como é o caso de professores.

Ressalte-se que a configuração do ilícito requer que o evento se enquadre em um dos tipos de abuso de poder assinalados, ou seja, econômico, político, de autoridade, midiático.

21.2.14 Gravidade das circunstâncias

O abuso de poder caracteriza-se por macular a integridade do processo eleitoral, a legitimidade do pleito e a sinceridade da vontade popular expressa nas urnas. São esses os bens jurídico-constitucionais objeto de proteção. A configuração do ilícito requer que os eventos abusivos sejam graves o bastante para feri-los. Assim, a *gravidade das circunstâncias* relaciona-se com o grau ou intensidade de lesão perpetrada aos referidos bens jurídicos.

A respeito, o inciso XVI do art. 22 da LC nº 64/90 estabelece que, "para a configuração do ato abusivo, não será considerada a potencialidade de o fato *alterar o resultado* da eleição, mas apenas a gravidade das circunstâncias que o caracterizam".

Tem-se buscado definir *standards* interpretativos que permitam uma melhor compreensão acerca do conceito de "gravidade das circunstâncias". Nesse afã, assentou o Tribunal Superior que a análise dessa matéria deve considerar "os aspectos qualitativos, relacionados à reprovabilidade da conduta, e os quantitativos, referentes à sua repercussão no contexto específico da eleição." (Res. TSE nº 23.735/2024, art. 7º, parágrafo único). Assim,

> "[...] a tríade para a apuração do abuso (conduta, reprovabilidade e repercussão) se aperfeiçoa diante de: i) prova de condutas que constituem o núcleo da causa de pedir; ii) elementos objetivos que autorizem estabelecer juízo de valor negativo a seu respeito, de modo a afirmar que as condutas são dotadas de alta reprovabilidade (gravidade qualitativa); iii) elementos objetivos que autorizem inferir com necessária segurança que essas condutas foram nocivas ao ambiente eleitoral (gravidade quantitativa)" (TSE – REspe nº 060084072/SP – *DJe* 2-2-2024; TSE – AIJe nº 060081485/DF – *DJe* 2-8-2023).

Na apreciação da gravidade em sua vertente "qualitativa", deve-se avaliar o grau de reprovabilidade das condutas consideradas, podendo-se, então, considerar o conhecimento, a participação e o envolvimento que o candidato beneficiado e integrantes de sua campanha tiveram com o fato abusivo. Com efeito, é altamente reprovável e desvalorizada a conduta de quem participa de um processo eleitoral democrático e atua contra os seus princípios e fundamentos.

Já na vertente "quantitativa" da gravidade, considera-se o dano infligido aos bens jurídicos objeto de proteção legal (a saber: integridade, normalidade e legitimidade do processo eleitoral), podendo ter utilidade a análise de circunstâncias como as seguintes: o contexto do fato e a repercussão do ilícito: o tamanho do colégio eleitoral; a quantidade de pessoas presentes ao evento inquinado; a quantidade de pessoas atingidas ou beneficiadas pelo fato; a situação particular em que essas pessoas se encontram (se mais ou menos vulneráveis, se mais ou menos suscetíveis de transacionar o voto, se mais ou menos suscetíveis de sofrer influência); se tais pessoas vivem em zona urbana ou rural; a facilidade de se chegar e acessar os locais de votação; a natureza e o tipo de eleição; se houve intensa repercussão do fato nos meios de comunicação social, na Internet e redes sociais; se os veículos em que houve repercussão são relevantes ou influentes na circunscrição do pleito; o resultado das eleições, analisando-se a votação obtida pelo candidato beneficiado com o fato e comparando-a com a dos seus concorrentes.

A aptidão lesiva do ilícito considerado não se encontra necessariamente vinculada ao resultado numérico das eleições, isto é, à quantia de votos angariados com a ação abusiva. Liga-se, antes, à consideração de elementos axiológico-valorativos e à intensidade do ferimento aos princípios e fundamentos do processo democrático de escolha, à confiança que deve inspirar nos cidadãos. Portanto, não é necessária a demonstração do real desequilíbrio do pleito, isto é, que os eleitores efetivamente votaram ou deixaram de votar em determinado candidato em virtude do ilícito suscitado. Mesmo porque o estabelecimento dessa relação causal seria impossível de ser feita tendo em vista o segredo do voto.

Note-se que, conforme o contexto, determinado fato ou certa conduta pode até constituir ilícito altamente reprovável, sem que ostente, porém, gravidade suficiente para configurar abuso de poder. Como exemplo, cite-se a promessa de vantagem a eleitor em troca de seu voto, conduta que só por si não possui gravidade bastante para caracterizar abuso de poder

610 | DIREITO ELEITORAL – *José Jairo Gomes*

impugnável mediante AIJE ou AIME, embora o evento possa configurar outro ilícito eleitoral – como captação ilícita de sufrágio prevista no art. 41-A da LE, e o crime de corrupção eleitoral previsto no art. 299 do Código Eleitoral.

21.2.15 Sanção por abuso de poder

As sanções por abuso de poder se aplicam tanto ao autor do fato abusivo, quanto aos candidatos que dele se beneficiarem. São previstas no art. 22, XIV, da LC nº 64/1990, consistindo em: *(i)* inelegibilidade para as eleições a se realizarem nos 8 (oito) anos subsequentes à eleição em que se verificou; *(ii)* cassação do registro do candidato; *(iii)* cassação do diploma do candidato. Ademais, tem-se ainda: *(iv)* a invalidação dos votos, que deixam de produzir efeitos jurídicos. Tudo isso sem prejuízo de responsabilização "disciplinar", administrativa e penal.

Não se pode esquecer que o art. 1º, I, alíneas *d* e *h*, da LC nº 64/90 também prevê a inelegibilidade absoluta, por oito anos contados das eleições, dos que tenham contra sua pessoa demanda julgada procedente pela Justiça Eleitoral por abuso do poder econômico ou político.

21.3 FRAUDE

A fraude é expressamente referida no art. 14, § 10, da Constituição Federal. O *status* constitucional que lhe foi atribuído evidencia a grande relevância que conferida a esse ilícito.

Compreende-se por fraude o ato artificioso ou ardiloso, em que há indução a engano, burla ou ocultação da verdade. Implica a frustração do sentido e da finalidade de uma norma jurídica ou conjunto normativo que rege determinado instituto ou situação, materializando-se pelo uso de artimanha, astúcia, artifício ou ardil.

Esse ilícito tem sempre por consequência a distorção das regras e princípios do Direito regentes de determinado instituto ou situação jurídica; induz à ilusão de licitude ou correção de situações intrinsecamente ilícitas ou ilegais. Aparentemente, age-se em harmonia com o Direito, mas na realidade o efeito visado – e, por vezes, alcançado – o contraria.

Conforme sintetizou a Res. TSE nº 23.735/2024:

> "Art. 8º A fraude lesiva ao processo eleitoral abrange atos que possam iludir, confundir ou ludibriar o eleitorado ou adulterar processos de votação e simulações e artifícios empregados com a finalidade de conferir vantagem indevida a partido político, federação, coligação, candidata ou candidato e que possam comprometer a normalidade das eleições e a legitimidade dos mandatos eletivos.
>
> § 1º Configura fraude à lei, para fins eleitorais, a prática de atos com aparência de legalidade, mas destinados a frustrar os objetivos de normas eleitorais cogentes. [...]".

Ressalta Toffoli (2009, p. 46) que a caracterização da fraude eleitoral "independe de má-fé ou do elemento subjetivo, perfazendo-se no elemento objetivo, que é o desvirtuamento das finalidades do próprio sistema eleitoral".

A história político-eleitoral brasileira oferece inúmeros exemplos de fraudes, das mais toscas às mais sofisticadas. Na Primeira República, de tão disseminada a fraude era como que institucionalizada, ocorrendo em todas as fases do processo eleitoral – desde o alistamento de eleitores até o reconhecimento dos candidatos eleitos. Conforme enfaticamente denunciou Ruy Barbosa (*apud* Faoro, 2001, p. 736-737):

> "[...] já no alistamento se fabrica o eleitorado. Depois, ou lhe simulam a presença, ou lha obstam, na eleição. Quem vota e elege, são as atas, onde se figuram, umas vezes com o

Cap. 21 • ILÍCITOS ELEITORAIS E RESPONSABILIDADE ELEITORAL | **611**

requintado apuro dos estelionatos hábeis, outras com a negligência desasada e bezunto-na das rapinagens vulgares, os comícios eleitorais, de que nem notícia houve nos sítios indicados pelos falsários, pelo teatro de cada uma dessas operações eletivas […] Já não se precisa recorrer à corrupção e à violência: fabricam-se as atas e, até, séries de atas, nas quais figuram votando não só eleitores que não compareceram, mas ainda a grande massa dos fantásticos, dos incognoscíveis, cujos nomes foram, para esse fim, fraudulentamente incluídos no alistamento".

Aí se descreve a chamada eleição a *bico de pena*, clássica modalidade de fraude que traduz as adulterações feitas em documentos eleitorais pelos agentes encarregados da condução do processo eleitoral. Mas havia outros expedientes, a exemplo: *(i)* da *degola*, pela qual a Comissão de Verificação de Poderes do Poder Legislativo não reconhecia a eleição de adversários políticos, invalidando, portanto, o respectivo pleito e com isso viabilizando a eleição de aliados do governo; *(ii)* do *voto de cabresto*, em que o eleitor era compelido, ameaçado ou pressionado psicologicamente a votar no chefe político local ou em quem este indicasse. Observe-se que o voto era aberto (não secreto, como atualmente) e o eleitor era acompanhado e fiscalizado de perto para "não votar na pessoa errada". Casos recentes de voto de cabresto foram noticiados no Rio de Janeiro, em que milícias e traficantes compeliram eleitores a filmar com aparelho celular o momento de confirmação do voto, de modo a comprovar em quem votaram; *(iii)* do *curral eleitoral*, expressão que originariamente denominava o local em que eleitores eram mantidos sob vigilância e alimentados, de onde só podiam sair no momento de votar. A expressão "curral eleitoral" ainda é comum nos dias de hoje, denotando um conjunto de pessoas compelidas, ameaçadas ou pressionadas psicologicamente (por milícias, por exemplo) a votar em determinado candidato.

Em épocas mais recentes, quando a votação ainda era realizada por cédulas, reconheceu-se a existência de fraude: *(i)* na "incoincidência entre o número de votantes e o de cédulas oficiais encontradas nas urnas" (TSE – Ag nº 5.934/BA – *DJ* 16-11-1983, p. 1), o que significa constatar-se que em determinada seção eleitoral houve mais votos que eleitores inscritos; *(ii)* no denominado *voto de formiguinha* – mancomunado com o líder de seu grupo político, determinado eleitor era instruído para, em vez de votar, subtrair e entregar-lhe a cédula em branco; esta era preenchida e entregue a outro eleitor que, em vez de efetivamente escolher seu candidato e votar, depositava na urna a cédula previamente preenchida, trazendo de volta a sua, em branco, que por sua vez era preenchida pelo líder do grupo e entregue a outro eleitor, e assim sucessivamente. Com isso, assegurava-se a eleição do chefe político ou de quem ele indicasse.

Hoje em dia, embora com outras roupagens, ainda persistem práticas fraudulentas no sistema político-eleitoral brasileiro. Assim, por exemplo, a Corte Superior Eleitoral afirmou a ocorrência de fraude na votação consistente na determinação, por parte do presidente da mesa receptora de votos, de fechamento de uma seção eleitoral durante o horário de almoço para a prática de votação em nome de eleitores faltantes, sob a justificativa de falha do sistema biométrico (TSE – AgRg-REspe nº 156/BA – *DJe* 21-8-2019).

Também se reconhece fraude em algumas situações relacionadas à cota de gênero de candidaturas. A fim de maquiar ou disfarçar o descumprimento da cota legal, registram-se candidaturas de mulheres que não disputarão efetivamente o pleito, pois são candidaturas fictícias, lançadas apenas para atender à necessidade de preenchimento do percentual mínimo da cota e, com isso, viabilizar a participação do partido e de seus verdadeiros candidatos nas eleições. Trata-se, portanto, de burla à regra legal que instituiu a ação afirmativa direcionada ao incremento da participação feminina na política. Deveras, tal fraude "representa afronta à isonomia entre homens e mulheres que o legislador pretendeu assegurar no art. 10, § 3º, da Lei 9.504/97 – a partir dos ditames constitucionais relativos à igualdade, ao pluralismo político, à cidadania e à dignidade da pessoa humana [...]" (TSE – REspe nº 19392/PI – *DJe*, t. 193, 4-10-2019, p. 105-107). Para a caracterização dessa fraude – dispõe o art. 8º, § 4º, da Res. TSE nº 23.735/2024 – "é suficiente o desvirtuamento finalístico, dispensada a demonstração do elemento subjetivo (*consilium fraudis*), consistente na intenção de fraudar a lei".

Note-se que não há restrição legal quanto ao momento de ocorrência da fraude. O conceito desse ilícito é amplo e aberto, englobando todas as situações que afetem a integridade, normalidade e legitimidade das eleições. De modo que, para ter relevância jurídica, o fato fraudulento pode ocorrer em qualquer fase do processo eleitoral, e mesmo antes de seu início. Nesse sentido, assentou a jurisprudência que o conceito legal de fraude "é aberto e pode englobar todas as situações em que a normalidade das eleições e a legitimidade do mandato eletivo são afetadas por ações fraudulentas, inclusive nos casos de fraude à lei" (TSE – REspe nº 149/PI – *DJe* 21-10-2015, p. 25-26). Em igual sentido: TSE – AgReg-REspe nº 1-56.2017.6.05.0061/BA – j. 25-6-2019.

Apesar de a fraude constituir fundamento legal-constitucional autônomo, admite-se que seja "examinada como abuso de poder, desde que subsumida a uma das modalidades do ilícito [de abuso de poder] previstas no sistema" (Res. TSE nº 23.735/2024, art. 6º, § 2º).

21.3.1 Sanção por fraude

A fraude é expressamente referida no art. 14, § 10, da Constituição Federal como fundamento para a ação de impugnação de mandato eletivo (AIME). Sua prática afeta a integridade e legitimidade do processo eleitoral, sendo sancionada com a cassação do mandato do beneficiário e invalidação dos votos que recebeu.

21.4 CORRUPÇÃO

No léxico, corrupção significa o ato ou efeito de alterar, deteriorar, perverter, decompor, apodrecer. Denota, portanto, mudança de estado, em que algo passa de determinada situação para outra, esta tida como deformação ou modo imperfeito da primeira.

Do ponto de vista ético, a corrupção induz à depravação moral dos hábitos e costumes de uma pessoa ou comunidade. Isso porque sua prática arruína a confiança nas relações interpessoais, promove a desconfiança, degrada o espaço público na medida em que interfere na correta destinação de escassos recursos públicos e na adequada implementação de políticas públicas e promoção dos direitos dos cidadãos.

Em termos conceituais, corrupção é a situação em que um agente pratica atos indevidos em razão de promessa, oferta ou efetiva obtenção de vantagem ilícita para si ou para terceiro. Consoante assinala Schwarcz (2019, p. 88), o significado desse termo "remete ao ato de conceder ou receber vantagens indevidas ou de agentes públicos ou do setor privado, com o intuito de obter vantagem". Entre os meios ilícitos empregados destacam-se o suborno, a propina, a oferta ou promessa de vantagem de qualquer natureza.

Assim, com vistas a obter algo de seu interesse, o corruptor (agente que promove a corrupção) promete, oferece ou efetivamente entrega bem ou vantagem indevida a alguém, o corrompido ou corrupto, o qual aceita a promessa, a oferta ou a entrega da vantagem ilícita em troca da satisfação do interesse do corruptor. Também configura corrupção a solicitação de vantagem ou proveito para a prática de ato.

Em qualquer caso, a prática de corrupção pressupõe o desvirtuamento das funções e atividades desenvolvidas pelo agente, que – ao se conduzir de forma ilícita com vistas a obter indevida vantagem – mercadeja, negocia ou trafica sua posição, atuação ou influência. Em contrapartida à realização ou omissão de atos ou à influência para que outros os pratiquem ou

Cap. 21 • ILÍCITOS ELEITORAIS E RESPONSABILIDADE ELEITORAL | 613

se omitam, o agente aceita, recebe ou solicita vantagem ilícita, imprópria ou sem justa causa. Tais condutas são próprias e inerentes à corrupção.

No que concerne às modalidades, há a corrupção pública e a privada. A pública ocorre no âmbito da gestão do Estado e envolve agente público, enquanto a privada se passa no meio privado, entre particulares. Embora normalmente se dê maior destaque à corrupção envolvendo agentes públicos, é certo que a corrupção privada – entre particulares – apresenta igualmente grande relevância. As duas são daninhas à sociedade, pois degradam o espaço público e so-lapam a confiança entre as pessoas e nas instituições democráticas, prejudicam a economia com a distorção do ambiente competitivo e implementação de concorrência desleal, desviam recursos que deveriam ser empregados na consecução de políticas públicas relevantes para todos os cidadãos.

Sob a ótica dos sujeitos envolvidos, a corrupção pode ser cometida por uma só pessoa, por um grupo, organização ou entidade.

Já quanto ao modo de realização, ela pode ser: *(i)* ativa, nas formas de prometer, oferecer ou entregar vantagem indevida; ou *(ii)* passiva, na forma de aceitar ou receber vantagem ou proveito indevido ou sem causa lícita.

Apesar de não ser vício exclusivo do Brasil, persistente e enraizada é a corrupção na vida político-social brasileira. E isso, frise-se, tanto no ambiente público, quanto no privado. Se as causas de tal fenômeno são difusas, não se pode negar que a dinâmica político-social há muito instaurada no Brasil contribuiu para forjar o seu surgimento e subsistência.

Os conhecidos escândalos do Mensalão e da Lava Jato demonstram que essa prática nefasta está por toda parte, concretizando-se no setor privado e nas três esferas de governo: federal, estadual e municipal. Por certo que sua realização pressupõe a existência de alto grau de entro-samento e coordenação entre agentes públicos e privados, gerando entre eles uma intencional confusão de interesses. Promiscuidade essa que frequentemente deságua no processo eleitoral e na disputa por cargos político-eletivos.

No âmbito eleitoral, a corrupção é expressamente referida no § 10 do art. 14 da Lei Maior. Dela também cogita o art. 299 do Código Eleitoral, que cria um tipo penal de corrupção elei-toral, circunscrevendo-se, portanto, à esfera criminal.

O aludido § 10 do art. 14 da Constituição apenas faz menção a "corrupção"; não a conceitua nem descreve as circunstâncias que devem ser consideradas para sua configuração. A ausência de especificação indica que se trata de cláusula genérica, aberta, com ampla possibilidade de incidência na prática.

Mas não se pode perder de vista que a corrupção enfocada é *eleitoral*, sendo esta sua natureza intrínseca.

Assim, como pressupostos mínimos, a configuração da corrupção eleitoral requer que haja *(i)* oferta, promessa, aceitação ou recebimento de qualquer vantagem indevida ou sem causa lícita *(ii)* a título de contraprestação para a prática ou omissão de ato, *(iii)* com vistas a influenciar no processo eleitoral, *(iv)* que, em razão, disso é ferido em sua integridade, higidez e legitimidade.

Sob o ângulo subjetivo, o ilícito em exame tanto pode ser cometido por agentes públicos, quanto por pessoas ou entidades privadas.

Já sob o aspecto objetivo, dada a amplitude de seu conceito, diversas são as situações que podem caracterizar corrupção eleitoral. Frequentemente ela encontra-se associada a outros ilícitos como o abuso de poder e a captação ilícita de sufrágio. Como exemplo, citem-se os seguintes:

i) pouco antes do encerramento da votação, e motivados por oferta ou recebimento de vantagem indevida, membros da mesa receptora de votos efetivamente votam para determinado candidato no lugar de eleitores ausentes; para tanto, falsificam as assinaturas dos ausentes na *lista de eleitores* da respectiva seção eleitoral.

ii) cooptação ilícita de apoios políticos de modo a garantir o funcionamento sintonizado de outros partidos e suas respectivas máquinas em prol de determinada candidatura.

iii) entrega de dinheiro para que alguém, ainda que não eleitor, "impeça que meio de locomoção requisitado pela Justiça Eleitoral efetue o transporte dos eleitores, obstando o exercício do voto" (citado por Zílio, 2018, p. 666).

iv) captação ilícita de sufrágio ou compra de votos, que se caracteriza como "espécie do gênero corrupção" (TSE – REspe nº 356177/PI – *DJe* 1-4-2016, p. 45-46; TSE – REspe nº 167/MG – *DJe*, t. 175, 10-9-2019, p. 14-15; TSE – REspe nº 69323/AM – *DJe*, t. 189, 30-9-2016, p. 21-22). Assentou a Corte Superior que "A prática de captação ilícita de sufrágio pode configurar corrupção para fins do § 10 do art. 14 da Constituição Federal, nos casos em que demonstrada a capacidade de a conduta comprometer a legitimidade e a normalidade das eleições" (Res. TSE nº 23.735/2024, art. 9º).

v) "[...] 2. O vocábulo corrupção (art. 14, § 10, da CF/88) constitui gênero de abuso de poder político e deve ser entendido em seu significado coloquial, albergando condutas que atentem contra a normalidade e o equilíbrio do pleito. Precedentes. [...]. (TSE – REspe nº 73646/BA – *DJe* 13-6-2016).

Extrai-se da decisão que julgou os embargos de declaração nesse mesmo caso: "[...] 2. Reconheceu-se corrupção e abuso de poder político com viés econômico ante o encadeamento de fatos a seguir: a) envio à Câmara Municipal, em 3.9.2012, pelo Prefeito e apoiador da candidatura, de projeto de lei de desconto e anistia de multas e juros para contribuintes que quitassem o IPTU até o fim do exercício; b) evento aberto para divulgar o projeto, afirmando o alcaide que o benefício seria implementado apenas se os embargantes vencessem; c) aprovação em tempo recorde, porém com veto posterior logo após o pleito, em 9.10.2012. [...]" (TSE – REspe nº 73646/BA – *DJe* 29-9-2016, p. 71-72).

vi) "Caracteriza corrupção a promessa de, caso os candidatos se elejam, assegurar a permanência de pessoas em cargos na Prefeitura Municipal, certamente em troca de votos ou de apoio político-eleitoral. [...]" (TSE – REspe nº 28396/PR – *DJ* 26-2-2008, p. 5).

Finalmente, vale ressaltar que a configuração da corrupção eleitoral requer que o evento considerado tenha relevância para efetivamente vulnerar os bens jurídicos tutelados. Esse ilícito somente estará configurado se as suas circunstâncias concretas ferirem "a principiologia reitora do processo eleitoral (legitimidade e normalidade das eleições e lisura do prélio), independentemente da diferença de votos entre o primeiro e o segundo colocado [...] circunstância revelada, *in concreto*, pela magnitude e pela gravidade dos atos praticados" (TSE – REspe nº 139248/SP – *DJe*, t. 107, 2-6-2017, p. 37/40). Assim, na corrupção, é necessário demonstrar a "capacidade da conduta de afetar a legitimidade e normalidade das eleições. Precedentes. [...]" (TSE – REspe nº 167/MG – *DJe*, t. 175, 10-9-2019, p. 14-15).

21.4.1 Sanção por corrupção

A corrupção é expressamente referida no art. 14, § 10, da Constituição Federal como fundamento para a ação de impugnação de mandato eletivo (AIME). Sua prática afeta a integridade, higidez e legitimidade do processo eleitoral, sendo sancionada com a cassação do mandato do beneficiário e invalidação dos votos que recebeu.

21.5 CAPTAÇÃO OU GASTO ILÍCITO DE RECURSOS PARA FINS ELEITORAIS – LE, ART. 30-A

21.5.1 Caracterização da captação ou gasto ilícito de recursos

O ilícito atinente à captação ou gasto ilícito de recursos para fins eleitorais encontra-se previsto no art. 30-A da Lei nº 9.504/97. Esse dispositivo foi introduzido no ordenamento jurídico pela Lei nº 11.300/2006, e posteriormente alterado pela Lei nº 12.034/2009. É fruto da minirreforma eleitoral que se seguiu ao acirrado debate desencadeado nomeadamente pelo lastimável episódio que ficou conhecido como "mensalão", no qual muitos parlamentares federais foram acusados de "vender" seus votos para apoiar o governo no Parlamento. Como é sabido, as investigações levadas a efeito pela "CPI do Mensalão" e, posteriormente, na Ação Penal nº 470 (que tramitou no Supremo Tribunal Federal) expuseram à luz do meio-dia as misérias, os descaminhos, enfim, a triste sina da política praticada nos trópicos, notadamente no Brasil. Reza o dispositivo em comento:

> "Art. 30-A. Qualquer partido político ou coligação poderá representar à Justiça Eleitoral, no prazo de 15 (quinze) dias da diplomação, relatando fatos e indicando provas e pedir a abertura de investigação judicial para apurar condutas em desacordo com as normas desta Lei, relativas à arrecadação e gastos de recursos.
>
> § 1º Na apuração de que trata este artigo, aplicar-se-á o procedimento previsto no art. 22 da Lei Complementar nº 64, de 18 de maio de 1990, no que couber.
>
> § 2º Comprovados captação ou gastos ilícitos de recursos, para fins eleitorais, será negado diploma ao candidato, ou cassado, se já houver sido outorgado.
>
> § 3º O prazo de recurso contra decisões proferidas em representações propostas com base neste artigo será de 3 (três) dias, a contar da data da publicação do julgamento no Diário Oficial".

É explícito o desiderato de sancionar a conduta de *captar ou gastar ilicitamente recursos* durante a campanha. O objetivo central dessa regra é fazer com que as campanhas políticas se desenvolvam e sejam financiadas de forma escorreita e transparente, dentro dos parâmetros legais. Só assim poderá haver disputa saudável e isonômica entre os concorrentes.

O termo *captação ilícita* remete tanto à fonte quanto à forma de obtenção de recursos. Assim, abrange não só o recebimento de recursos de fontes ilícitas e vedadas (vide art. 24 da LE), como também sua obtenção *de modo ilícito*, embora aqui a fonte seja legal. Exemplo deste último caso são os recursos obtidos à margem do sistema legal de controle, que compõem o que se tem denominado "caixa dois" de campanha.

Por ter sido introduzido na Lei das Eleições, fica clara a proximidade do tipo em apreço com os arts. 41-A e 73 do mesmo diploma legal, que cuidam, respectivamente, de captação ilícita de sufrágio e conduta vedada. Se o art. 41-A tem em vista a salvaguarda da liberdade individual de votar e o art. 73, a igualdade na disputa, o art. 30-A enfoca a higidez da campanha política.

O bem jurídico protegido é a lisura da campanha eleitoral, bem como a integridade moral do processo eleitoral. *Arbor ex fructu cognoscitur*, pelo fruto se conhece a árvore. Se a campanha é alimentada com recursos de fontes proibidas ou obtidos de modo ilícito ou, ainda, realiza gastos não tolerados, ela mesma acaba por contaminar-se, tornando-se ilícita. De campanha ilícita jamais poderá nascer mandato legítimo, pois árvore malsã não produz senão frutos doentios.

Também é tutelada a igualdade que deve imperar entre candidatos de um certame. A afronta a esse princípio fica evidente, por exemplo, quando se compara uma campanha em que houve emprego de dinheiro oriundo de "caixa dois" ou de fonte proibida e outra que se pautou pela observância da legislação. Em virtude do ilícito aporte pecuniário, a primeira contou com

616 | DIREITO ELEITORAL – *José Jairo Gomes*

mais recursos, oportunidades e instrumentos não cogitados na outra. Evidente, então, que os participantes não tiveram as mesmas chances de vitória.

Cumpre indagar se a caracterização da captação ou do gasto ilícito de recurso se perfaz com a só ocorrência de um único fato, por mais inexpressivo que seja no contexto da campanha, ou se seria necessário o desequilíbrio do pleito, em seu conjunto orgânico.

Na verdade, tendo em vista que o bem jurídico protegido é a higidez jurídico-moral ou a regularidade das campanhas, a caracterização da hipótese legal em apreço não requer que o fato tenha potencialidade para desequilibrar as eleições ou o resultado delas. Basta que haja gravidade do evento e das circunstâncias que o cercam. A esse respeito, assentou a Corte Superior Eleitoral:

"[...] 7. Não havendo, necessariamente, nexo de causalidade entre a prestação de contas de campanha (ou os erros dela decorrentes) e a legitimidade do pleito, exigir prova de potencialidade [para desequilibrar o pleito] seria tornar inócua a previsão contida no art. 30-A, limitando-o a mais uma hipótese de abuso de poder. O bem jurídico tutelado pela norma revela que o que está em jogo é o princípio constitucional da moralidade (CF, art. 14, § 9º). Para incidência do art. 30-A da Lei nº 9.504/97, necessária prova da proporcionalidade (relevância jurídica) do ilícito praticado pelo candidato e não da potencialidade do dano em relação ao pleito eleitoral [...]" (TSE – RO nº 1.540/PA – *DJe* 1º-6-2009, p. 27).

"[...] 3.6. Prova da contribuição da conduta reprovada para o resultado das eleições. Desnecessidade. 'O nexo de causalidade quanto à influência das condutas no pleito eleitoral é tão somente indiciário; não é necessário demonstrar que os atos praticados foram determinantes do resultado da competição; basta ressair dos autos a probabilidade de que os fatos se revestiram de desproporcionalidade de meios' (Acórdão nº 28.387, de 19-12-2007, rel. min. Carlos Ayres Britto) [...]" (TSE – RO nº 1.596/MG – *DJe* 16-3-2009, p. 26-27).

Deveras, o art. 30-A da Lei das Eleições visa a implementar a lisura, a moralidade nas campanhas eleitorais. É direito difuso e impostergável dos integrantes da comunhão política que as campanhas se deem de forma regular, sob o signo da ética e da legalidade. Não por outra razão, todo candidato está obrigado a prestar contas dos recursos financeiros arrecadados e do destino que lhes foi dado, exigência que promove a transparência.

É grave a conduta de quem se afasta da regulamentação estabelecida para o financiamento de campanha, seja percebendo contribuição de fonte vedada, seja lançando mão de recursos oriundos de fontes não declaradas, de caixa dois, seja, enfim, extrapolando os limites de gastos adrede fixados. A ocorrência de tais fatos revela que a campanha se desenvolveu por caminhos tortuosos, obscuros, sendo, muitas vezes, impossível à Justiça Eleitoral conhecer toda a extensão da irregularidade. Despiciendo dizer que o mandato assim conquistado é ilegítimo.

Entretanto, é preciso ressaltar que a configuração de uma hipótese legal sob o aspecto formal ou abstrato não significa que, necessariamente, sua caracterização também se dê no plano material ou substancial, pois, para que isso ocorra, há mister haja efetiva lesão ao bem tutelado. Se, de um lado, não se exige que o evento seja hábil para desequilibrar as eleições (embora isso possa ocorrer), de outro lado não se afasta a incidência concreta dos princípios da razoabilidade e da proporcionalidade, que informam todo o sistema jurídico. De modo que a responsabilização e a definição da sanção devem ocorrer em função da gravidade da conduta e da lesão perpetrada ao bem jurídico protegido. É intuitivo que irregularidade de pequena monta ou sem maior relevância no contexto da campanha do candidato, nem na dos demais concorrentes, que não agrida seriamente o bem jurídico tutelado, embora reprovável, não é suficientemente robusta para caracterizar o ilícito em apreço ou, ainda, acarretar as sanções de não expedição do diploma e mesmo sua cassação. Nesse sentido: *(i)* "Com efeito, para aplicar as sanções previstas no § 2º do art. 30-A da Lei nº 9.504/1997, exige-se a presença da relevância jurídica da conduta imputada ou a comprovação de ilegalidade qualificada, marcada pela má-fé do candidato em evitar o efetivo controle pela Justiça Eleitoral [...]" (TSE – RO nº 0601544-54/AP – decisão monocrática do relator – *DJe* 29-8-2020); *(ii)* "1. Na conformação da conduta ao art. 30-A da Lei nº 9.504/1997, deve-se levar em consideração a relevância jurídica do ilícito no contexto da campanha, orientando-se pelo princípio da proporcionalidade. [...]" (TSE – RO nº 1239/PR – *DJe* 3-8-2018; TSE – REspe nº 191/PE – *DJe*, t. 229, 19-12-2016, p. 28-29).

Daí que, no âmbito da prestação de contas de partidos e candidatos, a desaprovação das contas de campanha não caracteriza, de forma automática, o presente ilícito, bem como a aprovação das contas não constitui óbice à sua configuração. Nesse sentido: Res. TSE nº 23.735/2024, art. 11, § 1º.

Tratando-se de financiamento público de candidaturas femininas, vale registrar que o desvio de finalidade dos recursos a tanto destinados é considerado grave, independente do montante desviado, podendo caracterizar-se o ilícito do enfocado art. 30-A da LE. Se o desvio efetuado vier a beneficiar candidatura masculina, a configuração do ilícito poderá ocorrer com a só demonstração de que os valores desvirtuados foram empregados para fins diversos do legal, não beneficiando candidatura feminina (Res. TSE nº 23.735/2024, art. 11, § 2º).

O presente ilícito foi reconhecido em casos como os seguintes: (i) antes do período eleitoral, a contratação de empresa de publicidade, produção de material de pré-campanha e de campanha, pagamentos realizados à margem da contabilidade, e por meio de caixa dois eleitoral (TSE – RO nº 060161619/MT, j. 10-12-2019); (ii) arrecadação e gastos ilícitos de recursos de campanha, sem registro na contabilidade oficial do candidato (TSE – Ag-REspe nº 105717/TO – *DJe*, t. 240, 13-12-2019, p. 41-42); (iii) "a triangulação de recursos financeiros – os quais, *in casu*, são originários de pessoa jurídica e perpassaram, a título de empréstimo pessoal, contas bancárias de sócios e empregados da empresa (pessoas físicas) para, então, abastecer campanha" (TSE – Ag-REspe nº 40410/MG – *DJe*, t. 203, 18-10-2019, p. 62-63); (iv) desvio de finalidade na aplicação de recursos públicos destinados à criação e manutenção de programas de promoção e difusão da participação política das mulheres (art. 44, V, Lei nº 9.096/1995), "caracterizado por sua aplicação em campanhas eleitorais [masculinas] que não beneficiam a participação feminina" (TSE – AI nº 33986/RS – *DJe* 20-9-2019).

21.5.2 Sanção por captação ou gasto ilícito de recursos

As sanções pelo ilícito eleitoral em exame estão previstas no § 2º, art. 30-A, da LE, consistindo em: *(i)* negativa de expedição de diploma ao candidato; *(ii)* cassação do diploma se já houver sido outorgado. Além disso, há ainda: *(iii)* a invalidação dos votos dados ao candidato; e, *(iv)* a inelegibilidade prevista no art. 1º, I, *j*, da LC nº 64/90, que constitui efeito reflexo ou secundário da decisão judicial que aplica as sanções referidas nos itens *i* e *ii*.

Quanto a suplentes em eleições proporcionais, admite-se que lhes sejam aplicadas as sanções de negativa de expedição de diploma e cassação de diploma, pois eventualmente podem vir a exercer mandato. Mas tal solução é inaplicável a candidatos não eleitos a cargos majoritários (Res. TSE nº 23.735/2024, art. 12, §§ 1º e 2º), porque não têm nenhuma possibilidade de virem a exercer mandato.

21.6 CAPTAÇÃO ILÍCITA DE SUFRÁGIO – LE, ART. 41-A

21.6.1 Caracterização da captação ilícita de sufrágio

O ilícito concernente à captação ilícita de sufrágio é previsto no art. 41-A da Lei nº 9.504/97 nos seguintes termos:

"Art. 41-A. Ressalvado o disposto no art. 26 e seus incisos, constitui captação de sufrágio, vedada por esta Lei, o candidato doar, oferecer, prometer, ou entregar, ao eleitor, com o fim de obter-lhe o voto, bem ou vantagem pessoal de qualquer natureza, inclusive emprego ou função pública, desde o registro da candidatura até o dia da eleição, inclusive, sob pena de multa de mil a cinquenta mil Ufir, e cassação do registro ou do diploma, observado o procedimento previsto no art. 22 da Lei Complementar nº 64, de 18 de maio de 1990.

§ 1º Para a caracterização da conduta ilícita, é desnecessário o pedido explícito de votos, bastando a evidência do dolo, consistente no especial fim de agir.

§ 2º As sanções previstas no *caput* aplicam-se contra quem praticar atos de violência ou grave ameaça a pessoa, com o fim de obter-lhe o voto.

§ 3º A representação contra as condutas vedadas no *caput* poderá ser ajuizada até a data da diplomação.

§ 4º O prazo de recurso contra decisões proferidas com base neste artigo será de 3 (três) dias, a contar da data da publicação do julgamento no Diário Oficial".

O *caput* desse dispositivo foi incluído na Lei das Eleições pela Lei nº 9.840/99; posteriormente, a Lei nº 12.034/2009 acrescentou-lhe os §§ 1º a 4º. É fruto de projeto de iniciativa popular, no qual se empenharam entidades civis como a Conferência Nacional dos Bispos do Brasil (CNBB), a Ordem dos Advogados do Brasil (OAB), a Central Única dos Trabalhadores (CUT), a Associação dos Juízes para a Democracia (AJD), entre outras. A intenção era estabelecer regra rígida e expedita, que prestigiasse a ética e o agir virtuoso no processo eleitoral, de sorte a prevalecer sempre a integridade e a lisura. Constitui truísmo afirmar que os votos devem ser captados licitamente, dentro das regras do jogo democrático, sendo fruto do convencimento resultante da propaganda eleitoral, do teor e da seriedade das propostas, dos debates públicos, da história dos partidos e dos candidatos, bem como de suas realizações. Condenam-se, portanto, as práticas malsãs e corruptas, que afastam a integridade e a lisura do certame e viciam a vontade da cidadania manifestada nas urnas.

O fato de tal dispositivo abrigar a sanção de cassação do registro rendeu intenso debate a respeito de sua constitucionalidade. É que, cassado o registro, fica o candidato impedido de disputar a eleição e, pois, ser votado e eventualmente eleito. Vislumbrou-se aí *causa de inelegibilidade* instituída por lei ordinária, sendo certo que o art. 14, § 9º, da Lei Maior manda que as hipóteses infraconstitucionais de inelegibilidade sejam veiculadas em lei complementar.

Na doutrina, vozes ilustres ergueram-se em prol da tese da inconstitucionalidade. Assim se pronunciou Soares da Costa (2006, p. 349-353):

"Com a introdução do art. 41-A na Lei das Eleições, prescrevendo a sanção da cassação do registro de candidatura para a hipótese de captação ilícita de sufrágio, houve quem buscasse ver aí uma inovação importante no Direito Eleitoral, sobretudo para salvaguardar o dispositivo de sua patente inconstitucionalidade, por ter sido introduzido no sistema por lei ordinária, em desabrida afronta ao § 9º do art. 14 da Constituição de 1988. [...]

A cassação de registro gera sim a sanção de inelegibilidade, violando às mancheias a norma cogente do § 9º do art. 14 da CF/88".

A seu turno, assinalou Decomain (2004a, p. 255):

"A previsão de cassação do registro do candidato beneficiado pelo ato de ilícita captação de sufrágio, contida no art. 41-A desta Lei, soa inconstitucional. É que o registro é condição para que qualquer pessoa possa concorrer a mandato eletivo [...]. A cassação do registro traz como consequência, portanto, o impedimento para que a pessoa siga concorrendo, o

Cap. 21 • ILÍCITOS ELEITORAIS E RESPONSABILIDADE ELEITORAL | **619**

que gera situação substancialmente idêntica à da inelegibilidade. Todavia, somente por lei complementar podem ser veiculadas outras causas de inelegibilidade, além daquelas que emanam do próprio texto constitucional (como as dos §§ 5º, 6º e 7º do mesmo art. 14 da Constituição, por exemplo). Como a Lei nº 9.840/99, pela qual o art. 41-A foi acrescido à lei aqui comentada, é lei ordinária, tem-se que a previsão de cassação do registro do candidato beneficiado pelo ato de captação ilícita de sufrágio, padece de inconstitucionalidade formal [...]. Esse raciocínio [...] pode ser aplicado também a todos os demais dispositivos da presente lei, que albergam regras semelhantes, como o § 5º, do art. 73, e o art. 77, parágrafo único".

Em igual sentido também se manifestou Cândido (2002, p. 452-453): "[...]. Em relação à eventual cassação do registro ou do diploma, a Lei nº 9.840/1999 em nada melhorou o que já constava da lei anterior. Ao contrário, trouxe inconstitucionalidade que naquela não havia, na medida em que a cassação do diploma erige-se em inelegibilidade, sanção política absolutamente incompatível com lei ordinária". E conclui: "3) a sanção da cassação do diploma é absolutamente inviável e inaplicável pela via do art. 41-A, pois a medida se erigiria em inelegibilidade, mesmo que só para uma eleição, restrição aos direitos políticos insuscetível de constar em sede de lei ordinária como o é a Lei nº 9.840, de 28-9-1999 (CF, art. 14, § 9º)".

A tese oposta foi defendida por prestigiados autores. Nessa linha empenhou-se Ramayana (2006, p. 349), que assevera: "Ao contrário do que sustentam algumas judiciosas correntes de pensamento, o art. 41-A, não contemplou a hipótese de inelegibilidade, pois no sistema eleitoral vigente é possível desvincular os efeitos da nulidade ou anulação dos registros de diplomas da questão relativa à causa de inelegibilidade".

Prevaleceu o entendimento de que o dispositivo em tela não cria nova espécie de *inelegibilidade*, mas, sim, uma sanção contra candidato que, durante a campanha, abusou de seu poder, captando – ou tentando captar – voto ilicitamente. A cassação do registro ou do diploma é mera consequência da consumação do ato ilícito eleitoral; não retira do cidadão apenado o gozo dos direitos políticos, tampouco o suspende, tanto que remanesce o dever de votar. Ao julgar a ADI 3.592, em 26 de outubro de 2006, ajuizada pelo Partido Socialista Brasileiro (PSB), o Supremo Tribunal Federal assentou:

> "Ação direta de inconstitucionalidade. Art. 41-A da Lei nº 9.504/97. Captação de sufrágio. 2. As sanções de cassação do registro ou do diploma previstas pelo art. 41-A da Lei nº 9.504/97 não constituem novas hipóteses de inelegibilidade. 3. A captação ilícita de sufrágio é apurada por meio de representação processada de acordo com o art. 22, incisos I a XIII, da Lei Complementar nº 64/90, que não se confunde com a ação de investigação judicial eleitoral, nem com a ação de impugnação de mandato eletivo, pois não implica a declaração de inelegibilidade, mas apenas a cassação do registro ou do diploma. 4. A representação para apurar a conduta prevista no art. 41-A da Lei nº 9.504/97 tem o objetivo de resguardar um bem jurídico específico: a vontade do eleitor. 5. Ação direta de inconstitucionalidade julgada improcedente" (STF – ADI 3.592-4/DF, de 26-10-2006 – unânime – Rel. Min. Gilmar Mendes – *DJ* 2-2-2007).

Era essa a exegese há muito sedimentada no Tribunal Superior Eleitoral. Confira-se:

> "1. O entendimento consolidado nesta Casa é no sentido da constitucionalidade do art. 41-A da Lei nº 9.504/97, entendendo-se que a cassação do registro ou do diploma prevista nessa disposição não implica declaração de inelegibilidade, na medida em que o escopo do legislador é o de afastar imediatamente da disputa aquele que, no curso da

campanha eleitoral, praticou a captação de sufrágio vedada pela legislação eleitoral […]" (TSE – REspe nº 25.215/RN – *DJ* 9-9-2005, p. 171).

De qualquer forma, essa questão deixou de apresentar interesse, pois a inelegibilidade foi expressamente introduzida nessa seara pela LC nº 135/2010, que acrescentou a alínea *j* ao inciso I do art. 1º da LC nº 64/90. Por tal regra, é inelegível, por oito anos a contar da data das eleições, quem tiver o registro ou o diploma cassados, em decisão transitada em julgado ou proferida por órgão colegiado da Justiça Eleitoral, por captação ilícita de sufrágio em campanha eleitoral. Assim, a procedência do pedido na demanda em apreço implica reflexamente a inelegibilidade do réu, exceto se a sanção aplicada for exclusivamente pecuniária.

A *captação ilícita de sufrágio* denota a ocorrência de *ilícito eleitoral ofensivo à livre vontade do eleitor,* impondo a responsabilização dos agentes e beneficiários do evento. Estará configurada sempre que a eleitor for oferecido, prometido ou entregue bem ou vantagem com o fim de obter-lhe o voto, e também na hipótese de coação, isto é, prática de "atos de violência ou grave ameaça a pessoa, com o fim de obter-lhe o voto" (art. 41-A, § 2º). Assim, a causa da conduta inquinada deve estar diretamente relacionada ao voto.

A perfeição do ilícito requer: *(i)* realização de uma das condutas descritas, a saber: doar, oferecer, prometer ou entregar bem ou vantagem pessoal a eleitor, bem como contra ele praticar violência ou grave ameaça; *(ii)* fim especial de agir, consistente na obtenção do voto do eleitor; *(iii)* ocorrência do fato durante o período eleitoral, isto é, entre a data do registro de candidatura e a eleição.

Compra de voto – à consideração de que o bem jurídico tutelado pelo art. 41-A da LE é a livre vontade do eleitor, tem-se entendido que a compra "de um único voto é suficiente para configurar captação ilícita de sufrágio" (TSE – REspe nº 54542/SP – *DJe* 18-10-2016, p. 85-86). O fato deve ser evidenciado de maneira inequívoca. Entretanto, não é preciso que haja "pedido expresso de voto" por parte do candidato. Tal exigência, além de não constar na regra em apreço, certamente acarretaria seu esvaziamento, tornando-a inócua. Quanto a isso, o § 1º do art. 41-A da LE é claro ao dispor: "Para a caracterização da conduta ilícita, é desnecessário o pedido explícito de votos, bastando a evidência do dolo, consistente no especial fim de agir". Admite-se que o "fim de obter" (e não o pedido expresso de) votos – dolo específico ou fim especial de agir, na linguagem do Direito Penal – resulte das circunstâncias do evento, sendo deduzido do contexto em que ocorreu, mormente do comportamento e das relações dos envolvidos. Nesse sentido: TSE – REspe nº 25.146/RJ – *DJ* 20-4-2006, p. 124; TSE – RO nº 773/RR – *JTSE* 3:2006:104, TSE – RO nº 777/AP – *JTSE* 3:2006:118.

Embora o dispositivo em exame se destine a "candidato" (TSE – AAI nº 212-84/SE – *DJe* 15-10-2014), não é imperioso que a ação ilícita seja levada a efeito pelo candidato, ele mesmo. Poderá ser realizada de forma mediata, por interposta pessoa, já que se entende como "desnecessário que o ato de compra de votos tenha sido praticado diretamente pelo candidato, mostrando-se suficiente que, evidenciado o benefício, haja participado de qualquer forma ou com ele consentido […]" (TSE – REspe nº 21.792/MG – *DJ,* 21-10-2005, p. 99). É, pois, suficiente que a participação do candidato beneficiado ocorra de forma *indireta,* havendo de sua parte anuência explícita (TSE – REspe nº 21.327/MG – *DJ* 31-8-2006, p. 125) ou tácita (TSE – AgRO nº 903/PA – *DJ* 7-8-2006, p. 136) ou, ainda, o seu "conhecimento ou mesmo a ciência dos fatos que resultaram na prática do ilícito eleitoral, elementos esses que devem ser aferidos diante do respectivo contexto fático" (TSE – RO nº 2.098/RO – *DJe* 4-8-2009, p. 103). E mais: a concordância ou anuência aos fatos configuradores do ilícito "pode se revelar a partir de elementos que denotem estreito vínculo político ou de cunho afetivo entre o candidato beneficiário e aquele que oferece diretamente a benesse em troca de votos" (TSE – AREspEl nº 060015836/CE – *DJe* 23-9-2024). No entanto, a participação ou anuência do candidato não pode basear-se "em mera presunção" (TSE – REspEl nº 060003632/RS – *DJe* 2-9-2024). Em síntese, a conduta inquinada pode ser praticada diretamente pelo candidato "ou por interposta pessoa, com sua anuência ou ciência" (Res. TSE nº 23.735/2024, art. 13, § 2º).

Mas, para que um fato seja imputado ao candidato e este, em consequência, seja eleitoralmente responsabilizado, há mister que se demonstre a existência de liame entre o seu agir e o aludido fato; essa conexão é lógico-jurídica e pode decorrer até mesmo de omissão. De modo que a culpa (em sentido amplo) do candidato deve ser evidenciada, pois, se isso não ocorresse, sua responsabilização seria objetiva ou se fundaria em mera presunção. Nessa linha de pensamento:

> "[...] 5. A desnecessidade de comprovação da ação direta do candidato para a caracterização da hipótese prevista no art. 41-A da Lei nº 9.504/97 não significa dizer que a sua participação mediata não tenha que ser provada. Por se tratar de situação em que a ação ou anuência se dá pela via reflexa, é essencial que a prova demonstre claramente a participação indireta, ou, ao menos, a anuência do candidato em relação aos fatos apurados. 6. A afinidade política ou a simples condição de correligionária não podem acarretar automaticamente a corresponsabilidade do candidato pela prática da captação ilícita de sufrágio, sob pena de se transmudar a responsabilidade subjetiva em objetiva. Recursos especiais providos para reformar o acórdão regional" (TSE – REspe nº 603-69/MS – *DJe* 15-8-2014).

O beneficiário da ação do candidato deve ser *eleitor*. Do contrário, não ostentando cidadania ativa, por qualquer razão (inclusive em virtude de suspensão de direitos políticos), a hipótese legal não se perfaz, permanecendo no campo moral. Mesmo porque, não haveria qualquer perigo ou ameaça ao bem jurídico tutelado, que, no caso, é a *liberdade de voto*.

Não é mister que o eleitor – ou eleitores – beneficiado ou a quem a promessa foi endereçada seja identificado nominalmente. Nesse sentido:

> "[...] Captação de sufrágio do art. 41-A da Lei nº 9.504/97. [...] 1. Na linha da jurisprudência desta Corte, estando comprovado que houve captação vedada de sufrágio, não é necessário estejam identificados nominalmente os eleitores que receberam a benesse em troca de voto, bastando para a caracterização do ilícito a solicitação do voto e a promessa ou entrega de bem ou vantagem pessoal de qualquer natureza [...]" (TSE – REspe nº 25.256, de 16-2-2006).

Às vezes, é o próprio eleitor que se insinua ao candidato, solicitando-lhe bem ou vantagem para entregar-lhe o voto. Embora essa conduta seja tipificada como crime de corrupção eleitoral passiva no art. 299 do Código, não é prevista no art. 41-A da LE. O que denota ilicitude na captação do voto é a iniciativa do candidato, não a do eleitor, porquanto é a liberdade deste que se visa resguardar. Todavia, se o candidato aceder à solicitação, tem-se como caracterizado o ilícito em apreço.

O objeto ou o fim da ação ilícita devem ser o voto do cidadão. Por isso, não se configura a captação ilícita de sufrágio se outra for a causa da ação inquinada, pois nessa hipótese estaria ausente o requisito atinente ao condicionamento da entrega da vantagem ao voto. Há precedente nesse sentido:

> "1. Na espécie, das circunstâncias fáticas delineadas no acórdão regional, depreende-se que o recebimento da vantagem – materializada na distribuição gratuita de bebidas – foi condicionado à permissão de colagem do adesivo de campanha, e não à obtenção do voto. 2. Não há como enquadrar a conduta imputada aos recorrentes no ilícito previsto no

art. 41-A da Lei das Eleições, porquanto não restou demonstrado o especial fim de agir consistente no condicionamento da entrega da vantagem ao voto do eleitor. 3. Recursos especiais providos" (TSE – REspe nº 63.949/SP – *DJe* t. 23, 3-2-2015, p. 86-87).

De igual modo, se a dádiva tiver em vista a viabilização de atos de campanha como carreata, comício, reunião (e não propriamente beneficiar individualmente algum eleitor), já entendeu a jurisprudência que o fato não chega a concretizar a hipótese prevista no art. 41-A da LE.

"[...] 5. A distribuição massiva de combustíveis, *sem controle ou vinculação dos beneficiados com a participação em atos políticos*, visando à obtenção de voto dos eleitores, que se revele apta a comprometer a normalidade das eleições e a causar desequilíbrio entre os candidatos configura captação ilícita de sufrágio e abuso de poder econômico. [...]" (TSE – AgR-TutCautAnt nº 060019961/GO – j. 3-5-2024).

"1. Para a caracterização da captação ilícita de sufrágio, é necessário que o oferecimento de bens ou vantagens seja condicionado à obtenção do voto. A distribuição de camisetas com símbolo partidário para utilização durante passeata ou carreata não se amolda ao ilícito previsto no art. 41-A da Lei nº 9.504/97. [...] 3. Recurso especial provido" (TSE – REspe nº 26674/MS – *DJe*, t. 47, 11-3-2014, p. 31).

"1. O entendimento desta Corte firmou-se no sentido de que a prática de distribuição de combustível a eleitores, visando à participação em carreata, somente configurará captação ilícita de sufrágio se houver, conjuntamente, pedido explícito ou implícito de votos. Precedentes. [...]" (TSE – AgR-AI nº 11.434/RJ – *DJe*, t. 29, 11-2-2014, p. 36-37).

"Doação de combustível – Campanha eleitoral *versus* captação de votos. A doação de combustível visando à presença em comício e ao apoio à campanha eleitoral não consubstancia, por si só, captação vedada pelo art. 41-A da Lei nº 9.504/97. [...]" (TSE – REspe nº 40.920/PI – *DJe*, t. 227, 27-11-2012, p. 13).

"Recurso contra expedição de diploma. Eleições 2006. Captação ilícita de sufrágio (art. 41-A da Lei nº 9.504/97). Descaraterização. Deputado Estadual. Candidato. Oferecimento. Comida. Bebida. 1. Para a caracterização da captação ilícita de sufrágio, é necessário que o oferecimento de bens ou vantagens seja condicionado à obtenção do voto, o que não ficou comprovado nos autos. 2. A simples realização de eventos, ainda que com a oferta de comida e bebida, no qual esteja presente o candidato, não caracteriza, por si só, a captação ilícita de sufrágio, embora seja vedada a realização de propaganda eleitoral por meio de oferecimento de dádiva ou vantagem de qualquer natureza. 3. É certo que o art. 41-A da Lei nº 9.504/97 não faz distinção entre a natureza social ou econômica dos eleitores beneficiados ou entre a qualidade ou valor da benesse oferecida. Ocorre que a conduta imputada ao recorrido é insuficiente para a caracterização do ilícito eleitoral. 4. Recurso ordinário não provido" (TSE – RCED nº 761/SP – *DJe* 24-3-2010, p. 37).

A *compra de apoio político de candidato concorrente*, ainda que implique desistência da candidatura, não constitui captação ilícita de voto. Assim: o "disposto no art. 41-A da Lei nº 9.504/97 não apanha acordo, ainda que a envolver pecúnia, para certo candidato formalizar desistência da disputa" (TSE – AgR-REspe nº 54.178/AL – *DJe*, t. 230, 30-11-2012, p. 6).

Entretanto, cumpre ressaltar que a *compra de apoio político de candidato concorrente* pode configurar abuso de poder econômico sob a ótica dos arts. 19 e 22, XIV, da LC nº 64/1990. Segundo a Corte Superior, a "negociação de apoio político, mediante o oferecimento de vantagens com conteúdo econômico, configura a prática de abuso do poder econômico, constituindo conduta grave, pois exorbita do comportamento esperado daquele que disputa um mandato eletivo e que deveria fazê-lo de forma equilibrada em relação aos demais concorrentes" (TSE – AgR-REspe nº 25.952/RS – *DJe* 14-8-2015). Em igual sentido: TSE – REspe nº 19.847/RS – *DJe* 4-3-2015.

Do ângulo material, o bem ou a vantagem pode ser de qualquer tipo. O que importa é que propicie benefício ou vantagem ao eleitor. Assim, pode constituir-se dos mais variados produtos ou serviços, como atendimento médico, hospitalar, dentário, estético, concessão de crédito, perdão de débito, fornecimento de dinheiro, medicamento, prótese, combustível, cesta básica, roupa, calçado, material de construção, transporte, emprego, cargo ou função públicos.

Quanto à natureza, o bem ou a vantagem há de ser "pessoal", ainda que a oferta seja pública ou coletiva. Deve referir-se a prestação situada na esfera privada do eleitor, de sorte a carrear-lhe benefício individual. Assim, a caracterização do ilícito requer "a oferta de benesse determinada, de modo a consubstanciar vantagem direta ao eleitor, não sendo suficiente a mera promessa genérica de vantagem. [...]" (TSE – REspe nº 20289/RN – *DJe* 15-12-2015, p. 24-25).

Por proveito ou dádiva *pessoal* também se compreende o que for endereçado a pessoa ligada ao eleitor. Assim, por exemplo, se candidato fizer promessa – em troca de voto – de fornecer material de construção a parente ou familiar de alguém, estará configurada a situação fática prevista no art. 41-A da LE. O benefício aí é indireto.

A promessa de implementação, manutenção ou conclusão de serviço ou obra públicos não caracteriza a hipótese em apreço. Situa-se, antes, na explanação do plano de gestão ou de governo, caso eleito o candidato. Entretanto, poderá configurá-la se for feita a determinados membros da comunidade, de sorte a carrear-lhes proveito individual, já que a pluralidade de destinatários "não desfigura a prática da ilicitude [...]" (TSE – REspe nº 21.120/ES – *DJ*, v. 1, 17-10-2003, p. 132). Somente a análise das circunstâncias do caso concreto é que permitirá distinguir uma situação da outra.

Certo é que a promessa ou oferta deve ser específica e endereçada a alguém ("ao eleitor") ou a um grupo determinado de eleitores com interesse comum ou homogêneo. Só assim poderá haver aderência psicológica do(s) eleitor(es) com o consequente desvirtuamento de sua liberdade política. De modo que, se a promessa ou oferta for genérica, indeterminada ou vaga, não se encaixa na moldura do art. 41-A da LE. Nesse caso, melhor se afigura como explanação dos projetos que o candidato pretende realizar, assemelhando-se a "promessa de campanha", feita de forma geral e a pessoas indiscriminadas, sem aptidão para corromper ou vincular psicologicamente os destinatários.

> "[...] 7. [...] não houve promessa de bem ou vantagem pessoal, consoante exige a norma em epígrafe, mas, sim, promessa dirigida a uma coletividade. [...] 8. Esta Corte já decidiu que as promessas genéricas, sem o objetivo de satisfazer interesses individuais e privados, não são capazes de atrair a incidência do art. 41-A da Lei nº 9.504/97" (TSE – REspe nº 47444/SP – *DJe* 30-4-2019). Em igual sentido: TSE – ROs nº 0603024-56/DF e 0602991-66/DF – decisões monocráticas de 27-8-2020.

Apesar de o ilícito em apreço ter ficado conhecido como *compra de voto*, não é preciso que o bem ou a vantagem sejam efetivamente entregues ou gozados pelo destinatário. Basta que sejam *oferecidos* ou simplesmente *prometidos*. Para a caracterização do ilícito, são suficientes os atos de fala ou discurso. Fazendo-se analogia com o Direito Penal, pode-se dizer que o tipo legal é de natureza formal, sendo certo que sua perfeição se dá com a só *promessa* ou *oferta*, ainda que não haja aceitação por parte do destinatário. A entrega concreta, efetiva, real, configura mero exaurimento da ação ilícita anteriormente já consumada.

Por igual, não é necessária a demonstração de que o eleitor votou efetivamente no candidato. Mesmo porque, ante o sigilo do voto, tal prova é impossível de ser produzida. Conforme tem entendido a Corte Superior Eleitoral: "[...] presume-se o objetivo de obter voto, sendo desnecessária a prova visando a demonstrar tal resultado. Presume-se o que normalmente ocorre, sendo excepcional a solidariedade no campo econômico, a filantropia" (TSE – REspe nº 25.146/RJ – *DJ* 20-4-2006, p. 124). A presunção aí tem caráter absoluto.

Claro está no texto do art. 41-A da LE que a conduta só se torna juridicamente relevante se ocorrer no curso do processo eleitoral, isto é, entre a data designada para a formulação do pedido de registro de candidaturas e as eleições. Com efeito, a captação é de "sufrágio", sendo realizada por "candidato" em relação a "eleitor".

Coação eleitoral – a *coação eleitoral* é prevista no § 2º do art. 41-A. Conforme assinalei em outra obra, consiste a coação na "violência, física ou moral, exercida contra alguém para compeli-lo a praticar ato contrário à sua vontade" (GOMES, 2009, p. 327). Sua prática impede a livre e espontânea expressão do querer, de sorte que a declaração de vontade externada sob sua influência resulta maculada. A coação de que cogita o legislador eleitoral é do tipo moral, psicológica ou relativa (*vis compulsiva*); dadas as formalidades e peculiaridades do ato de votar, impossível seria a ocorrência de *vis absoluta* ou física. Nessa última, há constrangimento físico, corporal, ficando o coacto totalmente privado de manifestar sua vontade; ocorreria, *e. g.*, se alguém dominasse o eleitor na hora de votar e, tomando sua mão à força, digitasse o número do candidato na urna eletrônica. Mas isso, por óbvio, é impossível. Diferentemente, na *vis compulsiva* o agressor atua sobre o campo psicológico da vítima, agredindo-lhe, dirigindo-lhe ameaça iminente e grave. Sua intenção é fomentar a insegurança, o medo, o temor. Tais sentimentos instalam-se na consciência do coacto, provocando-lhe tensão, estresse, insegurança e, em certos casos, pânico. Isso para que ele vote no candidato apontado pelo coator. Assim, nessa espécie de coação, fica livre o coacto para decidir: curvar-se à ameaça ou deixar de votar no candidato indicado, assumindo, em tal caso, o risco de sofrer o mal propalado.

Para a configuração prática da *coação eleitoral*, mister será ponderar as circunstâncias e a natureza do ato do coator. Pela dicção legal, é preciso que haja *violência* ou *grave ameaça*. Assim, deve a coação ser grave, incutindo no coacto justificável receio ou temor de que, se não votar no candidato apontado, a ameaça se cumprirá. Não é qualquer ameaça que a configura, mas sim aquela que cause abalo, como, *e. g.*, o assassinato ou o sequestro de alguém, a exposição a escândalo, a destruição de coisas, a divulgação de informações que possam comprometer a vítima em seu círculo social, familiar ou de trabalho, a demissão ou a transferência de servidor público. Ameaças vagas, indefinidas, de impossível concretização, proferidas em tom jocoso ou para serem cumpridas em futuro muito distante não caracterizam coação eleitoral, por não se revestirem da necessária gravidade ou seriedade.

Outrossim, não é preciso que a violência ou a grave ameaça se concretizem no plano fático. Para a configuração de ilícita captação de sufrágio na modalidade em apreço, basta que haja ameaça, pois o tipo legal é de natureza formal. Registre-se, porém, que a concretização da violência ou grave ameaça contra a pessoa de eleitor, além de ensejar o presente ilícito eleitoral, também constitui ilícito civil e criminal.

É desnecessária a demonstração de que o eleitor tenha efetivamente votado no candidato beneficiado pelo ilícito constrangimento.

Sob o aspecto temporal, deve a coação ser realizada durante o processo eleitoral. Fora desse interregno, o evento não teria relevância jurídica na seara eleitoral, porque sequer se poderia falar na existência de candidato, tampouco na possibilidade de o eleitor votar.

Ao dizer que a coação deve ser dirigida contra "a pessoa, com o fim de obter-lhe o voto", a regra legal em comento deixa transparecer que a violência ou grave ameaça devem endereçar-se à *pessoa* do eleitor. Por tratar-se de regra protetiva, a interpretação não deve ser restritiva. Divisam-se na ideia de *pessoa* duas esferas: uma existencial, na qual são enfeixados os direitos de personalidade, e outra patrimonial, na qual se situa o patrimônio. Assim, a violência ou a grave ameaça podem igualmente dirigir-se à família ou aos bens da vítima (CC, art. 151), pois esses interesses estão imediatamente ligados a ela, podendo, eventualmente, forçá-la a emitir declaração de vontade em desacordo com seu real e verdadeiro querer.

Bem juridicamente tutelado – o bem jurídico que se visa salvaguardar é a liberdade do eleitor de votar conforme os ditames de sua própria consciência. É a liberdade de formar sua *vontade de votar* livremente, escolhendo quem bem entender para o governo. Logo, não é necessário que o evento afete ou comprometa a normalidade ou a legitimidade das eleições, porquanto uma só ocorrência já é bastante para configurar o ilícito em exame, sendo desnecessário que haja desequilíbrio das eleições em seu conjunto. É nesse sentido o remansoso entendimento jurisprudencial:

> "[…] IV – Prática de conduta vedada pelo art. 41-A da Lei nº 9.504/97, acrescentado pelo art. 1º da Lei nº 9.840/99: compra de votos. Há, nos autos, depoimentos de eleitoras, prestados em juízo, que atestam a compra de votos. V – Para a configuração do ilícito inscrito no art. 41-A da Lei nº 9.504/97, acrescentado pela Lei nº 9.840/99, não é necessária a aferição da potencialidade de o fato desequilibrar a disputa eleitoral […]" (TSE – REspe nº 21.264/AP – *DJ* 11-6-2004, p. 94).

> "[…] II – Desnecessária para a caracterização da captação de sufrágio a demonstração do nexo de causalidade entre a conduta ilegal e o resultado do pleito. Todavia, se a Corte Regional julgou que não houve o ilícito, para se alterar esse entendimento seria necessário o reexame da prova, o que é vedado em sede de recurso especial (Súmulas nºs 279/STF e 7/STJ)" (TSE – REspe nº 21.324/MG – *DJ* 16-4-2004, p. 183).

21.6.2 Sanção por captação ilícita de sufrágio

As sanções por captação ilícita de sufrágio são previstas no art. 41-A, *caput*, da LE, consistindo em: *(i)* multa pecuniária; *(ii)* cassação do registro do candidato; *(iii)* cassação do diploma do eleito. Além disso, há ainda: *(iv)* a invalidação dos votos dados ao candidato, que deixam de produzir efeitos jurídicos; e *(v)* a inelegibilidade prevista no art. 1º, I, *j*, da LC nº 64/90, que constitui efeito reflexo ou secundário da decisão judicial que aplica as sanções referidas nos itens *ii* e *iii*.

Ao tratar da sanção, o *caput* do art. 41-A da LE estabelece que esta será "de multa de mil a cinquenta mil Ufir, e cassação do registro ou do diploma". O emprego da conjunção aditiva "e" ensejou a interpretação de que as sanções de cassação (do registro de candidatura ou diploma) e multa devem ser aplicadas cumulativamente. Esse entendimento refletiu-se na jurisprudência, que assentou: "O ilícito eleitoral inscrito no art. 41-A da Lei das Eleições reclama aplicação cumulativa das sanções de multa e cassação do registro ou diploma" (TSE – AgR-REspe nº 20855/CE – *DJe* 7-2-2020; TSE – REspe nº 95246/RJ – *DJe* 23-10-2015; TSE – AgR-RCED nº 707/RJ – j. 8-5-2012). Por isso, dispõe o art. 14, *caput*, da Res. TSE nº 23.735/2024 que, configurada a captação ilícita de sufrágio: "a candidata ou o candidato será condenada(o), cumulativamente, à multa [...] e à cassação do registro ou do diploma".

Essa compreensão afasta a incidência dos princípios constitucionais da proporcionalidade e da razoabilidade, segundo os quais a sanção aplicada deve ser necessária e adequada para a proteção do bem jurídico violado, além de promover um equilíbrio entre a resposta estatal e a gravidade da conduta ilícita. Tem-se, então, que o desvalor atribuído à compra de voto é tão forte, que a só aplicação de multa seria resposta estatal inadequada ou deficiente.

No entanto, tornando-se impossível a imposição da sanção de cassação de registro ou diploma, admite-se a aplicação isolada de multa.

> "A impossibilidade de cassação do registro ou do diploma, em caso de candidata ou candidato não eleita(o), com registro indeferido ou de término do mandato, não afasta

o interesse jurídico no prosseguimento da ação para fins de aplicação da multa" (Res. TSE nº 23.735/2024, art. 14, § 2º).

"Eleições 2018. Representação. Captação ilícita de sufrágio. [...] Término do mandato. Possibilidade de aplicação de multa. [...] 5. Nos termos da jurisprudência desta Corte Eleitoral, 'a viabilidade da representação por captação ilícita de sufrágio não está adstrita à possibilidade de promover a cassação do registro ou do diploma, uma vez que é possível o prosseguimento da ação para fins de eventual aplicação de multa' [...]" (TSE – RO-El nº 060170649/AP – *DJe* 25-4-2024).

21.7 CONDUTAS VEDADAS A AGENTES PÚBLICOS – LE, ARTS. 73 A 78

21.7.1 Caracterização da conduta vedada

Entre as inumeráveis situações que podem denotar uso abusivo de poder político ou de autoridade, o legislador especificou algumas em virtude de suas relevâncias e reconhecida gravidade no processo eleitoral, interditando-as expressamente. São as denominadas *condutas vedadas*, cujo rol encontra-se nos arts. 73 a 78 da Lei nº 9.504/97. Trata-se esse rol de *numerus clausus*, não se admitindo acréscimo no elenco legal. Sobretudo em razão de seu caráter sancionatório, tais regras não podem ser interpretadas extensiva ou ampliativamente, de modo a abarcar situações não normatizadas.

Tal qual ocorreu com o art. 41-A da Lei das Eleições (que sanciona a captação ilícita de sufrágio), também os arts. 73, § 5º, 74 e 77, parágrafo único, foram acoimados de inconstitucionais na parte em que instituem as sanções de cassação de registro de candidatura ou diploma, as quais, segundo se alega, implicariam *inelegibilidade*. Esta, nos termos do art. 14, § 9º, da Constituição Federal só pode ser instituída por lei complementar, não por lei ordinária, como são as Leis nº 9.504/97 e nº 9.840/99 (que alterou a redação do aludido § 5º do art. 73).

Não obstante, o conceito de *inelegibilidade* é normativo. Como tal, consideram-se apenas as hipóteses que a lei expressamente prescreve, a exemplo das descritas no art. 1º, da LC nº 64/90. Nesse sentido, pacificou-se o entendimento segundo o qual os arts. 73, § 5º, 74 e 77, parágrafo único, da Lei nº 9.504/97, encontram-se em perfeita harmonia com a Lei Magna, já que não contêm hipótese de inelegibilidade.

"[...] Violação aos arts. 14, § 9º, da Constituição Federal, 15 e 22 da Lei Complementar nº 64/90. Inconstitucionalidade do § 5º do art. 73 da Lei nº 9.504/97. [...] O § 5º do art. 73 da Lei nº 9.504/97 não contém hipótese de inelegibilidade. Inconstitucionalidade não configurada. Precedentes [...]" (TSE – Ac. nº 25.117, de 28-4-2005).

Na ADI 3.305, movida pelo extinto Partido Liberal (PL) em relação ao art. 77 da Lei das Eleições, o Supremo Tribunal Federal consolidou definitivamente essa interpretação.

"Ação direta de inconstitucionalidade. Art. 77 da Lei Federal nº 9.504/97. Proibição imposta aos candidatos a cargos do Poder Executivo referente à participação em inauguração de obras públicas nos três meses que precedem o pleito eletivo. Sujeição do infrator à cassação do registro da candidatura. Princípio da igualdade. Art. 50, *caput* e inciso I, da Constituição do Brasil. Violação do disposto no art. 14, § 9º, da Constituição do Brasil. Inocorrência. 1. A proibição veiculada pelo preceito atacado não consubstancia nova condição de elegibilidade. Precedentes. 2. O preceito inscrito no art. 77 da Lei federal nº 9.504 visa a coibir abusos, conferindo igualdade de tratamento aos candidatos, sem afronta ao disposto no art. 14, § 9º, da Constituição do Brasil. 3. A alegação de que o artigo impugnado violaria o princípio da isonomia improcede. A concreção do princípio da igualdade reclama a prévia determinação de quais sejam os iguais e quais os desiguais. O direito deve distinguir pessoas e situações distintas entre si, a fim de conferir tratamentos normativos diversos a pessoas e a situações que não sejam iguais. 4. Os atos normativos podem, sem violação do princípio da igualdade, distinguir situações a fim de conferir a uma tratamento diverso do que atribui a outra. É necessário que a discriminação guarde compatibilidade com o conteúdo do princípio. 5. Ação Direta de Inconstitucionalidade julgada improcedente. Decisão: O Tribunal, por unanimidade, julgou improcedente a ação direta, nos termos do voto do Relator" (STF – ADI 3.305/DF – Unânime – Rel. Min. Eros Grau – j. 13-9-2006 – *DJ* 24-11-2006, p. 60).

No entanto, essa discussão deixou de ter relevância, já que a *inelegibilidade* foi expressamente introduzida nessa seara pela alínea *j*, I, art. 1º, da LC nº 64/90 (inserida pela LC nº 135/2010). Por essa regra, é inelegível, por oito anos a contar da data das eleições, quem tiver o registro ou o diploma cassados, em decisão transitada em julgado ou proferida por órgão colegiado da Justiça Eleitoral, por conduta vedada aos agentes públicos em campanhas eleitorais. Assim, a procedência do pedido na demanda em apreço implica a automática inelegibilidade do réu.

A conduta vedada traduz a ocorrência de *ato ilícito eleitoral*. Uma vez caracterizada, com a concretização de seus elementos, impõe-se a responsabilização tanto dos agentes quanto dos beneficiários do evento.

Estabelece o aludido art. 73 que as condutas elencadas "são proibidas aos agentes públicos, servidores ou não", porque tendem "a afetar a igualdade de oportunidades entre candidatos nos pleitos eleitorais".

Assim, sob o aspecto subjetivo, a conduta inquinada deve ser realizada por *agente público*. Este termo é tecnicamente empregado para designar os exercentes de funções estatais. Abrange os chamados agentes políticos, servidores públicos, militares, e particulares que colaboram com o Estado, como mesários da Justiça Eleitoral e jurados no Tribunal do Júri. Consoante ensina Bandeira de Mello (2002, p. 219), trata-se de expressão genérica, pela qual se nomeiam "os sujeitos que servem ao Poder Público como instrumentos expressivos de sua vontade ou ação, ainda quando o façam apenas ocasional ou episodicamente". O art. 73, § 1º, da LE oferece definição clara de agente público, assim reputando "quem exerce, ainda que transitoriamente ou sem remuneração, por eleição, nomeação, designação, contratação ou qualquer outra forma de investidura ou vínculo, mandato, cargo, emprego ou função nos órgãos ou entidades da administração pública direta, indireta, ou fundacional".

Ao realizarem seus misteres, os agentes públicos devem sempre guardar obediência aos princípios constitucionais regentes de suas atividades, nomeadamente os previstos no art. 37 da Lei Maior, entre os quais avultam: legalidade, impessoalidade, moralidade, publicidade, eficiência, licitação e o concurso público. A ação administrativo-estatal deve pautar-se pelo atendimento do *interesse público*. Esse princípio basilar é conceituado por Bandeira de Mello (2002, p. 71) como o "resultante do conjunto dos interesses que os indivíduos *pessoalmente* têm quando considerados em *sua qualidade de membros da Sociedade e pelo simples fato de o serem*". Esclarece o eminente jurista que os interesses públicos, na verdade, *correspondem à dimensão pública dos interesses individuais*, ou seja, consistem no plexo dos interesses dos indivíduos enquanto partícipes da sociedade, esta entificada no Estado.

Como corolário da conduta vedada, tem-se o ferimento do bem jurídico protegido pela norma em apreço. Conforme se disse há pouco, o *caput* do art. 73 da LE esclarece que, aos agentes públicos, é proibida a realização dos comportamentos que especifica, porque tendem "a afetar a igualdade de oportunidades entre candidatos nos pleitos eleitorais". Aí está o bem jurídico que a regra em apreço visa proteger: a igualdade de oportunidades – ou de chances – entre candidatos e respectivos partidos políticos nas campanhas que desenvolvem. Haveria desigualdade se a Administração estatal fosse desviada da realização de seus misteres para auxiliar a campanha de um dos concorrentes, em odiosa afronta aos princípios da moralidade e impessoalidade. Por óbvio, as campanhas são sempre desiguais, sobretudo porque algumas são milionárias, pois contam com o apoio da elite econômico-financeira, ao passo que outras chegam a ser franciscanas; alguns candidatos são mais carismáticos, outros menos. Mas não é dessa ordem a desigualdade que o presente dispositivo visa coibir. O que se combate, aqui, é o desequilíbrio patrocinado com recursos do erário. Trata-se de dinheiro público, oriundo da cobrança de pesados tributos, que direta ou indiretamente é empregado para irrigar ou alavancar campanhas eleitorais. Daí a ilicitude da distorção provocada por essa situação, que a um só tempo agride a probidade administrativa, a moralidade pública e a igualdade no pleito.

Tendo em vista que o bem jurídico protegido é a igualdade no certame, a isonomia nas disputas, não se exige que as condutas proibidas ostentem aptidão ou potencialidade para desequilibrar o pleito, feri-lo ou alterar seu resultado (TSE – AgR-REspe nº 59030/TO – *DJe*, t. 222, 24-11-2015, p. 190-191; TSE – AgR-REspe nº 20280/RJ – *DJe* 1-7-2015, p. 5).

Ademais, é desnecessária a demonstração do concreto comprometimento ou do dano efetivo às eleições, já que a "só prática da conduta vedada estabelece presunção objetiva da desigualdade" (TSE – Ag. nº 4.246/MS – *DJ* 16-9-2005, p. 171). Basta, portanto, que se demonstre a mera realização do ato ilícito (TSE – AgR-REspe nº 20871/RS – *DJe*, t. 149, 6-8-2015, p. 53-54; TSE – REspe nº 45060/MG – *DJe*, t. 203, 22-10-2013, p. 55-56).

O que se impõe para a perfeição da conduta vedada é que, além de ser típico e subsumir-se a seu respectivo conceito legal, o evento considerado tenha aptidão para lesionar o bem jurídico protegido, no caso, a *igualdade na disputa*, e não propriamente as eleições como um todo ou os seus resultados. Assim, não chega a configurar o ilícito em tela hipóteses cerebrinas de lesão, bem como condutas irrelevantes ou inócuas relativamente ao ferimento do bem jurídico salvaguardado. Não se pode olvidar que o Direito Eleitoral tem em vista a expressão da soberania popular, o exercício do sufrágio, a higidez do processo eleitoral, de sorte que somente condutas lesivas aos bens por ele protegidos merecem sua atenção e severa reprimenda. Nesse sentido, não chegam a ser ações tipicamente relevantes eventos como o envio de um documento por e-mail com a utilização de terminal de computador instalado em repartição pública, o uso de uma caneta ou de um envelope de correspondência. É que nesses casos nenhuma lesão poderia ocorrer ao bem jurídico tutelado. Em outros termos, para usar a linguagem do Direito Penal, embora possa haver tipicidade formal (no sentido de abstrata subsunção de uma conduta à regra ou tipo legal), não há a necessária tipicidade material ou substancial. Se tais exemplos patenteiam ou não *ilícitos administrativos*, isso deve ser considerado em outra seara. Não por outra razão, tem-se entendido ser necessário que haja razoabilidade no enquadramento dos fatos às hipóteses legais de conduta vedada, bem como "que o uso da máquina pública foi capaz de atingir o bem protegido pela referida norma" (TSE – AgR-REspe nº 79734/RS – *DJe*, t. 211, 9-11-2015, p. 79) ou que o evento considerado apresente "capacidade concreta para comprometer a igualdade do pleito" (TSE – AREspe nº 25.758/SP – *DJ* 11-4-2007, p. 199) ou que tenha grandeza que *justifique* a sanção que se pretende impor (TSE – AgR-RO nº 505393/DF – *DJe*, t. 9, 12-6-2013, p. 62).

À consideração de que as hipóteses legais de conduta vedada constituem espécie do gênero "abuso de poder político", o fato que as concretize também pode ser apreciado como abuso de poder – político ou de autoridade – coibido pelos arts. 19 e 22, XIV, da LC nº 64/90. Para que isso ocorra, será mister que a conduta vedada, além de afetar a igualdade de oportunidades entre os candidatos, também seja de tal magnitude que fira a normalidade ou o equilíbrio do processo eleitoral. Assim, o mesmo evento atinge dois bens juridicamente protegidos.

Cap. 21 • ILÍCITOS ELEITORAIS E RESPONSABILIDADE ELEITORAL | **629**

Como as espécies não esgotam o gênero, há eventos que caracterizam abuso de poder político (nos termos dos arts. 19 e 22, XIV da LC nº 64/90), sem se enquadrarem no elenco das condutas vedadas; estas são de legalidade estrita. A tais eventos atípicos não se poderá aplicar a disciplina que a Lei nº 9.504/97 reservou às condutas vedadas, nomeadamente no campo das sanções, conquanto sejam aptos a gerar as sanções previstas na Lei de Inelegibilidades.

21.7.2 Espécies de condutas vedadas

As espécies de condutas vedadas encontram-se delineadas nos incisos do art. 73, bem como nos arts. 74, 75 e 77 da Lei das Eleições.

Em algumas hipóteses o legislador limitou expressamente o período no qual a conduta é vedada. É isso que ocorre: *(i)* com os incisos V e VI do art. 73, e arts. 74 e 75, que vedam as condutas descritas aos três meses que antecedem o pleito; *(ii)* com o inciso VII do art. 73, e § 10 do art. 73, que restringem as condutas descritas a ano de eleição. O inciso VIII do art. 73 veda a conduta que descreve "a partir do início do prazo estabelecido no art. 7º desta Lei e até a posse dos eleitos".

Quanto aos incisos I, II e III do art. 73, não há qualquer menção a limites temporais em que as condutas devam ocorrer. Estariam, então, vedadas a qualquer tempo, mesmo antes da formalização do pedido de registro de candidatura? A questão é controvertida. Dada a ausência de balizas temporais nos aludidos incisos, já se entendeu na jurisprudência que "as condutas vedadas previstas no art. 73, I, II e III, da Lei nº 9.504/97 podem configurar-se mesmo antes do pedido de registro de candidatura" (TSE –Rp nº 66.522/DF – *DJe* t. 228, 3-12-2014, p. 48). É razoável essa interpretação, sobretudo porque nos outros dispositivos houve expressa fixação de balizas temporais às condutas vedadas.

Todavia – ao argumento de que as condutas vedadas têm por escopo proteger a igualdade de oportunidades entre candidatos em campanha eleitoral –, posição contrária a essa já foi igualmente vitoriosa na Corte Superior, a ver: "2. Diante da ausência de previsão expressa, para a incidência do inciso I do art. 73 da Lei nº 9.504/97, a conduta deve ser praticada durante o período eleitoral, nos três meses que antecedem o pleito, quando se pode falar em candidatos. 3. Normas que restringem direitos devem ser interpretadas estritamente. 4. Recursos especiais providos" (TSE – REspe nº 98.924/MG – *DJe* t. 38, 24-2-2014, p. 25). No mesmo sentido: TSE – Rp nº 14.562/DF – *DJe* t. 159, 27-8-2014, p. 62.

A seguir, far-se-á breve análise de cada qual das condutas vedadas.

21.7.2.1 *Cessão ou uso de bens públicos – art. 73, I*

O *art. 73, I, da LE* proíbe: "ceder ou usar, em benefício de candidato, partido político ou coligação, bens móveis ou imóveis pertencentes à administração direta ou indireta da União, dos Estados, do Distrito Federal, dos Territórios e dos Municípios, ressalvada a realização de convenção partidária".

Nos termos do art. 98 do Código Civil, públicos são os bens do domínio nacional pertencentes às pessoas jurídicas de Direito Público interno, as quais abrangem os entes integrantes da Administração direta (União, Estados, Distrito Federal e Municípios) e indireta (autarquia, fundação instituída pelo Poder Público, empresa pública, sociedade de economia mista, consórcio e agência). Todos os demais bens são privados, seja qual for a pessoa a que pertençam.

À vista do critério da *afetação* ou destinação do bem, a doutrina contemporânea encarta na categoria dos bens públicos todos aqueles comprometidos com a realização de serviços de caráter público. Privados, ao contrário, são aqueles ordenados a atender interesses particulares, ou seja, de seus próprios titulares. Desse prisma, tem-se ressaltado serem públicos os bens de entidades privadas prestadoras de serviços públicos, desde que afetados diretamente a uma finalidade pública. Assim pensam, *e. g.*, Di Pietro (2006, p. 453) e Bandeira de Mello (2002, p. 768). Este assevera serem públicos os bens que, embora não pertencentes às pessoas jurídicas de Direito Público, "estejam afetados à prestação de um serviço público". É o caso dos bens integrantes do domínio de concessionárias de serviços públicos, como empresas de transporte urbano, intermunicipal ou interestadual. Em jogo encontra-se o princípio da *continuidade dos serviços públicos*, o que justificaria, por exemplo, a impenhorabilidade de tais bens.

O dispositivo em apreço tem por objeto apenas bens públicos *móveis e imóveis*. Não abrange, pois, *serviços*. Estes podem ser enquadrados no inciso II do mesmo art. 73. Entendem-se por móveis as coisas suscetíveis de movimento próprio, ou de remoção por força alheia, sem alteração de sua substância ou destinação econômico-social. Já os imóveis são coisas que não se podem transportar de um para outro lugar sem destruição.

Classificam-se os bens públicos em: I – de uso comum do povo; II – de uso especial; III – dominicais (CC, art. 99). Há também, conforme visto, os *bens públicos por afetação*; estes são, na verdade, bens privados afetados a um fim público.

A restrição de cessão e uso veiculada no art. 73, I, da LE atinge somente os bens empregados na realização de serviço público, isto é, os de uso especial, dominicais e por afetação. É que são empregados pela Administração Pública para o cumprimento de seus misteres. Assim, por exemplo, os edifícios em que se instalam serviços públicos (como delegacias, repartições fiscais, de saúde, museus, galerias, escolas, postos de atendimento), equipamentos, materiais, copiadoras, computadores, mesas e veículos. Por óbvio, a cessão ou o uso de tais bens em campanha política podem comprometer a realização do serviço a que se encontram ligados, além de a eles vincular a imagem do candidato ou da agremiação, o que carrearia a estes evidente benefício em detrimento do equilíbrio do certame.

O mesmo não ocorre com os *bens de uso comum do povo*. Como tais, consideram-se as coisas que podem ser usadas livremente por qualquer pessoa, sem distinção de nacionalidade. Entram nessa categoria: rios, mares, praias, espaço aéreo, estradas, ruas, avenidas, praças, bancos de praças, parques. Pelo uso e gozo desses bens, em princípio, nada se exige, nem pagamento, nem autorização de autoridade, sendo desnecessárias quaisquer formalidades. As restrições que podem existir dizem respeito à *destinação* do bem e à *normalidade* do uso. Assim, qualquer candidato ou partido político pode fazer uso de tais bens na campanha eleitoral. O que se proíbe é o privilégio conferido a um candidato ou agremiação em detrimento de outros, porquanto isso provoca desequilíbrio imoral e odioso na disputa.

Nesse diapasão, já se admitiu como lícito o uso de "área compartilhada com a comunidade", desde que fosse franqueada a qualquer dos candidatos. A ver:

> "O local da realização do evento em questão é área de uso compartilhado com a comunidade, onde, inclusive, ocorreu a festa do Peão de Boiadeiro, não caracterizando, a sua cessão, nenhum favorecimento por agente público ou instituição a determinado candidato, em desfavor dos demais" (TSE – Ac. nº 24.865, de 9-11-2004).

Reza o § 2º do art. 73 da LE que a vedação contida no inciso I:

> "não se aplica ao uso, em campanha, de transporte oficial pelo Presidente da República, obedecido o disposto no art. 76, nem ao uso, em campanha, pelos candidatos a reeleição de Presidente e Vice-Presidente da República, Governador e Vice-Governador de Estado e do Distrito Federal, Prefeito e Vice-Prefeito, de suas residências oficiais para realização de contatos, encontros e reuniões pertinentes à própria campanha, desde que não tenham caráter de ato público".

Como consequência, também é permitido o emprego de servidores públicos que, no exercício de suas funções, cuidem da segurança, preparação de viagem ou conservação das residências oficiais das autoridades aludidas; entretanto, é-lhes vedada a participação em atos típicos de campanha, devendo limitar-se ao cumprimento dos deveres de seus cargos.

É interessante observar que, ao cuidar de *transporte oficial*, em sua primeira parte, o citado § 2º faz expressa menção ao Presidente da República, a significar que tal privilégio só a ele é concedido.

Entretanto, ao tratar do uso de *residência oficial*, já na segunda parte, o dispositivo faz referência, além do Presidente, também ao "Vice-Presidente da República, Governador e Vice-Governador de Estado e do Distrito Federal, Prefeito e Vice-Prefeito". O ideal é que bens e serviços públicos jamais pudessem ser usados em campanhas eleitorais, pois isso confere ao detentor de cargo público-eletivo inequívoca vantagem na disputa pelo poder, além de provocar confusão entre os patrimônios público e privado.

Quanto ao transporte oficial, há mister que as despesas sejam ressarcidas aos cofres públicos. Nesse sentido, o art. 76 da LE estabelece que o "ressarcimento das despesas com o uso de transporte oficial pelo Presidente da República e sua comitiva em campanha eleitoral será de responsabilidade do partido político ou coligação a que esteja vinculado". O ressarcimento terá por base o tipo de transporte usado e a respectiva tarifa de mercado cobrada no trecho correspondente; no caso do avião presidencial, o ressarcimento "corresponderá ao aluguel de uma aeronave de propulsão a jato do tipo táxi aéreo" (§ 1º). No entanto, são excluídas da obrigação de ressarcimento: "a) as despesas com transporte das servidoras e dos servidores indispensáveis à sua segurança e ao seu atendimento pessoal, às(aos) quais é vedado desempenhar atividades relacionadas à campanha; e, b) a utilização de equipamentos, veículos e materiais necessários às atividades de segurança e a seu atendimento pessoal, vedado o seu emprego para outra finalidade" (Res. TSE nº 23.735/2024, art. 18, § 3º).

A falta de ressarcimento – quando devido – rende ensejo à representação a ser aviada pelo Ministério Público perante a Justiça Eleitoral; o rito a ser seguido é o do art. 96 da Lei nº 9.504/97; a teor do § 4º do aludido art. 76, os infratores poderão sofrer "pena de multa correspondente ao dobro das despesas, duplicada a cada reiteração de conduta".

O Tribunal Superior Eleitoral não reconheceu como infringentes do art. 73, I, da LE situações como as que seguem:

i) a conduta de Senador "que se utiliza de carro oficial para ir ao estúdio de gravação de programa eleitoral de candidato" (TSE – RRp nº 94/DF – PSS 2-9-1998). Afirmou-se nesse julgamento que "a utilização do transporte oficial não implica, na espécie, em benefício para o candidato". Não obstante, a evidência do benefício – ainda que de pequena monta – por si só infirma o argumento.

ii) o uso "da residência oficial e de um computador para a realização de 'bate-papo' virtual, por meio de ferramenta (*face to face*) de página privada do *Facebook*" (TSE – Rp. nº 84.890/DF – *DJe* 1º-10-2014).

iii) "1. Mera utilização de fotografias que se encontram disponíveis a todos em sítio eletrônico oficial, sem exigência de contraprestação, inclusive para aqueles que tiram proveito comercial (jornais, revistas, blogs, etc.), é conduta que não se ajusta às hipóteses descritas nos incisos I, II e III, do art. 73 da Lei das Eleições. [...]" (TSE – Rp nº 84453/DF – *DJe*, t. 184, 1-10-2014, p. 29).

Por outro lado, no julgamento do REspe nº 16122/SP (*DJ* 11-2-2000, p. 56), o mesmo Tribunal assentou a ocorrência de conduta vedada por parte de Ministro de Estado que viajou para comparecer a solenidades oficiais, tendo aproveitado a viagem para também participar de reunião promovida pelo partido político a que se encontrava filiado. Assim, não pode haver o aproveitamento da viagem. O princípio acolhido é altamente significativo no campo da moral administrativa. Fosse permitido o aproveitamento de viagem, compromissos oficiais poderiam passar a constituir mero subterfúgio, em evidente desvirtuamento da ação administrativa e dos princípios que a regem.

Ademais, reconheceu-se a incidência do art. 73, I, da LE em casos como os seguintes:

i) "utilização de máquina de xerox do município para copiar material de propaganda eleitoral" (TSE – AAg nº 5694/SP – *DJ*, v. 1, 30-9-2005, p. 123);

ii) utilização de "vídeo institucional na propaganda eleitoral" (TRE-RJ – RE nº 45189 – *DJERJ*, t. 145, 12-7-2013, p. 17-23);

iii) "desvirtuamento de festividade tradicional, de caráter privado, mas patrocinada pela prefeitura local, em favor da campanha [...] uma vez que os bens cedidos pela municipalidade para a realização do evento acabaram revertendo, indiretamente, em benefício dos candidatos. [...]" (TSE – REspe nº 13433/PE – *DJe*, t. 189, 5-10-2015, p. 137);

iv) "1. [...] então governador e candidato à reeleição – promoveu carreatas de ambulâncias por todo o Estado de Sergipe às vésperas das eleições, vinculando os serviços do Serviço de Atendimento Móvel de Urgência do Estado de Sergipe (SAMU) à sua candidatura à reeleição, em desvio de finalidade, transformando a divulgação do serviço em promoção de sua candidatura, fato apurado em outros autos. 2. O abuso em questão traz, em tese, benefício ao próprio governador, candidato à reeleição. [...]" (TSE – RO nº 273560/SE – *DJe*, t. 31, 13-2-2015, p. 32-33);

v) "1. [...] realização de audiências públicas levadas a efeito por vereadores com a utilização de bens, servidores e da estrutura pública, para, sob o pretexto de discutir questões relativas a projeto de lei, apontar o então prefeito, candidato à reeleição, como grande inimigo de agricultores. [...] as reuniões foram transmutadas em atos ostensivos de campanha eleitoral, extrapolando o debate político inerente às atividades do Poder Legislativo, considerando-se o número elevado de pessoas que lá compareceram e a grande repercussão do assunto na comunidade, o que demonstrou a gravidade da conduta de uso da máquina pública. [...]" (TSE – REspe nº 1063/RS – *DJe*, t. 228, 2-12-2015, p. 53-54);

vi) "1. A pintura de postes de sinalização de trânsito, dias antes do pleito de 2012, por determinação do presidente da empresa municipal da área de transportes, na cor rosa, a mesma utilizada na campanha eleitoral da candidata à reeleição para o cargo de prefeito, caracterizou a conduta vedada aos agentes públicos em campanha eleitoral (art. 73, I, da Lei nº 9.504/97). [...]" (TSE – AgR-REspe nº 95304/RJ – *DJe*, t. 37, 25-2-2015, p. 52-53);

vii) "[...] a pintura de calçadas e de meios-fios das ruas da cidade nas cores do partido, com recursos públicos e em pleno período eleitoral, configurou a conduta descrita inciso I do art. 73 da Lei nº 9.504/97, por ter havido a utilização de bens públicos em favor dos candidatos a prefeito e vice-prefeito" (TSE – AgRg-AI nº 53553/SP – j. 31-8-2017);

viii) captação de imagens com a identificação expressa do estabelecimento público, servindo o local apenas como pano de fundo e configurando "o uso de bem público em benefício da candidatura" (TSE – Rp nº 119878/DF – j. 13-8-2020);

Cap. 21 • ILÍCITOS ELEITORAIS E RESPONSABILIDADE ELEITORAL | 633

ix) realização de lives de cunho eleitoral, destinadas à promoção de candidaturas, "nas dependências dos Palácios da Alvorada e do Planalto, bens públicos destinados ao uso do Presidente da República", que não foram "disponibilizados, sem reservas, à conveniência da campanha à reeleição". Ressaltou-se que as lives foram "feitas num espaço que também pode privilegiar, porque outros candidatos não podem participar nas mesmas condições" (TSE – Ref na AIJe nº 060121232/DF – j. 27-9-2022).

Quanto ao momento relevante para a ocorrência da conduta vedada pelo art. 73, I, da LE, não há expressa previsão legal. A esse respeito, formaram-se duas correntes jurisprudenciais. Para a primeira, malgrado a ausência de previsão expressa em lei, a conduta em apreço só é vedada se "praticada durante o período eleitoral, nos três meses que antecedem o pleito" (TSE – REspe nº 98924/MG – *DJe*, t. 38, 24-2-2014, p. 25). Argumenta-se que (1) somente nesse período se poderia falar em "candidato" e também que (2) as normas que restringem direitos devem ser interpretadas estritamente. Esses dois argumentos se afiguram equivocados. O primeiro faz leitura parcial do inciso I, esquecendo-se que a cessão também pode ocorrer para "partido político", e isso a qualquer tempo. O segundo é meramente retórico e decorativo – afinal, qual direito estaria sendo restringido?

Corretamente, tem prevalecido na jurisprudência a segunda corrente. Para esta, a vedação expressa no art. 73, I, da LE incide a qualquer tempo, não estando restrita à limitação temporal de três meses antes do pleito, podendo "configurar-se mesmo antes do pedido de registro de candidatura, ou seja, anteriormente ao denominado período eleitoral" (TSE – RO nº 643257/SP – *DJe*, t. 81, 2-5-2012, p. 129). Em igual sentido, *vide*: TSE – REspe nº 26838/AM – *DJe*, t. 94, 20-5-2015, p. 148-149. Tem-se que, se o legislador não restringiu (nem expressa nem implicitamente) o período de incidência da vedação da conduta, não poderá o intérprete fazê-lo. Esse argumento é reforçado pelo fato de o legislador ter expressamente estabelecido restrições temporais em outros incisos do mesmo art. 73, a exemplo dos incisos V ("nos três meses que o antecedem e até a posse dos eleitos"), VI ("nos três meses que antecedem o pleito") e VII ("no primeiro semestre do ano de eleição").

21.7.2.2   *Uso de materiais ou serviços públicos – art. 73, II*

O art. 73, II, da LE veda ao agente público: "usar materiais ou serviços, custeados pelos Governos ou Casas Legislativas, que excedam as prerrogativas consignadas nos regimentos e normas dos órgãos que integram".

Resulta do dispositivo em foco não ser, em princípio, proibida a utilização de materiais ou serviços "custeados pelos Governos ou Casas Legislativas". A proibição refere-se apenas à utilização que exceder "as prerrogativas consignadas nos regimentos e normas dos órgãos que integram". Institui-se, assim, um espaço em que é lícita a utilização em campanha de materiais ou serviços, custeados pelos cofres públicos.

O dispositivo em apreço não resiste a uma análise de constitucionalidade, sobretudo à luz dos princípios republicano, da moralidade pública e da isonomia; é que os candidatos que não detêm mandato não têm acesso a essa quota de materiais e serviços.

Mais afinado com a Constituição é o disposto no art. 377, *caput*, do Código Eleitoral, que reza: "O serviço de qualquer repartição, federal, estadual, municipal, autarquia, fundação do Estado, sociedade de economia mista, entidade mantida ou subvencionada pelo poder público, ou que realiza contrato com este, inclusive o respectivo prédio e suas dependências não poderá ser utilizado para beneficiar partido ou organização de caráter político".

Para que a hipótese veiculada no vertente art. 73, II, da LE se apresente, há mister que os materiais ou serviços sejam custeados pelo erário.

Consoante entendeu a Corte Superior Eleitoral: "[...] 4. Para a configuração de afronta ao art. 73, inciso II, da Lei nº 9.504/1997, imperiosa a presença do 'exceder' previsto no inciso em questão referente a possível desvio de finalidade. [...]" (Rp nº 59080/DF – *DJe*, t. 157, 25-8-2014, p. 163). Em idêntico sentido, *vide*: TSE – Rp nº 318846/DF – *DJe*, t. 91, 12-5-2016, p. 75.

E mais: "O envio de dezessete milhões de cartas, em período pré-eleitoral, defendendo postura política adotada pelo governo e contestada pela oposição, enseja a aplicação da multa prevista no art. 73, § 4º, da Lei nº 9.504/97, por infringência do inciso II do mesmo dispositivo [...]" (TSE – RRp nº 68/DF – PSS 25-8-1998). Todavia, o "uso de uma única folha de papel timbrado da administração não pode configurar a infração do art. 73, II, da Lei nº 9.504/97, dada a irrelevância da conduta, ao se tratar de fato isolado e sem prova de que outros tenham ocorrido" (TSE – Ac. nº 25.073, de 28-6-2005). Neste último caso, ponderou-se que o art. 73 da Lei nº 9.504/97 visa à preservação da igualdade entre os candidatos, não havendo como reconhecer que um fato de somenos importância tenha afetado essa isonomia ou proporcionado privilégio ao candidato.

À consideração de que os detentores de mandato também são cidadãos, tendo direito de participar do processo eleitoral em curso, não há, em princípio, óbice legal para que compareçam em comícios ou outros eventos. Se assim o fizerem, é-lhes "permitido acompanhar-se de servidores do cerimonial e da segurança do governo do estado, ou mesmo de outros que se fizerem necessários" (TSE – Ac. nº 21.289, de 30-10-2003). O que se proíbe é o uso de servidores públicos em campanha política, fato que não se confunde com a prestação de segurança a autoridade (TSE – Ag. nº 4.246/MS – *DJ* 16-9-2005, p. 171). Observe-se, porém, que os servidores devem ater-se às suas funções, sem se envolverem em atos de campanha.

Interpretou-se como regular a realização de trabalhos gráficos pela Câmara de Deputados, em ano eleitoral, "desde que relativos à atividade parlamentar e com obediência às normas estabelecidas em ato da Mesa, vedada sempre qualquer mensagem que tenha conotação de propaganda eleitoral" (TSE – Ac. nº 20.217, de 2-6-1998). A finalidade aí consiste na divulgação do trabalho do parlamentar, ou, em outros termos, a realização de prestação de contas das atividades desenvolvidas.

É lícito usar em campanha eleitoral os serviços de empresa contratada para prestar serviços ao Estado? Sobre essa questão, já se entendeu que: "[...] o fato de a empresa ser contratada pelo estado, por si só, não importa em violação ao dispositivo legal invocado. A infringência somente ocorreria se o serviço prestado à campanha fosse custeado pelo Erário e não pelo candidato [...]" (TSE – Ac. nº 4.246, de 24-5-2005). No entanto, conforme ressaltado anteriormente, isso só será possível se os bens da empresa privada não estiverem afetados à realização de serviço público, como ocorre nos contratos de concessão. Pois, nesse caso, serão classificados como *bem público por afetação*.

Finalmente, quanto ao momento de sua ocorrência, prevalece o entendimento segundo o qual a vedação descrita no art. 73, II, da LE incide a qualquer tempo, pois, conforme proclamado na jurisprudência, ela "não está restrita à limitação temporal de três meses antes do pleito" (TSE – Rp nº 318846/DF – *DJe*, t. 91, 12-5-2016, p. 75), podendo, portanto, "configurar-se mesmo antes do pedido de registro de candidatura" (TSE – REspe nº 26838/AM – *DJe*, t. 94, 20-5-2015, p. 148-149).

21.7.2.3 *Cessão ou uso de servidor público para comitê de campanha eleitoral – art. 73, III*

Pelo art. 73, III, da LE, é defeso

"ceder servidor público ou empregado da administração direta ou indireta federal, estadual ou municipal do Poder Executivo, ou usar de seus serviços, para comitês de campanha

Cap. 21 • ILÍCITOS ELEITORAIS E RESPONSABILIDADE ELEITORAL | **635**

eleitoral de candidato, partido político ou coligação, durante o horário de expediente normal, salvo se o servidor ou empregado estiver licenciado".

A regra em apreço não impede que servidor público *sponte propria* engaje-se em campanha eletiva. Sua qualidade funcional não lhe subtrai a cidadania, nem o direito de participar do processo político-eleitoral, inclusive colaborando com os candidatos e partidos que lhe pareçam simpáticos. Todavia, deve o servidor guardar discrição. Não poderá atuar em prol de candidatura "durante o horário de expediente normal", muito menos na repartição em que desempenha as funções de seu cargo, tampouco poderá ser cedido pelo ente a que se encontra vinculado. A vedação alcança os servidores de todas as categorias, inclusive os ocupantes de cargos comissionados, conforme entendeu o TSE no julgamento do AMC nº 1636/PR (*DJ*, v. 1, 23-9-2005, p. 128).

É ressalvado expressamente o servidor ou empregado licenciado. Por igual razão, não há óbice legal para que servidor em gozo de férias remuneradas possa trabalhar em comitê eleitoral.

Na jurisprudência, já se considerou não configurada a conduta vedada prevista no presente inciso III em situações como as seguintes:

i) participação de agentes públicos em atos de campanha, pois "A norma do art. 73, inciso III, da Lei nº 9.504/1997 não proíbe a participação de agente público em campanha eletiva; ela somente preserva a impessoalidade e a legalidade do agente público no exercício de suas funções" (TSE – RO-El nº 060429779/PR – *DJe* 23-9-2024).

ii) cessão de servidor público ou uso de seus serviços para comitê de campanha eleitoral de candidato, partido ou coligação durante o horário de expediente normal, desde que não haja prática de ato de campanha nem disponibilização de sua força de trabalho ao comitê eleitoral (TSE – Rp nº 119878/DF – j. 13-8-2020);

iii) a "circunstância de os servidores portarem adesivos contendo propaganda eleitoral dentro da repartição, durante o horário de expediente", já que isso não implica cessão nem utilização por "comitês de campanha eleitoral de candidato, partido político ou coligação" (TSE – AgR-REspe nº 151188/CE – *DJe*, t. 152, 18-8-2014, p. 151);

iv) a "presença moderada, discreta ou acidental", durante o horário de expediente normal, "de Ministros de Estado [por extensão, também de secretários de Estado ou de Município] em atos de campanha", pois, embora sejam agentes políticos, não são "sujeitos a regime inflexível de horário de trabalho". Nesse sentido: TSE – Rp. nº 84890/DF – *DJe* 1º-10-2014; TSE – Rp nº 14562/DF, j. 7-8-2014. Entretanto, o TRE paulista já entendeu configurada a vedação do vertente inciso III relativamente à conduta de secretários municipais que "exerciam, simultaneamente, a função de representantes da coligação" por participarem de "reunião do plano de mídia das eleições municipais de 2012 durante o horário de expediente" (TRESP – RE nº 22451 – *DJESP* 2-7-2013).

Sobre o momento relevante para a ocorrência da conduta vedada pelo art. 73, III, da LE, tem-se que ela só pode ocorrer durante o período eleitoral, entre o registro de candidatura e as eleições. Apesar de não haver expressa previsão legal impondo restrição temporal, essa pode ser deduzida do próprio texto do inciso III. Isso porque a cessão ou disponibilização de agente público é feita "para comitês de campanha eleitoral", e esses comitês só são instalados naquele período do processo eleitoral, ou seja, durante a campanha. Portanto, a restrição temporal de que aqui se cogita é posta implicitamente no inciso III pelo próprio legislador.

21.7.2.4 Uso promocional de bens ou serviços públicos – art. 73, IV

O art. 73, IV, da LE veda ao agente público "fazer ou permitir uso promocional em favor de candidato, partido político ou coligação, de distribuição gratuita de bens e serviços de caráter social custeados ou subvencionados pelo Poder Público". Sua interpretação deve ser feita em conjunto com o § 10 do art. 73, que, de forma autônoma, proíbe, no ano em que se realizar eleição,

> "a distribuição gratuita de bens, valores ou benefícios por parte da Administração Pública, exceto nos casos de calamidade pública, de estado de emergência ou de programas sociais autorizados em lei e já em execução orçamentária no exercício anterior, casos em que o Ministério Público poderá promover o acompanhamento de sua execução financeira e administrativa".

Destarte, em ano eleitoral, a Administração Pública só pode distribuir gratuitamente bens, valores ou benefícios se ocorrer alguma das exceções especificadas no citado § 10.

Não se deve confundir essas duas hipóteses legais, pois são autônomas. Para a configuração do vertente inciso IV, é preciso que o agente use "distribuição gratuita de bens e serviços" de natureza assistencial em prol de candidato. Aqui não se trata de reprimir a distribuição em si mesma, mas sim o uso promocional e eleitoreiro que dela se faça. Não se exige que durante o período eleitoral o programa social antes implantado seja abolido, ou tenha interrompida ou suspensa sua regular execução. Relevante para a caracterização da figura em exame é o desvirtuamento do sentido da própria distribuição, a sua colocação a serviço da promoção de candidatura, enfim, o seu uso político-promocional.

Daí o entendimento de que a configuração da presente conduta vedada requer a cumulação dos seguintes elementos: *i*) participação de agente público; *ii*) a distribuição de bens ou serviços deve ser gratuita, de cunho assistencial, não devendo haver contrapartidas dos beneficiários; *iii*) o custeio é feito pelo erário; *iv*) existência de caráter promocional em benefício de candidaturas ou legendas; *v*) a conduta do agente deve ser contemporânea à entrega das benesses (TSE – AgR-REspel nº 060099305/MG – *DJe* 2-8-2024; TSE – Rp nº 060096988/DF, j. 7-3-2024; TSE – Rp nº 060100193/DF – PSS 22-9-2022).

Entendeu-se configurada a conduta vedada em apreço em situações como as seguintes:

i) "[...] 3. No caso, tem–se configurada a conduta vedada prevista no inc. IV do art. 73 da Lei n. 9.504/1997, pois o vice–prefeito se aproveitou de evento realizado a menos de cinco meses do primeiro turno das eleições de 2020, realizadas em 15.11.2020, promovido pelo erário municipal para, a partir da doação gratuita de próteses dentárias, impulsionar a candidatura dos agravantes à reeleição para os cargos de prefeito e vice–prefeito do Município de São João do Manteninha/MG. [...]." (TSE – AgR-REspel nº 060099305/MG – *DJe* 2-8-2024).

ii) "[...] 2. Hipótese em que, a teor do conjunto probatório angariado aos autos, restou incontroverso que, durante o período eleitoral de 2010, foram oferecidas cirurgias de laqueadura de trompas no âmbito de hospital particular subvencionado pelo SUS, as quais eram utilizadas como instrumento de promoção da candidatura do agravante ao cargo de deputado estadual. Tal fato denota o grau de reprovabilidade da conduta, bem assim, a proporcionalidade e razoabilidade da manutenção das sanções de cassação de diploma e de multa acima do mínimo legal (art. 73, IV, §§ 4º e 5º, da Lei no 9.504/97). [...]" (TSE – AgR-RO nº 6453/RJ – *DJe* 1-3-2016).

iii) "1. Conduta vedada. Art. 73, inciso IV, da Lei das Eleições. Vinculação da concessão de benefício social – redução da tarifa de água – destinado a população de baixa renda à imagem dos recorrentes com o objetivo de obter favorecimento político-eleitoral, por meio de divulgação de apoio político nos edifícios beneficiados, mediante a afixação de placas de propaganda eleitoral, bem como de panfletos distribuídos nessas unidades habitacionais com pedido explícito de voto para fins de dar 'continuidade' ao referido 'trabalho'. [...]" (TSE – AgR-RO nº 1041768/RJ – DJe 18-4-2015).

iv) "[...] 2. O uso de programa social custeado pelo erário, para fins de promoção de candidatura, caracteriza a conduta vedada do art. 73, IV, da Lei nº 9.504/97. [...]" (TSE – AgR-REspe nº 19298/CE – DJe, t. 53, 18-3-2015, p. 18).

Por outro lado, já se entendeu não configurada a conduta vedada em exame: *(i)* na mera participação do chefe do Poder Executivo Municipal, candidato à reeleição, em campanha de utilidade pública, no caso, campanha de vacinação (TSE – Ag-REspe nº 24.989/RN – DJ 26-8-2005, p. 174); *(ii)* "a) [...] a mera propagação, em campanha eleitoral, dos projetos e das realizações do mandato parlamentar; e b) a promoção pessoal de candidato, a partir da divulgação de seus feitos políticos, seu currículo e sua trajetória, constitui legítimo exercício da liberdade de expressão. [...]" (TSE – Ag-REspe nº 48706/RJ – DJe 20-8-2020).

A respeito do momento relevante para a ocorrência da conduta vedada pelo art. 73, IV, da LE, não há expressa previsão legal. No entanto, é razoável o entendimento segundo o qual a vedação desse inciso incide a qualquer tempo, não estando restrita à limitação temporal de três meses antes do pleito, podendo, pois, configurar-se anteriormente ao pedido de registro de candidatura. Isso porque a vedação aplica-se não só a *candidato*, como também a partido político. Ademais, o legislador não restringiu expressamente o período de incidência da vedação da conduta em exame (como o fez, *e.g.*, nos incisos V, VI e VII do mesmo art. 73 da LE), tampouco tal restrição pode ser deduzida do texto do inciso IV (como ocorre com o inciso III); não poderia, então, o intérprete impor tal restrição.

21.7.2.5 Nomeação, admissão, transferência ou dispensa de servidor público – art. 73, V

Pelo art. 73, V, da LE é proibido

"nomear, contratar ou de qualquer forma admitir, demitir sem justa causa, suprimir ou readaptar vantagens ou por outros meios dificultar ou impedir o exercício funcional e, ainda, *ex officio*, remover, transferir ou exonerar servidor público, na circunscrição do pleito, nos três meses que o antecedem e até a posse dos eleitos, sob pena de nulidade de pleno direito, ressalvados: *a)* a nomeação ou exoneração de cargos em comissão e designação ou dispensa de funções de confiança; *b)* a nomeação para cargos do Poder Judiciário, do Ministério Público, dos Tribunais ou Conselhos de Contas e dos órgãos da Presidência da República; *c)* a nomeação dos aprovados em concursos públicos homologados até o início daquele prazo; *d)* a nomeação ou contratação necessária à instalação ou ao funcionamento inadiável de serviços públicos essenciais, com prévia e expressa autorização do Chefe do Poder Executivo; *e)* a transferência ou remoção *ex officio* de militares, policiais civis e de agentes penitenciários".

Denomina-se *agente público* qualquer pessoa física que preste serviço ao Estado, quer seja à Administração direta, quer seja à indireta. Conforme ensina Di Pietro (2006, p. 499), o gênero agente público compreende quatro categorias, a saber: (a) agentes políticos – participam do governo ou da formação da vontade superior do Estado; são os dirigentes dos Poderes Executivo e Legislativo e, para alguns, também do Judiciário e do Ministério Público; (b) servidores públicos; (c) militares – compreendem os integrantes das Forças Armadas (Exército, Marinha e Aeronáutica), policiais militares e bombeiros militares; (d) particulares em colaboração com o Estado, como mesários convocados pela Justiça Eleitoral, concessionários, permissionários, notários, registradores, jurados, comissários de menores.

O art. 73, V, da LE refere-se apenas a servidor público. Por servidor público compreendem-se as pessoas físicas que prestam serviço ao Estado, com ele mantendo vínculo laboral e remunerado. Segundo Di Pietro (2006, p. 502), esse termo encerra as seguintes subcategorias: (a) *servidores estatutários* ou *funcionários públicos* – sujeitam-se ao regime jurídico estatutário e ocupam cargo público; (b) *empregados públicos* – submetem-se ao regime da legislação trabalhista (CLT) e ocupam emprego público; (c) *servidores temporários* – são contratados por tempo determinado para atender necessidade temporária de excepcional interesse público, nos termos do art. 37, IX, da Constituição Federal; submetem-se a regime jurídico especial, pois exercem função sem vinculação a cargo ou emprego.

Assim, essas três subcategorias são abrangidas pela vedação em foco. O que se visa é impedir que servidores públicos sejam pressionados para apoiar ou não determinada candidatura, usados, portanto, como massa de manobra, ou que sofram perseguição político-ideológica.

Discute-se se no período em tela estaria vedada a contratação remunerada de *estagiário acadêmico* pelo ente estatal. O contrato de estágio apresenta natureza peculiar, sujeitando-se a especial regulamentação legal. Embora tenha por objeto relação de trabalho, nele predomina a finalidade educacional e profissionalizante com vistas a viabilizar a formação acadêmico-profissional do prestador dos serviços. No âmbito da Administração Pública, o prestador não ocupa cargo nem emprego público. Na verdade, enquadra-se no tipo genérico de agente público, já que efetivamente presta serviços ao Estado. Assim, em princípio, não haveria irregularidade na contratação remunerada de estagiário acadêmico no período vedado, desde que o ato não seja desvirtuado, assumindo, pelas proporções e circunstâncias, caráter eleitoreiro. Nesse sentido:

> "[...] Prorrogação e substituição de contratação de estagiários pela Prefeitura Municipal, nos 3 (três) meses que antecedem o pleito eleitoral. Inexistência de impedimento à prorrogação, renovação ou substituição de contrato de estágio. Possibilidade de dispor da questão envolvendo estágio de estudantes, ainda que remunerado, junto aos diversos órgãos da municipalidade, como se período eleitoral não fosse. Recurso conhecido como consulta" (TRE-MG – Ac. nº 3.723 – PSS 22-9-2008).

A matéria, porém, não é pacífica na jurisprudência. Em sentido diverso, já se entendeu: "[...] A admissão de pessoal em período vedado, sob a forma de contratos de estágio, remunerado com recursos públicos, afeta sobremaneira a igualdade de oportunidades entre candidatos a cargos eletivos e viola o art. 73, V, da Lei nº 9.504/97 [...]" (TRE-PI – Ac. nº 466C – PSS 4-11-2002).

Note-se que as condutas elencadas no art. 73, V, só se tornam relevantes se ocorrerem na circunscrição do pleito e durante o período especificado, isto é, nos três meses que o antecedem até a posse dos eleitos.

Para a incidência da regra em análise não é necessário chegar-se ao extremo da demissão ou exoneração do servidor, pois a só remoção ou transferência já basta para patenteá-la. Mas é preciso que tais atos sejam editados *ex officio* pela autoridade competente, porque, se houver requerimento ou consentimento do servidor afetado, não se perfaz a conduta vedada; o servidor é livre para pedir exoneração ou remoção a qualquer tempo. Aliás, para a perfeição do tipo legal, nem sequer é preciso haver remoção ou transferência, bastando a mera interposição de dificuldades ou impedimentos ao exercício funcional; esse pressuposto foi reconhecido, *e. g.*, na "suspensão de ordem de férias [do servidor], sem qualquer interesse da administração" (TSE – AAI nº 11.207/MG – *DJe* 11-2-2010, p. 11).

Cap. 21 • ILÍCITOS ELEITORAIS E RESPONSABILIDADE ELEITORAL | **639**

A demissão de servidor no período vedado é possível, desde que seja fundada em justa causa. Como se sabe, a demissão constitui pena aplicada ao servidor que cometer uma das faltas enumeradas no art. 132 da Lei nº 8.112/90.

Extrai-se do inciso V do art. 73 ser lícita: (a) a realização de concurso público, em si mesmo; (b) a investidura em cargo público; (c) a entrada em exercício no período vedado. O concurso público é requisito indeclinável à nomeação para cargo ou emprego públicos; trata-se de técnica de seleção ou recrutamento de pessoal precedente à nomeação ou contratação. A investidura em cargo público se dá com a posse. *Posse* é ato subsequente à nomeação; refere-se à expressa manifestação de vontade do nomeado no sentido de aceitar as atribuições, os deveres e as responsabilidades inerentes ao cargo. A teor do art. 13, § 1º, da Lei nº 8.112/90, a posse pode ocorrer até 30 dias contados da publicação do ato de provimento, isto é, da nomeação. Destarte, se a nomeação ocorrer em data próxima ao período eleitoral, nada impede que a posse e o exercício no cargo ocorram durante o período vedado.

Fora das exceções enumeradas e se não se perfizer antes do período vedado, a nomeação de concursados – e, portanto, também a investidura – só pode ocorrer após a posse dos eleitos.

21.7.2.6 *Transferência voluntária de recursos – art. 73, VI, a*

O *art. 73, VI, a, da LE* proíbe,

> "nos três meses que antecedem o pleito: realizar transferência voluntária de recursos da União aos Estados e Municípios, e dos Estados aos Municípios, sob pena de nulidade de pleno direito, ressalvados os recursos destinados a cumprir obrigação formal preexistente para execução de obra ou serviço em andamento e com cronograma prefixado, e os destinados a atender situações de emergência e de calamidade pública".

O Estado brasileiro apresenta a forma federativa de tipo *cooperativa*, embora igualmente se fale na evolução desta para a denominada *federalismo de integração*. Por isso, não só se criou um sistema de repartição vertical de competência legislativa, como também se previu um espaço de competência comum entre entes federativos. O art. 23 da Constituição arrola os casos de competência comum, esclarecendo seu parágrafo único que lei complementar fixará normas para a cooperação entre União e os Estados, o Distrito Federal e os Municípios, tendo em vista o equilíbrio do desenvolvimento e do bem-estar em âmbito nacional.

Não é, pois, de estranhar a intensa cooperação que há entre as entidades federativas, normalmente materializada pela entrega de recursos financeiros diretamente da União aos Estados e Municípios e dos Estados a seus respectivos Municípios.

Sobretudo em períodos eleitorais, não é incomum o desvirtuamento de tais transferências, as quais são transformadas em autênticas *alavancas eleitorais* para determinados grupos políticos.

É precisamente esse desvirtuamento que se quis combater com a regra em análise. Por óbvio, não se obstaculizam repasses constitucionais regulares, como aqueles atinentes ao Fundo de Participação do Estado (FPE) e ao Fundo de Participação do Município (FPM), que visam realizar a política de repartição de receitas tributárias implantada nos arts. 157 ss. da Lei Maior. Ainda porque os entes federados têm direito de recebê-los. O mesmo se pode dizer quanto às verbas pecuniárias transferidas por determinação legal, como são as do Sistema Único de Saúde (SUS) ou do Fundo de Desenvolvimento da Educação Básica (Fundeb).

Tampouco se proíbe a transferência de recursos "destinados a cumprir obrigação formal preexistente para execução de obra ou serviço em andamento e com cronograma prefixado". Nesse caso, certamente foi firmado convênio, que exigiu a apresentação de projeto e cronograma de execução física da obra ou do serviço; foi concluída licitação e assinado contrato administrativo com o vencedor do certame. Não seria razoável que a obra fosse suspensa ou paralisada durante o período eleitoral, o que, aliás, poderia até acarretar danos quando de seu reinício.

Além disso, não há impedimento à ultimação de repasses "destinados a atender situações de emergência e de calamidade pública". Nesse caso, há mister que tais situações estejam devidamente caracterizadas.

Na verdade, o que se veda no trimestre anterior ao pleito é a entrega voluntária de recursos, sem causa anterior àquele período ou motivo relevante que a justifique. Nesse diapasão, é pacífico o entendimento no sentido de que: "À União e aos estados é vedada a transferência voluntária de recursos até que ocorram as eleições municipais, ainda que resultantes de convênio ou outra obrigação preexistente, quando não se destinem à execução de obras ou serviços já iniciados fisicamente [...]" (TSE – Ac. nº 25.324, de 7-2-2006).

Impende frisar que a proibição de transferência voluntária de recursos no trimestre anterior ao pleito só ocorre entre os entes federados assinalados. Não há óbice ao repasse de verbas públicas a entidade privada, como associação ou fundação. É essa a exegese assentada na Corte Superior, a ver:

> "[...] 1. A transferência de recursos do governo estadual a comunidades carentes de diversos municípios não caracteriza violação ao art. 73, VI, *a*, da Lei nº 9.504/97, porquanto os destinatários são associações, pessoas jurídicas de direito privado. 2. A regra restritiva do art. 73, VI, *a*, da Lei nº 9.504/97 não pode sofrer alargamento por meio de interpretação extensiva de seu texto (Ac. nº 16.040, rel. Min. Costa Porto). Agravo regimental não provido. 4. Reclamação julgada improcedente" (TSE – Ac. nº 266, de 9-12-2004).

Saliente-se que o ato de transferência ilícita de recursos é nulo de pleno direito.

21.7.2.7 Propaganda institucional em período eleitoral – art. 73, VI, b

O art. 73, VI, b, *da LE* veda a agente público:

> "VI – nos três meses que antecedem o pleito: [...] *b)* com exceção da propaganda de produtos e serviços que tenham concorrência no mercado, autorizar publicidade institucional dos atos, programas, obras, serviços e campanhas dos órgãos públicos federais, estaduais ou municipais, ou das respectivas entidades da administração indireta, salvo em caso de grave e urgente necessidade pública, assim reconhecida pela Justiça Eleitoral".

Propaganda institucional é a promovida, autorizada e custeada por ente ou órgão público a fim de divulgar seus atos, programas, obras, serviços, campanhas e políticas públicas. Por exigência constitucional (CF, art. 37, § 1º), deve ser impessoal e ostentar caráter educativo, informativo e de orientação social.

Não é *institucional* publicidade realizada e custeada por pessoa particular, ainda que a peça contenha imagem, símbolo, referência, elogio ou crítica a órgão, obra, serviço ou política pública. Isso porque ela não é promovida por *instituição pública*, mas por ente ou pessoa privada em atenção a seus próprios interesses; isso é assim ainda que a pessoa exerça função ou cargo público. Nesse caso, tal conduta não se enquadra no vertente art. 73, VI, *b*, pois não há ato praticado por *agente público* no regular exercício de suas funções. A propósito, a Corte Superior reconheceu ser "lícito aos cidadãos, inclusive os servidores públicos, utilizarem-se das redes sociais tanto para criticar quanto para elogiar as realizações da Administração Pública, sem que tal conduta caracterize, necessariamente, publicidade institucional" (TSE – AgREspe nº 37615/ES – *DJe*, t. 74, 17-4-2020). Tornou-se pacífico esse entendimento:

"[...] 6. Este Tribunal Superior fixou a compreensão de que não configura conduta vedada a divulgação de conteúdo de promoção pessoal em perfil privado do candidato nas
redes sociais, ainda que haja a divulgação de obras e serviços públicos (AgR-REspe nº
1519-92/MG, rel. Min. Luís Roberto Barroso, julgado em 23.4.2019, *DJe* de 28.6.2019).
[...]" (TSE – Ag-REspe nº 060049557/MG – *DJe* 24-2-2023).

Mas note-se que o não enquadramento no vertente art. 73, VI, *b*, da LE não significa que
o fato seja lícito, pois pode ocorrer outra infração, por exemplo, a prevista no art. 40 da LE,
que define como crime "o uso, na propaganda eleitoral, de símbolos, frases ou imagens, associadas ou semelhantes às empregadas por órgão de governo, empresa pública ou sociedade de
economia mista".

Nos três meses anteriores ao pleito, o agente público é proibido de *autorizar* e, sobretudo,
promover a realização de publicidade institucional. Note-se, porém, que na proibição não estão
incluídas:

i) a publicidade de "produtos e serviços que tenham concorrência no mercado" – denominada publicidade mercadológica. Assim, *e.g.*, não incidem na vedação campanhas
de *marketing* realizadas por sociedades de economia mista como Petrobras e Banco
do Brasil relativamente aos produtos que oferecem no mercado consumidor;

ii) a publicidade legal, isto é, que tem a finalidade de divulgar atos como leis, decretos,
avisos e decisões da Administração Pública.

Salvo essas hipóteses, a publicidade institucional no aludido período, ainda que revestida
de utilidade pública ou interesse social, só pode ser realizada "em caso de grave e urgente necessidade pública, assim reconhecida pela Justiça Eleitoral". Aqui, portanto, deve haver autorização
formal da Justiça Eleitoral.

A conduta é vedada ainda que a publicidade institucional não tenha caráter eleitoreiro,
ou seja, mesmo que ostente interesse público e não vise a beneficiar determinada candidatura.

Para a configuração do ilícito, é irrelevante o veículo em que a publicidade é divulgada,
abarcando, portanto, quaisquer mídias, inclusive páginas na Internet e redes sociais. Nesse
sentido: *(i)* sítio eletrônico oficial do governo (TSE – AgR-RO nº 111594/CE – *DJe* 8-11-2016);
(ii) sítio eletrônico de prefeitura (TSE – AgR-REspe nº 33746/PR – *DJe*, t. 38, 24-2-2014, p.
28-29); *(iii)* página oficial do governo no *Facebook, Twitter* ou rede social de cadastro e acesso
gratuito (TSE – AgR-REspe nº 142269/PR – *DJe*, t. 55, 20-3-2015, p. 60-61; AgR-REspe nº
142184/PR – *DJe*, t. 193, 9-10-2015, p. 108).

A vedação aplica-se apenas aos agentes públicos das esferas administrativas cujos cargos estejam em disputa na eleição; é nesse sentido o art. 16, parágrafo único, da Res. TSE nº
23.735/2024. Assim, não há impedimento para que Prefeito autorize e promova a realização de
propaganda institucional nos três meses anteriores a pleito estadual, federal ou presidencial;
do mesmo modo, nada obsta que Governador de Estado autorize propaganda no trimestre que
anteceder eleições municipais. Contudo, nesses casos, por óbvio, a publicidade não pode ser
usada politicamente em benefício de candidatos, partidos ou coligações que disputam eleição,
sob pena de incidir a presente vedação legal.

Conquanto o elemento nuclear do tipo em apreço seja expresso pelo verbo *autorizar*,
relevante para caracterização do ilícito é a efetiva veiculação da propaganda institucional.
Nenhum relevo terá a prévia autorização se a propaganda não vier a ser efetivamente veiculada.
Destarte, não importa que a autorização tenha sido dada em momento anterior ao período
vedado, pois é a exibição que acarreta desequilíbrio insanável na disputa. É nesse sentido a
exegese tranquila da jurisprudência, que entende que, para configurar-se "a conduta vedada

no art. 73, VI, *b*, da Lei nº 9.504/97, basta a veiculação da propaganda institucional nos três meses anteriores ao pleito, independentemente de a autorização ter sido concedida ou não nesse período" (TSE – REspe nº 25.096/MG – *DJ* 16-9-2005, p. 173).

Por isso, é também "irrelevante que a peça publicitária tenha sido [...] afixada em momento anterior" ao período vedado e aí permanecido (TSE – AgREspe nº 66944/PR – *DJe* 5-4-2018, p. 96; TSE – RO nº 3783-75/RJ – *DJe* 6-6-2016; TSE – AgR-REspe nº 164177/GO – *DJe* 13-5-2016, p. 74; TSE – AgR-REspe nº 328385/GO – *DJe* 3-3-2016, p. 101; TSE – AgR-REspe nº 167807/GO – *DJe* 4-2-2016; TSE – AgR-REspe nº 61872/MG – *DJe*, t. 202, 27-10-2014, p. 54-55). Nesse caso, para evitar a configuração do ilícito, há mister que o agente público determine a cessação e a retirada das publicidades promovidas antes do início do período vedado.

Ao autor da demanda toca o ônus de provar que a propaganda tem natureza institucional. Inicialmente, também se lhe impunha "o ônus da prova de autorização da propaganda e seu custeio pelo Erário" (TSE – AREspe nº 25.085/SP – *DJ* 10-3-2006, p. 176). Mas esse entendimento não prosperou na jurisprudência. Deveras, ante o princípio da hierarquia na Administração, não é razoável se entender que a propaganda em questão possa ser levada a efeito sem o conhecimento e a concordância – ainda que tácita – do dirigente maior da entidade, principalmente porque invariavelmente ela o beneficia de forma direta ou indireta. Ademais, não se pode olvidar que o chefe de Poder ou dirigente de órgão tem sempre responsabilidade na delegação e fiscalização dos agentes que lhes são subordinados, podendo-se falar em *culpa in eligendo* ou *culpa in vigilando*. Em tal quadro, acertadamente, firmou-se o entendimento de que:

> "[...] 3. A jurisprudência do Tribunal Superior Eleitoral (TSE) é firme em que o chefe do Poder Executivo é responsável pela divulgação da publicidade institucional em página oficial da prefeitura em rede social, por ser sua atribuição zelar pelo conteúdo nela veiculado e fiscalizar os atos dos seus subordinados, de modo que o prévio conhecimento, neste caso, é presumido. 4. Agravo regimental ao qual se nega provimento" (TSE – AgR--REspEl nº 060194434/MA – *DJe* 30-10-2024).

> "[...] 3. Para a configuração do ilícito previsto no art. 73, VI, *b*, da Lei nº 9.504/97, é desnecessária a existência de provas de que o chefe do Poder Executivo tenha autorizado a publicidade institucional divulgada no período vedado, uma vez que dela auferiram benefícios os candidatos aos cargos de governador e vice-governador, em campanha de reeleição, evidenciando-se, das premissas do acórdão recorrido, o conhecimento do fato apurado. Precedentes: REspe nº 334-59, rel. Min. Henrique Neves da Silva, *DJe* de 27.5.2015; AgR-REspe nº 590-30, rel. Min. Luciana Lóssio, *DJe* de 24.11.2015; REspe nº 408-71, red. para o acórdão Min. Marco Aurélio, *DJe* de 11.10.2013; e AgR-REspe nº 355-90, rel. Min. Arnaldo Versiani, *DJe* de 24.5.2010. [...]" (TSE – AgR-REspe nº 147854/DF – *DJe*, t. 33, 18-2-2016, p. 79).

Daí a possibilidade de responsabilização do dirigente do órgão em que a propaganda for indevidamente veiculada ou que a tenha promovido. Nesse sentido, assentou o TSE que "o agente público titular do órgão em que veiculada a publicidade institucional em período vedado deve ser por ela responsabilizado" (TSE – REspe nº 119473/CE – *DJe* 5-9-2016).

Não obstante, no âmbito da *web*, é preciso ponderar que, devido às características desse ambiente, pode ser impossível a efetiva retirada de circulação de anúncios, pois estes podem ter sido compartilhados por número indeterminado de internautas e, ainda, permanecer hospedados em páginas e *sites*. *Ad impossibilia nemo tenetur* – se ninguém pode ser obrigado a fazer o impossível, não parece razoável a responsabilização jurídico-eleitoral se em tempo oportuno houver sido providenciada a suspensão ou retirada da publicidade institucional realizada anteriormente ao período vedado, mas que, durante esse período for compartilhada por internautas ou permanecer em alguma página ou *site*, sem que o agente público ou o candidato tenham contribuído de alguma forma para isso ou, ainda, sem que resulte efetiva vantagem político-eleitoral. Deveras, a responsabilidade não pode ser objetiva, pois esta é excepcional e deve ser prevista expressamente em norma legal.

Segundo se entendeu na jurisprudência, não caracteriza a conduta vedada em exame: (a) "A veiculação de postagens sobre atos, obras, serviços e/ou campanhas de órgãos públicos federais, estaduais ou municipais em perfil privado de rede social", ainda que o perfil pertença a servidor público, desde que este não utilize recursos públicos e as postagens ocorram fora do horário de expediente (TSE – AgR-REspe nº 37615/ES – *DJe*, t. 74, 17-4-2020; TSE – AgR no REspe nº 060049557/MG – *DJe* 24-2-2023; TSE – AgR no REspe nº 060006929/PR – 5-5-2023); (b) "a divulgação, em *Diário Oficial do Município*, de atos meramente administrativos, sem referência a nome nem divulgação de imagem do candidato à reeleição [...]" (TSE – AgREspe nº 25086/SP – *DJ* 2-12-2005, p. 97; (c) "propaganda comercial no exterior, em língua estrangeira, para promoção de produtos e serviços brasileiros internacionalmente" (TSE – Cta nº 783/DF, Res. TSE nº 21086, de 2-5-2002); (d) "solenidade de descerramento de placa inaugural com nome do chefe do Executivo local" (TSE – AgAI nº 4592/SP – *DJ* 9-12-2005, p. 142; (e) a permanência de placas afixadas em obras públicas, desde que delas "não constem expressões que possam identificar autoridades, servidores ou administrações cujos dirigentes estejam em campanha eleitoral" (TSE – RRp nº 57/DF – PSS 13-8-1998).

21.7.2.8 *Pronunciamento em cadeia de rádio e televisão – art. 73, VI, c*

Pelo art. 73, VI, c, da LE, ao agente público é proibido: "VI – nos três meses que antecedem o pleito: [...] *c)* fazer pronunciamento em cadeia de rádio e televisão, fora do horário eleitoral gratuito, salvo quando, a critério da Justiça Eleitoral, tratar-se de matéria urgente, relevante e característica das funções de governo".

Como já dito neste trabalho, há duas formas de transmissão de programas políticos no rádio e na televisão: em cadeia e em inserções. Caracteriza-se a *cadeia* por suspender a programação normal das emissoras, de sorte que a mensagem vai ao ar em todos os canais simultaneamente. Diferentemente, as *inserções* são intercalações feitas na programação normal das emissoras, não havendo simultaneidade em suas transmissões; cada emissora as levará ao ar em momentos distintos, conforme sua própria conveniência.

O dispositivo em comento é categórico ao proibir agentes públicos de realizar pronunciamento em *cadeia de rádio e televisão*. Nada diz quanto a *inserção*, que com a cadeia não deve ser confundida. Estaria, então, permitido pronunciamento em inserções no rádio e na televisão, durante o período eleitoral? Ora, se as regras restritivas devem ser interpretadas restritivamente, impor-se-ia a conclusão de não haver óbice legal à realização de pronunciamento na forma de inserção. Todavia, outra há de ser a solução. É que a interpretação jurídica deve ser sistemática, já que as normas legais não existem isoladamente no ordenamento. Se o art. 73, VI, *b*, da LE proíbe a realização de *propaganda institucional* e a alínea *c*, do mesmo art., veda o pronunciamento em cadeia, por óbvio, igualmente não é lícito o pronunciamento oficial na forma de inserção. Submete-se esta às mesmas restrições do pronunciamento em cadeia, ou seja, deve ser autorizada pela Justiça Eleitoral e versar somente acerca de "matéria urgente, relevante e característica das funções de governo".

Observe-se que a vedação legal abrange apenas os agentes públicos das esferas administrativas cujos cargos estejam em disputa na eleição; é nesse sentido o art. 16, parágrafo único, da Res. TSE nº 23.735/2024. Assim, não há impedimento para que o Presidente da República faça pronunciamento em cadeia no trimestre que anteceder eleições municipais.

21.7.2.9 Distribuição gratuita de bens, valores ou benefícios pela Administração Pública ou por entidade vinculada a candidato – art. 73, §§ 10 e 11

O art. 73, § 10, da LE (acrescido pela Lei nº 11.300/2006) estabelece que:

> "No ano em que se realizar eleição, fica proibida a distribuição gratuita de bens, valores ou benefícios por parte da Administração Pública, exceto nos casos de calamidade pública, de estado de emergência ou de programas sociais autorizados em lei e já em execução orçamentária no exercício anterior, casos em que o Ministério Público poderá promover o acompanhamento de sua execução financeira e administrativa".

Claro está que a regra é a proibição de distribuição. Segundo se tem entendido, para a configuração da presente conduta vedada "não é preciso demonstrar caráter eleitoreiro ou promoção pessoal do agente público, bastando a prática do ato ilícito. [...]" (TSE – AgR-REspe nº 36026/BA – *DJe*, t. 84, 5-5-2011, p. 47). Note-se, porém, que o fato deve ser considerado à luz do princípio da proporcionalidade.

Em ano eleitoral, a Administração Pública só pode distribuir gratuitamente bens, valores ou benefícios se ocorrer alguma das hipóteses legais especificadas, a saber: calamidade pública, estado de emergência ou existência de programas sociais autorizados em lei e já em execução orçamentária no exercício anterior. Ainda assim, o art. 73, IV, da Lei nº 9.504/97 veda o uso político-promocional dessa distribuição, que deve ocorrer da maneira normal e costumeira, sem que o ato seja desvirtuado de sua finalidade estritamente assistencial.

A última das hipóteses permissivas pressupõe a existência de política pública específica, prevista em lei e em execução desde o exercício anterior, ou seja, já antes do ano eleitoral. Quer-se evitar a manipulação dos eleitores pelo uso de programas oportunistas, que, apenas para atender circunstâncias políticas do momento, lançam mão do infortúnio alheio como tática deplorável para obtenção de sucesso nas urnas. A esse respeito, tem-se pronunciado a Corte Superior no seguinte sentido:

> "[...] 4. A doação de manilhas a famílias carentes, sem previsão do respectivo programa social em lei prévia, configura a conduta vedada do art. 73, § 10, da Lei 9.504/97, sendo irrelevante o fato de as doações supostamente atenderem ao comando do art. 23, II e IX, da CF/88. Manutenção da multa imposta ao recorrente. [...]" (TSE – REspe nº 54588/MG – *DJe* 4-11-2015, p. 15).

> "Conduta vedada. Distribuição gratuita de bens, valores ou benefícios. 1. À falta de previsão em lei específica e de execução orçamentária no ano anterior, a distribuição gratuita de bens, valores ou benefícios, em ano eleitoral, consistente em programa de empréstimo de animais, para fins de utilização e reprodução, caracteriza a conduta vedada do art. 73, § 10, da Lei nº 9.504/97. 2. A pena de cassação de registro ou diploma só deve ser imposta em caso de gravidade da conduta. Recurso ordinário provido, em parte, para aplicar a pena de multa ao responsável e aos beneficiários" (TSE – RO nº 149655/AL – *DJe*, t. 37, 24-2-2012, p. 42-43).

> "1. A instituição de programa social mediante decreto não atende à ressalva prevista no art. 73, § 10, da Lei nº 9.504/97. 2. A mera previsão na lei orçamentária anual dos recursos destinados a esses programas não tem o condão de legitimar sua criação. 3. Agravo regimental não provido. *Decisão*: O Tribunal, por unanimidade, desproveu o agravo regimental, nos termos do voto da Relatora" (TSE – AgR-AI nº 116967/RJ – *DJe* 17-8-2011, p. 75).

"1. A instituição de programa social mediante decreto, ou por meio de lei, mas sem execução orçamentária no ano anterior ao ano eleitoral não atende à ressalva prevista no art. 73, § 10, da Lei nº 9.504/97. [...]" (TSE – AgR-REspe nº 36026/BA – *DJe*, t. 84, 5-5-2011, p. 47).

Não há clareza no texto legal quanto ao alcance da vedação. A proibição de distribuição atinge simultaneamente a Administração Pública federal, estadual e municipal, ou somente a da circunscrição do pleito? Ao que parece, a restrição só incide na circunscrição do pleito. Não fosse assim, de dois em dois anos as ações estatais concernentes à assistência social, em todo o País, ficariam parcialmente paralisadas durante todo o ano eleitoral, o que não é razoável.

No entanto, independentemente da circunscrição do pleito, em nenhuma esfera estatal a distribuição de bens e benefícios pode ser usada politicamente em prol de candidatos, partidos ou coligações. Assim, se a conduta for praticada em circunscrição diversa daquela em que se realiza o pleito, incide a vedação legal se ela tiver o sentido de beneficiar candidato que disputa eleição. É possível, então, "apurar e punir conduta vedada, no âmbito de esfera administrativa cujos cargos não estejam em disputa, quando cometida em benefício de candidato a pleito em circunscrição que a abrange" (TSE – AgRO nº 130.791/PI – *DJe* 22-6-2018; REspe nº 156.388/ PR – *DJe* 199, p. 35-36). Por exemplo: em eleição geral, não é vedada a distribuição de bens e serviços por parte de prefeito municipal, desde que tal não proporcione vantagem a candidato no referido pleito.

Outro aspecto a ser considerado refere-se à sanção para as condutas vedadas no enfocado § 10. O descumprimento deste rende ensejo às sanções de cassação de registro, de diploma e multa, bem como à inelegibilidade (LC nº 64/90, art. 1º, I, *j*).

Execução de programas sociais por entidades vinculadas a candidatos – dispõe o art. 73, § 11, da LE (acrescido pela Lei nº 12.034/2009): "Nos anos eleitorais, os programas sociais de que trata o § 10 não poderão ser executados por entidade nominalmente vinculada a candidato ou por esse mantida".

À luz dessa regra, já entendeu a Corte Superior Eleitoral:

> "1. A execução, em ano eleitoral, de programa social de distribuição gratuita de bens, valores ou benefícios decorrentes de convênio firmado com o governo estadual, realizado por entidade mantida por candidato, configura a conduta vedada prevista no § 11 do art. 73 da Lei nº 9.504/97, independentemente da existência de autorização legal ou execução orçamentária prévia. Precedente. [...] 5. Comprovada a distribuição de benesses em ano eleitoral por entidade mantida por candidato a deputado federal e o benefício direto auferido pelo então governador e candidato a senador, que celebrou convênio de repasse de recursos, com exploração, inclusive, do fato em propaganda eleitoral, a multa deve incidir. [...]" (TSE – RO nº 244002/RO – *DJe*, t. 70, 13-4-2016, p. 33-34).

No entanto, se a entidade assistencial for presidida por parente de candidato, entendeu a Corte Superior que a "assinatura de convênio e o repasse de recursos públicos" a ela "não caracteriza, por si só, infração às normas previstas no art. 73, §§ 10 e 11, da Lei nº 9.504/97. [...]" (TSE – AgR-RO nº 505393/DF – *DJe*, t. 9, 12-6-2013, p. 62).

21.7.2.10 Infringir o § 1º do art. 37 da CF – art. 74

Reza o art. 74 da LE: "Configura abuso de autoridade, para os fins do disposto no art. 22 da Lei Complementar nº 64, de 18 de maio de 1990, a infringência do disposto no § 1º do art.

37 da Constituição Federal, ficando o responsável, se candidato, sujeito ao cancelamento do registro ou do diploma".

Consoante ressalta Bandeira de Mello (2002, p. 58), se os interesses públicos são indisponíveis, se são interesses de toda a coletividade, os atos emitidos a título de implementá-los hão de ser exibidos em público. O povo precisa conhecê-los, pois este é o direito mínimo que assiste a quem é a verdadeira fonte de todos os poderes. E conclui: "O princípio da publicidade impõe a *transparência* na atividade administrativa exatamente para que os administrados possam conferir se está sendo bem ou mal conduzida".

Tão importante é o cânone da publicidade que a Constituição o insculpiu em seu art. 37, ao lado de outros princípios capitais. Com o fito de conter abusos, o § 1º desse dispositivo estabeleceu: "A publicidade dos atos, programas, obras, serviços e campanhas dos órgãos públicos deverá ter caráter educativo, informativo ou de orientação social, dela não podendo constar nomes, símbolos ou imagens que caracterizem promoção pessoal de autoridades ou servidores públicos".

Lamentavelmente, tais valores e princípios são amiúde desprezados por governantes, que insistem em perpetrar práticas ilícitas de promoção pessoal, mas sempre às expensas dos elevados impostos extorquidos do povo. Enquanto se gasta pouco com publicidade de cunho *informativo, educativo* ou de *orientação social*, causa espécie a enormidade de dinheiro público despendido com a promoção de banalidades, com obras que nem sequer foram iniciadas ou que seguem inacabadas, com serviços inócuos ou de pouca expressão social, enfim, com mensagens vazias ou sem relevo que indiretamente não fazem outra coisa senão promover aquele que as autorizou, todas criminosamente batizadas de publicidade institucional e custeadas pelo erário.

Esse tipo de publicidade tem igualmente servido à lavagem de dinheiro, ao desvio de recursos públicos e financiamento da corrupção. Para o corrupto, o desvio de dinheiro público via contrato publicitário é por demais proveitoso. Diferentemente do que ocorre na realização de obra ou serviço, a inexecução daquele tipo de contrato praticamente não deixa rastro. Afinal, quem se lembrará de algumas entre milhares de peças diuturnamente exibidas nos veículos de comunicação? E quem dirá com certeza sobre as que, embora regiamente pagas, jamais foram exibidas?

De qualquer sorte, tornou-se comum potenciais candidatos lançarem mão – na propaganda institucional – de meios artificiosos para veicular imagens e mensagens otimistas, penetrantes, fertilizando o terreno para futura propaganda eleitoral, que certamente virá. Ao chegar o tempo oportuno, corações e mentes encontrar-se-ão cevados, simpáticos ao agora candidato... Nos meses que antecedem o período eleitoral, administradores públicos há que despendem fortunas do erário – dinheiro de impostos! – com a realização de suposta "propaganda institucional". Frequentemente, reservam-se no orçamento quantias muito superiores às destinadas a áreas sociais carentes de investimentos. Nesse jogo tresloucado e corrupto só há dois ganhadores: o candidato – cuja imagem é indiretamente promovida não à custa de seu profícuo trabalho, mas, sim, da mendaz publicidade "institucional" – e as agências publicitárias...

Pelo art. 74 da Lei nº 9.504/97, a infringência do citado § 1º do art. 37 da Constituição Federal sujeita o responsável, se candidato, ao cancelamento do registro e, se eleito, à perda do diploma, bem como à inelegibilidade (LC nº 64/90, art. 1º, I, *j*). O ilícito é considerado abuso de poder político ou de autoridade.

Note-se que o dispositivo em tela não faz referência ao período em que a propaganda institucional ilícita é veiculada, bastando que haja promoção pessoal com reflexos nas eleições.

Se o fato ocorrer no período de campanha, é tranquilo o entendimento segundo o qual compete à Justiça Eleitoral "apreciar a conduta de promoção pessoal do governante em publicidade institucional da administração (art. 74 da Lei nº 9.504/97, c.c. o art. 37, § 1º, CF) [...]" (TSE – Ag. nº 4.246/MS – *DJ* 16-9-2005, p. 171).

Também já se entendeu que a ação eleitoral pode ser ajuizada a qualquer tempo, mesmo antes da formalização do requerimento de registro de candidatura, a ver:

> "1. A ação de investigação judicial eleitoral para apuração do abuso de autoridade previsto no art. 74 da Lei nº 9.504, de 1997, por violação ao princípio da impessoalidade (Constituição, art. 37, § 1º), pode ser ajuizada em momento anterior ao registro de candidatura, haja vista, na hipótese de eventual procedência, as sanções atingirem tanto candidatos quanto não candidatos. 2. O abuso do poder de autoridade pode se configurar, inclusive, a partir de fatos ocorridos em momento anterior ao registro de candidatura ou ao início da campanha eleitoral. Precedentes. [...]" (TSE – AIJE nº 5032/DF – *DJe*, t. 204, 29-10-2014, p. 243).

21.7.2.11 *Despesas excessivas com propaganda institucional – art. 73, VII*

O art. 73, VII, da LE proíbe

> "empenhar, no primeiro semestre do ano de eleição, despesas com publicidade dos órgãos públicos federais, estaduais ou municipais, ou das respectivas entidades da administração indireta, que excedam a 6 (seis) vezes a média mensal dos valores empenhados e não cancelados nos 3 (três) últimos anos que antecedem o pleito".

A redação desse inciso foi dada pelo art. 3º da Lei nº 14.356/2022. O Supremo Tribunal confirmou a constitucionalidade material desse dispositivo, concluindo não se poder deduzir que "vulnere o princípio da moralidade administrativa" (STF – ADI 7182/DF – Pleno – Rel. Min. Dias Toffoli – *DJe* 24-2-2023).

A configuração do presente ilícito ocorre a partir dos seguintes parâmetros: (1) empenho excessivo de despesas com publicidade institucional; (2) período de vedação de janeiro até junho do ano das eleições; (3) média mensal dos valores empenhados e não cancelados; (4) comparação com os três últimos anos que antecedem o pleito.

Foi visto que o art. 73, VI, alínea *b*, da LE proíbe a realização de propaganda institucional no trimestre anterior ao pleito (que compreende os meses de julho, agosto e setembro), salvo em caso de grave e urgente necessidade pública, assim reconhecida pela Justiça Eleitoral.

O presente inciso VII tem em mira o período anterior a esse trimestre, compreendendo o primeiro semestre do ano eleitoral, o que corresponde aos meses de janeiro a junho. Nesse semestre, é proibida a realização de empenho de despesas com publicidade dos órgãos públicos federais, estaduais ou municipais, ou das respectivas entidades da Administração indireta, "que excedam a 6 (seis) vezes a média mensal dos valores empenhados e não cancelados nos 3 (três) últimos anos que antecedem o pleito".

Para o cálculo da aludida média mensal, prevê-se o reajuste dos gastos "pelo IPCA, aferido pela Fundação Instituto Brasileiro de Geografia e Estatística (IBGE), ou outro índice que venha a substituí-lo, a partir da data em que foram empenhados" (LE, art. 73, § 14).

A presente regra tem caráter objetivo; a sua transgressão não depende da intenção nem da finalidade do agente, tampouco do resultado efetivamente alcançado. Tem o propósito de refrear gastos excessivos ou desproporcionais com a realização de publicidade por órgãos públicos em ano eleitoral, procurando mantê-los dentro de limites razoáveis considerando-se os gastos empenhados nos respectivos períodos dos anos anteriores.

Acolheu-se o critério da *média mensal* de gastos, em detrimento das médias semestral e anual.

Não está claro no texto legal como se deve aplicar a média mensal. Para tanto, divisam-se pelo menos duas propostas interpretativas. A primeira considera a média dos valores "empenhados e não cancelados" nos mesmos meses dos três anos anteriores, isto é, os empenhos de janeiro, fevereiro etc. A soma dos valores empenhados em cada mês do primeiro semestre do ano eleitoral não pode superar seis vezes a média dos empenhos realizados no mês correspondente dos três anos anteriores. Aqui, o vocábulo "semestre" não funciona como termo comparativo, mas apenas delimita temporalmente o período de restrição de gastos.

Já a segunda interpretação divisa no texto legal dois termos comparativos: 1) "empenhar no primeiro semestre", e 2) "seis vezes a média mensal". Assim, compara-se a soma dos empenhos de todo o "primeiro semestre" do ano eleitoral com seis vezes a "média mensal" (*i.e.,* a média de cada mês) dos valores empenhados nos três anos anteriores. Aqui se compara a soma dos valores empenhados em todo o primeiro semestre do ano eleitoral com o valor médio de cada mês (dos três anos anteriores) multiplicado por seis. Haverá ilícito se o valor do semestre for superior a seis vezes a média do mês. Mas de qual mês: o que tiver a maior média? O que tiver a menor média? A lei não diz qual mês deve ser considerado, se o de maior ou menor valor. Assim, com base na prevalência do interesse público, deve-se optar pelo mês de menor valor médio.

Diferentemente da regra legal anterior (que empregava as expressões "realizar despesas" e "gastos"), a presente usa o termo *empenhar*. Sabe-se que *despesa* é termo genérico, denotando os procedimentos de empenho, liquidação e pagamento. Pelo *empenho*, é autorizada a contração de uma obrigação e a realização de uma despesa, indicando-se no orçamento montante pecuniário bastante para o seu adimplemento; trata-se de uma previsão de despesa no orçamento público. O só empenho de uma despesa não implica a realização da obrigação respectiva, podendo aquele ato vir a ser desfeito (cancelado) posteriormente. Já pela *liquidação* se afere a certeza da obrigação, apurando-se sua existência e determinando-se o seu conteúdo ou o *quantum* de seu objeto. Nesse sentido, dispõe o art. 63 da Lei nº 4.320/64 que "a liquidação da despesa consiste na verificação do direito adquirido pelo credor, tendo por base os títulos e documentos comprobatórios do respectivo crédito". Assim, é no procedimento de liquidação que se apura se o serviço foi prestado, se a obra foi realizada, se os produtos foram entregues. Feita a liquidação, é expedida ordem para pagamento do credor. Na definição do art. 64 da Lei nº 4.320/64: "A ordem de pagamento é o despacho exarado por autoridade competente, determinando que a despesa seja paga". Por óbvio, o pagamento – ou o adimplemento do credor – depende da existência de recursos financeiros (= dinheiro) no órgão público contratante.

Na anterior redação do vertente inciso VII do art. 73 da LE firmara-se o entendimento de que as expressões "realizar despesas" e "gastos" – contidas naquele dispositivo – significavam *despesas liquidadas*, ou seja, obrigações já adimplidas pela parte contratada, a qual tem direito subjetivo ao pagamento. Isso porque a liquidação implica o reconhecimento oficial de que a prestação obrigacional foi realizada, ou seja, de que os bens foram entregues e o serviço contratado devidamente prestado. No entanto, a regra em vigor atualmente prevê apenas o empenho de despesas, dispensando, portanto, a liquidação da obrigação empenhada.

Havendo excesso abusivo de empenho de despesas com publicidade institucional, exsurge a responsabilidade do agente político. Essa responsabilidade independe de que ele seja o responsável pelo empenho, o ordenador da respectiva despesa ou mesmo o subscritor do contrato de publicidade. O benefício decorrente da irregularidade em apreço é presumido de forma absoluta. Isso porque "a estratégia dessa espécie de propaganda cabe sempre ao chefe do Executivo, mesmo que este possa delegar os atos de sua execução a determinado órgão de seu governo" (TSE – REspe nº 21.307/GO – *DJ* v. 1, 6-2-2004, p. 146). Afinal, é ingenuidade acreditar que a propaganda institucional não se presta à promoção da imagem e dos feitos de quem a autoriza ou, podendo, não se opõe à sua realização.

21.7.2.12 Revisão geral de remuneração de servidores – art. 73, VIII

Pelo art. 73, VIII, da LE é defeso ao agente público: "fazer, na circunscrição do pleito, revisão geral da remuneração dos servidores públicos que exceda a recomposição da perda de seu poder aquisitivo ao longo do ano da eleição, a partir do início do prazo estabelecido no art. 7º desta Lei e até a posse dos eleitos".

Analisando-se essa regra, tem-se que a caracterização da presente conduta vedada requer que o agente público *(1)* faça *(2)* na circunscrição do pleito *(3)* revisão geral da remuneração dos servidores públicos *(4)* que exceda a recomposição da perda de seu poder aquisitivo ao longo do ano da eleição *(5)* a partir do início do prazo estabelecido no art. 7º da Lei nº 9.504/97 *(6)* e até a posse dos eleitos.

Não há distinção quanto ao Poder ou ente a que o agente público se encontra vinculado, donde se conclui que a vedação abrange os três Poderes: Executivo, Legislativo e Judiciário.

A ação nuclear é expressa pelo verbo *fazer*, que significa realizar ou promover. Na Administração Pública, a revisão ou concessão de aumento de remuneração aos servidores depende de lei, cuja iniciativa é privativa do chefe ou dirigente de cada Poder (no Executivo Federal a iniciativa é do Presidente da República, nos termos do art. 61, § 1º, I, da CF). A vedação do presente inciso VIII do art. 73 abrange o ato de *encaminhamento* de projeto de lei. Todavia, se o encaminhamento de projeto de lei ocorrer antes do período vedado, sua discussão e aprovação "não se encontra obstada", ou seja, o projeto pode ser discutido e votado no Poder Legislativo. Nesse sentido: TSE – Cta nº 782/DF – *DJ*, v. 1, 7-2-2003, p. 133; TSE – AgREspe – nº 46179/SC – *DJe*, t. 145, 7-8-2014, p. 164.

A vedação só vigora na "circunscrição do pleito". Em princípio, não há impedimento para que Governador faça revisão geral da remuneração dos servidores públicos estaduais em ano de eleições municipais, ou que Prefeito conceda aumento real da remuneração dos servidores municipais em ano de eleições estaduais ou federais. Contudo, um tal ato deve ser regular, incidindo a vedação legal se houver o propósito de beneficiar candidato que disputa eleição em circunscrição diversa.

O objeto da vedação é a "revisão geral da remuneração dos servidores públicos". A expressão *revisão geral* não deve ser compreendida em sua literalidade, de modo que o ilícito só possa ocorrer se forem abrangidos *todos* os servidores do respectivo ente. Configura-se o ilícito se for atingida quantidade significativa de servidores – ainda que pertençam a uma só ou a algumas categorias. Importante é que o número de beneficiados seja relevante. Assim, não caracteriza a conduta vedada em exame a revisão da remuneração de alguns ou de uma pequena parcela de servidores.

Já o termo *remuneração* tem sentido genérico; refere-se ao incremento do valor ou da renda percebida pelos servidores a título de contraprestação pelo trabalho prestado, e alcança: *(i)* "qualquer das parcelas pagas sob essa rubrica, de modo que, para fins do art. 73, VIII, da Lei das Eleições, não há como distinguir vencimento-base de remuneração final" (TSE – RO nº 763425/RJ – *DJe*, t. 92, 17-5-2019, p. 16-17); *(ii)* "a concessão de aumento e criação de gratificações e outros benefícios aos servidores públicos municipais" (TSE – AgAI nº 44856/MG – *DJe* 17-6-2016, p. 49-50).

Não se deve confundir "revisão geral da remuneração dos servidores públicos" com "reestruturação de carreiras". Essa última "não encontra obstáculo na proibição contida no art. 73, inciso VIII, da Lei nº 9.504, de 1997" (Res. TSE nº 21.054, de 2-4-2002). Todavia, para que não incida a vedação legal, necessário será que a reestruturação não seja acompanhada de aumento remuneratório das categorias envolvidas.

Note-se que o que se proíbe é a revisão remuneratória "que exceda a recomposição da perda do poder aquisitivo apurada ao longo do ano da eleição". Veda-se, portanto, a concessão de aumento real da remuneração dos servidores. Não ocorre o ilícito na hipótese de se tratar de mera recomposição de perdas inflacionárias. É irrelevante o motivo alegado para a concessão do aumento, tampouco é importante a intenção de corrigir injustiças, distorções remuneratórias verificadas em anos anteriores ao da eleição, ou mesmo a necessidade de valorização profissional de determinadas carreiras. A regra legal é imperativa.

Sobre o termo inicial da vedação da conduta, não há clareza no dispositivo legal. Em sua parte final, o enfocado inciso VIII do art. 73, apenas estabelece que a vedação deve ocorrer "a partir do início do prazo estabelecido no art. 7º desta Lei e até a posse dos eleitos".

Ocorre que o referido art. 7º situa-se no capítulo da Lei Eleitoral que trata das "Convenções para a Escolha de Candidatos". Isso levou ao entendimento de que a proibição vigora desde a data marcada para as convenções partidárias – isto é, a partir de 20 de julho do ano das eleições.

Entretanto, não é esse o entendimento prevalente na Corte Superior Eleitoral, que, tomando por base o § 1º do referido art. 7º, fixa o termo inicial da vedação em "até cento e oitenta dias antes das eleições". Nesse sentido:

> "fazer, na circunscrição do pleito, revisão geral da remuneração das servidoras e públicas e dos servidores públicos que exceda a recomposição da perda de seu poder aquisitivo ao longo do ano da eleição nos 180 (cento e oitenta) dias que antecedem a eleição até a posse das pessoas eleitas" (Res. TSE nº 23.735/2024, art. 15, VIII).

Optou a jurisprudência pelo maior prazo, talvez por confiar que assim melhor se atende ao interesse público.

Quanto ao termo final da vedação, é ele situado na data de "posse dos eleitos". Não se trata, portanto, da só diplomação dos eleitos, mas da efetiva investidura no cargo eletivo. Isso retira do agente público a possibilidade de barganhar votos por aumento remuneratório.

21.7.2.13 Contratação de show artístico em inauguração de obra – art. 75

Dispõe o art. 75 da LE: "nos três meses que antecederem as eleições, na realização de inaugurações é vedada a contratação de *shows* artísticos pagos com recursos públicos".

A Lei nº 12.034/2009 acrescentou um parágrafo único a esse dispositivo, determinando que seu descumprimento sujeita o candidato beneficiado, agente público ou não, "à cassação do registro ou do diploma", sem prejuízo da suspensão imediata do ato. Há, ainda, a inelegibilidade prevista no art. 1º, I, *j*, da LC nº 64/90.

21.7.2.14 Comparecimento de candidato em inauguração de obra pública – art. 77

Dispõe o art. 77 da LE (com a *redação da Lei nº 12.034/2009):* "É proibido a qualquer candidato comparecer, nos 3 (três) meses que precedem o pleito, a inaugurações de obras públicas". A infração desse preceito sujeita o infrator à cassação do registro ou do diploma, bem como à inelegibilidade (LC nº 64/90, art. 1º, I, *j*).

A vedação em tela é de comparecimento a inauguração de obra pública, não de obra privada, ainda que esta tenha recebido recursos públicos (TSE – REspe nº 18.212/RS – j. 3-10-2017).

Obra – segundo o art. 6º, XII, da Lei de Licitações (Lei nº 14.133/2021) – é "toda atividade estabelecida, por força de lei, como privativa das profissões de arquiteto e engenheiro que implica intervenção no meio ambiente por meio de um conjunto harmônico de ações que, agregadas, formam um todo que inova o espaço físico da natureza ou acarreta alteração substancial das características originais de bem imóvel." Pública é toda obra cuja execução direta ou indireta é realizada pelo Poder Público. Assim, considera-se "obra pública" toda intervenção, construção, reforma, fabricação, recuperação ou ampliação de bem imóvel, realizada por execução direta ou indireta da Administração Pública.

A *ratio* desse art. 77 é impedir o uso da máquina estatal em favor de candidatura, sendo prestigiadas a impessoalidade e a moralidade na Administração Pública. Quer-se impedir que obras patrocinadas com recursos públicos sejam desvirtuadas em prol de candidatos.

O comando legal dirige-se a qualquer candidato, sendo irrelevante que seja titular de mandato eletivo, exerça ou tenha exercido cargo ou função na Administração Pública. E mais: não se restringe a candidatos a cargos do Poder Executivo, como ocorria antes da mudança procedida pala Lei nº 12.034/2009, abarcando igualmente candidatos ao Poder Legislativo.

Enquanto o texto anterior proibia candidatos majoritários de *participar* de inaugurações, o vigente veda qualquer candidato de *comparecer* a inaugurações de obras públicas. Nada indica que houve mera troca de palavras, mas sim relevante alteração no sentido da regra positivada. *Comparecer*, no léxico, significa aparecer ou apresentar-se em determinado lugar, ao passo que *participar* denota tomar parte, compartilhar. Ora, participar de um evento não é o mesmo que comparecer a ele. A qualidade de *espectador* ou *comparecente* não deve ser confundida com a de *participante*. Enquanto o espectador é mera testemunha do evento, o participante ali está para exercer uma função: ou presidirá o encontro, ou discursará, ou comporá a mesa de autoridades, enfim, estará no centro das atenções dos presentes. O texto vigente equipara ambas as situações.

Tal equiparação também já foi acolhida na jurisprudência. Confira-se: (a) "A mera presença de candidato a cargo do Poder Executivo na inauguração de escola atrai a aplicação do art. 77 da Lei nº 9.504/97, sendo irrelevante não ter realizado explicitamente atos de campanha. 2. Recurso conhecido e provido" (TSE – REspe nº 19.743/SP – *DJ*, v. 1, 13-12-2002, p. 212); (b) "É irrelevante, para a caracterização da conduta, se o candidato compareceu como mero espectador ou se teve posição de destaque na solenidade. Recurso conhecido e provido" (TSE – REspe nº 19.404/RS – *DJ* 1-2-2002, p. 249).

Resta saber se a restrição imposta no dispositivo em tela não fere o princípio de liberdade previsto no art. 5º, *caput*, da Lei Maior. É que, por se tratar de obra pública, realizada e inaugurada em local público, cujo acesso é facultado a qualquer pessoa, em princípio nada poderia impedir que candidatos compareçam ao evento como meros espectadores e cidadãos.

Em alguns casos, não se entendeu configurado o conceito de inauguração de obra", o que afasta a ilicitude da conduta e a torna permitida. Assim: (a) "Solenidade de sorteio de casas populares não se enquadra no conceito de inauguração de obra pública. Interpretação restritiva do art. 77 da Lei nº 9.504/97" (TSE – Ac. nº 24.790, de 2-12-2004); (b) "O descerramento de placa de novo nome de praça já existente não configura inauguração de obra pública a que se refere o art. 77 da Lei nº 9.504/97, sendo tal conduta inerente às atribuições do cargo do administrador público. Precedente: Acórdão nº 608 [...]" (TSE – Ac. nº 5.291, de 10-2-2005).

21.7.2.15 *Sanção por conduta vedada e proporcionalidade*

A consequência natural da realização dos ilícitos eleitorais assinalados é a responsabilização do agente ou beneficiário com a imposição de penalidade. As sanções foram prescritas nos §§ 4º a 10 do art. 73, bem como nos arts. 74, 75, parágrafo único, e 77, parágrafo único, todos da Lei nº 9.504/97, sendo de: (*i*) multa; (*ii*) cassação do registro do candidato; (*iii*) cassação do diploma do candidato eleito. Há também: (*iv*) a inelegibilidade prevista no art. 1º, I, *j*, da LC nº 64/90, que incide de maneira reflexa ou secundária; (*v*) a invalidação dos votos, que deixam de produzir efeitos jurídicos. Ademais, sendo necessário, pode ser determinada: (*vi*) a imediata suspensão do ato ou da conduta vedada; (*vii*) providência própria à espécie, "inclusive para a recomposição do erário no caso de haver desvio de finalidade dos recursos públicos" (Res. TSE nº 23.735/2024, art. 20, IV).

Conforme estabelece o referido § 4º, os responsáveis pela conduta ficam sujeitos a multa no valor de 5 a 100 mil Ufirs. Como já foi dito, embora ainda conste do texto legal, esse índice foi extinto pela Medida Provisória nº 1.973-67/2000, que, após reedições, foi convertida na Lei nº 10.522/2002. O último valor que assumiu é de R$ 1,0641. As resoluções do TSE que regulamentam as eleições já trazem os respectivos valores convertidos em moeda corrente, providência que em muito facilita a fixação exata de multa nos casos decididos pela Justiça.

A pena pecuniária deve ter seu montante fixado de forma proporcional. Pode ser aplicada a agentes públicos, partidos, coligações e candidatos. Quanto a estes, há mister que se demonstre não só a existência do evento, como também o proveito dele decorrente, ou seja, que se beneficiaram da conduta vedada considerada.

Havendo reincidência, serão as multas duplicadas a cada ocorrência, ou melhor, a cada reiteração da conduta.

Na distribuição dos recursos do Fundo Partidário oriundos de multa, deverão ser excluídas as agremiações beneficiadas pelos atos que a motivaram. É o que determina o § 9º do art. 73 da LE. Assim, o partido beneficiado pelo ilícito (e, pois, sancionado pela sua prática) não recebe de volta parcela do valor recolhido.

Já o § 5º do art. 73 estabelece a sanção de *cassação do registro ou do diploma* pelo descumprimento do disposto nos incisos do *caput*, sem prejuízo da multa prevista no § 4º. Por óbvio, aquelas penalidades só podem ser aplicadas ao candidato beneficiado. A redação desse dispositivo foi alterada pelas Leis nºs 9.840/99 e 12.034/2009.

E mais: o art. 1º, I, *j*, da LC nº 64/90 estatui a inelegibilidade por oito anos, a contar da data das eleições, dos que forem condenados por conduta vedada aos agentes públicos em campanhas eleitorais que implique cassação do registro ou do diploma. Extrai-se dessa regra legal que a inelegibilidade atinge tanto o candidato que tiver o registro ou o diploma cassados em razão do benefício proporcionado pela prática de conduta vedada, quanto o agente público responsável pela sua realização. Na hipótese em apreço, portanto, o autor da ação ilícita pode ser sancionado com multa e ter declarada sua inelegibilidade. Porém, em princípio, só pode haver declaração de inelegibilidade se houver cassação de registro ou diploma.

A aplicação de tais sanções dar-se-á sem prejuízo de outras de caráter constitucional, administrativo ou disciplinar fixadas em outros diplomas normativos.

Proporcionalidade na aplicação de sanção por conduta vedada – conforme ressaltado anteriormente, quando da aplicação das sanções há que se observar a *proporcionalidade*. Tem-se, portanto, que o fato de uma conduta se enquadrar como vedada a agente estatal não significa que isso sempre e necessariamente implique a cassação de registro ou diploma. Para ser justa, a sanção deve ser ponderada em função da intensidade da lesão perpetrada ao bem juridicamente protegido. De modo que uma conduta vedada pode ser sancionada com multa, com a só determinação de cessação ou mesmo com a invalidação do ato inquinado. Veja-se nesse sentido:

> "A cassação do registro ou diploma dependerá da comprovação de conduta dotada de gravidade qualitativa e quantitativa" (Res. TSE nº 23.735/2024, art. 20, § 5º).
>
> "[...] 6. A possibilidade de incidência dos princípios da proporcionalidade e da razoabilidade foi devidamente sopesada pelo Tribunal local, que, justamente com base nesses princípios, afastou a hipótese de abuso de poder político e, para sancionar a conduta vedada, fixou a multa no patamar mínimo legal. [...]" (TSE – AgR-AREspe nº 060079972/RS – *DJe* 2-3-2023).

"[...] 1. Os §§ 4º e 5º do art. 73 da Lei Eleitoral não trazem de forma obrigatória e taxativa a cumulatividade das sanções de multa e cassação, devendo ser analisadas as peculiaridades do caso concreto à luz dos princípios da proporcionalidade e da razoabilidade. [...]" (TSE – REspe nº 37130/MT – *DJe* 16-11-2020).

"[...] 4. A penalidade pela prática de conduta vedada deve ser proporcional à sua gravidade. Na espécie, a cassação do diploma e a multa de 80.000 (oitenta mil) UFIR são desproporcionais, pois a autorização de propaganda institucional em período vedado não resultou em comprometimento relevante da igualdade entre os candidatos. 5. Recurso especial eleitoral parcialmente provido para afastar a sanção de inelegibilidade, excluir a cassação do diploma dos recorrentes e reduzir a multa para 20.000 (vinte mil) UFIR" (TSE – REspe nº 7832-05/RJ – *DJe* 6-8-2014).

"[...] estamos diante da ausência da proporcionalidade, ou, melhor, de um excesso na aplicação da sanção imposta em razão da conduta descrita no art. 73, I, da Lei nº 9.504/97 (proporção entre o objetivo perseguido e o ônus imposto ao atingido). Não se cuida, na espécie, de revolvimento do acervo probatório, mas tão somente de se extrair da prova os elementos necessários para impor uma sanção compatível com a gravidade da conduta contrária à lei [...]" (TSE – AgR-Ag nº 5.788, de 28-3-2006).

21.7.2.16 *Improbidade administrativa e ressarcimento de dano ao erário*

A aplicação das referidas sanções dar-se-á sem prejuízo de outras de caráter constitucional, administrativo ou disciplinar fixadas em diplomas normativos diversos.

As condutas vedadas a agentes públicos também podem configurar improbidade administrativa. Aliás, o § 7º do art. 73 da LE faz expressa referência à Lei de Improbidade Administrativa – Lei nº 8.429/1992 (alterada pela Lei 14.230/2021); embora o dispositivo referido (art. 11, I) tenha sido revogado posteriormente pela Lei nº 14.230/2021, essa circunstância não afasta a incidência da LIA se a conduta vedada considerada também configurar improbidade.

A respeito, tem-se entendido na jurisprudência que as hipóteses de improbidade administrativa não previstas na Lei nº 8.429/92 permanecem em vigor mesmo após as alterações promovidas pela Lei nº 14.230/2021, a ver:

"[...] 2. Caso concreto em que a conduta de utilizar o telefone fornecido pela Câmara Legislativa para fins particulares e eleitorais mantém-se típica expressamente nos incisos I e II do art. 73 da Lei Eleitoral, combinado com o seu parcial e tacitamente alterado § 7º.

3. A revogação do inciso I do art. 11 da LIA e a atual taxatividade prevista no *caput* desse dispositivo não alteram a tipicidade dos atos ímprobos previstos na legislação esparsa, resguardando-se a vontade do legislador constitucional e ordinário no sentido de que os atos de improbidade administrativa, na forma e gradação previstas em lei, importarão o sancionamento do agente ímprobo. Incidência do princípio da continuidade típico--normativa.

4. O § 7º do art. 73 da Lei 9.504/1997, a prever que as condutas enumeradas no seu *caput* caracterizam atos de improbidade administrativa, não se combaliu com a promulgação da Lei 14.230/2021, pois o rol de condutas proibidas tendentes a afetar a igualdade de oportunidades entre candidatos nos pleitos eleitorais previsto no *caput* do art. 73 da Lei Eleitoral se agrega ao rol taxativo previsto no art. 11 da LIA, em que pese esteja alocado em lei extravagante. Expressa incidência do § 1º do art. 1º e do § 2º do art. 11 da LIA. Hi-

póteses cuja tipicidade se mantém à luz do § 7º do art. 73 da Lei 9.504/1997. A revogação da previsão generalizante presente no inciso I do art. 11 da LIA não afeta as hipóteses específicas taxativamente previstas nos incisos do *caput* do art. 73 da LE. [...]" (STJ – AgInt no AgInt no AREspe nº 1479463/SP – Rel. Min. Paulo Sérgio Domingues – j. 3-12-2024).

Ressalte-se que a condenação em improbidade administrativa implica, entre outras coisas, a suspensão de direitos políticos, consoante expressa previsão constante dos arts. 15, V, e 37, § 4º, ambos da Constituição Federal, o que implica perda do mandato político-representativo.

Também não é excluída a possibilidade de ressarcimento, se a conduta vedada causar dano ao erário. Nesse sentido, no julgamento conjunto das AIJEs nº 0600972-43 e nº 0600986-27, e da RepEsp nº 0600984-57, ocorrido em 31-10-2023, o TSE determinou a imediata comunicação "b) ao Tribunal de Contas da União, considerando-se o comprovado desvio de finalidade eleitoreira de bens, recursos e serviços públicos [...]".

21.8 RESPONSABILIDADE ELEITORAL

21.8.1 Noção de responsabilidade jurídica

Para o Direito, a ideia de responsabilidade é e sempre foi central. Trata-se do instituto pelo qual se faz atuar uma sanção em razão da ocorrência de fato ilícito ou, ainda, com vistas a assegurar certos bens ou valores entendidos como fundamentais pelo consenso social. Trata-se, portanto, de instituto capital em qualquer sistema jurídico. A respeito, com cores fortes, consigna Dupuy (2003, p. 1.341):

> "Il n'y a pas de système juridique organisé, marqué par son unicité et sa complexité, sans qu'il y ait également, en son épicentre, un système de responsabilité, lui-même plus au moins articulé. Cette situation centrale implique qu'on l'examine d'abord, pour prendre conscience des liens qu'entretient tout régime de responsabilité avec d'autres constituants majeurs d'un ordre juridique". [Tradução livre: Não existe um sistema jurídico organizado, marcado por sua singularidade e complexidade, sem que também exista, em seu epicentro, um sistema de responsabilidade mais ou menos articulado. Essa situação central implica que a examinemos primeiro, para tomar consciência dos vínculos que qualquer regime de responsabilidade possui com outros elementos importantes de um sistema jurídico.]

Deveras, como bem assinalou Mônica Caggiano (2004, p. 138), a realização de ilícito sem a efetivação da sanção "implica um estágio de impunidade que desprestigia qualquer sistema ou técnica de controle, por mais sofisticado que se apresente o seu mecanismo".

Não obstante, vale notar que a responsabilidade nem sempre deriva de fato ilícito. Há situações excepcionais em que a ação do agente é lícita, porém a ela se relaciona um resultado injusto e ilícito. Em tais casos, o agente não age ilicitamente, mas encontra-se ligado a um injusto ou ilícito. A ênfase, aqui, é dada no resultado global, e não na ação isolada do agente. O que importa, nesse caso, é a existência de um resultado ilícito, juridicamente reprovado.

Como não poderia deixar de ser, o instituto da responsabilidade jurídica tem fundamento constitucional. Em contextos diversos, a Constituição Federal emprega o vocábulo "responsabilidade" cerca de 40 vezes. Já em seu preâmbulo, a Constituição assegura a igualdade e a justiça como valores supremos, e em seu art. 1º, III, assenta a dignidade da pessoa humana como fundamento da República Federativa do Brasil, valores esses indissociáveis da ideia de responsabilidade. Em diversas passagens, o texto constitucional faz expressa referência ao instituto da responsabilidade, como, *e.g.*, no art. 5º, V, que assegura "indenização por dano material, moral ou à imagem"; no art. 24, VIII, que reconhece a "responsabilidade por dano ao meio ambiente, ao consumidor, a bens e direitos de valor artístico, estético, histórico, turístico e paisagístico"; no art. 37, § 6º, que estabelece a responsabilidade objetiva das "pessoas jurídicas de direito público e as de direito privado prestadoras de serviços públicos"; nos arts. 85 e 86 que estabelecem o regime de responsabilidade do presidente da República. A bem ver, até mesmo no art. 14, § 10, da Lei Maior apresenta-se a ideia de responsabilidade, na medida em que prevê a impugnação de mandato com fundamento em "abuso do poder econômico, corrupção ou fraude".

21.8.2 Responsabilidade eleitoral e seu fundamento

O Direito Eleitoral integra o sistema jurídico e, portanto, também nele se apresenta o instituto da responsabilidade.

Diferentemente do que ocorre no Direito Privado (em que a responsabilidade tem por objetivo a reparação do dano) e no Penal (que visa à prevenção de novas práticas infracionais e à ressocialização do autor do crime), no Direito Eleitoral a responsabilidade tem em vista o efetivo controle das eleições e da investidura político-eleitoral, a fim de que o processo eleitoral seja íntegro, que o voto seja autêntico, sincero, e a representatividade real, verdadeira. Liga-se, portanto, à proteção de bens e valores jurídicos essenciais à vida democrática. Ademais, deve-se reconhecer à responsabilidade eleitoral uma função preventiva (prevenção geral), desestimuladora da realização de condutas ilícitas que atentem contra o processo democrático – aí se divisa igualmente um papel didático-pedagógica.

No que concerne ao fundamento, atualmente a responsabilidade é compreendida em duas vertentes, a saber: subjetiva e objetiva. Enquanto naquela a culpa é fator decisivo para a sua configuração, nesta é já irrelevante. Com efeito, na responsabilidade objetiva não se discute se houve ou não culpa na ação do agente; importante é a proteção da vítima e do bem jurídico violado. Conforme tive oportunidade de registrar (GOMES, 2006, p. 495), fora do âmbito penal, o Direito brasileiro tem experimentado expressivo alargamento da responsabilidade objetiva. Tanto que se pode asseverar existir, hoje, um sistema dualista, com acentuada inclinação para a responsabilidade objetiva. É esse o princípio em vigor no Direito Público, conforme dispõe o art. 37, § 6º, da Constituição Federal, ao adotar expressamente a teoria do risco administrativo. Todavia, a regra geral no sistema continua sendo a responsabilidade subjetiva, de sorte que os casos de responsabilidade objetiva devem vir expressos no texto legal.

No Direito Eleitoral vigora um sistema peculiar, não havendo uma teoria compreensiva de todas as situações. A presença ou não de culpa (em sentido amplo) nem sempre será determinante para a afirmação da responsabilidade e consequente imposição de sanção jurídica.

Há casos em que se requer a presença de culpa – em sentido amplo. Assim, por exemplo, exige-se conduta dolosa, no sentido de se conhecer o fato e querer realizá-lo ou anuir com sua realização: *(i)* para imposição da inelegibilidade prevista no art. 22, XIV, da LC nº 64/90; isso em razão de seu caráter *personalíssimo* (TSE – AIJE nº 060081485/DF – j. 30-6-2023; Ag-REspe nº 36424/AL – *DJe* 25-2-2019, p. 22; REspe nº 81719/SP – *DJe*, T. 39, 25-2-2019, p. 30-32; Ag--REspe nº 1635/SC – *DJe*, T. 76, 17-4-2018, p. 14-16); *(ii)* para responsabilização por captação ilícita de sufrágio, conforme previsto no art. 41-A da LE.

Mas em certas situações admite-se a *presunção da culpa, que, na verdade*, não é incompatível com o Direito. Ao contrário, embasa-se em procedimentos técnicos há muito tempo empregados na imputação de responsabilidade jurídica. Historicamente, tais procedimentos abrandaram a passagem da teoria subjetiva (que exige a prova da culpa) para a objetiva (que dispensa a culpa e sua prova).

Nesse sentido, destacam-se mecanismos como os seguintes:

i) *culpa in re ipsa, i.e.*, divisada nas próprias circunstâncias que cercam o evento lesivo ou mesmo na impossibilidade de o beneficiário ignorá-lo. Aqui, a afirmação da culpa é extraída do óbvio: se houve evento com resultado danoso ao bem jurídico, é porque a culpa de alguém se fez presente, seja em razão de um agir, seja de um não agir. E normalmente esse *alguém* é o próprio beneficiário do ilícito, a quem toca a prova de circunstância exonerativa.

ii) *culpa in eligendo*, que decorre do dever de bem escolher prepostos e representantes (em alguns casos denominados "cabos eleitorais") para a prática de atos.

iii) *culpa contra a legalidade*, pela qual é presumida a culpa do agente que infringe as regras jurídicas em vigor; a culpa, aí, resulta da infringência da norma, frustrando-se as expectativas de comportamento em conformidade com ela.

Para exemplificar presunções dessa natureza, cite-se a responsabilidade decorrente da conduta vedada prevista no art. 73, VI, *b*, da Lei nº 9.504/97, que proíbe a agente público, nos três meses que antecedem o pleito, "autorizar publicidade institucional". Nesse caso, para fins de responsabilização do agente público que dirige a unidade ou o órgão público, presume-se a autorização da propaganda e seu custeio pelo erário. Deveras, ante o princípio da hierarquia na Administração, não é razoável se entender que a propaganda institucional em questão possa ser levada a efeito sem o conhecimento e a concordância – ainda que tácita – do dirigente maior da entidade, principalmente porque invariavelmente ela o beneficia de forma direta ou indireta. Ademais, não se pode olvidar que o chefe de Poder ou dirigente de órgão tem sempre responsabilidade na delegação e fiscalização dos agentes que lhes são subordinados, podendo-se falar em *culpa in eligendo* e em *culpa in vigilando*. Diante disso, acertadamente, firmou-se na jurisprudência eleitoral o entendimento de que o "chefe do Poder Executivo, na condição de titular do órgão em que veiculada a publicidade institucional em período vedado, é por ela responsável" (TSE – AgR-RO nº 111594/CE – *DJe* 8-11-2016), de sorte que, para a configuração do ilícito previsto no art. 73, VI, *b*, da Lei nº 9.504/97, não é necessário provar que o titular do Poder Executivo "tenha autorizado a publicidade institucional divulgada no período vedado, uma vez que dela auferiram benefícios os candidatos aos cargos de governador e vice-governador, em campanha de reeleição, evidenciando-se, das premissas do acórdão recorrido, o conhecimento do fato apurado" (TSE – AgR-REspe nº 147854/DF – *DJe*, t. 33, 18-2-2016, p. 79). E mais: "o agente público titular do órgão em que veiculada a publicidade institucional em período vedado deve ser por ela responsabilizado" (TSE – REspe nº 119473/CE – *DJe* 5-9-2016).

Ademais da *presunção de culpa*, por vezes, atribui-se "caráter objetivo" ao ilícito eleitoral, tornando automáticos os efeitos decorrentes do cometimento da conduta vedada, implicando a aplicação de sanção "independentemente de autorização ou anuência do beneficiário com a prática do ato" (TSE – AREspe nº 060130357/CE – j. 20-6-2024; TSE – AgR-REspe nº 060072674/SE – *DJe* 14-11-2024).

Por outro lado, há casos em que o instituto da responsabilidade está comprometido essencialmente com o interesse público e com a efetiva proteção dos bens jurídicos tutelados, a saber: integridade, lisura e normalidade do processo eleitoral, legitimidade dos resultados do pleito, sinceridade das eleições, representatividade do eleito. Como exemplo, cite-se a cassação de diploma ou mandato – e a invalidação da votação e, pois, da própria eleição – com fundamento no abuso de poder previsto nos arts. 19 e 22, XIV, da Lei de Inelegibilidades, e no art. 14, §§ 10 e 11, da Constituição Federal. Pouco importa, aí, a perquirição de aspectos psicológico-volitivos (como o dolo) existentes na mente dos infratores e beneficiários das condutas ilícitas, sobressaindo-se a ponderação de elementos objetivos presentes nas ações realizadas e o aproveitamento de resultados decorrentes da violação do bem jurídico protegido. O atuar contra a integridade e a normalidade do processo eleitoral gera um resultado *desvalorado* socialmente, pois coloca em risco aqueles bens jurídicos. E o desvalor desse resultado induz a ilegitimidade da eleição e, consequentemente, dos mandatos nela produzidos, que não devem subsistir. De modo que a atribuição de responsabilidade tem uma base preponderantemente normativa, pautada pela ideia de risco – não propriamente psicológica.

> "[…] 2. É desnecessário, em AIJE, atribuir ao réu a prática de uma conduta ilegal, sendo suficiente o mero benefício eleitoral angariado com o ato abusivo e a demonstração da gravidade da conduta. Precedente. […]. Decisão: O Tribunal, por unanimidade, desproveu os recursos, nos termos do voto da Relatora" (TSE – RO nº 406492/MT – *DJe*, t. 31, 13-2-2014, p. 97-98).

> "Ação de investigação judicial eleitoral. Abuso de poder. Uso indevido dos meios de comunicação social. Omissão. […] 3. Na apuração de abuso de poder, não se indaga se houve responsabilidade, participação ou anuência do candidato, mas sim se o fato o beneficiou, o que teria ocorrido na espécie, segundo o Tribunal *a quo*. Agravo regimental não provido. Decisão: O Tribunal, por unanimidade, negou provimento ao agravo regimental, nos termos do voto do Relator" (TSE – AgR-REspe nº 3888128/BA – *DJe* 7-4-2011, p. 45).

Por outro lado, nem sempre é necessário haver real ferimento aos bens e interesses protegidos, bastando a *potencialidade* ou o *risco* do dano – ainda porque, quando a conduta ilícita visa a influenciar o voto, o segredo de que este é revestido impossibilita averiguar se ela efetiva e realmente o influenciou. Relevante, portanto, será demonstrar a existência objetiva de fatos denotadores de abuso de poder, de abuso dos meios de comunicação social, corrupção ou fraude. É que, quando presentes, esses eventos comprometem de modo indelével o processo eleitoral e as eleições em si mesmas, porque ferem os princípios e valores que as informam.

Em tais situações, a responsabilidade eleitoral se funda antes no efeito (= lesão ao bem tutelado) que na causa (ação ilícita). Isso porque nessa seara a missão primordial do citado instituto é salvaguardar a integridade, legitimidade, lisura e normalidade do processo eleitoral, a higidez do pleito, a isonomia das candidaturas, a veraz representatividade. O estado atual da civilização e do modo civilizado de vida em sociedade, a afirmação da democracia e a vivência dos valores constitucionais exigem que a ocupação dos postos político-governamentais se dê de forma lícita, honesta, autêntica, devendo o povo, exercendo sua liberdade, realmente manifestar sua vontade e determinar o rumo de sua história e de sua vida coletiva, ou seja, se autogovernar.

Nesse contexto, a *responsabilidade eleitoral* harmoniza-se com a contemporânea noção de *risco*. O discurso do risco liga-se à ideia de colocação em perigo de um bem ou interesse valorizados na sociedade. Impõem-se determinadas condutas (positivas ou negativas) a fim de que um evento lesivo não se apresente. A responsabilidade se funda na realização dessas condutas, notadamente nos indevidos benefícios ou prejuízos que elas proporcionaram (ou teriam proporcionado) a determinada candidatura.

21.8.3 Exigência de processo justo

A responsabilidade jurídico-eleitoral deve sempre e necessariamente ser afirmada pela jurisdição estatal, no bojo de regular processo legal. Deveras, o processo constitui instrumento fundamental para a efetiva responsabilização eleitoral e imposição de sanção. Há uma ligação indissolúvel entre as regras substantivas sancionatórias do Direito Eleitoral, quando elas são violadas, e as regras formais de procedimento. Por isso, o processo constitui o único e legítimo

658 DIREITO ELEITORAL – *José Jairo Gomes*

instrumento pelo qual se pode aplicar as sanções eleitorais consequentes à prática de ilícitos e violação de bens juridicamente tutelados.

Para tanto, dispõe o Direito Eleitoral de várias ações e procedimentos, que visam nomeadamente à responsabilização quer seja dos infratores, quer seja dos beneficiários de ilícito eleitoral. Destacam-se: *(i)* ação de investigação judicial eleitoral (AIJE), fundada no art. 22 da LC nº 64/90; *(ii)* ação por captação ou emprego ilícitos de recurso de campanha, fundada no art. 30-A da LE; *(iii)* ação por *captação ilícita de sufrágio*, fulcrada no art. 41-A da LE; *(iv)* ação por *conduta vedada*, prevista nos arts. 73 ss. da LE; *(v)* ação de impugnação de mandato eletivo (AIME), contemplada no art. 14, §§ 10 e 11, da CF; *(vi)* ação criminal pela prática do ilícito de corrupção eleitoral, prevista no art. 299 do Código Eleitoral.

22

PERDA DE MANDATO ELETIVO, INVALIDAÇÃO DE VOTOS E ELEIÇÃO SUPLEMENTAR

22.1 EXTINÇÃO DE MANDATO ELETIVO

Por mandato eletivo compreende-se o instituto de Direito Público que enfeixa o poder – ou conjunto de poderes – conferido pelos "eleitores soberanos", habilitando o mandatário a representá-los politicamente. A representação política – ensina Jorge Miranda (2018, p. 37) – "é uma espécie de representação necessária imposta por lei", em que os representantes eleitos são simples titulares provisórios de órgãos com competências constitucionalmente prescritas. O exercício de mandato político compreende a fruição de todos os direitos e prerrogativas a ele inerentes, destacando-se a tomada de decisões legítimas e juridicamente vinculantes.

No regime republicano, o mandato tem como característica fundamental a temporalidade. Nasce, portanto, com prazo certo para ser exercido. Vencido o marco final, dá-se sua automática extinção.

O termo *extinção* é aqui empregado em sentido amplo. Significa o fim ou o perecimento do direito, independentemente da causa provocadora desse efeito. Assim, engloba as situações em que há *perda* e *cassação* do mandato por decisão do órgão competente.

Consciente da força da linguagem no plano ideológico, a Constituição de 1988 prefere usar *perda* à *cassação*. A palavra *perda* aparece em diversos artigos da Lei Maior, tais como: 15, 27, § 1º, 28, § 1º, 29, XIV, 37, § 4º, 55, 83, 95, I, 121, § 4º, IV, 128, § 5º, *a*. Todos expressam situações em que o agente público é privado do cargo por ato praticado pelo órgão competente. Em razão das inúmeras cassações de mandatos e direitos políticos promovidas pelo governo militar, o termo *cassação* ficou estigmatizado no texto constitucional; tanto assim que só foi empregado no art. 15 para vedar a cassação de direitos políticos e no art. 9º do ADCT para permitir que os cassados pudessem pleitear o reconhecimento dos direitos e vantagens interrompidos pelos atos punitivos.

No entanto, tecnicamente, *cassação* é instituto do Direito Público, sendo uma espécie de *desfazimento* de ato anteriormente editado. Conforme ensina Cretella Júnior (1989, p. 1116), a cassação "desconstitui ato anterior", desfazendo-o, retirando-lhe a atuação no mundo jurídico. Pode a cassação ser administrativa ou política. A administrativa fundamenta-se em juízo de conveniência ou oportunidade ou na ilegalidade do ato administrativo desconstruído. A esse respeito, assinalam Di Pietro (2006, p. 243) e Bandeira de Mello (2002, p. 395) que a cassação constitui ato administrativo extintivo de ato anterior por descumprimento de "condições que deveriam permanecer atendidas" para que o destinatário do ato pudesse continuar desfrutando do direito ou da situação jurídica envolvida.

660 | DIREITO ELEITORAL – *José Jairo Gomes*

Já a cassação política significa a perda de direitos políticos, inclusive cargo ou função pública, a título de punição. Com a perda do cargo público-eletivo deixa o cidadão de participar da administração estatal, o que denota restrição à cidadania. Na literatura jurídico-legal é comum o emprego da palavra *cassação* para expressar a extinção do mandato em razão de responsabilização de seu titular por ilícitos eleitorais. É nesse sentido que a empregou a Lei nº 9.504/97 nos arts. 30-A, § 2º, 41-A e 73, § 5º. *Cassação* aí tem o mesmo sentido de perda do cargo como sanção pelo evento ilícito. Na doutrina, o eminente constitucionalista José Afonso da Silva (2006, p. 539), reportando-se a Hely Lopes Meirelles, usa o termo em apreço com esse sentido.

Podem-se repartir as causas extintivas de mandato político em eleitoral e não eleitoral.

22.1.1 Causa não eleitoral de extinção de mandato

As causas não eleitorais extintivas de mandato relacionam-se a eventos ocorridos durante o exercício deste, após, portanto, regular diplomação do candidato eleito pela Justiça Eleitoral e investidura perante o órgão competente. Entre elas, podem-se distinguir as de natureza sancionatórias e as não sancionatórias.

A extinção por causa não sancionatórias funda-se em evento ensejador da insubsistência da investidura político-eletiva, como: *(i)* encerramento do tempo do mandato; *(ii) morte* do titular; *(iii)* renúncia; *(iv)* desincompatibilização do titular, com vistas a afastar a inelegibilidade, para disputa de outro cargo eletivo (que equivale à renúncia).

Já a extinção do mandato por causa sancionatória (= perda ou cassação) decorre de sanção imposta a seu titular. Assim, pode haver cassação do mandato: *(i)* pelo impedimento ou *impeachment*, que consiste na destituição do Chefe do Poder Executivo por ato do Legislativo em razão da prática de crime de responsabilidade (CF, art. 86); *(ii)* pelo efeito secundário de sentença penal condenatória (CF, art. 55, VI, § 2º; CP, art. 92, I, *a*); *(iii)* pela suspensão de direito político (CF, art. 55, IV, § 3º); *(iv)* por infidelidade partidária, nos termos do art. 22-A da Lei nº 9.096/95 (incluído pela Lei nº 13.165/2015) e da Resolução TSE nº 22.610/2007; *(v)* no caso de mandato parlamentar: *(v.a)* por infringência das proibições estabelecidas no art. 54 da Constituição Federal; *(v.b)* por conduta declarada incompatível com o decoro parlamentar (segundo o § 1º do art. 55, é incompatível com o decoro parlamentar, além dos casos definidos no regimento interno, o abuso das prerrogativas asseguradas a membro do Congresso Nacional ou a percepção de vantagens indevidas).

Em todos esses casos, com a extinção do mandato, fica vago o respectivo cargo – o que coloca em causa o problema de seu preenchimento e o procedimento a ser observado.

Vagando o cargo de Chefe do Poder Executivo federal, a vaga será preenchida pelo vice (CF, art. 79); é essa, aliás, sua função natural. Se ocorrer dupla vacância (ou seja: do titular e do vice), incide o disposto no art. 81, § 1º, da Lei Maior. Logo, se a dupla vacância se der na primeira metade do período do mandato, far-se-á eleição *direta* 90 dias depois de aberta a última vaga; no entanto, se ocorrer na segunda metade, a eleição será *indireta*, ou seja, realizada pela Casa Legislativa 30 dias depois da última vaga. Em ambos os casos, os eleitos apenas completam o período de seus antecessores.

Cumpre registrar a exegese firmada pelo Supremo Tribunal Federal no sentido de que referido art. 81, § 1º, só é necessariamente aplicável a eleições presidenciais. De sorte que os Estados Membros e os Municípios não estão *ipso jure* sujeitos ao modelo por ele implantado, pois o princípio federativo e a autonomia de que gozam autorizam-lhes a instituir e dispor sobre eleição indireta em suas respectivas Constituições e Leis Orgânicas. Nesse sentido: STF – ADI 3.549/GO – Rel. Min. Carmen Lúcia – *DJ* 31-10-2007, p. 77; ADI-MC 1.057/BA – Rel. Min. Celso de Mello – *DJ* 6-4-2001, p. 65; ADI 4.298/TO – Rel. Min. Gilmar Mendes – *DJe* 22-9-2020.

Porém, apesar da não obrigatoriedade de reprodução do modelo federal previsto no referido art. 81, § 1º, da Lei Maior, os demais entes federativos (Estados, Distrito Federal e

Cap. 22 • PERDA DE MANDATO ELETIVO, INVALIDAÇÃO DE VOTOS E ELEIÇÃO SUPLEMENTAR | 661

Municípios) não gozam de total liberdade de organização, pois encontram jungidos aos valores e princípios constitucionais, notadamente o democrático e republicano (CF, art. 1º, *caput*). Por isso, na hipótese de dupla vacância dos cargos de chefia do Poder Executivo, é mister que o preenchimento da vaga ocorra sempre por meio de eleição – direta ou indireta –, sendo indevido que o período remanescente seja completado por membro de outro Poder, no caso pelos presidentes da Assembleia Legislativa e do Tribunal de Justiça. Nesse sentido, é firme o entendimento da Suprema Corte:

> "[...] 3. O exercício da autonomia pelos entes subnacionais não é absoluto, devendo se compatibilizar com os princípios constitucionais, nos termos do art. 25 da Constituição Federal e do art. 11 do Ato das Disposições Constitucionais Transitórias – ADCT. 4. A supressão do sufrágio para o provimento do cargo de chefe do Poder Executivo estadual e municipal, quando definitivamente vago, vulnerabiliza os princípios democrático e republicano (art. 1º, *caput*, da Constituição Federal). 5. Em que pese o art. 81, § 1º, da CF não ser considerado cláusula de reprodução obrigatória pelos entes subnacionais, a jurisprudência do Supremo Tribunal Federal é firme sobre a imprescindibilidade da realização de novas eleições, diretas ou indiretas, em caso de dupla vacância dos cargos de chefia do Poder Executivo nos últimos dois anos do mandato. IV. DISPOSITIVO E TESE 6. Ação direta de inconstitucionalidade conhecida. Pedido julgado procedente para se reconhecer a inconstitucionalidade do art. 61, § 2º, da Constituição do Estado do Rio Grande do Norte." (STF – ADI 7085/RN – Pleno – Rel. Min. Cristiano Zanin – *DJe* 6-3-2025).
>
> Em igual sentido, *vide*: STF – ADI 7138/RS – Pleno – Rel. Min. Cristiano Zanin – *DJe* 6-3-2025.

Por outro lado, vagando cargo de Membro do Poder Legislativo, o suplente respectivo deve ser convocado para assumi-lo. Se não houver suplente e faltarem mais de 15 meses para o término do período do mandato, deve-se fazer nova eleição para preencher a vaga (CF, art. 56, § 1º; CE, art. 113).

22.2 CAUSA ELEITORAL DE EXTINÇÃO DE MANDATO ELETIVO

As causas eleitorais de extinção de mandato relacionam-se a eventos ocorridos durante o processo eleitoral ou a ele relacionados. A depender de suas naturezas e extensão, tais fatos podem macular os votos e o resultado das eleições, bem como o ato de proclamação dos eleitos e a própria diplomação.

Por mais ágil que seja, não é possível à Justiça conhecer e julgar todas as pretensões que lhe são endereçadas durante um processo eleitoral. Muitas são julgadas após a diplomação e investidura dos eleitos e, pois, já durante o exercício dos mandatos. Em tal caso, a manutenção do mandato é condicionada ao resultado do processo nas ações e recursos eleitorais pendentes de julgamento.

Entre as causas eleitorais ensejadoras da extinção do mandato, destacam-se a invalidação da votação por, de um lado, ocorrência de ilícito (abuso de poder, fraude, corrupção etc.) e, de outro lado, por indeferimento do registro de candidatura.

22.2.1 Cassação de registro de candidatura, diploma ou mandato em razão de ilícito e invalidação da votação

A cassação de registro de candidatura, diploma ou mandato é consequência da prática de ilícitos como abuso de poder (econômico, político, de autoridade), emprego de processo de propaganda vedada, corrupção, fraude, captação ilícita de sufrágio, conduta vedada, bem como captação ou gasto ilícito de recurso na campanha.

Em tal caso, a votação é anulável. A anulabilidade decorre da presunção de que a ocorrência dos referidos ilícitos é bastante para macular os votos e, portanto, todo o pleito. A presunção em tela tem caráter absoluto, pois não admite prova em contrário.

Diante disso, à vista da causa de pedir posta em ação de impugnação de mandado eletivo – AIME (CF, art. 14, §§ 10 e 11), ação de investigação judicial eleitoral – AIJE (LC nº 64/90, arts. 19 e 22, XIV), ações fundadas nos arts. 30-A, 41-A e 73, § 5º, 74, 75, parágrafo único, e 77, parágrafo único, todos da Lei nº 9.504/97, a só procedência do pedido acarreta a anulação dos votos – ou da votação – dados aos beneficiários do evento ilícito. A anulação implica a perda da eficácia jurídica dos votos, que deixam de produzir efeitos.

Como a anulação decorre naturalmente do provimento jurisdicional que cassa o registro, o diploma ou o mandato, para que ela seja afirmada sequer é "necessária a provocação da parte interessada nesse sentido" (TSE – AAg nº 8.055/MG – *DJe* 23-9-2008, p. 18-19), independendo, ainda, de expressa declaração judicial, "pois a anulação dos votos é efeito secundário da cassação do mandato, haja vista o liame indissolúvel entre o mandato eletivo e o voto" (TSE – AREspe nº 28.500/SP – *DJ* 8-8-2008, p. 47-48).

Em razão do efeito expansivo da anulação, os atos posteriores que estejam causalmente ligados ao invalidado são atingidos. Assim, a invalidação da votação em um pleito majoritário implica a insubsistência da diplomação e dos mandatos dos eleitos, provocando a realização de novas eleições. Já a invalidação dos votos de candidato nas eleições proporcionais pode acarretar, além da extinção da diplomação e do mandato do parlamentar afetado, a *retotalização dos votos* e o recálculo dos quocientes eleitoral e partidário a partir dos votos válidos remanescentes, o que também pode implicar a reconfiguração dos resultados anteriormente proclamados. Note-se que, em qualquer desses casos, os atos praticados pelo cassado no exercício de suas funções no período anterior à anulação são válidos e eficazes perante o ordenamento jurídico.

22.2.2 Não deferimento de registro de candidatura e invalidação da votação

Inválidos são os votos dados a candidato cujo requerimento de registro de candidatura não haja sido apreciado e deferido pela Justiça Eleitoral. Isso pode decorrer de várias situações, como o indeferimento do requerimento de registro (o pretenso candidato não é elegível), bem como de seu cancelamento ou não conhecimento. Em todos os casos, não se cogita a ocorrência de ilícito eleitoral, mas de mera conformação do candidato ao regime jurídico-eleitoral.

Se a decisão que não defere o requerimento de registro transitar em julgado antes do dia das eleições e, não obstante, por razões técnicas, o nome do candidato constar das urnas, os votos que ele porventura receber serão nulos (Res. TSE nº 23.677/2021, arts. 17, I, e 21, I; Res. TSE nº 23.611/2019, arts. 194, I, e 197, I), e nessa qualidade não geram qualquer efeito jurídico. Note-se que se trata de hipótese de "nulidade", e não de "anulabilidade" de votos.

Importa, ainda, cogitar da validade dos votos quando o pedido de registro de candidatura estiver *sub judice* no dia das eleições. Isso pode ocorrer quando houver interposição de recurso contra a decisão acerca do requerimento de registro. Aqui se cuida de "anulabilidade" de votos, e não de "nulidade".

Vale ressaltar que o candidato que se encontra com o requerimento de registro *sub judice* tem direito subjetivo de seguir participando efetivamente da campanha. Poderá, então, praticar todos os atos a ela inerentes, inclusive abrir conta bancária e arrecadar recursos, utilizar o horário eleitoral gratuito no rádio e na televisão, usar a Internet e as redes sociais para se apresentar aos eleitores e difundir suas propostas, manifestar suas opiniões, ter seu nome inserido na urna eletrônica, bem como disputar o segundo turno das eleições majoritárias. Assume, por outro lado, os deveres e responsabilidades inerentes a todo candidato.

Cap. 22 • PERDA DE MANDATO ELETIVO, INVALIDAÇÃO DE VOTOS E ELEIÇÃO SUPLEMENTAR | **663**

Mas note-se que, consoante prescreve o art. 16-A da Lei nº 9.504/1997, a validade dos votos atribuídos a candidato com registro *sub judice* é condicionada ao conhecimento e deferimento de seu registro na superior instância. A definição sobre a validade dos votos resultará sempre da decisão da instância final que defere ou mantém o registro de candidatura. Por outro lado, a insubsistência do registro impede que os votos gerem plenos efeitos, ficando comprometidos a diplomação, a investidura e o próprio mandato.

22.3 ELEIÇÃO SUPLEMENTAR, INVALIDAÇÃO DE VOTOS – O ART. 224 DO CE

22.3.1 O art. 224 do Código Eleitoral

O art. 224 do Código Eleitoral foi alterado pela Lei nº 13.165/2015, a qual lhe acresceu os §§ 3º e 4º. Eis o seu inteiro teor:

> "Art. 224. Se a *nulidade* atingir a mais de metade dos votos do país nas eleições presidenciais, do Estado nas eleições federais e estaduais ou do município nas eleições municipais, julgar-se-ão prejudicadas as demais votações e o Tribunal marcará dia para nova eleição dentro do prazo de 20 (vinte) a 40 (quarenta) dias.
>
> § 1º Se o Tribunal Regional na área de sua competência, deixar de cumprir o disposto neste artigo, o Procurador Regional levará o fato ao conhecimento do Procurador-Geral, que providenciará junto ao Tribunal Superior para que seja marcada imediatamente nova eleição.
>
> § 2º Ocorrendo qualquer dos casos previstos neste capítulo o Ministério Público promoverá, imediatamente a punição dos culpados.
>
> § 3º A decisão da Justiça Eleitoral que importe o indeferimento do registro, a cassação do diploma ou a perda do mandato de candidato eleito em pleito majoritário acarreta, após o trânsito em julgado, a realização de novas eleições, independentemente do número de votos anulados.
>
> § 4º A eleição a que se refere o § 3º correrá a expensas da Justiça Eleitoral e será:
>
> I – indireta, se a vacância do cargo ocorrer a menos de seis meses do final do mandato;
>
> II – direta, nos demais casos".

Muitas foram as polêmicas suscitadas pelos citados §§ 3º e 4º, mormente no campo constitucional. Isso será exposto mais adiante, em item específico.

A análise do vertente art. 224 revela a existência de dois regimes distintos relacionados à invalidação de votos. O primeiro – descrito no *caput* – é mais amplo e geral, não apontando as causas da invalidação dos votos: as causas são indeterminadas *a priori*. Aqui, portanto, a invalidação pode decorrer de quaisquer causas – exceto as arroladas no § 3º daquele mesmo dispositivo.

O segundo regime – veiculado nos citados §§ 3º e 4º – regula os efeitos da invalidação de votos decorrente especificamente das causas que arrola, a saber: "indeferimento do registro, a cassação do diploma ou a perda do mandato de candidato eleito em pleito majoritário".

Como se trata de regimes jurídicos diferentes – um mais geral e outro especial –, não há contradição entre eles. Atuam em âmbitos diferentes. Do ponto de vista lógico, apresentam uma relação do tipo gênero-espécie, devendo, portanto, ser conciliados.

Esses dois regimes serão expostos nos subitens seguintes.

22.3.1.1 O regime do caput do art. 224 do CE

O *caput* do art. 224 do CE emprega o termo *nulidade*. Mas é claro (até pela sua localização no Capítulo VI do Título V da Quarta Parte do Código) que esse dispositivo disse menos do que deveria. Na verdade, tomou a espécie pelo gênero: quis dizer *invalidade*, abarcando, pois, tanto as hipóteses de nulidade quanto as de anulabilidade de votos.

Extrai-se desse preceito que novas eleições deverão ser convocadas e realizadas sempre que a invalidação atingir mais da metade dos votos válidos "do país nas eleições presidenciais, do Estado nas eleições federais e estaduais ou do município nas eleições municipais".

É cediço o entendimento de que a votação a ser considerada inclui apenas os votos dados aos candidatos que participaram do pleito, sendo excluídos do cálculo os votos: *i)* em branco; *ii)* nulos em razão de manifestação apolítica do eleitor; *iii)* nulos por força de erro do eleitor; *iv)* nulos em decorrência de indeferimento ou cassação do registro por decisão transitada em julgado (ou proferida pelo colegiado do TSE) antes do dia do pleito (nesse caso, o nome do candidato não deveria ter constado da urna, mas por razões técnicas não foi possível excluí-lo).

Não foi apontada a *causa* da invalidação dos votos, podendo-se, portanto, cogitar de qualquer causa – exceto as expressamente previstas no § 3º do mesmo dispositivo legal, que por ele são regidas.

A eleição presidencial é a única realizada em nível nacional. As eleições federais (para senador e deputado federal) e estaduais (para governador e deputado estadual/distrital) são realizadas no âmbito dos Estados e do Distrito Federal. Por fim, as eleições municipais (para prefeito e vereador) são ultimadas no âmbito dos municípios.

As eleições para Presidente da República, governador, prefeito e senador regem-se pelo sistema majoritário. Já as eleições para deputado federal, deputado estadual e vereador seguem o sistema proporcional. Em qualquer caso, se a invalidação atingir *mais da metade* dos votos válidos (isto é: a maioria absoluta, consubstanciada no primeiro número inteiro de votos superior à metade), a eleição, em si mesma, como ato complexo, poderá ser atingida. Por força do efeito expansivo inerente à invalidade, a desconstituição da votação a impede de produzir seus efeitos próprios, tornando insubsistente a eleição. Como resultado, são igualmente fulminados os diplomas e os mandatos dela resultantes, impondo-se a realização de nova eleição.

Apesar de ser mais comum a invalidação de eleições majoritárias, é certo que as proporcionais também podem ser afetadas. Nesse sentido:

> "O Tribunal, por unanimidade, resolveu questão de ordem no sentido de determinar a renovação do pleito na hipótese de nulidade de mais da metade dos votos válidos em eleição proporcional municipal, em decorrência da prática de fraude à cota de gênero, e, por maioria: (i) assentou que as eleições devem ser renovadas por inteiro; (ii) admitiu a participação nas novas eleições do partido que deu causa ou se beneficiou da fraude à cota de gênero, ante a ausência de previsão legal que impeça a sua participação; (iii) determinou que a Câmara Municipal de Gilbués/PI permaneça funcionando com a sua composição decorrente da decisão que decretou a nulidade dos votos recebidos pelo Partido Progressista (PP) do município para o cargo de vereador nas Eleições 2020 e cassou o respectivo Demonstrativo de Regularidade de Atos Partidários (DRAP) e os diplomas dos candidatos a eles vinculados, por fraude a cota de gênero, até as novas eleições; devendo estas serem realizadas, imediatamente, pelo TRE/PI, nos termos do voto do Ministro Alexandre de Moraes, vencido, em parte, o Ministro Relator" (TSE – AREspe-QO nº 0600001-83/PI – j. 6-12-2023).

Cap. 22 • PERDA DE MANDATO ELETIVO, INVALIDAÇÃO DE VOTOS E ELEIÇÃO SUPLEMENTAR | **665**

O novo pleito deve ser designado pelo Tribunal dentro do prazo de 20 a 40 dias a partir de quando a respectiva decisão judicial se tornar definitiva.

Essa solução funda-se em princípios capitais como legitimidade e higidez da eleição, representatividade e legitimidade do eleito para o exercício do poder político-estatal.

E se forem invalidados *menos* da metade dos votos? A hipótese do *caput* do art. 224 do CE tem por pressuposto a invalidação de mais da metade dos votos. Se a invalidação atingir *menos* da metade, aquele requisito não será atendido. De sorte que as eleições subsistirão, sendo *mutatis mutandis* mantidos os seus resultados, porquanto não serão julgadas "prejudicadas as demais votações".

Nessa hipótese – na eleição majoritária –, ao menos em tese, se forem invalidados os diplomas ou os mandatos dos integrantes da chapa (titular e vice) que venceu o pleito, poderão ser diplomados e investidos nos mandatos os membros da chapa que ficou em segundo lugar.

22.3.1.2 O regime do § 3º do art. 224 do CE

O § 3º do art. 224 do CE tem por objetivo específico regular os efeitos da anulação de votos decorrente de perda de diploma ou mandato de candidato eleito em pleito *majoritário*. Portanto, sua incidência restringe-se às eleições para presidente da República, governador, prefeito e senador.

Diferentemente do que ocorre com o *caput* do art. 224, o referido § 3º determina as causas relevantes para sua incidência, que são as seguintes: *(i)* indeferimento de pedido de registro de candidatura; *(ii)* cassação de diploma; e *(iii)* perda de mandato. Ante a determinação da presente cláusula legal, para que ela tenha aplicação, é preciso que ocorra uma das hipóteses especificadas.

A primeira causa se apresenta em processo de registro de candidatura ou em sua impugnação (AIRC), quando o pedido de registro somente vem a ser definitivamente apreciado – e negado – após as eleições, tendo o candidato sido eleito. Aqui, o candidato seguiu *sub judice* no processo eleitoral, logrou ser eleito, mas, ao final, o seu requerimento de registro foi indeferido.

Com o *indeferimento* não deve ser confundida a hipótese de *cassação* do registro de candidatura. Ao contrário daquele, a *cassação* é consequência da prática de ilícito eleitoral e pressupõe o anterior deferimento do pedido de registro; ela resulta da procedência do pedido em ações eleitorais como as fundadas no art. 22, XIV, da LC nº 64/90 e nos arts. 41-A e 73, § 5º, da LE. Como a cassação do registro do candidato eleito implica a perda de seu mandato, é possível considerar essa hipótese no âmbito da cláusula genérica "perda do mandato" também prevista no aludido § 3º.

As duas outras causas relevantes para a incidência do § 3º do art. 224 do CE (cassação do diploma e perda do mandato) apresentam-se no âmbito das ações eleitorais em que se discute a ocorrência de ilícitos como abuso de poder e outros (AIJE, AIME, ações dos arts. 30-A, 41-A e 73 da LE), bem como no RCED (CE, art. 262 – "inelegibilidade superveniente ou de natureza constitucional e de falta de condição de elegibilidade"). De ver-se que a cassação do diploma acarreta a perda do mandato, pois constitui sua condição de validade.

Em todas as hipóteses do § 3º, do art. 224, do CE há anulação da votação e da respectiva eleição. A invalidação constitui efeito da decisão judicial que indefere o pedido de registro, cassa o diploma ou o mandato.

Consequentemente, novo pleito deverá ser realizado em substituição ao invalidado.

A realização de nova eleição será sempre necessária, independentemente da quantidade de votos invalidados. Ao contrário do que ocorre com o *caput* do art. 224, é irrelevante que a invalidação afete mais ou menos da metade dos votos válidos apurados. Não há aqui, portanto, espaço para assunção do segundo colocado no pleito.

Em sua redação original, o citado § 3º previa expressamente que a eleição suplementar só poderia ser realizada "após o trânsito em julgado" da decisão da Justiça Eleitoral. Portanto, a rigor, não seria possível haver execução provisória da decisão judicial, devendo-se aguardar o pronunciamento do Tribunal Superior Eleitoral e do Supremo Tribunal Federal, se para esses tribunais houver sido interposto recurso.

Entretanto, ao julgar a ADI 5.525/DF, em 7 e 8 de março de 2018, o Supremo Tribunal Federal declarou "a inconstitucionalidade da locução 'após o trânsito em julgado' prevista no § 3º do art. 224 do Código Eleitoral". Com isso, tão logo publicada a "decisão da Justiça Eleitoral", poder-se-á executá-la e, pois, realizar-se nova eleição.

Mas qual decisão da Justiça Eleitoral é executável: a da instância ordinária ou a da extraordinária? A decisão de Tribunal Regional ou do Tribunal Superior? A decisão prolatada nos embargos de declaração? O aludido § 3º do art. 224 do CE não esclarece tais dúvidas, pois fala genericamente em "decisão da Justiça Eleitoral". Afigura-se razoável o entendimento de que a *decisão* em apreço se refere à última emanada da Justiça Eleitoral, ou melhor, à decisão proferida pelo Tribunal Superior Eleitoral em sede de embargos de declaração.

Anteriormente ao julgamento da ADI 5.525/DF, no âmbito do controle incidental ou difuso de constitucionalidade, ao julgar o ED-REspe nº 13925/RS, em 28-11-2016, a Corte Superior Eleitoral já havia declarado a inconstitucionalidade daquela mesma expressão "após o trânsito em julgado". Argumentou-se que ela viola a soberania popular, a garantia fundamental da prestação jurisdicional célere, a independência dos poderes e a legitimidade exigida para o exercício da representação popular. Nesse mesmo julgado, firmou o TSE a seguinte tese:

> "Se o trânsito em julgado não ocorrer antes, ressalvada a hipótese de concessão de tutela de urgência, a execução da decisão judicial e a convocação das novas eleições devem ocorrer, em regra:
>
> 1. Após a análise do feito pelo Tribunal Superior Eleitoral, no caso dos processos de registro de candidatura (LC nº 64/1990, art. 3º e seguintes) em que haja o indeferimento do registro do candidato mais votado (CE, art. 224, § 3º) ou dos candidatos cuja soma de votos ultrapasse 50% (CE, art. 224, *caput*); e
>
> 2. Após a análise do feito pelas instâncias ordinárias, nos casos de cassação do registro, do diploma ou do mandato, em decorrência de ilícitos eleitorais apurados sob o rito do art. 22 da Lei Complementar nº 64/1990 ou em ação de impugnação de mandato eletivo".

Observe-se, porém, que tal entendimento pode gerar graves problemas. Suponha-se que, em eleição municipal, o TRE confirme sentença de cassação do diploma/mandato de candidatos eleitos para os cargos de prefeito e vice-prefeito. O recurso cabível contra o acórdão do Tribunal Regional é o especial, que é desprovido de efeito suspensivo. Se não houver concessão de tutela de urgência suspendendo os efeitos do acórdão ou conferindo efeito suspensivo ao recurso especial (e mais tarde ao recurso extraordinário), em tese, a decisão colegiada já poderá ser executada, realizando-se, pois, nova eleição. Concluído o pleito suplementar e eleito novos prefeito e vice-prefeito para o município, problema não haverá se o acórdão do TRE vier a ser confirmado no TSE e, depois, no Supremo Tribunal Federal. Todavia, se aquele acórdão não for confirmado nas instâncias excepcionais (TSE e STF), haverá dois prefeitos legitimamente eleitos para o mesmo município e na mesma legislatura.

De qualquer sorte, a norma legal não especifica o prazo dentro do qual a nova eleição deve ser ultimada. Por analogia, pode-se pensar no prazo de 20 a 40 dias previsto na parte final do *caput* do art. 224, lapso esse que deve ser contado a partir de quando a decisão se torna exequível.

Cap. 22 • PERDA DE MANDATO ELETIVO, INVALIDAÇÃO DE VOTOS E ELEIÇÃO SUPLEMENTAR | 667

Também aqui se prestigiam relevantes princípios, como a legitimidade e higidez da eleição, representatividade e legitimidade do eleito para o exercício do poder político-estatal, bem como o princípio da maioria (que repele a possibilidade de a minoria assumir o poder estatal).

Mandato de Senador – as hipóteses do vertente § 3º aplicam-se à perda de mandato de senador.

Com efeito, esse dispositivo trata expressamente da perda de mandato de candidato eleito em "pleito majoritário". A eleição senatorial tem natureza majoritária. Logo, a literalidade do preceito legal indica sua aplicação ao mandato senatorial.

Note-se que a eleição de senador ocorre em chapa, a qual é formada por um titular e dois suplentes. A perda do mandato do titular em razão de indeferimento do registro de candidatura, cassação de diploma ou mandato reflete sobre toda a chapa, fulminando não só o mandato do titular, como também as suplências. Não se poderia conceber que a chapa disputasse o pleito acéfala, ainda que esta acefalia viesse a se materializar depois do pleito; por outro lado, na hipótese de ocorrência de ilícitos (como o abuso de poder), a eleição da chapa beneficia a todos os seus integrantes. De maneira que a perda do mandato do titular da chapa pelas assinaladas causas eleitorais não autoriza a assunção do mandato pelos suplentes.

Vale registrar que, nos termos do art. 56, § 2º, da Constituição: "ocorrendo vaga e não havendo suplente, far-se-á eleição para preenchê-la se faltarem mais de quinze meses para o término do mandato". Assim, também por esse fundamento, não é possível a assunção de chapa não eleita (segunda ou terceira colocada, conforme a renovação do Senado seja de 1/3 ou 2/3).

No sentido do texto, ao julgar o RO nº 060161619/MT, em 10-12-2019, assentou a Corte Superior a cassação do diploma da titular da chapa e dos respectivos suplentes, determinando, ainda, a realização de novas eleições.

22.3.2 Constitucionalidade do art. 224, §§ 3º e 4º, do CE

Consoante salientado, a Lei nº 13.165/2015 acrescentou os §§ 3º e 4º ao art. 224 do Código Eleitoral, *in verbis*:

> "Art. 224. Se a nulidade atingir a mais de metade dos votos do país nas eleições presidenciais, do Estado nas eleições federais e estaduais ou do município nas eleições municipais, julgar-se-ão prejudicadas as demais votações e o Tribunal marcará dia para nova eleição dentro do prazo de 20 (vinte) a 40 (quarenta) dias. [...]
>
> § 3º A decisão da Justiça Eleitoral que importe o indeferimento do registro, a cassação do diploma ou a perda do mandato de candidato eleito em pleito majoritário acarreta, após o trânsito em julgado, a realização de novas eleições, independentemente do número de votos anulados.
>
> § 4º A eleição a que se refere o § 3º correrá a expensas da Justiça Eleitoral e será:
>
> I – indireta, se a vacância do cargo ocorrer a menos de seis meses do final do mandato;
>
> II – direta, nos demais casos".

Os §§ 3º e 4º tiveram sua constitucionalidade contestada perante o Supremo Tribunal Federal nas ADIs 5.525/DF e 5.619/DF, as quais foram julgadas conjuntamente nas sessões de 7 e 8 de março de 2018.

Ao julgar a primeira (ADI 5.525/DF), o Excelso Pretório: *(i)* declarou "a inconstitucionalidade da locução 'após o trânsito em julgado', prevista no § 3º do art. 224 do Código Eleitoral; e *(ii)* conferiu "interpretação conforme a Constituição ao § 4º do mesmo artigo, de modo a afastar do seu âmbito de incidência as situações de vacância nos cargos de Presidente e Vice--Presidente da República, bem como no de Senador da República".

Na hipótese do § 3º do art. 224 do CE – a realização de nova eleição não precisa aguardar o trânsito em julgado da decisão da Justiça Eleitoral que indeferir pedido de registro de candidatura, cassar diploma ou mandato de candidato eleito em pleito majoritário. Deveras, a última decisão proferida no âmbito da Justiça Eleitoral (é dizer, no TSE) pode ser executada com a consequente realização de novo pleito, isso para evitar de "a chefia do Poder Executivo ser exercida, por longo prazo, por alguém que sequer tenha concorrido ao cargo" (STF – ADI 5.525/DF).

Já no caso do § 4º daquele mesmo dispositivo, se a Justiça Eleitoral indeferir pedido de registro de candidatura, cassar diploma ou mandato de candidatos eleitos a presidente da República e vice-presidente da República, a situação deverá reger-se pelo art. 81, *caput* e § 1º, da CF; no caso de Senador, incidirá o art. 56, § 2º, da CF. Assim, não se aplica o § 4º do art. 224 do Código Eleitoral.

Portanto, na sucessão presidencial decorrente de dupla vacância determinada por causa eleitoral, o regime jurídico aplicável é o previsto no art. 81, *caput* e § 1º, da Constituição Federal. Por esse dispositivo, se os cargos de presidente e vice-presidente da República vagarem "nos últimos dois anos do período presidencial, a eleição para ambos os cargos será feita trinta dias depois da última vaga, pelo Congresso Nacional, na forma da lei". Logo, o provimento dos cargos de presidente e vice-presidente da República se dará por eleição: *(i) direta*, se a dupla vacância ocorrer nos dois primeiros anos do período presidencial; *(ii) indireta*, pelo Congresso Nacional, se a dupla vacância ocorrer nos dois últimos anos daquele período.

Vale ressaltar que a disciplina do § 4º do art. 224 do CE aplica-se à sucessão dos demais cargos majoritários (governador, prefeito e respectivos vices) na hipótese de ocorrer dupla vacância determinada por causa eleitoral.

Por sua vez, a ADI 5.619/DF tinha por objeto a "declaração de inconstitucionalidade parcial sem redução de texto" do § 3º do art. 224 do CE, a fim de que fosse vetada uma hipótese de interpretação e aplicação daquele parágrafo, qual seja a relativa às eleições majoritárias de maioria simples. Com efeito, há eleições em que a Constituição Federal exige apenas a maioria simples de votos para a escolha do eleito, tal como ocorre nas eleições de prefeito em município com *menos* de 200 mil eleitores (CF, art. 29, II) e senador (CF, art. 46). Ocorre que, se a escolha *legítima* do candidato se dá pela regra da maioria simples, não há razão para a invalidação de toda a votação (com a consequente realização de nova eleição) nas hipóteses de indeferimento do pedido de registro e de cassação do diploma ou do mandato do primeiro colocado no pleito. Na verdade, se a maioria que se exige é simples, torna-se irrelevante a porcentagem de votos lograda pelo candidato eleito dentro das regras do jogo democrático. A propósito, não é incomum que prefeitos sejam legitimamente eleitos com 15 ou 20% dos votos da circunscrição; para que isso ocorra, basta que haja vários candidatos na peleja, sendo os votos do eleitorado pulverizados entre eles.

Mas, apesar da razoabilidade dessa compreensão, ao julgar a ADI 5.619/DF, o Excelso Pretório assentou ser "constitucional legislação federal que estabeleça novas eleições para os cargos majoritários simples – isto é, Prefeitos de Municípios com menos de duzentos mil eleitores e Senadores da República – em casos de vacância por causas eleitorais".

Assim, nas hipóteses do § 3º do art. 224 do CE, novas eleições deverão ser realizadas sempre que houver "indeferimento do registro, cassação do diploma ou a perda do mandato de candidato eleito em pleito majoritário" (e a consequente invalidação da votação). Não mais subsiste a possibilidade de assunção do segundo colocado – ainda que se trate de eleição em que a escolha se dá por maioria simples de votos, como ocorre nas eleições de prefeito em município com menos de 200 mil eleitores (CF, art. 29, II).

Cap. 22 • PERDA DE MANDATO ELETIVO, INVALIDAÇÃO DE VOTOS E ELEIÇÃO SUPLEMENTAR | 669

22.3.3 Eleição suplementar: novo processo eleitoral ou mera renovação do escrutínio anterior?

A determinação de realização de nova eleição implica o implemento de novo processo eleitoral, com escolha de candidatos, registro de candidatura, campanha eleitoral, propaganda, votação, apuração, proclamação dos resultados e diplomação.

Não se trata de mera renovação do escrutínio anterior. Se assim fosse, os envolvidos – eleitores e candidatos – deveriam ser os mesmos. Mas assim não ocorre. O corpo eleitoral da circunscrição do pleito pode sofrer relevantes alterações em razão do ingresso de novos eleitores; isso sucederá, *e.g.*, se houver novas inscrições eleitorais originárias, transferências (desde que atendido o lapso do art. 91 da LE), ou mesmo em função de cancelamentos e exclusões. Por outro lado, sedimentou-se na jurisprudência o entendimento segundo o qual o causador da invalidação do primeiro pleito não pode participar do suplementar; considera-se, aqui, a incidência do princípio segundo o qual quem provoca invalidade não pode dela se beneficiar. Não se trata, pois, de novo escrutínio, como ocorre no segundo turno ou na hipótese do art. 187 do CE, em que são invalidados os votos de determinada seção eleitoral, renovando-se, apenas nela, a votação. Cuida-se, antes, de realização de nova eleição, embora de natureza suplementar.

Dada a excepcionalidade do pleito suplementar, alguns prazos e formalidades devem ser adaptados, já que foram concebidos para a realização de eleições normais, preparadas com larga antecedência pela Justiça Eleitoral. O fundamento jurídico para tal adaptação encontra-se no próprio Código Eleitoral, que, na parte final do art. 224, *caput*, determina que a nova eleição seja realizada "dentro do prazo de 20 (vinte) a 40 (quarenta) dias". Ademais, esse tipo de eleição não ocorre regularmente e ainda depende da verificação de várias condições, de modo que as pessoas não podem prevê-la e se preparar antecipadamente para disputá-la.

No entanto, há prazos que não podem ser diminuídos nem suprimidos, a exemplo dos pertinentes à desincompatibilização, conforme estabelecem a Constituição Federal e a LC nº 64/1990. Nesse sentido: TSE – MS nº 3.327/ES – *DJ* 16-9-2005, p. 171; MS nº 4.228/SE – *DJe* 1º-9-2009, p. 45. Tal entendimento foi também consagrado no Supremo Tribunal Federal, que afirmou: "as hipóteses de inelegibilidade previstas no art. 14, § 7º, da Constituição Federal, inclusive quanto ao prazo de seis meses, são aplicáveis às eleições suplementares" (STF – RE nº 843455/DF – Pleno – Rel. Min. Teori Zavascki – *DJe* 1º-2-2016).

Vale lembrar que em julgados mais antigos o Tribunal Superior Eleitoral havia afirmado a licitude da mitigação dos prazos de desincompatibilização, assegurando a todos os candidatos o cumprimento do prazo único de 24 horas, contado da escolha em convenção: TSE – MS nº 3.709/MG – *JTSE* 2:2008:40; MS nº 4.171/PA – *DJe* 27-2-2009, p. 24. Considerou-se nesses julgados que a observância dos prazos legais prorrogaria em demasia a realização do novo pleito. Não obstante, não parece razoável reduzir a 24 horas prazos que vão de 3 a 6 meses, que são veiculados na Constituição e em lei complementar. Os atos expedidos pela Justiça Eleitoral para regulamentar o pleito suplementar não têm força nem autoridade bastante para revogar as referidas normas jurídicas.

Cuidando-se de nova eleição, todos os que preencherem os requisitos legais e regulamentares poderão concorrer. Assim, poderá se candidatar o cidadão que teve seu pedido de registro de candidatura indeferido no pleito anterior (que foi invalidado), bem como membro do Poder Legislativo eleito no pleito invalidado, inclusive se tiver assumido interinamente a chefia do Poder Executivo (AREspe nº 35.555/AL – *DJe* 18-9-2009, p. 15). Relevante é apenas a satisfação dos requisitos estabelecidos no ato que regula o novo pleito.

Não se admite, porém, a candidatura do mandatário cassado, responsável pela invalidação do pleito anterior.

O cônjuge e parentes do mandatário cassado não são atingidos pelo aludido impedimento e, pois, podem concorrer. Contudo, para tanto, é preciso que tenha sido observado o prazo de afastamento de seis meses previsto no art. 14, § 7º, da Lei Maior (*vide* REspe nº 303157/ PI – PSS 11-11-2010). Incide, portanto, a inelegibilidade reflexa prevista naquele dispositivo constitucional. No caso, é preciso preservar o equilíbrio e a isonomia durante a disputa eleitoral, prevenir o uso da máquina administrativa em prol de familiar do mandatário afastado, bem como evitar a perpetuação de um mesmo grupo familiar no poder estatal.

No tocante à situação de quem tiver assumido provisoriamente o lugar do mandatário cassado (em regra, o presidente do Poder Legislativo), tem-se que: *(i) no pleito suplementar*, incidem as inelegibilidades reflexas com relação a seus cônjuge e parentes, conforme previsão constante do art. 14, § 7º, da Constituição; *(ii)* para que o próprio exercente se candidate à eleição suplementar, não precisará se desincompatibilizar, afastando-se do exercício das funções em que se encontra provisoriamente investido; *iii)* se for eleito no pleito suplementar, poderá concorrer a um novo mandato subsequente; *iv)* se a assunção provisória da chefia do Executivo não tiver ocorrido no período de seis meses anteriores às eleições regulares, tal situação não tem o condão de gerar inelegibilidade; nesse sentido: TSE – Ag-REspe nº 060022282/PB – *DJe*, t. 151, 17-8-2021; TSE – REspe nº 15.409/SP – *DJe*, t. 172, 5-9-2017, p. 10-11; TSE – REspe nº 10.975/MG – PSS 14-12-2016; TSE – Cta nº 12.537/DF – *DJe* 10-9-2015, p. 54;TSE – Cta nº 1.505/DF – DJ, v. 1, 10-3-2008, p. 16.

22.3.4 Eleição suplementar direta e indireta

Ocorrendo vacância – por causa eleitoral – dos cargos de titular e de vice do Poder Executivo (*i.e.*, dupla vacância) e de senador, impõe-se a realização de eleição suplementar para provê-los. Essa eleição poderá ser direta ou indireta.

No caso de presidente e vice da República, incide o regime jurídico previsto no art. 81, *caput*, e § 1º, da Constituição Federal (*vide* ADI 5.525/DF, j. 7 e 8-3-2018), segundo o qual, o provimento dos cargos de presidente e vice-presidente da República se dará por eleição: *(i) direta*, se a dupla vacância ocorrer nos dois primeiros anos do período presidencial; *(ii) indireta*, pelo Congresso Nacional, se a dupla vacância ocorrer nos dois últimos anos daquele período.

Já para a sucessão dos demais cargos majoritários do Poder Executivo (governador, prefeito e respectivos vices), na hipótese de ocorrer dupla vacância determinada por causa eleitoral, aplica-se a disciplina do § 4º do art. 224 do CE (incluído pela Lei nº 13.165/2015), segundo o qual a eleição será: "I – indireta, se a vacância do cargo ocorrer a menos de seis meses do final do mandato; II – direta, nos demais casos". Independentemente da modalidade – direta ou indireta –, é sempre necessária a realização de eleição para o preenchimento dos cargos vagos, não sendo juridicamente possível a ocupação definitiva do cargo de titular do Poder Executivo pelo presidente do órgão legislativo para completar o período do mandato. É que, conforme entendeu a Corte Superior, a Constituição privilegia um processo de votação, restando o seu texto violado se, em vez de se adotar implementar novas eleições na localidade, ainda que de forma indireta, estabelecer-se "a automática a assunção definitiva do Presidente do Poder Legislativo para o exercício do restante do mandato de prefeito. [...]" (TSE – REspe nº 060056430/SC, j. 15-8-2024).

No caso de senador, ocorrendo vaga e não sendo o caso de assunção do respectivo suplente, far-se-á eleição para preenchê-la, a qual será: *(i)* direta, "se faltarem mais de quinze meses para o término do mandato" (CF, art. 56, § 2º); *(ii)* indireta, nos "15 (quinze) meses do final do mandato" (Res. TSE nº 23.677/2021, art. 30, parágrafo único, I, *b*).

Quando cabível, a eleição indireta ocorre no âmbito do Poder Legislativo, sendo eleitores os integrantes desse Poder. Aqui, o processo eleitoral é simplificado, devendo ser observado

Cap. 22 • PERDA DE MANDATO ELETIVO, INVALIDAÇÃO DE VOTOS E ELEIÇÃO SUPLEMENTAR | **671**

o rito traçado na respectiva norma de regência. Por se tratar de procedimento eleitoral regulado em norma federal (CF, art. 22, I) e devendo os Estados organizarem-se e regerem-se por suas próprias normas, mas sempre com observância dos princípios da Constituição Federal (CF, art. 25, *caput*), é preciso haver consonância com as normas que disciplinam o processo eleitoral, contemplando-se suas principais fases, como registro de candidatura, campanha e propaganda eleitoral, realização de escrutínio, proclamação do resultado e diplomação. Nesse sentido – na hipótese de dupla vacância da Chefia do Poder Executivo –, assentou o Excelso Pretório que os Estados possuem autonomia relativa na solução normativa para o preenchimento dos aludidos cargos, não estando vinculados ao modelo e ao procedimento federal (CF, art. 81), mas tampouco podem desviar-se dos princípios constitucionais que norteiam a matéria, devendo observar:

> "(i) a necessidade de registro e votação dos candidatos a Governador e Vice-Governador por meio de chapa única; (ii) a observância das condições constitucionais de elegibilidade e das hipóteses de inelegibilidade previstas no art. 14 da Constituição Federal e na Lei Complementar a que se refere o § 9º do art. 14; e (iii) que a filiação partidária não pressupõe a escolha em convenção partidária nem o registro da candidatura pelo partido político; (iv) a regra da maioria, enquanto critério de averiguação do candidato vencedor, não se mostra afetada a qualquer preceito constitucional que vincule os Estados e o Distrito Federal", declarando prejudicado o agravo regimental interposto no eDOC 47. [...]" (STF – ADPf nº 969/AL – Pleno – Rel. Min. Gilmar Mendes – *DJe* 23-8-2023). *Vide* também: STF – ADI nº 1.057/BA – Pleno – Rel. Min. Dias Toffoli – *DJe* 28-10-2021.

Independentemente de ser direta ou indireta a eleição, certo é que os eleitos apenas complementam o período restante dos mandatos cassados.

22.3.5 Ao causador da invalidação da eleição é vedado disputar o novo pleito suplementar

Tanto na eleição direta quanto na indireta, o causador da invalidação do primeiro pleito não pode participar do seguinte. Incide nessa seara o princípio segundo o qual quem causa a invalidade não pode dela se beneficiar. Se requerido, o pedido de registro deve ser indeferido. Conquanto ventilada em arestos anteriores (como no REspe nº 19.878/MS, de 10-9-2002), essa exegese foi assentada no julgamento do Mandado de Segurança nº 3.413, em 14-2-2006, relatado pelo Ministro Marco Aurélio. Fulcra-se nos cânones da razoabilidade, moralidade e lisura no processo eleitoral. A admissão da candidatura do causador da invalidação do pleito significaria propiciar segunda chance a quem dolosamente obrou na contramão das regras traçadas para o processo eleitoral, tornando-o insubsistente, o que significaria premiar o autor do ilícito. Extrai-se do voto do relator:

> "[…] Concluir que somente vinga, na espécie, a multa, podendo aqueles que transgrediram a lei lograr nova participação, conflita a mais não poder com o bom senso, norteador de toda e qualquer interpretação. Resulta em mitigar as próprias consequências da lei, afastando sanção nela prevista. Até mesmo a proximidade de datas revela, participando aqueles que deram causa à declaração de nulidade do primeiro escrutínio, a contaminação do segundo, tendo em conta as repercussões das práticas ilícitas empreendidas. Vem-nos, do grande todo que é o Direito Civil, que ninguém pode se beneficiar da própria torpeza e a tanto equivale concluir que as candidaturas glosadas podem ser renovadas, em verdadeira segunda época, para o pleito subsequente" (*JTSE* 3:2006:175).

672 | DIREITO ELEITORAL – *José Jairo Gomes*

O mesmo, porém, não se pode afirmar do partido pelo qual o causador da invalidação concorreu, pois, no ponto, a jurisprudência do TSE o isenta de responsabilidade. Confira-se: "[...] 2. Preliminar de ilegitimidade ativa dos partidos que formularam o pedido de novas eleições afastada. A jurisprudência não admite é que o candidato que deu causa à nulidade de um pleito possa disputar as eleições suplementares subsequentes. Isso não impede e nem poderia impedir que os Partidos Políticos, cuja existência é essencial à democracia, possam lançar outros candidatos, que não aquele que deu causa à eleição, nas eleições suplementares. [...]" (TSE – REspe nº 31696/PE – *DJe* 1º-8-2013, p. 166). Esse entendimento tem contra si o fato de que quase sempre o candidato não age sozinho, senão em conjunto com sua agremiação. Uma vez demonstrada sua participação no evento, as ideias de justiça e coerência exigem que também o partido seja responsabilizado e de algum modo sancionado.

22.3.6 Responsabilidade civil por danos materiais e morais coletivos decorrentes da realização de eleição suplementar

Nos termos do art. 224, § 4º, do Código Eleitoral (acrescido pela Lei nº 13.165/2015), a eleição suplementar "correrá a expensas da Justiça Eleitoral".

No entanto, essa é uma regra geral, e como tal não possui caráter absoluto. Por isso, quando a invalidação da eleição – e a consequente realização do pleito – decorrer da prática de ilícito eleitoral, tem-se afirmado a responsabilidade civil do agente, determinando que indenize os danos materiais impingidos à União e os danos morais coletivos sofridos pela sociedade.

A responsabilização baseia-se na ocorrência de ilícito, sendo, pois, imprescindível que os elementos deste se apresentem. Assim, há mister que se evidencie (1) a relação de causalidade existente entre (2) o resultado lesivo (no caso, o dano decorrente da invalidação do pleito) e (3) a ação antijurídica realizada pelo agente.

No tocante ao fundamento, não há previsão legal de responsabilidade objetiva para tal situação. Incide, então, a regra geral do sistema jurídico, consubstanciada na teoria subjetiva, que requer seja evidenciada a culpa do agente. Do contrário, não será possível imputar responsabilidade.

A respeito, vejam-se os seguintes julgados de tribunais regionais federais, nos quais é afirmada a responsabilidade pelo ressarcimento de *danos materiais* sofridos pelo erário:

> "[...] 2. Quanto à efetividade do dano, destaca-se que a conduta do réu resultou na anulação do certame eleitoral de 2008 e na realização de eleições suplementares, no dia 14/11/2010, para os cargos de prefeito e de vice-prefeito do Município de Oeiras/PI, havendo gerado uma despesa extraordinária para a União na cifra de R$ 20.144,00 (vinte mil, cento e quarenta e quatro reais). 3. Evidente também o nexo de causalidade entre a ação do réu e o dano causado. Isto, pois as eleições suplementares somente foram realizadas por causa da conduta, reconhecida como ilícita, do réu (captação ilícita de sufrágio). 4. Conclui-se ser devida a imputação de responsabilidade ao réu pelos dispêndios causados ao erário. Como consequência, surge o dever de indenizar, com a reparação do prejuízo até o limite do valor gasto pela União para a repetição do pleito. 5. Recurso de apelação conhecido e não provido. Decisão: A Turma, por unanimidade, conheceu do recurso de apelação e, no mérito, negou provimento" (TRF1 – AC 0016372-67.2012.4.01.4000 – 6ª T. – Rel. Des. Federal Kassio Nunes Marques – *e-DJF1* 19-12-2017).

> "Responsabilidade civil. Eleição suplementar. Ressarcimento ao erário. Condenação na Justiça Eleitoral por abuso de poder econômico e político. Apelação desprovida. [...] III – No caso em testilha, consoante decidido em Ação de Investigação Judicial Eleitoral, a utilização da máquina administrativa pelo ora Apelante configurou abuso de poder

Cap. 22 • PERDA DE MANDATO ELETIVO, INVALIDAÇÃO DE VOTOS E ELEIÇÃO SUPLEMENTAR | 673

econômico e político a ensejar sua inelegibilidade. Desta forma, a cassação do diploma do então Prefeito ocasionou a anulação da eleição de 2004, originando a necessidade de eleição suplementar. [...] V – Assim, tendo em vista que as eleições suplementares somente foram realizadas por conta da conduta perpetrada pelo apelante, mostra-se evidente o nexo de causalidade a configurar a responsabilidade de ressarcimento ao Erário dos gastos efetuados com o novo pleito eleitoral. VI – Apelação desprovida" (TRF2 – AC 00016275620124025002 – 6ª T. – Rel. Des. Federal Reis Friede – publ. 22-6-2017).

"[...] 4. 'Compulsando os autos (f. 17-80), observa-se que o Réu, embora vencedor das eleições de 2008 para prefeito de Alcântaras/CE, teve seu diploma cassado por prática de captação e gastos ilícitos de recursos, por meio de confecção de camisetas e brindes e omissão de diversos gastos de campanha, fatos que restaram reconhecidos por decisão definitiva da Justiça Eleitoral. [...] as provas documentais acostadas aos autos, em especial os julgados proferidos pela Justiça Eleitoral, demonstram claramente que o Réu deu causa à realização de nova eleição, da qual decorreram custos financeiros devidamente comprovados, ensejando a obrigação de reparação dos danos causados em decorrência de tais práticas.' 7. 'Diante dessa conjuntura fática, conclui-se ser devida a imputação de responsabilidade ao Réu pelos dispêndios causados ao erário para a realização de eleição suplementar no município de Alcântaras/CE [...]'" (TRF5 – AC 00010301520124058103 – 1ª T. – Rel. Des. Federal Niliane Meira Lima – *DJe* 29-5-2013, p. 123).

Além dos danos materiais, tem-se ainda afirmado a reparabilidade dos *danos morais coletivos*, assim considerados os resultantes de agressão a direitos difusos relevantes para a sociedade. Nesse sentido, o seguinte julgado:

"*1.* O ato antijurídico a respaldar a indenização por danos morais coletivos se caracteriza pela prática de ilícito eleitoral por candidato à reeleição municipal, devidamente comprovado em virtude de condenação da Justiça Eleitoral por abuso de poder econômico e de autoridade, assim como por captação ilícita de sufrágio. *2.* O Estado brasileiro se constitui Estado Democrático de Direito – art. 1º da CF/88, fundamentado em valores da cidadania (II) e da dignidade da pessoa humana (III), valores que se mostram vilipendiados pela atitude do candidato que macula a liberdade de escolha do cidadão quanto à sua representação política, além de frustrar a higidez do processo eleitoral, fragilizando a própria democracia. *3.* A condenação em danos morais coletivos também se afeiçoa recomendável em virtude da quebra da organização política da municipalidade, dada a interrupção do processo de representação por força da cassação do diploma do Prefeito, o que gera, inevitavelmente, situação anômala e causadora de intranquilidade, que ultrapassa o mero aborrecimento ou dissabor, notadamente porque causa grande repercussão na vida da sociedade local, de modo a evidenciar o dano moral coletivo. Precedente do TRF – 4ª Região. *4.* A responsabilidade civil por dano moral coletivo encontra suporte legal no próprio texto constitucional, que respalda a integralidade da reparação do dano – art. 5º, V e X; assim como nas disposições do Código de Defesa do Consumidor (art.110); na Lei Antritruste (que incluiu na Lei da Ação Civil Pública as expressões 'danos morais e patrimoniais', e no Código Civil (arts. 186 e 927). Os dispositivos legais citados acolhem a reparação por dano moral, o qual não fica restrito à esfera de individualidade do cidadão, permitindo a interpretação de ser plenamente extensível ao dano extrapatrimonial difuso. *5.* O dano moral coletivo, pela sua própria natureza de indivisibilidade, não necessita de comprovação da dor ou do abalo psicológico, cuja configuração se mostra *in re ipsa*, sendo imprescindível, apenas, a demonstração da gravidade da ofensa e da reprobabilidade do ato ilícito, situações devidamente configuradas no caso em análise, cujo dano não se circunscreve ao âmbito da municipalidade, mas repercute negativamente em toda a sociedade, por ofender a concretização da democracia em que se pauta o Estado brasileiro. Precedentes do STJ. *6*. Os pressupostos ensejadores da obrigação de reparar os danos morais coletivos encontram-se configurados, na medida em que demonstrada a conduta antijurídica, na forma dolosa; a ofensa a direitos extrapatrimoniais difusos de relevância para a comunidade local e para toda a sociedade; a intolerabilidade da ilicitude e o nexo causal entre a conduta e o resultado danoso. *7*. Ao quantificar o dano, o julgador, pautado em critérios de equidade e bom senso, deve ponderar sobre a natureza, a gravidade e a repercussão da lesão; a condição econômica do ofensor; o proveito obtido; o grau de dolo da conduta e o grau de reprobabilidade social do ilícito, razão pela qual se reputa razoável e adequada a fixação dos danos morais coletivos em R$ 50.000,00 (cinquenta mil reais), que se mostram suficientes para sancionar o infrator, além de exercer função dissuasória. *8*. Dar provimento à apelação do Ministério Público Federal para reformar em parte a sentença proferida com a finalidade de acolher a condenação em danos morais coletivos. [...]"(TRF1 – AC 0015130-16.2015.4.01.3500/GO – 5ª T. – Rel. Des. Federal Daniele Maranhão Costa, Rel. conv. Juiz Federal Roberto Carlos de Oliveira – *e-DJF1* 12-4-2019).

Sabe-se que um evento danoso pode comportar diversas causas. Embora haja múltiplas teorias acerca da relação de causalidade, no âmbito da responsabilidade civil consagrou-se a da causalidade adequada. Consoante salientei em outra obra (Gomes, 2005, p. 284), adequada é a causa "mais apta, apropriada ou idônea para produzir o dano"; é a causa cuja interferência foi decisiva ou determinante para o surgimento da consequência lesiva. Assim, na situação enfocada, será preciso que a ação ou omissão do agente, além de ilícita, seja apta ou determinante para provocar a invalidação da eleição e, portanto, da realização de pleito suplementar.

Diante disso, se a invalidação de um pleito não decorrer de ato ilícito, não se pode imputar responsabilidade a quem quer que seja, tampouco surge a obrigação de indenizar. Aplica-se, então, o referido art. 224, § 4º, do Código Eleitoral (acrescido pela Lei nº 13.165/2015), que, como visto, determina que a eleição suplementar corra às "expensas da Justiça Eleitoral".

Assim, por exemplo, analisando caso em que a invalidação do pleito decorreu de indeferimento do pedido de registro de candidatura, o Superior Tribunal de Justiça, invocando como fundamento o "c" (CC, art. 188, I), não reconheceu "a ilicitude da conduta do candidato eleito, capaz de ensejar o ressarcimento pecuniário almejado pela União, visto que exerceu regularmente o direito de invocar a tutela jurisdicional para garantir sua presença no pleito, alcançando inicial deferimento pelo juízo eleitoral de primeira instância" (STJ – REsp nº 1596589/AL – 1ª T. – Rel. Min. Sérgio Kukina – *DJe* 27-6-2016). Em caso semelhante, o Tribunal Regional Federal da 5ª Região assentou: "[...] a conduta do apelante não poderia ser enquadrada como ilícita, já que, consoante previsto no art. 188 do CC, não se constitui ato ilícito o praticado no exercício regular de um direito que, na espécie, fora pleiteado presumidamente de boa-fé e reconhecido, mesmo que provisoriamente, pelo TRE-PE ao deferir o registro de candidatura do demandado ao cargo de prefeito de Caetés-PE, nas eleições de 2008. 5. Apelação provida para julgar improcedente o pedido contido na peça de abertura" (TRF5 – AC 0000688-48.2010.4.05.8305 – 2ª T. – Des. Federal Francisco Wildo – *DJe* 15-3-2012, p. 530).

23

AÇÕES ELEITORAIS:
PROCEDIMENTO DO ART. 22 DA LC Nº 64/90

23.1 PROCESSO JURISDICIONAL ELEITORAL

O Estado detém o monopólio da jurisdição, por isso ela é una e inafastável (CF, art. 5º, XXXV) – e também necessária no caso de atuação da norma eleitoral e consequente responsabilização de pessoas.

Jurisdição, do latim *juris + dictio*, significa literalmente *dizer o Direito*. Trata-se da função do Estado em que este, considerando a incidência da norma jurídica, aprecia e delibera – de forma definitiva – sobre os fatos, as situações e os conflitos que lhe são submetidos.

O processo constitui legítimo instrumento de exercício do poder estatal. Por ele são tutelados bens e direitos, notadamente os fundamentais. Denota a ideia de caminhar adiante (*processus*), partindo-se de um ato inicial até o provimento final.

No Estado Democrático de Direito o processo encontra-se comprometido com a entrega de uma tutela jurisdicional justa. É legitimado pela participação equânime dos sujeitos nele envolvidos – o que se dá pela sua estrutura essencialmente *dialética* (em que a tese contrapõe-se à antítese, seguindo-se, então, a síntese ou conclusão), pela observância do contraditório efetivo, pela justa, equilibrada e proporcional oportunidade de real participação das partes na formação do conteúdo do provimento jurisdicional final.

Trata-se de fenômeno estruturalmente dialético, dinâmico, racionalmente ordenado, formado por atos que se sucedem no tempo e legalmente disciplinados, no qual se encontram assegurados o contraditório, a ampla defesa e a efetiva participação dos sujeitos envolvidos na relação.

O *conceito* de processo não é igual ao de procedimento. Fala-se em aspectos interno e externo do processo, coincidindo este último com o procedimento. Nesse sentido, Tornaghi (1987, p. 242) afirma que – em seu aspecto externo – o processo é uma sequência de atos, sendo que cada um deles "é ligado aos anteriores e aos subsequentes, como elos de uma corrente, em determinada ordem e para alcançar um fim também. É o procedimento, que pode ser visto, filmado, descrito. No aspecto interno, o processo é uma relação de Direito Público entre cada uma das partes e o juiz".

A esse respeito, esclarece Dinamarco (2004, p. 25-26) que, como método de trabalho,

> "processo é uma *série de atos interligados e coordenados ao objetivo de produzir a tutela jurisdicional justa, a serem realizados no exercício de poderes ou faculdades ou em cumprimento a deveres ou ônus. Os atos interligados, em seu conjunto, são o procedimento.*

O conjunto de situações jurídicas ativas e passivas que autorizam ou exigem a realização dos atos é a *relação jurídica processual* (poderes, faculdades, deveres e ônus). E o processo, no modelo traçado pela Constituição e pela lei, é uma *entidade complexa*, integrada por esses dois elementos associados – *procedimento e relação jurídica processual.* Cada ato do procedimento *pode* ser realizado porque o sujeito que quer realizá-lo tem a faculdade ou o poder de fazê-lo; ou *deve* ser realizado porque ele tem um dever ou um ônus. O conceito de processo, segundo os modelos impostos por superiores razões políticas, não se exaure no procedimento nem coincide com o de relação processual. Processo é, ao mesmo tempo, uma relação entre atos e uma relação entre sujeitos (Liebman). [...]".

Tem-se, pois, por *processo jurisdicional eleitoral* o regulado por um conjunto de normas em unidade sistemática que disciplinam o conhecimento e justo julgamento da pretensão veiculada na petição inicial e submetida à tutela jurisdicional.

Na seara eleitoral não se pode propriamente falar na existência de *pretensão material resistida* (ou lide), pelo menos no mesmo sentido com que se fala no Processo Civil comum. Isso porque, no Direito Eleitoral, ao réu não é dado *sponte sua* satisfazer a vontade (ou melhor: a pretensão material) do autor fora do âmbito do processo. É diminuto ou nenhum o espaço para a autonomia privada. Na verdade, a atuação da norma eleitoral se dá necessariamente pelo processo. Este constitui instrumento essencial para a aplicação do Direito, imposição de sanções e responsabilização eleitorais.

Assim, em sua dimensão sancionadora, há uma necessária *integração* entre o Direito Eleitoral material e o formal (ou processual) – porque sem esse último aquele não se realiza.

O presente capítulo expõe o procedimento traçado no art. 22 da LC nº 64/90 e as várias ações que devem observá-lo, destacadamente a ação de investigação judicial eleitoral (AIJE). De modo que o critério para a reunião dessas ações se baseia no procedimento que lhes é comum, ou seja, no fato de todas elas deverem cumprir o mesmo procedimento.

Os dois capítulos subsequentes são dedicados respectivamente aos procedimentos da Ação de Impugnação de Mandato Eletivo (AIME) e do chamado Recurso Contra Expedição de Diploma (RCED).

23.2 TÓPICOS PROCESSUAIS

Inicialmente, vale destacar alguns temas relevantes do processo jurisdicional eleitoral, o que é feito nos subitens seguintes.

23.2.1 Devido processo legal

Trata-se de garantia fundamental inscrita no art. 5º, LIV, da Constituição Federal, espraiando-se por todo o sistema jurídico. O *due process of law* espelha um dos valores mais significativos do Estado Democrático de Direito, porquanto assegura a todos um processo democrático e justo.

O devido processo legal é compreendido em sentido (i) procedimental ou formal, que requer a estrita observância do rito ou procedimento previsto em lei, e (ii) em sentido substancial ou material, pelo qual – a despeito do cumprimento do rito legalmente traçado – não se pode arbitrariamente privar uma pessoa do gozo de seus direitos fundamentais.

A presente garantia comporta diversos desdobramentos, a exemplo do julgamento da causa por juiz natural (CF, art. 5º, LIII), a inadmissibilidade de se fazer ingressar no processo provas obtidas por meios ilícitos (CF, art. 5º, LVI), o contraditório e a ampla defesa (CF, art. 5º, LV).

O princípio do *contraditório* efetivo é um dos pilares do processo democrático. Atualmente, ele não mais pode ser compreendido restrita ou formalmente, ou seja, como mera possibilidade

Cap. 23 • AÇÕES ELEITORAIS: PROCEDIMENTO DO ART. 22 DA LC Nº 64/90 | 677

de uma parte contraditar a outra. Ao contrário, deve ser visto de forma dinâmica, assegurando: *(i)* a possibilidade de influência no resultado; ou seja, à parte deve sempre ser dada oportunidade de se manifestar *antes* de qualquer decisão judicial, de maneira que possa agir/reagir no sentido de nela influir (CPC, art. 10); *(ii)* o direito de a parte ter os fundamentos de sua tese e as provas produzidas considerados pelo órgão judicial (CPC, art. 489, § 1º, IV); *(iii)* a proibição de surpresa; ou seja, a vedação de decisões sobre fatos e questões não debatidos previamente nos autos (CPC, art. 9º); *(iv)* a bilateralidade da audiência, de modo que todos os sujeitos processuais sejam ouvidos; *(v)* paridade de tratamento, de sorte que nenhuma das partes deve ser tratada de forma privilegiada (CPC, art. 7º).

23.2.2 Aplicação supletiva e subsidiária do CPC

Nos termos do art. 15 do CPC, "na ausência de normas que regulem processos eleitorais [...] as disposições deste Código lhes serão aplicadas supletiva e subsidiariamente".

Assim, as disposições daquele código processual aplicam-se de forma supletiva e subsidiária ao processo jurisdicional eleitoral. A aplicação supletiva tem em vista o preenchimento de lacunas, enquanto a subsidiária visa ao aperfeiçoamento ou atualização de institutos já previstos na norma.

23.2.3 Celeridade

Pelo princípio da celeridade impõe-se que a prestação jurisdicional seja rápida, sob pena de se comprometer sua utilidade. Ao incluir o inciso LXXVIII no art. 5º da Lei Maior, a EC nº 45/2004 elevou o princípio em apreço à categoria de garantia fundamental. Reza este dispositivo: "a todos, no âmbito judicial e administrativo, são assegurados a razoável duração do processo e os meios que garantam a celeridade de sua tramitação". Em igual sentido, o art. 4º do CPC estabelece o direito das partes "de obter em prazo razoável a solução integral do mérito, incluída a atividade satisfativa".

A importância de tal preceito no Direito Eleitoral é evidente, porquanto o processo eleitoral se realiza em prazo certo, e os mandatos público-eletivos têm duração limitada no tempo. Nessa seara, a demora do processo pode significar a inutilidade do provimento jurisdicional.

Atento a esse problema, o art. 97-A da LE estabelece como "duração razoável do processo que possa resultar em perda de mandato eletivo o período máximo de 1 (um) ano, contado da sua apresentação à Justiça Eleitoral". Esclarece o § 1º que tal duração abrange a tramitação em todas as instâncias da Justiça Eleitoral.

23.2.4 Imparcialidade dos agentes da Justiça Eleitoral

Sem que a imparcialidade do órgão judicial seja assegurada, nem sequer se pode afirmar a existência de uma ordem jurídica justa, pois as decisões judiciais ficariam ao sabor de subjetivismos, das conveniências e dos mais diversos interesses. Como sujeito processual, o juiz situa-se entre as partes.

O Direito Eleitoral contém disposições que visam garantir a eficácia do princípio em foco, porque se reconhece que a normatização, por si só, não é suficiente.

Assim é que juízes (CF, art. 95, parágrafo único, III), membros do Ministério Público (CF, art. 128, § 5º, II, *e*) e servidores da Justiça Eleitoral (CE, art. 366) são proibidos de se dedicarem à atividade político-partidária ou de a exercerem.

Por outro lado, o art. 16, § 1º, do Código Eleitoral proíbe que façam parte do Tribunal Superior Eleitoral cidadãos que tenham entre si parentesco, ainda que por afinidade, até o 4º grau, devendo-se excluir o que tiver sido escolhido por último. Tal vedação também ocorre em relação aos membros dos Tribunais Regionais Eleitorais, conforme estabelece o art. 25, § 6º, do mesmo diploma. No mesmo rumo, o art. 36, § 3º, I, do Código veda seja nomeado para compor Junta Eleitoral: "os candidatos e seus parentes, ainda que por afinidade, até o segundo grau, inclusive, e bem assim o cônjuge".

Ademais, o art. 14, § 3º, do CE (com a redação da Lei nº 13.165/2015) dispõe: "Da homologação da respectiva convenção partidária até a diplomação e nos feitos decorrentes do processo eleitoral, não poderão servir como juízes nos Tribunais Eleitorais, ou como juiz eleitoral, o cônjuge ou o parente consanguíneo ou afim, até o segundo grau, de candidato a cargo eletivo registrado na circunscrição". A bem ver, esse dispositivo veicula duas regras. *A primeira* proíbe que cônjuge ou parente de candidato atue como juiz no respectivo processo eleitoral, ou seja, desde "a homologação da respectiva convenção partidária até a diplomação" dos eleitos. Não se trata aqui de mero impedimento processual para atuar em feitos em que seja parte o candidato, mas, sim, de óbice intransponível para o exercício da própria judicatura eleitoral, na respectiva circunscrição eleitoral, dentro do período assinalado.

Já a *segunda* regra incide fora do período compreendido entre a "homologação da respectiva convenção partidária até a diplomação". Trata-se de impedimento processual para que cônjuge ou parente até 2º grau de quem foi candidato atue como juiz "nos feitos decorrentes do processo eleitoral". Aqui, portanto, o cônjuge ou o parente até 2º grau do candidato poderá exercer a judicatura eleitoral na circunscrição em que ocorreu o pleito, sendo-lhe, porém, vedado atuar especificamente "nos feitos decorrentes do processo eleitoral".

Também se proíbe (LE, art. 95) que juiz eleitoral que seja parte em ações judiciais (tramitando na Justiça Comum) que envolvam determinado candidato exerça suas funções em processo jurisdicional eleitoral no qual o mesmo candidato seja interessado.

23.2.5 Demanda ou dispositivo

Por esse princípio, a atuação da jurisdição – e a consequente movimentação da máquina judiciária – só se dá em virtude da iniciativa das partes (CPC, art. 2º) – *ne procedat judex ex officio*, reza o conhecido brocardo. Destarte, no âmbito jurisdicional, é vedada ao juiz eleitoral a iniciativa do processo.

A atuação *ex officio* do órgão da Justiça Eleitoral só encontra fundamento nos domínios do poder de polícia. O princípio em apreço certamente será ferido se o juiz, por ato próprio, desfechar ação eleitoral. Mas, dadas as múltiplas funções atribuídas à Justiça Eleitoral, há situações em que o mesmo evento enseja providências nas searas administrativa e jurisdicional. É o caso, *e. g.*, da propaganda eleitoral irregular, em que o juiz (no âmbito do poder de polícia) poderá, sem ser provocado, determinar sua cessação, mas não está autorizado a instaurar de ofício o processo tendente à imposição de outras sanções, como multa, nos termos do art. 37, § 1º, da Lei das Eleições.

23.2.6 Impulso oficial

Uma vez ativada a jurisdição por iniciativa das partes (princípio da demanda ou dispositivo), o processo desenvolve-se por impulso oficial. Significa dizer que os atos processuais devem ser praticados pelo órgão judicial ou, havendo delegação, pelos servidores públicos a ele vinculados, sem que seja necessária a manifestação das partes para que o processo avance em suas fases ulteriores.

Note-se, porém, que há atos cuja produção é de inteira responsabilidade das partes, a exemplo do ônus de provar o alegado (CPC, art. 373), o depósito de honorários periciais, a indicação de provas a serem produzidas na audiência de instrução. Portanto, o desenvolvimento do processo em um ou outro sentido dependerá também das ações das partes.

23.2.7 Congruência ou correlação entre a imputação e a sentença

Nos domínios do Processo Civil comum deve o juiz decidir "o mérito nos limites propostos pelas partes, sendo-lhe vedado conhecer de questões não suscitadas a cujo respeito a lei exige iniciativa da parte" (CPC, art. 141). Por isso, lhe é vedado "proferir decisão de natureza diversa da pedida, bem como condenar a parte em quantidade superior ou em objeto diverso do que lhe foi demandado" (CPC, art. 492). Como ensina Theodoro Júnior (2012, p. 536), "o pedido é a condição e o limite da prestação jurisdicional"; como resposta ao pedido, a sentença "não pode ficar aquém das questões por ele suscitadas (decisão *citra petita*) nem se situar fora delas (decisão *extra petita*), nem tampouco ir além delas (decisão *ultra petita*). [...]". Portanto, encontra-se o órgão judicial vinculado ao pedido formulado pelo autor.

Entretanto, diferente é o sentido do princípio da congruência no processo jurisdicional eleitoral. Dada a natureza eminentemente pública desse último, não se exige exata correlação entre o *pedido* formulado na petição inicial e a sentença. A correlação, aqui, se estabelece entre os *fatos narrados* na petição inicial e o conteúdo da decisão judicial que aprecia o mérito da causa. Os fatos descritos consubstanciam a causa de pedir, e deles decorrerá a aplicação, pelo órgão judicial, das sanções previstas em lei, ainda que não pedidas ou pedidas de forma insuficiente na petição inicial.

Na verdade, a congruência na seara eleitoral possui sentido semelhante ao do processo penal. Neste – afirma Badaró (2014, p. 378) – a correlação "entre a acusação e a sentença significa que deve haver uma identidade entre o objeto da imputação e o da sentença. Ou seja, o acusado deve ser julgado, sendo condenado ou absolvido, pelos fatos que constam da denúncia ou queixa". No mesmo rumo, esclarece Pacelli de Oliveira (2012, p. 638):

> "Se no processo civil o autor delimita tanto a matéria a ser conhecida quanto a providência que lhe parece necessária a satisfazer seus interesses, no processo penal cumpre ao autor delimitar unicamente a *causa petendi*, ou seja, o fato delituoso merecedor de reprimenda penal. O juízo de adequação típica, o enquadramento jurídico do fato, bem como a dosimetria da pena a ser aplicada, encontram-se, todos, na própria lei, cabendo ao juiz a tarefa de revelar seu conteúdo".

Pode-se, então, afirmar que a correlação no processo jurisdicional eleitoral consiste na conexão que se estabelece entre a delimitação fática constante da petição inicial (*i.e.*, a *causa petendi*) e aquilo que será conhecido pelo juiz ao apreciar o mérito.

A tal respeito, há muito se firmou na jurisprudência o entendimento de que, na seara eleitoral, os "limites do pedido são demarcados pela *ratio petendi* substancial, vale dizer, segundo os fatos imputados à parte passiva" (TSE – Ag. nº 3.066/MS – *DJ* v. 1, 17-5-2002, p. 146). Por isso, "em sede de investigação judicial, uma vez apresentado, delimitado e reconhecido o abuso, cabe ao juiz aplicar a sanção mais adequada à circunstância", independentemente do pedido formulado na petição inicial (TSE – REspe nº 52.183/RJ – *DJe*, t. 77, 24-4-2015, p. 102). Em igual sentido: TSE – AgR-REspe nº 955.973.845/CE – *DJe* 25-3-2011, p. 50; TSE – REspe nº 257.271/BA – *DJe* 10-5-2011, p. 40. Portanto, demonstrada a prática do ilícito, "serão aplicadas as sanções legais compatíveis com a ação ajuizada, independente de pedido expresso" (Res. TSE nº 23.735/2024, art. 10, *caput*). Esse entendimento foi consagrado na Súmula TSE nº 62, *verbis*:

> "Os limites do pedido são demarcados pelos fatos imputados na inicial, dos quais a parte se defende, e não pela capitulação legal atribuída pelo autor".

23.2.8 Aditamento e alteração da causa de pedir

Dada a grande relevância da causa de pedir nas ações eleitorais, importa saber se ela pode ser alterada no curso do processo.

O revogado código processual vedava qualquer alteração da causa de pedir "após saneamento do processo", permitindo-a, porém, antes desse marco (CPC/73, art. 264, parágrafo único).

Mas essa proibição não foi repetida no vigente Código de Processo Civil, que regula o tema no art. 329. Antes da citação do réu, pode o autor aditar ou modificar a causa de pedir por vontade própria; após a citação e antes do saneamento do processo ainda pode haver aditamento ou alteração, desde que o réu consinta, assegurando-se o contraditório e a ampla defesa.

O fato dessa proibição não ter sido reiterada no código processual civil em vigor permite concluir que pode haver alteração na causa de pedir após a fase de saneamento do processo. Mas para tanto será preciso que o réu consinta ou que haja acordo entre as partes (CPC, art. 190), e também que haja contraditório e ampla defesa em relação aos novos fatos. Tal possibilidade é igualmente contemplada no Código de Processo Penal, cujo art. 384 dispõe sobre a *mutatio libelli*.

O aditamento ou a mudança da causa de pedir depende de iniciativa da parte ou do órgão do Ministério Público que atuar no processo como fiscal da ordem jurídica. O juiz não pode ter tal iniciativa, ou seja, não pode agir de ofício, sob pena de infringir o princípio da demanda ou dispositivo, além de comprometer sua imparcialidade.

Note-se, porém, que na seara eleitoral as ações têm prazos curtos para serem exercidas.

É preciso verificar se quanto ao "novo fato" que se pretende agregar à causa de pedir não se operou a decadência nem a prescrição. Isso porque, em relação a ele, é necessário que a demanda ainda possa ser ajuizada utilmente. Por óbvio, não se poderia admitir o aditamento ou a modificação da causa de pedir se em relação ao fato objeto da alteração a ação eleitoral já não puder mais ser exercida quer seja pela ocorrência de decadência, quer seja pela prescrição.

23.2.9 Art. 23 da LC nº 64/90 e persuasão racional do juiz

O juiz só pode formar sua convicção e decidir a causa a partir da apreciação e valoração das provas presentes nos autos e regularmente produzidas em contraditório efetivo. As provas não possuem valor legal, prefixado, tampouco há hierarquia entre elas, de sorte que o juiz goza de relativa liberdade para racionalmente valorá-las. É esse o sentido do princípio da persuasão racional do juiz (CPC, art. 371).

No entanto, a LC nº 64/90 prevê em seus arts. 7º, parágrafo único, e 23 que o órgão jurisdicional poderá formar sua convicção "pela livre apreciação dos fatos públicos e notórios, dos indícios e presunções e prova produzida, atentando para circunstâncias ou fatos, ainda que não indicados ou alegados pelas partes, mas que preservem o interesse público de lisura eleitoral". Em sua literalidade, esse dispositivo ofende o devido processual legal, já que autoriza o juiz a julgar demanda eleitoral com base em fatos públicos e notórios, indícios, presunções, circunstâncias e fatos "não indicados ou alegados pelas partes". O julgamento com base no *livre convencimento* afeta a garantia fundamental de imparcialidade do órgão judicial. Não obstante, o STF afirmou a sua constitucionalidade ao fundamento de que a motivação do *decisum* e a submissão ao contraditório são fatores aptos a afastarem "o risco de parcialidade e a viabilizarem o controle, a conduzir a eventual reforma ou à detecção de nulidade do ato judicial" (STF – ADI 1082/DF – Pleno – Rel. Min. Marco Aurélio – *DJe* 30-10-2014).

Entretanto, cumpre ponderar que, para além do dever de fundamentação, no Estado Democrático de Direito o juiz não é (nem pode ser) autorizado a fugir do quadro probatório que se apresenta no processo. Ao decidir a causa, ele deve ater-se aos autos, pois, como reza o conhecido brocardo jurídico, *quod non est in actis non est in mundo* (o que não está nos autos não

Cap. 23 • AÇÕES ELEITORAIS: PROCEDIMENTO DO ART. 22 DA LC Nº 64/90 | **681**

está no mundo). De sorte que o *convencimento* do juiz não é *livre*, mas objetivamente limitado pelo ambiente jurídico (doutrina, jurisprudência etc.) e pelos elementos contidos nos autos.

Assim, os citados dispositivos só podem ser compreendidos como exortações dirigidas ao órgão judicial, no sentido de que quando decidir demandas eleitorais esteja sintonizado com o ambiente sociopolítico em que a decisão produzirá efeitos, sem, porém, inovar no quadro fático e probatório que se apresenta nos autos.

23.2.10 Fundamentação das decisões judiciais

Toda decisão judicial deve ser fundamentada, isto é, deve apresentar as razões que levaram à aceitação de uma determinada solução ou interpretação como juridicamente correta. A necessidade de fundamentação decorre do devido processo legal e, pois, do Estado Democrático de Direito. É a fundamentação que legitima a decisão. Sem ela, impossível seria realizar controle adequado do ato judicial, bem como aferir a imparcialidade do julgador, já que não se conheceriam as razões que levaram à solução. O *decisum* sem fundamentação seria mero ato de poder, não uma solução construída de forma dinâmica e cooperativa (CPC, art. 6º) em um processo democrático e dialético de interação entre o Estado-juiz e as partes.

O princípio em tela foi contemplado na Lei Maior, estando previsto em seu art. 93, IX, nos seguintes termos: "todos os julgamentos dos órgãos do Poder Judiciário serão públicos, e fundamentadas todas as decisões, sob pena de nulidade [...]". Esse preceito é reiterado no art. 11 do CPC, inclusive no que concerne à previsão de nulidade para as decisões não fundamentadas.

Importante destacar o art. 489 do CPC, que estabelece situações em que a decisão não pode ser considerada fundamentada:

> "Art. 489 [...] § 1º Não se considera fundamentada qualquer decisão judicial, seja ela interlocutória, sentença ou acórdão, que:
>
> I – se limitar à indicação, à reprodução ou à paráfrase de ato normativo, sem explicar sua relação com a causa ou a questão decidida;
>
> II – empregar conceitos jurídicos indeterminados, sem explicar o motivo concreto de sua incidência no caso;
>
> III – invocar motivos que se prestariam a justificar qualquer outra decisão;
>
> IV – não enfrentar todos os argumentos deduzidos no processo capazes de, em tese, infirmar a conclusão adotada pelo julgador;
>
> V – se limitar a invocar precedente ou enunciado de súmula, sem identificar seus fundamentos determinantes nem demonstrar que o caso sob julgamento se ajusta àqueles fundamentos;
>
> VI – deixar de seguir enunciado de súmula, jurisprudência ou precedente invocado pela parte, sem demonstrar a existência de distinção no caso em julgamento ou a superação do entendimento.
>
> § 2º No caso de colisão entre normas, o juiz deve justificar o objeto e os critérios gerais da ponderação efetuada, enunciando as razões que autorizam a interferência na norma afastada e as premissas fáticas que fundamentam a conclusão. [...]".

23.2.11 Publicidade

Aqui também se tem em vista o controle dos atos estatais. Esse princípio foi contemplado não só no art. 37, como também no já citado art. 93, IX, do diploma constitucional. A atividade jurisdicional deve sempre ser exercida às claras, publicamente, de modo a se evitarem

682 | DIREITO ELEITORAL – *José Jairo Gomes*

desconfianças, manipulações e soluções arbitrárias. A exceção deve ficar por conta de situações de reconhecida necessidade e utilidade pública. O segredo, com efeito, não condiz com o Estado Democrático de Direito.

Cuidando do tema, o art. 11 do CPC estabelece que todos os julgamentos dos órgãos do Poder Judiciário serão públicos, sob pena de nulidade. Entretanto, nos "casos de segredo de justiça, pode ser autorizada a presença somente das partes, de seus advogados, de defensores públicos ou do Ministério Público".

23.2.12 Boa-fé objetiva e lealdade

As partes e todos que participem de processo têm o dever de agir com lealdade e boa-fé objetiva (CPC, art. 5º).

Isso implica expor os fatos em juízo conforme a verdade e não formular pretensão ou apresentar defesa ciente de que são destituídas de fundamento (CPC, art. 77, I e II).

No Direito Eleitoral, os princípios em tela também apresentam algumas concretizações específicas. Assim, o art. 14, § 11, da Constituição Federal determina a punição do autor de ação de impugnação de mandato eletivo ajuizada de forma "temerária ou de manifesta má-fé". Já a Lei de Inelegibilidades, em seu art. 25, prevê como crime "a arguição de inelegibilidade, ou a impugnação de registro de candidato feito por interferência do poder econômico, desvio ou abuso do poder de autoridade, deduzida de forma temerária ou de manifesta má-fé".

23.2.13 Instrumentalidade do processo

Nos dias que correm, tornou-se truísmo dizer que o processo é meio, e não fim em si mesmo. É instrumento democrático de solução de conflitos e aplicação da lei a situações ocorrentes, e, portanto, de pacificação social.

No CPC, um bom exemplo da instrumentalidade processual é fornecido pelo parágrafo único do art. 283, segundo o qual "Dar-se-á o aproveitamento dos atos praticados desde que não resulte prejuízo à defesa de qualquer parte".

Essa ideia encontra reflexo no art. 219 do Código Eleitoral, pelo qual: "Na aplicação da lei eleitoral o juiz atenderá sempre aos fins e resultados a que ela se dirige, abstendo-se de pronunciar nulidades sem demonstração de prejuízo". Ademais, a declaração de nulidade não poderá ser requerida pela parte que lhe deu causa nem a ela aproveitar.

23.2.14 Gratuidade

É assente o entendimento de que o acesso à Justiça Eleitoral é sempre gratuito, pois em jogo encontra-se o exercício da cidadania. A esse respeito, o art. 5º, LXXVII, da Lei Maior impera serem gratuitos, "na forma da lei, os atos necessários ao exercício da cidadania". Esse preceito foi regulamentado pela Lei nº 9.265/96, cujo art. 1º estabelece que tais atos são considerados: (i) aqueles que capacitam o cidadão ao exercício da soberania popular, a que se reporta o art. 14 da Constituição; (ii) aqueles referentes ao alistamento militar; (iii) os pedidos de informação ao poder público, em todos os seus âmbitos, objetivando a instrução de defesa ou a denúncia de irregularidades administrativas na órbita pública; (iv) as ações de impugnação de mandato eletivo por abuso de poder econômico, corrupção ou fraude; (v) quaisquer requerimentos ou petições que visem às garantias individuais e à defesa do interesse público; (vi) o registro civil de nascimento e o assento de óbito, bem como a primeira certidão respectiva (incluído pela Lei nº 9.534, de 1997); (vii) o requerimento e a emissão de documento de identificação específico, ou segunda via, para pessoa com transtorno do espectro autista (incluído pela Lei nº 13.977, de 2020).

Como corolário da gratuidade da Justiça Eleitoral, tem-se serem incabíveis a cobrança de custas e a fixação de honorários advocatícios. Nesse sentido, dispõe o art. 4º da Res. TSE nº 23.478/2016: "Os feitos eleitorais são gratuitos, não incidindo custas, preparo ou honorários (Lei nº 9.265/96, art. 1º)". E mais: (i) "[...] A condenação em custas e honorários advocatícios em razão de sucumbência é incabível em processos eleitorais, por se tratar de jurisdição necessária da cidadania" (TRE-PR – Ac. nº 25.538/2002 – *DJ* 18-3-2002); (ii) "[...] Não se aplica subsidiariamente o Código de Processo Civil, quanto à ausência de atribuição ao valor da causa na petição inicial da representação eleitoral, eis que os processos eleitorais são totalmente isentos de pagamento de custas, por força do art. 373 do Código Eleitoral c/c art. 1º da Lei nº 9.265/96" (TRE-TO – Ac. nº 4.690/2005 – *DJ* 24-10-2005, p. B-5); (iii) "[...] Custas e honorários de sucumbência. Não cabimento em virtude de gratuidade dos atos necessários ao exercício da cidadania [...]" (TRE-MG – Ac. 194/2006 – *DJMG* 13-2-2006, p. 102).

23.2.15 *Amicus curiae*

Trata-se da figura do amigo da corte (e não das partes, frise-se), pessoa ou ente com grande interesse na questão jurídica discutida e, por isso, intenta manifestar-se nos autos. Por esse instituto promove-se efetiva abertura no debate travado no processo, o que enseja o seu enriquecimento e, pois, maior aproximação de uma solução justa ou de uma equânime prestação jurisdicional.

O CPC trata do *amicus curiae* em três momentos, a saber: *(a)* de forma geral, no art. 138; *(b)* no incidente de arguição de inconstitucionalidade – art. 950, § 3º; *c)* no âmbito da repercussão geral – art. 1.035, § 4º.

Segundo o art. 5º da Res. TSE nº 23.478/2016: "Não se aplica aos feitos eleitorais o instituto do *Amicus Curiae* de que trata o art. 138 da Lei nº 13.105, de 2015". No mesmo sentido, o seguinte julgado:

> "[...] *Amicus curiae*. Ação de impugnação de mandato eletivo. Pretensão de velar pela lisura do processo democrático e de ampliar o debate da matéria. Objetivo comum a todas as legendas, por força de lei, bem como dos demais deputados federais integrantes da comissão política da câmara de deputados. Extraordinariedade da intervenção e celeridade processual comprometidas. Indeferimento. *Decisão*: O Tribunal, por unanimidade, resolveu a questão de ordem no sentido de indeferir o ingresso dos postulantes na condição de *amicus curiae*, nos termos do voto da Relatora" (TSE – Pet nº 12333/ DF – *DJe* 6-6-2016, p. 15).

Extrai-se do voto da relatora nesse feito: "Destarte, dadas as particularidades dos processos eleitorais que podem envolver cassação de registro ou diploma, entendo que o acolhimento de seu ingresso pode tumultuar o regular trâmite do processo, pelo qual deve zelar o magistrado, sob pena de inviabilizar a satisfatória entrega da prestação jurisdicional".

A propósito, não se pode olvidar a crítica formulada por processualistas como Theodoro Júnior *et alii* (2016, p. 423) no sentido de não se poder

> "vislumbrar o *amicus* como uma figura, por essência imparcial e neutra, uma vez que sua intervenção pode se dar com um cunho estratégico, especialmente pela percepção que parcela dos litigantes habituais (*repeat players*) vêm usando da litigância estratégica, de modo a impactar a aplicação do direito e construir padrões decisórios benéficos a seus interesses. Isso torna os *amici* uma figura essencial que merece ter seus argumentos analisados, mas que pode, atendendo o requisito da representatividade adequada – art. 138 – (interesse institucional), estar defendendo o interesse de alguma das partes".

Tanto a Resolução quanto o precedente citados referem-se expressamente ao art. 138 do CPC. Neles não há qualquer menção aos aludidos arts. 950, § 3º, e 1.035, § 4º, ambos do CPC, que são especiais em relação à regra do art. 138.

Pode-se, pois, concluir que a vedação posta no art. 5º da Resolução e no precedente citados incide apenas nos processos eleitorais em geral, não abrangendo situações específicas, como incidentes de arguição de inconstitucionalidade e a análise da repercussão geral nos recursos extraordinários.

23.2.16 Autocomposição, conciliação e mediação

Fora da jurisdição, há outros meios de pacificação social, denominados *meios alternativos*. Entre eles, destaca-se a autocomposição. Esta pode ser extraprocessual (fora do âmbito de um processo) ou endoprocessual (dentro de um processo); pode ocorrer antes de iniciado o processo ou durante o seu curso. Em geral, tem por objeto a situação ou o direito material discutido no processo.

No CPC/2015 há forte incentivo à autocomposição, sendo certo que entre suas finalidades encontra-se a simplificação e a diminuição de formalidades. O art. 3º daquele código determina que o Estado promova, "sempre que possível, a solução consensual dos conflitos" (§ 2º), devendo a "conciliação, a mediação e outros métodos de solução consensual de conflitos" (§ 3º) ser estimulados "inclusive no curso do processo judicial". Já o art. 165 determina que os tribunais criem "centros judiciários de solução consensual de conflitos, responsáveis pela realização de sessões e audiências de conciliação e mediação e pelo desenvolvimento de programas destinados a auxiliar, orientar e estimular a autocomposição".

No entanto, segundo o art. 6º da Res. TSE nº 23.478/2016: "Não se aplicam aos feitos eleitorais as regras relativas à conciliação ou mediação previstas nos arts. 165 e seguintes do Novo Código de Processo Civil". Em igual sentido, a primeira parte do art. 11 daquela norma afirma que, "na Justiça Eleitoral não é admitida a autocomposição [...]". Mais ainda: o art. 105-A da LE proclama que "Em matéria eleitoral, não são aplicáveis os procedimentos previstos na Lei nº 7.347, de 24 de julho de 1985 [Lei da Ação Civil Pública – LACP]"; inaplicável, portanto, o *ajustamento de conduta* previsto no art. 5º, § 6º, da LACP nos seguintes termos: "Os órgãos públicos legitimados poderão tomar dos interessados compromisso de ajustamento de sua conduta às exigências legais, mediante cominações, que terá eficácia de título executivo extrajudicial".

Entre os fundamentos para a vedação da autocomposição na esfera eleitoral, alude-se à especial natureza dos bens que se encontram em jogo nessa seara. Por não se tratar de bens privados e disponíveis, em regra não poderiam as partes transigir ou se autocompor em relação a eles, sendo mister a observância da legalidade estrita. Assim, a "pretensão de impor sanção que não tenha previsão legal e cuja destinação não respeite a prevista na legislação vigente é juridicamente impossível" (TSE – REspe nº 32231/RN – *DJe*, t. 100, 30-5-2014, p. 60). De sorte que a atuação da norma eleitoral e a imposição de sanções só poderia se dar pelo poder jurisdicional. Nessa perspectiva, o processo jurisdicional eleitoral avulta como instrumento necessário para a atuação da lei, imposição de sanções e responsabilização de agentes ou beneficiários de ilícitos eleitorais.

Ocorre que atualmente o argumento da indisponibilidade dos bens encontra-se bastante arrefecido. É que no ordenamento jurídico encontram-se previstas várias hipóteses de transação e negociação acerca de bens indisponíveis, tais como: (i) transação penal prevista nos arts. 72 e 76 da Lei nº 9.099/95; (ii) acordo de não persecução penal (ANPP) previsto no art. 28-A do CPP (incluído pela Lei nº 13.964/2019); (iii) acordo de não persecução cível (ANPC), previsto no art. 17-B, § 1º, da Lei nº 8.429/92 – Lei de Improbidade Administrativa (com a redação da Lei nº 14.230/2021).

No atual contexto normativo, afigura-se inadequada a *absoluta* vedação da autocomposição na esfera eleitoral. É certo existirem situações que não comportam negociação, como, por exemplo, a responsabilização que acarreta a aplicação de sanções como cassação de registro ou de mandato, definição de tempo de inelegibilidade. Mas há outras situações em que o emprego de técnicas de autocomposição, judiciais e extrajudiciais, é bem-vindo; pense-se, por exemplo, em acordo acerca da realização de um tipo de propaganda eleitoral em circunscrição eleitoral onde os ânimos se encontram bastante acirrados, ou, ainda, no estabelecimento de regras para a realização de debate eleitoral.

23.2.17 Negócio jurídico processual

O negócio jurídico se funda na autonomia privada, e tem por finalidade a autorregulação de interesses. Trata-se de estrutura legal, geral e abstrata, por meio da qual as partes delineiam, com relativa margem de liberdade, o conteúdo de uma situação ou relação jurídica cuja observância torna-se obrigatória para elas. Assim, as partes se vinculam em atenção à realização das escolhas erigidas pelas suas próprias vontades.

Apesar da natureza pública atribuída ao processo, admite-se a realização de negócio jurídico em seu bojo. Como assinalam Theodoro Júnior *et alii* (2016, p. 297), tal admissão tem ensejado a revitalização da autonomia privada no direito processual e "vem se tornando recorrente no direito estrangeiro".

O objeto da convenção processual são situações ou relações pertinentes ao próprio processo – e não, frise-se, as situações ou os direitos materiais objetos da causa, a respeito dos quais se pede a tutela jurisdicional. Como exemplos, citem-se o acordo de eleição de foro (CPC/73, art. 111; CPC/2015, art. 63), de suspensão do processo (CPC/73, arts. 265, II, e 792; CPC/2015, arts. 313, II, e 922), de desistência do recurso (CPC/73, art. 500, III; CPC/2015, art. 997, III), de renúncia ao recurso (CPC/73, art. 502; CPC/2015, art. 999).

Ressalte-se que no âmbito do processo a autonomia privada das partes encontra-se limitada pelos direitos fundamentais processuais, devendo-se, pois, sempre respeitar o contraditório e a ampla defesa.

O art. 190 do CPC/2015 veicula diretrizes gerais acerca da realização de negócios jurídicos processuais. Reza esse dispositivo:

"Art. 190. Versando o processo sobre direitos que admitam autocomposição, é lícito às partes plenamente capazes estipular mudanças no procedimento para ajustá-lo às especificidades da causa e convencionar sobre os seus ônus, poderes, faculdades e deveres processuais, antes ou durante o processo.

Parágrafo único. De ofício ou a requerimento, o juiz controlará a validade das convenções previstas neste artigo, recusando-lhes aplicação somente nos casos de nulidade ou de inserção abusiva em contrato de adesão ou em que alguma parte se encontre em manifesta situação de vulnerabilidade".

Também o art. 191 do CPC/2015 contém previsão de negócio jurídico de caráter processual:

"Art. 191. De comum acordo, o juiz e as partes podem fixar calendário para a prática dos atos processuais, quando for o caso.

§ 1º O calendário vincula as partes e o juiz, e os prazos nele previstos somente serão modificados em casos excepcionais, devidamente justificados.

§ 2º Dispensa-se a intimação das partes para a prática de ato processual ou a realização de audiência cujas datas tiverem sido designadas no calendário".

Observe-se que o citado art. 190 autoriza as partes: *(i)* a estipular mudanças no procedimento; *(ii)* a convencionar sobre os seus ônus, poderes, faculdades e deveres processuais. Ademais, o entabulamento do negócio não conta com a participação do órgão judicial, podendo se perfazer antes ou durante o processo – inclusive, portanto, na fase recursal.

Há uma relativa flexibilização quanto à prática de atos processuais, estruturação e desenvolvimento do procedimento legalmente fixado.

Nos termos do art. 11 da Res. TSE nº 23.478/2016: "Na Justiça Eleitoral não é admitida a autocomposição, não sendo aplicáveis as regras dos arts. 190 e 191 do Novo Código de Processo Civil".

Considerado o teor do art. 190 do CPC/2015, afigura-se razoável restringir a admissão na esfera eleitoral do *negócio jurídico processual*. Isso porque o acordo de vontades firmado entre as partes poderá impor mudança no procedimento legal ou mesmo alterar deveres processuais impostos às partes.

Ocorre que na seara eleitoral o processo é sempre necessário para a atuação concreta da lei, responsabilização de pessoas e imposição de sanções como consequência de ilícitos. Essa imprescindibilidade do processo decorre da natureza dos bens envolvidos, que, em geral, referem-se à legitimidade, normalidade e sinceridade das eleições, à igualdade na disputa, à liberdade do eleitor. Nesse contexto, o provimento jurisdicional contribui para a configuração da ideia de legitimidade do resultado do pleito eleitoral.

Devido à natureza dos bens envolvidos e sendo o processo necessário para a atuação concreta da lei, a observância da forma procedimental constitui garantia fundamental não só para os sujeitos processuais, mas também para toda a sociedade. No caso, a observância da forma integra o núcleo do *due process of law* (CF, art. 5º, LIV), isto é, do processo justo. De sorte que a forma procedimental constitui garantia inafastável pela vontade individual. Por isso, não é permitido "às partes plenamente capazes estipular mudanças no procedimento para ajustá-lo às especificidades da causa e convencionar sobre os seus ônus, poderes, faculdades e deveres processuais, antes ou durante o processo" (CPC/2015, art. 190).

Por isso, há atos das partes situados no âmbito negocial que, se praticados, não geram efeitos no processo. Assim, por exemplo, a desistência da ação eleitoral ou do recurso, conforme tem entendido a jurisprudência:

> "[...] a ação de impugnação de mandato eletivo destina-se à tutela do interesse público, uma vez que tem a missão constitucional de impedir que atos de abuso do poder, corrupção ou fraude contaminem a eleição, tornando ilegítimos os mandatos assim obtidos. [...] trata-se de matéria sobre a qual não se admite desistência ou composição das partes" (TSE – RO nº 104/RO – *DJ*, v. 1, 29-9-2000, p. 168 – extraído do voto do relator).

Em casos tais, asseverou o Ministro Paulo Brossard quando do julgamento do REspe nº 8.536/AL (*DJ* 24-3-1993, p. 4.722), por ser a matéria eminentemente de caráter público e como tal devendo ser tratada: "Admitir a desistência do recurso, é estimular o 'complot' contra a legalidade".

No entanto, embora haja razoabilidade em se vedar a admissão do instituto do negócio processual previsto no art. 190 do CPC/2015, mal não haveria em, de comum acordo, o juiz e as partes fixarem "calendário para a prática dos atos processuais, quando for o caso" (CPC/2015, art. 191, *caput*). Aqui se trata tão somente de estabelecer uma agenda para a prática de atos processuais. Tal agenda é consensual, e não imposta pelo órgão judicial que preside o feito.

O estabelecimento de *calendário processual* é uma forma de negócio jurídico processual que, apesar de poder haver alteração de prazos, requer a participação do órgão judicial que preside o processo. Mesmo no âmbito eleitoral, sua admissão pode trazer benefícios para a celeridade

Cap. 23 • AÇÕES ELEITORAIS: PROCEDIMENTO DO ART. 22 DA LC Nº 64/90 | **687**

e economia processuais, otimizando-se o trâmite do procedimento e a gestão do tempo do processo. Isso não só em razão da eliminação dos chamados *tempos mortos do processo* (= períodos em que o processo fica parado, aguardando a prática de ato por um sujeito processual), como também em virtude da dispensa da prática de certos atos procedimentais, tais como: *(i)* a "intimação das partes para a prática de ato processual ou a [intimação para a] realização de audiência cujas datas tiverem sido designadas no calendário" (§ 2º); *(ii)* a movimentação dos autos no cartório ou secretaria judicial, e desta para o juiz. Ademais, todos saberão de antemão quando os atos serão praticados, podendo haver melhor preparação para eles.

23.2.18 Prioridade na tramitação de feitos quanto a idoso, portador de doença grave e portador de deficiência

Entre os objetivos da República brasileira figura a construção de uma sociedade justa, solidária e cooperativa (CF, art. 3º). Não haveria justiça nem solidariedade numa sociedade em que as pessoas fossem relegadas ao desamparo social.

Reza o art. 230 da Lei Maior constituir dever da família, da sociedade e do Estado "amparar as pessoas idosas, assegurando sua participação na comunidade, defendendo sua dignidade e bem-estar e garantindo-lhes o direito à vida". A Lei nº 10.741/2003 (Estatuto da Pessoa Idosa) dispõe que idoso é a pessoa maior de 60 anos.

Quanto ao acesso à Justiça, figurando idoso como parte ou interveniente, o art. 71 daquele Estatuto assegura-lhe, em qualquer instância, "prioridade na tramitação dos processos e procedimentos e na execução dos atos e diligências judiciais".

Tal prerrogativa é igualmente conferida ao idoso pelo CPC, que, em seu art. 1.048, a estende à pessoa "portadora de doença grave". Por doença grave compreende-se a que gera isenção de imposto de renda, conforme enumerado "no art. 6º, inciso XIV, da Lei nº 7.713, de 22 de dezembro de 1988", isto é: tuberculose ativa, alienação mental, esclerose múltipla, neoplasia maligna, cegueira, hanseníase, paralisia irreversível e incapacitante, cardiopatia grave, doença de Parkinson, espondiloartrose anquilosante, nefropatia grave, hepatopatia grave, estados avançados da doença de Paget (osteíte deformante), contaminação por radiação, síndrome da imunodeficiência adquirida".

Também à pessoa portadora de deficiência deve ser concedida prioridade na tramitação de processos. A esse respeito, dispõe o art. 9º, VII, da Lei nº 13.146/2015 (Estatuto da Pessoa com Deficiência) que tais pessoas têm direito a receber atendimento prioritário, sobretudo com a finalidade de "tramitação processual e procedimentos judiciais e administrativos em que for parte ou interessada, em todos os atos e diligências".

23.2.19 Processo eletrônico

O art. 193 do CPC de 2015 veicula regra geral permitindo a prática eletrônica de atos processuais. Nos termos do *caput* daquele dispositivo: "Os atos processuais podem ser total ou parcialmente digitais, de forma a permitir que sejam produzidos, comunicados, armazenados e validados por meio eletrônico, na forma da lei". Por seu turno, a Lei nº 11.419/2006 dispõe sobre a informatização do processo judicial, regulando o uso de meio eletrônico e sua tramitação, a comunicação de atos e transmissão de peças processuais.

Na Justiça Eleitoral, o processo eletrônico foi implantado por etapas. Sua regulamentação encontra-se principalmente na Res. TSE nº 23.417/2014 (substituta da Res. TSE nº 23.393/2013), que define Processo Judicial Eletrônico (PJe) como o sistema informatizado de constituição e tramitação de processos judiciais e administrativos na esfera da Justiça Eleitoral, "por meio do qual serão realizados o processamento das informações judiciais e o gerenciamento dos atos processuais".

688 DIREITO ELEITORAL – *José Jairo Gomes*

As questões que surgirem em casos concretos relativamente ao funcionamento e à prática de atos processuais por esse sistema deverão ser resolvidas pelo juiz da causa, conforme determina o art. 45 da referida Resolução.

O "PJe estará disponível vinte e quatro horas por dia, ininterruptamente, ressalvados os períodos de manutenção do sistema" (Res. TSE nº 23.417/2014, art. 8º, *caput*).

Todos os atos processuais (inclusive os recursos interpostos pelas partes) "terão registro, visualização, tramitação e controle realizados exclusivamente por meio eletrônico e serão assinados digitalmente" (Res. TSE nº 23.417/2014, art. 5º, *caput*).

Os atos "considerar-se-ão realizados na data e horário do seu envio no PJe", sendo tempestivos quando enviados "integralmente, até as vinte e quatro horas do dia em que se encerra o prazo processual, considerado o horário da cidade-sede do órgão judiciário ao qual é dirigida a petição" (Res. TSE nº 23.417/2014, art. 26, *caput*, § 1º).

Excepcionalmente, admitir-se-á o protocolo de petições em meio físico apenas nos casos arrolados no art. 13, § 2º, da Res. TSE nº 23.417/2014, se: "I – o PJe estiver indisponível, e o prazo para a prática do ato não for prorrogável na forma do art. 11 ou essa prorrogação puder causar perecimento do direito; II – prática de ato urgente ou destinado a impedir perecimento do direito, quando o usuário externo não possua, em razão de caso fortuito ou força maior, assinatura digital".

Há casos em que a legislação permite que o próprio cidadão, pessoalmente e sem procurador judicial, peticione à Justiça. Se o interessado não estiver cadastrado no sistema, poderá "apresentar peças processuais e documentos em papel, segundo as regras ordinárias, nos locais competentes para o recebimento, que serão digitalizados e inseridos no processo" pela respectiva unidade judiciária (Res. TSE nº 23.417/2014, art. 6º, § 1º, c/c art. 13, § 1º).

23.2.20 Sessão de julgamento por meio eletrônico

O art. 196 do Código de Processo Civil atribui poder ao Conselho Nacional de Justiça (CNJ) e, supletivamente, aos tribunais, para "regulamentar a prática e a comunicação oficial de atos processuais por meio eletrônico", podendo, para tanto, editar os atos necessários, inclusive visando à "incorporação progressiva de novos avanços tecnológicos".

Nesse sentido, a Res. TSE nº 23.598/2019 instituiu e regulamentou as sessões de julgamento por meio eletrônico ou virtual. A operacionalização das sessões se dá mediante funcionalidade especial disponibilizada no sistema Processo Judicial Eletrônico (PJe).

A introdução dessa técnica confere maior agilidade ao julgamento colegiado e, portanto, torna a prestação jurisdicional mais eficiente. No ponto, contribui para "a razoável duração do processo", direito fundamental inscrito no art. 5º, LXXVIII, da Lei Maior.

Embora a regulamentação tenha ocorrido na esfera do Tribunal Superior Eleitoral, a forma de julgamento em exame pode ser igualmente adotada pelos tribunais regionais.

Não foram especificados no referido ato normativo quais matérias ou processos podem ser submetidos à sessão eletrônica de julgamento. É lícito, então, concluir que qualquer tipo de processo – judicial ou administrativo – poder ser julgado na sessão eletrônica, independentemente da matéria ou do tema nele veiculado.

Um problema a ser considerado diz respeito à previsão legal de *quorum* presencial para o julgamento de determinadas matérias (CE, art. 19, *caput*, parágrafo único, art. 28, *caput*, § 4º). Entretanto, esse tipo *quorum* refere-se ao número de juízes que devem apresentar-se à sessão e tomar parte no julgamento. Se o número mínimo for atingido, resulta satisfeito o *quorum* exigido. A lei não especifica a maneira como os magistrados devem se reunir quando do julgamento colegiado, se fisicamente ou de forma virtual (como ocorre no julgamento por meio eletrônico). Por outro lado, a prestação jurisdicional não deve ficar alheia ao estado da arte, ao progresso tecnológico. Assim, para a aferição do *quorum* é preciso considerar no "início da sessão" a "composição do Plenário incumbido do julgamento dos respectivos processos" (Res. TSE nº 23.598/2019, art. 5º, § 2º). É essa composição inicial que define os juízes que participam do julgamento e, portanto, o *quorum* requerido.

A decisão acerca da adoção da técnica de julgamento por meio eletrônico pertence ao relator do processo, que ao admiti-la deverá "disponibilizar no sistema a proposta de decisão, contendo ementa, relatório e voto". Todavia, tal decisão poderá ser reconsiderada pelo próprio relator, desde que a reconsideração ocorra até "antes de iniciada a respectiva sessão" (Res. TSE nº 23.598/2019, art. 2º, § 1º, art. 8º).

Importa destacar que, se houver concessão ou manutenção de tutela de urgência (cautelar ou antecipada), as respectivas decisões devem ser "submetidas a referendo do plenário, mediante inclusão dos respectivos processos na primeira sessão de julgamento por meio eletrônico disponível" (Res. TSE nº 23.598/2019, art. 3º – com a redação da Res. TSE nº 23.680/2022). Portanto, a decisão singular do relator deve ser submetida ao órgão colegiado logo na primeira sessão após a decisão, o que está em consonância com o princípio da boa-fé processual objetiva – alçado à norma fundamental do processo civil pelo art. 5º do CPC.

Para o período eleitoral, as sessões eletrônicas são divididas em ordinárias e extraordinárias (Res. TSE nº 23.598/2019, art. 5º – com a redação da Res. nº 23.680/2022). A *ordinária* inicia-se regularmente nas sextas-feiras e tem duração de sete dias corridos. Já a sessão *extraordinária* tem prazos diferenciados, sendo sua "data de início e duração definidas no ato convocatório", só podendo ser realizada: *(i)* "em caso de excepcional urgência" (art. 9º-A); *(ii)* nas hipóteses específicas do art. 10-A, a saber: "a fim de julgar pedidos e recursos em registro de candidatura, representações fundadas no art. 96 da Lei nº 9.504/1997 e direito de resposta".

Fora do período eleitoral, as sessões eletrônicas "serão realizadas semanalmente e terão início nas sextas-feiras e duração de 5 (cinco) dias úteis" (Res. TSE nº 23.598/2019, art. 5º, *caput* – com a redação da Res. nº 23.680/2022). Não há previsão de que esse prazo possa ser prorrogado ou ampliado.

Se cabível sustentação oral, poderá ser produzida e encaminhada "por meio de documento eletrônico [...] até 2 (dois) dias antes do início da sessão" (Res. TSE nº 23.598/2019, art. 2º, § 2º – incluído pela Res. nº 23.680/2022). Todavia, esse prazo é diferente para a *sessão extraordinária*, caso em que o documento eletrônico contendo a sustentação oral deve ser juntado aos autos "até as 23h59 (vinte e três horas e cinquenta e nove minutos) da véspera do início da sessão" (Res. TSE nº 23.598/2019, art. 10-A, III).

Durante os dias de duração da sessão, poderão os magistrados se pronunciar nos respectivos processos (Res. TSE nº 23.598/2019, art. 7º). Três são as principais atitudes que poderão adotar: *(i)* simplesmente limitar-se a acompanhar o voto do relator ou eventual voto divergente; *(ii)* se não se limitar a acompanhar o voto do relator ou o divergente, disponibilizar "no mesmo momento" o próprio voto no sistema, convergindo (com novos ou diferentes fundamentos) ou divergindo daqueles; *(iii)* não se pronunciar até o término da sessão – nesse caso, "considerar-se-á que acompanhou o voto do relator".

Ainda que devidamente incluído em sessão de julgamento eletrônico, um processo dela poderá ser retirado, hipótese em que será julgado pelo plenário físico. Sobre isso dispõe o art. 9º da norma em comento:

> "Art. 9º Não serão julgados na sessão de julgamento por meio eletrônico os processos em que ocorrer:
>
> I – destaque por qualquer ministro, inclusive o relator; ou

II – destaque por qualquer das partes até 2 (dois) dias antes do início da sessão, se deferido pelo relator".

Nesses casos, cumpre ao relator determinar a retirada do processo da sessão virtual, encaminhando-o para julgamento perante a sessão física.

Outra situação em que o processo poderá ser retirado da sessão virtual é aquela em que há pedido de vista dos autos por um dos magistrados. A respeito, dispõe o art. 10 da Res. TSE nº 23.598/2019 (com a redação da Res. nº 23.614/2020): "Quando ocorrer pedido de vista, o julgamento de processo incluído tanto em sessão de julgamento por meio eletrônico como em sessão presencial poderá prosseguir por meio eletrônico, a critério do ministro vistor, facultada a modificação dos votos anteriormente proferidos". Assim, o pedido de vista enseja a continuidade do julgamento pelo próprio meio eletrônico ou a mudança para a sessão presencial. De todo modo, considerando que o julgamento não foi encerrado, os votos já proferidos são válidos, mas poderão ser alterados ou retificados.

23.3 AÇÕES ELEITORAIS

A ação é compreendida como direito fundamental e abstrato. Se o Estado reserva para si o monopólio da jurisdição, não é possível excluir "da apreciação do Poder Judiciário lesão ou ameaça a direito" ou a qualquer bem ou situação juridicamente protegida (CF, art. 5º, XXXV; CPC, art. 3º). De sorte que as pessoas gozam do direito fundamental de ajuizar demanda e obter um pronunciamento oficial do Estado-juiz sobre a pretensão deduzida, ainda que tal pronunciamento seja para negá-la.

A atuação da lei em razão da ocorrência de ilícito eleitoral se dá necessariamente no bojo de determinada ação eleitoral. Existe uma relação fundamental entre ilícito e ação, de tal maneira que a responsabilização por um ilícito só pode ocorrer por meio de ação e procedimentos específicos. Conforme ressalta Alvim (2019, p. 269), no "modelo brasileiro, fundado no princípio da tipicidade das ações eleitorais, o combate ao abuso de poder depende do ajuizamento de ações específicas. [...]". Nesse sentido:

> "[...] 3. Na seara eleitoral, em matéria de processo – frente às peculiaridades ditadas pelos princípios informadores do direito material de que é veículo de realização, a lhe conferirem fisionomia própria –, vigora o princípio da tipicidade das ações eleitorais, fixadas em *numerus clausus*, cada uma com suas especificidades quanto a tempo, modo e espectro de legitimação, impondo-se o exercício do controle jurisdicional na estrita conformidade do prescrito no arcabouço normativo" (TSE – Pet nº 060073463/DF – decisão monocrática da Min. Rosa Weber, de 18-7-2018).

As ações eleitorais objeto do presente Capítulo têm em comum o fato de observarem o rito traçado no art. 22 da Lei Complementar nº 64/90. Tal rito foi concebido para a denominada ação de investigação judicial eleitoral (AIJE) por abuso de poder, mas, posteriormente, outras ações eleitorais passaram a adotá-lo.

São as seguintes as ações que devem observá-lo: *(i)* ação de investigação judicial eleitoral por abuso de poder (LC nº 64/90, arts. 19 e 22); *(ii)* ação por captação ou gasto ilícito de recursos para fins eleitorais (LE, art. 30-A); *(iii)* ação por captação ilícita de sufrágio (LE, art. 41-A); *(iv)* ação por conduta vedada (LE, art. 73 ss.). Essas ações apresentam importância primordial no Direito Eleitoral, pois são os principais instrumentos de responsabilização por ilícitos no processo eleitoral.

Por certo, a identidade de rito – ou o uso literal da terminologia legal – tem ensejado certa confusão linguística na identificação dessas ações. Alguns empregam a expressão *ação de investigação judicial eleitoral* (AIJE) somente para a demanda que tenha por objeto abuso de poder previsto na Lei de Inelegibilidades, reservando o termo *representação* para as demais ações previstas na Lei nº 9.504/97. Outros usam aquela expressão indiferentemente para todas essas ações, com ela identificado o tipo de procedimento a ser observado e sua localização no sistema jurídico-eleitoral.

Nesta obra, muitas vezes tais ações são referidas simplesmente como "ação" ou "ação eleitoral", pois, na verdade, é isso que elas são.

Salta aos olhos a inadequação do uso do termo *investigação para qualificar uma ação eleitoral*, pois ele remete a procedimento administrativo-inquisitorial realizado no âmbito policial-administrativo, no qual se encontram ausentes o contraditório e a ampla defesa. Em verdade, na ação por abuso de poder prevista nos arts. 19 e 22 da LC nº 64/90 não há propriamente uma *investigação*, mas sim verdadeira ação no sentido técnico-processual, na qual o autor apresenta uma pretensão ao Estado-juiz e este, observando o devido processo legal, analisa a pretensão e, à luz das provas produzidas sob o crivo do contraditório e da ampla defesa, decide a pretensão do autor.

Por outro lado, o termo *representação* é comumente empregado no Direito Processual Eleitoral como sinônimo de ação. Tecnicamente ele traduz o ato escrito dirigido a órgão da Justiça Eleitoral, no qual se postula providência jurisdicional – e, pois, a atuação da lei – em razão da ocorrência de fato ilícito. O direito de representar é emanação imediata do direito constitucional de ação, que é público, subjetivo e abstrato, segundo a teoria em voga.

Tem-se, ainda, a *reclamação*. Mas a reclamação do Direito Eleitoral não tem natureza de ação, e sim de medida administrativa. Trata-se de notícia de ato supostamente irregular praticado por alguma entidade, agente ou órgão da Justiça Eleitoral, na qual se pede a adoção de providência. Ostenta caráter correcional, não sendo vocacionada à provocação da jurisdição eleitoral. À guisa de exemplo, citem-se: *(i)* o disposto nos arts. 22, I, *f*, e 29, I, *f*, do Código Eleitoral, que preveem a competência respectivamente do TSE e dos TREs para conhecerem "*reclamações* relativas a obrigações impostas por lei aos partidos políticos, quanto à sua contabilidade e à apuração da origem dos seus recursos"; *(ii)* o § 1º do art. 4º da Res. TSE nº 22.624/2007, segundo o qual a reclamação tem "como objeto ato de servidor da Justiça Eleitoral"; *(iii)* o disposto no art. 188 da Res. TSE nº 23.456/2015, que reza: "Poderá o candidato, o partido político, a coligação ou o Ministério Público *reclamar* ao Tribunal Regional Eleitoral contra o Juiz Eleitoral que descumprir as disposições desta resolução ou der causa a seu descumprimento [...]"; *(iv)* o art. 29, § 3º, da Res. TSE nº 23.608/2019, que prevê *reclamação* contra "ato de poder de polícia" praticado por juiz eleitoral ou membro de Tribunal Regional "que contrarie ou exorbite decisões do Tribunal Superior Eleitoral sobre a remoção de conteúdos desinformativos que comprometam a integridade do processo eleitoral".

A *reclamação* também se reporta ao instituto previsto nos arts. 102, I, *l*, e 105, I, *f*, da Constituição Federal, que preveem respectivamente a competência originária do STF e do STJ para processarem e julgarem "a reclamação para a preservação de sua competência e garantia da autoridade de suas decisões". Sobre isso, dispõe o art. 988 do CPC : "Caberá reclamação da parte interessada ou do Ministério Público para: I – preservar a competência do tribunal; II – garantir a autoridade das decisões do tribunal; III – garantir a observância de enunciado de súmula vinculante e de decisão do Supremo Tribunal Federal em controle concentrado de constitucionalidade; IV – garantir a observância de acórdão proferido em julgamento de incidente de resolução de demandas repetitivas ou de incidente de assunção de competência;". Nesse caso, quanto à natureza jurídica, assinalam Mendes e Gonet Branco (2012, p. 1.452) que "a posição dominante parece ser aquela que atribui à reclamação natureza de ação propriamente

692 | DIREITO ELEITORAL – *José Jairo Gomes*

dita [...]"; isso por ela permitir a provocação da jurisdição e a formação de pedido de tutela jurisdicional, "além de conter em seu bojo uma lide a ser solvida, decorrente do conflito entre aqueles que persistem na invasão de competência ou no desrespeito das decisões do Tribunal e, por outro lado, aqueles que pretendem ver preservadas a competência e a eficácia das decisões exaradas pela Corte". Conquanto nem a Constituição Federal nem o CPC façam alusão ao TSE, por analogia e semelhança de situações, não se vislumbra óbice a que – nas hipóteses dos incisos I e II do citado art. 988 – a *reclamação* enfocada seja manejada nos tribunais eleitorais.

No plano processual, a verdadeira distinção entre ações se faz pelos seus elementos essenciais, a saber: partes, causa de pedir e pedido. Por óbvio, a diversidade de causa de pedir e pedido também assinala a diferença de efeitos.

O quadro seguinte resume as ações em tela, seus fundamentos e objetos próprios, bem como o bem jurídico que visam tutelar.

Nome da ação	Fundamento legal	Objeto	Bem tutelado
AIJE por abuso de poder	LC nº 64/90, arts.19 e 22	Cassação de registro ou diploma e inelegibilidade por oito anos	Legitimidade, normalidade e sinceridade das eleições
Ação por captação ou uso ilícito de recurso para fins eleitorais	LE, art. 30-A	Negação de diploma ou sua cassação; (indireto – inelegibilidade por oito anos, LC nº 64/90, art. 1º, I, *j*)	Higidez da campanha e igualdade na disputa
Ação por captação ilícita de sufrágio	LE, art. 41-A	Cassação de registro ou diploma e multa; (indireto – inelegibilidade por oito anos, LC nº 64/90, art. 1º, I, *j*)	Liberdade do eleitor
Ação por conduta vedada	LE, arts. 73, 74, 75, 77	Cassação de registro ou diploma e multa; (indireto – inelegibilidade por oito anos, LC nº 64/90, art. 1º, I, *j*)	Igualdade de chances na disputa e moralidade administrativa

A causa de pedir de todas essas ações é sempre o ilícito eleitoral. Considerando-se apenas o objeto, inexiste diferença substancial entre elas. Em todas almeja-se a cassação do registro ou a perda do diploma. A inelegibilidade só é objeto principal da AIJE por abuso de poder (LC nº 64/90, art. 22, XIV). Nas demais, sua imposição é consequência – efeito secundário ou externo – da decisão de cassação do registro ou do diploma, o que se dá por força da regra de extensão prevista na alínea *j*, I, art. 1º, da LC nº 64/90.

23.4 AÇÃO DE INVESTIGAÇÃO JUDICIAL ELEITORAL (AIJE) POR ABUSO DE PODER

23.4.1 Considerações iniciais

A Lei de Inelegibilidades contempla dois procedimentos. O primeiro se refere à Ação de Impugnação de Registro de Candidatura (AIRC), sendo delineado nos arts. 2º a 16 daquela norma. O segundo é o da AIJE. Embora não haja diferença essencial entre ambos, o primeiro é considerado ordinário porque prevê prazos mais amplos para a defesa, ao passo que o segundo – que se aplica à maioria das ações eleitorais típicas – é reputado "sumário". Em ambos, o Código de Processo Civil é aplicável "supletiva e subsidiariamente", nos termos da expressa previsão contida em seu art. 15.

A ação de investigação judicial eleitoral (AIJE) tem por objeto o ilícito eleitoral concernente ao abuso de poder. Seu fundamento legal encontra-se no art. 14, § 9º, da CF, arts. 222 e 237 do

Cap. 23 • AÇÕES ELEITORAIS: PROCEDIMENTO DO ART. 22 DA LC Nº 64/90 | **693**

CE, e arts. 19 e 22 da LC nº 64/90. Esses dispositivos compõem um conjunto normativo que enseja a responsabilização e o sancionamento do abuso de poder em detrimento da integridade do processo eleitoral e, pois, das eleições.

Consoante salientado anteriormente, a responsabilidade jurídico-eleitoral só pode ser afirmada pela jurisdição estatal, no bojo de regular processo legal. Daí a instituição de processo próprio com esse desiderato, cujo procedimento é desenhado no art. 22 da LC nº 64/90.

23.4.2 Procedimento da AIJE

Em linhas gerais, nas eleições municipais, o rito da AIJE pode ser assim sumariado:

> petição inicial → (deferimento *in limine* de tutela cautelar incidental suspendendo o ato questionado) → contestação (cinco dias da citação) → manifestação do Ministério Público (quando não for o autor) → julgamento antecipado do mérito; extinção do processo sem julgamento do mérito → fase probatória (cinco dias para produção de prova testemunhal e outras) → diligências (três dias para produção de outras provas; pode haver nova audiência) → alegações finais ou memoriais (dois dias – prazo comum) → manifestação do Ministério Público (dois dias – se não for o autor) → sentença (três dias) → recurso eleitoral ao TRE (três dias) → recurso especial ao TSE (três dias) → recurso extraordinário ao STF (três dias).

Nas eleições federais e estaduais, esse esquema sofre alteração após as alegações finais ou memoriais, já que toda a instrução processual é feita pela Corregedoria Regional, estando a competência para julgamento afeta à Corte Regional. Assim, tem-se:

> ...→ alegações finais ou memoriais (dois dias – prazo comum) → vista ao Procurador Regional Eleitoral (dois dias, se não for o autor) → relatório do Corregedor Regional (três dias) → inclusão do feito em pauta → julgamento pelo TRE → recurso ordinário ao TSE (três dias) → recurso extraordinário ao STF (três dias).

Já nas eleições presidenciais, há diminuta alteração nesse último desenho. A ver:

> ... alegações finais ou memoriais (dois dias – prazo comum) → vista ao Procurador-Geral Eleitoral (dois dias, se não for o autor) → relatório do Corregedor-Geral (três dias) → inclusão do feito em pauta → julgamento pelo órgão colegiado do TSE → recurso extraordinário ao STF (três dias).

Vale observar que no rito em apreço não é prevista uma fase especificamente voltada ao *saneamento* e *organização* do processo, tal como preconizado no art. 357 do CPC.

23.4.3 Atos judiciais e ordinatórios

Os pronunciamentos judiciais são classificados em sentença, decisão interlocutória, despacho e acórdão (CPC, arts. 203 e 204). Por definição, a sentença põe fim ao processo ou à fase cognitiva do procedimento, bem como extingue a execução. Já a decisão interlocutória não possui tal efeito extintivo, embora também tenha natureza decisória. Os demais pronunciamentos do juiz praticados no processo, de ofício ou a requerimento da parte, são denominados despachos. Por fim, denomina-se acórdão o julgamento colegiado proferido pelos tribunais.

Há, ainda, os *atos meramente ordinatórios*, como a obrigatória abertura de vista dos autos à parte contrária. Nos termos do art. 203, § 4º, do CPC, tais atos independem de despacho judicial, "devendo ser praticados de ofício pelo servidor e revistos pelo juiz quando necessário".

Tais definições são igualmente aplicáveis ao processo jurisdicional eleitoral.

No que concerne aos atos meramente ordinatórios, prevê o art. 12 da Res. TSE nº 23.478/2016, *in verbis*: "As disposições previstas no art. 203, § 4º, do Novo Código de Processo Civil são aplicáveis aos feitos eleitorais".

A distinção dos atos judiciais é relevante para o sistema recursal, pois somente são recorríveis os atos com carga decisória.

23.4.4 Prazos processuais

Os atos processuais devem ser realizados nos prazos prescritos em lei (CPC/2015, art. 218, *caput*), sob pena de ocorrer preclusão temporal e, pois, a perda da oportunidade de praticá-lo.

Fundamental nessa matéria é a distinção que se faz entre os conceitos de *fluência* e *contagem* de prazo. O primeiro se refere ao fluxo ou à existência do prazo, enquanto o segundo diz respeito ao seu cômputo. Daí que em todo prazo divisam-se três marcos referenciais: *(i)* o curso ou fluxo do prazo (o tempo em que o prazo existe e corre); *(ii)* o início da contagem ou termo inicial (*dies a quo*); *(iii)* o fim da contagem ou termo final (*dies ad quem*).

Há diversidade de regramento dos prazos processuais conforme se esteja no *período* eleitoral (compreendido entre o registro de candidatura e a diplomação dos eleitos) ou fora dele, isto é, no *período não eleitoral. A premência da realização das eleições justifica tal diferenciação.*

Durante o período eleitoral, nos processos de registro de candidatura e nos processos embasados na Lei nº 9.504/1997 – representações, reclamações e direito de resposta – os prazos são contínuos e peremptórios, correm em cartório ou secretaria, não se suspendendo aos sábados, domingos e feriados. Sobre isso, *vide* LC nº 64/90, art. 16, e Res. TSE nº 23.608/2019, art. 7º, *caput*.

No entanto, conforme dispõe o art. 7º, § 2º, da Res. TSE nº 23.608/2019, essa regra não se aplica aos processos que observam o rito do art. 22 da LC nº 64/1990 (rito da AIJE), isto é, às ações que tenham por causa de pedir abuso de poder ou uma das hipóteses previstas nos arts. 23, 30-A, 41-A, 45, inciso VI e § 1º, 73, 74, 75 e 77 da Lei nº 9.504/1997. Portanto, nessas hipóteses, os prazos não são contínuos nem peremptórios, sendo computados como os prazos processuais em geral, independentemente de encontrar-se ou não no período eleitoral.

Afigura-se razoável considerar a incidência do art. 219 do CPC, segundo o qual: "Na contagem de prazo em dias, estabelecido por lei ou pelo juiz, computar-se-ão somente os dias úteis". De sorte que, na contagem do prazo, deve-se computar apenas os dias úteis, *excluindo-se os não úteis*. Sobre isso, assinalam Wambier et al. (2015, p. 387) que o art. 219 do CPC de 2015 racionaliza a "contagem de prazos em dias, excluindo-se neste cômputo dos dias não úteis". Assim,

> "apenas serão levados em consideração, na contagem dos prazos, os dias úteis, excluindo--se os feriados forenses, os sábados, os domingos, os dias em que não houver expediente forense, e tal previsão legislativa nos parece correta de todo, pois não imporá mais à parte, especialmente ao seu advogado, que se vejam compelidos ao exercício de atividades muitas vezes desafiadoras em interregno de tempo que é composto em grande parte por dias sem expediente forense ou dedicado ao descanso".

Entretanto, essa solução não foi abonada pelo TSE, conforme se depreende do *caput* do art. 7º da Res. nº 23.478/2016, *in verbis*: "O disposto no art. 219 do Novo Código de Processo Civil não se aplica aos feitos eleitorais". Como fundamento, invoca-se a suposta "incompatibilidade entre a previsão contida no art. 219 do CPC/2015 e o princípio da celeridade, inerente aos feitos que tramitam na Justiça Eleitoral" (TSE – REspe nº 8.427/AM – *DJe* 5-5-2017, p. 66). Em igual sentido, veja-se: TSE – REspe nº 4.461/SP – *DJe* 26-10-2016, p. 29. A regra expressa no referido art. 7º tem caráter absoluto, pois nenhuma distinção é feita.

É manifesto, porém, o equívoco de tal vedação. Os prazos processuais eleitorais são curtos, de sorte que a aplicação do citado art. 219 não traria real prejuízo para a celeridade da tramitação dos processos *fora do período eleitoral*. Dada a inexistência de razão jurídica suficiente para justificar referida vedação, poder-se-ia mesmo falar em ofensa à garantia fundamental do devido processo legal ou do processo justo (CF, art. 5º, LIV), já que há restrição à atuação processual das partes em afronta a expressa disposição legal.

Por outro lado, a peremptória determinação de não incidência do art. 219 do CPC/2015 aos processos eleitorais gera um *vácuo normativo* acerca da regência do curso ou fluxo do prazo. Afinal, como será o *curso* dos prazos nos processos eleitorais? Contínuo (como previa o art. 184, *caput*, do revogado CPC/1973 e como consta do art. 798 do CPP)? Só corre nos dias úteis (como prevê o art. 219 do CPC/2015)? Olvidou-se que o art. 15 do novo CPC expressamente determina sua aplicação supletiva e subsidiária "aos processos eleitorais", exceto se houver norma específica.

Ante a inexistência na legislação eleitoral de regra própria que disponha sobre o curso ou fluxo dos prazos, deve-se aplicar o art. 219, por força do art. 15 do CPC/2015.

Contagem de prazo – aos prazos contados em dia incide o art. 224 do CPC (Res. TSE nº 23.478/2016, art. 7º, § 2º), que dispõe:

> "Art. 224. Salvo disposição em contrário, os prazos serão contados excluindo o dia do começo e incluindo o dia do vencimento.
>
> § 1º Os dias do começo e do vencimento do prazo serão protraídos para o primeiro dia útil seguinte, se coincidirem com dia em que o expediente forense for encerrado antes ou iniciado depois da hora normal ou houver indisponibilidade da comunicação eletrônica.
>
> § 2º Considera-se como data de publicação o primeiro dia útil seguinte ao da disponibilização da informação no *Diário da Justiça eletrônico*.
>
> § 3º A contagem do prazo terá início no primeiro dia útil que seguir ao da publicação".

Prazos inaplicáveis ao processo eleitoral – alguns prazos previstos no CPC não são aplicáveis ao processo jurisdicional eleitoral. Dentre eles, citem-se:

i) os arts. 180, 183, 186 e 229 do CPC, que duplicam os prazos, respectivamente, do Ministério Público, da Advocacia Pública, da Defensoria Pública e de litisconsortes com diferentes procuradores de distintos escritórios.

ii) o prazo de 30 dias previsto no art. 178 do CPC, para que o Ministério Público intervenha no processo "como fiscal da ordem jurídica nas hipóteses previstas em lei ou na Constituição Federal".

iii) os prazos recursais, pois no processo eleitoral os recursos têm prazo especial. Em geral, o recurso deve ser interposto no prazo de 3 dias, nos termos do art. 258 do Código Eleitoral. Mas, excepcionalmente, o prazo será de 24 horas (que é convertido em um dia) para as situações reguladas no art. 96, § 8º, da Lei nº 9.504/1997.

Suspensão de prazos processuais – o art. 220 do CPC/2015 traz uma regra geral de suspensão de prazos processuais:

"Art. 220. Suspende-se o curso do prazo processual nos dias compreendidos entre 20 de dezembro e 20 de janeiro, inclusive.

§ 1º Ressalvadas as férias individuais e os feriados instituídos por lei, os juízes, os membros do Ministério Público, da Defensoria Pública e da Advocacia Pública e os auxiliares da Justiça exercerão suas atribuições durante o período previsto no *caput*.

§ 2º Durante a suspensão do prazo, não se realizarão audiências nem sessões de julgamento".

Segundo o art. 10 da Res. TSE nº 23.478/2016, esse dispositivo "aplica-se no âmbito dos cartórios eleitorais e dos tribunais regionais eleitorais". A jurisprudência é firme nesse sentido, a ver: "[...] 4. Ao caso aplica–se o art. 220 do CPC/2015, o qual determina que os prazos processuais fiquem suspensos entre 20 de dezembro e 20 de janeiro, voltando a fluir no primeiro dia útil subsequente. [...]" (TSE – AgR-AREspE nº 060265965/PA – *DJe* 6-11-2024).

Note-se que não se trata de "férias" para os agentes públicos envolvidos nos processos eleitorais, mas apenas de suspensão dos prazos processuais.

23.4.5 Intimação de partes, procuradores e Ministério Público

Sempre que a decisão for publicada em audiência ou sessão do tribunal, nesse mesmo ato dá-se a intimação das partes, correndo o prazo a partir daí.

Segundo o art. 270 do CPC, as intimações devem se realizar por meio eletrônico. Não sendo isso possível, poderá ser feita por publicação do ato no órgão oficial (CPC, art. 272). Esse órgão é o "Diário de Justiça Eletrônico" (*DJe*), sendo por ele que as intimações de atos judiciais são normalmente realizadas.

E se for inviável a intimação por meio eletrônico e pelo *Diário de Justiça Eletrônico*? Nessa hipótese, reza o art. 273 do CPC que a intimação poderá ser realizada: *(i)* pessoalmente, se a parte tiver domicílio na sede do juízo; *(ii)* por carta registrada, com aviso de recebimento, quando a parte for domiciliada fora da sede do juízo.

Ademais, faculta a lei a realização de intimação por *edital eletrônico ou mural eletrônico*, o qual deve ser publicado na página da Justiça Eleitoral na Internet. A esse respeito, dispõe o art. 94, § 5º, da LE (incluído pela Lei nº 13.165/2015):

> "Nos Tribunais Eleitorais, os advogados dos candidatos ou dos partidos e coligações serão intimados para os feitos que não versem sobre a cassação do registro ou do diploma de que trata esta Lei por meio da publicação de edital eletrônico publicado na página do respectivo Tribunal na internet, iniciando-se a contagem do prazo no dia seguinte ao da divulgação".

Extrai-se desse dispositivo que, nos feitos que *não* versarem "sobre a cassação do registro ou do diploma" de que trata a Lei nº 9.504/97 (ex.: representação por propaganda eleitoral irregular), as intimações dos advogados poderão ocorrer "por meio da publicação de edital eletrônico publicado na página do respectivo Tribunal na internet".

Sendo a intimação feita por mural eletrônico, inicia-se "a contagem do prazo no dia seguinte ao da divulgação". Desconsidera-se, portanto, o dia da veiculação do mural.

No âmbito da tutela de urgência, a intimação da concessão da medida "se fará pelo meio mais célere, que assegure a máxima efetividade da decisão judicial", admitindo-se, inclusive, sua realização por "mensagem instantânea ou por e-mail" (Res. TSE nº 23.608/2019, art. 46-A).

Quanto ao Ministério Público, goza da prerrogativa processual de "receber intimação pessoalmente nos autos em qualquer processo e grau de jurisdição nos feitos em que tiver que oficiar" (LC nº 75/93, art. 18, II, *h*). Não há nisso privilégio, senão prerrogativa funcional, que, ao fim e ao cabo, reverte em benefício da sociedade em nome da qual atua, e, enfim, do Estado Democrático de Direito. Demais disso, a lógica que preside a atuação do Ministério Público é completamente diferente da observada pelos particulares. No entanto, há que se ponderar que no processo eletrônico toda a tramitação processual se dá eletronicamente, sendo, pois, natural que a intimação do órgão do Parquet se dê eletronicamente.

23.4.6 Início do processo

Com o protocolo da petição inicial na Justiça Eleitoral, "considera-se proposta a ação" (CPC, art. 312). É esse, portanto, o marco inicial do processo. Ressalte-se que a petição deve ser protocolada até antes do ato de diplomação.

23.4.7 Petição inicial

A petição inicial segue o padrão do art. 319 do CPC. Deve indicar o órgão jurisdicional a que se dirige, a qualificação e o domicílio do réu, o pedido e seus fundamentos fático-jurídicos (= causa de pedir) e requerimento de citação.

A causa de pedir deve apontar o tipo de ilícito eleitoral objeto da demanda. Tratando-se de abuso de poder, deve descrever a "modalidade prevista em lei, sendo vedada a definição jurisprudencial de outras categorias ilícitas autônomas" (Res. TSE nº 23.735/2024, art. 6º, *caput*), isto é, deve precisar se se trata de abuso de poder econômico, político, "político-econômico" ou dos meios de comunicação social.

Ademais, a petição deve especificar as provas com que se pretende demonstrar a verdade dos fatos alegados. A esse respeito, o art. 22, *caput*, da LC nº 64/90 expressamente determina que o autor desde logo indique as "provas, indícios e circunstâncias" com que pretende demonstrar os fatos que afirma. Portanto, quaisquer meios de prova poderão ser requeridos, quer sejam típicos (*i.e.*, regulados em lei), quer sejam atípicos e "moralmente legítimos" (CPC, art. 369). De sorte que pode ser postulada a produção de prova testemunhal, documental, ata notarial, pericial etc.

No tocante à prova testemunhal, o rol de testemunhas deve ser apresentado juntamente com a petição inicial, sob pena de preclusão. Nesse sentido:

> "Pelo rito do art. 22 da Lei Complementar nº 64/90, a apresentação do rol de testemunhas deve ocorrer no momento da inicial ajuizada pelo representante e da defesa protocolada pelo representado [...]" (TSE – Ac. nº 26.148 – *DJ* 23-8-2006, p. 110).

Nos termos do inciso V, art. 22, LC nº 64/90, o número máximo de testemunhas que se admite é seis. Aplica-se aqui a parte final do § 6º do art. 357 do CPC, pelo que, a parte poderá arrolar até três testemunhas "no máximo, para a prova de cada fato". Diante disso, quando forem oferecidas mais de três testemunhas para a prova de um mesmo fato, poderão as restantes ser dispensadas pelo juiz. O § 7º daquele dispositivo do código – igualmente aplicável ao procedimento em exame – permite ao juiz "limitar o número de testemunhas levando em conta a complexidade da causa e dos fatos individualmente considerados". A complexidade da causa também permite ao juiz deferir a oitiva de mais de seis testemunhas, sob pena de se ferirem a ideia de processo justo e o direito de prova.

Quanto à prova documental, é preciso que a inicial seja instruída com os *documentos indispensáveis* para demonstrar a existência dos fatos constitutivos do pedido, sob pena de ser indeferida (CPC, arts. 320 e 321). Sendo juntados vídeo ou áudio, estes devem ser acompanhados de transcrição de seus conteúdos.

Assim, deve haver *justa causa para* a ação. A prova inaugural deve pelo menos justificar a instauração do processo. Isso não significa que o autor tenha que apresentar "prova incontestável" nessa fase inicial, bastando "indícios que serão apurados no decorrer da instrução" (TSE – REspe nº 19.419/PB – *DJ* 1º-2-2002, p. 249).

Admite-se a posterior juntada aos autos de documentos *novos*, assim entendidos: (a) os indisponíveis ou inexistentes quando do ajuizamento da demanda; (b) os "que se tornaram conhecidos" posteriormente àquele ato (CPC, art. 435, parágrafo único); (c) os pertinentes a *fatos* novos, ou seja, fatos ocorridos posteriormente; (d) para contrapor documento cuja juntada aos autos foi deferida.

Não se admite, porém, a juntada de novos documentos para comprovação de fatos diversos daqueles descritos na petição inicial, pois poderia implicar a "ampliação indevida da causa de pedir" (TSE – AgR-AREspe nº 060033685 – j. 31-5-2024).

Nada impede que a exordial venha estribada em elementos de informação colhidos em inquérito policial ou inquérito civil público, este instaurado e conduzido pelo Ministério Público. Se a qualquer candidato ou partido é permitido – por conta própria e sem vinculação a qualquer critério legal claro e objetivo – coligir elementos de prova e ingressar com a demanda, é incompreensível que isso igualmente não possa ser feito pelo Ministério Público, defensor que é dos interesses públicos e da sociedade. Na ótica processual, o valor dos elementos enfeixados em tais procedimentos é meramente informativo. Destinam-se tão somente a subsidiar a propositura da demanda, de maneira que ela tenha justa causa e não seja temerária. O que se proíbe é que a sentença judicial louve-se em elementos informativos que não tenham passado pelo crivo do contraditório e, pois, pelo debate processual.

Não havendo condenação em sucumbência nos feitos eleitorais, é desnecessário que na inicial conste o valor da causa. Este, aliás, é sempre inestimável, já que as causas eleitorais não têm cunho patrimonial.

Ausente requisito legal ou nas hipóteses elencadas no art. 330 do CPC, poderá a inicial ser rejeitada de plano, extinguindo-se o processo já em seu limiar (CPC, arts. 354, 485, I). Nesse caso, cabe recurso ao Tribunal Eleitoral. Nas eleições municipais, o recurso é o eleitoral (CE, art. 258), que deve ser endereçado ao TRE, nas demais eleições, pode-se cogitar o agravo interno (CPC, art. 1.021), dirigido ao órgão colegiado do tribunal, eis que se trata de decisão monocrática do Corregedor-Geral ou Regional Eleitoral. Sendo interposto recurso, poderá o juiz se retratar da decisão. Não havendo retratação, o réu deverá ser citado "para responder ao recurso" (CPC, art. 331).

23.4.8 Objeto

23.4.8.1 *Inelegibilidade, cassação de registro e de diploma*

Dois são os principais resultados objetivados com a ação em exame. O primeiro diz respeito à geração da inelegibilidade do "representado e de quantos hajam contribuído para a prática do ato" (LC nº 64/90, art. 22, XIV). Trata-se de provimento *constitutivo positivo*, em que, após reconhecer e declarar a ocorrência do evento abusivo, a decisão judicial *constitui* ou *erige* nova situação jurídica, consistente na inelegibilidade. Essa inexistia antes desse ato judicial, sendo por ele engendrada.

Note-se que a inelegibilidade não atinge o pleito em que o ilícito ocorreu, pois, segundo o inciso XIV, art. 22, da LC nº 64/90, ela se aplica "para as eleições a se realizarem nos 8 (oito) anos subsequentes". E esse prazo tem como termo inicial a "data do primeiro turno da eleição em que se tenha comprovado o abuso" (Res. TSE nº 23.735/2024, art. 10, I, *b*).

Quanto à sua natureza, a inelegibilidade de que se cogita é do tipo sanção, pois decorre da responsabilização pela prática de ilícito comprometedor da integridade e higidez do processo eleitoral.

A sanção de inelegibilidade pode ser imposta ainda que a causa seja julgada depois das eleições ou mesmo da diplomação. E mais: também pode ser imposta se já encerrado o mandato eletivo, pois quanto a ela subsiste interesse processual. Nesse sentido: TSE – AgR-RO nº 537610/MG, j. 4-2-2020.

O segundo resultado liga-se à "cassação do registro ou diploma do candidato diretamente beneficiado pela interferência do poder econômico e pelo desvio ou abuso do poder de autoridade ou dos meios de comunicação" (LC nº 64/90, art. 22, XIV; Res. TSE nº 23.735/2024, art. 10, I, *a*). Trata-se de provimento judicial constitutivo negativo ou desconstitutivo.

Na hipótese de desfazimento do registro, o candidato fica impedido de concorrer nas eleições. Mas esse impedimento só ocorre se a demanda for julgada antes do dia do pleito.

23.4.8.2 Tutela inibitória

A AIJE também pode ter por objeto pedido de tutela jurisdicional inibitória. Essa é uma espécie de tutela preventiva, satisfativa, cuja finalidade é impedir a realização, a continuação ou a repetição de ato ilícito. Encontra-se ligada a um bem ou direito que deve ser preservado ante a probabilidade de ocorrência de ações ilícitas que possam atingi-lo. Conforme acentuam Marinoni, Arenhart e Mitidiero (2016, p. 491), tal tutela não visa "apenas a impedir um fazer, ou seja, um ilícito comissivo, mas destina-se a combater qualquer espécie de ilícito, seja ele comissivo ou omissivo, o que abre oportunidade, por consequência, a uma tutela inibitória negativa – que imponha um não fazer – ou a uma tutela inibitória positiva, que imponha um fazer". Assim, determina-se ao réu o cumprimento de um dever positivo (fazer) ou negativo (não fazer).

O fundamento da tutela inibitória encontra-se diretamente na Constituição Federal, cujo art. 5º, XXXV, garante amplo acesso à jurisdição não só quando houver dano efetivo, mas também na hipótese de ameaça de lesão a bem juridicamente protegido. O fundamento legal específico pode ser divisado: *(i)* no art. 22, I, *b*, da LC nº 64/90, que permite ao juiz – já "ao despachar a inicial" – determinar a suspensão do "ato que deu motivo à representação"; e *(ii)* no art. 497, parágrafo único, do CPC, que autoriza "a concessão da tutela específica destinada a *inibir* a prática, a reiteração ou a continuação de um ilícito, ou a sua remoção".

Na tutela inibitória, a AIJE adquire função eminentemente preventiva, destinando-se à prestação jurisdicional precipuamente à prevenção ou redução de danos à integridade do processo eleitoral e, pois, à legitimidade das eleições. Dadas as circunstâncias, é possível que se imponham ao réu a abstenção, a não continuação ou a não repetição de determinada conduta ilícita.

> "[...] 2. A AIJE não se presta apenas à punição de condutas abusivas, quando já consumado o dano ao processo eleitoral. Assume também função preventiva, sendo cabível a concessão de tutela inibitória para prevenir ou mitigar danos à legitimidade do pleito. [...] 4. O exercício dessa competência deve se pautar pela mínima intervenção, atuando de forma pontual para conter a propagação e amplificação de efeitos potencialmente danosos. A fim de que essa finalidade preventiva possa ser atingida, a análise da gravidade, para a concessão da tutela inibitória, orienta-se pela preservação do equilíbrio da disputa ainda em curso. 5. Esse exame não se confunde com aquele realizado no julgamento de mérito e não antecipa a conclusão final, que deverá avaliar *in concreto* os efeitos das condutas praticadas, a fim de estabelecer se são graves o suficiente para conduzir à cassação de

700 | DIREITO ELEITORAL – *José Jairo Gomes*

registro ou diploma e à inelegibilidade. [...]" *(TSE – Ref na AIJe nº 060127120/DF – DJe, t. 223, 7-11-2022).*

No mesmo sentido: TSE – Ref na AIJe nº 060121232/DF – *DJe*, t. 223, 7-11-2022; TSE – Ref na AIJe nº 060118027/DF – *DJe*, t. 214, 25-10-2022; TSE – Ref na AIJe nº 060118804/ DF – *DJe*, t. 214, 25-10-2022.

A tutela em exame pode ser concedida *in limine litis* ou liminarmente. Nesse sentido, o art. 5º, *caput*, da Res. TSE nº 23.735/2024 autoriza o juiz a, "em decisão liminar, antecipar a tutela específica destinada a inibir a prática, a reiteração ou a continuação do ilícito, ou a sua remoção, quando demonstrada a plausibilidade do direito e o perigo de dano a bens jurídicos eleitorais [...]".

Pode ocorrer que, quando do ajuizamento da demanda inibitória, os fatos ainda não tenham sido claramente revelados ou ainda não sejam totalmente compreensíveis. Surge, então, o problema da exata delimitação fática da causa de pedir. Já admitiu a jurisprudência que, no caso, a causa de pedir da AIJE seja "delimitada pelos contornos fáticos e jurídicos que permitam a compreensão da demanda, não se exigindo que a parte autora, ao postular em juízo, tenha pleno domínio de todos os fatos que podem influir no julgamento e os descreva em minúcias. [...]" (TSE – Ref na AIJe nº 060081485/DF – *DJe*, t. 30, 3-3-2023).

Vale lembrar que o descumprimento da decisão na ação inibitória pode ser sancionado com multa (CPC, art. 537), aplicada independentemente de requerimento da parte.

A concessão liminar de tutela inibitória não deve prejudicar a análise do mérito da causa no momento oportuno, devendo o juiz orientar-se "pela mínima intervenção e pela preservação do equilíbrio da disputa eleitoral" (Res. TSE nº 23.735/2024, art. 5º, §§ 3º e 4º).

23.4.9 Causa de pedir

A causa de pedir assenta-se nos fatos em que o pedido é estribado. Na AIJE, tais fatos devem consubstanciar os ilícitos de abuso de poder econômico, de autoridade, político ou dos meios de comunicação social, conforme previsão contida no art. 14, § 9º, da Constituição Federal, regulamentado pelos arts. 19 e 22, XIV, ambos da LC nº 64/90. São fatos, portanto, juridicamente qualificados.

É preciso que o abuso de poder seja relevante, ostentando aptidão para comprometer a integridade, lisura, normalidade e legitimidade das eleições, pois são esses os bens jurídicos tutelados pela ação em apreço. Por isso mesmo, há mister que as circunstâncias do evento considerado sejam graves (LC nº 64/90, art. 22, XVI), o que não significa devam necessariamente propiciar a alteração do resultado das eleições. Isso significa que elas devem evidenciar

> "gravidade suficiente para amesquinhar a principiologia reitora do processo eleitoral (legitimidade e normalidade das eleições e lisura do prélio), independentemente da diferença de votos entre o primeiro e o segundo colocado. [...]. 20. O fato de as condutas supostamente abusivas ostentarem potencial para influir no resultado do pleito é relevante, mas não essencial. Há um elemento substantivo de análise que não pode ser negligenciado: o grau de comprometimento aos bens jurídicos tutelados pela norma eleitoral causado por essas ilicitudes, circunstância revelada, *in concreto*, pela magnitude e pela gravidade dos atos praticados" (TSE – REspe nº 139248/SP – *DJe*, t. 107, 2-6-2017, p. 37-40).

Nessa perspectiva, ganha relevo a *relação* entre, de um lado, o fato imputado e, de outro, seu consectário consistente na falta de integridade, higidez, anormalidade ou desequilíbrio do pleito. Impõe-se a presença de liame objetivo entre tais eventos. Todavia, não se faz necessário

– até porque, na prática, isso não seria possível – provar que o abuso influenciou concretamente os eleitores, a ponto de levá-los a votar efetivamente no candidato beneficiado ou a repudiar o seu concorrente. Em outros termos, "não se exige nexo de causalidade, entendido esse como a comprovação de que o candidato foi eleito efetivamente devido ao ilícito ocorrido" (TSE – RO nº 752/ES – *DJ* 6-8-2004, p. 163). Basta que se demonstre a *provável influência* na consciência e vontade dos cidadãos, probabilidade essa extraída da gravidade do fato considerado e de suas circunstâncias. Note-se que, do ângulo lógico, a probabilidade oferta grau de certeza superior à mera possibilidade. O provável é verossímil, ostenta a aparência da verdade, embora com ela não se identifique plenamente.

Eis alguns exemplos de fatos que o TSE entendeu como o abuso de poder: *(i)* "[...] jornal de tiragem expressiva, distribuído gratuitamente, que em suas edições enaltece apenas um candidato, dá-lhe oportunidade para divulgar suas ideias e, principalmente, para exibir o apoio político que detém de outras lideranças estaduais e nacionais, mostra potencial para desequilibrar a disputa eleitoral, caracterizando uso indevido dos meios de comunicação e abuso do poder econômico, nos termos do art. 22 da Lei Complementar nº 64/90" (TSE – RO nº 688/SC – *DJ* 21-6-2004, p. 86); *(ii)* "[...] a utilização do horário de propaganda eleitoral gratuita, por candidato de agremiação diversa daquela a que se filia o candidato, configura uso indevido de meio de comunicação social, fere a isonomia entre os candidatos e atrai a sanção de inelegibilidade" (TSE – RO nº 756/PR – *DJ* 2-6-2006, p. 99); *(iii)* "[...] o fato considerado como conduta vedada (Lei das Eleições, art. 73) pode ser apreciado como abuso do poder de autoridade para gerar a inelegibilidade do art. 22 da Lei Complementar nº 64/90. O abuso do poder de autoridade é condenável por afetar a legitimidade e normalidade dos pleitos e, também, por violar o princípio da isonomia entre os concorrentes, amplamente assegurado na Constituição da República. Agravo Regimental desprovido. Decisão mantida" (TSE – ARO nº 728/DF – *DJ* 17-6-2005, p. 161); *(iv)* "[...] configurado o abuso do poder econômico, decorrente da prática de assistencialismo voltado à captação ilegal de sufrágios, impõe-se a declaração da inelegibilidade [...]" (TSE – RO nº 741/AC – *DJ* 6-5-2005, p. 151); *(v)* "[...] 4. Configura grave abuso do poder político a utilização de eventual programa social (transporte de pessoas a fim de retirar carteira de identidade em município próximo) para, em passo seguinte, alcançar o objetivo final: a transferência fraudulenta de eleitores, devidamente reconhecida pela Justiça Eleitoral em processo específico, fato que, além de constar bem delimitado na inicial da representação eleitoral, acarretou o cancelamento de diversos títulos eleitorais, interferindo no processo eleitoral de 2012, em manifesta contrariedade ao princípio da impessoalidade previsto no art. 37, *caput*, da CF/1988. [...]" (TSE – REspe nº 68.254/MG – *DJe* t. 35, 23-2-2015, p. 56-57).

Impende registrar que os fatos debatidos na demanda tanto podem ter ocorrido antes como depois do início do processo eleitoral (início esse que coincide com o período das convenções partidárias). Em verdade, não há um marco temporal a partir do qual se possa qualificar os fatos como abusivos e, pois, ilícitos. Assim, mesmo que o evento ocorra em período anterior ao início do processo eleitoral, pode ser caracterizado como abuso de poder. Nesse sentido: TSE – AgR-AREspE nº 060072049/RJ – *DJe* 24-10-2024; TSE – AgR-REspe nº 060083120/MG – j. 9-5-2024; TSE – AgR-REspe nº 000023235/PE – *DJe* 17-3-2021; TSE – REspe nº 68.254/MG – *DJe* t. 35, 23-2-2015; AgR-AI nº 12.099/SC – *DJe* 18-5-2010.

O que não se concebe é o *ajuizamento* da demanda antes do início do processo eleitoral, exceto nas hipóteses de tutela jurisdicional de urgência ou inibitória (LC nº 64/90, art. 22, I, *b*; CPC, arts. 300 ss. e art. 497, parágrafo único). Primeiro, porque o bem que se visa salvaguardar com a AIJE é a própria integridade do processo eleitoral. Depois, porque é com as convenções que se definem os candidatos, configurando-se o direito de formalizar o pedido de registro de candidatura.

Não se desconhece o teor do art. 2º da Lei de Inelegibilidades, que estabelece a AIRC como via processual para arguição de inelegibilidade. Todavia, o pedido "imediato" que aí se pode formular é de *declaração de inelegibilidade (pressupõe-se, portanto que a inelegibilidade já exista); diferentemente, na AIJE o pedido "imediato" é de constituição* de inelegibilidade em razão de responsabilização por ilícito eleitoral. Ademais, aquela mesma lei criou procedimento próprio para a discussão e constituição da inelegibilidade derivada de abuso de poder. Incide, aqui, o princípio da especialidade, pelo qual *lex especiali revogat generali* – a lei especial revoga a geral. Se o art. 22 da LC nº 64/90 prevê procedimento específico para a apuração de transgressões atinentes a abuso de poder econômico ou político, é este, justo por ser especial, que deve ser observado em casos que tais. Note-se que esse dispositivo não diz em que momento (se antes ou depois do pedido de registro) a conduta abusiva deve ser perpetrada para que tenha incidência, sendo defeso ao intérprete fazê-lo.

Conforme salientado anteriormente, o uso da AIJE para discussão de abuso de poder ocorrido antes do pedido de registro tem a suprema vantagem de permitir que os legitimados ingressem com a demanda até a data da diplomação. Esse fato, só por si, já representa inestimável vantagem para a cidadania, controle democrático e lisura do pleito. Se os fatos se tornarem públicos ou só chegarem ao conhecimento do Ministério Público, ou de outro colegitimado, após o registro ou mesmo depois das eleições, a AIJE ainda poderá ser ajuizada útil e validamente. Isso, força é reconhecer, não se daria com a AIRC, que deve ser ajuizada impreterivelmente no exíguo prazo de cinco dias depois da publicação do pedido de registro de candidatura, nos termos do art. 3º da Lei de Inelegibilidades. Não é demais lembrar que, na aplicação da lei, deve o intérprete atentar aos fins sociais a que ela se dirige, à eficiência e às exigências do bem comum (CPC, art. 8º; LINDB, art. 5º). Por óbvio, atende às exigências do bem comum ensejar que os atos nocivos às eleições tenham prazo maior para serem levados às barras da Justiça e lá conhecidos e julgados.

Atualmente, é pacífica a jurisprudência no sentido de que o abuso de poder econômico ou político ocorrido antes ou depois do pedido de registro deve ser questionado em sede de AIJE.

> "Eleições 2012. Recurso especial eleitoral. Ação de investigação judicial eleitoral. Candidatos a prefeito e vice. [...] 6. O abuso do poder político pode ocorrer mesmo antes do registro de candidatura, competindo a esta Justiça especializada verificar evidente conotação eleitoral na conduta, como a transferência eleitoral fraudulenta, que somente pode acontecer antes do fechamento do cadastro eleitoral, no mês de maio do ano da eleição, nos termos do art. 91 da Lei nº 9.504/1997, segundo o qual "nenhum requerimento de inscrição eleitoral ou de transferência será recebido dentro dos cento e cinquenta dias anteriores à data da eleição". Precedentes. [...]" (TSE – REspe nº 68.254/MG – *DJe* t. 35, 23-2-2015, p. 56-57).

> "[...] I – Admite-se a ação de investigação judicial eleitoral, fundada no art. 22 da LC nº 64/90, que tenha como objeto abuso ocorrido antes da escolha e registro do candidato (REspe nº 19.502/GO, rel. Min. Sepúlveda Pertence, *DJ* de 1º-4-2002, e 19.566/MG, rel. Min. Sálvio de Figueiredo, *DJ* de 26-4-2002) [...]" (TSE – RO nº 722/PR, de 15-6-2004 – *DJ* 20-8-2004, p. 125).

> "[...] O processo de registro não é adequado para apuração da causa de inelegibilidade consubstanciada no abuso de poder econômico, haja vista a existência de procedimento específico, conforme se depreende do art. 22 da Lei Complementar nº 64/90 [...]" (TSE – Ac. nº 92, de 4-9-1998).

Aditamento e alteração posterior da causa de pedir – o revogado código processual vedava qualquer alteração da causa de pedir "após saneamento do processo", permitindo-a, porém, antes desse marco (CPC/73, art. 264, parágrafo único).

Mas essa proibição não foi repetida no vigente Código de Processo Civil, que regula o tema no art. 329. Assim, pode haver aditamento ou modificação da causa de pedir: *(i)* antes da citação do réu, por exclusiva vontade do autor; *(ii)* após a citação e antes do saneamento do processo, desde que o réu consinta, assegurando-se o contraditório e a ampla defesa; *(iii)* depois do saneamento do processo, desde que o réu consinta ou que haja acordo entre as partes (CPC, art. 190), e também que haja contraditório e ampla defesa em relação aos novos fatos.

A possibilidade de alteração da imputação fática (= causa de pedir) é também contemplada no Código de Processo Penal, cujo art. 384 dispõe sobre a *mutatio libelli*.

Saliente-se que o aditamento ou a mudança da causa de pedir requer a iniciativa da parte ou do órgão do Ministério Público que atuar no processo como fiscal da ordem jurídica. Ao juiz é vedada tal iniciativa, não podendo agir de ofício, sob pena de violação do princípio da demanda ou dispositivo, e, ainda, comprometimento de sua imparcialidade para julgar a causa.

Note-se, porém, que é preciso verificar se relativamente às alterações ou ao "novo fato" que se pretende agregar à causa de pedir não se operou a decadência nem a prescrição, pois é sempre necessário que a demanda ainda possa ser ajuizada utilmente. Por óbvio, não se poderia admitir o aditamento ou a modificação da causa de pedir se a ação eleitoral já não pode mais ser exercida quer seja pela ocorrência de decadência, quer seja pela prescrição.

23.4.10 Partes

O polo ativo da relação processual pode ser ocupado por partido político, federação de partidos, coligação, candidato, pré-candidato e Ministério Público. Por pré-candidato compreende-se quem foi escolhido em convenção, mas que ainda não teve o pedido de registro deferido pela Justiça Eleitoral. Se o pedido de registro for indeferido, não há falar em legitimidade *ad causam* ativa.

Confere-se legitimidade aos personagens do processo eleitoral, independentemente do proveito *imediato* que possam vir a colher. Prevalece o interesse público na coibição de condutas que afetem a lisura do pleito. Assim, não se exige que autor-candidato tenha disputado a mesma eleição do réu, ou que nela tenha logrado êxito.

Hodiernamente, não se admite a legitimidade *ad causam* do cidadão, que, todavia, poderá dar notícia do fato ao Órgão do Ministério Público, ao juiz eleitoral ou ao Corregedor Eleitoral, para que providenciem o que for de direito.

O órgão legitimado da agremiação política é o mesmo encarregado de requerer os registros de candidatura de seus filiados. Destarte, em eleição federal ou estadual, o diretório municipal não detém legitimidade para ajuizar a ação em tela.

A federação de partidos encontra previsão no art. 6º-A da LE e no art. 11-A da LPP (ambos introduzidos pela Lei nº 14.208/2021), e atua no processo eleitoral como se fosse um partido.

Quanto à coligação, o partido que a integrar não ostenta legitimidade para agir sozinho. Nesse sentido: "[...] A coligação aperfeiçoa-se com o acordo de vontade das agremiações políticas envolvidas e com a homologação deste pela Justiça Eleitoral. A partir de tal acordo, considera-se que os partidos estão coligados. O partido coligado não possui legitimidade para, isoladamente, propor Investigação Judicial" (TSE – REspe nº 25.015/SP – *DJ* 30-9-2005, p. 122). Entretanto, sendo a coligação constituída só para o pleito majoritário, a agremiação mantém intacta sua legitimidade quanto ao proporcional.

Pacificou-se, porém, o entendimento de que, uma vez encerradas as eleições, "o partido integrante de coligação é parte legítima para manejar ações eleitorais isoladamente" (TSE

– REspe nº 62454/SP – *DJe* 11-5-2018, p. 32). Consequentemente, poderá o partido agir de forma concorrente com a coligação:

> "1. Os partidos políticos que, coligados, disputaram o pleito, detêm legitimidade para propor isoladamente as ações previstas na legislação eleitoral, uma vez realizadas as eleições, o que é admitido, inclusive, concorrentemente com a respectiva coligação. [...]" (TSE – AgRg-REspe nº 25269/SP – DJ 20-11-2006, p. 202).

Cumpre, ainda, destacar o problema da extinção da coligação ao final do processo eleitoral, com o advento da diplomação dos candidatos eleitos. Diante disso, poder-se-ia afirmar haver perda superveniente de sua capacidade de ser parte, devendo, em consequência, ser extinto o processo (CPC, art. 354 c.c. art. 485, IV, § 3º)? No caso, tem-se entendido haver dilatação da capacidade processual da coligação nas ações que houver intentado durante o processo eleitoral, sendo-lhe, então, reconhecida "legitimação processual para todos os atos da eleição, inclusive para os dela emergentes" (TSE – REspe nº 19663/GO – DJ 2-8-2002, p. 227). Assim, admite-se que a coligação preserve sua capacidade (ainda que provisoriamente) e qualidade de parte processual para levar a termo as ações eleitorais que houver intentado, mesmo que após as eleições e o processo eleitoral.

Por se cuidar de atuação judicial, é necessário que as partes estejam representadas por advogado, preenchendo, assim, o requisito atinente à capacidade postulatória.

> "[...] 'A jurisprudência da Corte tem firme entendimento no sentido de a imprescindibilidade da representação ser assinada por advogado regularmente inscrito na Ordem, sob pena de ser o feito extinto sem julgamento do mérito, por violação do art. 133 da Constituição Federal. (REspe nº 19.526/MG, *DJ* 8-2-2002)'" (TSE – Ac. nº 21.562, de 12-8-2004 – *DJ* 8-10-2004, p. 98).

No período eleitoral, fora do âmbito dos processos eletrônicos, faculta-se ao advogado arquivar procuração na secretaria judicial, tornando dispensável a juntada desse instrumento em cada processo que atuar, desde que iniciado até a data da publicação do resultado da eleição. Nesse caso, cumpre à secretaria certificar nos autos que o instrumento do mandato encontra-se devidamente acautelado.

Inexistindo procuração nos autos, incide a regra do art. 76 do CPC, pelo qual deverá o juiz suspender o processo e marcar prazo razoável para ser sanado o defeito. Não sendo cumprido o despacho dentro do lapso assinalado, se a providência couber: (a) ao autor, será extinto o processo; (b) ao réu, reputar-se-á revel; (c) ao terceiro, dependendo do polo em que se encontre, será considerado revel ou excluído do processo.

No *polo passivo* pode figurar candidato, pré-candidato e também qualquer pessoa que haja contribuído para a prática abusiva, sem se excluírem autoridades públicas.

Tendo em vista que a AIJE só pode acarretar inelegibilidade, cassação do registro ou do diploma do candidato, tem-se como inviável figurar no polo passivo partido, coligação ou pessoa jurídica de Direito Público ou Privado, já que não poderiam sofrer qualquer das consequências próprias dessa ação.

> "O partido político não é litisconsorte passivo necessário em ações que visem à cassação de diploma" (Súmula TSE nº 40).

> "[...] Pessoas jurídicas não podem figurar no polo passivo de investigação judicial eleitoral, de cujo julgamento, quando procedente a representação, decorre declaração de inelegibilidade ou cassação do registro do candidato diretamente beneficiado, consoante

firme jurisprudência do Tribunal Superior Eleitoral [...]" (TSE – Rp nº 373 – *DJ* 26-8-2005, p. 173).

"[...] 3 – Ilegitimidade passiva da coligação. Acolhida. São legitimados para figurar no polo passivo da relação processual os candidatos beneficiados pela prática ilícita e qualquer pessoa, candidato ou não, que atue para beneficiar algum candidato. Exclusão da coligação da relação processual [...]" (TRE-MG – Ac. nº 281/2005 – *DJMG* 20-5-2005, p. 95; *RDJ* 13:45).

Isso, porém, não significa que seja defeso ao partido do candidato-réu ingressar no feito para assisti-lo. É intuitivo seu interesse de que a sentença lhe seja favorável. Mas a assistência em tela é de natureza simples, não sendo admitida a litisconsorcial ou qualificada. Esta, conforme prevê o art. 124 do CPC, pressupõe que a sentença possa influir na relação jurídica existente entre o assistente e o adversário do assistido, o que, por óbvio, não é possível em AIJE.

Ao ingressar no processo, o assistente recebe-o no estágio em que se encontrar. Consoante abalizada lição de Dinamarco (2004, p. 392):

> "São razoavelmente amplos, no direito brasileiro, os poderes e faculdades postos à disposição do assistente, ainda quando *simples*. Eles são, em princípio, os mesmos da parte assistida (art. 52). O assistente pode requerer e produzir provas, participar do procedimento relativo a estas, pode arrazoar e até recorrer, ainda quando não o faça a parte principal".

Só não lhe é dado atuar em sentido manifestamente contrário aos interesses da parte principal, bem como praticar ato dispositivo, porquanto, na essência, deve sempre ajudá-la. À luz dessa perspectiva, não se compreende interpretação do TSE no sentido de não ser possível que o assistente arrole testemunha, ao argumento de que a iniciativa desta prova seria privativa "do representante e do representado – art. 22, V, da Lei Complementar nº 64/90" (TSE – REspe nº 25.294/RN – *DJ* 5-12-2005, p. 134). Estivesse correta essa exegese – eminentemente gramatical –, também no processo civil não poderia o assistente arrolar testemunhas, pois o art. 357, § 4º, do CPC assevera ser essa incumbência das "partes". Na verdade, o assistente atua "como se fosse parte"; só não poderá arrolar testemunhas se, ao ingressar no processo, essa fase já estiver ultrapassada.

Litisconsórcio passivo é perfeitamente admitido na AIJE. Quanto à sua formação, a depender das circunstâncias, ele poderá ser facultativo ou necessário.

Será facultativo quando não for imperioso que o candidato seja acionado conjuntamente com outras pessoas envolvidas no evento ilícito. Assim, na AIJE fundada em *abuso de poder econômico*, entende-se como facultativo o litisconsórcio passivo entre o réu-candidato e as pessoas que eventualmente hajam contribuído para a prática do evento ilícito. Nesse sentido:

> "[...] 2. A AIJE não exige a formação de litisconsórcio passivo necessário entre o beneficiado e aqueles que contribuíram para a realização da conduta abusiva. Precedentes" [...] (TSE – AgR-AI nº 1.307-34/MG – *DJe* 25-4-2011, p. 51).

> "[...] II – O inciso XIV do art. 22 da LC nº 64/90 não exige a formação de litisconsórcio passivo necessário entre o representado e aqueles que contribuíram com a realização do abuso" (TSE – RO nº 722/PR, de 15-6-2004 – *DJ* 20-8-2004, p. 125).

Igual compreensão aplica-se à AIJE fundada em abuso de *poder político*. Nesse sentido, a Corte Superior Eleitoral assentou corretamente a tese de "inexigência de litisconsórcio passivo necessário entre o candidato e o agente público, responsável pelo abuso de poder político" (TSE – RO nº 060303063/DF – j. 10-6-2021; TSE – RO nº 0603040-10/DF – j. 10-6-2021). Embora esse sempre tenha sido o pacífico entendimento da jurisprudência, durante um período exigiu-se a formação de litisconsórcio passivo necessário entre o candidato-réu beneficiado e o agente público responsável pelo abuso de poder *político*; confira-se: TSE – REspe nº 84356/MG – *DJe* 2-9-2016, p. 73-74; TSE – REspe nº 76440/MG – *DJe* 8-9-2016, p. 61-62.

Todavia, à luz do ordenamento jurídico pátrio, não é razoável exigir a formação de litisconsórcio passivo *necessário* nessa hipótese. Conforme dispõe o art. 114 do CPC: "O litisconsórcio será necessário por disposição de lei ou quando, pela natureza da relação jurídica controvertida, a eficácia da sentença depender da citação de todos que devam ser litisconsortes". Ora, para a hipótese em apreço, não há previsão legal de litisconsórcio. Tampouco se pode falar na existência de "relação jurídica controvertida" entre o autor do evento ilícito e os candidatos por este beneficiados. E mais: "a eficácia da sentença" de procedência do pedido prolatada contra o beneficiário do abuso de poder político não depende nem jamais dependeu "da citação de todos que devam ser litisconsortes", ou seja, da citação do autor do abuso.

Nas duas situações assinaladas, o litisconsórcio (facultativo ou necessário) será simples. Isso porque a pretensão posta na petição inicial não é necessariamente decidida de maneira homogênea ou uniforme para todos os litisconsortes. Com efeito, a sanção atinente à cassação de registro ou diploma só pode ser aplicada a candidato, restando aos não candidatos a aplicação de sanção de inelegibilidade.

A par disso, põe-se também a questão da necessidade de formação de litisconsórcio entre integrantes de uma mesma chapa em eleições majoritárias. Há duas correntes.

A primeira entende ser facultativa a formação de litisconsórcio passivo entre titular e vice na chapa para o Executivo ou entre candidato a Senador e respectivos suplentes. Aqui, o litisconsórcio deve ser do tipo *unitário facultativo*. Este – ensina Dinamarco (2004, p. 358) –, "embora unitário, só será formado se assim for a vontade do autor, ou autores (facultatividade do litisconsórcio)". Significa que, embora a relação de direito material seja homogênea, incindível ou unitária, poderá a demanda ser ajuizada apenas contra um dos interessados; a decisão aí tomada repercutirá na esfera de todos. Por exemplo: o codevedor de obrigação solidária ou indivisível pode sozinho ser compelido pelo credor por todo o débito; todavia, a decisão será homogênea, refletindo nos demais codevedores, conquanto não tenham integrado a relação processual. O mesmo ocorrerá quanto à interrupção da prescrição operada contra um dos codevedores solidários; nos termos do art. 204, § 1º, do CC, os demais são prejudicados pelo ato interruptivo, apesar de não serem citados para integrar o processo. Vê-se, pois, que nem sempre a uniformidade de relações jurídicas no plano do direito material impõe a formação de litisconsórcio necessário.

Para essa doutrina, é isso o que ocorre no caso em apreço. Dispensável seria a citação do vice (ou dos suplentes de Senador) para integrar o processo da AIJE, eis que sua relação jurídica é subordinada e dependente em comparação com a do titular, dita principal e subordinante. Consequentemente, a decisão que cassar o registro ou o diploma do titular repercutirá na situação do vice, sendo irrelevante que este tenha sido citado para integrar o processo. É que o abuso de poder combatido por tal ação carreia benefícios à chapa em sua totalidade e, pois, a todos os seus membros. Assim, beneficiário do abuso não é só o titular da chapa, senão também seu vice. Daí que a sorte de ambos encontra-se irremediavelmente entrelaçada. Tem-se, pois, como justo que o vice seja alcançado pela sanção de desconstituição do registro ou diploma do cabeça de chapa, ainda que não seja chamado a integrar o processo na qualidade de litisconsorte passivo.

A seu turno, a *segunda corrente* assevera ser sempre necessária a formação de litisconsórcio passivo entre titular e vice na chapa para o Executivo ou entre candidato a Senador e respectivos suplentes. Aqui, o litisconsórcio é do tipo *unitário necessário*. Não sendo promovida a citação do vice, haverá nulidade na constituição da relação processual (CPC, art. 115, I).

Não resta dúvida de que essa segunda interpretação se harmoniza com os direitos e garantias fundamentais, nomeadamente os atinentes ao processo. Com efeito, nenhuma sanção pode atingir quem não foi chamado a juízo para defender-se das increpações deduzidas. O desprezo por esse princípio traduz duro golpe ao Estado Democrático de Direito e à própria ideia de cidadania. Não se pode olvidar que o devido processo legal constitui *direito fundamental* insculpido no art. 5º, LV, da Lei Maior. Reza este dispositivo: "aos litigantes, em processo judicial ou administrativo, e aos acusados em geral são assegurados o contraditório e ampla defesa, com os meios e recursos a ela inerentes". Outrossim, a dignidade da pessoa humana (CF, art. 1º, III) impõe que seja oportunizada a participação na relação jurídica processual daquele que será diretamente afetado pela prestação jurisdicional.

Essa corrente é a que prevalece no processo eleitoral, sendo sintetizada na Súmula TSE nº 38: "Nas ações que visem à cassação de registro, diploma ou mandato, há litisconsórcio passivo necessário entre o titular e o respectivo vice da chapa majoritária".

O *leading case* foi o precedente assentado no RCED nº 703/SC (*DJ* 24-3-2008, p. 9), no qual a Corte Superior assentou:

> "A existência de litisconsórcio necessário – quando, por disposição de lei ou pela natureza da relação jurídica, o juiz tiver de decidir a lide de modo uniforme para todas as partes – conduz à citação dos que possam ser alcançados pelo pronunciamento judicial. Ocorrência na impugnação a expedição de diploma, se o vício alegado abrange a situação do titular e do vice".

Ao votar nesse julgamento, pontificou o Ministro Cezar Peluso:

> "Se uma pessoa que pode ser atingida pela eficácia da sentença não é chamada a compor o processo e, findo este, é atingida na sua esfera jurídica, ela tem sua situação equiparada à de um objeto, o qual tem sua vontade abstraída pela interpretação, da mesma forma que uma pessoa move uma cadeira sem indagar-lhe sobre sua vontade de se mover ou não. Por analogia, assim acontece com a pessoa que tem seu patrimônio jurídico atingido sem que a ordem jurídica a tenha ouvido. Noutras palavras, a pessoa é reduzida à condição de objeto, não à de sujeito de direito".

À luz da Lei Maior, ninguém pode ser privado de sua propriedade, liberdade ou de qualquer outro bem jurídico sem observância do devido processo legal. E concluiu:

> "Ora, o vice que, sem ser ouvido no processo, tem o seu diploma cassado e, por via de consequência, tirada do seu patrimônio jurídico a sua condição de vice como bem jurídico – embora não avaliável em dinheiro mas estimável, e muitíssimo, do ponto de vista ético e pessoal –, tem a proteção constitucional que não permite que se chegue a esse resultado sem a observância do devido processo legal".

Observe-se que a exigência de litisconsórcio necessário na AIJE só é razoável na hipótese de ocorrer cassação de registro de candidato eleito ou de diploma. Isso porque o abuso de poder aproveita a chapa em sua totalidade, beneficiando a um só tempo o titular e o vice da campanha eleitoral que disputaram e venceram; aqui, os atos de abuso de poder se difundem e a todos aproveitam.

Não há razoabilidade na imposição de litisconsórcio passivo necessário entre o titular e o vice da chapa quando tão somente forem passíveis de aplicação as sanções de inelegibilidade e multa, pois estas têm caráter pessoal ou personalíssimo. É lógico e razoável aceitar que essas

708 | DIREITO ELEITORAL – *José Jairo Gomes*

sanções só possam atingir quem teve reconhecida sua responsabilidade *direta* pela participação e causação dos fatos considerados ilícitos e, ainda, foi parte na relação processual. Tal exegese foi acolhida na jurisprudência, que afirma a desnecessidade de formação de litisconsórcio entre o titular e o vice em AIJE: *i*) quando a chapa perder a eleição, a ação for ajuizada após o proclamação do resultado, e não houver atribuição de conduta ilícita ao vice (TSE – Ag-RESpe nº 060043859/CE – *DJe* 167, 20-9-2024); *ii*) que tenha sido "julgada procedente apenas para aplicar sanções de caráter personalíssimo ao titular da chapa majoritária, sem a imposição da pena de cassação do registro ou diploma, notadamente no caso em que nenhuma conduta ilícita tenha sido imputada ao vice" (TSE – AgR-AREspe nº 060037663/PI – *DJe* 27-6-2023; TSE – RO nº 060252997/CE – *DJe* 31-5-2024). E mais:

> "1. Não há nulidade do processo ante a ausência de citação do vice, na condição de litisconsorte passivo, quando a AIJE foi julgada procedente apenas para aplicar sanção pecuniária ao titular do cargo majoritário, sem resultar em cassação de registro ou diploma daquele. [...]" (TSE – AgR-REspe nº 61742/SP – *DJe*, t. 159, 27-8-2014, p. 64).

No litisconsórcio passivo necessário, se a demanda não for proposta em face de todos aqueles que devem figurar no polo passivo da relação processual, deverá o órgão judicial determinar "ao autor que requeira a citação de todos que devam ser litisconsortes, dentro do prazo que assinar, sob pena de extinção do processo" (CPC, art. 115, parágrafo único).

Ocorre que só é possível a emenda da petição inicial para incluir litisconsorte faltante se tal ato se perfizer dentro do prazo para o ajuizamento da ação. Do contrário, em relação ao ausente, esse prazo seria indevidamente estendido, o que significaria exercer um direito já fulminado pela decadência. A regra inscrita no aludido parágrafo único (do art. 115 do CPC) pressupõe que a decadência ainda não esteja consumada. Por se tratar de litisconsórcio passivo necessário, o direito não é considerado exercido senão quando a ação é proposta (CPC, art. 312) em face de todos os litisconsortes. De sorte que o aditamento da petição fora do lapso legal com vistas à inclusão do litisconsorte faltante no processo implica a extinção deste com resolução do mérito por decadência (CPC, art. 487, II) do direito de invocar a jurisdição. A esse respeito, vale registrar o firme entendimento jurisprudencial no sentido de não bastar a distribuição atempada da ação em relação a um dos litisconsortes necessários, sendo "imprescindível que a petição inicial esteja apta à ordem de citação. Na necessidade de diligências preliminares, o decurso do prazo corre em desfavor do autor [...]" (STJ – AAI nº 226.024/RS – *DJ* 1º-10-2001). No mesmo sentido: "Após ultrapassado prazo decadencial, é vedada a regularização de ação rescisória em que falte citação de litisconsorte passivo necessário [...]" (STJ – REsp nº 115.075/DF – *DJ* 23-5-2005).

Mas isso não significa que as citações de todos os litisconsortes devam ser feitas dentro do lapso decadencial. Do autor não se poderia exigir o ajuizamento da demanda com a necessária antecedência para que as citações sejam providenciadas dentro desse prazo. Mesmo porque a concretização do ato de citação depende de fatores alheios à parte, sobre os quais não tem nenhum controle. É este o teor da Súmula 106 do Superior Tribunal de Justiça: "Proposta a ação no prazo fixado para o seu exercício, a demora na citação, por motivos inerentes ao mecanismo da Justiça, não justifica o acolhimento da arguição de prescrição ou decadência". O que se exige, portanto, é que a ação seja ajuizada tempestivamente. E isso só ocorre quando todos os litisconsortes necessários são incluídos na relação processual dentro do prazo legal.

Outro ponto a ser considerado diz respeito ao grau de controle ou conhecimento do candidato em relação ao evento abusivo, na hipótese de não ser ele próprio o agente. Se o objeto da tutela legal da ação em foco é "a normalidade e legitimidade das eleições", à primeira vista parece despiciendo que o candidato-réu detenha pleno controle ou conhecimento do acontecido, já que o desequilíbrio da disputa é aferível objetivamente. Aliás, ante o teor do art. 20 da Lei nº 9.504/97, esse conhecimento pode mesmo ser presumido, porquanto o candidato é o responsável direto pela administração de sua campanha. De se lembrar, ainda, o princípio da solidariedade inscrito no art. 241 do Código Eleitoral. Se correligionários ou apoiadores promovem em prol de candidato eventos abusivos, comprometedores da higidez das eleições, o certo é que o processo eleitoral restará irremediavelmente maculado. O que importa demonstrar é a ocorrência de fatos que agridam o bem jurídico sob tutela.

Observe-se não ser qualquer evento que ostenta a necessária gravidade ou aptidão para lesar a normalidade das eleições. Irregularidades de pequena monta, localizadas, certamente não exibem a robustez necessária para macular um pleito. Nessa perspectiva, impossível será que o acontecimento inquinado não chegue ao conhecimento do candidato, cumprindo-lhe ultimar as providências cabíveis – judiciais, se necessário – para fazê-lo cessar. O candidato que assiste passivamente ao desenrolar de fatos nocivos ao processo eleitoral – mas que são benéficos a sua campanha – com eles se torna conivente.

De qualquer sorte, o *prévio conhecimento* do abuso pode ser evidenciado em situações como estas: *(i)* sempre que o candidato seja o responsável direto pela realização do fato considerado abusivo ou dele participe; *(ii)* se as circunstâncias e as peculiaridades do caso concreto revelarem a impossibilidade de o beneficiário não ter tido conhecimento do evento.

23.4.11 Prazo para ajuizamento

A AIJE pode ser ajuizada no período compreendido entre as convenções e o registro de candidatura, até a data da diplomação dos eleitos.

Esse marco inicial não é aleatório. Deveras, a parte final do art. 22, *caput*, da LC nº 64/90 estabelece que o abuso de poder objeto da ação deve ter ocorrido "em benefício de candidato ou de partido político". A rigor, "candidato" é aquele cujo pedido de registro de candidatura foi deferido pela Justiça Eleitoral – e obviamente não seria razoável aguardar esse ato oficial para só então se poder ajuizar a presente demanda. Daí que na referida cláusula legal o termo "candidato" deve ser lido em sentido amplo, compreendendo o pretenso candidato ou pré-candidato, ou seja, o cidadão escolhido em convenção partidária para disputar o pleito. Ainda porque o pedido de registro de candidatura pode ser formalizado tão logo concluída a convenção, sendo, portanto, já conhecido o "candidato" do partido. Não se pode olvidar que a ação em apreço tem sempre em mira determinado processo eleitoral, bem como fatos relacionados a candidatos ou pré-candidatos que nele disputarão mandato eletivo. Se procedente o pedido exordial, o resultado será a declaração do abuso de poder aliada à desconstituição do registro ou mandato e/ou decretação da inelegibilidade do candidato beneficiado com o ilícito.

Nesse quadro, excetuando a hipótese de tutela de urgência cautelar, inútil seria o processo judicial iniciado em momento anterior à convenção partidária e ao registro de candidatura se o réu decidir não disputar a indicação de seu nome naquela assembleia ou, disputando-a, não for o escolhido, pois nessas hipóteses sua candidatura não será formalizada perante a Justiça Eleitoral.

Observe-se, todavia, que o fato considerado abusivo (*i.e., o fundamento da ação*) pode ter ocorrido em momento anterior à referida baliza inicial.

> "[...] Ação de investigação judicial eleitoral (AIJE). Abuso de poder político. Art. 22 da LC 64/90. [...] 3. O Tribunal Superior Eleitoral entende que atos praticados no ano anterior ao da eleição podem configurar abuso de poder, o que atrai a competência desta Justiça. [...]" (TSE – AgR-AREspe nº 060072049/RJ – *DJe* 24-10-2024).

"[...] 2. O termo inicial para ajuizamento da AIJE é o registro de candidatura, não sendo cabível a sua propositura se não estiver em jogo a análise de eventual benefício contra quem já possui a condição de candidato, conforme interpretação do art. 22, inciso XIV, da LC nº 64/1990. No caso concreto, a AIJE foi ajuizada em março de 2014, bem antes do pedido de registro de candidatura. Entendimento que não impede o ajuizamento da referida ação após o registro de candidatura, mormente quando se sabe que a jurisprudência do TSE admite na AIJE o exame de fatos ocorridos antes do registro de candidatura, motivo pelo qual não há que se falar em violação ao art. 5º, inciso XXXV, da CF/1988. Tampouco impede que a parte interessada requeira a sustação cautelar daquele ato abusivo, como previsto, por exemplo, no art. 73, § 4º, da Lei nº 9.504/1997, segundo o qual 'o descumprimento do disposto neste artigo acarretará a suspensão imediata da conduta vedada, quando for o caso, e sujeitará os responsáveis a multa no valor de cinco a cem mil UFIR'. 3. Agravo regimental desprovido. *Decisão*: O Tribunal, por unanimidade, desproveu o agravo regimental, nos termos do voto do Relator" (TSE – AgR-RO nº 10520/MG – *DJe* 23-2-2016).

"Recurso ordinário. Eleição 2002. Ação de investigação judicial eleitoral. Art. 22, LC nº 64/90. Propaganda. Uso indevido dos meios de comunicação. Fato ocorrido antes do registro. Irrelevância. Recursos improvidos. I – Admite-se a ação de investigação judicial eleitoral, fundada no art. 22 da LC nº 64/90, que tenha como objeto abuso ocorrido antes da escolha e registro do candidato (REspe nºs 19.502/GO, rel. Min. Sepúlveda Pertence, *DJ* de 1º-4-2002, e 19.566/MG, rel. Min. Sálvio de Figueiredo, *DJ* de 26-4-2002) [...]" (TSE – RO nº 722/PR – *DJ* 20-8-2004, p. 125).

O marco final para o ajuizamento é fixado na "data da diplomação". Nesse sentido: TSE – Ag-REspe nº 1635/SC – *DJe*, t. 76, 17-4-2018, p. 14-16; TSE – Ag-RMS nº 5390/RJ – *DJe*, t. 99, 29-5-2014, p. 71; TSE – RO nº 1540/PA – *DJe* 1-6-2009, p. 25-27; TSE – Rp nº 628/DF – *DJ* 21-3-2003, p. 144. *Data* é vocábulo indicativo de tempo e designa o dia, mês e ano de um calendário. Trata-se, portanto, do dia da diplomação, e não da hora em que esse ato ocorre. É "indiferente o horário do protocolo [da petição inicial] na referida data, se antes ou depois da outorga dos diplomas pela Justiça Eleitoral" (TSE – AREspe nº 060056240/CE – *DJe* 4-11-2024).

Sendo ultrapassado esse limite, a parte legitimada decai do direito de ingressar com a ação em foco, não mais podendo ajuizá-la. Essa solução afina-se com o princípio da segurança jurídica. Visa impedir a ocorrência de demandas oportunistas, em épocas já recuadas do processo eleitoral, bem como obstar que as discussões a respeito dos acontecimentos em torno das eleições fiquem eternamente pendentes, o que carrearia instabilidade ao exercício dos mandatos.

23.4.12 Litispendência e coisa julgada

A litispendência e a coisa julgada resultam da reiteração de ações. À vista da teoria da tríplice identidade (*tria eadem*), as ações se identificam por três elementos: partes, pedido e causa de pedir. Há litispendência quando se repete ação que está em curso. Há coisa julgada quando se repete ação que já foi decidida por decisão transitada em julgado (CPC, art. 337, §§ 2º e 3º).

Por óbvio, pode haver litispendência e coisa julgada entre ações eleitorais.

De sorte que, entre AIJE e AIME é possível haver litispendência e coisa julgada. Enquanto por essa última o que se pede é a desconstituição de mandato, pela primeira pretende-se a cassação do registro ou diploma de candidato e a imposição de inelegibilidade. Assim, havendo identidade de fundamento fático-jurídico (ex.: abuso de poder econômico), o pedido formulado na AIJE poderá abranger o da AIME.

Note-se que, se houver identidade de fundamento fático-jurídico, poderá ocorrer litispendência entre duas ações eleitorais ainda que as partes não sejam as mesmas. Por exemplo: AIME ajuizada por um partido político com idêntico fundamento fático-jurídico a AIJE anteriormente ajuizada pelo Ministério Público.

A respeito, ressaltam Marinoni, Arenhart e Mitidiero (2016, p. 191) que

> "No entanto, é preciso perceber que, embora o critério da tríplice identidade tenha sido positivado entre nós, é possível ainda cotejar ações pelo *critério da relação jurídica base* para chegar-se à conclusão de que há litispendência ou coisa julgada entre duas ações sem que essas tenham as mesmas partes, causa de pedir e pedido. Isso porque o critério fornecido pelos *tria eadem* pode ser insuficiente para resolver problemas atinentes à identificação e semelhança entre as ações em determinadas situações. Nesses casos, além de empregar-se o critério da tríplice identidade, pode-se recorrer subsidiariamente ao critério da relação jurídica base a fim de se saber se há ou não ação repetida em determinado contexto litigioso".

Já entre AIME e RCED (com a alteração promovida no art. 262 do CE pela Lei nº 12.891/2013), não é possível haver litispendência, porque apresentam diversidade de causa de pedir.

23.4.13 Sucessão processual

Pelo princípio da estabilidade subjetiva da demanda, as partes indicadas na petição inicial devem permanecer as mesmas até o final do processo. Uma vez que o processo esteja formado e assim definidas as partes, somente se admite a alteração subjetiva "nos casos expressos em lei" (CPC, art. 108), entre os quais destaca-se "a morte de qualquer das partes" (CPC, art. 110). Para fins de sucessão processual, a extinção de pessoa jurídica no curso da demanda equivale à morte da pessoa natural (STJ – AgInt no AREsp nº 1.827.513/MG – 3ª T. – Rel. Min. Ricardo Villas Bôas Cueva – *DJe* 9-10-2024).

Em processos eleitorais, afigura-se razoável admitir-se a sucessão processual nas hipóteses de fusão e incorporação de partidos políticos, porque legalmente a nova entidade deve suceder a que foi fundida ou incorporada em suas relações (TSE – ED-AgR-AREspE nº 060000282/BA – *DJe* 19-5-2023).

Por não haver previsão legal, não se tem admitido sucessão processual na hipótese de o candidato que ajuizou a demanda ser substituído por outra pessoa (independentemente do motivo da substituição); de modo que o substituto não pode ingressar no processo já em curso à guisa de sucessão processual. É possível, porém, que o órgão do Ministério Público assuma o polo ativo da relação processual. Nesse sentido:

> "[...] 3. Inexiste previsão legal para que o candidato substituto suceda o substituído no polo ativo das ações eleitorais, cabível a remessa dos autos ao Ministério Público, para eventual assunção do feito, considerado o disposto no art. 127 da Lei Maior. 4. O candidato, no polo ativo das ações eleitorais, não age para defender direito próprio, pois sua legitimação decorre da necessidade de se resguardar o interesse público na preservação da lisura do pleito, razão pela qual não há falar em sucessão processual. [...]. Agravo regimental conhecido e não provido" (TSE – AgR-REspe nº 27722/BA – *DJe* 30-6-2017).

Se o polo ativo do processo não for assumido pelo Ministério Público, impõe-se sua extinção sem julgamento do mérito (CPC, art. 485, IV e VI).

712 | DIREITO ELEITORAL – José Jairo Gomes

23.4.14 Desistência da ação

Não se há negar a predominância de relevante interesse público na AIJE. Encontram-se em jogo a imagem e a credibilidade do sistema eleitoral, em relação ao qual nenhuma suspeita pode pairar. Indiscutivelmente, a eleição é a mais importante forma de expressão da soberania popular. Por isso mesmo, a *vox populi* deve encontrar ambiente seguro e confiável para manifestar-se, de sorte que a legitimidade dos mandatos daí saídos seja inconteste.

Se é assim, qualquer fato que possa desequilibrar o pleito ou carrear-lhe a pecha de ilegítimo ostenta relevante interesse público em sua apuração e em seu esclarecimento. Cuidando-se de legitimidade das eleições, não se pode transigir com meias verdades.

Diante disso, uma vez ajuizada AIJE, é dado ao autor dela *desistir*? Não parece razoável fazer com que o representante prossiga com demanda em relação à qual já não tem interesse. O Código de Processo Civil prevê a possibilidade de desistência em seu art. 485, § 5º, desde que seja "apresentada até a sentença".

Por outro lado, o interesse público e indisponível que se apresenta não recomenda a extinção do processo *tout court*, pelo simples querer das partes. Assim, temos que, admitida a desistência, se for aceita pela parte contrária (CPC, art. 485, VIII, § 4º), deve o Ministério Público assumir o polo ativo da relação processual. Apesar de não existir específica previsão legal nos domínios da legislação eleitoral, há situações – previstas em lei – em que o Ministério Público deve assumir a titularidade da demanda. Por exemplo: o art. 976, § 2º, do CPC determina que o *Parquet* assuma a titularidade do incidente de resolução de demandas repetitivas "em caso de desistência ou de abandono" por parte do autor. Outro exemplo: dispõe o art. 9º da Lei nº 4.717/65 (Lei de Ação Popular) que, se o autor popular desistir da ação ou provocar a extinção do processo, ficará assegurado ao representante do Ministério Público dar-lhe seguimento. Nos dois exemplos, prevalece o interesse público consistente em dar-se prosseguimento à demanda. De sorte que, no Eleitoral, hão de preponderar os valores e princípios altamente significativos para o Estado Democrático de Direito, como são a lisura e a legitimidade do processo eleitoral.

23.4.15 Competência

A competência do órgão judicial é pressuposto processual relacionado ao desenvolvimento válido do processo. Divide-se a competência em absoluta e relativa. A primeira é fundada na matéria, na pessoa ou na função, sendo inderrogável por convenção das partes (CPC, art. 62). Já a relativa refere-se ao valor e ao território, podendo ser modificada pela vontade das partes ou por prorrogação decorrente de conexão ou continência (CPC, art. 54).

A competência para conhecer e julgar AIJE é de natureza absoluta quer seja em razão da matéria, que é especializada, quer seja em razão da função – escalonamento e natureza das eleições.

Assim, nas eleições presidenciais, a demanda deve ser ajuizada no Tribunal Superior Eleitoral, especificamente perante a Corregedoria-Geral Eleitoral, pois é esse o órgão responsável pela instrução. Mas o julgamento é feito pela Corte Superior, à qual o Corregedor apresenta relatório após o encerramento da instrução.

Já nas eleições federais e estaduais deve a demanda ser ajuizada no Tribunal Regional Eleitoral, especificamente perante a Corregedoria-Regional Eleitoral, que é o órgão responsável pela instrução. O julgamento é afeto à Corte Regional, à qual o Corregedor apresenta relatório após o fim da instrução.

Por fim, nas eleições municipais não ocorre a separação entre, de um lado, instrução, e, de outro lado, julgamento. Isso porque é enfeixada nas mãos do juiz eleitoral a competência para instruir o feito e julgá-lo. Nesse diapasão, reza o art. 24 da LC nº 64/90:

"Nas eleições municipais, o Juiz Eleitoral será competente para conhecer e processar a representação prevista nesta lei complementar, exercendo todas as funções atribuídas ao Corregedor-Geral ou Regional, constantes dos incisos I a XV [o inciso XV foi revogado pela LC nº 135/10] do art. 22 desta lei complementar [...]".

Similarmente, ao órgão do Ministério Público Eleitoral em exercício nas zonas eleitorais tocarão as atribuições deferidas ao Procurador-Geral e Regional Eleitoral.

Saliente-se que – salvo em matéria criminal – inexiste, nos domínios eleitorais, "foro por prerrogativa de função". Destarte, nas eleições municipais, a competência na AIJE segue sendo do juiz eleitoral, apesar de o representado receber diploma de Prefeito. Nas federais e estaduais, a competência permanece afeta ao Tribunal Regional, a despeito de o representado ter sido diplomado Governador, Senador ou Deputado Federal. Nesse sentido:

"Membro do Congresso Nacional. Representação fundada na Lei Complementar nº 64/90 (art. 22), para efeito de apuração de alegado abuso de poder econômico supostamente decorrente de excesso praticado na efetivação de doação eleitoral (Lei nº 9.504/97, arts. 23, § 3º, e 81, § 2º, e Resolução TSE nº 23.217/2010, art. 16, § 4º). Quebra de sigilo bancário do parlamentar federal decretada pela Justiça Eleitoral. Possibilidade. Investigação judicial eleitoral (LC 64/90, art. 22, XIV). Natureza. Doutrina. Precedentes. Procedimento que se destina a impor sanções de Direito Eleitoral, desvestidas de natureza criminal. Inocorrência, em tal hipótese, de usurpação da competência penal originária do Supremo Tribunal Federal, eis que inexistente prerrogativa de foro 'ratione muneris', em tema de investigação judicial eleitoral. Reclamação a que se nega seguimento" (STF – decisão monocrática na Rcl. nº 13.286/RN – Rel. Min. Celso de Mello – *DJe* nº 42, 28/2/2012 – Fonte: <http://www.stf.jus.br/portal/processo/verProcessoAndamento.asp?incidente=4197909>. Acesso em: 29 fev. 2012).

Modificação da competência: conexão – o art. 96-B da LE (incluído pela Lei nº 13.165/2015) dispõe sobre a reunião para julgamento comum das "ações eleitorais propostas por partes diversas sobre o mesmo fato". Esse tema será mais bem desenvolvido no final do presente capítulo.

23.4.15.1 Conflito de competência

O conflito de competência, negativo ou positivo, em matéria eleitoral é regulado tanto pelo Código Eleitoral (arts. 22, I, *b*, e 29, I, *b*) quanto, supletivamente, pelo CPC (arts. 951 ss.), ambos submetidos às normas constitucionais, notadamente as que se fazem aplicar pela hierarquia (CF, arts. 102, I, *o*, 105, I, *d*, e 108, I, *e*).

O incidente pode ser suscitado pelas partes ou pelo Ministério Público mediante petição, ou, ainda, pelo próprio juiz mediante ofício. Ao suscitante incumbe instruí-lo com todos os documentos pertinentes e "necessários à prova do conflito" (CPC, art. 953, parágrafo único).

Distribuído o feito e determinada ou não a suspensão do processo objeto do conflito, o relator ouvirá os juízes envolvidos ou, se um deles for suscitante, apenas o suscitado (CPC, art. 954).

Não sendo o suscitante, o *Parquet* será ouvido como *custus juris*.

Na decisão, deve o tribunal declarar qual o juízo competente, pronunciar-se sobre a validade dos atos praticados pelo juízo incompetente e determinar a remessa dos autos ao juízo competente.

Se já existir sentença transitada em julgado proferida por um dos juízos conflitantes, não tem cabimento conflito de competência (Súmula STJ nº 59).

O processo jurisdicional eleitoral possui distribuição própria de competência para o julgamento de seus conflitos. O quadro a seguir resume esse tema.

Órgãos em conflito	Competência para conhecer e julgar	Fundamento legal
Juiz Eleitoral × Juiz Eleitoral (no mesmo Estado)	TRE	CE, art. 29, I, *b*
Juiz Eleitoral × Juiz Eleitoral (de Estados diversos)	TSE	CE, art. 22, I, *b*
Juiz Eleitoral × Juiz de Direito ou Juiz Federal (ou entre qualquer órgão jurisdicional de Justiças diversas, exceto os superiores)	STJ	CF, art. 105, I, *d* (*in fine*)
Qualquer órgão da Justiça Eleitoral × qualquer Tribunal Superior	STF	CF, art. 102, I, *o*
Juiz Eleitoral × TRE (Estados diversos)	TSE	CE, art. 22, I, *b*
Juiz Eleitoral × TRE (mesmo Estado)	Não há conflito. O próprio TRE decide se avoca ou não o processo.	*nihil*
TRE × Juiz de Direito ou Juiz Federal (ou entre qualquer órgão jurisdicional de Justiças diversas, exceto os superiores)	STJ	CF, art. 105, I, *d*
TRE × TRE	TSE	CE, art. 22, I, *b*
TRE × TJ ou TRF	STJ	CF, art. 105, I, *d*
TSE × qualquer outro juiz ou tribunal	STF	CF, art. 102, I, *o*

Fonte: Elaborado pelo autor.

23.4.16 Tutela provisória

23.4.16.1 Tutela provisória de urgência antecipada

O instituto da tutela antecipada foi introduzido no sistema processual pátrio pela Lei nº 8.952/94. Atualmente, encontra-se regulada no Livro V da parte geral do CPC (arts. 294 ss.). Por ele, antecipa-se provisoriamente ao autor a própria pretensão deduzida (ou a ser deduzida) em juízo ou os efeitos dela decorrentes, ou seja, concede-se desde logo a tutela jurisdicional do direito ou da situação jurídica material pleiteada. Visa concretizar os princípios da igualdade e da segurança jurídica, inserindo-se no contexto do acesso à Justiça e da efetividade *do processo* (CF, art. 5º, XXXV). Com efeito, de nada serve tutela jurisdicional tardia, que tenha se tornado inócua em razão do decurso do tempo.

A prestação jurisdicional rápida e eficaz, a tempo e modo, constitui direito fundamental. Di-lo o inciso LXXVIII, introduzido no art. 5º da Lei Maior pela EC nº 45/2004: "a todos, no âmbito judicial e administrativo, são assegurados a razoável duração do processo e os meios que garantam a celeridade de sua tramitação". Por força do § 1º do mesmo artigo, a nova regra apresenta eficácia imediata, não dependendo de regulamentação infraconstitucional.

A antecipação da tutela é admitida em qualquer tipo de ação de conhecimento, seja ela meramente declaratória, constitutiva (positiva ou negativa), mandamental ou condenatória.

A provisoriedade significa que a tutela concedida pode ser revogada ou modificada a qualquer tempo, o que se dá por decisão interlocutória.

A problemática da *efetividade do processo* adquire especial relevo nos domínios eleitorais, porquanto nessa seara a celeridade é regra de ouro: a eleição deve ser concluída dentro de determinado período, assim como – por exigência do princípio republicano – o mandato tem prazo certo para ser exercido. A demora, aqui, mais do que em qualquer outro ramo do Direito, pode ensejar a completa inutilidade da tutela jurisdicional, e a um só tempo arrasta ao desprestígio o Poder Judiciário e à frustração os cidadãos que anseiam por verem maior penetração do Direito e da ética nos domínios políticos.

O art. 22, I, *b*, da LC nº 64/90 autoriza expressamente o manejo da tutela antecipada. Com efeito, impõe ao órgão judicial que, ao despachar a exordial, determine "que se suspenda o ato que deu motivo à representação, quando for relevante o fundamento e do ato impugnado puder resultar a ineficiência da medida, caso seja julgada procedente".

Nos termos do art. 300, *caput*, do CPC, são requisitos para a concessão da antecipação da tutela: (a) probabilidade do direito alegado – que deve ser compreendido como *fumus boni juris*; (b) perigo de dano – que deve ser compreendido como *periculum in mora*; (c) inexistência de *perigo de irreversibilidade dos efeitos da decisão (§ 3º)*.

O escopo da AIJE por abuso de poder é a cassação do registro do candidato ou do diploma, se eleito, bem como a constituição de sua inelegibilidade.

A *cassação do registro* impede que o candidato-réu prossiga em sua campanha e seja votado. É como se ficasse privado da cidadania passiva, do *jus honorum*, já que não pode disputar o certame e, eventualmente, ser votado e eleito. Ao final do processo, se o pedido posto na petição inicial for julgado improcedente, o dano advindo àquele que, por decisão antecipatória do mérito, ficou privado de concorrer ao pleito será certamente irreparável, irreversível. Ora, reza o § 3º do art. 300 do CPC: "A tutela de urgência de natureza antecipada não será concedida quando houver perigo de irreversibilidade dos efeitos da decisão".

Também a inelegibilidade não poderia ser objeto de provimento antecipatório, já que, na dicção do inciso XIV, art. 22, da LC nº 64/90, ela é cominada "para as eleições a se realizarem nos 8 (oito) anos subsequentes à eleição em que se verificou".

Já no que concerne à *cassação de diploma*, cumpre distinguir. Antes da proclamação do resultado das eleições, parece igualmente incabível a concessão de tutela antecipada. É que ainda não se sabe se o representado será ou não eleito e, pois, se terá direito de ser diplomado. Ora, a decisão judicial deve ser certa (CPC, art. 492, parágrafo único); somente se admite seja incerta quando a incerteza decorrer da própria relação jurídica material, como ocorre com a condição. No caso em tela, não sendo o representado eleito, a decisão antecipatória do provimento final revelar-se-ia totalmente inócua.

Diferentemente, se o pedido de antecipação for julgado depois da proclamação dos resultados das eleições, em tese, não se vislumbra óbice a seu acolhimento, desde que o julgamento emane de órgão colegiado e existam provas materiais robustas acerca dos requisitos dessa medida. Como fundamento, pode-se cogitar o direito difuso de não ser expedido diploma obtido por via espúria, o que fatalmente levará ao exercício ilegítimo de mandato eletivo, ainda que temporariamente. Se, de um lado, é incontestável a soberania das urnas, de outro, há que se ponderar o direito político difuso relativamente ao exercício de mandato somente por quem o tenha alcançado legitimamente, com observância das regras e dos procedimentos legais. Indubitavelmente, é irreparável o dano difuso provocado por quem, tendo exercido mandato durante algum tempo, perde-o em virtude de decisão emanada da Justiça Eleitoral. Afinal, a que título devem os cidadãos obedecer a atos e leis produzidos com a contribuição de quem, dada a evidência dos fatos e das provas carreadas, jamais deveria ter sido investido na representação popular?

Como visto, o diploma *certifica* o resultado das eleições; sua natureza é de ato administrativo. Por óbvio, a "cassação antecipada do diploma" significa mera recusa a que esse documento seja expedido enquanto o processo estiver pendente. Por óbvio, essa decisão não obsta a que o candidato concorra ao certame, seja votado e até eleito (mesmo porque as eleições já terão

DIREITO ELEITORAL – José Jairo Gomes

ocorrido). Isso fica bem visível quando a ação em tela é ajuizada entre a data da proclamação do resultado do pleito e o dia designado para a diplomação.

Saliente-se inexistir aqui o risco de irreversibilidade do provimento antecipado (CPC, art. 300, § 2º), porquanto, se o pedido principal for julgado *improcedente* depois da data marcada para a posse dos candidatos eleitos, o réu simplesmente recebe o diploma e investe-se daí em diante no exercício do mandato. Como se nota, a só antecipação não ergue óbices insuperáveis à cidadania passiva, já que não impede de modo absoluto que o réu possa participar da gestão estatal.

23.4.16.2 Tutela provisória de urgência cautelar

A tutela provisória de urgência de natureza cautelar é admitida no procedimento em apreço. Sua finalidade é conservar determinado bem ou situação jurídica a fim de que, ao final, em cognição exauriente, a pretensão do autor possa ser devidamente satisfeita se o mérito da causa for julgado procedente. Por isso se diz que esse tipo de tutela visa salvaguardar o eventual resultado útil do provimento final no processo em que é pleiteada; esse resultado (= a situação jurídica ou o direito pleiteado na demanda) é provisoriamente protegido para, ao final, em cognição exauriente, ser devidamente satisfeito se o pedido for julgado procedente. No caso, a satisfação consubstancia-se na concretização da tutela jurisdicional pleiteada ao Estado-juiz.

O fundamento da tutela cautelar encontra-se no Livro V da Parte Geral do CPC, notadamente em seu art. 300 que requer a presença de "elementos que evidenciem a probabilidade do direito e o perigo de dano ou o risco ao resultado útil do processo", que respectivamente devem ser compreendidos como *fumus boni iuris* e *periculum in mora*. O pleito cautelar poderá ser deduzido de forma antecedente (CPC, arts. 305-309) à ação em apreço, ou incidentalmente, em seu próprio corpo. Ademais, poderá o pedido ser concedido liminarmente, sem ouvir-se a parte adversa (CPC, art. 300, § 2º).

Ademais, o art. 22, I, *b*, da LC nº 64/90 autoriza expressamente o manejo de tutela cautelar. Com efeito, impõe ao órgão judicial que, ao despachar a exordial, determine "que se suspenda o ato que deu motivo à representação, quando for relevante o fundamento e do ato impugnado puder resultar a ineficiência da medida, caso seja julgada procedente".

Vale ressaltar que pela via da tutela cautelar não se pode desfazer o registro do candidato representado, tampouco constituir inelegibilidade.

23.4.16.3 Tutela provisória de evidência

A tutela de evidência é uma espécie de tutela provisória, encontrando-se prevista no art. 311 do CPC. Por ela, diante da manifesta verossimilhança ou do alto grau de probabilidade do direito ou da situação jurídica afirmada pelo autor, desde logo autoriza-se o juízo, em cognição sumária, a conceder a tutela pleiteada.

Como bem assinalou Wambier *et alii* (2015, p. 524), trata-se "de uma tutela provisória, *mas não de urgência*, porquanto fundada exclusivamente na evidência do direito, não se cogitando de *periculum in mora*". Tanto assim que o *caput* do art. 311 do CPC afirma que a tutela será concedida "independentemente da demonstração de perigo de dano ou de risco ao resultado útil do processo", isto é, independentemente de *periculum in mora*.

As hipóteses que permitem a concessão da tutela em exame encontram--se elencadas nos incisos do art. 311 do CPC, valendo destacar as seguintes: "I – ficar caracterizado o abuso do direito de defesa ou o manifesto propósito protelatório da parte; [...] IV – a petição inicial for instruída com prova documental suficiente dos fatos constitutivos do direito do autor, a que o réu não oponha prova capaz de gerar dúvida razoável. [...]".

Cap. 23 • AÇÕES ELEITORAIS: PROCEDIMENTO DO ART. 22 DA LC Nº 64/90 | 717

Ao autor cumpre evidenciar esses pressupostos mediante prova documental juntada à petição inicial.

Não se afigura possível a concessão de tutela de evidência em sede de AIJE. Isso porque ela é baseada em cognição sumária e, portanto, em juízo de verossimilhança ou probabilidade dos fatos arguidos. Na AIJE, a procedência do pedido afeta de maneira relevante a cidadania passiva, pois implica a cassação de registro, diploma ou constituição de inelegibilidade do réu, sanções essas que, para serem efetivadas, exigem cognição exauriente. Para imposição de tais sanções, é sempre necessário seguir-se o rito processual em todas as suas fases, pois a observância da forma constitui garantia inarredável decorrente do devido processo legal.

23.4.17 Citação

A citação deve ser realizada consoante o Código de Processo Civil e, quanto à forma, deve ser pessoal. Sobre isso, o art. 22, I, alínea *a*, da LC nº 64/90 não dá margem a dúvidas, pois estabelece que, ao ser notificado (*rectius*: citado) do conteúdo da petição, deve o representado receber "a segunda via apresentada pelo representante com as cópias dos documentos" que a acompanharem.

A observância desse preceito impõe-se ainda que a citação ocorra durante o chamado período eleitoral (Res. TSE nº 23.608/2019, arts. 11, § 2º, e 46-A, § 5º) – situado entre o registro de candidatura e a diplomação dos eleitos.

A ausência de citação pela forma legalmente prevista é causa de nulidade. Todavia, no sistema eleitoral – por disposição expressa do art. 219 do CE –, vige o princípio *pas de nullité sans grief*, ou seja, não se declara nulidade de um ato sem que dele resulte prejuízo. É a consagração da instrumentalidade das formas, presente também nos processos civil e penal. Com efeito, o art. 277 do CPC estabelece: "Quando a lei prescrever determinada forma, o juiz considerará válido o ato se, realizado de outro modo, lhe alcançar a finalidade". Por outro lado, dispõe o art. 282, § 1º, desse diploma: "O ato não será repetido nem sua falta será suprida quando não prejudicar a parte". Exige-se, pois, a demonstração de prejuízo. Saliente-se que a falta de citação é suprida pelo comparecimento espontâneo do réu a juízo (CPC, art. 239, § 1º). Na jurisprudência, o TSE já entendeu que, a despeito da ausência de citação *pessoal* do réu, a defesa apresentada pela coligação pela qual concorre supre a nulidade daí resultante, não havendo, de resto, prejuízo a justificar a anulação do processo. A ver:

> "[...] 1. Embora a citação do candidato na investigação judicial não tenha sido procedida de forma pessoal, conforme estabelece a Lei de Inelegibilidades, não há que se falar em prejuízo se a coligação que o representa apresentou sua defesa. 2. Opostos embargos de declaração pelo representado no Tribunal Regional, deveria ter sido suscitada eventual nulidade, caso assim entendesse, sendo que a desistência desses embargos não o desobrigou dessa arguição, tornando-se a questão preclusa. Embargos rejeitados" (TSE – ERRO nº 688/SC – *DJ* 17-9-2004, p. 177).

Feita a citação, determina o inciso IV do art. 22 da LC nº 64/90 que a secretaria do Tribunal junte "aos autos cópia autêntica do ofício endereçado ao representado, bem como a prova da entrega ou da sua recusa em aceitá-la ou dar recibo".

23.4.18 Defesa

Uma vez citado, o representado tem o prazo de cinco dias para se defender. Sendo pessoal a citação, o referido prazo é contado a partir da "data de juntada aos autos do mandado cumprido"; se houver mais de um réu, a contagem inicia-se a partir da última data (CPC, art. 231, II, § 1º).

Nessa oportunidade, deve deduzir toda a matéria de defesa (princípio da eventualidade), expondo as razões de fato e de direito com que rechaça o pedido exordial. Em preliminar, qualquer dos temas elencados no art. 337 do CPC poderá ser levantado.

A contestação deve especificar todas as provas com que se pretende demonstrar a verdade dos fatos alegados. Nesse sentido, a alínea *a*, I, art. 22, da LC nº 64/90 prevê expressamente que o réu "ofereça ampla defesa", exemplificando com a "juntada de documentos e rol de testemunhas". Obviamente, se o réu tem a garantia de ampla defesa, "com os meios e recursos a ela inerentes" (CF, art. 5º, LV), poderá requerer a produção de quaisquer provas que entender pertinentes para a comprovação de suas alegações, independentemente de serem ou não previstas em lei. Portanto, quaisquer meios de prova poderão ser pleiteados pela defesa, quer sejam típicos (*i.e.*, regulados em lei), quer sejam atípicos e "moralmente legítimos" (CPC, art. 369). De sorte que pode ser postulada a produção de prova testemunhal, documental, ata notarial, pericial etc.

Quanto à prova testemunhal, extrai-se da alínea *a*, I, art. 22, da LC nº 64/90 que a contestação deve trazer o rol de testemunhas, sob pena de incidir a preclusão temporal. Nos termos do inciso V, art. 22, LC nº 64/90, o número máximo de testemunhas que se admite é seis. Aplica-se aqui a parte final do § 6º do art. 357 do CPC, pelo que a parte poderá arrolar até três testemunhas "no máximo, para a prova de cada fato". Diante disso, quando forem oferecidas mais de três testemunhas para a prova de um mesmo fato, poderão as restantes ser dispensadas pelo juiz. O § 7º daquele dispositivo do Código – igualmente aplicável ao procedimento em exame – permite ao juiz "limitar o número de testemunhas levando em conta a complexidade da causa e dos fatos individualmente considerados". A complexidade da causa também permite ao juiz deferir a oitiva de mais de seis testemunhas, sob pena de se ferirem a ideia de processo justo e o direito de prova.

Sobre a prova documental, da alínea *a*, I, art. 22, da LC nº 64/90 também se extrai a necessidade de a peça defensiva ser instruída com os *documentos indispensáveis* para demonstrar a existência dos fatos arguidos. Com efeito, só é admissível a juntada ulterior de documentos novos. Por outro lado, se os documentos indicados estiverem em poder de terceiros, aí incluídas repartições públicas, tendo sido negado acesso a eles, deverá o representado requerer ao juiz da causa que os requisite.

Caso a contestação seja acompanhada de documentos, deve o juiz abrir vista dos autos à parte autora para apresentar réplica e, pois, manifestar-se sobre eles (CPC, art. 437) no prazo de 2 (dois) dias (Res. TSE nº 23.608/2019, art. 47-A). É essa uma exigência do contraditório efetivo (CPC, arts. 9º e 10), que veda a surpresa e possibilita à parte atuar no sentido de influenciar efetivamente no convencimento do juiz e consequentemente no conteúdo da decisão judicial.

Por ser a inelegibilidade matéria de ordem pública, indisponível, portanto, não incide a presunção de veracidade dos fatos articulados na exordial se o réu, citado na forma legal: *(i)* não apresentar contestação e tornar-se revel; *(ii)* na contestação apresentada, não se manifestar "precisamente sobre as alegações de fato constantes da petição inicial" (CPC, arts. 240, 341, 344, 345, II).

Portanto, são inaplicáveis a presunção de veracidade decorrente da não impugnação específica dos fatos alegados pelo autor, e a confissão ficta. Deveras, a procedência da ação em exame requer sempre a apresentação de prova irrefragável dos fatos em que se baseia.

A reconvenção, em princípio, não se apresenta incompatível com o rito da AIJE. Como se sabe, esse instituto possui natureza de ação judicial na qual o réu (reconvinte) deduz pretensão própria contra o autor (reconvindo). O novo CPC admite a ampliação subjetiva da reconvenção em seu art. 343, §§ 3º e 4º, de modo que ela também pode ser proposta: *(i)* pelo réu contra terceiro; *(ii)* pelo réu em litisconsórcio com terceiro. Uma vez manejada, amplia-se o objeto processual, pois no mesmo processo são acumuladas a ação e a reconvenção, sendo a petição desta distribuída por dependência. Ambas as causas devem ser decididas na mesma sentença. O art. 343, *caput*, do CPC condiciona o cabimento da reconvenção à existência de conexão entre esta e "a ação principal ou com o fundamento da defesa". Evidentemente, também é preciso que o juiz seja competente para ambas as ações e que haja compatibilidade de ritos.

Deveras, não é difícil imaginar uma AIJE em que o reconvinte negue a autoria do evento abusivo, atribuindo-a ao reconvindo e, por isso mesmo, pugne pela cassação de seu registro ou diploma, e a decretação de sua inelegibilidade.

Há, porém, uma limitação insuperável para a reconvenção. É que, sendo certo que a AIJE só pode ser ajuizada até a diplomação dos eleitos, tal modalidade de defesa sofre igualmente essa restrição temporal. Do contrário, estar-se-ia admitindo o ajuizamento de AIJE fora do prazo legal.

23.4.19 Arguição de incompetência

Sob o regime do revogado CPC de 1973, a incompetência absoluta tinha de ser arguida em preliminar de contestação, enquanto a relativa deveria ser arguida por meio de *exceção* (CPC de 1973, art. 112).

No entanto, de acordo com o CPC de 2015 também a incompetência relativa deve ser questionada em *preliminar* de contestação (CPC, arts. 64, 65 e 337, II).

A *incompetência absoluta* é revestida de interesse público, podendo, por isso, ser alegada em qualquer tempo e grau de jurisdição, devendo, ainda, ser declarada *ex officio* pelo juiz (CPC, art. 64, § 1º). Ademais, a sentença prolatada por juiz absolutamente incompetente pode ser rescindida (CPC, art. 966, II, segunda figura).

Já na *incompetência relativa* não prepondera o interesse público, mas o particular, isto é, das próprias partes. Não sendo arguida, prorroga-se a competência do juiz, que se torna competente para a causa (CPC, art. 65).

Na AIJE a competência é sempre absoluta, seja em razão da matéria (*que é especializada, pois atribuída à Justiça Eleitoral pela Constituição*), seja em razão da função (a competência é afeta ao órgão e instância responsável pela realização da eleição).

23.4.20 Arguição de imparcialidade do juiz: impedimento e suspeição

A Declaração Universal dos Direitos Humanos proclama em seu art. X que "Toda pessoa tem direito, em plena igualdade, a que a sua causa seja equitativa e publicamente julgada por um tribunal independente e imparcial [...]".

Deveras, a impessoalidade é uma das características mais relevantes da jurisdição. O julgamento justo pressupõe a imparcialidade do juiz ou sua adequação lógica e psicológica para conhecer e julgar a causa. A esse respeito, obtempera Amaral Santos (1989, p. 196) que o direito de recusar juiz imparcial vem ao encontro do interesse do Estado "de que o seu órgão, na relação processual, o juiz, seja compatível de exercer a sua função no processo". Cumpre, portanto, assegurar que o julgamento se dê de maneira isenta e imparcial pelo juiz natural (CF, art. 5º, LIII).

A isenção do juiz pode ficar comprometida em razão de dois fatores, a saber: impedimento e suspeição.

O *impedimento* tem caráter objetivo, ligando-se a circunstâncias em que há presunção legal absoluta de parcialidade. Ao juiz impedido é vedada a prática de atos no processo, sob pena de invalidade. Por isso, o impedimento pode ser conhecido e afirmado *ex officio*, e, se não o for, cabe às partes invocá-lo em qualquer tempo e grau de jurisdição; inclusive, é causa de rescisão da sentença (CPC, art. 966, II, primeira figura).

No início deste capítulo foram lembradas hipóteses específicas de impedimento para o exercício da jurisdição eleitoral. Nos termos do art. 14, § 3º, do CE (com a redação da Lei nº 13.165/2015): "Da homologação da respectiva convenção partidária até a diplomação e nos feitos decorrentes do processo eleitoral, não poderão servir como juízes nos Tribunais Eleitorais, ou como juiz eleitoral, o cônjuge ou o parente consanguíneo ou afim, até o segundo grau, de candidato a cargo eletivo registrado na circunscrição". Consoante ressaltado, esse dispositivo veicula duas regras. Uma que proíbe o exercício da judicatura eleitoral, na respectiva circunscrição eleitoral, no período compreendido entre a "homologação da respectiva convenção partidária até a diplomação". E outra – que incide fora desse período – que cria impedimento processual para que cônjuge ou parente até 2º grau de quem foi candidato atue como juiz "nos feitos decorrentes do processo eleitoral".

O art. 95 da LE também veicula hipótese específica de impedimento nos seguintes termos: "Ao Juiz Eleitoral que seja parte em ações judiciais que envolvam determinado candidato é defeso exercer suas funções em processo eleitoral no qual o mesmo candidato seja interessado".

No Código de Processo Civil as hipóteses ensejadoras de impedimento encontram-se elencadas no art. 144, que proíbe o juiz de exercer suas funções no processo:

> "I – em que interveio como mandatário da parte, oficiou como perito, funcionou como membro do Ministério Público ou prestou depoimento como testemunha; II – de que conheceu em outro grau de jurisdição, tendo proferido decisão; III – quando nele estiver postulando, como defensor público, advogado ou membro do Ministério Público, seu cônjuge ou companheiro, ou qualquer parente, consanguíneo ou afim, em linha reta ou colateral, até o terceiro grau, inclusive; IV – quando for parte no processo ele próprio, seu cônjuge ou companheiro, ou parente, consanguíneo ou afim, em linha reta ou colateral, até o terceiro grau, inclusive; V – quando for sócio ou membro de direção ou de administração de pessoa jurídica parte no processo; VI – quando for herdeiro presuntivo, donatário ou empregador de qualquer das partes; VII – em que figure como parte instituição de ensino com a qual tenha relação de emprego ou decorrente de contrato de prestação de serviços; VIII – em que figure como parte cliente do escritório de advocacia de seu cônjuge, companheiro ou parente, consanguíneo ou afim, em linha reta ou colateral, até o terceiro grau, inclusive, mesmo que patrocinado por advogado de outro escritório; IX – quando promover ação contra a parte ou seu advogado".

Já a *suspeição* tem caráter subjetivo e relativo, pois enseja apenas dúvida quanto à isenção ou parcialidade do juiz. Como assevera Amaral Santos (1989, p. 197), "há *suspeita* de parcialidade, que *obsta* o juiz de exercer suas funções no processo, quando ele próprio se reconhecer suspeito ou quando, por denúncia da parte, através da exceção correspondente, for julgado suspeito".

As causas de suspeição são descritas no art. 145 do CPC. Segundo esse dispositivo:

> "Há suspeição do juiz: I – amigo íntimo ou inimigo de qualquer das partes ou de seus advogados; II – que receber presentes de pessoas que tiverem interesse na causa antes ou depois de iniciado o processo, que aconselhar alguma das partes acerca do objeto da causa ou que subministrar meios para atender às despesas do litígio; III – quando qualquer das partes for sua credora ou devedora, de seu cônjuge ou companheiro ou de parentes destes, em linha reta até o terceiro grau, inclusive; IV – interessado no julgamento do processo em favor de qualquer das partes".

Os motivos de impedimento e suspeição afetam a pessoa do juiz (não o órgão da estrutura judiciária, *i. e.*, o juízo) independentemente do grau de jurisdição.

São eles igualmente aplicáveis: "I – ao membro do Ministério Público; II – aos auxiliares da justiça; III – aos demais sujeitos imparciais do processo" (CPC, art. 148).

Procedimento – na legislação eleitoral não há disciplina específica para arguição de impedimento ou suspeição.

No vigente CPC, essas *questões* devem ser arguidas pelas partes em petição própria. A petição deve ser dirigida ao juiz do processo, nela devendo ser narrados os fundamentos relevantes para a recusa do juiz. Ademais, pode ser instruída com documentos e conter rol de testemunhas a serem ouvidas oportunamente.

Extrai-se do art. 146, *caput*, do CPC que a arguição deve ser feita "no prazo de 15 (quinze) dias, a contar do conhecimento do fato". Esse prazo é preclusivo para as partes, mas não se aplica ao juiz; isso porque o juiz tem o dever de declarar-se impedido ou suspeito a qualquer tempo.

Todavia, considerando o interesse público presente na arguição de impedimento, o melhor entendimento é o de que o prazo de 15 dias só se aplica à arguição pela parte de suspeição. Quanto ao impedimento, pode ser arguido a qualquer tempo. Assim, a preclusão temporal só alcança a arguição de suspeição – de maneira que, não sendo arguida a suspeição do juiz no prazo legal, opera-se a preclusão; nesse caso, presume-se que a parte, embora conhecendo o motivo da suspeição, tenha aceitado o juiz.

Não parece razoável a adoção do prazo de 15 dias no processo jurisdicional eleitoral. Os prazos processuais eleitorais são menores, em virtude da excepcional celeridade existente nessa seara. Assim, por razão de lógica e coerência, no processo eleitoral o prazo para se ingressar com exceção de suspeição do juiz deve ser menor do que o previsto no procedimento comum do Processo Civil.

No CPC, 15 dias é normalmente o prazo conferido à parte para a prática de ato de defesa, como, por exemplo, para contestar (CPC, art. 335) e para recorrer (CPC, art. 1.003, § 5º). Com base nesse parâmetro objetivo, pode-se afirmar que também se deve observar o mesmo lapso estabelecido para a defesa nas ações eleitorais. É esse, afinal, o princípio acolhido no direito processual comum.

Logo, o prazo para arguir suspeição do juiz deve ser idêntico ao previsto para a contestação. Será, pois, de sete dias, na AIRC (LC nº 64/90, art. 4º); de cinco dias, na AIJE (LC nº 64/90, art. 22, I, *a*); de um dia, na representação por direito de resposta (LE, art. 58, § 2º); de dois dias, nas representações fundadas na Lei nº 9.504/97, entre as quais a atinente a propaganda eleitoral (LE, art. 96, § 5º). O prazo deve ser contado a partir do conhecimento que a parte teve do fato em que a arguição se fundamenta.

Uma vez arguida a questão, fica suspenso o processo até que ela seja julgada (CPC, art. 313, III). Consequentemente, suspendem-se os prazos para a prática de atos processuais. Durante a suspensão, o art. 314 do CPC veda ao juiz a prática de qualquer ato no processo, ainda que se trate de ato urgente que tenha por fim evitar dano irreparável.

As questões de impedimento e suspeição podem ser arguidas tanto pelo autor quanto pelo réu. Reconhecendo-se impedido ou suspeito, o juiz determinará a remessa dos autos a seu substituto legal. Caso contrário, a petição deverá ser autuada em apartado e, no mesmo prazo para apresentar a arguição (15 dias, no procedimento comum do CPC), apresentará o juiz suas razões, acompanhadas de documentos e de rol de testemunhas, se houver, e remeterá os autos ao tribunal competente para resolver o incidente.

No tribunal, será o incidente distribuído. O relator poderá manter a suspensão do processo ou revogá-la, sendo que nesse último caso o processo volta a correr sob a presidência do mesmo juiz. Se acolhida a alegação, "tratando-se de impedimento ou de manifesta suspeição, o tribunal condenará o juiz nas custas e remeterá os autos ao seu substituto legal, podendo o juiz recorrer da decisão" (CPC, art. 146, § 5º). Tratando-se, portanto, de afirmação de suspeição que não seja "manifesta", os autos serão simplesmente remetidos ao substituto legal do juiz suspeito. Ademais, serão nulificados apenas os atos praticados pelo juiz quando já presente o motivo do impedimento ou da suspeição (CPC, art. 146, § 6º).

No tocante à condenação em custas processuais do juiz impedido ou manifestamente suspeito, vale notar que, embora não haja custas nos processos eleitorais, a condenação "nas custas", aqui, significa mera sanção pecuniária ao juiz que retardou indevidamente a evolução do processo ao não reconhecer o seu impedimento ou a sua evidente suspeição.

Caso o impedimento ou a suspeição sejam arguidas depois de a sentença ter sido proferida, a arguição deve figurar como preliminar do recurso.

Por fim, a arguição de impedimento ou suspeição de juiz de tribunal é disciplinada nos respectivos regimentos internos. Em geral, excetuando-se relator e revisor, admite-se que a alegação seja feita até o início do julgamento.

23.4.21 Extinção do processo sem resolução do mérito

Após a fase postulatória, apresentada a defesa e colhido o alvitre do Ministério Público, poderá o juiz, sendo o caso, extinguir o processo sem resolver o mérito quando se apresentarem falhas ou situações processuais que inviabilizam o prosseguimento do processo, nos termos dos arts. 354 c.c. 485 do CPC. Merecem destaque as hipóteses previstas nos incisos IV, V, VI e VIII desse último dispositivo, a saber: *(iv)* "ausência de pressupostos de constituição e de desenvolvimento válido e regular do processo"; *(v)* "existência de perempção, de litispendência ou de coisa julgada"; *(vi)* "ausência de legitimidade ou de interesse processual"; *(viii)* "homologar a desistência da ação".

Por outro lado, poderá o processo ser extinto com julgamento do mérito se a decisão judicial pronunciar a ocorrência de decadência (CPC, art. 487, II).

23.4.22 Julgamento antecipado do mérito

Em tese, não há impedimento ao julgamento antecipado do mérito na ação em apreço. Por esse instituto, deverá o juiz conhecer diretamente do pedido, proferindo sentença com resolução do mérito, quando não houver necessidade de produção de outras provas (CPC, art. 355, I). Antes, porém, deve ser ouvido o Ministério Público, que funciona no processo como fiscal da ordem jurídica. Suponha-se que as partes não tenham requerido a oitiva de testemunhas, sendo certo que a documentação levada aos autos é bastante para embasar julgamento seguro. Nesse caso, inútil seria o prosseguimento do feito, impondo-se desde logo a solução da causa, haja vista haver provas suficientes nos autos.

Note-se que, se o contestante juntar documentos, sobre eles deverá o autor ter a oportunidade de se manifestar, máxime se a sentença concluísse pela improcedência do pedido exordial, caso em que estaria irremediavelmente maculada. Evidente aí o ferimento ao devido processo legal e ao contraditório, conforme prevê o art. 5º, LV, da Lei Maior.

No entanto, cumpre frisar que o julgamento antecipado só é admissível se não implicar cerceamento de defesa ou supressão da oportunidade de a parte demonstrar plenamente sua tese e, com isso, influir no conteúdo da decisão judicial. Se o fato arguido é controvertido, relevante e pertinente para o deslinde da questão, ao juiz não é dado indeferir a produção da prova; o indeferimento significaria afronta ao devido processo legal. Nesse sentido, é iterativa a jurisprudência:

> "[...] É inviável o julgamento antecipado da lide em sede de ação de investigação judicial eleitoral, uma vez que impossibilita a apuração dos fatos supostamente ocorridos, afron-

tando o princípio do devido processo legal. Precedentes: Acórdãos nº 19.419, de 16-10-2001, relator Ministro Sepúlveda Pertence, e nº 20.087, de 20-5-2003, relator Ministro Fernando Neves. Caracterizada a ofensa ao princípio do devido processo legal, correto o Acórdão regional que anulou o feito, observado o princípio previsto no art. 5º, LV, da Constituição Federal. Recurso desprovido" (TSE – Ac. nº 25.628 – *DJ* 11-4-2006, p. 135).

"A contaminação das provas advinda de uma considerada ilícita há que ser confirmada mediante ampla dilação probatória, exigida na ação de investigação judicial eleitoral pelo art. 22 da Lei Complementar nº 64/90. Hipótese em que o julgamento antecipado da lide se mostra inviável. Precedentes. Agravo Regimental desprovido. Medida cautelar indeferida" (TSE – AMC nº 1.727/MT – *DJ* 2-12-2005, p. 97).

A decisão que julga antecipadamente o mérito o faz com base em cognição exauriente, havendo, pois, extinção do processo com julgamento do mérito.

23.4.23 Provas

Havendo necessidade de produção de provas, o processo deve avançar para a fase instrutória, devendo o juiz proferir decisão de saneamento e organização do processo (CPC, art. 357).

Deveras, para ensejar a cassação de registro, diploma ou mandato, bem como a decretação de inelegibilidade, o abuso de poder deve estribar-se em fatos objetivos, adequadamente demonstrados nos autos do processo por meio de provas seguras, produzidas validamente sob a égide de um processo justo e democrático (*due process of law*), respeitados o contraditório e a ampla defesa. Afinal, trata-se de grave restrição imposta ao exercício de direito político fundamental.

O direito à prova tem fundamento constitucional. Pode ser extraído diretamente do art. 5º da Lei Maior, cujo inciso LV assegura o contraditório e a ampla defesa em processo judicial ou administrativo "com os meios e recursos a ela inerentes", e cujo inciso LIV garante o devido processo legal. No plano infraconstitucional, o art. 369 do CPC proclama que

> "As partes têm o direito de empregar todos os meios legais, bem como os moralmente legítimos, ainda que não especificados neste Código, para provar a verdade dos fatos em que se funda o pedido ou a defesa e influir eficazmente na convicção do juiz".

É de ver-se que o contraditório deixou de traduzir o mero direito formal de dizer e contradizer, passando a significar a garantia de se poder participar efetivamente do processo e influir na convicção do juiz e, consequentemente, no conteúdo da decisão judicial. Isso pressupõe a possibilidade de realização de uma argumentação jurídica sólida, edificada em provas adequadas dos fatos arguidos para embasá-la.

O sistema de provas estabelecido no Código de Processo Civil é inteiramente aplicável na seara eleitoral e, portanto, também na AIJE. Há, porém, peculiaridades próprias desse ramo do Direito, de maneira que se houver conflito entre disposições do CPC e de normas eleitorais, estas prevalecem ante a incidência do princípio da especialidade.

Por prova, compreende-se a atividade realizada pelas partes e pelo órgão judicial com vistas à reconstrução histórica dos fatos debatidos no processo. Seu objeto é a demonstração das alegações de fatos formuladas pelas partes, especialmente na petição inicial e na contestação.

Distinguem-se a fonte, o meio, os elementos e o resultado da prova. *Fonte de prova* é tudo que apresenta aptidão ou idoneidade para evidenciar um fato relevante debatido do processo; trata-se da coisa ou pessoa de onde emana a prova. A fonte é externa e anterior ao processo. Exemplo: uma pessoa que viu um acontecimento. *Meio de prova* é a técnica ou instrumento pelo qual se leva ao processo a fonte da prova; por essa técnica, são fixados ou introduzidos no processo elementos úteis para a formação do convencimento do órgão judicial e, pois, de sua decisão. Exemplo: depoimento de testemunha, documento, perícia. *Elemento de prova* é o dado ou informação extraído da fonte da prova. *Resultado probatório* traduz a valoração ou a conclusão do juiz a respeito da prova.

Prova não se confunde com elemento de informação. Diferentemente deste, a prova é sempre produzida em um processo judicial, sob o contraditório. Assim, sem que exista esse crivo processual o que se tem são meros elementos informativos, e não propriamente prova. A relevância dessa distinção está em que a decisão judicial que julga o mérito da causa deve se basear em provas regularmente produzidas no processo. Observe-se, porém, que a prova pode ser colhida ou produzida antes da instauração do processo; isso ocorre em um procedimento denominado "produção antecipada de prova", previsto nos arts. 381 a 383 do CPC.

Podem-se apontar três caracteres básicos na prova, devendo ser admissível, pertinente e concludente. A *admissibilidade* consiste em não ser a prova vedada por lei e apresentar valor jurídico para demonstrar o fato alegado. Sendo prevista forma especial, ela deverá igualmente ser especial. A *pertinência* refere-se à circunstância de a prova ser própria ou adequada para demonstrar o fato probando. Deve existir correlação entre ela e o evento que se pretende evidenciar. Ou melhor: a prova deve desvelar fatos que se relacionem com a questão discutida. Assim, *e. g.*, se o que se pretende evidenciar é a distribuição de dinheiro, a realização de perícia médica será de todo impertinente. Por fim, a *concludência* da prova significa que ela deve ser útil para o esclarecimento dos fatos discutidos, sem margem razoável de dúvida no espírito do intérprete.

A regra geral é a liberdade. Todos os meios legais, bem como os moralmente legítimos – ainda que não especificados em lei – são hábeis para demonstrar a verdade das alegações dos fatos em que se funda o pedido ou a defesa, influindo na convicção do juiz (CPC, art. 369) e, portanto, no conteúdo da decisão judicial.

Em razão de sua relevância, o próprio legislador entendeu por bem regular alguns meios de prova, chamados meios típicos, a saber: ata notarial (art. 384), depoimento pessoal (arts. 385-388), confissão (arts. 389-395), documental (arts. 405-441), testemunhal (arts. 442-463), pericial (arts. 464-480) e inspeção judicial (arts. 481-484).

Não obstante, outros meios de prova não regulados em lei (por isso chamados meios atípicos) poderão ser admitidos desde que, como visto, não sejam ilegais ou moralmente ilegítimos.

No âmbito da AIJE, o art. 22 da LC nº 64/90 não alude expressamente a todos os citados meios típicos de prova. Mas isso não significa que *a priori* tenha excluído algum deles quando cabível. Tanto é assim que o *caput* daquele dispositivo estabelece genericamente que a parte indique "provas"; e, ainda, seu inciso VI determina que o juiz proceda "a todas as diligências que determinar, *ex officio* ou a requerimento das partes". Ademais, qualquer meio *atípico* de prova pode ser admitido no processo, desde que não seja ilegal ou moralmente ilegítimo. Deve-se, ainda, lembrar que as partes têm direito de produzir prova acerca dos fatos que alegam, sendo esse direito emanação constitucional do processo justo.

Fases do procedimento probatório – o procedimento probatório é normalmente dividido em quatro fases, a saber: requerimento, admissão, produção e valoração. O *requerimento* corresponde à primeira fase, na qual a parte pleiteia a produção da prova com que pretende demonstrar suas alegações fáticas e, com isso, influenciar no conteúdo da decisão judicial.

A *admissão* é a fase em que o juiz analisa o cabimento da prova cuja produção foi requerida pela parte, para, então, deferi-la ou indeferi-la. Essa decisão tem natureza interlocutória. Deve ser indeferida a produção de prova impertinente, irrelevante, inadequada, protelatória ou ilícita. A propósito, o parágrafo único do art. 370 do CPC fala em indeferimento de "diligências inúteis ou meramente protelatórias", devendo a decisão ser fundamentada. Outrossim, o requerimento de prova que facilmente pode ser obtida pela parte interessada deve igualmente

Cap. 23 • AÇÕES ELEITORAIS: PROCEDIMENTO DO ART. 22 DA LC Nº 64/90 | **725**

ser indeferido, pois é dela o ônus de demonstrar o alegado. O concurso do órgão judicial só deve ser reclamado se houver dificuldade razoável ou mesmo impossibilidade de a parte obter pessoalmente a informação ou o documento pretendido.

Uma vez admitida, deverá a prova ser produzida. A *produção* é em geral realizada em audiência de instrução. Entretanto, há provas que são produzidas antes da audiência. Por exemplo: a prova documental é produzida com a juntada aos autos do documento, o que ocorre antes mesmo de sua admissão; no caso, há coincidência entre as fases de requerimento e produção.

Por fim, produzida a prova, será ela valorada. A *valoração* se dá quando da prolação da sentença. No âmbito da valoração, cumpre salientar que as provas não possuem valor predeterminado, tampouco hierarquia entre si; desde que o juiz fundamente adequada e coerentemente sua decisão, poderá se convencer a partir de qualquer delas. É isso, aliás, corolário do princípio da persuasão racional do juiz, o qual é acolhido em nosso sistema processual (CPC, art. 371).

Ônus da prova – regra, o ônus da prova pertence a quem alega o fato. Ao autor – reza o art. 373 do CPC – incumbe o ônus de provar o "fato constitutivo de seu direito", enquanto ao réu incumbe provar a "existência de fato impeditivo, modificativo ou extintivo do direito do autor".

Note-se, porém, que nas ações eleitorais o autor não alega fato constitutivo de "seu direito", pois não há que se falar em "direito subjetivo" material a ser satisfeito ou tutelado pela via jurisdicional. O que há, em geral, é a imputação de fatos tidos por ilícitos, em relação aos quais se postula a atuação da lei. A pretensão do autor a ser satisfeita não é de ordem material, mas sim processual.

O § 1º do referido art. 373 prevê a possibilidade de "o juiz atribuir o ônus da prova de modo diverso". Isso poderá ocorrer: *(i)* nos casos previstos em lei; *(ii)* diante de peculiaridades da causa relacionadas à impossibilidade ou à excessiva dificuldade de a parte cumprir o encargo nos termos do *caput* do referido dispositivo; *(iii)* à maior facilidade de obtenção da prova do fato contrário. A decisão deve ser fundamentada, e "não pode gerar situação em que a desincumbência do encargo pela parte seja impossível ou excessivamente difícil" (§ 2º).

Por outro lado, a teor do art. 374 do CPC, não dependem de prova os fatos: "I – notórios; II – afirmados por uma parte e confessados pela parte contrária; III – admitidos, no processo, como incontroversos; IV – em cujo favor milita presunção legal de existência ou de veracidade".

Não obstante, cumpre ressaltar que na seara eleitoral o fato alegado pelo autor deve sempre ser devidamente provado. Nem a confissão nem a qualidade de ser incontroverso afastam a necessidade de sua adequada demonstração no processo. É que nessa seara há predomínio do interesse público. A propósito, dispõe o art. 392 do CPC que não tem validade "a admissão, em juízo, de fatos relativos a direitos indisponíveis".

Poderes instrutórios do juiz – de modo geral, ao juiz é permitido determinar *ex officio* a produção das provas que entender úteis ou necessárias para a formação de seu convencimento. Essa permissão encontra fundamento na ideia de ser o processo instrumento de direito público, pelo qual o Estado-juiz aplica uma norma jurídica às situações que lhe são submetidas. A intenção é que o juiz determine a produção de prova com vistas a otimizar sua decisão e, com isso, aproximá-la da ideia de justiça do caso concreto, e não para beneficiar ou prejudicar uma das partes.

No âmbito do CPC, o *art. 370 confere ao juiz* poderes para *de ofício*, independentemente de requerimento das partes, "determinar as provas necessárias ao julgamento do mérito". Isso poderá ocorrer quando, concluída a audiência instrutória, os fatos debatidos no processo não estiverem devidamente esclarecidos. A esse respeito, é oportuna a observação de Marinoni, Arenhart e Mitidiero (2016, p. 294) no sentido de que

"Impor ao juiz a condição de mero espectador da contenda judicial, atribuindo-se às partes o exclusivo ônus de produzir prova no processo, é, quando menos, grave petição de princípios. Ora, se o processo existe para a tutela dos direitos, deve-se conceder ao magistrado amplos poderes probatórios para que bem possa cumprir a sua tarefa".

Em igual sentido, na AIJE, o art. 22, VI, da LC nº 64/90 prevê expressamente que o juiz, de ofício, possa determinar a produção de provas que entender necessárias para a formação de sua convicção.

Prova ilícita – a formação da prova judiciária deve guardar respeito aos direitos humanos e fundamentais. Para além da dignidade da pessoa humana (CF, art. 1º, III), há vários outros princípios e garantias fundamentais que repercutem nessa seara. Com efeito, são invioláveis a vida privada, a intimidade, a honra e a imagem das pessoas (CF, art. 5º, X); o domicílio (XI); também "é inviolável o sigilo da correspondência e das comunicações telegráficas, de dados e das comunicações telefônicas, salvo, no último caso, por ordem judicial, nas hipóteses e na forma que a lei estabelecer para fins de investigação criminal ou instrução processual penal" (inciso XII; *vide* Lei nº 9.296, de 24-7-1996).

Tornou-se truísmo dizer que provas obtidas por meios ilícitos não são admissíveis no processo (CF, art. 5º, LVI) – em qualquer processo, não apenas no criminal, mas também no civil e no eleitoral. São ilícitas as provas alcançadas com violação de direitos fundamentais, sejam eles materiais ou processuais. Não importa se a violação foi cometida por particular ou por agente público, pois, em qualquer caso, no Estado Democrático de Direito não é possível que a formação da convicção do órgão judicial se dê com base em elementos alcançados ilicitamente, sem o necessário lastro ético-jurídico.

No entanto, insta assinalar que os direitos fundamentais – como, aliás, o próprio Direito como produto da cultura – não são dotados de caráter absoluto. Ademais, os cânones da unidade da Constituição e da coerência do ordenamento não afastam a ocorrência de inúmeras e diferentes valorações no interior de um sistema jurídico. Por outro lado, todos os bens jurídicos são credores de efetiva e real proteção legal e jurisdicional.

Nessa medida, se em determinada situação prática houver colisão entre princípios constitucionais, devem eles ser postos em harmonia, em diálogo, a fim de se verificar qual prevalecerá para a solução da questão. Isso se dá mediante a realização de juízo de proporcionalidade, que exige que os princípios em conflito sejam *ponderados* à luz do caso concreto, de maneira a prevalecer o que merecer melhor proteção da ordem jurídica (ou seja, o que detiver *maior peso no caso concreto*), paralisando-se a incidência do outro. Consoante esclarece Cláudia Toledo (2003, p. 70), a questão de se saber qual princípio tem maior peso em determinada situação é solucionada pela análise da existência de

"*razões suficientes* para sua precedência em relação ao(s) outro(s) sob as condições específicas do caso real. São estabelecidas então as condições concretas de precedência, passando a decisão que advém como resultado desse processo de ponderação jusfundamental a ter o caráter de *regra* à qual é subsumido o caso, mesmo tendo ela partido de um *princípio*, o princípio prioritário, cujas consequências jurídicas serão geradas".

Nessa perspectiva, em determinadas situações, a rigidez própria dos princípios constitucionais haverá de ser flexibilizada, de maneira que a prova ilícita seja aceita e valorada no processo. No âmbito penal, por exemplo, deve ser admitida se tiver o sentido de beneficiar o réu, demonstrando sua inocência. Aqui, evidencia-se a ocorrência de colisão entre, de um lado, o princípio que não admite, "no processo, as provas obtidas por meios ilícitos" (CF, art. 5º, LVI), e, de outro, o direito fundamental atinente ao *status libertatis*, o direito de ir e vir e a ampla defesa (CF, art. 5º, *caput*, XV, LV e LXVIII). Mas sendo a prova ilícita desfavorável ao réu, há controvérsia quanto a seu aproveitamento; excepcionalmente, alguns doutrinadores a admitem na hipótese de crime de evidente gravidade, ao argumento da supremacia do interesse público.

Nos domínios do processo civil (e, por extensão, do eleitoral), depois de asseverar que a ineficácia das provas ilícitas constitui opção do constituinte de 1988, obtempera Dinamarco (2004b, p. 51) que, em si mesma,

> "essa opção radical transgride princípios constitucionais do processo ao exigir que o juiz finja não conhecer de fatos seguramente comprovados, só por causa da origem da prova: a parte, que nem sempre será o sujeito responsável pela ilicitude (mas ainda quando o fosse), suportará invariavelmente essa restrição ao seu direito à prova, ao julgamento segundo a verdade e à tutela jurisdicional a que eventualmente tivesse direito".

Lembra o autor que a radicalização de tal princípio "constitui grave ressalva à promessa constitucional de tutela jurisdicional a quem tiver razão (Const., art. 5º, inc. XXXV)".

Em seguida, traz à colação ensinamento do eminente jurista Barbosa Moreira:

> "Segundo a tese então adotada [a dos frutos da árvore contaminada] seriam ineficazes, por exemplo, todos os testemunhos prestados por pessoas cujos nomes tivessem sido revelados numa conversação telefônica registrada em fita e depois *desgravada*, ou toda prova pericial realizada na contabilidade de uma pessoa ou empresa referida em apontamentos obtidos ilicitamente. Seria imoral a utilização dessas provas no processo, ou imoral será tanto zelo pela intimidade de pessoas de cujo comportamento contrário ao direito e à sociedade já não se tem dúvida?"

Nesse debate, não se pode olvidar que a ideia de justiça constitui o valor supremo almejado por qualquer ordem jurídica. A verdade, diziam os antigos, está no meio, e a essência da justiça é o equilíbrio. Se não se pode absolutizar o princípio que veda o ingresso de prova ilícita no processo, também não se pode admitir indiscriminadamente esse tipo de prova. Afinal, direitos humanos fundamentais como a integridade física e psíquica, a privacidade e o segredo, não podem simplesmente ser sacrificados sem uma justificação séria, plausível e racionalmente aceitável. Além disso, é dever indeclinável do Estado (inclusive na órbita jurisdicional) assegurar a eficácia plena dos direitos fundamentais, os quais vinculam e condicionam sua atuação.

Assim, o melhor é que a admissão da prova ilícita seja avaliada criteriosamente à luz do princípio da proporcionalidade; para aceitá-la, deve o intérprete ponderar as circunstâncias e os valores em jogo à vista do caso prático a ser resolvido. É nesse sentido a lição de Marinoni e Arenhart (2007, p. 393): "O uso da prova ilícita poderá ser admitido [no cível], segundo a lógica da regra da proporcionalidade e como acontece quando há colisão entre princípios, conforme as circunstâncias do caso concreto". Em igual sentido é o alvitre de *Wambier et alii* (2015, p. 641) que afirmam que, sem prejuízo da responsabilização de quem violar direito material para conseguir a prova ilícita, esta deve "ser aproveitada, desde que confiável (não tenha sido obtida mediante tortura, uso de drogas, coação moral, por exemplo), inexistam outros meios de prova e estejam em jogo interesses relevantes – como os que envolvem os menores – que se sobreponham à violação da privacidade". No mesmo rumo, acentua Rios Gonçalves (2023, p. 505): "A teoria da proporcionalidade, desenvolvida, sobretudo, pelo direito alemão, autoriza a utilização de prova ilícita, quando os bens jurídicos que se pretende proteger são mais elevados do que aqueles que se pretende preservar com a vedação. Assim, se a prova foi colhida com violação ao direito de intimidade, mas serve para preservar, por exemplo, a vida ou a saúde da coletividade, seria autorizada".

Prova emprestada – não há óbice legal à utilização de prova emprestada nas ações eleitorais. No CPC de 2015, essa possibilidade foi expressamente consignada no art. 372, que reza: "O juiz poderá admitir a utilização de prova produzida em outro processo, atribuindo-lhe o valor que considerar adequado, observado o contraditório".

Ressalte-se, porém, que as partes no primeiro processo, no qual a prova foi efetivamente produzida, devem ser as mesmas no processo para o qual se pretende trasladá-la. Isso porque é sempre necessário que os interessados participem do procedimento que vai legitimar a decisão judicial. A prova, então, deve ser produzida sob contraditório, ocasião em que a parte pode dela defender-se *amplamente*.

Apesar de ser essa a regra geral, é possível empregar-se em um processo prova anteriormente produzida em outro (ainda que este seja criminal), no qual figure como parte pessoa diversa daquela em relação a qual foi a prova produzida. Por exemplo: a prova *p*, produzida no processo entre as partes *x* e *y*, pode ser usada no processo: *(1)* em que figuram como partes *x* e *w*; ou, *(2)* em que figuram como partes *w* e *z*. Note-se que no exemplo 1 a parte *x* figura no processo em que a prova foi produzida e também naquele para o qual se pretende trasladá-la. Já no exemplo 2, as partes são diversas em ambos os processos. Nesses dois exemplos, admite-se o uso da prova *p* se for possível garantir o contraditório no processo para o qual ela é transportada. Mas ainda que não seja possível garantir o contraditório no segundo processo, a prova *p* poderia ser usada nele como documento que deverá ser submetido ao contraditório.

> "[...] 1. Nos termos da jurisprudência do Supremo Tribunal Federal, é lícita a utilização da prova emprestada, desde que garantidos o contraditório e a ampla defesa. [...]" (TSE – TutCauAnt nº 060030387/CE – *DJe* 5-11-2024).
>
> "[...] 3. A existência de justa causa para o deferimento da cautelar de busca e apreensão foi devidamente apreciada e ratificada na seara criminal. A utilização das provas produzidas no referido feito é válida, tendo por fundamento a Teoria do Encontro Fortuito de Provas. Precedentes. Matéria, ademais, solucionada em feito diverso. Tese de nulidade da prova emprestada afastada. [...]" (TSE – AREspe nº 060056240/CE – *DJe* 4-11-2024).
>
> "[...] 8. É lícita a utilização de prova emprestada de processo no qual não tenha sido parte aquele contra quem venha a ser utilizada, desde que se lhe permita o contraditório. Precedentes. [...]" (TSE – REspe nº 65.225/GO – *DJe* 2-5-2016, p. 54).

Em qualquer caso, no processo para o qual a prova é emprestada será ela submetida a nova valoração, devendo receber a eficácia que merecer, pois o juiz não está adstrito à avaliação feita anteriormente no primeiro processo.

Informações colhidas em procedimentos instaurados pelo Ministério Público – para embasar sua atuação e suas ações judiciais, o Ministério Público conta com instrumentos administrativos, entre os quais se destacam os seguintes: notícia de fato (NF), procedimento preparatório "eleitoral" (PPE), procedimento investigatório criminal (PIC), procedimento administrativo (PA) e inquérito civil público (ICP).

Nos termos do art. 105-A da LE: "Em matéria eleitoral, não são aplicáveis os procedimentos previstos na Lei nº 7.347, de 24 de julho de 1985". Essa lei trata da ação civil pública – ACP e do inquérito civil público– ICP.

Uma interpretação gramatical e isolada desse dispositivo poderia levar à conclusão de que o ICP (e, por extensão, procedimentos administrativos similares) não poderia ser utilizado nos domínios do Eleitoral.

No entanto, tal leitura não é autorizada pela Constituição Federal, porque sem aqueles instrumentos, o *Parquet* ficaria impossibilitado de agir e de cumprir seu papel constitucional. É irracional que a Constituição tenha prescrito uma finalidade ao Ministério Público sem autorizar os meios necessários para atingi-lo. Afinal, o objetivo dos referidos instrumentos é apenas ensejar a reunião de elementos de informação para subsidiar a atuação séria e prudente do *Parquet* perante o Estado-jurisdição, de sorte que suas ações sejam devidamente fundamentadas e justificadas.

Assim, a jurisprudência corretamente interpreta o art. 105-A da LE à luz do art. 127 da Constituição. É, pois, admitida a busca de informações pelo Ministério Público por meio dos assinalados instrumentos administrativos, sendo, porém, restringido o uso de inquérito civil público (ICP), que não pode ser utilizado exclusivamente para fins eleitorais. Confira-se:

> "[...] 10. Esta Corte Superior tem adotado o entendimento segundo o qual é lícita a prova colhida por meio de PPE, porquanto a sua instauração não afronta o disposto no art. 105-A da Lei nº 9.504/1997. [...]" (TSE – AgR-AI nº 69.274/GO – j. 28-5-2020).

> "[...] 5. A instauração de inquérito civil pelo *Parquet* para apurar a prática de ilícitos eleitorais não ofende o art. 105-A da Lei 9.504/97, tendo esta Corte Superior já decidido que: 'Admite-se instauração de inquérito civil pelo *Parquet* para apurar prática de ilícitos eleitorais e, com maior razão, Procedimento Preparatório Eleitoral (PPE), iniciado no caso dos autos mediante portaria ministerial' [...]" (TSE – AgR-AI nº 22.187/RJ – j. 8-8-2019).

> "1. O art. 105-A da Lei 9.504/97, que veda na seara eleitoral adoção de procedimentos contidos na Lei 7.347/85, deve ser interpretado conforme o art. 127 da CF/88, em que se atribui ao Ministério Público prerrogativa de defesa da ordem jurídica, do regime democrático e de interesses sociais individuais indisponíveis, e o art. 129, III, que prevê inquérito civil e ação civil pública para proteger interesses difusos e coletivos. Precedentes. 2. A norma em exame não acarreta a ilicitude das provas colhidas em procedimento preparatório pelo *Parquet*. Precedentes. [...]" (TSE – ED-AgREspe nº 13.021/BA – *DJe*, t. 63, 3-4-2018, p. 35).

> Consulte-se também: TSE – AgR-REspe nº 131.823/PI – j. 22-2-2018; TSE – AgR-REspe nº 5.477/MS – *DJe*, t. 92, 12-5-2017, p. 28-29; TSE – REspe nº 54.588/MG – *DJe* 4-11-2015, p. 15).

Exportação de informação colhida em inquérito policial e inquérito civil público – é possível a exportação para processo eleitoral de *elemento de informação* regularmente colhido em inquérito policial ou inquérito civil público. Note-se que aqui não se trata de prova em sentido técnico, pois sua "produção" não se deu perante órgão judicial, sob contraditório. Nesse sentido: STF – Inq-QO-QO nº 2.424/RJ – Rel. Min. Cezar Peluso – *DJ* 24-8-2007; STF – RMS nº 24.956/DF – Rel. Min. Marco Aurélio – *DJ* 18-11-2005, p. 11; STJ – MS nº 9.850 – Rel. Min. José Arnaldo da Fonseca – *DJ* 9-5-2005, p. 293. E mais:

> "[...] 6. É possível a utilização em AIJE de prova (interceptação telefônica) produzida legalmente em procedimento investigatório criminal. [...]" (TSE – REspe nº 65.225/GO – *DJe* 2-5-2016, p. 54).

> "[...] 2.1. Nulidade absoluta do processo. Inexistência. Licitude da prova. A nulidade absoluta do processo, por ilegitimidade da prova, deve ser rejeitada porque: a) a prova,

produzida na intimidade de investigação, realizada em conjunto pelo Ministério Público Federal, Polícia Federal e Receita Federal, é legítima e passível de ser compartilhada; b) essa prova, quando licitamente rompida a intimidade das ligações telefônicas por ordem judicial, fundamentada no permissivo constitucional, pode ser utilizada por outros órgãos do Estado para instruir procedimentos diversos; c) o direito à privacidade de informações não é absoluto nem ilimitado, mormente quando se contrapõe à tutela de interesse coletivo previsto pela Constituição Federal [...]" (TSE – RO nº 1.596/MG – *DJe* 16-3-2009, p. 26-27).

Extrai-se desse último aresto pertinente observação feita pelo relator, Ministro Joaquim Barbosa: "[...] ao tomar conhecimento de condutas que não se conformam ao direito, o Estado não só pode como deve tomar as providências destinadas a coibir essas práticas e punir os culpados, venham as provas de procedimento jurisdicional (penal ou cível) ou mesmo administrativo [...]".

De qualquer forma, é importante que na origem o elemento probatório considerado tenha sido regularmente colhido. Na verdade, sua eficácia reside em sua força persuasiva e não propriamente na fonte de onde emana, daí a necessidade de haver licitude em sua colheita.

Sigilo de comunicação – sobre o sigilo de comunicação, há que se recordar o disposto no art. 5º, XII, da Constituição Federal, que reza: "é inviolável o sigilo da correspondência e das comunicações telegráficas, de dados e das comunicações telefônicas, salvo, no último caso, por ordem judicial, nas hipóteses e na forma que a lei estabelecer para fins de investigação criminal ou instrução processual penal".

Inviolável é o sigilo da correspondência e das comunicações telegráficas. Mas a inviolabilidade só se patenteia no trajeto ou percurso da correspondência e do telegrama. O que se resguarda é a segurança do processo de comunicação, ou seja, a certeza de que a carta enviada chegará ao seu destino. Uma vez entregue ao destinatário, tal inviolabilidade deixa de subsistir. Estando na posse do destinatário, a carta e o telegrama são documentos como quaisquer outros, recebendo o mesmo tratamento a esses conferidos.

Quanto ao sigilo de dados e telefônico, por se tratar de comunicações instantâneas, a Constituição autoriza a quebra do sigilo durante a comunicação. É preciso, porém, que a quebra do sigilo ocorra "por ordem judicial, nas hipóteses e na forma que a lei estabelecer para fins de investigação criminal ou instrução processual penal".

Assim, não é possível haver quebra de sigilo de dados ou telefônico para fins de instrução de processo eleitoral. É irrelevante que a quebra se dê por ordem judicial, pois a Constituição é clara ao autorizá-la tão somente "para fins de investigação criminal ou instrução processual penal". Assim, mesmo que haja autorização judicial a prova será ilícita.

Contudo, uma vez quebrado o sigilo no âmbito criminal, os elementos de prova daí resultantes poderão ser empregados no processo eleitoral, desde que haja decisão do juízo criminal autorizando o compartilhamento.

Excepcionalmente, a *gravação telefônica* é tida como lícita. Como tal compreende-se o registro da conversa efetuado por um dos interlocutores sem o conhecimento do outro. Cuidando-se de prova obtida licitamente, pode ser usada em processo eleitoral. Nesse sentido, veja-se: TSE – AgREspe nº 28.062/MG – *DJ* 6-5-2008, p. 14.

Captação ambiental de sons e imagens – no caso de *captação ambiental*, não se aplica a regra inscrita no referido art. 5º, XII, da Constituição Federal, cujo objeto é garantir o direito à intimidade por meio do resguardo da inviolabilidade das correspondências e das comunicações telegráficas, de dados e das comunicações telefônicas. Entretanto, apesar de não haver *sigilo* a se resguardar nessa hipótese, há que se atentar para a proteção constitucional conferida à

Cap. 23 • AÇÕES ELEITORAIS: PROCEDIMENTO DO ART. 22 DA LC Nº 64/90 | **731**

privacidade e intimidade (CF, art. 5º, X) das pessoas. A violação desses direitos fundamentais pode ensejar a ilicitude da prova assim obtida.

Sempre que a captação de imagens e sons for realizada em ambiente público ou cujo acesso é franqueado ao público, lícita será a prova assim obtida. Isso porque em espaço público não há que se falar em proteção da privacidade nem da intimidade. De modo que, "diálogos travados em ambiente público não estão protegidos pelas garantias constitucionais de privacidade e intimidade (art. 5º, X, da CF/88)" (TSE – ED-REspe nº 324-68/MS – *DJe* 12-12-2019).

Problemas surgem quando se tratar de ambiente privado, de acesso reservado ou privativo, pois aí pode haver violação à privacidade e à intimidade das pessoas.

No trato dessa matéria, há três situações a serem consideradas, a saber: *(i) gravação ambiental* – nesse caso, um dos interlocutores capta imagens e/ou sons no ambiente em que se encontra presente em interação com outras pessoas. A gravação é realizada no próprio local, por um dos interlocutores que participa do evento, sem o conhecimento dos outros; *(ii) escuta ambiental* – a captação é feita por terceiro *com* o conhecimento de um dos interlocutores presentes no local; o terceiro atua como *longa manus* de um dos interlocutores; *(iii) interceptação ambiental* – a captação é feita por terceiro *sem* o conhecimento de qualquer um dos interlocutores.

No primeiro caso – gravação ambiental –, inicialmente, o Supremo Tribunal Federal considerava a prova lícita, afirmando que a "gravação de conversa entre dois interlocutores, feita por um deles, sem conhecimento do outro, com a finalidade de documentá-la, futuramente, em caso de negativa, nada tem de ilícita, principalmente quando constitui exercício de defesa. Precedentes. [...]" (STF – AI nº 666.459 AgR/SP – 1ª T. – Rel. Min. Ricardo Lewandowski – *DJe* 152, 30-11-2007). E mais: "[...] 3. O Plenário do Supremo Tribunal Federal, no julgamento do RE 583.937 QO-RG, Rel. Min. Cezar Peluso, *DJe* de 18/12/2009, cuja repercussão geral foi reconhecida (Tema 237), decidiu pela validade da prova produzida por meio de gravação ambiental realizada por um dos interlocutores. [...]" (STF – RHC nº 125.319 AgR/CE – 2ª T. – Rel. Min. Teori Zavascki – *DJe* 39, 2-3-2015). Em igual sentido orientava-se o Superior Tribunal de Justiça, a ver: "[...] 5. É lícita a prova consistente em gravação ambiental realizada por um dos interlocutores, ainda que sem o conhecimento do outro. Precedente do STF decidido em repercussão geral (RE 583.937, Rel. Min. Cezar Peluso). [...]" (STJ – Ap nº 693/PA – Corte Especial – Rel. Min. Raul Araújo – *DJe* 4-8-2015). No mesmo sentido: STJ – RHC nº 31.356/PI – 6ª T. – Rel. Min. Maria Thereza de Assis Moura – *DJe* 24-3-2014. Por sua vez, alinhando-se a esses entendimentos, a jurisprudência eleitoral entendia igualmente ser lícita "a prova resultante de gravação ambiente" (TSE – AgR-REspe nº 54.178/AL – *DJe*, t. 230, 30-11-2012, p. 6). No mesmo sentido: TSE – REspe nº 40898/SC – j. 9-5-2019; TSE – REspe nº 45502/PR – *DJe*, t. 98, 27-5-2019, p. 38-39; TSE – REspe nº 060208772/SC – *DJe* 11-2-2021 – *DJe*, t. 43, 10-3-2021.

Entretanto, tal interpretação não mais prevalece, porquanto hoje reconhece-se a ilicitude da prova resultante de gravação ambiental, nela vislumbrando-se violação aos direitos fundamentais de privacidade e intimidade. Confira-se:

> "Decisão: O Tribunal, por maioria, apreciando o tema 979 da repercussão geral, negou provimento ao recurso extraordinário e fixou a seguinte tese, a qual deverá ser aplicada a partir das eleições de 2022: '- No processo eleitoral, é ilícita a prova colhida por meio de gravação ambiental clandestina, sem autorização judicial e com violação à privacidade e à intimidade dos interlocutores, ainda que realizada por um dos participantes, sem o conhecimento dos demais. – A exceção à regra da ilicitude da gravação ambiental feita sem o conhecimento de um dos interlocutores e sem autorização judicial ocorre na hipótese de registro de fato ocorrido em local público desprovido de qualquer controle de acesso, pois, nesse caso, não há violação à intimidade ou quebra da expectativa de privacidade' [...]" (STF – RE nº 1040515/SE – Pleno – Rel. Min. Dias Toffoli – *DJe* 6-5-2024).

"1. A orientação jurisprudencial vigente neste Tribunal Superior é no sentido da ilicitude da gravação ambiental como meio de prova para fins de comprovação da prática de ilícito eleitoral, ainda que captado o áudio por um dos interlocutores, mas sem a aceitação ou ciência dos demais partícipes do diálogo (AgR-AI nº 0000293–64/PR, Rel. Min. Alexandre de Moraes, *DJe* 9-11-2021, por maioria). [...]" (TSE – REspe nº 060053094/SP – *DJe*, t. 59, 1º-4-2022).

"[...] 4. São clandestinas e, portanto, ilícitas as gravações ambientais feitas em ambiente privado, ainda que por um dos interlocutores ou terceiros a seu rogo ou com seu consentimento, mas sem o consentimento ou ciência inequívoca dos demais, dada inequívoca afronta ao inciso X, do art. 5º, da Constituição Federal. Ilícitas, do mesmo modo, as provas delas derivadas, não se prestando a fundamentar condenação em representação eleitoral. [...]" (TSE – AI nº 29364/ PR – *DJe*, t. 206, 9-11-2021).

Note-se que, além do "local público desprovido de qualquer controle de acesso", há ainda que se admitir a regularidade ou licitude de gravação ambiental quando realizada:

(i) com autorização judicial;

(ii) em local privado, *com o consentimento de todos os presentes no evento*. Nessa situação, não há que se cogitar de violação à privacidade ou intimidade, já que, estando cientes, todos concordaram com a realização da gravação;;;

(iii) em local privado, tendo a gravação a finalidade de coletar provas para a própria defesa de quem a realiza. "[...] 4. A gravação ambiental realizada por um dos interlocutores em ambiente público é, em regra, lícita para fins de comprovação da prática de captação ilícita de sufrágio, capitulada no art. 41–A da Lei das Eleições. Precedentes. [...] 4.1. O contexto fático – insuscetível de alteração – se amolda ao entendimento jurisprudencial do TSE acerca da admissão, como prova da prática de ilícito eleitoral, da gravação ambiental realizada por um dos interlocutores em local público, sem expectativa de privacidade. Destaca-se, ainda, o fato de a eleitora ter realizado a gravação com o intuito de coletar provas para sua defesa em eventual ação contra si, em conformidade com o permissivo contido no § 4º do art. 8º–A da Lei n. 9.296/1996 [...]" (TSE – AgR-REspEl nº 060048959 – j. 30-11-2023).

Na hipótese de *interceptação* ambiental, por sua vez, é incontroverso ser sempre necessária autorização judicial. Sem esta, a obtenção da prova ocorre de forma clandestina, o que a torna ilícita.

Sendo ilícita a captação ambiental (como também qualquer outro elemento de prova), contaminadas ficarão as provas dela decorrentes ou dela derivadas. Tal é expressão da doutrina dos frutos da árvore envenenada. Conforme assinalam Grinover *et al.* (2004, p. 162), "a ilicitude da obtenção da prova transmite-se às provas derivadas, que são, assim, igualmente banidas do processo". Assim, reconhecida a ilicitude do referido elemento de prova, não só ele deve ser desconsiderado na formação da convicção judicial, como também as provas dele derivadas, *e.g.*, "os testemunhos obtidos com o intuito de aferir a conduta imputada ao representado" (TSE – TutCautAnt nº 060138005/PB – *DJe*, t. 186, 23-9-2022). Nesse mesmo sentido: TSE – AgR-REspe nº 45.307/TO – *DJe* 20-4-2016, p. 37.

Não há óbice ao uso de provas autônomas (*independent source doctrine*) ou cuja descoberta seja inevitável (*inevitable discovery doctrine*). Nesse sentido:

"[...] 2. No caso, ficou comprovada inicialmente a entrega de valores a duas eleitoras em contrapartida ao pedido de voto. Apesar da ilicitude da gravação ambiental, realizada no interior de residência e por terceiros, as provas remanescentes são suficientes à manutenção do decreto condenatório, diante da sua independência atestada pelo Tribunal de origem e sobre a qual não se pode discutir nesta instância recursal, diante da Súmula 24 do TSE. Constam dos autos os depoimentos das eleitoras cooptadas, que presenciaram e participaram dos fatos, bem como de terceiro, acompanhante do candidato, que esteve, igualmente, presente no dia do ilícito e não nega a ocorrência do ilícito. Configurada a prática descrita no art. 41-A da Lei 9.504/1997. [...]" (TSE – AREspe nº 060067953/PE – *DJe*, t. 82, 6-5-2022).

Aplicativos de mensagens (WhatsApp, Telegram etc.) – é lícita a prova oriunda de aplicativos de mensagens compartilhadas por um dos interlocutores com terceiros, contanto que não seja obtida por meio de interceptação clandestina ou violação de sigilo telemático de um dos interlocutores. Entende-se que, ao compartilhar mensagens, "os interlocutores assumem o risco de sua posterior divulgação, afastando expectativa de confidencialidade. Ademais, o compartilhamento voluntário implica renúncia ao sigilo da comunicação, afastando a necessidade de autorização judicial para o uso como prova." (TSE – REspe nº 060094138/SE – *DJe* 11-2-2025).

Sigilos bancário e fiscal – a quebra de sigilo bancário pode ser efetivada na AIJE. Nesse sentido: TSE – AgR-RMS nº 13.514/BA – *DJe*, t. 165, 4-9-2014, p. 158-159.

O mesmo ocorre quanto à quebra de sigilo fiscal.

Vale registrar que o art. 6º da LC nº 105/2001 permite que autoridades fazendárias, por ato próprio e sem necessidade de intervenção judicial, quebrem o sigilo bancário "quando houver processo administrativo instaurado ou procedimento fiscal em curso" e o exame dos dados bancários for considerado indispensável para os fins fiscais. Nesse caso, o resultado dos exames, as informações e os documentos devem ser conservados em sigilo.

Por outro lado, o art. 198 do Código Tributário Nacional veda "a divulgação, por parte da Fazenda Pública ou de seus servidores, de informação obtida em razão do ofício sobre a situação econômica ou financeira do sujeito passivo ou de terceiros e sobre a natureza e o estado de seus negócios ou atividades", ressalvadas: "I – requisição de autoridade judiciária no interesse da justiça; II – solicitações de autoridade administrativa no interesse da Administração Pública, desde que seja comprovada a instauração regular de processo administrativo, no órgão ou na entidade respectiva, com o objetivo de investigar o sujeito passivo a que se refere a informação, por prática de infração administrativa".

Para fins eleitorais, nos dois casos é preciso atentar para a reserva de jurisdição. Assim, se não houver decisão judicial autorizando o acesso a dados bancários e fiscais, ilícitos serão os elementos de prova daí decorrente.

Cumpre registrar o entendimento jurisprudencial no sentido de que o Conselho de Controle de Atividades Financeiras (COAF) pode ter acesso a dados bancários e compartilhá-lo com o Ministério Público, inclusive para fins de ajuizamento de ação eleitoral. Confira-se:

"[...] II.3. Da preliminar de ilicitude da prova em razão de suposta quebra de sigilo bancário: [...] II.3.1. Para o desenvolvimento de suas atividades, a LC nº 105/2001 franqueou ao COAF acesso a dados detalhados das transações financeiras sem a necessidade de postulação perante o Judiciário. O STF já considerou constitucional esse compartilhamento de dados financeiros entre as referidas instituições e os órgãos de fiscalização, como Banco Central e CVM, no julgamento da ADI nº 2.859/DF.

II.3.2. *In casu*, após o envio da informação pelo COAF, o MP instaurou investigação preliminar, mediante notícia de fato sigilosa, e obteve a colheita de provas suplementares a fim de confirmar a suposta irregularidade. A partir dos substratos mínimos encontrados no aludido procedimento investigativo, foi ajuizada a presente representação, com a determinação da quebra dos sigilos bancário e fiscal por meio de decisão judicial devidamente fundamentada, respeitando-se a reserva de jurisdição. Precedentes do STJ. Rejeita-se a tese da ilicitude da prova. [...]" (TSE – RO nº 218847/ES – *DJe* 18-5-2018).

Indícios e presunções – os indícios são expressamente referidos no art. 22, *caput*, da LC nº 64/90. Esse dispositivo permite que o autor de ação eleitoral indique na petição inicial "provas, *indícios* e circunstâncias" de abuso de poder.

Uma definição de indício encontra-se no art. 239 do Código de Processo Penal, *verbis*: "Considera-se indício a circunstância conhecida e provada, que, tendo relação com o fato, autorize, por indução, concluir-se a existência de outra ou outras circunstâncias".

O indício constitui prova *indireta* da existência de um fato. Baseia-se em raciocínio lógico formulado a partir de fatos conhecidos ou provados.

Há, portanto, dois fatos a serem considerados: o fato indiciário ou fato base (= indício) e o fato principal (= que se pretende evidenciar no processo). A prova a ser produzida recai sobre o primeiro, sendo denominada *prova indiciária*.

Com a comprovação do indício pode-se concluir por raciocínio lógico a ocorrência do fato principal; ou melhor: a existência do fato principal é *presumida* a partir da demonstração do fato indiciário. Assim, o fato principal a ser evidenciado no processo consubstancia-se em uma presunção.

Note-se que não se chega a uma presunção a partir de outra; não há presunção de presunção – é sempre necessário que o indício ou fato base seja devidamente comprovado.

A presunção é admitida pelo art. 212, IV, do Código Civil para provar a ocorrência de fato jurídico. Classifica-se a presunção em legal (*iuris*) e comum ou simples (*hominis*).

A presunção legal emana de lei e patenteia uma verdade legal. A respeito, dispõe o art. 374, IV, do CPC, não depender de prova os fatos em cujo favor milita presunção legal de existência ou de veracidade. Divide-se em absoluta ou peremptória (*juris et de jure*) ou relativa (*juris tantum*). *Absoluta* é a presunção legal que não admite prova em contrário, estabelecendo uma verdade legal incontrastável, inalterável. Funda-se em relevantes razões de ordem pública. A lei a erige como verdade indiscutível, de maneira que o fato a que ela se refere não admite prova em contrário, mesmo que, na realidade, a verdade seja outra. Aqui, a realidade deve dobrar-se ao ditame legal. *Relativa*, por sua vez, é a presunção legal que pode ser afastada por prova contrária à verdade que ela estabelece; neste caso, a lei admite que a verdade presumida seja elidida por prova em contrário.

Por sua vez, a presunção simples, comum ou *hominis* não emana da lei, mas sim do que ocorre habitualmente. Trata-se das consequências que um homem criterioso extrairia dos fatos e de suas circunstâncias, atendendo ao que acontece ordinariamente.

A prova indiciária é amiúde empregada nos processos eleitorais, sendo importantíssimo o seu papel. Exemplos: (i) considerando o segredo do voto, nem sempre é possível *provar* que a oferta de bens a eleitor realmente corrompeu sua vontade e seu voto; (ii) nem sempre é possível provar direta e cabalmente que o abuso de poder provocou desequilíbrio relevante na eleição. Nesses casos, a corrupção da vontade do eleitor e o desequilíbrio do pleito são presumidos a partir da demonstração dos indícios de suas ocorrências.

Interrogatório – trata-se de uma forma de atuação da parte na instrução do processo. O interrogatório é previsto no art. 139, VIII, do CPC, que permite que o juiz, a qualquer tempo (não apenas na audiência de instrução), determine "o comparecimento pessoal das partes, para inquiri-las sobre os fatos da causa, hipótese em que não incidirá a pena de confesso".

Não se pode olvidar que "Ninguém se exime do dever de colaborar com o Poder Judiciário para o descobrimento da verdade" (CPC, art. 378). Notadamente, é dever da parte colaborar com a prestação jurisdicional, expor os fatos em juízo conforme a verdade e proceder com lealdade e boa-fé (CPC, arts. 5º, 6º e 77, I).

Assim, o órgão judicial poderá determinar o interrogatório com vistas a aclarar pontos ou questões que repute importantes para a solução justa da causa.

Depoimento pessoal – aqui também se tem uma forma de atuação da parte na instrução processual. O depoimento pessoal é meio de prova previsto nos arts. 385 a 388 do CPC. Deve ser requerido pela parte interessada em sua produção.

Há controvérsia sobre o cabimento do depoimento pessoal nas ações eleitorais. Isso porque sua finalidade específica consiste na obtenção da confissão da parte adversa à que requer sua produção, e a confissão não tem validade nas ações eleitorais (CPC, art. 392). Por isso, já se entendeu na jurisprudência não ter esse meio de prova "relevo no processo eleitoral" e, por não estar previsto expressamente no rol do art. 22 da LC nº 64/90, não pode a parte ser judicialmente constrangida a prestá-lo (TSE – RHC nº 131/MG – *DJe* 5-8-2009, p. 75).

Em sentido contrário, porém, argumenta-se ser o depoimento pessoal admitido pelas cláusulas abertas "indicando provas" e "todas as diligências" inscritas respectivamente no *caput* e no inciso VI, ambos do art. 22 da LC nº 64/90. Ademais, o art. 22 da Res. TSE nº 23.478/2016 faz-lhe expressa referência quando alude ao art. 385, § 3º, do CPC. Por outro lado, embora não seja admitida a confissão, pode haver interesse em a parte apresentar, pessoalmente, alguns esclarecimentos fáticos ao processo. Daí se concluir não haver vedação à sua utilização no processo eleitoral.

Cuidando dessa questão, o art. 47-E da Res. TSE nº 23.608/2019 (incluído pela Res. nº 23.733/2024) estabelece que o representado "não poderá ser compelida(o) a prestar depoimento pessoal, mas tem o direito de ser ouvida(o) em juízo, se requerer na contestação ou intimada(o) sem que seja cominada pena de confissão, compareça de forma voluntária para se manifestar sobre pontos que entender relevantes para a defesa". Assim: *(i)* o representado pode ser intimado a prestar depoimento, não podendo ser forçado a fazê-lo nem prejudicado em razão da recusa; *(ii)* o próprio representado poderá pleitear na contestação o seu depoimento pessoal.

> "[...] 7. Embora se reconheça que a LC nº 64/1990 não contempla a realização de depoimento pessoal das partes no rito das AIJEs, a jurisprudência desta Corte Superior viabiliza a realização do ato, caso as partes se disponham a prestá-lo. A disciplina da matéria hoje constante do art. 47-E da Res.-TSE nº 23.608/2019 reitera a inviabilidade de compelir a parte a prestar depoimento pessoal. Entretanto, expressamente contempla ressalva pela possibilidade de que haja requerimento ou intimação para a realização do ato.
>
> 8. Assegurando-se a paridade de armas entre as partes, é legítimo compreender-se pela viabilidade de intimação de investigante e/ou investigado para o comparecimento em Juízo a fim de prestar esclarecimento acerca de pontos relevantes. Como o juiz é o destinatário final da prova, cabe a ele perquirir, diante dos contornos dos casos concretos, sobre os elementos formadores da sua convicção (CPC, art. 385, parte final), à luz dos princípios da livre apreciação da prova e do livre convencimento motivado, como reiteradamente assenta a jurisprudência pátria. [...]" (TSE – AREspE nº 060037939/BA – j. 5-8-2024).

Confissão – nos termos do art. 389 do CPC, há confissão "quando a parte admite a verdade de fato contrário ao seu interesse e favorável ao do adversário". Portanto, ela refere-se a fatos. Daí a afirmação de que a confissão não implica necessariamente renúncia ao direito material discutido em juízo, nem tampouco reconhecimento da procedência do pedido.

Pode a confissão ser: *(i)* judicial ou extrajudicial, conforme ocorra dentro ou fora de um processo; *(ii)* real ou ficta – enquanto aquela deriva de ato positivo e volitivo da parte no sentido de afirmar fato que lhe seja prejudicial, esta (a ficta) é imposta por lei em razão de certos comportamentos omissivos da parte (exemplo: presume-se verdadeiro o fato constante da petição inicial que não for impugnado na contestação – CPC, art. 341); *(iii)* espontânea ou provocada – na confissão judicial diz-se espontânea a que é realizada livremente pela parte em qualquer momento processual; já a provocada resulta do depoimento pessoal, pois neste tem a parte o dever de comparecer e depor (CPC, art. 385, § 1º).

Ocorre que a confissão não tem validade no processo eleitoral, porque nesse as matérias debatidas são de ordem pública e, pois, indisponíveis pela vontade individual. A respeito, dispõe o art. 392 do CPC: "Não vale como confissão a admissão, em juízo, de fatos relativos a direitos indisponíveis". Nesse dispositivo, compreende-se por "direito indisponível" o direito material para o qual se pede a tutela jurisdicional.

Ata notarial – a existência e o modo de existir de algum fato podem ser atestados ou documentados por *ata notarial*, a qual é lavrada exclusivamente por notário ou tabelião (*vide* Lei nº 8.935/94, art. 7º, III; e art. 384 do CPC). A ata notarial possui a suprema vantagem de gozar de fé pública e presunção de veracidade própria dos documentos públicos. Nela, o tabelião descreve fato que presencia, o qual pode ocorrer no âmbito de sua serventia, em lugar externo ou em ambiente virtual (ou seja, na rede mundial de computadores).

Entre outras coisas, a ata notarial poderá ter relevância para aprova de fato transcorrido na Internet ou em rede social. A esse respeito, o parágrafo único do art. 384 do CPC permite que dela se constem "dados representados por imagem ou som gravados em arquivos eletrônicos".

Tratando desse tema, destacam Wambier *et alii* (2015, p. 664) a importância da ata notarial, mormente devido à "efemeridade das informações veiculadas na *internet*, que podem ser facilmente apagadas, atualizadas, transferidas de endereço eletrônico ou até mesmo furtadas por criminosos virtuais". De tal modo, poderá o tabelião "acessar o ambiente virtual e certificar o conteúdo de determinada página ou *site*, especificando a data e horário de acesso".

Exibição de documento – a exibição de documento não é propriamente uma prova, mas sim um meio de se obter prova. Trata-se, então, de meio de produção de prova documental.

Segundo o Código de Processo Civil, a medida poderá se dirigir contra a parte no processo (arts. 396-400) e também contra terceiro (arts. 401-403). Tanto a parte quanto o terceiro têm o dever de colaborar com a prestação jurisdicional (CPC, arts. 5º, 379 e 380).

Entretanto, a LC nº 64/90 só dispõe sobre a exibição de documento em poder de terceiro, nada dizendo quanto à exibição de documento em poder das partes. Deveras, nos termos de seu art. 22, VIII: "quando qualquer documento necessário à formação da prova se achar em poder de *terceiro*, inclusive estabelecimento de crédito, oficial ou privado, o Corregedor [i.e., o órgão judicial] poderá, ainda, no mesmo prazo, ordenar o respectivo depósito ou requisitar cópias".

Quem é o terceiro sujeito à determinação de exibição? Por exclusão, terceiro é quem não é parte no processo, isto é, quem não ocupa o polo ativo nem o passivo da relação processual. Classifica-se o terceiro em *juridicamente interessado* e *juridicamente indiferente*, conforme respectivamente tenham ou não relação com a situação jurídica deduzida em juízo. Ao terceiro juridicamente interessado é permitido ingressar no processo, mas essa permissão não é concedida ao terceiro indiferente. Há terceiros que ao ingressarem regularmente no processo assumem a condição de parte, como tal devendo ser tratados; é esse o caso do: assistente litisconsorcial (CPC, art. 124), denunciado à lide (CPC, art. 125), chamado ao processo (CPC, art. 130). Mas há terceiros juridicamente interessados que mantêm essa condição (de terceiro) mesmo após o ingresso no processo; é este o caso do assistente simples (CPC, art. 121) e do *amicus curiae* (CPC, art. 138).

A propósito, depois de definirem a parte como "quem pede e contra quem se pede tutela jurisdicional", afirmam Marinoni, Arenhart e Mitidiero (2016, p. 84, 98) que

> "essa condição pode ser adquirida por força da propositura de ação, pela sucessão processual (arts. 108 e ss.) ou pela intervenção de terceiro em um processo já pendente – afora

o assistente simples e o *amicus curiae*, os demais terceiros intervenientes adquirem a qualidade de parte no processo de que passam a participar. [...]".

É, pois, de se concluir que a exibição de documento pode ser determinada contra: *(i)* terceiros juridicamente indiferentes; *(ii)* terceiros juridicamente interessados que não tenham ingressado no processo; e, *(iii)* assistente simples. Assim, *e.g.*, se um partido político ingressar no processo como assistente simples do candidato-réu, contra aquele poderá o juiz determinar a exibição de documento.

Caso o órgão judicial determine ao terceiro a exibição do documento, ele deverá depositá-lo no respectivo cartório ou secretaria no prazo para tanto assinalado.

Havendo *justa causa*, é dado ao terceiro deixar de exibir o documento, descumprindo, pois, a determinação judicial. Poderá, por exemplo, comparecer perante o juízo para alegar que o documento não se encontra em seu poder. De forma demasiado ampla, dispõe o art. 404 do CPC ser escusada a exibição em juízo de documento se: "I – concernente a negócios da própria vida da família; II – sua apresentação puder violar dever de honra; III – sua publicidade redundar em desonra à parte ou ao terceiro, bem como a seus parentes consanguíneos ou afins até o terceiro grau, ou lhes representar perigo de ação penal; IV – sua exibição acarretar a divulgação de fatos a cujo respeito, por estado ou profissão, devam guardar segredo; V – subsistirem outros motivos graves que, segundo o prudente arbítrio do juiz, justifiquem a recusa da exibição; VI – houver disposição legal que justifique a recusa da exibição". Caso os motivos de que tratam esses incisos digam respeito a apenas uma parcela do documento, a parcela não afetada deverá ser exibida.

Se não houver justa causa para a recusa, poderá o juiz expedir mandado de busca e apreensão, requisitando, se for preciso, força policial para o seu cumprimento; também poderá impor multa processual e determinar "outras medidas indutivas, coercitivas, mandamentais ou sub-rogatórias necessárias para assegurar a efetivação da decisão" (CPC, art. 403, parágrafo único). Isso sem prejuízo da responsabilização do terceiro por crime de desobediência (LC nº 64/90, art. 22, IX; CE, art. 347).

No caso de recusa injustificada de terceiro, não é possível a aplicação da presunção prevista no art. 400 do CPC, ou seja, de o juiz admitir "como verdadeiros os fatos que, por meio do documento ou da coisa, a parte pretendia provar". É que essa presunção só se aplica na exibição determinada à parte.

Registre-se que, se o documento for produzido ou estiver em poder de órgão público, o próprio interessado poderá requerê-lo diretamente, sem a intervenção do juiz. Se não lograr êxito, poderá requerer ao juiz que o requisite, nos termos do art. 438 do CPC.

Documento – compreende-se por documento qualquer objeto revelador de fatos. É toda coisa em que o pensamento é plasmado ou impresso. A partir dos símbolos e sinais nele contidos, extraem-se a existência ou ocorrência de certos acontecimentos. Trata-se, pois, de veículo que perpetua eventos merecedores de registro. Nesse amplo sentido, pode-se falar em documento histórico, cultural, religioso, político.

Nos domínios jurídicos, a acepção desse vocábulo é mais restrita. Na expressão de Amaral Santos (1989, p. 386), "é a coisa representativa de um fato e destinada a fixá-lo de modo permanente e idôneo". No Direito, o documento deve representar fatos ou pensamentos de modo duradouro, para o futuro, sendo útil para a comprovação de fatos e situações jurídicas, bem como para a prevenção ou solução de litígios entre pessoas. Nesse sentido, consideram-se documentos: desenhos, modelos, plantas, cartas, anotações, escritos diversos, mídias de áudio e vídeo (CD, DVD, *Blu-ray Disc* – BD), fotografias, peças, utensílios, armas, instrumentos, objetos artísticos, como quadros e esculturas, entre outras coisas.

Releva distinguir no documento dois aspectos: *autenticidade* e *veracidade*. A *autenticidade* refere-se à materialidade, à integridade formal do documento, à sua dimensão estrutural e exterior. Já a *veracidade* remete ao conteúdo, ou seja, à verdade de seu teor, sua correspondência com a realidade histórica. Pode um documento ser autêntico, mas não ser veraz, verdadeiro, caso em que ocorrerá falsidade ideológica (ex.: carteira de trabalho oficial com falsas anotações). Por outro lado, pode ser verdadeiro sem ser autêntico (ex.: passaporte falso contendo visto verdadeiro), caso em que padecerá de falsidade material.

Tecnicamente, documento distingue-se de instrumento. Aquele é gênero, do qual este constitui espécie. Instrumento é o documento feito com o propósito deliberado de comprovar o ato ou negócio nele estampado; trata-se de prova pré-constituída. A diferença é clara, pois o documento – em sentido estrito – não constitui prova adrede preparada, isto é, intencionalmente ordenada à demonstração do fato. Isto, porém, não significa que o documento não possa comprová-lo.

Na prova documental há coincidência entre as fases de requerimento e produção. É que o documento que a parte pretende trazer aos autos já deve ser apresentado juntamente com o respectivo requerimento. Quando, mais tarde, sua admissão é apreciada pelo juiz, ele já terá sido produzido.

É inteiramente aplicável na seara eleitoral o disposto no parágrafo único do art. 408 do CPC, segundo o qual, quando documento particular contiver declaração de ciência, relativa a determinado fato, ele prova a ciência, mas não o fato em si, competindo ao interessado em sua veracidade o ônus de provar o fato. Vide nesse sentido: TSE – RO nº 744/SP – *DJ* 3-9-2004, p. 108.

Sendo requerida a juntada aos autos de publicação (texto ou imagem) em jornal ou revista, há que se apresentar exemplar original (CPC, art. 422, § 2º).

Por outro lado, a juntada aos autos de CD (*compact disc*) e DVD (*digital versatile disc*) com áudio deve ser acompanhada de degravação, apresentando-se por escrito o respectivo texto.

Podem ser juntadas aos autos tanto as imagens obtidas por câmeras digitais (inclusive as acopladas a telefone celular, *smartphone* e *tablet*) como as extraídas diretamente da Internet ou de redes sociais.

Sabe-se que a imagem digital pode ser facilmente adulterada sem que disso fiquem vestígios. À parte contrária é dado impugnar sua veracidade. Havendo impugnação, se tiver sido juntado o *cartão de memória* da máquina ou outro dado ou suporte físico, torna-se viável a aferição da veracidade da imagem em questão, bem como a realização de perícia. Sobre isso, dispõe o art. 422, § 1º, do CPC: "As fotografias digitais e as extraídas da rede mundial de computadores fazem prova das imagens que reproduzem, devendo, se impugnadas, ser apresentada a respectiva autenticação eletrônica ou, não sendo possível, realizada perícia".

Sendo impossível a comprovação da veracidade da imagem, outra alternativa não restará ao juiz senão valorar livremente o documento. Assim, a imagem digital deverá ser coligida com os demais elementos probatórios produzidos nos autos, sendo, conforme o caso, acolhida ou rejeitada como meio de convencimento.

Não é rara a juntada aos autos de declarações e até mesmo de retratações – ocorridas após o encerramento da fase instrutória – de testemunhas feitas perante tabelião e, pois, materializadas em escritura pública. Conquanto do ponto de vista histórico não seja razoável relegar ao desprezo absoluto tais documentos, não se pode deixar de reconhecer que, por si só, nenhum valor probante possui. Com efeito, foram colhidos extrajudicial e unilateralmente, sem passar pelo crivo do contraditório; geralmente, é o próprio interessado que conduz o declarante ao notário, sobre ele exercendo evidente influência ou pressão psicológica, sempre com vistas a orientar o sentido da declaração. Quando levados a efeito para serem juntados aos autos com o recurso, a jurisprudência, com razão, não tem aceitado o argumento de tratar-se de documento

Cap. 23 • AÇÕES ELEITORAIS: PROCEDIMENTO DO ART. 22 DA LC Nº 64/90 | **739**

novo, rechaçando-os. Sobre isso, o seguinte julgado: "[...] 1. A retratação de testemunhas por intermédio de escritura pública, de declarações prestadas em juízo, sob o crivo do contraditório, que foi juntada aos autos na Corte Regional, não caracteriza documento novo, nos moldes do que dispõe o art. 397 do CPC [de 1973, atual art. 435, *caput*, do CPC de 2015], incidindo, na espécie, o art. 268 do Código Eleitoral" (TSE – REspe nº 21.421/SP – *DJ* 21-5-2004, p. 133).

No caso de falsidade do documento, embora não haja expressa previsão no art. 22 da LC nº 64/90, cumpre à parte arguir tal fato. Nesse caso, aplica-se no que couber o disposto nos arts. 430 a 433 do CPC.

Registre-se que, se no curso da instrução processual for juntado documento por uma das partes ou pelo órgão do Ministério Público, é "assegurado o prazo comum de 2 (dois) dias para manifestação dos demais participantes sobre documentos juntados" (Res. TSE 23.608/2019, art. 47-F, § 2º - incluído pela Res. nº 23.733/2024).

Testemunha – compreende-se por testemunha a pessoa estranha ao processo que nele comparece para apresentar uma versão dos fatos debatidos.

O depoimento prestado em juízo é considerado serviço público; se a testemunha estiver "sujeita ao regime da legislação trabalhista, não sofre, por comparecer à audiência, perda de salário nem desconto no tempo de serviço" (CPC, art. 463). O mesmo ocorre com a testemunha que é servidora pública.

Em regra, a prova testemunhal deve ser requerida na petição inicial e na contestação (CPC, arts. 319, VI, e 336). Caso seja admitida, sua produção se dará na audiência de instrução para tanto designada.

O art. 22, V, da LC nº 64/90 limitou o número de testemunhas a seis para cada parte, não se aplicando, aqui, o limite de dez previsto no art. 357, § 6º, do CPC. Todavia, com base nessa última disposição, é lícito ao juiz eleitoral restringir a três o número de testemunha para cada fato. Tratando-se de causa complexa e havendo mais de dois fatos probandos, é conveniente que se aceite a extrapolação do teto legal.

Prevê a lei que as testemunhas compareçam à audiência independentemente de intimação judicial. Incumbe às partes apresentá-las naquele ato. Todavia, isso nem sempre será possível na prática, o que poderá impedir a produção da prova. Se, por exemplo, a parte não tiver acesso à testemunha ou se esta recusar-se a comparecer à audiência, não detém a parte instrumentos legais necessários para impor a sua oitiva – somente o Estado, na figura do juiz, poderia fazê-lo. Por outro lado, o contato da parte com as testemunhas momentos antes da audiência afigura-se de todo prejudicial à apuração da verdade dos fatos debatidos nos autos, podendo comprometer a sinceridade dos depoimentos. Esqueceu-se o legislador de que os interesses veiculados na ação em apreço são eminentemente públicos, e não privados. Nesse contexto, o melhor é que a Justiça Eleitoral chame a si a tarefa de sempre intimar as testemunhas, de sorte a evitar deficiência na instrução ou a influência nociva da parte. De qualquer modo, ao menos se deveria impor a intimação pela via judicial em situações como as arroladas no § 4º, art. 455, do CPC, isto é, quando: *(i)* a necessidade da intimação judicial for demonstrada pela parte ao juiz; *(ii)* figurar no rol de testemunhas servidor público ou militar (que serão requisitados ao superior hierárquico); *(iii)* a testemunha houver sido arrolada pelo Ministério Público ou pela Defensoria Pública; *(iv)* a testemunha for uma das autoridades previstas no art. 454 do CPC (presidente e vice-presidente da República, Ministro de Estado, Ministro de Tribunal Superior ou do TCU, desembargadores, deputado federal e estadual etc.), que têm a prerrogativa de serem inquiridas em sua residência ou onde exercem sua função.

Quanto à valoração da prova testemunhal, cumpre ressaltar o disposto no art. 368-A do CE (acrescido pela Lei nº 13.165/2015), *in verbis*: "A prova testemunhal singular, quando exclusiva, não será aceita nos processos que possam levar à perda do mandato". Essa regra situa-se no âmbito do chamado sistema legal ou tarifado, estando a decisão judicial vinculada ao critério nela estabelecido. Numa primeira leitura, poderia parecer que a prova testemunhal em si mesma (como meio de prova) seria inapta para sozinha embasar conclusão de perda de mandato; assim, independentemente do número de testemunhas ouvidas em juízo, sempre se deveriam produzir outros tipos de prova (como documental, pericial) para evidenciar os fundamentos fáticos da demanda.

Entretanto, revendo posicionamento anterior, essa não parece ser a melhor compreensão do tema. O citado art. 368-A provavelmente inspirou-se no antigo brocardo *testis unus, testis nullus* (testemunha única, testemunha nula), vedando, portanto, que a cassação de mandato seja embasada no testemunho de uma única pessoa. A qualificação que o adjetivo "singular" promove na expressão "prova testemunhal" e o emprego do aposto "quando exclusiva" evidenciam que a vedação legal refere-se ao uso de uma só espécie daquela modalidade de prova. De sorte que, quando toda a prova produzida no processo limitar-se a uma única testemunha, a conclusão da decisão não poderá ser pela cassação do mandato do réu. Conquanto o juiz possa apreciar e valorar livremente a prova, a lei impede que sua persuasão possa fundar-se em uma só testemunha. No caso, há mister que se produzam outros meios de prova. Tal se deve não só à imprecisão e falibilidade ligadas à prova testemunhal, como também em razão da necessidade de a cassação de mandato se apoiar em um acervo probatório robusto.

Assim, havendo mais de uma testemunha com depoimentos insuspeitos, firmes e harmônicos, suas narrativas podem, sim, ser valoradas no julgamento da causa eleitoral, ainda que não haja nos autos outros meios de prova. De sorte que a demonstração do fato alegado pelo autor pode ser calcada "no depoimento de várias testemunhas, sem notícia de vínculo entre si, cujas narrativas foram consideradas uníssonas, consistentes, detalhadas e seguras pelo Tribunal a quo, a quem cabe a última palavra em matéria fática. [...]" (TSE – REspe nº 72128/SP – *DJe* 29-3-2019, p. 65-66).

Ademais, a regra do art. 368-A do CE não é descumprida quando a decisão é "fundamentada em prova testemunhal corroborada por outros elementos de prova" (TSE – AREspe nº 060082973/GO – j. 3-5-2024) ou "quando se verifica que a prova testemunhal não é exclusiva ou singular, tendo em vista a existência de outros elementos de prova nos autos" (TSE – AgR-REspe nº 208-55/CE – *DJe* 7-2-2020).

Acareação – pode ocorrer divergência entre as declarações prestadas pelas testemunhas e partes. Nesse caso, o art. 461, II, do CPC permite a realização de acareação "quando, sobre fato determinado que possa influir na decisão da causa, divergirem as suas declarações". A finalidade, aqui, é eliminar ou diminuir as divergências, harmonizando-se as informações sobre os fatos debatidos no processo.

Por essa técnica, colocam-se frente a frente ou face a face os autores de depoimentos divergentes (testemunha × testemunha, testemunha × parte), os quais são reperguntados para que expliquem os pontos de divergência.

Uma vez concluído, o ato de acareação deve ser reduzido a termo.

Perícia – muitas vezes a solução da questão submetida ao Estado-juiz necessita do aporte de informações técnicas no processo. Como sublinha Santos (1989, p. 473), a natureza das coisas e dos fatos, a necessidade de perscrutar suas causas ou consequências, frequentemente impõe que o intérprete possua certas qualidades ou conhecimentos técnicos especiais. Como em geral o juiz não possui tais conhecimentos, ele se utiliza de pessoas entendidas na matéria, as quais lhe transmitem as suas observações. Essas pessoas entendidas, ou técnicas, são os peritos; o processo de verificação dos fatos por peritos é o que se chama perícia.

Perícia é, pois, a apreciação de fato realizada por alguém que detenha conhecimentos específicos na matéria a ser investigada. Portanto, o perito leva ao processo opiniões técnico--científicas acerca de fatos relevantes para a prestação jurisdicional.

Ressalte-se que a produção de prova pericial só deve ser aceita se pertinente e necessária para o julgamento da causa. Caso contrário, impõe-se seu indeferimento. Sobre isso, pronunciou-se a Corte Superior Eleitoral: "[...] 2. Não há cerceamento de defesa no indeferimento de perícia grafotécnica se a sua realização não era imprescindível para o deslinde do caso, não havendo que se falar em ofensa ao art. 5º, LV, da Constituição da República. Recurso especial improvido" (TSE – REspe nº 21.421/SP – *DJ* 21-5-2004, p. 133).

Dispõe o art. 464 do CPC que a prova pericial consiste em exame, vistoria ou avaliação. *Exame* é a inspeção, apreciação, ou verificação de coisa móvel, para a comprovação de fato que interesse à instrução do processo. Exemplos: exame grafotécnico, para verificar a autoria do documento; exame contábil, na prestação de contas. A *vistoria* tem esse mesmo sentido, restringindo-se, porém, à inspeção ocular, visual; normalmente, é feita em imóveis. Por fim, a *avaliação* consiste na estimação do valor, em moeda, de coisas, direitos ou obrigações.

O perito é designado pelo juiz. Deve possuir idoneidade moral e ser da confiança do magistrado. A nomeação deve recair em "profissionais legalmente habilitados e os órgãos técnicos ou científicos devidamente inscritos em cadastro mantido pelo tribunal ao qual o juiz está vinculado" (CPC, art. 156, § 1º).

Note-se, porém, que nos termos do art. 478 do CPC, "quando o exame tiver por objeto a autenticidade ou a falsidade de documento ou for de natureza médico-legal", o perito será escolhido preferencialmente "entre os técnicos dos estabelecimentos oficiais especializados, a cujos diretores o juiz autorizará a remessa dos autos, bem como do material sujeito a exame". Assim, *e.g.*, havendo necessidade de se realizar exame grafotécnico em um documento, a perícia deverá ser requisitada ao instituto de criminalística.

Em geral, apenas um perito deve ser nomeado. Contudo, tratando-se de perícia muito complexa que abranja mais de uma área de conhecimento especializado, o art. 475 do CPC autoriza o juiz a nomear mais de um perito.

A perícia pode ser judicial ou extrajudicial, conforme se realize no processo – por determinação judicial – ou antes e fora dele.

No CPC há previsão de dois regimes de perícia: simplificado e normal.

A perícia em *regime simplificado* é prevista no art. 464, § 2º daquele código processual. Ela tem lugar quando o ponto controvertido for de menor complexidade e demandar especial conhecimento científico ou técnico. Nesse caso, a prova técnica consistirá apenas na inquirição pelo juiz de especialista com formação acadêmica específica na área objeto de seu depoimento (§§ 3º e 4º).

O *regime normal* da perícia é delineado nos arts. 465 e ss. do CPC, destinando-se à realização de exames de maior complexidade. Nesse caso, deferida a prova pericial, deverá o juiz nomear perito especializado no objeto da perícia e fixar o prazo para a entrega do laudo.

Além de arguir o impedimento ou a suspeição do perito, poderão as partes indicar assistente técnico e apresentar quesitos (CPC, art. 465, § 1º). Os assistentes técnicos são de confiança da parte e não estão sujeitos a impedimento ou suspeição; têm eles direito ao acesso e acompanhamento das diligências e dos exames que o perito realizar (CPC, art. 466, §§ 1º e 2º).

O laudo pericial deve atender aos requisitos do art. 473 do CPC, ou seja, deve conter: "I – a exposição do objeto da perícia; II – a análise técnica ou científica realizada pelo perito; III – a indicação do método utilizado, esclarecendo-o e demonstrando ser predominantemente aceito pelos especialistas da área do conhecimento da qual se originou; IV – resposta conclusiva a todos os quesitos apresentados pelo juiz, pelas partes e pelo órgão do Ministério Público". A fundamentação do laudo deve ser feita em linguagem simples e com coerência lógica, indicando o perito como alcançou suas conclusões.

742 | DIREITO ELEITORAL – *José Jairo Gomes*

Protocolado o laudo em juízo, poderão as partes sobre ele se manifestar, inclusive solicitar esclarecimentos ao perito. Também o assistente técnico poderá apresentar seu respectivo parecer. Remanescendo dúvidas, poderá ser requerido o comparecimento do perito na audiência de instrução e aí ser ouvido.

Quanto ao valor da prova pericial, não está o juiz vinculado às conclusões constantes do laudo. No sistema processual vige o princípio da persuasão racional, de modo que o juiz pode repelir as conclusões da perícia e julgar o mérito da causa com fundamento em outras provas, desde que indique na decisão as razões da formação de seu convencimento (CPC, arts. 371 e 479).

Inspeção judicial – trata-se do meio de prova pelo qual o juiz tem contato direto com a fonte da prova ou com o fato debatido no processo, percebendo-os imediatamente com os seus próprios sentidos. Seu objetivo é propiciar o esclarecimento do juiz sobre fato que interesse ao julgamento da causa.

No CPC, tal meio de prova encontra-se previsto nos arts. 481 a 484.

A inspeção pode ser determinada de ofício ou a requerimento da parte, em qualquer fase do processo. Ademais, pode incidir em pessoa ou coisa. Ao realizá-la, poderá o juiz ser assistido por um ou mais peritos.

O art. 483 do CPC autoriza o juiz a dirigir-se ao local onde se encontre a pessoa ou a coisa quando: "I – julgar necessário para a melhor verificação ou interpretação dos fatos que deva observar; II – a coisa não puder ser apresentada em juízo sem consideráveis despesas ou graves dificuldades; III – determinar a reconstituição dos fatos".

Às partes é dado assistir à inspeção, prestar esclarecimentos e fazer observações que considerem de interesse para a causa.

Concluída a diligência, será lavrado auto circunstanciado, o qual poderá ser instruído com desenho, gráfico, imagem ou fotografia.

23.4.24 Colheita e produção antecipada de provas

Em regra, a produção de provas se dá no processo em que ela será utilizada para influir no conteúdo da decisão judicial. Para que ela seja produzida é necessário, antes, que a parte a requeira e que esse requerimento seja deferido pelo juiz; o deferimento implica a admissão da prova. Uma vez admitida, a produção da prova ocorre em audiência de instrução, sob o crivo do contraditório.

Entretanto, há situações que autorizam que a prova seja *colhida* em momento anterior ao início do processo para o qual é destinada. Assim, entre outras hipóteses previstas no art. 381 do CPC, se houver "fundado receio de que venha a tornar-se impossível ou muito difícil a verificação de certos fatos na pendência da ação" ou se o prévio conhecimento dos fatos puder "justificar ou evitar o ajuizamento de ação", poder-se-á optar pela colheita antecipada da prova.

Note-se que não se trata propriamente de *produção*, mas sim de *colheita* de prova, pois aquela só ocorrerá eventualmente em processo futuro, caso neste a prova colhida antecipadamente seja usada pela parte e regularmente admitida pelo juiz.

A colheita antecipada deverá ser postulada perante o juízo eleitoral do foro onde a prova "deva ser produzida ou do foro de domicílio do réu", não ficando esse juízo prevento "para a ação que venha a ser proposta" (CPC, art. 381, §§ 2º e 3º).

Na petição inicial, é preciso que o requerente apresente as razões que justificam a necessidade de antecipação da prova, devendo mencionar com precisão os fatos sobre os quais ela recairá (CPC, art. 382, *caput*).

No âmbito eleitoral, é mister que o Ministério Público seja intimado para acompanhar o ato. Ademais, havendo "caráter contencioso" os eventuais legitimados passivos à ação principal

Cap. 23 • AÇÕES ELEITORAIS: PROCEDIMENTO DO ART. 22 DA LC Nº 64/90

deverão ser citados (CPC, art. 382, § 1º). Inexistindo contenciosidade, não haverá necessidade de citação dos interessados.

A citação dos interessados não significa que haja contraditório no procedimento em apreço, pois o contraditório só ocorrerá no eventual e futuro processo. Contudo, poderão os interessados requerer a colheita de provas relacionadas ao mesmo fato, prevenindo, assim, a defesa de seus interesses.

Por outro lado, ao juiz que presidir a audiência é vedado se pronunciar sobre a ocorrência ou não do fato, tampouco sobre suas eventuais consequências jurídicas. O magistrado, portanto, se limitará a presidir o ato, sem se pronunciar sobre ele.

Encerrado o procedimento, o art. 383 do CPC determina que os autos permaneçam em cartório por um mês para extração de cópias e certidões pelos interessados, após o que deverão ser entregues ao requerente.

Caso o requerente use em futuro processo a prova colhida antecipadamente, deverá requer sua produção ao juiz que presidi-lo. E esse juiz poderá ou não admiti-la. Se entender, por exemplo, que a prova não é relevante ou que não é pertinente à demonstração do fato articulado na causa de pedir poderá indeferi-la. Se a admitir, aí sim a prova será produzida no processo, podendo, então, o juiz avaliá-la livremente.

23.4.25 Audiência de instrução probatória

Na sequência do quinquídio de defesa previsto no inciso I, *a*, art. 22, da LC nº 64/90, abre-se a fase de produção probatória.

Em regra, a audiência de instrução deve ser realizada na sede do juízo competente, devendo o juiz e o secretário dos trabalhos estar "obrigatoriamente presentes no local". No entanto, é facultado à "autoridade judicial determinar se o ato será realizado de forma exclusivamente presencial ou de forma híbrida" (Res. TSE nº 23.608/2019, art. 47-D, *caput*, e § 1º – incluídos pela Res. nº 23.733/2024).

Deve-se proceder à inquirição em uma só assentada das testemunhas arroladas pelas partes e pelo Ministério Público e admitidas pelo juiz (LC nº 64/90, art. 22, V). Não há, aí, julgamento de mérito, mas tão somente instrução.

Nesta fase, o procedimento a ser seguido é o dos arts. 358 e seguintes do CPC.

Pelo art. 361 do CPC, as provas orais devem ser produzidas em audiência preferencialmente na seguinte ordem: I – o perito e os assistentes técnicos; II – o autor e, em seguida, o réu (caso seja admitido o depoimento pessoal); III – as testemunhas arroladas pelo autor, pelo réu e, por último pelo Ministério Público quando atuar no processo como *custos legis*.

Essa ordem é considerada ideal pelo legislador, de modo que sua inversão pode gerar prejuízo à parte. Mas para ensejar nulidade o prejuízo decorrente da inversão deve ser demonstrado pelo interessado.

De todo conveniente que o juiz já na abertura da audiência, após ouvir as partes e o órgão do Ministério Público, delimite as questões de fato ou fixe os pontos controvertidos sobre que incidirá a atividade probatória. Essa providência previne a dispersão da audiência, evitando que descambe para o debate de fatos e circunstâncias alheios ao que realmente interessa demonstrar no processo.

Por encontrar-se em discussão matéria de interesse público e indisponível, não há espaço para a conciliação preconizada no art. 359 do CPC.

Na produção da prova testemunhal, acolhe o CPC o sistema *cross examination* de inquirição (tal qual o Código de Processo Penal). Nesse sistema, as partes perguntam diretamente às testemunhas, sem a intermediação do juiz. Note-se, porém, que – nos termos do art. 459 do CPC – o juiz sempre poderá inquirir a testemunha, tanto antes quanto depois da inquirição feita pelas partes. Ademais, cabe ao juiz velar pela regularidade da atividade das partes, não admitindo perguntas "que puderem induzir a resposta, não tiverem relação com as questões de fato objeto da atividade probatória ou importarem repetição de outra já respondida". Caso a pergunta seja indeferida, poderá a parte requerer que ela seja transcrita no respectivo termo.

Encerrada a audiência de instrução, passa-se à fase de diligências.

23.4.26 Diligências

Segundo o art. 22, VI, da LC nº 64/90, encerrada a audiência de instrução, nos três dias subsequentes serão ultimadas todas as diligências determinadas pelo juiz, de ofício ou a requerimento das partes.

Vê-se, pois, que o juiz pode determinar *ex officio* a realização de diligências complementares ou a produção das provas que entender úteis ou necessárias para a formação de seu convencimento. Tal permissão encontra fundamento nos poderes instrutórios que lhe são conferidos, estando autorizado, inclusive, "a formar convicção atendendo a fatos e circunstâncias constantes do processo, ainda que não arguidos pelas partes, e a considerar fatos públicos e notórios, indícios e presunções, mesmo que não indicados ou alegados pelos envolvidos no conflito de interesses." (STF – ADI 1082/DF – Pleno – Rel. Min. Marco Aurélio – *DJe* 30-10-2014). É nesse sentido o art. 47-F, *caput*, da Res. TSE nº 23.608/2019 (incluído pela Res. nº 23.733/2024).

Entre outras provas úteis ao esclarecimento dos fatos, expõe o inciso VII do referido art. 22 que poderão ser ouvidos "terceiros, referidos pelas partes, ou testemunhas, como conhecedores dos fatos e circunstâncias que possam influir na decisão do feito".

Note-se não ser obrigatória a oitiva de testemunhas referidas. Consoante assentou o TSE, o art. 22, VII, da LC nº 64/90 estabeleceu "uma faculdade, e não uma obrigatoriedade ao julgador que, a seu critério, afere a necessidade ou não da produção dessa prova [...]" (TSE – REspe nº 25.215/RN – j. 4-8-2005). Mas, sendo necessário, a negativa de oitiva poderá significar cerceamento do direito de a parte provar amplamente sua tese e, pois, influir no conteúdo da decisão. Para evitar delongas (e nulidades), poderá o juiz solicitar à parte que esclareça a relevância do depoimento que pretende seja formalizado.

No tríduo legal, ainda poderão ser requisitadas cópias ou ordenado o depósito em juízo de quaisquer documentos necessários à formação da prova que se encontrarem em poder de terceiro, inclusive estabelecimento de crédito, oficial ou privado. Se o terceiro, sem justa causa, não exibir o documento, ou não comparecer a juízo, poderá o juiz expedir mandado de busca e apreensão, requisitando, se for preciso, força policial para o seu cumprimento; também poderá impor multa processual e determinar "outras medidas indutivas, coercitivas, mandamentais ou sub-rogatórias necessárias para assegurar a efetivação da decisão" (CPC, art. 403, parágrafo único). Isso sem prejuízo da responsabilização do terceiro por crime de desobediência (LC nº 64/90, art. 22, IX; CE, art. 347).

23.4.27 Alegações finais

Finda a instrução e as diligências determinadas pelo juiz, "as partes, inclusive o Ministério Público, poderão apresentar alegações no prazo comum de 02 (dois) dias" (LC no 64/90, art. 22, X; Res. TSE nº 23.608/2019, art. 47-G – incluído pela Res. nº 23.733/2024). Trata-se de prazo comum às partes.

Essa regra não sofre alteração se a AIJE tiver sido ajuizada pelo Ministério Público. Na qualidade de parte, o prazo para o órgão ministerial apresentar alegações finais ou memoriais é comum.

No entanto, se o Ministério Público atuar no feito não como parte, mas como *fiscal da ordem jurídica*, seu prazo jamais poderá ser comum, senão sucessivo. E mais: quantitativamente, deve ser idêntico ao reservado às partes. O motivo é óbvio: intervindo no processo na qualidade de *custos legis*, o órgão ministerial deve manifestar-se necessariamente após serem deduzidas as alegações das partes. A esse respeito, o art. 179, I, do CPC é cristalino ao prescrever que, intervindo como fiscal da ordem jurídica, o Ministério Público "terá vista dos autos depois das partes, sendo intimado de todos os atos do processo".

23.4.28 Relatório

À exceção das eleições municipais, nas demais (estadual, federal e presidencial) o processo corre perante as Corregedorias Regional ou Geral Eleitoral, sendo, porém, julgado pelas respectivas Cortes Eleitorais. Assim, ultrapassada a fase de alegações finais das partes e manifestação do Ministério Público, os autos são conclusos ao Corregedor. Este, a seu turno, não julga monocraticamente a causa, senão produz *relatório conclusivo* sobre o que houver sido apurado. O relatório – que deve ser "assentado" em três dias contados da conclusão – deve ser encaminhado ao órgão competente, juntamente com os autos da representação, para fins de inclusão do feito na pauta e julgamento pelo órgão Colegiado do Tribunal.

23.4.29 Julgamento

Sob o aspecto formal, o ato decisório deve obedecer ao padrão do art. 489 do CPC, contendo relatório, fundamentação e dispositivo. A fundamentação deve expor os motivos e as circunstâncias relevantes para a conclusão a que se chegar. Do contrário, não se poderia exercer qualquer controle sobre o *decisum*, de sorte a afastar a parcialidade e o arbítrio. Trata-se de exigência indeclinável, inscrita no art. 93, IX, da Lei Maior, cujo descumprimento enseja nulidade.

Incide aqui o princípio da persuasão racional do juiz, de sorte que para formar sua convicção o órgão judicial goza de liberdade para apreciar o acervo probatório constante dos autos, independentemente de quem tenha promovido a prova. Deve, porém, limitar-se aos fatos e às circunstâncias debatidas no processo sob pena de violar o contraditório. Vale lembrar que esse princípio é hoje concebido (*vide* CPC, art. 9º) como direito de a parte ser ouvida, participar e ter oportunidade de influenciar no conteúdo da decisão.

Conforme ressaltado anteriormente, por força do princípio da *congruência*, deve haver *correlação* entre os fatos imputados na petição inicial (= *causa petendi*) e a decisão de mérito. Ou seja: o conteúdo da decisão deve decorrer da delimitação fática posta naquela peça – e não do pedido formulado pelo autor. Nesse sentido, é pacífico na jurisprudência que, em sede de investigação judicial eleitoral, a parte se defende dos fatos narrados pelo autor na petição inicial, de modo que, "uma vez apresentado, delimitado e reconhecido o abuso, cabe ao juiz aplicar a sanção mais adequada à circunstância" (TSE – REspe nº 52,183/RJ – *DJe*, t. 77, 24-4-2015, p. 102). Em igual sentido, reza a Súmula TSE nº 62: "Os limites do pedido são demarcados pelos fatos imputados na inicial, dos quais a parte se defende, e não pela capitulação legal atribuída pelo autor". Assim, desde que os fatos imputados estejam provados, as sanções cabíveis decorrem da lei, e não do pedido formulado pela parte autora, cabendo ao juiz aplicar as que entender pertinentes, dentre as previstas em lei.

Dispõe o art. 23 da LC nº 64/90: "O Tribunal formará sua convicção pela livre apreciação dos fatos públicos e notórios, dos indícios e presunções e prova produzida, atentando para circunstâncias ou fatos, ainda que não indicados ou alegados pelas partes, mas que preservem o interesse público de lisura eleitoral". Entretanto, se é mister haver correlação entre a imputação fática feita na peça exordial e o conteúdo da decisão judicial, ao juiz não é dado fundamentar sua decisão em fato não descrito naquela peça – ressalvada a possibilidade de posterior (e regular) aditamento da inicial para inclusão de novos fatos e, pois, ampliação da causa de pedir. Do contrário, violar-se-ia o *due process of law*, o processo justo, mormente por haver surpresa para o réu, o qual não poderia se defender de fatos não descritos, e, portanto, desconhecidos, não debatidos no processo. Nesse contexto, o citado art. 23 deve ser compreendido como uma exortação ao magistrado para imergir na realidade que circunda as eleições, vivendo-a com interesse, sendo imperdoáveis a omissão e a apatia. Só assim ser-lhe-á possível alcançar exata compreensão do contexto em que sua decisão se inserirá e, portanto, das consequências práticas que dela irradiarão. Deveras, aquele dispositivo não autoriza o juiz a julgar procedente o pedido do autor com base em fato não narrado na petição inicial.

Antes das alterações promovidas pela LC nº 135/2010, a ação em tela não era vocacionada à cassação de diploma e, pois, de mandato. Mas isso se tornou possível com a promulgação de tal norma, que, revogando o inciso XV, acrescentou essa possibilidade na nova redação conferida ao inciso XIV, art. 22, da LC nº 64/90. Reza esse dispositivo:

> "julgada procedente a representação, ainda que após a proclamação dos eleitos, o Tribunal declarará a inelegibilidade do representado e de quantos hajam contribuído para a prática do ato, cominando-lhes sanção de inelegibilidade para as eleições a se realizarem nos 8 (oito) anos subsequentes à eleição em que se verificou, além da cassação do registro ou diploma do candidato diretamente beneficiado pela interferência do poder econômico ou pelo desvio ou abuso do poder de autoridade ou dos meios de comunicação, determinando a remessa dos autos ao Ministério Público Eleitoral, para instauração de processo disciplinar, se for o caso, e de ação penal, ordenando quaisquer outras providências que a espécie comportar".

Destarte, o julgamento da causa – com acolhimento dos pedidos formulados na petição inicial – pode acarretar: *(i)* inelegibilidade dos representados para as eleições que se realizarem nos oito anos subsequentes; *(ii)* cassação do registro do candidato beneficiado pelo abuso de poder; *(iii)* cassação do diploma do eleito e, por conseguinte, do próprio mandato; *(iv)* invalidação dos votos. Ademais, deve-se determinar a remessa de cópia dos autos ao Ministério Público para análise de eventuais providências no campo disciplinar, de improbidade administrativa ou criminal.

No tocante à anulação, ocorrerá quando a votação estiver "viciada de falsidade, fraude, coação, uso de meios de que trata o art. 237 ["interferência do poder econômico e o desvio ou abuso do poder de autoridade"], ou emprego de processo de propaganda ou captação de sufrágios vedado por lei" (CE, art. 222 c.c. art. 237). Diante disso, na AIJE por abuso de poder a procedência do pedido – e, pois, a cassação do registro (após as eleições), do diploma ou do mandato – implica a anulação dos votos. Uma vez invalidados, perdem os votos a aptidão para produzir efeitos jurídicos. Consequentemente: *(a)* nas eleições majoritárias para o Poder Executivo, deve-se realizar novo certame (CE, art. 224, § 3º); *(b)* nas eleições proporcionais, devem-se recalcular os quocientes eleitoral e partidário, reconfigurando-se os resultados do pleito; nesse caso, não é possível que os votos invalidados sejam computados para a legenda partidária.

Em eleições municipais, os referidos efeitos *não decorrem imediatamente da sentença*. É que a competência para conhecer e julgar a causa é de juiz eleitoral, sendo a sentença impugnável mediante recurso eleitoral, o qual (por ter natureza ordinária) deve ser recebido no efeito suspensivo (CE, art. 257, § 2º).

Por igual, não são automáticos nas eleições federais e estaduais. Aqui a competência para conhecer e julgar AIJEs é originária de TRE, sendo o acórdão impugnável mediante recurso ordinário (CF, art. 121, § 4º, III e IV). Recurso esse que, por ter natureza ordinária, deve ser

Cap. 23 • AÇÕES ELEITORAIS: PROCEDIMENTO DO ART. 22 DA LC Nº 64/90 | **747**

recebido no efeito suspensivo, nos termos do art. 257, § 2º, do CE. De sorte que o só julgamento da causa pelo colegiado *não* fará nascer os aludidos efeitos.

Na hipótese de ocorrer trânsito em julgado antes do pleito, ficará o candidato afastado definitivamente do certame, além de sofrer a sanção de inelegibilidade. Ao partido é facultado substituí-lo, nos termos do art. 13 da Lei nº 9.504/97. Não se olvide, porém, que, tratando-se de eleição majoritária, a cassação do registro do titular afeta o vice – daí a necessidade de sua citação para integrar o processo como litisconsorte passivo.

Quid iuris se a decisão que cassar o registro (já deferido) não transitar em julgado, mas for ratificada pelo Tribunal eleitoral *ad quem* antes do pleito? Isso pode ocorrer não só em eleições municipais (ex.: a sentença do juiz é confirmada pelo TRE), como também em eleições estaduais e federais (ex.: o acórdão do TRE é confirmado no TSE). Nessas duas situações, os recursos cabíveis contra os acórdãos do TRE e do TSE são respectivamente o especial e o extraordinário. Por serem excepcionais, esses recursos não têm efeito suspensivo. De sorte que, se o candidato obtiver efeito suspensivo do recurso interposto ao Tribunal *ad quem* (TSE ou STF, conforme o caso), concorrerá ao certame com o registro *sub judice*. Ao final, sendo mantida a decisão recorrida, devem-se distinguir duas situações. *Se o recorrente não for eleito*: (a) nada impede seja aplicada a sanção de inelegibilidade; (b) há perda de objeto recursal quanto aos pedidos de cassação de registro e de diploma. Por outro lado, *se o candidato for eleito*, atende à lógica do sistema e à razoabilidade a conclusão segundo a qual o não provimento do recurso excepcional depois das eleições, ou mesmo da diplomação, retroagirá, atingindo o registro, tornando insubsistente a diplomação e, consequentemente, desconstituindo o mandato. É que, nesse caso, o candidato concorreu sob a condição de o recurso ser provido, assumindo, portanto, o risco de não sê-lo. E não se pode considerar regular e legítima a eleição de candidato que, ao final, não teve mantido o registro, pois este é condição *sine qua non* de sua participação no processo eleitoral.

Note-se que a inelegibilidade, enquanto viger, impede o sentenciado de concorrer a outro pleito; significa que não poderá ser eleito a outro cargo político-eletivo. Sendo ela a única sanção aplicada, só pode atingir "as eleições a se realizarem nos 8 (oito) anos subsequentes à eleição em que se verificou" (LC nº 64/90, art. 22, XIV). Em tese, portanto, tal sanção, por si só, não obstrui o exercício do mandato conquistado na própria eleição em que foi *isoladamente* imposta, tampouco cria embaraço à filiação partidária, nem à cidadania ativa (o inelegível deve votar). Esses só são afetados se houver suspensão ou perda de direitos políticos, nos termos do art. 15 da Lei Maior.

Assim, apesar de a sentença declarar a ocorrência de abuso de poder e firmar tão só a inelegibilidade do candidato-réu pelo período de oito anos, mantêm-se incólumes o diploma e o mandato. Tem-se aqui legítima pérola da leniência brasileira. Nesse contexto, a decretação isolada de inelegibilidade constituiria medida de pouco alcance, pois o mandato conquistado com abuso de poder não seria afetado. Para que isso não ocorra, é preciso ter sempre o cuidado de se inserir no pedido inicial e no dispositivo da sentença ou do acórdão a cassação do diploma.

Não obstante, o vigente inciso XIV do art. 22 harmoniza-se com a intenção expressa do art. 14, § 9º, da Lei Maior. Este determina que lei complementar estabeleça outros casos de inelegibilidade a fim de proteger, entre outros bens, "a normalidade e legitimidade das eleições contra a influência do poder econômico ou o abuso do exercício de função, cargo ou emprego na administração direta ou indireta". À evidência, se pela AIJE se pode cassar o registro e o diploma de quem comprovadamente atentou contra a integridade, a legitimidade e a lisura das eleições, o desiderato constitucional foi atingido.

E se o candidato-réu não for eleito? Ainda assim deve a AIJE prosseguir, haja vista a possibilidade de aplicar-se-lhe a sanção de inelegibilidade. Não há, aqui, perda superveniente do objeto da ação, já que há a permanência de um deles. É que, conforme assentou a Corte

Superior, "a AIJE possui um objeto duplo e independente, uma vez que, em paralelo com um provimento com carga desconstitutiva (cassação do registro ou diploma), também se busca uma decisão de caráter positivo, destinada à criação de uma situação jurídica limitadora da capacidade eleitoral passiva. Assim sendo, embora, como regra, ambas as consequências caminhem em compasso, a impossibilidade prática do primeiro provimento não inviabiliza, por si, a entrega jurisdicional concernente à inabilitação política. [...]" (TSE – Ag-RO nº 537610/MG – *DJe*, t. 50, 13-3-2020, p. 50-52).

Quanto ao marco inicial da inelegibilidade, o aludido inciso XIV é claro ao fixá-lo "para as eleições a se realizarem nos 8 (oito) anos subsequentes à eleição em que se verificou". O problema consiste em saber se nessa cláusula legal o vocábulo *eleição* refere-se ao dia da votação ou ao término do processo eleitoral, que se dá com a diplomação, ou, ainda, ao final do ano eleitoral. A esse respeito, a Corte Superior Eleitoral fixou seu entendimento na Súmula nº 19, pela qual o referido marco inicial é a "data da eleição em que se verificou".

Logo, o prazo de oito anos começa a contar não do trânsito em julgado da sentença que impôs a sanção de inelegibilidade, tampouco da diplomação (que demarca o final do processo eleitoral) ou do final do ano em que o pleito foi realizado, mas sim do dia das eleições em relação às quais o abuso de poder ocorreu.

Havendo segundo turno, aludido prazo deve ser contado da data do primeiro turno. Por semelhança de razões, aplica-se o mesmo entendimento expresso pelo TSE no julgamento do RO nº 56635/PB (julgado em 16-9-2014) e na Súmula TSE nº 69 ("Os prazos de inelegibilidade previstos nas alíneas *j* e *h* do inciso I do art. 1º da LC nº 64/90 têm termo inicial no dia do primeiro turno da eleição e termo final no dia de igual número no oitavo ano seguinte").

Quanto ao marco final, sendo o prazo de inelegibilidade contado em anos, aplica-se o art. 132, § 3º, do Código Civil, de sorte que ele expira "no dia de igual número do de início, ou no imediato, se faltar exata correspondência".

Como exemplo dos referidos marcos temporais, tomem-se as eleições de 2010. O primeiro turno foi realizado no dia 3 de outubro, enquanto o segundo turno ocorreu no dia 31 de outubro daquele ano. Independentemente de o pleito ter sido realizado em primeiro ou segundo turno, o marco inicial da inelegibilidade é o dia 3 de outubro de 2010. Já o marco final é o dia 3 de outubro de 2018. Assim, um candidato sancionado com inelegibilidade nas eleições de 2010 ficou inelegível até o dia 3 de outubro de 2018.

No que concerne à natureza, a decisão de mérito na AIJE é do tipo constitutiva, desdobrando-se em positiva ou negativa. Constitutivo-positiva é a que institui a inelegibilidade do "representado e de quantos hajam contribuído para a prática do ato". Depois de afirmar a ocorrência do evento abusivo, a sentença *cria* ou *constitui* nova situação jurídica, consistente na inelegibilidade. Esta inexistia antes do ato judicial, sendo por ele erigido. Constitutivo é também o efeito invalidante dos votos.

Já a natureza constitutivo-negativa ou desconstitutiva da decisão refere-se à "cassação do registro ou diploma do candidato". Nesse caso, ela tem o condão de desfazer o registro, impedindo que o candidato concorra nas eleições, ou o diploma, impedindo-o, se eleito, de investir-se no cargo público.

23.4.30 Recurso

O procedimento traçado no art. 22 da LC nº 64/90 não dispõe acerca de recursos, sendo, pois, aplicável o sistema do Código Eleitoral, complementado pelo Código de Processo Civil em caráter supletivo e subsidiário (CPC, art. 15). É inteiramente pertinente, nessa seara, a teoria dos recursos, os pressupostos recursais e demais temas inerentes à disciplina processual civil dessa matéria.

Cap. 23 • AÇÕES ELEITORAIS: PROCEDIMENTO DO ART. 22 DA LC Nº 64/90 | 749

23.4.30.1 *Recurso contra decisão interlocutória*

Sobre decisões interlocutórias proferidas por juiz de primeira instância, há o entendimento segundo o qual, no âmbito da AIJE, são elas irrecorríveis de imediato. Confira-se:

> "As decisões interlocutórias ou sem caráter definitivo proferidas nos feitos eleitorais são irrecorríveis de imediato por não estarem sujeitas à preclusão, ficando os eventuais inconformismos para posterior manifestação em recurso contra a decisão definitiva de mérito. § 1º O Juiz ou Tribunal conhecerá da matéria versada na decisão interlocutória como preliminar à decisão de mérito se as partes assim requererem em suas manifestações. [...]" (Res. TSE nº 23.478/2016, art. 19).

> "[...] Contra decisão interlocutória em sede de ação de investigação judicial eleitoral não cabe agravo de instrumento. Precedentes. Agravo desprovido" (TSE – Ag. nº 5.459/ RJ – *DJ* 28-10-2005).

Esse entendimento é, ao menos em parte, ratificado pelo CPC de 2015, que limitou o cabimento do agravo de instrumento apenas às hipóteses arroladas nos incisos I a XI de seu art. 1.015, bem como aos "casos expressamente referidos em lei" (inciso XIII). Fora dessas hipóteses, no procedimento comum, a decisão interlocutória é irrecorrível e, portanto, não preclui. E porque não preclui, poderá ser questionada em preliminar de futuro recurso eleitoral manejado contra a sentença, quando, só então, poderá ser revista. A esse respeito, é expresso o art. 1.009, § 1º, do CPC: "As questões resolvidas na fase de conhecimento, se a decisão a seu respeito não comportar agravo de instrumento, não são cobertas pela preclusão e devem ser suscitadas em preliminar de apelação, eventualmente interposta contra a decisão final, ou nas contrarrazões".

É razoável que o referido modelo recursal se aplique igualmente ao processo da AIJE, porque: (i) o art. 265, *caput*, do Código Eleitoral, prevê (sem ressalva) caber recurso "dos atos, resoluções ou despachos" proferidos por juiz eleitoral; (ii) o art. 15 do CPC determina sua aplicação supletiva "na ausência de normas que regulem processos eleitorais"; (iii) o art. 2º, § único, da Res. TSE nº 23.478/2016, determina a aplicação das regras do CPC "desde que haja compatibilidade sistêmica". Além disso, tal modelo se orienta em direção a um processo justo, eficiente e em tempo razoável. Em verdade, trata-se de atribuir máxima eficácia a direitos fundamentais como a inafastabilidade da tutela jurisdicional (CF, art. 5º, XXXV e LXXVIII).

Assim, contra decisão interlocutória proferida por juiz de primeira instância, deve-se admitir a interposição de agravo de instrumento nos mesmos casos do art. 1.015 do CPC. Em regra, o prazo recursal é três dias (CE, art. 258), mas será de um dia nos casos relativos à Lei nº 9.504/97, consoante dispõe o art. 96, §8º, dessa norma.

A necessidade do agravo é bem evidenciada no caso de decisão concessiva de tutela provisória de urgência. Essa decisão tem natureza interlocutória e contra ela, o recurso previsto é o agravo de instrumento (CPC, arts. 1.015, I, 294 e ss.). Conforme o art. 304 do CPC, a tutela antecipada "torna-se estável se da decisão que a conceder não for interposto o respectivo recurso". E o recurso é o agravo de instrumento. Significa isso que se não for interposto agravo de instrumento contra a decisão que concede tutela antecipada, esta tornar-se-á estável e, portanto, definitiva, devendo o processo ser extinto (§ 1º). Com a extinção do processo, a decisão só poderá ser revista, reformada ou invalidada se, no prazo de dois anos, a parte ingressar com a ação rescisória prevista nos §§ 2º a 6º do referido art. 304.

Sendo a AIJE de competência *originária* de Tribunal Eleitoral, pode-se cogitar o cabimento de agravo interno (CPC, art. 1.021) contra decisão monocrática (interlocutória) do relator. O fato de o aludido art. 1.021 do CPC não prescrever qualquer ressalva induz ao entendimento de que é agravável toda decisão interlocutória proferida pelo relator. E é compreensível que assim o seja, pois, ao decidir monocraticamente uma questão, o relator apenas exerce, por delegação, competência própria do órgão colegiado a que pertence, sendo mais do que razoável a abertura de uma via recursal para que o próprio órgão colegiado, desde logo, conheça e decida questão que originariamente lhe pertence.

Some-se a isso o fato de que, no âmbito dos tribunais, o art. 19, § 2º, da Res. TSE nº 23.478/2016, prevê que "recurso especial interposto contra decisão interlocutória" seja "processado em autos suplementares, prosseguindo o curso da demanda nos autos principais". Ora, se até mesmo recurso especial é cabível contra decisão interlocutória, por que razão não o seria o agravo interno?

Vale registrar que, nos termos do art. 1.021, § 1º, do CPC, a interposição de agravo interno deve ser feita por petição escrita, na qual sejam impugnados "especificadamente os fundamentos da decisão agravada". O recurso é processado nos mesmos autos e dirigido ao próprio relator, que poderá se retratar de sua decisão. A decisão monocrática do relator que improvê o agravo não pode "limitar-se à reprodução dos fundamentos da decisão agravada" (§ 3º). Sendo mantida a decisão agravada e estabelecido o contraditório com a manifestação da parte adversa, deverá o relator pedir a inclusão do recurso em pauta para julgamento pelo respectivo órgão colegiado. Não há suspensão do processo.

De qualquer sorte, não é impossível que decisão interlocutória fira (ou gere risco de ferimento) direito da parte, podendo acarretar-lhe lesão grave ou de difícil reparação, caso se tenha que aguardar todo o trâmite processual e o julgamento do recurso interposto contra eventual decisão final desfavorável. Em situações como essa, não faz sentido admitir-se a continuação e consolidação de lesão, que com o passar do tempo, pode adquirir caráter irreversível. Não é demais lembrar que o atual paradigma processual encarece o princípio da eficiência (CF, art. 37, *caput*; CPC, art. 8º), sendo imperativo que o processo tenha resultado útil.

Daí que, se não se entender cabíveis nem o agravo de instrumento nem o agravo interno, poderá o interessado valer-se do *writ of mandamus para impugnar a decisão interlocutória*. O art. 5º, II, da Lei do Mandado de Segurança – interpretado *a contrario sensu* – assegura o seu cabimento contra decisão judicial, sempre que não houver recurso específico com efeito suspensivo previsto nas leis processuais. E, nos termos da Súmula 22 do TSE: "Não cabe mandado de segurança contra decisão judicial recorrível, salvo situações de teratologia ou manifestamente ilegais". Assim, sendo a decisão interlocutória "teratológica" ou "manifestamente ilegal" e dela podendo resultar lesão a direito líquido e certo da parte, admite-se sua impugnação mediante mandado de segurança. Nesse sentido:

> "[...] 2. Em regra, as decisões interlocutórias proferidas em processo eleitoral são irrecorríveis de imediato e a parte interessada poderá impugnar a matéria no recurso apropriado, não se admitindo a impetração do mandado de segurança como sucedâneo recursal. 3. No caso, o writ foi impetrado contra decisão de natureza tipicamente interlocutória em que se rejeitou a preliminar de ausência de litisconsorte passivo e se designou data para audiência de oitiva de testemunhas nos autos da AIJE 745–51. 4. Agravo regimental desprovido" (TSE – AgRgRMS nº 060000133/PI – *DJe*, t. 82, 3-5-2019).

> "[...] 2. O mandado de segurança contra atos decisórios de índole jurisdicional, sejam eles proferidos monocraticamente ou por órgãos colegiados, é medida excepcional, somente sendo admitida quando atendidos os seguintes pressupostos: (i) não cabimento de recurso, com vistas a integrar ao patrimônio do Impetrante o direito líquido e certo a que supostamente aduz ter direito; (ii) inexistência de trânsito em julgado; e (iii) tratar-se de decisão teratológica. [...]" (TSE – AgRgRMS nº 2141/BA – *DJe* 12-9-2016, p. 36).

Cap. 23 • AÇÕES ELEITORAIS: PROCEDIMENTO DO ART. 22 DA LC Nº 64/90

Vale ressaltar que, no caso de impetração de mandado de segurança, a competência para conhecê-lo e julgá-lo é do próprio tribunal a que o autor da decisão singular se encontrar vinculado.

Pedido de reconsideração – o art. 48 da Res. TSE nº 23.608/2019 introduziu instituto que muito se assemelha a pedido de reconsideração, *in verbis*:

> "Art. 48. As decisões interlocutórias proferidas no curso da representação de que trata este capítulo não são recorríveis de imediato, não precluem e deverão ser novamente analisadas pela juíza ou pelo juiz eleitoral ou pela juíza ou pelo juiz auxiliar por ocasião do julgamento, caso assim o requeiram as partes ou o Ministério Público Eleitoral em suas alegações finais.
>
> Parágrafo único. Modificada a decisão interlocutória pela juíza ou pelo juiz eleitoral ou pela juíza ou pelo juiz auxiliar, será reaberta a fase instrutória, mas somente serão anulados os atos que não puderem ser aproveitados, determinando-se a subsequente realização ou renovação dos que forem necessários".

Atribui-se, portanto, a revisão de decisões interlocutórias ao próprio "juiz eleitoral ou juiz auxiliar por ocasião do julgamento, caso assim o requeiram as partes ou o Ministério Público Eleitoral em suas alegações finais".

O acolhimento do requerimento pode implicar a reabertura da instrução, com a eventual invalidação e renovação de atos processuais. Já o seu indeferimento implica a manutenção da decisão interlocutória.

Questão relevante a ser considerada no presente instituto é a seguinte: há preclusão da decisão interlocutória se a parte não formular o pedido de reconsideração ou, formulando-o, for ele denegado? Impõe-se a resposta negativa a essas questões. Primeiro, porque o próprio dispositivo citado afirma que "as decisões interlocutórias proferidas no curso da representação [...] não precluem". Segundo, porque a afirmação da preclusão ofenderia o devido processo legal, pois restaria inviabilizada a possibilidade de submeter ao segundo grau de jurisdição a revisão da decisão interlocutória prejudicial à parte. Pode-se, então, concluir que, se não for requerida a reconsideração da decisão ou se esta for mantida pelo juízo eleitoral, a parte interessada poderá impugná-la em preliminar no recurso (ou nas respectivas contrarrazões) aviado contra a decisão final.

23.4.30.2 *Recurso contra decisão final, extintiva do processo ou da fase cognitiva do procedimento*

As decisões finais, que extinguem o processo ou a fase cognitiva do procedimento (julgando ou não o mérito da causa), são sempre recorríveis.

Em geral, pode-se cogitar o cabimento das seguintes espécies recursais: recurso eleitoral, agravo interno, embargos de declaração, recurso especial eleitoral, recurso ordinário eleitoral, recurso extraordinário, agravo em recurso especial e extraordinário, embargos de divergência (esse último apenas no STF).

Consoante a natureza da eleição, a sistemática recursal pode ser sumariada na forma seguinte:

No pleito municipal – além de embargos declaratórios, para atacar a sentença é cabível recurso eleitoral para o TRE (CE, art. 265 ss.). Esse recurso deve ser interposto perante o juiz eleitoral, que sobre ele *não* realiza juízo de admissibilidade. Uma vez recebido, o recorrido será intimado para oferecer suas contrarrazões. Em seguida, os autos são remetidos ao TRE para apreciação. Contra o acórdão do tribunal regional, pode-se ingressar com embargos de declaração (CE, art. 275) e recurso especial eleitoral (Respe), este de competência do TSE (CF, art. 121, § 4º, I e II; CE, art. 276, I). A interposição do recurso especial se faz perante a presidência do TRE. A esse órgão cumpre realizar o primeiro juízo de admissibilidade, admitindo ou não o recurso (CE, art. 278, § 1º). Se inadmitido o Especial, poderá o recorrente interpor agravo em recurso especial (CE, art. 279 c.c. CPC, art. 1.042, *caput*, TSE PA nº 144.683/DF, *DJe*, t. 93, 18-5-2012 e Res. TSE nº 23.478/2016, art. 19, § 2º), cuja remessa ao Tribunal Superior (juntamente com os autos do processo) é obrigatória.

Nas eleições federais e estaduais – além de embargos declaratórios, contra o acórdão do TRE é cabível recurso ordinário (RO) para o TSE, eis que em jogo encontram-se causa de inelegibilidade, expedição ou anulação de diploma ou perda de mandato eletivo nas eleições federais ou estaduais (CF, art. 121, § 4º, III e IV; Súmula TSE nº 36). A interposição deste recurso se dá perante o presidente da Corte Regional, que, na própria petição de interposição, poderá mandar abrir vista ao recorrido para que ofereça suas razões; juntadas estas, são os autos remetidos ao Tribunal Superior. Não há juízo de admissibilidade no tribunal *a quo*, mas apenas no tribunal *ad quem*.

Nas eleições presidenciais – contra o acórdão do Pleno do TSE, é cabível embargos declaratórios para a própria Corte Superior.

Nas três situações expostas, contra o acórdão do TSE é cabível recurso extraordinário (RE) para o Supremo Tribunal Federal (CF, art. 121, § 3º).

Caso o RE não seja admitido pela presidência do TSE, a decisão de inadmissão poderá ser impugnada. Para tanto, são previstos dois diferentes recursos, a saber: *agravo interno* e *agravo em recurso especial*. A interposição de um ou de outro dá-se em conformidade com os fundamentos da decisão impugnada.

O *primeiro* (agravo interno) é previsto no art. 1.030, I, *b*, § 2º, c.c. art. 1.035, § 5º, ambos do CPC. É cabível quando a decisão denegatória de admissibilidade do RE fundar-se na sistemática da repercussão geral ou dos recursos repetitivos. A competência para conhecer e julgar esse agravo pertence ao órgão colegiado a que o autor da decisão singular impugnada estiver vinculado, no caso, pertence ao colegiado do TSE.

O *segundo* (agravo em recurso extraordinário) é previsto no art. 282 do CE c.c. art. 1.030, V, § 1º, art. 1.042, *caput*, primeira parte, do CPC. É cabível quando não se configurar hipótese de cabimento de agravo interno, ou melhor: quando a decisão denegatória não for fundamentada na sistemática dos recursos repetitivos nem na repercussão geral. Aqui, portanto, a decisão monocrática de inadmissão do RE ampara-se em pressupostos de admissibilidade recursais. Esse agravo tem curso obrigatório, deve ser interposto nos próprios autos e endereçado ao Pretório Excelso.

Ademais, no âmbito do STF caberão *embargos de divergência* sempre que a decisão proferida em recurso extraordinário "divergir do julgamento de qualquer outro órgão" daquele tribunal (CPC, art. 1.043; RISTF, art. 330). Note-se que os embargos de divergência não têm cabimento no TSE, porque este tribunal (diferentemente do STF, que funciona com duas turmas e um órgão pleno) não é dividido em turmas, funcionando tão somente em sua composição plena.

No tocante aos embargos declaratórios, vale registrar serem eles cabíveis sempre que no *decisum* houver obscuridade, contradição, omissão de ponto sobre que devia pronunciar-se o órgão judicial, ou necessidade de correção de erro material. Os embargos *interrompem* o prazo para a interposição de recurso. Sendo eles manifestamente protelatórios, poderá o embargante ser condenado "a pagar ao embargado multa não excedente a 2 (dois) salários mínimos", multa essa que será elevada até dez salários em caso de reiteração (CE, art. 275, I a III, §§ 5º, 6º e 7º, com a redação do art. 1.067 do CPC).

No âmbito do Tribunal *(TRE, TSE ou STF)*, após distribuição ao relator, os autos são enviados com vista ao Ministério Público para apresentação de parecer. Ao retornarem, são os autos remetidos ao relator, que poderá:

I) *não conhecer o recurso* ou negar-lhe seguimento, se for inadmissível, prejudicado ou se não tiver sido impugnado especificamente os fundamentos da decisão recorrida (CPC, art. *932, III*, e RITSE, art. 36, § 6º) – sendo o caso, antes de considerar o recurso inadmissível, deve o relator conceder prazo ao recorrente para que seja sanado vício ou complementada a documentação exigível (CPC, art. 932, parágrafo único);

II) *negar provimento* a recurso que for contrário à súmula do próprio Tribunal, do TSE, do STF ou do STJ (CPC, art. 932, IV);

III) desde que se tenha facultada a apresentação de contrarrazões, *prover o pedido recursal* se a decisão recorrida for contrária à súmula do próprio Tribunal, do TSE, do STF ou do STJ (CPC, art. 932, V, *a*, e RITSE, art. 36, § 7º);

IV) intimar as partes para se manifestarem sobre "fato superveniente à decisão recorrida ou a existência de questão apreciável de ofício ainda não examinada que devam ser considerados no julgamento do recurso" (CPC, art. 933);

V) apresentar o recurso para julgamento.

Nas hipóteses I, II e III, contra a decisão monocrática proferida pelo relator cabe recurso de agravo interno (CPC, art. 1.021), o qual é dirigido ao respectivo órgão colegiado e processado nos próprios autos.

É de três dias o prazo para interposição de todos os recursos assinalados (*vide* arts. 258, 275, § 1º, 276, § 1º, e 281 do CE), bem como para apresentação de contrarrazões. O prazo é contado da intimação da parte.

Considera-se interposto o recurso com o protocolo da petição. No caso de processo físico, se a petição for remetida ao cartório ou secretaria pelo Correio, reza o § 4º, art. 1.003, do CPC que, para a aferição de sua tempestividade, "será considerada como data de interposição a data de postagem", e não, portanto, a data do protocolo da peça recursal. Caso o envio da peça se dê por aparelho de fac-símile, a interposição considera-se feita no horário do início da transmissão, devendo esse horário ser certificado nos autos pelo cartório ou secretaria – é dispensável a juntada posterior do original, exceto na hipótese de recurso extraordinário, quando, então, o original da petição deverá ser acostado aos autos em cinco dias (Lei nº 9.800/1999, art. 2º; TSE – AgR-REspe nº 1.313.147/BA – *DJe* 2-8-2010, p. 214).

23.4.30.3 *Juntada de documento novo no recurso*

Em regra, a prova documental deve acompanhar a petição inicial, a contestação e a réplica do autor à contestação do réu (CPC, arts. 320 e 437). Após isso, só se admite a juntada aos autos de *documento novo*, assim entendido: *(a)* o indisponível ou inexistente quando da prática daqueles atos processuais; *(b)* o "que se tornou conhecido" posteriormente à prática daqueles atos (CPC, art. 435, parágrafo único); *(c)* o pertinente a *fato* novo, ou seja, fato ocorrido depois daqueles atos; *(d)* para contrapor documento cuja juntada aos autos foi deferida.

É esse igualmente o sentido da parte final do art. 266 do CE, que permite que a petição recursal seja acompanhada de "novos documentos". Em obséquio ao devido processo legal, o art. 267 do mesmo código também autoriza que as contrarrazões sejam "acompanhadas de novos documentos", os quais, evidentemente, devem ter o sentido de fazer prova contrária aos juntados pelo recorrente.

23.4.31 Efeitos do recurso

Vale lembrar que, sempre que um dos sujeitos processuais apresentar documento novo, impõe-se a abertura de vista para que os demais possam sobre ele se manifestar.

23.4.31 Efeitos do recurso

Em seu art. 257, *caput*, o Código Eleitoral estabelece uma regra geral segundo a qual "os recursos eleitorais não terão efeito suspensivo". Tal preceito se harmoniza com a primeira parte do art. 995, *caput*, do CPC, segundo a qual "os recursos não impedem a eficácia da decisão". Mas a segunda parte desse último dispositivo excepciona a existência de "disposição legal ou decisão judicial em sentido diverso".

A regra geral inscrita no *caput* do art. 257 do CE é excepcionada no parágrafo 2º do mesmo preceito, o qual foi acrescido pela Lei nº 13.165/2015. Eis o teor dessa ressalva:

> "Art. 257. [...] § 2º O recurso ordinário interposto contra decisão proferida por juiz eleitoral ou por Tribunal Regional Eleitoral que resulte em cassação de registro, afastamento do titular ou perda de mandato eletivo será recebido pelo Tribunal competente com efeito suspensivo".

Extrai-se desse dispositivo que o recurso de caráter *ordinário* interposto contra decisão proferida por juiz eleitoral ou Tribunal Regional Eleitoral terá efeito suspensivo sempre que dela resultar: *(i)* cassação de registro; *(ii)* afastamento do titular; *(iii)* perda de mandato eletivo.

As decisões de TRE abrangidas por essa regra são apenas as atinentes à sua competência originária, proferidas em eleições federais e estaduais (Governador, Senador, Deputado Federal, Deputado Distrital e Deputado Estadual). Isso porque os acórdãos proferidos por TRE no âmbito de sua competência recursal são recorríveis mediante recurso especial (cuja natureza é excepcional, e não ordinária) – e o recurso especial não apresenta efeito suspensivo.

O citado § 2º usa o termo "recurso ordinário" no sentido de "recurso *não* excepcional", ou seja, recurso próprio dos primeiro e segundo graus de jurisdição. Refere-se, portanto, ao recurso eleitoral para o TRE (CE, art. 265) e ao recurso ordinário eleitoral para o TSE (CF, art. 121, § 4º, III e IV, e CE, art.276, II, *a*).

Fora das assinaladas hipóteses excepcionais, impera a regra geral, segundo a qual os recursos não têm efeito suspensivo e assim devem ser recebidos.

Nesse caso, a sustação do comando da decisão só é possível se a superior instância assim o determinar na via e com a técnica processual apropriada.

Normalmente, essa via é a tutela provisória de urgência cautelar. Em situações excepcionais também se cogita do mandado de segurança. Entretanto, incabível é o *writ* quando se tratar de "decisão judicial da qual caiba recurso com efeito suspensivo" (Lei nº 12.016/2009, art. 5º, II). Sobre isso, dispõe a Súmula TSE nº 22: "Não cabe mandado de segurança contra decisão judicial recorrível, salvo situações de teratologia ou manifestamente ilegais". Observe-se, porém, que a súmula está aquém do citado preceito legal, no qual está expresso que, quando manejado contra decisão judicial, o *mandamus* só é afastado na hipótese de haver recurso *com efeito suspensivo*; isso porque tal efeito por si só já elimina o risco de lesão à situação jurídica invocada. Por outro lado, vale lembrar que – nos termos da Súmula TSE nº 23 –, se a decisão judicial tiver transitado em julgado, contra ela "não cabe mandado de segurança" (Súmula TSE nº 23).

De todo modo, será preciso que a parte obtenha junto ao tribunal *ad quem* a suspensão da eficácia da decisão recorrida, devendo, para tanto, demonstrar *fumus boni juris* (consubstanciado na viabilidade do recurso ou na plausibilidade das alegações) e *periculum in mora* (expresso pelo risco concreto de o mandatário ser afastado e, pois, fracassar a tutela de seu direito). A propósito, expressa o parágrafo único do art. 995 do CPC: "A eficácia da decisão recorrida poderá ser suspensa por decisão do relator, se da imediata produção de seus efeitos houver risco de dano grave, de difícil ou impossível reparação, e ficar demonstrada a probabilidade de provimento do recurso". Sobre isso, a jurisprudência já se pronunciou no seguinte sentido:

"Agravo regimental. Ação cautelar. Decisão liminar. Atribuição de efeito suspensivo a recurso especial. Excepcionalidade demonstrada. A atribuição de efeito suspensivo ao recurso especial – apelo que, nos termos do art. 257 do Código Eleitoral, é desprovido de tal efeito – é medida excepcional, apenas admissível quando demonstrados o perigo de dano irreparável ou de difícil reparação e a plausibilidade jurídica das razões recursais. [...]" (TSE – AgR-AC nº 194.443/SP – *DJe* t. 68, 10-4-2015, p. 32).

"1. O deferimento de pedido liminar em ação cautelar para atribuir efeito suspensivo a recurso não dotado desse efeito, exige a presença conjugada do *fumus boni juris*, consubstanciado na plausibilidade do direito invocado, e do *periculum in mora*, o qual se traduz na ineficácia da decisão se concedida somente no julgamento definitivo da ação. [...]" (TSE – AgR-AC nº 91.072/MG – *DJe* 5-8-2010, p. 81).

"[...] 3. A ausência de demonstração da viabilidade do recurso inviabiliza a concessão de efeito suspensivo em sede cautelar. [...]" (TSE – AgR-AC nº 428.581/MG – *DJe* 14-3-2011, p. 13-14).

"O *fumus boni iuris* que enseja a concessão de liminar em medida cautelar para dar efeito suspensivo a recurso especial, diz com a viabilidade deste. [...]" (TSE – AMC nº 1.688/RJ – *DJ*, v. 1, 16-9-2005, p. 170).

23.4.31.1 *Efeito imediato do acórdão que cassa diploma: afastamento do mandatário cassado*

Por força do efeito imediato do acórdão que conclui pela cassação do registro de candidatura, perda de diploma ou mandato – confirmando ou reformando decisão de 1º grau –, se o réu já tiver sido empossado no cargo e encontrar-se no exercício do mandato, deverá ser afastado.

No pleito majoritário, esse afastamento não é obstaculizado pelo § 3º do art. 224 do CE (introduzido pela Lei nº 13.165/2015), que requer o *trânsito em julgado* da decisão judicial para a realização de nova eleição.

Cumpre registrar que, no âmbito do controle incidental ou difuso de constitucionalidade, ao julgar o ED-REspe nº 13.925/RS em 28-11-2016, o Tribunal Superior Eleitoral declarou a inconstitucionalidade da expressão "após o trânsito em julgado" prevista no referido § 3º, art. 224, CE. Afirmou-se a violação dos princípios da soberania popular, garantia fundamental da prestação jurisdicional célere, independência dos poderes e legitimidade exigida para o exercício da representação popular.

A despeito dessa decisão, tem-se que "afastamento do cargo" e "realização de novas eleições" são situações bem diferentes, que, inclusive, ocorrem em momentos espaço-temporais distintos. É óbvio que o mandatário cassado deverá ser afastado do cargo antes do início do processo atinente à eleição suplementar. Mas para se determinar seu afastamento, não seria preciso aguardar-se o trânsito em julgado da decisão da Justiça Eleitoral. Se o recurso cabível contra a decisão não tiver efeito suspensivo (como ocorre com os recursos excepcionais), poder-se-á determinar o afastamento, ainda que a realização do respectivo pleito suplementar tenha de aguardar o trânsito em julgado da decisão. Nesse caso, o mandatário ficaria afastado do exercício do cargo durante a tramitação do recurso excepcional interposto.

Para assumir provisoriamente o lugar do mandatário afastado, dever-se-á chamar o presidente do órgão legislativo ou quem a lei designar.

756 | DIREITO ELEITORAL – *José Jairo Gomes*

De qualquer modo, aconselha a prudência que se evitem sucessivas alterações no exercício do poder estatal. É que a instabilidade no governo pode afetar a gestão dos serviços prestados pela Administração Pública, prejudicando a população. Daí a conveniência de se manter no cargo até o fim do processo quem tiver sido provisoriamente investido.

> "[...] 2. É de todo inconveniente a sucessividade de alterações na superior direção do Poder Executivo, pelo seu indiscutível efeito instabilizador na condução da máquina administrativa e no próprio quadro psicológico dos munícipes, tudo a acarretar descrédito para o Direito e a Justiça Eleitoral. [...]"(TSE – AMC nº 2.241/RN – *DJ* v. 1, 1-2-2008, p. 35).

> "[...] 4. Este Tribunal Superior tem ponderado ser conveniente evitar sucessivas alterações no exercício dos mandatos eletivos, em especial, da Chefia do Poder Executivo. Agravo regimental a que se nega provimento" (TSE – AMC nº 1.709/SP – *DJ* 9-12-2005, p. 143).

Ao final, tornando-se estável ou transitando em julgado o ato judicial (acórdão ou sentença) que acolhe o pedido inicial e cassa o registro de candidatura, o diploma ou o mandato, nova eleição deverá ser convocada, conforme estabelece o art. 224, § 3º, do Código Eleitoral.

23.4.32 Juízo de retratação

Conforme prescreve o art. 267, § 7º, do Código Eleitoral, ao *juízo* eleitoral é dado se retratar da sentença recorrida, ainda que esta tenha julgado o mérito da causa. Tal ato pode ocorrer *ex officio*, independentemente de requerimento do recorrente.

Note-se que a retratação é realizada pelo juízo, ou seja, pelo órgão judicial. Se, após a publicação da sentença, houver mudança do juiz eleitoral, também o novo magistrado poderá se retratar, pois não há regra obrigando que o juiz que se retrate seja a mesma pessoa que proferiu a sentença; não tem cabimento, aqui, o princípio da identidade física do juiz.

Havendo retratação, à parte prejudicada é facultado requerer que o recurso suba ao Tribunal Regional. Por força do devido processo legal e do princípio da ampla defesa, também poderá agregar suas razões para a reforma do *decisum*.

23.4.33 Recurso adesivo

Preconiza-se o cabimento de recurso adesivo na seara eleitoral, que seria admissível no recurso eleitoral, no recurso especial e no recurso extraordinário (CPC, art. 997, § 2º, II). Por ele, ficando vencidos autor e réu, ao recurso interposto por uma parte poderá aderir a outra. A teor do art. 997 do CPC, tal recurso é sempre subordinado ao principal e deve ser "dirigido ao órgão perante o qual o recurso independente fora interposto, no prazo de que a parte dispõe para responder" (inciso I). De outro lado, "não será conhecido, se houver desistência do recurso principal, ou se for ele considerado inadmissível" (inciso III). Consoante o § 2º do aludido artigo, ao recurso adesivo se aplicam as mesmas regras do recurso independente, quanto aos requisitos de admissibilidade e julgamento no tribunal.

23.4.34 Sessão de julgamento por meio eletrônico

Conforme assinalado anteriormente, a Res. TSE nº 23.598/2019 instituiu e regulamentou as sessões de julgamento por meio eletrônico ou virtual. A operacionalização dessa técnica se dá por meio de funcionalidade específica disponibilizada no sistema Processo Judicial Eletrônico (PJe). Assim, eventualmente, os recursos examinados poderão ser julgados em sessão eletrônica.

23.5 AÇÃO POR CAPTAÇÃO OU GASTO ILÍCITO DE RECURSO PARA FINS ELEITORAIS – LE, ART. 30-A

A ação por captação ou gasto ilícito de recursos para fins eleitorais tem fundamento legal no art. 30-A da Lei nº 9.504/97, que reza:

> "Art. 30-A. Qualquer partido político ou coligação poderá representar à Justiça Eleitoral, no prazo de 15 (quinze) dias da diplomação, relatando fatos e indicando provas e pedir a abertura de investigação judicial para apurar condutas em desacordo com as normas desta Lei, relativas à arrecadação e gastos de recursos.
>
> § 1º Na apuração de que trata este artigo, aplicar-se-á o procedimento previsto no art. 22 da Lei Complementar nº 64, de 18 de maio de 1990, no que couber.
>
> § 2º Comprovados captação ou gastos ilícitos de recursos, para fins eleitorais, será negado diploma ao candidato, ou cassado, se já houver sido outorgado.
>
> § 3º O prazo de recurso contra decisões proferidas em representações propostas com base neste artigo será de 3 (três) dias, a contar da data da publicação do julgamento no Diário Oficial".

O § 1º desse dispositivo explicita que o procedimento a ser observado é o da AIJE previsto no art. 22 da LC nº 64/90. Assim, os desdobramentos processuais da ação em tela – como pessoas ou entes legitimados, provas e instrução probatória, audiência e julgamento – são análogos aos da AIJE.

De tal sorte, para que não haja repetições inúteis, serão destacados na sequência apenas algumas particularidades da presente ação.

Objeto – o objeto da ação em exame consiste na negativa ou cassação do diploma do candidato. É isso que se extrai da parte final do § 2º, do art. 30-A, da LE, ao afirmar que, se comprovado o ilícito eleitoral, "será negado diploma ao candidato, ou cassado, se já houver sido outorgado".

Como consequência reflexa ou indireta da afirmação desse ilícito, tem-se a possibilidade de declaração de inelegibilidade do réu, nos termos da alínea *j*, I, art. 1º, da LC nº 64/90 (inserida pela LC nº 135/2010).

Causa de pedir – o fundamento fático do pedido consiste na captação ou gasto ilícitos de recursos durante a campanha eleitoral.

Admitiu-se como causa de pedir o investimento em campanha de recursos desviados de fundo público destinado a financiar a quota de gênero. Nesse sentido: TSE – AI nº 33986/RS – *DJe* 20-9-2019.

Competência – embora a ação em apreço siga o rito do art. 22 da LC nº 64/90, a competência é determinada pelo art. 96 da Lei nº 9.504/97. Nas eleições municipais, é competente o juiz eleitoral. Nas eleições gerais (federal, estadual e distrital), competente é o Tribunal Regional Eleitoral, sendo que, em ano eleitoral, a demanda deve ser distribuída a juiz auxiliar do Tribunal (LE, art. 96, § 3º), não ao Corregedor-Regional. No pleito presidencial, a competência é do Tribunal Superior Eleitoral.

Na hipótese de competência originária do Tribunal, não é a causa decidida monocraticamente pelo juiz auxiliar, eis que em jogo encontra-se negativa ou cassação de diploma, e, ainda que reflexamente, inelegibilidade. Na verdade, o julgamento do mérito é afeto à própria Corte Eleitoral, em sua composição plena. O auxiliar preside o processo e sua instrução, devendo apresentar "relatório conclusivo sobre o que houver sido apurado", nos termos do art. 22, XI, da LC nº 64/90. Na sessão designada para o julgamento, após relatar o feito, votará antes dos demais membros do Colegiado.

Ressalte-se que o disposto na alínea *j*, I, art. 1º, da LC nº 64/90 (inserida pela LC nº 135/2010), pelo qual a captação ilícita de sufrágio acarreta a inelegibilidade do réu, não modificou a competência dos juízes auxiliares, transferindo-a para a Corregedoria Eleitoral. É que a inelegibilidade, aqui, surge como consequência do reconhecimento da ilícita captação e uso de recursos em campanha, sendo, pois, objeto reflexo ou mediato da demanda; ela só será declarada em eventual processo de registro de candidatura. De todo modo, a competência para decidir a causa é sempre do Órgão Colegiado; a distribuição de tarefas entre juízes auxiliares e corregedor é feita apenas no interesse da instrução processual.

Saliente-se inexistir foro especial ou por prerrogativa de função no âmbito da presente demanda. Relevante para a fixação da competência é sempre o tipo de eleição em causa.

Partes – quanto às pessoas legitimadas para a ação em tela, o *caput* do art. 30-A só alude a "partido político ou coligação". Todavia, é certo que a regra legal disse menos do que deveria, impondo-se o recurso à interpretação extensiva para que seu sentido seja mais bem explicitado. Assim, o polo ativo da relação processual também pode ser ocupado por federação de partido e pelo Ministério Público.

A federação de partidos encontra previsão no art. 6º-A da LE e no art. 11-A da LPP (ambos introduzidos pela Lei nº 14.208/2021), e atua no processo eleitoral como se fosse um partido.

No que concerne ao Ministério Público, seu interesse e legitimidade ativa são extraídos do art. 127, *caput*, da Lei Maior, bem como dos arts. 5º, I, *b*, 6º, XIV, *a*, e 72, todos da LC nº 75/93. Assim tem entendido o TSE, conforme revelam os seguintes julgados: RO nº 1.540/PA – *DJe* 1º-6-2009, p. 27; RO nº 1.596/MG – *DJe* 16-3-2009, p. 26-27. No julgamento desse último, depois de afirmar que seria inconstitucional a lei que excluísse a legitimidade do Ministério Público para agir em defesa da regularidade e legitimidade do processo eleitoral, e, assim, velar pela vitalidade da democracia representativa, salientou o Ministro Carlos Ayres Britto:

> "Não há como apartar o Ministério Público dessa atuação em defesa da democracia representativa – que se desdobra por eleições, votos, captação de recursos, prestação de contas. Porque tudo se reflete na legitimidade da investidura dos representantes do povo, nos cargos de chefia executiva e nos cargos de natureza parlamentar".

Relativamente a "candidato", seu interesse é intuitivo, pois, como participante do pleito, deve zelar pela sua lisura, além de poder ser diretamente prejudicado pela captação ou gasto ilícitos de recursos levados a efeito por seu concorrente. Todavia, firmou-se na jurisprudência uma interpretação gramatical do art. 30-A, *caput*, da LE, não se reconhecendo a candidato legitimidade ativa *ad causam* para a propositura da presente ação (TSE – RO 122.086/TO – *DJe*, t. 61, 27-3-2018, p. 2-7; TSE – AgR-REspe 168.328/AL – *DJe* 22-10-2012).

Sobre *legitimidade passiva*, deve a demanda ser ajuizada em face de quem tenha aptidão para ser ou já tenha sido diplomado pela Justiça Eleitoral, isto é, do candidato declarado eleito. Do contrário, carecerá de objeto, pois inexistirá diploma a ser negado ou cassado. Destarte, não ostentam legitimidade passiva pessoa jurídica, associação, sindicato, partido político, coligação e cidadão que não tenha sido candidato, ainda que esse último haja praticado ou contribuído para a conduta ilícita.

Nas eleições majoritárias, só tem legitimidade passiva os candidatos eleitos, pois somente eles são diplomados ou têm aptidão para tanto (Res. TSE nº 23.735/2024, art. 12, § 2º – *a contrario sensu*).

Já nas eleições proporcionais, tanto poderá figurar no polo passivo o candidato eleito e diplomado titular do mandato, quanto o suplente. A legitimidade passiva do suplente decorre do fato de encontrar-se "titulado a substituir ou suceder" o titular do mandato (TSE – Ag. nº 1.130/SP – *DJ* 12-2-1999). Nesse sentido:

> "Art. 12. Comprovados captações ou gastos ilícitos de campanha, será negado o diploma à(ao) candidata(o) ou cancelado, se já tiver sido outorgado. § 1º A sanção prevista no *caput* deste artigo poderá recair sobre diploma de candidata(o) eleita(o) ou de suplente." (Res. TSE nº 23.735/2024).

> "[...] I.3. Os legitimados passivos para a demanda, segundo a doutrina e a jurisprudência, são os candidatos que arrecadaram ou gastaram recursos ilicitamente, inclusive os suplentes [...]" (TSE – RO nº 218847/ES – *DJe* 18-5-2018).

> "[...] 5. A ação de investigação judicial eleitoral com fulcro no art. 30-A pode ser proposta em desfavor do candidato não eleito, uma vez que o bem jurídico tutelado pela norma é a moralidade das eleições, não havendo falar na capacidade de influenciar no resultado do pleito. No caso, a sanção de negativa de outorga do diploma ou sua cassação prevista no § 2º do art. 30-A também alcança o recorrente na sua condição de suplente [...]" (TSE – RO nº 1.540/PA – *DJe* 1º-6-2009, p. 27).

Partes: litisconsórcio passivo – considerando que o objeto da ação em foco restringe-se à negativa ou cassação de diploma do candidato, a exigência de litisconsórcio passivo só é viável em eleições majoritárias; nesse caso, ele deve ser formado entre o titular da chapa e o respectivo vice – ou suplente, no caso de senador. Nas eleições proporcionais, não há que se falar em litisconsórcio passivo entre o candidato e terceiro envolvido no cometimento do ilícito.

Momento para o ajuizamento – reza o art. 30-A, *caput*, que a ação deve ser proposta "no prazo de 15 (quinze) dias da diplomação". No entanto, a interpretação sistemática dessa regra revela que a propositura pode ocorrer *até* 15 dias da diplomação, antes, portanto, da prática desse ato. Do contrário, haveria conflito insolúvel com o disposto no § 2º do mesmo artigo. É que uma das sanções previstas no referido § 2º consiste na *negativa de diploma*. Só se nega diploma se ele ainda não tiver sido expedido. Logo, a possibilidade de se ajuizar a demanda antes da diplomação tem por si a expressa previsão da sanção de negativa de diploma.

Frise-se, porém, que a ação deve ser iniciada após as eleições, nomeadamente depois da proclamação dos resultados do pleito. Se ajuizada antes desse evento, em princípio, faltaria ao autor interesse de agir, pois inexistiria diploma a ser negado ou cassado. Nesse caso, em homenagem aos princípios da economia processual e efetividade da jurisdição, em vez de extinguir o processo, melhor seria que o juiz determinasse o seu sobrestamento.

Não obstante, a jurisprudência acolheu entendimento diverso, admitindo o ajuizamento da demanda em data anterior à do pleito:

> "[...] 2. É admitida a propositura de ação que vise a apurar os ilícitos descritos no art. 30-A da Lei nº 9.504/1997 antes mesmo do pleito, considerando que não há indicação, no texto legal, do termo inicial para seu ajuizamento. [...]" (TSE – RO nº 060161619/ MT – *DJe*, t. 244, 19-12-2019).

Cumpre ressaltar não ser necessário que se aguarde o julgamento definitivo da prestação de contas pela Justiça Eleitoral, ainda porque "inexiste prejudicialidade entre o processo de prestação de contas e as demais ações eleitorais que visem a apurar ilícitos de ordem financeira praticados em campanha" (TSE – RO nº 060161619/MT – *DJe*, t. 244, 19-12-2019). Assim, desde que evidenciada a introdução de recurso ilícito na campanha ou a realização de gasto ilegal, já se poderá pleitear a denegação do diploma do beneficiado. Mesmo porque, dificilmente alguém ousará declarar na prestação de contas a percepção de doação ou realização de gasto ilegais. E mesmo que o faça, o julgamento das contas não altera a natureza ilícita de tais eventos.

No entanto, em certos casos será preciso aguardar o julgamento das contas, ainda que não definitivo. É o que ocorre, por exemplo, quando houver omissão de recursos e evidência de formação de caixa dois para o financiamento da campanha. No mais das vezes, tais ocorrências só se patenteiam após a regular prestação e julgamento final das contas, sendo preciso coligir a realidade da campanha com os dados efetivamente declarados à Justiça Eleitoral; além disso, durante o procedimento de análise das contas, é dado ao prestador complementar as informações, fazer esclarecimentos e sanar falhas porventura detectadas.

Sobre o *termo final* para o ajuizamento da ação em apreço, fixou-o o legislador no 15º dia após a diplomação. Esse prazo pode ser explicado pela possibilidade de se arrecadar recursos após as eleições caso a campanha seja encerrada com *déficit* (ou seja, o gasto superou o aporte de recursos). Tratando-se de candidatos eleitos, afigura-se razoável o marco legal. Como é prevista a sanção de *cassação de diploma*, é lógico que a petição inicial poderia ser protocolada após a diplomação, pois aquela pretensão pressupõe a perfeição desse ato. Ademais, dada a similitude de efeitos e por atender melhor ao direito fundamental de ação (bem como o dever do Estado de prestar a jurisdição), é plausível que se aplique a mesma regra prevista para a ação de impugnação de mandato eletivo (AIME), a qual deve ser ajuizada no prazo de 15 dias contados da diplomação, conforme prevê o art. 14, § 10, da Lei Maior. Prazo inferior poderia inviabilizar o exercício do direito de ação, já que a Justiça Eleitoral deve julgar as contas "até três dias antes da diplomação" (LE, art. 30, § 1º).

Ressalte-se, porém, que, nos casos em que a perfeição do ilícito e, pois, o ajuizamento da demanda, depender do prévio julgamento da prestação de contas do candidato, o aludido prazo é impossível de ser atendido em relação a *suplentes* em eleições proporcionais. É que as prestações de contas de suplentes são apreciadas e julgadas meses e meses depois da diplomação, quando o prazo para ajuizamento da ação em comento já se encontra há muito escoado. Assim, para que o instituto em apreço não se torne inócuo em relação a suplentes, há que se entender que, em relação a eles, o prazo de 15 dias começa a ser contado a partir do julgamento da prestação de contas.

Suspensão do prazo para ajuizamento? – dispõe o art. 220, *caput*, do CPC: "Suspende-se o curso do prazo processual nos dias compreendidos entre 20 de dezembro e 20 de janeiro, inclusive. [...]". A Res. TSE nº 23.478/2016, em seu art. 10, estabelece que esse dispositivo do Código processual "aplica-se no âmbito dos cartórios eleitorais e dos tribunais regionais eleitorais".

Foi dito que a ação em apreço deve ser ajuizada após a diplomação. Dependendo da data em que este ato for realizado, o prazo para ajuizamento coincidirá no todo ou em parte com o período de suspensão previsto no art. 220 do CPC.

Diante disso, pergunta-se: estaria igualmente suspenso – e, pois, ampliado – o prazo para ajuizamento da enfocada ação por captação ou gasto ilícito de recurso para fins eleitorais? A resposta negativa parece ser a mais razoável à luz da integridade do ordenamento jurídico. Isso porque o prazo para ajuizamento dessa ação não tem natureza processual, mas sim material – trata-se de prazo decadencial. Em regra, o prazo decadencial não é suscetível de suspensão nem interrupção. E o referido art. 220 expressamente fala de prazos processuais.

Por outro lado, reza o § 2º do art. 220 que, durante a suspensão do prazo, "não se realizarão audiências nem sessões de julgamento", donde se extrai que outros atos processuais poderão ser praticados. Tanto assim que, nos termos do § 1º daquele mesmo dispositivo, se não estiverem em gozo de férias individuais, os juízes e os auxiliares da Justiça exercerão normalmente suas atribuições durante o período de suspensão do prazo, não havendo, portanto, óbice ao regular funcionamento de cartórios e secretarias.

Cap. 23 • AÇÕES ELEITORAIS: PROCEDIMENTO DO ART. 22 DA LC Nº 64/90   761

Tutela provisória – considerando-se a expressa previsão legal de negativa de expedição de diploma (que necessariamente deve anteceder esse ato), inexiste óbice jurídico à concessão de tutela provisória visando à suspensão da expedição do diploma. Mas isso só é aceitável se houver nos autos provas robustas do ilícito praticado, o que se poderia traduzir pela expressão *fumus boni juris*. Deveras, não haveria sentido em se expedir o diploma para logo depois cassá-lo. Nessa linha de pensamento:

> "Agravo regimental. Representação. Eleições 2006. Decisão do MM. Juiz Auxiliar do Tribunal que, em juízo de retratação, reconsiderou decisão monocrática interlocutória e cassou a liminar que suspendia a diplomação do representado. Existência de previsão de pena por gastos não declarados. Arts. 18, § 2º e 30-A da Lei nº 9.504/97, com alteração dada pela Lei nº 11.300/2006. Inexistência de discussão sobre questão relativa às condições de elegibilidade. Pretensão do Ministério Público Eleitoral, fundada em vasta prova, consubstanciada na negação da diplomação ao candidato ou cassação do diploma. Coerência e adequação da liminar cassada aos ditames da Lei nº 9.504/97. Revogação da decisão agravada. Restabelecimento da liminar anteriormente concedida. Agravo regimental a que se dá provimento" (TRE-MG – Rp nº 4.759/2006, Ac. nº 3.410, de 13-12-2006 – *DJMG* 11-1-2007, p. 88).

Perda superveniente do interesse processual por término do mandato – à vista das sanções principais previstas para o ilícito em exame, tem-se que o término do mandato eletivo majoritário ou proporcional "acarreta a perda do interesse jurídico na apuração da conduta" e, pois, também no prosseguimento do processo (Res. TSE nº 23.735/2024, art. 12, § 3º). Assim, impõe-se a extinção do processo sem resolução do mérito (CPC, art. 485, VI).

Julgamento – diz a regra legal que, demonstrada a captação ou o gasto ilícito, será *negado diploma* ao candidato, ou *cassado*, se já houver sido outorgado. Assim, poderá o candidato concorrer ao pleito, ser votado e até ser eleito, mas, nesse caso, sofrerá a sanção de perda do diploma, o qual ser-lhe-á negado ou cassado, se porventura expedido. É evidente haver aí comprometimento do direito de participar da gestão estatal, direito este enfeixado na noção de cidadania passiva.

Conquanto não haja no texto do art. 30-A sanção de inelegibilidade, foi ela introduzida pela alínea *j*, I, art. 1º, da LC nº 64/90 (inserida pela LC nº 135/2010). Por essa regra, é inelegível, por oito anos a contar da data das eleições, os que tiverem o diploma cassado, em decisão transitada em julgado ou proferida por órgão colegiado da Justiça Eleitoral, por doação, captação ou gastos ilícitos de recursos em campanha eleitoral. No caso, a inelegibilidade apresenta-se como efeito externo, reflexo ou secundário da decisão que julga procedente o pedido formulado na petição inicial. Não é preciso que ela conste expressamente do dispositivo da sentença ou do acórdão condenatório, pois somente será *declarada* em futuro e eventual processo de registro de candidatura – isso porque, na dicção do § 10 do art. 11 da LE: "as causas de inelegibilidade devem ser aferidas no momento da formalização do pedido de registro da candidatura".

Nesse quadro, sendo o mérito da causa julgado antes da diplomação, será negado diploma ao candidato. Se depois, o diploma será *cassado* ou desconstituído. Em ambos os casos, o provimento jurisdicional tem caráter desconstitutivo. E também nos dois casos o réu ficará inelegível.

Anulação da votação – como se sabe, o art. 222 do Código Eleitoral tornou *anulável* a votação sempre que viciada por abuso de poder, emprego de processo de propaganda ou captação de sufrágio vedado por lei.

A captação e o gasto ilícitos de recursos implica o incremento da campanha eleitoral, o que contribui para a promoção do candidato perante o eleitorado; isso se dá sobretudo pela propaganda eleitoral. É ilícita a propaganda custeada com recursos vedados.

762 | DIREITO ELEITORAL – *José Jairo Gomes*

À vista disso, tem-se que, na presente ação, a procedência do pedido – e a consequente cassação do diploma – implica a anulação dos votos dados ao réu.

Recurso – as decisões finais, que extinguem o processo (julgando ou não o mérito), são sempre recorríveis.

A sistemática recursal já foi exposta anteriormente, sendo desnecessária sua repetição nesta oportunidade.

Quanto ao prazo para interposição de recurso, foi ele fixado em três dias pelo § 3º do art. 30-A da LE. Reza esse dispositivo que o prazo deve ser contado da "data da publicação do julgamento no Diário Oficial". Afasta-se, portanto, a possibilidade de a contagem ser feita a partir da publicação da decisão em secretaria ou cartório eleitoral. Deve-se, porém, entender que a contagem começa com a efetiva intimação do ato. De sorte que só será contado da publicação no Diário Oficial (=Diário de Justiça Eletrônico) se por essa via se perfizer a intimação; sendo a parte intimada *pessoalmente* antes da publicação no órgão oficial, na própria audiência ou sessão de julgamento, é a partir desses atos que o prazo recursal inicia seu fluxo.

As contrarrazões recursais também devem ser apresentadas em três dias da intimação da decisão.

23.6 AÇÃO POR CAPTAÇÃO ILÍCITA DE SUFRÁGIO – LE, ART. 41-A

O fundamento legal para a ação por captação ilícita de sufrágio encontra-se no art. 41-A da Lei nº 9.504/97 (nos termos da Lei nº 9.840/99 e da Lei nº 12.034/2009), que dispõe:

> "Art. 41-A. Ressalvado o disposto no art. 26 e seus incisos, constitui captação de sufrágio, vedada por esta Lei, o candidato doar, oferecer, prometer, ou entregar, ao eleitor, com o fim de obter-lhe o voto, bem ou vantagem pessoal de qualquer natureza, inclusive emprego ou função pública, desde o registro da candidatura até o dia da eleição, inclusive, sob pena de multa de mil a cinquenta mil Ufir, e cassação do registro ou do diploma, observado o procedimento previsto no art. 22 da Lei Complementar nº 64, de 18 de maio de 1990.
>
> § 1º Para a caracterização da conduta ilícita, é desnecessário o pedido explícito de votos, bastando a evidência do dolo, consistente no especial fim de agir.
>
> § 2º As sanções previstas no *caput* aplicam-se contra quem praticar atos de violência ou grave ameaça a pessoa, com o fim de obter-lhe o voto.
>
> § 3º A representação contra as condutas vedadas no *caput* poderá ser ajuizada até a data da diplomação.
>
> § 4º O prazo de recurso contra decisões proferidas com base neste artigo será de 3 (três) dias, a contar da data da publicação do julgamento no Diário Oficial".

A parte final do *caput* desse dispositivo explicita que a presente ação deve seguir o procedimento estabelecido no art. 22 da Lei de Inelegibilidades, isto é, o rito da AIJE.

Como esse rito já foi anteriormente delineado, na sequência serão destacadas apenas algumas particularidades referentes à captação ilícita de sufrágio, procurando-se evitar repetições desnecessárias.

Objeto – busca-se com essa ação a cassação do registro ou do diploma, bem como a imposição de "multa de mil a cinquenta mil Ufirs". Reflexamente, também se almeja a inelegibilidade do réu, conforme estabelece a alínea *j*, I, art. 1º, da LC nº 64/90 (inserida pela LC nº 135/2010).

Cumpre salientar que, apesar de constar do texto legal, a Unidade Fiscal de Referência (Ufir) não mais subsiste no ordenamento legal. Instituída pela Lei nº 8.383/91, foi extinta pela Medida Provisória nº 1.973-67/2000, que, após reedições, foi convertida na Lei nº 10.522/2002. O último valor que assumiu é de R$ 1,0641. Tem-se entendido ser possível a conversão dos valores fixados em Ufir em moeda corrente. Aliás, as resoluções do Tribunal Superior Eleitoral já trazem tais valores em moeda corrente.

Causa de pedir – o fundamento fático do pedido reside na concretização de ilícito eleitoral cuja específica finalidade é interferir na liberdade e na vontade do eleitor de escolher candidatos conforme os ditames de sua própria consciência política.

Enquanto na modalidade *compra de voto* a materialidade da ação ilícita é expressa pelos verbos *doar*, *oferecer*, *prometer* ou *entregar* bem ou vantagem pessoal a eleitor, na modalidade *coação* ela é revelada pelos "atos de violência ou grave ameaça a pessoa". Nos dois casos o agente deve ter em vista obter o voto do cidadão.

Partes: litisconsórcio passivo – é necessário que a parte ostente capacidade postulatória, devendo, pois, estar representada por advogado.

No polo passivo da relação processual pode figurar qualquer pessoa, física ou jurídica, ainda que não seja candidata. É que o art. 41-A prevê a multa como sanção autônoma, cuja aplicação independe de o requerido ser candidato. Quanto à pessoa jurídica, não é difícil imaginar situação em que partido político, por seu diretório, participe da ação ilícita levada a efeito pelo candidato. Nesse caso, haverá solidariedade na responsabilização.

Conforme salientado anteriormente, nas eleições majoritárias, impõe-se a formação de litisconsórcio entre o titular e o vice. Trata-se de *litisconsórcio unitário necessário*.

Prazo para ajuizamento – a ação por *captação ilícita de sufrágio* só pode ser ajuizada no período eleitoral, ou seja, a partir da formalização do pedido de registro de candidatura. O termo final para a distribuição da peça exordial é a data de diplomação dos eleitos (LE, art. 41-A, § 3º).

Desistência – à vista do relevante interesse público que reveste os fatos articulados na ação por captação ilícita de sufrágio, não se tem admitido desistência da parte.

> "[...] 2. A atual jurisprudência desta Corte Superior tem se posicionado no sentido de não ser admissível desistência de recurso que versa sobre matéria de ordem pública [...] O bem maior a ser tutelado pela Justiça Eleitoral é a vontade popular, e não a de um único cidadão [...]" (TSE – Ac. nº 25.094, de 16-6-2005).

Conforme gizado alhures, não parece razoável fazer com que o representante prossiga com demanda em relação à qual já não tem interesse. Por outro lado, o interesse público e indisponível que se apresenta não recomenda a extinção do processo *tout court*, pelo simples querer do autor. Assim, temos que, admitida a desistência, se for aceita pela parte contrária (CPC, art. 485, VIII, § 4º), deve o Ministério Público assumir o polo ativo da relação processual. Apesar de não existir específica previsão legal nos domínios da legislação eleitoral, há situações – previstas em lei – em que o Ministério Público deve assumir a titularidade da demanda. Por exemplo: o art. 976, § 2º, do CPC determina que o *Parquet* assuma a titularidade do incidente de resolução de demandas repetitivas "em caso de desistência ou de abandono" por parte do autor. Outro exemplo: dispõe o art. 9º da Lei nº 4.717/65 (Lei de Ação Popular) que, se o autor popular desistir da ação ou provocar a extinção do processo, ficará assegurado ao representante do Ministério Público dar-lhe seguimento. Nos dois exemplos, prevalece o interesse público consistente em dar-se prosseguimento à demanda. De sorte que, no Eleitoral, hão de preponderar os valores e princípios altamente significativos para o Estado Democrático de Direito, como são a lisura das eleições, a normalidade e legitimidade do processo eleitoral. Tal solução foi sufragada pela jurisprudência:

> "[...] Não procede o argumento de que não é admitida a desistência no âmbito da Justiça Eleitoral. É permitido às partes desistirem, cabendo eventual intervenção do Ministério

Público, caso se trate de matéria de ordem pública [...]" (TSE – Ac. nº 4.484/PI, de 10-2-2004).

"Embargos de declaração. Omissão em acórdão de recurso especial que entendeu poder o Ministério Público prosseguir com o recurso do qual o interponente desistiu, desde que envolvida matéria de direito público. Omissões não caracterizadas, embargos rejeitados" (TSE – Ac. nº 15.085, de 16-5-2000).

Competência – essa matéria já foi discutida quando se tratou do procedimento das representações por propaganda eleitoral ilícita. Vale aqui o que lá ficou dito.

Conquanto a ação por captação ilícita de sufrágio siga o rito do art. 22 da LC nº 64/90, a competência é determinada pelo art. 96 da Lei nº 9.504/97, segundo o qual:

"Art. 96. Salvo disposições específicas em contrário desta Lei, as reclamações ou representações relativas ao seu descumprimento podem ser feitas por qualquer partido político, coligação ou candidato, e devem dirigir-se:

I – aos Juízes Eleitorais, nas eleições municipais;

II – aos Tribunais Regionais Eleitorais, nas eleições federais, estaduais e distritais;

III – ao Tribunal Superior Eleitoral, na eleição presidencial.

[...]

§ 2º Nas eleições municipais, quando a circunscrição abranger mais de uma Zona Eleitoral, o Tribunal Regional designará um Juiz para apreciar as reclamações ou representações.

§ 3º Os Tribunais Eleitorais designarão 3 (três) juízes auxiliares para a apreciação das reclamações ou representações que lhes forem dirigidas.

§ 4º Os recursos contra as decisões dos juízes auxiliares serão julgados pelo Plenário do Tribunal".

Assim, nas eleições municipais, a competência para conhecer e julgar a ação em apreço é do juiz eleitoral em exercício na circunscrição do pleito; havendo mais de uma zona eleitoral na mesma circunscrição, caberá ao TRE designar um juiz para apreciar as demandas lá aforadas, em princípio, o mesmo responsável pelo registro de candidaturas. Nas eleições federal, estadual e distrital, é do Tribunal Regional Eleitoral. Na presidencial, a competência é do Tribunal Superior Eleitoral.

No que concerne às eleições federais, estaduais e presidenciais, o citado § 3º do art. 96 da LE determina que os Tribunais Eleitorais designem "três juízes auxiliares para a apreciação das reclamações ou representações que lhes forem dirigidas". Assim, enquanto nas eleições federais e estaduais são designados três juízes auxiliares dos Tribunais Regionais Eleitorais, na presidencial são designados três ministros-auxiliares do Tribunal Superior. Caso não haja designação, os processos devem ser distribuídos aos membros do Colegiado. A designação encerra-se com a diplomação dos eleitos, ocasião em que os processos em tramitação são redistribuídos aos membros efetivos do Tribunal.

"[...] São competentes os juízes auxiliares para o processamento de representação por desobediência à Lei das Eleições, observado o rito previsto no art. 96, exceção feita aos processos que visem apurar captação ilícita de sufrágio, ante a disposição da parte final do art. 41-A, hipótese que deverá ensejar desmembramento do feito, de forma a possibilitar que a infração a esse dispositivo se processe conforme o rito do art. 22 da LC nº 64/90. Precedentes [...]" (TSE – RO nº 763/AC – *DJ* 12-8-2005, p. 158).

A competência do juiz auxiliar é fixada em razão da matéria, já que se limita às infrações à Lei nº 9.504/97. Daí ser absoluta.

Por implicar cassação de registro ou de diploma, a demanda por captação ilícita de sufrágio não é decidida monocraticamente pelo magistrado auxiliar. Na verdade, o julgamento da demanda compete à Corte Eleitoral. Ao auxiliar tocam o processamento do feito e a apresentação de "relatório conclusivo sobre o que houver sido apurado", nos termos do art. 22, XI, da LC nº 64/90. Na sessão designada para o julgamento, após relatar o feito, votará juntamente com os demais juízes.

Saliente-se que o disposto na alínea *j*, I, art. 1º, da LC nº 64/90 (inserida pela LC nº 135/2010), pelo qual a captação ilícita de sufrágio enseja a inelegibilidade do réu quando houver cassação de registro ou diploma, não modificou a competência dos juízes auxiliares, transferindo-a para o Corregedor Eleitoral. É que a inelegibilidade, aqui, surge como consequência do reconhecimento da ilícita captação de voto, não sendo o objeto principal da demanda em exame; a inelegibilidade só será declarada em eventual processo de registro de candidatura, caso o réu venha a disputar nova eleição. Outrossim, em qualquer caso, a competência para decidir a demanda é sempre do Órgão Colegiado; a distribuição entre juízes auxiliares e corregedores é feita apenas no interesse da instrução processual.

Cumpre lembrar que inexiste foro privilegiado no âmbito da ação em apreço. Nesse sentido, Deputado Federal ou Senador candidatos a reeleição são processados e julgados pelo TRE e não pelo Supremo Tribunal Federal.

Tutela provisória de urgência antecipada – o escopo da ação por captação ilícita de sufrágio é a cassação do registro do candidato ou do diploma, se eleito, além da aplicação de multa.

Conforme assinalado anteriormente, incabível é a antecipação de tutela para os fins de cassar registro.

O mesmo, porém, não ocorre com a *cassação de diploma*. Aqui se pode cogitar a antecipação se esta for apreciada depois da proclamação dos resultados das eleições. O diploma certifica o resultado das eleições; sua natureza é de ato administrativo. Assim, a "cassação antecipada do diploma" significa mera recusa a que esse documento seja expedido enquanto o processo estiver pendente de julgamento.

Tutela provisória de urgência cautelar – diferentemente da antecipação da tutela, a cautelar tem em vista salvaguardar o resultado útil que possa exsurgir da decisão final no processo. O fundamento encontra-se no Livro V da Parte Geral do Código de Processo Civil, notadamente em seu art. 300 que requer para a tutela de urgência tão somente a presença de "elementos que evidenciem a probabilidade do direito e o perigo de dano ou o risco ao resultado útil do processo".

Não é essa medida estranha ao rito da AIJE. Tanto que o art. 22, I, *d*, da Lei de Inelegibilidades a contempla, para que seja determinada a suspensão do ato que motivou a demanda "quando for relevante o fundamento e do ato impugnado puder resultar a ineficiência da medida, caso seja julgada procedente".

Em jogo, aí, encontram-se a efetividade e a instrumentalidade do processo.

Em virtude dos argumentos já expendidos anteriormente, não seria possível cassar cautelarmente registro de candidatura. Todavia, à luz do ordenamento positivo, tal medida se afigura viável em relação ao diploma, desde que haja provas robustas de seus pressupostos, a saber: fumaça de bom direito e perigo na demora.

Julgamento antecipado do mérito – é admissível na AIJE julgamento antecipado do pedido, proferindo o juiz sentença com resolução do mérito, quando não houver necessidade de produção de outras provas (CPC, art. 355, I). Nesse sentido, o seguinte aresto:

"Ação de investigação judicial eleitoral. Art. 41-A. Presentes nos autos provas suficientes para o convencimento do juiz, é incabível dilação probatória. Precedentes. Promessas genéricas ao eleitorado. Ausência de caracterização de captação de sufrágio. Agravo regimental desprovido" (TSE – Ag. Ac. nº 5.498/SP, de 27-9-2006 – *DJ* 28-10-2005, p. 134).

No entanto, essa medida não pode ferir o contraditório, como direito da parte de participar efetivamente do processo e poder influir na decisão judicial, tampouco render ensejo ao amesquinhamento da defesa, que deve ser ampla, sob pena de violação da garantia fundamental atinente ao devido processo legal.

"[...] Configura cerceamento de defesa, com violação aos princípios constitucionais do devido processo legal, ampla defesa e contraditório, a decisão do juiz eleitoral que, apreciando representação por captação ilícita de sufrágio, julga antecipadamente a lide, na hipótese em que se evidencia necessária a dilação probatória, com a oitiva das testemunhas arroladas pelo autor da ação, o que se destina a melhor esclarecer a matéria fática tratada no feito. Agravo regimental a que se nega provimento" (TSE – AAg. Ac. nº 6.241/SP, de 6-12-2005 – *DJ* 3-2-2006, p. 171).

Persistência do interesse processual no prosseguimento da ação – considerando a previsão de sanção de multa para o ilícito em exame, não afasta o interesse jurídico no prosseguimento da ação: *(i)* a impossibilidade de cassação do registro ou do diploma, em caso de candidato não eleito; *(ii)* o término ou a extinção do mandato eletivo majoritário ou proporcional (Res. TSE nº 23.735/2024, art. 14, § 2º).

Relatório – nas eleições presidenciais, federais e estaduais, a ação em tela é processada perante o juiz auxiliar do Tribunal. Todavia, esse magistrado não julga monocraticamente o pedido, porquanto tal competência é da Corte Eleitoral, em sua composição plena. Incide o disposto no inciso XI do art. 22 da LC nº 64/90, pelo qual deve o juiz auxiliar apresentar relatório conclusivo sobre o que houver sido apurado, submetendo a causa a julgamento perante o órgão Colegiado do respectivo tribunal.

Julgamento – sendo o pedido exordial julgado procedente, sujeita-se o réu às sanções de cassação de registro ou diploma, além de multa. Ademais, a cassação de registro ou diploma acarreta a inelegibilidade do réu (LC nº 64/90, art. 1º, I, *j*). No caso, a inelegibilidade apresenta-se como efeito externo, reflexo ou secundário da decisão que julga procedente o pedido formulado na petição inicial. Por isso, ela não deve constar do dispositivo da sentença ou do acórdão condenatório, pois somente será declarada em futuro e eventual processo de registro de candidatura – isso porque, na dicção do § 10 do art. 11 da LE: "as causas de inelegibilidade devem ser aferidas no momento da formalização do pedido de registro da candidatura".

No que concerne à cassação do diploma, pressupõe-se seja a decisão proferida após sua expedição. Mas, sendo a sentença publicada no período compreendido entre a data do pleito e a diplomação, ainda assim deve-se cassar o diploma e não o registro, pois, com a eleição, tem o candidato direito subjetivo à diplomação (exceto se concorreu *sub judice* com o pedido de registro indeferido); a cassação do diploma aqui significa impedimento ou vedação à sua expedição.

A multa deve ter seu montante fixado em conformidade com "a gravidade qualitativa e quantitativa da conduta" (Res. TSE nº 23.735/2024, art. 14, § 1º).

Quanto à natureza, a decisão que cassa registro ou diploma é constitutivo-negativa. Já a que impõe multa possui natureza condenatória.

Frise-se que, se o candidato-representado não for eleito, ainda assim deve o feito prosseguir, não havendo que se falar em perda superveniente do interesse de agir, haja vista a possibilidade de aplicação da sanção de multa.

Anulação da votação – como se sabe, o art. 222 do Código Eleitoral tornou *anulável* a votação sempre que viciada por captação ilícita de sufrágio. O termo *votação* deve ser compreendido como a manifestação de vontade dos votantes, tomada coletivamente. Presume-se que a ocorrência daqueles eventos é bastante para influenciar a consciência e a vontade dos eleitores.

À vista disso, entende-se que, na ação por captação ilícita de sufrágio, a procedência do pedido – e a consequente cassação do registro (após as eleições) ou do diploma – implica a anulação dos votos dados ao réu.

Recurso – as decisões finais, que extinguem o processo ou a fase cognitiva do procedimento (julgando ou não o mérito), são sempre recorríveis.

A sistemática recursal já foi exposta anteriormente, sendo desnecessária sua repetição.

O prazo para interposição de recurso é de três dias, conforme prescreve o § 4º do art. 41-A da LE. Reza esse dispositivo que o prazo deve ser contado da "data da publicação do julgamento no Diário Oficial". Afasta-se, portanto, a possibilidade de a contagem ser feita a partir da publicação da decisão em secretaria ou cartório eleitoral. Deve-se, porém, entender que a contagem começa com a intimação do ato, sendo que a aludida publicação equivale à intimação. De sorte que o prazo só será contado da publicação no Diário Oficial (= Diário de Justiça Eletrônico) se por essa via se perfizer a intimação; sendo a parte intimada *pessoalmente* antes da publicação no órgão oficial, na própria audiência ou sessão de julgamento, é a partir desses atos que o prazo recursal inicia seu fluxo.

As contrarrazões recursais também devem ser apresentadas em três dias da intimação da decisão.

23.7 AÇÃO POR CONDUTA VEDADA A AGENTES PÚBLICOS – LE, ARTS. 73 A 78

O fundamento legal para a ação por conduta vedada a agentes públicos encontra-se no art. 73 da Lei nº 9.504/97. O § 12 desse dispositivo (acrescido pela Lei nº 12.034/2009) veio preencher uma importante lacuna no rito traçado para a ação enfocada. Por esse dispositivo: "A representação contra a não observância do disposto neste artigo [i.e., o art. 73] observará o rito do art. 22 da Lei Complementar nº 64, de 18 de maio de 1990, e poderá ser ajuizada até a data da diplomação".

Dada a identidade de procedimentos, quase tudo o que foi dito acerca do procedimento da AIJE por abuso de poder é aqui aplicável. Na sequência, apenas serão destacadas algumas particularidades relativamente às condutas vedadas, procurando-se evitar repetições desnecessárias.

Petição inicial – a petição inicial deve estampar os fatos e os fundamentos jurídicos em que se estriba a demanda, bem como o pedido. Já se entendeu, porém, não ser essencial a formulação de *pedido*, pois é "suficiente que a inicial descreva os fatos e leve ao conhecimento da Justiça Eleitoral eventual prática de ilícito eleitoral [...]" (TSE – AAg nº 4.491/DF – *DJ*, v. 1, 30-9-2005; TSE – AAg nº 6.283/RJ – *DJ* 19-3-2007, p. 176). No mesmo sentido:

> "[...] Representação por violação da Lei nº 9.504/97. Conduta vedada a agente público. Falta de expresso pedido de aplicação de multa em relação a um dos representados. Circunstância que não provoca a inépcia do pedido no particular [...]" (TSE – RRP nº 68 /DF – PSS 25-8-1998).

Esse entendimento se baseia em que, conforme ressaltado inicialmente, nas ações eleitorais, a parte se defende dos fatos narrados pelo autor na petição inicial, de modo que, "uma vez apresentado, delimitado e reconhecido o abuso, cabe ao juiz aplicar a sanção mais adequada à circunstância" (TSE – REspe nº 52.183/RJ – *DJe*, t. 77, 24-4-2015, p. 102). Em igual sentido: TSE – Ag. nº 3.066/MS – *DJ* v. 1, 17-5-2002, p. 146; TSE – AgR-REspe nº 955.973.845/CE – *DJe*

768 | DIREITO ELEITORAL – *José Jairo Gomes*

25-3-2011, p. 50; TSE – REspe nº 257.271/BA – *DJe* 10-5-2011, p. 40. Desde que provados os fatos, as sanções cabíveis decorrem da lei, e não do pedido formulado pela parte autora. Portanto, é dado ao juiz aplicar as sanções que entender pertinentes, dentre as previstas em lei, não estando vinculado aos limites do pedido inicial.

Outrossim, cumpre ao autor indicar na petição inicial as provas que pretende produzir em juízo, apresentando, inclusive, o rol de testemunhas, sob pena de preclusão. Nesse sentido: TSE – RO nº 1.478/SP – *DJe* 28-5-2009, p. 24.

Objeto – busca-se com essa ação a cassação do registro ou do diploma, bem como a imposição de multa. Também se almeja – ainda que indiretamente – a inelegibilidade do réu, conforme prevê a alínea *j*, I, art. 1º, da LC nº 64/90 – inserida pela LC nº 135/2010.

Causa de pedir – o fundamento do pedido reside na concretização de ilícito eleitoral previsto como conduta vedada na Lei das Eleições, cuja específica finalidade é interferir na igualdade entre os concorrentes no certame eleitoral.

Partes: litisconsórcio passivo – a conduta vedada ao agente público é sempre realizada em prol de uma ou mais candidaturas. Por isso, em princípio, o objetivo principal da demanda é não só sancionar o agente como também alijar do certame ou do exercício do mandato os candidatos beneficiados. Daí preverem os arts. 73, § 5º, 74, 75, parágrafo único, e 77, parágrafo único, a cassação do registro ou do diploma. O art. 73, § 4º, também estabelece como sanção "a multa no valor de cinco a cem mil Ufir". E o § 8º, desse mesmo dispositivo, aduz que essa sanção aplica-se "aos agentes públicos responsáveis pelas condutas vedadas e aos partidos, coligações e candidatos que delas se beneficiarem". Está claro que a multa constitui sanção autônoma. Diante disso, no polo passivo da relação processual pode figurar qualquer pessoa, física ou jurídica. O réu que não for candidato poderá ser sancionado com multa.

Conforme salientado anteriormente, nas eleições majoritárias, há mister que se forme litisconsórcio passivo entre o titular e o vice de uma mesma chapa, sendo certo que esse litisconsórcio é do tipo *unitário e necessário*. Diz-se *unitário* o litisconsórcio em que a relação de direito material é homogênea e incindível, de sorte que a solução judicial da causa deve ser idêntica para todos os que dela participarem. Por isso, ensina Amaral Santos (1989:9), impõe-se "uma decisão em que a relação jurídica houver de ser resolvida *de modo uniforme para todos os litisconsortes*". Nos termos do art. 116 do CPC, será unitário o litisconsórcio "quando, pela natureza da relação jurídica, o juiz tiver de decidir o mérito de modo uniforme para todos os litisconsortes". De outro lado, *necessário* é o litisconsórcio em que o direito de ação só pode ser exercido contra todos os participantes da relação jurídica, seja em virtude de disposição de lei, seja em razão da natureza da relação jurídica material (CPC, art. 114). A ausência de formação de litisconsorte necessário dentro do prazo para ajuizamento da ação enseja a extinção do processo (CPC, art. 115, parágrafo único). Considerando a estreita e indissociável relação jurídica entre os integrantes de chapa majoritária, as ações ilícitas praticadas em prol de um deles contaminam toda a chapa, pois é certo que tanto o titular quanto o vice são beneficiados. Assim, a sanção de desconstituição do registro ou do diploma se estende aos dois de forma homogênea e unitária.

Outrossim, discute-se se é imperativa a formação de litisconsórcio passivo entre o autor da conduta vedada e os respectivos beneficiários. Trata-se, aqui, do agente público que se vale de seu cargo ou de sua função para beneficiar determinada candidatura, de maneira a afetar "a igualdade de oportunidades entre candidatos" (LE, art. 73, *caput*). No caso, o autor da conduta vedada é sancionado com multa (LE, art. 73, §§ 4º e 8º), enquanto os candidatos beneficiados são apenados com "cassação do registro ou do diploma" (LE, art. 73, § 5º).

Apreciando essa questão, entendeu a Corte Superior Eleitoral ser preciso que o agente público responsável pela prática da conduta vedada também figure no polo passivo da relação processual juntamente com os candidatos beneficiários. Portanto, é necessária a formação de litisconsórcio passivo entre o agente e os candidatos beneficiados com a ação ilícita. Por conseguinte, a não constituição do litisconsórcio no prazo legalmente previsto para o ajuizamento da demanda acarreta a decadência do direito de invocar a jurisdição e implica a extinção do processo (CPC, art. 115, parágrafo único). Confira-se:

> "[...] 2. Na representação para apuração de condutas vedadas, há litisconsórcio passivo necessário entre o candidato beneficiado e o agente público tido como responsável pelas práticas ilícitas (precedente: RO nº 169677/RR, *DJe* de 6.2.2012, rel. Min. Arnaldo Versiani). [...]" (TSE – AgR-RO nº 488846/AM – *DJe*, t. 70, 11-4-2014, p. 96).

> "Representação. Conduta vedada. Litisconsórcio passivo necessário. O agente público, tido como responsável pela prática da conduta vedada, é litisconsorte passivo necessário em representação proposta contra os eventuais beneficiários. Não requerida a citação de litisconsorte passivo necessário até a data da diplomação – data final para a propositura de representação por conduta vedada –, deve o processo ser julgado extinto, em virtude da decadência. Recursos ordinários do Governador e do Vice-Governador providos e recurso do PSDB julgado prejudicado" (TSE – RO nº 169.677/RR – maioria – *DJe*, Tomo 26, 6-2-2012, p. 29).

Tal litisconsórcio não pode ser do tipo unitário, mas simples. Isso por não ser possível que a solução do mérito da causa seja uniforme, idêntica, para todos os litisconsortes: enquanto os candidatos-réus ficam sujeitos à cassação do registro ou do diploma, o autor da conduta vedada submete-se à sanção de multa. Trata-se, portanto, de litisconsórcio necessário simples.

Venia concessa, à luz do ordenamento jurídico pátrio não parece razoável essa interpretação. Conforme dispõe o art. 114 do CPC, o litisconsórcio necessário decorre sempre de previsão legal ou da natureza da relação jurídica material controvertida. Para a hipótese em apreço, não há previsão legal de litisconsórcio; vã é a busca por essa previsão no § 8º, art. 73, da LE, pois esse dispositivo apenas prevê que as sanções do § 4º (multa e suspensão da conduta vedada) também se aplicam aos "agentes públicos responsáveis pelas condutas vedadas e aos partidos, coligações e candidatos que delas se beneficiarem". Na verdade, o § 8º apenas estabelece regra de extensão de responsabilidade subjetiva, não, porém, de litisconsórcio necessário simples. Para que não paire dúvida, vejam-se exemplos de expressa exigência legal de formação de litisconsórcio: *(i)* o disposto no art. 246, § 3º (primeira parte) do CPC, que, na ação de usucapião de imóvel, determina que o autor requeira a citação dos confinantes; *(ii)* o disposto no art. 73, § 1º, do CPC que arrola ações em que "ambos os cônjuges serão necessariamente citados", como as "reais imobiliárias" (inc. I) ou as "resultante de fato que diga respeito a ambos os cônjuges ou de ato praticado por eles" (inc. II). Ao contrário da hipótese vertente, é clara nesses exemplos a exigência legal de formação de litisconsórcio necessário simples.

Já no tocante à natureza da relação jurídica controvertida (relação material), é bem diversa a situação do agente da conduta vedada em relação à dos candidatos beneficiados. Na verdade, são situações inconfundíveis, pois uma denota a ação ilícita (causa) e a outra o efeito dessa mesma ação. Embora ligadas entre si por um liame causal, essas duas realidades são nitidamente separadas na Lei nº 9.504/97: enquanto o § 4º do art. 73 ocupa-se com a causa (fala em suspensão da conduta vedada e responsabilização de seu autor), o § 5º cuida principalmente dos efeitos (fala em *candidato beneficiado*, e, pois, dos benefícios ensejados pela ação ilícita). Porque se submetem a regime próprio, cada qual dessas situações detém relativa autonomia. Assim é que, para além da diversidade de sanções (multa em um caso, cassação de registro ou diploma em outro), contra o agente público-autor ainda se pode ingressar com ação, com pedido liminar, objetivando a suspensão da conduta vedada; aliás, em tese, os próprios supostos beneficiários poderiam ajuizar essa demanda – e ninguém dirá ser imperiosa a formação de litisconsórcio passivo nesse caso. Por igual, não há óbice a que se ingresse com demanda discutindo tão só a influência deletéria da conduta vedada nas eleições. O fato de não se colocar no polo passivo da relação processual o agente público autor da ação ilícita não apaga sua ocorrência no mundo e menos ainda no processo eleitoral, tampouco elimina sua influência nociva no pleito – por isso não pode haver qualquer embaraço para que seja reconhecida e devidamente repudiada com a sanção cabível. Afinal, é com os efeitos deletérios das condutas ilícitas e do abuso de poder nas eleições que o Direito Eleitoral, como ramo do Direito Público, deve se preocupar. Vale lembrar que no âmbito eleitoral, a responsabilização por conduta vedada – que traduz uma forma de abuso de poder político – tem em vista nomeadamente a proteção das eleições e do próprio processo eleitoral.

É certamente conveniente que o agente público e o candidato beneficiado ocupem o polo passivo do mesmo processo, pois isso permite a otimização do debate acerca da conduta vedada. Todavia, isso não se afigura *necessário* ou *imprescindível* para que a Justiça Eleitoral conheça e julgue adequadamente os fatos tão só em relação ao candidato beneficiado. Note-se que esse julgamento não prejudicará o agente, caso ele não figure no polo passivo. Por outro lado, se separadamente forem ajuizadas demandas distintas – contra o agente público e o candidato beneficiário, respectivamente –, devem ser reunidas por força da conexão existente entre elas, de maneira a serem decididas conjuntamente (CPC art. 55, § 1º); com isso, evitam-se decisões contraditórias.

Nesse quadro, parece mais razoável a interpretação segundo a qual o litisconsórcio em tela seja facultativo simples.

De qualquer sorte, referido entendimento foi mitigado pela própria Corte Superior, impondo-se a formação de litisconsórcio passivo necessário apenas na hipótese em que o agente público atua com independência em relação ao candidato beneficiário da conduta vedada. Confira-se:

> "1. Não são litisconsortes passivos necessários nas ações que visam a apuração de conduta vedada os servidores que se limitaram a cumprir as determinações do agente público responsável pela conduta. Precedente. [...]" (TSE – REspe nº 1514/PE – *DJe*, t. 93, 16-5-2016, p. 49-50).

> "1. Para os fins do art. 73, § 10, da Lei 9.504/97, há que se distinguir as situações em que o agente público que executa a conduta vedada atua com independência em relação ao candidato beneficiário, fazendo-se obrigatória a formação do litisconsórcio, e aquelas em que ele atua como simples mandatário, nas quais o litisconsórcio não é indispensável à validade do processo. 2. Na espécie, não existe litisconsórcio passivo necessário entre os agravantes chefes do Poder Executivo de Três Barras do Paraná/PR, candidatos à reeleição no pleito de 2012 e a secretária municipal de ação social que distribuiu o material de construção a eleitores no ano eleitoral, pois ela praticou a conduta na condição de mandatária daqueles. 3. Agravo regimental não provido. Decisão: O Tribunal, por unanimidade, desproveu o agravo regimental, nos termos do voto do Relator" (TSE – AgR-REspe – nº 31.108/PR – *DJe* t. 173, 16-9-2014, p. 121).

Prazo para ajuizamento – nos termos do § 12 do art. 73 da LE, a representação por conduta vedada "poderá ser ajuizada até a data da diplomação". Esse, portanto, é o limite final.

Todavia, não é estabelecido o *dies a quo*, isto é, o momento a partir do qual a demanda pode ser ajuizada. Qual seria, então, esse momento?

Conforme visto anteriormente, alguns tipos de conduta vedada só se configuram: *(1)* se realizados "nos três meses que antecedem o pleito" (ex.: LE, art. 73, VI); *(2)* nos 180 dias que antecedem o pleito (ex.: LE, art. 73, VIII); *(3)* no ano das eleições (ex.: LE, art. 73, § 10). O marco inicial para ajuizamento da demanda coincide com o momento a partir do qual o

Cap. 23 • AÇÕES ELEITORAIS: PROCEDIMENTO DO ART. 22 DA LC Nº 64/90

ilícito pode se configurar. Isso porque ela pode ser ajuizada contra o agente público autor da conduta. Nesse sentido:

> "1. A responsabilização pela prática das condutas descritas no art. 73, § 10, da Lei nº 9.504/97 prescinde da condição de candidato, bastando que o autor do ato seja agente público. 2. Diante do ajuizamento da representação em face de agente público, antes da formalização de registro de candidatura, não há decadência pela ausência de intimação do posterior candidato a Vice-Prefeito. Aplicação da teoria da asserção. [...]" (TSE – AI--ARg nº 5747/MG – *DJe*, t. 27, 7-2-2020, p. 55).

Tutela provisória de urgência cautelar – para a concessão de tutela provisória de urgência de natureza cautelar, requer-se a presença de "elementos que evidenciem a probabilidade do direito e o perigo de dano ou o risco ao resultado útil do processo" (CPC, arts. 300, *caput*, e 305).

O art. 73, § 4º (primeira parte), da LE contemplou a tutela jurisdicional em apreço ao estabelecer a possibilidade de "suspensão imediata da conduta vedada, quando for o caso".

Já foi salientado que pela tutela cautelar não se pode desfazer o registro do candidato representado. Todavia, à luz do ordenamento positivo, tal medida é viável em relação ao diploma, desde que o representado tenha sido eleito.

Quanto ao momento de ajuizamento, a tutela provisória pode ser ajuizada no período anterior à formalização do registro de candidatura e, por óbvio, também durante tal período.

Relatório – nas eleições presidenciais e gerais (federais e estaduais), a ação em tela é processada perante o juiz auxiliar do Tribunal. No entanto, esse magistrado não julga monocraticamente o pedido, pois, nos termos do inciso XI, art. 22, da LC nº 64/90, deve apresentar relatório conclusivo sobre o que houver sido apurado, submetendo a causa a julgamento perante o órgão Colegiado do respectivo tribunal.

Persistência do interesse processual no prosseguimento da ação – considerando a previsão de sanção de multa para o ilícito em exame, não afasta o interesse jurídico no prosseguimento da ação: *(i)* a impossibilidade de cassação do registro ou do diploma, em caso de candidato não eleito; *(ii)* o término ou a extinção do mandato eletivo majoritário ou proporcional (Res. TSE nº 23.735/2024, art. 14, § 2º – por analogia).

Julgamento – sendo o pedido exordial julgado procedente, sujeita-se o réu, conforme o caso, às sanções previstas em lei, a saber: cassação do registro ou diploma, além de multa.

Ademais, tal cassação enseja a declaração de inelegibilidade (LC nº 64/90, art. 1º, I, *j*) do réu. No caso, a inelegibilidade apresenta-se como efeito externo, reflexo ou secundário da decisão que julga procedente o pedido formulado na petição inicial. Não é preciso que ela conste expressamente do dispositivo da sentença ou do acórdão condenatório, pois somente será declarada em futuro e eventual processo de registro de candidatura – isso porque, na dicção do § 10 do art. 11 da LE: "as causas de inelegibilidade devem ser aferidas no momento da formalização do pedido de registro da candidatura".

Por outro lado, havendo cassação de registro após as eleições ou de diploma, o provimento jurisdicional implica a anulação dos votos obtidos pelo réu.

Recurso – as decisões finais, que extinguem o processo ou a fase cognitiva do procedimento (julgando ou não o mérito), são sempre recorríveis.

A sistemática recursal já foi exposta anteriormente, sendo desnecessária sua repetição nesta oportunidade.

Quanto ao prazo recursal, foi ele fixado em três dias pelo art. 73, § 13, da LE. O prazo deve ser contado da "data da publicação do julgamento no Diário Oficial". Afasta-se, portanto, a possibilidade de a contagem ser feita a partir da publicação da decisão em secretaria ou cartório eleitoral. No entanto, deve-se entender que a contagem começa com a intimação do ato, equivalendo a aludida publicação à intimação. De sorte que o prazo só será contado da publicação no Diário Oficial (= Diário de Justiça Eletrônico) se por essa via se perfizer a intimação; sendo a parte intimada *pessoalmente* antes da publicação no órgão oficial, na própria audiência ou sessão de julgamento, é a partir desses atos que o prazo recursal inicia seu fluxo.

As contrarrazões recursais também devem ser apresentadas em três dias da intimação.

23.8 CÚMULO DE AÇÕES: CÚMULO DE PEDIDOS EM UM MESMO PROCESSO

Considerando-se que um mesmo evento ilícito pode ferir distintos bens jurídicos, não há óbice a que se acumulem em um só processo pedidos atinentes a cada qual dos bens jurídicos violados. Para tanto, é preciso que os pedidos sejam compatíveis entre si, que o mesmo juízo seja competente para conhecer e decidir de todos os pedidos e, ainda, que o procedimento seja adequado para todos os pedidos cumulados (CPC, art. 327, § 1º).

Assim, pode-se cogitar a ocorrência de abuso de poder político expresso, *e. g.*, por conduta vedada que, de um lado, afete a legitimidade e a normalidade das eleições e, de outro, fira a igualdade da disputa. Naquele caso, incidem os arts. 19 e 22, XIV, ambos da LC nº 64/90, ao passo que este se rege pelo disposto no art. 73 ss. da LE. No sentido do texto:

> "[...] 2. Em princípio, o desatendimento às regras de arrecadação e gastos de campanha se enquadra no art. 30-A da Lei das Eleições. Isso, contudo, não anula a possibilidade de os fatos serem, também, examinados na forma dos arts. 19 e 22 da Lei Complementar nº 64/90, quando o excesso das irregularidades e seu montante estão aptos a demonstrar a existência de abuso do poder econômico. [...]" (TSE – REspe nº 13068/RS – *DJe* 4-9-2013).

Em eleições municipais, esse tipo de cúmulo de pedidos no mesmo processo não oferece qualquer problema, pois o juiz eleitoral exerce sozinho a jurisdição eleitoral.

Já nas eleições presidenciais e gerais (federais e estaduais) há divisão de competência entre o Corregedor Eleitoral e os juízes auxiliares do tribunal. Para as demandas fundadas em abuso de poder (LC nº 64/90, arts. 19 e 22, XIV), competente para o processamento do feito é o Corregedor Eleitoral, ao passo que, para as estribadas nos ilícitos previstos nos arts. 30-A, 41-A e 73 ss. da Lei nº 9.504/97, a competência é dos juízes auxiliares; encerrada a atuação destes com o fim do período eleitoral, os processos respectivos são redistribuídos aos membros da Corte Eleitoral. Trata-se de competência funcional e em razão da matéria – e como tal absoluta. Esse tipo de competência não pode ser alterado nem prorrogado, sob pena de nulidade do processo.

Assim, a rigor, havendo cúmulo de pedidos na petição inicial impor-se-ia o desmembramento do feito, de modo que o Corregedor preside o processo por abuso de poder e os juízes auxiliares os processos relativos aos demais ilícitos eleitorais previstos na Lei nº 9.504/97. Todavia, não é essa a solução preconizada pelo Tribunal Superior Eleitoral, que entende que se alguma das ações for de competência de corregedoria, nesta deverão ser reunidos todos os processos (Res. TSE nº 23.735/2024, art. 4º, § 3º).

Quanto ao procedimento, deve-se observar o que for mais amplo, sob pena de violação ao devido processo legal. Por exemplo: se forem acumuladas ações que seguem respectivamente os ritos da AIJE e da AIME, deve-se considerar o procedimento dessa última, que é mais amplo e oferece maiores possibilidades para a defesa.

23.9 CONEXÃO E REUNIÃO DE CAUSAS ELEITORAIS

A conexão pode provocar a modificação da competência inicialmente fixada. Quando reconhecida, determina a reunião de causas que correm em separado, perante os seus respectivos juízes naturais, mas que têm em comum "o pedido ou a causa de pedir" (CPC, art. 55, § 1º).

O fundamento do instituto em exame é a economia processual, a celeridade e a necessidade de se evitar decisões contraditórias. Tão importante é o último fundamento que o art. 55, § 3º, do CPC permite a reunião para julgamento conjunto de "processos que possam gerar risco de prolação de decisões conflitantes ou contraditórias caso decididos separadamente, mesmo sem conexão entre eles". Logo, ainda que tecnicamente não haja conexão, admite-se a reunião de processos para julgamento conjunto, de modo a evitarem-se decisões contraditórias.

Somente a competência relativa pode ser modificada pela conexão, pois a absoluta não admite alteração.

No Eleitoral, esse tema é objeto de disposição específica no art. 96-B da LE (introduzido pela Lei nº 13.165/2015), cujo *caput* prescreve: "Serão reunidas para julgamento comum as ações eleitorais propostas por partes diversas sobre o mesmo fato, sendo competente para apreciá-las o juiz ou relator que tiver recebido a primeira".

Diferentemente do CPC (que no *caput*, art. 55, fala em identidade de "pedido ou a causa de pedir"), o referido art. 96-B estabelece um só critério objetivo para se afirmar a conexão, qual seja: a identidade de fato entre as diversas causas. O fato integra a causa de pedir da ação; constitui um de seus elementos. Logo, a conexão se dá pelo fundamento da causa.

A expressão legal "o mesmo fato" deve ser entendida em sentido amplo, de modo a abarcar o conjunto de motivos, eventos e circunstâncias que ensejaram que as partes se dirigissem ao Estado-juiz. Assim, o substrato fático básico é integrado não só pelo acontecimento histórico relatado pelo autor da ação, como também pelos requisitos configuradores do ilícito eleitoral descrito (ex.: a "gravidade das circunstâncias" na AIJE, conforme o art. 22, XVI, da LC nº 64/90), pela diversidade de consequências emanadas das ações consideradas (ex.: cassação de mandato na AIME, e multa na ação por conduta vedada).

Mas, apesar de o art. 96-B da LE não se referir à identidade de pedido como fator caracterizador da conexão entre ações eleitorais, a verdade é que o § 3º, art. 55, do CPC (aplicado supletivamente) permite a reunião de causas ainda que entre elas não exista relação de conexidade. Promove-se, com isso, a segurança jurídica evitando-se decisões conflitantes ou contraditórias.

As ações eleitorais contam com vários legitimados ativos (em geral: Ministério Público, partidos, federações, coligações e candidatos). É por isso que no *caput* do citado art. 96-B da LE consta a cláusula "as ações eleitorais propostas por partes diversas sobre o mesmo fato". Assim, com base no mesmo fato, mais de um legitimado pode ajuizar ação eleitoral. Mas não apenas isso: pode ocorrer de um colegitimado – com base nos mesmos fatos – ajuizar diferentes ações em momentos diversos do processo eleitoral.

Por isso, pode acontecer que, com base em idêntico substrato fático: (i) o legitimado L ingresse com diferentes ações contra o candidato C; ex.: L ingressa primeiro com uma AIJE e, depois, com uma AIME contra C; (ii) o colegitimado L1 ajuíza AIJE contra C, e posteriormente o colegitimado L2 ingressa com uma AIME também contra C. Se todas essas ações tiverem idêntico fundamento fático e ensejarem as mesmas consequências jurídicas, o *caput* do art. 96-B da LE determina a reunião dos respectivos processos para julgamento conjunto, proferindo o órgão judicial uma só decisão para todos eles.

E se o mérito de um dos processos conexos já tiver sido julgado? Nessa hipótese, os §§ 2º e 3º do referido art. 96-B da LE estabelecem que: (a) se a decisão não transitou em julgado, ao processo desta (que é anterior) será apensado o outro processo (que é posterior), "figurando a parte como litisconsorte no feito principal" (§ 2º); (b) se a decisão já transitou em julgado, a ação conexa "não será [...] conhecida pelo juiz" (§ 3º).

No tocante ao § 3º, art. 96-B, da LE (letra b, supra), tem-se que, embora os polos ativos dos diversos processos sejam ocupados por pessoas ou entes distintos, há aí uma espécie de substituição processual (CPC, art. 18). De maneira que, se houver coincidência de fundamento fático e de consequência jurídica (pedido), impõe-se a extinção do processo mais recente, sem apreciação de seu mérito, ante a ocorrência de coisa julgada (CPC, art. 485, V, última figura). A coisa julgada é ultra partes, operando em lógica semelhante às ações coletivas (*vide* Lei nº. 8.078/90, art. 103, II; Lei nº 12.016/2009, art. 22; Lei nº 13.300/2016, art. 13). Portanto, não deve haver apensamento, mas sim extinção do processo conexo. Dada a identidade substancial entre as diversas ações, a coisa julgada atingirá a que ainda estiver pendente de julgamento, e em relação a esta a parte autora se torna carecedora de ação por faltar-lhe interesse de agir. Portanto, não será caso de apensamento de um processo a outro, mas sim de extinção do processo mais recente.

Já quanto ao § 2º, art. 96-B, da LE (letra a, supra) – em primeiro lugar – vale salientar que segundo o Código Processual não é possível a reunião de processos "se um deles já houver sido sentenciado" (CPC, art. 55, § 1º). No mesmo sentido, dispõe a Súmula 235 do STJ: "A conexão não determina a reunião de processos, se um deles já foi julgado". De modo igual, estabelece o art. 4º, § 1º, alínea *a*, da Res. TSE nº 23.735/2024 que as ações não serão reunidas quando "uma delas já tiver sido julgada".

A hipótese do referido § 2º apresenta semelhança com a litispendência, porque substancialmente há reprodução de "ação anteriormente ajuizada". A aplicação do CPC nesse caso leva à extinção do processo anteriormente ajuizado em razão da ocorrência de litispendência (CPC, art. 485, V, "meio").

Urge acentuar que, ante a pluralidade de ações, somente pode haver decisão extintiva do processo mais recente se, além da identidade fática da causa de pedir: *(i)* as ações consideradas ensejarem idêntica consequência (ex.: duas AIJEs com idênticos pedidos), ou *(ii)* a causa já decidida (ex.: AIJE) for mais ampla que a outra (ex.: AIME). Suponha-se uma AIJE e uma AIME fundadas no mesmo substrato fático; a AIJE é julgada em primeiro lugar e o mandato do réu é cassado e aplicada a sanção de inelegibilidade (LC nº 64/90, art. 22, XIV); nesse caso, não haveria interesse nem utilidade no prosseguimento da AIME, pois nela o resultado a ser alcançado é a cassação do mandato do réu, resultado esse já obtido com a anterior decisão proferida na AIJE. Nesse exemplo, a decisão na AIJE afetará o processo da AIME, o qual deverá ser extinto sem julgamento do mérito seja por força da coisa julgada, seja em razão da litispendência (CPC, art. 485, V).

Havendo conexão, entende-se como obrigatória a reunião dos processos conexos. Todavia, "a tramitação separada de ações sobre os mesmos fatos não é causa de nulidade, devendo o tribunal zelar pela coerência de suas decisões" (Res. TSE nº 23.735/2024, art. 4º, § 5º).

O referido art. 96-B da LE foi objeto da ADI nº 5507/DF, a qual foi julgada parcialmente procedente pelo Excelso Pretório para dar interpretação conforme a Constituição "no sentido de que a regra geral de reunião dos processos pode ser afastada, no caso concreto, sempre que a celeridade, a duração razoável do processo (art. 5º, LXXVIII, da CF), o bom andamento da marcha processual, o contraditório e a ampla defesa (art. 5º, LV, da CF), a organicidade dos julgamentos e o relevante interesse público envolvido recomendem a separação dos feitos" (STF – ADI nº 5507/DF – Pleno – Rel. Min. Dias Toffoli – *DJe* 3-10-2022).

23.9.1 Juízo competente

Perante qual juízo devem as ações conexas ser reunidas?

Consoante a parte final do art. 96-B, *caput*, da LE, a fixação da competência se dá por *prevenção*, sendo competente para apreciar todas as causas conexas "o juiz ou relator que tiver recebido a primeira" delas.

Em eleições municipais, a reunião dos processos se fará perante o mesmo juiz que preside o processo eleitoral, pois é ele que exerce a jurisdição eleitoral.

Diferentemente, nas eleições presidenciais e gerais (federais e estaduais), há divisão de competência entre o Corregedor Eleitoral e os juízes auxiliares do tribunal. Para as demandas

Cap. 23 • AÇÕES ELEITORAIS: PROCEDIMENTO DO ART. 22 DA LC Nº 64/90

fundadas em abuso de poder (LC nº 64/90, arts. 19 e 22, XIV), competente para o processamento do feito é o Corregedor Eleitoral, ao passo que, para as estribadas nos ilícitos previstos nos arts. 30-A, 41-A e 73 ss. da Lei nº 9.504/97, a competência é atribuída aos juízes auxiliares do tribunal. Nos dois casos, trata-se de competência funcional e em razão da matéria – e como tal absoluta. Esse tipo de competência não pode ser alterado nem prorrogado, sob pena de nulidade do processo. Assim, o Corregedor deve presidir o processo por abuso de poder e os juízes auxiliares os processos relativos aos demais ilícitos eleitorais previstos na Lei nº 9.504/97.

Entretanto, havendo conexão, admite-se a reunião dos respectivos processos perante o Corregedor Eleitoral, se os fatos que fundamentam as diversas ações: (i) forem iguais; (ii) os fatos relativos ao abuso de poder forem mais abrangentes. Assim, é possível a prorrogação da "competência do Corregedor, pela conexão, quando a ação tiver por objeto a captação ilícita de recursos [LE, art. 30-A] cumulada com o abuso de poder econômico" (TSE – RO nº 1540/ PA – *DJe* 1º-6-2009, p. 25-27). A respeito, dispõe o art. 4º, § 3º, da Res. TSE nº 23.735/2024: "Se for determinada, a reunião das ações será no juízo que tiver recebido a primeira delas, salvo se alguma for de competência de corregedoria, hipótese na qual essa unidade receberá as ações".

23.9.2 Procedimento a ser observado

Pode ocorrer que os processos conexos possuam procedimentos diferentes. Nesse caso, deve-se cumprir o rito mais amplo, sob pena de violação ao devido processo legal. Por exemplo: se forem reunidas uma AIJE e uma AIME, deve-se seguir o procedimento desta última, que é mais amplo e oferece maiores possibilidades para a defesa.

A respeito, dispõe o§ 2º, art. 327, do CPC: "Quando, para cada pedido, corresponder tipo diverso de procedimento, será admitida a cumulação se o autor empregar o procedimento comum, sem prejuízo do emprego das técnicas processuais diferenciadas previstas nos procedimentos especiais a que se sujeitam um ou mais pedidos cumulados, que não forem incompatíveis com as disposições sobre o procedimento comum".

23.9.3 Compartilhamento de provas

Havendo reunião de ações conexas em um só processo, é válido e natural o compartilhamento das provas produzidas em cada qual delas. Afinal, haverá uma só decisão no processo, abrangendo todas as demandas. A propósito, dispõe a Res. TSE nº 23.735/2024 caber "ao juízo competente, para maior eficiência da instrução, determinar os atos que serão praticados de forma conjunta e avaliar o compartilhamento de provas" (art. 4º, § 4º), além de declarar ser válida a "decisão fundamentada em provas que, mesmo não produzidas na primeira ação, instruam outra ação e permitam chegar a conclusão jurídica distinta sobre a matéria fática" (art. 4º, § 6º).

23.10 EXTENSÃO DA *CAUSA PETENDI* E PRINCÍPIO DA CONGRUÊNCIA

Foi dito inicialmente que, mercê da natureza eminentemente pública das ações eleitorais, o princípio da congruência possui no processo jurisdicional eleitoral sentido semelhante ao que lhe é atribuído no processo penal. De modo que a *correlação* nos processos eleitorais traduz-se na conexão que se estabelece entre os *fatos narrados* na petição inicial (*i.e., causa petendi*) e o conteúdo da decisão judicial que aprecia o mérito. Dos próprios fatos descritos e trazidos à apreciação do Poder Judiciário, decorrerá a aplicação, pelo órgão judicial, das sanções previstas em lei, ainda que não pedidas expressamente pela parte autora.

Assim, nos domínios eleitorais, não é o pedido formulado pelo autor que delimita as sanções que serão aplicadas pelo juiz quando do julgamento do mérito da causa. Ao autor cumpre demarcar apenas a *causa petendi*, isto é, os fatos que entende merecedores da reprimenda legal.

Por sua vez, ao órgão judicial incumbe realizar o enquadramento jurídico dos fatos narrados na petição inicial e debatidos no processo, e com base neles aplicar as sanções legais que entender pertinentes.

Nesse quadro, se os fatos narrados autorizarem a aplicação de sanção *não pedida* expressamente na petição inicial, poderá o juiz aplicá-la. E mais: se na petição inicial forem narrados fatos que firam distintos bens jurídicos (ensejando diferentes demandas), poderá o órgão judicial aplicar as sanções pertinentes a todos eles, ainda que o pedido abranja só um deles. Essa última situação assemelha-se à descrita há pouco, na qual há cúmulo de pedidos, cúmulo esse feito pelo próprio autor. Porém, na situação em exame, apesar de a causa de pedir abranger vários fatos violadores de diferentes bens jurídico-eleitorais, o pedido formulado não abrange todos eles, ou seja, o autor não acumulou no mesmo processo os pedidos pertinentes a cada qual das infrações narradas. Em todos esses casos não haverá que se falar em decisão *extra petita* ou *ultra petita*. Veja-se nesse sentido:

> "Os limites do pedido são demarcados pelos fatos imputados na inicial, dos quais a parte se defende, e não pela capitulação legal atribuída pelo autor" (Súmula TSE nº 62).

> "1. Não ocorre julgamento *extra petita* ou violação aos arts. 128, 264, parágrafo único, 459 e 460 do CPC [de 1973; *vide* arts. 141, 490 e 492 do CPC 2015], ante a condenação em cassação do diploma, embora na petição inicial da AIJE conste apenas pedido de cassação de registro, pois em sede de investigação judicial, uma vez apresentado, delimitado e reconhecido o abuso, cabe ao juiz aplicar a sanção mais adequada à circunstância, o que decorre de imperativo legal constante no art. 73, § 5º, da Lei 9.504/97, ou seja, a cassação do registro ou do diploma. 2. Não ocorre julgamento *citra petita* ou violação aos arts. 459 e 460 do CPC [de 1973; *vide* arts. 490 e 492 do CPC 2015], se, embora na inicial conste também pedido de reconhecimento da prática de abuso de poder e aplicação do disposto no art. 22, XIV, da LC nº 64/90, o magistrado reconheça apenas a prática de conduta vedada, uma vez que a errônea capitulação legal dos fatos – e deles é que a parte se defende – não impede sua readequação pelo juiz. [...] 4. Recurso especial a que se nega provimento, reconhecendo a consequente cessação dos efeitos da liminar que mantém os Recorrentes no cargo, determinando as providências do art. 257, parágrafo único, do CE" (TSE – REspe nº 52.183/RJ – *DJe*, t. 77, 24-4-2015, p. 102).

> Vejam-se ainda os seguintes julgados do TSE: AgR-REspe nº 955.973.845/CE – *DJe* 25-3-2011, p. 50; REspe nº 257.271/BA – *DJe* 10-5-2011, p. 40; AAg nº 6.283 /RJ – *DJ* 19-3-2007, p. 176; AAg nº 4.491/DF – *DJ*, v. 1, 30-9-2005; Ag. nº 3.066/MS – *DJ* v. 1, 17-5-2002, p. 146; RRP nº 68 /DF – PSS 25-8-1998.

O exemplo há pouco formulado é aqui igualmente pertinente. Suponha-se que a petição inicial descreva fatos atinentes a abuso de poder expresso, *e. g.*, por conduta vedada que, de um lado, afete a legitimidade e a normalidade das eleições (LC nº 64/90, art. 22, XIV) e, de outro, fira a igualdade de chances no certame eleitoral (LE, art. 73). Ainda que o pedido restrinja-se à aplicação da sanção de multa (prevista no § 4º, art. 73, da LE), poderá o órgão judicial aplicar, também, as sanções de cassação de registro ou diploma (previstas no § 5º do citado art. 73), bem como a sanção de inelegibilidade prevista no art. 22, XIV, da LC nº 64/90. Evidentemente, para tanto, será preciso que o mesmo órgão judicial seja competente para conhecer e decidir todos os fatos e, ainda, que o procedimento seja adequado para todos eles.

24

AÇÃO DE IMPUGNAÇÃO DE MANDATO ELETIVO (AIME)

24.1 CARACTERIZAÇÃO DA AÇÃO DE IMPUGNAÇÃO DE MANDATO ELETIVO

24.1.1 Compreensão da AIME

A Ação de Impugnação de Mandato Eletivo (AIME) é prevista no art. 14, §§ 10 e 11, da Constituição Federal.

> "Art. 14. [...]
>
> § 10. O mandato eletivo poderá ser impugnado ante a Justiça Eleitoral no prazo de quinze dias contados da diplomação, instruída a ação com provas de abuso do poder econômico, corrupção ou fraude.
>
> § 11. A ação de impugnação de mandato tramitará em segredo de justiça, respondendo o autor, na forma da lei, se temerária ou de manifesta má-fé."

Trata-se, pois, de ação de índole constitucional-eleitoral, com potencialidade desconstitutiva do mandato. Por óbvio, não apresenta caráter criminal. Seu objetivo é tutelar a cidadania, a lisura e o equilíbrio do pleito, a legitimidade da representação política, enfim, o direito difuso de que os mandatos eletivos apenas sejam exercidos por quem os tenha alcançado de forma lícita, sem o emprego de práticas tão censuráveis quanto nocivas como são o abuso de poder, a corrupção e a fraude. Nas palavras de Tito Costa (1992, p. 170), tem essa ação por escopo "eliminar, tanto quanto possível, vícios que deformem ou desnaturem o mandato popular".

Apesar de não haver norma infraconstitucional regulamentando o dispositivo em tela, sua eficácia imediata é indubitável.

Três são os fundamentos possíveis para a ação em apreço, a saber: abuso de poder "econômico", corrupção e fraude. Esses conceitos foram expostos anteriormente, no Capítulo dedicado aos ilícitos eleitorais.

E quanto ao abuso de poder "político"? – o fato de a norma em exame ter especificado uma das espécies de abuso de poder – no caso, o econômico – induziu a exegese segundo a qual não é "cabível ação de impugnação de mandato eletivo com fundamento em abuso do poder político" (TSE – AREspe nº 25.652/SP – *DJ* 14-11-2006, p. 171). Contudo, não se pode olvidar que frequentemente o abuso de poder político entrelaça-se a outros ilícitos eleitorais. Nesse sentido, ao votar no REspe nº 28.208/CE (*JTSE* 2:2008:112), salientou o Ministro Cezar Peluso que em certos casos "o abuso de poder político, ou de autoridade política, pode, sim, ser tido como modalidade de abuso de poder econômico, corrupção ou, até, fraude". E mais:

"[...] 3. O abuso de poder econômico entrelaçado com o abuso de poder político pode ser objeto de Ação de Impugnação de Mandato Eletivo (AIME), porquanto abusa do poder econômico o candidato que despende recursos patrimoniais, públicos ou privados, dos quais detém o controle ou a gestão em contexto revelador de desbordamento ou excesso no emprego desses recursos em seu favorecimento eleitoral. Precedentes: REspe nº 28.581/ MG, de minha relatoria, *DJe* de 23-9-2008; REspe nº 28.040/BA, Rel. Min. Ayres Britto, *DJ* de 1º-7-2008 [...]" (TSE – AAI nº 11.708/MG – *DJe* 15-4-2010, p. 18-19).

"[...] 2. Se o abuso de poder político consistir em conduta configuradora de abuso de poder econômico ou corrupção (entendida essa no sentido coloquial e não tecnicamente penal), é possível o manejo da ação de impugnação de mandato eletivo. 3. Há abuso de poder econômico ou corrupção na utilização de empresa concessionária de serviço público para o transporte de eleitores, a título gratuito, em benefício de determinada campanha eleitoral" (TSE – REspe nº 28.040/BA – *DJe* 1º-7-2008, p. 8).

"[existe] no ordenamento jurídico eleitoral, no campo do direito formal, a possibilidade de o abuso do poder político e econômico ser apurado pela via da Ação de Impugnação de Mandato Eletivo, desde que o princípio do devido processo legal seja respeitado [...]" (TSE – REspe nº 25.985/RR – *DJ* 27-10-2006, p. 204).

Comparação com a AIJE – como o próprio nome revela, a finalidade da AIME é desconstituir o *mandato* do eleito, uma vez que obtido com a prática de ilícitos como abuso de poder econômico, corrupção ou fraude. Distingue-se da AIJE prevista nos arts. 19 e 22, da LC nº 64/90, na medida em que esta tem em vista a cassação do registro e do diploma, bem como a decretação da inelegibilidade do candidato-réu pelo período de oito anos após as eleições a que se referir; ademais, enquanto a AIJE deve ser ajuizada até a data da diplomação, a AIME poderá sê-lo até 15 dias depois desse marco.

24.1.2 Inelegibilidade e AIME

Pela expressa dicção dos §§ 10 e 11 do art. 14 da Lei Maior, a AIME é vocacionada para cassar mandato ante a ocorrência, nas eleições, de abuso de poder econômico, corrupção e fraude.

Cumpre, porém, perquirir se a procedência do pedido formulado em AIME acarreta inelegibilidade.

A esse respeito, é preciso considerar as situações previstas nas alíneas *d, h* e *j*, do inciso I, art. 1º, da LC nº 64/90.

Sobre a alínea *d* há farta jurisprudência no sentido de que a inelegibilidade nela prevista decorre da AIJE prevista nos arts. 19 e 22, *caput*, XIV, da LC nº 64/90 (o procedimento dessa ação eleitoral é delineado nos incisos do aludido art. 22). Nesse sentido: TSE – REspe nº 138/ RN – *DJe*, t. 56, 23-3-2015, p. 33-34; REspe nº 15.105/AM – *DJe*, t. 54, 19-3-2015, p. 36-37; REspe nº 1.062/BA – *DJe* 10-10-2013; AgR-REspe nº 52.658/MG – *DJe*, t. 44, 6-3-2013, p. 118; AgR-REspe nº 64.118/MG – PSS 21-11-2012; AgR-REspe nº 5.158.657/PI – *DJe* 10-5-2011, p. 47; RO nº 312.894/MA – PSS 30-9-2010. Entretanto, a citada alínea *d* também apresenta como fundamento o ilícito eleitoral consubstanciado em *abuso de poder econômico*. E este pode igualmente figurar como causa de pedir na AIME. Não parece lógico nem razoável que o "abuso de poder econômico" gere inelegibilidade se figurar como causa de pedir de AIJE, mas não a gere se for veiculado como fundamento de AIME. Ora, essas duas ações eleitorais admitem como causa de pedir o abuso de poder econômico. Relevante para a declaração de inelegibilidade da alínea *d* é a própria ocorrência do ilícito eleitoral consubstanciado no abuso de poder econômico, e não a ação (AIJE ou AIME) ou o procedimento em que tal evento foi afirmado.

Quanto à alínea *h*, esta requer apenas que o agente público tenha sido "condenado" pelo abuso do poder econômico ou político, "em decisão transitada em julgado ou proferida por órgão judicial colegiado". Se tal "condenação" ocorrer em sede de AIME, não há como afastar a incidência da inelegibilidade. A propósito, a jurisprudência já entendeu que a inelegibilidade da alínea *h* "incide nas hipóteses de condenação tanto pela Justiça Comum como pela Justiça Eleitoral" (TSE – REspe nº 15.105/AM – *DJe*, t. 54, 19-3-2015, p. 36-37). Assim, em tese, tal decisão poderia até mesmo ter sido proferida em processo de ação civil pública, de improbidade ou popular.

Finalmente, tem-se a alínea *j*, I, art. 1º, da LC nº 64/90 (com a redação da LC nº 135/2010). Um dos fundamentos para a declaração de inelegibilidade fundada nessa alínea é o ilícito atinente à *corrupção* eleitoral. Esta é igualmente fundamento para a AIME. Afigura-se, então, razoável conceder à impugnatória o efeito provocador de inelegibilidade também nessa hipótese. De modo que, por expressa disposição legal, a procedência de AIME fundada em corrupção acarreta a inelegibilidade do réu.

Assim, independentemente do veículo jurídico-processual (= ação eleitoral) em que o abuso de poder é reconhecido ou afirmado pelo Estado-juiz, o agente ou o beneficiário do abuso ficará sujeito à declaração de inelegibilidade caso futuramente venha a postular o registro de sua candidatura a cargo político-eletivo. Essa interpretação foi bem expressa na seguinte decisão singular:

> "[…] Não creio que a intenção do legislador foi a de conferir tratamento jurídico diferenciado entre situações fáticas idênticas, pois todo abuso de poder cometido no processo eleitoral também compromete, da mesma forma e na mesma medida, a legitimidade do pleito e a manifestação soberana da vontade popular. […]. Por consequência lógica, é indubitável que o vocábulo 'representação' contido no art. 1º, I, alínea *d*, da LC 64/90 deverá ser aplicado com significação que cumpra a finalidade da norma, qual seja, afastar da vida pública políticos condenados por abuso de poder político e econômico. […]. Penso, contudo, que a partir da LC 135/2010 tais consequências foram profundamente alteradas. A jurisprudência anterior do TSE, que afirmava não ser possível aplicar inelegibilidade como consequência na AIME, não mais se sustenta diante das novas causas de inelegibilidade e do disposto no art. 1º, I, *d*, da LC 64/90. De fato, a inelegibilidade existirá como efeito natural da condenação [em ação de impugnação de mandato eletivo (AIME)]. […]. Reitero que não há, portanto, vinculação exclusiva entre a AIJE e o art. 1º, I, *d*, da Lei Complementar 64/90. […]" (TSE – REspe nº 1.062/BA – decisão monocrática da Rel. Min. Nancy Andrighi – *DJe* 1º-3-2013, p. 13).

No entanto, cumpre registrar que essa decisão monocrática foi reconsiderada. Submetida a questão à Corte Superior (*vide*: TSE – REspe nº 1.062/BA – *DJe* 10-10-2013), manteve-se a interpretação (referida acima) segundo a qual a inelegibilidade disposta no art. 1º, I, *d*, da LC nº 64/90 somente incide se, anteriormente, tiver sido julgada procedente ação fundada nos arts. 19 e 22, XIV, dessa mesma norma. Em outras palavras, reafirmou-se o entendimento segundo o qual, se o abuso de poder econômico for reconhecido em AIME, não haverá geração de inelegibilidade.

É certo que a inelegibilidade não constitui objeto da AIME. Todavia, é defensável o entendimento conforme o qual ela constitui efeito externo ou secundário da sentença de procedência do pedido nessa ação. Nesse caso, portanto, não é preciso que ela seja pedida na petição inicial, nem que conste do dispositivo da sentença ou do acórdão, pois somente será declarada em

780 DIREITO ELEITORAL – *José Jairo Gomes*

futuro e eventual processo de registro de candidatura. Isso porque, na dicção do § 10 do art. 11 da LE: "as causas de inelegibilidade devem ser aferidas no momento da formalização do pedido de registro da candidatura".

24.2 PROCEDIMENTO DA AIME

24.2.1 Introdução

Não há expressa previsão legal quanto ao procedimento a ser seguido na ação de impugnação. Todavia, os cânones inarredáveis atinentes ao devido processo legal e à segurança jurídica exigem que as pessoas saibam previamente como deverão comportar-se durante toda a marcha processual. Isso não só para que possam afastar eventuais percalços, como também para traçar e colocar em ação estratégias de defesa de seus direitos e interesses no afã de influir no conteúdo da decisão judicial. Cumpre, então, observar o rito que melhor se harmonize com as garantias fundamentais do contraditório e da ampla defesa, sem se perder de vista as peculiaridades próprias e específicas da realidade e do contexto normativo que se regula.

Assim, de início, afirmar que a impugnatória de mandato deveria observar o "procedimento comum" previsto no Código de Processo Civil soava como truísmo, obviedade que dispensava demonstração ou maiores esclarecimentos. Isso por constituir esse rito o paradigma vigente no sistema jurídico, aplicável – como reza o art. 318 do vigente CPC e o art. 271 do revogado CPC/73 – a todas as causas para as quais não haja o legislador instituído procedimento próprio.

Cedo, porém, percebeu-se que o procedimento comum não é o mais adequado. Cuidando do tema, Tito Costa (1992, p. 177), defensor de sua aplicação na época, chegou a reconhecer "[...] que a ação poderá tornar-se inócua, pela demora de sua tramitação, sujeita a regras e prazos, como qualquer outro feito". E prossegue:

> "Bem por isso, a lei que vier a cuidar da matéria, separadamente, ou dentro do Código Eleitoral, deverá estabelecer rito especial, mais célere e mais consentâneo com a natureza da ação e suas consequências. Porque, tal pode ser a demora, que o impugnado acabará por cumprir seu mandato, sem que ocorra o desfecho da demanda. Isso poderá tornar letra morta o texto constitucional que, para não ser cumprido, melhor seria não ter sido escrito".

Deveras, não vingou a aplicação do procedimento comum do CPC na impugnatória de mandato.

Assentou-se na jurisprudência que o procedimento a ser observado na AIME é aquele previsto nos arts. 3º a 16 da LC nº 64/90 para a Ação de Impugnação de Registro de Candidatura (AIRC), considerado "ordinário" na seara eleitoral. É esse – reitere-se – o entendimento vitorioso e iterativo na hodierna jurisprudência eleitoral:

> "[...] Na Ação de Impugnação de Mandato Eletivo, até a sentença, o rito a ser observado é o previsto na LC nº 64/90" (TSE – REspe Ac. nº 25.443/SC, de 14-2-2006 – *DJ* 10-3-2006, p. 177).

> "A ação de impugnação de mandato eletivo observará o procedimento previsto na Lei Complementar nº 64/90 para o registro de candidaturas, com a aplicação subsidiária, conforme o caso, das disposições do Código de Processo Civil, e tramitará em segredo de justiça, respondendo o autor na forma da lei, se temerária ou de manifesta má-fé (Constituição Federal, art. 14, § 11)" (Res. TSE nº 23.456/2015, art. 173, § 1º; Res. TSE nº 23.399/2013, art. 228, § 1º; Res. TSE nº 23.372/2011, art. 170, § 1º).

A afirmação do rito estampado nos arts. 3º a 16 da Lei de Inelegibilidades teve em conta as peculiaridades do Direito Eleitoral e a necessidade de as causas eleitorais apresentarem solução rápida, dada a temporariedade dos mandatos eletivos. Isso sem que seja atropelado o devido processo legal.

O rito da AIME pode ser assim sumariado:

> protocolização da petição inicial (até 15 dias após a diplomação) → citação do impugnado → contestação (sete dias da citação) → julgamento antecipado do mérito; extinção do processo sem julgamento do mérito → fase probatória (quatro dias após a defesa) → diligências (cinco dias após a audiência; aqui pode haver nova audiência) → alegações finais/memoriais e manifestação do Ministério Público (cinco dias depois das diligências) → decisão (três dias depois das diligências) → recurso ao TRE (três dias) → recurso ao TSE (três dias) → recurso ao STF (três dias).

Vale observar que nesse rito não é prevista uma fase especificamente voltada ao *saneamento* e à *organização* do processo, tal como preconizado no art. 357 do vigente CPC.

24.2.2 Aplicação supletiva e subsidiária do CPC

Nos termos do art. 15 do CPC, "na ausência de normas que regulem processos eleitorais [...] as disposições deste Código lhes serão aplicadas supletiva e subsidiariamente".

Assim, as disposições daquele código processual aplicam-se de forma supletiva e subsidiária ao rito da AIME.

24.2.3 Temas comuns com o procedimento da AIJE

Há poucas diferenças entre os procedimentos da AIME e da AIJE. Daí haver identidade de tratamento relativamente a muitos temas que lhes são comuns.

Tendo em vista que o procedimento da AIJE já foi delineado anteriormente, procurar-se-á evitar no presente Capítulo a repetição de matérias já expostas.

24.2.4 Segredo de justiça

O art. 14, § 11, da Constituição Federal determina que a AIME tramite em segredo de justiça. Sobre isso, duas posições se formaram na doutrina. A primeira fundamenta o sigilo na necessidade de se preservar o nome e a imagem do impugnado do *streptus judicii*, isto é, do escândalo e da publicidade negativa decorrente do processo. Nesse sentido, lembra Cretella Júnior (1989, p. 1113) a "grande repercussão que teria [a demanda], em razão dos nomes em jogo, tanto que, inúmeras vezes, o candidato é absolvido, não afetando o feito sua futura vida pública, que do contrário ficaria prejudicada, mesmo com a absolvição". Também Tito Costa (1992, p. 171) aplaudiu a restrição: "Em se tratando de ação relativa a mandato eletivo, em que se fazem presentes, inevitavelmente, interesses políticos pessoais e partidários, que vão até à intenção de desmoralização de adversários, houve-se com muito acerto o constituinte de 1988 ao impor o *segredo de justiça* para o procedimento judicial". Fundamenta sua opinião no "interesse público" que divisa no caso.

Muitos, porém, pensam de modo diferente. Consoante bem acentuou Kildare Gonçalves Carvalho (2004, p. 473-474):

> "O preceito constitucional (§ 11, primeira parte, do art. 14), que prevê o segredo de justiça na tramitação da ação, merece crítica. É que, sendo a publicidade um dos requisitos

782 | DIREITO ELEITORAL – *José Jairo Gomes*

de legitimidade do Estado Democrático de Direito, nele não pode haver, salvo em casos excepcionais, qualquer ato praticado por quem atue em nome do interesse público que não esteja sujeito à mais ampla forma de publicidade. Sendo a ação de impugnação de mandato eletivo de interesse público, públicos devem ser todos os atos processuais, a fim de que se possa viabilizar a fiscalização da conduta de tantos quantos participem do processo. A reforçar este entendimento, mencione-se que o princípio da publicidade constitui condição de validade do ato administrativo (art. 37, § 1º), além do que dispõe o art. 93, IX, do texto constitucional que 'todos os julgamentos do Poder Judiciário serão públicos', salvo, na forma da lei, quando outro for o interesse de resguardo de circunstância excepcional de estado. Além disso, esclareça-se que os atos que podem levar à perda do mandato, mediante ação de impugnação, relacionam-se com a vida pública do candidato, e não com a vida particular".

Delineia-se nessa controvérsia clara colisão entre princípios constitucionais. Enquanto, de um lado, prestigia-se a publicidade, de outro, estatui-se o segredo. Evidente o conflito. Deveras, é impossível que haja coerência absoluta no ordenamento jurídico, mesmo entre princípios ou regras situados em idêntico patamar hierárquico, positivados simultaneamente, no mesmo diploma. Mas no caso em tela, a antinomia não vai além das aparências, sendo resolvida pela aplicação do princípio da especialidade. Assim, no texto constitucional, a regra geral é a publicidade, enquanto a exceção é o segredo.

De qualquer sorte, nada justifica que a ação em foco seja processada sob segredo de justiça. Essa determinação afigura-se incompatível com os valores e princípios agasalhados na Lei Maior. Menos ainda se a compreende considerando-se que não há sigilo nas demais ações tipicamente eleitorais e que algumas delas podem fundamentar-se em fatos idênticos ao da impugnatória de mandato eletivo.

Acresce que o direito fundamental ao segredo deve sofrer restrição em relação ao homem público, sobretudo quando estiverem em jogo situações inerentes à sua atuação política. De outro modo, não haverá espaço para que o cidadão forme adequadamente sua consciência política. Como poderá o eleitor escolher bem os governantes se as informações desabonadoras acerca dos candidatos lhe são sonegadas?

Observe-se que a regra em apreço impõe segredo apenas à *tramitação* do feito, não, porém, ao *julgamento*. Essa distinção levou a Corte Superior Eleitoral a firmar o entendimento segundo o qual "o trâmite da ação de impugnação de mandato eletivo deve ser realizado em segredo de justiça, mas o seu julgamento deve ser público" (TSE – PA nº 18961/TO – *DJe* 7-2-2003, p. 133). O fundamento para a publicidade do julgamento foi extraído do art. 93, IX, da Lei Maior, que, em sua primeira parte, determina sejam públicos todos os julgamentos dos órgãos do Poder Judiciário.

Por outro lado, a violação do sigilo só por si não induz nulidade processual.

24.2.5 Petição inicial

A petição inicial deve atender ao disposto no art. 319 do CPC. Deve indicar o órgão jurisdicional a que se dirige, a qualificação e o domicílio do impugnado, o pedido e seus fundamentos fático-jurídicos (= causa de pedir) e conter requerimento de citação do impugnado.

Além disso, a petição deve especificar as provas com que se pretende demonstrar a verdade dos fatos alegados. Quaisquer meios de prova poderão ser requeridos, quer sejam típicos (*i.e.*, regulados em lei), quer sejam atípicos e "moralmente legítimos" (CPC, art. 369). De sorte que pode ser postulada a produção de prova documental, ata notarial, pericial, testemunhal etc.

O pedido é sempre a cassação do mandato do impugnado.

Nos termos do § 10 do art. 14 da Lei Maior, a ação de impugnação deve ser instruída "com provas de abuso do poder econômico, corrupção ou fraude". A exigência de suporte probatório mínimo tem o sentido de evitar que essa demanda transforme-se em instrumento de vindita, de revanchismo político ou de injusta perseguição ao candidato sagrado vitorioso nas urnas. Se não é necessário que venha instruída com prova definitiva, cabal, inconcussa (pois é da instrução processual que esta é extraída), é preciso ao menos que haja *justa causa* para a ação, de modo que se exibam elementos de convicção sérios e idôneos dos fatos articulados na inicial. Bem por isso, assinala Tito Costa (1992, p. 176) que a prova nessa ação "não precisa ser pré-constituída", como ocorre no mandado de segurança. E prossegue: "Mas também não se poderá imaginar o exagero de mediante simples e vagas alegações de abuso de poder econômico, corrupção ou fraude, admitir-se a propositura de ação dessa natureza, com as consequências de repercussões que venha a ter [...]".

Assim, a chamada "prova inaugural" deve ser hábil a justificar a demanda. Se desde logo se verifica ser inepta ou inidônea, há de se rechaçar a peça exordial por faltar à ação justa causa, assim considerada a que carecer de suporte probatório mínimo para ser iniciada.

Nenhum óbice legal existe a que seja instruída com documentos e elementos informativos colhidos em inquérito policial ou inquérito civil público, este instaurado e conduzido pelo Ministério Público. Se a qualquer candidato ou partido é dado – por conta própria e sem vinculação a qualquer critério legal claro, imparcial e objetivo – reunir elementos de prova e ingressar com a demanda, é irracional que isso igualmente não possa ser feito pelo Ministério Público. Conquanto de natureza inquisitiva, tais procedimentos contam com previsão legal, são detalhadamente regulamentados e se submetem a forte controle interno (institucional) e externo. Mas, para os fins de ajuizamento da ação em apreço, apresentam conteúdo meramente informativo. Têm por finalidade única propiciar ao Ministério Público a colheita dos elementos necessários para a propositura de demanda revestida de credibilidade, afastando eventual temeridade na ação. Por óbvio, os documentos e as informações coligidas devem ser jurisdicionalizados na ação de impugnação, aí sendo debatidos e submetidos ao crivo do contraditório e da ampla defesa. O que a Constituição Federal veda é que a sentença judicial seja embasada em elementos de informação que não tenham observado essas garantias fundamentais.

No que concerne ao procedimento instaurado pelo Ministério Público, o art. 127 da Lei Maior assevera ser essa uma instituição permanente, essencial à função jurisdicional do Estado, incumbindo-lhe a defesa do regime democrático e dos interesses sociais e individuais indisponíveis. Já o art. 129, III, autorizou-o a promover inquérito civil para a proteção de interesses difusos e coletivos. No art. 5º, I, da Lei Complementar nº 75/93, lê-se ser função institucional do Ministério Público a defesa "da ordem jurídica, do regime democrático, dos interesses sociais e dos interesses individuais indisponíveis, considerados, dentre outros, os seguintes fundamentos e princípios: *a)* a soberania e a representatividade popular; *b)* os direitos políticos".

Inexistindo nessa seara condenação em verba sucumbencial, é despiciendo que na inicial conste valor da causa. Este, aliás, é sempre inestimável, porquanto as demandas eleitorais não têm cunho patrimonial. Por isso mesmo, não há, aqui, condenação em honorários advocatícios tampouco em custas processuais. Nos termos do art. 5º, LXXVII, da Constituição Federal, são gratuitos os atos destinados ao exercício da cidadania, assim considerada a AIME, conforme se infere do art. 1º, IV, da Lei nº 9.265/96 e do art. 4º da Res. TSE nº 23.478/2016, que dispõe: "Os feitos eleitorais são gratuitos, não incidindo custas, preparo ou honorários (Lei nº 9.265/96, art. 1º)".

Faltando requisito legal ou nas hipóteses elencadas no art. 330 do CPC, poderá a inicial ser rejeitada de plano, extinguindo-se o processo já em seu limiar (CPC, arts. 354 e 485, I). Nesse caso, cabe recurso à superior instância. Nas eleições municipais, o recurso é o eleitoral (CE, art. 258); nas demais eleições, pode-se cogitar o agravo interno (CPC, art. 1.021) endereçado ao

784 │ DIREITO ELEITORAL – *José Jairo Gomes*

órgão colegiado do tribunal se se tratar de decisão monocrática do juiz-relator. Sendo interposto recurso, poderá o juiz se retratar de sua decisão. Não havendo retratação, o réu deverá ser citado "para responder ao recurso" (CPC, art. 331, § 1º). No âmbito do TRE, acaso o órgão colegiado confirme a decisão singular impugnada, cabível será o recurso especial para o Tribunal Superior.

24.2.6 Objeto

O objetivo da AIME é a desconstituição do mandato de candidato eleito, o que acarreta a invalidação dos respectivos votos (CF, art. 14, § 10; Res. TSE nº 23.735/2024, art. 10, II).

24.2.7 Causa de pedir

O fundamento fático do pedido reside na concretização de ilícitos eleitorais atinentes a abuso de poder econômico, corrupção ou fraude.

Ademais, há mister que o evento considerado ostente aptidão para afetar a integridade, normalidade, higidez ou legitimidade das eleições, bens jurídicos tutelados constitucionalmente.

Note-se que nem a ausência de condição de elegibilidade nem a presença de causa de inelegibilidade são hábeis a fundamentar impugnatória de mandato eletivo. Como visto, tais argumentos devem ser arguidos na AIRC ou em sede de RCED, não, porém, em AIME.

É possível haver aditamento ou alteração da causa de pedir depois de iniciado o processo (início esse que se dá com a propositura da ação – CPC, art. 312). Mas para tanto é preciso verificar se relativamente à alteração que se pretende promover ou ao "novo fato" não se operou a decadência nem a prescrição, pois é sempre necessário que a demanda ainda possa ser ajuizada utilmente. Por óbvio, não se poderia admitir o aditamento ou a modificação da causa de pedir se a ação eleitoral já não puder ser exercida quer seja pela ocorrência de decadência, quer seja pela prescrição.

24.2.8 Partes

No *polo ativo* da AIME pode figurar qualquer candidato, partido político, federação de partidos ou Órgão do Ministério Público. Consoante se tem entendido, na ausência de regramento próprio, são legitimados para a causa os mesmos entes elencados no art. 22 da LC nº 64/90.

Não é preciso que o candidato tenha logrado êxito nas urnas. Ainda que derrotado, ostenta legitimidade e interesse para ajuizar a ação em tela. Tampouco é necessário que tenha disputado a mesma eleição do impugnado. Tais seriam inadmissíveis, sobretudo porque todos os candidatos têm interesse na lisura do pleito. O que se encontra em jogo é o interesse público atinente à higidez das eleições, o que aconselha a ampliação da legitimidade ativa e não sua redução.

A federação de partidos encontra previsão no art. 6º-A da LE e no art. 11-A da LPP (ambos introduzidos pela Lei nº 14.208/2021), e atua no processo eleitoral como se fosse um partido.

Quanto à coligação, sabe-se que esse ente é extinto com o fim do processo eleitoral, isto é, com a diplomação dos eleitos. Por outro lado, a AIME só pode ser ajuizada nos 15 dias posteriores à diplomação. Assim, em princípio, impõe-se a conclusão de que a coligação não ostenta legitimidade para ingressar com a ação em tela. No entanto, vale registrar já se ter entendido, na jurisprudência, que sua legitimidade protrai-se no tempo para esse fim específico. Nesse sentido: "1. As coligações partidárias têm legitimidade para a propositura de ação de impugnação de mandato eletivo, conforme pacífica jurisprudência desta Corte [...]" (TSE – AI nº 4410/SP – *DJe* 7-11-2003, p. 208).

De qualquer modo, como corolário da extinção da coligação, tem-se que os partidos coligados poderão, sozinhos, ingressar com AIME.

Conquanto essa posição não mereça encômios, ao eleitor não se tem reconhecido legitimidade para figurar no polo ativo. Confira-se: "[...] Correto o acórdão regional quando firmou que [...] mera eleitora, não tem legitimidade para ajuizar ação de impugnação de mandato eletivo [...]" (TSE – REspe nº 21095/ES – *DJe* 16-5-2003, p. 195). Não deixa de ser inusitado o fato de se negar legitimidade ativa justamente àquele que seguramente é o maior interessado na integridade, lisura e sinceridade das eleições: o cidadão.

Sendo a demanda "temerária ou de manifesta má-fé", faculta-se a responsabilização do autor, "na forma da lei" (CF, art. 14, § 11).

O *polo passivo* somente pode ser ocupado por candidato diplomado. Não se exclui, pois, o suplente de titular de mandato proporcional, desde que tenha sido formalmente diplomado. Com efeito, é ele diplomado no mesmo ato que os eleitos, tendo a potencialidade de entrar no exercício de mandato provisória ou definitivamente. Diante disso e considerando que o prazo para ajuizamento de AIME é fatal e improrrogável, impõe-se a admissão da legitimidade passiva de suplente.

> "Impugnação de mandato. Suplente. Embora não seja titular de mandato, o suplente encontra-se titulado a substituir ou suceder quem o é. A ação de impugnação de mandato poderá, logicamente, referir-se, também, ao como tal diplomado" (TSE – Ag. nº 1.130/SP – *DJ* 12-2-1999, p. 38).

Já o partido não detém legitimidade passiva, não podendo, pois, ser acionado como litisconsorte. É que a sanção buscada na AIME – perda de mandato – não lhe pode ser aplicada. Nesse sentido, assentou a Súmula TSE nº 40: "O partido político não é litisconsorte passivo necessário em ações que visem à cassação de diploma".

Todavia, a agremiação política pode apresentar-se no feito como assistente, que constitui relação inconfundível com o litisconsórcio. Seu interesse é evidente. Inclusive – consoante lembrou Costa (2004, p. 27) – detém a agremiação

> "direito subjetivo próprio (= não ao mandato) que pode ser afetado ou beneficiado por decisão favorável ou desfavorável ao candidato, *v. g.*, distribuição das cotas do fundo partidário, art. 41, Lei nº 9.096/95 e participação no horário político eleitoral gratuito, art. 47, § 2º, I e II, § 3º a 5º, Lei 9.504/97, realizadas, em parte, pelo número de cadeiras do partido na Câmara Federal".

Mas a assistência em tela é de natureza simples (CPC, art. 121), não sendo admitida a litisconsorcial ou qualificada. Esta, conforme prevê o art. 124 do CPC, pressupõe que a sentença possa influir na relação jurídica existente entre o assistente e o adversário do assistido, o que, por óbvio, não é possível na ação em apreço. Ao ingressar no processo, o assistente recebe-o no estágio em que se encontrar, podendo, entre outras coisas, requerer e produzir provas, participar do procedimento relativo a estas, arrazoar e recorrer.

Nas eleições majoritárias, impõe-se a formação de *litisconsórcio passivo* entre titular e vice na chapa formada para disputar o Poder Executivo ou entre candidato a Senador e respectivos suplentes. Conforme já exposto ao se tratar da AIJE, esse entendimento é o que prevalece no processo eleitoral, sendo sintetizado na Súmula TSE nº 38: "Nas ações que visem à cassação de registro, diploma ou mandato, há litisconsórcio passivo necessário entre o titular e o respectivo vice da chapa majoritária".

Há mister que as partes ostentem capacidade postulatória, devendo, pois, estarem representadas por advogado inscrito na Ordem dos Advogados do Brasil. Inexistindo procuração nos autos, incide a regra do art. 76 do CPC, pelo qual deverá o juiz suspender o processo e

786 | DIREITO ELEITORAL – *José Jairo Gomes*

designar prazo razoável para ser sanado o defeito. Não sendo cumprido o despacho dentro do lapso assinalado, se a providência couber: (a) ao autor, será a inicial indeferida, extinguindo-se o processo; (b) ao réu, reputar-se-á revel; (c) ao terceiro, será considerado revel ou excluído do processo, dependendo do polo em que se encontre.

Não se olvide, porém, que, nos termos do art. 104 do CPC, poderá o advogado, *sem* instrumento de mandato, em nome da parte, postular em juízo "para evitar preclusão, decadência ou prescrição, ou para praticar ato considerado urgente". Nesses casos, deverá, independentemente de caução, exibir a procuração no prazo de 15 dias, prorrogável por igual período por despacho judicial. Serão reputados ineficazes os atos não ratificados, respondendo o advogado pelas despesas e por perdas e danos.

24.2.9 Prazo para ajuizamento

A AIME deve ser ajuizada dentro de 15 dias, contados da data da diplomação. Não sendo a exordial protocolizada nesse lapso, opera-se a decadência do direito de impugnar.

Cuidando-se de prazo de natureza material (decadência), conta-se na forma do art. 132 do Código Civil. Destarte, exclui-se o dia do começo (*i. e.*, o dia da diplomação), incluindo-se o do vencimento. Outrossim, considerar-se-á prorrogado até o primeiro dia útil, se vencer em dia feriado (§ 1º). Como corolário, o termo inicial do prazo "deve ser o dia seguinte à diplomação" (TSE – AREspe nº 36.006/AM – *DJe* 24-3-2010, p. 42), não havendo óbice a que sua contagem se inicie em sábado, domingo ou feriado.

Não obstante, tem-se preconizado a aplicação do art. 224 do CPC. Nesse sentido: "O prazo para ajuizamento da ação de impugnação de mandato eletivo, mesmo sendo de natureza decadencial, submete-se às regras do art. 184, CPC [de 1973]" (TSE – REspe nº 21.360/PI – *DJ* 30-4-2004, p. 166); na mesma linha: TSE – ARO nº 1.438/MT – *DJe* 31-8-2009, p. 42. Consequentemente, tem-se: (a) a exclusão do dia do começo e a inclusão do vencimento; (b) prorrogação dos dias do começo e do vencimento do prazo para o primeiro dia útil seguinte, se coincidirem com dia em que o expediente forense for encerrado antes ou iniciado depois da hora normal; (c) se a diplomação tiver lugar em sábado ou domingo, o prazo para ajuizamento da ação somente começa a correr a partir do primeiro dia útil que se seguir (CPC, art. 224, §§ 1º a 3º).

Claro está que a específica diferença entre essas duas correntes reside no termo inicial da contagem do prazo. Para a segunda (processual), o prazo só corre a partir do primeiro dia útil após a diplomação. No entanto, a primeira tese é mais consentânea com os princípios acolhidos no ordenamento jurídico, porque o prazo em apreço é material, e não processual.

Suspensão do prazo para ajuizamento? – dispõe o art. 220, *caput*, do CPC: "Suspende-se o curso do prazo processual nos dias compreendidos entre 20 de dezembro e 20 de janeiro, inclusive. […]".

Consoante o art. 10 da Res. TSE nº 23.478/2016, a suspensão de prazos processuais prevista no citado dispositivo do Código processual "aplica-se no âmbito dos cartórios eleitorais e dos tribunais regionais eleitorais".

Foi visto que a AIME deve ser ajuizada após a diplomação. Dependendo da data em que este ato for realizado, o prazo para ajuizamento coincidirá no todo ou em parte com o período de suspensão previsto no art. 220 do CPC.

Diante disso, pergunta-se: estaria igualmente suspenso – e, pois, ampliado – o prazo para ajuizamento de AIME? A resposta negativa parece ser a mais razoável à luz da integridade do ordenamento jurídico. Isso porque o prazo para ajuizamento de AIME não tem natureza processual, mas sim material – trata-se de prazo decadencial. Em regra, o prazo decadencial

Cap. 24 • AÇÃO DE IMPUGNAÇÃO DE MANDATO ELETIVO (AIME) | **787**

não é suscetível de suspensão nem interrupção. E o referido art. 220 expressamente fala de prazos processuais.

Por outro lado, reza o § 2º do art. 220 que, durante a suspensão do prazo, "não se realizarão audiências nem sessões de julgamento", donde se extrai que outros atos processuais poderão ser praticados. Tanto é assim que, nos termos do § 1º daquele mesmo dispositivo, se não estiverem em gozo de férias individuais, os juízes e os auxiliares da Justiça exercerão normalmente suas atribuições durante o período de suspensão do prazo, não havendo, portanto, óbice ao regular funcionamento de cartórios e secretarias.

24.2.10 Litispendência e coisa julgada

A litispendência e a coisa julgada resultam da reiteração de ações. À vista da teoria da tríplice identidade (*tria eadem*), as ações se identificam por três elementos: partes, pedido e causa de pedir. Há litispendência quando se repete ação que está em curso. Há coisa julgada quando se repete ação que já foi decidida por decisão transitada em julgado (CPC, art. 337, §§ 2º e 3º).

Entre AIME e AIJE é possível haver litispendência e coisa julgada. Enquanto pela primeira o que se pede é a desconstituição de mandato, pela segunda pretende-se a cassação do registro ou diploma de candidato e a imposição de inelegibilidade. Assim, havendo identidade de fundamento fático-jurídico (ex.: abuso de poder econômico), o pedido formulado na AIME poderá estar abrangido na AIJE.

Note-se que, se houver identidade de fundamento fático-jurídico, poderá ocorrer litispendência entre duas ações eleitorais ainda que as partes não sejam as mesmas. Por exemplo: AIME ajuizada por um partido político com idêntico fundamento fático-jurídico a AIJE anteriormente ajuizada pelo Ministério Público.

A respeito, ressaltam Marinoni, Arenhart e Mitidiero (2016, p. 191) que

> "No entanto, é preciso perceber que, embora o critério da tríplice identidade tenha sido positivado entre nós, é possível ainda cotejar ações pelo *critério da relação jurídica base* para chegar-se à conclusão de que há litispendência ou coisa julgada entre duas ações sem que essas tenham as mesmas partes, causa de pedir e pedido. Isso porque o critério fornecido pelos *tria eadem* pode ser insuficiente para resolver problemas atinentes à identificação e semelhança entre as ações em determinadas situações. Nesses casos, além de empregar-se o critério da tríplice identidade, pode-se recorrer subsidiariamente ao critério da relação jurídica base a fim de se saber se há ou não ação repetida em determinado contexto litigioso".

Já entre AIME e RCED (com a alteração promovida no art. 262 do CE pela Lei nº 12.891/2013), não é possível haver litispendência, porque apresentam diversidade de causa de pedir e de relação jurídica base.

24.2.11 Desistência da ação

Não se pode negar a preponderância de relevante interesse público na AIME. A legitimidade dos mandatos representativos está diretamente ligada ao funcionamento normal, sincero, e imparcial do sistema eleitoral. Assim, qualquer fato que possa macular o pleito ostenta relevante interesse público em sua apuração e em seu esclarecimento.

À luz dessa perspectiva, cabe indagar se o autor poderia *desistir* de AIME antes ajuizada. A Corte Superior Eleitoral já se pronunciou pela negativa, a ver:

788 | DIREITO ELEITORAL – *José Jairo Gomes*

"[...] a ação de impugnação de mandato eletivo destina-se à tutela do interesse público, uma vez que tem a missão constitucional de impedir que atos de abuso do poder, corrupção ou fraude contaminem a eleição, tornando ilegítimos os mandatos assim obtidos. [...] trata-se de matéria sobre a qual não se admite desistência ou composição das partes" (TSE – RO nº 104/RO – *DJ*, v. 1, 29-9-2000, p. 168 – extraído do voto do relator).

A propósito, asseverou o Ministro Paulo Brossard quando do julgamento do REspe nº 8.536/AL (*DJ* 24-3-1993, p. 4.722) que, por se tratar de matéria de caráter eminentemente público: "Admitir a desistência do recurso, é estimular o 'complot' contra a legalidade".

Conforme salientado alhures, não parece razoável fazer com que o autor prossiga com demanda em relação à qual já não tem interesse. O próprio Código de Processo Civil prevê a possibilidade de desistência em seu art. 485, § 5º, desde que seja "apresentada até a sentença".

Por outro lado, o relevante interesse público e indisponível que se apresenta não recomenda a extinção do processo *tout court*, pelo simples querer das partes. Assim, tem-se que, admitida a desistência, se for aceita pela parte contrária (CPC, art. 485, VIII, § 4º), deve o Ministério Público assumir o polo ativo da relação processual, já que entre suas incumbências encarta-se "a defesa da ordem jurídica e do estado democrático". Apesar de não existir específica previsão legal nos domínios da legislação eleitoral, há situações – previstas em lei – em que o Ministério Público deve assumir a titularidade da demanda. Por exemplo: o art. 976, § 2º, do CPC determina que o *Parquet* assuma a titularidade do incidente de resolução de demandas repetitivas "em caso de desistência ou de abandono" por parte do autor. Outro exemplo: dispõe o art. 9º da Lei nº 4.717/65 (Lei de Ação Popular) que, se o autor popular desistir da ação ou provocar a extinção do processo, ficará assegurado ao representante do Ministério Público dar-lhe seguimento. Nos dois exemplos, prevalece o interesse público consistente em dar-se prosseguimento à demanda. De sorte que, no Eleitoral, hão de preponderar os valores e princípios altamente significativos para o Estado Democrático de Direito, como são a lisura das eleições, a normalidade e a legitimidade do processo eleitoral. Tal entendimento foi sufragado pela jurisprudência:

"Recurso ordinário. Ação de impugnação de mandato eletivo. Legitimidade do Ministério Público. Prazo de resposta. Rito ordinário. 1. O Ministério Público, por incumbir-lhe a defesa da ordem jurídica, do regime democrático e dos interesses sociais e individuais indisponíveis (art. 127 da CF), é parte legítima para, em face da desistência da ação de impugnação de mandato eletivo pelo autor, assumir a sua titularidade e requerer o prosseguimento do feito. [...]" (TSE – RO nº 4/DF – *DJ* 7-8-1998, p. 138).

"Recurso especial – Processual eleitoral – Recurso ordinário interposto por partido político – Desistência – Pretensão do Ministério Público de ser admitido como substituto processual e de prosseguimento do feito – Matéria de natureza pública – Atuação como fiscal da lei – Admissibilidade. Tendo o Ministério Público a função de fiscal da lei, e ele legitimado a intervir a qualquer tempo no processo eleitoral, podendo requerer a apreciação de recurso que verse matéria eminentemente pública, a despeito de desistência manifestada pela parte que o interpôs. Recurso conhecido e provido" (TSE – REspe nº 15.085/MG – *DJ* 15-5-1998, p. 98).

24.2.12 Competência

A *competência* do órgão judicial é pressuposto processual relacionado ao desenvolvimento válido do processo. Divide-se a competência em absoluta e relativa. A primeira é fundada na matéria, na pessoa ou na função, sendo inderrogável por convenção das partes (CPC, art. 62).

Cap. 24 • AÇÃO DE IMPUGNAÇÃO DE MANDATO ELETIVO (AIME) | **789**

Já a relativa refere-se ao valor e ao território, podendo ser modificada pela vontade das partes ou por prorrogação decorrente de conexão ou continência (CPC, art. 54).

A competência para conhecer e julgar ação de impugnação de mandato eletivo é de natureza absoluta seja em razão da matéria, que é especializada, seja em razão da função – escalonamento de órgãos e natureza das eleições. Quanto a essa última, tem-se que: *(i)* nas eleições presidenciais, competente é o Tribunal Superior Eleitoral; *(ii)* nas eleições federais e estaduais, competente são os Tribunais Regionais Eleitorais; *(iii)* nas municipais, competentes são os juízes eleitorais lotados nas respectivas circunscrições eleitorais.

Vale observar que inexiste nessa seara foro privilegiado; de sorte que, ainda que figure no polo passivo Senador ou Deputado Federal candidatos a reeleição, competente será o Tribunal Regional, e não o Supremo Tribunal Federal.

24.2.13 Tutela provisória de urgência cautelar

A tutela provisória de urgência de natureza cautelar tem em vista a salvaguarda do resultado útil do provimento final no processo, ou melhor, da consequência útil que dele possa resultar; esse resultado (= a situação jurídica ou o direito pleiteado) é provisoriamente protegido para, ao final, em cognição exauriente, ser devidamente satisfeito caso o pedido seja julgado procedente. O fundamento encontra-se no Livro V da Parte Geral do Código de Processo Civil, notadamente em seu art. 300 que requer para a tutela de urgência tão somente a presença de "elementos que evidenciem a probabilidade do direito e o perigo de dano ou o risco ao resultado útil do processo", que respectivamente devem ser compreendidos como *fumus boni iuris* e *periculum in mora.*

Tal instituto não é estranho ao processo jurisdicional eleitoral, tanto que foi acolhido no art. 22, I, *b,* da LC nº 64/90.

No que concerne à ação de impugnação de mandato eletivo, é preciso ressaltar que ela é inviável: *(i)* se for pleiteada em caráter antecedente (CPC, art. 305), e, *(ii)* tiver o fim de sustar a diplomação de candidato eleito. Isso porque a diplomação figura como pressuposto da ação de impugnação. Sustado aquele ato, torna-se impossível o ajuizamento dessa ação, que é principal e deve ser ajuizada no prazo de 30 dias sob pena de cessação da eficácia da tutela concedida (CPC, arts. 308 e 309, I). Ora, "não há como acautelar-se decisão a ser proferida em ação, impedindo-se o ajuizamento desta" (TSE – MS nº 2351/RJ – *DJ* 9-6-1995, p. 17351).

24.2.14 Citação

O art. 4º da LC nº 64/90 fala em "devida notificação" do réu, expressão que deve ser compreendida como regular "citação". Esta, na ausência de especificação legal, deve ser realizada em consonância com o previsto no CPC.

Diferentemente do que ocorre na AIJE (*vide* art. 22, I, *a,* da LC nº 64/90), não há previsão legal de que no ato de citação a contrafé seja acompanhada de "cópias dos documentos" que instruem a petição inicial.

24.2.15 Defesa

Uma vez ultimada a citação, passa a correr o prazo de sete dias para que o impugnado se defenda e apresente contestação. Nessa oportunidade, deve deduzir toda a matéria de defesa (princípio da eventualidade), expondo as razões de fato e de direito com que rechaça o pedido exordial. Em preliminar, qualquer dos temas elencados no art. 337 do CPC poderá ser levantado.

A contestação deve especificar as provas com que se pretende demonstrar a verdade dos fatos nela alegados. Quaisquer meios de prova poderão ser requeridos, quer sejam típicos (*i.e.,* regulados em lei), quer sejam atípicos e "moralmente legítimos" (CPC, art. 369). De sorte que pode ser postulada a produção de prova documental, ata notarial, pericial, testemunhal etc. Pode, ainda, ser requerida a exibição de documentos que se encontrarem em poder de terceiros, de repartições públicas ou em procedimentos judiciais, ou administrativos (LC nº 64/90, art. 4º, segunda parte).

Sendo a contestação acompanhada de documentos, deve o juiz abrir vista dos autos à parte autora para apresentar réplica e, pois, manifestar-se sobre eles (CPC, art. 437). É essa uma exigência do contraditório efetivo (CPC, arts. 9º e 10), que veda a surpresa e possibilita à parte atuar no sentido de influenciar no convencimento do juiz e consequentemente no conteúdo da decisão judicial.

Considerando que a matéria em jogo na presente ação é de ordem pública, portanto indisponível, não incide a presunção de veracidade dos fatos articulados na exordial se o réu, citado na forma legal: *(i)* não apresentar contestação e tornar-se revel; *(ii)* na contestação apresentada, não se manifestar "precisamente sobre as alegações de fato constantes da petição inicial" (CPC, arts. 240, 341, 344, 345, II). Com efeito, a procedência da ação de impugnação de mandato requer prova inconcussa dos fatos em que se baseia.

A reconvenção é de impossível ocorrência na AIME, eis que implicaria a impugnação de mandato fora do prazo constitucionalmente definido.

24.2.16 Arguição de incompetência

Sob o regime do CPC de 1973, a incompetência absoluta tinha de ser arguida em preliminar de contestação, enquanto a relativa deveria ser arguida por meio de *exceção* (CPC de 1973, art. 112).

No entanto, de acordo com o CPC de 2015, também a incompetência relativa deve ser arguida em *preliminar* de contestação (CPC, arts. 64, 65 e 337, II).

A *incompetência absoluta* é revestida de interesse público, podendo, por isso, ser alegada em qualquer tempo e grau de jurisdição, devendo, ainda, ser declarada *ex officio* pelo juiz (CPC, art. 64, § 1º). Ademais, a sentença prolatada por juiz absolutamente incompetente pode ser rescindida (CPC, art. 966, II, segunda figura).

Já na *incompetência relativa* não prepondera o interesse público, mas o particular. Não sendo arguida, prorroga-se a competência do juiz, que se torna competente para a causa (CPC, art. 65).

Na AIME a competência é sempre absoluta, seja em razão da matéria *(que é especializada)*, *seja em razão da* função (a cada instância da Justiça Eleitoral é atribuído um tipo de eleição).

24.2.17 Extinção do processo

Após a fase postulatória, apresentada a defesa e colhido o alvitre do Ministério Público, poderá o juiz, sendo o caso, extinguir o processo sem resolver o mérito quando se apresentarem falhas ou situações processuais que inviabilizam o prosseguimento do processo, nos termos do art. 354 c.c. o art. 485 do CPC. Merecem destaque as hipóteses previstas nos incisos IV, V, VI e VIII desse último dispositivo, a saber: *(iv)* "ausência de pressupostos de constituição e de desenvolvimento válido e regular do processo"; *(v)* "existência de perempção, de litispendência ou de coisa julgada"; *(vi)* "ausência de legitimidade ou de interesse processual"; *(viii)* "homologar a desistência da ação".

Considerando que o objetivo da AIME é a desconstituição do mandato, haverá perda de objeto se este não subsistir. Isso pode ocorrer em situações em que, durante o curso do processo, o impugnado venha a falecer, renunciar ou, ainda, perder o mandato por outras razões.

Cap. 24 • AÇÃO DE IMPUGNAÇÃO DE MANDATO ELETIVO (AIME) | 791

Em tais casos, cumpre ao órgão judicial decretar a extinção do processo diante da ausência superveniente de interesse de agir.

Por outro lado, poderá o processo ser extinto com julgamento do mérito se a decisão judicial pronunciar a ocorrência de decadência (CPC, art. 487, II).

24.2.18 Julgamento antecipado do mérito

Pelo julgamento antecipado do mérito deverá o juiz conhecer diretamente do pedido, proferindo sentença com resolução do mérito, quando não houver necessidade de produção de outras provas (CPC, art. 355, I).

Assim, em princípio, não há incompatibilidade entre esse instituto e a AIME. Aliás, o art. 5º da LC nº 64/90 estabelece que a fase de produção de provas só terá início se "a prova protestada for relevante". Logo, estando o fato probando satisfatoriamente demonstrado ou rechaçado com provas já regularmente produzidas em outra sede (como ocorre na hipótese de produção antecipada de prova), poderá o juiz decidir o mérito da causa antecipadamente.

Antes, porém, de decidir o mérito da causa, deverá o juiz ouvir o representante do Ministério Público, que funciona no processo como fiscal da ordem jurídica.

> "[...] Assentamento no âmbito da jurisprudência e da doutrina *a quo*, no sentido de que não ocorre cerceamento de defesa quando há julgamento antecipado da lide, por entender o órgão julgador que a verdade dos fatos está demonstrada nos autos, sendo desnecessárias quaisquer outras provas para tal ser demonstrada. Existência de elementos necessários ao seguro entendimento da controvérsia, que conduz a bem se aplicar o julgamento antecipado da lide. 'Em matéria de julgamento antecipado da lide, predomina a prudente discrição do magistrado, no exame da necessidade ou não da realização de prova em audiência, ante as circunstâncias de cada caso concreto e a necessidade de não ofender o princípio basilar do pleno contraditório' (Resp nº 3.047/ES/STJ, decisão de 21-8-90). Recurso especial que se tem como sem objeto quanto aos recorridos com mandatos extintos e improcedente no referente ao recorrido com mandato em vigor" (TSE – Ag. Nº 4.288/MT – *DJ* 8-8-2006, p. 114).

Se, com a contestação, forem juntados documentos, sobre eles deverá o impugnante ter a oportunidade de se manifestar, pena de ferir-se o contraditório e o devido processo legal, caso em que a sentença estaria eivada de nulidade. Mas isso só ocorrerá se os documentos forem relevantes para a solução do mérito da causa; do contrário, nenhum prejuízo haverá para a parte e, por força da instrumentalidade do processo, é insustentável o juízo de nulidade.

24.2.19 Fase probatória: audiência de instrução e diligências

Muito do que se disse acerca de provas e instrução probatória no procedimento da AIJE tem inteira aplicação no rito da AIME, sendo, pois, desnecessário repetir nesta oportunidade.

Prescreve o art. 5º, *caput*, da LC nº 64/90:

> "Decorrido o prazo para contestação, se não se tratar apenas de matéria de direito e a prova protestada for relevante, serão designados os 4 (quatro) dias seguintes para inquirição das testemunhas do impugnante e do impugnado, as quais comparecerão por iniciativa das partes que as tiverem arrolado, com notificação judicial".

792 │ DIREITO ELEITORAL – *José Jairo Gomes*

Assim, ultrapassada a fase de defesa e sendo necessário produzir provas, o juiz designará audiência de instrução nos quatro dias subsequentes à contestação ou ao vencimento do prazo fixado para sua produção.

A audiência segue a forma dos arts. 358 e seguintes do Código de Processo Civil, a ela devendo apresentar-se o órgão do Ministério Público, quando não for o autor da ação.

Pelo art. 361 do CPC, as provas devem ser produzidas em audiência preferencialmente na seguinte ordem: I – o perito e os assistentes técnicos; II – o autor e, em seguida, o réu (caso seja admitido o depoimento pessoal); III – as testemunhas arroladas pelo autor (na petição inicial), pelo réu (na contestação) e, por último pelo Ministério Público (em quota ou parecer lançado nos autos) quando atuar no processo como *custos legis*. Essa ordem é considera ideal pelo legislador, de modo que sua inversão pode gerar prejuízo à parte. Mas para ensejar nulidade o prejuízo decorrente da inversão deve ser demonstrado pelo interessado.

Por estar em jogo direito indisponível, não há espaço para a conciliação preconizada no art. 359 do diploma processual.

De todo conveniente sejam previamente fixados os pontos controvertidos sobre que incidirá a prova, pois essa providência previne a discussão de temas alheios ao objeto a ser apurado.

O art. 3º, § 3º, da Lei de Inelegibilidades restringiu a seis a quantidade de testemunhas, não se aplicando, aqui, o limite de dez previsto no art. 357, § 6º, do CPC. Todavia, com base nessa última disposição, é lícito ao juiz eleitoral restringir a três o número de depoimentos para cada fato; se a causa for complexa e houver mais de dois fatos probandos, é de se aceitar a extrapolação do teto legal. Poderão as testemunhas comparecer à audiência independentemente de intimação, se as partes se comprometerem a levá-las. Caso contrário, deverão ser intimadas judicialmente. O ideal é que sejam sempre intimadas, pois essa providência diminui o risco de nocivo contato com as partes pouco antes da audiência. Afinal, não se pode exigir imparcialidade de testemunha conduzida a juízo pela parte interessada em seu depoimento. Pior ainda será se a testemunha se recusar a comparecer ao ato processual, pois nesse caso a parte não detém os instrumentos legais necessários para impor a sua apresentação em juízo; poderá a parte ser prejudicada pela mera recusa de comparecimento da testemunha? Parece óbvio que não.

O art. 22 da Res. TSE nº 23.478/2016 contempla a possibilidade de se realizarem atos instrutórios por *videoconferência*, ficando o uso dessa mídia a depender da "disponibilidade técnica de cada cartório ou Tribunal Eleitoral".

Diligências – encerrada a audiência de instrução, nos cinco dias subsequentes serão ultimadas as diligências determinadas pelo juiz, de ofício ou a requerimento das partes. Para tanto, poderão ser ouvidos "terceiros, referidos pelas partes, ou testemunhas, como conhecedores dos fatos e circunstâncias que possam influir na decisão da causa" (LC nº 64, art. 5º, §§ 2º e 3º). Assim, nova audiência poderá ser designada.

Nesse mesmo prazo, poderá ser ordenado a terceiro o depósito em juízo de qualquer documento necessário à formação da prova que se achar em poder de terceiro. Se o terceiro, sem justa causa, não exibir o documento, ou não comparecer a juízo, poderá o juiz expedir mandado de busca e apreensão, requisitando, se for preciso, força policial para o seu cumprimento; também poderá impor multa processual e determinar "outras medidas indutivas, coercitivas, mandamentais ou sub-rogatórias necessárias para assegurar a efetivação da decisão" (CPC, art. 403, parágrafo único). Isso sem prejuízo da responsabilização do terceiro por crime de desobediência (LC nº 64/90, art. 5º, § 5º; CE, art. 347).

24.2.20 Alegações finais

Tão logo encerrada a fase probatória, "as partes, inclusive o Ministério Público, poderão apresentar alegações no prazo comum de 5 (cinco) dias" (LC nº 64/90, art. 6º).

Cap. 24 • AÇÃO DE IMPUGNAÇÃO DE MANDATO ELETIVO (AIME) | **793**

O vocábulo *poderão* empregado no texto legal só pode ser compreendido como faculdade conferida às partes, e não ao juiz. Se não quiserem, se entenderem desnecessário ou supérfluo, poderão deixar de apresentar alegações finais ou memoriais. Mas a oportunidade para fazê-lo deve ser-lhes assegurada. Tanto é assim que o art. 7º, *caput*, da LC nº 64/90 estipula que os autos serão conclusos ao juiz somente após "encerrado o prazo para alegações" das partes.

Se é direito das partes produzir provas (CPC, art. 369), e se para tanto a lei estabelece uma fase no processo, viola o devido processo legal (CF, art. 5º, LV) não conferir às partes, e ao Ministério Público, oportunidade para sobre elas se manifestar. Não é exato que a prova se dirija somente ao juiz. Ao contrário, é assente encontrar-se sempre a serviço do processo judicial; ela é produzida para o processo. Ao juiz cabe presidir sua produção e sopesá-la no momento de julgar. Mas, antes de sentenciar, devem as partes se manifestar, expondo seus argumentos e ajustando a narrativa à luz do quadro probatório resultante da instrução. Sem isso, não se pode dizer haja processo legal, mas mero arremedo.

24.2.21 Julgamento

Ultrapassada a fase de alegações finais, com ou sem elas, devem os autos ser conclusos ao juiz eleitoral ou ao juiz-relator (nas eleições federais, estaduais e presidenciais) para julgamento.

O ato decisório deve amoldar-se ao modelo do art. 489 do CPC, contendo relatório, fundamentação e dispositivo. É necessário que se atenha à causa de pedir, *i.e.*, aos fatos narrados na petição inicial ou a esta regularmente aditados. Por exigência do art. 93, IX, da Lei Maior, há mister sejam indicados os fundamentos considerados relevantes para a conclusão, sob pena de nulidade do ato decisório. Ressalte-se, ainda, que o julgamento é sempre público, conquanto a AIME tenha de tramitar em segredo.

Ante o princípio da persuasão racional do juiz (CPC, art. 371), na formação de sua convicção goza o juiz de liberdade para apreciar o acervo probatório e extrair dos autos os elementos que entender relevantes para sua decisão (LC nº 64/90, art. 7º, parágrafo único).

Conforme ressaltado anteriormente, por força do princípio da *congruência*, deve haver *correlação* entre os fatos imputados na petição inicial (= *causa petendi*) e a decisão de mérito. É esse o sentido da Súmula TSE nº 62, *verbis*: "Os limites do pedido são demarcados pelos fatos imputados na inicial, dos quais a parte se defende, e não pela capitulação legal atribuída pelo autor". De modo que o conteúdo da decisão deve decorrer na delimitação fática posta naquela peça – e não propriamente do pedido formulado pelo autor (como ocorre no Processo Civil comum – CPC, arts. 191 e 492).

A decisão judicial deve ser prolatada no lapso de três dias após a conclusão dos autos (LC nº 64/90, arts. 8º e 13).

Quanto à natureza, a decisão que julga procedente o pedido exordial é do tipo constitutivo-negativa ou desconstitutiva, já que implica extinção do mandato. O ato judicial desconstitui o mandato do impugnado como consequência lógica do reconhecimento do ilícito eleitoral por ele praticado ou que o tenha beneficiado nas urnas.

Dada a inexistência de expressa previsão legal, não é possível impor-se multa na demanda em tela. Assim: "[...] 2. A procedência da AIME enseja a cassação do mandato eletivo, não sendo cabível a imposição de multa a que se refere o art. 41-A da Lei nº 9.504/97, por falta de previsão no art. 14, § 10, da Constituição Federal e na própria Lei nº 9.504/97 [...]" (TSE – REspe nº 28.186/RN – *JTSE* 2:2008:99).

Ao final, tornando-se estável ou transitando em julgado a decisão que acolhe o pedido inicial, o mandato é cassado e o impugnado afastado definitivamente do cargo.

Prevê a lei a *anulabilidade* da votação "quando viciada de falsidade, fraude, coação, uso de meios de que trata o art. 237 ["interferência do poder econômico e o desvio ou abuso do poder de autoridade"], ou emprego de processo de propaganda ou captação de sufrágios vedado por lei" (CE, art. 222 c.c. art. 237). Diante disso, na AIME a procedência do pedido – e, pois, a cassação do mandato – implica a anulação dos votos dados aos réus. Consequentemente: *(a)* nas eleições majoritárias para o Poder Executivo, deve-se realizar novo certame (CE, art. 224, § 3º); *(b)* nas eleições proporcionais, sempre se entendeu que o suplente deveria ser investido em caráter definitivo no mandato (por aplicação analógica do art. 175, § 4º, do CE); entretanto, desde a Res. TSE nº 23.611/2019 (art. 198, II, *b*) propugna-se que a anulação do voto não permite sua contagem para o partido, de modo que se devem recalcular os quocientes eleitoral e partidário e reconfigurar os resultados do pleito.

24.2.22 Recurso

Apesar de o procedimento na AIME ser o ordinário, previsto nos arts. 3º a 16 da LC nº 64/90, o sistema recursal é o do Código Eleitoral, subsidiado pelo Código de Processo Civil.

A sistemática recursal da AIME é idêntica à da AIJE, a qual já foi exposta no capítulo anterior.

Vale salientar que a apreciação do recurso ficará prejudicada se o mandato for extinto por razões outras, como o falecimento ou a renúncia do impugnado.

24.2.23 Juízo de retratação

Conforme prescreve o art. 267, § 7º, do Código Eleitoral, poderá o juízo eleitoral se retratar, reformando a sentença recorrida. Nesse caso, a parte prejudicada poderá requerer que o recurso suba ao Tribunal Regional.

25

RECURSO CONTRA EXPEDIÇÃO DE DIPLOMA (RCED)

25.1 CARACTERIZAÇÃO DO RECURSO CONTRA EXPEDIÇÃO DO DIPLOMA

Previsto no art. 262 do Código Eleitoral, em sua redação original o Recurso contra Expedição do Diploma contava com quatro incisos, cada qual deles prevendo diferentes fundamentos impugnativos. Tais incisos foram expressamente revogados pela Lei nº 12.891/2013, a qual conferiu nova redação ao *caput*. Posteriormente, a Lei nº 13.877/2019 acrescentou três parágrafos. Eis a redação atual daquele dispositivo:

"Art. 262. O recurso contra expedição de diploma caberá somente nos casos de inelegibilidade superveniente ou de natureza constitucional e de falta de condição de elegibilidade.

§ 1º A inelegibilidade superveniente que atrai restrição à candidatura, se formulada no âmbito do processo de registro, não poderá ser deduzida no recurso contra expedição de diploma.

§ 2º A inelegibilidade superveniente apta a viabilizar o recurso contra a expedição de diploma, decorrente de alterações fáticas ou jurídicas, deverá ocorrer até a data fixada para que os partidos políticos e as coligações apresentem os seus requerimentos de registros de candidatos.

§ 3º O recurso de que trata este artigo deverá ser interposto no prazo de 3 (três) dias após o último dia limite fixado para a diplomação e será suspenso no período compreendido entre os dias 20 de dezembro e 20 de janeiro, a partir do qual retomará seu cômputo".

Em comparação com as categorias revogadas (originalmente previstas nos incisos I a IV), na nova feição do RCED somente sobreviveu a inelegibilidade, que antes era prevista no inciso I. Portanto, esse importante instrumento processual deixou de ser cabível para as hipóteses de *abuso de poder*. Os ilícitos pertinentes ao abuso de poder devem ser discutidos em sede de AIJE e AIME, conforme a natureza e as circunstâncias dos fatos debatidos.

Três, portanto, são os fundamentos possíveis para o RCED, a saber: inelegibilidade superveniente, inelegibilidade constitucional e falta de condição de elegibilidade. Esse rol é fechado, taxativo ou *numerus clausus*, não admitindo ampliação – porquanto se trata de impor restrição a direito político fundamental.

Inelegibilidade superveniente – conforme assinalado anteriormente, considera-se superveniente a inelegibilidade surgida entre o momento do registro de candidatura e a data do pleito.

Exemplos: *(i)* suponha-se que, na ocasião em que o pedido de registro foi formulado, o postulante a candidato estivesse sendo processado por improbidade administrativa em razão da prática de ato doloso que importou lesão ao erário e enriquecimento ilícito (LC nº 64/90, art. 1º, I, *l*), vindo a decisão do órgão colegiado competente confirmar a sentença condenatória um mês depois, em momento em que o pedido de registro de candidatura já se encontra deferido; *(ii)* quando do requerimento do registro, o postulante, funcionário público, respondia a processo administrativo no órgão público em que se encontrava lotado e exercia o seu cargo; um mês depois, já tendo sido deferido o pedido de registro de candidatura, o processo administrativo é concluído e o servidor-candidato demitido (LC nº 64/90, art. 1º, I, *o*). Nesses dois exemplos, o pedido de registro não poderia ser negado pela Justiça Eleitoral, porquanto a inelegibilidade patenteou-se ulteriormente ao momento em que o pedido de registro foi pleiteado, mas, se eleito, o cidadão poderá ter a diplomação questionada via RCED.

> "1. A inelegibilidade superveniente que autoriza a interposição de recurso contra expedição de diploma [...] é aquela que surge após o registro de candidatura, mas deve ocorrer até a data do pleito. (Precedente: REspe nº 1.313.059/BA, Rel. Min. Cármen Lúcia, *DJe* 29-6-2012). 2. *In casu*, considerando que o acórdão do Tribunal de Justiça de São Paulo, que confirmou a condenação do agravado por improbidade administrativa, foi proferido após as eleições, inviável a arguição da aludida inelegibilidade superveniente em sede de recurso contra expedição de diploma. 3. Agravo regimental desprovido. Decisão: O Tribunal, por unanimidade, desproveu o agravo regimental, nos termos do voto da Relatora" (TSE – AgR-REspe nº 97.552/SP – *DJe*, t. 209, 6-11-2014, p. 97).

> Em igual sentido: TSE – RCED nº 653/SP – *DJ*, v. I, 25-6-2004, p. 174; AgR-REspe nº 35.997/BA – *DJe* 3-10-2011, p. 59; REspe nº 1.313.059/BA – *DJe* 29-6-2012; REspe nº 0600738-08/SP – j. 8-8-2023; REspe nº 060076254/BA – *DJe* 15-10-2024.

Ressalte-se que não se qualifica como superveniente inelegibilidade cujos elementos constitutivos se perfaçam após o dia das eleições. Nessa hipótese, ela só gera efeitos em eleições futuras, sendo impróprio se cogitar de sua retroatividade com vistas a alcançar pleito já realizado. Isso porque, no dia em que o direito fundamental de sufrágio é exercido, o candidato era elegível. E o ato jurídico-político, voto, foi praticado sem que houvesse qualquer vício; trata-se, portanto, de ato perfeito, que não pode ser infirmado por acontecimento futuro.

Conquanto tal compreensão fosse controvertida no passado, hoje encontra-se sob o abrigo da Súmula TSE nº 47, que reza:

> "A inelegibilidade superveniente que autoriza a interposição de recurso contra expedição de diploma, fundado no art. 262 do Código Eleitoral, é aquela de índole constitucional ou, se infraconstitucional, superveniente ao registro de candidatura, e que surge até a data do pleito".

O § 1º do vertente art. 262 (inserido pela Lei nº 13.877/2019) aduz que se a inelegibilidade superveniente for arguida "no âmbito do processo de registro, não poderá ser deduzida no recurso contra expedição de diploma". Trata-se de *condição legal negativa* para que o processo tenha início. A jurisprudência admite que inelegibilidade superveniente seja apreciada no próprio processo de registro de candidatura; nesse sentido, *vide*: RO nº 15.429/DF – PSS 27-8-2014 e RO nº 90.346/DF – PSS 12-9-2014. Assim, se essa matéria for arguida e apreciada no processo de registro, não poderá ser reiterada posteriormente via RCED. Mas, ainda que o referido § 1º do art. 262 do CE não existisse, a coisa julgada material impediria que a inelegibilidade superveniente já decidida no processo de registro de candidatura pudesse ser arguida e reapreciada no RCED.

Já o § 2º do art. 262 (inserido pela Lei nº 13.877/2019) contém previsão teratológica e absurda; estabelece que "a inelegibilidade superveniente apta a viabilizar o recurso contra a expedição de diploma, decorrente de alterações fáticas ou jurídicas, deverá ocorrer até a data fixada para que os partidos políticos e as coligações apresentem os seus requerimentos de registros de candidatos". Ora, por definição, a inelegibilidade superveniente é aquela que surge entre a formalização do pedido de registro e a data do pleito. A *ratio essendi* da qualidade de *superveniente* é justamente o fato de a inelegibilidade se configurar depois do marco do registro de candidatura. Se ela "ocorrer até a data fixada para que os partidos políticos e as coligações apresentem os seus requerimentos de registros de candidatos", não será superveniente, porque já existirá na fase de formalização dos registros de candidatura. Trata-se, portanto, de disposição ilógica e equivocada à luz dos conceitos em voga no sistema legal eleitoral.

Inelegibilidade constitucional – como tal entende-se a inelegibilidade prevista diretamente no texto da Constituição Federal, notadamente em seu art. 14, §§ 4º a 7º. Por se tratar de matéria constitucional, não se sujeita à preclusão temporal (CE, art. 259), e, pois, pode ser alegada após a fase de registro de candidatura.

Falta de condição de elegibilidade – trata-se de relevante novidade introduzida pela Lei nº 12.891/2013. Embora a jurisprudência anterior a essa norma recusasse a possibilidade de se manejar RCED para essa hipótese (*vide* nesse sentido: TSE – AgR-REspe nº 35845/SC – *DJe* 24-8-2011, p. 16; TSE – AAG nº 6488/SP – *DJ* 12-5-2006, p. 144; TSE – AAG nº 3328/MG – *DJ*, v. 1, 21-2-2003, p. 136), sempre entendi que o termo *inelegibilidade* contido no revogado inciso I do art. 262 do CE devesse ser compreendido em sentido amplo, abrangendo a falta de alguma das condições de elegibilidade previstas no art. 14, § 3º, da CF. Isso porque, às vezes, o legislador usa o termo *inelegibilidade* em sentido amplo, tal como ocorre no art. 2º da LC nº 64/1990. Por esse dispositivo: "compete à Justiça Eleitoral conhecer e decidir as arguições de inelegibilidade"; é óbvio, porém, que à Justiça Eleitoral também compete conhecer e julgar as arguições de falta de condição de elegibilidade.

A interpretação restritiva da jurisprudência impedia que a ausência de condição de elegibilidade não arguida por ocasião do requerimento de registro de candidatura (via ação de impugnação de registro de candidatura – AIRC) o fosse posteriormente, dada a ausência de específico instrumento processual. Na seara eleitoral, o instrumento processual adequado seria o RCED, fundado no revogado inciso I do art. 262 do CE. Apegando-se demasiadamente à letra desse inciso I, a aludida interpretação pretoriana ignorava que a ausência de condição de elegibilidade afeta de maneira relevante a cidadania passiva, tornando o cidadão inapto para cargo público-eletivo; outrossim, desconsiderava que as condições de elegibilidade têm assento constitucional.

De toda sorte, esse problema fica, agora, resolvido com a nova redação do art. 262 do CE.

Em razão da natureza constitucional das condições de elegibilidade, não estão elas submetidas à preclusão temporal. De sorte que poderão ser arguidas em RCED tanto a falta de condição de elegibilidade existente já na fase de registro de candidatura quanto a surgida posteriormente àquele momento (denominada falta superveniente de condição de elegibilidade).

25.2 NATUREZA JURÍDICA DO RCED

Apesar de, originariamente, ter sido concebido como *recurso* no Código Eleitoral, o instituto "Recurso Contra Expedição de Diploma" evidentemente não possui natureza recursal, cuidando-se, antes, de ação. É que, por definição, recurso constitui via impugnativa de decisão judicial, sendo manejado no interior de um processo estabelecido entre partes. Outrossim, em regra, é inviável a ampla produção de provas em procedimento recursal, e isso pode suceder no RCED.

Ora, se não se questiona uma decisão *judicial* (emanada do poder jurisdicional, frise-se) desfavorável, se não há sucumbência e se existe uma fase probatória, não se pode falar propriamente em recurso, mas em outro instituto.

Deveras, a diplomação em si não é decisão judicial, tampouco resulta exclusivamente da atividade jurisdicional do Estado. Trata-se, antes, de atividade administrativa da Justiça Eleitoral, na qual é certificado oficialmente o resultado final do processo eleitoral. Nela, patenteia-se o cumprimento dos procedimentos e pressupostos exigidos para a investidura em mandato político-eletivo.

Note-se, ainda, que a decisão de conferir mandato a alguém não emana da Justiça Eleitoral, mas, sim, do povo, que comparece às urnas para manifestar sua vontade. Trata-se de expressão lídima da soberania popular. O candidato eleito não é mandatário da Justiça Eleitoral, mas sim do povo. Cristalina, portanto, a natureza eminentemente administrativa do ato de expedição de diploma, porquanto não há, aí, decisão judicial no sentido processual; nem sequer existe uma lide a ser solvida. Nesse diapasão, bem observou o então Ministro Sepúlveda Pertence por ocasião do julgamento do Mandado de Segurança nº 3.100/MA (*DJ* 7-2-2003, p. 139):

> "1. De logo, tanto a proclamação dos resultados da eleição quanto a diplomação dos eleitos são atos de administração eleitoral, e não de jurisdição. 2. Por isso mesmo, tenho observado que o chamado 'recurso contra expedição de diplomação' (C. Eleit., art. 262), antes de ser um recurso, é, na verdade, uma ação constitutiva negativa do ato administrativo da diplomação".

A discussão acerca da natureza jurídica reflete na linguagem empregada no RCED, que por vezes é imprecisa e vacilante. Assim, por exemplo, o sujeito ativo da relação processual ora é denominado "recorrente", ora "autor", ora se fala em "interposição" do RCED, ora em "ajuizamento", ora se fala em "provimento do recurso", ora em "procedência do pedido".

25.3 RECEPÇÃO DO RCED PELA CONSTITUIÇÃO FEDERAL DE 1988

Antes da vigência da Lei nº 12.891/2013, muito se discutia acerca da subsistência do RCED no sistema jurídico-eleitoral após o advento da Constituição de 1988. Esse debate decorria sobretudo da possibilidade de o RCED ser fundamentado em fatos denotadores de *abuso de poder*, conforme previa o revogado inciso IV do art. 262 do CE.

Tal questão foi amplamente debatida no julgamento do RCED nº 694/AP (*DJe* 12-12-2008, p. 5), sendo que, por maioria de votos, foi mantido o entendimento a favor de sua permanência. Em outra oportunidade, asseverou a Corte Superior que o RCED "é instrumento processual adequado à proteção do interesse público na lisura do pleito, assim como o são a ação de investigação judicial eleitoral (AIJE) e a ação de impugnação de mandato eletivo (AIME). Todavia, cada uma dessas ações constitui processo autônomo, dado possuírem causas de pedir próprias e consequências distintas, o que impede que o julgamento favorável ou desfavorável de alguma delas tenha influência no trâmite das outras. A esse respeito, os seguintes julgados desta e. Corte [...]" (TSE – ERCED nº 698/TO – *DJe* 5-10-2009, p. 48).

Esse debate chegou ao Supremo Tribunal Federal no bojo da ADPF nº 167 MC-REF/DF (Tribunal Pleno – Rel. Min. Eros Grau – *DJe* 35, 26-2-2010) que, por maioria, manteve o RCED. É certo, porém, que essa manutenção ocorreu de forma indireta, resultando da não confirmação, pelo órgão pleno daquele sodalício, da tutela cautelar concedida *in limine* pelo relator.

Posteriormente, o TSE retomou a discussão dessa matéria. Ao apreciar o RCED nº 884/PI (j. 17-9-2013; *DJe* 12-11-2013), a Corte Superior, por maioria de votos, negou a subsistência do inciso IV do art. 262 do CE no ordenamento jurídico-eleitoral. O principal fundamento dessa decisão foi o de que a ação de impugnação de mandato eletivo – AIME, prevista no art. 14, § 10, da Constituição Federal, constituiria o único instrumento processual cabível após o ato de diplomação (que marca o fim do processo eleitoral) para impugnar diploma expedido pela Justiça Eleitoral com fundamento em ilícitos que macularam o pleito. No ponto, a AIME e o RCED possuem a mesma causa de pedir e ambas têm por fim desconstituir diploma em razão da ocorrência de ilícitos que conspurcam as eleições. De sorte que não haveria razão suficiente para coexistirem. Destarte, ao menos o inciso IV do art. 262 do CE não teria sido recepcionado pela vigente Lei Maior.

Ocorre, porém, que com a alteração promovida pela Lei nº 12.891/2013 o debate acerca da recepção do RCED pela Constituição de 1988 perdeu interesse. Deveras, posto que com nova roupagem, sobrevive o RCED em nosso sistema processual eleitoral.

25.4   ASPECTOS PROCESSUAIS

A seguir serão expostos aspectos processuais relevantes acerca do instituto em apreço.

Vale ressaltar inexistir na legislação eleitoral a expressa previsão de um rito específico para o RCED. Diante disso, procura-se estruturar seu procedimento a partir de regras atinentes aos recursos eleitorais. Tendo em vista que a Lei nº 12.891/2013 limitou suas hipóteses de cabimento à inelegibilidade e falta de condição de elegibilidade, nada impede a aplicação supletiva do procedimento previsto nos arts. 2º a 16 da LC nº 64/90; além de se tratar de procedimento célere, cujo objetivo específico é a impugnação de registro fundada igualmente em inelegibilidade e falta de condição de elegibilidade, encontra-se ele bem adaptado às diversas instâncias da Justiça Eleitoral, sendo observado nos tribunais eleitorais relativamente às eleições que se encontram a seu cargo. Ademais, esse rito é considerado ordinário no sistema processual eleitoral. Por outro lado, nos termos do art. 15 do CPC, este Código também se aplica "supletiva e subsidiariamente".

Nas eleições municipais, o RCED deve ser endereçado ao juiz que presidir a Junta Eleitoral, observando-se o disposto nos arts. 266 e 267 do Código Eleitoral. Não há necessidade de preparo. Protocolada e recebida a petição, será o recorrido intimado (*rectius*: citado), abrindo-se-lhe vista dos autos para, em três dias, oferecer defesa ou contrarrazões. Em seguida, o juiz fará, dentro de dois dias, subir os autos ao Tribunal Regional Eleitoral. Não é preciso abrir vista dos autos ao Órgão do Ministério Público que atua perante o Juiz Eleitoral, pois funcionará no processo o Procurador Regional Eleitoral.

Nas eleições federais e estaduais, o RCED é interposto perante o presidente do TRE. Não há juízo de admissibilidade nessa instância, o qual é feito imediatamente pelo TSE. Juntadas as contrarrazões, serão os autos remetidos àquele elevado sodalício. Também aqui não é preciso abrir vista dos autos ao Procurador Regional Eleitoral, já que atuará no processo o Procurador-Geral Eleitoral.

Já no que concerne às eleições presidenciais, a diplomação é realizada pelo Tribunal Superior Eleitoral. A impugnação à diplomação deve ser dirigida ao próprio Tribunal Superior, nos termos do art. 22, I, *g*, do CE.

Em todos esses casos, nos tribunais, segue-se o trâmite traçado no art. 269 ss. do Código Eleitoral em conjunto com as disposições do respectivo Regimento Interno.

A instrução processual é feita diretamente no tribunal, sendo presidida pelo relator.

Petição inicial/recursal – a demanda deve ser veiculada em petição escrita, na qual sejam indicados: o órgão jurisdicional a que é dirigida, os nomes e a qualificação das partes, os fundamentos de fato e de direito, o pedido e a causa de pedir, as provas com que se pretende demonstrar a verdade dos fatos alegados.

O pedido é sempre o cancelamento do diploma do candidato eleito.

Na causa de pedir deve figurar uma das hipóteses arroladas no art. 262 do CE, a saber: inelegibilidade superveniente, inelegibilidade constitucional e falta de condição de elegibilidade. Quanto a essa última, tanto se pode arguir fato existente na fase de registro de candidatura, quanto surgido posteriormente àquela fase, ou seja, durante o processo eleitoral.

Caso o recorrente não aponte as provas que pretende produzir, não poderá fazê-lo em outra oportunidade, dada a ocorrência de preclusão temporal.

No que tange à prova testemunhal, admite-se o arrolamento de no máximo seis (LC nº 64/90, § 3º, art. 3º), podendo o relator restringir a três o número de testemunhas para cada fato probando.

No tocante à prova documental, é preciso que desde logo sejam acostados à peça de ingresso os documentos que se entender pertinentes à demonstração dos fatos alegados.

Legitimidade ad causam *ativa* – detém legitimidade ativa para o RCED: partido político, federação de partidos (LPP, art. 11-A, LE, art. 6º-A – ambos introduzidos pela Lei nº 14.208/2021), candidato eleito e diplomado, bem como suplente, admitindo-se a formação de litisconsórcio entre eles. Também o Ministério Público poderá manejá-lo.

Por outro lado, segundo tem entendido a jurisprudência do TSE, não ostenta legitimidade *ad causam* ativa: *(i)* eleitor que não foi candidato (TSE – RCED nº 386/PA – *DJ* 6-4-1987, p. 5980); *(ii)* pré-candidato com pedido de registro indeferido (TSE – AREspe nº 15170/ES – *DJ* 10-09-1999, p. 69); *(iii)* diretório partidário municipal em relação à eleição estadual (TSE – RCED nº 592/SP – *DJ*, 13-8-1999, p. 84); *(iv)* quem perdeu ou teve suspensos os direitos políticos (TSE – RCED nº 694/AP – *DJe* 12-12-2008, p. 5); *(v)* partido integrante de federação (TSE – RCED nº 060003574/ES – j. 2-4-2024).

E quanto à coligação? Sabe-se que esse consórcio de partidos extingue-se com o fim das eleições para as quais foi formado, isto é, com a diplomação dos eleitos. Por outro lado, o RCED só pode ser ajuizado nos três dias posteriores à diplomação. Destarte, em princípio, a coligação não ostenta legitimidade para ingressar com a ação em tela.

Como consequência da extinção da coligação, os partidos que a formaram voltam a gozar de legitimidade ativa, podendo individualmente ingressar com a ação em apreço. Nesse sentido: TSE – REspe nº 19759/PR – *DJ*, v. 1, 14-2-2003, p. 191; AREspe nº 20977/SP – *DJ*, v. 1, 27-6-2003, p. 123.

A qualquer legitimado é dado ingressar com RCED, ainda que não seja diretamente beneficiado com a procedência do pedido. É evidente aí o interesse público na desconstituição do diploma.

Legitimidade passiva – no que concerne ao polo passivo da relação processual, nele deve figurar tão somente *candidato diplomado*. O suplente, desde que como tal haja sido diplomado, também detém legitimidade passiva, decorrendo esta da possibilidade de ele vir a assumir a titularidade do mandato popular, fato, aliás, comum na experiência política brasileira.

Partido político e coligação não ostentam legitimidade *ad causam* passiva, não podendo figurar na relação processual na qualidade de litisconsorte. A tal respeito, reza a Súmula TSE nº 40: "O partido político não é litisconsorte passivo necessário em ações que visem à cassação de diploma". Apesar de a súmula aludir apenas ao litisconsórcio necessário, no RCED a vedação refere-se também ao litisconsórcio facultativo.

Malgrado tanto a inelegibilidade quanto a falta de condição de elegibilidade (fundamentos do RCED) tenham caráter pessoal, pois comprometem tão só um dos integrantes da chapa, há mister que no *pleito majoritário* se forme litisconsórcio passivo com o outro integrante da chapa.

O litisconsórcio aí é do tipo necessário e unitário. É que na eleição majoritária é preciso que se forme uma chapa e esta deve estar hígida quando da votação. Assim, a desconstituição do diploma de um dos integrantes da chapa a afeta totalmente, prejudicando o outro integrante. Isso porque uma situação de inelegibilidade ou de falta de condição de elegibilidade estava presente na data do pleito, o que efetivamente contamina a chapa, comprometendo sua regularidade e higidez. Por isso, a desconstituição do diploma de um dos integrantes da chapa pode prejudicar o outro, impondo-se sua citação para integrar o processo.

No entanto, cumpre assinalar que a Corte Superior já reconheceu a possibilidade de dissociação da chapa em virtude do indeferimento do pedido de registro de candidato a vice, assegurando, portanto, a permanência no cargo do titular "legitimamente eleito". Confira-se: TSE – REspe nº 8353/GO, j. 26-6-2018; TSE – RMS nº 50367/RJ – *DJe*, t. 43, 5-3-2014, p. 47.

Competência – há muito se firmou o entendimento segundo o qual a competência para conhecer e julgar o pedido formulado em RCED é originária dos tribunais eleitorais, a saber:

i) TREs, nas eleições municipais (Prefeito, Vice-Prefeito e Vereador);

ii) TSE, nas eleições gerais, isto é, federal (Senador, Deputado Federal e respectivos suplentes) e estadual (Governador, Vice-Governador, Deputado Estadual e Deputado Distrital e respectivos suplentes).

Tal competência pode ser evidenciada pela interpretação sistemática do instituto, pois foi ele previsto e regulamentado no Título III da Parte Quinta, na qual o Código Eleitoral trata dos recursos. Ela também é revelada pelo *nomen juris* que o legislador conferiu ao instituto, a saber: "recurso". Ademais, o art. 270 do CE refere-se expressamente ao "Relator no Tribunal Regional"; o § 1º desse mesmo dispositivo é ainda mais claro ao prescrever: "Admitir-se-ão como meios de prova para apreciação pelo Tribunal [...]"; quis, com isso, explicitar que as provas produzidas no RCED deverão sê-lo diretamente no tribunal.

A competência originária do TSE para conhecer e julgar RCED interposto em eleição federal e estadual foi reiterada pela própria Corte Superior Eleitoral no julgamento do RCED nº 694/AP (*DJe* 12-12-2008, p. 5). Nas mesmas hipóteses, a competência originária do TSE foi mantida pelo Supremo Tribunal Federal quando do julgamento da ADPF nº 167 MC-REF/DF (órgão Pleno, maioria – Rel. Min. Luiz Fux, j. 8-3-2018). Além disso, cristalino é o teor da Súmula TSE nº 37, *verbis*:

> "Compete originariamente ao Tribunal Superior Eleitoral processar e julgar recurso contra expedição de diploma envolvendo eleições federais ou estaduais".

No que concerne às eleições presidenciais, a diplomação é realizada pelo Tribunal Superior Eleitoral. Nos termos do art. 22, I, *g*, do CE, compete ao TSE originariamente processar e julgar "as impugnações à apuração do resultado geral, proclamação dos eleitos e expedição de diploma na eleição de Presidente e Vice-Presidente da República". Note-se que esse dispositivo não emprega o termo *recurso*, mas sim "impugnações à expedição de diploma". Como se sabe, tecnicamente, o recurso constitui apenas um instrumento de impugnação; por ele se impugna uma decisão prolatada no processo. Mas há outros instrumentos para impugnação de atos judiciais, podendo-se aludir ao mandado de segurança (CF, art. 5º, LXIX) e à ação rescisória (CE, art. 22, I, *j*; CPC, art. 966 ss.). No caso de eleição presidencial, a impugnação deve ser dirigida ao próprio Tribunal Superior.

Não é de se estranhar a competência originária dos tribunais eleitorais na situação exposta. O sistema processual brasileiro contempla várias hipóteses de competência originária, tais como a ação rescisória (CPC, art. 974), o mandado de segurança e o *habeas data* (CF, arts. 102, I, *d*; 105, I, *b*; 108, I, *c*), crimes em que o imputado goza de prerrogativa de foro (CF, arts. 102, I, *b* e *c*; 105, I, *a*; 108, I, *a*). Assim, a adoção de foro especial no RCED não viola o sistema de direitos e garantias fundamentais, sobretudo não infringe o *devido processo legal*, pois às partes são assegurados, respectivamente, o direito de invocar a jurisdição estatal e a ampla defesa.

Prazo para ajuizamento – a demanda (ou recurso) deve ser aviada no prazo decadencial "de 3 (três) dias após o último dia limite fixado para a diplomação" (CE, art. 262, § 3º – inserido pela Lei nº 13.877/2019) perante o órgão da Justiça Eleitoral incumbido de praticar esse ato.

Antes da entrada em vigor do § 3º, art. 262, do CE, o referido prazo era contado "da sessão de diplomação" em razão da aplicação do art. 276, § 1º, *in fine*, do CE, sendo essa a sessão em que o candidato eleito é efetivamente diplomado. Todavia, por força da alteração promovida pelo citado § 3º, a contagem doravante deve ser feita a partir do "último dia limite fixado para a diplomação". A mudança é importante. Se o Calendário Eleitoral expedido pelo TSE estabelecer que a diplomação deve ocorrer até determinada data (*e.g.*: até o dia 20 de dezembro), é a partir desta que se conta o prazo. E esse marco não se altera, se a diplomação for realizada em momento anterior, sendo, ainda, irrelevante a data real da expedição do diploma, ou se os dados constantes desse documento forem retificados, ou se ele for entregue ao interessado em data posterior.

Tratando-se de prazo decadencial, deve ser computado na forma do art. 132 do Código Civil. Logo, exclui-se o dia do começo (*i. e.*, o dia da diplomação), incluindo-se o do vencimento. Essa interpretação é confirmada pelo advérbio "após" (depois) inscrito na regra em exame. Ademais, considerar-se-á prorrogado até o primeiro dia útil, se vencer em dia feriado (§ 1º). Não há óbice a que sua contagem se inicie em sábado, domingo ou feriado.

Entretanto, apesar de o prazo ter natureza decadencial (que por definição não se interrompe nem se suspende), a segunda parte do § 3º, art. 262, do CE determina que ele "será suspenso no período compreendido entre os dias 20 de dezembro e 20 de janeiro, a partir do qual retomará seu cômputo". Essa previsão coincide com o disposto no art. 220, *caput*, do CPC, que reza: "Suspende-se o curso do prazo processual nos dias compreendidos entre 20 de dezembro e 20 de janeiro, inclusive. [...]". Encerrado o período de suspensão do prazo em exame, ele volta a correr pelo tempo que faltava.

Defesa – a defesa deve ser apresentada por escrito, em prazo igual ao estabelecido para a interposição do RCED, *i. e.*, três dias (CE, art. 267).

Ao recorrido é dado alegar toda a matéria que lhe for útil – seja ela de direito material, seja de direito processual –, inclusive as arroladas no art. 337 do CPC.

Ademais, deve indicar desde logo as provas que pretende produzir em juízo. Caso não as indique, não poderá fazê-lo ulteriormente em virtude da ocorrência de preclusão.

Há mister que junto à peça de defesa sejam anexados todos os documentos pertinentes.

Quanto à prova testemunhal, conforme já foi salientado, admite-se o arrolamento de no máximo seis testemunhas, podendo o relator restringir a três o número de testemunhas para cada fato probando.

Desistência – uma vez aviado, pode o autor *desistir* do RCED? No julgamento do REspe nº 8.536, relatado pelo Ministro Paulo Brossard, a Corte Superior Eleitoral pôs em relevo o caráter público que reveste o recurso contra diplomação, pronunciando-se contrariamente à possibilidade de desistência. A ver:

> "[...] Desistência de recurso contra diplomação de prefeito eleito. Inelegibilidade. Homologação pelo TRE/AL. O recurso contra diplomação, na hipótese de inelegibilidade, matéria constitucional (art. 14 § 7º), não pode ser recurso semelhante aos de natureza civil comum que permita a desistência a qualquer tempo por decisão dos concorrentes no pleito

eleitoral. Matéria eminentemente de caráter público e como tal deve ser tratada. Admitir a desistência do recurso, é estimular o 'complot' contra a legalidade. Atento ao princípio do duplo grau de jurisdição, recurso conhecido e provido, para anular a desistência do mesmo, para que outra decisão seja proferida pela Corte Regional, com fundamento na inelegibilidade requerida" (TSE – REspe nº 8536/AL – *DJ* 24-3-1993, p. 4722).

Não obstante, melhor solução parece ser aquela que, admitindo a desistência, se for aceita pela parte contrária (CPC, art. 485, VIII, § 4º), faculta ao Ministério Público assumir o polo ativo da relação processual. Isso porque, na prática, a parte que externa ato de desistência dificilmente se empolgará com o seguimento da relação processual que pretendia ver extinta. Sem que haja quebra dos princípios regentes do sistema processual, a assunção do polo ativo pelo *Parquet* é justificada pela relevância do interesse público que se apresenta. Conquanto não exista expressa e específica previsão legal nos domínios da legislação eleitoral, há situações – previstas em lei – em que o Ministério Público deve assumir a titularidade da demanda. Por exemplo: o art. 976, § 2º, do CPC determina que o *Parquet* assuma a titularidade do incidente de resolução de demandas repetitivas "em caso de desistência ou de abandono" por parte do autor. Outro exemplo: dispõe o art. 9º da Lei nº 4.717/65 (Lei de Ação Popular) que, se o autor popular desistir da ação ou provocar a extinção do processo, ficará assegurado ao representante do Ministério Público dar-lhe seguimento. Nos dois exemplos, prevalece o interesse público consistente em dar-se prosseguimento à demanda. De sorte que, no Eleitoral, hão de preponderar os valores e princípios altamente significativos para o Estado Democrático de Direito, como são a lisura das eleições, a normalidade e a legitimidade do processo eleitoral, a representatividade do eleito.

Essa solução já foi sufragada pelo Tribunal Superior Eleitoral, conforme se vê no julgamento do Agravo interposto no RCED nº 661/SE (*DJe* 10-12-2009, p. 9): "1. Em recurso contra expedição do diploma, a desistência manifestada pela recorrente não implica extinção do feito sem resolução do mérito, tendo em vista a natureza eminentemente pública da matéria [...]", cabendo ao Ministério Público a assunção do polo ativo da demanda.

Litispendência – com a alteração promovida pela Lei nº 12.891/2013 no art. 262 do CE, não mais é possível se cogitar a ocorrência de litispendência entre RCED e AIJE ou AIME. Isso porque não é possível haver coincidência entre a causa de pedir do RCED com as dessas últimas ações.

Fase probatória – apesar de tramitar no tribunal, sempre se admitiu uma fase probatória no RCED, sendo a prova produzida nos próprios autos, sem embargo da expedição de carta de ordem.

E não se pode mesmo negar a necessidade de produção de prova nessa via processual. Afinal, é direito do autor da demanda demonstrar a ocorrência dos fatos que a fundamentam, ou seja, evidenciar a ocorrência de fatos reveladores de inelegibilidade superveniente, inelegibilidade constitucional ou de ausência de condição de elegibilidade. Se em numerosos casos essa prova será documental, em diversos outros será preciso proceder à oitiva de testemunhas e até mesmo à realização de perícia, o que afasta a possibilidade de a prova ser sempre e necessariamente pré-constituída. A esse respeito, tome-se como exemplo a situação de candidato servidor público que no prazo legal tenha juridicamente se desincompatibilizado de seu cargo, mas, *de fato* exerceu suas funções durante o processo eleitoral; é óbvio que a demonstração desse fato (qual seja, a não desincompatibilização *de fato*) deverá ser demonstrada em juízo, o que poderá ser feito por testemunhas, documentos (aí incluídas gravações de vídeo), perícia.

Mais importante que isso, contudo, é a necessidade de se oportunizar ao candidato eleito e diplomado o contraditório e a ampla defesa, porque ninguém será privado de seus "bens sem o devido processo legal" (CF, art. 5º, LIV).

Quais regras devem ser observadas para a produção de provas no RCED?

Antes da vigência da Lei nº 12.891/2013, não havia dúvida acerca da incidência do art. 270 do CE. Esse dispositivo dispõe sobre a produção de prova na hipótese de "o recurso versar sobre coação, fraude, uso de meios de que trata o art. 237 [do CE], ou emprego de processo de propaganda ou captação de sufrágios vedado por lei dependente de prova indicada pelas partes ao interpô-lo ou ao impugná-lo [...]". O termo *recurso* nessa expressão era entendido como o RCED. Portanto, o art. 270 do CE dispõe sobre a fase probatória do RCED quando este tivesse por fundamento fatos denotadores de abuso de poder, conforme previa o inciso IV do art. 262 do CE. Ocorre, porém, que esse inciso IV (do art. 262 do CE) foi revogado pela Lei nº 12.891/2013. Assim, poder-se-ia inferir que o art. 270 restou esvaziado.

Diante disso, dada a ausência de específica previsão na Lei nº 12.891/2013, duas possibilidades se apresentam: *(a)* deve-se continuar aplicando o art. 270 do CE; *(b)* deve-se seguir o rito dos arts. 2º a 16 da LC nº 64/90.

Malgrado a solução preconizada na letra *"b"* (observância do rito dos arts. 2º a 16 da LC nº 64/90) não seja de todo inadequada, a solução expressa na letra *"a"* tem por si o fato de o art. 270 do CE não ter sido expressamente revogado pela Lei nº 12.891/2013, donde se extrai a intenção legal de que sua aplicação seja mantida no que for cabível. Ademais, mesmo antes da vigência dessa lei o art. 270 era empregado nos RCEDs que tinham por fundamento inelegibilidades superveniente e constitucional. Razão não haveria, então, para se afastar sua incidência.

Na verdade, essas duas soluções não são excludentes entre si. O art. 270 poderá ser observado na parte em que for cabível, mesmo porque isso já ocorria antes da Lei nº 12.891/2013 nos RCEDs que tinham por fundamento inelegibilidade superveniente e constitucional (hipótese prevista no revogado inciso I do art. 262 CE). Já as regras do procedimento traçado nos arts. 2º a 16 da LC nº 64/90 poderão sempre ser aplicadas supletivamente, já que esse procedimento é considerado "ordinário" no sistema processual eleitoral.

A prova tem sempre por objetivo a reconstrução dos fatos *sub judice*, buscando revelar a verdade histórica, ou seja, sua efetiva ocorrência na realidade. Conforme acentuei alhures, a prova apresenta três caracteres básicos, devendo ser admissível, pertinente e concludente. A *admissibilidade* consiste em não ser vedada por lei e apresentar valor jurídico para o fato em discussão. A *pertinência* refere-se à circunstância de a prova ser própria ou adequada para demonstrar o fato probando. Deve existir correlação entre ela e o evento que se pretende evidenciar. Ou melhor: a prova deve desvelar fatos que se relacionem com a questão discutida. Assim, *e. g.*, se o que se pretende evidenciar é a distribuição de dinheiro, a realização de perícia médica será de todo impertinente. Por fim, a *concludência* da prova significa que ela deve ser útil para o esclarecimento dos fatos discutidos. Prova concludente é a que pode induzir juízo de verossimilhança ou de certeza acerca do fato.

Conforme salientado, tanto o autor quanto o réu deverão instruir suas respectivas petição inicial e contestação com os documentos pertinentes à prova dos fatos que alegam. Após isso, somente poderão ser juntados aos autos: *(i) documentos novos,* quando destinados a fazer prova de fatos ocorridos depois dos articulados ou para contrapô-los aos que foram produzidos nos autos; *(ii)* documentos formados após a petição inicial ou a contestação; *(iii)* documentos que se tornaram conhecidos, acessíveis ou disponíveis após a petição inicial ou a contestação (CPC, art. 435).

Naquelas mesmas peças, também deverão as partes indicar as provas que pretendem produzir em juízo, sob o crivo do contraditório.

Extrai-se do art. 270, *caput*, do CE que caberá ao relator, no Tribunal, apreciar o requerimento de prova em 24 horas (= um dia) da conclusão dos autos, e, sendo deferidas, deverão ser realizadas no lapso de cinco dias. A prática tem demonstrado que esse prazo quase sempre é descumprido, e em certos casos é mesmo impossível observá-lo.

Vale lembrar que a ampla dilação probatória "no âmbito do recurso contra expedição de diploma não afasta a possibilidade de o relator indeferir provas que não sejam relevantes ao deslinde da controvérsia. [...]" (TSE – AgR-RCED nº 739/RO – *DJe*, t. 94, 20-5-2010, p. 12). Ainda porque, nos termos do parágrafo único do art. 370 do CPC, ao juiz é permitido indeferir "em decisão fundamentada, as diligências inúteis ou meramente protelatórias".

Cap. 25 • RECURSO CONTRA EXPEDIÇÃO DE DIPLOMA (RCED) | **805**

Entretanto, configurar-se-á cerceamento do direito de produzir prova se "a produção de provas requerida a tempo e modo pela parte não é oportunizada, e a ação é julgada improcedente por insuficiência de prova" (TSE – AgR-RO nº 2359/SP – *DJe*, t. 22, 1º-2-2010, p. 424). Divisa-se aí evidente ofensa ao princípio da boa-fé objetiva (CPC, art. 5º), que veda aos sujeitos processuais agirem de forma contraditória, indeferir-se a produção de prova e, em seguida, julgar improcedente o mérito da causa em virtude de insuficiência probatória.

Não há especificação no art. 270 do CE de quais meios de provas poderão ser *indicados pelas partes para serem produzidos em juízo*. Logo, é lícito inferir que todo e qualquer meio de prova poderá sê-lo. Assim, não só as provas típicas (previstas em lei) poderão ser produzidas, mas também as que não contam com previsão legal. Isso porque, nos termos do art. 369 do CPC, é direito das partes "empregar todos os meios legais, bem como os moralmente legítimos, ainda que não especificados neste Código, para provar a verdade dos fatos em que se funda o pedido ou a defesa e influir eficazmente na convicção do juiz".

O § 1º do aludido art. 270 do CE prevê a possibilidade de realização de *justificação judicial*. Na verdade, o que esse dispositivo autoriza é a *colheita* ou *produção antecipada de prova* (CPC, arts. 381-383). Trata-se de procedimento disponibilizado a quem "pretender justificar a existência de algum fato ou relação jurídica para simples documento e sem caráter contencioso"; nele, podem ser ouvidas testemunhas sobre os fatos expostos pelo requerente. A competência para a justificação é do juiz da zona eleitoral em que a prova "deva ser produzida ou do foro de domicílio do réu" (CPC, art. 381, §§ 2º e 5º).

Alegações finais – é natural que após a fase probatória possam as partes se manifestar, expondo ao órgão julgador suas teses à luz das provas produzidas nos autos. Essa possibilidade decorre da dialética processual, bem como da ideia de devido processo legal, contraditório (como possibilidade de a parte influenciar na decisão judicial) e ampla defesa; de certa forma, ela também se apresenta no § 3º do art. 270 do Código Eleitoral, pelo qual:

> "§ 3º Protocoladas as diligências probatórias, ou com a juntada das justificações ou diligências, a Secretaria do Tribunal abrirá, sem demora, vista dos autos, por vinte e quatro horas, seguidamente, ao recorrente e ao recorrido para dizerem a respeito".

O advérbio *seguidamente* empregado nesse dispositivo evidencia que a abertura de vista às partes não é por prazo comum, mas seguido ou sucedido. De maneira que primeiro se abre vista dos autos ao autor-recorrente e em seguida ao réu-recorrido.

Após as partes, pelo mesmo prazo, também o órgão do Ministério Público deve ter vista dos autos para se pronunciar, caso não seja ele o autor da demanda.

Decisão – a decisão, no prisma formal, deve amoldar-se ao figurino constitucional, sendo de mister sua fundamentação, sob pena de nulidade.

Cuidando-se de ação – e não propriamente de recurso, conforme o nome sugere –, o pedido estampado no RCED deve ser julgado procedente ou improcedente. Há impropriedade em falar-se em "recurso provido ou não provido" como sói acontecer.

Julgado procedente o pedido formulado na exordial, a decisão cancela ou torna insubsistente o diploma do candidato eleito, o que acarreta a perda de seu mandato. Trata-se, portanto, de decisão de natureza desconstitutiva ou constitutiva negativa. É igualmente declarativa, pois declara a existência de inelegibilidade ou a ausência de uma condição de elegibilidade.

Não há, aqui, constituição de inelegibilidade, tampouco condenação em multa.

O efeito da decisão final do Tribunal é *ex nunc*, produzindo apenas efeitos futuros. Por conseguinte, a perda do mandato não enseja a invalidação dos atos político-administrativos praticados no período em que foi exercido, já que esse exercício é considerado legítimo. Tampouco oportuniza a restituição das vantagens pecuniárias percebidas, pois se isso ocorresse haveria enriquecimento sem causa por parte do ente estatal.

Além disso, o cancelamento do diploma não atinge a cerimônia de diplomação, que é um ato coletivo e permanece válido quanto aos demais candidatos diplomados. Deveras, os efeitos gerados são individuais, afetando-se apenas o diploma e o mandato do réu.

Já se salientou que no pleito majoritário é necessária a formação de chapa, a qual deve estar hígida quando da eleição. Por isso, é razoável entender-se que a desconstituição do diploma de um dos integrantes da chapa a afeta totalmente, prejudicando o outro integrante. Isso porque, na data da eleição, se apresentou a inelegibilidade ou a falta de condição de elegibilidade de um deles, o que efetivamente contamina a chapa e compromete sua higidez. Assim, a desconstituição do diploma de um dos membros da chapa prejudica o outro, impondo-se sua extinção. Por conseguinte, impor-se-á a invalidação dos votos e a realização de nova eleição (CE, art. 224, § 3º).

De outro lado, no pleito proporcional, o cancelamento de diploma parlamentar implica a convocação do respectivo suplente. No caso, a invalidação dos votos só ocorre em relação ao candidato vitorioso, sendo mantida a validade do cômputo para o partido (CE, art. 175, §§ 3º e 4º).

Recurso – na hipótese de competência originária de Tribunal Regional (eleições municipais), contra o acórdão cabe recurso especial ao Tribunal Superior Eleitoral. Já o *decisum* prolatado pelo TSE é impugnável por recurso extraordinário ao Pretório Excelso.

Nas hipóteses de competência originária do Tribunal Superior (eleições presidenciais, federais, estaduais e do DF), o acórdão prolatado por esse sodalício é recorrível ao Supremo Tribunal Federal por meio de recurso extraordinário nos termos do art. 121, § 3º, da Lei Maior.

São sempre cabíveis embargos de declaração (CE, art. 275).

O prazo recursal em todos esses casos é de três dias (CE, arts. 258, 275, § 1º, 276, § 1º, 281; CPC, art. 1.022), contados da intimação da decisão.

Quanto aos efeitos, tem-se que a decisão judicial de cancelamento do diploma não gera efeitos concretos imediatos (ou seja: eles não se produzem logo em seguida à sua publicação), porque, nos termos do art. 216 do Código Eleitoral: "enquanto o Tribunal Superior não decidir o recurso interposto contra a expedição do diploma, poderá o diplomado exercer o mandato em toda a sua plenitude". Com isso, prestigia-se a vontade popular expressa nas urnas, porquanto a execução do acórdão do TRE que acolher o pedido expresso no RCED é condicionada à apreciação do recurso contra ele interposto perante o Tribunal Superior. Até que o acórdão da Corte Superior seja publicado, poderá o mandato ser exercido.

Eis aí uma exceção à regra geral inscrita no art. 257, *caput,* do CE, segundo o qual "os recursos eleitorais não terão efeito suspensivo". Suponha-se que o pedido formulado em RCED manejado contra Vereador ou Prefeito eleito tenha sido julgado procedente pela Corte Regional. Contra essa decisão, cabe recurso especial ao TSE. Entretanto, por força da regra contida no art. 216, esse recurso deverá ser recebido no efeito suspensivo, de sorte que o cancelamento do diploma e a consequente perda do mandato só se efetivarão com o julgamento procedido na Corte Superior.

A literalidade do citado art. 216 do CE deixa claro que o recurso extraordinário para o Supremo Tribunal Federal não obstará os efeitos do acórdão prolatado pelo TSE. Assim, se a eficácia imediata da decisão da Corte Superior Eleitoral ensejar "risco de dano grave, de difícil ou impossível reparação" (= *periculum in mora*) e houver "probabilidade de provimento do recurso" (= *fumus boni juris),* pode-se cogitar de: (1) requerer a concessão de *efeito suspensivo* ao recurso extraordinário (CPC, arts. 995, parágrafo único, 1.029, § 5º); (2) requerer antecipação da tutela recursal (CPC, art. 294 e ss.); (3) requerer tutela provisória de natureza cautelar (CPC, art. 294 e ss.). Ressalte-se que o *fumus boni juris* é expresso pela viabilidade do recurso interposto ou a ser interposto, de sorte que, sendo inviável o recurso, quer por razão de ordem material, quer processual, não se configura o requisito atinente à fumaça do bom direito.

26

EXECUÇÃO E CUMPRIMENTO DE DECISÕES ELEITORAIS

26.1 INTRODUÇÃO

Tal qual ocorre no processo comum, no processo jurisdicional eleitoral há três tipos de tutela cognitiva ou de conhecimento, a saber: declaratória, constitutiva (ou desconstitutiva) e condenatória.

As decisões de natureza declaratória e constitutiva tornam-se efetivas por si sós, não requerendo a realização de atividades executivas "externas" para serem concretizadas. A só publicação da decisão da Justiça Eleitoral as torna efetivas, gerando os efeitos pretendidos pelo autor ao buscar a tutela jurisdicional.

Assim, a declaração, constituição, modificação ou extinção da situação jurídica objeto da pretensão se dá por força e autoridade da decisão judicial, exsurgindo dela própria. É o que ocorre, por exemplo: *i)* na declaração de inelegibilidade; *ii)* na constituição de inelegibilidade; iii) na cassação de registro de candidatura; *iv)* na negativa de expedição de diploma; *v)* na cassação de diploma; *vi)* na cassação de mandato.

A tutela mandamental, própria do mandado de segurança e das obrigações de fazer ou não fazer, não constitui uma nova categoria de tutela jurisdicional, pois apresenta natureza condenatória. Nela, a decisão judicial expressa uma ordem ou um comando que pode ser efetivado sem a necessidade de instauração de um processo de execução autônomo ou de uma nova fase no processo de conhecimento com vistas à sua efetivação. A sua concretização se dá com a comunicação ao réu ou interessado para que faça ou deixe fazer algo, sob pena de sofrer algum tipo de coerção. Sendo a ordem descumprida, pode o juiz determinar *medidas processuais* com vistas a pressionar psicologicamente o devedor a cumpri-la, tal como fixar multa (CPC, art. 536, § 1º) por tempo de atraso no cumprimento. Como exemplos, cite-se a determinação: de cessação ou adequação da propaganda eleitoral, de suspensão da programação normal de rádio ou televisão, de suspensão de acesso a *site* na Internet, de remoção de *post* em rede social como o Facebook, de impedimento de reapresentação de publicidade política. Por outro lado, a inobservância integral ou em parte da determinação judicial pode ensejar a imposição de outras sanções de caráter material, como multa (LE, arts. 37, § 1º, e 58, § 8º), bem como configurar o delito de desobediência, previsto no art. 347 do Código Eleitoral.

26.2 DECISÕES ELEITORAIS CONDENATÓRIAS

Dentre as tutelas jurisdicionais de cognição, somente as de natureza condenatória requerem um procedimento próprio de execução ou a realização de atividades executivas para serem concretizadas, caso não sejam cumpridas espontaneamente pelo obrigado.

As decisões judiciais que impõem sanções pecuniárias apresentam natureza condenatória. O art. 2º da Res. TSE nº 23.709/2022 define quatro tipos de sanções pecuniárias, a saber:

i) *multa administrativo-eleitoral* é a "sanção pecuniária imposta em razão de descumprimento de obrigação eleitoral, decorrente de decisão administrativa ou lançamento automático em sistema da Justiça Eleitoral, não mais passível de recurso na esfera administrativa". Trata-se, portanto, de multa de natureza administrativa, aplicada em processos administrativos. O montante arrecadado destina-se "ao Fundo Partidário, passando a integrar a composição do Fundo Especial de Assistência Financeira aos Partidos Políticos" (LPP, art. 38, I; Res. TSE nº 23.709/2022, art. 31);

ii) *multa judicial eleitoral* é a "sanção pecuniária imposta em decisão judicial irrecorrível, em razão de violação dos dispositivos do Código Eleitoral e das leis eleitorais, excetuadas as penalidades de caráter processual". Cuida-se, pois, de multa de natureza judicial, aplicada em processo judicial, e decorrente de responsabilização por ilícitos eleitorais como os tipificados nos arts. 41-A e 73, § 4º, da LE. O valor arrecadado "será destinado ao Fundo Partidário, passando a integrar a composição do Fundo Especial de Assistência Financeira aos Partidos Políticos" (Res. TSE nº 23.709/2022, art. 44, *caput*);

iii) *sanção obrigacional eleitoral* é a "sanção obrigacional imposta em decisão judicial irrecorrível em razão de violação dos dispositivos do Código Eleitoral e das leis eleitorais, que tem por objeto a obrigação de pagar, fazer ou não fazer, incluídos entre tais hipóteses a devolução de valores, o acréscimo no gasto com programas de incentivo à participação política das mulheres e a suspensão de cotas do Fundo Partidário";

iv) *penalidade processual pecuniária* é a "sanção imposta em decisão judicial durante o andamento do processo, em decorrência de litigância de má-fé [CPC, art. 81] e da interposição de recurso protelatório [CPC, art. 1.021, § 4º; art. 1.026, § 2º] ou como medida coercitiva para a prática de determinado ato [CPC, art. 536, § 1º]". O valor da penalidade destina-se à parte contrária (Res. TSE nº 23.709/2022, art. 49). Porém, tratando-se de *astreintes* (CPC, arts. 536, § 1º, e 537, § 2º), o valor da multa pertence ao Tesouro Nacional (Res. TSE nº 23.709/2022, art. 50), pois a sua imposição visa "ao cumprimento da determinação judicial e não ao ressarcimento do dano de direito material" (TSE – Ag-AI nº 615.769/SP – *DJe* 11-3-2016, p. 106).

26.3 PAGAMENTO VOLUNTÁRIO INTEGRAL OU PARCELADO

Após o trânsito em julgado da decisão condenatória de multa administrativo-eleitoral, multa judicial-eleitoral ou de penalidade processual pecuniária – mas antes da intimação para a respectiva execução ou cumprimento –, é lícito ao devedor comparecer espontaneamente perante o juízo e "oferecer em pagamento o valor que entender devido, apresentando memória discriminada do cálculo [...]" (Res. TSE nº 23.709/2022, art. 9º; CPC, art. 526, *caput*).

No caso de "multa administrativo-eleitoral", antes de comunicar à Procuradoria da Fazenda Nacional para inscrição na dívida ativa e consequente execução, a "Secretaria Judiciária ou o cartório eleitoral intimará o devedor para pagamento voluntário da multa no prazo de 30 (trinta) dias" (Res. TSE nº 23.709/2022, art. 26).

Conforme a natureza do débito, admite-se que o seu pagamento seja parcelado. Em sua primeira parte, o inciso III do § 8º do art. 11 da LE (com a redação da Lei nº 13.488/2017) declara que "o parcelamento das multas eleitorais é direito dos cidadãos e das pessoas jurídicas". Em sua segunda parte, estabelece aquele inciso que o parcelamento pode se dar "em até sessenta meses, salvo quando o valor da parcela ultrapassar 5% (cinco por cento) da renda mensal, no caso de cidadão, ou 2% (dois por cento) do faturamento, no caso de pessoa jurídica, hipótese em que poderá estender-se por prazo superior, de modo que as parcelas não ultrapassem os referidos limites".

Também os partidos políticos têm garantido o direito de parcelamento de seus débitos, conforme prevê o inciso IV do § 8º do art. 11 da LE (incluído pela Lei nº 13.488/2017). Por esse dispositivo, "o parcelamento de multas eleitorais e de outras multas e débitos de natureza não eleitoral" pode ser realizado "em até sessenta meses, salvo se o valor da parcela ultrapassar o limite de 2% (dois por cento) do repasse mensal do Fundo Partidário, hipótese em que poderá estender-se por prazo superior, de modo que as parcelas não ultrapassem o referido limite".

Note-se que o direito da parte é ao pagamento parcelado da multa, e não ao parcelamento "em sessenta meses". O órgão judicial deve definir as condições do pagamento com base nas circunstâncias que se apresentarem.

> "[...] 2. O parcelamento de multas eleitorais previsto no art. 11, § 8º, III, da Lei nº 9.504/1997, não possui caráter absoluto, cabendo ao magistrado a definição das condições do parcelamento com base nas peculiaridades do caso concreto. 3. O entendimento do Tribunal Superior Eleitoral é no sentido de que o magistrado não está obrigado a conceder parcelamento em sessenta meses, sendo a decisão orientada pela análise da condição financeira do devedor e pela manutenção do caráter sancionatório da multa. 4. A alegação de direito subjetivo ao parcelamento em sessenta meses não encontra amparo legal, uma vez que depende da demonstração da necessidade financeira do devedor e da avaliação do julgador quanto à adequação das condições de pagamento. [...]" (TSE – AgR-AREspE nº 060283129/CE – *DJe* 9-10-2024).

O pedido de parcelamento deve ser formulado nos próprios autos do processo em que houve a condenação. Tal pedido não tem efeito suspensivo (Res. TSE nº 23.709/2022, art. 20), não impedindo a imediata execução do julgado.

Para o pagamento das parcelas, devem-se observar "as regras de parcelamento previstas na legislação tributária federal" (LE, art. 11, § 11). Assim, no débito remanescente incidem "atualização monetária" e "juros de mora" (Res. TSE nº 23.709/2022, art. 19, § 2º).

Contudo, é vedado o parcelamento em alguns casos. Nos termos do art. 23 da Res. TSE nº 23.709/2022, não serão objeto de parcelamento as seguintes sanções: "I – restituição de recursos de fonte vedada ou de origem não identificada; II – gastos com programas de incentivo à participação política das mulheres; e III – aquelas objeto de parcelamentos inadimplidos, salvo no caso de dívida de partido incorporado ou fusionado e desde que apresentado pedido de novo parcelamento no prazo de 30 (trinta) dias contados do deferimento do pedido de averbação da fusão ou incorporação, independentemente da publicação do acórdão".

Sendo credora a União, o pagamento deverá ser efetuado mediante Guia de Recolhimento da União (GRU). Diferentemente, não sendo credora a União, "o pagamento será realizado na Caixa Econômica Federal, mediante 'Guia de Depósito Judicial à Ordem da Justiça Federal'" (Res. TSE nº 23.709/2022, art. 11), ficando os respectivos valores à disposição da Justiça Eleitoral, em conta judicial remunerada vinculada ao processo.

É ônus do devedor comprovar o pagamento nos autos do processo em que foi condenado.

Em qualquer caso, sendo a dívida paga, a obrigação será declarada satisfeita e o processo extinto (CPC, arts. 526, § 3º, e 924, II).

26.4 EXECUÇÃO E CUMPRIMENTO DE DECISÕES CONDENATÓRIAS EM SANÇÃO PECUNIÁRIA

A execução e o cumprimento de decisões que impõem sanção pecuniária – exceto criminais – emanadas da Justiça Eleitoral são referidos no art. 367 do Código Eleitoral e regulamentados pela Res. TSE nº 23.709/2022.

Não há, porém, a previsão de um procedimento executivo específico, sendo, conforme o caso, aplicadas, supletiva e subsidiariamente, as disposições do CPC e da Lei nº 6.830/1980, que é a Lei de Execução Fiscal (LEF).

26.4.1 Efeitos acessórios do inadimplemento da dívida

Para fins de execução, vale registrar que o não cumprimento espontâneo da dívida implica o acréscimo ao valor principal de:

a) atualização monetária (Res. TSE nº 23.709/2022, arts. 8º, 19, § 2º, 30, 39, 45 e 47);

b) juros de mora (Res. TSE nº 23.709/2022, arts. 8º, 19, § 2º, 30, 45 e 47);

c) multa de 10% sobre o valor da condenação (CPC, art. 523, § 1º; Res. TSE nº 23.709/2022, art. 34, § 1º);

d) multa de 20% sobre a importância apontada como irregular (Res. TSE nº 23.709/2022, art. 38);

e) honorários advocatícios (CPC, art. 526, § 1º; Res. TSE nº 23.709/2022, art. 34, § 1º).

Além disso, o devedor ainda fica sujeito:

f) ao protesto do título (CPC, art. 517; Res. TSE nº 23.709/2022, art. 34, § 2º);

g) à inclusão de seu nome em cadastros de inadimplentes, como o CADIN (Cadastro Informativo de Créditos Não Quitados do Setor Público Federal) e o SERASA (Res. TSE nº 23.709/2022, arts. 34, § 3º, e 52). Porém, essa inscrição não pode ser realizada em relação a dirigentes partidários em processos de prestação de contas, ainda que esta seja desaprovada.

26.4.2 Liquidação do título

Para que seja executado ou cumprido, o título deve ser certo e líquido, ou seja, deve apresentar um direito certo (*an debeatur*) e fixar com exatidão a quantidade devida (*quantum debeatur*).

Não sendo líquido o título, antes da execução é preciso proceder à sua liquidação. Nesse sentido, dispõe o art. 509 do CPC: "Quando a sentença condenar ao pagamento de quantia ilíquida, proceder-se-á à sua liquidação, a requerimento do credor ou do devedor".

A liquidação constitui uma etapa do processo situada entre as fases cognitiva e executiva. Sua finalidade é declarar o *quantum debeatur*, isto é, o montante de valores ou a quantia devidos.

Só há liquidação de títulos judiciais, e ainda assim somente se houver necessidade de se apurar o valor de um bem ou serviço, ou se houver necessidade de se comprovar fato novo.

Por sua vez, os títulos extrajudiciais são sempre líquidos.

No âmbito eleitoral, o procedimento de liquidação não se faz necessário, já que a quantia objeto da decisão é sempre líquida. No máximo, a apuração exata do montante devido dependerá

Cap. 26 • EXECUÇÃO E CUMPRIMENTO DE DECISÕES ELEITORAIS | **811**

apenas de cálculo aritmético, notadamente a fim de se proceder à atualização monetária, bem como ao acréscimo de multa e juros.

26.4.3 Procedimentos legais para execução e cumprimento da decisão

Transitada em julgado a decisão condenatória e não tendo sido efetuado o pagamento nem o parcelamento do débito, abre-se a via para sua execução e cumprimento definitivo.

São previstos três procedimentos, sendo que a observância de um ou outro é definida com base no objeto da condenação.

Assim, será observado o procedimento de cumprimento de sentença previsto no art. 523 e ss. do CPC para as hipóteses de condenação por: *i)* "multa judicial eleitoral"; *ii)* "sanção obrigacional eleitoral"; e *iii)* "penalidade processual pecuniária".

Já o procedimento da Lei de Execução Fiscal – LEF (Lei nº 6.830/1980) será observado para a execução de: *i)* "multa administrativo-eleitoral" e *ii)* penalidade processual pecuniária imposta "no caso da prática de ato atentatório à dignidade da Justiça" (CPC, art. 77, § 3º).

Por outro lado, em certos casos, o cumprimento da decisão se dará *ex officio*, por impulso da própria Justiça Eleitoral. Tal ocorrerá na hipótese de sanção obrigacional eleitoral – consistente em desconto ou suspensão de cotas do Fundo Partidário – imposta em processo de prestação de contas, devendo-se observar o disposto no art. 32-A da Res. TSE nº 23.709/2022.

Objeto da condenação	Procedimento a ser observado
Multa administrativo-eleitoral	Execução fiscal (LEF).
Multa judicial eleitoral	Cumprimento de sentença (CPC, art. 523 e ss.).
Sanção obrigacional eleitoral	1) Cumprimento de sentença (CPC, art. 523 e ss.); 2) Procedimento do art. 32-A da Res. TSE nº 23.709/2022, para fins de desconto ou suspensão de cotas do Fundo Partidário determinado em processo de prestação de contas.
Penalidade processual pecuniária	1) Cumprimento de sentença (CPC, art. 523 e ss.); 2) Execução fiscal (LEF), no caso de prática de ato atentatório à dignidade da Justiça (CPC, art. 77, § 3º).

Fonte: elaborado pelo autor.

26.4.4 Cumprimento da decisão – rito dos arts. 523 e ss. do CPC

Nos casos em que incide o rito de cumprimento de sentença (CPC, art. 523 e ss.), o processo é *sincrético*, ou seja, há um só processo desde a propositura da demanda (fase cognitiva) até o efetivo pagamento e consequente satisfação do credor (fase executiva).

O cumprimento da decisão exequenda não se dá por impulso oficial, mas por iniciativa da pessoa ou ente legitimado (exequente), que deve comparecer e apresentar requerimento nos autos.

A petição é simples e não segue a forma do art. 319 do CPC, bastando que seja requerida a intimação do executado "para pagar o débito, no prazo de 15 (quinze) dias, acrescido de custas" (CPC, art. 523, *caput*).

Se no referido prazo não for efetuado o pagamento, tem-se início o cumprimento forçado da decisão, com a expedição de "mandado de penhora e avaliação, seguindo-se os atos de expropriação" de bens do devedor (CPC, art. 523, § 3º).

26.4.5 Execução da dívida – rito da LEF

A dívida decorrente de "multa administrativo-eleitoral" não quitada voluntariamente nem parcelada no prazo estabelecido é considerada líquida e certa para efeito de cobrança (Res. TSE nº 23.709/2022, art. 27, *caput*). Trata-se de "dívida não tributária" da União, conforme definição do art. 39, § 2º, da Lei nº 4.320/1964.

Ela deve ser registrada em sistema informatizado ou livro de inscrição de multas eleitorais mantidos pela Justiça Eleitoral. E, para que seja executada, a autoridade eleitoral competente tem de encaminhar à Procuradoria da Fazenda Nacional (PFN) "os autos e o respectivo termo de inscrição de multa eleitoral" (Res. TSE nº 23.709/2022, art. 27, § 1º).

A PFN tem a atribuição legal de proceder à inscrição dos créditos da União na dívida ativa. Esta constitui um sistema ou banco de dados que contém todos os créditos públicos inadimplidos, sendo gerido por aquele órgão. Com a inscrição, o sujeito passivo da obrigação passa à condição de devedor da União, fato que pode lhe acarretar algumas restrições (como a inserção de seu nome no Serasa), além de ensejar a cobrança administrativa e judicial da dívida.

A cobrança administrativa – frise-se: na esfera da PFN – admite o parcelamento da dívida e até mesmo a concessão de desconto para quitação do débito.

No âmbito judicial, a execução é regida pela Lei de Execução Fiscal (Lei nº 6.830/1980). A petição inicial segue a forma do art. 6º da Lei nº 6.830/1980, devendo indicar: "I – o Juiz a quem é dirigida; II – o pedido; e III – o requerimento para a citação". Ademais, deve ser instruída com a respectiva Certidão da Dívida Ativa (CDA). Expedido pela autoridade administrativa incumbida do procedimento de inscrição da dívida (no caso, a PFN), esse documento goza da presunção de certeza e liquidez, e fundamenta a cobrança da dívida nele expressa. A petição inicial e a CDA poderão constituir um único documento.

Portanto, a execução é fundada em título extrajudicial.

Se a petição inicial e a respectiva CDA estiverem em ordem, será despachada pelo juiz, que determinará a citação do executado para, "no prazo de 5 (cinco) dias, pagar a dívida com os juros e multa de mora e encargos indicados na Certidão de Dívida Ativa, ou garantir a execução" (LEF, art. 8º). A partir daí, seguem-se os atos tendentes a penhora, avaliação e expropriação de bens do devedor para satisfação do credor, abrindo-se, ainda, a via para a defesa do executado.

26.4.6 Cumprimento *ex officio*

O cumprimento da decisão é efetivado por impulso da própria Justiça Eleitoral na hipótese de sanção obrigacional eleitoral imposta em processo de prestação de contas em que é determinado o desconto ou a suspensão de novas cotas do Fundo Partidário.

O art. 32-A da Res. TSE nº 23.709/2022 distingue duas situações. A primeira é prevista em seu inciso I, e refere-se a processo de prestação de contas de órgão nacional de partido. Para que se efetive a sanção de desconto ou suspensão de novas cotas do Fundo Partidário, a própria unidade judiciária "deve encaminhar à Secretaria de Planejamento, Orçamento, Finanças e Contabilidade do TSE extrato ou certidão contendo as obrigações impostas e a data do trânsito em julgado da decisão para implementação do comando judicial". Esse órgão tem a atribuição de executar o "comando judicial", procedendo "ao desconto ou suspensão de novas cotas do Fundo Partidário".

A segunda situação é prevista no inciso II do referido art. 32-A, e refere-se a processo de prestação de contas de órgãos partidários regionais ou municipais. Aqui, os órgãos partidários hierarquicamente superiores são intimados a descontar ou reter o valor da sanção imposta na decisão, descontando-o dos recursos provenientes do Fundo Partidário destinados ao órgão inferior sancionado; a quantia retida deve ser depositada na conta do Tesouro Nacional. Caso

Cap. 26 • EXECUÇÃO E CUMPRIMENTO DE DECISÕES ELEITORAIS | **813**

os órgãos partidários superiores não cumpram esse dever, a respectiva unidade judiciária comunicará o inadimplemento da obrigação "à Secretaria de Planejamento, Orçamento, Finanças e Contabilidade do TSE, com os dados suficientes ao cumprimento da decisão, para desconto direto do respectivo valor do Fundo Partidário do diretório nacional, a quem incumbirá o decote do valor devido ao órgão apenado".

26.4.7 Competência

Na hipótese de *cumprimento de sentença* (ou melhor: de decisão judicial), dispõe o art. 516 do CPC que ela se efetuará perante: "I – os tribunais, nas causas de sua competência originária; II – o juízo que decidiu a causa no primeiro grau de jurisdição; [...]". Nesse último caso (inciso II), "o exequente poderá optar pelo juízo do atual domicílio do executado, pelo juízo do local onde se encontrem os bens sujeitos à execução ou pelo juízo do local onde deva ser executada a obrigação de fazer ou de não fazer, casos em que a remessa dos autos do processo será solicitada ao juízo de origem".

Assim, em processo de competência originária, o cumprimento da decisão será pleiteado ao mesmo tribunal que conheceu e julgou a demanda. No entanto, os atos executivos poderão ser delegados "ao juízo da capital ou do domicílio eleitoral do executado por meio de carta de ordem" (Res. TSE nº 23.709/2022, art. 6º). Nesse caso, o executado poderá oferecer embargos do devedor perante o juízo deprecante (o tribunal) ou o deprecado, porém "a competência para julgá-los é do juízo deprecante, salvo se versarem unicamente sobre vícios ou defeitos da penhora, da avaliação ou da alienação dos bens efetuadas no juízo deprecado" (Res. TSE nº 23.709/2022, art. 6º, § 2º).

Já sob o rito da LEF, estabelece o art. 46, § 5º, que "A execução fiscal será proposta no foro de domicílio do réu, no de sua residência ou no do lugar onde for encontrado". No caso, a ação de execução deve ser ajuizada perante a própria Justiça Eleitoral, não a Justiça Federal, como já se entendeu. Nesse sentido, apreciando conflitos negativos de competência, o Superior Tribunal de Justiça tem reafirmado a competência da Justiça Eleitoral para executar seus próprios julgados e as multas que impõe, a ver:

> "Conflito de competência. Ação de anulação de débito decorrente de multa eleitoral. Art. 109, I, da Constituição Federal, e art. 367, IV, da Lei nº 4.737/65. Competência da Justiça Eleitoral. 1. Nos termos do art. 109, I, da Constituição Federal, estão excluídos da competência da Justiça Federal as causas sujeitas à Justiça Eleitoral em que a União figurar como interessada na condição de autora, ré, assistente ou oponente. 2. Por sua vez, o art. 367, IV, do Código Eleitoral, determina que 'a cobrança judicial da dívida será feita por ação executiva na forma prevista para a cobrança da dívida ativa da Fazenda Pública, correndo a ação perante os juízos eleitorais'. 3. Na linha de orientação desta Primeira Seção, considerando a competência da Justiça Eleitoral para processar e julgar execuções de multas decorrentes de fatos sob sua jurisdição, infere-se também a competência dessa Justiça Especializada para as ações em que se pretende a anulação das ações por ela aplicadas. Precedentes. 4. Conflito conhecido para declarar a competência do Tribunal Regional do Paraná, o suscitante" (STJ – CC nº 46.901/PR – *DJ* 27-3-2006, p. 138).

Aqui, a competência é do juiz eleitoral de primeira instância. Não importa que a multa tenha sido aplicada por Tribunal Eleitoral no exercício de sua competência originária, porquanto a competência para a ação de execução é do juiz eleitoral de primeiro grau do domicílio do devedor.

Vale ressaltar que o art. 15-A, parágrafo único, da LPP estabelece foro especial para o diretório nacional do partido, que só pode ser demandado no juízo de sua sede; nos termos daquele dispositivo: "O órgão nacional do partido político, quando responsável, somente poderá ser demandado judicialmente na circunscrição especial judiciária da sua sede, inclusive nas ações de natureza cível ou trabalhista".

26.4.8 Legitimidade *ad causam*

Legitimidade ativa – consoante o art. 778 do CPC, podem promover a execução forçada "o credor a quem a lei confere título executivo", bem como, entre outros, "o Ministério Público, nos casos previstos em lei".

Para execução de dívida decorrente de "multa administrativo-eleitoral", o procedimento é o da execução fiscal (LEF) e a legitimidade ativa pertence à Procuradoria da Fazenda Nacional (PFN).

Nos casos em que o procedimento a ser observado é o de cumprimento de sentença, possuem legitimidade ativa:

i) a Advocacia-Geral da União – AGU (Res. TSE nº 23.709/2022, arts. 33, II, primeira parte, e 51);

ii) a parte credora (Res. TSE nº 23.709/2022, art. 33, II, segunda parte). Essa legitimidade tem em vista a cobrança de multas cujo montante é destinado a uma das partes na relação processual, como ocorre na litigância de má-fé (CPC, art. 81), no agravo interno manifestamente inadmissível (CPC, art. 1.021, § 4º), nos embargos manifestamente protelatórios (CPC, art. 1.026, § 2º);

iii) o Ministério Público Eleitoral. Os arts. 33, III e IV, e 49, § 2º, da Res. TSE nº 23.709/2022 conferem legitimidade ativa ao Ministério Público para ingressar com execução em caso de inércia ou falta de interesse da AGU ou da parte credora. É preciso ressaltar que o *Parquet* não tem legitimidade ativa para promover a execução ou o cumprimento da decisão quando o montante da dívida for destinado "à parte contrária" ou a pessoa privada, pois o art. 129, IX, da Lei Maior o proíbe de "exercer outras funções" – não previstas no próprio texto constitucional – que não sejam "compatíveis com sua finalidade, sendo-lhe vedada a representação judicial e a consultoria jurídica de entidades públicas". Entretanto, o *Parquet* detém legitimidade ativa quando o montante a ser executado tiver destinação pública, como ocorre na destinação ao Tesouro Nacional. Isso porque trata-se de atuação voltada à proteção do patrimônio público, que resta lesado em razão do descumprimento de normas pertinentes ao financiamento público eleitoral e ao uso de recursos públicos em campanhas. Tal função foi atribuída ao Ministério Público expressa e diretamente pela Constituição Federal em seu artigo 129, inciso III. Por certo que a atuação ministerial no sentido de dar cumprimento a decisões que determinam a devolução de recursos ao Tesouro Nacional é compatível com a sua finalidade institucional (CF, art. 129, IX, c/c o art. 127, *caput*), seja porque a tutela do patrimônio público vincula-se a interesse transindividual, bem como em razão da própria natureza do processo jurisdicional eleitoral, em que prevalece o interesse do Estado Democrático de Direito pertinente à integridade, lisura e legitimidade do processo político-eleitoral. Aqui, portanto, a atuação do Ministério Público ocorre em defesa do interesse coletivo de resguardar o conjunto de bens que, em última análise, a todos pertencem. É dizer: a ação do *Parquet* é autônoma e se funda em título próprio. Tais argumentos mereceram acolhida na Corte Superior Eleitoral, por ocasião do julgamento do REspe nº 0600494-04/MG, j. 15-8-2024, no qual destacou-se que a natureza coletiva do Direito Eleitoral permite a atuação de diversos legitimados, incluindo o Ministério Público, em defesa de interesses metaindividuais e da prote-

Cap. 26 • EXECUÇÃO E CUMPRIMENTO DE DECISÕES ELEITORAIS | **815**

ção da integridade do processo eleitoral, sendo que a atuação subsidiária do *Parquet* "garante a efetividade das decisões judiciais, especialmente em casos em que a AGU não manifesta interesse, assegurando a cobrança de dívidas eleitorais e a tutela do patrimônio público."

Legitimidade passiva – a execução pode ser promovida contra o devedor, reconhecido como tal no título executivo, o seu sucessor e outros (CPC, art. 779).

Tratando-se de partido político, o cumprimento da decisão judicial ou a execução devem ser direcionados ao diretório diretamente vinculado à obrigação, e não a outros órgãos da agremiação, tampouco ao diretório nacional. Para fins obrigacionais, não há solidariedade entre os diversos diretórios partidários, cada qual devendo responsabilizar-se por suas próprias obrigações. Em prol desse entendimento, dispõe o art. 15-A, *caput*, da LPP:

> "Art. 15-A. A responsabilidade, inclusive civil e trabalhista, cabe exclusivamente ao órgão partidário municipal, estadual ou nacional que tiver dado causa ao não cumprimento da obrigação, à violação de direito, a dano a outrem ou a qualquer ato ilícito, excluída a solidariedade de outros órgãos de direção partidária. [...]."

Esse dispositivo foi declarado constitucional pelo Supremo Tribunal Federal, que assentou que a regra de responsabilização exclusiva do diretório partidário vinculado à obrigação "não ofende o caráter nacional dos partidos políticos, decorrendo logicamente do princípio da autonomia político-partidária e do princípio federativo, com os quais aquela determinação convive harmoniosamente"; trata-se, pois, de "opção razoável e proporcional do Poder Legislativo" (STF – ADC nº 31/DF – Rel. Min. Dias Toffoli – *DJe* 15-2-2022).

No caso de sucessor, vale registrar que "o partido político que resultar de fusão ou incorporação é responsável pelas obrigações impostas ao partido político fusionado ou incorporado" (Res. TSE nº 23.709/2022, art. 5º).

Sendo a multa imposta a pessoa jurídica, em face desta é que se deve proceder à execução. Entretanto, caso se constate que houve abuso da personalidade da pessoa jurídica, admite-se o redirecionamento da execução aos respectivos sócios e administradores. Para tanto, é mister que se promova a desconsideração da personalidade jurídica – *disregard of legal entity* –, nos termos do art. 50 do Código Civil (que reza: "Em caso de abuso da personalidade jurídica, caracterizado pelo desvio de finalidade, ou pela confusão patrimonial, pode o juiz decidir, a requerimento da parte, ou do Ministério Público quando lhe couber intervir no processo, que os efeitos de certas e determinadas relações de obrigações sejam estendidos aos bens particulares dos administradores ou sócios da pessoa jurídica"). A propósito, estabelece a Súmula TSE nº 63:

> "A execução fiscal de multa eleitoral só pode atingir os sócios se preenchidos os requisitos para a desconsideração da personalidade jurídica previstos no art. 50 do Código Civil, tendo em vista a natureza não tributária da dívida, observados, ainda, o contraditório e a ampla defesa".

O vigente CPC prevê em seus arts. 133 a 137, como incidente processual, a desconsideração da personalidade jurídica, incidente esse que deve ser instaurado a pedido da parte ou do Ministério Público quanto lhe couber intervir no processo.

26.4.9 Impenhorabilidade dos recursos públicos alocados no Fundo Partidário

Os recursos públicos repassados aos partidos possuem destinação especial e preservam a sua natureza pública. Por isso, dispõe o art. 833, XI, do CPC serem impenhoráveis "os recursos públicos do fundo partidário recebidos por partido político, nos termos da lei". A impenhorabilidade estende-se a recursos oriundos do Fundo Especial de Financiamento de Campanha (FEFC). A finalidade é assegurar aos partidos os recursos necessários à realização das funções e atividades que lhes são afetas, manutenção de suas sedes, serviços, bem como custear as campanhas eleitorais de seus candidatos.

Note-se que o fundo partidário é constituído por verbas de diversas procedências. A impossibilidade de penhora afeta apenas os "recursos públicos" que lhe forem destinados, de modo que são penhoráveis os bens móveis e imóveis pertencentes ao partido (ainda que adquiridos com recursos do Fundo Partidário), doações de pessoas físicas, recursos oriundos de multas e penalidades pecuniárias recebidos, rendas de aluguel ou de aplicações financeiras etc.

Não obstante, excepcionalmente, admite-se a penhora de recursos públicos alocados ao partido "quando os valores em execução decorrem exatamente do reconhecimento pela Justiça Eleitoral de que tais recursos foram malversados e, exatamente por isso, devem ser ressarcidos ao Erário" (TSE – REspEl nº 060272621/BA – *DJe* 21-3-2022; TSE – REspEl nº 060021630/BA – *DJe* 30-3-2023). Aqui, portanto, há também a necessidade de se restituir à União recursos públicos repassados aos partidos e que foram desviados de sua destinação legal, bem como assegurar a efetividade das decisões da Justiça Eleitoral no exercício de sua função constitucional de controle e fiscalização.

Quando admitida a penhora de valores de partidos, tem-se entendido na jurisprudência que tal medida não pode ser realizada "no curso das campanhas eleitorais":

> "Ante o exposto, defiro, *ad referendum* do Plenário desta Corte (RISTF, art. 21, V), o pedido de tutela provisória incidental, para estabelecer que, no curso das campanhas eleitorais, não se mostra possível a penhora de valores de partidos políticos oriundos do fundo partidário e do fundo especial de financiamento de campanha (FEFC)" (STF – ADPF-TPI nº 1.017/AL – Rel. Min. Gilmar Mendes – *DJe* 1-10-2024 – excerto da decisão monocrática, liminar, do relator).

Por outro lado, em certos casos, admite-se que o partido renuncie ao benefício de impenhorabilidade de seus bens. Nesse sentido, entendeu o Superior Tribunal de Justiça: "[...] 6. A natureza pública dos recursos do fundo partidário não os torna indisponíveis, já que os partidos podem dispor dessas verbas em consonância com o disposto na lei. Assim, o partido político pode renunciar à proteção da impenhorabilidade dos recursos do fundo partidário, desde que o faça para viabilizar o pagamento de dívida contraída para os fins previstos no art. 44 da Lei nº 9.096/95. 7. No particular, no curso da ação de cobrança, as partes celebraram acordo, no qual o partido recorrente renunciou à impenhorabilidade dos recursos do fundo partidário na hipótese de descumprimento da avença. Considerando que a dívida se enquadra no disposto no art. 44, II, da Lei nº 9.096/95 ("propaganda doutrinária e política"), a renúncia é válida. 8. Recurso especial parcialmente conhecido e, nessa parte, não provido." (STJ – Resp nº 2101596/RJ – 3ª T. – Rel. Min. Nancy Andrighi, j. 12-3-2024).

26.4.10 Honorários advocatícios

A Lei Maior estabelece a gratuidade dos "atos necessários ao exercício da cidadania" (CF, art. 5º, LXXVII), preceito esse regulamentado pela Lei nº 9.265/1996. Daí o pacífico entendimento que afirma a gratuidade dos feitos na Justiça Eleitoral.

Todavia, a gratuidade não alcança nem a execução nem a fase de cumprimento de sentença, porquanto já exaurida a discussão acerca do exercício dos direitos atinentes à cidadania. Assim, tem-se como cabível a fixação de honorários advocatícios.

Nesse sentido, dispõe o art. 27, § 2º, da Res. TSE nº 23.709/2022: "É possível a fixação de honorários advocatícios pelo juízo eleitoral a requerimento do exequente na execução fiscal, salvo se já incluídos no montante da dívida executada". E o art. 34, § 1º, daquela norma: "Não havendo cumprimento voluntário da obrigação, o devedor estará sujeito à multa de 10% sobre o valor da condenação e ao pagamento de honorários advocatícios, previstos no § 1º do art. 523 do CPC".

> "[...] 9. A gratuidade dos feitos na Justiça Eleitoral não alcança a fase do cumprimento de sentença, porquanto já exaurida qualquer discussão acerca dos direitos cívicos do cidadão, previstos na Lei 9.265/96. 10. O Tribunal Superior Eleitoral, em recente decisão monocrática, entendeu aplicável o art. 523, § 1º, do CPC/2015 quanto ao acréscimo ao montante da condenação à multa de 10% e de honorários de advogados também de 10%, quando não cumprido voluntariamente a obrigação ao pagamento da dívida na fase de cumprimento de sentença. 11. O Superior Tribunal de Justiça firmou entendimento de que são devidos multa e honorários advocatícios no cumprimento de sentença, haja ou não impugnação, depois de escoado o prazo para pagamento voluntário. 12. Impugnação Indeferida" (TRE/TO – PCONT nº 235.490 – *DJe* 4-2-2020). Nesse mesmo rumo estão os seguintes julgados: TRE/GO – PCONT nº 172.833 – *DJe* 30-5-2017; TRE/SP – Petição nº 060135282 – *DJe* 5-10-2018.

26.4.11 Prazos processuais

No que pertine aos prazos processuais, não há razão para não se aplicar os mesmos previstos na legislação comum (CPC e LEF) para os procedimentos de execução e cumprimento de sentença – exceto se houver expressa disposição em contrário. Afinal, trata-se de cumprimento forçado de uma dívida, não havendo na legislação eleitoral procedimento executivo próprio.

Em prol desse argumento, o art. 3º da Res. TSE nº 23.709/2022 determina a aplicação supletiva e subsidiária das disposições do CPC e da LEF. Mais ainda: o art. 3º-A daquela Resolução estabelece a aplicação do art. 219 do CPC, pelo que, na contagem dos prazos em dia, "computar-se-ão somente os dias úteis".

Daí o entendimento firmado na jurisprudência no sentido de que, "em matéria de execução fiscal, de natureza não eleitoral, aplicam-se os prazos estabelecidos na legislação processual comum. Precedente: AgR-REspe 804-21/RN, Rel. Min. Maria Thereza de Assis Moura, *DJe* 23.10.2015)" (TSE – Ag-AI nº 7570/SP – *DJe*, t. 126, 30-6-2017, p. 96-97).

26.4.12 Prescrição e prescrição intercorrente

A inércia da pessoa ou órgão legitimado em promover a execução ou o cumprimento da decisão judicial acarreta a perda da pretensão executiva. E conforme a Súmula nº 150 do STF: "Prescreve a execução no mesmo prazo de prescrição da ação". Logo, a pretensão executiva prescreve no mesmo prazo da condenatória.

Sobre tal prazo, firmou-se a compreensão de que a prescrição é regida pelo regramento das obrigações comuns. Isso porque as multas eleitorais não têm natureza de tributo, tampouco de sanções administrativas aplicadas pela Administração Pública. Assim, a dívida decorrente de multa eleitoral fica "sujeita à prescrição ordinária das ações pessoais, nos termos da legislação

818 | DIREITO ELEITORAL – *José Jairo Gomes*

civil, conforme já decidiu o Supremo Tribunal Federal. [...]" (Res. TSE nº 21.197 no PA nº 18882 – *DJ* 4-10-2002, p. 233). Tornou-se pacífico esse entendimento:

> "A multa eleitoral constitui dívida ativa de natureza não tributária, submetendo-se ao prazo prescricional de 10 (dez) anos, nos moldes do art. 205 do Código Civil" (Súmula TSE nº 56).

> "1. A multa eleitoral configura dívida ativa de essência não tributária, sujeita ao prazo prescricional do art. 205 do Código Civil, qual seja, 10 (dez) anos [...]" (TSE – AgREspe/ PA nº 5.518 – *DJe* 7-8-2017).

> "1. A multa eleitoral constitui dívida ativa de natureza não tributária, submetendo-se ao prazo prescricional de dez anos, nos moldes do art. 205 do Código Civil. Precedentes. 2. O artigo 1º-A da Lei nº 9.873/99 regula o prazo prescricional da ação de execução relativa a multas administrativas, não disciplinando as multas aplicadas pela Justiça Eleitoral. [...]" (TSE – Ag-REspe nº 6.128/MG – *DJe* 21-10-2015).

> "[...] 3. As multas eleitorais estão sujeitas ao prazo prescricional de dez anos (art. 205 do Código Civil), pois constituem dívida ativa de natureza não tributária, nos termos do art. 367, III e IV, do Código Eleitoral, sujeitando-se, portanto, às regras de prescrição previstas no Código Civil. 4. Agravo regimental desprovido" (TSE AgR-REspe nº 28.764/ RJ – PSS 23-10-2012).

Assim, a prescrição é regulada pelo art. 205 do Código Civil, incidindo o maior prazo previsto para as obrigações cíveis. Reza esse dispositivo: "A prescrição ocorre em dez anos, quando a lei não lhe haja fixado prazo menor". Pode-se, pois, concluir que o prazo prescricional da obrigação resultante de multa eleitoral é de dez anos.

Afasta-se, com isso: *i)* a incidência do art. 1º do Decreto nº 20.910/1932, que fixa em cinco anos o lapso prescricional das "dívidas *passivas*" do Estado, ao argumento de que as multas eleitorais constituem dívidas ativas, e não passivas; *ii)* a incidência do art. 1º-A da Lei nº 9.873/1999 (incluído pela Lei nº 11.941/2009), que reza: "Constituído definitivamente o crédito *não* tributário, após o término regular do processo administrativo, prescreve em 5 (cinco) anos a ação de execução da administração pública federal relativa a crédito decorrente da aplicação de multa por infração à legislação em vigor"; *iii)* a incidência da regra contida no art. 206, § 5º, I, do Código Civil, pelo qual prescreve em cinco anos "a pretensão de cobrança de dívidas líquidas constantes de instrumento público ou particular".

Como marco inicial do prazo prescricional, deve-se considerar o primeiro dia posterior ao do vencimento da dívida, e não a data do trânsito em julgado da decisão que impôs a multa eleitoral, pois só a partir daquele momento é que surge para o credor a pretensão. Em essência, é esse o significado do art. 189 do CC, que dispõe: "violado o direito, nasce para o titular a pretensão, a qual se extingue, pela prescrição [...]".

Prescrição intercorrente – assim se denomina a prescrição que acontece durante o processo de execução ou a fase de cumprimento da decisão judicial. No caso, o legitimado promove a execução ou o cumprimento da decisão, mas depois mantém-se inerte ou a abandona. A inatividade da parte faz com que o prazo prescricional volte a correr.

Essa matéria é regulada pelo art. 921 do CPC, cujos parágrafos estabelecem que, após o "prazo máximo de 1 (um) ano sem que seja localizado o executado ou que sejam encontrados bens penhoráveis, o juiz ordenará o arquivamento dos autos". Vencido esse período de arquivamento "sem manifestação do exequente, começa a correr o prazo de prescrição intercorrente", a qual o juiz, depois de ouvir as partes, poderá reconhecer e declarar de ofício a extinção do processo (CPC, arts. 924, V, e 925).

27

AÇÃO RESCISÓRIA

27.1 AÇÃO RESCISÓRIA ELEITORAL

A coisa julgada constitui garantia fundamental inscrita no art. 5º, XXXVI, da Constituição Federal. Trata-se da "autoridade que torna imutável e indiscutível a decisão de mérito não mais sujeita a recurso" (CPC, art. 502). Ela vincula as partes à declaração contida no dispositivo da decisão que julgou o mérito da causa.

A razão essencial desse instituto assenta-se na necessidade de se conferir *segurança jurídica* às relações jurídico-sociais, bem como na proteção da confiança. Não fosse por ele, não haveria certeza nem estabilidade do direito, o que poderia prejudicar o equilíbrio e a harmonia da vida social.

No entanto, em determinadas e excepcionais situações é permitido o rompimento da coisa julgada e, consequentemente, a rediscussão da causa já julgada em caráter definitivo, de sorte que a manutenção da imutabilidade da decisão judicial perpetuaria grave injustiça, podendo acarretar maior instabilidade social que a sua revisão.

A ação rescisória constitui instrumento processual cujo objeto é a desconstituição de decisão judicial transitada em julgado. É de competência originária dos tribunais e possui procedimento próprio. Por ela, pode o autor pleitear não só a rescisão do julgado (= juízo rescindente ou *iudicium rescindens*), como também – se for necessário – o novo julgamento da causa (= juízo rescisório ou *iudicium rescissorium*).

O juízo rescindente é o que caracteriza a ação rescisória como tal, pelo qual é decidido se a coisa julgada deve ser desconstituída, ou não. Sua formulação requer que a parte tenha invocado pelo menos uma das hipóteses legalmente previstas. Sendo o pedido rescindente julgado procedente, "o tribunal rescindirá a decisão" impugnada (CPC, art. 974, primeira parte). Esse ato possui natureza desconstitutiva, porque desfaz o julgado impugnado e a respectiva coisa julgada.

Desconstituída a decisão transitada em julgado, sendo o caso, passa-se à formulação do segundo juízo, o rescisório. Por ele, realiza-se novo julgamento da causa (CPC, art. 974, segunda parte).

Os fundamentos que podem embasar o juízo rescindente são arrolados no art. 966 do CPC, segundo o qual a *decisão de mérito, transitada em julgado,* pode ser rescindida quando:

> "I – se verificar que foi proferida por força de prevaricação, concussão ou corrupção do juiz; II – for proferida por juiz impedido ou por juízo absolutamente incompetente; III – resultar de dolo ou coação da parte vencedora em detrimento da parte vencida ou, ainda, de simulação ou colusão entre as partes, a fim de fraudar a lei; IV – ofender a coisa julgada; V – violar manifestamente norma jurídica; VI – for fundada em prova cuja fal-

sidade tenha sido apurada em processo criminal ou venha a ser demonstrada na própria ação rescisória; VII – obtiver o autor, posteriormente ao trânsito em julgado, prova nova cuja existência ignorava ou de que não pôde fazer uso, capaz, por si só, de lhe assegurar pronunciamento favorável; VIII – for fundada em erro de fato verificável do exame dos autos. § 1º Há erro de fato quando a decisão rescindenda admitir fato inexistente ou quando considerar inexistente fato efetivamente ocorrido, sendo indispensável, em ambos os casos, que o fato não represente ponto controvertido sobre o qual o juiz deveria ter se pronunciado. § 2º Nas hipóteses previstas nos incisos do *caput*, será rescindível a decisão transitada em julgado que, embora não seja de mérito, impeça: I – nova propositura da demanda; ou II – admissibilidade do recurso correspondente. § 3º A ação rescisória pode ter por objeto apenas 1 (um) capítulo da decisão".

Na seara eleitoral, a ação rescisória é prevista no art. 22, I, *j*, do Código Eleitoral (incluído pela LC nº 86/96), que trata da competência do Tribunal Superior Eleitoral. Originalmente, essa alínea continha a seguinte redação: "*j*) a ação rescisória, nos casos de inelegibilidade, desde que intentada dentro de cento e vinte dias de decisão irrecorrível, possibilitando-se o exercício do mandato eletivo até o seu trânsito em julgado". Todavia, ao decidir a Ação Direta de Inconstitucionalidade – ADI 1.459-5 – *DJ* 7-5-1999 –, o Supremo Tribunal Federal declarou a inconstitucionalidade da expressão "possibilitando-se o exercício do mandato eletivo até o seu trânsito em julgado". Assim, atualmente só a primeira parte encontra-se em vigor.

O aludido do art. 22, I, *j*, do CE não indicou os fundamentos que podem embasar o juízo rescindente. Face à omissão legal, aceita-se a aplicação por analogia – e com as adaptações necessárias – das hipóteses arroladas no citado art. 966 do CPC.

A ação rescisória eleitoral segue procedimento especial.

O prazo para ajuizamento é de 120 dias contado do trânsito em julgado da decisão que se pretende desfazer. Dada a expressa previsão contida no art. 22, I, *j*, do CE, não se aplica aqui o lapso de dois anos previsto no art. 975 do CPC.

Detém legitimidade *ad causam* ativa quem foi parte no processo que deu origem à decisão rescindenda. Além disso, o art. 967 do CPC ainda confere legitimidade ao terceiro juridicamente interessado e também ao Ministério Público, este apenas nas seguintes hipóteses: "(a) se não foi ouvido no processo, em que lhe era obrigatória a intervenção; (b) quando a decisão rescindenda é o efeito de simulação ou de colusão das partes, a fim de fraudar a lei; c) em outros casos em que se imponha sua atuação".

A citada alínea *j*, I, art. 22 do CE atribuiu competência rescisória tão somente ao TSE, de sorte que apenas os julgados desse Tribunal podem ser rescindidos. Diante da expressa previsão legal e da incidência do princípio da especialidade, os Tribunais Regionais Eleitorais não detêm competência para processar e julgar a ação em tela, nem mesmo em face de seus próprios julgados.

No âmbito do Tribunal Superior, o processo tramitará sob a responsabilidade do relator sorteado, que recebeu a distribuição do processo. Em decisão singular, o relator poderá *in initio litis* indeferir a petição inicial nas hipóteses previstas no art. 330 do CPC, bem como julgar improcedente o pedido nas hipóteses do art. 332 do mesmo código (CPC, art. 968, §§ 3º e 4º). A petição inicial também será rejeitada no caso de ajuizamento intempestivo da ação rescisória (TSE – AgR-AR nº 185.440/PB – *DJe* 5-10-2012).

O relator ainda poderá apreciar e decidir pedido de tutela provisória (CPC, art. 932, II, c.c. os arts. 294 ss.).

A demanda deve ter por objeto a rescisão de decisão do próprio Tribunal Superior Eleitoral, proferida no âmbito de sua competência originária ou recursal. Destarte, esse sodalício não detém competência para rescindir julgado de Tribunal Regional, tampouco de juiz eleitoral de 1º grau.

Cap. 27 • AÇÃO RESCISÓRIA | **821**

A decisão rescindenda pode ter natureza colegiada (= acórdão), ou monocrática (= singular, do relator do recurso) – contanto que essa última tenha apreciado o mérito da causa (TSE – AR nº 64.621/BA – *DJe* 22-8-2011, p. 15).

Quanto à matéria impugnável, a enfocada alínea *j* estabelece expressamente que a decisão cujo desfazimento se pleiteia deve versar sobre *inelegibilidade*. A esse respeito, é clara a Súmula TSE nº 33: "Somente é cabível ação rescisória de decisões do Tribunal Superior Eleitoral que versem sobre a incidência de causa de inelegibilidade".

Assim, há mister que se tenha declarado ou constituído *inelegibilidade*. De sorte que o julgado rescindendo deve proceder de: *(i)* AIJE fundada no art. 22, XIV, da LC nº 64/90; *(ii)* processo de registro de candidatura; *(iii)* ação impugnatória de registro de candidatura (AIRC); ou, *(iv)* recurso contra expedição de diploma (RCED) fundado no art. 262 do CE.

> "[...] 1. No âmbito da Justiça Eleitoral, a ação rescisória só é cabível para desconstituir acórdãos do TSE que contenham declaração de inelegibilidade (art. 22, I, *j*, do Código Eleitoral). Precedentes. 2. Agravo regimental desprovido. Decisão: O Tribunal, por unanimidade, desproveu o agravo regimental, nos termos do voto do Relator" (TSE – AgR-AR nº 179.722/PE – *DJe* 24-9-2012, p. 25).

Note-se que o termo *inelegibilidade* é aí compreendido em sentido estrito, de maneira que é incabível a ação em apreço se o julgado rescindendo versar sobre "ausência de condição de elegibilidade" (TSE – AgR-AR nº 16.927/SP – *DJe*, t 164, 28-8-2013, p. 36; AgR-AR nº 4.975/MT – *DJe* 9-8-2013, p. 167).

É preciso que a decisão tenha apreciado o mérito da causa ou do recurso, pronunciando-se efetivamente acerca da inelegibilidade. Não atende a esse pressuposto o julgado que extinguiu o processo sem apreciar-lhe o mérito, bem como o que não conheceu ou negou seguimento ao recurso. Nesse sentido, a jurisprudência tem afirmado ser incabível ação rescisória para desconstituir ato do TSE que "se limitou a julgar inadmissível recurso especial" (TSE – AgR-AR nº 422.426/TO – *DJe*, t. 208, 3-11-2011, p. 68; AgR-AR nº 150.911/SP – *DJe* 12-5-2011, p. 28-29).

Em tal quadro, indevida é a via processual em exame para rescindir atos jurisdicionais que, na verdade, figuram como pressuposto ou causa de juízos declaratórios de inelegibilidade. Isso ocorre, *e. g.*, com as ações fundadas nos arts. 30-A (captação ou gasto ilícito de recurso em campanha eleitoral), 41-A (captação ilícita de sufrágio) e 73 (conduta vedada a agente público), todos da LE, que não têm por objeto *direto* nem a declaração nem a constituição de inelegibilidade e, por tal razão, as decisões nelas prolatadas não podem ser desfeitas via ação rescisória eleitoral. É que essas ações ensejam a inelegibilidade apenas de modo indireto ou reflexo, nos termos do art. 1º, I, *j*, da LC nº 64/90; de sorte que a inelegibilidade somente será declarada em futuro e eventual processo de registro de candidatura (isso porque, na dicção do § 10 do art. 11 da LE: "as causas de inelegibilidade devem ser aferidas no momento da formalização do pedido de registro da candidatura"). Nesse sentido:

> "Ação rescisória. Cabimento. 1. A ação rescisória somente é cabível no âmbito da Justiça Eleitoral contra decisão do Tribunal Superior Eleitoral e que verse sobre inelegibilidade. 2. Não cabe ação rescisória para desconstituir decisão condenatória, em sede de representação do art. 41-A da Lei nº 9.504/97, já que nela não há, no âmbito da própria ação, declaração de inelegibilidade. Agravo regimental a que se nega provimento. *Decisão*: O Tribunal, por unanimidade, desproveu o agravo regimental, nos termos do voto do Relator" (TSE – AgR-AR nº 41.557/PA – *DJe*, t. 201, 17-10-2012, p. 15).

> "[...] 2. Não é possível, por meio da via excepcional da ação rescisória, a simples pretensão de rediscussão da causa de indeferimento do registro de candidatura. [...]" (TSE – AgR-AR nº 185.440/PB – *DJe* 5-10-2012).

Cumpre ressaltar que nem sempre é necessário que ocorra novo julgamento da causa – e, pois, que se formule juízo rescisório. Há situações em que o juízo rescindente é suficiente para a adequada tutela jurisdicional. Tanto assim que o art. 968, I, do CPC permite que o autor cumule "ao pedido de rescisão, *se for o caso*, o de novo julgamento do processo". Como se vê, o juízo rescisório deve ser formulado apenas *se for o caso*. Exemplos: *(i)* se o fundamento da ação rescisória for ofensa à coisa julgada, basta que haja rescisão da decisão para que prevaleça a autoridade do julgado anterior; *(ii)* se foi imposta sanção de inelegibilidade com fulcro no art. 22, XIV, da LC nº 64/90, a só procedência do pedido rescisório a extinguirá, restabelecendo-se a elegibilidade do autor.

Para impugnar a decisão que julga a ação rescisória, pode-se cogitar dos seguintes recursos: *(i)* agravo interno – no caso de *decisão singular do relator*; *(ii)* recurso extraordinário – se se tratar de *decisão colegiada*.

27.2 AÇÃO DE ANULAÇÃO DE ATO PROCESSUAL

O § 4º do art. 966 do CPC prevê hipóteses em que a ação cabível será *anulatória* – e não rescisória. Eis o seu teor: "§ 4º Os atos de disposição de direitos, praticados pelas partes ou por outros participantes do processo e homologados pelo juízo, bem como os atos homologatórios praticados no curso da execução, estão sujeitos à anulação, nos termos da lei".

Extrai-se desse dispositivo que o objeto da ação em exame é a invalidação de ato processual praticado pela parte no processo e homologado pelo juízo. Não se trata de invalidação do ato judicial de homologação, mas sim do ato dispositivo praticado pela parte, tais como transação e renúncia a direito.

A ação anulatória não deve ser confundida com a rescisória. Primeiro, porque seu objeto é a invalidação de ato dispositivo praticado pela parte no processo, enquanto a rescisória tem por objeto desconstituir a coisa julgada. Segundo, porque a anulatória é de competência do juízo de primeiro grau, e não originariamente dos tribunais – como ocorre com a rescisória. Por fim, o procedimento a ser observado na anulatória é o comum, enquanto a rescisória se submete a procedimento especial.

De qualquer sorte, a ação em exame tem pouco ou nenhum interesse nos domínios eleitorais. Isso porque nessa seara não há que falar em direito disponível ou que possa ser objeto de disposição pela parte.

27.3 AÇÃO DE *QUERELA NULLITATIS INSANABILIS*

À semelhança da ação rescisória, a ação de *querela nullitatis insanabilis* também visa à impugnação de anterior decisão judicial transitada em julgado. Entretanto, essas duas ações diferenciam-se em seus fundamentos.

É que a *querela nullitatis* pressupõe a *não* existência do processo ou do ato decisório. Seu cabimento requer a ausência de pressuposto processual de existência do processo (ex.: jurisdição) ou a falta ou nulidade de citação do réu. De maneira que, se não existiu processo nem sentença válidos, não há que se falar em coisa julgada.

Ao contrário do que ocorre com a rescisória, a ação de *querela nullitatis* é de competência do juízo de primeiro grau – e não originária dos tribunais. Ademais, nela deve-se observar o procedimento comum.

REFERÊNCIAS

ABBAGNANO, Nicola. *Dicionário de filosofia*. 4. ed. Trad. Alfredo Bosi. Rev. Ivone Castilho Benedetti. São Paulo: Martins Fontes, 2003.

ALEXY, Robert. *Constitucionalismo discursivo*. Trad. Luís Afonso Heck. Porto Alegre: Livraria do Advogado, 2007.

ALEXY, Robert. *Teoria dos direitos fundamentais*. Trad. Virgílio Afonso da Silva. São Paulo: Malheiros, 2008.

ALMEIDA, Marcos Lourenço Capanema de. *Os instrumentos de controle de investidura nos mandatos políticos pelos órgãos do Poder Judiciário Eleitoral*: os meios de educação em direitos humanos e o respeito à soberania popular na Constituição de 1988. 2009. Dissertação (Mestrado) – Universidade Federal de Minas Gerais, Faculdade de Direito, 2009.

ALVIM, Frederico Franco. *Cobertura política e integridade eleitoral*: efeitos da mídia sobre as eleições. Florianópolis: Habitus Editora, 2018.

ALVIM, Frederico Franco. *Abuso de poder nas competições eleitorais*. Curitiba: Juruá, 2019.

ANDRADE NETO, João. *O positivismo jurídico e a legitimidade dos juízos eleitorais*: a insuficiência da resposta juspositiva a questão da judicialização da política. 2010. Dissertação (Mestrado) – Universidade Federal de Minas Gerais, Faculdade de Direito, 2010.

ARISTÓTELES. *Ética a Nicômacos*. Trad. Mário da Gama Kury. 2. ed. Brasília: EUNB, c1985, 1992.

ARISTÓTELES. *Política*. Trad. Mário da Gama Kury. Brasília: EUNB, c1985. 317p.

ARISTÓTELES. *Metafísica*. São Paulo: Loyola, 2002.

ASCENSÃO, José de Oliveira. *Direito civil*: teoria geral: introdução, as pessoas, os bens. 2. ed. Coimbra: Coimbra Ed., 2000. v. 1.

AUSTIN, John Langshaw. *How to do things with words*. UK: Oxford University Press, 1962.

BADARÓ, Gustavo Henrique Righi Avahy. *Processo penal*. 2. ed. Rio de Janeiro: Elsevier, 2014.

BANDEIRA DE MELLO, Celso Antônio. *Curso de direito administrativo*. 14. ed. rev., ampl. e atual. São Paulo: Malheiros, 2002.

BANDEIRA DE MELLO, Celso Antônio. *Curso de direito administrativo*. 21. ed. São Paulo: Malheiros, 2006.

BANDEIRA DE MELLO, Oswaldo Aranha. *Princípios gerais de direito administrativo*. 3. ed. São Paulo: Malheiros, 2007.

BARBA, Jaime Durán; NIETO, Santiago. La política em el siglo XXI: arte, mito o ciencia. 6. ed. Buenos Aires: Penguin Random House Grupo Editorial S.A., 2017.

BARREIROS NETO, Jaime. *Direito eleitoral*. Salvador: JusPodivm, 2011.

BARRETO LIMA, Martonio Mont'Alverne. República. *In* CANOTILHO, J. J. Gomes *et alii* (Coords.). *Comentários à Constituição do Brasil*. São Paulo: Saraiva/Almedina, 2013.

BARROSO, Luís Roberto. Interpretação constitucional como interpretação específica. *In* CANOTILHO, J. J. Gomes *et alii* (Coords.). *Comentários à Constituição do Brasil*. São Paulo: Saraiva/Almedina, 2013.

BATISTA JÚNIOR, Onofre Alves. *O poder de polícia fiscal*. Belo Horizonte: Mandamentos, 2001.

BERGEL, Jean-Louis. *Théorie générale du droit*. 4. ed. Paris: Dalloz, 2003.

BEVILÁQUA, Clóvis. *Teoria geral do direito civil*. 7. ed. rev. e atual. por Achilles Beviláqua e Isaias Beviláqua. Rio de Janeiro: Francisco Alves, 1955.

BOBBIO, Norberto. *Teoria geral da política*: a filosofia política e as lições dos clássicos. Michelangelo Bovero (Org.). Trad. Daniela Beccaccia Versiani. Rio de Janeiro: Elsevier, 2000.

BOBBIO, Norberto. *O futuro da democracia*: uma defesa das regras do jogo. 13. ed. rev. São Paulo: Paz e Terra, 2015.

BOBBIO, Norberto; MATTEUCCI, Nicola; PASQUINO, Gianfranco. *Dicionário de política*. 13. ed. Trad. Carmen C. Varriale et al. Brasília/DF: Editora Universidade de Brasília, 2009. v. 2.

BONAVIDES, Paulo. *Ciência política*. 17. ed. São Paulo: Malheiros, 2010.

BONAVIDES, Paulo. *Curso de direito constitucional*. 25. ed. at. São Paulo: Malheiros, 2010a.

BRASIL. Tribunal Superior Eleitoral. Informações e dados estatísticos sobre as eleições 2010/elaboração Núcleo de Estatística da Assessoria de Gestão Estratégica. Brasília/DF, Tribunal Superior Eleitoral, Secretaria de Gestão da Informação, 2010.

BUCCI, Eugênio. *O estado de narciso*: a comunicação pública a serviço da vaidade particular. São Paulo: Companhia das Letras, 2015.

CAGGIANO, Mônica Herman Salem. *Direito parlamentar e direito eleitoral*. São Paulo: Manole, 2004.

CAMPOS MELLO, Patrícia. *A máquina do ódio*: notas de uma repórter sobre Fake News e violência digital. São Paulo: Companhia das Letras, 2020.

CANARIS, Claus-Wilhelm. *Pensamento sistemático e conceito de sistema na ciência do direito*. Trad. [do alemão] e introdução António Manuel da Rocha e Menezes Cordeiro. 2. ed. Lisboa: Fundação Calouste Gulbenkian, 1996.

CÂNDIDO, Joel J. *Direito eleitoral brasileiro*. 10. ed. rev., atual. e ampl. Bauru: Edipro, 2002.

CANOTILHO, J. J. Gomes. Os métodos do achamento político. In CANOTILHO, J. J. Gomes et alii (Coords.). *Comentários à Constituição do Brasil*. São Paulo: Saraiva/Almedina, 2013.

REFERÊNCIAS | 825

CANOTILHO, J. J. Gomes. *"Brancosos" e interconstitucionalidade*: itinerários dos discursos sobre historicidade constitucional. 2. ed. Coimbra: Almedina, 2008.

CANOTILHO, J. J. Gomes. *Direito constitucional*. 6. ed. rev. 2. reimpr. Coimbra: Almedina, 1996.

CANOTILHO, J. J. Gomes; MOREIRA, Vital. *Fundamentos da Constituição*. Coimbra: Coimbra Ed., 1991.

CARVALHO, Kildare Gonçalves. *Direito constitucional*: teoria do Estado e da Constituição; direito constitucional positivo. 10. ed. rev., atual. e ampl. Belo Horizonte: Del Rey, 2004.

CASTELLS, Manuel. *O poder da comunicação*. Rio de Janeiro: Paz e Terra, 2015.

CASTRO, Edson de Resende. *Teoria e prática do direito eleitoral*. 3. ed. rev. e atual. Belo Horizonte: Mandamentos, 2006.

CAUCHOIS, Hervé. *Guide du contentieux électoral*: les indispensables. 2. ed. Paris: Berger--Levrault, 2005.

CHACON, Vamireh. *História dos partidos brasileiros*: discurso e práxis dos seus programas. 3. ed. atual. e ampl. Brasília: UnB, 1998.

CHARLOT, Jean. *Curso de introdução à ciência política*: partidos políticos. 2. ed. Brasília/ DF: Editora Universidade de Brasília, c1984. v. 5.

CLIFT, Eleanor; SPIELER, Matthew. *Selecting a president*. New York: Thomas Dunne Books, 2012.

COMPARATO, Fábio Konder. *A afirmação histórica dos direitos humanos*. 4. ed. rev. e atual. São Paulo: Saraiva, 2005.

COMPARATO, Fábio Konder. A necessária reformulação do sistema eleitoral brasileiro. In: VELLOSO, Carlos Mário da Silva; ANTUNES ROCHA, Cármen Lúcia (Org.). *Direito eleitoral*. Belo Horizonte: Del Rey, 1996.

CONY, Carlos Heitor. O bródio e a cúpula. *Folha de S. Paulo*. Caderno A, p. 2, 25 fev. 2006.

CORRÊA, Alessandra. *Financiamento de campanhas: modelos nos EUA, França e Grã--Bretanha geram polêmica*. BBC: Nova York, 15-6-2013. Disponível em: <http://www.bbc.co.uk/portuguese/noticias/2013/07/130710_financiamento_eleicoes_dg>. Acesso em: 2-6-2015.

COSTA, Adriano Soares da. *Instituições de direito eleitoral*. 6. ed. rev., atual. e ampl. Belo Horizonte: Del Rey, 2006.

COSTA, José Rubens. *Ação de impugnação de mandato eletivo*. Belo Horizonte: Del Rey, 2004.

COSTA, Tito. *Recursos em matéria eleitoral*. 4. ed. rev., atual. e ampl. de acordo com a Constituição de 1988. São Paulo: Revista dos Tribunais, 1992.

CRETELLA JÚNIOR, José. *Comentários à Constituição brasileira de 1988*. Rio de Janeiro: Forense Universitária, 1989. v. 2.

CRUZ, Francisco Brito et al. *Direito eleitoral na era digital*. Belo Horizonte: Letramento – Caso do Direito, 2018.

CUNHA, Amanda Guimarães da; BASTOS JÚNIOR, Luiz Magno. *Direito eleitoral sancionador*: o dever de imparcialidade da autoridade judicial. São Paulo: tirant lo Blanch, 2021.

DAHL, Robert. A influência política. In: *Curso de introdução à ciência política*. 2. ed. Brasília/DF: Editora UNB, 1984. v. 2 – poder e autoridade.

DECOMAIN, Pedro Roberto. *Elegibilidade e inelegibilidades*. 2. ed. São Paulo: Dialética, 2004b.

DECOMAIN, Pedro Roberto. *Eleições*: comentários à Lei nº 9.504/97. 2. ed. São Paulo: Dialética, 2004a.

DECOMAIN, Pedro Roberto; PRADE, Péricles. *Comentários ao Código Eleitoral*. São Paulo: Dialética, 2004.

DI PIETRO, Maria Sylvia Zanella. *Direito administrativo*. 19. ed. São Paulo: Atlas, 2006.

DI PIETRO, Maria Sylvia Zanella. *Direito administrativo*. 20. ed. São Paulo: Atlas, 2007.

DIAS, Reinaldo. *Ciência política*. São Paulo: Atlas, 2008.

DIAS, Reinaldo. *Introdução à sociologia*. São Paulo: Pearson Prentice Hall, 2005.

DINAMARCO, Cândido Rangel. *Instituições de direito processual civil*. 4. ed. rev. e atual. São Paulo: Malheiros, 2004. v. 2.

DINAMARCO, Cândido Rangel. *Instituições de direito processual civil*. 4. ed. rev. e atual. São Paulo: Malheiros, 2004b. v. 3.

D'HONDT, Victor. In PORTO, Walter Costa. *Dicionário do voto*. Brasília: Editora UnB, 2000, verbete "Victor D'Hondt".

DUPUY, Pierre-Marie. Responsabilité. In: ALLAND, Denis; RIALS, Stéphane. *Dictionnaire de la culture juridique*. Paris: Presses Universitaires de France, 2003.

DURKHEIM, Émile. *The elementary forms of religious life*. New York: The Free Press, 1995.

DWORKIN, Ronald. *O império do direito*. 2. ed. 2. tir. Trad. Jefferson Luiz Camargo. São Paulo: Martins Fontes, 2010.

DWORKIN, Ronald. *Levando os direitos a sério*. 3. ed. 2. tir. São Paulo: WMF Martins Fontes, 2011.

FACEBOOK. *Localização e especificação de conteúdo no Facebook*: a relevância da URL para o cumprimento de ordens judiciais, a garantia da segurança jurídica e a proteção da liberdade de expressão. *Sine data*.

FAORO, Raymundo. *Os donos do poder*: formação do patronato político brasileiro. 3. ed. rev. São Paulo: Globo, 2001.

FAUSTO, Boris. *História do Brasil*. 14. ed. São Paulo: Editora da Universidade de São Paulo, 2012.

FERNANDES, Bernardo Gonçalves. *Curso de direito constitucional*. 3. ed. rev., ampl. e atual. Rio de Janeiro: Lumen Juris, 2011.

FERREIRA FILHO, Manoel Gonçalves. *Aspectos do direito constitucional contemporâneo*. São Paulo: Saraiva, 2003.

FERREIRA FILHO, Manoel Gonçalves. *Curso de direito constitucional*. 31. ed. São Paulo: Saraiva, 2005.

FERREIRA FILHO, Manoel Gonçalves. *Direitos humanos fundamentais*. 6. ed. São Paulo: Saraiva, 2004.

FERREIRA FILHO, Manoel Gonçalves. *Princípios fundamentais do direito constitucional*. 2. ed. São Paulo: Saraiva, 2010.

FERREIRA, Pinto. *Código Eleitoral comentado*. 3. ed. ampl. São Paulo: Saraiva, 1991.

FERREIRA, Pinto. *Comentários à Constituição brasileira*. São Paulo: Saraiva, 1989. v. 1.

FIGUEIREDO DIAS, Jorge de. *Direito penal*: parte geral. 1. ed. brasileira, 2. ed. portuguesa. São Paulo: Revista dos Tribunais; Coimbra: Coimbra Editora, 2007. t. 1.

FUX, Luiz; FRAZÃO, Carlos Eduardo. *Novos paradigmas do direito eleitoral*. Belo Horizonte: Fórum, 2016.

GIDDENS, Anthony. A questão da desigualdade. In: GIDDENS, Anthony (Org.). *O debate global sobre a terceira via*. Trad. Roger Maioli dos Santos. São Paulo: Editora Unesp, 2007.

GIDDENS, Anthony. *Sociologia*. 4. ed. Trad. Sandra Regina Netz. Porto Alegre: Artmed, 2005.

GOLTZMAN, Elder Maia. *Liberdade de expressão e desinformação em contextos eleitorais*. Belo Horizonte: Fórum, 2022.

GOMES, José Jairo. Apontamentos sobre a improbidade administrativa. In: LEITE SAMPAIO, José Adércio et al. (Org.). *Improbidade administrativa*: 10 anos da Lei nº 8.429/92. Belo Horizonte: Del Rey, 2002.

GOMES, José Jairo. *Curso de direito civil*: introdução e parte geral. Belo Horizonte: Del Rey, 2006.

GOMES, José Jairo. *Lei de Introdução ao Código Civil em perspectiva*. Belo Horizonte: Del Rey, 2007.

GOMES, José Jairo. *Responsabilidade civil e eticidade*. Belo Horizonte: Del Rey, 2005.

GOMES, José Jairo. *Teoria geral do direito civil*. Belo Horizonte: Del Rey, 2009.

GRAEFF, Antônio. *Eleições 2.0*: a internet e as mídias sociais no processo eleitoral. São Paulo: Publifolha, 2009.

GRINOVER, Ada Pellegrini; GOMES FILHO, Antonio Magalhães; FERNANDES, Antônio Scarance. *As nulidades no processo penal*. 8. ed. rev. e atual. São Paulo: Revista dos Tribunais, 2004.

HICKS, Stephen R. C. *Explicando o pós-modernismo*: ceticismo e socialismo – de Rousseau a Foucault. Trad. Silvana Vieira. São Paulo: Callis Ed., 2011.

JOLIVET, Régis. *Curso de filosofia*. Trad. Eduardo Prado de Mendonça. 19. ed. Rio de Janeiro: Agir, 1995.

KARPSTEIN, Carla Cristine; KNOERR, Fernando Gustavo. O direito de resposta na propaganda eleitoral. *Revista Brasileira de Direito Eleitoral* – RBDE, Belo Horizonte: Fórum, ano 1, nº 1, jul./dez. 2009, p. 11-43.

KELSEN, Hans. *Teoria pura do direito*. Trad. João Baptista Machado. 4. ed. São Paulo: Martins Fontes, 1994.

KERNEIS, Soazick. Autorité. In: ALLAND, Denis; RIALS, Stéphane. *Dictionnaire de la culture juridique*. Paris: Presses Universitaires de France, 2003.

KOLLMAN, Ken. *The american political system*. 2. ed. New York: W. W. Norton & Company, Inc., 2014.

LAKATOS, Eva Maria; MARCONI, Marina de Andrade. *Sociologia geral*. 7. ed. rev. e ampl. São Paulo: Atlas, 1999.

LALANDE, André. *Vocabulário técnico e crítico de filosofia*. Trad. Fátima Sá Correia et al. 3. ed. São Paulo: Martins Fontes, 1999.

LASSALLE, Ferdinand. *A essência da Constituição*. 9. ed. Rio de Janeiro: Lumen Juris, 2009.

LÉVINAS, Emmanuel. *Entre nós*: ensaios sobre a alteridade. 2. ed. Petrópolis: Editora Vozes, 2005.

LIPOVETSKY, Gilles. *O império do efêmero*: a moda e seu destino nas sociedades modernas. Trad. Maria Lúcia Machado. São Paulo: Companhia das Letras, 1989.

LIPPMANN, Walter. *Liberty and the News*. New York: Harcourt, Brace and Howe, 1920.

LLANOS, Mariana; SÁNCHEZ, Francisco. O bicameralismo em perspectiva comparada. In: AVRITZER, Leonardo; ANASTASIA, Fátima (Org.). *Reforma política no Brasil*. Belo Horizonte: Editora UFMG, 2007.

LOPEZ, Adriana; MOTA, Carlos Guilherme. *História do Brasil*: uma interpretação. 3. ed. São Paulo: Editora Senac, 2012.

LULA, Carlos Eduardo de Oliveira. *Direito eleitoral*. 3. ed. Leme/SP: Imperium Editora, 2012.

MALIGNER, Bernard. *Droit électoral*. Paris: Ellipses, 2007.

MAQUIAVEL, Nicolau. *O Príncipe*. Trad. Antônio D'Elia. São Paulo: Círculo do Livro, *sine data*.

MARINONI, Luiz Guilherme. *Curso de processo civil*: teoria geral do processo. 2. ed. rev. e atual. São Paulo: Revista dos Tribunais, 2007. v. 1.

MARINONI, Luiz Guilherme; ARENHART, Sérgio Cruz. *Curso de processo civil*: processo de conhecimento. 6. ed. rev., atual. e ampl. São Paulo: Revista dos Tribunais, 2007. v. 2.

MARINONI, Luiz Guilherme; ARENHART, Sérgio Cruz; MITIDIERO, Daniel. *Novo curso de processo civil*: tutela dos direitos mediante procedimento comum. 2. ed. rev., atual. e ampl. São Paulo: RT, 2016. v. 2.

MAZZILLI, Hugo Nigro. *A defesa dos interesses difusos em juízo*: meio ambiente, consumidor, patrimônio cultural, patrimônio público e outros interesses. 15. ed. rev., ampl. e atual. São Paulo: Saraiva, 2002.

MEIRELLES, Hely Lopes. *Direito administrativo brasileiro*. 15. ed. atual. pela Constituição de 1988. São Paulo: Revista dos Tribunais, 1990.

MEIRELLES, Hely Lopes. *Direito administrativo brasileiro*. 33. ed. São Paulo: Malheiros, 2007.

MELLO, Marcos Bernardes de. *Teoria do fato jurídico:* plano da existência. 11. ed. São Paulo: Saraiva, 2001.

MELO, Carlos Ranulfo. *Retirando as cadeiras do lugar:* migração partidária na Câmara dos Deputados (1985-2002). Belo Horizonte: Editora UFMG, 2004.

MENDES, Antônio Carlos. *Introdução à teoria das inelegibilidades*. São Paulo: Malheiros, 1994.

MENDES, Gilmar Ferreira; GONET BRANCO, Paulo Gustavo. *Curso de direito constitucional*. 7. ed. rev. e atual. São Paulo: Saraiva, 2012.

MENDES, Gilmar Ferreira; GONET BRANCO, Paulo Gustavo. *Curso de direito constitucional*. 17. ed. São Paulo: SaraivaJur, 2022.

MICHELS, Vera Maria Nunes. *Direito eleitoral*. 4. ed. rev. Porto Alegre: Livraria do Advogado, 2006.

MILL, Stuart. Sobre a liberdade. In WEFFORT, Francisco (Org.). *Os clássicos da política*. 11. ed. São Paulo: Ática, 2011.

MIRANDA, Jorge. *Direito eleitoral*. Coimbra: Almedina, 2018.

MONTESQUIEU. *De l'esprit des lois*. Paris: Garnier-Flammarion, 1979.

MORAES, Alexandre de. *Direito constitucional*. 11. ed. São Paulo: Atlas, 2002.

MOTTA, Rodrigo Patto Sá. *Introdução à história dos partidos políticos brasileiros*. 2. ed. rev. Belo Horizonte: Editora UFMG, 2008.

MÜLLER, Friedrich. *Quem é o povo?* 2. ed. Trad. de [do alemão] Peter Naumann. Rev. Paulo Bonavides. São Paulo: Max Limonad, 2000.

MUÑOZ, Óscar Sánchez. *La igualdad de oportunidades en las competiciones electorales*. Madrid: Centro de Estudios Políticos y Constitucionales, 2007.

NASSIF, Luís. A longa noite de São Bartolomeu. In: LIMA, Venício Artur de (Org.). *A mídia nas eleições de 2006*. São Paulo: Editora Fundação Perseu Abramo, 2007.

NICOLAU, Jairo. *Eleições no Brasil*: do Império aos dias atuais. Rio de Janeiro: Zahar, 2012b.

NICOLAU, Jairo. *Sistemas eleitorais*. 6. ed. Rio de Janeiro: FGV Editora, 2012a.

NIESS, Pedro Henrique Távora. *Direitos políticos*: condições de elegibilidade e inelegibilidade. São Paulo: Saraiva, 1994.

NUCCI, Guilherme de Souza. *Manual de processo de penal e execução penal*. 8. ed., 2a tir., rev., atual. e ampl. São Paulo: Revista dos Tribunais, 2011.

OHMAN, Magnus. Introduction to political finance. In: FALGUERA, Elin; JONES, Samuel; OHMAN, Magnus et al. *Funding of political parties and election campaigns*: a handbook on political finance. International IDEA: Stockolm/Sweden, 2014.

OLIVEIRA, Eugênio Pacelli de. *Curso de processo penal*. 16. ed. atual. São Paulo: Atlas, 2012.

OSORIO, Aline. *Direito eleitoral e liberdade de expressão*. Belo Horizonte: Fórum, 2017.

PASQUALE, Frank. *The black box society*: the secret algorithms that control money and information. Cambridge, Massachusetts, London, England: Harvard University Press, 2016.

PEDICONE DE VALLS, María Gilda. *Derecho electoral*. Buenos Aires: Ediciones La Rocca, 2001.

PINHEIRO, Maria Cláudia Bucchianeri. O problema da (sub)representação política da mulher: um tema central na agenda política. In: COELHO, Marcus Vinícius Furtado; AGRA, Walber de Moura (Coord.). *Direito eleitoral e democracia*: desafios e perspectivas. Brasília/DF: OAB, Conselho Federal, 2010.

PINTO, Djalma. *Direito eleitoral*: improbidade administrativa e responsabilidade fiscal – noções gerais. 2. ed. São Paulo: Atlas, 2005.

PONTES DE MIRANDA, Francisco Cavalcanti. *Tratado de direito privado*. Rio de Janeiro: Borsoi, 1970. t. 4 – Parte Geral.

RAMAYANA, Marcos. *Direito eleitoral*. 6. ed. rev. e atual. Rio de Janeiro: Impetus, 2006.

RAWLS, John. *Uma teoria da justiça*. São Paulo: Martins Fontes, 2002.

REALE, Giovanni; ANTISERI, Dario. História da filosofia: do romantismo até nossos dias. 4. ed. São Paulo: Paulus, 1991. v. 3.

REALE, Miguel. *Lições preliminares de direito*. 21. ed. rev. e aum. São Paulo: Saraiva, 1994.

RIBEIRO, Fávila. *Abuso de poder no direito eleitoral*. 2. ed. rev., atual. e ampl. Rio de Janeiro: Forense, 1993.

RIBEIRO, Renato Ventura. *Lei eleitoral comentada (Lei nº 9.504, de 30 de setembro de 1997)*. São Paulo: Quartier Latin, 2006.

RIBEIRO, Renato Ventura. Propaganda eleitoral gratuita no rádio e na televisão e direito de resposta. In: GONÇALVES, Guilherme de Salles; CASAGRANDE PEREIRA, Luiz Fernando; STRAPAZZON, Carlos Luiz (Org.). *Direito eleitoral contemporâneo*. Belo Horizonte: Fórum, 2008.

RIOS GONÇALVES, Marcus Vinicius. *Direito processual civil*. 14. ed. São Paulo: Saraiva, 2023.

RIPERT, Georges. *A regra moral nas obrigações civis*. 2. ed. Trad. Osório de Oliveira. Campinas: Bookseller, 2002.

SALVETTI NETTO, Pedro. *Curso de teoria do Estado*. 7. ed. São Paulo: Saraiva, 1987.

SANTOS, Moacyr Amaral. *Primeiras linhas de direito processual civil*. 12. ed. atual. São Paulo: Saraiva, 1989. v. 2.

SARMENTO, Daniel. [comentários ao Art. 5º, IV, da Constituição]. In CANOTILHO, J. J. Gomes et alii (Coords.). *Comentários à Constituição do Brasil*. São Paulo: Saraiva/Almedina, 2013.

SARMENTO, Daniel; SOUZA NETO, Cláudio Pereira. Direito constitucional: teoria, história e métodos de trabalho. 2. ed. 2. reimp. Belo Horizonte: Fórum, 2016.

SEREJO, Lourival. *Programa de direito eleitoral*. Belo Horizonte: Del Rey, 2006.

SILVA, Antônio Hélio. *Considerações sobre o processo eleitoral brasileiro e seus procedimentos*. Belo Horizonte: Tribunal Regional Eleitoral de Minas Gerais, 2004.

SILVA, José Afonso da. *Curso de direito constitucional positivo*. 26. ed. rev. e atual. São Paulo: Malheiros, 2006.

SILVA, Virgílio Afonso da. O proporcional e o razoável. *RT*, São Paulo: Revista dos Tribunais, ano 91, nº 798, abr. 2002, p. 23-50.

SOUZA, Sully Alves de. Sistemas eleitorais. In: *Curso de introdução à ciência política*. 2. ed. Brasília/DF: Editora UNB, 1984. v. 4 – voto e representação política.

SPECK, Bruno Wilhelm. O financiamento de campanhas eleitorais. In: AVRITZER, Leonardo; ANASTASIA, Fátima (Org.). *Reforma política no Brasil*. Belo Horizonte: Editora UFMG, 2007.

STUDART, Paulo Henrique de Mattos. *O princípio da anualidade e as modificações na interpretação do direito eleitoral pelo Poder Judiciário*. 2016. Dissertação (Mestrado) – Universidade Federal de Minas Gerais, Faculdade de Direito, 2016.

SCHWARCZ, Lilia Moritz. *Sobre o autoritarismo brasileiro*. São Paulo: Companhia das Letras, 2019.

TAVARES, André Ramos. *Curso de direito constitucional*. 9. ed. rev. e atual. São Paulo: Saraiva, 2011.

TAVARES, André Ramos. Justiça e administração eleitorais na federação brasileira: entre a justiça estadual e a federal. *Estudos Eleitorais*, Brasília: TSE, v. 6, nº 2, p. 9-28, maio/ago. 2011.

TAYLOR, Matthew. Justiça Eleitoral. In: AVRITZER, Leonardo; ANASTASIA, Fátima (Org.). *Reforma política no Brasil*. Belo Horizonte: Editora UFMG, 2007.

THEODORO JÚNIOR, Humberto. *Curso de direito processual civil*: teoria geral do direito processual civil e processo de conhecimento. 53. ed. rev. e atual. Rio de Janeiro: Forense, 2012. v. 1.

THEODORO JÚNIOR, Humberto; NUNES, Dierle; BAHIA, Alexandre Melo Franco; PE-DRON, Flávio Quinaud. *Novo CPC*: fundamentos e sistematização. 3. ed. rev., atual. e ampl. Rio de Janeiro: Forense, 2016.

TOFFOLI, José Antônio Dias. Breves considerações sobre a fraude ao direito eleitoral. *Revista Brasileira de Direito Eleitoral* – RBDE, Belo Horizonte: Editora Fórum, ano 1, nº 1, jul./dez. 2009, p. 45-61.

TOLEDO, Cláudia. *Direito adquirido e estado democrático de direito*. São Paulo: Landy, 2003.

TORNAGHI, Hélio. *A relação processual penal*. 2. ed. São Paulo: Saraiva, 1987.

UHLHAAS, Christof. Mensagens subliminares. *Consciência. (revista) Scientific American – mente, cérebro: psicologia-psicanálise-neurociência*, São Paulo: Ediouro Duetto Editorial, nº 46 (edição especial), 2014, p. 62-69.

VELLOSO, Carlos Mário da Silva; AGRA, Walber de Moura. *Elementos de direito eleitoral*. São Paulo: Saraiva, 2009.

VELOSO, Zeno. *Invalidade do negócio jurídico*: nulidade e anulabilidade. 2. ed. Belo Horizonte: Del Rey, 2005.

VIANA PEREIRA, Rodolfo. *Tutela coletiva no direito eleitoral*: controle social e fiscalização das eleições. Rio de Janeiro: Lumen Juris, 2008.

WAMBIER, Teresa Arruda Alvim; CONCEIÇÃO, Maria Lúcia Lins; RIBEIRO, Leonardo Ferres da Silva; MELLO, Rogério Licastro Torres de. *Primeiros comentários ao Código de Processo Civil*: artigo por artigo. São Paulo: Revista dos Tribunais, 2015.

YÁÑEZ, José Antonio Gómez; NAVARRO, Joan. *Desprivatizar los partidos*. Barcelona(España): Editorial Gedisa S.A., 2019.

ZÍLIO, Rodrigo López. *Direito eleitoral*: noções preliminares, elegibilidade e inelegibilidade, processo eleitoral (da convenção à prestação de contas), ações eleitorais. 2. ed. rev. e atual. Porto Alegre: Verbo Jurídico, 2010.

ZÍLIO, Rodrigo López. *Direito eleitoral*. 6. ed. rev. e atual. Porto Alegre: Verbo Jurídico, 2018.

ÍNDICE

A

ABSOLUTAMENTE INCAPAZES, 10

ABUSO DE PODER, 219, 237, 565

ABUSO DE PODER ECONÔMICO, 565, 566, 567, 569, 571, 573, 577, 579, 584, 588, 592, 594, 632, 633, 635

AÇÃO ANULATÓRIA, 802

AÇÃO DE IMPUGNAÇÃO DE MANDATO ELETIVO, 755

AÇÃO DE IMPUGNAÇÃO DE MANDATO ELETIVO (AIME)
aditamento ou alteração da causa de pedir, 762
alegações finais, 770
aspectos processuais, 758
causa de pedir, 762
competência, 766
defesa, 767
desistência da ação, 765
fase probatória, 769
geração de inelegibilidade, 757
julgamento, 771
litispendência e coisa julgada, 765
objeto, 762
partes, 762
petição inicial, 760
prazo para ajuizamento, 764
recurso, 772
tutela provisória de urgência cautelar, 767

AÇÃO DE INVESTIGAÇÃO JUDICIAL ELEITORAL, AIJE
audiência de instrução probatória, 720
defesa, 695
desistência, 689
diligências, 721
extinção do processo sem resolução do mérito, 699

julgamento, 722
julgamento antecipado do mérito, 699
petição inicial, 675
por abuso de poder, 670
provas, 700
recurso, 725
tutela inibitória, 693
tutela provisória de urgência, 693

AÇÃO POR CAPTAÇÃO ILÍCITA DE SUFRÁGIO, 739
anulação da votação, 743
julgamento, 743
tutela provisória de urgência cautelar, 742

AÇÃO POR CAPTAÇÃO OU GASTO ILÍCITO DE RECURSO PARA FINS ELEITORAIS, 733
anulação da votação, 738
competência, 734
julgamento, 738
partes, 734
termo final para ajuizar, 736
tutela provisória antecipada, 737

AÇÃO POR CONDUTA VEDADA A AGENTES PÚBLICOS, 744
espécies de condutas vedadas, 608
petição inicial, 744
prazo para ajuizar, 747
sanções das condutas vedadas, 630, 631

AÇÃO RESCISÓRIA, 799

AÇÃO RESCISÓRIA ELEITORAL, 799

ACAREAÇÃO, 717

AÇÕES ELEITORAIS, 668

AÇÕES JUDICIAIS ELEITORAIS, 653

ADMINISTRAÇÃO FINANCEIRA DA CAMPANHA, 387

AGENTE PÚBLICO, 744

ALISTAMENTO ELEITORAL, 157, 175
cancelamento e exclusão, 168
facultativo, 164

834 DIREITO ELEITORAL – *José Jairo Gomes*

obrigatório, 159
AMICUS CURIAE, 661
ANALFABETO, 164
ANUALIDADE, 283
aplicação a atos judiciais, 285
autoridade do precedente, 286
Lei Ficha Limpa, 288
natureza das alterações vedadas, 284
perspectivas jurisprudenciais, 287
ANULABILIDADE, 543
APÁTRIDAS, 164
APOSENTADORIA COMPULSÓRIA, 253
APURAÇÃO, 533
ARREGIMENTAÇÃO DE ELEITOR, 441
ASSISTÊNCIA, 763
ATA NOTARIAL, 713
ATO-REGRA, 29, 76
AUDITORIA
urnas eletrônicas, 535
AUTOGOVERNO, 52

B

BOCA DE URNA, 526

C

CADASTRO ELEITORAL, 18
CÂMARA MUNICIPAL
Inelegibilidade, 257
CAMPANHA DIGITAL, 468
CAMPANHA ELEITORAL, 357
arrecadação de recursos privados, 373
modelo de financiamento no Brasil, 368
CANCELAMENTO DE NATURALIZAÇÃO, 9
CANDIDATURA AVULSA
repercussão geral, 176
CANDIDATURA NATA, 314
CAPACIDADE
postulatória, 133
CAPACIDADE ELEITORAL ATIVA, 56
CAPACIDADE ELEITORAL PASSIVA, 56
CAPACIDADE POSTULATÓRIA, 133
CAPTAÇÃO AMBIENTAL DE SONS E IMAGENS, 707
CAPTAÇÃO DE VOTOS, 357
CARONA, 523
CARTÓRIO ELEITORAL DO EXTERIOR, 164
CASAMENTO, 210
CASSAÇÃO

de diploma, 692
de registro, 684
CASSAÇÃO DE DIREITOS POLÍTICOS, 8
CAUTELAR, 693, 742
CELERIDADE, 655
CHATBOT, 473
CIDADANIA, 57
CIDADANIA ATIVA, 56
CIDADANIA PASSIVA, 56
CIÊNCIA POLÍTICA, 2
CIRCUNSCRIÇÃO, 85
CLÁUSULAS DE DESEMPENHO, 453
COAÇÃO
eleitoral, 603
CÓDIGO DE PROCESSO CIVIL (CPC)
aplicação subsidiária, 655
aplicação supletiva e subsidiária, 777
COLIGAÇÃO PARTIDÁRIA, 99, 105, 107
deliberação, 294
COMÍCIO, 438
COMPANHEIRO, 206
COMPARECIMENTO EM INAUGURAÇÃO, 629
COMPARTILHAMENTO DE PROVAS, 752
COMPETÊNCIA, 130, 335, 491
COMPRA DE APOIO POLÍTICO, 602
COMUNICADOR, 265
CONCEITOS INDETERMINADOS, 27
CONCUBINATO, 210
CONDENAÇÃO CRIMINAL
mandato público após o trânsito em julgado da decisão
condenatória, 16
CONDENAÇÃO CRIMINAL TRANSITADA EM JULGADO, 12
CONDIÇÕES DE ELEGIBILIDADE, 173
momento da aferição, 183
CONDUTA VEDADA, 240, 605
CONFISSÃO, 712
CONFLITO DE COMPETÊNCIA, 690
CONSCIÊNCIA POLÍTICA, 321
tutela provisória de urgência antecipada, 691
CONTENCIOSO ELEITORAL, 653, 799, 802
aditamento e alteração da causa de pedir, 657
autocomposição, conciliação e mediação, 662
boa-fé objetiva e lealdade, 660
calendário processual, 664
desistência da ação ou do recurso, 664
impulso oficial, 656
litispendência e coisa julgada, 688
negócio jurídico processual, 663
publicidade, 659

ÍNDICE | 835

CONTRAVENÇÃO PENAL, 18

CONVENÇÃO PARTIDÁRIA, 289, 292, 293, 294

CONVÊNIO
prestação de contas, 235

CORPO ELEITORAL, 39

CORRUPÇÃO ELEITORAL, 240

CROWDFUNDING, 373, 380

CULTURALISMO JURÍDICO, 42

CÚMULO DE AÇÕES, 748, 749

D

DEBATE, 450

DECISIONISMO ELEITORAL, 26

DECLARAÇÃO
universal dos direitos humanos, 441

DECLARAÇÃO DE BENS, 307

DECLARAÇÃO DE RESIDÊNCIA, 166

DECLARAÇÃO FRANCESA DOS DIREITOS DO HOMEM E DO CIDADÃO, 7

DEEPFAKE, 471

DEMISSÃO DO SERVIÇO PÚBLICO, 249

DEMOCRACIA, 49

DEMOCRACIA REPRESENTATIVA, 52

DEPOIMENTO PESSOAL, 712

DESFILE EM VEÍCULOS AUTOMOTORES, 442

DESFILIAÇÃO PARTIDÁRIA, 109

DESINCOMPATIBILIZAÇÃO, 196

DESISTÊNCIA
da ação, 491, 765
da parte, 780

DESPESAS DE CAMPANHA, 384, 386, 395, 396

DEVERES DE CANDIDATO, 360

DEVIDO PROCESSO LEGAL, 654, 751, 752
desdobramentos, 654

DIGNIDADE DA PESSOA HUMANA, 51

DILIGÊNCIAS, 721

DIPLOMAÇÃO, 537
data, 270

DIREITO ELEITORAL, 25

DIREITO (S)
à informação, 229
autoral, 480
de resposta, 502

DIREITOS DE CANDIDATO, 359

DIREITOS FUNDAMENTAIS, 7

DIREITOS HUMANOS, 5

DIREITOS POLÍTICOS, 7

DISTRIBUIÇÃO GRATUITA, 622

DISTRITÃO, 144

DIVÓRCIO, 211

DOAÇÃO, 379
cartórios de serviços notariais e de registro, 382
por pessoa jurídica, 381
servidores e agentes públicos, 383

DOAÇÃO ELEITORAL ILEGAL, 250

DOAÇÕES, 375, 376

DOCUMENTO, 714
autenticidade, 715
veracidade, 715

DOCUMENTOS, 398

DOMICÍLIO ELEITORAL, 175

E

EFEITO(S)
do recurso, 730
imediato do acórdão, 732
suspensivo, 353, 499, 727

ELEGIBILIDADE, 173
condições, 183

ELEIÇÃO, 511

ELEIÇÕES
participação de forças federais, 525

ELEITOR(ES)
analfabeto, 531
identificação, 530
oferta de alimentos, 524
portador de deficiência, 531
transporte, 523

EMISSORA, 461

ENRIQUECIMENTO ILÍCITO, 246

ENTIDADE FAMILIAR, 213

ENTREVISTAS COM CANDIDATOS, 449

ESCRUTÍNIO, 516

ESTADO DEMOCRÁTICO DE DIREITO, 54

ESTADO SOCIAL, 41

ESTATUTO DA PESSOA IDOSA, 665

ESTATUTO DO ÍNDIO, 163

ESTRANGEIRO, 164

ÉTICA, 60

EXECUÇÃO PROVISÓRIA, 502, 643

EXÉRCITO, 616

EXIBIÇÃO DE DOCUMENTO, 713

EXTINÇÃO DE MANDATO ELETIVO, 637

EXTINÇÃO DE PARTIDO POLÍTICO, 135

DIREITO ELEITORAL – José Jairo Gomes

F

FALSIDADE IDEOLÓGICA, 307

FAMÍLIA HOMOAFETIVA, 213

FILIAÇÃO
prazo para concorrer às eleições, 177

FILIAÇÃO PARTIDÁRIA, 109, 176

FINANCIAMENTO DE CAMPANHA ELEITORAL, 363

FINANCIAMENTO MISTO, 365

FINANCIAMENTO PARTIDÁRIO, 117

FINANCIAMENTO PRIVADO, 365, 372

FINANCIAMENTO PÚBLICO, 364, 369

FONTE DE PROVA, 700

FONTES DO DIREITO ELEITORAL, 27

FORÇAS ARMADAS, 165

FOTOGRAFIA, 311

FUNÇÃO ADMINISTRATIVA, 74

FUNÇÃO CONSULTIVA, 77

FUNDO ESPECIAL DE FINANCIAMENTO DE CAMPANHA (FEFC), 369
distribuição dos recursos, 369

FUNDO PARTIDÁRIO, 371

G

GARANTIAS ELEITORAIS, 513, 520
eleitores, mesários, fiscais e candidatos, 521, 526

GASTO ILÍCITO, 733

GRATUIDADE DA PROPAGANDA PARTIDÁRIA, 452

H

HERMENÊUTICA ELEITORAL, 30

I

IDADE MÍNIMA, 178

IDENTIFICAÇÃO DA PROPAGANDA, 421

IGUALDADE, 62

IMPARCIALIDADE DO JUIZ, 696

IMPEACHMENT, 218, 219

IMPEDIMENTO, 8, 696

IMPESSOALIDADE, 696

IMPROBIDADE ADMINISTRATIVA, 21, 244

IMPUGNAÇÃO A PEDIDO DE REGISTRO DE CANDIDATURA, 330

IMPUGNAÇÃO DE REGISTRO DE CANDIDATURA, 332

IMPUGNAÇÃO DOS SISTEMAS DE VOTAÇÃO, 535

IMPULSIONAMENTO
redes sociais, 468

IMUNIDADE MATERIAL PARLAMENTAR, 481

INALISTABILIDADE, 164

INALISTÁVEIS, 198

INCAPAZES, 10

INCOMPATIBILIDADE, 196

INCOMPETÊNCIA, 696

INDÍCIO, 711

INDÍCIOS E PRESUNÇÕES, 711

INELEGIBILIDADE, 187, 676
a partir da publicação da decisão, 224
ação ou procedimento, 238
alterações, fáticas ou jurídicas, supervenientes ao registro, 182
cassação ou registro do diploma, 241
circunstâncias fáticas e jurídicas supervenientes, 271
crimes, 224
decisão judicial declaratória, 221
efeito suspensivo de recurso, 277
efeitos dos embargos infringentes e de nulidade, 224
fundamento, 192
interpretação do termo, 183
marco inicial, 725
natureza jurídica, 190
tratado ou convenção internacional, 188

INFIDELIDADE PARTIDÁRIA, 125

INFORMAÇÃO
liberdade de, 417

INICIATIVA POPULAR, 54, 55

INSPEÇÃO JUDICIAL, 719

INSTRUMENTALIDADE DO PROCESSO, 660

INTELIGÊNCIA ARTIFICIAL, 430

INTERDIÇÃO, 12

INTERNET, 464

INTERPRETAÇÃO JURÍDICA, 30

INTERROGATÓRIO, 712

INVALIDADE
convenção, 292
do casamento, 212

INVALIDAÇÃO DA VOTAÇÃO
efeitos da invalidade de votos, 557

IRREGULARIDADE INSANÁVEL, 231

ISONOMIA, 62

J

JUÍZES ELEITORAIS, 83, 84

ÍNDICE 837

JURISDIÇÃO ESPECIALIZADA, 72

JURISPRUDÊNCIA
alteração fundamentada, 286
modificação, 286
não caracterizam modificação, 287

JUSNATURALISMO, 6

JUSTIÇA ELEITORAL, 71

L

LAVAGEM DE DINHEIRO, 624

LEGENDAS, 147

LEGISLATURA, 218

LEGITIMIDADE DAS ELEIÇÕES, 59

LEI AGAMENON, 72

LEI SECA, 525

LIBERDADE DE EXPRESSÃO
dimensão eleitoral, 69
formas simbólicas de expressão, 67
na Internet, 465

LIBERDADE DE EXPRESSÃO, 65

LIMITE DE GASTOS DE CAMPANHA, 368

LISTA ABERTA, 154

LISTA FECHADA, 154

LISTA FLEXÍVEL, 155

LITISCONSÓRCIO, 100, 131, 744, 745

LITISPENDÊNCIA, 688, 765

LIVE ELEITORAL, 439

M

MAGISTRADOS, 253

MANDADO DE SEGURANÇA, 135

MANDATO
eletivo, 637
exercício após o trânsito em julgado da decisão
condenatória, 16
legislativo, 217
perda por infidelidade partidária, 125
renúncia, 242

MANDATO EXECUTIVO, 17

MANDATO POLÍTICO-ELETIVO
regime de suspensão e perda, 14

MANDATOS LEGISLATIVOS, 14

MÁQUINA
administrativa, 196
estatal, 629

MARKETING, 506

MÉDICO, 263

MÉTODO CIENTÍFICO, 26

MICROSSISTEMA, 26

MÍDIA, 444

MIGRAÇÃO PARTIDÁRIA, 125

MILITAR, 180

MINISTÉRIO PÚBLICO ELEITORAL, 87

MONARQUIA, 55

MORAL, 60

MORALIDADE, 60

MORALIDADE ADMINISTRATIVA, 61

MOTIVAÇÃO DAS DECISÕES JUDICIAIS, 659

MUNICÍPIO DESMEMBRADO, 214

N

NACIONALIDADE, 9, 10, 174

NATURALIZAÇÃO, 9

NORMATIVO, 605

NOTÁRIOS, 266

NOVAS TECNOLOGIAS, 409

NULIDADE, 543

NÚMERO FRACIONÁRIO, 148, 320

O

OBRA PÚBLICA, 629

OBRIGAÇÃO A TODOS IMPOSTA, 20

OFICIALATO, 229

ÔNUS DA PROVA, 702

ORDENADOR DE DESPESAS, 232

ORIENTAÇÃO SOCIAL, 413, 478

P

PACTO INTERNACIONAL SOBRE DIREITOS CIVIS
E POLÍTICOS, 49

PÁGINA INSTITUCIONAL NA INTERNET, 477

PARECER PRÉVIO, 232

PARTIDÁRIAS, 147

PARTIDOS POLÍTICOS, 95
fidelidade partidária, 123, 138
função, 98
liberdade de organização, 105
natureza jurídica, 103

PASSEATA, 442

PERDA DE MANDATO ELETIVO, INVALIDAÇÃO
DE VOTOS E ELEIÇÃO SUPLEMENTAR, 637

DIREITO ELEITORAL – *José Jairo Gomes*

PERDA DE MANDATO EXECUTIVO, 218

PERDA DO MANDATO, 14

PERÍCIA, 717
regime normal, 718
regime simplificado, 718

PERÍODO ELEITORAL, 672

PERSUASÃO RACIONAL DO JUIZ, 658

PESQUISA ELEITORAL, 403
data do registro obrigatório, 404

PLEBISCITO, 54, 55

PLURALISMO POLÍTICO, 63

PODERES INSTRUTÓRIOS DO JUIZ, 702

PODER POLÍTICO, 2, 49

PODER SOBERANO, 51

POLÍTICA, 1

POSITIVISMO JURÍDICO, 41

POVO, 5

PRAZO DECADENCIAL, 780

PRESTAÇÃO DE CONTAS, 363
casos de dispensa, 386
consórcio público, 235
formas, 388
modelo simplificado, 389

PRESTAÇÃO DE CONTAS DE CAMPANHA ELEITORAL, 387

PRESUNÇÃO, 711
de veracidade, 695

PREVENÇÃO, 751

PRÉVIAS PARTIDÁRIAS OU ELEITORAIS, 294, 295

PRIMEIRO TURNO DAS ELEIÇÕES, 457

PRINCÍPIO REPUBLICANO, 55, 56

PRINCÍPIO(S), 41
da continuidade do serviço público, 609
fontes, 43

PRINCÍPIOS CONSTITUCIONAIS
colisão, 703

PRINCÍPIOS DE DIREITO ELEITORAL, 47

PRIVAÇÃO DE DIREITOS POLÍTICOS, 8

PROBIDADE, 61, 62

PROCEDIMENTO DO ART. 22 DA LC Nº 64/1990, 653

PROCEDIMENTOS INSTAURADOS PELO MP, 705

PROCESSO
extinção, 495

PROCESSO ADMINISTRATIVO ELEITORAL, 282

PROCESSO DE REGISTRO DE CANDIDATURA
doação irregular, 251

PROCESSO ELEITORAL, 279
funções, 280
marcos temporais, 280

procedimento, 280
processo administrativo eleitoral, 282
processo jurisdicional eleitoral, 281
processo político, 282
sentido amplo, 280, 359

PROCESSO JURISDICIONAL ELEITORAL, 281

PROCESSO POLÍTICO, 282

PROCURADOR-GERAL ELEITORAL, 88

PROCURADOR REGIONAL ELEITORAL, 89

PROMOÇÃO PESSOAL, 413

PROMOTOR ELEITORAL, 89

PRONUNCIAMENTO, 481

PROPAGANDA
antecipada subliminar, 421
eleitoral, 414
gratuita no rádio e televisão, 452
intrapartidária, 412
partidária, 112

PROPAGANDA ELEITORAL
adesivos microperfurados, 436
antecipada, 421
bem de uso ou acesso comum, 433
bem particular, 434
bem público, 431
distribuição do tempo, 455, 459
folhetos, adesivos, volantes e impressos, 437
impulsionamento de conteúdos, 429
mensagens de felicitação e agradecimento, 443
mobilidade, 431
outdoor, 437
pessoa com deficiência, 455
plotagem, 436
telemarketing, 443
violação de direito autoral, 480

PROPAGANDA POLÍTICA, 407
fundamento, 112, 116
princípios, 416

PROPORCIONALIDADE, 33, 44
fungibilidade com a razoabilidade, 37

PROTEÇÃO DE DADOS PESSOAIS NA PROPAGANDA, 415

PROVA(S)
colheita e produção antecipada, 719
emprestada, 704
fases do procedimento probatório, 701
ilícita, 703

PROVA ILÍCITA, 703
fases do procedimento probatório, 701

PUBLICIDADE, 408

Q

***QUERELA NULLITATIS INSANABILIS*, 802**

ÍNDICE **839**

QUOCIENTE ELEITORAL, 147
distribuição de cadeiras, 147
QUOCIENTE PARTIDÁRIO
distribuição de cadeiras, 147
QUOTA ELEITORAL DE GÊNERO, 317
percentual, 320

R

RAZÃO, 26
RAZOABILIDADE, 33, 37, 38
RECEITAS DE CAMPANHA ELEITORAL, 375
RECLAMAÇÃO, 669
RECONVENÇÃO, 695
RECURSO ADESIVO, 733
RECURSO CONTRA EXPEDIÇÃO DE DIPLOMA, 733
efeitos do acórdão do TSE, 784
meios de provas, 783
prova documental, 778
prova testemunhal, 778
RECURSOS DE CAMPANHA, 373, 375
arrecadação prévia, 381
captação ilícita, 383
conta bancária específica, 374
devolução, 383
doações de empresário individual, 377
doações de outro candidato, 377
doações de outro partido, 377
doações de pessoas físicas, 376
documentação da arrecadação, 375
fontes de financiamento proibidas, 381
formalidades para arrecadação, 373
inscrição no CNPJ, 373
próprios do candidato, 376
recursos do partido político, 378
sanção ao partido infrator, 386
termo final da arrecadação, 373
REDES SOCIAIS, 477, 478
REELEIÇÃO, 182, 196
condições de elegibilidade, 182
REFERENDO, 54, 55
REGISTRADORES, 266
REGISTRO DE CANDIDATURA, 289, 297
documento comprobatório, 184
REINCIDÊNCIA, 630
REJEIÇÃO DE CONTAS, 229
RENÚNCIA, 242
REPÓRTER, 265
REPRESENTAÇÃO, 481
sentido do vocábulo, 220
REPRESENTAÇÃO POR PROPAGANDA IRREGULAR
prazo, 506

REPÚBLICA, 55
RESPOSTA, 502
RETRATAÇÃO, 733
REVISÃO
de remuneração de servidores, 627
REVISÃO DO ELEITORADO, 170

S

SALVO-CONDUTO, 522
SEÇÃO ELEITORAL, 85
decisões de natureza condenatória, 787
decisões de natureza constitutiva ou desconstitutiva, 787
decisões de natureza mandamental, 787
SEGREDO DE JUSTIÇA, 759
SEGREDO DO VOTO, 520
SEGUNDO TURNO DAS ELEIÇÕES, 459
SEPARAÇÃO
de fato, 211
jurídica do casal, 210
SERVIÇO ALTERNATIVO, 20
SERVIÇO MILITAR, 21
SHOWMÍCIO, 438
SHOWS, 628
SIGILO DE COMUNICAÇÃO, 706
SIGILOS BANCÁRIO E FISCAL, 710
SISTEMA
de informática, 300
SISTEMA DISTRITAL, 142
SISTEMA ELEITORAL, 141
brasileiro, 146
distrital, 142
função, 141
majoritário, 141
proporcional, 145
tipos principais, 141
SISTEMA JURISDICIONAL, 71
SISTEMA MAJORITÁRIO, 141
SISTEMA MISTO, 155
SISTEMA PROPORCIONAL, 145
brasileiro, 146
candidatos puxadores de votos, 152
críticas, 152
SISTEMAS DE CONTROLE DE ELEIÇÕES, 71
SOBERANIA POPULAR, 54
SOBRAS ELEITORAIS, 147
SOLIDARIEDADE, 51, 417
STATUS **ELEITORAL, 190, 192**
SUBLIMINAR, 418

840 DIREITO ELEITORAL – *José Jairo Gomes*

SUBSTITUIÇÃO, 202
SUBSTITUIÇÃO DE CANDIDATOS, 327
SUCESSÃO, 202
SUFRÁGIO, 57
SUFRÁGIO UNIVERSAL, 56
SUPLÊNCIA, 131, 153
SUPLENTE, 130, 737
SUSPEIÇÃO, 696
SUSPENSÃO DE DIREITOS POLÍTICOS, 9

T

TABELIÃO, 382
TECNOLOGIAS DIGITAIS, 430
TELEMARKETING ELEITORAL, 443
TERCEIRO JURIDICAMENTE INTERESSADO, 713
TESTEMUNHA, 716
TÍTULO ELEITORAL, 75
TRANSFERÊNCIA
de recursos, 380
TRANSFERÊNCIA DE DOMICÍLIO ELEITORAL, 75, 165
TRANSPORTE, 434
TRANSPORTE DE ELEITORES, 523
TRATADO DE AMIZADE, COOPERAÇÃO E CONSULTA, 10
TRATADOS E CONVENÇÕES INTERNACIONAIS, 28
TRIBUNAL REGIONAL ELEITORAL, 80
escolha dos membros, 80
TRIBUNAL SUPERIOR ELEITORAL, 77
TRUCAGEM, 448
TUTELA INIBITÓRIA, 677

TUTELA PROVISÓRIA DE EVIDÊNCIA, 693
TUTELA PROVISÓRIA DE URGÊNCIA, 486, 494

U

UNIÃO ESTÁVEL, 210
URNA DE CONTINGÊNCIA, 515
URNAS ELETRÔNICAS
auditoria, 535

V

VALOR, 45
VERACIDADE, 133
VEREADORES
prerrogativas, 16
VERIFICAÇÃO DE PODERES, 71
VOLUNTÁRIO, 387
VOTAÇÃO, 529
eleição suplementar, 628
invalidação, 640
fiscalização, 530
restrição de acesso, 524
VOTAÇÃO POR CÉDULA, 515
VOTO
características, 514
definição e classificação, 513
VOTO ELETRÔNICO, 516

Z

ZONA ELEITORAL, 85

APÊNDICE

SÚMULAS DO TRIBUNAL SUPERIOR ELEITORAL – TSE

Súmula-TSE nº 1 (Cancelada)

Proposta a ação para desconstituir a decisão que rejeitou as contas, anteriormente à impugnação, fica suspensa a inelegibilidade (Lei Complementar nº 64/90, art. 1º, I, *g*).

Súmula-TSE nº 2

Assinada e recebida a ficha de filiação partidária até o termo final do prazo fixado em lei, considera-se satisfeita a correspondente condição de elegibilidade, ainda que não tenha fluído, até a mesma data, o tríduo legal de impugnação.

Súmula-TSE nº 3

No processo de registro de candidatos, não tendo o juiz aberto prazo para o suprimento de defeito da instrução do pedido, pode o documento, cuja falta houver motivado o indeferimento, ser juntado com o recurso ordinário.

Súmula-TSE nº 4

Não havendo preferência entre candidatos que pretendam o registro da mesma variação nominal, defere-se o do que primeiro o tenha requerido.

Súmula-TSE nº 5

Serventuário de cartório, celetista, não se inclui na exigência do art. 1º, II, l, da LC nº 64/90.

Súmula-TSE nº 6

São inelegíveis para o cargo de Chefe do Executivo o cônjuge e os parentes, indicados no § 7º do art. 14 da Constituição Federal, do titular do mandato, salvo se este, reelegível, tenha falecido, renunciado ou se afastado definitivamente do cargo até seis meses antes do pleito.

Súmula-TSE nº 7 (Cancelada)

É inelegível para o cargo de prefeito a irmã da concubina do atual titular do mandato.

Súmula-TSE nº 8 (Cancelada)

O vice-prefeito é inelegível para o mesmo cargo.

Súmula-TSE nº 9

A suspensão de direitos políticos decorrente de condenação criminal transitada em julgado cessa com o cumprimento ou a extinção da pena, independendo de reabilitação ou de prova de reparação dos danos.

Súmula-TSE nº 10

No processo de registro de candidatos, quando a sentença for entregue em cartório antes de três dias contados da conclusão ao juiz, o prazo para o recurso ordinário, salvo intimação pessoal anterior, só se conta do termo final daquele tríduo.

Súmula-TSE nº 11

No processo de registro de candidatos, o partido que não o impugnou não tem legitimidade para recorrer da sentença que o deferiu, salvo se se cuidar de matéria constitucional.

Súmula-TSE nº 12

São inelegíveis, no município desmembrado, e ainda não instalado, o cônjuge e os parentes consanguíneos ou afins, até o segundo grau ou por adoção, do prefeito do município-mãe, ou de quem o tenha substituído, dentro dos seis meses anteriores ao pleito, salvo se já titular de mandato eletivo.

Súmula-TSE nº 13

Não é autoaplicável o § 9º do art. 14 da Constituição, com a redação da Emenda Constitucional de Revisão nº 4/94.

Súmula-TSE nº 14 (Cancelada)

A duplicidade de que cuida o parágrafo único do artigo 22 da Lei nº 9.096/95 somente fica caracterizada caso a nova filiação houver ocorrido após a remessa das listas previstas no parágrafo único do artigo 58 da referida lei.

Súmula-TSE nº 15

O exercício de mandato eletivo não é circunstância capaz, por si só, de comprovar a condição de alfabetizado do candidato.

Súmula-TSE nº 16 (Cancelada)

A falta de abertura de conta bancária específica não é fundamento suficiente para a rejeição de contas de campanha eleitoral, desde que, por outros meios, se possa demonstrar sua regularidade (art. 34 da Lei nº 9.096, de 19.9.95).

Súmula-TSE nº 17 (Cancelada)

Não é admissível a presunção de que o candidato, por ser beneficiário de propaganda eleitoral irregular, tenha prévio conhecimento de sua veiculação (arts. 36 e 37 da Lei nº 9.504, de 30.9.97).

Súmula-TSE nº 18

Conquanto investido de poder de polícia, não tem legitimidade o juiz eleitoral para, de ofício, instaurar procedimento com a finalidade de impor multa pela veiculação de propaganda eleitoral em desacordo com a Lei nº 9.504/97.

Súmula-TSE nº 19

O prazo de inelegibilidade decorrente da condenação por abuso do poder econômico ou político tem início no dia da eleição em que este se verificou e finda no dia de igual número no oitavo ano seguinte (art. 22, XIV, da LC nº 64/90).

Súmula-TSE nº 20

A prova de filiação partidária daquele cujo nome não constou da lista de filiados de que trata o art. 19 da Lei nº 9.096/95, pode ser realizada por outros elementos de convicção, salvo quando se tratar de documentos produzidos unilateralmente, destituídos de fé pública.

Súmula-TSE nº 21 (Cancelada)

O prazo para ajuizamento da representação contra doação de campanha acima do limite legal é de 180 dias, contados da data da diplomação.

Súmula-TSE nº 22

Não cabe mandado de segurança contra decisão judicial recorrível, salvo situações de teratologia ou manifestamente ilegais.

Súmula-TSE nº 23

Não cabe mandado de segurança contra decisão judicial transitada em julgado.

Súmula-TSE nº 24

Não cabe recurso especial eleitoral para simples reexame do conjunto fático-probatório.

Súmula-TSE nº 25

É indispensável o esgotamento das instâncias ordinárias para a interposição de recurso especial eleitoral.

Súmula-TSE nº 26

É inadmissível o recurso que deixa de impugnar especificamente fundamento da decisão recorrida que é, por si só, suficiente para a manutenção desta.

Súmula-TSE nº 27

É inadmissível recurso cuja deficiência de fundamentação impossibilite a compreensão da controvérsia.

Súmula-TSE nº 28

A divergência jurisprudencial que fundamenta o recurso especial interposto com base na alínea b do inciso I do art. 276 do Código Eleitoral somente estará demonstrada mediante a realização de cotejo analítico e a existência de similitude fática entre os acórdãos paradigma e o aresto recorrido.

Súmula-TSE nº 29

A divergência entre julgados do mesmo Tribunal não se presta a configurar dissídio jurisprudencial apto a fundamentar recurso especial eleitoral.

Súmula-TSE nº 30

Não se conhece de recurso especial eleitoral por dissídio jurisprudencial, quando a decisão recorrida estiver em conformidade com a jurisprudência do Tribunal Superior Eleitoral.

844 | DIREITO ELEITORAL – *José Jairo Gomes*

Súmula-TSE nº 31

Não cabe recurso especial eleitoral contra acórdão que decide sobre pedido de medida liminar.

Súmula-TSE nº 32

É inadmissível recurso especial eleitoral por violação à legislação municipal ou estadual, ao Regimento Interno dos Tribunais Eleitorais ou às normas partidárias.

Súmula-TSE nº 33

Somente é cabível ação rescisória de decisões do Tribunal Superior Eleitoral que versem sobre a incidência de causa de inelegibilidade.

Súmula-TSE nº 34

Não compete ao Tribunal Superior Eleitoral processar e julgar mandado de segurança contra ato de membro de Tribunal Regional Eleitoral.

Súmula-TSE nº 35

Não é cabível reclamação para arguir o descumprimento de resposta a consulta ou de ato normativo do Tribunal Superior Eleitoral.

Súmula-TSE nº 36

Cabe recurso ordinário de acórdão de Tribunal Regional Eleitoral que decida sobre inelegibilidade, expedição ou anulação de diploma ou perda de mandato eletivo nas eleições federais ou estaduais (art. 121, § 4º, incisos III e IV, da Constituição Federal).

Súmula-TSE nº 37

Compete originariamente ao Tribunal Superior Eleitoral processar e julgar recurso contra expedição de diploma envolvendo eleições federais ou estaduais.

Súmula-TSE nº 38

Nas ações que visem à cassação de registro, diploma ou mandato, há litisconsórcio passivo necessário entre o titular e o respectivo vice da chapa majoritária.

Súmula-TSE nº 39

Não há formação de litisconsórcio necessário em processos de registro de candidatura.

Súmula-TSE nº 40

O partido político não é litisconsorte passivo necessário em ações que visem à cassação de diploma.

Súmula-TSE nº 41

Não cabe à Justiça Eleitoral decidir sobre o acerto ou desacerto das decisões proferidas por outros Órgãos do Judiciário ou dos Tribunais de Contas que configurem causa de inelegibilidade.

Súmula-TSE nº 42

A decisão que julga não prestadas as contas de campanha impede o candidato de obter a certidão de quitação eleitoral durante o curso do mandato ao qual concorreu, persistindo esses efeitos, após esse período, até a efetiva apresentação das contas.

Súmula-TSE nº 43

As alterações fáticas ou jurídicas supervenientes ao registro que beneficiem o candidato, nos termos da parte final do art. 11, § 10, da Lei nº 9.504/97, também devem ser admitidas para as condições de elegibilidade.

Súmula-TSE nº 44

O disposto no art. 26-C da LC nº 64/90 não afasta o poder geral de cautela conferido ao magistrado pelo Código de Processo Civil.

Súmula-TSE nº 45

Nos processos de registro de candidatura, o Juiz Eleitoral pode conhecer de ofício da existência de causas de inelegibilidade ou da ausência de condição de elegibilidade, desde que resguardados o contraditório e a ampla defesa.

Súmula-TSE nº 46

É ilícita a prova colhida por meio da quebra do sigilo fiscal sem prévia e fundamentada autorização judicial, podendo o Ministério Público Eleitoral acessar diretamente apenas a relação dos doadores que excederam os limites legais, para os fins da representação cabível, em que poderá requerer, judicialmente e de forma individualizada, o acesso aos dados relativos aos rendimentos do doador.

Súmula-TSE nº 47

A inelegibilidade superveniente que autoriza a interposição de recurso contra expedição de diploma, fundado no art. 262 do Código Eleitoral, é aquela de índole constitucional ou, se infraconstitucional, superveniente ao registro de candidatura, e que surge até a data do pleito.

Súmula-TSE nº 48

A retirada da propaganda irregular, quando realizada em bem particular, não é capaz de elidir a multa prevista no art. 37, § 1º, da Lei nº 9.504/97.

[Esta súmula tem fundamento no § 2º, art. 37, da LE – com a redação dada pela Lei nº 13.165/2015. Entretanto, aquele dispositivo foi alterado pela Lei nº 13.488/2017, e a nova redação suprimiu a referência ao § 1º do art. 37 da Lei nº 9.504/97, tampouco fez alusão à sanção pecuniária (multa) que possa ser impingida ao infrator. Diante disso, a súmula 48 perde seu fundamento legal.]

Súmula-TSE nº 49

O prazo de cinco dias, previsto no art. 3º da LC nº 64/90, para o Ministério Público impugnar o registro inicia-se com a publicação do edital, caso em que é excepcionada a regra que determina a sua intimação pessoal.

Súmula-TSE nº 50

O pagamento da multa eleitoral pelo candidato ou a comprovação do cumprimento regular de seu parcelamento após o pedido de registro, mas antes do julgamento respectivo, afasta a ausência de quitação eleitoral.

Súmula-TSE nº 51

O processo de registro de candidatura não é o meio adequado para se afastarem os eventuais vícios apurados no processo de prestação de contas de campanha ou partidárias.

Súmula-TSE nº 52

Em registro de candidatura, não cabe examinar o acerto ou desacerto da decisão que examinou, em processo específico, a filiação partidária do eleitor.

Súmula-TSE nº 53

O filiado a partido político, ainda que não seja candidato, possui legitimidade e interesse para impugnar pedido de registro de coligação partidária da qual é integrante, em razão de eventuais irregularidades havidas em convenção.

Súmula-TSE nº 54

A desincompatibilização de servidor público que possui cargo em comissão é de três meses antes do pleito e pressupõe a exoneração do cargo comissionado, e não apenas seu afastamento de fato.

Súmula-TSE nº 55

A Carteira Nacional de Habilitação gera a presunção da escolaridade necessária ao deferimento do registro de candidatura.

Súmula-TSE nº 56

A multa eleitoral constitui dívida ativa de natureza não tributária, submetendo-se ao prazo prescricional de 10 (dez) anos, nos moldes do art. 205 do Código Civil.

Súmula-TSE nº 57

A apresentação das contas de campanha é suficiente para a obtenção da quitação eleitoral, nos termos da nova redação conferida ao art. 11, § 7º, da Lei nº 9.504/97, pela Lei nº 12.034/2009.

Súmula-TSE nº 58

Não compete à Justiça Eleitoral, em processo de registro de candidatura, verificar a prescrição da pretensão punitiva ou executória do candidato e declarar a extinção da pena imposta pela Justiça Comum.

Súmula-TSE nº 59

O reconhecimento da prescrição da pretensão executória pela Justiça Comum não afasta a inelegibilidade prevista no art. 1º, I, e, da LC nº 64/90, porquanto não extingue os efeitos secundários da condenação.

Súmula-TSE nº 60

O prazo da causa de inelegibilidade prevista no art. 1º, I, e, da LC nº 64/90 deve ser contado a partir da data em que ocorrida a prescrição da pretensão executória e não do momento da sua declaração judicial.

Súmula-TSE nº 61

O prazo concernente à hipótese de inelegibilidade prevista no art. 1º, I, e, da LC nº 64/90 projeta-se por oito anos após o cumprimento da pena, seja ela privativa de liberdade, restritiva de direito ou multa.

Súmula-TSE nº 62

Os limites do pedido são demarcados pelos fatos imputados na inicial, dos quais a parte se defende, e não pela capitulação legal atribuída pelo autor.

APÊNDICE 847

Súmula-TSE nº 63

A execução fiscal de multa eleitoral só pode atingir os sócios se preenchidos os requisitos para a desconsideração da personalidade jurídica previstos no art. 50 do Código Civil, tendo em vista a natureza não tributária da dívida, observados, ainda, o contraditório e a ampla defesa.

Súmula-TSE nº 64

Contra acórdão que discute, simultaneamente, condições de elegibilidade e de inelegibilidade, é cabível o recurso ordinário.

Súmula-TSE nº 65

Considera-se tempestivo o recurso interposto antes da publicação da decisão recorrida.

Súmula-TSE nº 66

A incidência do § 2º do art. 26-C da LC nº 64/90 não acarreta o imediato indeferimento do registro ou o cancelamento do diploma, sendo necessário o exame da presença de todos os requisitos essenciais à configuração da inelegibilidade, observados os princípios do contraditório e da ampla defesa.

Súmula-TSE nº 67

A perda do mandato em razão da desfiliação partidária não se aplica aos candidatos eleitos pelo sistema majoritário.

Súmula-TSE nº 68

A União é parte legítima para requerer a execução de astreintes, fixada por descumprimento de ordem judicial no âmbito da Justiça Eleitoral.

Súmula-TSE nº 69

Os prazos de inelegibilidade previstos nas alíneas j e h do inciso I do art. 1º da LC nº 64/90 têm termo inicial no dia do primeiro turno da eleição e termo final no dia de igual número no oitavo ano seguinte.

Súmula-TSE nº 70

O encerramento do prazo de inelegibilidade antes do dia da eleição constitui fato superveniente que afasta a inelegibilidade, nos termos do art. 11, § 10, da Lei nº 9.504/97.

Súmula-TSE nº 71

Na hipótese de negativa de seguimento ao recurso especial e da consequente interposição de agravo, a parte deverá apresentar contrarrazões tanto ao agravo quanto ao recurso especial, dentro do mesmo tríduo legal.

Súmula-TSE nº 72

É inadmissível o recurso especial eleitoral quando a questão suscitada não foi debatida na decisão recorrida e não foi objeto de embargos de declaração.

Súmula-TSE nº 73

A fraude à cota de gênero, consistente no que diz respeito ao percentual mínimo de 30% de candidaturas femininas, nos termos do art. 10, § 3º, da Lei 9.504/1997, configura-se com a presença de um ou alguns dos seguintes elementos, quando os fatos e as circunstâncias do caso concreto assim permitirem concluir:

– votação zerada ou inexpressiva;

– prestação de contas zerada, padronizada ou ausência de movimentação financeira relevante;

– ausência de atos efetivos de campanha, divulgação ou promoção da candidatura de terceiros.

O reconhecimento do ilícito acarretará nas seguintes penas:

– cassação do Demonstrativo de Regularidade de Atos Partidários (DRAP) da legenda e dos diplomas dos candidatos a ele vinculados, independentemente de prova de participação, ciência ou anuência deles;

– inelegibilidade daqueles que praticaram ou anuíram com a conduta, nas hipóteses de Ação de Investigação Judicial Eleitoral (AIJE);

– nulidade dos votos obtidos pelo partido, com a recontagem dos quocientes eleitoral e partidário (artigo 222 do Código Eleitoral), inclusive para fins de aplicação do artigo 224 do Código Eleitoral, se for o caso.